포에톨로지
POETOLOGY

서정시의 위상학

포에톨로지
POETOLOGY

서정시의 위상학

전동진 지음

문학들

서문

쓰기 전까지 무엇이 쓰일지는 아무도 모른다

한 삼 년 전쯤에 연구자로서 좌절을 겪었다. 그때 무조건 1000쪽짜리 책을 한 권 써야겠다고 마음을 먹었다. 서양의 '이성(理性)'을 뒤집으면 동양의 '성리(性理)'가 된다. 이런 아포리즘에 관심이 컸다. 연장선에서 18세기 중반에 서구에서 발견한 '뫼비우스의 띠'와 동양의 '태극'의 유사성을 여러모로 상상하고 따져 보고 있던 때였다. 이러한 생각들을 비벼 '개인으로부터 비롯되는 세계'와 '세계(천문과 지리)로부터 비롯하는 인간(인문)'이라는 서양·동양의 인문적 성찰을 이어 보고 싶었다.

시간, 공간, 인간의 상호주관성을 통해 열리는 의미의 장이 지닌 위상성을 드러낼 수 있다면 나는 사유의 새로운 플랫폼을 마련할 수 있을 것이라고 생각했다. 커다란 청사진을 그리고 자료를 수집하고 정리했다. 다행인지 장소로서 공간에 대한 탐색, 위상학이나 위상성에 대한 인문학적 성찰을 담아낸 자료들은 아직 많지 않았다. 이것은 새로운 영역을 개척할 수 있는 기회이자, 어쩌면 무모한 도전에 그칠 공산이 크다는 반증이었다. 1년여 동안 자료들을 한 장 한 장 독서카드로 정리했다. 대략 4000장의 카드를 모을 수 있었다. 그동안 다른 주제의 연구에 활용했던 카드를 꺼내 보물을 찾듯 한 장 한 장 살폈다. 써먹을 수 있는 카드로 대략 1000장을 모았다. 무엇을 쓰겠다는 생각보다는 어떻게 써질까라는 기대가 훨씬 컸다. 이렇게 5000장의 카드를 앞에 두고 구성을 시작했다.

1000쪽의 책이 되려면 330쪽 분량으로 다룰 수 있는 큰 주제가 셋이 있으면 된다. 시의 위상학이 학문이 되기 위해서는 인문성을 바탕으로 한 위상학을 정립하는 것이 앞서야 한다. 이어서 지향성을 바탕으로 한 윤리성이 고찰되어야 한다. 그리고 실천적 행위가 중심이 되는 '시의 위상학'을 제안하는 순으로 구성하면 '이론, 윤리, 실천 행위'의 3박자를 갖출 수 있을 것으로 판단했다.

시의 위상학이 성립하는 데 결정적인 역할을 할 수 있는 핵심 어휘들을 프리라이팅(free wrting)을 통해 발굴했다. 대략 40여 개의 어휘들을 '위상학, 스타일, 시의 위상학'으로 분류했다. 각 주제마다 12~3개의 어휘들이 분류되었다. 이 어휘들을 A4용지에 크게 써서 한 방 가득 펼쳐 놓고, 카드 분류에 들어갔다. 5천 장에서 반 정도가 저와 어울리는 자리를 찾아갔다.

카드의 중분류가 끝나자 곧바로 소분류에 들어갔다. 무엇을 쓸 것인가가 아니라 어떻게 쓰일까에 온 신경을 집중해야 하는 때가 온 것이다. 주제 어휘별로 분류된 60~80장 정도의 카드를 몇 번이고 돌려 가면서 5~6장 정도를 한 챕터 분량(2500자 내외)의 쓰기를 위한 카드로 묶어 냈다. 그리고 묶인 카드들의 속성을 이루는 서술어를 주로 핵심 주제로 뽑아내 원고지 제목 란에 적고 독서카드와 묶었다. 12개 내외의 소주제(chapter)가 잡히면 초안을 작성한다. 이것은 쓰는 작업이라기보다는 5~6장 정도의 독서카드를 엮는 일에 가깝다. 이 과정은 모두

손수 써 가면서 진행했다. 생각하면서 쓰는 것보다는 쓰면서 생각하는 것이 훨씬 많았다. 하루에 한 꼭지(원고지 12매 내외)를 거의 의무적으로 엮었다. 330여 꼭지를 엮는 데 그렇게 1년여 정도가 걸렸다.

원고를 타이핑하면서 엮은 것을 쓰는 것으로 변곡해 가는 과정에서 훨씬 더 많은 에너지를 쏟아야 했다. 하지만 속도는 엮는 것보다 훨씬 빨랐다. 한 꼭지 한 꼭지 비로소 나의 글이 되어 간다는 성취감은 이루 말할 수 없이 컸다. 이 성취감은 무엇을(의미 있는 것을) 썼다는 데서 온 것이 아니라 이렇게, 어떻게든 써 왔다는 데서 주로 왔다. 그러니 서문은 '무엇'보다는 '어떻게'에 바쳐져야 온당하다.

코로나19가 세계적으로 창궐하기 직전에 초벌이 완성된 원고를 최윤경 박사에게 떠넘기듯 보내 한 번 읽게 했다. 그리고 코로나로 꼼짝없이 집에서 초등생 아들들과 1학기를 보냈다. 원고를 거들떠보지도 않은 사이에 벌써 아카시아꽃도 졌다. 1000쪽의 원고도 어떻게든 썼는데, 서문을 쓰는 것이 이토록 힘겹다니! 그것은 아무래도 이 책이 '무엇을 담았는지' 확신에 차서 말할 수 없어서인 까닭일 것이다.

코로나19를 지나오면서, '왜 이 책인가?'라는 즐거운 물음을 하나 갖게 되었다. 한 나라의 문화에 고유한 문자를 달 수 있다는 것은 매우 흥미로운 일이 아닐 수 없다. 한국의 "K"가 그렇다. 방탄소년단으로 대표되는 "K-pop"이 있다. 봉준호 감독의 〈기생충〉은 "K-cinema"의 기수가 되었다. 우리 먹거리에 대한 관심은 "K-food"로, 이데올로기의 대립을 완전히 종식시킬 수 있는 기대는 "K-peace"로 몰리고 있다. 바이러스를 인위적으로 관리한 첫 사례로 꼽히는 한국의 코로나19에 대한 대응은 "K-방역"으로써 위기에 처해 있는 각 나라에 파란 등대가 되어 주고 있다.

이쯤에서 나는 "K-인문"의 가능성, 일말의 가능성이라도 발견하고 제시하고 싶어졌다. 개인과 세계, 세계와 공동체의 역동적인 공존 모델은 기존의 사유로는 쉽게 그려 내기 어렵다. 개인이 소통의 플랫폼이 된다. 공동체가 이데올로기가 아니라 정서적 공감을 바탕으로 사회의 안전망을 강화하는 새로운 유형의 사회가 열리고 있다. 20세기 100년 동안 거의 10년 단위로 우리는 전대미문의 사건을 겪어 왔다. '촛불혁명'으로 완성된 20세기는 어떤 서구의 나라도 당도해 보지 못한 민주의 광장이라는 것을 최근 백인 경찰의 흑인 살해로 촉발된 미국의 전국적 시위(소요)에서도 여실히 보여 주고 있다. 공동체의 삶의 모델이 새롭게 제시되어야 한다면, 우리가 아닐 이유가 하나도 없지 않은가?

연구자의 길을 걸으면서 한국의 서정시를 읽고 해석하는 데도 외국의 이론을 항상 앞세워야 든든했다. '지적 사대주의'라는 말을 자학적으로 했던 적도 있다. 세상을 보고 해석하고 쓰는 우리의 문장, 언어를 만드는 데 감히, 과감히 나설 수 있기를 진심으로 기원한다. 나는 이 책이 발판이 되었으면 더 바랄 것이 없겠다.

'서정시의 미래, 미래의 서정시'를 다루고 있는 이 책은 여러 편의 글을 모아 묶은 것이 아니라, 한 편의 글이다. 서정시에 대해 한 편의 글로 다룬 것 중에서는 이 글이 가장 길다는 것만은 자신한다. 여기에 운때[運氣] 좋게 다뤄진 많은 어휘들이 더 좋은 운때와 인연이 닿아 천문의 별로, 지리의 꽃으로, 심경의 이미지로 빛날 수 있게 되길 진심으로 바란다.

고래서실에서 전동진 씀

※ '시의 위상학'을 위해 자료를 모으고 정리하기 시작한 2016년은 가히 '위상학'의 시대를 예비하는 의미 있는 사건이 있었다. 노벨물리학상은 '위상물리학'의 대가들이, 노벨화학상은 분자기계를 탄생시킨 '위상화학'의 대가들이 수상했다. 위상물리학이라는 말은 집필을 하면서 알고 있었지만 위상화학이라는 말은 초고가 완성된 이후에 알게 되었다. 위상물리학은 물질보다는 물질의 공간에 더 초점을 맞춘다. 위상화학은 물질의 화학적 변화보다는 물리적 변화(세잎 매듭, 솔로몬 매듭, 보로매우스 매듭)과 같이 분자 단계에 품게 되는 공간에 초점을 맞춘다. 물리와 화학이 뫼비우스의 띠와 같이 서로의 이면을 이루게 되는 것을 목도할 날도 머지않았다. 그러나 뭐니 뭐니 해도 공간, 곧 마음의 관한 것이라면 인문이 앞서 왔다. 둘이 만나는 자리에 문학을 앞세운 인문성이 크게 활약하는 날을 고대한다.

차례

서문 | 4

제1부 토폴로지 Topology

1. 위상성 | 15
   꽃들에게 희망을 • 하늘·땅·사람 • 머그컵과 도넛 • 마당 • 베 • 밤하늘(天境) • 태극 • 중첩 • 박물관

2. 뫼비우스의 띠 | 42
   문과 벽 • 주관·객관/객관·주관 • 연결 • 최후의 최초/최초의 최후 • 광각·접안/접안·광각 • 겹주름^2 • 달빛요정역전만루홈런

3. 무아레 | 64
   프로테우스 • 흐름과 매듭 • 파도와 해안 • 밀물과 썰물 • 모빌 • 양상들 • 쓰기

4. 심경 | 89
   세계 내 존재 – '내'의 플랫폼 위상성 • 속 • 제3의 영역 • 나를 낳는 내가 낳은 현재 • 몸 • 뒤집힌 꽃다발 • 넘나듦

5. 울림/증폭 | 115
   소리 • 오르페우스 • 짜임 • 증식 • 리듬 • 울림통 • 호기심 • 리좀

6. 주체 | 140
   여백 • 관계 • 비대칭 • 그림자 • 실루엣 • 맹아(萌芽) • 유동(流動) • 길 • 언어

7. 위상 윤리 | 168
   차와 커피 • 미로(迷路) • 소유 • 자기 위상학 • 반보기 • 후행(後行) • 치명(致命) • 스타일로서의 윤리

8. 일상성 | 195
   찬연하다 • 맡기다 • 화장하다 • 시(詩)와 미(美) • 울리다 • 학이(學而)&시습(時習) • 일상 쓰기 • 연행(演行)하다 • 귄 있다

9. 미시·거시 | 225
   양자 • 비생명 • 비존재 • 빔 • 통약 불가능성 • 불확정성 • 우리 • 제우스 • 집 • 글

10. 행성인문학 | 255

문리(文理)・지리(地理)・판타스마고리아・다중행성・소행성・세상・주피터와 비너스・마스터플롯

11. 생활세계 | 279

손님・자연과학・놀이벽・공감・기분・연결・대기・지구・리듬

12. 위상변증법 | 309

'3' 변증법 – 공간변증법 위상변증법・시선・제3의 자연・대안・시소(SeeSaw)・보로매우스의 매듭・셋 변증법・반(半)공간

제2부 스타일Style

1. 나선 | 337

   소라・휘리릭・3의 길・비장소・약동・(이)끌림・비대칭・진정성・(비)생명

2. 아포리즘 | 366

   뫼비우스의 띠・아포리아・에너지・맥락・닮음・리얼리티・사이버네틱스

3. 모빌리티 | 386

   도시・모빌・지양(止揚)・디지털・관계・5G・리좀・티핑 포인트(Tipping Point)・자전거・길

4. 변곡 | 416

   영도(零度)・진동과 리비도・뒤틀림・팔딱임・'역'들・척도・무조리(無條理)・신과 짐승 사이

5. 플롯 | 441

벡터・중층(中層)・서정적 플롯・매트릭스(matrix)・플롯 '플랫폼'・문형(figure)・그물의 틈새・긍경(肯綮)・시스템

6. 솜씨 | 470

마우스・재서술・날갯짓・손・산책(散策)・불이(不二)・3D

7. 매듭과 매체 | 490

누에고치・매듭・뒤집기・바이럴루프・사다리・메타・알파벳・이모티콘・다리

8. 스펙터클 | 517

디지털 스펙터클・세속・디지털 경관・증강현실・새장・스펙터클^2・궁극의 모빌리티

9. 분위기 | 541

바람・이 한 방울의 무(無)・반보기・이웃・자유・차원과 꿈・경험・건너기・숨결

10. 크로노토프 | 568

배리(背理)・다른 문・징검돌・노드(Node)와 로드(Road)・무한 확정・시간의 화살・소멸 이후・망상(網狀)・괄호

11. 지향성 | 594

나침반・등대・흐름・물동그라미・경향・향유・이성감성·감성이성・틈새

12. 길/흐르다 | 617

물・레이스・흐름의 본질성・강물・퇴적・그네・4차・허기・사잇길

제3부 포에톨로지 Poetology

1. 몸 | 649

데칼코마니・더듬더듬・하늘무늬・블랙홀・현상학적 신체・지구와 몸・나・몸짓의 신화화・목자(牧者)

2. 심상이미지 | 677

    구름 · 그림자의 위상학 · '이미지'의 경계성 · 서정적 화행 · 인공자궁 · 심상성 · 마음 씀

3. 영소(靈巢) | 699

    나비 · 전대미문(前代未聞) · 겨를과 틈 · 마트료시카(Матрёшка): 인형 속의 인형 · 현재들의 이웃 · 존재의 집 · 이마고문디 · 이야기의 배꼽

4. 네트워크 | 724

    그물 · 시공간 연속체 · 공간을 욕망하는 몸 · 카니발의 장소성 · Things; ~하는 것, ~인 것 · 유한의 무한 · 침묵의 그물

5. 중성성 | 744

    들키고 싶은 진실 · 중성의 레시피 · 무등(無等), 무등등(無等等) · 비무장지대 · 품을 품는 품 · 미래의 신화 · 멜랑콜리 · 이지튀르

6. 서정성 | 770

    자기 여행 · 두리번 · 이제와 아직 · 스타일의 해방, 해방의 스타일 · 당당한 주저: 시인의 위상 · 암향(暗香) · 더늠 · 아토포스(Atopos): 부재의 위상학 · 충분한 죽음

7. 죽음 | 799

    죽음의 위상성 · 살 · 매트릭스로서의 죽음 · 죽음을 붙들고 살기 · 약동하는 죽음의 장소 · 최선의 죽음: 브레후노프에 바쳐 · 죽음의 반복성

8. 상상력 | 820

    무(無)의 이중구조 · 넘나듦의 원리 · 에쁘롱 · 감각의 총체성 · 코기타치오: 언어의 별자리 · 양물질과 음물질 · 상상력의 안팎

9. 술어 | 841

    차(茶) 이야기 · 위상학적 기술법 · 역(易)과 흐름―술어적 논리 · 에크리튀르 · 시간서술어 공간서술어 · 술어적 장소 · 공간의 술어성 · 최적의 서술: 술어적 표현 · 사이 스토리: 갑작스러운 도약과 당당한 주저

10. 사물성 | 868

    문화적 전유(Cultural Appropriation) · 생기: 사물의 마음 · 사물의 사물성, 위상성 · 유기체의 무기적 확장 · 비유기적 생명성 · 인문적 구체성 · 문화적 위상학: 매번의 객관성

11. 위상적 서술 전략 | 890

제3의 기록 • 중층 기술의 원리 • 융복합 쓰기 전략 • 글쓰기의 위상학적 위력 • 생활세계의 추상성 • 기술·쓰기·짓기 • 언어의 장소화 • 헤테로토피아

12. 스토리 | 914

서정적 내러티브 • 스토리 헤게모니 • 소설을 쓰는 마음으로 시를 쓰다 • 프로메테우스∞에피메테우스 • 마지막 말 • 장소 시스템·시스템 장소 • Poetry-Topology • 시적 벡터

13. 토피아 | 940

토피아들 • 유현(幽顯)의 장소 • 기술시대의 명암 • 나(Subject)를 타고 오르는 나(Zubjcet)를 타고 오르는 • 장소의 시스템 • 장소의 윤리성·윤리의 장소성 • 장소 몽타주 • 이야기의 강 • 서브토피아의 위상학

14. 공동체 | 968

공동체의 표지로서 서술어 • 노드로서 인간의 장소성 • 다양의 총체성·총체의 다양성 • 소격·공동·공감·돌아봄 • 공동체와 공동(空洞) • 인간 몸의 연속성/불연속성 • 길·삶·글 • 나들 공동체들

15. 심상인문지리 | 992

지리학의 흑역사 • 심상지리의 태생적 한계 • 심상인문지리 • 포장마차와 티피 • 지리학의 전개 • 부정적 모빌리티의 긍정성 • 공간 점유 욕망: 구체성의 시학 • 심상"인문"지리 • 세계 내 존재 ∞ 존재 내 세계

참고문헌 | 1019

제1부

토폴로지
TOPOLOGY

1. 위상성

꽃들에게 희망을

트리나 플러스가 『꽃들에게 희망을』을 쓴 것은 1972년의 일이다. 내가 이 책을 읽은 것은 1990년쯤이다. 대학 신입생 시절에 모둠을 지어 친구들과 함께 읽고 토론도 했다. 『어린왕자』와는 또 다른 느낌의 충격과 감동을 받았던 기억이 떠오른다. 그리고 이 글을 쓰고 있는 지금 초등학교 4학년에 다니는 아이가 내 앞에서 그 책을 읽는다. 반색하는 내게 벌써 네 번째 읽는 것이라고 말해 준다. 경쟁에 뛰어들 자신이 없는, 혹은 일터에서 도태될 것을 우려하는 많은 사람들에게 특히 '희망'을 주었다고 생각한다. 뻔한 이야기가 이렇게 뻔하지 않게 읽히는 경우도 드물 것이다. 이 책을 서두에 꺼내 든 것은 '위계'와 '위상'이 새롭게 화두로 떠오르는 사회·문화적 상황 덕분이다.

현대사회를 사는 사람들이 추구하는 삶의 목표를 비유적으로 서술한 것이 애벌레 기둥이다. 이것은 '위계'적 질서를 나타낸다. 무엇을 위해 오르는 것이 아니라 위계의 맨 위에 오르는 것이 목적이다. 반면 기둥에서 내려와 부화한 나비의 날갯짓은 '위상성'을 보여 준다. 직선으로 뻗는 기둥의 길은 명확하지만 그 끝에 닿기는 너무 어렵다. 의미도 없다. 반면 나비의 날갯짓이 만들어 내는 비행궤적은 너무도 자유롭다. '너무도'에 방점이 찍힐 정도로 나비조차 이번 날갯짓으로 닿게 될 공간을 예견할 수 없다. 넘실거리는 나비의 비행으로 자그마한 공간은 수천 가닥의 공중길로 수놓아진다. 이것이 '위상성'의 힘이다. 문태준은 「극빈」(문태준, 2006, 22~3)이라는 시를 썼다.

> 열무를 심어 놓고 게을러
> 뿌리를 놓치고 줄기를 놓치고
> 가까스로 꽃을 얻었다 공중에
> 흰 열무꽃이 파다하다
> 채소밭에 꽃밭을 가꾸었느냐
> 사람들은 묻고 나는 망설이는데
> 그 문답 끝에 나비 하나가
> 흰 열무꽃잎 같은 나비 떼가
> 흰 열무꽃에 내려앉는 것이었다.
> 가녀린 발을 딛고
> 3초씩 5초씩 짧게짧게 혹은
> 그네들에겐 보다 느슨한 시간 동안
> 날개를 접고 바람을 잠재우고
> 편편하게 앉아 있는 것이었다.
> 설핏설핏 선잠이 드는 것만 같았다
> 발 딛고 쉬라고 내줄 곳이
> 선잠 들라고 내준 무릎이
> 살아오는 동안 나에겐 없었다
> 내 열무밭은 꽃밭이지만
> 나는 비로소 나비에게 꽃마저 잃었다.

-「극빈」전문

나는 열무도 나비도 멀찍이 떨어져 바라볼 뿐이다. 나비는 열무에, 열무꽃에 섞어 들어 서로를 통과하며 만난다. 나비의 위상적 날갯짓과 열무의 위상적 흔들림이 만나는 것은 쉽지 않은 일이다. 나비와 꽃은 마주 본다. 그러나 나비의 자유와 꽃의 흔들림은 나비와 꽃이 조절하고 제어할 수 있는 것이 아니기 때문에 나비는 처음 마주한 꽃에는 내려앉지 못할지도 모른다. 그 관계맺음의 마당을 온전히 품기 위해서 마지막 남은 것을 나비에게 내어 주고 나는 가장 빈 '공허', 곧 극빈으로 남는다.

'지금여기'는 시간과 공간의 직조(織造)로 마련된 좌표를 의미하지 않는다. '지금여기'는 '나비와 열무꽃의 만남처럼 매우 우발적으로 발생한다. 열무꽃은 바람이 자는 날에도 가만히 있지 않는다. 꽃핌과 꽃짐 사이에서 한시도 멈추지 않고 흐른다. 나비는 꿀을 따러 오고, 꽃가루를 구하러 오고, 쉬러 오기도 한다. 움직이는 열무꽃은 나비의 '위상적 장소'가 된다.

> 여기라는 것은, 분화가 태동해 표현되는 장소로 표시된다. 그것은 화자가 자신의 장소를 더 상세히 규정하기 전에, 여기에 위치한 화자의 장소, 즉 구체적이고 고유한 장소를 가리킨다. 공간에 대한 오해는 구체적인 '이 장소'를 공통의 장소 내지 형식적 장소계에 배치하면서 시작된다. 거기서 이런 전체가 주어진 것으로 여겨지든 아니면 구성된 것으로 여겨지든 상관없다.
> — 베른하르트 발덴펠스, 2010, 93

'지금여기'라는 위상은 우발적으로 주어진다. 삶의 주체든 객체든 현재라는 것은 이러한 긴장 속에서 그 지평과 위상을 갖게 된다. '지금

여기(時方)'라는 것은 위상성이 유발되는 근원적인 '시간공간'이다. 이로부터 위상학적 분화가 생겨나는 장(場)이다. 나를 의미의 생산 장소로 인지하는 '나'는 이 의미의 장 속에 포함된다. 이 의미의 장에서 여기와 저기는 위상적 분화를 위한 것이지 순수한 분화를 지시하는 것은 아니다. '구체적이고 고유한 장소'는 고정되거나 규정되는 것이 아니라 '지금여기'라는 근원적인 흐름, 움직임을 바탕으로 삼는다.

하늘·땅·사람

동양 사유에서는 천지인(天地人)을 우주(의미)를 형성하는 삼간(三間)으로 본다. 우주적인 시선에서는 하늘·땅·사람이 동류거나 동형이거나 동계나 동질, 동량이라고 하는 것은 무리가 있는 주장이다. 인간은 천지(天地)에 비하면 너무나 미미한 존재다. 천지인(天地人)을 지구에 국한할 경우에는 좀 더 살펴볼 여지가 있다. 이 셋을 '등가적'인 자리에 놓는 것은 맥락·궤에서는 가능할 것 같다.

시간적·공간적 등가성에 대한 라블레의 열정은 고대 서아시아 민속에서 찾아볼 수 있는 순진한 열정과는 거리가 멀다. 이미 살펴본 대로 이 등가성은 중세적 수직성과의 특별한 대립관계에 있는 것이다. 라블레의 과제는 시간적·공간적 세계로부터 거기에 아직도 남아 있는 초자연적인 세계관을 씻어 내고, 이러한 수직적 세계에 여전히 들러붙어 있는 상징적 '위계적 해석'을 추방하며, 그 세계를 오염시켜 온 '반(反)자연'의 감염에서 세계를 해방시키는 것이었다.

— 미하일 바흐찐, 1997, 368

인간은 시간, 공간과 나란히 설 수도, 마주 볼 수도 없는 존재다. 시간과 공간은 분명히 있는 것이지만 인간은 그것을 제대로 감각할 수조차 없다. 인간 스스로 어떤 역할을 찾는다면 그것은 시간과 공간을 이어 주는 것이 될 것이다. 이 역할을 감당할 수 있을 때 특별한 의미의 존재가 될 수 있다. 시간과 공간이 뫼비우스의 띠처럼 이어질 수 있도록 변곡의 '노드'로서 인간은 몸과 마음을 내어 줄 수 있어야 한다. 인간은 단 한 줌의 의심도 없이 '시간과 공간'으로 이루어져 있다. '인간만은 없다.' 그럴 때 우리는 상징적·위계적 해석에서 알레고리적, 위상학적 해석으로 전회할 수 있다.

위상학적 해석만이 입체적 해석으로 나아갈 수 있는 것은 아니다. 기하학적 상상력을 통해서도 의미의 입체화를 도모할 수 있다. "서술된 공간을 밑면으로 하고, 서술하는 공간을 윗면으로 하는 입체형(삼각기둥 형태)을 도식할 수 있을 것이다. 이는 이차원적이던 모방각 도식에 서술하는 공간과 서술상황이나 시점 등 서사기제 차원을 더하여 바야흐로 입체적인 공간도식을 하는 데 지침이 될 수 있을 것이다."(장일구, 2001, 29) 이것은 의미의 입체화에는 효과적이라고 할 수 있다. 그러나 의미의 다양성에서는 위상학적 해석만큼 위력을 발휘하기 힘들다.

서술대상, 서술주체, 서술인식이 이루는 서사의미의 평면을 입체화시키는 방법은 다양하다. 서술 의미의 장에서 언어적 지향, 문화적 지향를 대극적으로 감행한다. 그러면 삼각뿔을 둘 붙인 형태로의 입체화가 가능하다. 삼각뿔의 반복을 통해 원뿔에 다가설 수 있다. 데생의 곡선은 직선을 반복해서 그린다. 문화공간(서술공간)의 원뿔은 이러한 의미에서 삼각뿔의 반복을 통해서 그려진다. 잇댄 삼각뿔의 반복을 통해서는 원기둥에 다가설 수 있다. 이렇게 이룩된 문화적 성과는 조형물로 남는다. 기념물에 접근하는 태도에서도 동양과 서양의 차이는 확연하다.

> 서양에서는 기념물을 세울 때 돌을 재료로 사용한다. 중국과 일본에서는 목재를 주로 사용하지만 목재는 오래 지속하지 못한다. 중국 문명은 오랜 역사를 가지고 있지만, 중국의 경관에는 고대의 인공구조물이 거의 남아 있지 않다. 현재 볼 수 있는 것 가운데 수 세기 전의 것은 거의 없다.
>
> — 이푸 투안, 2007, 304

실제로 산사(山寺)의 석탑 등을 보면 위의 언급이 반드시 일치하는 것은 아니다. 그러나 건축물에 돌을 주로 사용하는 서양과 나무가 주조를 이루는 동양은 확실히 차이가 있다. 이것은 시간관과 연관이 커 보인다. 선적 시간관에 바탕을 하면, 다시 오지 않을 시간임으로 영속성을 지향할 것이 분명하다. 동양은 순환적(원환적) 시간관을 바탕으로 삼는다. 그래서 아무리 위대한 건축물이라고 하더라도 언젠가는 자연의 순환과정에 태워 보내야 한다고 생각한다.

인공물의 영속성을 바라는 이들은 그 재료를 쇠와 돌에서 취한다. 자연물의 속성을 순환에서 찾는 이들은 작품의 재료를 금방 자연으로 되돌아갈 수 있는 것에서 찾았다. 나무, 흙 등이 대표적이다. 물론 이것은 인간의 시간에서 보면 큰 차이가 있다. 그러나 우주적인 시간에서 보면 돌로 빚은 조각상이 자연으로 돌아가는 시간과 흙으로 빚은 조각상이 자연으로 돌아가는 시간은 거의 차이가 없는 것이나 마찬가지다.

머그컵과 도넛

바로 '지금여기'에 펼쳐지는 이 순간의 무수한 풍경을 누구의 눈이 '특정'할 수 있겠는가? 리만은 위상학적 공간을 비형태적 공간, 움직일 수 있는 공간으로 이해했다. 형태는 변하지만 위상학적 상수로서 상호 연관 정도를 유지한다. 공기가 없는 풍선과 터질 듯 팽창한 풍선은 같은 풍선이 아니다. 똑같은 상호연관 정도를 가지고 있지 않기 때문이다. 부풀기 전의 풍선은 꽃병과 같이 열린 공간을 품고 있다. 팽팽한 풍선은 닫힌 공간을 품고 있다. 리만은 위상학적 공간을 "모두 가능한 형태로 늘릴 수 있고 짓누를 수 있는 고무 공간이다."라고 말한다.

> 위상학은 단지 지속적, 형태발생적인 구조화를 기술할 수 있다. 즉 비평형적 상태의 분기점에서 일어나는 즉흥적인 자기조직 과정을 기술하는 것이 아니라, 영속적으로 정제되는 평형의 토대 위에서 일어나는 형태변화를 기술할 수 있다.
>
> – 마리 루이제 호이저, 2010, 263

상징적인 요소들은 외적인 지시작용, 내적인 의미작용을 동시에 지향한다. 오로지 위치로부터 비롯된 의미를 지니는 것은 전통적인 상징에서 벗어난다. 원칙적으로 의미는 언제나 그것들 자체가 기표들이 아닌 요소들의 조합으로부터 생겨난다는 사실을 제기할 수 있다.(들뢰즈, 2007, 375) 여기에서 우리는 상징주의를 극복할 수 있는 단초를 제공받을 수 있다. 구조주의가 관심을 갖는 것은 실재적인 감각적 형태, 상상적 현상, 가치적 본질과 상관이 없는 어떤 형식적인 요소들의 조합이다. 중요한 것은 이것이 현실적인 것과 상상적인 것에 비하여 일차적이라는 점이다.(신지영, 2011, 121) 언어, 언어의 의미는 생활세계 안에서 생활세계를 지향해야 한다.

오로지 위치로부터 비롯된 의미는 얼마든지 가능하다. '망치'라는 말이 머리 위에서 들리면 망치가 떨어진다는 말이고, 옆에서 들리면 망치를 달라는 의미를 품게 된다. 가운데가 빈 도넛은 다른 형태, 즉 공 모양이나 납작한 빵 모양의 도넛보다는 머그컵과 비슷한 위치 관계를 가진다. 고무찰흙으로 빚은 가운데가 빈 도넛은 그 위치 관계(품고 있는 공간)를 무너뜨리지 않고 단팥빵 모양으로 만들 수 없다. 그러나 손잡이가 하나 달린 머그컵으로는 움직여 갈 수 있다. 도넛과 머그컵은 위상학적으로 닮았다고 말할 수 있다. 위상학적 앎이라고 하는 것은 정신을 가득 채우는 '무엇을 앎'이 아니라 정신에 빈자리를 내어 주는 '무엇을 모름을 앎'에 가깝다.

우리는 〈무엇에 대하여 알고 있는지〉에 주의를 기울인다. 즉 우리는 어떤 종류의 실재들을 알고 있다. 왜냐하면 그것들은 우리가 쉽게 보여 주고 말할 수 있는 것이기 때문이다. 우리는 말할 수 없는 것보다 훨씬 더 많은 것들을 알고 있다. 하지만 대개 우리는 〈말할 수 있는 것〉이 〈알고 있는 것〉이라고 믿어 버린다.

— 이푸 투안, 2007, 220

우리는 여전히 우리의 경험의 깊이나 강도를 측정할 수 있는 도구를 가지고 있지 못하다. 경험은 기술한 이후에야 그 정체가 드러나는 경우가 대분이다. 이푸 투안은 이러한 경험에 대한 우리의 몽매함을 지적한다. "우리는 〈무엇을 알고 있는지〉에 대해 거의 주의를 기울이지 않는다." 말할 수 있는 것만 아는 것이라고 스스로 믿게 될 때, 우리는 더 이상 자라는 사람이 아니다. 자연과학에서 수용한 개념에 맞출 수 없는 것들은 잊히길 바라며, '버린다.' 어린아이들의 '모르는' 이야기들은 어른들의 규범(틀)에 맞춰지지 않아 잊힘을 강요받는다. 입을 닫으면 상상력이 나래를 접고, '위상'을 상실하고 지평에 갇히게 된다. 낡아지는 것도, 늙어 가는 것도, 말라 가는 것도 '흐름'을 잃는다는 의미다. 흐른다는 것은 살아 있다는 것이다.

다양한 흐름 중에서도 특별한 흐름이 글쓰기다. "드 세르토는 부르디외의 저작에서 이론적으로 거의 통제불가능한 실천의 다양성을 이론에 유용하게 만들어 개념적인 틀에 수렴하는 가운데 '상호연관'된 전체로 나타나게 만드는 수사적인 전략이 사용되고 있음을 발견한다."(롤란트 리푸너, 2010, 357)

커프의 삶은 무시무시한 충동이 떠오르는 암흑 속으로의 모험이었지만, 그 속에서도 자기의 삶에 하나의 형태를 부여하였고, 그러므로 마지막에 그는 할 말이 있었다. 말로는 커프가 자신의 인생을 한 마디로 '공포'라고 표현할 수 있었다는 사실에 깊은 인상을 받는다. 이것은 하나의 판결이었다. "그 외침은 하나의 긍정이요, 하나의 정신적 승리이며, 그 대가로 그는 무수한 패배, 끔찍한 공포 및 끔찍한 욕구 충족을 겪어야 했어. 그러나 그건 하나의 승리였어!"

— 스티븐 컨, 2004, 416~7

공포는 우리의 내면을 무엇보다 무겁게 채운다. 내면이 공포로 채워지면 그 어떤 것이 빠져나간 자리보다도 더 넓고 깊은 '공허'가 자리한다. 죽은 자리로부터 거슬러 쓰이는 삶의 맥락, 그것을 상호연관시킬 수 있는 '위상적 플롯'의 절대적 위치에 주목한다. 그렇게 관통하는 하나의 이야기가 마지막에 할 수 있게 된 말 곧 '마지막 말의 추구'가 된다. '자기 삶의 위상'이 정해지는 순간 – 죽음의 순간에 드디어 완성되는 마지막 말과 함께 가장 강렬한 사라짐의 '공포'가 삶과 이야기를 완전히 분리해 낸다.

마당

현상학은 의식시간·시간의식의 현상에 주목한다. 후설현상학의 핵심에 자리한 어휘는 시간의식이다. 어떤 시간의식, 의식시간을 갖고 있느냐가 주체의 형성과 현상에 직결되는 까닭이다. 하이데거의 현상학은 후설과는 다른 지향을 가진다. 그의 사유 역시 '시간과 존재'의 사유 전개에서 보이듯 시간이 핵심처럼 보인다. 그러나 그에게 시간은 핵심이라기보다는 바탕, 혹은 경계에 해당한다. 그 시간 안에 얼마나 다채로운 공간을 경험하고 새겨 넣느냐에 따라 존재의 위상은 달라지는 것이다.

하이데거는 시간을 바탕으로 지금 현재 공간의 무늬를 다채롭게 포착해 내고자 한다. 생활세계에 주목한 후기 후설의 현상학은 현상학적 '환원'이 가능할 수 있는 공간성 확보라는 초기의 지향을 넘어선다. 환원은 어떤 본질을 전제하고 그것을 직관하기 위한 수단이 더 이상 아니다. 환원 자체가 새로운 공간을 연다. 환원은 '~을 위한 환원'이 아니라 그 자체가 목적이 된다. 따라서 생활세계 현상학은 하이데거의 공간현상학과는 다른 위상현상학을 지향하게 된다.

공간현상학은 공간구성 및 시간구성에 주목한다. 여기에 스토리 곧 공간경험과 시간경험이 다채로운 위상으로 펼쳐짐으로써 공간은 매번 다른 위상을 갖는다. 위상현상학은 우리가 신체적으로 자리 잡은, 신체운동을 통해 찾아내는 생활세계를 출발점으로 한다. 구체적인 상황에서 다양한 공간층이 상·하, 전·후, 좌·우 등의 스칼라 형태로 출발하는 기점이자 원점으로서 '지금 여기'이다.(발덴 펠스, 2010, 86) 위치와 흐름, 방향을 지시해 주는 '노드'는 자신의 언어적 표현을 여기(공간)-나(인간)-지금(시간)의 (비)체계로 배열된 의미의 장에서 찾는다.

공간현상학(하이데거), 인간현상학(헤겔, 메를로퐁티), 시간현상학(후설)의 공명과 지향을 통해 위상현상학은 생활세계에서 출발해 다채로운 환원을 감행하면서 위상적 생활세계를 지향하게 된다. 여기에 정신현상학(헤겔), 지각현상학(메를로 퐁티)과 같은 인간현상학이 들어오게 되면 우리는 삼항 변증법을 본격적으로 기획해 볼 수 있다. 이 변증법의 핵심은 서로를 거울삼아 마주 보는 것이 아니라 서로……서로……서로의 이면을 이루게 된다는 것이다. 이것이 동시에 작동하기 위해서는 변증법적인 지양·지향이 가능할 수 있는 넉넉하게 빈 장소가 필요하다.

    장소를 비우는 것은 흐름의 잠재적 에너지를 최대치로 끌어올리는 것이다. 최선의 장소로 역할을 다하기 위해서는 특별한 변증법을 통해 에너지를 발산하고 지향해 가야 한다. 생활세계의 공간은 "나름대로의 생산적인 방식, 생산자로서의 방식으로 생산의 관계 속으로, 생산력 속으로 개입한다. 공간이라고 하는 개념은 따라서 고립되거나 정적(靜的)인 채 남아 있기가 불가능하다. 그 개념은 변증법적으로 발전한다.(앙리 르페브르, 2011, 27) 변증법적으로 지향하고 그 지향 자체가 장소가 되는 까닭에 공간은 생산의 주체이고, 생산의 대상이고, 지향의 관계이자 토대가 된다.

    생산자로서의 공간은 기술성을, 생산물로서의 공간은 장소성을, 생산방식으로서 공간은 시스템으로 드러난다. 내가 생산하는 '나'는 마음이라는 공간을 품고 있고, 그 공간에 의해 감싸인다. 생산하면서 생산되는 뫼비우스의 띠와 같은 자기관계는 멈추면 끝나는 것이다.

    오직 변증법적인 분석만이 공간 안의 모순과 공간의 모순 사이에 존재하는 정확한 관계, 즉 어떤 모순이 약화되고 어떤 모순이 강화되는지를 밝혀낼 수 있다. 마찬가지로 공간 내부에서 사물의 생산은 사라지지 않으며, 그것이 공간의 생산에 직면하여 제기하는 문제(생산, 생산을 경영하고 통제하는 수단의 소유)도 사라지지 않는다. 그러나 '원소들'의 생산을 포함하여 이 마지막 문제는 사물의 생산에서 기인하는 문제들을 확대함으로써 이를 덮는다. 응축과 중심성은 예전의 모순을 심화시키고 변형시키면서 이를 집결시킨다.

— 앙리 르페브르, 2011, 480

응축을 통해 지양을 극대화하고, 그 극대화된 에너지는 지향의 에너지를 활성화한 채, 환원을 감행한다. 환원을 통해 변곡 자체가 공간을 품는다. '자신의 꼬리를 삼키는 뱀'처럼 끝내 자신의 온몸을 삼켜서 뒤집어질 수 있을 때까지 변곡을 시도할 수 있어야 새로운 세계를 개시할 수 있다. 변곡은 다양한 중심을 전제한다. 중심이 다양하다는 것은 흔들릴 때가 멈출 때보다 안정적이라는 의미이다. 이러한 모순의 심화는 해석의 어려움에도 불구하고 역동성을 배가한다. 역동성은 다채로운 변형 가능성으로 이어진다. 다채로운 위상에서 발생하는 모순의 에너지를 의미의 다양성으로 이행시키는 원동력은 언어에서 비롯된다. 매개의 이행, 이행의 매개라는 아포리즘이 작동할 수 있어야 한다.

매개와 이행이라는 관점에서 구체적인 공간(반은 공적이며 반은 사적인 공간, 즉 만남의 장소, 경로, 통로 등)의 우월성을 인지할 수 있다. 이는 공간의 다양화를 가능하게 해 주며, 반면 기능적인 구분은 (상대적) 중요성을 상실한다. 전유된 공간은 고정된 곳, 반만 고정된 곳, 이동 가능한 곳, 빈 곳 등으로 구분될 수 있다. 모순들 중에서 덧없는 것과 안정적인 것(하이데거의 철학적 용어로는 체류와 방향) 사이에 깊어지는 모순이 큰 비중을 차지한다.

— 앙리 르페브르, 2011, 517

공간의 위상성, 위상의 공간성은 전유 가능성을 현격하게 높여 준다. 공간의 위상성은 채워짐에서보다는 매체, 매개체로서 역할을 자임할 때 극대화한다. 서양의 공연 무대는 확정된 장소를 제공한다. 동양 특히 한국의 경우에는 '마당'이라고 말한다. 마당은 시간·공간·인간에 전혀 구애되지 않는다. 장소 자체가 흐르는 것이 '마당'이다.

베

실은 잣는다고 말한다. 하나의 라인이 되기 위해서는 짧고 가는 것들이 있어야 하고, 얽힘이 있고, 둘둘 말림이 있어야 한다. 굵기가 비슷하기 위해서는 재료가 되는 선이 짧고 가늘수록 좋다. 제대로 얽히기 위해서는 벨크로성이 높아야 한다. 그리고 끊기지 않기 위해서는 잘 말려야 한다. 그렇게 자아진 실을 씨줄, 날실로 삼아 베를 짠다. 베나 모직물 한 마는 다시 구체적인 행위를 위한 장소를 구성하는 원천재료가 된다.

짜 놓은 베는 음식으로 보면 방아를 찧어 놓은 쌀과 같다. '생쌀'을 씹어 먹을 수도 있다. 그러나 짓기를 통해 혹은 빻거나 찌거나 해서 변화를 거칠 때 본격적으로 '음식'의 의미를 획득해 나간다. 원천재료에 가까울수록 하나의 진리에 가까워지는 경향이 있다. 원천재료에서 멀어질수록 어떤 진실에 다가서는 것 같다. 쌀은 먹거리가 되고, 직물은 입을 거리가 된다.

직물은 장소에 따라서 의미를 부여받는다. 의미에 대한 추구만으로는 총체적인 완벽성에 도달할 수는 없다. 모든 개념화의 행위는 그 의미를 선험적인 생활세계의 지평에 대하여 맺어져 있는 무늬−바탕의 관계에서부터 얻어진다. 의미는 침묵하고 있는 자아에 다만 가능태로서 그리고 잠재적으로만 현전한다. 의미는 정확한 근거에 바탕을 둔 변증법적인 운동, 작용이 되는 것이다. 이러한 표현행위와 상징화는 자주적인 인간실존의 양태이다. 문화는 과거의 의미부여행위의 침전물이며 축적의 결과이다. 문화와 자의식의 관계에 의한 구성물은 주체와 역사적 상황 사이에 존재하는 능동(能動)-피동(被動)의 관계 위에 그들 자신을 언제나 새롭게 창조한다.(버논 W. 그라스, 1983, 15)

글을 쓰는 사람은 다음과 같은 자문 혹은 자책을 하게 되는 때가 있다. '한 편의 자료를 더 읽었더라면 더 좋은 글을 썼을 텐데.' 그러나 이 자책이 얼마나 무모한 것인가를 모르는 작가는 없다. 총체적 완벽성은 세상의 모든 자료를 참고하고 썼다고 해서 도달할 수 있는 것이 아니다. 이렇게 되묻는다. '한 편의 자료를 덜 읽었더라면 이 글은 얼마나 달라졌을까?' 이렇게 묻는 것은 곧 다른 위상을 가질 수 있다는 가능성을 전제한다. 결국 우리의 문화는 이렇게 다양한 실선이 마치 동아줄처럼 비틀리고 꼬아지고, 또 수만 가닥의 동아줄이 커다란 흐름을 형성하고 있는 흐름의 장(場)이다. '비틀림, 꼬임'이야말로 위상성을 바탕으로 한 '변증법적 운동'이라고 할 수 있다.

> 본질은 우리의 모든 개념적인 특수화함에 뜻을 두게 하는 것이기 때문이다. 본질을 향해 가는 길을 따라 진행되기를 요구하는 것은 철학이 본질을 그 대상으로 해야 함을 뜻하는 것은 아니다. 반대로 우리의 실존이 세계 안에 너무 단단히 붙잡혀져 있기 때문에 실존 그 자체를 그것이 감싸여 있는 그 순간에 인식되어질 수 없음을 뜻하는 것이다. 그리고 우리의 실존은 그의 사실성(facticity)에 친숙해지고 그리고 극복하기 위해서 관련성의 밭을 요구함을 뜻하는 것이다.
>
> — 모리스 메를로 퐁티, 1983, 44

시간적으로 앞서 있는 것에서 본질을 찾게 되면 우리는 다양한(특수한) 것들의 뜻을 제대로 파악하기 어렵다. 과거의 원초적 모습은 변화하는 것이 어렵다. 쌀의 변화가능성, 사과의 변화가능성보다는 밥의 변화가능성, 옷감의 가능성, 옷의 변모가능성이 크다는 것이다. '밭'의 가능성 – 밭은 이후 이전의 변증법이 펼친 마당으로 복숭아밭이 되고, 고추밭이 되고, 마늘밭이 된다. 관련성의 밭, 바탕의 개념적 특수화는 인간에게는 두 개의 밭이 주어져 있다. 하나는 시간의 밭이고, 다른 하나는 공간의 밭이다.

인간은 근본적으로 시간성이기 때문에 그의 실존은 정적인 실재가 아니라 현전하는, 개명하는 발전적 존재인 것이다. 시간성 안에서 그리고 그것을 통하여 인간 현존재는 그 자신의 동일성을 창조하면서 물 그 자체를 개방하는 것이다. 인간실존은 세계를 열어지게 하며 또한 개체적인 존재자들이 그곳에서 출현하며 또 의미를 부여받게 되는 장소(또는 Da)로서 잘 표현되어질 수 있는 것이다. 자신을 시간성의 미래, 과거, 현재의 황홀경을 통하여 확장하는 현존재의 운동은 역사성을 구성하게 된다.

– 버논 W 그라스, 1983, 12

인간은 실을 잣는 누에와 같이 시간을 잣는 존재다. 그리고 스스로 시간의 집, 존재의 집에 갇힌다. 그 존재의 집, 집이 된 시간은 이야기의 비단실로 현전한다. 스토리로 지어진 존재의 집 – 언어는 결코 존재의 집으로 고정되어서는 안 된다. 애벌레는 고치를 트는 공간적 성숙을 통해, 가장 느리고 가장 낮게 기는 존재에서 가장 높이 나는 (자유롭게, 예측 불가능한 비행) 존재로 변이한다. 이런 극적인 변이가 인간에게도 가능할까? 나는 타인을 온전히 내 안에 품을 수 있을까?

내가 어떻게 타인을 인식할 수 있는가를 이해하는 일은 어려운 일이 아니다. 왜냐하면 결과적으로 나와 타인인 자는 제 현상들의 직조된 모직물

의 일부로서 인식되어지지 않기 때문이다. 그들은 존재하기보다는 정당성
이기 때문이다. 이들의 표정과 몸짓 뒤에는 숨겨진 어떤 것도 있지 않으며
내가 들어갈 수 없는 어떤 영역도 없다. 다만 그의 존재 자체가 빛에 의존
하기 때문에 오는 아주 작은 그림자만이 있을 뿐이다.

- 모리스 메를로 퐁티, 1983, 39

의식에 자리한 인식은 씨앗과 같은 형태로 남아 있다. 우리는 우리의 내부에 의식적으로 보편적 진리에 도달할 수 있는 힘이 있다고 믿는다. 내 안에서 진리에 도달할 수 있다면, 타인은 구체적이지 않는 것이 더 나을 수 있다. 굳이 타인에게 현재성, 장소성을 구체적으로 부여할 이유가 없다는 것이다. 따라서 존재하는 타인은 자아와 정신의 통합자인 진정한 세계 안에서 동일한 것으로 존재한다. 따라서 나와 세계, 내 안에 동일자로 들어온 타인이라는 세 겹의 짜임이 가능하다. 인지의 나, 의식작용의 나, 의식대상의 나 그리고 인지의 타자, 의식작용의 타자, 의식대상의 타자라는 겹 세 겹의 짜임으로 직물의 위상은 확장한다.

밤하늘(天境)

위상, 위상성, 위상학에 대한 이해를 돕기 위해서 쉽게 떠올릴 수 있는 것은 밤하늘이다. 밤하늘의 별은 0과 ∞ 사이에서 뜬다. 눈에 확실하게 보이는 것은 언제나 한정되어 있다. 그 수는 밤마다 다르다. 같은 밤이라도 보는 사람에 따라 다르다. 그리고 위상적 이해에서 중요한 것은 우리는 별을 과학적으로 인식하지 않는다는 점이다. 별의 크기나 거리 등 정량적인 수치는 전혀 고려하지 않고 의미를 부여한다.

서양의 별자리와 동양의 별자리는 다르다. 우리가 흔히 알고 있는

별자리는 서양에서 부여한 것이다. 그리스·로마 신화는 거의 모두 별자리를 남겼다. 태양이 뜨는 위치를 표시하는 역할을 담당했던 12별자리가 서양의 별자리를 대표한다. 동양은 28수를 기본 별자리로 한다. 태양이 뜨고 지는 것 못지않게, 오행성의 위치를 파악하고, 천문의 변화를 읽는다. 동양이나 서양이나 별자리는 일종의 좌표였던 셈이다.

> 건축/아키텍처적인 것과 도시성에 대한 담론은 건축가들의 활동 영역에 관여 혹은 침투시키는 것들, 실제맥락과 가상맥락 간의 전이와 상호작용이라는 측면에서 가능케 해 주는 것이 바로 위상(학)적 공간이다. 이를 통해 위상(학)적 공간은 데카르트적 전통을 넘어서는 공간개념을 제시한다.
> — 요하임 후버, 2010, 273

위상학은 다양한 대비를 통해 공간을 다각도에서 탐색한다. 하나의 공간은 그 위치관계를 변화시키지 않고 다른 공간으로 변형한다. 이 변형에서 지켜야 할 것은 양과 질보다는 내부에 품고 있는 공간, 그 공간에 의해 특징지어지는 위치관계다. 따라서 위상학은 공간을 변형한다기보다는 모양을 변형한다고 볼 수 있다. 우리에게 익숙한 공간적 질서 원리들을 맥락상의 관계들로 전환한다. 위상학적 대비에서는 양과 질 등 정량적 관계는 전제되지 않는다.

위상학은 대상(사물들) 장소들의 '대조'를 통해 변곡의 동력을 얻는다. 공간에는 우·열이 없다는 점에서 '공간비교'라는 것은 성립하기 어렵다. 또한 공간은 그 모양도 없기 때문에 '변형'이라는 것도 맞지 않는 말이다. 공간은 '변이(전회)'를 위한 창을 열어 준다. 그래서 위상학의 관심사는 공간의 속성, 스토리를 기술하는 것에 있다.

라캉은 "모든 공간은 평평하다(plat)"고 말한다. 이 말은 공간은 위상학과 관련해 있다는 확신에서 나온 것으로 알려져 있다. 공간 그 자체는 깊이라는 '제3의 차원'을 포괄하는 것이 아니다. 이러한 논리의 전환은 깊이의 지각을 통해 정의된다. 개미가 애드벌룬 위에서 움직일 때, 그것은 곡면이 아니라 평면이다. 공이라는 구체는 평면의 깊이이고, 여기에서 개미에게 지평으로 출현한다. 그것은 지속적으로 뒤로 밀리는 지평선이다.(마이 베게너, 2010, 325) 평면의 공간은 입체 이전의 평면이 아니라 입체 이후의 평면이다. 즉 4차원의 평면이라고 해야 마땅할 것이다.

드 세르토가 행한 도시공간을 구성하는 실천에 대한 분석스케치는 장소와 공간을 자의적으로 구분한 것을 바탕으로 이루어진다. 그에게 장소들은 공간 내의 단순한 위치들이 아니고 행위와 상호작용이 일어나는 '현장'이다. 특수한 기초적 의미를 담지하는 물리적 대상의 배열로 이해되지 않는다. 장소는 추상적인 것, 요소들이 간단히(구체적으로) 얽힌 상호연접이다.(롤란트 리푸너, 2010, 359) 장소와 공간의 차이는 장소와 시간의 차이와 크게 다르지 않다. 3차원의 시간과 공간, 인간은 고도로 복잡한 관계와 맞닥뜨릴 때, 적극적으로 대응하기 위해 위상학을 고도화할 필요가 있다.

> 공간은 주체뿐 아니라 대상의 차원에서도 존재한다. 또 추상적일 뿐 아니라 구체적이고, 상상적일 뿐 아니라 실제적이며, 은유적일 뿐 아니라 실천적으로 실용적이다. 공간은 힘이고 구조이고 정신이고 신체이다, 등등. 이렇게 위상학은 인식의 두 차원에 걸쳐 넓게 분포한다. 한편으로는 분석과 과학적 기술에서 분류 사이에 그리고 다른 한편으로는 지각에서의 현상의 흐름과 기억 사이에 걸쳐 분포한다.
>
> — 비토리아 보르소, 2010, 382

강물에 던져진 돌멩이를 기억(경험)에 비유한 철학자는 에드문트 후설이다. 기억이 돌멩이들이라면 의식은 강물이 되고, 현상은 강물에 남겨진 물결무늬(波紋)가 된다. 흐름은 물과 돌멩이들의 관계를 통해 무늬를 품는다. 수면에는 물동그라미가 일어 퍼지면서 흘러가면서 사라진다. 동시에 돌멩이가 가라앉으면 물속에 흔적을 남긴다. 그 흔적들 역시 퍼지면서 흘러내린다. 그리고 사라진다. 흐르지 않고 여전히 그 자리에 남아 있는 것은 흔적으로서의 돌멩이다. 우리가 기억을 소환할 때는 단순히 표면적인 의미만이 재현되는 것이 아니다. 물속의 흔적들까지 입체적으로 재현되는 것은 이러한 기억의 가로·세로 지향성 덕분이다.

태극

20세기 시간에 대한 탐색은 현상학이 주도했다. 후설은 시간의식, 의식시간이라는 말을 같이 썼다. 본질적인 시간은 우리의 의식류이고, 우리의 의식류가 곧 본질적 시간이라는 것이다. 이것이 의미를 만드는 핵심인 의식작용의 작동원리이기도 하다. 객관적인 시간은 똑같이 주어지지만 그 시간 동안 개별자들은 저마다의 의식류를 통해 천차만별의 시간을 생산한다. 인간이 시간의 근원이라는 것을 밝히는 것은 현상학이 여전히 추구하고 있는 것이다. 현상학을 통해 인간은 사유의 존재, 존재의 존재에서 시간의 존재로 전회할 수 있게 된 것이다.

같은 맥락에서 공간에 대한 현상학적 탐색이 가능하다. 시간의 근원성, 시원성과 대척되는 지점에서 공간의 문화성을 놓을 수 있다. 공간을 문화적으로 탈바꿈시키는 주체는 개별자들의 스토리다. 위상학은 이것을 핵심테마로 삼는다. 위상학은 공간에 대한 현상학적 탐색이다. 후설 식으로 하면 공간현상학이 곧 위상학인 셈이다.

'시간'을 '공간'과 대결시키거나 실체론적 공간표상을 부활시킬 필요는 없다. 대안이 있다면, 공간성이라는 것을 위상학적(topological)으로 이해하는 것이다. 이러한 위상학적 방식의 공간이해는 알베르트 아인슈타인이 '컨테이너'에 비유해 표현한, 기존 공간표상 방식과는 전혀 다르게 공간을 이해한다. 공간에 대한 위상학적 연구에는 아이작 뉴턴(Isac Newton) 이후 발전한 수학과 물리학이 공간이해의 문제와 관련해 취한 상대화(Realtivierumgen)가 상당한 기여를 했다. 뉴턴 이후 수학과 물리학에서는 공간을 더 이상 3차원적 존재나 형태적인 단위(formale einheit)로 파악하지 않는다. 대신 상관적으로 규정되는 여러 국면들을 제시하면서 공간을 연구한다. 달리 표현해 공간의 선험적인 특성인 연장성을 다루는 대신, 공간구조를 묘사한다.

― 슈테판 귄첼, 2010, 16

공간의 구조는 그 내부의 모습을 추상화한 것이 아니다. 노드로서 어떤 것들과 어떻게 연결될 수 있는지의 문제다. 구조의 문제라기보다는 시스템의 문제이며 플롯의 문제다. 어떤 길을 놓을 수 있을 것인가가 공간구조 탐색에서 핵심에 자리하는 물음이다. 공간에 대한 위상학적 탐색은 기존의 것과는 전혀 다른 효과를 낳는다.

점·선·면·체들은 공간 복합체들의 구성에 효과적인 요인으로 상호 작용한다. 공간복합체를 이루는 요소들은 물리적으로 유한하다. 그러나 유한한 것들이 만나 내는 방식은 무한에 가깝다. 한계선과 한계면이 무한의 구성요인으로 다시 넘어간다.(마리-루이제 호이저, 2010, 255) '무한의 한계'라는 말은 '고정불변의 변화'와 같은 양립하기 어려운 어휘가 천연덕스럽게 마주 보며 일종의 아포리즘을 이룬다. 무한의 한계, 한계의 무한, 무한의 한계……와 같은 공전의 무한을 거듭할 수 있다.

무한과 한계를 동시에 실현하고 있는 수학의 기호는 '∞'이다. 평면적으로 이 기호는 공간을 셋으로 분할하고 있다. 이 기호를 실제로 작동시키면 뫼비우스의 띠가 된다. 두 면을 한 번 꼬아서 이어 붙이면, 그것은 1면을 이룬 2면이고, 2면으로 이루어진 1면이다. 뫼비우스의 띠가 품고 있는 공간은 셋이면서 하나이고 하나이면서 셋이다.
　뫼비우스의 띠는 공간을 직접 품지 않기 때문에 입체라고 하기는 어렵다. 오히려 그것이 시선에 따라 각양각색의 공간을 품은 것처럼 보인다. 무한한 가능성에 열려 있는 것이다. 2차원의 면과 면을 한 번 꼬아 이어서 만드는 것이 뫼비우스의 띠라면, 3차원의 입체와 입체를 한 번 꼬아 이어서 만든 것이 '태극'이다. 태극은 공(空)을 품고 음과 양을 실어 동시에 세 개의 공간과 마주한다.

중첩

　후설현상학의 핵심에는 시간의식이 자리하고 있다. 위상학은 의식류로서 시간을 바탕으로 그 이면에서 공간을 탐색한다. 의식시간의 공간 탐색, 공간의 시간의식 탐색이 함께 이루어진다. 시간의식은 시간의식류라고도 한다. 근원적인 시간도, 시간으로서 의식도 흐름에 의해서 발생한다. 그 이면에 자리하는 공간 역시 흐름을 가질 때 위상학적 가치를 획득한다. 위상학은 시간에 대한 학문이 아니며 공간에 대한 학문도 아니다. 시간과 공간을 함께 탐색하는 학문도 아니다. 20세기의 공간미학과는 그 지향을 전혀 달리한다.

　20세기 미학은 구체적인 공간들에 반짝반짝 빛나는 풍부한 사고를 공간의 운문, 공간의 현상학, 공간의 민속학, 공간의 고고학 형식으로 그리고 문학적이고 에세이적인 부록 형식으로 전개시켰다. 공간을 연구하는 이론분야는 그에 상응하게 그러한 이론의 종류 및 유형을 차근차근 물으면서 연구영역을 점차 확장해 갈 수 있다.

— 크누토 에발린, 2010, 410

20세기 공간미학의 특징은 공간을 이미 주어진, 선험적인 것으로 상정했다는 것이다. 따라서 이어지는 물음은 공간에 대한 물음이 아니라 공간을 전제한 물음들이다. 다양한 이론 속에서 공간은 어떻게 현상하는가, 어떻게 전개하는가, 어떻게 채우는가라는 물음이 차례로 이어졌다. 위상학은 이 물음 중에 특히 첫 번째 물음을 다른 방식으로 주목한다. 곧 선험적으로 주어진 공간의 현상이 아니라 다양한 관계맺음을 통해 후행적으로 표상하는 공간에 주목하는 것이다. 하늘의 대기와 지표, 그리고 우리의 몸과 심경의 다채로운 연결망을 통해 최초로 개시하는 장소로서 공간을 탐색 대상으로 삼는다.

공간을 이해하는 데 위상학적 대비의 강점은 문화학 및 매체학이 시도하는 의미의 다양성 지향에 가장 부합한다는 점이다. 이것은 실제 공간 이론이나 우연 공간이론을 훨씬 뛰어넘는다. 공간 연구와 관련해 공간적 전회와 지형학적 전회의 결과를 보면 이런 시각이 정당하다는 것을 잘 알 수 있다. 이 두 가지 '공간전회'에서는 공간관계나 공간구성 기술이 가능하다는 사실이 증명되었다.(슈테판 귄첼, 2010, 30)

공간적 전회, 지형학적 전회를 거쳐서 위상학적 전회로 나아갈 수 있는 방안을 다채롭게 모색할 필요가 있다. 이러한 위상학적 접근은 학문의 풍성화, 다양화에 대한 기여보다는 생활세계의 다양화, 다변화에 크게 기여한다. 이것은 장소의 중첩화로 이어진다.

장소의 이러한 중첩화는 데이터의 재투입과 함께 진행된다. 지도 같은 장소계의 근원인 원천적 장소로서의 여기가 장소계의 한 위치로 전위되어 표기될 때, 그때의 여기가 지도라는 장소계로 남김없이 이전되는 게 아니다. 즉 현실에서 여기란 지도상의 한 점으로 완전히 '삼켜지지 않는다.' 왜냐하면 정향의 중심지로서의 여기를 다시 참조하지 않는다면, 지도는 사람들이 단지 보기만 할 뿐 사용할 수 없는 장소를 표현하는 그림으로 변해 버리기 때문이다.

- 베른하르트 발덴펠스, 2010, 95~6

장소의 중첩화는 중심을 잡기 위해 이루어지는 것이 아니다. 주름을 잡아 표면을 입체화하는 것이 장소중첩화의 핵심이다. 지도 위에 표시된 장소는 하나의 '지금'을 나타낸다. '지금'은 특별한 근원인상을 통해 '그때', '이때', '저때'라는 지평을 갖는 '현재'로 확장된다. 확장된 현재가 우리의 기억으로 남게 된다. 이 기억들이 소환되는 자리에서 장소의 중첩은 이루어진다. 지도는 사람들의 행위를 이끌어 내는 위상적 지도로 입체화하게 된다. 우리의 경험은 지도를 수놓으며 지도를 안팎으로 넘어선다. 그러나 그것은 하나의 전체를 이루지 못한다. 기억은 단절된 형태로 떠오르기 때문이다.

그러나 파편적으로 떠오르는 기억들은 마치 과거의 경험이 그대로 재현되기라도 하듯 일원성, 전일성을 금세 갖춰 간다. 파편과 전체가 마치 이면을 이루는 것처럼 전환한다. 이러한 "패러독스는 항상 뭔가 최고, 최후 혹은 전체라는 것을 상정하는 사고가 문제시될 때 출현하는 자기관계성에서 생겨난다."(베른하르트 발덴펠스, 2010, 92) 물론 이러한 패러독스가 서양 사유를 주름잡았던 이원론을 완벽하게 거부하지는 않는다.

거부하기보다는 좀 더 적극적으로 이분법을 유도하고 이것을 단숨에 뒤틀어 잇는다.(뫼비우스의 띠) 이것은 패러독스로 패러독스를 뛰어넘는 전략이다. "데카르트적 이원론은 틈새와 분리의 형태를 취하면서 안으로 말려 들어가 내재화되어 변형된 형태로 존재한다. 우리의 경험은 단절선을 통해 서로 이어져 있다. 이러한 관계는 지금 우리가 다루는 공간구조 및 공간화과정에도 마찬가지로 적용된다."(베른하르트 발덴펠스, 2010, 92)

단절된 연결이라는 패러독스를 가장 잘 표현해 주는 것은 '징검다리'다. 물을 건너기 위해 노둣돌이 놓여 있다. 이 돌은 물의 길을 방해하지만 막지는 않는다. 다리지만 연결되어 있지는 않다. 이 끊김은 건너는 사람의 행위에 의해 연결된다. 나의 기억이나 경험으로는 감당할 수 없는 세상도 다른 사람들의 기억과 경험을 노드(노둣돌)로 가져다 놓을 수 있는 시대다. 우리는 여느 때보다도 풍성한 위상학적 지도를 접할 수 있게 되었다.

박물관

지도, 지형, 지정학, 지리는 대상을 공유하지만 다르게 표현하고 서술함으로써 다른 의미를 지향한다. 이 어휘들은 백과사전에 이렇게 풀이되어 있다. 지도는 공간의 표상을 일정한 형식을 이용해 표현한 것으로, 대부분 2차원의 평면에 그림의 형태로 그려진다. 지형은 수천 킬로미터에 달하는 대규모 구조들로부터 수십 미터 이하의 소규모 구조들에 이르기까지 다양한데 대규모 지형의 예로는 산·산맥·대지·평야·열곡 등이 있다. 소규모 지형의 예로는 계곡·사구·동굴·해빈 등이 있다. 지정학은 지리적 환경과 정치적 현상의 관계를 연구하는 학문이다. 지리는 일정한 곳의 지형이나 길 따위의 형편을 이르는 말이다. 지구의 표면에서 일어나는 자연과 인문현상의 공간적 다양성과 이들 간의 상호관련성, 주요 지역적 유형 따위를 연구하는 학문을 가리키기도 한다.

공간을 가장 객관적으로 나타낸다고 볼 수 있는 것은 '지도'다. '지도'에 대해 가타부타 이야기하는 사람은 거의 없다. 주어진 대로 거의 받아들인다. '지정'은 특정한 지도상의 좌표(위도·경도)에 대한 사회·정치적 의미가 담긴다. 지형은 사전적 의미보다는 위치·관계라는 의미가 담겨 있다. 객관적으로만 인식되었던 공간을 지형학적으로 인식하는 것으로 전회해야 한다는 견해가 있다. 이것은 공간인식의 위상학적 전회를 위한 예비 단계의 성격이 짙다.

문화학에서는 2002년 지그리트 바이겔(sirid Weigel)이 '지형학적 전회(torpographical turn)'라고 명명한 이론이 나온다. 이 이론에서는 진정 올바른 공간개념은 무엇인가와 관련한 논쟁은 더 이상 흥밋거리가 되지 못한다. 대신 지도의 다양한 형태에서 나타나는 공간성을 기술적(技術的) 문화적으로 재현하는 방식들이 부각된다. 바이겔에 따르면, 전자와 달리 후자는 "지형학적 그리고 지도제작적 문화기술이 문화구성에 어떤 의미를 갖는가를 탐구한다." 이런 방식으로 정의된 문화학을 바이겔은 '정치적 성향의 문화연구들, 즉 지도를 성급하게도 헤게모니를 쥐려는 권력의 압제 수단으로 보고는 자기들이 제대로 된 재현에 착수해 보겠노라고 외치는 문화연구들에서 구분한다.

— 슈테판 귄첼, 2010, 18~9

공간에 대한 새로운 탐색은 제대로 된 재현의 불가능성 혹은 불필요성에 대한 동의로부터 출발한다. 공간에 대한 탐구가 지형적 전회를 이루기 위해서는 지형의 특성이 흐름이라는 것을 받아들여야 한다. 그런 지향성이 전제되어야 공간을 제대로 움직여 나갈 수 있다. 움직임에 역동성을 배가시키기 위해서는 곧은 움직임보다는 나선을 그리는 것이 유리하다. 나선의 움직임이 이루어지기 위해서는 스스로 몸을 비틀어 변곡할 수 있는 빈 공간(빈터)이 마련되어야 한다.

열린 공간은 안팎의 구분이 절대적이지 않는 공간이다. '열리다'라는 술어는 새로운 공간으로 열리는 문(門)이자 새로운 공간에 닿는 길을 의미한다. 인간이 지닌 가장 추상적이면서 구체적으로 열린 공간은 언어일 것이다. 우리의 경험에서 비롯하는 언어는 가장 구체적이면서, 그 발화행위가 다시 기억됨으로써 가장 추상적인 것이 된다. 우리의 언어는 근원적으로 '회상적 문화'를 형성한다고 해도 지나친 말은 아닐 것이다. "우리가 망각하고 있을 뿐 아니라 망각하고 있다는 사실 그 자체를 망각하고 있음을 구성하는 기억은 틈새의 위상학, 즉 열린 공간에 접근할 수 없다는 것과 관계되어 있기 때문이다."(게오르크 크리스토프 툴렌, 2010, 151)

건축가 다니엘 리베스킨트는 말한다. "건축가(시인)는 빈 공간(언어)에 채워지는 것을 방해하는 일을 한다" 그렇게 채워지는 것을 연기하면서 빈 공간을 건축가는 시간으로 가득 채운다. 박물관 건축물이야말로 '비워진 빈 공간'이다.

2018년 9월 2일 브라질 리우데자네이루에서 큰 화재가 나 건물 하나가 전소했다. 화재의 규모로만 보면 한국에서까지 주목을 끌 만한 것은 아니었다. 인명피해도 없었다. 그런데 이 건물은 다른 곳이 아니라 바로 '국립박물관'이었다. 200년의 역사를 지닌 건물이, 2000만 점에 달하는 유물을 품고 전소했다.

    브라질 국립박물관은 포르투갈 식민지 시절인 1818년 주앙 6세 당시 포르투갈 왕이 이집트 미술품이나 공룡 화석 등 개인 소장품을 전시하기 위해 건립했다. 현재는 이집트 및 그리스·로마 유물 그리고 브라질에서 발견된 다양한 화석, 브라질 왕족 유물 등 200만 점에 달하는 유물이 소장돼 있는 것으로 알려졌다.

— Newiss, 2018. 9. 3

　이 화재로 불탄 것은 공간인가 시간인가. 1000만 점이 불탔다고 가정하고, 유물의 평균 나이를 500년으로 상정해 본다. 인류가 쌓아 올린 50억 년의 시간이 한순간에 사라진 것이다. 대상이나 사물이 유물이 되기 위해서 필요한 시간은 최소 100여 년으로 잡는다. 인간의 삶이 유물이 될 확률은 거의 희박하다. 살아 있는 동안에 인간이 문화적 유산 곧 시간유산을 남길 가능성은 매우 낮다. 그렇다면 '공간적 유물(산)'은 어떤가.

　하이데거가 짓기/닦아 세우기 내지 사물화라고 칭하는 장소의 위상학적 지위는 원래 장소와 공간에 부수적으로 구성된 부가물이다. 건설하기는 곧 사방을 가령 다리 같은 사물에 수렴시키고 기존 것들에 사물을 장소로 가져다주어 이를 통해 특별한 의미를 갖는 장소를 마련해 준다.

— 게오르크 크리스토프 툴렌, 2010. 148

　위상학의 다른 이름처럼 불리는 말 중에 '오일러의 다리'라는 것이 있다. 두 섬을 연결하는 다리가 모두 일곱 개가 있다. 같은 다리를 두 번 건너지 않고 모든 다리를 지나서 출발한 곳으로 되돌아올 수 있는 방법에 관한 물음에 오일러가 답을 찾았다. 장소와 장소를 연결해 만들어 내는 이야기가 곧 장소유물, 공간유물을 대표한다. 이 이야기의 절대적가치는 현재적이라는 데 있다. 살아 있는 동안에 우리가 만들 수 있는 유물은 시간유물이 아닌 공간유물 곧 장소유물이다. 우리 삶이 위상학을 지향해야 하는 근원적이며 최종적인 이유다.

2. 뫼비우스의 띠

문과 벽

무한대를 표시는 기호는 ∞다. 이것은 뫼비우스의 띠를 형상한 도형이기도 하다. 동양 사유의 핵심에 놓인 태극의 형상도 무한대를 표시한다. 서양의 무한대가 수량의 무한대에 기운다면 동양의 무한대는 음양의 순환으로서 무한대를 나타낸다. 양에서 음으로, 음에서 양으로 쉼 없는 흐름으로 변곡을 거듭하는 입방체가 태극이다. 뫼비우스의 띠는 최소한의 면에서 무한의 움직임을 가능하게 한다. 태극은 이것을 공간으로 입체화한다. 관계할 수 있는 공간의 질이 다르다.

뫼비우스의 띠가 추상적이라면 태극은 깃들 수 있는 구체적인 공간을 제시한다. 그 움직임을 통해 만나는 공간은 구분되지 않으면서도 매번 달라진다. "꽉 찬 존재들이 성겨지면서 안쪽과 바깥쪽을 가르던 경계는 풀어지고 바깥쪽은 안쪽으로 열리며, 바깥쪽은 바깥쪽을 향하던 나를 껴안는 나의 팔이 된다. 안쪽과 바깥쪽은 뫼비우스의 띠가 된다."(김은중, 1999, 40)

네덜란드의 판화가 마우리치오 에셔(1898~1972)의 「손을 그리는 손」에 대한 해설로는 매우 타당하다. 서로는 서로를 나타나게 하는 펜이면서 언제라도 서로를 지울 수 있는 지우개를 쥘 수 있는 손이기도 하다. 그리는 손과 그려지는 손이 확실하게 구별되면서, 구별되지 않는다. 주체와 객체의 뫼비우스의 띠가 감상자의 심경에서 펼쳐진다. 그림이 평면의 뫼비우스의 띠라면, 우리의 심경에서 다치 펼쳐지는 '손을 그리는 손'은 입체화할 수 있다. "이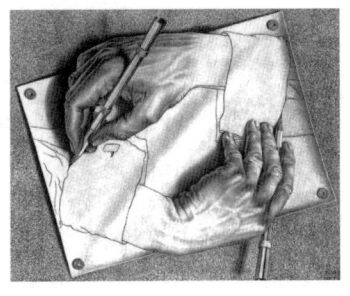
차원적 예술의 형식적인 면에서 이 작품은 분명히, 완성된 작품이기는 하다. 하지만 수용자가 받아들이는 측면에서 그 내용은 끝없는 논리의 모순이 발생하는 진행형의 작품이다. 이른바 무한히 이어지는 자기준거성의 패러독스는 내가 과연 진정한 주체로서의 '나'가 확실한지에 대한 의문을 품게 한다. 만약 내가 '나'가 아니라면, 그렇다면 난 누구인가? 그렇다고 '남'은 아닌 나는 도대체 누구인가?"(윤규홍, 예술사회학, http://cafe.daum.net/socart/DMDr 2019. 9. 13.)

뫼비우스의 띠에서 안쪽과 바깥쪽은 확실하게 구분이 가능하다. 그러나 그 구분은 거의 의미가 없다. 안팎의 구분과 마찬가지로 전진과 퇴행의 구분도 별 의미가 없다. 퇴행적 전진, 전진적 퇴행으로 우리는 뫼비우스 띠의 작동원리에 한 발 다가설 수 있다.

    퇴행적 움직임은 항상 전진적 움직임과 충돌하고, 이를 중단시키거나 모호하게 만들 우려가 있다. 시작이 종말에 위치하며, 종말이 다짜고짜 제일 앞에 등장하는 식인 것이다. 이 때문에 세상을 앞으로 나아가게 하는, 그리고 그 결과, 마르크스에 따르면, 모든 역사적 과정을 종말에 이르게 하는 모순을 파헤치는 일에 어려움을 가중시킨다.

– 앙리 르페브르, 2011, 124

드러나는 현상의 퇴행적 전진이나 전진적 퇴행은 의식의 현상에서도 마찬가지로 작동한다. 의식의 가로지향성은 객관적 시간으로 향한다. 강물에 던져진 돌멩이가 가라앉으면서 새겨지는 무늬는 강의 표면에 새겨지는 것만큼 물속에서도 그려진다. 의식 속으로 던져진 기억의 돌멩이는 흔들리면서 나선을 그리며 가라앉는다. 그러면서 설명할 수 없는 무늬를 의식 안에 새겨 넣는다. "현상학적 의미에서 객관적 지식은 주관적 속견에 대립된 것이 아니라 '가능한 모든 주관적 속견의 객관적 지식'으로 규정한다. 이렇듯, 후설에서 경험(지각)과 이성(인식)은 별개의 것이 아니라 지향적 의식의 끊임없는 흐름 속에 전체적 통일을 이룬다."(이종훈, 2012, 40)

'끊임없는 흐름'이라는 것은 그 공간을 전제해 주지 않으면 무책임한 수사에 그칠 우려가 있다. 끊임없는 흐름은 세 층에서 이루어진다. 하나의 경험이 층 즉 외부에서, 다른 하나는 이성(의식)의 층에서 그리고 이 둘 사이를 이으면서 흐른다. 이 흐름은 따로이면서 서로이다. 이것을 설명하기 위해서는 뫼비우스 띠 혹은 '태극'을 호출하지 않을 수 없다.

> 그의 순수한 내면으로 환원된 각자의 영혼은 자신의 그 자체에 대한 존재와 그 자체로의 존재를 가지며, 자신의 원본적으로 고유한 삶을 가진다. 그리고 어쨌든 원본적으로 고유한 방식에서 그때그때 세계에 대한 의식을 갖는다는, 게다가 그것이 감정개입의 경험을 갖는다는 사실을 통해 세계를 소유하는, 즉 자신의 통각을 통해 각자가 통각을 하는 것으로서 타인에 관해 경험하는 의식을 갖는다는 것은 각각의 영혼에 속한다.
> — 에드문트 후설, 2016, 435

아무리 강렬한 지향적 뒤섞임이라고 하더라도 각각의 영혼은 보존되고 배려되어야 한다. 그것이 가능한 공간이 뫼비우스의 띠이며 태극이다. 뫼비우스의 띠는 세 개의 외부를 동시에 품는다. 외부는 규정된 공간 너머에 있는 어떤 공간이 아니다. 뫼비우스 띠의 바깥과 안쪽 그리고 둘이 변곡하는 장소는 다르다. 그래서 품는 공간도 하나가 아니다. 뫼비우스의 띠는 공간을 구분하거나 가두지 않는다.

이렇게 규정된 공간으로 하여금 접근을 가능하게 하는 외부성은 내부성과 구분되지 않는다. "그 공간의 얼굴, 그것의 형상(eidos)이다. 이런 의미에서 한계는 경계와 다른 것이 아니다."(조르조 아감벤, 2014, 97~8) 한계는 경계의 경험 자체이지 어떤 구분은 아니라는 말이다. 즉 외부의 내부, 내부의 외부에 대한 경험이라는 것이다. 아감벤은 이것을 탈자태라고 말하면서 인류가 빈손으로 부여받은 특이성의 선물이라고 말한다.

이러한 경계 넘기가 인간을 상상을 불허하는 문화적 존재로 '거듭거듭' 거듭나게 해 준 것이다. 한계는 경계와 다른 것이 아니다. 벽은 문과 다르지 않다. 벽이 아닌 문은 없다. 문은 열리는 벽과 다르지 않다. 무한대가 품고 있는 바깥과 안쪽, 두 개의 원은 하나이면서 따로이고, 따로이면서 하나이다. 이것이 태극이 품고 있는 공(空)이다.

주관·객관/객관·주관

일반적으로 시선에 구체적으로 주어진 것에 대한 것은 객관적으로 파악할 수 있다고 말한다. 또한 이와 대극의 위치에서 구체를 완전히 결여한 추상적 관념을 '객관'으로 위장할 수 있다. 좌표를 찍을 수 있는 것, 즉 고정적인 것, 규정적인 것을 전제로 한다는 것이 둘의 공통점이다. 반면 움직이는 것, 흐르는 것을 제대로 파악하기 위해서는 관점 역시 변형될 수밖에 없다. 그런데도 각자의 관점 속에서 살아가는 이들에게 보편적인 것, 객관적인 것을 강요할 수 있을까. 이것은 다양한 가치를 추구하는 데는 전혀 도움이 되지 않는다.

우리의 행위는 주관에 의해 이루어지지만 언제나 구체적으로 이루어진다는 점에서 객관적이기도 하다. 따라서 행위의 의미를 파악하기 위해서는 주관적·객관적 관점과 연결된 다양한 활동능력을 입체적으로 감안해야 한다. "하나의 객관적 공간—주체와 그 주체를 둘러싼 객체들이 모두 놓일 수 있는 하나의 공간이 복잡성 속에서 파악될 수 있는 수단인 반면, 움직임의 가능성은 공간 안에서 사물의 질서를 세울 수 있게 한다. 그런 질서는 언제나 움직임과 활동능력에 달려 있는 질서이기 때문이다."(제프 말파스, 2014, 215)

동일한 사물이나 사건, 사태에서 움직임은 여러 측면에서 다양성을 허용한다. 그러나 일정한 해석의 플롯이 없이 다양성을 양산한다면 의미의 맥락을 찾기 힘들 것이다. 따라서 움직임은 구체적이면서도 주관적인 관점이라는 이중성을 갖는다.

이중성으로 인해 움직임은 유의미한 흔적을 남길 수 있다. 표면에 흔적을 남기는 행위는 2차원적인 장소를 개시한다. 공간을 시간으로, 시간을 공간으로 전회하면서 2차원을 3차원으로 전환한다. 그리고 3차원을 4차원 곧 시·공성으로 전환하는 것은 '흐름'이다. 작용, 움직임, 흐름은 한정된 공간을 무한에 가깝게 확장한다. 이것이 위상성의 핵심이다. 움직임과 흐름을 파악하는 데는 기존의 객관적인 것만으로는 턱없이 부족하다.

우리는 인간은 이러한 경제적 객관성을 그의 주체성의 새로운 양식으로 경험하며 그럼으로써 즉 그가 이용하고 사유하였던 그리하여 그것에 대한 전용자였던 사물들의 유용성에 관련되는 인간적 감정을 특별히 얻게 될 때에 한에서만 자의식을 가지게 된다고 말할 수 있을 것이다. 이러한 새로운 객관성은 특정의 일탈의 충동과 관념과 정감을 불러일으키게 된다.

— 폴 리쾨르, 1983, 102

　자본주의라고 하는 것은 '자본'의 지향가치와 거의 신적 지위가 주어지는 것이다. 성인(聖人)이라고 하는 것은 이러한 '자본'의 위력을 수동적으로 받아들이면서, 동시에 자본의 획득을 통해 신적(神的) 위치를 점하기 위해 능동적으로 나아가야 한다. 현대인들은 이 둘 사이에 심각한 괴리를 느끼고 있다. 이러한 분열은 착란으로 이어지는 경우도 있다. 즉 괴리를 인정하는 것이 아니라 괴리의 바깥으로 분열증적으로 도피하는 것이다. 이러한 것들을 대비하기 위해서는 새로운 객관성과 새로운 주관성이 필요하다. 새로운 객관성은 주관적 정감을 지향한다. 새로운 주관성은 객관적 구조를 지향한다.

　과학의 객관성은 보이는 것들에 대한 객관성이다. 이런 과학적 객관성과 대비되는 자리에 새로운 객관성 곧 생활세계의 객관성이 놓인다. 우리의 생활을 절대적으로 좌우하고 있는 보이지 않은 것들에 대한 객관성이 새로운 객관성이다. 이것은 위상적 객관성으로서 그 위상에 따라 변모하는 객관성이다. 주관성, 상호주관성, 객관성은 저마다 독자적인 특성을 가지고 있으면서 또한 상호의존적이다. 상호의존적이지만 서로 환원할 수는 없다. 하나의 공통원은 하나의 움직임 안에 있다는 것이다.(제프 말파스, 2014, 186)

　주체의 존재는 주관적이면서 객관적이다. 복잡한 형태의 공간성의 존재의 '동시성'을 확보한다. 이러한 동시성은 다채로운 활동과 연결되면서 장소성을 획득한다. 이 장소성의 바탕은 공간이 아니라 공간화된 작용들의 동시적 연결이다. "주관성과 공간성의 상호의존은 이런 점에서 주관적 공간성과 객관적 공간성의 상호의존과 유사하다. 두 형식의 공간성이 장소의 더 포괄적인 구조 안에 각인된 것으로 이해되어야 하듯이, 주관성과 공간성의 상호의존 역시 더 포괄적인 '지형적' 구조 안에서 요소들이 상호의존적으로 이해되어야 한다."(제프 말파스, 2014, 175)

　포괄적 지형구조는 '주관적 공간성, 공간적 객관성, 객관적 공간성, 공간적 주관성'이라는 흐름으로 제시할 수 있다. 주관성과 공간성의 상호의존은 물론, 공간성과 객관성, 객관성과 주관성이라는 상호주관, 상호객관, 상호공간이라는 동시성을 확보할 수 있다.

연결

　언어(言語)라는 어휘를 우리말로 옮기면 '말·글'이 된다. 인간은 '말'을 통해 동물로부터 소격해 나와서 독자적인 영역을 확보했다. 동물의 소리와 인간의 말은 그 소통정보의 양과 질에서 비교할 수 없었다. 글은 인간을 신적인 존재에 접근하게 했다. 글은 인간과 신의 경계에 자리한다. 글을 통해 '신격(神格)'을 획득한 이들은 자신의 '말씀'을 글로 남겨 전한다. 그들은 말씀을 남겼고, 그것을 옮겨 적어 가르침의 지평을 확장한다. 신에 근접한 이들은 경전을 남긴다. 신에 대한 욕망은 글쓰기의 욕망에 닿는다.

　인간은 생활을 영위하기 위해 다양한 수단을 사용한다. 의사소통이라는 하나의 측면만 보면 언어는 수단에 불과하다. 그러나 다른 도구들과 달리 언어는 인간을 문화화·사회화시킨다. 어떤 언어 속에서 태어나고 자라느냐에 따라 한 인간의 문화적 정체성이 형성된다는 점에서 언어는 목적이 된다. 특별한 언어를 품음으로써 인간은 현존재의 '내(內)' 상황의 중심에 자리할 수 있게 된다. 현존재가 있는 곳에 언어가 있고 언어가 존재하는 곳에 세계가 있다. 세계가 존재하는 곳에 현존재가 존재한다. 현존재를 통해 무한급수의 역사가 새롭게 쓰인다.

"언어는 더욱 근원의 뜻에서 볼 때 〈재보(財寶)〉이다. 언어는 제 책임을 거뜬히 해낸다. 이 말을 풀이하면 언어는 인간이 제 마음대로 좌우할 수 있는 수단은 아니다. 그것은 인간 존재의 드높은 가능성을 좌우할 수 있는 계기인 것이다."(마르틴 하이데거, 1983, 62)

언어가 존재하는 곳에 세계가 존재한다. 세계가 존재하는 곳에 내가 존재한다. 내가 존재하는 곳에 언어가 존재한다. 사랑은 사랑의 부재라는 미끼로만 낚을 수 있다. 언어에서 핵심적인 역할을 수행하는 것은 '서술어'다. 명사는 지칭 대상과 일대일 대응이 가능한 것처럼 생각했던 것은 소쉬르 이전의 언어학이었다. 언어가 사물과의 관계에 의해 변별력을 가지는 것이라는 것을 소쉬르는 천명했다. 다른 언어들과 좀 더 다양하게 관계할 수 있는 성격을 지닌 것이 서술어다. 명사 중에서도 술어적 속성을 지닌 것들의 역동성에 주목할 필요가 있다.

> 본질은 실제로는 표면적인 것에 불과한 분리된 상태에 존재하게 하는 원인이 되는 것이 언어의 직무인 것이다. 왜냐하면 언어를 통하여 본질은 의식의 반서술적인 삶 위에서 쉴 수 있기 때문이다. 원초적인 의식의 침묵 안에서만 단어들이 의미하는 바가 드러나게 될 수 있을 뿐 아니라, 사상(事象)들이 의미하는 바 역시 그 안에서만 드러날 수 있는 것이다. 명명의 행위와 표현의 행위는 시원의 핵심적 의미를 중심으로 하여 그 형태를 이루게 되는 것이다.
>
> — 모리스 메를로·퐁티, 1983, 45

후설은 생생한 경험이라는 현상에 의해 제 관계항들의 다른 연결을 모색한다. 본질이야말로 최선의 현재라는 것이 후설의 생활세계라는 어휘에 함의되어 있다. 그렇다고 후설이 존재로부터 본질을 분리시키고 있는 것은 아니다. 분리된 본질은 사물의 본질이 아니라 언어의 본질이다. 언어의 본질은 그 존재지향에 따라 '존재를 지칭하는 말', '지향을 위해 지양 상태에 있는 말', '흐름을 나타내는 말'로 구분해 볼 수 있다. 이것들은 각각 공간, 인간, 시간 속성을 지닌 말로 대치가 가능하다.

> 만일 나의 지각의 사실성이 전적으로 〈재현 representations〉의 내적인 논리 정연성에만 기초되어져 있다면 그것은 영원히 명료하지 않은 것이 되어야만 하며, 나의 개연성에 대한 추측에 사로잡혀서 나는 끊임없이 오도하고 있는 종합을 풀어헤쳐야 하며, 그리고 내가 맨 처음에 배제하였던 뿔뿔이 흩어진 현상들을 현실 속에 복귀시켜야만 할 것이다. 그러나 이러한 일은 일어나지 않는다. 현실은 조밀하게 직조된 직물이다.
>
> — 모리스 메를로 퐁티, 1983, 37

현실은 잘 짜인 직물일 뿐 아니라, 모전(毛氈)한 융단이기도 하고, 뜨개옷이기도 하고, 조각보 맞춤이기도 하고, 누비옷이기도 하다. 여기에 우리는 다양한 현상들을 무늬로 앉는다. 그 무늬가 표상하는 것이 무엇인지는 상상력을 발현하기 전에는 제대로 알 수 없다. 상상력은 우리의 판단과 거의 동시에 이루어진다. 그래서 '지각은 세계의 과학이 아니다.'

입체화되는 무늬(이미지)와 이미지에 대한 판단은 선후 구분 없이 동시에 이루어진다. 곧 의미는 입체적인 행위 자체라고 할 수 있다. 그러니 세계를 바라보는 시각의 과학, 객관이라고 하는 것은 수많은 방식들, 관점들 중의 하나일 뿐이다. 더 다채로운 의미를 위해서는 관점의 다양성을 확보하는 것도 중요하다. 그러나 이것은 주체의 관점이라는 점에서 한계를 지닌다. 이보다는 다양한 관계맺음의 방식, 플롯을 발견하는 것이 차원과 위상을 무한대에 가깝게 확장하는 데 유리하다.

직렬의 연결은 강력한 에너지를 발산하지만 지속시간은 하나와 같다. 병렬의 연결은 하나의 에너지를 발산하지만 지속시간은 연결된 숫자만큼 배가한다. 우리는 다수의 자아로 연결되어 있다. 다양한 분화와 병치, 대체를 통해 일원성을 지닌 다수의 개별자들의 존재 가능성을 높인다. "공간성과 시간성은 각각 병치와 대체의 차원에서 유발된 차원성의 형식에 상응하는 것으로 다룰 수도 있다. 더욱이 여기서 문제가 되는 차원은 필연적으로 활동과 움직임과 연결된 것이기 때문에 공간과 시간은 그 자체가 활동과 움직임에서 발생하는 개별자들의 병치와 대체를 통해서만 파악된다."(제프 말파스, 2014, 216) 공간성과 시간성을 동시에 구현하면서, 직렬의 연결과 병렬의 연결을 동시에 실현할 수 있는 '양자적 연결'을 위상학적 연결은 지향한다.

위상적 관계맺음의 양식으로 제안하고 있는 것이 '대체와 병치'다. 이것은 공존의 형식으로 병치와 연속의 방식으로서 대체를 적용함으로써 공간성과 시간성을 동일한 차원에서 하나로 다룰 수 있게 된다. 그러면서 독립성도 보장한다. 공간과 시간이 이와 같은 방식으로 함께할 때, 다양한 객체들의 등장을 작용 속에서 흔쾌히 맞을 수 있다. 상징의 안정성, 고정성과 알레고리의 역동성, 변화성의 분화된 동시성의 발현이 다양한 '현상들'을 이어 주는 핵심적인 전략이다.

최후의 최초/최초의 최후

한정된 지평에서 다양한 지형적 의미와 지정적 가치가 교차하면서 공간은 풍성해진다. 생활세계에서 공간의 가치는 일상을 이루는 시대의 요소, 여건과 깊게 관련한다. 농경시대에는 농사짓기에 좋은 땅이 가장 가치가 높았다. 오늘날에는 지정적 위치가 땅의 가치를 결정한다. 건물이 고층화를 지향하면서 다양한 장소성을 품는다.

건축적/아키텍처적인 위상학은 형식, 구조, 맥락 그리고 프로그램들을 서로 복잡하게 엮는다. 그래서 역동적인 모형으로 변이시키는 것을 가리킨다. 위상학적 전회는 무경계도시를 맥락에 맞게 읽는다. 공간, 프로그램, 맥락 그리고 직업의 공간 혁신적 속성들과 관련해 급진적인 시각변화를 함축한다. 공간성이란 사회적 행위 및 관계의 매체의 지향, 전제의 구현 모두를 지칭한다. 위상학적 혁신과 함께 인공물만 생성된 것이 아니다. 그것들의 소통으로 하나의 시장-하나의 세계가 창출된다. 이것은 사회적 산물이다.(요하임 후버, 2010, 287)

위상학적 전회는 가치의 다양성을 이끈다. 지향가치가 더 다양해져야 전체주의의 위험에서 벗어날 수 있다. 자본의 종속에서도 어느 정도의 자유라도 맛볼 수 있다. 위상학적 전회의 원리를 그려 볼 때 가장 가깝게 표현할 수 있는 어휘가 '뫼비우스의 띠'[1]다.

뫼비우스의 띠의 모양은 하나의 자기 횡단적인 모서리를 가진다. 이것은 우리의 유전자처럼 '자기 자신을 스스로 휘리릭 휘감고 있다. 이때 '자기 자신'은 두 가지를 지칭한다. 하나는 휘감고 있는 '나'이고, 다른 하나는 휘감겨 있는 '나'이다. 전자는 구체적인 물질로서 한 면을 이룬 두 면이고, 다른 하나는 그 면에 의해 형성된 하나이면서 세 개로 나뉜 공간이다.

여기에서 관건은 일면적 혹은 방향이 정해져 있지 않은 비정향성이다. 또한 전이된 의미에서 보아도 일정한 방향 상실이 존재한다. M.C 에스허르는 공포에 관한 라캉 세미나의 책자 겉표지를 장식하기 위해 뫼비우스의 띠를 묘사한다. 개미들을 띠 위에 돌아다니게 한다. 어떤

---

[1] 1850년대에 처음으로 독일 수학자 아우구스트 페르디난트 뫼비우스와 요한 베네딕트 리스팅이 기술한 뫼비우스의 띠는 아주 간단히 만들어 낼 수 있다. 그것은 띠의 끝을 잡고 평평하게 한 다음 한 번 꼬아 양끝을 서로 이어 줌으로써 만들 수 있다. 이 띠는 내부와 외부의 전이가 감지할 수 있는 단속이 전혀 없이 띠의 면을 지속적으로 따라감으로써 자연스레 일어나는 특수한 속성을 가지고 있다.(마이 베게너, 2010, 315)

시각에서 정향의 문제가 흥미진진해지는지를 잘 보여 준다. 사람들은 여기서 일어나는 안쪽과 바깥쪽 비틀림을 파악하기 위해 뫼비우스의 띠의 면을 직접 걸어 봐야 할 것이다. 비록 자신이 서 있는 위치에 따라 내부나 외부로 혹은 '다른 쪽'으로 해석될 수도 있는, 도달 불가능한 반대편이 존재할 것이라는 인상을 매번 가질 수 있다. 하지만 거기서 모양상 전통적으로 생각해 온 내부와 외부의 이분법이 해소된다.(마이 베게너, 2010, 315~6)

시선에 주어진 면의 이분법을 해소하는 것은 표면적으로 이분적 관계를 해소하는 것일 뿐이다. 뫼비우스의 띠가 품고 있는 공간에 주목할 때 우리는 좀 더 역동적인 위상성을 상상해 낼 수 있다. 뫼비우스의 띠의 변곡점이 품겨 있는 에너지는 외부의 세계에만 통하는 것은 아니다. 이것은 그대로 내면 세계의 역동성을 구현하는 원리로 가져올 수 있다. 여기에 그치지 않고 내부와 외부를 연결하는 원리로서의 위상을 갖는다. 외부세계, 내면세계 그리고 두 세계의 변곡을 위해 안팎을 채우면서 비우고, 비우면서 채우고 있는 것은 '언어'다. 언어의 아포리즘은 우리가 위상성을 추구할 때 최초로 최후까지, 최후로 최초까지 추구해야 할 것이다.

언어는 부재로서 말한다는 뜻이다. 언어가 말하지 않는 곳에서, 이미 언어는 말하고 있다. 언어가 멈출 때, 언어는 계획한다. 언어는 침묵하지 않는다. 바로 침묵이 언어 속에서 말하기 때문이다. 습관적 언어의 속성은 말을 듣는다는 것이 말의 본질의 일부라는 데 있다. 그러나 문학의 공간이라는 이 지점에서 언어는 들리지 않는 것이다. 여기에 시적 기능의 위험이 있다. 시인은 듣지 않으면서 언어를 듣는 것이다.

— 모리스 블랑쇼, 2010, 59

말을 하고 있지 않는 사람은 자기와 대화를 나누고 있는 사람이다. 말을 하고 있는 사람은 자기에게는 말을 걸 수 없는 사람이다. 귀를 닫아야 듣게 되는 것이 있다. 눈을 감아야 보게 되는 것이 있다. 침묵으로 말해야 하는 것, 침묵으로 말할 수 있는 것이 있다. 이것이 시인이 말해야 하는 '언어'이고, 끝내 찾아야 하는 언어다. 그것은 말할 수 있는 언어가 아니다. 어쩌다 보이는(에피파니) 이미지의 언어, 언어의 이미지다.

광각·접안/접안·광각

전유(轉有)는 글자 그대로 존재의 근거 이유를 옮겨 놓는 것이다. 전유는 기존의 의미 혹은 존재의 정체성을 전제로 하기 때문에 의미의 각축을 벌이기보다는 역동성을 증진시키는 데 더 관심을 둔다. 언어의 본뜻이라는 것은 사실상 없는 것이나 마찬가지다. 의사소통의 수단으로 쓰이는 언어라고 하더라도 그 대상을 의사소통에서 완벽하게 공유하는 것이 쉽지 않다. 특히 시적 언어는 대상·사물을 재현·전유한 언어를 다시 전유한다. 지적 언어는 재전유를 하나의 특성으로 삼는다.

접안렌즈로 들여다보면 눈으로 볼 수 없는 장미꽃의 꽃술에 매달린 꽃가루를 입체적으로 관찰할 수 있다. 구체적이고 세밀한 재현은 '나'와 물리적으로 근접한 거리를 변곡의 거리까지 확산시킬 수 있다. 공간은 장소로 심화되고, 풍경으로 확장된다. 공간, 장소, 풍경을 동시에 실현하고, 이미지화할 수 있는 장소가 '심경(心境)'이다. 이미지화된 것들은 '나'의 기억이라는 흐름을 통해 활성화한다.

내 기억의 흐름에서 포착할 수 있는 시간적인 거리(광각)와 심리적인 차원에서 나의 심급에 다가가는 공간적 거리(접안)를 동시에 확보하는 것이 필요하다. 그래야 우리는 구체적이고 세밀한 형태로 지도화할 수 있다. 회상은 시간적인 것이 아니라 공간의 시간을 통해 건져 올린 대상이 그 자체로 구체적인 이미지로 있다. 친밀함은 '광각'과 '접안'의 동시적 경험을 전제로 한다. 친밀한 경험은 심리적인 차원에서 '나'와 대상을 더욱 밀착시킴으로써 상세하고 정밀한 재현의 가장 기본적인 토대로 작용한다.(신재은, 2003, 124)

경험의 시간적 거리와 심리의 공간적 거리의 동시적 발현을 통해 '시적 형상성'을 확보할 수 있다. 시적 형상성은 과거나 미래, 현재를 넘어서는 제3의 풍경을 입체적으로 구현해 낼 수 있다. '언어의 층위'가 다층화될수록 공간의 형식과 사물의 내용에 의해 장소를 구성해 나간다. 언어의 위상성을 확장할 때, 장소들은 대립하면서 보완하면서 상충하면서 상보하면서 달라지고 닮아 간다.

> 이렇게 되면 비슷한 장소(isotopie), 다른 장소(heterotopie), 아직까지 생겨나지 않은/않을 장소(utopie) 즉 절대적 장소, 신성한 장소, 가능한 장소 등 토피(topie)로 끝나는 여러 장소들의 분류가 가능해진다. 하지만 무엇보다도 가장 변별적인 대립은 지배를 받는 공간(espace domine)과 전유된 공간(expace approprice)의 대립이다.
>
> — 앙리 르페브르, 2011, 256

동시대를 살아가는 사람들은 닮는다. 그것은 삶의 언어를 공유하기 때문이다. 그러나 시간이 지날수록 그 닮음은 옅어진다. 같은 경험임에도 불구하고 기억은 다르게 자리 잡기(이미지화하기) 때문이다. 또한 그 기억을 호출하는 맥락도 달라지는 까닭이다. 이와 달리 같은 시간에 의해 닮아 가는 것은 전혀 다른 속성의 사물임에도 미묘하게 닮는다. 시간이 쌓이는 것이 아니라 소멸의 흔적(장소)으로 남는다.

과거로 생성되는 기억과 미래로 소멸하면서 남겨진 흔적(기대)이 함께 작동할 때 우리는 특별한 '~토피아'의 물결무늬에 이름을 붙일 수 있다. 이 흐름의 무늬가 지닌 힘은 전유의 힘이며 뒤집는 힘이다. 움직임 자체가 장소를 개시한다. 전복과 위반의 일상성, 하나의 공간 안에는 다양한 장소가 존재한다. 토피아는 장소와 관련한 공간을 지칭할 때, 처음 불리지만 오래전부터 불린 것처럼 들린다. 가령 최근에 대중적으로 널리 알려진 '쥬토피아(zootopia)'는 처음 쓰인 말이지만 낯설지 않다.

표현 이전의 의미와 그것에 대한 표현이 서로 일치할 수 있다는 것을 오랫동안 믿어 왔다는 사실은 놀라운 것이라고 후설은 말한다. 표현과 의미는 선후관계가 아니고 후설은 의미와 표현이 서로 엮여 있다고 말한다. 의미와 표현 간의 혼융 또는 엮임을 단적으로 드러낸다. 후설은 표현적인 지시작용과 바로 표현 이전의 의미는 섞이면서 실제적으로 재생산한다고 말한다.(홍경실, 2006, 62)

표현 이전의 의미와 표현 이후의 의미 사이에는 간극이 존재한다. 이 간극을 잇는 것이 표현이다. 이전과 이후를 잇는 데 사전적 의미의 가교 역할은 특별한 역동성을 발휘하지 못한다. 문학적 언어, 시적 언어를 대표하는 것이 아포리즘, 모순어법이라고 할 수 있다. 언어의 뫼비우스의 띠, 아포리즘은 무한할 수 없는 언어의 무한성을 확보하는 유력한 방식 중 하나다.

> 변증법적 논증의 글쓰기 방법을 실천한다. 널리 알려진 바와 같이 변증법(dialectics)은 대화(dialogue)의 논리에서 나왔다. 일방적인 주장이 아니라 쌍방향적인 대화를 통해 진리를 깨우치게 한다는 소크라테스의 '산파술'은 변증법의 초기 형태이며, 헤겔과 맑스는 이 변증법을 현실 역사의 변화와 발전을 설명하는 방법으로 끌어올렸다.
>
> – 김주언, 2007, 265

변증법의 과정에서 '지향'과 '지양'이 동시에 일어나는 장소는 '~토피아성'을 속성으로 한다. 그래서 테제(thesis, 正)를 지향하는 정변증법, 모순되는 테제(anti-thesis, 反)를 지향하는 반변증법, 둘 모두 지양하는 비변증법, 둘이 함께 무화하는 무변증법 등 논증 논리를 일거에 깨뜨리는 장소를 개방한다. 따라서 변증법적 글쓰기 방법의 실천은 변증법의 기계적인 지향이 아니라 다양한 견해들을 위상적으로 고려한다. 여기에서 추구하는 것은 사유 의미의 다양성이 아니라 지향의 다양성이다.

겹주름[2]

사물의 모양, 꼴을 분간해 내는 것은 두 가지 지향에 의해 가능하다. 하나는 바깥으로부터 구별해 가는 것이고, 다른 하나는 안쪽으로부터 구별해 나가는 것이다 다른 것들과의 관계 속에서 드러나는 사물의 형체를 가리킨다. 다른 사물들과의 구분이 명확하지 않을 때, '애매하다'고 하고 그 반대의 경우에는 '판명하다'고 말한다. 안으로부터 사물의 형상이 명확하게 드러나는 경우에는 명석하다고 하고 그렇지 않을 때는 '모호하다'고 한다. 애매모호와 명석판명은 각자 서로 그리고 비껴서 마주 짝을 이룬다. 따로·함께 물고 물리는 공통영역과 반영역에서 공존하고 대립한다. 그러니까 애매는 명석과 짝을 이뤄 쓸 수 있고, 판명은 모호와 짝을 이뤄 반영역을 구성할 수 있다.

재론할 필요도 없이, 이 판명하고 애매한 배아는 모든 현실적인 것을 생산하는 – 형태발생적 과정이며, 본질의 대체 개념인 것이다. "다양체들은 그 구조상 애매하고 판명하다. 다시 말해, 하나의 다양체를 정의하는 특이성들은 집합들의 형태로 나타나며 이 집합들은 단번에 주어지는 것이 아니라 반복되는 계열들을 따라 펼쳐짐으로써 한 다양체의 본성을 점진적으로 특화(종 변화)하는 방식으로 구조화된다."(데리다, 2009, 42) 다양체의 구조는 애매하고 판명하다는 결론이 수학적–철학적으로 이렇게 일치하는 것이다.

- 신지영, 2011, 129

천 개의, 만 개의 직선으로 이루어진 원은 우리 주위에서 어렵지 않게 찾아볼 수 있다. 가령 축구공은 둥그렇다. 그러나 축구공은 볼링공과 같은 구체가 아니다. 현재 세계적으로 가장 많이 쓰고 있는 축구공은 12개의 정오각형과 20개의 정육각형 가죽을 기워서 만든 32면체이다. 다양체의 본질은 접속 가능성이다. 위상학적 구조는 다양체의 지향성, 확실성은 접속 가능성, 결합 가능성이다. '명석 – 애매 – 판명 – 모호 – 명석……'의 나선의 역동성을 이룬다.

위상학적 구조를 가진 차이의 하나의 반쪽인 잠재적인 것은 구조상 판명하나 현실적인 차원/가시적이거나 가지적 차원에서 보면 애매하다. 차이의 다른 반쪽인 현실적인 것은 가시적이고 가지적이라는 측면에서 명석하다. 그 위상학적 구조는 숨겨져 있기 때문에 모호하다. 들뢰즈가 이 애매하고 판명한 구조의 예를 〈애벌레〉 주제나 〈배아〉로 보편하고 있다는 것도 잘 알려져 있다.

- 신지영, 2011, 128

롤랑 바르트가 정리한 이론 중에 잘 알려진 것이 S/Z이론이다. S가 거울 앞에 서면 Z가 된다. Z가 거울 앞에 서면 S가 된다. S/Z는 서로의 거울상을 표상하지만, S는 남성성을 Z는 여성성을 상징한다. 롤랑 바르트의 사유는 이렇게 존재자가 S로 개시할 때는 Z를 이면에, Z가 개시할 때는 S가 이면에 자리한다. 둘은 타오르는 것처럼 반복하면 나선의 역동적 구조를 형성한다. 나선의 역동적 구조는 지평의 확장보다는 위상의 다양화에 효과적이다.

서사에 투영된 공간이 실제공간을 지시하지 않는 양상으로 극화되면, 정의되고 상징화된 의미 형성적 기능을 지닌 공간 '상징적 공간'이 된다. 이와 관련된 '문학적으로 변용된 공간' 개념을 아주 광범위하게 적용하면 '서사적 공간'을 대체할 수도 있지만, 대체로 비유적 이미지로써 표현된 공간 현상을 가리키는 정도에 한정시킨다. 그런 양상이 극화되면 상징적인 공간 형상이 되는 것이다. '상징'이 그러하듯, 상징적 공간은 실제 공간이나 실재 공간 어느 것도 실체로 전제하지 않고, 결국 해석 국면에 따라 새로이 창출되는 공간이다.

- 장일구, 2001, 34

공간의 결, 서사가 지나는 '스토리 공간'이 펼치는 상징적 공간의 추상성과 '빈터'를 제공하지 않는 허무성은 공간의 긍정적 바탕이다. 니체는 누구보다 일찍 탈근대적인 성취에 몰두했다. '역사주의 이후의 역사주의'를 지향하는 철학은 "자아"의 시간이 가리키는 '탈근대성'을 수용하는 동시에 여전히 거기에 남아 있는 근대성을 제기하는 '지양/극복'의 논리가 필요하다. 그것은 역사주의적 시간관을 '지양극복'하는 공간전회의 사유, 즉 "생활세계"에 대한 위상학적 통찰을 따른다. '전혀 새로운' 형이상학으로서의 역사 '인식/존재'론에 따라 역사의 진실을 이야기할 수 있는 일상사가 존재하기 때문이다.(송석랑, 2015, 480)

근대로 수렴된 전통을 전복함으로써 근대의 해체를 도모한다. 이러한 이중의 수고는 전통과 근대를 각자 극복/지양하는 것보다 훨씬 더 효과적이다. 우리는 의식작용과 의식대상이라는 현상학의 이중의 수고를 적극적으로 활용할 필요가 있다. 이중의 수고에서 삼중의 수고의 위상학적 공간팽창, 위상의 다변화가 생활세계를 풍성하게 하는 계기로 작동할 수 있을 것이다.

달빛요정역전만루홈런

근대사회보다 인터넷 등으로 개별적 삶이 강화된 현실에서는 더욱 다양한 측면에서 소외가 이루어지고 있다. '소외'는 세계를 달리하며 다른 '강도'에서 사회적 문제를 야기하고 있다. '소외'가 야기하는 폐해가 다양하고 심각한 만큼 다양한 언어가 동원된다. 대표적인 말이 '따돌림', '왕따' 같은 용어다. 인류가 특정한 이념과 지향을 위한 공동체를 이루는 한, 이 문제는 해소되기 어렵다. '공범자 의식'도 있다.

현대사회 구성원의 대부분은 스스로를 소시민으로 여긴다. 경제적 차원에서는 중산층이라고 생각한다. 소시민, 중산층 개념에는 양비, 양시적 의미가 상대적으로 내재되어 있다.

> 소시민은 죽음 속에서 개체성의 궁극적인 박탈, 개체성의 좌절에 직면한다. 그것은 완전히 벌거벗은 삶이며, 순수하게 소통 불가한 것으로서 소시민의 수치스러움이 마침내 편히 잠들 수 있는 그런 곳이다. 소시민들은 이런 방식으로 자신들의 비밀을 덮기 위해 죽음을 이용한다. 그러나 그 비밀은 그들이 곧 고백해야 하는 것인데 그것은 완전히 벌거벗은 삶조차도 그들에게는 진실한, 비고유한 것이며 순수하게 외부적이라는 점, 그들에게 이 지상에서 살 곳은 없다는 점이다.
>
> — 조르조 아감벤, 2014, 91

죽음에 닥쳐 우리의 욕망이 지상에 좀 더 머물기를 바라는 것만큼 '구차하고' '아쉽고' '슬픈' 것도 없을 것이다. 이것을 관통해 능동적으로 지상에서 떠날 수 있기 위해서는 '자발적 소외'가 필요하다. 지상에서 소시민들을 '아등바등'거리며 살게 하는 힘은 '자본의 소외'에 대한 두려움이다. 이것은 그 어떤 스펙터클보다 무섭게, 무겁게 개별자들의 삶을 억누르고, 지배하고, 죽음 너머로의 시선을 차단해 버린다. 자본으로부터의 소외를 극복하는 거의 유일한 방법은 스스로 자본으로부터 '소격'되는 것이다.

달빛요정역전만루홈런氏가 부른 「달빛요정역전만루홈런」에는 이런 노랫말이 있다. "9회말 주자만루/투아웃 투쓰리 풀카운트/나에게 주어진/마지막 기회가 온 거야/오늘을 기다렸어/지금이 바로 그때/모두 다 일어나 외쳐라/달빛요정역전만루홈런/만루홈런." 21세기형 민중가요로 불리는 노랫말을 다음과 같이 낭만적으로 변용해 볼 수 있다. '새끼손가락 손톱 달빛 만루 홈런'이라는 애니메이션이 있다. 가끔 손톱을 깎다 보면 도저히 찾을 수 없는 손톱이 하나씩 있다. 그 손톱이 첫눈을 기다리는 초겨울 봉숭아 물든 새끼손가락 손톱 끝이었다면 그 아쉬움은 더 크다. 어디로, 어디까지 날아간 것일까? 그 붉은 손톱만 한 점이 하늘 끝까지 날아가 별의 한 귀가 되었을 것이라고 상상해 본다.

오늘날 문화의 한 특성은 주체와 객체의 구분이 불분명하다는 것이다. 우리의 삶이 인간적 발전을 이루어 가는 데로 향하고 있다는 확신은 점점 옅어지고 있다. 과거의 유산과 미래의 창조적 기대 사이를 오가면서 주체와 객체는 분절하면서 습합하고, 융합하면서 분리된다.

문화의 경제학과 정신의 현상학을 동시에 정당하게 설명할 수 있는 길은 상징들에 대한 지나친 결정론에 입각한 해석에 기초를 둔 변증법을 택하는 길뿐이다. 그러므로 나는 문화적 현상은 은폐와 재현의 이중적 가치를 지니고 있는 승화에 대한 위대한 탐색이 그 안에서 침전되어지는 객관적 매체로서 해석되어져야 할 것임을 제안한다.

— 폴 리쾨르, 1983, 121

소격된 주체가 곧 문화현상이고, 그렇게 의미들이 통과하고 통과되면서 겹치고 꼬이고 따이는 '노드'로서 작동한다. 우리는 비로소 추상적으로 '어떤 심인(상징)'을 품는 것이 아니라 실제로 다양한 것들이 통과해 가는 객관적 매체, 현상학적 객관 매체가 될 수 있다. 특별한 구체적 현상이 아니라 '매체'의 중요성이 부각될 때, 이것의 운용을 좌우하는 '정치'의 문제는 새로운 차원에서 다룰 필요가 있다. 아감벤은 도래할 정치가 새로운 이유는 "그것이 더 이상 국가의 정복이나 통제를 쟁취하는 투쟁이 아니라 국가와 비국가(인류) 사이의 투쟁이며 임의의 특이성과 국가조직 사이의 극복될 수 없는 괴리가 될 것이기 때문이다."(조르조 아감벤, 2014, 118)라고 말한다.

사회적인 것과 국가적인 것과 세계적인 것과 문화적인 것과 지역적인 것과 종교적인 것 등이 조금씩 다른 위상에서 다른 지향을 갖는다. 마주봄이 아니라 비껴봄이라는 시선은 고정적 특성이 아니라 임의적 특성을 보인다. 따라서 추구해야 할 정체성도, 어떤 권력으로부터 인정받은 사회적 습속도 전혀 개의치 않게 되었다. 이 괴리들은 메워지거나 극복되어야 할 것이 아니라 다양한 변곡을 위해 적극적으로 활용될 수 있어야 한다. 이것이 도래할 정치의 새로운 역할이다.

바로 이런 이유에서 우리가 살고 있는 시대는 인간이 최초로 자신의 언어적 본질을 경험할 수 있는 시대가 된다. 언어의 이런저런 내용이 아니라 언어 자체, 이런저런 진리의 진술이 아니라 언어를 말한다는 바로 그 사실을 말한다. 우리 시대의 정치는 전 지구상에서 전통과 믿음, 이데올로기와 종교, 정체성과 공동체를 부수고 비우는 파괴적인 언어경험/실험이다.

― 조르조 아감벤, 2014, 115

능동적 소격을 통해 문화적 주체로 거듭난 개별자는 단독으로 공동체를 이룬다. 수없이 많은 공동체들이 서로를 이으며 쉴 새 없이 구성하고 해체하고 다시 구성된다. 그런 역동성 속에서 주체도 객체도 언어도 문화도 스스로를 지켜보면서 우선 최선을 다해서 스스로를 돌보면 되는 것이다.

야구장의 다이아몬드가 타자와 주자로 가득 찼다. 일순간 침묵이 흐르고 그 사이를 가장 크게 덮으며 공이 날아간다. 비움에 대한 간절함이 일순간 함성으로 채워진다. 내 몸에서 가장 멀리까지 우발적으로 날려 보낼 수 있는 있는 것은 봉숭아 물이 든 새끼손톱 끝일 것이다. 나와 새끼손톱이 날아간 거리(어느 행성까지일지도 모르는)에는 처음인 위상적 길이 닦인다. 그것은 새끼손톱이 날아간 세계의 거리와 '봉숭아 물든'이라는 심경의 거리까지 날려 보냄으로써 우리는 특별한 위상적 장소를 최대치로 개시할 수 있는 것이다.

3. 무아레

프로테우스

그리스·로마 신화에 나오는 신들 중에서 알려지지 않은 신 중의 하나가 프로테우스다. 프로테우스는 포세이돈의 다른 이름이라고도 하고, 동급이라고도 할 정도로 강력한 신이다. 그런데도 널리 알려지지 않은 것은 한 번도 같은 형상을 가지지 않은 까닭이다. 바다의 신이라기보다는 바다 자체라고 해도 무방할 것이다.

경험은 장소를 생성한다. 행위가 이루어지고 나면 장소성은 공간성에 되돌려진다. 겹겹으로 소실된 장소성은 입체적이고 복합적인 것들이 소통하고 전환할 수 있는 공터를 제공할 수 있다. 경험은 두 번의 계기에 의해 변곡함으로써 의미를 획득한다. 즉 경험은 기억이 되어야 하고, 기억된 것은 다시 재현되어야 한다. 따라서 경험 자체의 의미가 고스란히 살아나는 경우는 드물다. 사회적·지적 유행에 따라 왜곡될 수 있는 위험성이 크다. 또한 판에 박힌 관습을 따를 가능성도 크다.

장소에서 인간의 의도는 절대적인 요소로 작용하지 않는다. 인간 활동을 위한 의미로 가득 찬 환경은 장소의 극히 일부분이다. 장소성은 "장소에 대한 심오하고 무의식적 정체성을 지니는 데서 나오는 것이다."(에드워드 랠프, 2005, 148) 몸에 배인 장소는 일상이 된다. 이런 일상은 매번 같으면서도 한 차례도 반복하지 않음으로써 죽음의 목전까지 호기심을 놓지 않는다. 몸에 배인 장소, 장소로서의 몸의 반복과 차이를(일상과 일상의 전환) 통해 존재는 '시간과 공간과 인간'적 요소의 상호주관성을 통해 위상학적으로 다채롭게 전회할 수 있게 한다.

존재는 시간·공간·인간의 상호주관적 관계 속에서 펼치고 접히는 의미 자체다. 시간과 공간에 대한 사상적인 마음씀이 두루 미친다. 하이데거의 위상적인 접근법이 의미가 있는 이유는, 공간사고에서 획기적인 전환점을 이루었기 때문이다. 이 전환점은 공간 및 공간질서의 역사성을 다루기 위한 논증의 방향을 제공한다. 그의 논의에서 공간예술은 특수한 위상을 점한다. 하이데거 이후, 예술과 건축은 그 속에서 존재가 스며드는 현저히 눈에 띄는 장소로 파악되었다. 하이데거의 위상학적 접근법에서는 예술이론에 유용한 결과들이 도출되기에 이른다.(카트린 부슈, 2010, 153)

시간 존재는 존재의 장소화로 전회한다. 하이데거의 존재론은 위상학적 전회를 이루게 된다. 존재 이해의 지평은 시간에서 공간경험으로 이행한다. 시간의식, 공간의식이 공간사고에서 획기적인 변곡점을 찍는다. 의식은 인간적인 요소다. 이해에 대한 위상학적 접근은 시간을 통한 인간 이해, 공간을 통한 인간 이해가 동시에 이루어질 수 있다. 이를 통해 다양한 맥락을 구성한다.

흐르는 시간, 흐르는 공간, 흐르는 인간(의식)은 변화·변곡, 흐름 자체를 정체성으로 삼는다. 파도와 같이 단 한 번도 같은 모습을 하지 않은 바다의 신이 프로테우스다. 오늘날은 아폴론처럼 유일무이한 정체성이 아니라 한 차례도 반복하지 않으며 영생의 삶을 누리는 프로테우스적 삶을 추구하는 시대다.

'프로테우스적 인간'이란 리프톤이 특히 현대적 인간의 개성과 정체성을 가리키기 위해 사용한 용어이다. 이름에서 암시되듯이 프로테우스적 인간은 새로운 선택을 시도하고 대안을 모색하면서, 라이프 스타일을 바꾸듯이 거의 자유자재로 자신의 정체성을 변화시켜 나간다. 예를 들어, 중산층 출신의 젊은이들은 급진적인 학생이 되었다가, 보수적인 사업가로, 다시 시민운동 활동가가 된다. 물론 개성은 어느 정도의 연속성이 있지만, 분명한 것은 기존의 행동 패턴과 신념에는 단절이 발생한다는 것이다. 즉 생활방식을 완전히 바꾼다는 것이다. 리프톤은 프로테우스적 인간이야말로 각 개인은 일생을 통해 일관되고 안정된 정체성을 보여 주어야 한다는 전통적인 관점의 대전환을 상징한다고 주장한다. 프로테우스적 인간은 사물의 안정성과 일관성, 그리고 경계가 분명하지 않은 현대문화의 한 부분이다.

- 에드워드 랠프, 2005, 271

바다의 신 프로테우스는 달을 닮았다. 달은 한 차례도 같은 모습으로 표상하지(떠오르지) 않는다. 달을 따라서 바다 역시 한 차례도 반복하지 않는다. 달을 따라 물을 따라 우리의 몸도 흐른다. 형체가 없는 것 곧 무정체가 프로테우스의 '정체'다. 물과 같은 변화 가능성이 물결 따라 춤출 수 있는 정체성을 형성한다.

전통적으로 정체성은 어떤 것을 다른 것으로부터 구분해 낼 수 있도록 하는 지속적인 동일성을 가리켰다. 그러나 고유의 정체성은 다른 사물에 대한 정체성과 분리되는 것은 아니다. 정체성은 다른 것과의 차이보다는 내부에 있는 지속적인 동일성이 더 핵심을 이룬다. 자기동일성은 또한, 다른 것과의 구분을 위한 것이 아니라 이를 통해 어떤 종류의 특성을 타자와 지속적으고 공유하기 위한 전제가 된다. 정체성은 개별 인간이나 물체에서, 그리고 그 사람과 물체가 속해 있는 문화 속에서도 발견된다.(에드워드 랠프, 2005, 109)

흐름과 매듭

'무아레'라는 말의 의미는 이 말을 쓰는 분야마다 조금씩 다르다. 무아레(moire)는 인쇄 시 방향이 겹쳐서 생기는 글 무늬로 인쇄 실패의 대표적 사례로 꼽힌다. 조직이나 가공에 의해 나뭇결이나, 잔물결과 같은 무늬가 나타난 직물을 일컫기도 한다. 직물의 표면을 맞대고 높은 압력의 룰러 사이를 통과시키거나 물결무늬가 조각된 캘린더로 눌러서 무늬를 새긴다. 무아레는 간섭무늬, 물결무늬, 격자무늬라고도 한다. 규칙적으로 되풀이되는 모양을 여러 번 거듭하여 합쳤을 때, 이러한 주기에 따라 시각적으로 만들어지는 줄무늬를 말한다.

몽상과 시학은 비슷한 현상으로 드러나지만 그 질료는 해안선과 파도처럼 다르다. 둘을 동일한 상징의 범주에 묶을 수 있는 것은 '대상'의 부재와 연결할 때뿐이다. 몽상은 이미지들만 남고, 그 이미지의 원본은 가려져 있다. 이것이 상징이 아닌 것은 언어화되기 이전이기 때문이다. 시학은 그 대상을 이미지의 상태로 지니고 있다. 언어화는 오직 한 편에서만 가능하다. 그러나 시학이 상징의 범주에서 벗어나는 것은 그 대상이 우리의 내면, 혹은 텍스트의 내면에 너무도 확실하게 있기 때문이다.

> 나는 꿈과 창조성 사이에 존재하고 있는 기능적 통일성을 그리고 우리가 단지 꿈을 만들어 꾸는 일과 인류의 문화적 유산이 되어 영원히 보존되는 작품을 서로 구별하게 하는 가치에 있어서의 차이를 동시에 설명하고자 시도하려는 것이다. 꿈과 예술적 창조 사이에는 하나의 기능적 연속성이 존재하고 있는 것이다. 그것은 은폐와 재현이 그들 양자 안에서 작용하지만 그러나 그들은 하나의 역의관계로 작용하고 있는 것이다.
>
> ― 폴 리쾨르, 1983, 116

예술은 만들어 꾸는 꿈과 크게 다르지 않다. 그러나 예술은 꿈이 아니고 꿈 역시 예술이 아니다. 이것은 맥락의 문제나 해석의 문제라기보다는 쓰기, 혹은 쓰기 방식의 문제다. 그러나 '꿈의 예술', '예술의 꿈'과 같이 변곡을 이루는 아포리즘은 얼마든지 가능하다. 아포리즘은 해안선과 파도가 이루는 '반복과 차이'의 무늬에 비유할 수 있다.

이러한 무늬를 대표하는 것이 '무아레'다. 이 무늬의 효과는 겹쳐 놓은 나일론 커튼의 촘촘한 그물조직이다. 20~30°로 겹쳐 놓은 2장의 모눈종이를 통해서도 빛을 볼 때 나타난다. 만약 같은 폭으로 흰색과 검은색 살을 평형하게 붙여 만들어 놓은 격자에 무늬를 가지는 것을 겹친다면 겹침각이 1′(초)에서 약 45°로 변하는 동안 무아레 줄무늬가 나타난다. 이 줄무늬의 변이는 한 격자가 다른 격자에 대해 이동한 것보다 훨씬 더 크게 나타난다. 이 원리는 기계(예를 들어 비교측정기)에 생기는 작은 이동을 측정할 때 이용한다.(다음백과)

무아레 무늬는 '물결무늬'라는 프랑스어에서 유래되었다. 여기에는 예측 가능성과 불가능성이 공존한다. 즉 필연성과 우연성이 동시에 작동한다. 예술은 꿈의 우연성과 기술(技術)의 필연성을 동시에 지향함으로써 특별한 기술(記述) 전략을 수행한다. 인간이 만들어 내는 무아레 무늬가 곧 플롯에 의한 서사 기술이라고 할 수 있다. 무아레라는 말에서 펼쳐지고 있는 의미망에 주목하면, 위상학을 대표하는 용어로서 가능성이 매우 높다는 것을 알 수 있다.

만(灣)의 구조는 이중적으로 매력적이다. 해변과 계곡의 움푹 들어간 지형만으로도 안전을 보장하면서 한편으로는 무한한 수평선이 모험심을 부추긴다. 더욱이 대기와 대지에 닿는 것만으로도 즐거워지게 마련인 사람의 몸을 물과 모래가 받아 들이기까지 한다. 숲은 사막을 감싸고 사막은 통째로 드러낸다. 전자는 외지고 싸늘한 반면 후자는 척박하다. 인간은 여기서 밀려나는 듯 하고 타는 듯한 햇볕에 피부가 벗겨질 정도다. 해변에도 직사광선이나 강한 입사광이 있지만, 대신 모래가 발가락 사이까지 단단히 파묻고 몸을 받아 떠받쳐 준다.

— 이푸 투안, 2011, 178

    모래 해변은 이중으로 '움직이는 고정' '고정된 움직임'이라는 위상들을 지닌 장소다. 파도와 해안선, 모래와 물이 그렇다. 연속성과 지속성, 일회성과 일관성, 변화성과 변이성, 구체성과 추상성, 정체성과 지향성, 공간의 반복성과 시간의 연속성을 바탕으로 다양한 생명들이 다른 위상에서 삶을 일궈 간다.
    우리의 삶은 공간의 해안선과 시간의 파도가 이루는 무아레의 장(場) 속에서 다양한 이야기를 수놓으며 펼쳐진다. 우리의 삶이 일원성과 일관성을 갖춘 것으로 파악함으로써 우리는 하나의 삶으로 구성될 수 있다고 믿는다. 그런 삶을 구성하는 신념, 행위, 욕구, 희망, 기억들은 오직 그렇게 함으로써 그것들이 가진 내용을 포괄할 수 있는 것이다. 우리 스스로 이야기하거나 우리가 우리 자신을 이해하는 데 사용하는 이야기들 속에는 우리 자신의 구성과 재구성이 우리의 태도와 행위의 내용에 통합된다.(제프 말파스, 2014, 105)
    우리는 일생을 같은 나로 살면서 한날한시도 똑같은 적이 없다. 기존에는 이것을 시간의 차이와 공간의 반복(마음의 차이와 몸의 반복, 혹은 정신의 반복과 육체의 차이)으로 단순하게 이야기했다. 그러나 우리가 깃들어 있는 우리의 몸은 시간적 존재인가, 공간적 존재인가, 혹은 주관적 인식인가 객관적 인식인가라는 물음 앞에서 우리는 주저하게 된다. 우리의 몸은 일생의 시간을 기억하고, 노쇠해 가면서 그 시간들을 고스란히 흔적으로 남긴다.

> 작용의 일원성은 서로 다른 요소들 – 하나의 구체적 신체, 구체적 객체들, 구체적 환경, 구체적 능력들 – 의 상관관계 속에서, 그것을 통해 유발되고 유지되는 일원성이다. 자아, 정신적 내용, 일원적인 주관적 공간의 가능성을 조장하는 일원화를 행하는 것은, 하나의 결과로서 활동 자체를 넘어서는 어떤 것이 아니며, 행위자(작인)의 이전 존재에 근거하지도 않는다. 정신적 상태들 사이의 일원성이나 하나의 공간의 일원성을 산출하는 주체, 그리고 구체적 상태들이나 구체적 공간들이 속하는 주체의 요구와 관련된 문제는 대체로 사라진다.
>
> – 제프 말파스, 2014, 136~7

그러나 시간은 선적으로 흐르지 않는다. 진동하면서 시간이라는 흐름 자체가 공간을 열고 닫으며, 맺고 풀며 흐른다. 우리의 몸은 특정한 물리적 장소에 무수한 미생물들이 자리를 차지하고 사는 공간적 터전이 아니다. 나의 몸은 무수한 생명체들의 접속체다. 저마다의 공간(마음)을 품고 있는 것들의 집합이다. 시간의식으로 이뤄진 공간이라고 할 수 있다. 이 공간은 절대적으로 유지되지 않는다. 천문과 지리의 변화 그리고 몸(마음)의 변화에 따라서 끊임없이 열리고 닫힌다. 우리 몸은 흐름 속에서 그 공간을 천변만화로 변화시킨다. 시간·공간·시간의 일원성은 생명이라는 작용을 통해서 유지할 수 있다. 감각적 구체성(몸)의 불확실성, 지각적 추상성(마음)의 아포리즘을 통해 우리는 입체적으로 세상과 나를 함께 만날 수 있다.

파도와 해안
우리의 일생은 해변의 모래 위에 얼굴을 새기는 것과 크게 다르지 않다. 그러한 우리의 생은 한 차례의 파도로도 지워질 수 있다. 시간의 축척으로 따지지 않아도, 인간의 한생은 지구의 역사에 비할 바가 못 된다. 미셸 푸코는 인문학의 고고학자라고 할 수 있다. 그를 대변하는 어휘 중 하나가 '에피스테메'다. 이것은 한 시대의 인문성의 가치를 나타내는 말이다. 이 속에 있을 때 인간은 그 가치(절대적)의 시금석을 에피스테메로 삼는다. 푸코는 합리적 이성의 완성 단계에 이르렀다고 하는 근대성의 인간은 '모래사장에 그려진 얼굴처럼' '인간'이란 것도 곧 지워질 것'이라고 말했다.

인간 주체의 지향 가치가 휴머니즘의 정수를 형성한다. 그러나 인간 주체는 선험적이거나 절대적인 것이 아니다. 역사적·사회적 특수한 상황에서 다양한 담론들이 구축된다. 비판적 휴머니즘에서는 인간 주체란 "구축된 담론적 힘들의 관계 속에서 단지 '생산된 것'에 지나지 않는다."

> 푸코를 비롯한 포스트구조주의 철학은 '이성적이고 자율적인 주체'가 어떻게 타자의 구성과 배제를 통해 구축되었고 동시에 그 타자에 의해 생산된 효과에 지나지 않는 것인지를 파헤쳤다. 따라서 '합리적이고 자율적인 개인'이라는 자유주의적 휴머니즘의 구체는 더 이상 인간중심주의를 고집하며 자연에서 특권화된 주체로 자처할 수 없게 되었으며, 사회변혁과 역사를 이끌어 가는 실천적 원리로서의 자격도 주장하지 못하게 되었다.
> – 김재희, 2014, 216

시간의 파도는 모래 위에 그려진 인간의 얼굴을 씻겨 간다. 이 파도는 모든 존재가 맞닥뜨려야 할 '삶과 죽음이 교차'하는, 흐르는 장소다. 그러나 이것으로 우리의 얼굴이 완전히 무화되는 것이 아니다. 하나의 얼굴이 그려지는 전 과정은 고스란히 파도에 녹아들어 이야기로 남는다. '파도의 반복성'과 '해안선의 고정성' 그리고 그 사이에서 그려진 인간의 이야기에 위상학은 주목한다.

차이와 반복은 다른 것이 아니라 서로의 이면을 이룬다. 반복은 공간성을 지향하고, 차이는 시간성을 지향한다. 시간과 공간은 따로가 아니다. 시공간의 특성에서는 차이를 통해 반복을 지향한다.(파도/해안선) 공시간의 특성에서는 반복을 통한 차이를 지향한다.(해안선/파도) 음악이나 시는 최대치의 '차이'를 구가한다. "예술과 예술적 감수성은 이러한 차이를 추구하며, 이를 영감, 기획이라고 부른다. 차이는 새로운 작품을 만들려는, 즉 작품을 새롭게 만드는 동기를 부여한다. 차이에 이어서 시인, 음악가, 화가 등은 반복인 행위를 통해서 이를 실현할 수 있는 수단, 단계, 기술 등을 모색한다."(앙리 르페브르, 2011, 558)

수단, 단계, 기술, 일상의 예술화가 필요한 이유다. 내 얼굴을 담아 갈 파도를 기다리면서 우리는 '차이와 반복'을 통해 매번 같은 '공간', 매번 다른 '시간'을 만들어 내는 장소를 살아 낸다. 이 삶을 통해 얻고 쌓은 지혜(언어)를 통해 우리는 능동적으로 파도 속으로 녹아들어 갈 수 있다. 그렇게 온몸 온 생애를 이행당할 수 있어야 한다.

> 차이 생산이론은 최대한의 차이에 토대를 둔다고 볼 수 있다. 이러저러한 전체가 자신이 지닌 틀을 넘어서 자신과는 완전히 다른 또 하나의 전체를 만들어 내는 식이다. 온전한 것들의 전체가 조각난 것들의 전체를 만들고, 그것은 다시 '측정할 수 없는 것들', 초월적인 것들, 초무한적인 것들의 전체가 된다. 논리적·수학적 계기에서는 생산과 귀납이 존재한다. 반복은 차이를 만들어 내는데, 이때 만들어지는 모든 차이가 같은 값을 지니는 것은 아니다. 질적인 것은 양적인 것에서 태어나며, 그 역도 성립한다.
>
> — 앙리 르페브르, 2011, 529

질적인 것에서 양적인 것이 태어나고, 양적인 것에서 질적인 것이 태어나기 위해서는 움직여야 한다. 움직임 자체가 태어남이고 살아감이다. "전체로 볼 때 지각의 세계 자체는, 실은 단지 층에 불과하다. 세계는 시간공간의 세계이며, (논리적-수학적이 아닌 생생한) 시간공간성은 생활세계로서의 이 세계의 고유한 존재의 의미에 속한다."(에드문트 후설, 2016, 315) 지각의 세계는 단지 '층'이다. 세계를 이루는 시간공간, 공간시간은 따로가 아니다. '생활세계-세계의 고유한 존재 의미'-모두가 다른 시간·공간성의 결을 타고 산다. 위상적 생활세계라야 언제나 상이한 지향이 가능하고, 그래서 언제나 처음인 얼굴을 그릴 수 있다.

이는 특별히 정서적이거나 의지적인 지수들이 순전히 주관적인 현상의 등급으로 격하되고, 언제나 동일한 지향에 부과되는 한, 지향성도 모든 의식 형식에서 현전하면서 동시에 대상과 관계를 맺는 기능을 실행하는 항상 동일한 작용이 아니라는 것을 뜻한다.

— 엠마누엘 레비나스, 2014, 94

지향성은 주체의 것이 아니라 대상에 의해서 촉발한다. 따라서 경우들마다 상이하다. 지향작용은 의지적이고 정서적인 요소들(파도)과 바깥의 방식(해안선)의 상호관계 속에서 발생한다. 한 차례의 사태에 대한 단순한 표상은 그 대상을 지시하는 방식이다. 참 또는 거짓으로써 동일한 사태를 다루는 판단 방식과는 다르다고 후설은 말한다. 지향성은 지향작용, 지향대상에 의해 매우 다양하게 측정된다. 의심, 희망이나 두려움의 방식이 존재한다. 어떤 것을 지향하는 특별히 비슷한 틀(플롯)이며, 또 제각각 특별한 것이기도 하다. 그 지향의 힘에 의해 주체 전체가 지워지면서 이행하는 것, 그것이 자기 자신을 초월하는 특별한 방식이다.

밀물과 썰물

패턴은 반복적인 것에서 찾아진다. 삶의 패턴을 좌우하는 것은 생활세계다. 주행성이든 야행성이든, 아침형이든 저녁형이든 하루 생활의 패턴을 결정하는 것은 사람이 아니라 지구의 자전이다. 지구의 공전에 따른 계절의 변화 역시 생활의 패턴을 정하는 데 매우 중요하게 작용한다.

지구에서 작동하는 가장 확실하면서 역동적인 변화는 대양의 밀물과 썰물이다. 달의 인력은 대양의 물을 이끈다. 달의 반대편에 있는 물은 긴장에서 풀려나듯이 반대편이 이끌려 간만큼 밀려 나온다. 해안에서 썰물이 밀려 나온다. 그 좌우에서는 달의 +영향과 -영향에서 벗어나 해안으로 밀물이 밀려온다. 이것이 하루에 두 번 일어나는 밀물과 썰물의 원리다. 지구가 구체보다는 타원체에 가깝다는 것은 언제나 움직이는 대양으로 인한 것이다. 바다의 밀물과 썰물은 가장 안정적인 동시에 가장 역동적인 지구의 움직임에 해당한다. 이 움직임은 지구 전체에 '음(陰)'의 활력소를 불어넣는다.

작용은 그 작용을 하는 인격에 대해 그때그때의 내용을 지닌 채 확실하게 존재한다. 대양의 존재의 가장 확실함은 바로 움직임이 드러내 준다. 이 확실함은 의심스러운 것, 추정적인 것, 무효화된 것까지도 포함한다. 움직임을 속성으로 하는 까닭에 확실하고, 타당하게 존재함으로써 본질적인 차이를 획득한다.

존재의 확실성은 가치의 확실성과 구별되며, 이 둘은 다시 실천적 확실성(가령 계획의 확실성)과 구별되고, 이들 각각은 자신의 양상을 갖는다.

게다가 우리는 다른 작용의 함축을 통해 작용하는 타당성의 차이를, 그리고 예를 들어 모든 작용을 에워싼 지평의식을 통해 이것들에 고유하게 함축된 타당성의 차이를 가진다.

— 에드문트 후설, 2016, 411

모든 작용을 에워싼 지평의식 곧 무수한 파도를 감싸 안는 해안선은 일종이 패턴이라고 할 수 있다. 패턴이 타당성이라면, 이 패턴을 따라 다가오고 물러서며, 때로 부서지며, 대항하기도 하는 움직임, 무수한 파도와 같은 작용들은 '무아레'라고 할 수 있다. '무아레'가 지향하는 것은 진실이다. 반복의 고정성, 고정의 역동적 반복(무아레), 이 둘의 가장 안정적인 패턴, 역동적 변화가 곧 스타일을 형성한다.

후설은 본질의 이념성과 일반의 이념성이 모든 패턴의 바탕을 이룬다고 말한다. 그 패턴에 대한 세밀한 분석을 요구했다. 레비나스는 패턴은 우리가 언급한 것으로 한정해야 한다고 말한다. 패턴은 하나의 흐름을 형성할 수 있어야 한다. 즉 '실질적 술어'를 공유할 수 있어야 한다는 말이다. 실질적 술어라고 하는 것은 대상이 지닌 속성의 연장과 밀접하게 연관되어 있다. 그러나 이것은 동일성을 지향하기보다는 차이를 지향한다. 실질적 술어는 모든 것에 앞서 또 다른 현존의 장식으로 나타나게 된다. 선험적 현존의 방식은 과거가 아니라 미래의 것일 확률이 높다.

선험과 후험의 양방향성은 우리에게 존재의 새로운 차원을 드러낸다. 대상의 이념성이 우선 존재한다고 말할 수는 없으며, 그것은 공간과 시간에 관한 무관심을 통해 특징지어진다. 이러한 무관심은 이념적인 것이 존재하는 방식 자체, 후설이 말했던 것처럼, 구성하는 의식 안에 주어지는 그 방식을 구성한다.(엠마누엘 레비나스, 2014, 189)

방식의 구성이 플롯의 구성, 공간의 패턴 지향성, 시간의 무아레 지향성의 상호주관적 작용을 통해 우리는 다양한 스타일로 동일한 플롯을 반복할 수 있다. 모든 형식이 작동하는 패턴의 공간, 각각의 형식인 파도가 흐르는 시간, 현존의 조건으로서 플롯을 경험할 때, 우리 삶의 한 줄은 스타일로서 완성되는 것이다.

스타일을 추구하기 위해서는 개념의 언어를 술어적으로 전환할 필요가 있다. 이 과정에서 우리가 가장 힘겹게 싸워야 하는 것은 이념의 언어들이다. 이들 언어들은 개념과 수행 사이를 이으면서 교묘하게 단절시키기 때문이다. 레비나스는 학문의 언어들이 추구하는 것은 개념인 것 같지만 사실은 이념에 가까울 수 있다고 우려한다.

존재에 대한 탐구는 자연학, 생물학, 심리학에서 공히 이루어지고 있다. 이들 학문들은 근본적인 개념어로 기억, 지각, 감각, 공간, 시간 등을 쓰고 있다. 그런데 이들의 개념은 학문마다 조금씩 다르다. 그러면서 서로 근본적인 개념어가 아니라고 지적한다. 이들은 근원적이라기보다는 현상적이라고 말할 수 있다. "존재에 관한 이론은 어떤 점에서 그로부터 하나의 관점을 채택할 수 있고, 존재의 현존 자체의 조건인 범주를 고려함으로써 말미암아 존재로서의 존재를 연구할 수 있다. 존재에 관한 이론은 존재론이 될 수 있다."(엠마누엘 레비나스, 2014, 30)

현존, 현전은 시간공간, 공간시간을 바탕으로 삼지 않으면 불가능하다. 다양한 존재 영역의 필연적 구조 규정은 정지한 틀이 아니라 스타일로서 끊임없이 움직여야 한다. 스타일이 현존의 플롯이라고 할 수 있다. 무한으로 깊어지거나 높아지거나 넓어지는 것은 불가능할 뿐만 아니라 별 의미도 없다. 그것은 생활세계를 벗어나는 것이기 때문이다.

절대지(絶對知)에 대한 욕망은 실현 불가능한 것이다. 인간이 도달할 수 있는 데가 최선이 아니게 되었다는 말이다. 인공지능이 이루는 기하급수의 발전은 앎의 영역에서 인간을 매우 초라한 존재로 만들 날이 멀지 않았다. 따라서 인식지평의 확장을 향해 가던 철학의 운명은 그 지침(指針)을 급격하게 수정하지 않으면 안 되게 되었다.

"철학의 운명은 심문되지도 않고 더구나 감지되지도 않은 채 남아 있는 지평에서 유래하는, 그리고 함께 기능하지만 우선은 이해할 수 없는 것으로 알려진 역설에 몇 번이고 되풀이해 새롭게 휩쓸려 들게 된다."(에드문트 후설, 2016, 336) '역설'에 휩쓸려 듦으로써 철학이 하나의 플롯을 형성하는 데 이바지할 때, 새로운 의미 혹은 운명을 부여받게 될 것이다.

모빌

갓난아이가 처음 대하는 장난감은 모빌(mobile)인 경우가 많다. 침대 머리맡 천정에 매달린 이 장난감의 속성은 '움직임'이다. 모빌의 움직임을 좇아 아이의 눈도 흐른다. 어른이 되어서 큰 관심을 지속적으로 기울이는 것은 어떤 자동차(Mobile)를 탈까?이다. 자동차는 가장 대표적인 이동수단이다. 그러나 자동차는 이동수단의 개념을 이미 넘어섰다. 인간이 살아가는 데 기본이 되는 3가지 요소를 '의식주'라고 한다. 사람들은 '입고, 먹고, 살고'라는 일상을 영위하는 수준에 만족하지 않는다. 살기에 좋은 집과 보기에 좋은 집 사이에서, 맛있는 음식과 몸에 좋은(보기에 좋은) 음식 사이에서, 입기 좋은 옷과 보기 좋은 옷 사이에서 갈등한다.

현대인에게 자동차는 의식주 못지않게 중요하다. 의식주가 안주(安住), 거주(居住)와 관련이 있다면 자동차는 움직일 때 제 역할을 한다. 출발지와 목적지는 수단이다. 그 과정이 자동차의 목적이 된다. 자동차를 고를 때 가장 먼저 고려하는 것은 안전과 연비 그리고 외관이다. 최근 들어 안전과 연비가 높아졌지만 2010년대 초반까지도 외관이 압도적으로 높았다.("자동차 선택과 스타일에서 연비와 안전성 선호"(http://www.newscani.com, 검색일, 2019. 12. 31.) '의식주'는 자연을 토대로 마련한 일상의 기본요소이다. 과학기술을 토대로 한 인간의 생활요소를 꼽으라면 그 앞자리에 자동차가 자리할 것이다. 그다음에는 아마도 '스마트폰'이 올 것이다. 지금은 자동차와 스마트폰이 위치가 바뀌어 가고 있다. 컴퓨터나 인터넷, 카메라 등은 모두 스마트폰에 결합되어 있다.

  자연속성과 문화속성을 공유할 수 있는 서술어는 '흐르다'일 것이다. 의식의 삶은 객관적 학문의 삶이 아니라는 것은 거의 명확해졌다. 의식의 삶은 작업을 수행하는 삶, 올바르든 그렇지 않든 감각적으로 직관된 삶이라고 후설은 말한다. 의식의 삶은 학문적 삶으로써 존재의 의미를 수행하는 삶이라는 사실을 이해하고 깨달아 가고 있다는 것이 후설의 진단이다. 그가 인식의 변화의 자리에서 주목하는 부분이 데카르트가 빠져든 '순환론'이다.

    데카르트는 감각적 세계, 즉 일상적 삶의 세계가 감각적 사유작용이 사유한 대상인 것과 똑같이 학문적 세계가 학문적 사유작용이 사유한 대상이라는 사실까지 깊이 고찰하지는 못했고, 그가 실로 신의 존재증명에서 자아를 초월하는 추론의 가능성-어쨌든 이 가능성은 이러한 증명을 통해 비로소 정초될 수 있다-을 전제했을 때, 그가 빠져들어 간 순환론을 깨닫지 못했다.

- 에드문트 후설, 2016, 195

  인간은 타의에 의해서, 자의에 의해서 꼼짝없이 매여 살고 있다. 그럼에도 불구하고 끊임없이 흐르는 존재다. 곤히 잠들어 있어도 뒤척이며 내면의 흐름을 멈추지 않는다. 한순간이라도 '흐르지' 않으면 '죽은 것'이다. 예측불가능한 순환은 '수소핵'을 감싸는 전자의 움직임을 닮았다. 이 예측불가능성으로 인해 우리는 한 차례도 같은 길을 흐르지 않는다.

따라서 우리가 무엇에 관해 제시할 때 흐름의 생이라는 독자적 성격을 충분히 고려해야 한다. '나는 행한다, 나는 움직인다. 나는 정지한다'는 모두 흐름이라는 독특한 성격 속에서 의미를 획득한다. 상관적인 다양한 운동감각이 있고, 흐름을 통해 독자성과 독특성을 더함으로써 파편적인 것들을 수렴해 하나의 경로를 구성한다.

이 운동감각들은 물체적으로 제시된 신체의 운동들과 구별되지만, 그러나 독특하게 이 신체의 운동들과 하나가 되어 이러한 이중적 측면성(내적 운동감각과 외적 물체적-실체적 운동)에서 그 자신의 신체에 귀속한다. 이렇게 귀속하는 것에 대해 심문하면, 우리는 그때마다 나의 신체에 특별히 광범위한 기술(記述)이 필요하다는 사실, 즉 나의 신체는 자신을 다양하게 제시하는 방식으로 자신의 특수한 특성을 띤다는 사실을 깨닫게 된다.

- 에드문트 후설, 2016, 304

메아리는 목소리 이후의 목소리다. 그다음의 목소리도 있다. 우리가 지각하고 감각한다는 것은 그 자체가 아니라 감각의 메아리, 지각의 메아리다. 우리가 움직인다는 것은, 내가 행한다는 것은 '흐름'의 메아리라고 할 수 있다. 신체에 대한 광범위한 기술이 특별하게 필요한 것은 이런 측면에서다. 몸의 흐름을 입체적으로 확장, 4차원으로 확장하는 과정에서 끊임없이 주체를 발생시키는 것이다.

태어남과 죽음의 문제, 이것이 세계의 사건들로서 지닌 의미의 선험적 구성의 문제 그리고 성(性)의 문제 같은 것도 나타난다. 또한 마지막으로 요즈음 매우 많이 논의되는 '무의식' – 꿈이 없는 잠, 기절 그리고 그 밖에 이러한 또는 이와 유사한 성질과 명칭으로 간주하는 것이면 무엇이든 – 의 문제에 관해 말하면, 이 경우 어쨌든 미리 주어진 세계의 사건이 중요하며, 그래서 이 문제 역시 태어남과 죽음의 문제와 아주 똑같이 구성의 선험적 문제제기에 자명하게 포함된다.

– 에드문트 후설, 2016, 346~7

인생은 여러 단계로 구성되어 있다. 그 사이에는 계단처럼, 고갯길처럼 인간의 문제가 가로놓여 있다. 우리의 삶은 끊임없이 발생하고, 그것은 역사의 흐름에 내맡겨지면서 사회적·문화적으로 지평을 확장한다. 그러면서 발생한 삶은 더 높은 차원의 인격성을 추구해 간다. 우리의 삶은 현존재가 기투된 본질적 현실에서 출발해 결국 현실로 되돌아온다.

이때 선험적인 것이 없다면 우리는 우리의 자리를 제대로 찾지 못할 것이다. 생활세계의 선험성은 생활세계 바깥에 있지 않다. 따라서 선험적 주체는 출발한 주체이고 후험적 주체는 도착한(되돌아온) 주체다. 이 둘 사이에서 진동하는 주체가 현상학적 주체, 경험적 주체, 스타일의 주체다. 생활세계에 있는 선험적인 것은 '현존재의 본질적 현실'이다. 인간의 다른 몸이라는 언어, 언어의 육체, 언어의 정신, 언어의 마음, 언어의 몸의 아포리즘은 모두 진동하는 주체를 표상한다.

직선과 곡선의 완벽한 결합인 춤의 기하학이 있는 것처럼 시적 예술의 기하학도 있다. 시적 연행에서는 내용의 그물망과 표현의 그물망 사이의 완벽한 상호침투가 포함된다. 그러한 상호작용은 바로 들뢰즈와 가타리가 구성이라고 부르는 개념으로, 이 구성이란 개념은 신체와 감정의 물리적이고 에너지적인 행위들이 언표행위, 즉 말하거나 쓰는 주체의 행위를 통해 생산되는 기호들의 결합체로 변형되는 그물망을 말한다.

— 마리 맥클린, 1997, 126

흐름을 정수로 삼을 때, 텍스트는 일종의 '연행(演行)'이 펼쳐지는 장소가 된다. 텍스트가 정태적인 구조로서가 아니라 움직이는 부분들의 그물망으로서 기능한다는 점을 보들레르는 잘 알고 있었다. 이 그물망은 우연, 우발적으로 직조되는 것이 아니라 구조적으로 구성된다. 연행(演行)에서도 구도, 움직임, 언어 등을 치밀하게 조직하는 것이 중요하다. 조직된 것은 정태적이어서는 안 된다. 어떤 모빌리티가 작동하느냐에 따라 의미는 천변만화한다.

양상들

사람들이 일생을 살아가는 양식은 거의 비슷하고, 그 방식은 모두 다르다. 방식은 공동체마다 일정한 양식에 의해 이루어진다. 밀물과 썰물이 시간의 특성을 나타낸다면 파도를 맞는 해변은 공간적 특성을 갖는다. 파도는 다양한 방식에, 해안선은 규정성을 지닌 양식에 비유할 수 있다. 이 둘이 만나서 이루는 바닷가의 양상은 전부 다르게 펼쳐진다. 또한 한 장소에서도 매번 다른 양상으로 전개한다.

라틴어로 '양상(modus)'은 어떤 것이 어떠한지 혹은 어떻게 생각될 수 있는지, 그러니까 '양식과 방식(die Art Weise)'을 나타내는 것이어서, 가령 'mous vivendi'는 삶의 방식을, 'modus procedendi'는 과정의 방식을 의미한다. 수학에서 양상의 측면은 공간형태의 질에 대한 시각, 즉 리스팅에 의하면, "위치와 순서에 관하는 모든 물음을 고려하는 일"과 관련되어 있다. 리스팅에게는 하나의 형태학적(부분적으로 형태태동학적) 수학이 관건이다.

— 마리 루이제 호이저, 2010, 253

양상에는 태도와 의지가 포함된다. 양식의 고정성, 방식의 행위, 공간의 양상이 장소를 이루는 요소들이다. 장소의 다양성에 대해 이견을 제시하기는 쉽지 않을 것이다. 장소의 다양성을 획기적으로 배가하는 것은 공간의 복수성을 파악하는 데서부터 출발할 수 있다. "공간의 복수성은 단일한 공간의 보편성에 도전하는 것이며, 다음으로 다양한 시·공간 형태들이 인간의 경험에 따라 자신을 변형시킨다는 것"(스티븐 컨, 2004, 341)이다.

공간의 복수성을 '경험의 다양성'에서 찾는 것은 장소의 다양성 확보를 위한 기본 전제다. 공간의 복수성은 뫼비우스의 띠와 같은 자기교차적으로 파도가 치는 해변의 공간성에 비유할 수 있다. 정신공간의 복수성에 대해 본격적인 논의를 전개한 사람은 라캉이다.

라캉은 '상상계'에 다른 방식을 묻는다. 그리고 '크로스 캡' 혹은 자기교차형 모자라는 위상학적 현상에서 이를 발견한다. 위상학적 형상은 경계 모서리가 없는, 경계 모서리가 자기 자신 속으로 말려 들어간 뫼비우스의 띠와 유사하다. 이러한 성질을 띤 면은 뫼비우스의 띠와 마찬가지로 내부/외부 구분을 전혀 알지 못한다. 이러한 형태에서는 오직 하나의 변, 즉 자기 자신 속으로 말려 들어간 면만이 존재할 따름이다.(마이 베게너, 2010, 321) 이러한 라캉의 위상학적 모델은 보로매우스의 매듭으로 확장한다. 매듭은 어떤 것을 묶고 연결하는 역할이 아니라 매듭 자체에 의해 매듭을 유지하며 안과 바깥의 구분이 따로 없는 공간(품)을 품는다.

'뫼비우스의 띠와 같은 파도가 내부/외부를 구분할 수 없는 자기교차형 해안에 부딪혀 올 때 그 양상은 무한에 가깝게 늘어나게 될 것이다. 장소의 평면적인 다양성을 입체화하기 위해 우리가 호출할 수 있는 것이 위상학이다.

> 위상학적 역동성은 제3의 공간과 관련을 맺고 있다. 그것은 '공간성의 복변증법' 혹은 혼합성의 '제3공간'의 차원이다. 호미바바가 자신이 펼치는 혼합적인 것을 다루는 논증 초반부에서 설정하는 현상학적 통찰은, 자기 자신과 타자의 이항관계에서 동일성을 규정하는 것을 넘어 새로운 방식으로 동일성을 재해석하는 것으로 이어졌다. 우리가 동일성을 바라볼 때, 위상학적으로 형성되고, 수행적인 활동으로 바라보면, 동일성의 사고는 차이들이 또렷하게 형성되어 나오는 사이의 사고로 변형된다.
>
> — 비토리아 보르소, 2010, 380

변곡의 사고는 변곡이 이루어질 수 있는 빈자리를 마련하는 것에서 비롯한다. 변곡의 지점을 제3의 공간이라고 할 수 있다. 이 공간은 안과 밖이 구분되지 않은 공간이다. 안이면서 바깥인 공간, 바깥이면서 안인 공간이 복변증법을 이룬다. 이러한 위상학을 사회적 관계와 구조 속에서 실행하고 해석할 때 생활세계의 변화를 직접 이끌 수 있다.

> 이에 합당하게 사회이론은 항상 "그 자신 다시 관계에 입각해 규정되는 활동들 및 (……) 상품들의 앙상블과 (……) 연관되어 있는 사회적 지위들의 앙상블과 관계한다."고 말한다. 사회공간이라는 개념은 관계적 시선과 사회적 세계의 관계적 이해를 촉진시킬 수 있어야 한다. 그것의 발견적 의미는 프란츠 술타이드에 따르면 특히 "그것이 관계와 구조의 사고로 나아가도록 강제하고 특수한 방식으로 본체론적이거나 본질주의적 즉흥이론을 방치하도록 해 준다는 데 있다."

— 롤란트 리푸너, 2010, 349

사회공간 개념을 본격적으로 해석에 도입한 이는 부르디외다. 모든 행위자, 집단, 대상은 상대적 위치를 매개로 정의되는 그때그때의 관계를 통해서 의미를 형성한다. 물리적 거리가 아니라 의미의 장 안에서 관계적 거리를 통해 사회공간 개념을 형성한다. 근접과 친밀성이라는 관계의 앙상블을 통해 다양한 위상학적 공간을 창출함으로써 일상을 다양화한다.

쓰기

프랑스의 박물학자인 뷔퐁(L.L.C.Buffon)은 "스타일은 곧 그 사람이다."라고 말했다. 일상에서 스타일이라는 말은 옷맵시나 머리 모양 등 외관을 평가하는 데 주로 쓴다. 스타일은 '겉으로 드러남'이라는 포괄적인 의미를 지니고 있다. 시인 김명인은 「바닷가의 아코디언」에서 주름 잡힌 해변을, 파도를 이렇게 노래하고 있다.

> 접혔다 펼쳐지는 한순간이라면 이미
> 한생애의 내력일 것이니,
> 추억과 고집 중 어느 것으로
> 저 영원을 다 켜댈 수 있겠느냐.
> 채석에 스몄다 빠져나가는 썰물이
> 오늘도 석양에 반짝거린다.
> 고요해지거라, 고요해지거라
> 쓰려고 작정하면 어느새 바닥 드러내는
> 삶과 같아서 뻘 밭 위

무수한 겹주름들.

저물더라도 나머지의 움자리까지

천천히, 천천히 파도 소리가 씻어 내리니,

지워진 자취가 비로소 아득해지는

어스름 속으로

누군가 끝없이 아코디언을 펼치고 있다.

— 김명인, 「바다의 아코디언」, 『바다의 아코디언』(문학과 지성사, 2002), 후반부

파도와 개펄의 해안, 갯바위 해안, 단애의 해안…… 이것들의 공통성은 곡선에 있다. 무수한 겹주름들이 곧 바다의 스타일이다. 주름들의 미세한 차이는 유동성과 고정성의 반복을 통해 생긴다. 차이의 반복, 반복의 차이가 바닷가의 스타일인 셈이다. 파도가 그려내는 다채로운 곡선들의 위상적 어울림에서 스타일은 연주되는 것이다. 아코디언의 고정된 유동성과 음악의 유동적 고정성이 스타일을 이룬다. 르페브르는 스타일의 제작 공정을 이렇게 정리한다.

공간의 개념은 정신적인 것과 문화적인 것, 사회적인 것, 역사적인 것을 연결한다. 발견(알려지지 않은 새로운 공간, 대륙, 우주 등의 발견), 생산(각각의 사회에 고유한 공간적 조직), 창조(풍경, 기념물성과 장식을 겸비한 도시 등의 작품)로 이어지는 매우 복잡한 과정을 재구성함으로써 연결된다. 이는 진화의 과정이며, 유전(발생기원)적인 과정이지만, 여기에도 논리, 즉 동시성의 일반적 형태가 따른다. 모든 공간적 배치는 지능 내부의 병렬, 동시성을 생산하는 요소들의 결합에 토대를 두고 있다.

— 앙리 르페브르, 2011. 29

"공간의 개념은 정신적인 것과 문화적인 것, 사회적인 것, 역사적인

것을 연결한다." 이 문장은 공간의 개념은 파도와 개펄, 파도와 갯돌·갯바위, 파도와 해안 단애를 연결한다로 바꿔 쓸 수 있다. 르페브르는 가장 유동적인 개인성, 삶의 바탕이 되는 문화적 보편성, 공시성, 동시성 등의 연결을 통해 공간이 열린다고 말한다. 발견, 생산, 창조 – 복잡한 과정이 재구성 – 맥락, 유통로, 길의 마련, 공간적 배치 – 기능 내부의 병렬, 동시성 – 생산요소들의 결합으로 플롯을 이룬다. 플롯은 통과, 침투, 겹침 등 다양한 무늬를 통섭한다. 입체적 무늬, 스타일, 입체적 흐름, 그림자의 일렁임이 한 차례의 반복도 허용하지 않는 스타일을 형성할 수 있게 해 준다.

이러한 일렁임을 르페브르는 유체역학과 관련해 말한다. 작은 움직임이 포개진다는 원리는 우리에게 층위와 차원, 리듬의 중요성을 일깨운다. 큰 움직임, 원대한 리듬, 거대한 파동이 서로 부딪히며 간섭한다. 작은 일렁임은 상호주관적으로 침투한다. 각각의 사회적 장소(lieu social)는 그러므로 이중적인 결정, 즉 간섭현상을 만들어 내는 큰 움직임에 의해서 이끌린다. 이끌려 다니며 때로는 파괴되는가 하면, 작은 움직임인 관계망과 경로의 움직임에 의해서 통과된다. 이것은 침투가 이루어지는 두 가지 방향성을 고려해야만 이해될 수 있다.(앙리 르페브르, 2011, 154)

흐르는 것들은 굴러가는 것, 밀려가는 것(밀고 가는 것), 끌려가는 것(끌고 가는 것) 등으로 나눌 수 있다. 구르고, 밀고, 끄는 힘은 거의 모든 흐름에서 복합적으로 작용한다. 마찰력은 최소화하기 위해서는 구르는 것이 유리하다. 앞이 가벼울 때는 밀고 가는 힘이, 앞이 무거울 때는 끌고 가는 힘이 더 핵심적으로 작용한다. 유체라서 흐르는 것이 아니다. 흐르는 것이 유체다. 컵에 담긴 물은 유체가 아니다. 반면 구르는 돌은 유체다. 물질의 고유성이 아니라 작용에 따라 유체는 결정된다. 흐른다는 것은 똑같은 반복의 불가능성을 전제로 성립한다.

로크가 하나의 개별적인 무규정적인 것을 통해 일반적인 것을 해명하려고 할 때, 그것은 시작부터 오류에 빠지며, 일반적 대상의 이념적 현존 방식을 무시하기 때문에, 추상은 똑같이 환원의 불가능성을 초래한다. 원리의 오류 자체는 우리가 개별 대상의 특징이나 계기로 본질을 확인하려고 할 경우, 충분히 주의함으로써 제거된다. 빨강이라는 유는 개별 대상의 빨강이 아니라는 점이 강조되는데 왜냐하면 후자는 개별적인 어떤 것에 지나지 않는 것이고, 유는 이념이기 때문이다. 동일한 이유로 여전히 특유한 심상이론이 똑같이 거부당한다. 특유한 상은 의미한 것이면서 변화하는 것이다.

— 엠마누엘 레비나스, 2014, 190

결국 파도는 해안선을 따라 부서지지만 한 차례도 반복하지 않는 비규정의 규정성을 속성으로 갖게 된다. 해안선은 어제와 다름없이 내일도 여전할 것 같지만 단 한 차례의 파도에 의해서도 변화한다.(규정의 비규정성). 추상과 구체, 고정과 유동은 구분되는 것이 아니라 서로 이면을 이룬다. 그렇다고 지금까지 이론이라고 일컬었던 것에도 유동성을 전면에 내세울 필요는 없다. 고정성과 유동성은 해안선과 파도와 같이 동시에 실현될 수 있다.

이론은 일련의 개념을 연결함으로써 매우 강력한 의미를 획득한다. 근원이 되는 과정, 다시 말해서 밖(기술)으로부터가 아닌 안으로부터의 생성이 가능하고, 과거에서 현재를 넘나든다. 역순으로도 가능하다. 생명의 마당(생활세계)이라는 총체로서의 과정을 재생산한다. 역사적인 것은 통시적인 것들로써 장소의 어원을 형성한다. 과거에 자리한 장소나 지점들을 변화시켜 간다. 이 모든 것이 공간에 접합한다. 과거는 흔적을 글쓰기로 남긴다. 공간은 과거에도 현재에도 늘 현재진행형이다. 현재 일어나고 있는 행위와 연결되는 하나의 전체다. 생산과 생산물은, 분리불가능한 두 가지 별개의 재현이 아니다.(앙리 르페브르, 2011, 85)

생산과 생산물은 분리불가능한 두 면일 뿐만 아니라, 뫼비우스의 띠와 같이 연결된다. 생산을 따라가면 생산물로 전회하고, 다시 생산물을 따라가면 생산으로 어느새 전회해 있다. 한 차례의 운동으로 경험할 수 있는 일면으로 연결된다. 그래야 우리는 우리의 노동과 놀이의 주체가 될 수 있다. 이 두 과정이 하나로 연결될 때 비로소 일상의 스타일도 다채로워질 수 있다. 생산과 생산물이 연결된 뫼비우스의 띠는 모두 세 공간과 만난다. 그 품에서 작품과 작품생산, 일상의 예술화를 이룰 수 있다. 오직 유일하게 인간이 흐름의 주체가 되는 것, 구르고, 밀고, 끌고 가는 것, 밀리면서 끌려갈 수도 있는 것은 '글쓰기'뿐이다.

4. 심경

세계 내 존재 – '내'의 플랫폼 위상성

'세계 내 존재'라는 어휘에 대한 해석은 하이데거 사상의 지향을 밝히는 데 매우 중요하다. 현존재는 '세계 안에 있는 존재'라고 풀이하면 평이한 수준에서 이해가 가능하다. '내(內)'는 in에 해당한다. 속이나 내라는 말도 있지만 '속내'라는 말도 쓴다. '겉으로 드러나지 않은 사정이나 일의 실상'이라고 사전에 풀이되어 있다. 속내의 원말은 속내평이다. 속내는 엄밀히 말하면 동어의 반복인 셈이다. 샤르트르는 하이데거의 세계–내–존재에서 '내'를 한복판, 중심으로 해석한다. 실존주의적 관점이 반영된 해석이다.

실제적인 사물로서의 그림 자체는 다소간 밝게 보여지게 할 수 있으며, 그 색채를 긁어서 벗겨 낼 수도 있으며 불에 태워 버릴 수도 있다. 이러한 일이 가능한 것은 – 의식에 제한되어진 〈세계–내–존재〉의 결여로 인하여 – 그 그림이 하나의 〈세계–한복판의–존재〉를 소유하고 있기 때문이다. 그것의 객관적 본질은 하나의 시(時)–공(空)의 전체성으로 파악되는 현실에 의존하고 있다.

– 장–폴 사르트르, 1983, 77

사물이 주는 시각적 형상은 다소간의 변형이 가능하다. 그러나 실제적인 사물은 안개에 싸인 가로등처럼 언제나 스스로가 발하는 빛의 강도만큼의 지평을 품을 수 있다. 자신이 발하는 빛으로 밀어낸 안개의 자리에서 현실은 펼쳐지기도 하고, 닫히기도 한다. 실존적 차원에서 샤르트르는 세계 내 존재를 지평의 존재로 파악한다. 모리스 메를로 퐁티는 이를 위상학적 존재로 확장한다.

> 세계는 내가 나의 소유물 가운데 그것을 만드는 법칙을 알고 있는 그런 대상도 아니다. 그것은 나의 모든 명확한 지각들의 자연적 환경이며 밭인 것이다. 진리는 〈내적 인간(innerman)〉에게만 살고 있는 것이 아니다. 아니 좀 더 정확하게 말하면 내적 인간이란 존재하지 않는다. 인간은 세계 안에 존재하며 이 세계 안에서만 그는 그 자신을 알 수 있는 것이다. 내가 독단적인 상실이나 과학의 영역으로부터 나 자신에로 되돌아올 때 나는 내적인 진리의 원천이 아니라 세계 안에 존재하도록 운명 지어진 한 주체자를 발견하게 된다.
>
> — 모리스 메를로·퐁티, 1983, 37

인간은 세계 안에 존재하며 이 세계 안에서만 그는 그 자신을 알 수 있다는 것이다. 그리고 세계 안에서 한발 벗어날 때 비로소 세계를 읽을 수 있다. 세계를 읽으며 다시 되돌아온 '내가' 다녀오기 전에 나와 세계 그리고 다녀온 후의 나와 세계를 연결해 다양한 위상을 펼친다. 세계와 존재를 극단에 놓으며 그 사이에 품게 되는 공간이 '내'이다.

이 '내'는 우리말에서 '내내'로 확장해 해석할 수 있다. 이것은 시간으로 채워진 공간, 공간성을 획득한 시간성 곧 시간적 장소성을 나타내는 말이다. '내'는 세계와 존재의 상호주관성을 통해 열리며 닫힌다.

이때 주체가 인식한 세계는 '내'이고, 존재자도 '내'이다. 세계-내-존재는 존재-내-세계로 변곡해도 흐르는 시간으로 채워진 공간성을 손상시키지 않는다.

세계-내-존재로서 인간 현존재의 속성이 현존재의 장소성이다. 공간은 현존재에게 주어지는 실체 혹은 실재가 아니다. 장소는 현존재의 해석과 기획을 통해 새로이 창출되는 과정적 산물이다. 의식의 주체라고 할 수 있는 현존재와 그 대상이라고 할 수 있는 공간은 서로 변곡하면서 스며든다. 공간은 단순한 대상적 실체로 간주할 수 없는 것이다. 그래서 공간의식의 상대성을 전제하게 한다. 이런 공간성이 문학에서는 독자의 독서 과정에서도 부각한다. 개개 독자는 작품 속에서 서로 다른 건물과 풍경을 관찰한다. 공간에 대한 문학적 지향성을 견지하면서 인간학적 가치를 지니고서 공간을 이해한다.(장일구, 2001, 22)

장소의 위상성은 인간의 이야기에 따라 얽히고설키면서 지평과 위상을 확장하고 심화·고양한다. 흐르는 장소는 존재와 세계 사이에서 펼쳐지는 위상적 존재의 흐름으로서 '내'의 장소성이 개시된다. 장소의 위상성은 청각의 세계에서 '마스터사운드'처럼 자리한다. 서로 다른 모든 소리, 이야기의 배경으로서 지속적으로 울린다.

서로 다른 소리들은 마스터사운드에서 서로 다른 지점에 "위치할" 수 있다. 그리고 정리된 높이의 순서로 뒷받침되는 순서를 통해 각 소리는 다른 모든 소리들과 관계에서 특징적인 위치에 놓일 수 있다. 그러므로 마스터사운드의 도입은 다양한 소리들이 "배제될 수 있고 동시에 존재하지만 서로에게 독립적으로 파악될 수 있는 단일한 차원을 제공한다. 스트로슨은 이 공간의 유비를 객관적 개별자들의 체계가 가능하도록 허용하고 또한 인식되지 않은 채 존재할 수도 있을 개별 장르의 가능성을 허용하기에 충분한 것인지는 별개의 문제이다.

- 제프 말파스, 2014, 150~1

자아와 세계의 구별이 가능할 수 있는 틈, 사이는 '무장소'로서 메우고 또 비워진다. 이곳에서 이야기들이 만들어 내는 플롯이 징검다리처럼 놓인다. 무수한 플롯의 겹침으로 드러날 수 있는 '마스터플롯'의 가능성을 감지한다. 인간은 의미를 존재하게 하는 과정에서 주체가 아니지만 객체도 아니다. 인간이 현실에서 존재하기 위해서는 신체(물질성, 사물성)를 절대적으로 필요로 한다. 마찬가지로 이야기가 존재하기 위해 필요한 것이 '플롯'이다. 플롯은 이야기의 신체다.

인간 〈실존〉은 엄밀히 의미 창조자로서 존재한다. 세계-내-존재는 최초, 최상의 창조적 지향성을 감행한다. 이 존재는 그것을 표현하고 분명히 말하기 위하여 물자체에로 향한다. 인간의 고려, 마음씀 없이 세계는 개시하지 않는다. 존재에 대한 물음을 제기하는 존재로서 인간의 자유를 행사함이 없이는 자아나 세계는 존재할 수 없는 것이다.(버논 W. 그라스, 1983, 8)

현존재를 세계 내 존재라고 쓰지 않고 세계-내-존재라고 하이픈을 굳이 붙여서 적고 있다. '내'를 품으로 확장하기 위해서는 세계-존재를 가로지향으로 삼고, 언어-심상을 세로지향으로 삼는 것도 하나의 방법이 될 수 있다. 그러면 '그 안' 곧 '내'는 '품'으로 확장이 가능하다. 주체의 시간은 가로지향의 객관시간과 세로지향의 주관시간 사이에 경사한다. 주체의 공간은 언어의 객관과 심상의 주관 사이에서 펼쳐진다. 주체의 시간과 공간의 겹진동을 통해 열리는 사이, 비워짐(냄)에서 '내'는 '무한'에 가깝게 확장할 수 있다. 이 '내'에서 진동하고, 이 '내' 자체인 현존재는 무한으로 확장할 수 있게 되는 것이다.

속

우리는 눈을 깜박인다. 깜박임은 자동차의 와이퍼처럼 안구를 닦아주고 물기를 제공하는 역할을 한다. 세상을 잘 보기 위한 무조건적 반사행동이다. 눈을 의도적으로 감으면 세상이 닫힌다. 그렇지만 여전히 세상의 잔상이 남는다. 그리고 어느 순간 비로소 새로운 세계가 열린다. 꿈속 세상은 '잠' 즉 눈을 꼭 감은 상태에서만 볼 수 있다. 이 세계는 눈을 뜨면 금세 사라지고 만다. 눈을 떠야 보이는 세계와 눈을 감아야 보이는 세계 사이에 놓인 세계를 상상해 볼 수 있다. 두 세상은 단절되거나 단순하게 연결되어 있지 않다. 눈을 감고 보는 눈뜬 세상, 눈을 뜨고 보는 눈을 감은 세상이라는 변곡장소를 상정할 수 있다. 이 세계에서 표상하는 장소가 '심경(心境)'이다.

'속'이라는 말은 사물의 내부를 가리킨다. 사람의 '속'은 그 지향을 달리하면서 두 층에서 사용된다. 육체의 속은 '지리(地理)'에서 얻은 먹거리를 채우고 비운다. 속이 비었다는 것은 속을 채우는 행위(먹다)를 유발한다. 우리는 속이 없다는 말도 자주 사용한다. 이때 '속'은 '생각'의 다른 말처럼 쓰인다. 속이 없다는 말은 '속 곧 생각이 깃들 자리가 있어야 한다'는 말로 옮길 수 있다. 속은 더 많이, 깊이 비워 내야 하는 것이다. '속이 깊다'는 말은 이와 같은 맥락에서 사용한다. 그리고 부정적인 측면에서는 '속내를 알 수 없다'는 말을 쓰기도 한다.

더욱이 주관적 공간은 물론이고, 신념과 욕망과 태도가 위치하는 "정신의 공간"도 행위와 관련해서, 그리고 작용 능력과 관련해서 구성된다. 뿐만 아니라 행위 자체가 특정 객체, 특정 사건의 유발과 관련해서 규정되기 때문에, 정신의 상태는 대체로 객체와 그 객체들이 목적으로 삼는 사건들과 관련해서 규정되고 개별화된다.

— 제프 말파스, 2014, 120

눈을 뜨면 펼쳐지는 세계는 편의상 객관적 세계라고 할 수 있다. 그러면 꿈속의 세계는 주관적 세계가 된다. 순수주관의 세계는 개인마다 다르며 개인 자신에게도 반복되지 않는다. 그 사이에 펼쳐지는 심경의 세계는 객관주관 혹은 주관객관의 세계라고 할 수 있다. 주관적인 것과 객관적인 것이 교차하는 '심경'이라는 공간은 하나, 한 차례만 주어진다. 심경의 영원성은 주관적인 것이다. 개별자마다 다르고 개별자 역시 사건과 사물에 따라 품게 되는 '심경'의 지평과 위상은 다르다.

주체의 개념적 의미에 대해서는 누구도 의심치 않는다. 그러나 그것이 행위 속에서 명백한 의미를 획득할 수 있는지에 대해서는 누구도 확신할 수 없다. 주체의 일원성은 누구나 긍정하고 싶지만 모두가 회의하는 것이기도 하다. 주체의 일원성은 선험적 일원성이 아니다. 주어진 활동, 행위들의 공통적 플롯으로 형성되는 것이기 때문에 다양체라는 매개를 통해서만 구성될 수 있다. "상태의 일원성과 주체의 일원성이 구별되지 않는 상태에서 정신 상태들의 일원성을 위한 토대로서 주체에 호소할 가능성은 있을 수 없다."(제프 말파스, 2014, 113)

하늘의 상태나 지상의 상태와 마찬가지로, 마음의 상태는 언제나 복잡한 체계로 얽혀 있다. 정신적인 삶이라고 하더라도 순간적인 일원성 곧 주관의 한 차례성에 의해 내용이 좌우될 수는 없다. 의미의 형성에 있어서 주체가 명백한 주관성을 발휘하는 것도, 세계가 명백한 객관성을 발휘하는 것도 사실상 불가능하다. 중요한 요소들 가령 공간, 시간, 인간은 일원성을 지향하고자 한다. 이것을 배열·배치해 연속성을 부여하는 데 최적화된 장소가 심경이다.

상태들의 일원성과 일관성은 행위자(작인)의 활동들 사이의 일원성과 통합의 연속성에 있는 것으로 이해되어야 한다. 그러나 여기서 문제가 되는 정신 상태들의 단일화는 무엇보다 단순한 행동에 결부되는 것이 아니라 행위의 통합과 결부된다는 점은 반드시 강조되어야 한다.

— 제프 말파스, 2014, 113

물론 심경이 펼쳐지는 주체의 내면에서는 두 가지 행위가 동시에 일어난다. 하나는 주관성을 향한 움직임이고 다른 하나는 객관성을 향한 움직임이다. 전자는 눈에 보이지 않지만 주관적으로 확실한 행위다. 후자는 눈에 보이지만 객관적으로 불확실한 행위다. 이러한 이중적 모순 속에서 이루어지는 행위는 주체의 목적과 반드시 부합하는 것은 아니다. 때로는 형편없는 운동이 되기도 하고, 또는 정신적 통합의 실패를 가져오기도 한다. 그러나 행위자의 수행성을 부정하는 증거는 될 수 없다. 하나의 통합보다는 다양한 불일치가 더 많은 의미를 위상적으로 펼칠 것이기 때문이다.

다양한 수행의 기술로써 단일한 '플롯'의 부재는 혼란과 가능성을 동시에 부여한다. 혼란과 가능성으로 인해 유발된 수행을 통해 우리는 '문화적 상관 플롯'을 좀 더 크고 넓게 그려 볼 수 있다. 문화적 플롯은 '나'를 유지하면서 '다른 것'들에 스며들어 통과하면서 다른 것들의 말로 기술하는 서술 전략이다.

사물의 언어를 알아듣고 한발 나아가 그 언어를 구사하기 위해서는 마음(속성)이 통해야 한다. 대상의 일원성과 주체의 다양성, 주체의 일원성과 대상의 다양성이 자유자재로 엮이고, 짜이고, 따이면서 변곡할 수 있어야 한다. 그럴 때, 바깥과 안쪽, 안쪽과 바깥을 구분할 수 없는 장소가 마련된다. 장소와 비장소성을 동시에 실현함으로써 특별한 이미지가 맺히고 풀리는 장소가 바로 '심경(心境)'이다.

제3의 영역

　지성(至誠)이면 감천(感天)이라는 말을 한다. 열과 성을 다하는 것은 인간 최대치의 실천이다. 그 실천의 지향이 앎에 바탕을 둘 때 우리는 지성(知性)이라고 한다. 이것은 동양 사유에서는 '하늘의 뜻'을 제대로 읽고 따르는 것과 다르지 않다. 감성은 인간의 내면과 관련이 깊다. 사랑의 시간과 이별의 시간은 다르게 흐른다. 그러나 이 두 시간은 시계의 시간과는 본질적으로 다르다. 앞의 것이 의식을 흐르는 시간이라면, 뒤의 것은 공간을 흐르는 시간이다. 인간 이성의 최대 능력을 계산 능력이라고 하면 지구는 이미 AI의 것이다. 이성은 머리로 하는 계산이 아니라 손으로 하는 기술(技術, 記述) 능력에서 최대치로 발현되어야 한다.

　우리 문학에서 '자유'의 영역을 한시도 쉼 없이 탐색한 이는 김수영이다. 그는 시작 행위에서 최대치의 자유가 실현되기를 바랐다. 김수영은 '시와 반시'의 변증법을 이미 넘어서고 있다. 그는 끊임없이 제3의 영역을 탐색한다. 이 영역에서는 탐색의 이행, 이행의 탐색이 거의 동시에 이루어진다. 그의 온몸의 이행은 환원불가능성을 전제로 감행되는 것이기 때문에 제3의 영역은 절대적인 생활의 조건이 된다. 그러나 그 영역에는 순간도 머물 수 없다. 제3의 영역은 자족적인 지평을 마련할 겨를이 없다. 이행의 과정도 그 움직임만이 존재와 대상을 동시에 감지하면서 개시해 주기 때문이다.

　김수영은 두 개의 쓰기를 동시에 실현하고자 한다. 하나는 미지의 것에 대한 시인의 책임을 요구한다. 이것은 프로메테우스의 것이다. 처음 출현하는 언어에는 기존의 윤리가 작동하지 않는다. 여기에서는 불가해한 '절대적 타자'(the absence other)와의 대면이 이루어진다. 문학은 그런 절대적 타자에 대한 책임의 영역에 귀속되기보다는 절대적 타자가 자기동일성의 표현으로 귀착되는 것을 막는다.(강우성, 2005,

17) 타자의 자기동일화, 자기의 타자동일화 사이에는 틈이 발생하는데 이것이 제3의 영역이다. 여기가 제3의 철학이 발생하는 장소다.

제1철학은 투사의 철학이고 인간윤리학이다. 모든 것(자연)을 인간이 합리적으로 관리할 수 있다는 오만이 바탕에 깔려 있다. 여기에 대한 반성으로 타자되기가 극단적으로 시도되기도 했다. 이러한 제2철학 역시 언어의 문제로 귀결하는 바, 사물(대상)의 언어에 대한 번역불가능성으로 인해 현실에 구체적 공간(언어)을 마련할 수 없었다. '반보기'의 영역으로서 제3지역의 공간, 절대적 타자의 비절대화, 주체의 비정체성화가 가능한 공간을 탐색하기 시작했다. 대상과 주체가 흐름이라는 '비정체성, 비절대화를 이뤄 내는 장소'에서 제3의 철학은 언어를 넘어서며 행위로서, 작용으로서 이루어진다.

지각된 것, 인지된 것, 체험된 것에 각각 부응하면서 개별적 단일성을 총체적으로 구현하고자 한다. 이러한 장을 마련하기 위해서는 '한정'이 선행되어야 한다. 이러한 한정은 하나의 공간적 실천으로서 역사를 통해서 이루어진다. 공간재현 – 재현공간 – 공간실천 – 실천공간 – 공간재현……이라는 나선의 순환 구조에서 공간실천은 개인화된 습속으로서 인투이투스를 강화한다. 그리고 이 습속들은 사회문화적으로 공간화함으로써 아비투스와 연결된다. 이러한 변곡의 과정을 공고하게 함으로써 1면과 2면을 와해시킨다. 지각된 것, 인지된 것, 체험된 것 "이 세 가지 용어가 명시되거나 암시하는 것은 원래의 인투이투스가 거의 체계의 수준으로 고착되어 가는 상호작용, 즉 궁륭과 궁륭의 얽힘, 아치, 수로 등을 통해서 공간의 생산에 개입한다는 것이다."(앙리 르페브르, 2011, 363)

총체적 단일성은 전체성과는 결이 다르다. 우리가 상상하는 생활세계의 전체라고 하더라도 우주적인 시각에서는 미세하기 그지없다. 마찬가지로 우리가 상상하는 가장 미세한 생활세계의 것이라고 하더라도 양자적인 시선에서는 거의 우주적인 것이나 다름없다. 이러한 양면성의 변곡을 원활하게 이루기 위해서는 우리의 감각과 지각을 총체적으로 활성화할 수 있어야 한다. 총체성은 규모의 것이 아니라 소통의 전면성, 다각도성, 다채성과 관련되는 것이다.

감성적 통찰, 이성적 관찰, 지성적 성찰을 통해서 결국 우리가 이루어야 하는 것은 일상의 예술화가 아닐까? "삶과 예술 간의 변증법은 언제나 대자적인 것이며, 평준화를 향한 여하한 시도는 불가피하게 개별자가 지니는 고유한 특수성의 문제를 제기한다. 바로 그렇기 때문에 '텍스트'로서의 문학은 자신이 어떤 대가를 지불해야 했는지를 곧 깨닫게 된다."(김수환, 2005, 114)

일상의 예술화를 꾀하기 위해서는 창작의 영역을 이동시킬 필요가 있다. 고유해야 한다는 특수성이 야기한 최대의 대가는 생활세계에 대한 외면이었다. 스스로의 일상을 비루한 것으로 취급하면서 성취한 예술적인 것은 더더욱 생활세계의 비루성, 비예술성을 강화하는 악순환을 연출한다.

> 형식적인 면에서의 발명을 위해서는 실천분야, 즉 '기표-기의' 사이의 변증법적인 움직임에서의 변화가 필요하다. 일부 기표는 형식주의 속으로 함몰되고 일부 기표는 자신들이 가진 고유한 기표 속으로 밀고 들어오는 등의 변화가 필요하다는 말이다. 목록(기호, 즉 기표들의 목록)에 들어 있는 요소들을 대상으로 하는 조합론은 조합의 수보다 훨씬 빨리 고갈된다.
>
> — 앙리 르페브르, 2011, 232

형식적인 면에서의 발명은 곧 플롯화의 필요성을 역설하는 말이다. 언어, 기표, 기의는 하나를 이루는 각자들이다. 이들은 각자 그리고 함께 기호의 요소를 이룬다. 기호의 요소는 이 이외에도 헤아릴 수 없이 많다. 기호는 텍스트의 단위도 넘어선다. 형식적인 측면에서 기호의 발명은 무수한 텍스트의 겹침을 통해 마련하는 '플롯'에까지 확장한다.

난생처음이라는 특수성만을 추구할 때, 미지를 향한 첨단은 결국 한곳으로 집중하게 되고 난장의 각축장이 펼쳐질 것이 뻔하다. 마치 강을 이루는 여러 강줄기들 중에서 맨 끝자락의 것을 찾아가서 '시원'이라는 이름을 다는 것과 다르지 않다. 강의 시원은 무수하다. '물이 새는 화장실'의 수도꼭지가 이 강의 시원이 아닐 이유는 없다. 삶의 장소마다 샘솟는 물줄기가 더해져 강을 이루는 것처럼, 텍스트는 플롯으로 주어진다. 그리고 작품은 무수한 변주와 변곡 속에서 누구나 언제나 시원이 될 수 있는 것이다. 의미의 변증법, 변증법의 의미를 통해 결코 고갈되지 않은 '시원'을 펼친다.

나를 낳는 내가 낳은 현재

'창조적 진화'라는 말이 중세시대에 나왔다면 종교재판에 회부되었을 것이 틀림없다. 약동하는 생의 철학자라고 불리는 베르그송은 살이 뜯기고 뼈가 에이는 현재를 말한다. 그런 현재라야 우리의 삶에 더 강렬한 흔적을 남긴다. 살이 뜯긴 자리, 뼈가 에인 자리에 시간이 고인다. 고인 시간이 만드는 무늬가 언제나 우리에게 현재로 재현되는 것이다.

발생과 소멸의 교체들, 끝없이 새로 생겨나는 변전들, 천구의 무한히 반복되는 원운동, 이 모든 것은 단지 물질성을 구성하는 어떤 근본적 결손을 나타낼 뿐이다. 이 결손을 메워 보라. 단번에 당신은 공간과 시간을, 즉 계속 추구할 뿐 결코 도달할 수 없는 안정적 평형 주위에서 무한히 새로워지는 진동들을 제거하게 될 것이다. 사물들은 서로의 내부로 들어간다. 공간 속에서 이완되었던 것은 다시 긴장되어 순수 형상으로 돌아간다. 그리고 과거, 현재, 미래는 영원성이라는 유일한 순간으로 수축된다.

— 앙리 베르그송, 2006, 471

베르그송의 사유를 한 마디로 정의한다면 그것은 '생명은 흐름이다'가 될 것이다. 운동이 곧 생명인 것이다. 그 상대적인 자리에 물질성이 놓인다. 물질성은 반생명이라기보다는 상충과 상보를 통해 운동을 다채롭게 해 주는 역할을 담당한다. 운동이 '모나드'를 지향한다면, 물질성은 '노드'를 지향한다.

베르그송은 모든 운동은 저마다 자취를 남긴다고 말한다. 그 자취들은 이후의 모든 육체적·정신적 과정에 지속적으로 영향을 미친다. 과거는 정신에서와 마찬가지로 육체의 섬유조직 속에도 사고방식을 반사시킨다. 몸의 움직임은 이렇게 플롯화한다. 걷고 춤추는 방식은 모두 같고 제각각 다르다.(스티븐 컨, 2004, 114)

걷고, 춤추는 방식은 몸을 장소화하는 방식 중 하나다. 걷는 것은 자신들과 함께할 수 있는 장소의 심화에 효과적이고, 춤추는 것은 다른 사람들과 함께 나눌 수 있는 장소화와 연관이 깊다. 어떤 사건의 흔적으로 남아 있는 몸의 흉터처럼 장소화의 표식은 심경에도 남게 된다. 심경에 남아 있는 흔적들을 우리는 '심상(心象)'이라고 부를 수 있다.

인간의 의식은 공간적 지표를 내포한다. 아무리 연속적인 사상(事象)이라도 의식을 거쳐 표현되기까지 분절적 신호체계, 곧 디지털 신호체계로 변환된다. 언어를 매개로 진행되며 표출되는 의식작용의 속성은 단속적으로 표현되는 디지털체계의 속성에 대응한다. 세계를 인식하고 표현하는 것은 그대로 연속적인 공간속성을 띤다고 할 수 있다. 문자언어로써 표현할 때에는 인식의 속성이 직시적으로 드러난다.(장일구, 2001, 11) 문자의 단속성와 이미지의 연속성이 어떤 역동적 관계를 형성하느냐가 텍스트의 작품성을 결정한다.

아날로지가 파동과 짝을 이룬다면 디지털은 입자와 짝을 이룬다. 아날로그체계는 변화의 궤적이 그대로 표현된다. 디지털은 깜빡인다. 이 단속은 감각할 수 없을 만큼 빠른 속도로 이루어지기 때문에 아날로지의 연속을 이미 뛰어넘었다. 연속을 뛰어넘는 단속, 단속을 뛰어넘는 연속을 통해 현실과 가상(아날로지와 디지털)은 서로 스며들기에 이르렀다.

심경에 새겨지는 심상은 전체를 새기는 것이 아니다. 만일 전체가 심경에 그려진다면 몇 개의 사건을 담는 것으로 심경은 꽉 차고 말 것이다. 천경의 별자리처럼 심경의 이미지도 분절적인 흔적만이 남는다. 심경의 장소성은 어떤 것과도 결합할 수 있는 모나드성과 어떤 것으로도 연결될 수 있는 노드성을 동시에 띠게 된다.

> 장소가 서로 다르지만 연관된 구성요소들을 포괄하고 그래서 '장소 안에서' 자신과 다른 사물들을 파악하는 것 자체가 자신과 다른 사물들을 세계의 특정 질서 안에 놓인 것으로 – 특정한 관점, 혹은 특정한 주관적 '공간'과 관련해서 – 파악하는 것, 그리고 모든 장소가 서로에게 열려 있는 한, 연관들 장소들의 더 넓은 영역과의 관계 속에 – 역시 객관적인 '공간'과의 관계 속에 – 놓여 있는 것으로 파악하는 것이 장소의 특성이다.
>
> – 제프 말파스, 2014, 92

장소 개념은 주관적 공간성 개념과 객관적 공간성 개념의 상호관계를 이해할 수 있는 플롯을 제공한다. 장소는 공간, 차원 등과 분리될 수 없지만 이들로 환원할 수도 없다. 공간이 지평의 문제이고 차원이 위계의 문제라면 장소는 위상의 문제다. 공간은 사물을 품고 그 사물은 저마다의 공간을 품는다.

장소 개념은 현상학적 지향 개념과 들어맞는다. 장소는 주관적 공간성과 객관적 공간성의 복합적 상호관계를 해석하는 플롯이라고 할 수 있다. 장소는 공간으로부터 분리가 가능하며, 시간, 인간으로부터 분리가 가능하다. 이 분리는 구분이 목적이 아니라 다양한 섞임, 스며듦을 위한 것이다. 사물을 비롯한 모든 피조물의 공간개입은 의미와 상관없이 언제나 정당하다. 장소가 되지 못한 공간은 글자 그대로 '공(空)'간일 뿐이다.

모나드는 전체가 창(窓)으로 이루진 단자다. 심경 안에 새겨진 흔적의 강밀도에 의해 장소는 다르게 개시한다. 모나드성은 신체처럼 다양한 유기적 결합이 가능하게 해 준다. 노드성은 아상블라주들이 다채롭게 연결될 수 있는 '망'의 가능성을 높인다. 장소는 다양한 것들로 이루어진다. 사물로 이루어진 장소, 사람으로 이루어진 장소, 사건으로 이루어진 장소만으로는 좋은 의미를 구성하기 힘들다. 비빔, 복합, 융합, 융복합 등은 다양한 서술을 통해서 실현될 수 있다.

장소성은 작가가 대상공간을 텍스트에 형상화하여 그려 내는 데만 있지 않다. 텍스트에 표상된 공간을 독자가 해석하는 데서 형상성을 창출한다. 서사체에서 공간은 대상공간의 실재성을 모방한 것이 아니다. 또한 작가가 일방적으로 그려 낸 공간도 아니다. 그 공간은 결국 독자의 의식작용으로써 재구성되었을 때 그 형상이 드러난다. 서사적 공간은 '현실공간/작가의 표현/텍스트의 표상/독자의 해석' 등 여러 차원의 조합으로 입체화한다. 이러한 입체화된 공간성의 지표는 심경의 좌표상에 도식될 수 있을 것이다.(장일구, 2001, 24~5)

서술된 공간은 사실 문학의 제재나 소재, 배경 등과 밀접한 개념이다. 그래서 서술하는 공간을 이 개념에 대한 대립 층위로 설정할 때면, 서술된 공간은 실재론적 공간논의를 염두에 둔 것도 사실이다. 그런데 이 공간 자체가 객관성이 없다거나 실재성이 없다는 논의가 과학과 철학 내부에서 유효하게 제기되고 있으므로 서술된 공간에 대한 논의의 수준이 꽤 심화되어야 할 것이다.

— 장일구, 2001, 16

운동은 흐름이고, 흐름이 생명이기 때문에 하나의 좌표로 나타낼 수 없다. 생명을 담는 데 최선의 방식은 서술공간을 마련하고 흐르는 좌표의 연속으로 이야기를 구성하는 것이다. 모든 장소는 두 겹으로 구성되어 있다. 하나는 서술하는 공간이고, 다른 하나는 서술되는 공간이다. 이 둘이 이면을 이루고 뫼비우스의 띠와 같이 연결됨으로써 입체화한다.

몸

인간의 몸은 장소다. 현상학에서는 인간의 몸을 세계를 반영하는 곳이고, 존재를 세계에 재현하는 장소로 본다. 노에마로서의 몸과 노에시스로서의 몸이 동시에 작용하는 장소다. 또한 인간의 몸은 천경(天境) 아래 물리적 세계를 이루는 일부분이고, 지경(地境)의 요소들을 잇는 노드의 일원이다. 또한 문리(文理)의 마당인 심경(心境)을 품고 있는 하나의 전체다. 우리는 현대적인 몸 곧 위상적 몸을 통해 데카르트의 이분법을 확실하게 끊어 내고 있다.

데카르트 같은 시각 개념에서 끊어진 심리생리학적인 연결끈을 재생해 내려 한다. 혹은 현재의 위상학적 모델을 고려해 표현하자면, 현상학적 시각에서 볼 때, 몸은 데카르트식 심신 이원성 양면을 서로 스며들도록 매개하는 뫼비우스의 띠와 같은 것이다. 사물들에서도 "느끼는 것과 느껴진 것의 근원적 통일"을 가능케 하는 "감각의 이중적인 본성"은 정확히 실제 사물들에서 구성되는 시각적 표현, 즉 체험된 영상성으로서의 심적 영상에서 현현한다.

— 우테 홀, 2010, 123

우리는 대상의 눈을 보고 대상을 인식하고, 우리의 눈을 보이고 주체로서 자격을 인정받는다. 눈은 몸과 마음을 잇는 메타-몸, 메타-마음이 서로 통과하고 엮이는 장소다. 통과하면서 엮이는 원리는 '태극' 곧 뫼비우스의 띠와 다르지 않다. 눈은 몸과 마음의 변곡점에 해당한다. 노에마와 노에시스는 뫼비우스의 띠의 이면을 이루면서 의미의 장을 연다. 의미는 그릇에 담긴 것처럼 경계가 있어 보이지만, 그 경계는 언제나 애매모호하다. 의미는 시작과 끝이라는 선분 시간의 한정을 벗어난다. 열린 공간으로서 의미, 의미를 여는 행위 자체가 더 중요해진 것이다. 이 지점에서 존재의 위상학은 떠오른다.

한 사람의 신체에 나타난 행위능력을 파악하는 것은 대체로 주관적 공간의 관련성을 통해 파악하는 경우가 많다. 구체적인 세계 안의 위치를 파악하는 것이 전제가 된다. 그리고 그 장소가 어떤 장소와 다채롭게 관계를 맺고 있는가를 파악하는 것이다. 다양한 장소와 결합된 한 사람의 작용능력과 감응능력에서 생겨나는 행위의 가능한 차원들을 파악하는 것이 한 사람의 행위능력을 파악할 때 핵심을 차지한다.(제프 말파스, 2014, 172)

인간은 유일하게 자신의 위치를 알고 있는 존재로 그려진다. 또한 특정한 장소를 정해 도달 목표로 설정하고 이를 성취하기도 하고 그렇지 못하기도 한다. 존재위상학의 틀에서는 특수한 삶의 장소들이 형성된다. 정치(폴리스), 경제(오이코스), 신전, 광장(아고라 혹은 포럼), 극장, 학원/학교 등이 대표적이다. 에토스(민족적 정신/기질)조차 기본 의미에서는 체류의 장소 그리고 거주의 장소를 환기시킨다. 고전주의는 질서를 적당하고 적절한 장소에서의 사물들의 조합으로 본다. 나중에 아우구스티누스에게서도 유사한 형태로 재현된다.(베른하르트 발덴펠스, 2010, 85)

특수한 삶의 형태들은 일상의 삶의 흐름에 무규칙하게 던져진다. 관성적인 흐름을 방해하는 역할을 수행하면서 동시에 흐름에 물 파랑을 일으키며 역동성을 더한다. 또한 건너는 자의 지향에 따라 다채로운 길로 연결된다.

굳이 지향의 가치를 밝힌다면 최선의 시간보다는 최선의 장소를 구현하는 것이 위상학이 지향하는 바다. 따라서 우리 몸에서 구현할 수 있는 최상의 가치는 젊음이라는 시간적 가치가 아니다. 최선의 장소가 되는 것은 어떤 이야기 속에선가 구현되고 있는 특정 장소의 '몸'이다. 몸의 위상학은 인생을 사는 사람들의 생활세계를 대하는 태도와 자세, 지향의 다양화를 꾀하는 데도 기여할 수 있다.

인간은 세계에 대해 서 있는 주체이면서 세계 내에 존재하는 객체라는 패러독스를 지닌다. 세계의 구성요소로서 인간성은 세계 전체를 구성하면서 세계에 의해 구성되는 모순을 후설은 직시한다. "세계의 자아 부분이 소위 전체 세계와 함께 자신도 집어삼킨다." 주체와 대상이 동시에 공존(현존)하기 위해서는 특별한 위치관계를 형성하고 있어야 한다.

생활세계의 선재성을 옹호하는 위상학에서는 패러독스가 여기와 달리 사고 혹은 언어로 구성된 게 아니라 생활에서 체험한 패러독스이다. 이에 따르면, 패러독스는 사태 자체에 들어 있을 뿐 불충분한 관조방식에 들어 있는 것이 아니다. 그래서 대상적 공간요소와 주관적 공간표상이라는 전통적인 대립은, 우리가 공간의 안도 아니고 바깥도 아닌 여기에서 출발할 때 사라진다.

— 베른하르트 발덴펠스, 2010, 90

생활세계는 보이지 않는 것 — 지구의 자전·공전, 자기장, 대기와 같이 생활세계를 절대적으로 떠받치고 있는 것이다. 인간의 눈에 보인다고 하더라도 조금도 개입할 수 없는 것이기 때문에 차라리 안 보이는 것이 일상에 유리한 것인지도 모른다. 이러한 생활세계의 선재성이 위상학의 바탕이다. 명확한 한계를 설정해야 그 안에서 무한에 가까운 위상학적 경로를 모색할 수 있다. 공간의 안도 바깥도 아닌 장소를 '여기'라고 할 때, '여기'는 뫼비우스의 띠 혹은 태극의 변곡선, 변곡면, 변곡체에 해당한다, 안이면서 바깥, 주체이면서 객체, 객체이면서 주체의 모습을 모두 갖추고 있는 장소가 바로 변곡이 이루어지는 '지금 여기'다. 공간현상학은 두 가지 기본 모티프를 전제한다.

그것은 바로 나 자신의 목적 경험과 타자 경험이다. 이것은 일명 "따로 또 같이"의 형태로 경험에 독특한 특성을 부여한다. 몸성은 몸의 거리두기 없이는 생각할 수 없고, 타자성은 몸으로 느끼는 부재성으로만 사고할 수 있다. 이러한 모티프에 관여하는 현상학이 취하는 형태가 바로 타자성론이다. 우리 자신이 누구인지를 우리 자신이 절대 아닌 것이 규정해 주듯이, 사태 자체는 절대 사태가 아닌 것들이 규정한다.

— 베른하르트 발덴펠스, 2010, 92~3

보이지 않는 것들은 보이는 것들이 규정하듯이, 나는 타자에 의해 규정되듯이, 사태 자체는 절대 사태가 아닌 것들이 규정한다. 여기에서 중요한 것은 규정되는 것들 곧, '보이지 않는 것들', '나', '사태 자체'이다. 이것을 규정하는 것들은 다양하다. 방점이 찍혀야 하는 것은 '규정'이 아니라 '다양'이다. 타자성은 곧 나의 부재성과 밀착해서 느낄 수 있다. 우리 몸은 몸에서 소격된 것들로 한정(경계) 되어 있다. 손톱, 발톱, 머리카락들 그리고 몸이 아닌, 몸 바깥이, 몸에서 소외(소격)된 피부의 감각에 의해 몸성과 타자성을 서로 이면을 이루며 변곡한다.

    루드비히 비트겐슈타인은 영국으로 향하는 기차에서 샤르트르를 만났다. 비트겐슈타인을 본 샤르트르는 이렇게 외친다. "여기 살아 있는 예수가 있다." 그 말은 진심을 담고 있었다. 신체 그리고 소격된 신체들로 둘러싸여 판명성을 획득하는 몸의 움직임은 수만 가지 생각과 지각과 감각이 작용하는 복합체를 동시에 나타낸다. 비트겐슈타인은 이렇게 말했다. "인간의 신체는 인간 영혼의 최상의 사진이다." 샤르트르의 말을 들은 이후의 언사인지 이전의 언사인지는 알 수는 없다.

뒤집힌 꽃다발

    세계 속에 흔적을 새기고 장소로 남기는 것은 시간, 공간, 인간적 측면에서 한계가 있다. 밤하늘의 별자리는 그 어둠의 질에 따라서 별의 숫자도 밝기도 달리한다. 마찬가지로 장소의 흔적은 그 공간과 맺고 있는 언어의 질에 따라 흔적의 깊이와 선명도를 달리한다. 윤동주의 「별헤는 밤」에서 시적 화자가 '천경(天境)'의 별을 헤었다고 보면 해석이 불가능한 진술들로 가득 차 있다. 우리는 매일 혹은 매시간 다르게 별을 헨다.

> 죽는 날까지 하늘을 우러러
> 한 점 부끄럼이 없기를,
> 잎새에 이는 바람에도
> 나는 괴로워했다.

별을 노래하는 마음으로
모든 죽어가는 것을 사랑해야지.
그리고 나한테 주어진 길을
걸어가야겠다.

오늘 밤에도 별이 바람에 스치운다.

- 윤동주, 「서시」(『윤동주 전집』, 문학사상사, 2011) 전문

「서시」의 마지막 구절은 대표적인 '아포리즘'의 시구로 들기도 한다. '오늘 밤에도 별이 바람에 스치운다.'에서 '오늘 밤에도'는 반복성을 나타낸다. 바람이 하늘의 별을 스치는 것은 불가능한 일이다. 이 구절에 대한 좀 더 실재적인 해석은 별을 천경의 것이 아니라 심경의 것으로 전회시키면 가능해진다.

인간의 경험은 의식 속으로 일단 추상화된다. 인간 경험의 대부분은 분명하게 말하기 어렵다. 우리는 감성이나 미적 반응들의 성질을 측정할 수 있는 마땅한 도구를 갖고 있지 못하다. 누구나 받아들일 수 있는 과학적 언어로 우리의 마음을 말할 수 없다는 것은 누구나 아는 사실이다. 그러나 우리는 이것을 쉽게 망각하는 경향이 있다. 지리학자는 자신의 공간과 장소에 대한 지식이 오로지 책, 지도, 항공사진 그리고 조직적인 현장조사에서 비롯된 것인 것처럼 이야기한다. 사람들이 정신과 전망을 부여받았지만, 땅을 이해하고 그 속에 담긴 의미를 찾아내는 감각을 전혀 가지고 있지 않은 것처럼 서술한다.(이푸 투안, 2007, 319) 사실 지리학자 역시 경험을 바탕으로 기술하는 까닭에 추상적 기술에서 벗어나기 어렵다.

심상은 한자로 心象이라고 쓴다. 말 그대로 풀면 마음 그림이다. 이 말은 심상 이미지라고도 쓸 수 있다. 이미지라는 말을 굳이 붙이는 것

은 그림이 갖는 재현성을 희석하는 효과를 내기 위함이다. 이미지는 그림의 흔적이라고 할 수 있겠다. '심상'은 공간지식이라는 말로 개념화할 수 있다.

    인간의 경우, 공간적 능력과 공간적 지식의 관계는 무엇인가? 전자는 후자에게 어떻게 영향을 미치는가? 공간적 능력은 공간적 지식에 선행하는 것이다. 정신세계는 지각적이고 운동감각적인 경험으로부터 나온다. 공간적 지식은 공간적 능력을 향상시킨다. 이러한 능력은 운동경기의 묘기에서 항해 및 우주 왕복과 같은 문화적 업적에 이르기까지 그 종류가 다양하다.

- 이푸 투안, 2007, 125

    세계를 인식하는 공간인식능력은 한계, 제한이 애매모호하다. 세계공간을 내재화함으로써 공간지식은 '심상'이 된다. 심상은 노드로서 공간지식보다 훨씬 더 많은 갈림길, 가능성을 품게 된다. 세계 속에서 장소는 공간의 분할, 소외(벽)를 통해 장소성을 획득한다. 세계를 질적으로 뚜렷하게 구분하는 중심들에 방점을 찍는다. 세계에 마련된 장소는 부수적 내부성을 지닌다. "부수적 내부성은 장소의 심정적 개입이 없는데, 이는 직접적인 경험 패턴보다는 개념적 원리나 대중적 유형에 의해 조직화된 환경개발의 길을 열어 주기 때문이다. 간단히 말해서 심정적 개입이 없는 내부성은 무장소성의 토대이다."(에드워드 랠프, 2005, 290)

    반면 의식 내부의 장소는 공간의 스며듦, 관통 등을 통해 장소성을 획득한다. 내면의 공간은 추상화된 공간, 이미지들의 상호성이 강조된다. 심경은 안쪽에 자리한 바깥이다. 내부적 외부성을 특성으로 삼는다. 천경은 바깥에 있는 안쪽이다. '뒤집힌 꽃다발'(데리다)은 명경(明

鏡) 위에 있다. 꽃다발에서 향기는 뾰족하게 날아올라 천경과 심경을 뚫고 오르고자 한다. 심경에서 다수와 관계하기 위해서는 '변전'이 필요하다. 별들과 이미지들이 자유롭게 오가기 위해서는 닫히면서 열려야 하고 열리면서 닫혀야 한다.

> 다수와 변전은 관념으로 보존되어지며 항구성을 얻게 되기 때문에 항구성은 자신을 변전으로부터 분리하여 독립적인 것이 된다. 이성은 그때에 단어들이 서로 함께 어울리는지에 대해서는 관련하지 않고도 그들을 함께 연결시킬 수 있게 된다. 이제 언어는 생명이 없는 또는 생명이 스며들 수 없는 죽은 언어일 수밖에 없다. 이제 신들은 그들에 관하여 전혀 아는 바가 없다 해도 명명되어질 수 있게 되었다. 문은 위선과 착오와 배신을 향하여 활짝 열려졌다.
>
> — 에밀 슈타이거, 1983, 156

내면의 언어 곧 이미지의 추상성은 단일해석, 의미화를 지향하고자 하는 해석학에서는 항상 위험적 요소로 남는다. 사물은 변해도 언어는 변전하지 않는다. 그러나 언어의 항구성은 사라지는, 지워지는 것을 지향함으로써 그 관념은 다수의 것들과 관계를 맺을 수 있다. 죽은 언어를 살리는 길은 기존의 위선과 착오와 배신의 의미로부터 문을 박차고 뛰쳐나가는 것이다. 이것이 위상적 시 쓰기가 지향하는 것이다.

땅속으로 반쯤 몸을 밀어 넣은 뱀을 그려 본다. 뱀은 제 몸이 이미 땅 속에 모두 있는 것처럼 한참을 그대로 있다. 자신의 꼬리 쪽 몸을 잊게 만든 것은 땅속 어둠이 주는 두려움일지도 모른다. 머리가 들어 있는 땅의 어둠과 환하게 드러난 꼬리 쪽 중에서 두려움에 더 떨고 있는 몸은 어느 쪽일까. 밤의 안온과 낮의 드러남, 밤의 불안과 낮의 명백함…… 어느 쪽에 몸을 내맡길 것인가. 심경과 천경에 언제나 반쯤 걸친 뱀처럼 우리의 이미지는 실재와 실제 사이에 걸쳐 있다. 꼬리 쪽에도 눈을 뜰 수 있다면 우리는 새로운 언어로 환원해 갈 수 있는 전기를 마련할 수 있을 것이다.

넘나듦

'마음속'이라는 말에는 공간적인 의미가 담겨 있다. '속마음'이라는 말에는 심층, 심연과 같은 의미가 들어 있다. 열 길 물속은 알아도 한 길 마음(사람) 속은 모른다는 말이 있다. 한 길은 여덟 자 또는 열 자다. 미터법으로 환산하면 약 2.4m에서 3m쯤 된다. 사람의 마음을 '한 길'이라고 한 것은 과장일까. 우리가 알고 있는 지역, 지리, 지형이라는 것에도 '심층'이 있을까. 이것은 물론 '땅속'이라는 말은 아닐 것이다.

알 수 없는 심층(深層)의 지형은 다양한 파동을 통해 그려 낼 수 있다. 이보다 더 알 수 없는 우리의 심층(心層)의 지형은 언어를 통해서만 그 그림자 정도를 표상할 수 있다. 만일 우리가 발견해야 하는 더 깊은 지형이라는 것이 존재하지 않는다면 우리는 언제나 다른 지형을 발견하는 데로 시선을 옮길 필요가 있다. "우리가 이런 지형학의 메타포 분석을 위한 안내자로서 진지하게 받아들인다면, 문제가 되는 다양한 요소들을 그것들이 환원될 수 있는 바탕의 구조라는 차원이 아닌 그들 나름의 상관관계라는 차원에서 이해하려 할 것이다."(제프 말파스, 2014, 56)

땅을 흐르는 것은 지리(地理) 곧 시간이다. 우리의 내면을 흐르는 것도 의식류로서 시간이다. 시간의 흐름에 의해 지리(地理)는 발현되고, 변화하고, 두터워진다. 의식의 흐름에 따라서 우리 내면의 지형도 발현되고, 변화하고, 두터워진다. 이러한 지형학의 메타포를 통해 우리는 안팎의 지형 안에 능동적으로 개입할 수 있다. 가장 세련되고 능동적인 개입은 이야기를 통한 것이다. 이야기를 거치면 지형은 심층의 지형 곧 장소로 거듭난다.

우리 안에서도 끊임없이 흐르는 것이 있다. 몸에는 피가 흐르고, 정신에는 의식이 흐른다. 맥이 흐르고 기가 흐른다. 그러나 의식은 강에 따라 무단히 흐르는 강물과는 다르게 흐른다. 의식은 대지처럼 전체로 흐른다. 잘 흐르기 위해서는 속에 크고 묵직한 것을 품고 있어서는 안 된다. 크고 무거운 것일수록 빙산처럼 띄워서 흘러야 한다. 심층이 얼마나 깊으냐가 아니라 무엇을 품고 있느냐가 흐름을 결정한다. 그것들의 그림자에 의해 마음은 깊어지는 것이다. 그 그림자를 타고 세계와 내면을 오갈 수 있을 때 우리는 장소성의 초월을 경험할 수 있다.

> 초월과 자유는 그곳에 존재하지만 그러나 드러나 보여지지는 않는다. 인간은 세계 안에 둥그러져 있으며 현실에 의하여 통독(通讀)되어진다. 즉 그는 사물에 가장 근접해 있다. 그러나 이런저런 방식으로(대부분 개념 작용에 의하지 않고, 그 전체성을 하나의 상황을 인식하자마자, 그는 그것들로부터 그에 관련해서는 그가 하나의 결여된 또는 빈 공간이 되는 그런 상상력에로 물러나게 된다.
>
> — 장·폴 사르트르, 1983, 84

초월의 객관성, 초월의 주관성은 2차원이나 3차원에서는 재현할 수 없다. 그려 내는 것 자체의 불가능성, 경험·체험의 가능성 사이에서 상상력과 상상적인 의식이 작동한다. 우리가 상상적인 의식을 갖는다고 말하는 것은 엄밀한 의미에서 보자면 상상의 소산이다. 그런데 이렇게 '상상되어진 상상' 없이는 사물을 품을 수 있는 품과 거리를 확보할 수 있는 길은 없다. 우리가 상상되어질 것과 적당한 거리를 유지하며 물러설 수 있는 공간이 마련되기 위해서 상상은 항상 이중성을 띠고 있어야 한다.

상상의 이중적 구조는 초월과 자유의 위상성을 가능하게 한다. 이 가능성을 토대로 여러 방면으로 다채로운 층위에서 초월을 시도할 수 있다. 그러면서 여러 번의 자유, 매번의 자유를 시도할 수 있다. 이러한 행위를 통해 한정된 공간은 무한으로 확장한다. 이것이 장소의 위상성이다. 초월을 대하는 태도는 크게 두 가지로 갈린다. 환원불가능성은 서구의 불연속적 세계관에 기반을 둔다. 환원가능성 혹은 환원불가피성은 동양의 순환적(연속적) 세계관을 바탕으로 삼는다. 전체의 구성가능성을 사르트르는 이렇게 말한다.

> 인상파 화가가 그가 화폭 위에 찍어 놓은 무수한 작은 점들로부터 적절한 거리를 두고 스스로를 자리잡게 함에 있어서 가능한 것이다. 그러나 되받아서 말한다면 한 전체를 구성하는 가능성은 관점을 취하는 행위가 지니고 있는 원초적인 구조로서 소여(所與)되어 있다고 할 수 있다.
> — 장·폴 사르트르, 1983, 79

주어진 현실로부터 스스로 자유로워지기 위한 최고의 전략은 '주어진 현실'을 자유롭게 해 주는 것이다. 사르트르는 "현실을 하나의 종합적인 전체로 자리하게 할 수 있으면 충분한 것"이라고 말한다. 생활세계 속에서 감행하는 현실 초월을 통해 진정한 초월을 이뤄 내는 것은 현실이 아니라 바로 우리의 의식에서다. 현실 너머가 아니라 우리의 의식 안으로의 초월이다.

초월과 환원의 반복을 통해 다층적 장소들이 '포개진다'. 이 포개짐은 "장소 안에 나타나는 어떤 것을 향해 '안으로' 포개지는 다른 장소들을 향해 '밖으로' 포개지는"(제프 말파스, 2014, 222)이라는 아포리즘에 의해 매번 다른 반복을 거듭함으로써 장소의 위상성을 고도화한다.

특정 장소가 특정 장소로서 획득하는 것은 정체성이 아니라 위상성이다. 장소에 의해 형성되는 장소 플롯을 타고 넘나들면서 사물은 다양한 방식으로 스스로를 드러낸다.

장소는 그 안에서 장소가 등장하는 것을 허용한다. 장소 안에서 등장한 장소는 불가피한 환원에 의한 것이다. 초월한 것들의 귀환 통로로 내면에 '빈터'를 마련하는 것이다. '자신의 경계 안에서 무엇이 나타날지 두근두근 기대하는 것, 나타난 것을 보는 것, 빈터로 되돌린 자리를 기억하는 것,' 이것이 장소의 참된 의미다.

5. 울림/증폭

소리

"영토는 친근한 모든 소리들의 다음성적 망이다. 이 소리들은 내가 알아볼 수 있고, 따라서 나의 공간을 나타내는 기호들이다."(롤랑 바르트, 2004, 175~6) 땅굴 생활을 집단으로 하는 '마못'이라는 동물이 있다. 경계를 담당하는 파수꾼을 따로 두는 것으로 잘 알려져 있다. 이들은 수상쩍은 조짐이 보이면 뒷발을 써서 몸을 꼿꼿하게 세운다. 표면적으로 보면 좀 더 시야를 확보하기 위한 것으로 보인다.

다람쥐과인 마못의 길이는 40cm다. 네 발로 서서 고개만 들었을 때를 20cm라고 가정하면, 꼿꼿이 섰을 때 두 배 정도 더 높아질 수 있다. 거기에서 확보할 수 있는 시선은 상당히 늘어난다. 하지만 높아진 시선으로 파수할 수 있는 범위를 넓히는 이점보다 포식자에게 쉽게 발각될 위험이 훨씬 커진다. 그들은 멀리 보기 위해서 몸을 세우는 것이 아니라 정확하게 듣기 위해서 몸을 세우는 것으로 생각을 바꿔 보면 어떨까. 소리의 정확도, 특히 소리 나는 곳의 방향 및 장소를 좀 더 정확하게 파악하기 위해서라고 말이다.

가시적 공간은 하나의 대상이나 일련의 대상에 주위를 집중하고 구조화되는 경향을 보인다. 이와 달리 청각공간은 시각공간만큼 집중적이지는 않다. 숲에서 나는 소리는 그 위치를 가늠하기 어려우며, 통합된 공간체계보다는 하나의 주변 환경을 조성한다. 대신 소리는 눈으로 볼 수 있는 것보다 더 작은 세계, 구체적인 세계를 전달한다. 열대우림 지역에 사는 주민에게 공간은 전체적인 구조가 없는 장소들의 조밀한 망이다.(이푸 투안, 2007, 196) 그들에게 생존의 길은 눈이 아니라 귀를 통해 열린다.

뭔가 다가오는 징후는 먼저 '청각'으로 포착할 수 있다. 그리고 소리가 좀 더 명확해진 이후에 시각으로 파악할 수 있다. 그러나 모든 소리가 시각화하는 것은 아니다. 우리가 듣는 소리 중 시선으로 소리의 주체를 포착할 수 있는 경우는 극히 일부다. 보이지 않는 곳에서 들리는 소리를 볼 수 있어야 작은 세계까지 더 세밀하게 알 수 있다. 마뭇이 곧추세운 몸 전체는 일종의 '귀'인 것이다.

> 시력에 움직이고 물건을 만질 수 있는 힘이 있다면 소리는 인간의 공간감을 훨씬 풍부하게 한다. 인간의 귀는 유연하지 않다. 그래서 인간의 귀가 방향을 분별하는 것은 늑대의 귀보다 못하다. 그러나 머리를 돌림으로써 사람은 소리의 방향을 대략 알 수 있다. 사람들은 잠재의식적으로 소리의 출처를 알고 있으며 그런 앎을 통해 청각공간을 해석한다.
> — 이푸 투안, 2007, 32

귀는 유연하지 않는 대신 전방위적이다. 특히 직립보행할 수 있는 인간에게는, 그리고 확실하진 않지만 가장 먼 거리에서 일어나는 일을 짐작게 하고 닥쳐올 일을 예비할 여지를 마련해 준다. 소리는 존재가 드러날 수 있는 바탕을 이룬다.

눈이 쌓인 대지에 드러나는 것은 풍경의 얼개, 시원적 구조와 같은 것이다. 그곳에서 시선은 사물을 파악하는 데 효과적이지 않다. 어둠에 싸인 밤도 마찬가지다. 후각이나 촉각으로 파악할 수 있는 범위는 매우 제한적이다. 거의 유일하게 청각을 통해서만 공간을 확보할 수 있다. 인간의 청각은 동물에 비해 뛰어나다고 할 수는 없다. 작은 소리를 듣는 능력이나 멀리에서 들리는 소리를 듣는 능력에서 그렇다는 것이다. 반면 인간은 어떤 동물보다 여러 가지 소리를 인지하고 파악할 수 있다. 이것은 인식능력의 차이와 궤를 같이한다.

동물의 감각이 오직 대상성에만 초점이 맞추어져 있지만 인간의 감각은 풍경의 형식과 부합한다. 동물은 감각에 절대 의존하지만 인간은 감각에서 얼마든지, 어떤 식으로든지 자유로워질 수 있다. 감각에서 자유로워진 인간은 다양한 풍경의 형식을 통해 언제나 새로운 감각의 영역을 가능성으로 품을 수 있다. 이것은 수용의 지속가능성과 연결된다. 다양한 공간형상과 시간표상, 경험적 직관들이 새로운 풍경의 형식 속에서 상존한다. 순수직관의 장소성, 흔적을 남기는, 흔적과 흔적을 노드 삼아 펼쳐지는 '스토리' 속에서 직관의 감각성, 감각의 직관성은 언제나 최선을 지향한다.

오르페우스

소리는 공간을 채우며 비운다. 물질공간을 '텅'하고 울림으로서 작은 도시 하나는 족히 비워 낼 수 있다. 그런 소리는 도시 인근 산사의 범종 소리가 맡는 경우가 많다. 좋은 음악은 사람의 내면에 울림을 준다. 울림이 크다는 것은 그만큼 내면에 큰 공간이 있다는 것을 의미한다. 그 울림으로 사람들은 현실의 이미지에서 벗어나 자기 마음의 크기와 깊이를 가늠해 볼 수 있다.

음악의 요소들은 현실로부터 추상화된 위상적 성질을 지닌 것이다. 음악은 현실과의 연접과 이접 속에 이루어진 상대적 공간을 형성한다.

이러한 위상적 성질은 시가 음악적 위상공간을 개시하는 데 기여한다. 시는 현실의 구체성들을 사상(捨象)한 추상적 질서로 이루어진 공간을 개시한다. 이렇게 이루어진 추상적 질서란 혼란스런 현실에 대한 기능적인 역할을 나타낸다.(김윤정, 2013, 800)

음악의 추상성은 구체와 격리된 추상성 혹은 구체 이전의 추상성이 아니다. 위상적 공간의 확장에 절대적으로 기여하는 '추상성'은 구체의 이면이고, 구체 다음에 오는 추상성이다. 이것은 이미지와 심상의 관계와 비슷하다. 음악이 의식 속에 뛰어 들어올 때, 우리의 의식은 새로운 위상적 공간을 구축한다.

> 우리의 의식은 외부세계에 실재하는 양적 요소들을 삭제하고 생략한 채 사물을 추상적으로 인지한다. 의식은 외부세계에 실재하는 양적요소들을 삭제하고 생략한 채 사물을 추상적으로 인지한다. 의식은 의식 내부의 질서에 부합하는 외부의 것만을 선택적으로 수용하고, 그들 사이에 배열을 이루어 유기적 구조를 이루는 것이다. 이것이 유기체가 누리는 질서의 원리이며 이러한 방식으로 구성된 질서는 자의적이고 변별적이며 따라서 상대적이다.
>
> — 김윤정, 2013, 806

장소를 체험하는 것은 신체다. 신체는 천문과 짝하는 공간과 지리와 짝하는 시간의 상호주관성에 의해 구성되는 '장소 그 자체'다. 인간의 몸은 지리의 몸과 천문의 마음(心境)으로 이루어져 있다. 이것이 추상적인 것을 매개한다. 육체와 정신은 좀 더 구체적인 것을 지향한다. 인간이 지나온 시간은 살의 주름에 새겨진다. 인간에게 있어 넓고도 좁은 것은 '마음'이다. 이 공간과 시간 즉 마음과 몸 사이에 또 하나의 장소가 형성된다. 이것이 인간의 '품'이다. 이렇게 펼치고 접는 힘을

'상상력'이라고 부르는 것은 어떨까?

    감성과 오성의 틈새를 파고드는 상상력의 매개기능은 대상성의 지평만 명시적으로 개시되도록 하는 것이 아니라, 공간과 시간 도식을 자기 자신에게서 도출된 선견으로 방출하고 이에 기반해 가능한 시선을 만들어 낼 수 있도록 해 준다. 그러한 한에서 도식 혹은 도식상은 가상공간과 실제공간이라는 이원성 가설에 대항해 – 현실의 복사라는 의미로 이해할 게 아니라 공리적인 '묘사규칙'으로, (그러니까 구성적 묘사규칙이나 담론 분석적으로 말하자면) 실증될 수 없는 주변에 늘 둘러싸여 자기 방식으로 가능한 '시선 만들기'에 기여하는 규칙의 가이드라인으로 이해할 수 있다.

– 게오르크 크리스토프 톨렌, 2010, 144

    가능한 시선은 다양성의 다른 이름이다. 물론 이러한 시선이 무차별적으로 가능한 것은 아니다. 다양한 시선이 겹치면서 하나의 플롯을 형성한다. 그것을 도식 혹은 도식상이라고 부를 수 있다. 가능한 시선의 '묘사규칙'이 되는 이런 서술 전략은 '공간묘사와 시간서술'이 이면을 이루면서 반복 형성된다.

    사실 근대적 시를 고전주의적 시와 모든 산문에 대립시켜야 하기 때문에 하는 말인데, 이 근대적 시는 언어가 지닌 자연발생적으로 기능적인 성격을 파괴하여 어휘적인 지층만을 남겨 놓고 있다. 그것이 관계들로부터 간직하고 있는 유일한 것은 그것들의 진실이 아니라 움직임과 음악이다.

– 롤랑 바르트, 2007, 45

    이푸 투안은 공간조직의 근본원리를 인간 신체의 자세와 구조, 그리고 인간들 사이의 관계에서 찾아야 한다고 보았다. 장소를 체험하는 것은 신체다. 이것이 문화적 공간으로서 의미를 획득하게 되는 것은 그 장소에서 활동하는 인간들 사이의 관계를 통해서다. 인간의 신체적 특성이 공간적 특성으로 전이되는 현상이 시에서는 흔하게 나타난다. 특정 공간이나 장소에서 살아가는 인물들의 특성과 그 인물들 사이의 관계가 장소의 심상지리 구축에 작용하는 것을 확인할 수 있다.(이경수, 2011, 219)

롤랑 바르트의 '움직임과 음악'에 가장 부합하는 이야기가 오르페우스와 관련된 것이다. 오르페우스의 여행은 죽음이나 사랑이라는 진실을 남기는 것이 아니다. 지상에서 지하로 그리고 다시 지하에서 지상으로 그리고 지상에서 천경(天境)의 별로 떠오르는 오르페우스의 움직임과 그 움직임을 심상화한 음악만이 남게 되는 것이다.

오르페우스 노래의 정체성은 울림과 반복성에 있다. 오르페우스의 선율은 가장 강력한 한계로써의 음계를 전제로 한다. 오르페우스의 지속적 통일성과 프로테우스의 지속적인 변화성이 역동적으로 작용하는 '장'이 땅과 바다의 경계에서 펼쳐진다. 파도에 따라 해변의 모래에 무늬가 생겨나고, 그 무늬는 아코디언의 주름처럼 접히고 펼치며 파도 소리를 울린다.

짜임

'옷'은 상황에 따라 의미를 획득한다. 또한 상황에 맞춰 입어야 한다. 강의실에서 사각팬티 하나만 걸치고 있는 남자는 경찰서 신세를 질 수 있다. 한여름 해변에서 나비넥타이를 매고 배회하면 정신이상을 의심받을 가능성도 있다. 장소에 따라 사람들이 기대하는 옷이 따로 있다. 그것이 하나의 장르처럼 굳어져 스타일을 형성한다. 이런 스타일은 고정되지 않고 조금씩 변하고 움직인다.

텍스트는 그것이 만들어진 상황 속에 있다. 그러면서 텍스트는 상황을 만들어 낸다. 텍스트는 정체성을 강화하면서 문화적 맥락을 이룬다. 상호텍스트성이 상호의존성을 이면으로 삼는 것은 이 때문이다. 발터 벤야민은 텍스트와 관련해 창조성의 원리를 강조했다. 작가의 창조적 기능은 자신의 정신에 근거하며, 자신의 순수한 정신으로부터 작품을 만들어 낸다고 믿는 것은 인격의 생산적인 욕망이라고 할 수 있다.

습관과 선례 그리고 수사양식이라는 압박에 의해 사고방식이 제한된다는 것을 대부분이 인정하는 바다. "인문학자들은 정치적·제도적·이데올로기적인 강제가 동일한 방식으로 개별 저술가들에게 적용하고 있음을 인정하려고 하지 않는다."(에드워드 W. 사이드, 2017, 36) 작가 역시 잘 짜이고 풀리는 장소를 이루는 데 있어 하나의 '라인'을 이룰 뿐이다. 이러한 라인이 더 역동적으로 움직이기(진동하기) 위해서는 심화·고양을 통해 다양한 위상성을 확보해 두어야 한다. 하나의 장소는 다양한 장소들의 겹침을 통해 위상성을 확장한다. 흐름을 바탕으로 하는 까닭에 장소 정체성은 규정성을 거부한다. 장소에는 일상의 공간보다는 쓰는 우리의 내면과 관련된 술어들과 장소는 잘 어울린다. 장소의 정신, 장소의 혼 등이 그렇다. 장소의 자리에 '공간'이라는 말을 두면 어색해진다.

정신이라는 말에는 장소의 지형과 외관, 경제적 기능과 사회적 활동, 그리고 과거의 사건이나 현재 상황에서 유래한 특별한 의미들이 포함되어 있다. 장소의 정신은 이것들을 단순하게 합친 것과는 다르다. 정체성을 형성하는 기본적인 구성요소들이 심각하게 변해도 장소의 정신은 지속될 수 있다.(에드워드 랠프, 2005, 115) 장소는 언제나 다른 것을 추구하고 이를 위한 변곡을 멈추지 않는다.

장소의 정신은 보이지 않지만 추상적인 것도 아니다. 그렇다고 분위기라는 것이 아예 보이지 않는 것은 아니다. '장소의 정신'은 오운육기(五運六氣)로 현실화한다. 그 현실화의 가장 강력한 증거가 바로 우리의 몸(오장육부)이다. 이러한 분위기의 질과 밀도를 다양화하기 위해 공간은 위상학적 지각을 통해 객관을 넘어서는 주관화를 지속적으로 시도한다.

현상학은 인식대상과 인식작용의 상호작용 속에서 의미의 장을 펼친다. 자크 라캉식으로 수정된 정신분석은 가로지향성의 시간에 세로지향성의 공간을 더해 삶의 장소를 입체화한다. 공간위상학적 지각과 그것을 방해하는 주관화 과정을 통해 의미의 망을 펼친다.(우테 홀, 2010, 110)

가로지향성과 세로지향성을 융합시키는 것은 '지각'의 역할이다. 섞는 것은 작용이고 행위다. 지각공간, 감각공간, 통각공간의 상호주관적 겹침과 펼침을 반복해 행동공간을 개시한다. 지각공간은 지각에 대한 지각이라는 필요와 지각하는 행위로서 실천이 중심이 되는 행동공간이다.

장소는 매우 잘 발달된 구조다. F. 니취케는 다음과 같이 설명한다. "지각공간에는 하나의 중심이 있다. 그것은 바로 지각하는 인간이다. 지각공간은 인간 신체의 움직임에 따라 변화하는 훌륭한 방향체계를 가진다. 따라서 지각공간은 한계가 있으며 중립적이지 않다. 다시 말해 지각공간은 한정적이며 이질적이고, 주관적으로 정의되어 지각된다. 거리와 방향은 사람에 따라 상대적으로 정해진다."(에드워드 랠프, 2005, 45) 발달된 구조는 객관적, 계량적인 것의 증진으로 표면화한다. 그리고 여기에 그치지 않고 직관적 드러남과 주관적 지향을 통해 진동함으로써 입체화를 강화한다.

'지각의 중심에는 하나의 중심'이 있다는 말은 반만 맞다. 한 번의 떨림은 하나의 중심을 통해 일어난다. 지각의 중심은 하나의 중심이 있다는 말은 맞다. 그러나 다른 떨림은 다른 중심을 통해 가능하다. 그래서 중심은 경계와 한정이 분명한 것이 아니다. 태풍의 눈은 고요하다. 고요는 분위기이지 한정적 영역이 아니다. 훌륭한 방향체계는 주관적 평가다. '방향'은 태도지향을 갖는데 '지각'은 벡터 곧 방향이 있는 힘을 갖는다. 이것이 울림의 원동력이다.

증식

태양은 매 순간 상상할 수 없는 에너지를 방출한다. 인류가 역사시대 전 기간 동안 소비한 에너지는 태양이 4분 동안 분출하는 에너지량에 불과하다고 한다. 태양은 상상하기 힘든 속도로 에너지를 소모한다. 이 소모는 곧바로 채워진다. 태양의 자기증식 원리는 타오르는 불덩이 자체인 태양의 수명을 짐작하기 어렵게 만든다.

중력은 공간을 휘게 한다. 휜 공간을 돌아가면서 시간은 느려진다. 블랙홀에서는 공간이 급격하게 휘어진다. 휘어진 공간을 따라서 시간도 흐르기 때문에 직선으로 흐르는 것보다 훨씬 더 오래 흐른다. 가령 블랙홀 안에서의 1년은 휘어진 공간을 흐르는 시간에서는 100년이 되기도 한다. 인위적으로 공간을 휘게 하고 그 공간을 직선으로 건널 수 있게 된다면 우리는 빛의 속도보다 빨리 공간을 이동할 수 있게 되는 것이다.

"존재할 수 없는 것을 감각하고 기억함으로써 시인은 아름다움을 사유하게 된다."(신진숙, 2010, 259) 시는 전혀 아름다운 것이 없는 것에서 발견하는 아름다움을 표상한다. 존재하지 않는 것을 의식하는 것, 없는 것에 대한 사유가 이루어지는 장소가 '포에톨로지'다. 시는 언어의 탄생이자 임종이고, 시원이자 궁극이라는 점에서 '언어의 모든 것이다.'고 할 수 있다.

언어가 기의와 기표로 이루어져 있다고 하는 것은 편의상 하는 말이다. 기표와 기의는 언어에서 동시에 발생하는 상황이다. 인문을 '언어'라고 한다면 기의와 기표는 '천문'과 '지리'에 해당할 것이다. 언어에서 기의와 기표가 비롯된 것일 수도 있고, 기의와 기표에서 언어가 비롯했다고 할 수도 있다. 기의와 기표의 언어적 요소를 극대화시키기 위해 언어의 범위를 크게 확장시켜 볼 수 있다. "그래서 시에서는 표준어 이외에 방언과 외래어를 사용하기도 하며, 경우에 따라서 시인이 말을 만들어 내기도 한다."(고형진, 2004, 289~90)

중성언어, 중성성의 강화, 극대화를 통해 기존의 모든 것을 넘어서기를 시도한다. '새로운 언어, 언어의 새로움'을 만들어 내는 것은 시인의 중요한 역할이자 임무다. 언어와 기의와 기표를 통칭해 '기호'라고 할 수 있다. "기호에 대한 탐닉은 탐욕적인 기호를 낳을 수밖에 없으며, 그것은 종종 시적 주관 속에 함몰된 상상만을 반복할 뿐이다. 그럴 때 기호는 사물을 대신하여 사물처럼 살아 움직인다."(신진숙, 2010, 60) 자본주의사회에서 모든 것이며, 모든 것에 작동하는 것이 화폐다. 기호 역시 자본주의의 화폐와 같이 "구체의 불편과 구체의 불가능성까지도 뛰어넘어 시공간을 초월하는 힘을 발휘한다. 현실은 종적을 감추고, 기억은 기억할 수 없는 사물들로 짜깁기된다."(신진숙, 2010, 60)

포에톨로지에서의 시적 실천은 나선의 구조를 타고 정치적 실천과 연결될 필요가 있다. 정치적 실천이 무엇보다 중요한 것은 자본주의가 '화폐'를 통해 욕망을 현실 속에 붙잡아 두려고 하기 때문이다. 화폐는 현실 이상과 이하, 이전과 이후에 대한 욕망의 탐침을 무디게 한다.

> 자본주의가 수거해 간 잃어버린 감각기관인 시(詩)가, 고통스런 기억의 반복을 통해 자본주의의 공허한 무한 반복을 따돌리고 하나의 진정한 '사건'이 되길, 무섭도록 새로운 차이들을 수혈해 주길 바란다.
>
> — 신진숙, 2010, 70

시는 원재료다. 독으로도 약으로도 쓰일 수도 있다. 서정시 자체의 위의가 발현되는 것, 즉 시의 효과가 유발되는 것은 '사건'이라고 할 수 있지만, 시 한 편 한 편은 '사건'일 수 없다. 오직 하나의 '사태'로만 언제까지 남는다. 독약, 약독으로서의 시는 자본주의의 불편한, 불안한 '기억'으로 남아 있어야 한다.

기억은 '펠트'처럼 겹겹이 쌓여 기이한 무늬를 만들거나, 패치워크처럼 누덕누덕 기워지는 것이다. 짜깁기는 너무도 섬세한 작업이며 잘 짜인 작업이다. '기억은 기억할 수 없는 사물들', 구체의 불편, 구체의 불가능성, 시적 주관 속에 함몰된 상상의 가능성을 키운다. 무의식과 의식은 구분되는 각자의 경계가 있는 것은 아니다.

가령 이러한 아포리즘이 가능할 것이다. 우리의 행동은 일부러 한 것과 자기도 모르게 한 것으로만 구분할 수 있는 것은 아니다. '일부러 자기도 모르게', '자기도 모르게 일부러' 혹은 '작정하고 무작정', '무작정 작정하고'라는 아포리즘이 우리 내면의 역동성을 증진시킨다. 무의식과 의식의 관계를 힘과 의미 사이의 관계에 대한 질문으로 환원할 수 있다. 무의식이 해석의 대상이 되기 위해서는 의식과 어떻게든 연결되어야 한다. 리쾨르는 이렇게 묻는다. "욕망과 의미 또는 에너지와 의미 사이이 관계가 된다. 무의식이 해석의 대상이 되기 위해서는 무의식이 어떻게 의식과 연결될 수 있는가?"

언어 없이 무의식은 우리에게 낯선 것으로 남아 있을 수밖에 없다. 그래서 리쾨르는 "아무리 상징의 힘이 더 깊은 것에 근거해 있다고 할지라도, 말하는 인간에 앞서서 상징론은 없다. 오직 언어 안에서 우주, 욕망, 상상적인 것이 드러나게 마련이다." 세계를 붙잡기 위해서는 언제나 말해진 말이 불가결하다. 오직 그 말 속에서만 세계는 제의의 사제가 된다. 꿈도 우리가 언어의 알려줌으로 이끌어지지 않으면, 꿈의 일반성에 갇혀 있다.

– 박순영, 2002, 54

우리에게 공간에 대한 이상, 이미지는 두 가지 방향에서 제공된다. 하나는 하늘로부터 비롯하는 것이고 다른 하나는 깊은 땅속에서 비롯하는 것이다. 그 사이를 바다와 구름과 분위기가 채우고 비운다. 이러한 초월적 공간은 '탈시간, 탈공간, 탈인간(신)'의 균형과 조화를 지향한다. 이것을 최선의 '시간, 공간, 인간'으로 현재화해 놓은 것이 '공간재현'이다. 공간재현은 현상보다는 텍스트에서 주로 이루어진다.

공간재현이 현실에서 시도될 때, 그것을 우리는 '재현공간'이라고 말한다. 재현된 공간에서 인간의 삶은 이루어진다. 재현공간에서 최적화된 인간의 삶을 지향하는 다채로운 행위가 이루어진다. 이것이 '공간실천'이다. 그리고 다양한 공간실천들은 하나의 습속을 형성하면서 아비투스와 인투이투스를 동시에 지향한다. 이를 통해 최선의 공간의 실현에 다가선다. 이것이 '실천공간'이다. 이 실천공간은 현실을 넘어서 '공간재현'에 영향을 준다. 이러한 나선 구조의 순환을 통해 공간은 다양한 위상성을 확보하게 된다. 이야기를 통해 맥락화함으로써 포에톨로지를 실현할 수 있게 되는 것이다.

리듬

'울려 퍼지다.'라는 말이 있다. '울리다'와 '퍼지다'는 둘이 만나서 특별한 시너지 효과를 낸다. '울리다'는 장소를 개시하지만 '정체(停滯)'를 벗어나지 못한다. '퍼지다'는 지평을 확산하지만 그와 동시에 사라지는 것을 전제한다. 그런데 둘이 만나면 발생과 확장 그리고 지속이라는 '시간+공간'을 창출한다.

퍼지는 것은 일정한 리듬을 탄다. 모든 소리가 음악이 되는 것은 아니다. 듣는 사람에 따라서 음악성의 강도는 달라진다. 일정한 소리를 음악이라고 느끼게 되면, 거의 모든 사람이 음악으로 느낄 수 있을 만큼 직접 주어지는 예술이다. 리듬의 양식에 따라서 음악의 장르가 정해지는 셈이다. 모리스 블랑쇼는 "인간의 운명을 모든 예술 작품이 유일의 리듬인 것처럼 하나의 천상의 리듬일 뿐이다."(모리스 블랑쇼, 2010, 326)라고 말한다.

사물은 바깥으로 존재한다. 바로 뚫고 들어갈 수 없는 닫힌 상태로 있다. 열어 주지 않으면 사물의 마음으로 파고들 수 없다. 따라서 우리는 사물의 마음이 열리는 순간을 포착하기 위해 끊임없이 배회하지 않으면 안 된다. 그 우회는 리듬을 타야 하고, 그 우회 자체가 스타일을 형성함으로써 사물의 마음을 끌 수 있어야 한다. 블랑쇼는 리듬이 사고를 표현하는 하나의 유일의 방식일 때, 오직 그때에만 시가 있다고 말한다.

정신이 시가 되기 위해서는 타고난 리듬의 신비를 정신으로 지니고 있어야 한다. 오직 리듬 속에서만 정신은 살 수 있고 보일 수 있게 된다. 그리고 모든 예술 작품은 하나의 같은 리듬일 뿐이다. 모든 것은 리듬일 뿐이다.(모리스 블랑쇼, 2010, 326) 블랑쇼의 리듬에 '스타일'을 대입해도 같은 맥락으로 읽을 수 있다. 모든 것은 '스타일'일 뿐이다.

천상의 리듬은 대단히 낭만적이다. 분위기는 대기를 채우고, 시간의 리듬은 계절을 따라 지상을 흐른다. 또 지하에도 물이 흐른다. 물을 따라서 뿌리가 흐르고, 기운이 흐른다. 그리고 지표 아래에는 그 자체가 흐름인 맨틀이 지표를 떠받치고 있다. 핵이 자전하는 속도와 지표가 회전하는 속도는 다르다. 이 다름에서는 특별한 전자기력이 발생한다고 알려져 있다.

시는 우리가 붙잡을 수 있고 우리를 사로잡는 긍정으로서의 언어, 갈망과 정복의 언어가 아니고, 숨 쉬면서 열망하는, 언제나 무엇인가를 찾는, 지속되면서 지속을 바라는 숨결이 아니다. 노래 속에서 말한다는 것은 저 너머로 가는 것, 순수한 기욺인 이러한 움직임에 동의하는 것이고, 그리고 언어란 "인간 마음의 순진무구함과는 다른 그 무엇도 아니다. 그 순진무구함을 통하여 인간의 마음은 파멸에 이르기까지 거부할 수 없는 추락 속에서 순수한 선을 긋고 있다."

— 모리스 블랑쇼, 2010, 208

'피트니스', '요가', '특정 근육 단련하기', '특정 부위 살 빼기'와 같은 운동법은 여전히 개발되고 있다. 보이는 것으로 보이지 않는 것들을 건강하게 하고자 하는 마음이 반영되어 있다. 우리가 눈으로 볼 수 있는 몸의 몸[오장육부(五臟六腑), 혈액순환……]을 반영한다. 그리고 보이지 않는(없는 것처럼) 정신/마음도 드러낸다. 그런데 그것을 포착하는 것은 밤하늘의 별을 통해 대기의 변화와 땅의 기운을 읽는 것과 다르지 않다. 텍스트처럼 읽을 수 있는 사람에게만 보인다.

이렇게 생각을 바꿔 보면 어떨까? 보이지 않은 것들을 건강하고 맑게 해서, 보이는 것들의 변화를 이끌어 내는 것이다. 보이는 것에서 보이지 않는 것으로 향하는 것은 물질적이며, 이지적인 것이다. 보이지 않은 것에서 보이는 것 쪽으로 향하는 것은 울림이고 인식(의식)적인 것이다. 둘의 협화음, 불협화음을 통해 저마다의 리듬을 만들어 낸다.

리듬이 만들어지고 울림이 이루어지기 위해서는 공간 곧 울림통이 절대적으로 필요하다. 울림에 의해 발생한 공간을 우리는 생산적으로 사용된 공간이라고 말할 수 있다. "말의 공간이 있다고 할 때, 이 공간은 잘 알다시피 입술과 귀, 분절가능, 공기층, 소리 등을 전제로 한다. 하지만 이러한 물질적 조건들은 이 공간을 정의하기에 충분하지 않다.

말의 공간은 행동과 상호행동, 부름과 상호부름, 표현과 권력, 잠재적 폭력과 항거의 공간이며, 공간에 대한 담론, 공간 안에서의 담론과 일치하지 않는 담론의 공간이기도 하다. 이 같은 말의 공간은 몸의 공간을 포함하고 있으며, 흔적, 글쓰기, 규정, 기재된 것의 공간에 의해서 발전한다."(앙리 르페브르, 2011, 568)

육체의 공간은 몸의 공간을 포함한다. 몸의 안쪽에는 정신의 고양과 심화가 있다. 안 몸, 몸 안, 바깥 몸, 몸 바깥을 마음이 오간다. 마음은 인지와는 다른 결에서 몸과 세계의 소통, 몸의 세계로의 지평 확장, 위상의 다양성을 꾀한다. '나'와 관련된 공간을 모두 포함하는 것이 말의 공간이다. 말의 공간의 최대치의 확장과 심화·고양이 '노래' 곧 리듬이다. 노래의 울림, 메아리의 위상성·위상학은 가장 변화무쌍한 말의 공간, 메아리의 공간, 노래의 울림이 여는 장소에 주목한다.

> 시대에 뒤떨어진 것으로 치부되던 즉각적인 것, 유기적인 것(따라서 자연)으로의 회귀는, 예상치 못했던 차이를 생산한다. 리듬은 음악을 통해서 애매하고 서툴게나마 권리를 되찾는다. 리듬은, 흉내 내기와 미메시스가 진정한 자연적 존재와 공간의 전유를 대체했다고 하더라도, 결코 망각되지 않는다. 몸을 통한 호소가 역효과를 가져온다고 하더라도, 이를테면 해변에서 벌어지는 바다와 태양 앞에서의 완전한 수동성을 상정한다고 하더라도 그렇다.……
>
> — 앙리 르페브르, 2011, 545

완전한 수동성, 기존 주체에서 완전히 벗어날 때, 너무도 쉽게 새로운 주체의 열림·지향을 경험할 수 있는 것이 '음악의 위상성'이다. 진정한 자연적 존재와 공간의 전유에서는 리듬의 흐름, 흐름의 리듬이 중요하다. 자연스럽게 전혀 다른 것으로 변곡해 갈 수 있는 흐름을 형성하는 것이 관건이다.

울림통

　오후 6시 산사에서는 저녁 예불을 알리는 '사물' 소리가 차례로 울려 퍼진다. 그 중에서도 가장 웅장하게, 멀리까지 울려 퍼지는 것은 '범종 소리'다. 범종 소리는 계곡을 울림통으로 삼아 근동 마을에 닿는다. 옛날 사람들은 이 소리를 시계로 삼았다. 그 소리가 퍼지는 외부 공간은 하나일지 모르지만 그 소리가 달리 울려 퍼지는 내부의 공간은 저마다 다르다. 자연과 생활세계를 가득 채우는 범종 소리는 다채로운 위상으로 울려 퍼진다.

> 스트로슨은 이를 "비공간적 세계"라고 부르는데 순전히 청각의 차원에서만 하나의 피조물에게 파악되는 세계이다. 그리고 "감각적 경험이 성격상 청각적일 뿐만 아니라 촉각적이고 감각적(kinaesthetic)이기도 한 곳에서 – 혹은 대부분의 경우에 그렇듯이, 촉각적이고 감각적이고 시각적인 것으로서 – 우리는 때때로 듣는 힘에만 공간적 속성들을 부여할 수 있다.
>
> – 제프 말파스, 2014, 149

　보이는 것보다 들리는 것이 더 많은 불안과 더 큰 공포를 유발한다. 그것은 들리는 것이 더 다양한 것(세계)을 우리의 내부에 그려 낼 수 있기 때문이다. 스트로슨은 이를 '비공간적 세계'라고 부른다. 청각을 제외한 감각에 의해 그려지는 공간이 좁혀지고 구체화되는 공간이라면, 청각적 공간은 보이지 않는 것, 만져지지 않는 것들로 구체화되는 장소를 연다.

　가상의 현실을 현실의 가상으로 뒤집을 수 있는 품이 곧 소리가 여는 사이공간이다. 여기에서 시간의 퇴적과 공간의 둘러싸임 그리고 시공간의 주름과 펼침이 동시에 일어난다. '토포스'는 시간의 주름과 공간의 펼침, 시간의 펼침과 공간의 주름이 위상적으로 자리한다. 공간과 시간, 시간과 공간의 구분이 더 이상 무의미해지는 장소성이 '토포스'다. '토포스'의 이면에는 '코라'가 자리한다.

아리스토텔레스는 토포스를 몸의 가슴 부위에 해당하는 장소라고 말했다. 가슴은 위상적인 의미를 지닌다. 육체 곧 물리적 차원에서 가슴은 주로 천문의 기운을 받아, 몸의 순환 에너지를 얻고, 운용하는 장기가 자리한 장소다. 정신적 차원에서 가슴은 마음의 다른 말로 쓰인다. 육체의 가슴이 포함하는 몸이라면 마음의 가슴은 포함되는 몸이라고 할 수 있다. 물론 그 역도 얼마든지 성립 가능하다. "플라톤에게도 ('존재하는 모든 것이 하나의 장소'를 제공하는) 코라의 개념은 언제나 그 안에 등장하거나 수용되는 구체적 객체와 관련해서만 이해된다.(제프 말파스, 2014, 38)

포함하는 장소가 토포스의 몸이라면 포함되는 장소는 코라의 몸이라고 할 수 있다. 물론 코라는 자궁과 같이 다시 포함되면서 포함하는 몸으로 언제든지 변곡이 가능해야 한다. 토포스와 코라는 아리스토텔레스와 플라톤으로 대비된다. 아리스토텔레스에게는 개별적인 것이, 플라톤은 이데아가 의미의 핵에 자리한다. 같은 장소라고 하더라도 의미가 펼쳐질 때는 토포스, 의미가 사라질 때는 코라가 된다. 장소는 공간 안에서 더 인식되고, 공간은 장소를 통해서 비존재적 존재가 된다.

리처드 스윈번은 "말 그대로 장소란 어디든 물질적 객체가 있는 곳, 혹은 논리적 가능성으로서, 물질적 객체가 있는 곳이다.…… 하나의 장소는 참고 틀을 구성하는 물질적 객체에 대한 공간적 관계를 기술함으로써 확인된다."(제프 말파스, 204, 42, 재인용)고 말한다. 공간이 장소보다 더 일반적이고 기본적인 개념이라는 것이다. 장소는 단순히 물리적 공간의 구체적인 영역의 하나이거나 그 안의 어떤 위치를 지시하는 것이 사실이다. 장소는 상대화된 공간의 테두리 안에서 일단의 공간적 좌표를 활용해 지정할 수 있는 하나의 영역이나 위치를 지시한다.(제프 말파스, 2014, 42) 그러나 이것은 사실 혹은 눈에 보이는 현상이 그렇다는 것이다.

토포스와 코라, 장소와 공간, 가슴과 마음을 각각 대비해 볼 수 있다. 이것은 최근 정신분석 논의에서는 남성성과 여성성의 장소로 의미를 확장한다. 또한 사상적 견해에서 이성적 가슴과 감성적 마음공간으로 대별할 수 있다. 둘은 서로의 이면을 이루면서 텅 빈 가득 참과 가득 찬 텅 빔으로 뫼비우스의 띠의 장소성을 형성한다. 채워짐의 파토스는 사이공간의 코라와 상호관계를 통해 '장소'를 형성한다.

호기심

우리는 실패가 확실한 일에도 최선을 다한다. 맨몸으로 깎아지른 암벽을 탄다. 목숨을 걸고서 히말라야산맥을 탄다. 누구나 쉽사리 목숨을 거는 것이 사랑이다. 사랑은 서로를 살게 해 주는 최선의 흔들림이다. 직접 목격할 수 있는 것은 빙산의 일각도 되지 않는다는 걸 알지만, 끊임없이 여행을 간다. 죽음에 직면할 것을 알면서도, 직면해서도 끝내 살 것처럼 죽는다.

작품이 결코 존재하지 않기 때문일까? 시작의 섬광과 결정이 빛나는 가장 확실한 걸작 앞에서 우리는 또한 꺼져 가는 것, 갑자기 보이지 않는 것이 된 작품, 더 이상 여기에 없는 것, 결코 여기에 없었던 것 앞에 직면하게 된다. 이러한 갑작스러운 일식(eclipse)은 오르페우스의 시선의 머나먼 기억이고, 근원의 불확실성으로서의 향수 어린 회귀이다.

― 모리스 블랑쇼, 2010, 256

오르페우스는 아내를 결국 죽음(지하세계)으로부터 되살려 오지 못한다. 최초의 뒤돌아봄은 동물로부터 인류를 소격한다. 영국에서 제작한 다큐멘터리 〈인류의 기원〉에는 강물을 건너다 악어에게 짝이 물려가는 순간 뒤돌아보는 원시인류의 모습이 그려진다. 그 되돌아봄은 기억으로 남고 '생각이 난다.' 새로 돋는 기억에서 이야기가 생겨나기 시작한 것이다. 최초의 뒤돌아봄을 통해 문화를 시작하고, 오르페우스의 뒤돌아봄 즉 마지막 뒤돌아봄을 통해 우리의 사랑은 신적인 사랑에 가 닿고자 한다. 이 두 뒤돌아봄 사이에서 인류의 문화는 다채롭게 펼쳐졌다.

땅속은 오르페우스의 노래가 울려 퍼지는 울림통에 해당한다. 노래는 우리의 내장기관을 현상하는 조형물과 같이 땅속을 속속들이 드러낸다. 오르페우스의 노래가 지하에 있다면 바다에는 '프로테우스'가 있었다. 프로테우스는 결코 정체를 갖지 않는 변화 자체의 신이었다. 마치 바다의 밀물, 썰물처럼 한 번도 반복하지 않는 정체성, 곧 영원불변의 변화가 곧 프로테우스다. 원시인류의 뒤돌아봄과 오르페우스의 뒤돌아봄 사이에 일렁이는 것은 아마도 프로테우스적인 인간의 호기심과 사랑일 것이다.

세상에 부러울 것이 없었던 완벽한 사내 브레후노프의 죽음을 모리스 블랑쇼는 주목한다. 그는 눈 오는 겨울밤에 길을 잃고 단 한번도 예상치 못했던 죽음과 직면하게 된다. 그는 최후에 그의 삶을 포기하는 대신 하녀에게 자신의 온기(생명)를 건넨다. 자신이 직면한 죽음의 불가피성을, 하녀의 삶의 불가피성으로 변곡시켜 내고자 한 것이다. 블랑쇼는 이를 윤리의 불가피성, 불가피성의 윤리로 해석한다.

브레후노프의 죽음은 우리에게 '훌륭한' 것에 대하여 아무것도 말하지 않고, 그리고 그의 몸짓, 그를 갑자기 얼어붙은 몸 위에 눕게 만든 움직임, 그 몸짓은 또한 아무것도 말하지 않는다. 그것은 단순하고 자연적인 것이다. 그것은 인위적인 것이 아니라, 불가피한 것이다. 일어나야 했던 것은 이것이고, 그는 인간적인 것이 아니라, 불가피한 것이다. 일어나야 했던 것은 이것이고, 그는 죽는 것을 피할 수 없듯이 이것 또한 피할 수 없었다. 니키타 위에 눕는 것, 이것이 바로 죽임이 우리에게서 앗아 가는 이해할 수 없는 필연적 움직임이다.

— 모리스 블랑쇼, 2010, 242

처음 직면한 것, 전혀 예상치 못한 것과의 만남은 불안과 공포를 불러일으킨다. 그러나 이것을 덮는 것은 인간의 호기심이다. 브레후노프의 죽음 역시 '과연 죽음이란 어떤 것일까'라는 호기심을 불러일으켰을 것이다. 그리고 그가 니키타 위에 누워 온기를 나눈 것은 니키타를 살리려는 사랑의 마음과 함께, 천천히 죽어 가면서 끝내 죽음을 목도하고자 한 호기심도 함께 발현되었다고 본다. 사랑이 시들해지는 것은 호기심이 사라졌다는 말과 크게 다르지 않다. 사랑과 호기심으로 채워진 브레후노프의 필연적 움직임, 불가피한 움직임에서 우리는 어떤 예술 윤리의 일단을 읽어 낼 수 있다.

처음의 릴케가 생각하듯이 예술은 어쩌면 예술 스스로를 향한 길인지도 모른다. 하지만 예술은 어디에 있는가? 거기에 이르는 길은 알려져 있지 않다. 작품은 분명 작업을, 실천을, 앎을 필요로 한다. 하지만 이 모든 형태의 능력은 거대한 무지 속으로 빠져든다. 작품은 언제나 이미 어떤 예술이 있다는 데 무지하고, 이미 어떤 세계가 있다는 데 무지하다는 것을 의미한다.

— 모리스 블랑쇼, 2010, 174

예술은 매번 죽음을 향한 길이다. 죽음을 통과한 무지에 이를 때 예술도 세계도 사라지고, 그 자리에 최초의 예술이 돋고, 최후의 세계가 개시한다. 예술은 새로운 것이 아니라 '난생처음인 것'이다. 그래서 예술은 오직 스스로만을 향하면서 다른 관계맺음을 갖지 않고 죽음을 향해 단순하고 견고하게 다가설 수 있는 것이다.

오르페우스의 사랑은 가장 낮은 어둠까지 내려가 죽음마저도 빛으로 인도한다. 그는 아내를 생으로 이끌어 내지는 못했지만 어떤 생보다 오래 불려지는 노래를 남겼다. 그 노래는 모든 죽음들이 안고 침잠한 고요 속에서 무한에 가까운 의미를 건져 올리는 그물과 닮았다.

오르페우스와 프로테우스 사이에 놓인 공허를 이으면서 채운 것은 프로메테우스의 '호기심'이었다. 빛은 오직 신(태양)으로부터 부여받는 것이었다. 그런데 프로메테우스가 불을 가져다줌으로써 인간은 빛을 만들어 내 어둠을 밝히게 된다. 신의 어둠을 물리치고 능동적인 장소를 획득하게 된 것이다. 그 '불빛'으로 인간은 다른 동물을 상대로는 가히 신격(神格)의 위치에 자리할 수 있게 되었다.

프로메테우스의 호기심은 천상의 올림푸스 중에서도 가장 높은 데까지 타오르는(밝히는) 불을 훔친다. 그 빛을 지하와 다를 바 없는 어둠에 싸인 인간에게 가져다준다. 천상과 지상은 '빛'을 통해 하나로 연결된다. 그러나 그 연결은 완전한 단절의 단초를 제공한다. 불을 쓰는 신은 불을 쓰게 된 인간에 의해 철저히 격리당하게 된 것이다.

프로메테우스의 불은 오늘날 '인공지능'과 대비해 볼 수 있다. 인간은 인간만의 것이라고 여겼던 지능을 기계에서 구현하는 단계에 이르렀다. 그렇게 기계적으로 구현된 지능 곧 인공지능은 인간의 것과 비교할 수 없을 정도로 뛰어나다. 제우스의 불을 통해 제우스를 완전히 차단한 인간과 마찬가지로, 인간의 지능을 통해 인공지능의 로봇은 인간을 완전히 차단해 버리는 날이 오게 될지도 모른다. 많은 미래학자들은 이것을 경계하고 두려워하고 있다.

리좀

주체의 역량, 대상의 역량을 증진시키는 것을 증강이라고 한다. 증폭은 범위를 넓히고 범주를 다양, 다층화하는 것이다. 전자는 정체와 영혼의 문제고 후자는 관계의 문제다. 이 두 가지를 모두 담고 있는 말이 '리좀'이다. 리좀은 '수형도(樹型圖)'와 대비해서 그 의미지향을 형성한다. 나무는 수천 갈래의 가지와 수천 갈래의 뿌리가 있다. 이런 강력한 생명력에도 불구하고 수천 갈래의 가지와 수천 갈래의 뿌리는 하나의 줄기로 모아진다. 그 줄기 부분이 잘리면 '나무'를 상실한다.

이와 달리 '리좀'은 자가 증식하는 '나무'이며 '부드러운 풀'이다. 리좀을 '알뿌리'로 해석하는 경우는 증강과 관련이 깊다. 감자의 예를 보자. 한 알의 감자에는 여러 개의 눈이 있다. 씨감자는 통째로 심지 않는다. 한 알의 감자는 몇 조각을 내서 심는다. 조각을 내는 기준은 '눈'이다. 두 개의 눈을 남기는 것이 핵심이다.

두 눈 중에서 조금이라도 아래쪽에 있는 것에는 뿌리가 나오고, 조금이라도 위쪽에 있는 것에서는 줄기가 돋는다. 뿌리에서는 감자라는 열매가 무수한 눈들을 달고 열린다. 자기 증식, 증강이 이토록 강렬한 '리좀'의 식물은 드물 것이다. 그러나 이것은 나무에서 열리는 과일과 크게 다르지 않다. 엄밀한 의미에서 알뿌리는 수형도의 나무와 크게 다르지 않다.

리좀(rhizome)은 뿌리줄기 식물을 뜻하는 것으로, 씨앗으로부터 시작해 위계질서를 지닌 나무 구조와 대비되어 제시된다. 나무가 정확한 기원을 지니며 뿌리, 몸통, 줄기의 구조를 생성하면서 수직으로 성장하는 데 비해 리좀은 시작도 끝도 중심도 없는 망상조직을 가리킨다. 들뢰즈는 리좀구조를 통해 수평적이고 종자에 의해 통합하지 않는 망상조직을 형상화한다. 리좀은 이질적인 것들과 접속되고 연결되는 성격을 지니며 항상 다른 어떤 지점과 연결 접속되어야 한다. 또한 리좀은 '하나'로나 '여럿'으로도 환원될 수 없는 다양체를 구성한다.

- 장용순, 2010, 102~3

들뢰즈의 의도를 잘 반영할 수 있는 것은 칡넝쿨일 것 같다. 이질적인 것들과 접속되어 연결되는 성격, 망상조직으로 최고는 '소셜네트워크시스템(SNS)'이다. SNS는 살아 있다는 말에 이견을 제시하기는 어려울 것이다. 한 차례도 쉼 없이 가장 강렬하게 흐르고 있는 것이 SNS다. 식물 중에서 끊임없이 흐르는 것의 예로는 담쟁이와 칡넝쿨이 대표적이다.

그러나 담쟁이는 나무구조이고 칡넝쿨은 망상조직이라는 차이가 있다. 담쟁이의 손은 벽을 잡고 붙는 역할을 할 뿐, 뿌리 역할을 하지는 못한다. 원줄기에서 잘리면 말라 죽고 만다. 반면 칡넝쿨은 넝쿨이 흙에 닿는 자리마다 뿌리가 돋는다. 나무를 만나면 감아 오른다. 어디에서 잘리더라도 각자도생이 가능하다. 그리고 서로의 의지와 상관없이 어우러져 온통 하나를 이뤄 간다.

이미지에 대한 입체적인 논의를 담고 있는 어휘는 들뢰즈의 '시뮬라크르'일 것이다. 이미지를 존재론의 중심에 세움으로써 존재는 흔들리는 것, 진동하는 것, 역동적으로 탈바꿈하게 된다. "시뮬라크르를 세계를 존재론적으로 설명할 수 있는 근본적인 개념으로 본 것이다. 그리고 그는 시뮬라크르의 세상을 배회하는 인간을 유목민으로 파악함

으로써 '노마디즘'을 제창하기도 했다."(송종인 외, 2012, 146)

실체의 정체성은 '정체(正體)'보다는 '정체(停滯)'와 근원적 속성이 어울리는 것 같다. 정체성을 확실히 하기 위해서는 멈춰 서야 한다. 들뢰즈는 실체 대신 시뮬라크르 곧 이미지를 가져옴으로써 흐르는 정체성, 흐르는 존재론을 제창한다. 정주의 정체성을 잘 나타내는 것이 '베틀'이다. 베틀에서 짜여 나오는 것이 텍스처(texture)다. 정주인의 상징은 베 짜기, 텍스처(texture)인 셈이다.

반면 유목민의 상징은 '퀼트'다. 그해 주섬주섬 모은 동물의 털(벨크로)을 지난해의 '모직물' 위에 올려놓고 밟는다. 쉬지 않고 움직이며 밟아서 모전해 얻는 천은 지붕도 되고 옷도 된다. 하나의 이야기를 잘 짜는 것에서 이야기들을 겹치고, 다독여서 입체적 이야기를 만든다. 이야기는 넓어지면서 두터워진다. 문화적 현실을 증폭, 증강시키는 것이 곧 '위상성을 확대하는 것'이다.

동일한 스토리나 동일한 내러티브도 장르에 따라, 언어에 따라 전혀 달라질 수 있다는 것은 상식적인 말이다. 각각의 문화콘텐츠는 위상적 스토리가 구현되는 관념/물질, 물질/관념의 장소이다. 이미지텔링은 이미지에 대해 말하기보다는 이러한 장소에 대해 말한다. "이미지텔링은 이미지가 다양하게 분화되는 양상을 추적하는 데 있으며, 그 분화과정에서도 이미지는 늘 이중성과 복합성을 띠고 있다는 것을 놓쳐서는 안 된다."(송종인 외, 2012, 159) 이미지텔링을 통해 분화되고 증식되는 이미지는 그 과정에서 얻는 에너지를 통해 인간의 상상의 대상이 아니라 상상과 표현의 주체로 변곡한다는 점에 주목할 필요가 있다. 주체의 이미지, 이미지의 주체, 이미지의 '증강, 증폭'은 언어의 가장 강렬하고 역동적인 흐름인 스토리가 좌우한다.

생활세계의 초월적 구조는 패러독스를 내포한다. 생활세계 바깥을 상정하지 않기 때문에 구조적 초월은 생활세계 안에서 밖을 지향하고,

그렇게 도달한 밖은 새로운 안을 형성한다. 인간 주체성이 처한 한 역설을 후설은 세계에 대한 주체와 세계에 속한 주체로 들어 설명한다. 이것은 "세계의 부분으로서의 자아가 세계 전체와 함께 자신을 용해한다."라는 말과 맥락을 함께한다. 후설은 공간의 대상성과 공간의 주체성을 '생활세계' 안으로 변곡해 들어온다.

  후설은 서양의 근대를 지배한 이원적 대립을 해소하면서 공간의 안도 밖도 아닌 '여기'의 '장소'를 통해 해소하려 했다.(송석랑, 2015, 482) 화성에서의 생활이 현실화할 수 있는 가능성이 높아지고 있다. 이렇게 묻는다. '나무'가 없이도 살 수 있을까? 새로운 삶의 양태, 양상, 방식은 존재를 위한 것이 아니다. 새로운 이야기를 위한 것이다. 그렇다면 우리는 어디서든 어떻게든 '잘' 살아 낼 수 있지 않을까!

6. 주체

여백

주체에게 가장 좋은 상태는 여유는 있고, 여한은 없는 것이다. 삶과 죽음에 대한 적대적 행위 표현과 통합적 치유의 병행을 모색할 수 있는 길은 이야기에서 찾을 수 있다. 주체와 주체의 비켜 마주 봄, 병렬직렬적·직렬병렬적 배치와 드러남을 통해 과학기술 문명이 야기한 적대와 문학적 치유를 병행할 수 있을 것이다. 이것이 가능해야 우리는 '여한'을 남기지 않게 된다. 여한을 다 털어 내야 무리한 진보의 질주에서 한발 물러서 생의 풍경을 감상할 수 있는 여유를 갖게 된다.

예술 역시 최선의 효과가 발생하기 위해서는 최적화한 장소가 필요하다. 예술의 실천은 현장에 접해 있어야 한다. 순수한 미적의식이 나타나는 무시간적 현재가 아니라 일정한 지평을 가져야 한다는 말이다. 역사적으로 형성된 정신적 활동까지도 의미의 장으로 호출할 수 있어야 한다. 그래야 의미의 장을 입체화할 수 있고, 이를 통해 미적경험도 입체화된다.

미적경험 또한 자기 이해의 한 방식이다. 그러나 모든 자기 이해는 이해되는 다른 어떤 것을 대상으로 해서 이루어지며, 이 다른 어떤 것의 통일성과 동일성을 포함한다. 우리가 세계 안에서 예술작품을 만나며, 개개의 예술작품 속에서 세계를 만나는 한, 예술작품은 우리가 일정한 시간 및 순간에 걸쳐 마술에 걸려 빠져드는 낯선 세계가 아니다. 오히려 우리는 그 속에서 우리 자신을 이해하는 법을 배운다.

— 한스 게오르크 가다머, 2011, 180~1

다시 말해 우리는 체험의 불연속성과 순간성을 우리 현존재의 연속성 속에서 지향한다. 미적경험이 여타의 경험과 다른 것은 기존경험의 이면을 탐색해 들어갈 수 있다는 점이다. 단속과 연속의 사이공간을 변곡해 들어감으로써 일면에 대한 확신과 이면에 대한 오해를 동시에 불식시키면서 자신에 대한 '참 이해'에 도달할 수 있게 된다. 다양한 방식으로 미적체험을 할 수 있는 방법을 배우게 되는 것이다. 이해의 강밀도는 다양한 단계에서 실현된다. 어휘라는 낱털, 문장이라는 낱실 그리고 사태라는 조각, 역사라는 조각보, 낱털들을 밟아 모전(毛氈)한 펠트 등의 방식으로 텍스트를 만든다. 텍스트는 통일성과 비통일성의 조화를 통해 다양하고 다채로운 무늬와 지향을 안쪽과 바깥쪽에 동시에 표상한다. 이러한 것들을 유형으로 분류해 묶어 낸 것이 장르다.

텍스트는 여러 장르적 특성을 갖고 있다. 장르는 공통의 특성 외에 다른 특성도 가지고 있는 텍스트들의 계열이며 집합이다. 이러한 인식을 반영한 장르개념은 전통적인 장르의 경계가 해체되고 장르가 뒤섞이는 혼종현상을 좀 더 적절하게 설명할 수 있는 개방적 체계를 지향하고 있다. 무엇보다 우리는 텍스트를 이해할 때 항상 이 텍스트와 연관된 일련의 텍스트 집단을 함께 생각한다.(라영균, 2017, 209) 장르에 대한 표상 없이 우리는 문학작품을 이해할 수 없다고 생각했다. 그런데 지금에 이르러 장르들은 매체 속으로 녹아들고 있다. 장르가 담당했던 역할을 새롭게 담당하게 된 것이 매체다.

장르 지향성이 아니라 매체의 지향성이 문학작품의 이해에 더 결정적으로 작용한다. 기존 장르들의 혼종과 착종은 일상적으로 이루어진다. 중요한 것은 장르적 특성의 최대치의 실현이 아니라 복합, 혼합, 혼종, 착종, 융합, 융복합이 이루어지는 변곡의 지점을 넘나드는 과정 자체가 된다. 이 지점을 통과하는 경험을 제대로 살려 내지 못한 쓰기나 읽기는 의미가 없다. 쓰기를 단순히 중단하는 것이 아니라 '차라리' 쓰지 '않겠다'고 필경사는 쓴다. 그는 끝내 '쓰지 않겠다'고 쓸 것이다. 이런 무의미한 쓰기는 현재에도 계속되고 있다.

　　완전한 쓰기 행위는 쓰는 능력에서 나오는 것이 아니라 자기 자신을 향하는, 그렇게 순수한 행위로서 자기 자신에게 되돌아가는(아리스토텔레스가 능동지성, 혹은 제작지성이라고 불렀던) 불능에서 나온다. 능동지성이 왜 아랍전통에서 칼람(Qalam) 즉 펜이라 불리는 천사의 형상을 하고 있으며 그 천사가 불가해한 잠재성에 자리하는 것은 이러한 이유에서다.

― 조르조 아감벤, 2014, 59

'아무것도 쓰지 않겠다'는 문장이 그 필경사의 '마지막 쓰기'라면 '그렇게 쓸 수밖에 없는' 자신의 정체는 쓰는 자도 아니고 읽는 자도 아니고, 텍스트도 아니고, 텍스트가 변곡하는 매체도 아닌 까닭이다. 교정 교열을 하면서 읽는 책과 능동적 독서의 차이는 확연하다. 글자만 보고 가는 것과 글자의 이면까지 더듬어 자신의 내면에 이미지를 옮겨 새기며 가는 읽기는 전혀 다른 행위다.

　　좋은 읽기는 채우는 읽기가 아니라 여백을 만드는 읽기다. 심경의 저장용량을 늘리면서 읽고, 읽으면서 늘려 가는 것이다. 결국 읽기의 최종목적은 지식이나 이미지의 습득이 아니라 '심경'의 확장, 곧 더 크게 비우기에 있는 것이다.

인류가 함께 속해 있는 공간인 이 무력한 비인칭의 바탕은 우리가 한없이 수동적으로 겪을 수밖에 없는 고통 속에서, 혹은 임박한 죽음 앞에서, 또는 문학의 글쓰기를 통해서 접근할 수 있다. 문학의 이런 비인칭적 본질을 누구보다도 날카롭게 인식한 블랑쇼는 그가 "해묵은 미학적 관점"이라고 부르는 주체적 자아의 표현으로서의 문학의 신화를 깨뜨리는 데 주력한다.

- 고재정, 2005, 186

　　레비나스는 '존재론'으로 도래하기 이전에 이미 존재는 비인칭의 바탕에 속해 있다고 말한다. 즉 존재는 '~하고 있다.' 속에서 도래한다. 블랑쇼는 문학을 이 존재 이전의 바탕으로 되돌아가는 움직임이라고 말한다. 이런 움직임은 신화 속에 있는 것이 아니라 생활세계 속에서 가능하다. 그중에서 '글을 쓰고 있는', '글을 읽고 있는'은 존재를 구성하고 있는 최선의 행위의 하나가 된다. 이것은 각자로 존재하는 것이 아니라 서로의 이면을 이루면서 뫼비우스의 띠와 같이 한 면을 이룰 때 최선, 최적의 효과를 발현할 수 있다. 이것이 항상성과 가변성, 무력한 비인칭의 바탕, 비언어적 바탕, 근원언어적 바탕을 동시에 구현할 수 있는 자아구성성의 원리다. 존재의 여백이 곧 비인칭이다.

관계

　　사람들은 간혹 자신을 다른 사람처럼 느낀다. 글을 쓸 때 즉 '기호' 속에서 나는 의미의 근원으로서의 위치를 '나'라고 쓰면서 확고하게 지킨다. 상징의 세계에서는 위상보다는 '지평'이 의미형성에서 중요한 지점을 차지한다. 언어의 지평이 넓을수록 하나의 말에 대응해 떠오르는 말이 많아진다. '나'라는 쓰기 주체(혹은 대상)가 중심을 확고하게 잡고 있어야 마중 나온 다양한 언어와 골고루 만나 낼 수 있다. 상징은 주체가 중심이 된 근대에 영향력을 제대로 발휘했던 언어원리였다. 열린 주체를 지향하는 변화된 시대가 도래하자 상징의 능동성, 역동성이 현저히 떨어지고 있다.

문장에서 언어는 자신을 향하면서 동시에 너머를 향한다. '나'는 문장의 노드(node)로 작동한다. 의미는 담화에 내재하면서 동시에 객관화를 지향한다. 언어는 매번 자기 자신을 초월하는 운동을 표현한다. 초월이 가능한 지점에서는 금세 환원을 감행한다. 이 과정에서 발생하는 것이 스타일이다. "의미는 문장 속에서 확인 기능과 술어 기능을 서로 연결시킨다. 그리고 지시는 언어를 세계와 관련짓는다. 그러므로 세계는 담화의 주장이 사실이기 위해 필요한 또 하나의 명사인 것이다."(폴 리쾨르, 1998, 52) 이 명사는 개념을 지향하지 않고 스타일을 지향한다. 문장의 의미지향을 술어가 주도하게 된 것이다.

언어는 자신을 넘지 못하면 새로운 것을 의미하거나 지시할 수 없다. 언어의 지시적 기능은 확인 가능성을 높인다. 의미기능은 확인과 지시기능의 상호 작용으로 지평을 넓힌다. 새롭게 주목해야 할 부분이 '술어기능'이다. 문장에서 술어기능은 주체의 것도, 대상의 것도, 서술어의 것도 아니다. 술어적 기능은 셋 모두를 자유롭게 관통함으로써 '의미'보다는 '쓰기의 자유'를 만끽한다. 술어적 기능은 지평의 확장보다는 자기의 깊이와 세계의 높이를 자유자재로 변곡하며 위상적 변모를 거듭할 수 있게 해 준다.

자아의 문제는 결국 고유하고 게다가 매우 포괄적인 주체가 될 수 있는 권리, 즉 자신의 방식으로 모든 타당성의 동일한 수행자로서, 지향하는 자아로서, 많은 단계로 나타나는 방식들이 변화하는 가운데 바로 이 나타나는 방식들을 통해 통일체를 향하는 것, 즉 자아가 추구한 목표(자아의 계획) – 이것은 각각의 국면에서 존재하면서 생성되어 충족되는 즉 자아의 지향을 충족시키면서 다소간에 명석하고도 판명하게 사념되는 것이다 – 를 향한 자신의 권리를 요구한다.

– 에드문트 후설, 2016, 319

    자신의 권리 찾기, 자기 수행자, 나를 지우고 새로 쓰기를 반복한다. 반복을 통해 나는 매번 다른 나를 만날 수 있다. 단 하나의 주체에서 동일성, 통일체를 지향하는 것은 무의미하다. 둘의 동일성·통일체는 불가능에 가깝다. 동일성, 통일체의 구성을 시도할 수 있다면 그것은 셋으로부터일 것이다. '나들'의 개체가 늘어갈수록 동일성·통일체의 지향은 안정될 뿐 아니라 의미의 지평도 동시에 넓힐 수 있다. 나를 타자로 대면하고 서로를 지향하는 자기 수행을 반복한다. 스스로 지우면서 새로 그리는 것은 타자의 자아가 된 나, 즉 타자의 나, 나의 타자로의 쉼 없는 변곡을 통해 가능하다.

    레비나스에 의하면 의식의 열림 이전에 제시되는 타자의 현전에 의해, 그 현전의 힘으로 나와 타인의 관계는 그 급진적인 면에서 맺어질 수 있다. 또한 이 관계 속에서만 레비나스가 말하는 주체성이 정초된다. 나로 하여금 타인을 환대케 하는 주체성, 내가 타인과의 관계에 이미 들어가 있을 때만 유지되는 주체성 – 물론 이 관계는 내가 타인을 실제로 마주하고 있는 경우에만 성립되는 것은 아닐 것이다.

– 박준상, 2001, 122~3

    나는 감각할 수 있는 세계, 사물, 타자와 마주할 수 있다. 그러나 서로 스며들어 내면을 교류하는 것은 불가능하다. 결국 내 안의 타자, 내

안의 세계만을 진정으로 만날 수 있다. 이것들이 자유롭게 교류하고 소통할 수 있는 장소는 도화지에 심상으로 그려지는 것이 아니다. 심경의 플랫폼에서 서로가 품고 있는 공간을 노드로 삼아 위상적 관계맺음이 이루어져야 한다. 플랫폼에서 입체화된 심상은 다양한 지향을 통해 언제나 새로운 장소로 거듭날 수 있다. 목적지가 하나면 플랫폼이 굳이 필요 없다. 주체 스스로가 주체성을 소실할 때, 열린 주체로 개시할 수 있다.

주체가 능동적으로 소멸하면서 예술작품에 참여할 수 있는 길이 닦인다. 주체의 소멸에 의해 새로 생성된 세계는 언어의 세계다. 그러나 그 주체는 예술작품에 익명으로 참여한다. 그래서 개념화보다는 의미화를 지향한다. 주체는 이미 분산되고 파편들처럼 부서진 까닭에 수많은 노드로서 텍스트에 놓이게 된다.(박규현, 2001, 172~3)

우리가 최선을 다해 추구하고 진력하고 완성해야 할 것은 바로 '일상'이라고 비트겐슈타인은 말한다. 일상이 아름다워야 그 속에서 생의 대부분을 살아가는 우리 역시 아름다울 수 있기 때문이다. 예술가들, 인문학자들, 시인들이 죽기 살기로 일상의 예술화에 매달리고 진력해야 하는 이유다.

비대칭

나의 '순수성'은 외부적인 것으로부터 전혀 영향을 받지 않은 것이어야 했다. 완전한(어떤 것이 지나도 아무런 영향도 받지 않는 상태) 순수 무(無)의 상태이거나, 어떤 것도 통과할 수 없는 절대적 밀도를 지닌 궁극의 물질 상태가 '순수성'이다. 이러한 순수성이 전제로 하는 것은 우리 몸의 '비사물성'이다. 우리의 순수성을 불가능성의 영역에 두는 것은 의미를 다변화하는 데 긍정적으로 작동하지 못한다. 새로운

'순수성'을 모색하기 위해서 우리는 신체의 사물성을 인정하는 것으로부터 출발하지 않으면 안 된다.

몸과 달리 신체라는 단어는 살아 있는 생명체보다는 사물을 곧바로 연상시킨다. 신체는 '나 자체'가 아니라 그것이 된다. 그것은 공간 속에 존재하거나 공간을 차지한다. 인간(man)과 세계(world)의 관계에서 우리는 인간을 세계·공간의 조그마한 부분을 점유하고 있는 한 사물로 생각한다. 여기에 머물지 않고 세계에 거주하면서 세계를 지배하고 창조하는 존재로 나아간다.(이푸 투안, 2007, 64)

건축의 기본은 공간에서 공간을 분리해 내는 것이다. 분리해 낸 공간을 다양한 사물로 채우고 비우면서 공간의 위상을 달리해 삶의 무늬를 새겨 넣는 것이 인간의 생활이며 삶이다. 우리의 몸 역시 하나의 건축물과 다르지 않다.

세계의 마음에서 마음을 분리해 우리는 저마다 내면에 품고 있다. 이것이 하늘처럼 우리 내면에 펼쳐질 때, 우리는 심경이라고 말한다. 심경에 떠오르고 돌아나는 것이 심상이고 심상이미지다. 인간의 건축술은 공간과 공간을 분리함으로써 효과를 발휘한다. 반면 우리들의 마음을 다른 마음과 이어질 때 훨씬 더 큰 효과를 발휘한다. 분리가 연결을 목표로 한다는 점에서 우리의 마음은 좀 더 특별한 '플랫폼'이 된다.

비대칭은 결코 취소될 수 없는 윤리적 가치를 의미한다. 레비나스가 말한 대로, 한 사회가 조화를 이루기 위해, 평화적 공존이 가능하기 위해, 유기적일 수 있기 위해, 타인을 위함이 궁극적 가치일 수 있기 위해(그것은 이론이 여지없이 가치다), 비대칭성이 옹호되어야만 한다. 그러나, 또한, 이 비대칭성의 윤리성이 무시될 수 없는 가치일 수, 나아가 한계를 짓는 '법'일 수 있기 위해서는 그것이, 항상, 이중의 반대칭성이라는 실존적 조건에 따라 이해되어야만 한다.

— 박준상, 2006, 139~40

비대칭은 대칭을 기반으로 삼는다. 그러니까 다른 대칭, 대칭을 넘어서는 대칭에 해당한다. 뫼비우스의 띠, 태극 문양과 같은 것이 비대칭을 가장 잘 나타내는 이미지들이다. 이런 이미지에서 떠오르는 비대칭성의 이중성은 안팎의 구분을 무화한다. 비대칭을 기반으로 삼는 이중성은 주체의 이중성이 아니라 이중위상성이라는 다양성을 지향한다. 즉 주체는 세계-심상-세계를 반영한다. 그러면서 동시에 타자-심상-타자를 반영한다. 비대칭성이 지향하는 것은 닫힘이 아니라 열림이다.

심상, 플랫폼의 비대칭성이 없다면 '나'는 갇힌다. 갇힌 '나'의 배회로 심상은 어지러워져 심경을 흐리게 만들 것이 분명하다. 나만 배회하는 장소에서 "'기표에 대한 기표'가 텍스트 주변을 맴돌며 '나/나'라는 의미차연을 흩뿌리고 있을 뿐이다. '나'는 없고 기호가 있으며 무수한 텍스트가 있을 뿐인 것이다."(이상신, 2003, 95)

시간의 상상력, 상상력의 시간은 심경에 위상적으로 흐르는 시간의 이중성을 나타내는 아포리즘이다. 상상력의 시간은 자기 자신과의 관계에서 장소화되는 이미지공간의 개방으로 특별히 읽힐 수 있다. 빈 공간이 그 상대에 머물러 있는 동안, 열린 공간은 공간에서 망각된 흔적들을 찾아내야 한다. 흔적으로 채워진 공간이 진정하게 채워진 공간이기 때문이다.

의미를 바꾸는 배치술에 의해 열린 공간이 아이러니하게 고향 상실과 같은 것으로 환원되어서는 안 된다. 열린 공간은 구조적으로 건조될 수 있는 것이 아니다. 최초의 건축 논쟁에서 관찰되는 자기 전환 논리의 체현체로서의 '빈 장소'의 패러독스적 형태들과 같은 공간의 뒤얽힘을 경험한 다양한 이야기들에 의해서 공간은 열린다.(레오르크 크리스토프 툴렌, 2010, 47) 공간이 열렸다는 것은 공간이 동시에 다양성을 지향했다는 것을 의미한다.

이것을 툴렌은 현대적 사고의 어려움 중 하나라고 한다. 역으로 이것은 다양한 스타일의 가능성으로 연결시킬 수도 있다. 이러한 특별한, 불가능성의 공간체험을 통해 우리는 우리 자신, 타자화된 자신, 자신화한 타자를 화해·공존으로 이끄는 특별한 장소를 개시할 수 있다. 이렇게 마련된 주체의 공간에서 우리가 지향해 가야 하는 것은 무엇인가.

가다머는 역사적 정신의 기본규정이라고 말한다. 역사적 기본규정은 "자신을 자기 자신과 화해시키는 것, 자기 자신을 다른 존재에서 인식하는 것"이다. 이 기본규정은 이론적 교양의 이념에서 아주 명백해진다. 왜냐하면 '이론적 대조를 취한다'는 것 그 자체가 "직접적이지 않은 것, 이질적인 것, 상기·기억과 사유에 속하는 것에 종사하라"는 요구이기 때문이다. 이론적 교양은 인간이 직접 읽고 경험하는 것을 넘어선다.(한스 게오르크 가다머, 2011, 49) 넘어선(건너온) 자리에서 우리는 '소외'를 능동적 '소격'으로 변곡해 낼 수 있다. 변곡한 자리는 이론과 실천마저 무화되는 장소로 펼쳐진다. 여기에서 '안 떠오르는 것처럼 떠오르는' 무색(無色)의 주체, 여백의 주체가 모든 가능성을 품고 있는 위상적 주체다.

그림자

나 자신을 판단하는 것은 '나'다. 타인이 나를 판단하면 그 타인 역시 '나'다. 나 자신에 대해 판단을 중지하는 것은 '나'다. 타인이 나에 대해 판단을 중지하면 그 역시 '나'다. 나의 판단중지는 '나의 것'이고, 그 행위가 나를 구성한다. 그 행위에 의해 주체가 구성된다. 주체의 행위를 통해 나는 세계 속으로 지평(관계)을 넓혀간다.

판단중지를 하는 것은 바로 자아다. 더구나 거기에 더 많은 사람이 있고 이들이 나와 더불어 현실적 공동체 속에 판단중지를 한다. 그러면 판단중지를 하는 나에 대해 그 밖의 다른 모든 사람은 그들의 작용하는 삶 전체와 함께 세계의 현상 – 이것은 나의 판단중지에서는 오직 나의 것이다 – 속에 포함된다.(에드문트후설, 2016, 340) 이러한 급부와 반대급부를 통해 자아의 지평은 확장한다.

확장된 자아의 지평이 이루는 것이 생활세계다. 그러니까 생활세계는 나의 생활세계다. 주어진 세계에 적응하는 주체가 아니라 주체에 최적화된 세계를 구성해 보는 것이다. 나의 '판단중지'를 통해, 현실적 공동체의 공간을 새롭게 구성함으로써 '삶'을 근원적으로 바꾸는 것이다. 로티는 나의 생활세계는 나의 파편으로 이루어진다고 말한다. 세계와 '나'가 이루는 순환 속에서 '나는 나의 파편으로 이루어진 파편이다.'

> 이러한 재능을 제공하는 노드의 우연한 연결은 근육이 사지나 감각점인 생식기에 맺는 관계 이상으로 자아 – 즉 고문보다는 친절을 선호하는 혹은 친절보다는 고문을 선호하는 것은 아니다. 우리의 미래의 지도자가 어떤 모습을 할 것이냐 하는 것은 인간 본성에 관한 어떤 거대한 필연적인 진리와 또 진리와 정의에 대한 그것의 관계에 의해서가 아니라, 수많은 작은 우연적인 사실들에 의해 규정된 것이다.
>
> – 리처드 로티, 1996, 341

두뇌의 우연한 연결은 – 심상의 공유 혹은 펼침, 스밈 – 우리 몸이 파편이 되지 않도록 한다. 중심–파편의 연기, 자유의 연기 그러나 수많은 작은 우연적인 사실 즉 파편들은 어떻게 든 하나의 그림을 그려낸다. '어떤 거대한, 필연적인 진리와 정의'의 파편들로 해석이 가능하도록 끊임없이 진동하며(모서리를 맞추면서) 움직인다. 그렇게 흩뿌려진 파편들의 움직임을 통해 다양한 의미들이 포착되는데, 포착하는 시선에는 정치적인 지향이 항상 끼어들게 마련이다.

우리는 자아창조와 정치-특히 우리가 자유주의자라면-를 결합시키려는 시도를 중단해야 한다. 공적인 행위와 관련이 있는 자유주의 아이러니스트의 일부 마지막 허위는 그의 나머지 마지막 허위에 포섭되지 않을 것이고 그 마지막 어휘들을 포섭하지도 않을 것이다.

— 리처드 로티, 1996, 226

상징주의자는 끝내 절대 의미(원관념, 신의 말씀)를 추구한다. 아이러니스트는 최초의 어휘가 아니라 마지막 어휘 곧 자신의 삶에서 완성된 어휘를 추구한다. 마지막 어휘는 최초의 어휘의 꼬리를 물고 오는 경우가 많다. 따라서 이것을 통해 자아의 창조와 자기 정치를 동시에 수행할 수 있다. 이를 위한 전제는 '사이'의 마련이다. 충분한 거리(여백)가 마련되어야 자아의 창조와 자기 정치가 역동적으로 함께 이루어질 수 있다. 이 사이에서 새로 나타났다 사라지고 반복하는 '자신의 그림자는 언제나 낯설다.'

이 인간의 그림자는 아무리 가까이 있어도 여전히 낯선 것으로 남아 있는 것이다. 사고의 역할은 기껏해야 가장 가까이에까지 그것을 사고해 보도록 노력하는 일이다. 모든 현대적 사고는 사유할 수 없는 것을 사유해야 한다는 고통을 철칙처럼 안고 있다. 사유할 수 없는 사유하려는 노력은 이미 그 안에 윤리적인 차원을 지니고 있다.

— 고재정, 1999, 251

윤리적 차원, 자기 윤리적 차원에서 사고할 수 없는 것은 바깥에 있지 않고 자기 안에 있다. 따라서 자기를 부수지 않고 사고하는 것에는 윤리적 문제가 발생하기 쉽다. 타자를 부수는 것이 비윤리적인 것이 아니라 자신을 부수지 않는 것이 비윤리적인 것이다. 우리 몸의 내부를 찍은 X-ray 사진이 낯설듯이 우리 바깥 모습을 '음영'하는 그림자는 낯설다. 그 낯섦이 타인과의 소통을 가능하게 한다. 나와 타자는 너무도 다르다. 그러나 나의 그림자와 타인의 그림자는 너무나 닮았다. 그림자는 내가 타자로, 타자가 나로 변곡하는 노드인 셈이다. 그림자는 몸에서 나오지만 영혼의 징표이기도 하다. 우리는 타인의 그림자를 보면서 영혼의 공통영역과도 같은 것을 느낀다. 그 닮음에 의해 서로에게 다가설 수 있다.

인간은 일도 하고 놀이도 한다. 오랫동안 놀이는 일을 잘하기 위한 보조수단이었다. 이와 달리 오늘날에는 놀이를 위해서 일을 하는 경우가 늘고 있다. 놀이는 다른 사람과 함께해야 한다는 점에서 일보다 '서로성'이 더 강하다. 가다머는 인간의 놀이함도 자연의 한 과정이라고 말한다. 인간의 놀이함이 지닌 의미 역시 인간이 자연의 한 부분이기 때문에 그리고 또 인간이 자연의 한 부분인 한, 일종의 순수한 자기표현이다. 따라서 결국 이 영역에서는 본래적인 어법과 은유적인 어법의 구별이 무의미해진다.(한스 게오르크 가다머, 2011, 195)

이 자리에서 위력을 떨치는 것이 알레고리다. 알레고리는 기존의 어법이 지녔던 강고한 연결성을 끊는다. 알레고리가 추구하는 다변(多辯)은 본래적 어법, 은유적 어법을 파편화하는 것이다. 뾰족하게 파편화된 말들이 자아의 경계를 뚫고 침잠해 가장 깊은 곳에서 만나는 것이 멜랑콜리의 장(場)이다. 상징의 그림자는 하나다. 파편을 지향하는 알레고리의 그림자는 여럿이다. 너무도 많고 다양해서 모든 사물들과 쉽게 그림자를 섞을 수 있다.

실루엣

우리가 '지금여기'에서 살고 있는 것은 그 자체로 의미 있는 일이다. 다시 말해 의미가 있을 때 비로소 가치 있는 삶이라고 할 수 있다. 어떤 삶은 그 의미를 과거에서 재구성한다. 또 어떤 이는 미래의 것으로 상정하고 산다. 그러나 과거나 미래는 없는 시간이다. 삶의 의미가 '현존의 것'이어야 하는 이유다.

이 특정한 현존은 우리가 대상에 대립하는 주체-대상의 반정립적 존재-로 존재하지 않는다. 대상들과 마찬가지로 주체는 현존의 차원에 존재한다. 후설에게 의식은 '대상'과 '주체'를 가능하게 하고 파악할 수 있게 하는 일차적인 영역이다.(엠마누엘 레비나스, 2014, 82) 의식은 일차적인 영역이면서 노에마와 노에시스가 이루는 의미의 장이 지향하는 최종 영역이기도 하다.

현존은 다양한 사태, 사물들을 경계로 삼아 펼쳐진 장(場)에서 이루어진다. 이 장은 관계맺음에 의해서 열리고, 관계풀림에 의해서 닫힌다. 현존은 다양한 위상에서의 관계맺음과 다르지 않다. '대상과 주체'는 역할의 문제라기보다는 위치의 문제다. 둘은 관계 맺기 위해 나뉘는 것이지 의미(서술어)의 주인을 가리기 위해 구분되는 것은 아니다.

관계맺음을 위해 나뉜 것들이 공통의 장(場)을 형성하는 데 결정적인 작용을 하는 것이 내적 감각의 통각(統覺)이다. 통각을 하는 나의 삶은 이 삶 속에 그때그때 나타남의 방식으로 그때그때 나타나는 세계와 다양한 경로로 관계를 맺는다. 내가 더 높은 단계에서 객관적 통각에 대해 의미를 부여하는 작업을 수행할 수 있다면 우리는 선험적 태도로 이행할 수 있다. 이렇게 되면 우리는 선험적 의미를 획득할 수도 있다는 불가능의 가능성을 품어 볼 수 있다.

이 의미를 부여하는 작업 수행에서 세계를 표상하는 것은 실재적으로 존재하는 것이며 여기에는 인간의 영혼에 관한 의미와 나와 다른 인간의 심리적 삶의 의미가 있다. 이러한 삶에서 모든 사람은 자신의 세계에 대한 표상을 갖고, 세계 속에 존재하며 세계 속에 표상하고 목적에 따라 행동하는 자로 자신을 발견한다.

— 에드문트 후설, 2016, 372

구체적 공간이 심상으로 변곡해 가면서 투명성을 확보한다. 추상공간은 물질세계로 변곡해 오면서 일종의 무늬(분위기)를 획득하게 된다. 무색(구름)이 되면서 안으로 향하는 주체와 채색되면서 밖으로 향하는 주체가 만난다. 그 속에서 우리는 '비인칭의 의사주체'를 경험하고 의사주체로서 경험하게 된다.

추상공간은 마을과 도시 등을 모두 포함함으로써 이들을 해체시킨다. 스스로가 이들 전통적 주체를 대체한다. 추상공간은 권력의 공간이 된다. 그 안에서 발생하는 갈등(모순)으로 인하여 스스로 해체할(잠재적) 가능성도 여전히 남는다. 따라서 비인칭의 의사(疑似) 주체, 추상주체, 즉 현대적인 사회적 공간이 등장하게 된다. 가장 힘 있는 주체인 국가권력(정치권력)은 그 안에서, 환상에 불과한 투명성으로 은밀하게 몸을 감추고 숨어 있다. 이 공간에서는 모든 것이 말하여지고 글로 쓰인다.(앙리 르페브르, 2011, 104)

실루엣처럼, 연기처럼 텍스트들은 투명한 공간에 투명하게 몸을 숨기고 있는 것들을 '탁본'해 낸다. 아무리 명확해도 이론은 불투명하다. 우리에게 가능한 것은 끊임없는 '서성임', '망설임'으로 변곡하는 스타일성의 언제나 새로운 부각이다. 아주 작은 움직임, 표정 등이 가려지면서 드러난다. 우리가 마주하는 주체는 날것으로 드러나지 않는다. 언제나 흔들리는 '실루엣'으로 드러난다.

고정되어 있고, 변화하지 않는 "가능성의 영역"이란 개념은 자신의 노력에 의해서 그 영역을 넓혀 간다는 생각, 즉 미리 정해진 도식 안에서 자신의 자리를 정하는 것이 아니라 그 도식 자체를 변화시킨다는 생각과 결합하기 어렵기 때문이다. 아이러니스트 이론가는 한편으로 자신이 마지막 가능성을 현실화시켰다고 말하는 것과, 다른 한편으로 자신이 단지 새로운 현실뿐 아니라 새로운 가능성을 창조해 냈다고 말하는 것 사이에서 딜레마에 빠진다. 이론은 전자를, 자아창조는 후자를 요구한다.

― 리처드 로티, 1996, 204~5

이론과 자아창조의 지향적 결합, 벡터가 있는 창조의 힘이 스타일을 이룬다. 자기, 자신, 자아, 나, 주체가 맥락을 이룰 때 우리는 자신의 '스타일'을 끊임없이 창조할 수 있다. 스타일을 타는 주체가 바로 흐르는 주체이다. 그러나 움직임 자체가 곧장 스타일이 되는 것은 아니다. 춤은 몸의 움직임을 원천으로 삼는다. 옷은 일종의 실루엣이다. 벌거벗은 몸의 움직임은 춤의 무한한 곡선을 드러내는 데 한계가 있을 수밖에 없다. 주체의 벡터는 '언어'라는 실루엣을 통해 미세한 떨림, 정교한 흔들림까지도 스타일로 표상할 수 있는 것이다.

맹아(萌芽)

오랫동안 진리는 고정되어 있다고 생각했다. 상대적인 면을 인정한다고 하더라도 다른 편에 비진리를 세움으로써 자신의 자리를 명확하게 드러내고자 했다. 진리를 지향하든, 진리의 허위를 폭로하며 비진리를 추구하든 둘은 서로를 의지하지 않으면 안 되었다. 이 둘 사이에서 방법 자체의 진리성에 주목한 이가 '가다머'다. 가다머의 해석학은 기존의 해석학과는 그 지향이 다른 것이었다.

기존의 해석학이 진리에 다가서기였다면, 가다머의 해석학은 방법으로서의 진리, 진리로서의 방법을 추구했다. 방법을 달리하면서 우리는 다양한 위상에서 진리와 만날 수 있게 된다. 의미가 펼쳐지는 현재는 자기 확증(self-confirmability)으로부터 나온다.

추측과 확인 간의 관계를 위협하는 "자기-확증 가능성(self-confirmability)"에서 벗어날 수 없을 때 나쁜 것이 된다. 그러나 확인 절차에서는 또한 그는 포퍼가 『과학적 발견의 논리』에서 제기했던 "반증 가능성(falsifiability)의 범주와 유사한 무효화(invalidation)의 절차가 포함된다. 여기서 반증의 역할은 경쟁하는 해석들 간의 갈등에 의해 수행된다. 하나의 해석은 개연성을 가져야 할 뿐 아니라 다른 해석보다 더 많은 개연성을 가져야 한다. 해석들 간의 갈등을 해결하는 상대적 우월성의 범주는 존재하며, 그 범주는 주관적 개연성의 논리에서 쉽게 도출할 수 있다.

— 폴 리쾨르, 1998, 135

우리가 가질 수 있는 것은 텍스트에 대한 확신이 아니다. 텍스트를 통해 새롭게 드러난 자기 확증 가능성에 대해 우리는 쓸 수 있다. 이것이 텍스트에 대한 해석이자 자기 해석이다. 자기 확증 가능성을 탐색하는 과정에서 우리가 얻을 수 있는 것은 '자기 확증의 불가능성'이다. 그러므로 우리는 매번 새로운 자기의 위상을 탐색할 수 있고, 또 그렇게 해야만 한다.

우리가 상상한다는 것은 기존의 의미 이상이거나 이하로 활성화, 비활성화해 질료들을 이미지화하는 작업이다. 질료와 이미지를 구분하는 경계에서 의식은 활성화한다. 의식의 한편은 외부세계에서 비롯된 어떤 것을 의미화하고, 그것을 표상하고, 욕망하고 사랑한다. 이 작용은 한편으로 질료로써 주어진 것에 체험을 특징짓는 함축적 방식으로 자신을 인식한다. 다른 한편에서는 내재적 시간 안에서 의식하고 구성되는 것에서 의식작용의 존재 방식이 작동한다. 그 작용은 의식의 흐름에 파문을 일으키는데 그것은 그 자신과는 다른 어떤 것을 '지향하며', 자기 자신을 넘어선다.(엠마누엘 레비나스, 2014, 88)

좀 더 역동적으로 진리를 구성하기 위해 먼저 최적의 자리에 선입견으로써 자신을 세운다. 전통적 의미에서 선입견은 부정적 측면이 강하다. 가다머의 선입견은 규정화된 의미가 아니라 대화의 상대다. 혼자서 공놀이를 하기 위해서 필요한 것은 '벽'이다. 테니스, 야구, 축구가 다 그렇다. 스스로 자신을 탐색하기 위해서는 이처럼 대화를 할 수 있는 '벽(선입견)'이 필요하다.

자신과 나눈 대화의 질은 '나'의 활약보다는 어떤 '선입견'을 세웠느냐에 따라 좌우될 가능성이 높다. 이렇게 자기를 새로 구성하는 놀이에 어떤 자기 자신을 선입견으로 세우느냐에 따라 '자기 자신을 넘어서기'는 다채로움을 더한다. 또한 우리는 과거뿐 아니라 미래에서도 자기의 선입견을 지향해 볼 수 있는 '포스트휴먼'의 시대가 열리고 있다. 우리의 미래는 더이상 '죽음'이라는 불안이 그 끝을 막아서고 있는 것이 아니다.

지금 현실적으로 현재에 있는 동일한 자아는 자신의 것인 각각의 과거에서 어떤 방식으로는 다른 자아이며, 존재했고 따라서 지금은 존재하지 않으며 그렇지만 그 시간의 연속성 속에 동일한 하나의 자아이고, 존재하고 존재했고 자신의 미래를 자신에 앞서 갖는 자아이다. 지금 현실적으로 존재하는 자아가 시간화된 것으로서 자신의 지나간 [과거의] 자아 그리고 곧 지금 더 이상 존재하지 않는 자아와도 어쨌든 교제할 수도 있고, 이러한 자아와 대화할 수도 있으며, 타인에 대해서와 마찬가지로 그 자아를 비판할 수도 있다.

- 에드문트 후설, 2016, 321

 과거의 선입견과 미래의 선입견 사이에서 나는 나를 '기억하고 기대하는' 고독한 예언자로 진동한다. 「구름파수꾼」을 자처한 김수영은 그 대표적인 시인이다. 김수영은 '내 안의 적'을 자신의 또 다른 얼굴로 자조하고 냉소할 수 있는 자기 풍자의 힘을 가졌다. 풍자의 힘은 근본적으로 웃음을 공유할 수 있는 타자들, 특히 부정적 현실을 함께 뛰어넘을 수 있는 집단주체를 발견하는 데 있다.(남기혁, 2005, 241) 고독한 예언자를 닮은 시적 화자는 한 눈으로는 구름을 파수하고, 다른 한 눈으로는 생활의 현장을 목도한다. 두 시선의 괴리 사이에서 다양한 의미들이 위상적으로 펼쳐진다.
 나를 예언해야 하는 고독한 예언자의 운명은 흔들림에서 자란다. 그 예언의 실현을 갈망해야 하고, 그 예언이 실현되지 않기를 학수고대해야 한다. 고독한 파수꾼은 예언의 실현 여부를 사후에 보고받는 자가 아니다. 그의 시선에 예언이 포착되는 그 순간에 실현 여부가 관찰되는 까닭에 한시도 눈을 뗄 수가 없는 것이다. 흔들리는 시선의 힘으로 언어를 흔들고, 말을 부리면서 무수한 자아의 맹아를 틔운다. 그 맹아들 중에서 어떤 것들이 주체가 될지는 파수꾼의 관찰 결과에 달려 있다. 단단한 대나무로는 아스팔트를 뚫을 수 없다. 대나무의 맹아 죽순만이 아스팔트도 뚫고 오를 수 있다. 그러니까 결국 나를 결정하는 것은 나일 수밖에 없다.

유동(流動)

 공간의 한계, 공간에 의한 경계지음이 몇몇의 경우를 제외하고는 거의 무의미해진 시대를 우리는 살고 있다. 근대의 서막은 모빌리티의 획기적인 개선에 의해 이루어졌다. 증기기관의 발명으로 증기기차는 대규모의 사람들을 먼 지역으로 한꺼번에, 빠른 시간에 이동시킬 수 있게 되었다.(군대의 이동) 증기기선은 대륙과 대륙을 안정적으로 이을 수 있게 됨으로써 '범지구화'를 모토로 제국주의를 가능케 했다.

현재 이동성의 핵심에 자리하고 있는 것은 자동차다. 물리적인 환경(물리적 거리)을 획기적으로 좁히는 데 '모빌리티'는 집중해 왔다. 5G시대의 개막은 '초연결'을 가능케 했다. 지구는 전체가 코즈모폴리턴을 구현할 가능성을 크게 높였다. "일국을 넘어서는 새로운 실천, 위험, 권리와 의무의 문제가 논란이 되는 것은 (일국 혹은 한 도시의) 공동영역이 '언론 매체화되고 있는 것과 동시에 국경을 넘어 연결되는, 즉 범지구적인 공동무대로 변화하는 것과 결코 무관치 않다."(조명래, 2015, 6~7)

범지구화는 이야기의 맥락화를 쉽게 시도할 수 없게 만든다. 이야기의 역동성, 시의성을 제대로 반영하기 어려울 정도로 다양한 이야기들이 빠르게 쏟아졌다 사라진다(종적을 감춘다). 끊임없이 변화하는 새로운 환경에 능동적으로 대체하기 위해서는 작고 가벼워져야 한다. 세계화의 일환으로 제시되는 것 중 하나가 '경량화'다. 사물뿐만 아니라 콘텐츠도 경량화를 지향한다. 다른 이야기와 끊임없이 만나서 새로운 이야기를 꾸며(지어) 내기 위해서는 '대상의', '대상으로서'의 일차적 현전에 집중할 필요가 있다.

직관이론의 의식 앞에 있는 대상의 일차적 현전 속에 진리와 이성을 자리하게 한다면, 대상의 이념은 존재의 다양한 차원을 인정한다는 말을 가장 넓은 의미에서 활용하는 것이 된다. 이를 통해서 존재가 감각적인 지각의 세계로 환원되는 것은 아니며, 존재의 근원성은 존중을 받게 된다. 사태의 존재 의미는 의식에 주어지는 특별한 방식으로 나타나고 이 방식에 대한 분석을 통해 해명된다.

— 엠마누엘 레비나스, 2014, 156

존재는 다양한 차원을 인정하면, 우리는 의미를 맥락에서보다는 직관적으로 목도할 수 있다. 이것은 존재가 감각적인 지각의 세계, 일차적인 감각에 맡기는 '속뇌적 감각', 본능에 충실해야 한다는 말은 아니다. 본능은 직관적이기보다는 시원적이라는 말과 어울린다. 존재는 새로운 근원을 본능(과거)이 아니라 현재 곧 직관으로 옮겨 올 필요가 있다. 이때 우리는 스스로를 정체성으로가 아니라, 매번 새롭게 나타나는 사물성으로서 인식할 수 있다.

생활세계는 일상적인 감각적 경험에서 학문 이전에 주관적–상대적으로 주어져 있다. 우리가 우리인 것은 누구나 자신의 나타남을 목도할 수 있기 때문이다. 이 나타남으로 인해 각자에게 실제적 존재자로 간주된다. 우리는 우리의 존재 타당성의 불일치들의 교차, 교체를 통해 의미의 품을 넓혔다. 그럼에도 불구하고 우리는 수많은 세계가 존재할 것이라고는 생각하지 않는다. 우리는 필연적으로 동일한 사물들이지만 단지 우리에게 다르게 나타나는 사물들로 이루어진 그 세계의 존재를 믿는다.(후설, 2016, 95) 세계의 존재에 의해 나타나는 주체와 사물의 존재를 확신한다. 뿐만 아니라 주체와 사물의 새로운 관계맺음으로 새롭게 나타나는 세계의 존재에 대한 확신도 더해 가고 있다.

경험적으로 직관된 환경세계는 경험적으로 전체에 걸친 양식을 가진다. 아무리 이 세계를 상상 혹에 변형시켜 생각하거나 앞으로 일어날 세계의 경과를 그것이 알려지지 않은 상태에서 '마치 그것이 존재할 수 있다'는 가능성으로 분명히 주장하더라도, 필연적으로 우리는 우리가 세계를 이미 갖고 또 이제까지 가졌던 양식으로서 세계의 경과를 설명한다.

— 에드문트 후설, 2016, 106

　세계와 타자와 주체의 관계맺음을 통해 '직관적 환경세계'가 개시한다. 환경세계의 사물들은 유형에 따라 유사한 상황에서 유사하게 작용하는 주체의 반복성을 획득한다. 직관은 시선과 관련이 없다. 몸의 감각과 내적지각이 총체적으로 동원되어 펼치는 세계다. 이 세계는 순간적으로 생활세계를 새로운 위상으로 통과하면서 초과하기도 한다. 세계는 우리를 단적으로 현존하는 양상, 유동하는 그때그때의 형태로 받아들인다.

　이 유동성에 의해 직관적 세계도 반복성과 차이성을 동시에 획득한다. 이 차이와 반복을 통해 주체와 마찬가지로 사물들을 직관적이고 현존하는 생활세계로 받아들인다. 그러므로 우리가 이 사물들을 일상생활에서 직관적으로 현존하고 현실로 간주해 받아들이듯이 사물 역시 주체를 그렇게 받아들인다. 우리의 삶이 이루어지는 지구를 품고 있는 태양계는 만들어지는 순간부터 한번도 같은 공간에 위치해 본 적이 없다. 우리는 그러한 공간에 처해 있는 까닭에 언제나, 직관적일 수밖에 없다.

길

　3차원에서 입체는 하나다. 그래서 정체성이라는 말이 가능하다. 자리를 이동하면 이전의 자리에 사물은 남아 있지 않다. 그 흔적을 보고 우리는 상상을 통해 이야기를 그려 낼 뿐이다. 그런데 4차원에서는 지금 머물고 있는 자리 말고, 이전에 머문 자리는 물론, 이후에 머물 자리에도 사물이 존재한다. 우리가 사는 지구는 1차원일 수도 있고, 3차원일 수도 있고, 10차원일 수도 있다. 다만 인간의 인식 혹은 시각이 3

차원이기 때문에 우리는 사물을 단 하나만, 한 순간만 인식할 수 있다. 3차원의 시선을 가지고 4차원을 상상해 낸 거의 유일한 인간으로 '아인슈타인'을 드는 경우가 많다.

후설은 '나는 나 자신이 길이다'라는 철학적 수사를 전한다. 이것은 주관화된 길이 아니다. 다 드러나면서도 나만의 길이어야 한다. 후설은 이렇게 제안한다. "그러므로 지금부터 우리는 극단적으로 회의적이지만, 결코 미리 부정적이지는 않는 정신의 태도로 무장하고 함께 나아가자."(에드문트 후설, 2016, 855~6) 이렇게 나선을 그리며 나아가는 길만이 겉으로 드러난 역사적 사실들의 껍데기를 파헤쳐 뚫는 작업을 수행할 수 있다.

안으로부터 비롯한 나의 길을 후설은 제시한다. 비슷한 맥락이기는 하지만 리처드 로티는 바깥에서부터 비롯한 나의 길에 대해 말한다. 그는 세계를, 우주를 어떻게 볼 것인가에 앞서야 하는 것이 '자신을 어떻게 볼 것인가?'라고 말한다.

> 프루스트와 니체는 전형적인 비형이상학자이다. 왜냐하면, 그들은 분명히 우주를 어떻게 볼 것이냐가 아니라 자신을 어떻게 볼 것이냐에 대해서만 관심을 쏟았기 때문이다. 그러나 프루스트는 형이상학을 또 하나의 삶의 양식으로 간주한 반면, 니체는 형이상학에 사로잡혔다. 니체는 단순한 비형이상학자가 아니라, 반형이상학자 이론가였다.
> — 리처드 로티, 1996, 187

니체에게 형이상학은 물질인 자신의 육체를 통과하기 위한 하나의 방식, 방편, 수단이었다. 우리 몸을 고정체에서 비고정체로, 유체로 변곡하며 무수한 천공(穿孔)을 뚫는다. 단단한 몸으로 부딪치면 둘 다 깨지기 쉽다. 우리는 부드러운 육체에 흐르는 몸을 담고 있다. 서양 의학의 순환기, 동양 의학의 경락은 몸의 흐름과 밀접하게 관계되어 있다.

후설의 흐름은 '의식류'와 '시간류'라는 말에 잘 나타나 있다. 우리는 '일상적으로 필증적 인식이라고 부르는 것'과 선험적 이해를 통해 모든 철학의 근본적 토대와 근본적 방법을 미리 지시하는 것을 철저하게 대조하면서 내면에 사이를 낸다. 한 편의 경계에는 자기 자신으로 되어 가는 절대적 이상의 담지자로서 철학하는 자아가 자리한다. 다른 한 편의 경계는 자신의 필증적인 자기 자신에 대해 존재하는 것 속에 자신의 동료 주체들과 가능한 모든 동료 철학자를 함축하는 것으로서 자아가 자리한다. 이 둘이 어떤 높이와 깊이로 자리하느냐에 따라 가장 깊고도 보편적인 흐름의 자기를 구성할 수 있다.(에드문트 후설, 2016, 458)

'절대적 이상의 담지자로서 철학하는 자아'는 선험적 자아다. 그리고 다른 가능성을 모두 함축할 수 있는 자아는 후험적 자아라고 할 수 있다. 그 사이에서 흐르는 자아는 비철학적, 반철학적 자아, 곧 새로운 위상 열기에 몰두하는 시적 자아라고 할 수 있다. 시적자아를 통해 우리는 우리 시대가 요구하는 문학의 위상과 역할을 새롭게 모색해 볼 수 있다.

나는 무한하게 풍부하며 철저하게 서로 함께 밀착된 선험적 기능들의 차원 전체를 알게 된다. 이전에 심리적이었던 것과 마찬가지로, 이제 이 새롭게 흘러들어 간 것은 세계 속에 물체적 신체 - 본질적으로는 항상 함께 구성된 신체 - 를 통해 구체적으로 자리를 잡게 된다. 이제 나에게 배분된 선험적 차원을 지닌 '자아-인간(Ich-Mensch)' 공간 속 어디엔가 그리고 세계의 시간 속 언젠가 존재한다. 그러므로 자연적 태도로 돌아감으로써 새로운 모든 선험적 발견은 나의 영혼 삶과 (통각으로 즉시) 다른 모든 사람의 영혼 삶을 풍부하게 만든다.

— 에드문트 후설, 2016, 377

　나의 몸의 구체화가 아니라 영혼의 구체화, 이것은 동양철학의 심급이자 목표라고 할 수 있다. 동양철학, 의학에서는 바깥 몸의 흐름보다 안쪽 몸의 흐름을 더 근원적 흐름, 생명의 원천적 흐름으로 본다. 바깥 몸은 안쪽 몸의 흐름을 표상하는 일종의 텍스트인 셈이다. 후설은 우리의 내적흐름에 끊임없이 외적세계가 흘러들어야 한다고 말한다. 우리의 시선이 이전의 자신(선험적 자아)과 이후의 자신(후험적 자아)을 동시에 지켜볼 수 있어야 4차원으로 통하는 길을 열 수 있다.
　인간성은 가장 일반적인 것이며 가장 구체적인 것이기도 하다. 인간성 일반은 발생적 측면에서, 사회적 측면에서 본질상 인간으로 존재할 수 있게 해 준다. 또한 인간성은 보편적인 것이기도 하다. 이성적 존재, 이성적 동물을 전제할 때, 인간 전체는 이성적 인간으로서 이성적 존재이다. 그것은 인간이 되는 것을 의식적으로 주도하든, 완전하게 실현된 상태를 명백히 향하든 마찬가지다. 따라서 철학 즉 학문은 인간성 그 자체에 '타고난 본래의' 보편적 이성이 개시되는 역사적 운동일 것이다.(에드문트 후설, 2016, 81~2)
　동시에 인간성은 가장 구체적이고, 가장 특수한 것이기도 하다. 인간을 이루는 전체는 개별자로서 정체성을 무엇보다 소중하게 생각한다. 인문이 추구하는 최대의 가치를 '자유'라고 하는 것은 이와 무관치 않다. 또한 인간은 시간·공간·인간적인 측면에 다채롭게 고려된 한정된 공동체로서의 특수성도 다양한 위상에서 지향하고 있다. 우리가 지닌 인간성이야말로 가장 확고하면서 가장 유동적인 길의 속성을 반영한다.

언어

역사는 선적 시간관을 바탕으로 삼는다. 역사는 사실(事實)적 이야기를 구성한다. 여기에 반하여 문화는 과거의 기억과 미래의 기대를 '지금여기'라는 현재로 수렴해 시간을 입체화한다. 선조적 전개는 하나의 시간적 흐름을 상정한다. 의미의 선명성을 위해 역사는 2차원적 전개를 선호한다. 반면 의미의 다양성을 지향하는 문화는 입체적 전개를 지향한다.

따라서 역사 시간을 거슬러 가면서 문화의 기원을 찾는 것은 무의미하다. 문화의 기원은 현재로부터 시간을 거슬러 오르며 역사적 사실들을 반추해서 탐색할 수 있는 것이 아니다. 오늘날 이루어지고 있는 태고의 유적이나 현존하고 있는 원시민족의 행동양식에 대한 경솔한 해석이나 그럴듯하게 꾸민 설명은 의문스러운 것이다. 그것은 출발점이 잘못되었기 때문이다.(박만준, 2000, 96)

우리 삶의 기원은 이제 과거만이 아니다. 미래에서도 다가오고 있다. 3차원에서 4차원으로 생활세계의 확장·학대 가능성을 조심스럽게 모색할 필요가 있다. 3차원의 현실은 매 순간순간 '입자'처럼 주어진다. 반면 4차원의 현실은 입자파동, 파동입자로 파동과 입자는 구분할 수 없다. 후설의 생활세계를 3차원의 시각으로 이해하려 하면 쉽지 않은 것은 이런 까닭이다.

후설의 생활세계는 보편성과 개별성, 추상성과 구체성, 일반성과 특수성이 동시에 전개되는 까닭에 현실적인 차원의 이해는 쉽지 않다. 후설이 분석한 "내적시간의식, 신체의 운동감각, 동기부여와 연상, 통각과 연상, 통각과 감정이입을 통한 타자 경험, 선술어적 경험의 지평 구조, 경험을 함께 파악하고 공동체화는 의사소통, 지평들의 융합을 통한 이해 등은 모든 인간의 경험과 경험세계의 구조를 스케치하는 선험적 경험기술학, 즉 선험적 감성론의 과제로서 질적 연구에 새로운

시선을 제시해 주고 생생한 길잡이 역할을 할 것이다."(이종훈, 2012, 35)

모든 인간의 경험과 경험세계의 구조를 한 통으로 파악(스케치)할 수 있는 것은 3차원에서는 불가능하다. 태어남과 죽음이, 첫사랑과 마지막 사랑이, 첫 등산과 마지막 등산이, 첫 잔의 술과 마지막 잔의 술이 한통으로 공존하는 생활세계는 여전히 상상하기 어렵다. 그럼에도 나는 수 겹의 흐름을 동시에 살고 있다. 이러한 생활세계의 구체적 통일성은 3차원에 실현할 수 없다.

> 경험의 토대 위에 논리적 형성물을 이룩하는 활동, 경험하는 활동, 학문적 활동에 관해서는 상관[상대]적으로 타당하다. 이러한 학문적 활동에서 논리적 형성물은 원본적인 형태로 그리고 원본적으로 변화한 양상들로 나타나며, 개별적 학자나 학자들의 상호협력을 통해 공동으로 취급된 명제나 증명 등의 근원적 상태로 나타난다.
>
> — 에드문트 후설, 2016, 254~5

생활세계의 구체적 통일성은 사물들의 구체성을 전제로 한다. 구체성은 내면에 품은 공간과 그 공간을 진동하면서 흐르는 시간에 의해 '심상'으로 떠오른다. 논리와 경험, 경험과 학문, 학문과 논리의 입체적 상관관계의 지원을 받으면 심상을 언어화할 수 있다. 이런 작용을 통해 우리는 근원의 현전과 현전의 근원화를 동시에 이루게 된다.

하이데거는 언어에 관한 게임적인 설명의 부적절성을 보여 주는 것이 시라고 생각한다. 설명의 부적절성은 단순히 번역의 불가능성으로 바꾸어 말할 수 없다. 괴테는 "모든 산봉우리를 넘어서면, 그곳에 평안이 있다(ist)"고 노래한다. 이 시구에 등장하는 'ist'는 현존을 나타내는 말이다. 이 현존을 어떤 목적을 이루기 위한 수단으로 해석하는 것은 편협한 것이다. 이런 해석은 여러 해석 중 하나다. 단일한 해석의 불가능성으로 인해 하이데거의 해석 역시 어느 정도의 권위는 인정되나 꼭 그래야만 하는 이유를 하이데거 스스로도 제시하지 못하고 있다.(리처드 로티, 1996, 218~9)

    해석의 다양성보다 좀 더 근본적인 변화가 생활세계에서 이루어질 필요가 있다. 현대사회를 사는 우리는 하나의 삶만을 살 수 없다. 자신이 살아야 하는 삶을 위계적으로 줄 세우면 삶은 다채로워지기 어렵다. 삶이 다채롭지 못하면 언어는 근원적인 차원에서 섞이지 못한다. 학자를 예로 들면 더 쉽게 이해할 수 있다. 그는 여러 삶, 다양한 생활을 살고 있다. 그는 여러 삶이 개시되는 시공간 안에 언어를 가두는 경향이 강하다. 연구실에서 쓰는 언어는 가정에서 쓰지 않고, 가정에서 쓰는 용어는 주식투자의 장에서 쓰지 않고, 주식투자의 장에서 쓰는 언어는 학술대회에서 쓰진 않는다. 학자도, 부모나 자식도, 투자자도 모두 삶의 방편이라는 것을 받아들일 필요가 있다.

    언어는 어떤 세계보다 다채롭고 혼융적이다. 우리의 언어는 사물의 숫자만큼 다층적으로 흘러야 한다. 그동안은 특정한 권위에 절대 진리의 결정권을 주었다. 특정한 해석을 최선이라고 인정해 주었다. 우리의 언어는 위계적으로 흘러온 것이 사실이다. 언어는 계열체와 통합체가 동시에 실현되기 때문에 독립성이 강하다. 따라서 다른 언어와 섞이는 것은 쉽지 않다. 언어를 잘 섞기 위해 다양한 분야에서 다채로운 시도가 있어야 한다.

7. 위상 윤리

차와 커피

차나무에서 찻잎을 따서 차로 만드는 방법은 여러 가지가 있다. 가장 손쉬운 방법은 '찌는 것'이다. 쉬운 만큼 차 본연의 맛에서 멀어지기도 쉽다. 찌는 차는 우리면 푸른빛이 돌아서 '녹차'라고 말한다. 발효차를 대표하는 것은 '홍차'다. 백차는 아주 어린잎을 따서 찌거나 덖지 않고 약간의 유념(rolling)을 거쳐 그대로 말린다. 오룡차는 반발효차다. 오룡차를 우리면 검은색을 띤다. 차를 덖어서 만들면 누른빛의 찻물이 고스란히 우러난다. 이것이 우리가 말하는 차다. 동양에서는 차를 만드는 방식에도 오행(五行)을 재현하고 있다.

볶아서 만드는 차를 대표하는 것이 커피다. 커피 맛의 위상은 볶는 정도에 따라 달라진다. 이것을 배전도라고 한다. 배전도는 그린빈(green bean)이 노랗게 변색하기 시작하는 라이트에서 배출된 오일이 다 말라붙고 숯에 가까워진 '프렌치'까지 그 색에 따라 전혀 다른 맛이 난다. 맛은 신맛에서 단맛을 거쳐 쓴맛에 이른다.

볶는다는 것은 열매에서 수분을 증발시키는 것을 가리킨다. 깨를 볶고, 땅콩을 볶는다. 덖음은 '이파리'에서 가장 빨리 수분을 날리는 방법을 일컫는다. 햇빛에 말리면 색이 바라지고 파삭해진다. '차'까지도 모두 말라 버린다. 덖을 때 중요한 것은 '유념(rolling)'이다. 잎을 말아 주는 작업이다. 이때는 적당한 힘으로 잎맥을 골고루 잘 터뜨려 주어야 알맞은 온도의 물에서도 차가 잘 우러난다. 유념의 횟수만큼 차가 여러차례 우러난다는 말도 있다.

> 자신이 바닥까지 파괴되었다고 느끼는 그곳에서 파괴를 가장 고귀한 창작의 가능성으로 대신하는 깊이가 생겨난다. 놀라운 전복, 극도의 절망에 언제나 버금가는 희망, 우리가 알고 있듯이 이러한 경험으로부터 그는 기어코 의혹을 두지 않을 믿음의 움직임을 이끌어 낸다. 그리하여 작업은, 특히 그의 젊은 시기의 작업은(아직 정신적 구원은 아닌) 심리적 구원의 수단으로서 "단어의 하나하나 그의 삶에 이어질 수 있는" 창작, "그를 자신으로부터 구해 내기 위해 자기에게는 이끌어 오는" 창작, 그러한 창작의 노력이 된다.
>
> — 모리스 블랑쇼, 2010, 77

폐허의 깊이가 깊을수록 거대한 뿌리의 가능성이 증폭된다. 극도의 절망, 불타기 직전까지 가서 몸이 깨지면서 자신의 정체를 흘려 내고, 다시 풀리는 시절을 위해 푸른 이파리에 향기의 옷을 입힌다. 자신의 뭉개짐으로 입은 옷이 물에 풀려 나 차가 된다. 그 차를 제대로 마시면 내면을 골고루 감싸 준다. '파괴를 가장 고귀한 창작의 가능성으로 대신하는 깊이'를 우리는 변전을 통해 도달할 수 있다. 이것은 불을 통과한 변전이자 파괴의 변전, 치명(致命)에 이르는 변전이기도 하다.

우리는 모든 이러한 각도들을 동시적으로 고려하여 이해에 도달하려 노력해야 한다. 모든 것들이 다 의미 있는 것이며, 우리는 이와 동일한 구조가 모든 관계들에 기초가 되는 것을 알게 될 것이다. 이러한 모든 견해들은 그들이 고립적인 것이 아니며, 우리가 역사의 심연 속으로 깊이 파고 들어 가고 각각의 관점에 들어 있는 독특한 존재적 의미의 핵심에 도달할 수 있는 한에 있어 올바른 것이다. 마르크스가 말하고 있듯이 역사는 역사의 말로 사고하지 않는다는 말은 또한 사실이다. 또 우리가 고려해야 하는 것을 그의 머리거나 발이 아니라 그의 몸체라고 말하여야만 한다.

- 모리스 메를로 퐁티, 1983, 51

몸체의 변전은 생성의 변전이고 물의 변전이다. 좋은 차를 물에 우리면 갓 딴 찻잎처럼 되살아난다. 차만 내어 주면서 첫잎의 녹색을 재생하는 것이다. 우리는 그렇게 주관적인 파괴를 거치지만 '글(차)'를 제대로 내어 준 후에 잠시나마 몸체를 다시 회복할 수 있는 것이다.

몸체적 이해라는 것이 있다. '차'를 내는 방식은 계절별로 차이를 준다. 겨울에는 하차를 마신다. 하차라 함은 찻잎을 다관에 넣고 물을 따르는 것을 일컫는다. 여름에는 반대로 상차를 마신다. 물을 다관에 넣고 찻잎을 띄워 우린다. 봄·가을에는 중차로 우린다. 물을 반 넣고 찻잎을 띄우고 물을 마저 부어서 우려 마신다. 찻잎의 처음 위치에 따라 맛은 미세하게 갈릴지 모른다. 그 맛의 차이를 혀로 찾는 것은 쉬운 일이 아닐 것이다. 그러나 눈으로는 충분히 찾아낼 수 있다.

머리는 사유를 대표하고, 발은 이동성을 대표한다. 그러나 우리의 정체성은 머리나 다리가 대표하지 않는다. 얼굴 생김새는 오장육부(五臟六腑)을 닮는다는 것이 동양의학의 기본 생각이다. 그러니까 나의 위상적 존재 정체성이 담겨 있는 장소는 '몸체'다. 차는 계절에 따라 우려내는 방식을 달리한다는 것에 실소를 금치 못하는 커피 마니아가 있을 수 있다. 이들은 차의 고소·구수함의 맛을 느끼지 못한다. 풀맛 나는 '차' 정도로 치부한다. 차에 입맛이 깃든 사람은 커피의 그 복잡 미묘한 맛을 알지 못한다. 그냥 쓰기만 한 것이라고 치부한다.

호주에는 롱블랙(long black)이라는 커피가 있다. 이탈리아 에스프레소 기계로 원 샷이나 투 샷의 커피를 추출한다. 이때 에스프레소의 '꽃'이라고 하는 황금빛 거품이(지방성분+이산화탄소) 고운 입자로 얹힌다. 아메리카노는 그 꽃(크레마) 위로 뜨거운 물을 부어 커피의 농도를 조절한다. 반면 롱블랙은 뜨거운 물 위에 에스프레소를 부어 크레마를 최대한 살린다. 맛의 차이가 없진 않겠지만 이것 역시 '혀'보다는 '눈'으로 확실한 구분이 가능하다.

그때 존재는 그가 사랑하는 사람을 넘어서 가고, 중단도 한계도 모르는 움직임, 겨냥하는 인물 속에 쉬고 싶지도 않고 쉴 수도 없는, 우리가 바깥을 보지 못하게 할 수도 있는 가림이 되지 않도록 그 인물을 찢고 넘어서는 이 사랑의 움직임의 꿋꿋함에 충실하다. 너무도 무거운 조건들은 우리가 실패를 택하도록 한다. 사랑한다는 것, 그것은 언제나 누구를 사랑한다는 것이고, 자신 앞에 누구를 갖는다는 것이며, 부주의에 의해서가 아니라면, 그를 넘어서가 아니라 목적 없는 정념의 두근거림 속에서 그만을 바라보는 것이다.

— 모리스 블랑쇼, 2010, 193

차나 커피는 단순하게 변형되거나 전이되어 우러나는 것이 아니다. 그것은 몸 전체로 이행한 것이고, 생 전체를 뒤집는 것이다. 인간에게도 이러한 것이 있는데 그것은 '사랑'이다. 몸의 움직임을 주체가 제어할 수 있다는 믿음은 환상이다. 우리는 하품도, 눈물도, 웃음도, 심장의 두근거림도 제어할 수 없다. 우리가 제어할 수 있는 움직임은 극히 일부분이다. 마음의 움직임은 거의 제어할 수 없다. 몸의 움직임을 주체는 제어할 수 없다. 심장의 두근거림으로 사방팔방으로 퍼지는 몸의 반응은 그 누구도 제어할 수 없다. 그런 나를 다만 제대로 바라보면서 일일이 기록할 수 있는 권리가 나에게 주어진다. 주체는 자기 몸의 주인이 아니다. 다만 나의 몸과 마음의 상태와 변화를 잘 우려내는(쓰는) 자일 뿐이다.

미로(迷路)

인간은 위상적 존재다. 한시도 한자리에 머물 수 없는 운명을 타고 났다. 이러한 흔들림, 진동은 역으로 '비평'의 가능성을 더 높여 준다. 제대로 흔들릴 수 있기 위해서는 공(空)의 상태를 품고 함께(共) 흔들릴 수 있어야 한다. "이해와 마찬가지로 비평은 모든 차원에서 추구되어져야만 한다. 당연히 한 신조의 논박을 위하여 그것을 그 작가의 생에 있어 어떤 우연적인 사건에 관련시켜서 하는 일은 불완전한 것이 되고 말 것이다."(모리스 메를로 퐁티, 1983, 51)

비평행위는 대표적인 언어행위다. 쓰기/읽기의 장으로 '필연과 우연'이 공존하면서 '우발성'이라는 변곡점을 통해 자연스럽게 연결된다. 현존의 장은 다양한 공존재의 공감대를 형성할 수 있다. 우연적인 사건과 필연적인 사건이 이면을 이루는 장소를 비평은 추구한다. 전이시키는 논리, 아우를 수 있는 시선, 플롯의 시선 등으로 자유자재로의 변형이 가능하기 위해서는 언어적 환원, 몸적 환원이 가능해야 한다. 삶의 길로써 '언어', 새로운 길로서 '몸'에 대한 긍정성을 부각할 필요가 있다.

언어의 차원에서 예를 들면, 새로운 의미들은 우리의 언어행위(주체성)가 우리(상황)를 붙들고 매고 있는 언어를 "이제까지 유용했던 표현들을 새롭게 배열하고 또 청자뿐만 아니라 화자까지도 결정적인 단계를 거쳐 사로잡는, 〈논리 정연한 변형〉을 통하여" 다시 새롭게 결속하게 할 때 출현하게 되는 것이다. 이와 같이 전체(全體) 언어(言語)를 해체하고 다시 새롭게 결속하게 할 때" 내가 이미 말하였던 바에 비해 내가 실제 경험하였던 바가 더 많음을" 표현할 수 있게 된다.

— 버논 W. 그라스, 1983, 15

논리 정연한 변형, 예측 가능하지만 놀라움을 주는 것이 스타일이다. 언제나 새롭게 결속할 때 출연하게 되는 것이 '플롯'이다. 언어는 풀어 헤쳐져야 재결속이 가능하다. 전체 언어의 해체, 말과 체험의 환원, 말의 자유와 언어의 자유, 자유 위상적인 것들의 최종 목표, 죽음으로부터 자유 등을 책임져야 할 나로부터의 풀려나기를 끊임없이 시도한다.

인간은 의미를 부여하는 자다. 부여된 의미를 공유하기 위해서 비평적 규범과 가치를 창안하고 전형화한다. "규범과 가치관은 미리 만들어져 있는 것이 아니며 인간의 자유에 의하여 창조되어진다. 인간의 본질은 자신과 〈세계〉를 모두 지향적 자유에 의하여 창조하는 것이다."(버논 W. 그라스, 1983, 17) 지향적 자유는 현상학적 자유, 경험적 자유를 바탕으로 삼는다. 지향적 자유가 초월적인 것은 생활세계 속에서 이루어지기 때문이다. 이 초월성은 생활세계를 벗어나지 않는 까닭에 자발성, 구체성을 속성으로 한다. 지향적 자유는 창조하는 자아의 이전과 이후에서 무한에 가까운 공간을 펼쳐 준다.

물론 자유는 창조하는 자아의 것과 동일한 것은 아니다. 자유는 모든 것에 앞서가는 것이다. 이러한 '자유'는 아무것도 아닌 것에서 무엇이라도 할 수 있는, 누구라도 될 수 있는 것을 지향할 수는 없다. 자유는 문화적 윤리를 기반으로 삼을 필요가 있다. 기존의 윤리가 금지와 부정의 윤리라면 문화의 윤리는 허용과 긍정의 윤리다. 규범과 가치관을 문화의 윤리는 매번 새롭게 창조한다. 규범과 가치관은 미리 만들어져 있는 것이 아니다. 이것은 인간의 자유에 의하여 창조된다. 그러한 창조가 가능할 때 진정한 자유라고 말할 수 있다. 이러한 자유의 실현을 위해서 주체는 '분리와 연결'을 수동·능동적으로 할 수 있어야 한다.

> 사이의 사고에서 근본적인 형상, 즉 분리와 연결이 발전되어 나온다. 이것은 사이버네틱스에서 회로문제로 다루지만, 구조주의에서는 신화적 이야기의 위상학적 토대를 다룬다. 분리와 연결이라는 테마는 사이버네틱스와 구조주의의 공통 테마인 것이다. 하나의 비교점에서 서로 다른 사고방식들이 관찰될 수 있다. 이것이 일어나는 아주 특별한 장소가 바로 미로이다. 공간을 생각하는 사람은 미로에서 뭔가 도전받고 있음을 금방 감지한다. 앞에서 일종의 상징으로 언급한 벽의 양쪽 방에 있는 두 사람도 미로에 대해 말했다는 것은 매우 의미심장하다.
>
> — 페터 벡스테, 2010, 292~3

사이버네틱스는 생물의 자기 제어의 원리를 기계장치에 적용하여 통신, 제어, 정보처리 등의 기술을 종합적으로 연구하는 학문 분야다. 사이버네틱스는 인간의 기계화라는 부정적인 지향과 우리 몸을 우리 스스로가 제대로 돌볼 수 있게 된 긍정적 지향으로 갈린다. 사이버네틱스의 시대에 우리는 새로운 자유의 지향을 구상해야 한다. 인간 중심의 사고방식이 아니라 양방향 혹은 위상적 사고방식으로의 전회가 요구되는 까닭이다. 인간보다 더 인간스럽게 사유할 수 있는 '사이버네틱스'의 도래는 '자유의 전회'가 근원적인 차원에서 이루어져야 한다는 것을 의미한다.

기존에 자유의 전제는 '모든 것을 할 수 있다', 혹은 '시도할 수 있다'였다. 그러나 이미 모든 것이 불가능하게(무한급수로) 주어진 사이버네틱스와 같은 '미로'에서의 자유는 '아무것도 하지 않을 수 있는 자유', '하지 않아도 되는 자유'다. 이런 미로의 자유에서 우리가 시도해야 하는 것은 언제든 어디서든 최초의 것이고 최대치의 자유의 실현이다.

소유

자기를 넘어서는 자신의 서사가 가능하다면 기존의 정체성을 유지한 채로 시간의 흐름을 넘어설 수 있을까? 시간의 흐름을 넘어서는 것은 자기 자신에게 어떤 가치가 있는 것일까? 이런 물음의 답을 찾기에 앞서 좀 더 근원적 차원에서 뜻밖의 물음과 만난다. '나'는 누구의 것(?)인가? 나의 몸, 나의 마음이라고 할 때 '나'는 전부의 나인가? 소유는 나 자신인 것과 주체가 가한 작용이 어떤 대상과의 관계를 주도할 때 부여받는 것으로 나눌 수 있다. 나의 생각과 경험은 전자의 소유개념에 속한다고 우리는 믿는다. 과연 그런가.

우리에게 이미 주어진 생각과 경험은 우리가 고르고 선택할 수 있는 것이라고 생각한다. 그래서 우리의 경험과 생각을 '우리 자신의 것'으로 인정한다. 생각이나 경험에 앞서 주어진 자아에 관한 지식이 의미 구성에서 중요한 역할을 한다고 인정하는 경우는 드물다. 주체와 주체에 속한 상태들의 관계를 '소유'의 평범한 관계라는 차원에서 이해하는 일은 부조리하다.(제프 말파스, 2014, 102)

'나의 몸'이라고 하는 것은 '나의 땅' 혹은 '나의 집'이라고 할 때의 '나의'와 의미의 위상이 다르지 않다. 이렇게 물을 수도 있다. '나의 앎은 나의 것인가?' 나는 앎을 소유하고 있는 것이 아니라 잠시 그 앎에 머문다. 바깥으로부터 온 앎을 대표하는 것은 과학적 지식이다. 이것은 계주의 바통처럼 나에게 전해진 것이다. '생각이나 경험'은 내적인가 외적인가 혹은 주관적인가 객관적인가라는 물음도 가능하다. 어떤 쪽으로 경사하느냐에 따라 소유, 비소유, 무소유의 강도와 밀도는 달라진다.

절대적 주관화나 절대적 객관화는 불가능하다. 관계에서도 자아가 주관적 객관을 지향하는가, 객관적 주관을 지향하는가라는 이중의 아포리즘이 발생할 수 있다. 바깥으로부터 객관은 객관-주관을 거쳐 안쪽을 향한다. 안으로부터 주관은 주관-객관을 거쳐 바깥을 향한다. 이 둘이 겹으로 만나는 지점, 나선으로 변곡하면서 열리는 사이공간에서 '나'가 발생한다.

> 주관성 개념, 그리고 자아와 주관적 공간이라는 개념에서 쟁점이 되는 자아의 개념화를 이해하는 한 가지 방식과 주관적 공간개념에서 쟁점이 되는 종류의 자기 개념화는 다른 어떤 개념, 경험 혹은 서로를 파악하는 것과 별개로, 그것들에 선행해 주어지며 근간이 되는 자아의 파악이라는 차원에 있다. 이 경우, 우리는 이미 자아 정체성에 관한 원초적 개념을 가지고 있다. 그래서 경험과 사유를 우리 자신의 것으로 확인할 수 있고 경험의 주관적 공간을 우리 자신의 것으로 파악할 수 있다.
>
> — 제프 말파스, 2014, 97

'나'는 주관성의 근원이지만, '나' 자체는 모든 확실성의 토대로서 너무나도 명증한 절대 객관의 존재다. 따라서 주관성의 개념은 객관성을 한계로 삼지 않으면 불가능하다. 자기 자신의 정체성은 '드러나다', '밝히다'라는 서술어가 전제하고 있는 결정(結晶)의 이미지보다는 '맥락' 안에서 선명하게 떠오른다. 이 맥락은 주관적인 것과 객관적인 것을 '노드' 삼아 흐른다. 흐르면서 다양한 방식으로 연결된다. 다채로운 스토리가 발생하고 엮이고 짜인다. 자신에 관한 이야기에서 문화 서사는 출발한다고 해도 지나친 말은 아닐 것이다. 우리가 자신에 관해 자신에게 들려주는 이야기는 다른 사람에게 들려주는 자신의 이야기보다 훨씬 많다. 우리가 누구보다 자주 이야기를 나누는 대상은 우리 자신이다.

우리가 자신에 관해 들려주는 이야기와 관련해서, 우리의 삶이 끝나는 지점에서 이런 이야기들의 끝이(기대되는 바는 아닐지라도 실질적으로) 언제나 우리 자신을 넘어선다는 사실이 꼭 서사의 중심 역할에 반한다고 할 수 없다. 우리의 삶은 우리가 희망하거나 기대하는 것들에 관해 간단한 이야기로도 정리된다.

— 제프 말파스, 2014, 106

말은 아주 오랫동안 삶의 방식을 전달, 전파, 전승하는 데 가장 효과적인 매체였다. 신화가 민족의 기원을 전승하는 것이라면, 우화는 도덕적 기준을 아이들에게 심어 주는 데 탁월한 역량을 발휘한다. 이런 것들은 전형성을 강조하며, 규격화한 모티프나 인물을 상정한다. 서사 형식들은 삶에 질서를 부여하는 데 다양하게 작용해 왔다. 자아와 서사성의 관계도 이와 다르지 않았다. 여기에 문화—역사적 콘텍스트가 반영되는 것은 자연스럽다.

하나의 서사는 공통적으로 주어지지만 그것을 구성하고 해석하는 능력은 다양하다. 또 그것이 삶에 작용하는 방식도 다양해진다. 제프 말파스는 "행위에 토대를 제공하는 과거의 콘텍스트를 전유하는 일은 물론이고 행위에 필수적인 협응과 목적성이 기대고 있는 것을 파악능력, 곧 목적의 차원에서, 지속적인 기획들과 관계 속에서 규정되는 구체적 행위들이 목적과 기획을 바탕에 둔 서사를 필요로 하는 방식을 파악하는 능력이다."(제프 말파스, 2014, 119)라고 말한다.

구체적 행위나, 목적, 기획이 언제나 더 큰 서사 구조들 안에 놓여 있는 것은 상식 수준에서 이해할 수 있다. 그러나 그 안에 '영소'를 둔다는 것은 '귀소(歸巢)'를 염두에 두었다는 것을 의미하지 않는다. 그것은 일종의 관통의 굴(窟)과 같이 이쪽과 저쪽을 이어 주는 문과 같다. 영소(靈巢)를 통과하면서 기존의 서사를 변곡한다. 다른 차원으로 뚫고 들어가기 위한 크고 다른 기획과 목적을 지향하는 것을 반복적으로 지속해야 한다. 반복적 지속을 위해 서사는 기존의 것처럼 시작과 끝을 인과적으로 관통하는 필연성에 기대는 것을 지양해야 한다.

서사를 구성하는 능력의 발휘를 통해 '나의 정체성'을 순간순간 결정한다. 순간순간의 결정을 위해서 필요한 것은 서사적 이야기가 아니라 시적 이야기다. 이야기를 듣고 말하고 전하고 전파하고 전승하는, 의사소통을 넘어, 장소를 만들기 위한 문화 서사, 플롯의 구성능력이 곧 그 사람의 정체성이며 이야기의 스타일이며 장소의 윤리가 된다.

자기 위상학

'13인의 아해가 거리를 질주하오', 이상의 「오감도 시 제1호」의 핵심 시구다. '13'에 대한 해석은 다양하다. 그중에는 시인의 내면에서 질주하고 있는 13의 자아라는 해석이 있다. 이 13인의 아해는 '무서워하는 아해'와 '무서운 아해'로 구성되는 데 그 비율은 일정치 않다. 비율은 나선형으로 제시되어 있다. 1명의 아해와 12명의 아해의 대립, 2명의 아해와 11명의 아해의 대립…… 11명의 아해와 2명의 아해의 대립, 12명의 아해와 1명의 아해의 대립이 그것이다.

물론 이것은 놀이를 위한 대립이지 대결을 위한 대립은 아니다. 위계적 관계가 아니라 임시적이고 유희적인 위상적 관계다. 이들은 무서운(쫓는) 아해와 무서워하는(쫓기는) 아해로 갈리며 거리를 질주한다. 즉 1인의 아해가 12인의 아해를 쫓거나, 12인의 아해가 1인의 아해를 쫓거나, 그 사이에서 쫓거나 쫓긴다.

『변신』은 개인의 전 인생을 가장 중요한 위기의 순간들을 중심으로 그려 내기 위한, 즉 개인이 어떻게 그 이전의 자신과 다르게 변화하는가를 보여 주기 위한 방법적 기초로 사용된다. 우리에게 동일한 개인이 취하는 상이한 여러 가지 형상들이 제시되는데 이러한 형상들은 그의 일생 항로를 구성하는 다양한 시기와 국면으로서의 통일성을 지닌다. 여기에서도 엄밀한 의미에서의 진화란 존재하지 않으며, 대신 위기와 재탄생을 찾아볼 수 있다.

— 미하일 바흐찐, 1997, 196

인간에게 닥치는 가장 큰 위기는 죽음이다. 그런데 죽음을 위기라고 하는 것은 거의 불가능에 가까운 표현이다. 위기는 그것을 반성할 수 있는 시간의 간격이 주어져야 언표로서 기능할 수 있다. 죽음은 누구에게도 반성의 여지를 주지 않는다. 그런데 죽음이 변신으로 이어질 것이라는 믿음만 있으면 사람들은 얼마든지 재탄생의 꿈을 상시적으로 꿀 수 있을 것이다. 종을 달리하는 변신을 주저하지 않고 시도할 수도 있을 것이다. 연속성의 세계관을 타고 우리는 애벌레에서 신까지 다양한 파노라마의 삶을 시도할 수 있다. 그렇다고 하더라도 애벌레와 나비는 같은 종인가? 고치를 틀고 이룩해 낸 변곡은 가히 혁명적이라고 할 만하다. 변태는 변곡·변이와는 다른 위상학적 변화를 가리킨다.

장소에 대한 태도는 사람에 따라 다르게 나타난다. 제임스 보스웰은 "나는 종종 똑같은 장소가 상이한 사람에 의해서 얼마나 다르게 느껴지는가를 생각하며 즐기곤 했다."고 한다. 모든 개인은 특정 장소에 대해 독특한 이미지를 갖고 있다. 이것은 각 개인이 장소를 각기 다른 시공간적 계기를 통해 경험하기 때문만이 아니다. 오히려 사람들이 그 장소에 대해 자신만의 색을 입힌 이미지를 형성하고, 독특한 정체성을 부여한다. 개성·기억·감정·의도를 자기 나름의 방식대로 조합한다.(에드워드 랠프, 2005, 130)

장소 앞에 붙는 '특정'이라는 말에는 '다소간 독특한 이미지'라는 말이 내포되어 있다. 보스웰의 말은 다시 "나는 종종 똑같은 사람이 상이한 장소에 따라 얼마나 다르게 느껴지는가를 생각하며 즐기곤 했다"로 고칠 수 있다. 이것은 일상인들 대부분이 흔히 경험하는 것이기도 하다. 장소와 사람은 다르지 않다. 장소의 사람, 사람의 장소의 자유로운 변곡이 위상적 사유가 추구하는 바다.

롤랑 바르트(1972)가 설명한 대로, 기호란 단순히 지시적이거나 기술적인 메시지가 아니라, 언어·사건·경관 등과 같은 커뮤니케이션체계의 일부이다. 기호는 기표와 기의로 구성되는데, 기표와 기의가 완벽하게 결합하여 제3의 것 즉 기호가 생겨난다.

— 에드워드 랠프, 2005, 278

기표와 기의의 완벽한 결합은 규정되고, 표본이 되고, 지속하는 결합이 아니라 딱 한 차례만 이루어지는 결합이다. 그럴 때 기호는 우발적이고 역동적인 커뮤니케이션체계의 일부로 완벽하게 작동할 수 있다. 기표와 기의의 결합은 상호주관적인 결합이다. 이것은 서로 밀고 당기면서 언제나 움직여 나간다. 따라서 제3의 것으로서의 기호는 '플롯화'를 지향한다. 즉 문장을 담고 있는 기호인 약호를 넘어 스토리를 담고 있는 기호를 지향한다. 롤랑 바르트가 말년에 불운의 교통사고로 이루지 못한 '소설 쓰기'는 기호로서의 스토리, 스타일의 기초를 추구했을 가능성이 있다.

자신이 무엇을 믿고, 바라고, 욕망하고, 의미하는지를 알아야 우리는 일반적인 주체라고 할 수 있다. 주체의 자기 해석은 어떤 경우에도 옳다는 것은 성립 불가능하다. 해석자로서 주체는 타자들의 상태를 대할 때와 다르지 않게 자신의 상태를 목도한다. 이것은 주체의 역동성을 강화하는 데 이바지할 수 있다.

"주체가 믿고 의미하고 바라고 두려워하면서 무엇을 믿고 의미하고 바라고 두려워하는지를 알아야 한다는 점을 함축한다. 이런 가설의 결함은 상태들의 속성 자체를 의심스럽게 하는 방식으로 상태들의 통일성을 파괴할 것이다."(제프 말파스, 2014, 115) 나를 상실해야 비로소 최대치의 변곡이 가능하다. 그래야 나를 관찰하고 배려하고 나를 최선의 장소로 개시할 수 있다. 그리고 죽음에 능동적으로 임해 죽음이 편안하게 깃들어 올 수 있도록 나를 장소화하는 데까지 이를 수 있다.

반보기

미셸 푸코는 『주체의 해석학』의 많은 부분을 '너 자신을 알라'는 소크라테스의 말을 해석하는 데 할애하고 있다. 우리는 이 말을 흔히 '네 주제를 파악해라'라는 비아냥조로 읽는다. 이것을 푸코는 따뜻한 어조로 바꾸어 놓는다. 타인, 세상에 대해 알려고만 하지 말라. 가장 중요한 것은 '네 자신을 제대로 보고 아는 것이다.' '네 자신을 알아야 네 자신을 제대로 배려할 수 있다.'로 고쳐 말한다.

> 나는 나 자신을 돌보아야 합니다. 즉 내 자신을 돌보아야 할 자는 나이며, 그러고 나서 나와 동일한 무엇을 돌보아야 하고, '~을 배려하는' 주체와 동일한 무엇을 돌보아야 한다는 말입니다. 그것은 대상으로서의 나 자신입니다.
>
> – 미셸 푸코, 2007, 92~3

배려와 돌봄은 이런 물음들에서 출발한 답이다. 이 관계는 무엇이며, 재귀대명사(자기)는 무엇을 지시하며, 주체의 측면이나 대상의 측면에서 동일한 이 요소는 무엇인가? 이 물음은 세계와의 관계 속에서 부여되는 나의 정체성에 대한 물음 이전에 자리한 근원적인 것이다. 자신에 대한 배려와 돌봄은 전방위적으로 이루어져야 한다. 경제나 정치의 영역으로는 부족하다. 돌봄의 주체, 배려의 대상으로서 자아의 확립 역시 마찬가지다.

> 나 자신의 존재는 타인의 견해에 따라 그리고 타인들의 용인하는 바에 따라 형성되어지는 것이다. 그러나 이러한 주체의 확립은 즉 타인의 견해에 동조하여 자아를 형성하는 일은 새로운 의미에서 객관적이라고 말하여 질 수 있는 새로운 인간형에 뒤따르게 한다. 이러한 객체들은 마치 소유의 영역에서 객체들이 그러하듯이, 더 이상 사물일 수 없다. 이 객체들은 언제나 권력의 영역에서 객체들이 그러하듯이 상응하는 제도를 지니고 있지 않다.
>
> — 폴 리쾨르, 1983, 103~4

어떤 이야기를 지니고 있는 주체에서 어떤 이야기에 등장하는 주체로의 위상학적 전회가 활발하게 이루어지고 있다. 객체에 대한 해석을 감행하기 전에 주체에 대한 해석이 선행할 필요가 있다. 이때 객체는 선입견으로서 주체의 '짝패'로 자리한다. 주체와 객체는 이야기를 주고받으면서 플롯이라는 흐름을 형성해 간다. 물론 흐름 속에서 나의 존재는 타인과 더불어 존재하는 것이다. 주체객체들, 객체주체들의 흐름은 기존의 제도와 상응하지 않는 처음을 개시할 수 있다.

배려하는 주체와 배려 받는 주체, 돌보는 객체와 돌봄 받는 객체의 상호작용을 통해 형성되는 의미(행위)는 결국 나로부터 발생한다. 베른하르트 발덴펠스는 이렇게 묻는다. "나를 향해 오는 것은 나로부터 출발하는 것과 대체 어디서 만나는 것일까?"

> 이러한 질문을 하게 만드는 것이 바로 주의(注意)인데, 이는 특수한 방식으로 공간을 형성한다. 아주 간단한 주의는 뭔가 떠오르면서 그리고 거기에 주의를 기울이면서 시작된다. 후자와는 달리 전자는 노력 없이 나에게 단순히 닥치는 사건이다. 주의현상을 연구하는 주의현상학은, 필자가 생각하는 바로는, 경이를 고려해야 한다.
>
> — 베른하르트 발덴펠스, 2010, 102

배려나 마음씀이 타자에게 향할 때 우리는 '주의(注意)'를 기울인다고 한다. 내가 표현할 수 있고, 또 받을 수 있는 최고의 경이로움은 멀리 다녀온 '나'를 마중 나가서 만났을 때일 것이다. 최선의 배려나 마음씀의 대상이 '나'일 때 소위 '주의현상학'은 특별한 환원에 도달한다.

비트겐슈타인과 후설은 같은 차원에서 생활세계, 일상성을 말하고 있다. 그런데 지향하는 방향은 정반대다. 후설은 우리의 삶을 결정적으로 좌우하고 있는 보이지 않는 것들에 대해 하루에 단 한 번만 생각해도 인류는 기존의 것들에 대해 판단을 중지하고 과감하게 현상학적 환원을 이룰 수 있다고 말한다. 그 현상학적 환원으로 지구에서의 전혀 다른 인류의 삶을 개시할 수 있다고 보았다.

비트겐슈타인은 한 사람의 삶의 질은 그 사람의 '일상의 질'이라고 말한다. 최선의 일상을 살 때 죽음은 더 이상 두렵거나 불안한 것이 아니다. 외부로 향한 시선과 내부로 향한 시선 사이의 소통은 어떻게 가능할까. 완전히 의사가 일치하면 굳이 언어적 소통이 필요치 않을 것이다.

의사소통의 가능성이란 차이들 간의 위상학적 선택을 요구하기 때문이다. 의사소통은 동일한 것을 묶고 차이를 배제해 차후에 획일적인 아이덴티티를 규정하는 위상학적 결정이다. 배운 자들의 토착민에 대한 초기 헤게모니적 주권을 포기하고 이제는 푸네스로부터 배울 준비가 되어 있는 이야기의 화자는 "사고란 사물들 간의 세세한 차이와 구별을 망각하고, 그것은 일반화, 추상화하는 것"이라고 말한다. 이 이야기는 보르헤스의 인식론을 추동하는 의사소통체계의 추상화와 삶의 구체성 간의 모순에 대한 상세한 성찰이다.

— 비로르아 보르소, 2010, 375

    의사소통체계의 추상성과 삶의 구체성 간의 모순에 의해서 의사소통의 가능성은 열린다. 이렇게 열린 가능성으로 통과하는 의미는 한차례의 위상학적 결정에 불과하다. 수차례의 위상학적 결정의 반복을 통해 얻게 되는 것이 의사소통체계의 '구체화'로써 '플롯'이다. 이렇게 형성된 플롯의 반복과 비반복과 재반복을 통해서 우리는 일종의 새로운 역사기술을 이룰 수 있다. 역사는 얼마든지 다시 제대로 직조(織造)할 수 있다.
    시간 중심에서 벗어나 공간적 차원에 주의를 돌리면 개념의 설명을 뛰어넘는 새로운 역사 기술이 가능하다. 새로운 역사 기술은 내러티브의 적합성과 적확성을 구현하는 자리를 도약대로 삼는다.(카를 슐뢰겔, 2010, 36) 내러티브의 적합성과 적확성은 미해결의 문제로, 좌표화를 계속 연기함으로써 기술의 역동성을 배가한다. 움직이는 적합성과 순간적이고 직관적으로 맞춰지는 위상성에서 주체는 언제나 '에피파니'로 등장하고 다시 어둠에 싸인다.
    그렇게 등장하는 에피파니를 징검돌 삼아 우리는 언제나 처음인 길을 갈 수 있다. 그 길목에서 내가 만나야 하는 것은 전대미문의 것이 아니다. 좀 더 멀리까지 다녀온 바로 '나'를 반보기로 마중하는 것이다. 그 '반보기'의 자리에서 우리는 기존과는 전혀 다른 방향으로 환원을 감행할 수 있게 되는 것이다.

후행(後行)

프루스트의 『잃어버린 기억을 찾아서』의 좀 더 정확한 제목은 '잃어버린 분위기를 찾아서, 그 분위기로 채워져 흐르는 장소를 찾아서'가 될 것이다. 이것은 프로이트의 '사후성'의 이론과 맥이 닿아 있다. 우리의 기억을 꼭 트라우마와 관련지을 필요는 없다. 기억의 강렬함(강도)은 상처의 흔적에서 떠오르는 경우가 많다. 그것은 슬픔 아래를 흐르는 멜랑콜리의 내밀성과 연관이 깊다. 기억이라고 하는 것은 단순하게 떠오르고 가라앉는 것이 아니다. 하나의 기억은 미래에서 같은 분위기의 장소를 만났을 때 비로소 구성이 된다. 이 구성은 기억 이후와 기억 이전을 일거에 품을 수 있는(재구성할 수 있는) 장소를 구축한다.

사후성(事後性)은 프로이트가 「어린 한스」, 「늑대인간」 등에서 사용한 용어다. 유년기에 겪었던 정신적 충격을 훗날 성장하는 과정에서 나름의 서사로 꾸며 합리화시키는 기제가 사후성이다. 무의식 차원의 기억 흔적은 그 자체로는 아무런 의미도 지니지 않으며 오직 사후적으로만 의미를 생산한다. 이 개념을 재발견한 라플랑슈는 그것에 관하여 "경험과 인상 그리고 기억의 흔적들은 후일의 새로운 경험이나 새로운 발전 단계의 성취에 부합하도록 수정될 수 있다. 그 경우 그것들은 새로운 의미뿐만 아니라 정신적 효과까지도 부여받을 수 있다."고 주장한다.(한국문학평론가협회편, 『문학비평용어사전』, 2006, 국학자료원)

과거의 사건이 병의 원인이 되는 것은 그 자체의 병리적 성격에서 비롯되는 것이 아니라고 말한다. 그것을 읽어 내는 현재의 서사적 담론, 언술, 이데올로기 등에 의한 현재의 '독서 방법'에 기인한다고 프로이트는 말한다. 레비나스는 조금 다른 위상에서 존재의 '후행성'이라고 말한다.

> 존재는 우리의 직관적 삶에 상관하는 것일 따름이다. 왜냐하면 우리는 존재의 표상을 향하는 것이 아니라 언제나 존재를 향하기 때문이다. 이러한 정리는 분명 현상들 배후의 사물 자체를 맞아들이려고 하는 실재론이나 관념론에 반하는 방향으로 나아가게 된다. 이것은 또한 주어진 것에 '신화론적' 현존을 귀속시키는 소박한 실재론에 한하는 것이기도 하다.
> — 엠마누엘 레비나스, 2014, 171

존재는 의식이 그러한 것처럼 삶의 배경일 따름이다. 우리의 삶은 존재가 아니라 존재를 향하는 과정 자체다. 실재론이나 관념론도 모두 배후이고 후경일 뿐이다. '생활세계'의 선험성과 일상이 생의 불가지, 예측 불가능성을 다채롭게 변주한다.

예측 불가능성을 확대하기 위해 과거의 신화나 미래의 신화로만 확장해 가는 것은 불확실성이 아니라 애매모호성을 촉발할 우려가 있다. 현재를 신화하는 것은 롤랑 바르트의 쓰기가 지향하는 바다. 조금 다른 차원에서 현재의 독법을 다채롭게 하는 것에 목을 매는 사람들은 신조어주의자(Neologist)를 지향한다. 그들은 새로운 말을 끊임없이 주절거린다. 그 대표주자는 단연 데리다다. 그들에게 반복적인 쓰기는 의미가 없다.

인간존재의 위치는 시간과 공간의 좌표에 의해 결정된다. 시간과 공간이 교직하는 자리가 현존재의 자리다. 이곳에서 어떤 시간·공간적 지향을 갖는가에 따라 현존재의 지평은 다르게 열린다.

도구 제작의 행위가 일차적 욕구가 동기가 되어 이루어진다는 것은 분명하다. 그러나 그것은 일차적 욕구로부터 자유로운 상태에서도 일어난다. 그것을 우리는 "실험적 행위"라고 부른다. 이를테면 수레바퀴나 투창, 활과 화살 등과 같은 기본적인 발명이 어우러지게 된 과정이 바로 그것이다. 어떤 목적을 위한 그것들의 쓰임새나 유용성은 나중에 가서야 밝혀지게 된다. 우리에게 손익에 대한 관심과는 무관한 지식, 다시 말해 일차적 욕구와는 무관하면서도 그 결과에 대해서는 관심을 기울이는 지식이 존재하는 까닭이 바로 여기에 있다.

— 박만준, 2000, 101

우리는 기억을 새로운 환경에 맞추어 '재조직'한다. 그러한 재조직을 통해 재맥락화하고 재서술한다. 잔존하는 기억의 흔적들은 파편적으로 존재하며 새로운 독법에 따라 떨어져 나간 것들이 새롭게 조직된다. 기억은 한 번이 아니라 여러 번에 걸쳐서 이루어진다.(김상환, 2000, 183) 이것이 본질적인 새로움이다.

우리는 과거뿐 아니라 미래도 기억해 낼 수 있는 다채로운 서사의 시대를 살고 있다. 신화는 이미 시원의 것만 있지 않다. 종언에 대해서도 다채로운 신화가 써지고 있다. 최면에 든 상태에서 자신의 전생을 경험했다고 하는 사람들 중에 자신이 미래에서 온 사람이라고 말하는 이들이 늘어 가고 있다.

우리가 잃어버린 절체절명의 시간은 '태어남'의 시간과 '죽음'의 시간이다. 그러나 누구도 자신이 태어나는 순간에 어떤 느낌이었을까를 상상해 보지는 않는다. 다만 죽음에 직면했을 때의 불안과 아쉬움, 고통 등에 대해서만 집착한다. 그러나 그 죽음마저도 관통하는 다채로운 서사적 경험이 가능해졌다. 우리가 태어남 이후의 것들을 사후적으로 구성하듯이, 죽음 이전의 것들도 사후적으로 구성할 수 있는 플롯을 추구할 수 있게 되었다. 우리의 몸이 처하게 될 죽음은 수많은 죽음 경험 중 하나에 지나지 않는 것이 될 것이다.

치명(致命)

한 세계가 존재하기 위해서는 한 개인이 존재해야 한다. 한 개인이 존재해야 한 세계가 존재한다는 것이다. 그러니 세계가 한 사람을 그렇게, 섣불리 버릴 수는 없는 일이다. 이것이 서구 사유의 기초를 이룬다. 개인과 세계는 같은 무게다. 존재의 근거에 자리하는 것은 자연이나 문화가 아니라 개인이다.

글을 쓰는 주체는 항상 세계를 향해 열려 있어야 한다. 그래야 그 세계와 소통하고 있다는 것을 의심하지 않는다. 또한 나의 세계를 소유하지 않는다. 세계는 다할 줄 모르는 것이고 어떤 의도도 지니고 있지 않다. 메를로 퐁티는 "한 세계가 존재하고 있다"이거나 또는 오히려 "세계가 존재하고 있다"고 말한다. 나의 생애 가운데 이 영원히 되풀이되는 단언을 결코 완전히 설명할 수 없다. 세계의 사실성(facticity)은 세계의 세계성을 구성하는 바와 다르지 않다. 즉 세계를 세계이게 하는 원인이 되는 그런 것이다.(모리스 메를로 퐁티, 1983, 47)

의식하는 것 자체가 지닌 명석판명함은 현실의 사실성과는 차이가 있다. 이것은 결함이 아니다. 그것은 나에게만큼은 내 존재를 확실하게 해 주는 것이다. 이러한 과정을 플롯으로 가질 수 있을 때 우리는 흐름을 통해 정체성을 형성할 수 있다. "형상적 방법은 현실 위에 개연성을 기초하여 주는 현상학적 실증주의 방법인 것이다."(모리스 메를로 퐁티, 1983, 47)

현상학적 실증주의는 '어딘가로' 가는 길을 닦는 것을 임무로 한다.

다할 줄 모르는 세계에서 제대로 다해 가기 위해서 우리는 죽음으로부터 능동적으로 풀려나는 삶을 살아야 한다. 세계의 세계성은 개인으로부터 비롯한다. 이것은 서구의 '이성'적 사유의 핵심에 자리한다. 세계의 사실성은 세계로부터 개인의 존재 이후 혹은 근거로 작동하는 것이다. 이것은 동양 사유의 핵심인 '성리'의 원리다.

> 사물의 은폐성을 개명하는 것이다. 〈시원적〉 사유와 시작은 과학적인 계산적·사유와는 다른 것이다. 후자가 존재와 기술적 숙련 등에 관련되어 있는 반면에 전자의 사유는 존재를 사고하는 것이다. 계산적 사유는 번잡하고 마음이 산란하고 그리고 동적인 사유이다. 거기에는 현명한 수동성 즉 언어를 통하여 존재를 사색하고 이야기하는 시인이나 철학자의 방념(放念)에 귀 기울이는 행위가 결여되어 있는 것이다.
>
> — 버논 W. 그라스, 1983, 12

주체와 객체는 데칼코마니처럼 대극적인 위치에 자리하고 있는 것처럼 보인다. 이 두 극을 최대치로 접근시키는 하나의 방법은 접점(객관적 상관물)을 찾아 접는 것이다. 이것은 나비의 날갯짓에 비유할 수 있다. 다른 하나는 접점을 한 번 꼬아서 주체와 객체가 이면에서 만나는 뫼비우스의 띠로 만드는 것이다. 이것은 가장 역동적인 방법이 될 것이다. 나비의 날갯짓이든, 뫼비우스의 띠든 이러한 현상은 행위에 역동성을 부여한다. 역동성은 언어를 통해 명료한 형상으로 드러난다. 형상에 대한 기술을 통해 현존재의 의미는 펼쳐지고 접힌다.

의미를 짓는 것에 몰두하는 것이 사유행위이다. 지각은 '언어 짓기'에 정성을 쏟는다. 주·객체의 양극이 멀면 멀수록 롤러코스터와 같은 역동성을 발휘할 수 있다. 두 극은 '이성'과 '성리'처럼 이면의 극단, 돌아가면 가장 먼 길을 이룬다. 둘은 하나의 경계를 이루면서 가장 넓은 지평을 이룬다.

> 항시 자유로운 의식은 〈하나의 상황 속〉에 존재하고 있으므로 항상 그리고 매 순간마다 비현실적인 것을 창조할 수 있는 구체적인 가능성을 소유하고 있는 것이다. 이러한 것들은 매 순간에 있어 의식이 단지 현실화되어질 것인가 또는 상상할 것인가를 결정하는 다양한 동기들인 것이다. 비현실은 세계 안에 머물고 있는 의식에 의하여 세계 밖으로부터 창조되어진다. 그리고 인간이 상상할 수 있는 것은 인간이 초월적으로 자유스럽기 때문인 것이다.
>
> – 장·폴 사르트르, 1983, 82

유한한 공간 안에서 항시 자유로울 수 있기 위해서는 날개보다는 특별한 길을 갖는 것이 유리하다. 뫼비우스의 띠와 같은 길은 가장 협소한 공간에서 최대치의 자유를 구가할 수 있게 해 준다. 상상력은 의식을 보조하는 힘이 아니다. 상상력은 의식이 자유를 실현할 수 있도록 무한대로 펼쳐지는 길이다. "세계 안에서 모든 의식의 구체적이고 현실적인 상황은 그 의식이 항시 현실로부터 뒤로 물러섬으로써 스스로를 현전하게 하는 한에 있어 상상력으로 가득 차 있다."(장·폴 샤르트르, 1983, 83) 물러섬으로써 스스로 현전하게 하는 작용, 다가섬으로써 스스로 기억되게 하는 작용은 뫼비우스의 띠와 같이 이루어진다. 상상력이 발현되는 원리가 이와 같다.

자기와의 거리가 극과 극에 자리할 때, 나는 극단의 거리에 펼쳐진 상상력의 품에 싸일 수 있다. 그런 품에서라야 자유 이상의 자유를 상상할 수 있다. 매 순간마다 비현실적인 것을 창조함으로써 불가능의 가능성을 구체화한다. 상상력은 의식의 경험도 아니고, 덧붙여진 힘도 아니다. 상상력은 힘 자체이고, 공간·시간 자체다. 상상력은 자유의 실현이면서 실현된 자유다. 의식의 전체성이 상상력이고 이 상상력이 윤리의 원동력이다.

스타일로서의 윤리

문학이 발생하고 사라지는 자리에 대한 물음은 오랫동안 반복되었다. 그만큼 다양한 물음과 답이 가능하다는 말이다. 낭만주의적 관점이나 표현주의적 관점은 공히 작가의 표현성을 중요하게 든다. 낭만주의는 작가를 뮤즈와 시의 매개체로 본다. 표현주의는 작가의 내면을 작품의 원천으로 삼는다. 작가는 대본이면서 연극이기도 하다. 독자반응비평은 독자의 수용 과정에서 작품이 발생한다고 본다. 예술작품은 그 표현에서 비로소 완성된다. 모든 문학적 예술작품은 독서에서 완성될 수 있다. 그렇다면 이것은 "모든 텍스트의 이해에도 타당한가?"

> 모든 텍스트의 의미는 이해하는 자의 수용과 더불어 비로소 완성되는가? 달리 말해, 연주가 음악에 속하듯이 이해가 텍스트의 의미 발생에 속하는가? 재현 예술가와 그의 원본의 관계처럼 커다란 자유를 가지고 한 텍스트의 의미와 관계하는 것을 이해라고 부를 수 있을까?
>
> — 한스 게오르크 가다머, 2011, 286

음악 연주에서 악보(작곡가), 연주자, 지휘자 중에서 그 역할이 가장 작은 것은 '지휘자'다. 지휘자의 중요한 역할은 연주의 시작을 알리는 것 정도로 보는 사람도 있다. 물론 연주가 이루어지는 데까지 '음악색'을 불어넣는 역할을 하지만 이는 음악감독, 연출자로서의 역할이다. 음악회에서 지휘자는 관객의 역할보다 못한 부분이 있다.

작곡가와 연주자 중에서는 누가 더 큰 역할을 하는가. 시원성에서는 작곡가, 현재성에서는 연주자라고 할 수 있을 것이다. 관점에 차이에도 불구하고 최소한 관객의 열렬한 환호와 박수는 작곡가가 아니라 연주자에게 보내는 것이다. 그 환호와 박수가 연주회를 완성하는 것이니 관객(독자)의 역할 또한 중대하다.

다중적인 음악의 가능성을 생각할 때, 우리는 작가의 표현성, 텍스트의 표상성, 독자의 형상성을 종합하고, 입체화할 수 있는 '지휘자'의 역할에 새롭게 주목할 필요가 있다. '포에톨로지'가 열리는 장이 바로 이 자리다. 푸코는 문학을 존재와 의미의 한계 체험의 장으로서 주목한다.

푸코는 니체와 말라르메가 열어 놓은 공간 안에서 다각도로 제기되는 언어의 본질에 대해 우리 시대의 문제의식을 언급한다. 아무것도 말하지 않으면서 그러나 결코 침묵하지 않는 이 언어, '문학'이라고 불리는 이 언어는 도대체 무엇인가? 무언가를 의미하는 언어가 아니라, 무언가를 의미하지 않는 언어는 가능한가? 의미를 벗어난 언어, 아무것도 말하지 않는다. 그렇지만 언어는 침묵할 수 없다. 침묵할 수 없는 언어들이 끊임없이 중얼거린다.(고재정, 1999, 246)

자기에 대해서는 아무 말도 하지 않으면서, 타자에 대해서는 결코 침묵하지 않는 언어, 자기를 타자로 인식하면서 타자의 인식에 도달하는 자기 인식의 무모함이 펼쳐지는 장소는 가능한가. 존재와 의미의 한계에 도달하고 드물게 그것을 넘어설 수도 있다. 우리는 "암묵적으로 받아들이고 있는 지적 가장·가식을 벗겨 내고 타자와 함께 체류할"(신진숙, 2010, 328) 수 있는 공간을 개시할 수 있다. "세계의 진실을 현실 바깥으로 밀어 올려 의미의 공백을 출발시키는 파괴적 욕망, 이것이 아름다움의 윤리인 것이다."(신진숙, 2010, 328)

폐허의 윤리를 통해 우리는 윤리의 타당성을 끊임없이 회의할 수 있다. '회의'라는 것은 나무를 다듬는 목수의 손길과 다르지 않다. '회의'가 거듭될수록 작품의 완성도와 역동성을 높일 수 있다. 거듭되는 회의를 통해 얻게 되는 의미 한계의 굴곡을 따라 스타일이 형성되면 우리는 비로소 처음인 진실성의 흐름을 탈 수 있다.

내 의식의 영역 바깥까지 의미를 추적할 수 있기 위해서 우리는 클라이밍의 자일 로프를 의미의 허리께에 매야 한다. 그리고 내 의식이 아닌 것을 과감하게 지향한다. 하나는 타자의 것이고, 다른 하나는 무의식이다. 전자는 주체와 타자를 위해 하나의 결정적인 과제를 실현한다. 이것은 담론의 영역이다. 또 하나는 우리가 무의식이라고 불리는 심리적인 영역을 구성한다. 이것은 시적인 것이다.

의식과 무의식 사이에 전의식을 상정할 수 있다. 무의식을 근원적인 것으로 놓고 인과성에 기반을 둔 해석학적 방법을 대입할 수 있다. 무의식은 우연적인 관계가 아니라 본질적인 관계에서 규정하게 된다. 의식은 해석학적으로 규정한다. 우리는 무의식의 실재성에 대한 모든 진술의 타당성과 그 타당성의 한계를 정한다.(박순영, 2002, 52~3).

타당성의 한계에 끊임없이 도전해 온 것은 대서사들이다. 대서사(신화)가 재현 서사라면 소설이나 영화와 같은 서사물은 소(小)서사로서 실천 서사다. 이것들은 내용의 진실성을 추구하기보다는 형식 장르적 타당성에서 서사 미학을 추구해 왔다. 타당성은 무수한 것들이 그리는 보편성이고, 진실성은 전체성 속에서 확보하는 구체성(특수성)이다. 우리의 삶은 전자에서 후자로 변곡할 때 좀 더 많은 의미를 획득할 수 있다. 폭넓게 획득되는 진실이라는 것은 다시 강조할 필요가 없는 것이다. 스타일의 진실은 텍스트에서 매번 다르게 움직인다.

타자는 존재의 기반이 되며, 윤리적 주체의 중핵이다. 이러한 방식으로 현대의 서정시는 문명을 재사유하는 창작적 방법들을 스스로 창안해 나아간다. 그러나 이러한 서정과 윤리에 대한 고찰은 하나의 출발일 뿐이다.

— 신진숙, 2010, 176

　타자는 하나의 출발점으로 충분한다. 근원이거나 목적이거나 타자거나 무의식이거나 상관없다. '회의'를 통해 변곡을 멈추지 않으면 그것이 최선이다. 따라서 근원은 목적으로 변곡하고, 목적은 시원으로 변곡한다. 서정의 보편 윤리의 가능성은 '변곡의 가능성'에서 찾아져야 한다. 그 가능성은 스타일로 드러난다.
　플롯의 다채로운 시도와 미적 효과의 다양성은 연동되어 나타난다. 그러나 여기에 그쳐서는 안 된다. 서정 윤리의 보편성에 대한 탐색이 본격적으로 이루어져야 할 필요가 있다. 그 출발점에서는 대서사의 이면에 대해 살피고 그 이면에 시적 플롯이 자리할 수 있는 가능성을 높여 가는 것이다. '재사유하는 창작적 방법들'로서 '플롯', 시적 플롯에 대한 숙고를 본격적으로 시작해야 할 때다.

8. 일상성

찬연하다

개념화에 목을 매는 철학은 개념화하지 못하는 것들을 학문의 영역에서 추방한다. 철학이 심도 있게 인간의 내면을 성찰하지 못하는 것은 '개념화' 때문이다. 개념화는 자신이 스스로 내려찍어야 하는 '자기 발등'에 해당한다. 문학은 개념화에서 '소외된', '찍혀 나온' 것들을 노드 삼아 새로운 의미영역으로 탐색해 간다.

공간에 대한 철학적 논의를 장소로 옮겨 옴으로써 문학은 철학의 개념화로부터 벗어난다. 이것이 첫 번째 문학의 효과다. 개념화는 주어의 관점에서 이루어지는 경우가 많다. 장소는 스토리, 맥락을 통해 형성되는 만큼 고정하고 규정하는 것은 불가능에 가깝다. 공간을 철학으로부터 해방하는 것은 이야기를 바탕으로 전개되는 인간의 삶에 자유의 강·밀도를 더할 수 있는 유력한 방법이다.

이론과 미학에서 수행되는 공간구성 활동에서 발견할 수 있는 반짝이는 아이디어의 풍부성은 그것이 공간이론이 되었든 지형학적 전회가 되었든 혹은 공간적 전회가 되었든, 한 단어로 축약될 수 없고 아주 다양한 형태를 취한다. 사실 철학의 발밑에서, 철학을 넘어, 철학과 나란히, 20세기가 흐르는 과정에서 다양한 규모의 공간성찰 혹은 공간개입이 발전했다. 이러한 공간창출 과정은 공간이라는 테마가 철학으로부터 해방되었음을 보여준다.

— 크누트 에벨링, 2010, 407

철학은 시대가 지향하는 가치에 따라 공간에 대한 성찰, 인간에 대한 성찰, 시간에 대한 성찰에 차례로 주력해 왔다. 모든 시대의 철학은 이 세 가지 성찰을 동시에 지향했지만, 그 중심을 이루는 성찰은 시대마다 달랐다. 20세기는 현상학의 시대였고, 시간의 성찰이 철학의 핵심에 자리했다. 21세기 문화의 시대에는 다시 '공간'에 대한 성찰이 주목받기 시작했다. 그러나 과거의 공간에 대한 성찰과 달리 그 성찰은 이제 철학적 개념화, 철학의 발밑을 과감하게 박차고 나왔다. 안팎이 구분되지 않는 공간, 세계와 존재를 관통하는 공간, 사이버공간 등 기존의 언어로는 포착하기 어려운 다양한 공간이 시시각각 발생하고 있다. 그러나 서양철학은 여전히 장소를 개념화하는 데 집중하고 있다는 데에서 한계를 분명하게 드러내고 있다.

형이상학은 구체적인 현실공간을 추상화한다. 추상화의 강도에 비례해서 추상화된 구체적인 공간을 탈형이상학적 지칭을 통해 이론의 놀이 속으로 끌어들이는 경향이 20세기에 출현한다. 다수의 공간 관련 저작들이 철학적 정전 밖에서 출현하는 상황이 실제로 연출되기에 이른다. 이러한 상황은 철학적인 정전이 구체적인 장소를 상대로 진행되는 실험을 다룰 수밖에 없게 되었다는 것을 말한다. 구체적인 장소들이 서양철학사에서도 서서히 출현하기 시작한 것이다.(크누트 에벨링, 2010, 409)

장소는 일상적이다. 일상성의 장소는 철학자 비트겐슈타인이 생을 다해 지켜 내고자 한 것이기도 하다. 그의 장소성은 글쓰기를 통해 열린다. 그는 마지막 순간까지 일상에 최선을 다했다. 자신의 일상인 글쓰기를 수행했다. 주어진 공간에 어떤 이야기가 담기느냐 따라 저마다의 장소도 일상도 달라진다. 비트겐슈타인이라는 인간-공간에는 글쓰기라는 일상이 담겨 '비트겐슈타인'이라는 장소가 된다. 그는 글을 쓸 때마다 다른 장소가 된다. 장소의 일상성, 일상의 장소성은 의미의 고정을 불허한다.

아날학파에 의하면, '공간'이란 자기 독립적으로 존재하는 자족적인 존재가 아니다. 자연은 문화의 기능적 관계로 맞물려 있어서, 이를 통해 공간성이라는 것이 최초로 출현한다. 즉 공간성이란 문화의 개입 없이는 구성될 수 없다. 무엇보다 최근의 공간성찰이 바로 이런 사고와 밀접하게 연관되어 있다.

— 슈테판 귄첼, 2010, 15

문화적 개인에 의해 저마다의 공간은 매 순간 창조된다. 장소화된 공간성을 노드 삼아 나름의 맥락을 펼칠 때 스토리가 만들어진다. 이 스토리에 의해 공간성들은 중층성을 확보한다. 여기에서 장소의 위상성이 발생한다. 공간에 대한 철학의 개념화의 시도는 유클리드기하학으로 대변된다. 적극적인 문화적 개입을 통해 의미의 다양성을 추구하는 공간은 비유클리드기하학을 지향한다.

이후에 전개된 비유클리드기하학에 지대하게 기여하는 평행선 공리의 증명 불가능성의 인식이 어렴풋이나마 나타난다. 그렇게 함으로써 사람들이 처음에는 믿지 못하겠다는 듯이 고개를 갸우뚱하는 태도로 만나는 아이디어가 출현한다. 유클리드기하학은 이제 더 이상 유일무이한 기하학일 수 없다는 아이디어 말이다.

― 페터 보른슐레겔, 2010, 212~3

산을 보고 삼각형이라 하고, 알을 보고 원이라 하는 것은 여러 기하학적 상상력 중 하나일 뿐이다. 굴곡 없는 완전한 평면은 불가능하다. 이것이 인정되면 유클리드기하학의 성립 기반은 심하게 흔들린다. 그러나 유클리드기하학의 안정성은 비유클리드기하학의 역동성만큼이나 공간논의에 있어서는 중요하다. 공간적 전회는 이 둘을 동시에 고려하면서 이루어져야 한다.

어째서 산은 삼각형인가 어째서 물은 삼각형으로 흐르지 않는가 어째서 여자 젖가슴은 두 개뿐이고 어미 개의 젖가슴은 여덟 개인가 언제부터 젖가슴은 무덤을 닮았는가 어떻게 한 나무의 꽃들은 같은 색, 같은 무늬를 가졌는가 어째서 달팽이는 딱딱한 껍질 속에서 소리지르지 않고 귤껍질은 주황색으로 빛나며 풀이 죽는가 귤껍질의 슬픔은 어디서 오는가
어째서 병신들은 바로 걷지 못하고 전봇대는 완강히 버티고 서 있는가 왜 해가 떠도 밤인가 매일 밤 물오리는 어디에서 자는가 무슨 수를 써서 조개는 멋진 껍질을 만드는가 왜 청년들은 월경(月經)을 하지 않는가 어째서 동네 깡패들은 의리에 죽고 의리에 사는가 왜 장님은 앞을 못 보고 소방서에서는 불이 나지 않는가 불에 타 죽어가는 새들은 무슨 말을 하는가
― 이성복, 「신기하다, 신기해, 햇빛 찬연한 밤마다」,
『남해금산』(문학과 지성사, 1986), 앞부분.

이 시는 기존의 것들, 고정관념들을 비틀어 다양한 매듭을 만든다. 매듭에 마련된 구석진 공간들에 위태롭게 의미를 앉힌다. 여기에서 '위태롭다'는 말은 안주할 수 없는, 움직여야 하는'의 전제, 원동력이 된다. 이것보다 '찬연한' 것은 없을 것이다.

'고르디아스의 매듭'에 대한 성찰(페터 벡스테, 2010, 309)은 중요한 시사점을 준다. 맺는 방법, 푸는 방법의 불가능성, 가능성 사이의 혼란스러움 자체가 문제가 아니다. 이러한 혼란, 진동을 통해 매듭 자체가 품게 되는 '품' 곧 장소의 생성에서 공간전회의 단초를 얻을 수 있다. 이곳이 위상학이 출발하는 한 지점이다.

맡기다

우리의 일상은 이성적이거나 지성적이지 않고 다분히 감성적이다. 우리가 어떤 일을 결정하고 사건을 판단할 때 물리적·수학적·수량적인 것을 바탕으로 삼지 않는다. 정치적이고 시적이며 감성적이고 감상적인 것에 따라 점심 메뉴도 결정하고, 옷도 산다. 집을 구할 때도 직관에 의존한다. 사랑을 할 때, 결혼을 할 때조차 감상적일 뿐더러 운명에 맡기는 경우가 흔하다. 생활세계는 소위 과학적 공간이 아니다. 분위기의 공간이고 우발성의 공간이다. 심미적 공간이고 주관의 공간이며 느낌의 공간이다.

우리는 친숙한 대면공간을 떠나, "개방된 지평에 들어서고(……) 이미 안면이 있고 속속들이 친숙한 곳에서 빠져나와 현상들의 다양함 속으로 들어간다." 이러한 공간적이고 실존적인 외재성은 익명적이고 우연적이다. 관찰자의 내면세계는 이제 더 이상 파노라마적인 그림에 의해 완전히 채워지지 않고, 대신 불안정과 불확실성의 영상에 의해 안도되고 상승된다.

— 마르크 리스, 2010, 401

정신을 바로 차릴 수 없는 공황 상황에 들면 중심을 잡지 못하고,

일정한 방향을 잡을 수 없게 한다. 우리가 어떤 경관에 사로잡힐 때도 비슷한 경험을 하게 된다. 이렇게 외관에 사로잡힐 때, 내면이 동시에 열리는 것처럼, 내적으로 심취하는 경우에도 경관에서 새로운 경험을 하게 한다. "우리가 심미적 경관 속에 심취해 밖으로 나아간다는 것, 우리가 실제적임과 동시에 은유적인 외부에 이르는 것이 바로 심미적 경관에 스스로를 내맡긴다는 것의 온전한 의미다."(마르크 리스, 2010, 401) 생활세계는 현상학적 세계이고 위상적인 세계다. 생활세계는 합리적이지 않다. 아니 합리적이지 않은 것이 아니라 합리적인 것으로는 생활세계의 극히 일부분을 해명할 수 있다.

> 현상학적 세계는 순수존재가 아니라 나의 다양한 경험의 통로들이 엇갈려 교차하고, 또한 나 자신과 다른 사람들의 경험의 통로들이 전동장치처럼 서로서로 맞물리고 엇갈려 돌아가고 있는 곳에서 드러나게 되는 의미(sense)인 것이다. 그러므로 그것은 주관성과 상호주관성(intersubjectivity)으로부터 분리될 수 없는 것이다. 그리고 이 주관성과 상호주관성은 내가 나의 과거의 제 경험들을 현재의 경험들 안에서 용해할 때 또는 나 자신의 경험 안에서 타인의 경험을 용해할 때 그들의 통일성을 발견하게 된다.
>
> — 모리스 메를로·퐁티, 1983, 52

우리의 경험이 합리적이라고 말하기는 어렵다. 그런데 어떤 것이 합리적인지 아닌지를 판단하는 것은 경험들에 의해서다. 다양한 경험들이 제공하는 관점들이 상호융합, 복합되어 특별한 지각작용이 이루어진다. 여기에서 감지되는 의미를 우리는 합리적이라고 말한다. 합리적인 것들은 우리의 경험과 한 덩어리를 이룬다. 따라서 과거의 이성적인 합리성, 절대 정신의 합리성은 실제적인 의미를 형성하기 어렵다.

주체와 타자의 경험은 직관적이고 우발적으로 통일성을 이룬다. 합리적이고 지성적으로 이뤄지기보다는 감성적인 것을 바탕으로 삼는다. 따라서 한 장소에서의 경험의 통일은 매번 다른 서술 전략을 타고 매번 다르게 엮일 수밖에 없다. 이렇게 되면 엮일 수 없는 것도 없게 된다.

전통적인 의미에서 가장 합리적인 공간은 유클리드기하학이 제공하는 도형이다. 이것은 현실세계에 개입하지 않고, 현실에서 실현될 수도 없다. 정각형의 도형을 우리는 자연에서는 만날 수 없다. 태양이나 달을 제외하면 원도 마찬가지다. 인간적인 것, 인위적인 것은 대표하는 것은 '직선'이다. 영화 〈프로메테우스〉에서 외계 행성을 방문한 지구인이 인위적인 것을 발견하는 장면이 있다. 그때의 외침이 다름 아닌 "직선이다"였다. 비유클리드 기하학은 아름다운 도형, 도상에 관한 것이다. 알프레드 슈츠는 "일상세계는 문화세계, 생활세계가 의미의 우주다."라고 말한다.

> 개인은 자신의 공간의 중심에 있는 자신의 장소에 있을 뿐만 아니라, 다른 모든 개인도 그들의 지각공간과 장소를 가진다는 것을 처음부터 알고 있다. 더 나아가 인간은 이런 자신과 타인들의 공간과 장소들이 전체 사회 및 문화집단의 지속적이고 어느 정도 합의된 생활공간의 일부로 구성한다는 것을 알고 있다.
>
> — 에드워드 랠프, 2005, 47

이야기는 장소로서의 우리의 몸, 그 몸을 지나며 구성된다. 가장 소중한 것은 '심상'으로 깃들어 있는 우리의 경험이 아닐 수 없다. 우리는 매 순간마다 관련된 경험들의 기적을 증언할 수 있다. 특별한 구도에 의해서 우리는 세계를 읽을 수 있다. 그런데 이 기적은 어떻게 작용되어지는지를 알 수 없기 때문에 반복을 바라기 어렵다. 우리 스스로가 이 관계항의 그물이다. 한쪽은 확실성에, 다른 하나는 불확실성에 내맡기고 있는 것이 우리 삶의 이율배반이다. "세계와 이성은 문제가 되는 대상이 아니다. 원한다면 그들은 신비로운 것이라고 말할 수 있을 것이다."(모리스 메를로 퐁티, 1983, 53)

우리는 신비가 시작되는 지점을 알 수 있다. 그러나 그 신비가 어디로 움직일지는 알 수 없다. 기존과는 다른 신비를 만나기 때문에 '신비'인 것이다. 기적은 언제, 어디서, 어떻게 작용하는지를 알 수 없어야 '기적'이다. 그러나 위상학적 기적은 그 과정을 예측할 수 있고 지켜볼 수 있다. 그리고 주체의 움직임이 기적이 되는 경우도 더러 있다. 그런 기적을 일상화시켜 내는 것이 위상적 일상이 추구하는 최종 목표이다.

화장하다

생활세계의 위상학적 확장은 과거와 미래, 잠재성과 실재성, 가능성과 초월성 사이에서 진동하는 주체에 의해 이루어진다. 우리의 삶을 풍성하게 하기 위해 필요한 것은 현실의 위상과 지평을 최대치로 확장하는 것이다. 일상성의 확장은 실용성의 확대와 다르지 않는 말이다.

일상적인 이론화 양식에서 개념화 작업은 이미 수중에 있는 자료에 대한 해석 작업을 지향한다. 이론화양식을 통해 선험적 조작의 결과를 투사하거나 기존체계의 미래의 상태를 연역하는 작업을 지향하지 않는다. 이론과 사실은 상호연동하면서 변화한다. 그래야 설득력 있는 해석이 가능하다. 그것은 동시에 미래의 사실에 대해서도 계속 적용될 수 있어야 한다.(클리퍼드 기어츠, 2012, 42)

시간의 차원에서 현재는 과거와 미래를 '선입견'으로 삼아 지평을 넓힌다. 또한 과거의 사실과 미래의 사실 모두를 현재의 자양분으로 삼을 수 있어야 한다. 미래와 과거를 선입견으로 삼아 동시성을 확보할 수 있을 때, 우리는 전체로서/하나의 삶을 살 수 있다. 죽음과 삶을 동시에 펼쳐 볼 수도 있다. 삶이 드러날 때 죽음은 그 이면에 자리하고, 죽음이 드러날 때는 삶이 그 이면에 자리한다. 이렇게 우리는 일상의 동시성을 획득한다.

우리 몸을 이루고 있는 60조 개의 세포가 이렇게 죽고, 살고, 죽고, 산다. 세포 중에서 죽음으로 드는 것을 거부한 세포가 '악성종양세포'다. 삶에 대한 과도한 욕망에 의해 전체가 죽는 것이다. 사회 혹은 문화의 한 세포인 우리 역시 살고 죽고, 죽고 살고, 살고 죽기로의 변곡을 능동적으로, 긍정적으로 받아들일 수 있어야 한다. 생활세계의 직관 즉 삶과 죽음은 운명이 아니라 관찰이라고 슈뢰딩거의 고양이는 주장한다.

> 수학 또는 자연과학 모형들에 관한 방식에서 이념들과 직관화하는 것은 요컨대 객관적인 것 자체에 관한 직관이 아니며, 관련된 객관적 이상들을 쉽게 구상하도록 적용된 생활세계의 직관이다. 이 경우 구상의 풍부한 간접성이 관여하는데, 이것은 직선적인 책상의 모서리가 지닌 생활세계의 명증성의 토대 위에 기하학적 직선을 구상하는 등의 경우처럼, 어디에서나 그렇게 직접 나타나고 그 나름의 방식으로 명증적이 될 수 있는 것은 아니다.
>
> — 에드문트 후설, 2016, 253

수학, 자연과학에 기반을 둔 것은 객관적인 것의 극히 일부를 포착하는 데 초점이 맞춰진 것이다. 보이는 것은 보이지 않는 것을 상상할 수 있게 하는 데 기여하는 바가 크다. 보이는 것으로 보이지 않는 것까지 구현해 내는 것이 '생활세계'의 직관이다. 직관된 생활세계의 고유한 의미가 고유한 존재 의미의 토대, 근원이 된다. 그렇게 우리는 자신의 근원을 직관할 수 있는 기회를 처음으로 갖게 되는 것이다.

타인들과의 생생한 연결에 있어 모두에게 공통적인 세계로 주어지는 것이 생활세계다. 생활세계는 모두에게 자연적으로 미리 주어져 있는 것이기도 하다. '이' 세계는 끊임없는 타당성의 토대(Boden)이며, 우리가 실천적 인간이든 학자이든 항상 준비된 자명성들의 원천이다.(에드문트 후설, 2016, 242) 타인들과의 생생한 '모든 연결', 순간적으로 공통적인 세계를 연결하는 공명적 직관은 자연적으로 미리 주어져 있었다. 이것이야말로 우리가 취해야 할 거의 유일한 '선험적인 것'은 아닐까.

타당성의 토대 - 자명성의 원천은 현실세계의 것이어야 한다. 우리는 수천 년 동안 가라앉은 언어의 지층에서 수많은 진실을 캐낸다. 그리고 미래의 지층에서도 의미를 발굴해서 현재를 찬연하게 빛낸다. 이러한 과정을 통해 객관적 학문이라는 전수된 개념을 학문 일반이라는 개념으로 전가되도록 내버려 두어서는 안 된다.

> '생활세계'라는 명칭은, 비록 본질적으로는 서로 관련되었더라도, 아마 서로 다른 학문적 과제들을 제기하는 일은 가능하게 하며, 그러한 일을 요구한다. 그리고 이 명칭은 우리가 가령[그중의] 하나인 객관적 - 논리적 과제(이것은 생활세계 안에서 특수한 작업 수행이지만)를 그 밖의 다른 과제들을 전혀 학문적으로 고려하지 않은 채 단독으로 다루기보다, 그것들의 본질적 기초를 세우는 질서에 따라 이 모든 것이 통일적으로 취급되어야 한다는 것은 아마도 곧 진정하고 완전한 학문적 성격에 속한다.
> — 에드문트 후설, 2016, 246

오래된 주관(전통)을 괄호에 묶는 것은 쉽지 않은 일이다. 주관이 오래되면 객관적인 것처럼 전수된다. 이것은 개념을 형성하면서 사람들의 생활에 깊숙하게 파고든다. 학문의 과제는 오래된 주관을 객관적-논리적 과제로 분식(粉飾)하는 것이다. 분식은 본질을 가리면서, 본질이 드러날 수 있게 하는 매개로 작동할 수 있다. 생활세계에서 객관적 학문이 추구하는 '본질'이나 그것을 가리는 분식은 중요하지 않다. 완전하고 아름다운 학문은 개념 속에서가 아니라 현실 속에서 구현되어야 한다.

우리에게 중요한 것은 분식(粉飾)이 아니다. 분장이나 분식이 드러내는 본질의 본질로서 이면도 아니다. 본질과 본질의 이면 그리고 분식을 통해 드러나는 진실들의 대화이다. 이 대화는 사이공간을 형성한다. 사이를 품고 역동적으로 이행함으로써 생활세계는 특별한 장소로 새롭게 열리게 되는 것이다.

시(詩)와 미(美)

낭만주의에 바탕한 전통미학에 예술성의 영역을 탈현실적인 것, 초월적인 것으로 삼았다. 일상이라고 하는 것은 현실적인 것이고 세속적인 것이기 때문에 전통적인 미학, 시학에서는 일상을 직접 다루는 것을 꺼렸다. 일상행위의 시학을 논한다는 것은 가치가 없는 것으로 취급했다. 그래서 사실주의 리얼리즘은 스스로가 미학적 성취는 2순위, 3순위로 밀어 두었다.

일상의 미학화는 날마다 반복되는 평범한 행위들이 의식적으로 예술 텍스트의 규범과 법칙을 지향함으로써 성취할 수 있다. 이것을 직접적인 미학적인 체험으로 간주하는 것은 무리가 따를 것이다. 이러한 명제를 증명할 수 있다면 그것은 해당 시기 문화의 가장 중요한 유형학적 특질들 중 하나가 될 것이다.(김수환, 2005, 116)

일상 문화의 유형학의 가능성, 체험의 영역은 생활세계를 바탕으로 삼는다. 생활세계의 일상 바깥은 없다. 예술 텍스트 역시 이 공간에서 이루어져야 한다. 한정된 공간을 무한대로 확장하기 위해서는 시적 위상성을 근원으로 삼는 시학에 대한 논의를 본격적으로 전개할 필요가 있다. 삶이 처한 일상세계에 따라 현존하는 존재임을 스스로 인정해야 의미를 지향할 수 있다. 학문은 이러한 세계 속에서 활약하는 수많은 문화의 사실 중 하나다.

세계 속의 문화적 사실인 학문들이 그 학자들이나 이론들과 함께 미리 전제되어 있다. 생활세계로 말하면, 우리는 이러한 세계 속에 있는 객체들 가운데 객체들이다. 즉 여기저기에 존재하는 것으로 생리학이든 심리학이든 사회학 등이든, 학문적으로 확정하는 모든 것에 앞서 단정적인 경험의 확실성에서 존재하는 객체이다.

— 에드문트 후설, 2016, 217

41년 동안 태양계를 날아간 보이저 2호는 태양계 바깥으로 1년 동안 날아가면서 수집한 자료를 지구로 전송해 왔다. 이 자료를 바탕으로 나사는 태양권을 비행장이나 고속도로 등에서 풍향을 표시하는 '바람 자루' 또는 성간 우주를 항해하는 배와 비슷한 것으로 묘사했다.(SBS, 「성간 우주로 간 보이저 2호가 밝혀낸 태양계 끝과 그 너머」, 2019. 11. 5)

우리가 알 수 없는 것은 초월적인 것도 있고, 양자적인 것도 있다. 우리의 삶에 직접적으로 주어진 것은 태양풍이 미치는 태양계의 빛과 중력이다. 지구의 생명체, 비생명체는 태양의 빛을 생명의 원천 에너지로 삼아 살고 있다. 이것보다 인간에게 선험적인 것이 또 있을까? '지구의 자전과 공전'은 우리 생활세계에서 작동하는 가장 핵심적인 생활세계, 그 자체다. 이 절대적 사실을 거부할 수 있는 생명은 없다. 학문은 완전한 객관이 아니다. 초월적인 것도 아니다. 다만 한 개의 문화적 사실일 뿐이다.

학문은 구체적 문화 현실(지역 특색)을 반영한 일상적인 것과 세계적 일상을 반영한 추상적 개념을 모두 포괄할 수 있어야 한다. '세계 속의 문화적 사실'은 세계 속의 객체들 가운데로, 객체들과 객체들 속으로 반영한 세계의 아포리즘을 지향할 필요가 있다. 우리가 전 지구적으로 경험할 수 있는 확실성도 극히 일면이라는 것을 받아들여야 한다. 직관할 수 있는 생활세계, 환경세계는 항상 그러하면서도 언제나 최초다. 다시 반복되는 시간과 공간은 없다. 오직 이 순간의 직관만이 있을 뿐이다.

그 밖의 다른 계획들처럼 그들의 실천적 관심과 이것을 실현하는 일은 생활세계에 속하며, 생활세계를 토대로 전제하고 그들의 행위를 통해 생활세계에 속하며, 생활세계를 토대로 전제하고 그들의 행위를 통해 생활세계를 풍요롭게 만드는 일과 같이, 이것은 인간이 계획하고 실천하는 학문에 대해서도 타당하다.

– 에드문트 후설, 2016, 269

우리가 풍요롭게 만들어야 하는 것은 일상이다. 거의 모든 것의 전제가 바로 생활세계인 까닭이다. 생활세계를 토대로 삼지 않으면 학문도 성립할 수 없다. 생활세계를 풍요롭게 하기 위해서는 채우는 일보다 비우는 것이 중요하다. 인간 스스로 내면에 끊임없이 빈 공간을 만드는 일이 무엇보다 중요하다. 스스로 가난해지는 것이다. 즉 알고 있는 것들 속으로 끊임없이 알지 못하는 것, 알려지지 않는 것을 끌어와야 한다.

역사를 고찰하는 것이 지닌 진리는 기록된 철학적 이론들과 이들과 뚜렷하게 대립한 이론들이나 대응하는 이론들의 역사적 사실들의 배후에서 유의미한 최종적인 조화를 비춰 줄 수 있는, 비판적으로 전체를 바라보는 명증성 속에서만 증명되기 때문이다.

– 에드문트 후설, 2016, 167

역사는 반복하지 않는다. 우리는 매번 다른 시간을 살고 있기 때문이다. 우리가 매번 다른 시간을 사는 것은 우리에게 선험적으로 주어진 태양계가 한 번도 같은 공간에 처해 있지 않은 까닭이다. '목적론적으로 역사를 고찰하는 것'이 얼마나 편협한 것이고, 특수한 종류의 것인지를 금방 알 수 있다. 후설은 "철학자들이 기록한 자기 증명을 인용하는 것으로는 결코 결정적으로 반박될 수 없다는 사실을 명백하게 해준다."고 말한다. 역사 고찰의 목적은 사실을 확인하고 빈 곳을 채우는 것이 아니다. 기존에 고정되어 있는 것에 균열을 가하고 그 균열을 문으로 삼아 다양한 이야기가 흘러나오게 하는 것이 문학이 추구하는 일상성이다.

울리다

일상에서 벗어난다는 것은 특별한 시간을 경험하는 일이라기보다 특별한 공간을 경험하는 일에 가깝다. 일상에서 다른 삶을 살게 되었다고 생각하는 경우는 대부분 '집'을 바꾸거나, 직장을 옮기는 경우다. 모두 다른 공간을 만나는 일이다. 삶에서 물리적 공간을 넓히기 위해 애쓰는 사람들의 마음은 옹색해지는 경우가 많다. 반면 수도자나 순례자와 같이 현실공간에 대한 욕망에서 벗어난 사람일수록 내면에 품고 있는 공간은 넓어진다.

　현대에 들어서면서 정치적 공간이 절대적으로 확고해질수록 투명성은 기만적인 것이 되었다. 그러면서 동시에 새로운 삶에 대한 환상은 강화된다. 삶은 바로 여기 아주 가까운 곳에 있다고 르페브르는 말한다. 팔을 뻗기만 하면 일상생활 속에 삶이 있다. 아무것도 일상으로부터 삶을 분리할 수 없다. 삶은 거울의 반대편에서 놀라운 모습으로 전개된다. 모든 조건은 완벽하게 구비되어 있다.(앙리 르페브르, 2011, 288) 그럼에도 우리는 늘 무언가에 대한 욕구를 채우지 못해 안달이 나 있다. 우리에게 부족한 것은 무엇인가? 다른 식의 물음도 가능하다. 우리에게 남아돌지 않은 것은 무엇인가. "신기루효과는 그 파장이 훨씬 길어질 수 있다." 르페브르의 첨언이다.

　신기루효과는 과도한 공격성에서 발현되는 경우가 종종 있다. 이것은 말하기나 글쓰기의 과잉과도 맥을 함께 하고 있다. 이것은 대상의 공간을 빼앗는 것으로 귀결되는 경우가 흔하기 때문이다. 빈 곳을 채워 단단하게 만든다. 마음이 깃들지 못하면, 웃음도 눈물도 없다. '공명'은 더더욱 불가능하다. 속이 꽉 채워진 종(鐘)과 다르지 않게 된다. 꽉 채워진 투명성은 투명이 아니다. 일상의 공간을 위상적으로 주름잡고 펼치는 것은 한차례 호흡으로 가능하다. 여전히 공간을 '위계(位階)'적으로 호도하는 입장이 역사 동안 줄곧 한 축을 그것도 주류를 차지했다.

　　엘리트 공동체와 이들이 일반 대중, 노동자 대중과 맺는 관계가 어떻게 되건, 생산력과 조화를 이루는 새로운 공간의 생산은 하나의 사회집단에서 기인하는 것이 아니라 총체적인 차원, 그러니까 세계적인 차원에서 본 집단들(계급과 계급분화) 간의 관계에서 비롯된다.

―앙리 르페브르, 2011, 539~40

선험에 가깝게 주어진 '플롯'들, 일상의 플롯들 그러나 그것은 규범으로 굳어지는 것은 결코 용납하지 않는다. 이미 계산되어진 삶은 기계의 것과 다르지 않기 때문이다. 공간을 크게 품고 있을수록 우리는 더 크게 진동할 수 있다. '진동'을 멈추지 않는 한 우리는 한 차례도 반복되지 않는다. 이것은 얼마나 두렵고도 가슴 뜨거운 것인가? 그러니까 우리의 죽음마저도 단 한 차례의 것일 뿐이다.

> 우리는 인간이 세계에 대한 주체들(세계는 의식에서 보면, 인간에 대한 자신의 세계이다)이며 동시에 이 세계 속에 있는 객체들이라는 점에 안도할 수 있으며, 이 단순한 사실성에 만족할 수 있을까? 학자로서 우리는 신이 세계를 창조하고 이 세계 속에 인간을 창조했다는 사실 그리고 신이 인간에게 의식을, 이성을, 즉 인식의 능력 특히 학문적 인식의 능력을 부여했다는 사실에 안도할 수 있는가?
>
> — 에드문트 후설, 2016, 334

안도할 수 없는 까닭에 우리는 함께 살아가지 않으면 안 된다. '공명'만이 안전을 보장할 수 있고, 또 전대미문의 재난을 겪으며 입은 상처까지도 치유할 수 있다. 너무도 잔혹한 인간은 그보다 더 가련한 인간을 탄생시킨다. 신의 이름으로 인간에 의해 가장 많이 죽임을 당한 피조물은 뱀이 아니라 인간이다. 성서의 '노아의 방주'가 그렇고, 십자군전쟁이 그렇고, 걸프전쟁이 그렇다. 가장 잔혹한 전쟁은 '종교전쟁'이었음을 상기할 필요가 있다.

우리는 세계를 보편적 지평으로, 존재하는 객체들의 통일적 우주로 인식할 수 있다. 그렇다고 하더라도 나와 너, 우리라는 서로들은 세계 속에 함께 살아가는 자로서 세계에 속한다. 이렇게 드러난 우리로서의 세계는 곧바로 이면으로 변곡해 들어가면서 '서로 함께 살아가는' 우리의 세계가 된다. 의식에 합당하게 존재하며 우리에 대해 타당한 세계이다. 세계에 대한 일깨워진 의식 속에 살아가는 자인 우리는 수동적으로 세계를 소유하는 토대 위에서 항상 능동적이다.(에드문트 후설, 2016, 223) 수동적 능동, 능동적 수동의 진동 속에서 특별한 세계가 펼쳐진다.

펼쳐진 의식의 영역에서는 객체들도 미리 주어져 있다. 이러한 객체들에 특별한 주의 기욺을 통해 주체는 관조의 시선을 획득할 수 있다. 다른 방식들로 객체들을 능동적으로 다룬다. 그 객체 역시 주체를 능동적으로 다룬다. 우리는 작용들 속에서 주체의 객체이며 동시에 객체의 주체이기 때문이다. 우리의 범주를 확장하는 것은 같은 공간을 품은 사람들과 함께 공명의 장을 넓히는 일이다. 위상적 용어로써 '우리'를 새롭게 검토할 필요가 있다. 디지털 일상성으로 공간은 또 다른 확장을 거듭하고 있다. 상상을 불허하는 확장과 상상을 불허하는 순간성, 시간의 축소와 확장 등이 동시에 이루어짐으로써 반복 불가능한 장소를 개시한다.

대중문화는 주로 소설의 언어로 수용되면서 텍스트의 문맥 안에서 변형한다. 이것은 비문자 매체에 의존하는 '모상적 상상력'이라기보다는 현대의 다양한 인접 예술 장르를 받아들이며 소설적 언어로 변형시키고 있다. 또한 소설의 인물들은 영화, 사진, 음악, 미술, 행위 예술 등의 현대 문화에 대한 폭넓은 관심과 세련된 취향을 가지는데, 이는 후기 자본주의사회의 일상성에서 발견되는 도시적 감수성의 단련이다.(김정남, 2004, 7)

인간 중심의 일상성이 갖는 도시의 삶은 삭막함이라는 새로운 감수성을 단련시킬 필요가 있다. 부드러움보다는 삭막함이 갖는 우둘투둘함에서 새로운 길이 열릴 가능성이 높다. 모두가 같이하면 사막도 죽음도 한 번 겪어 볼 만하다. 그것이 공명의 힘이다. 대기의 분위기와 땅의 흐름은 통해 다채로운 점유의 욕망을 누구나 관철시킬 수 있다.

학이(學而)&시습(時習)

매우 유명한 사람이지만 다른 이름 없이 한 이름으로만 불리는 사람이 있다. 김시습이 그렇다. '時習'은 논어에서 가장 잘 알려진 대목인 "學而時習之"에서 가져온 것으로 알려져 있다. 이 대목에 대한 해석은 분분하다. '之'를 어떻게 해석하느냐에서 의미는 크게 갈린다. '之'를 대명사로 해석하는 것이 일반적이었다. 배우고 그것(之)을 익힌다. 이것은 學이 우선이 되고 習은 나중이 된다. '학하고, 그것을 시습하다'로 해석할 수 있다. 다른 관점은 '之'를 불완전명사 곧 '~인 것'으로 해석한다. 그러면 이렇게 해석할 수 있다. '學하고 時習하는 것은'이 된다. 즉 學과 時習은 주종, 선후의 관계가 아니라 대등한 관계가 된다. '앎과 함'으로 해석할 수 있는 것이다. 미학 혹은 예술이라고 하는 것은 이 사이에서 진동한다. 김시습의 『금오신화』는 조선 전기 사회를 떠받쳤던 강고한 이데올로기적 글쓰기를 충분히 뒤흔들고 있다.

단단한 글쓰기가 흔들릴 때, 문학적 글쓰기가 들어올 수 있는 여지가 마련된다. 예술이라는 것이 앎의 문제, 자기-앎의 문제라면, 미학은 문학과 분리할 수 없다. 미학은 감각적인 것의 나눔을 생성하는 아프리오리다. 이 아프리오리는 세계를 나타나게 만드는 근원적인 원인으로서 드물게 가시적 양상으로 드러날 가능성이 있다. 랑시에르는 감각적인 것을 가시적인 것으로 파악한다. 감각적인 것은 어떤 이미지다. 인식을 지배하는 이미지라는 개념은 실제로 '본다'는 것을 앎과 동일시했던 고대적 사유체계를 드러내는 것이다.(이택광, 2010, 170~1)

오랫동안 학문은 추상적인 것을 추구해 온 까닭에 일상적인 것과는 거리를 두었다. 실제로 조선시대의 사대부는 물론 우리 근대기에 문학하는 사람들은 일상을 사는 것(먹고살기 위해 일하는 것)을 비루한 것으로 보았다. 특히 근대문학 형성기의 김동인이 그랬다. 뜬구름을 잡는 것, 그것이 '학'의 목표라고 여기는 이가 없지 않았다.

후설은 학자라도 '생활인'일 뿐이라고 단호하게 말한다. 연구자라도 생활세계에서는 주어진 것들을 몸에 배인 플롯을 통해 자유로이 직관적으로 처리할 수 있다. 극단적으로 개념어를 추구하는 연구자라도 일상의 대부분은 생활세계의 플롯에 맡기는 경우가 많다. 서로 다른 보편적 방식으로 언제나 반복해 일어나는 것에 일상을 의지한다.

> 우리는 학자가 그때그때 실행하는 이 생활세계에 단적으로 적응된 언표 – 실천적인 일상의 삶 가운데 우연적 언표들에 고유한 학문 이전의 판단 방식으로 순수하게 기술된 언표 – 와 동등하게 함께 문제 삼을 수 있다. 그러므로 생활세계의 문제 또는 생활세계가 학자에 대해 기능하고도 기능함이 틀림없는 방식은 상술한 객관적 학문 전체 안에 있는 단지 어떠한 부분적 주제에 불과하다.
>
> – 에드문트 후설, 2016, 243

학문의 객관성은 궁극적인 것이기 때문에 개별 학문에서 구현될 가능성은 없다. 일반적으로 학문이 추구한다는 객관성은 객관적인 학문의 완전한 정초에 이바지하는 한 개의 주제에 불과하다. 후설의 글쓰기에서 괄호는 특별하다. 경주 직전 경주마의 앞을 막고 있는 '스타트문'과 같다. 괄호에는 특별한 에너지가 담겨 있다. 그러나 스타트 문에 에너지가 직접 담기지 않은 것과 같이 괄호보다는 괄호행위 안에, 그리고 괄호에서 행하는 변곡에 에너지가 집중되어 있다.

'객관적 학문의 완전한 정초'는 불가능성의 가능성이다. 변곡 없이,

덜컹거림 없이 이면까지 탐색할 수는 없다. 생활세계에서 일상이 이루어져야 하는 학자의 객관주의는 언어적 객관주의에 머물 가능성이 높다. 우리에게는 학문의 언어보다는 생활세계가 더 절실하고 절대적인 존재의 조건이다. 객관적 학문의 정초는 개념의 언어가 아니라 생활세계의 언어여야 한다. 생활세계와 개념세계가 역동적으로 연결될 때, 우리는 삶에 영향을 미치는 학문을 전개해 갈 수 있다.

[생활세계와 객관적 학문을] 대조시키고 이것들이 분리될 수 없는 결합 상태에 있다는 사실을 심사숙고하면 할수록, 우리는 더더욱 고통스러운 어려움에 휩쓸리게 하는 심사숙고로 끌려들어 간다. 객관적으로 참된 세계와 생활세계가 역설적으로 상호의존해 있다는 것은 이 양자의 존재 방식을 수수께끼로 만든다. 따라서 우리의 고유한 존재를 포함해 모든 의미의 참된 세계는 이러한 존재 의미상 수수께끼가 된다. 이것을 명확하게 만들려는 시도에서 우리는 갑자기 떠오르는 역설에 직면하고, 이제까지 우리가 철학을 함 전체의 지반이 상실되는 것을 갑자기 깨닫게 된다. 당장 우리는 어떻게 참다운 철학자가 될 수 있는가?

— 에드문트 후설, 2016, 257

마주 보는 것들은 감길 수 있고, 서로 뒤엉킬 수 있다. 그러나 이것만으로는 지속적인 관계, 다양한 관계맺음은 불가능하다. 서로 겹치는 대신에 이면이 되는 것은 관계의 지속과 다양성을 위한 하나의 강력한 방안이 될 수 있다. 둘이서 한 면처럼 연결될 수 있는 방법에 대한 '심사숙고', 가장 깊은 침묵, '내가 타인으로 변곡하고 타인이 나로 변곡하는' 과정의 불안과 흔들림을 극복할 수 있을 때까지 침묵은 깊어져야 한다. 변곡은 더 이상 수수께끼가 아니다.

지구는 누가 봐도 평평하지만 둥글다. 해가 여전히 떠오르지만 지구가 도는 것은 수수께끼가 아니라 하나의 아포리즘이다. 학문 일반은 스스로가 품고 있는 모순을 솔직하게 인정하고 드러낼 필요가 있다. 학문 일반은 인간의 작업 수행 중 하나일 뿐이다. 그 자체로 세계, 즉 일반적 경험의 세계 속에 발견되는 인간에 관한 작업 수행이다. 이 작업 수행은 '이론적'(theoretisch)이라고 부르는 어떤 정신적 형상을 향한 실천적 작업 수행(Parktische Leistung)들 가운데 하나일 뿐이다. 이 사실이 숙고되어야만 한다.(에드문트 후설, 2016, 236) 정신적 형성물로서 '학문(學問)'과 실천적 작업 수행의 '시습(時習)'의 역동적인 관계 형성이 새롭게 요구되고 있다.

일상 쓰기

우리의 삶 이전에 주어진 것, 즉 우리의 경험 이전에 이미 삶의 전제로 주어진 것을 '선험적인 것'이라고 부른다. '존재론자'들은 인간이라는 '현상'이 발현되기 위한 조건으로서 '시원성', '초월성'들을 탐색한다. 말년에 후설은 추상적인 것에서 구체적인 것으로 삶의 조건, 전제를 변경할 것을 요구한다. 즉 '보이지 않으면서 없는 것', '보이지 않으면서 있는 것', '보이면서 있는 것', '보이면서 없는 것' 등 다양한 존재 방식에 대한 탐색이 일상적인 것과 닿기를 희망했다.

존재론적 인식에서는 세계를 학문적 세계뿐 아니라 일상적 세계를 객관적으로 직관할 수 있다고 확신한다. 또한 의식론적 인식에서는 우리의 존재타당성을 의식의 주관성으로 직관할 수 있다고 믿어 의심치 않는다. 선험철학으로서 현상학은 이 둘에 대한 동시적인 반성에서 비롯한다. 그러나 현상학이 세계를 순수하게 정신적으로 고찰해 파악할 수 있다고 하는 것은 옳은 것인가? 후설은 이렇게 묻는다.

> 선험철학이 정신적인 것과 관련된다면, 왜 선험철학은 수 세기 이래 그토록 열렬하게 촉진되었던 심리학으로 방향을 전환하지 않았을까? 또는 선험철학이 이 심리학에 만족하지 못했다면, 왜 선험철학은 더 나은 심리학을 형성하지 않았는가?
>
> – 에드문트 후설, 2016, 365

우리가 완성해야 할 것은 학문이나 개념이 아니라 구체적인 우리의 삶, 생활세계가 되어야 한다고 역설한다. 전체성에 대한 기여나, 개별성에 대한 기여보다는 둘 사이에서 이루어지는 일상성에 기여함으로써 '자기에게 최대로 기여하고, 자기가 최대로 기여하는' 삶으로의 현상학적 환원을 제안한다.

지구에 살아가는 것들 중에서 가장 복잡다단하게 사는 것은 사람이다. 사람의 일 중에서 또한 한결같으면서도 가장 다양한 것은 '생활세계'다. 생활세계의 다양성, 모든 상대성을 보편적 구조로, 일반적인 구조로 환원하는 것은 이율배반적이다. 우주에 작용하는 힘은 약력, 강력, 중력, 전자기력이다. 우주에 작용하는 힘이 그러할진대, 일상의 삶에서 사람들 사이와 사물과의 관계에서 작용하는 힘도 이와 다르지 않을 것이 분명하다.

선험적 상호주관성이라는 말에서의 '선험'은 '우주적으로 이미 주어진' 정도로 해석하는 것이 무방할 것 같다. 자기 스스로는 '생활세계의 존재론', '존재론적 생활세계'라는 아포리즘이 갖는 관계맺음의 힘을 동시에 탐색할 필요가 있다. 후설은 생활세계의 근원성에 대해 명증성을 부여한다.

주어진 것을 명증적으로 인식하는 것은 직접적인 현전을 통해 '그것 자체'를 경험하는 것은 아니다. 명증적인 것은 지각 안에 있거나 그것 자체가 심경의 이미지로 있다. 그것을 현전화하는 것은 지각이나 기억이 아니라 직관의 방식 자체다. 간접적인 모든 인식은 구체적인 것들의 귀납의 방식을 통해 가능하다. 직관할 수 있는 것에서 귀납적으로 의미를 포착한다. 가능한 방식으로 그것 자체를 지각할 수 있는 것, 지각된 것, 기억할 수 있는 것, 기억한 것 등의 관계를 통해 의미는 관계적으로 귀납한다.

모든 확증은 실존하는 것이 아니라 생각할 수 있는 것이며 명증성은 양상들로 인식된다. "그것 자체는 상호주관적으로 실제로 경험할 수 있고 확증할 수 있는 것으로서, 이러한 직관들 속에 놓여 있지 결코 사고의 구축물은 아니며, 다른 한편으로 사고의 구축물이더라도 일반적 진리로 그 권리를 요구하는 한, 이러한 명증성으로 되돌아감으로써만 비로소 참된 진리를 가질 수 있기 때문이다."(에드문트 후설, 2016, 251)

직접적 현전의 '비존재성'에 대한 회의, 판단중지, 명증성과 명증성의 이면, 실체의 명증성을 드러내는 그림자를 동시에 드러내고 동시에 감춘다. 추상적 학문도 구체적인 일상도 그 근원은 생활세계로 삼아야 한다는 것이 후설의 입장이다. 후설은 지향성이 의식의 본질 그 자체라는 입장을 철회하지 않는다. "질료와 노에시스적 형식 내지 활성화라는 지향성 개념을 상세화하면서 후설은 "형식 없는 질료인지 가능한 질료가 없는 형식인지"를 인식하는 문제의 여지를 남겨 둔다. 따라서 '질료'와 지향성의 분리는 최소한 파악 가능한 것으로 간주되는 것처럼 보인다. 그런데 이 텍스트는 질료를 규정하지 않은 채 물음을 유보한다."(엠마누엘 레비나스, 2014, 101)

유보된 물음, 물음을 기다리는 대답들 혹은 선입견들, 선험들은 선후의 관계를 무화하면서 다양한 위상으로 전개된다. 물음을 유보시키는 것은 우리의 삶이 맞물려 있는 현실 곧 생활세계다. 이 현실은 모두에게 다르게 열리고 흐르고 접힌다. 그러니 그 개념이 무엇인가, 정의가 무엇인가라고 묻는 것은 헛수고다. 전통에 속박되어 출발하는 사람에게는 우선 실재적 전제들에 부착된 것을 자명하게 단순히 순화하는 것이 문제다. 그렇지만 영혼의 경험 내용은 본질적으로 이미 알려졌고, 일상의 언어로도 표현할 수 있다고 생각한다.(에드문트 후설, 2016, 426) 인간학주의의 세계가 관계를 나타내는 말은 '주체-태도-객체'다. 이것은 자연스러운 인간학주의의 핵심을 이룬다. 태도 혹은 지향은 심리적인 것과 세속적인 것 사이를 활발하게 오간다.

전통에 속박되어 있는 것은 외적 태도의 경험에서 의미 탐색을 시작한다. 여기에서 벗어나는 것은 '태도'를 '지향'으로 대체하면서 가능하다. 태도가 지향성을 획득할 때 '누구나 쓰면서 살기, 쓰면서 죽어가기'라는 소박한 글쓰기의 중요성이 가능하다. 우리의 일상 혹은 생활세계 중에서 가장 극명하게 드러난 것은 "살기-쓰기-죽기 ; 죽기-쓰기-살기" 지향이다.

연행(演行)하다

개인들의 삶은 매번 최선의 것이어야 한다. 자신의 삶에 대해 좀 더 거리를 두고, 의도적으로 변화를 시도할 필요가 있다. 나는 나의 가장 완벽한 타인이 사랑하는 사람이 되어 타인이 내 안의 전체로 자리 잡을 수 있는 장소가 되어 주어야 한다. 삶이 메타성-연행성을 강화해야 하는 이유다. 또 타인은 언제나 떠날 수 있어야 한다. 그 빈 몸으로 타인의 속에 온전히 자리 잡아 타인의 장소가 될 수도 있어야 한다. 그래야 타인은 우리의 일상이 되고 연행이 된다. 연행을 통해 혁명 이상으로 언제나 새로워질 수 있다.

연극 배우는 자신의 연행을 통해 텍스트가 만들어지는 작업에 참여한다. 일상이 연행이라면 우리는 배우와 다르지 않다. 또한 텍스트를 연행이라고 하면 비평적 이론 곧 메타텍스트(meta-text)가 만들어지는 작업에 참여할 수 있다. 각각의 실행은 각각의 독서행위처럼 그 자체로 비평적 이론의 해석이다. 독자 반응, 실행, 해석은 텍스트를 수정하고, 각기 순서가 되었을 때 독자들 사이에 새로운 반응을 생산할 것이다.(마리 맥클린, 1997, 89)

사람들이 저마다의 삶을 최고의 시·공으로 채워 낸다면 온 세계가 예술 아닌 것이 없을 것이다. 우리는 의도적으로 이야기를 만들고, 자신만의 어휘를 가질 수 있다. 나는 시간의 시원이면서, 인간의 모든 것인 언어의 창조자가 된다. 그 어휘는 방향, 지향 – 길 위의 지향성을 지닌 술어가 될 가능성이 높다.

> 온 세계가 예술작품이다. 우리는 예술작품에 참여한다. 햄릿과 베토벤의 사중주는 우리가 세상이라 부르는 이 거대한 덩어리 위에 진정한 세계를 건설한다. 그러나, 셰익스피어나 베토벤은 존재하지 않는다. 틀림없이, 그리고 한 순간 완전히 신은 존재하지 않는다. 우리들은 말들이다; 우리들은 음악이다. 우리들은 그 자체로 모든 것이다. 그리고 이는 내가 어떤 충격을 받을 때에서야 알게 되는 사실이다.
>
> – 박규현, 2001, 172

문화적인 관점에서는 고전이나 역사, 과학 등을 절대적인 것이나 객관적인 것으로 취급하지 않는다. 모두 현실의 의미를 풍성하게 하고, 예술화하는 재료일 뿐이다. 절대정신의 경계에 자리한 신마저 사라질 때, 우리는 최대치의 자유를 만끽할 수 있다. 그럼에도 불구하고 삶이 연행에만 머물러서는 완성된 예술이라고 하기 힘들다. 우리는 하나의 무늬의 또 다른 연속체로서 예술적 플롯을 그려 낼 수 있어야 한다.

예술적 플롯의 가능성은 도상텍스트에서 먼저 엿볼 수 있다. 도상

텍스트의 가능성은 '아주 오래'와 '가장 최신'을 동시에 반영할 수 있다. 도상텍스트는 "쓰기 문화 이전 시대의 의식을 담고 있는 '말'과 다양한 감각을 지닌 '전자시대의 언어적 특성'을 동시에 보여 주는 예다. 인쇄 문화를 거쳐 바야흐로 '2차적 구술성'으로 통합되고 있는 전자 문화시대와 이미지시대를 이해하는 미세한 촉수"(이상신, 2003, 102)다. 촉수에는 온 감각이 망라되어 있다. 1차적인 표현 형태가 곧바로 의사 전달의 매체가 된다는 점에서 직접적이라고 할 수 있다.

'나'의 예술적 존재는 표현에 의해서만 표상한다. 전자시대의 언어적 특성은 도상성이다. '디지털 문식력'은 새로운 언어의 패턴을 형성한다. 그 표현이 하나의 플롯에 이를 때 그 플롯을 이끄는 '서술어'를 제안할 때, '여럿의 나'로 하나의 문화를 형성할 수 있다. 도상은 수천 년의 간격을 하나의 평면에서 동시에 표상한다. 이것은 노드로서 강한 확장력을 갖는다. 그러나 이것만으로 다양한 방향으로 지향하는 데는 한계가 있다. 도상텍스트는 일종의 문화 저수지로서 역할이 더 크다. 흐름에 있어서는 도상으로서의 플롯보다 문체로서 플롯이 더 효과적일 수 있다.

> 문체의 절대성, 그것은 무엇보다도 인물들의 발명, 플롯의 구성이나 표현의 관습을 주재했던 모든 위계의 폐기를 의미한다. 예술을 위한 예술이라는 선언 자체도 철저한 동등성의 공식으로 이해했어야 했다. 이 공식은 시학들의 규칙들뿐만 아니라 모든 세계 질서 존재 방식, 행동 방식과 말하는 방식 사이의 관계들에 대한 모든 체계를 전복했다. 문체의 절대화는 민주주의 원칙인 평등이 문학적 공식으로 변형된 것이 있다.
>
> — 자크 랑시에르, 2009, 23

학문은 개념을 추구하기 때문에 다양한 의미를 지향하는 것을 꺼린다. 학문이 스스로의 구조를 수학적으로 구축하려고 하는 것은 이런 이유 때문이다. 따라서 학문은 생활세계에 관여하는 것을 탐탁잖게 생각한다. 역으로 이념을 개념화하고, 생활세계를 이념으로 분식(粉飾)해 학문화하려 한다. 이러한 시도에 대해 가장 강하게 반발한 이가 후설이다. "기하학적 그리고 자연과학적 수학화를 통해 우리는 가능한 경험들의 개방된 무한성에서 생활세계 – 구체적인 세계에서 살아가는 가운데 우리에게 항상 현실적인 것으로 주어지는 세계 – 에 이른바 객관적으로 과학적 진리의 이념의 옷 즉 매우 잘 들어맞는 이념의 옷을 맞추려고 치수를 잰다."(김희봉, 2005, 12~3)

그리스·로마 신화의 프로스쿠르스의 침대를 떠올리게 한다. 수학은 여러 가지 가치판단 기준 중 하나일 뿐이다. 프로스쿠르스 침대의 시대는 갔다. 이제 독자(여행객)의 몸에 꼭 맞게 늘어나거나 줄어드는 침대의 시대가 열렸다. 이것이 새로운 플롯, 문체의 특성이다. 언제나 몸에 맞는 최선의 것을 지향한다. 일상의 예술화가 극대화되는 지점이다. 그래서 언제나 온 진실을 다해 연기하듯이, 다소 과장해서 살아가도 좋은 때가 되었다. 최소한 사이버세계만큼은 인간이 창조주라고 해도 지나친 말이 아닌 까닭이다.

권 있다

특별한 경우에만, 매우 드문 경우에 자신의 삶이 아름답다고 생각하는 사람들이 많다. 그들 대부분은 자신의 일상이 아름답다고 생각하지는 않는다. 일상은 특별한 시간을 위해 소모되는 도구적인 것이라고 여긴다. 인간은 자신의 일생 대부분을 이렇게 소모한다는 의식 속에서 산다.

반면 일상의 미학화를 꾀하고자 하는 사람은 늘 최선의 삶을 살아

내고자 한다. 드물지만 그런 일상을 살아 낸 사람들을 우리는 알고 있다. 후설, 블랑쇼, 비트겐슈타인은 글쓰기를 일상으로 살았다. 섬망(譫妄)의 상태에 들어서도 비트겐슈타인은 자기 자신을 써냈다. 세상 사람들은 하나같이 날이 맑다고 한다. 그러나 나에게는 퍼붓는 빗소리가 너무도 선명하게 들린다. 과연 '확실성'이란 무엇인가를 끝까지 물으며, 마지막 문장을 이렇게 쓰고 그는 혼수상태에 빠졌다.

> 나는 내가 지금 꿈꾸고 있다고 진지하게 가정할 수 없다. "나는 꿈꾸고 있다"고 꿈을 꾸면서 말하는 사람은, 비록 그가 그때 사람들이 들을 수 있도록 말을 한다 해도 옳지가 않다. 이는 실제로 비가 오는 동안 그가 꿈속에서 "비가 온다"고 말하더라도 그는 옳지 않은 것과 마찬가지이다. 비록 그의 꿈이 억수 같은 빗소리와 실제로 연관되어 있을지라도.
>
> — 루트비히 비트겐슈타인, 2011, 160

섬망은 환각과 환청을 동반한다. 주변 상황을 잘못 이해하며, 생각의 혼돈이나 방향 상실이 일어난다. 일반적으로 정신적 혼란 상태를 일컫는다. 그런데 이것을 고도의 기능 강화라고 보는 사람도 있다. 이것은 일종의 마중현상으로 내세의 영혼이 죽어 가는 사람을 이 세상에서 저세상으로 안내하는(변곡시키는) 과정에서 나타나는 현상으로 보기도 한다. 즉 생활세계를 초월하는 감각의 활성화가 이루어진 것이다.

정신적 혼란 상태라고 하기에 그의 글쓰기는 너무 또렷하다. 그는 혼수상태에 든 지 이틀만에 숨을 거둔다. 그날은 그가 꼭 60년 전에 태어난 4월 29일이었다. 비트겐슈타인에게 사람들은 묻는다. 당신이 그렇게 강조하는 일상이란 무엇인가. 그 정의는? 개념은? 이런 질문을 받을 때마다 비트겐슈타인은 당황하지 않을 수 없었을 것이다. '왜 자신의 일상을 나에게 묻지?' 그런 질문에 냉소를 보내는 시간조차도

나의 일상을 위해서는 아깝다.

소크라테스의 '너 자신을 알라!'라는 말은 소크라테스를 오해한 채 해석되고 있다고 말한다. 소크라테스의 대화법은 상대를 가르치기 위한 것이 아니다. 나의 앎과 모름을 정확하게 직시하고, 상대의 것을 나의 것으로 나의 것을 상대의 것으로 나누는 소통 방식이다. 푸코는 이 말은 '너 자신을 배려하라!'라고 옮긴다.

푸코는 인간 주체가 자기 자신에 대한 진지한 성찰을 토대로 자유롭고 능동적으로 행위할 수 있다고 말한다. 이러한 실천하는 움직임을 '미학화'라고 불렀다. 미학화는 자기 자신에 의한 자신의 변환이라는 주체성과 대상성을 실현하는 자기 주도성을 갖는다.(박승규, 2010, 705) 주체와 대상, 앎과 모름은 긍정과 부정으로 구분되는 것이 아니라 하나에서 다른 하나로 변곡해 들어갈 수 있는 실천의 장으로서 더 큰 의미가 있다.

푸코의 미학화를 니체적 의미에서 계보학으로 한정하는 것은 그의 일면만을 보는 것이다. 대상의 에피스테메는 대상에 대한 문제화로부터 비롯하는 것이 아니다. 그것은 주체의 문제이며, 주체의 해석학이다. 존재는 사유된 것과 상관성을 가지는 것이 아니다. '나 자신에 대한 배려'를 바탕으로 사유한다는 것은 '주체'에게는 능동적으로 관계를 맺는다는 것을 의미한다. 그럴 때 다양한 사회적 실천은 우리의 '일상'이 될 수 있는 것이다.

지리적인 것에 대한 관심은 땅에 대한 것이라기보다는 인간의 삶의 방식에 대한 호기심에서 기인했다고 보는 관점은 흥미롭다. 인간의 삶에 대한 관심은 지리학에서 지속적으로 논의되어 왔다. 지리학의 현재성은 공시성/통시성을 넘어, 공공간성/통공간성을 입체적으로 함의한 '지금여기'이다. 모빌리티가 급증함으로써 지구의 표면적은 점점 협소해지고 있다. 금성이나 화성의 테라포밍을 통해 인간은 거주지를 확장할 수도 있을 것이다. 그러나 대부분의 인류가 생을 시작하고 마감해야 하는 지구를 무한대의 장소로 확장할 수 있다면 그것은 인간의 삶과 함께 언제나 다르게 열리는 위상적 장소가 될 것이다. 지리학은 "인간에 대한 애정을 갖고 있는 학문이기에 인간 삶에 대한 연구는 중단되지 않아야 함을 말해야 한다."(박승규, 2010, 700)

지하의 세계를 가장 깊이까지 체험한 이는 '오르페우스'다. 또 바다에는 천변만화의 변화 자체인 프로테우스가 있다. 인간의 삶은 지구의 표면에서 주로 이루어진다. 인간은 지하를 가득 채웠던 오르페우스의 '울림'과 한시도 반복하지 않은 프로테우스의 '스타일'을 일상이라는 문화로 구체화하고 있다. 이제 인간은 신화적 시·공간까지도 포괄하면서 입체화된 장소를 구현해 내고 있다. 인간 일상의 미학화는 스스로가 처한 장소에 최적화될 때 가능하다. 그때 발현되는 유현(幽玄)의 미를 전라도에서는 '귄'이라고 일컫는다.

9. 미시·거시

양자

　미래의 일상에서 가장 크게 영향을 끼칠 것으로 '웨어러블컴퓨터'를 꼽는 이가 많다. 이 말을 우리말로 옮기면 '의류PC' 혹은 입는 컴퓨터가 된다. 미국의 군사훈련용으로 개발되기 시작하여, 점점 일상생활은 물론, 패션·이동 통신기기 및 디지털 제품에까지 그 영역을 넓히고 있다. 컴퓨터 기술뿐만 아니라 기계, 물리, 의류(첨단 소재, 디자인, 패션), 감성공학, 심리 등의 여러 분야와 서로 밀접하게 연동하여 연구해야만 성공할 수 있는 미래의 컴퓨팅 기술이다. 미래 일상생활에 필요한 각종 디지털 장치와 기능을 의복 내에 통합시킨 신종 차세대 의류인 '스마트의류'도 웨어러블컴퓨터와 일맥상통한다.(다음백과)

　웨어러블컴퓨터가 가능하기 위해서는 이것들에서 발생하는 정보와 개인들이 요구하는 정보의 소통이 가능한 공간과 처리능력이 필요하다. '슈퍼컴퓨터'는 상상을 불허하는 처리 속도를 과시했다. 2016년 세계 슈퍼컴퓨터 1위에 오른 것은 중국의 '천하(天河)'였다. 이 컴퓨터의 처리 속도는 1초에 3경 3864조 회에 이른다. 코어의 숫자가 1064만 개에 달한다고 한다.

　최근 들어 세계 컴퓨터 산업을 선도하는 이들이 개발하고 있는 것은 '양자컴퓨터'다. 아직 실용화 단계에 들어서지 않았지만 그 가능성은 충분히 인정받고 있다. 슈퍼컴퓨터와 양자컴퓨터의 근본적인 차이는 연결 방식에 있다. 슈퍼컴퓨터는 직렬연결이다. 어마어마한 수의 CPU를 장착해서 빛을 능가하는 처리 속도를 낸다. 반면 양자컴퓨터는 병렬연결이다. 속도의 문제가 아니라 다양성의 문제다. 100가지 일을 처리하는 데 1초가 주어진다면 슈퍼컴퓨터는 하나씩 차례대로 100가지 일을 1초 안에 처리한다. 반면 양자컴퓨터는 100가지 일을 동시에 1초 안에 처리한다. 여러 가지 일을 동시에 처리할 수 있을 뿐만 아니라 하나의 일을 100가지로 처리할 수 있다는 점에서 그 위상성의 확장 가능성은 무한하다고 할 수 있다.

중심성이라는 개념이 전체성이라는 개념을 대체한다. 중심성은 전체성을 다른 자리로 이동시키고 상대화하며 변증법화한다. 모든 중심성은 형성되었다가 분산되고 해체되며 폭발한다. 즉 포화 상태가 되었다가 손실되며 공격을 받는다. 그렇기 때문에 '실재적인 것'의 고착을 방지할 수 있으며, '실재적인 것'은 끊임없이 결집한다. 이로써 반복과 차이, 시간과 병렬이 끼어들 여지가 만들어지는 일반적인 형상(중심과 탈중심)이 도입된다.

— 앙리 르페브르, 2011, 563

양자적이라는 것은 병렬성, 동시성, 예측 불가능성을 속성으로 한다. 예측 불가능성을 최소화하는 것은 병렬적 처리 방식으로 해결해야 할 수 있는 문제다. 인지과학은 다층적인 연결 방식을 우선한다. 컴퓨터가 기호를 처리하는 과정은 인간의 정신 활동과 마찬가지라고 이해한다. 다양한 정보들의 계산과 그 과정, 그리고 그 알고리듬의 통합체계가 정신이라고 본다. 정신 활동은 의식의 과정보다는 인지의 과정에 가깝다. "이를 설명하기 위해 철학, 심리학, 인공지능, 신경 과학, 언어학, 인류학 등 학제간의 연구가 동원된다. 이것은 정신의 이상 상황을 치료하는 중요한 성과를 남겼다."(서요성, 2009, 336)

> 이쪽에는 흠집 없는 유리가 있고 저쪽에는 깨진 유리나 거울이 있는 것이 아니듯이, 한쪽에는 총체적인 공간(인지된 공간), 다른 쪽에는 파편화된 공간(체험된 공간)이 있는 것이 아니다. 공간은 전체적인 동시에 깨져 있고, 총체적인 동시에 분쇄되어 있다. 마찬가지로 공간은 동시에 인지되고, 지각되고, 체험된다.
>
> — 앙리 르페브르, 2011, 507

인지되고, 지각되고, 체험되는 것은 동시적으로 이루어질 때 최대치의 효과를 발할 수 있다. 이러한 공간을 상상할 때 가장 근접하는 것은 뫼비우스의 띠에 의해 셋으로 나뉜 하나의 공간이다. '∞'는 기호 안에 두 개의 공간이 있고 기호 바깥에 하나의 공간이 있다. 표면적으로 보면 세 개의 공간이지만 사실은 하나의 공간으로 이어져 있다.

동양의 태극 문양 역시 마찬가지다. 음의 가운데의 공간과 양의 가운데 공간은 나뉜 것처럼 보이지만 전체와 하나를 이루고 있는 공간이다. 뫼비우스의 띠를 입체화한 것이 태극이라고 보면 무방할 것이다. 내가 바깥을 달릴 때 세계를 체험한다. 안쪽으로 변곡하면서 나는 '인지의 과정'을 거친다. 그리고 안쪽 공간을 지각하면서 달린다. 그리고 다시 바깥으로 변곡하면서 '인식의 과정'을 거친다. 이러한 체험의 입체화 과정은 따로이지만, 하나의 공간이라는 공통영역에서 이루어진다.

미적인 것의 동시성은 어떤 것인가? 그리고 미적 존재에 속하는 시간성이란 또 어떤 것인가? 우리는 미적 존재의 이러한 동시성와 현재성을 일반적으로 미적 존재의 무시간성이라고 부른다. 그러나 이러한 무시간성과, 이 무시간성이 본질적으로 짝을 이루는 시간성을 함께 생각하는 것이 [우리의] 과제이다. 무시간성은 우선 시간성에 기초하면서 시간성에 대립하는, 일종의 변증법적 규정 이외에 다른 것이 아니다.

— 한스 게오르크 가다머, 2011, 219~20

미적인 것이 주는 최고의 환희가 '주이상스'라고 라캉은 말한다. 라캉의 정신 모델을 대신하는 말이 '상상계, 상징계, 실재계'다. 이것을 시간지형 모델로 펼치면 '영유아–소년, 청년, 장년, 노년기–죽음'으로 단순화할 수 있다. 여기에서 간과하는 모델이 공간지형 모델이다. 지금여기라는 상징계를 살고 있는 '나'에게는 아기의 마음(상상)과 죽음(실재)도 동시에 내재되어 있다. 다만 다른 것은 죽음은 살아 있고, 상상은 얼마든지 언어화가 가능하다는 것이다.

상징계는 언어로 촘촘하게 짜이고, 의미로 꼼꼼하게 채워져 있다. 또한 다양한 스펙터클이 시선을 끊임없이 분산시킨다. 특별하게 미적인 것과 조우하는 순간 우리는 상상계에서 얻은 동력을 발판 삼아 도약할 수 있다. 이 도약으로 살아 있는 죽음인 실재계에 당도해 '주이상스'를 얻고자 한다. 주이상스는 '죽어도 좋아!'와 같은 언어적 해명과 크게 다르지 않다. 그러나 아무리 힘찬 도약이라도 상징계에서 거의 막히고 만다.

현재는 언어로 촘촘하게 짜인 우리 삶의 장소다. 동시성은 현재성을 가로로 감싼다. 가로의 죽음이라는 실재계와 세로로 감싸고 있는 주이상스라는 실재계를 동시에 발현할 때 우리는 입체적인 주이상스를 누릴 수 있다. 무시간성은 '동시성과 현재성'의 변증법적 입체화 과정을 통해 구현할 수 있다. 입체화 과정은 온전히 생활세계에 바쳐져야 한다. 동시적 실현 가능성, 선택과 비선택, 삶과 죽음을 함께 살기, 삶과 죽음을 함께 죽이기 등 다양한 위상으로 펼쳐진다. 양자적 상상력 측면에서 삶의 주이상스는 죽음의 주이상스와 병렬할 수 있다.

비생명

위상학적 사유의 바탕에는 '양자적 상상력'이 자리한다. 양자세계에서는 유기물과 무기물의 구분이 사실상 무의미하다. 유기물과 무기물이 차이는 구조적인 차이가 아니다. 운동 즉 진동의 차이다. 진동이 다르다는 것은 서로가 품고, 풀어내는 공간이 다르다는 것을 의미한다.

똑같은 모양과 움직임을 갖춘 생명체와 기계가 있다고 가정을 한다.(물론 이것은 더 이상 가정에 그치지 않는 시대에 거의 도달한 것 같다.) 이 둘은 앞서 말한 대로 양자적 차원의 구조는 다르지 않다. 그렇다면 둘은 어떤 차이로 생명체와 기계로 구분되는 것인가? 무기적 자연, 유기적 자연에서 대칭 쌍방향성 또는 이원성, 오른쪽 또는 왼쪽, 상하·전후, 반사, 메아리, 반전 대칭의 존재는 좌·우 대칭의 몸의 외부적 특성을 반영하지만, 대칭이 순순한 수학적 용어들로 표현 가능하지 않다.

몸과 에너지의 배치는 자연스러운 움직임을 따른다. 몸은 공간의 법칙에 따라 공간을 생산하고 스스로 공간을 만든다. 이는 미립자나 행성, 결정체나 전기장, 세포분열, 조개 또는 건축 형태 등에 공통적으로 적용된다. 이것이 추상성에서 구체성으로의 이동 경로다. 이는 양자 간의 상호적인 내재성을 보여 준다는 점에서 매우 중요하다.(앙리 르페브르, 2011, 265~6) 마음과 에너지의 관계는 구체성에서 추상성의 이동 경로를 통해 탐색할 수 있다.

유클리드기하학의 도형은 자연세계에서는 구현되지 않는다. 자연은 '흐름' 즉 움직임을 담고 있기 때문에 고정되지 않는다. 몸과 에너지의 배치, 생성되는 마음과 몸, 무기적 생명 구조와 유기적 비생명 구조는 서로의 이면을 이룬다. 그리고 두 면은 한 번의 변곡을 통해 뫼비우스의 띠와 같이 연결되는 구조로 상상할 수 있다. 양자역학에서 말하는 바와 같이 둘은 공전을 거듭하고 있다. 어떤 순간에 관찰되느냐에 따라 '유기적 비생명 구조'가 드러날 수도 있고, 무기적 생명 구조가 드러날 수도 있다. 이때 우리는 앙리 르페브르의 '기발한 위상학'을 풍성하게 확장해 볼 수 있다.

생명체는 '주체'인 동시에 '대상'이다. 모든 생명체는 자신을 자기로 인식한다. 인식하는 자아와 인식되는 주체, 혹은 인식의 주체, 주체의 인식, 인식의 대상, 대상의 인식이라는 이중적인 아포리즘이 발생한다. 따라서 개념의 분리는 불가능하다. 개념은 로고스 제일주의에 기초한다. 진실한 공간으로서 몸, 정신적인 것과 사회적인 것을 체험하는 육체, 인지된 것을 인식하는 의식, 주체와 대상 등 환원 가능성을 높임으로써 의미의 지평과 위상을 확장·심화한다. 이 움직임을 통해 의미의 역동성을 더한다. 그런데 이것은 모두 "소용없는 짓이었다!"고 르페브르는 말한다.

> 추상 공간성과 실천적 공간성은 멀찍감치 떨어져서, 시각의 계곡 안에서 서로를 바라볼 뿐이었다. 반면, 헤겔 철학에 의해서 지위가 급상승한 국가이성 속에서, 지식과 권력은 견고하게 결합했으며 정당화되었다. 욕망의 주관주의와 재현의 객관주의는 이 같은 결합을 존중했으며, 어떠한 경우에도 로고스는 건드리지 않았다……
>
> ― 앙리 르페브르, 2011, 573

시각의 두 계곡에서 우리는 비껴 바라보기를 과감하게 실행할 수 있어야 한다. 그래야 데칼코마니가 아니라 뫼비우스의 띠, 태극의 입체화를 이뤄 낼 수 있다. 자신과 자신의 공간과의 관계에 있어서 생명체는 두 가지 유형의 에너지, 즉 미세 에너지와 대량 에너지를 사용한다.

미세 에너지와 대량 에너지는 분리되지 않는다. 생명체는 엄청난 양의 에너지를 저장할 수 있다. 이를 폭발적으로 사용할 수 있는 기관들과 아주 미약한 자극, 즉 에너지를 거의 소모하지 않으면서 정보를 받아들이는 기관을 결합한다. 이 결합은 유기적이거나 무기적 곧 구조적이라기보다는 흐름에 의해서 이루어진다. 흐름 속에서 생명체는 정보 기계(뇌)도, 욕망하는 기계(성기)도, 죽이는 기계(입)도, 생산·소비하는 기계(손)도 아니며, 이것들을 모두 포함한다고 르페브르는 말한다.(앙리 르페브르, 2011, 275~6) 슬픔이나 기쁨, 사랑이나 미움은 정보나, 욕망이나, 죽음이나 생산·소비가 아니고 다만 흔들림, 곧 진동의 강밀도일 뿐이다.

비존재

우리가 법칙이라고 믿었던 것들이 예외가 있을 수 있다는 것을 상대성이론은 알게 해 주었다. 더 나아가 이들 법칙이 어쩌면 예외일 수도 있다는 대전환의 환원으로 이끌어 간다. 대표적인 것이 아보가드로의 '질량보존의법칙'이다. 무게와 질량은 연관되어 있지만 같은 것은 아니다. 중력은 장소에 따라 변한다. 사물의 무게는 특정하는 위치에 따라 달라진다. 그러나 질량은 특정 장소와 상관없이 절대적으로 변함이 없다. 무게는 근본적으로 지구의 중력에 의해서 물체가 받는 힘이다. 지구에서의 무게와 달에서의 무게는 다르다. 그러나 질량은 정상적인 상황이라면 위치에 관계없이 일정하다. 그런데 아인슈타인은 1905년 특수상대성이론에서 상황에 따라 물체의 질량이 바뀐다는 것을 밝힌다. 그는 물체의 질량은 에너지에 따라 상호변화한다고 본다. 광속에 가까워지는 초고속의 상태에서는 질량이 미세하게 증가한다.

지구의 생활세계에만 국한하면 뉴턴의 운동이론은 법칙이라고 할 만하다. 그러나 우주나 양자의 세계에서 뉴턴의 이론은 전혀 맞지 않는다. 양성자는 원자핵을 구성하는 소립자 중 하나다. 우주에서 가장 많은 량을 차지하는 수소원자는 양성자(양전하) 하나와 음전자(음전하) 하나로 구성되어 있다. 반면 탄소원자는 여섯 개의 양성자가 원자핵을 이루고, 여섯 개의 음전하가 원자의 경계를 경비하듯이 상상을 초월하는 속도로 예측할 수 없는 방향으로 움직이고 있다.

후설에게 주의란 지각이 의지와 구별되는 것과 같이 다른 것들로부터 구별되는 작용이 아니다. 모든 작용들의 가능한 방식이 '주의'다. 주의는 지향성을 변형하거나 창조하는 것은 아니다. 주의는 지향성의 '주관적 변형'이다. 각 지향성의 내부에서 자아가 그 대상과 관계하는 방식을 나름대로 드러낸다.

> 주의작용에서 자아는 활동적으로 살아가고, 어떤 점에서는 자발적이고 자유롭다. 주의를 결여한 작용에서, 잠재적인 영역에서, 자아는 주어진 사물들에 직접적으로 몰두하지는 않는다. 자아는 능동적이면서 자발적으로 대상을 향해 있는 것이 아니다. 여기서 "자아는 자발적으로 살고", "자아가 존재한다, 또는 존재하지 않는다, 자아의 대상과 더불어 일한다"와 같은 규정은, 이미 지향성의 영역 내에 존재하는 하나의 기술적 의미만을 가진다는 점을 언급하자.
>
> — 엠마누엘 레비나스, 2014, 98

양자성은 물질로 존재하는 것이 아니라 움직임(관찰)으로 존재하는 성질을 말한다. 그 움직임은 예측할 수 없다는 일관성만을 갖는다. '무(無)의 양자성, 전자, 양성자, 중성자, 원자와 분자를 이루는 다른 원자 구성입자들의 운동을 다루는 가장 강력한 흐름과 상상력의 학문이 양자역학이다. 여기에는 인간의 마음과 똑같은 속성들이 작동하고 있다. 가령 불확정성은 원자핵의 주의력이 최고치를 차지한다. 우리의 지향성도 그에 못지않다. 예측 불가능성은 전자의 방향, 운동 방향에서 최대치가 된다. 우리의 지각, 감각의 활성화가 전자 못지않은 예측 불가능성을 지닌다. 양자적 삶은 지향성을 갖되, 기존의 궤도를 무력화한다. 우리 삶은 기존의 모든 삶의 궤도들을 무력화함으로써 새로운 삶을 지향하고 발생토록 한다.

> 그 가운데 있는, 그러나 무관심한 관찰자의 태도를 취하는 심리학자에게는 모든 지향적 삶 – 모든 주체와 모든 특수한 주체들의 공동체 자체가 살아가는 삶 – 즉 모든 [의식]작용의 수혜들, 지각하고 그 밖의 다른 방식으로 경험하는 행동, 변화하는 존재의 사념, 의지의 사념 등이 주제적으로 접근될 수 있다.
>
> – 에드문트 후설, 2016, 416

'존재, 의지'는 주의 즉 핵의 것이고, 사념(斜念)은 전자의 몫이다. 현상학은 의도와 상관없이 양자적 상상력을 반영하고 하고 있다고 할 만하다. 현상학적 환원(전자의 역할), 본질직관, 판단중지, 영혼의 양자성에 대해 묻는 물음들이 계속적으로 제기된다. 현상학은 기존의 제도화된 규범들에 대해 원초적인 물음을 제기함으로서 다채로운 환원을 유도한다.

현상학은 예로부터 내려온 과학적 체계, 수학적 자연과학이 추구하는 이론적 형식의 객관주의적 이상으로부터 우리를 벗어나게 한다. 물리학과 유사한 것일 수 있는 영혼에 관한 존재론의 이념으로부터 우리를 자유롭게 해 준다. 오직 현상학적 환원을 통해서만 경험할 수 있고 인식할 수 있는 것으로서 '선험적인 것'에 대해 맹목적이 되어야만 우

리 시대에 물리학주의가 부활할 수 있다.(후설, 2016, 449)

최근에 의식이 물질에 앞선다고 믿는 포스트 물리주의가 활발하게 전개되고 있다. 후설은 영혼을 탐색하는 물리학이 가능하게 될 것이라는 데까지는 상상이 미치지 못했을 것이다. 유럽 학문의 위기에 대한 후설의 진단은 적확했을지도 모른다. 그런데 진단에 따른 처방은 21세기의 혁명적인 변화를 상상하기 못한 채 전통적인 것에 머물러 있다.

사물들에 관한 감각, 지각, 표상 또는 무엇인가에 대한 믿음, 무엇을 요구함과 같은 것이 필요하며 매우 불가피하다. 그러나 지각들, 즉 의식의 체험들 자체에는 그 속에서 의식된 것 그 자체가 놓여 있다는 점, 지각은 그 자체에서 무엇인가에 관한 지각, 예를 들면 '이 나무'에 관한 지각이라는 점이 고려되지 않은 채 남아 있다.

— 에드문트 후설, 2016, 187

외부감각과 내부감각의 구분이 명확한 자리에서는 현실의 나무와 나무의 이미지가 역동적으로 관계하기 어렵다. 감각 자료에 의한 감각론은 수백 년 동안 심리학과 인식론을 지배했다. 이에 반해서 심리적 원자론이 새롭게 제기되고 있다. 감각론과 원자론은 제각각 근본적 의미를 생성하거나 변화시키는 데는 별로 관심이 없다. 둘은 저마다의 지향점에 의해 진영으로 나누어져 있다. 최근에 등장하는 심리적 양자론이 감각 자료와 원자론을 가장 깊은 곳에서 이을 수 있는 통로를 찾게 되길 바란다. 이 길을 통해 감각 자료와 원자론의 내밀한 소통이 가능하게 될 것이다.

빔

원자로 이루어진 우리의 몸은 99%가 비어 있다. 산소원자의 예를 들어 본다. 사과를 1억 배 확대하면 지구만큼 커진다. 물을 지름 1cm의 수소 원자에 지름 0.5cm 산소 원자가 붙어 있는 모습을 볼 수 있다. 수소 원자의 가운데에는 핵이 자리한다. 이 핵은 실체로서 자리한다기보다는 원자의 중심을 잡아 주는 역할을 한다. 핵이 자리를 잡고 그 주위에 전자가 나타나는 것인지, 전자의 움직임에 의해서 중심이 잡히는 것인지 선후를 분간할 수 없다.

이 핵을 축구장 크기로 확장을 해 여의도에 자리 잡게 하면 전자는 사과만큼 커져서 수원쯤의 거리를 반지름으로 삼아 예측 불가능한 움직임으로 원자의 경계를 표시한다. 여의도와 수원을 반지름으로 그려진 구체는 한가운데 점을 하나 가진 풍선과 같이 절대적인 무가 자리한다. 또한 축구장도 사과도 99.9%가 절대적 무의 공간으로 이루어져 있다. 절대 무에 가까운 無로 이룬 無의 공간이 인간의 몸이다. '리만'은 기하학을 양자역학의 측면에서 접근한다.

> 감각기관에 의존한 직관을 모두 털어 버린 자신의 기하학에서, 리만은 기하학을 보는 시선을 단지 지성인의 시각에서만이 아닌, 즉 기하학을 지성인의 내부세계에만 존재하는 기하학으로 보는 것에서 해방시켜, 인간이 흔히 사용하는 기준으로는 제대로 파악되지 않은 양자역학에 적용될 기하학으로 제시한다.
>
> - 페터 보른 슐레겔, 2010, 199

지구라는 행성에서는 뉴턴의 운동법칙이 '법칙'처럼 잘 적용된다. 시간과 공간은 명확히 분리되어 있다. 시간과 공간이 구분되지 않고 하나인 시공간은 우주다. 공간이 휘면 시간도 휘고, 시간이 늘어지면 공간도 늘어진다. 시간과 공간이 지워진 공간은 양자의 세계다.

대상에 대한 새로운 인식은 혁명적인 성찰에 의해 이루어졌다. 그것을 구체화하고 있는 것이 위상학이다. 사물들을 완전히 다른 방식으로 현현하게 하는 사고가 적용되기에 이른다. 동시에 그 사고는 위상학이 사용하는 표상세계의 기이한 면을 취한다. 사물의 경계면이 사물의 운동이 제한되는 영역들로 특징지어지는 곳에서, 그리고 경계면과 연결된 대상은 고착 상태에 머물러 있을 수 없다는 사실이 도출된다.

뉴턴의 '점' 개념은 단지 최후의 정지 상태가 아니라, 어떤 순간의 상태가 다른 순간의 상태로 변화해 갈 때의 운동 상태를 나타내는 개념이다. 직선은 점 하나가 또 다른 점을 낳으면서 성장해 가는 것과 동일시될 수 있으며, 물체는 면이 성장해 가는 것과 동일시될 수 있다. 운동이란 서로 복잡하게 맞물려 돌아가는 움직임이 만들어 내는 추가된/변화된 운동을 일으킨다. 이렇게 보면 선, 면, 그리고 체(體)들은 번역이 가능하다.(페테 보른 슐뢰겔, 2010, 208~9)

뉴턴의 극한 계산으로 유클리드기하학은 완성되었다. 우리가 감각할 수 있는 세계는 이로써 해명된 것이나 마찬가지다. 우리의 관심은 보이는 세계에서 보이지 않는 세계로 전환할 수 있게 되었다. 하나의 시선은 망원으로서 우주를 향하고, 또 하나의 시선은 '현미'로서 사물의 내부를 향한다. 뉴턴의 극한 계산이 사물의 외부 경계에 관한 것이라면 양자적 상상력은 사물의 내부 경계를 그려 내고자 한다. 그러나 이것은 보이지 않는 세계이기 때문에 상상력에 기댈 수밖에 없다. 인문학적 상상력이 충분히 빛을 발할 수 있는 대목이다.

인간은 이 지상에 소속된 존재다. 이 말은 인간이 상속자일 뿐더러 온갖 사물을 배워 익혔다는 뜻이 된다. 하지만 사물은 분열 대립되어 있다. 사물을 대립된 가운데서 분열시킴으로써 아울러 통일시키는 행위를 휠더

린은 〈친밀(Innigkeit)〉이라고 부르고 있다. 이 〈친밀〉을 되찾는다 함은 어떻게 증명할 것인가. 세계를 창조하고 발전시킬 때와 마찬가지로 세계가 파괴되고 몰락되는 모습을 보면 알 수 있다. 인간존재를 본래대로 실현시키는 행위는 결단의 자유가 있을 때 일어난다. 결단이라 함은 필연을 붙잡아서 지상명령에 스스로 얽매인다는 뜻이 된다. 존재 전체에 소속되어 있다고 증언하면서 활동하는 것이 역사라는 것이다. 하지만 역사가 가능하게 하기 위해서 인간은 언어를 간직하고 있다.

— 마틴 하이데거, 1983, 60

성향의 친밀이나, 역사의 친밀, 혹은 DNA의 친밀과 같은 것은 시간적 퇴적을 통해 형성되는 외적 친밀에 해당한다. 양자적 친밀은 순간적인 결속과 순간적인 파괴가 가능한 친밀이다. 결속과 파괴는 거의 동시적으로 일어나며, 관찰하는 순간에 의해 결속과 파괴는 결정된다. 파괴는 결속을 위한 것이 되고, 결속은 또한 파괴를 위한 것이기도 하다.

통약 불가능성

시간적 경험은 위계에 의해 자리매김하는 경우가 많다. 누구의 경험이 더 가치 있는가를 따진다. '가장 돌아가고 싶은 시절은?'이라고 묻는 물음은 개인의 시간적 경험을 위계화하는 한 예라고 할 수 있다. 다른 사람의 경험들에 순위를 매기는 것도 가능하다. 가령 중학 시절은 누가 더 흥미롭게 보냈는지 내기가 가능하다. 물론 그것은 경험의 가치보다는 이야기하기의 가치, 곧 스토리텔링의 효과와 연관된 평가라는 데 이의를 제기하기 어려울 것이다.

시간의 경험이 그러하듯이 지리적 경험은 경험 주체마다 다르다. 지리적 경험 역시 시간을 바탕으로 이루어진다. 시간의 경험이 곧 지리의 경험이고 지리의 경험이 곧 시간의 경험이라고 해도 크게 다르지 않을 것이다. 시간은 전제가 되는 것이기 때문에 의미는 공간적인 경험에 집중해 발생한다.

지리적 경험은 경험 '위치'에 따라서 천양지차가 날 수 있다. '위치'는 시간 위치, 공간 위치, 인간 위치를 모두 포괄한다. 따라서 한 개인이라고 해도 동일한 공간에 대한 경험은 매번 달라질 수밖에 없다. 장소의 위치감은 그것을 대하는 사람마다 다르게 느낄 수 있다. 그렇게 달라진 느낌(분위기)을 통해 우리는 매번 다른 위치로 나아갈 수 있다.

물론 GPS와 같은 수치는 지구에서 위도와 경도를 거의 정확하게 알려 준다. 그러나 대기의 분위기와 땅의 기운은 움직이고 흐르기 때문에 GPS를 사용하더라도 감각하는 위치는 매번 다를 수밖에 없다. 주변의 환경이 끊임없이 변하기 때문에 보이는 해나 달, 구름과 더불어 그 장소도 흐른다. 바람, 습도, 분위기는 단 한순간도 같지 않다.

지리적 경험은 '위치'라는 양상 하에서 파악될 수 있는 세계이다. 이를 통해 억류된 상태에서 궁극적인 실재를 인식할 수 있을 것이다. 이것은 곧 지리적 경험이 다른 경험의 양상과는 구별되는 독자적인 세계를 갖고 있음을 의미한다. 다른 양상과 통약불가능한 지리적 경험은 곧 하나의 교과서로서 정당성을 부여받을 수 있다.

— 박승규, 2010, 707

지리적 경험의 위치는 '노드' 혹은 '노둣돌'처럼 여기저기 불규칙하게 놓이게 된다. 지리적 경험은 언제나 다르기 때문에 노드의 위치는 매번 위상을 달리한다. 그리고 이것을 연결하여 그려지고, 엮어지는 이미지, 스토리 역시 제각각이다. 이미지나 스토리에 위계적으로 접근하면 우리는 장소의 신화나 전설에 얽매이게 된다. 반면 위상적으로 접근하면 누구나 이야기의 주체로서 자신만의 장소를 그릴 수 있게 된다.

> 장소들은 사실 다른 장소들 안에 영소함으로서 위치를 가지며 이는 특정한 견지에서 동시에 하나의 좌표체계를 구체화할 필요 없이 하나의 위치를 구체화할 수 있음을 의미한다. 결론적으로, 장소에 기반을 둔 위치체계는 추상적 좌표들의 일단이 아니라 하나의 장소를 참고함으로서 위치를 정할 수 있는 체계이다.
>
> — 제프 말파스, 2014, 133

다른 장소를 포함한 장소는 '공간'이라는 말로 흔히 쓴다. 집을 품고 있는 집터, 2층 침대를 품고 있는 방, 침대 매트를 품고 있는 2층 침대가 품고 있는 것은 공간이 되고, 안겨 있는 것은 영소(靈巢)가 된다. 2층 침대가 품고 있는 아이, 그 아이가 품고 있는 마음 혹은 영혼은 또한 세상 모든 사물들의 영소가 된다.

그래서 우리가 구체화할 것은 좌표가 아니라 위치다. 우리가 저마다의 위치를 가늠할 때 먼저 꺼내 드는 것은 이야기다. 저마다의 무수한 이야기들이 하나의 장소에서 흐를 때 그 반복과 차이를 통해 그려지는 하나의 움직이는 선들이 '플롯'이고, 장소의 '스타일'을 형성한다. 이것들은 모두 상대적으로 자리하면서 상호주관성에 바탕을 두고 의미(이야기)를 형성한다. 의미를 형성하는 작용 전체가 '장소'인 셈이다.

불확정성

장소는 한자로 '場所'라고 쓴다. 場은 지평을 가진 마당을 가리킨다. 원심적인 힘이 작용하며 변화무쌍함으로 표상한다. 所는 지정된 곳을 가리킨다. 장(場)이 지평이라면 소(所)는 좌표를 나타낸다. 장소는 지리적 공간을 바탕으로 이루어진다. 지리적 공간은 객관적이거나 중립적이지 않다. 지리(地理)는 사물보다는 사람, 사람들의 삶, 공동체의 이야기로 가득 차 있다.

"지리적 공간이란 본질적으로 인간에게 영향을 미치는 어떤 구체적인 상황 속에서 성립되는 것"이라고 다렉은 주장한다. 눈앞에 펼쳐진 경관은 색깔, 깊이, 밀도, 입체성을 가진다. 그리고 그것은 언어적으로 연상과 상징도 가지고 있다. 또한 경험의 가능성을 제공하며 동시에 경험을 한정하기도 한다. 지리적 공간은 질서 정연하게 배열하거나 없애 버릴 수도 있는 중립적인 공간이 아니다. 오히려 항상 인간의 어떤 과업이나 생활 경험에 따라서 의미를 가진다.(에드워드 랠프, 2005, 55)

보이는 생활세계에서 가장 높이 자리하고 있는 경계는 해와 달과 별이 맺히는 천경(天境)이다. 상상할 수 없는 거리에 있는 해와 달과 별이 모두 이웃처럼 천경에 자리한다. 그리고 가장 깊은 곳에 자리하고 있는 경계가 심경(心境)이다. 심경에 별처럼 구름처럼 떠 있는 것이 심상이다. 그리고 지리(地理)가 흐르는 지경(地境)에 인간은 거처를 마련하고 산다. 천경과 지경 사이에 떠서 흐르는 것이 구름이다. 심경과 인간의 몸 사이에 떠서 흐르는 것이 심상이미지다.

천경과 심경과 지경의 상호주관적 작용을 통해 형성되는 최초의 장소가 개별자들의 몸이다. 지리적 공간이 성립하는 '어떤' 구체적인 상황이라는 말에서 우리는 '어떤'에 대한 적극적인 해명이 필요하다. '생활 경험'은 몸에서 시작한다.

장소의 의미는 물리적 환경과 사물, 인간 활동에 뿌리내리고 있을 것이다. 하지만 그런 것들이 장소 의미의 속성은 아니다. 오히려 장소의 의미는 인간의 의도와 경험을 속성으로 한다. 의미는 변화할 수 있으며, 한 대상에서 다른 대상으로 옮길 수 있다. 그리고 의미는 복합성·모호성·명확성 등 자신의 성질을 가지고 있다.

— 에드워드 랠프, 2005, 113

사물들은 저마다 하나의 장소다. 대상을 다른 대상과 연결하면서 새로운 장소를 개시한다. 개시된 장소는 또 다른 층위에 장소들과 연결되면서 다른 층위의 장소로 열린다. 지구촌 역시 하나의 장소로서 다른 행성과 연결돼 태양계라는 장소를 개시한다. 장소는 눈에 보이는 것들이 품고 있는(열고 있는, 의미하고 있는) 보이지 않는 것들에 의해 개시한다. 장소는 보이거나 감각되어지는 것이 아니다. 지각되어지는 것도 아니다. 직관적으로 느끼는 것이다. 이것이 새로운 객관성 곧 위상적 객관성이다.

장소감은 이중적인 지향을 지닌다. 그것이 공간을 지향할 때는 진정하고 순수한 것을 향한다. 반면 시간을 지향할 때는 진정하지 못하고 작위적이거나 인위적일 수도 있다. 이러한 진정성과 비진정성은 서로의 이면을 이룸으로써 장소감을 증폭한다. 장소감은 "다양한 표현 형태로 오랫동안 통용된 개념이었다. 특히, 기존의 용어 가운데 '진실성(sincerity)'이 진정성에 매우 가깝다."(에드워드 랠프, 2005, 145) 장소감의 진실성은 공간의 사실성과 시간의 본래성 사이에서 진동하면서 다양한 무늬를 담아낸다.

사물 존재가 사실적인 것을 지향한다면 장소는 진실성의 영역을 연다. 공간을 특별한 장소를 만드는 일상적인 일은 '집짓기'다. 공간을 공간으로부터 분리함으로써 특별한 이야기를 담을 수 있는 장소로 거듭나게 한다. '짓다'는 공간 만들기, 장소 만들기의 다른 이름(서술어)이다. 옷감을 짓다, 밥을 짓다, 죄를 짓다, 짝을 짓다, 글을 짓다는 등의 표현은 특별한 진실성에 관한 것, 진정성(사랑)에 관한 것이다.

무위(無爲)는 자연이고 진정성이며 무의도적인 것이다. 인위는 인문이고, 비진정성이고, 작위이며 의도적인 것이다. 장소가 지니는 진실성, 상징성은 무위와 인위의 상호주관적 관계 속에서 나온다. 이것은 객관과 주관의 상호작용이 아니라 새로운 객관성이고 새로운 주관성이다.

> 공간은 비어 있는 것이 아니라 인간의 의도와 상상, 그리고 공간 자체의 특성, 이 양쪽에서 비롯된 내용과 실체들로 채워져 있다. 이런 '실제적 공간(substantive space)'은 죽음의 공간인 사막의 공허이며, 얼어붙은 강둑의 동결된 공간이다.……그리고 그것은 폭풍 속의 황야 같은 음울한 공간이다. 그것은 또한 우리가 깊고 단단한 땅에서 경험할 수 있는 '대지로부터 생성된 공간'이기도 하다.
>
> — 에드워드 랠프, 2005, 44

보이지 않는다고 없는 것은 아니다. 나에게는 너무도 확실한 것이 다른 사람에게는 너무도 불확실하다. 사랑 같은 것이 대표적이다. 실체적인 공간은 가시성과 비가시성의 두 겹으로 겹쳐 있다. 이것은 공간을 지향하는 실재와 시간을 지향하는 실제에 각각 중첩됨으로써 모두 4겹의 장소를 개시하는 것이다. 장소의 불확실성은 증폭된 가능성의 다른 이름이다.

우리

우리는 '우리'라는 말을 지금보다 훨씬 더 입에 달고 살았다. 영어의 영향으로 'my'의 해석이 일상화되면서 그 의미의 결이 조금 얇아진 면이 없지 않다. 여전히 우리 집이라는 말이나 우리 식구라는 말을 쓴다.

우리 아내라는 말은 'My wife'라는 말에 밀려 많이 쓰지 않는다. '우리'를 소유격으로 쓰면 '당신과 나의 아내'라는 말이 된다. 우리 아내에서 '우리'는 '나의 아내'라는 의미보다는 공간성이 강하다. 소유격이 아니라 공통격 혹은 소통격이라고 할 만하다. 우리가 흔히 쓰는 '우리'는 공동체를 넘어서는 공동체성을 강하게 지향한다.

'우리'라는 말이 가장 크게 쓰인 경우가 '우리은하'일 것이다. 영어로는 'Milky Way Galaxy'라고 한다. 한자로는 '은하(銀河)'라고 쓴다. 고대 중국 천문학자는 은하(銀河)라고 했고, 고대 그리스·로마 천문학자는 우윳빛 길(Road of Milk, Via Lactea)이라고 불렀다. 우리가 밤하늘에서 보는 대부분의 별들은 우리은하의 것이다. 저 무수한 별들이 다 '우리'이다. 우리은하가 우주 전체라고 믿었던 것이 불과 100년 전이다. 우리은하의 이웃에 있는 은하가 안드로메다 성운이다. 우리는 천경에 우리은하의 별들을 품고 살아간다. 우주의 크기와 다를 바 없는 공간이 인간의 내면에 자리하고 있다고 한다. 별만큼 수없이 많고, 빛나는 언어의 별들이 자리를 잡고 이야기를 만드는 심경(心經)이 또 하나의 우주다.

사실 우리는 상상적인 대상은 비존재적인 것으로 또는 부재의 것으로, 또는 어딘가 다른 곳에 존재하는 것으로 존립할 수 있음을 또는 존재하는 것으로는 존립할 수 없음을 생각할 수 있다. 우리는 이 네 개의 명제들의 공통되는 성격으로 이들이 비록 그 정도에 있어서는 다르다 해도, 모두 부정(否定)의 총체적 범주를 포함하고 있다는 데 주목하고 있다. 그리하여 부정적[무화하는(nihilating)] 행위는 이미지를 구성하게 된다. 앞서 언급하였듯이, 사실에 있어 주제는 이미지에 덧붙여져 있는 것이 아니라 주제는 이미지의 가장 내밀한 구조인 것이다.

— 장·폴 사르트르, 1983, 76

이미지는 사물이 사라진 자리에 남아 있는 흔적이다. 그 흔적을 통해 내면으로 드는 통로가 열린다. 이미지는 사물을 초과하는 심상이 되어 별처럼 심경에 뜬다. 우리의 존재(주제)가 시간과 함께 흐른다는 것에 동의한다면, 단 한시도 한 차례도 같지 않다는 것에도 동의할 수 있을 것이다. 이미지가 별자리를 이룰 때, 내밀한 구조로서 이미지는 플롯을 이룬다. 별이 맺히는 천경과 심상이 맺히는 심경 사이에서 모든 존재는 진동하면서 흐른다.

내밀한 이미지는 우리의 내면에 있는 것 중에서 가장 강한 물질성을 띠고 있는 것이기도 하다. 이미지가 정신을 향해 추상을 지향하면 관념이 된다. 신체와 그 외부의 물질을 향하면 구체의 방향으로 나간다. 이미지는 관념으로 이루어진 사물, 사물로 이루어진 관념이라는 아포리즘 속에서 진동한다. 진동으로 인해 이미지가 중간쯤에 위치한다. 재현이나 표상 혹은 관념이라는 정신적 속성과 지각 가능한 물질성 속성에서 동시에 벗어난다. 그러면서 '이미지'란 이 두 속성을 동시에 지향하고 있는 것으로 파악할 수 있다. 이는 기본적으로 무에서 유가 생겨날 수 없다는 이치와 같다.(송종인 외, 2012, 149)

심상으로서 하나의 장소를 점하게 된 이미지가 현실에 반영되면 이전의 것과는 전혀 다른 장소성을 획득하게 된다. 내면의 심상과 외면의 이미지는 '둘'이 아니다. 그렇다고 하나도 아니다. 하나이면서 둘이고 둘이면서 하나다. 두 속성이 '중간에' 위치함으로써 가장 강력한 '장소의 통로'가 된다. 장소의 통로는 장소의 정신성과 장소의 물질성을 두 변으로 삼아 열린다. 이러한 맥락에서 랠프는 "장소는 의도적으로 정의된 사물 또는 사물이나 사건들의 집합에 대한 맥락이나 배경이다."고 말한다.

장소 그 자체로도 의도의 대상이 될 수 있다. 전자의 맥락에서 보면 모든 의식은 단지 무언가에 대한 의식일 뿐 아니라, 장소 내에 있는 무언가에 대한 의식이며 그런 장소들은 대개 사물들과 그 사물들의 의미의 측면에서 정의될 수 있다고 말할 수 있다.

— 에드워드 랠프, 2005, 103

장소는 그 자체로 사물 속성을 지닌다. 장소는 동일한 형태로 지속될 뿐만 아니라 연장을 가진다. 그런 장소들은 수행하는 역할과 기능에 따라, 다양한 경험과 해석에 따라 언제나 다르게 정의될 수 있다. 즉 장소는 동일한 형태로 지속되는 특징을 갖지만 단단한 프레임은 아니다. 이것은 유연한 양식 플롯, 플랫폼이다. 장소의 사물성, 장소의 사건성, 장소의 존재성은 모두 플롯으로서 공간, 시간, 인간을 요소로 삼아 다양한 장소를 창출한다.

제우스

그리스·로마 신화에서 시원적, 원초적 공간과 시간을 상징하는 신은 우라노스와 크로노스다. 우라노스는 절대 무의 공간을 표상한다. 모든 것들의 바탕이 되는 비존재의 존재다. 공간은 절대 무이고 무한이다. 그 크기나 끝을 짐작할 수 없다. 우라노스는 모든 존재, 우주까지도 배경, 바탕으로 삼는다. 모든 것은 이 공간을 바탕으로 삼아 드러난다. '공간'에 결부되어 있는 의미의 범위는 장소보다 비교할 수 없을 만큼 광범위하다. 그러나 선명성, 구체성에서는 비교할 수 없을 만큼 옅다. 의미의 진폭은 직접 주어지는 것이 아니라 독자의 심경에서 펼쳐지고 울려난다는 점에서 장소의 의미가 더 크고, 깊다고 할 수 있다. 공간의 물리적 영역은 부피, 크기, 형태, 길이, 폭, 높이, 거리와 위치 등 우리가 물리적 객체에 적용할 수 있는 개념들을 이해할 수 있는 영역이다. 이 영역의 이면에 자리한 비시간적인 물리적 범위의 영역을 지시하기 위해 채용하는 경우가 있다. 그러나 여전히 관념적인 영역에서 공간이라는 용어는 다양하게 쓰인다. 공간은 한계의 지점영역을 표시할 때 좀 더 근본적인 의미에 다가선다. '공간'은 그저 물리적일 수도 있고 그렇지 않을 수도 있는 '여지'나 범위를 의미하는 것으로 여겨질 수 있다.(제프 말파스, 2014, 37) 이 중성지대, 여지(餘地)에서 변곡이 이루어진다는 점에서 그 의미는 어느 때보다 크다.

동양의 시간관은 순환적(원환적) 시간관이다. 서양의 시간관은 직선적인 시간관이다. 직선적 시간관은 다시 둘로 나뉜다. 하나는 헤브라이즘의 시간관이고, 다른 하나는 헬레니즘 시간관이다. 전자는 기독교의 시간관으로 태초와 종말이 있는 선분적 시간관이다. 후자는 그리스·로마 신화에 기반한 시간관으로 시작과 끝이 없는 사선의 시간관이다.

헬레니즘적 시간은 각각 크로노스와 제우스가 담당한다. 하나는 확장하는 우주와 함께 과거로 영원히 뻗어 가는 시간이다. 다른 하나는 미래로 영원히 뻗어 가는 시간이다. 전자는 크로노스의 시간이고, 후자는 제우스의 시간이다.

우라노스는 가이아와 결합해 크로노스를 낳는다. 공간과 대지 (영원의 시간)사이에서 (흐르는)시간이 탄생한 것이다. 크로노스는 레아와 결합해 하데스, 포세이돈, 헤스티아, 데메테르, 헤라를 낳고 여섯째로 제우스를 낳았다. 크로노스는 신탁을 막기 위해 레아가 낳은 자신의 아이들을 태어나는 즉시 삼킨다. 레아는 배냇저고리에 돌을 넣고 싸매 크로노스에게 여섯째 아이라고 주었다. 제우스는 크레타섬의 깊은 동굴에서 숨어서 자랐다. 성장한 제우스는 크로노스가 삼킨 자신의 형제를 토해 내게 한다. 어머니에게서 첫째로 태어난 하데스가 막내로 나온다. 어머니에게서 막내로 태어난 제우스가 제일 큰형이 되는 시간의 역전이 발생한다. 과거의 시간과 미래의 시간이 나뉘는 중성의 시간성, 영도의 시간성이 마련된 것이다.

제우스의 시간은 크로노스와 토포스 즉 크로노스의 흐르는 시간과 가이아의 영원의 시간 결합으로서 크로노토포스라는 장소성을 지향한다. 우리가 어떤 장소에 가려는 의도를 가질 때, 그것은 시간을 떼어 놓고 생각할 수 없다. 시간이 결합된 공간은 장소로서 과거가 아닌 미래의 목표가 된다. 그 미래는 과거처럼 닫힌 상태가 아니라 열린 상태이다. 장소의 상태는 언제나 규정되지 않은 채 남겨짐으로서 다양한 가능성을 품게 된다.

> 미래는 무제한적 시간이 아니라 특별한 연도이며 그해의 특별한 계절이다. 미래에 대한, 역사적 시간에 대한 이러한 제한은 그 자체가 거리를 시간 단위로 측정하는 중요한 이유다. 어떤 장소에 있을 필요는 항상 어떤 시간에 거기에 있음을 의미한다.
>
> — 이푸 투안, 2007, 211

미래는 무제한적 시간이 아니다. 최대치의 가능성을 품고 있는 장소이다. 거대한 한 줄기 역사의 주인공을 꿈꾸었던 제국주의시대와 함께 제우스의 시간도 막을 내렸다고 할 수 있다. 제우스 시간의 빈자리에 호출할 수 있는 것이 '크로노토프'다. 어떤 시간과 공간 그리고 '있음'이라는 존재적 행위가 결합할 때, 크로노토프 곧 장소성은 다양한 위상에서 발현한다. 그리스·로마 신화는 순전히 '이야기'로 구성되어 있다. 제우스로부터 비롯한 시간의 정수에는 이야기성이 자리하고 있다고 해도 지나친 말은 아니다. 그 신화들에 의해 천경(天境)에 맺힌 별들이 이어져 별자리가 되었다. 장소성은 곧 이야기성이라고 할 수 있다.

크로노토프는 소설의 이야기를 구성하는 기본적인 사건들을 조직하는 중심이다. 크로노토프는 이야기의 마디가 맺어지고 풀어지는 곳이다. 이야기의 의미가 크로노토프에 속한다고 말해도 무리가 없을 것이다.

— 미하일 바흐친, 1997, 458

바흐친은 크로노토프를 통해 전통적으로 사용된 장르 개념의 해체를 시도한다. 장소로서 글의 종류는 독자들에게 어떤 효과를 유발하는가가 중요하지 운문이거나 산문이거나 혹은 길거나 짧거나 하는 것은 그리 중요하지 않다는 것이다. 문학예술에서 크로노토프는 품을 가진 시간, 흐르는 공간으로서의 변이를 가능케 한다. 장소성 미학의 핵심 어휘로 자리한다.

문학예술 속의 크로노프에서는 공간적 지표와 시간적 지표가 용의주도하게 짜인 구체적 전체로서 융합된다. 말하자면 시간은 부피가 생기고 살이 붙어 예술로서 가시화한다. 공간 또한 시간과 플롯과 역사의 움직임들로 채워진다. 이러한 움직임에 반응하면서 움직임 자체로 드러난다. 두 지표들 간의 융합과 축의 교차가 예술적 크로노토프를 특징짓는다.(미하일 바흐친, 1997, 261) 일상의 예술화, 미학화가 지향해야 하는 방향을 크로노토프에서 직감할 수 있다.

집

전화가 광범위하게 보급되면서 동시성은 급격하게 확장하였다. 며칠이 걸려야 전할 수 있던 소식을 거의 동시에 '마주 보는 것'처럼 주고받을 수 있게 된 것이다. 거리의 물질적 환산이 더 이상 시간으로 환원되지 않게 되었다.

시간적인 측면뿐만 아니라 공간적인 측면도 갖는 동시성이라는 경험은 광범위한 영향을 끼쳤다. 이는 새로운 통신 기술에 의해, 그리고 어디에나 있으면서 모든 걸 빨아들이는 카메라눈에 의해, 멀리 떨어져 있는 사람들이 순식간에 연결되었기 때문에 가능했다. 하지만 문화적 효과가 개인들의 현상세계에 한정되면서 경험이 공적으로나 집단적으로 구축되지 못했기 때문이다.

- 스티븐 컨, 2004, 327

지구적인 시·공간이 거의 단일한 것이 되자 사람들의 관심은 급격히 지구 밖으로 이동했다. 허블망원경 등의 설치는 우주에 대한 관심의 일대 전기를 마련한 사건이었다. 동양에서는 '우주(宇宙)'라고 써 왔다. 이것은 만유(萬有)라고도 쓴다. 흔히 이 두 글자는 집 우(宇), 집 주(宙)으로 풀이하는데 좀 더 자세하게 풀면 다음과 같다.

宇宙의 宇는 上下四方의 六合 공간 속에서 일월성신(日月星辰)이 오가는 공간을 뜻한다. 『淮南子』에 '四方上下爲之宇'라 하였다.
〈중략〉
宙는 일월성신이 왕래하며 생겨난 시간을 담고 있는 집(宀)으로 과거는 현재를 낳고 현재는 미래를 낳듯이 '시간의 변화 과정이 모여 있는 집'이라는 뜻이다. 『淮南子』에 "往古來今謂之宙"라 하였다.

- 이윤숙, 『종요의 대서사시 천자문 역해』, 경연학당, 50

우주(宇宙)를 그 뜻으로 풀어 이름하면 공간 집·시간 집인 셈이다. 이 말을 영어로 번역할 때는 주로 세 단어가 등장한다. 우주를 질서계의 의미에 중점을 두고서 번역할 때는 Universe를 쓴다. 균형·완전체의 의미를 강조할 때는 Cosmos가 등장한다. Space는 공간을 강조한 의미다. 아인슈타인의 상대성이론은 공간과 시간을 별개로 보지 않는다. 아인슈타인에게 우주는 Time and Space가 아니라 Timespace-Spacetime이다. 아인슈타인의 우주가 바로 동양에서 오랫동안 써 온 공·시간의 '宇宙'다. 이 우주를 텍스트에 재현할 때 우리는 바흐친의 Corns-topos를 즉 크로노토프를 호출하게 된다.

폴 리쾨르는 "성스러운 우주에서, 말하는 능력은 그 우주가 갖고 있는 의미화하는(signify) 능력 위에 기초 지어진다. 의미의 소리는 성스러운 우주의 바로 그 구조가 되는 것이고 인간 활동의 사이에 존재하는 일치의 법칙이다."고 말한다.(폴 리쾨르, 1998, 113). 인간 활동 중에서 가장 성스러운 능력은 '말하는 능력' 곧 언어능력이다. 언어 능력은 성스러운 우주와 일치해야 하는 것은 당연하다. 우주는 공간·시간이 분리되지 않는다. 아인슈타인의 '상대성이론'은 시간과 공간이 둘이 아니라는 데 바쳐진 이론이다. 인간의 활동 역시 여기에 기반을 두지 않으면 안 된다.

인간의 활동을 대표하는 글쓰기는 장르라는 이름으로 종류를 구분한다. 서정시는 짧고 운율이 있는 구심의 언어로 이루어진다. 서사시는 길며 산문의 언어로 이루어진다. 길고 짧다는 것은 장르를 구분하는 현실적인 기준이다. 그러나 인간이 쓰는 도량으로, 상상으로도 도저히 거리를 나타낼 엄두가 나지 않는 것은 우주에서의 거리다. 태양에서 출발한 빛이 지구에 당도하는 데 걸리는 시간은 대략 4분이라고 한다. 이 속도로 빛이 일 년 동안 달린 "거리"를 1광년이라고 한다. 우주의 공간은 결국은 年이라는 시간으로 나타낼 수밖에 없는 것이다. 이런 우주적인 것에 비하면 1편의 서정시의 길이나 대하소설의 길이는 모두 '새발의 피'가 아닌가. 그래서 바흐친은 주로 산문의 종류를 구분하는 것이지만 텍스트에 어떤 '크로노토프'를 담고 있는가에 따라 장르를 구분해야 한다고 말한다.

니체에게 그랬듯이, 경험의 원근법화는 후설에게도 우주론적 형태로 나타난다. 경험의 원근법에서 본 지표면의 고유 기능이 없다면, 지구는 우리의 행성이 아니라 여러 전체 중 하나에 불과하다. 물론 지구는 많은 천체 중의 하나이기도 하다. 하지만 단지 그러한 것만은 아니라는 것은 분명하다. 오늘날의 우주여행을 이미 오래전에 선취해서 기술한 후설은 심지어 비행여행도 우리 운동의 '시원장소들(Urstatte)'인 지구에서 출발한다는 사실을 언급한다. 우주여행에서는, 관찰자 자신이 그런 것은 아니라고 할지라도, 관찰 자료들은 지구로 다시 돌아온다.

— 베른하르트 발덴펠스, 2010, 89

우리의 고향 지구 별을 그리며 우주에서 잠드는 시대가 곧 올지도 모르겠다. 먼 우주에서 잠든 영혼이 빛의 속도 이상으로 움직여야 겨우 도착하는 지구에서 그는 시간을 거슬러 생환해 올지도 모른다. 먼 우주에서 잠들고 빛의 속도보다 조금 더 빨리 지구로 귀환해서 살아나는 것이다. 그때는 죽음마저 천천히 경험할 수 있게 될지도 모른다.

생명체가 에너지를 포획하고 이를 소비하며 남아도는 에너지를 낭비한다고 하면, 이는 우주가 그렇게 하도록 허용하기 때문이다. 실존의 디오니소스적 측면(무질서, 취기, 죽음까지 무릅쓰는 위험)은 나름대로의 자유를 누리며 가치를 갖는다. 생명체는, 즉 몸 전체는 놀이와 폭력, 축제, 사랑의 가능성을 포함한다.(그렇다고 해서 이것들의 실현이나 이를 위한 동기부여를 의미하지는 않는다.

— 앙리 르페브르, 2011, 274

아인슈타인의 우주물리학에의 기여는 상대성이론보다는 '중력파'

의 발견에 있다고 평가한다. 최근 들어 큰 별이 폭발하면서 온 우주로 흩뿌려진 그 별의 중력파를 지구에서 감지했다. 이로써 '아인슈타인의 이론(상상 실험을 통해 얻은)이 확인되었다. 아인슈타인은 중력이라는 것을 이렇게 설명한다. 중력은 별들이 자신의 주위에 무엇이 있는지, 주위로 무엇이 지나가는지 기울이는 관심이다. 관심을 받기 전과 후는 전혀 다른 공간이 된다.

글

공간의 가능성은 놀이가 최대치로 높인다. 시간의 가능성은 축제로, 인간의 가능성은 폭력과 사랑 사이에서 그 지평과 폭을 넓힌다. 르페브르는 공간의 생산을 세 층위에서 나누어 본다. 하나는 공간재현이다. 이것은 추상적, 실재적, 우주적인 것을 지상에 반영해 내는 것이다. 다음은 재현공간이다. 이것은 공간재현을 생활세계에 맞게 다양하게 변주해 낸 것이다. 마지막으로 공간실천, 실천공간이 있다. 공간재현과 재현공간을 연결하며 다양한 이야기를 만들어 낸 것이 공간실천이다. 그리고 이야기에 의해 거듭난 장소가 실천공간이라고 한다. 이 실천공간들을 대표하는 것 중 하나가 별자리다. 실천공간들을 통해 그려 낸 플롯은 다시 공간재현의 원소스가 된다. 하나의 뫼비우스의 띠가 작동하는 것이다. 이푸 투안은 우주지리학에 대해 언급한다.

불교의 영향을 받은 원형 우주 도면에는 곤륜산이 중심에 들어서 있다. 곤륜산이 세계의 축이 되는 봉우리인 것이다. 산 바깥에는 '중원', 즉 중국의 비옥한 토지가 자리 잡고 있다. 현재 남아 있는 자료만 한정하면 수 세대에 걸쳐 생산된 종교적인 우주지리학 도해의 여러 판본에는 만리장성이나 황허강, 한반도와 일본 강은 실제 지리가 자세히 표시돼 있지만, 이는 우주지리학적 환상이 지배하는 기존세계와는 딴판이다. 대륙은 섬들이 점점이 박힌 대양에 둘러싸여 있지만, 저 너머에는 또 다른 육지들이 보인다.

– 이푸 투안, 2011, 69

인간은 천경에 머물러 빛나는 밤하늘의 별을 바라보고, 심경에 맺히고 풀어지는 이미지들을 겹쳐 보면서 그 사이에서 무수한 것을 그리고 쓰고 짓는다. 우리는 집을 짓고, 옷을 짓고, 밥을 짓는다. 이 셋을 문화세계의 기초로 삼아 한 단계 도약한 것이 글을 짓는 것이다. 인간은 글을 지어 결국 우주까지도 그려 내고자 했다.

다채로운 감수성과 정서가 발현되고, 지식 정보가 저장된 책, 콘텐츠들은 하이퍼텍스트를 통해 이미 실현되고 있다. 그것을 우리는 '플랫폼'이라고 부른다. 광활한 우주와 내면의 우주 그리고 인간의 욕망은 문서들의 우주를 갖고자 하였다. 그러나 그 우주가 빅뱅에 이르기 전에 'www(World Wide Web)'에 그 자리를 내주고 있는 형국이다.

특정 시간에 특정 장소에 에너지가 퍼져 있다고 말하게 된다. 또 누군가가 시간을 언급하면, 그 사람은 곧 움직이는 것과 변화하는 것에 대해 언급하게 된다. 이러한 문맥에서 본다면 격리된 공간은 공허한 추상이 되어버린다. 에너지와 시간도 마찬가지다. '실체'라고 하는 것이 한편으로는 매우 파악하기 어려우며, 우주적인 차원에서라면 더더욱 상상하기 어려운 것임에 틀림없지만, 그것이 존재한다는 사실만큼은 명백하다. 감각과 사고는 실체만을 파악할 수 있다.

– 앙리 르페브르, 2011, 53

다채롭게 열리고 닫히는 플랫폼을 자유롭게 흐르기 위해서 저마다의 언어적 '모빌리티'를 구현할 수 있어야 한다. 이 흐름은 움직임, 변화, 실체(고양과 심화)로 크게 구분해 볼 수 있다. 사람은 움직이는 것이다. 이것을 나타내는 것이 동사 서술어다. 사람은 변화하는 것이다. 이것을 나타내는 데 적합한 것이 형용사 서술어다. 그리고 사람은 반복과 차이를 통해 실체를 갖는 것이다. 이것은 '명사+이다' 서술어가 주로 담당한다.

테오도르 넬슨(Theodor Helm Nelson, 1937~)은 최초로 '하이퍼텍스트'라는 말을 사용한다. 기술적 글쓰기, 주체의식을 가진 모든 형태의 글쓰기를 포함하는 문학의 모든 문서들을 어떻게 하면 더 잘 조직화할 수 있을까라는 고민을 통해 '하이퍼텍스트'라는 말을 제안한다. "그는 세계의 모든 문서들이 단 하나의 거대한 텍스트 시스템에 통합되어 있고 또 거기서 누구든지 접속해서 정보를 얻을 수 있는 '문서들의 우주(document universe docuverse)'를 꿈꾸었다."(유봉근, 2004, 132) 사람들의 삶은 다양한 텍스트를 통해 남겨졌다. 그리고 인공지능이나 로봇이 대부분의 일을 대신하게 될 때에도 인간은 쓰기만은 멈추지 않을 것이다.

10. 행성인문학

문리(文理)

  생각할 수조차 없는 우주의 드넓음을 상상할 때, 지구에서 펼치는 공간, 지구가 펼치는 공간은 실로 미세하기 그지없다. 그런데 우주의 광대함 못지않은 광대함이 양자의 세계에 펼쳐져 있다. 그 양자로 이루어진 인간의 몸의 광대함은 또한 우주만큼 헤아릴 길이 없다. 우주의 크기를 100으로 하고, 존재하는 것들을 줄지어 세우면 놀랍게도 인간의 크기는 50~60사이쯤이고 지구는 70 언저리라고 한다.(로저 펜로즈 외, 2010, 29~30)

  지구 그리고 인간은 우주와 양자 사이에서 자리하고 있다. 시·공간이면서 공·시간이다. 지구에서 계절을 표현하는 데 가장 많이 호출되는 것은 '나무'다. 동양의학에서는 사람을 '걸어 다니는(다녀야 하는) 나무'라고 말하기도 한다. 걸어 다녀야 하는 이유는 '광합성'을 할 수 없기 때문이다. 광합성은 먹을거리를 태양에서 구하는 거의 유일한 방법이다. 동물은 '나무'가 광합성해서 얻은 탄수화물을 나눠 먹어야 살 수 있는 존재다.

  광합성은 생물이 빛 에너지를 화학에너지로 바꾸는 과정으로 '음양(陰陽)'의 작용이라고 할 수 있다. 음은 '달'을, 양은 '해'를 나타낸다. 나무의 뿌리는 달을 따라서 자고 일어나고 활동한다. 나뭇가지는 해를 따라서 자고 일어나고 자란다. 지구는 자전을 통해 골고루 해를 쬐고, 달의 힘으로 아코디언처럼 바다를 연주한다. 그러면서 공전을 통해 4계절(5계절)을 바꾸며 생육성장(몸)을 거듭한다. 운기학에서 이를 6기(氣)라고 한다. 생-목(木), 육-군화(君火), 성-상화(相火), 장(長)-금(金), 장(藏)-수(水)이다. 이것이 '지리(地理)'의 작동 원리다.

지구에 사는 생명에게 절대적으로 영향을 미치는 것은 '해와 달'이다. 해와 달에는 훨씬 못 미치지만 그 영향을 무시할 수 없는 것이 5행성이다. 목성은 일 년의 시작을 알리는 운(運)을 나타낸다. 12시간, 12달, 12해(띠)는 모두 12년이라는 목성의 공전주기와 연관이 있다. 목성(木星)은 목성(木性)으로서 '봄의 기운', 흔들림을 담당한다. 화성은 '여름의 기운으로 타오름, 열기를 나타낸다. 금성은 가을의 기운으로 가라앉음을 나타낸다. 겨울의 행성은 수성으로 얼고 풀리고의 변곡점을 나타낸다. 토성(土星)은 진성으로서 지구를 보조하면서 고루 작동한다. 이것이 하늘 기운, 곧 오운(五運)이다.

인간의 몸은 '오운과 육기'의 영향으로 형성되고 지란다는 것이 '운기의학'의 바탕이다. "인체는 우주에 내재하는 하늘의 대기(大氣)와 땅의 곡기(穀氣)를 흡수하며 화생된 산물로 생명 활동을 영위하는데, 이때 생기는 진액과 정신의 작용으로 내부의 기가 힘을 얻으며 체내의 모든 대사 과정이 이루어진다."(이혜정외, 2011, 46) '오운육기(五運六氣)'는 '역학(易學)'을 토대로 하고 있다. 우리는 공간에 대해 몇 가지 환상을 가지고 있다. 르페브르는 그것을 실체성, 자연성, 공간의 불투명성이라고 말한다.

공간예술가는 어머니 대자연으로부터 직접 전해지는 강인하고 두터운 현실 속에서 작업한다. 화가에 비해서 조각가, 음악가나 시인에 비해서 건축가는 저항하거나 도망치는 물질들을 가지고 작업을 한다. 공간은, 기하학자가 다루는 공간이 아니더라도, 대지의 고유한 정신과 물질적인 특성을 고스란히 간직하고 있다.

– 앙리 르페브르, 2011, 175

공간에 흔적을 새기는 것은 '사물'의 물질성에 국한하지 않는다. 실체성은 비실체성의 그림자로 흔적이 새겨진다. 자연성은 기술을 이면으로 삼고 공간이 불투명성, 비투명성, 음성(음(−)물질성)을 그림자로 혹은 '대극'으로 삼아 진동하고 공전하면서 다채로운 공간을 개시한다. 대지의 고유한 정신과 물질적 특성은 이러한 진동과 공간 이후에 온다. 이것이 공간에 대한 진실한 상상이다.

공간은 없는 것이다. 공간은 흐름으로서 시간과 이면을 이루면서 인간의 생활세계를 구성한다. 그래서 우리는 공간이 사회적 관계를 내포하고 있다고 말한다. 이를 감추고 있다는 것은 숨기기 위한 것이 아니라 드러내기 위한 것이다. 공간은 사물이 아니다. 사물은 공간을 품으면서 비로소 의미 생성의 대상/주체로 거듭날 수 있다. 따라서 사물들은 맺고 있는 관계에 의해서 총체적인 것이 된다. 공간은 사물의 배경이 된다. 사물의 절대성은 사물이 품고 있는 공간에 의해 순간적으로 형성한다. 이렇게 품고 있는 공간을 (마음과 같이 주고받으면서) 교환하면서 자율적으로 변곡한다.

공간은 관계의 총체다. 절대공간은 0(zero)이 아니라 중성이다. '음물질의 발견'으로 0은 '없음'으로 존재하는 것이 아니라는 것이 설득력을 얻고 있다. 변곡하는 지점은 에너지가 가장 응축되어 있고, 가장 많은 에너지가 발산되는 곳이다. 사물은 '사회적 존재'의 활동이나 사용, 필요 등으로부터 벗어날 수 없는 것은 사실이다. 그러나 사물은 존재를 위해서만 그 자리를 지키는 것은 아니다. 사물의 존재는 관계에 의해 형성된다는 점에서 공간은 절대적인 의미를 지닌다.

지리(地理)

지구에서 사는 모든 생명은 절대적으로 태양에너지에 의존한다. 지구의 기본 먹거리는 식물의 광합성에서 얻는다. 그 식물을 먹고 자라는 동물, 그 동물을 먹고사는 동물은 죽어서 식물의 먹이가 되어 광합성에 쓰인다. 바다의 플랑크톤은 태양에너지를 받아 광합성을 한다. 태양은 바다의 생명체들에게도 모체인 것이다.

바다에 의지해 사는 생명들에게는 태양 못지않게 달이 중요하다. 달의 인력은 바다의 밀물과 썰물을 일으킨다. 이 진동으로 바다는 항상 신선해지고, 역동성을 얻는다. 생명의 현상을 나타내는 말로 '물이 오른다'라는 말이 있다. 성적 에너지가 충만한 것을 '달뜬다'고 표현한다. 이것은 모두 '음의 작용' 곧 달의 작용과 연관성이 깊다.

절기상 봄은 3월에 시작한다. 그런데 정작 농사가 시작되는 때는 음력 정월 대보름이다. 양력으로 하면 2월 중순 전후가 된다. 이때쯤 겨울잠에 들었던 동물들이 몸을 꿈틀거리기 시작한다. 땅에 묻혀 있던 씨앗들이 뒤척이기 시작한다. 정월 대보름 한밤에 떠오른 달빛과 달의 관심으로 나무에 물이 차오르기 시작한다. 그 작용은 지역의 풍토와 어울려 저마다 다른 무늬로 돋고 펼쳐진다. 지리(地理)와 천문(天文)이 미치는 강렬한 영향에 대한 극단적인 표현을 서구의 시선에서 만나는 것은 매우 흥미롭다.

한꺼번에 프랑스인들을 절멸시키고 그 나라에 타타르인들을 살게 하더라도, 놀랍게도 두 세대도 지나기 전에 국민성은 다시 원래대로 되돌아올 것이다. 비록 그들의 코가 더 낮아졌다고 하더라도, 끊임없는 형이상학적 호기심, 착한 생활에 대한 연민, 열정적인 개인주의는 여전할 것이다. 이것이 바로 보이지 않지만 장소 안에 항상 있는 특성이다.

− 에드워드 랠프, 2005, 80

    인종차별적인 발언의 위험성이 없지 않지만 장소가 지닌 인문적 힘을 잘 표현하고 있다. 인간이 장소를 만드는 것이 아니라 장소가 인간을 만든다는 전언을 극단적으로 드러내고 있는 발언이라고 할 수 있다. 인간답다는 것은 두 가지 지향을 동시에 갖는다. 외향적으로는 인류의 보편성에 닿는다. 내향적으로는 자신만의 고유한 정체성의 발현을 향한다.
    인간답다는 것은 의미있는 이야기로 가득 채워진 의미 있는 장소, 그 장소로 가득 찬 세상에서 살고 있다는 것을 의미한다. 더 인간답다는 것은 그 장소들 중에서 가장 빛나는 장소가 바로 자신의 이야기로 가득 찬 자기 자신이라는 믿음에 기반해 실현된다. 인간답다는 말은 곧 자신의 장소를 가지고 있다는 말이다. "철학자 하이데거는 "'장소'는 인간 실존이 외부와 맺는 유대를 드러내는 동시에 인간의 자유와 실재성의 깊이를 확인하는 방식으로 인간을 위치시킨다."고 주장했다."(에드워드 랠프, 2005, 25) 인간이야말로 세계의 사물들이 경험하는 가장 복잡하고 심오한 장소인 셈이다.
    장소의 표지는 비단 지구의 지표에만 국한되지 않는다. 움베르토 에코가 작가로서 세계적인 명성을 얻은 후 고향 마을의 천문대를 방문한 일화가 전한다. 천문대 관계자는 천문대의 천장에 마련된 천경(天境)에 에코가 태어난 날의 밤하늘을 재현한다. 에코는 어떤 특별한 영감, 놀라움, 장소감을 느꼈다고 한다. 개별자들마다 품고 있는 최선의 장소로서 밤하늘은 다르다. 장소의 정체성은 그곳과 관계 맺고 있는 사람의 수만큼 다채롭다.

정체성은 도시나 경관의 물리적 외관에만 있는 것이 아니라, 그것을 보는 사람들의 경험·눈·마음·의도 속에도 존재하기 때문이다. 모든 개인들이 의식적으로 든, 무의식적으로든 특정 장소에 정체성을 부여할 수 있지만, 이러한 정체성은 상호주관적으로 결합되어 공통의 정체성을 형성한다. 아마도 이러한 현상은 우리가 어느 정도 똑같은 사물과 활동을 경험하기 때문이며, 또 우리 집단이 중시하는 일정한 장소의 상격들을 찾아내도록 교육받아 왔기 때문이다.

– 에드워드 랠프, 2005, 109

장소에 대한 저마다의 경험은 다르다. 장소의 정체성은 사람들의 수만큼 존재한다. 따라서 장소와 관련된 소통은 '플롯'에 의해 이루어질 수밖에 없다. 수억만 가닥의 줄기가 흐르는 강을 상상할 수 있다. 한 가닥 한 가닥의 흐름은 스타일이고, 이것들이 이루는 강은 플롯이 된다. 이 흐름의 스타일과 플롯에 의해 발현하는 장소가 문체이고 윤리다.

다음과 같은 아포리즘이 가능하다. "사람은 곧 자신이 살고 있는 장소이고 장소는 곧 그곳에 살고 있는 사람이다." 사람과 장소는 개념적으로는 쉽게 분리될 수 있다. 그러나 경험적으로는 쉽게 분리가 불가능하다. 이런 맥락에서 장소는 '공적'이다. 장소는 상징과 의미를 공유하면서 경험을 함께하고 관련을 맺음으로써 정초되고 알려지기 때문이다.(에드워드 랠프, 2005, 88)

스타일과 플롯을 통해 생산된 스토리로 짜인 장소, 그 장소가 곧 사람이다. 사람은 이야기로 실을 잣고 그 실로 이야기를 짠다. 옷감을 주름 잡고 펼치면서 우리는 다채로운 무늬의 텍스트를 만든다. 그 장소에서 직조된 이야기들은 문화를 형성하고, 그 문화는 사람을 길러 낸다.

판타스마고리아

판타스마고리아는 영국 경험론 계통의 철학 용어로 감각기관에 의해 지각된 정보를 의미하는 말이다. 주마등같이 변하는 환상, 눈의 환각, 착시, 주로 환등상 혹은 주마등으로 번역한다. 등의 테두리 밖으로 종이를 붙인 외부 프레임이 스크린이다. 안쪽 테두리 축에, 그림을 잘라 사람이나 말의 그림을 붙인다. 안쪽에 켠 촛불의 힘으로 종이가 돌아가면서 사람이 걷고 말이 달린다. 오늘날의 정보 교류 시스템을 대표하는 '클라우딩'은 '주마등(走馬燈, phantasmagoria)'의 극단화된 형태, 입체화·총체화된 형태라고 할 수 있다.

인간은 가장 많은 에너지를 '이동'을 위해 소모한다. 이동을 위해 사용된 화석연료에서 나온 매연, 이산화탄소는 지구환경 파괴의 주범으로 알려진 지 오래다. 대기오염은 인간에게 직접 피해를 주지만, 가장 큰 피해는 대기오염이 유발하는 지구온난화가 가져다줄 것으로 보인다. "큰 변화 없이 현재 추세가 이어진다면 온실가스 총량은 금세기 말까지 지금의 세 배가 될 수 있고, 기온이 5℃ 상승한 확률이 50% 이상이며, 이로 인해 세계 소비수준이 5~4% 감소하는 등 세계의 자연지리와 인문지리가 변할 것이다."(존 어리, 2016, 501)

심각해져 가는 환경오염에 대한 대처 가능성에 대한 평가는 극단적으로 엇갈린다. 한 극단에서는 발전한 과학기술에 의해서 환경오염 문제 역시 어렵지 않게 해결할 수 있다고 본다. 다른 한 극단에서는 환경오염을 기술로 해결할 수 있게 되는 때가 되면, 그때는 회복할 환경마저 사라지고 없을 것이라고 말한다. 두 극단 사이에서 기대와 우려가 다양한 스펙트럼으로 펼쳐지고 있다.

환경오염을 가장 많이 유발하는 데 인간의 욕망은 '모빌리티'에 대한 것이다. 인간은 주로 화석연료를 태워 이동 거리를 늘리고, 속도를 증진하고 있다. 도시의 거리를 가득 메우고 있는 자동차의 행렬은 지구 도시 모든 곳에서 매일 반복하는 일상이 되어 있다. 인간의 모빌리티 욕망 중에서 거의 유일하게 비물질적인 지향을 지닌 것이 언어 모빌리티다.

공간의 확장이라는 모빌리티에 대한 욕망을 언어 모빌리티의 욕망으로 대체해 갈 수 있다면, 지구는 환경오염의 위협에서 조금이나마 벗어날 수 있을지도 모른다. 언어 모빌리티의 증강(양적·질적)을 통해 물리적 이동을 최소화하는 것이 현실적인 문제다. 인공지능이 선(線)적 속도를 뛰어 넘을 수 있는 유일한 모빌리티로서의 가능성이다. 내적으로 야기되는 문제들에 대해 인류는 그 문제의 심각성을 제대로 파악하지 못하고(파악은 했지만), 제대로 공감대를 형성하지 못하고 있다.

> 이것은 인류가 자신의 멸망으로 치닫고 있을 때 아마도 행성적인 소시민 계급의 형상을 하고 있다는 것을 의미한다. 하지만 이는 또한 소시민 계급이 어떤 대가를 치르고서도 놓쳐서는 안 될 인류 역사상 전대미문의 기회를 나타낸다는 말이기도 하다.
>
> — 조르조 아감벤, 2014, 92

후설의 후기 철학의 핵심 어휘 중 하나는 '생활세계'다. 생활세계에서 현상학적 전환을 이루어야 한다는 후설의 간곡한 요청은 이 전대미문의 기회와 맥락이 닿아 있다. 민족의 경계, 국가의 해체 등이 지불해야 할 대가라면 그것을 감내할 수 있는 용기가 필요한 때가 다가오고 있다. 행성적 소시민의 자각은, 지구 행성의 지속 가능성에 대한 전망을 조금이라도 밝게 할 수 있다. 가능성이 발현되기 시작하면 우리는 스스로 이동의 욕망을 억제하고 조금씩 더 밝은 전망으로 나갈 수 있다. 혁명에 가까운 현상학적 환원을 감행해야 한다. 존 어리는 어두운 미래 전망을 디스토피아적 야만주의, 자아와 사회의 디지털 오웰화와 연결 짓는다.

첫 번째 선택으로 디스토피아적 야만주의가 있다. 이는 기후변화를 통제하지 못하고, 경제생활과 사회생활에서 기존의 '문명화'된 수많은 관행들이 소멸되고, 과거 수 세기 동안 이루어졌던 수많은 모빌리티와 네트워크 자본의 발전을 잔인하게 퇴보시키는 선택이다. 다른 두 번째 선택 역시 디스토피아적으로, 자아와 사회의 디지털 오웰화이다. 여기서는 크고 작은 모든 움직임에 반드시 디지털 추적이 따르는 적어도 부유한 사회에서는 거의 어느 누구도 디지털 원형 감옥 바깥에 존재할 수 없으며, 가치와 자격을 공적으로 평가해 탄소 데이터베이스로 구축하는 사회다.

— 존 어리, 2014, 494

이런 일이 예견되는 지구에서도 삶은 여전히 이루어지고 이어질 것이다. 인간에게는 어떤 모빌리티와도 비견할 수 없는 '언어'가 있다. 지구에 차례로 거주했던 민중들과 세대들에게 참과 거짓을 구성했던 것이 오늘의 소시민 계급에 있어서는 어떤 의미도, 어떤 표현과 소통상의 가치도 갖지 않는다. 즉 언어상의 차이, 방언상의 차이, 생활 방식과 성격상의 차이, 관습상의 차이, 심지어는 개별 인간의 신체적 특징까지도 모두 디지털로 녹아들어 있다. "세계사의 희비극을 특징지었던 그 다양성은 소시민 계급 안에서 한데 모아져 판타스마고리아적인 공허함 속에 노정된다."(조르조 아감벤, 2014, 90)

다중행성

엘론 머스크는 21세기 지구 최고의 위인이 될 가망성이 꽤 높은 인물이다. 그의 상상력과 추진력은 2019년 현재 100인승의 우주선을 쏘아 올릴 단계까지 '스페이스X 프로젝트'를 이끌고 있다. 머스크의 최종 목표는 화성에 100만 명이 거주하는 자급 도시를 건설하는 것이다. 그에서 왜 화성에 가야 하는가라는 질문을 던졌다. 그는 "화성과 지구에서 동시에 거주하는 다중 행성 문명은 하나의 행성에서만 거주하는 문명보다 훨씬 더 오래갈 것이기 때문이고 화성 프로젝트는 믿기지 않을 정도의 모험이기 때문이다. 인류 공영에 이바지하고 그 자체가 모험이라서 스페이스X를 성공시키고 나도 화성으로 이주할 것이다."라고 답했다.

현재의 지구에서는 혈족에 의한 신분체제는 공식적으로 거의 사라졌다. 물론 구시대의 패악이 아직도 남아 있는 곳이 있다. 또 대개의 지역에서는 여전히 이것을 신봉하는 계층들이 없는 것은 아니다. 그러나 대부분은 자본에 의해 계급화된 계층이 그 자리를 대신하고 있다. 아감벤은 인류의 운명을 계급의 개념으로 사유할 때 "오늘날에는 더 이상 사회계급이 존재하지 않으며 단지 모든 사회계급이 용해되어 있는 단일한 행성적인[planetaria] 소시민계급만이 존재한다는 사실을 인정해야 할 것이다."라고 말한다.(조르조 아감벤, 2014, 89)

엄밀한 의미에서 지구적으로는 원시와 봉건, 근대와 현대, 그리고 탈현대와 초현대가 공존하고 있다. 아감벤은 정치적인 시각에서 바라보면 파시즘과 나치즘은 극복된 것이 아니며 우리는 여전히 그 영향 하에서 살고 있다고 말한다. 인종차별이 여전하고, 국가주의와 민족주의가 건재한 것은 사실이다. 다양하게 변형된 형태로 파시즘과 나치즘은 남아 있다. 이것을 대표하는 것이 국민국가적 소시민계급이다.

이와 대비해서 세계시민을 지향하면서 "행성적인 소시민 계층은 그러한 망상과는 일찍이 결별하고 식별 가능한 어떤 사회적 정체성을 거부하는 프롤레타리아적 태도를 공유하고 있다."(조르조 아감벤, 2014, 89~90) 그러나 이 태도는 과거의 프롤레타리아적인 것과는 그 지향에서 근본적인 차이가 있다. 과거의 것이 자신의 의사와는 무관하게 '소외된 자들의 것'이라면, 지금의 것은 자신의 능동적 지향에 따라 자발적으로 '소격된 자들의 것'이다.

개인의 자유(소시민적 자유)에서 공동체의 자유로의 변곡을 본격적으로 모색할 필요도 있다. 21세기에 인류에게 닥쳐오는 위기와 문제들은 개인이 대응하기에는 엄두가 나지 않는 것들일 것이 분명하게 때문이다. 행성적 상상력의 지향, 기존 공동체의 틀을 완전하게 해체하면서 지향해 가는 것이 어느 때보다 중요하다.

지구 지표의 물리적 크기와 인간의 향상된 모빌리티로 보면 문자대로 '지구촌'이라는 말이 현실화되었다고 해도 지나친 말은 아닐 것이다. 오늘날 세계적 차원의 공간문제는 지구 지표를 훨씬 벗어나 모든 차원에서 그 공간에 내포된 여러 공간들을 문제시한다. 모든 장소는 여전히 건재하며 혹 사라진 장소들도 은유화 과정을 거쳐 이야기로 남는다. 르페브르는 누가 지구공간을 빚는가?라고 묻는다. 그는 "아무도 그렇게 하지 않는다."고 답한다. "어떤 힘도, 어떤 권력도 그렇게 하지 못한다. 힘과 권력이 그곳에서 전략적으로 맞부딪히기 때문이며, 그렇기 때문에 역사와 역사성, 그리고 이러한 일시적인 개념들에 달라붙은 결정론은 의미를 상실한다."(앙리 르페브르, 2011, 579)

우리는 저마다의 장소들을 개시할 수 있을 뿐이지 그것을 전체화할 수는 없다. 이것은 개인뿐만 아니라 특정 공동체, 종교 집단, 국가권력도 예외일 수 없다. 라이트는 "지구 전체는 미지의 땅이라는 조각들을 모아 놓은 거대한 잡동사니"라고 말한다. 엄밀한 의미에서 지구 지표에 '미지'라는 땅 곧 인간의 시선이 미치지 않는 곳은 없다. 그래서 랠프는 미지의 땅은 '사적인 개인'과 관련된다고 말한다. 그래야 뒤에 이어진 '잡동사니'라는 말을 긍정부정, 부정긍정이라는 이중성으로 읽을 수 있다.

모든 경관에는 개인적인 색깔이 있다는 것을 인정하는 것도 중요하지만, 경관이란 개별적인 동시에 공동의 맥락을 통해 경험된다는 사실을 인식하는 것도 매우 중요하다. 우리는 모두 개인이면서 동시에 사회의 일원이기 때문에 그렇다.

- 에드워드 랠프, 2005, 91

지구는 이제 더 이상 '미지의 곳'을 남겨 둘 수 없게 되었다. 무수한 인공위성들이 지구를 샅샅이 훑고 있다. 예전에 온 세상은 지구를 가리켰다. 화성 이주가 현실화하면 지구인의 온 세상은 더 이상 지구에 한정되지 않을 것이다. 이에 대한 개별적 대응과 공동체적 대응이 필요하다. 공동체적 대응에서 주목할 것은 신행성적 인류의 자각이다.

신행성적 인류의 특징들 중에서 그들의 생존을 가능하게 했던 것을 꼽아 볼 것, 사악한 미디어적 홍보성을, 스스로만을 전달하는 완전한 외부성과 분리하는 얇은 가림벽을 제거할 것, 이것이 우리 세대의 정치적 과업을 이룬다.

- 조르조 아감벤, 2014, 93

길은 모두 함께 가지만 이야기는 저마다의 쓰기로 기록, 기억된다. '길'의 무장소성이 발생하는 자리에서 우리는 인투이투스와 아비투스를 동시에 지향하면서 지양하게 된다. 이러한 역동성의 발현을 통해 정치와 시가 동시에 이루어진다. 즉 공동체적인 대응은 정치적일 수밖에 없고, 개별적인 대응은 길의 인문성으로 시적으로 내밀하게 탐색할 수밖에 없다.

소행성

공룡이 지구의 최대 존재였던 적이 있었다. 이들을 일순간에 지구에서 절멸시킨 요인으로 가장 높게 드는 것이 소행성 충돌이다. 대략 지름이 10km정도의 소행성으로 추정하고 있다. 이 소행성이 하필 남아메리카의 유황지대에 떨어진 것으로 최근 밝혀졌다. 유황이 타올라 그 연기가 대기를 덮어 햇빛을 차단한 것이다. 식물이 죽고, 채식동물이 죽고 육식동물이 차례로 죽어 갔다.

스티븐 호킹은 그의 유작 『빅퀘스천』에서 지구 행성에서 지구인의 절멸은 소행성의 충돌이 될 것이라고 내다봤다. 이러한 위험에 대해서 전 세계는 어느 정도 공감을 이루고 있다. 지구에 접근하는 소행성의 지름이 100m 이상이면 전 지구적으로 대응하기로 합의를 이루고 있다. 이를 주도하고 있는 나라는 미국과 유럽의 나라들이다. 이들이 대응책을 내놓을 때, 자국을 우선에 놓을 것은 당연하다. 전 지구적으로 대응해야 할 것은 점점 늘어나고 있다.

> 21세기 들어 우리 사회의 변화와 개발을 이야기하면서 제기되었던 "전 지구적으로 사고하고(tink globally), 지역적으로 행동하다(act locally)"라는 명제를 다시 생각하게 한다. 보다 넓은 시각에서 세계를 바라보고 구체적인 실천으로 보여 주라는 말이다.
>
> – 윤여탁, 2009, 51

'전 지구적'과 '지역적'의 위상은 다르다. 이것을 위계적으로 보았던 때도 있다. 다른 위상을 연결해 하나의 스토리를 만들 때 어떻게 이을 수 있을까. 이것은 이면성을 회복하거나, 이면성으로 나아가는 것이다. 전 지구의 이면에 지역을, 지역의 이면에 전 지구을 놓고 둘을 잇는 다양한 변곡의 방식들을 탐색하는 것이다. '뫼비우스의 띠'와 같은 원리와 방식을 유력하게 검토할 수 있다. 전 지구적으로 발생하는 재난의 상황은 국경선을 감안해서 벌어지지 않는다.

르페브르는 누구도 공간의 시련은 피할 수 없다고 말한다. 하나의 집단에게 공간을, 그들을 비추는 거울 정도로 제시하면 충분할 것인가? 그렇지 않다. 전유의 사유는 '의식-거울'이라는 사변적인 주장보다 훨씬 많은 것을 함축하고 있으며, 훨씬 충족시키기 어렵다.(앙리 르페브르, 2011, 584)

하나의 집단이 공동체의 주체를 형성하는 것은 하나의 공간을 생산하는 기억을 공유할 때 가능하다. 그래야 주체로서 인정받을 수 있다(팔레스타인-영토가 없는 민족의 고난). 대지를 기반으로 삼은 장소성을 획득하지 못한 전유된 형태의 이야기들은 당대 혹은 당시를 부유할 뿐 뿌리내리지 못한다. 알레고리적 기호로 전락할 때, 하나의 옛 이야기로 남을 가능성이 크다고 믿었다. 이것은 상징이라는 닻을 믿어 의심치 않았던 20세기에는 잘 들어맞았을지도 모른다. 그러나 기지의 언어를 미지의 것처럼 탐험하는 '상징'의 모빌리티는 현대사회의 변화 속도를 반영하기에는 역부족이다.

전유에 기반을 둔 알레고리는 미끌림을 원리로 삼는 수사적 모빌리티이다. 이 미끌림이 현대사회의 모빌리티에 인문학적으로 대응할 수 있는 거의 유일한 원리로 보인다. 다양한 집단의 가능성, 문화의 전지구 구성은 잡종이론(hybrid culture), 하위 주체이론(subaltern studies), 소수인종이론(minerity culture) 등으로 가지를 치며 발전하고 있다.(최혜실, 2009, 13) 근대기 지구는 소외로 이룬 운명 공동체였다.

지구성의 국가들을 하나의 운명 공동체로 몰아가는 것은 경제적 필요성이나 기술 발전보다도 오히려 언어적 존재로부터 소외되었다는 사실, 즉 모든 민족들이 그들의 언어 속 삶의 거처에서 축출되었다는 사실이다.

— 조르조 아감벤, 2014, 114~5

이데올로기 갈등은 종교 갈등 못지않게 잔혹했다. 20세기 이전 전쟁에서 죽은 우리 민족의 수는 1950년에서 1953년까지 3년 동안 벌어진 한국전쟁에서 죽은 사람 230만(사망 120만, 실종 110만 추정)에 미치지 못할 것이다. 이것은 세계사에서도 마찬가지다. 세계대전은 모두 20세기에 일어났다. 20세기의 분쟁에서 죽은 사람의 수는 20세기 이전 전 역사과정 동안 분쟁에서 죽은 사람의 수보다 더 많다고 한다.

오늘의 시대는 가상적으로 이동하고, 즉각적으로 정보를 검색하고 이동하면서도 무수한 타인들과 소통하는 것이 가능해졌다. 정보와 우정(웹2.0에서 처럼)의 새로운 원천을 확산시킬 수 있게 된 것이다. 동시에 이렇게 '디지털과 함께 추는 춤'은 인류를 상호의존적인 '데이터베이싱' 시스템 속에 결박할 우려가 없지 않다.(존 어리, 2016, 493)

그러나 존 어리의 우려는 불과 수년 만에 거의 불식되었다고 해도 과장은 아닐 것이다. 그러면서 각각의 자아들은 디지털 속에서 사적인 것과 공적인 것을 적극적으로 무화하고 있다. 또한 자본이 장악할 것으로 우려했던 대규모의 저장공간 또한 클라우딩 시스템을 통해 공적으로 제공하기에 이르렀다. 데이터베이싱의 시간적·공간적 해방을 통해 전 세계 도처에서 시간 공간에 구애받지 않으면서 특별한 공동체를 형성하고, 또 즉각적으로 해체한다. 나는 수도 없는 공동체의 일원이었다, 아니었다를 되풀이한다.

디지털을 통해 지구 행성인의 가능성은 충분히 높아졌다. 봉건적, 근대적 잔재들이 여전히 현실에서는 국경을 불안하게 하고, 우리의 삶을 위협하는 것도 사실이다. 국가권력은 아날로지적으로 좀 더 크게 지구적인 재난이나 위협에 대응하는 쪽으로 과감하게 옮겨 갈 필요가 있다. 지구의 삶은 디지털을 통해 무한급수의 위상을 갖게 될 것이다.

지구 바깥으로부터의 위협만을 세계적인 차원에서 대응할 수 있는 시스템으로 우리의 생활세계가 재편될 때, 지구는 가장 아름다운 별이 될 것이다.

세상

2018년 평양에서 남·북의 정상이 만나는 역사가 이루어졌다. 한국에서 준비한 선물 중 하나가 대동여지도(가로 420cm×세로 930cm)였다. 22책으로 이루어진 지도를 하나로 연결해 완성한 것이다. 이 지도의 등고선의 기준은 물리적 거리가 아니다. 거리의 기준은 사람이다. 가령 1시간에 사람이 걸을 수 있는 거리를 1칸의 등고선으로 삼는다. 평야지역에서는 등고선의 간격이 넓다. 반면 험한 산일수록 등고선은 좁아진다. 이 걸음걸이야말로 인류의 공통감각을 대표하는 것 중의 하나다.

열린 공간은 수동성의 공간이다. 우리의 마음은 마음먹는다고 열릴 수 있는 것이 아니다. '열림'이라는 의미는 공간관계의 규정, 표상들로 구성된다. 이것은 논리를 선행하며 활동이나 작용의 결과로 스스로를 드러내는 해석의 공간이다. 공간-시간 도식화의 한계는 이것을 통해 드러내는 것보다는 드러내지 못하는 것이 많다는 데 있다. 도식화는 드러나지 않는 것을 위해 드러난 극히 일부분이라고 할 수 있다. 드러나지 않는 것은 "칸트에게서는 '무한성', '아페이론', '숭고함' 그리고 '공통감각' 등으로 알려진 것들이다. 이들이 바로 열린 공간의 예들이다."(게오르크 크리스토프 툴렌, 2010, 129)

열린 공간은 의지의 자유를 벗어나 열리는 공간을 지향한다. 이것은 주체의 의지로 열고 닫을 수 있는 공간이다. 우리의 마음을 열고 닫는 것은 우리가 아니다. 마음은 저절로 열리고, 저절로 닫힌다. 사람이 아니라 사랑이 마음을 열고 들어온다. 사랑이 마음을 문을 열고 나간다. 이 과정에서 주체가 할 수 있는 것은 없다. 당하는 것, 수동성 이것이 매혹의 역능이다. 우리의 '생활세계'에서는 보이지 않는 것이 우리의 삶을 결정하고 좌우한다. 후설은 우리가 아주 작은 별 지구에 사는 미거한 존재라는 것을 하루에 한 번만 생각한다면 우리는 혁명적으로 다른 길(삶)로 나아갈 수 있다고 말한다.

> 전통적인 객관주의 철학의 [추정된] 학문적 성격 속에 놓여 있는 철학의 소박함을 극복하기 위한 유일하게 가능한 길은 삶의 소박함으로 정당하게 되돌아가는 것, 그러나 이 삶의 소박함을 극복하는 반성 속에 되돌아가는 것이라는 사실이 점차 밝혀지고, 결국 완전히 밝혀질 것이며, 이미 반복해 예시했던 새로운 차원에 문을 열 것이다.
> — 에드문트 후설, 2016, 147

소박함은 공동체를 이루는 가장 기본적인 바탕이다. 태어나고, 공동체의 일원이 되고, 죽음에 이르는 것만큼 소박한 것도 없다. 그리고 그 과정에서 우리는 밤과 낮이라는 지구의 자전과 4계절이라는 지구의 공전에 절대적으로 의존해 살아간다. 생활세계야말로 소박함 그 자체다. 이러한 소박함 속에서 이루는 특정한 공동체는 양날의 검처럼 소박함을 빛나게 하면서, 또 파괴한다.

서양에서는 고대에서 근대에 이르기까지 우리의 생활세계를 다양하게 상상하고 묘사했다. 서양과학의 여명기에 피타고라스학파의 천문학자들은 지구를 단지 목성이나 태양 같은 행성의 하나로 여겼다. 불이 우주의 중심을 차지한 까닭은 흙이 아니라 불이 가장 귀중한 원소라고 여겼기 때문이다. 중세에는 흙이 중심 위치를 차지했다. 하지만 중세적 태도에는 양면성이 있었다. 일부 사상가들은 중심에 있다는 이유만을 부여하지 않았다. 중세 작가들은 단순한 기하학상의 점이라거나 창조로 인한 폐물을 담는 일종의 쓰레기통이라는 식으로 아첨하지 않는 용어들로 지구를 묘사했다.(이푸 투안, 2011, 77)

좌표나 도량은 오직 지구에서만 유용한 좌표다. 우주를 상상할 때 양자의 세계를 그려 볼 때, 좌표나 도량은 무의미하다. 이 지점에서 호출할 수 있는 것이 가우스의 '비유클리드기하학'이다. 가우스는 하나의 표면은 그 자체로서 하나의 공간이라는 새로운 개념을 내왔다.(마누엘 데란다, 2009, 32) 19세기에는 여전히 데카르트적 방법으로 곡면을 연구했다. 그런데 가우스가 좌표공간에의 준거 없이도 표면 연구를 지행할 수 있다는 사실을 발견했다. 가우스의 발견 이전에 2차원적 표면이나 3차원적 곡면을 데카르트의 좌표계에 준거하여 연구하고 있었다는 것은 조금 특별한 의미가 있다. 그것은 우리의 시선에 포착된 것을 이해하는 데 이것을 벗어나 있는 초월자로서 이를 대면하고 싶어 했다는 것을 의미한다.(신지영, 2011, 130~1)

가우스의 비유클리드기하학은 '공간'의 독립선언이라고 할 수 있다. 공간은 전체 속에서(안에서)의 특정한 자리, 좌표가 정해져 있지 않다. 지구의 대륙마저도 서서히 움직이고 있다. 그 공간은 자율성을 지니며 다양한 관계맺음을 통해 이야기의 '노드'로 작동(작용)한다. 그러니까 이러한 공간의 관계맺음이 가능하려면 공간과 공간 사이에 틈새가 존재해야 한다.

고전적인 (문화)지리학은 자신의 주요 연구대상인 경관(Landschaft)이 "지리학과 관련된 질서를 가지고 있다는 것으로 파악한다. 거기에는 전체 조망의 도태 위에서 하나의 통일된 단위로 파악될 수 있는 지리영역의 속성이 구현된 것으로 파악한다. 오늘날의 문화지리학은 공간을 물리적·물질적 세계에서 단순히 대상 혹은 구조로 존재하는 것으로 다루지 않는다."(율리아 로사우, 2010, 71)

지구 표면에서 우리가 눈으로 직접 확인할 수 없는 곳은 더 이상 존재하지 않게 되었다. 좌표나 도량으로 굳이 나타낼 필요가 없다. 공간의 시간성은 전 지구적인 동시대성을 확보했다. 공간의 현재성(시간성)은 지구 전체가 하나의 특별한 분위기에 휩싸이는 것이 가능하게 되었다는 것을 의미한다. 시간의 공간성은 다양한 네트워크의 연결을 통해 전 지구적으로 단일 시간을 구성하기에 이르렀다.

주피터와 비너스

장소는 조직된 의미세계이고 조직하는 의미세계이기도 하다. 이것은 전통적으로 정적인 개념이었으나, 이제는 동적인 개념으로 전환하고 있다. 세계는 항상 변화하는 과정에 있지만 어제를 반복한다. 어제의 반복 속에서 다른 내일을 연다. 이 차이와 반복 사이에서 '징검다리'처럼 장소감(sense of place)도 변화 발전을 거듭한다.

공간 속의 운동은 한 방향으로 진행되거나 반복·순환을 거듭한다. 시간에 대한 일반적인 하나의 상징은 화살이다. 그리고 다른 상징들로는 순환적인 궤도나 진동하는 추가 있다. 따라서 공간과 시간에 대한 이미지는 융합된다. 화살은 방향성 있는 시간을 나타낼 뿐만 아니라 한 목표점을 향한 공간상의 운동을 나타낸다. 목표점은 시간상의 한 지점이자 공간상의 한 지점이다.(이푸 투안, 2007, 288)

공간과 시간에 대한 이미지로서 '융합'을 삼는 것은 탁월하다. 그러나 이미지에만 그치면 논의를 전개하기 힘들다. 융합의 구체적인 방식, 융합의 형태 등에 대한 기술로 나아갈 필요가 있다. 융합은 '난생' 처음인 장소를 개시한다. 그런 장소는 어떤 것에 앞서 의미 형성을 주도한다. 장소는 전경화된 '시공간'이다. 직선의 화살을 받아 내는 것은 원환의 과녁이다. 이는 시간의 양면성을 표현하고 있는 수사로서 많은 상상력을 자극한다. '시간의 양면성, 양면성의 공간'이라는 아포리즘을 잇는 '양면성'은 인간의 부인할 수 없는 속성이기도 하다. 이 양면성을 에밀 슈타이거는 주피터와 새턴의 이면법으로 읽어 내고 있다.

> 새턴의 영역은 언어 없이도 존재하였다. 어떠한 유한자도 아직 신들을 이름 짓지 않았다. 모든 것은 신이었으며 그러니 아무도 그에 대해서 의식하지 않았었다. 진실로 그는 스스로 자신에 대하여 알고 있는 것이 없었으며 벙어리였던 것이다. 왜냐하면 인식이란 다만 대립을 통하여서만 가능하기 때문이며 언어는 구별을 통해서만 가능하기 때문이다. 자연은 도인을 필요로 한다. 그리고 자연이 요구하는 도인은 주피터의 정신이다. 그렇다고 해서 자연이 존재하기 위해서가 아니다. 왜냐하면 자연은 그가 없어도 존재하고 있기 때문이다. 다만 자연이 도인을 욕구하고 있기 때문이다.
> — 에밀 슈타이거, 1983, 160

동양사상의 핵심을 이루는 오행은 태양계의 행성을 일컫는다. 태양과 달을 제외하고 지구에 가장 큰 영향을 미치는 행성은 '화수목금토'(요일의 순서) 순이다. 동양사유는 12진법을 플롯으로 삼는다. 이 것은 목성의 공전주기다. 목성(木星)은 서양에서는 주피터라고 부른다. 그리스신화에서는 제우스(Zeus)다. 목(木)은 봄이고, 시작이고, 흔들림이고, 상승이다. 토성(土星)은 새턴이다. 로마신화의 농경 신이다. 그리스신화에서는 크로노스다. 주피터는 무한 확장하는 크로노스의 시간을 폐하고, 지구의 시간을 자신의 것으로 만든다. 시간과 관계된 12진법은 목성의 공전주기가 12년이라는 데서 비롯한 것이다. 크로노스는 원초적인 시간이자 공간이다. 여전히 확장을 멈추지 않는 우주 공간의 이름인 우라노스를 '광년(光年)'으로 나타낸 것이 다름 아닌 크로노스다. 구조주의의 이분법과 현상학의 이분법은 전혀 다르다.

살아 있는 자연에 대하여 유일하게 허락되어진 것은 계산되어질 수 있는 것뿐이었다. 효용성을 문제 삼을 땐 어떠한 내적인 감정도 배제되어진다. 마치 일반적으로 말하여 계몽주의나 〈성(聖)스러운 황혼〉을 제거하고 빛만을 요구하였듯이 단순히 이해하는 사람들은 깊이 느낄 수 있는 사람이 될 수 없다. 정신은 그의 왕국을 가슴을 지워 버린 폐허 위에 세우게 된다.

— 에밀 슈타이거, 1983, 156~7

살아 있는 자연을 이성 중심으로 파악하면 얼마든지 수치화할 수 있다. 이러한 수학적 정교함을 통해 효용성은 배가할 수 있을지 모른다. 그러나 진실이 깃드는 자리는 언어의 행간, 틈, 굴곡, 파임 같은 것이라고 할 때, 계산된 정교함이 담을 수 있는 진실은 극히 일부에 지나지 않는 것이다.

인공지능의 현실화로 계산할 수 있는 능력은 인간 능력 중 그 중요성이 현저하게 낮아지고 있다. 반면 느낄 수 있는 능력, 공감할 수 있는 능력이 인간 능력에서 매우 중요한 자리로 떠오르고 있다. 사랑과 미의 여신 비너스(Venus) '금성(金星)'은 역성(逆星)이라고 말한다. 태양계의 행성은 반시계 방향으로 자전한다. 금성만은 시계 방향으로 자전을 한다. 금(金)의 성질은 내리는 성질이다. 이것은 그 다른 행성과 다른 자전의 방향과 관련이 깊다. 모두 오를 때, 혼자 차가워지고, 모두 차가워질 때 혼자 오르는 것이 '미(美)'와 '사랑'의 속성은 아닌가.

마스터플롯

생활세계는 모두에게 주어진 일종의 공통영역(시간+공간)이라고 할 수 있다. 지구에 사는 생명체의 삶들 모두에게 절대적으로 주어진 공통영역은 태양과 달이다. 그리고 지구의 자전과 공전이다. 또 지구의 환경세계다. 공동체 역시 저마다의 공통영역을 지니고 있다. 언어를 확장하고, 강화하는 것은 공동체의 정체성을 강화하는 가장 유력한 방법이다.

공간을 공간에서 분리해 특별한 의미를 담는 공간으로 구축하는 것도 공동체의 특색을 드러내는 매우 중요한 표지다. 이렇게 층층이 쌓인 공간들은 그 자체로 하나의 전체를 이룬다. 공간이 장소로 거듭나는 과정은 설명되기보다는 제시하는 것이라고 르페브르는 말한다.

물리적이고 생리학적인 자연-공간이 어떻게 해서 문화적·종교적·정치적 공간 속에서 사라지지 않는가. 이들 모두가 몸과 대상들, 감각적 기관과 생산물(대상성)들이 공존하는 실천적·감각적 공간 속으로 사라져 버리지 않는 것은 사실로 확인할 수 있다기보다는 기술(記述)을 통해서 드러난다.(앙리 르페브르, 2011, 257) 우리가 기술할 수 있는 것은 고정되어 있는 정체보다는 변화, 이동, 대체 등의 흐름이다. 흐름을 기술하기 위해서는 함께 흐를 수밖에 없다.

공간이 한 덩어리로 주어지지 않고 층층이 쌓였다고 하는 것은 '사이 공간'이 마련되었다는 것을 의미한다. 층과 층을 잇는 길이 놓였다는 것이다. 쌓인 공간은 흐르는 공간을 품는다. 흐르는 공간은 쌓인 공간(노드)을 잇는다. '기술할 수 있음' 즉 기술의 플롯을 공유함으로써 공동체의 위상을 다양화한다. 서사학자들이 꿈꾸는 '마스터플롯'에 대한 갈구(탐구)는 인류 공동체의 지향과 큰 틀에서 함께하는 것이다. 인류 공동체에서 공통영역은 '언어'가 그 근저에 자리하지 않을 수 없다.

예술 텍스트를 바라보는 것만으로는 하나의 관점을 공유했다고 하기에는 부족한다. 전체의 문화는 예술 텍스트로 이동하고, 예술 텍스트는 문화 전체로 이동하는 과정을 함께 할 때, 관점을 공유했다고 할 수 있다. 텍스트는 더 확장된 텍스트로, 더 확장된 텍스트는 더 깊은 텍스트로 변곡을 거듭해 지향한다. 텍스트는 언어학적 표현성이 아니라 전언을 텍스트로 만들어 주는 문화적 상관성으로 짜인다.

> 문화-조건적인 텍스트 규정하에서 모든 '비-텍스트'는 결국 '잠재적인 텍스트'에 불과하기에, "문화연구의 관점에서 볼 때는 텍스트가 되는 전언들만이 존재한다." 그리고 바로 이런 의미에서 "문화는 텍스트들의 총체, 혹은 복잡하게 구조화된 텍스트"가 된다.
>
> – 김수환, 2005, 114

언어는 개성을 표현하는 작가들(시인들)의 표현성에서 벗어나 획기적으로 지평을 확장해야 한다. 개성의 표현에서 문화적 상관성을 강화하는 데로 나아가야 한다. 개별언어(표현)는 민족 혹은 국가별로 얼마든지 다를 수 있다. 그러나 특정한 분위기, 의미를 형성할 수 있는 플롯의 언어를 공유함으로써 우리는 좀 더 큰 차원의 공동체를 이룰 수 있다.

공통영역으로서의 언어는 다양한 위상성 속에서 켜켜이 나뉘어야 한다. 더 촘촘하게 나뉨으로써 다양한 경계를 갖게 된다. 경계를 오고 가야 소통의 역동성은 배가한다. 평면과 명면을 잇는 것에서 벗어나 언어의 절벽, 언어의 장벽, 언어의 폭포 사이를 가로지를 수 있을 때 소통은 처음인 것들에 다가선다. 언어가 공통의 영역을 변증법적으로 확장하기 위해서는 본격적으로 삼항 변증법을 시도할 수 있어야 한다. 그래야 위상과 지평을 동시에 심화·고양, 확장·확산시킬 수 있다.

공간을 제대로 사용하기 위해서는 세 가지 구성요소에 전제를 두어야 한다고 르페브르는 말한다.(앙리 르페브르, 2011, 333) 구성요소는 세 쌍-세 겹의 층으로 주어지면서 입체성을 확보한다. 먼저 인간적인 층위는 정서적, 육체적, 경험적 층위로 이루어진다. 공간적인 층위는 지각적 층위, 담론의 층위, 사회·정치적 층위, 시간적 층위는 인식적 층위, 담론적 층위, 사회적 의미의 층위들에서 주체는 작인(作人)으로 작동함으로써 3항 변증법의 흐름을 탄다.

세 쌍 세 겹의 층위를 자유롭게 오갈 수 있는 다양한 경로를 마련해야 한다. 경로의 다양성을 회복해야 인종, 언어를 넘어서는 소통이 가능해질 것이다. 이것이 위상적 변증법이 지향하는 바다. 우리가 이항 대립에서 삼항작용으로 전회하기 위해서는 항상 복수의 공간이 있다는 것을 인정할 필요가 있다. 아인슈타인의 상대성이론에서 한발 더 나아가 다중 우주에 대한 논의가 물리학계에서는 본격적으로 진행되고 있는 시점이다. 공간의 상대성을 인정함으로써 우리는 좀 더 다채로운 의미의 위상을 확보할 수 있다.

> 상대성이라는 개념은 전통에 입각한 표상들, 특히 3차원적 표상, 즉 공간과 시간의 분리, 미터자와 시계에 따른 분리 등으로 나타나는 일상적 표상들을 하나로 묶어 내는 공간개념의 외부에 자리 잡음으로써 그 통합적 공간개념이 단지 상대공간 가운데 하나라는 사실을 말해 준다.
>
> – 앙리 르페브르, 2011, 24

절대성(미시성, 양자성)과 상대성(거시성, 우주성) 사이를 양자적인 것보다 미세하고 깊게 우주적인 것보다 높고 넓게 만드는 것이 '위상성'이다. 여기에 들어오지 못할 지구적인 것이란 없을 것이다. 이야기 하나하나를 모두 기억하고 전달·전파·전승하는 것은 불가능하다. 모든 자물쇠를 열 수 있는 마스터키가 존재한다. 마찬가지로 모든 이야기들을 통과시킬 수 있는 이야기의 플랫폼으로서 '마스터플롯'으로서 끊임없이 지향해 가야 할 때다.

11. 생활세계

손님

 우리나라 심산유곡, 방방곡곡을 다리미로 다려 펼치면 지구를 감쌀 수 있다고 한다. 참숯에는 상상을 불허하는 숫자의 통로가 있다. 1kg의 숯에서 그 통로 하나하나를 뽑아내 펼치면 1000㎡의 땅을 덮을 수 있다고 한다. 유클리드기하학은 이러한 주름과 통로를 담아낼 수 없다. 우리는 지구를 구체로 감각하면서 살지 않는다. 우리의 지각 범위에서 지구는 완전한 평면에 가깝다.
 지구는 인간의 입장에서는 곡률이 너무 작아서 비유클리드기하학을 실험적으로 증명하는 데는 적절치 않은 유클리드적 평면인 셈이다. 인간의 생활세계에서 경험할 수 있는 사물의 표면에서는 물건의 표면적 크기는 대수롭지 않을 수 있다. 또 인간이 사용하는 크기를 재는 기준으로 보아서는 원래 형태는 동일하지만, 크기가 측정에 따라 임의로 축소되거나 확대된 것으로 생각할 수 있다. 그러나 극단적으로 커다란 면적의 경우에는 면의 휘어짐을 이론화하는 기하학이 개입된다. 이런 경우에는 가역적인 과정의 기계론적 모델이 종말을 고하는 최초의 실마리를 엿볼 수 있다.(페터 보른슐레겔, 2010, 216)
 생활세계는 두 개의 절대적인 공허 사이에 있다. 하나는 우주의 공허다. 우주의 95%는 절대 무의 공간이다. 최근에는 우주공간이 물질로 되어 있다는 주장이 제기되었다. 물질은 물질이되 음(−)물질이라는 것이다. 다른 하나의 공허는 양자의 세계에 자리한다. 핵과 전자 사이의 공허는 우주의 공허만큼 깊다. 상대성이론은 기계론적 모델의 종말을 고했다. 공간과 시간 혹은 빛의 속도까지 절대적으로 주어지지 않는다. 양자의 세계는 기계론적 사고를 완전히 배제한다. 완전한 예측 불가능성이 양자세계의 속성이다. 이 두 공허 사이에 생활세계가 펼쳐진다. 시간과 공간 혹은 시공간, 비시공간에서 두 공허의 영향을 받지 않을 수 없다. 그런데 생활세계는 여전히 정량적인 것, 개량적인 것이 장악하고 있다. 그리고 그 장악의 범위를 확장하려고 끊임없이 시도한다.

그(후설)에게 생활세계는 가능한 모든 경우의 수 이상이었다. 그래서 생활세계를 존재론에 입각한 하나의 현실 전체(omnitudo realitatis)로 파악하지 않았다. 후설은 생활세계를 우리의 모든 경험, 기대, 계획의 출발점인 토대로 규정했고, 그것이 향해 가는 지평으로 규정했으며, 의미론적·기호학적으로 개방된 의미 연관으로 규정했다. 하이데거에게는 그러한 관계가 현존재의 염려가 출현하는 원천으로서의 지시 연관으로 그려지기에 이른다. 세계는 과거형이 아니라 스스로 형성되는 현재형이다. 이러한 역동적으로 움직이는 세계 전체를 배경으로 모든 의미와 자기 형성은 위상학적 성격을 획득한다.

— 베른하르트 발덴펠스, 2010, 88

세계는 움직임, 흐름이라는 전제를 바탕으로 '위상학적 성격'을 획득한다. 움직여야 세계인 까닭에 "세계는 과거형이 아니라 스스로 형성되는 현재형이다." 생활세계의 주름은 '경이'의 지형학과 경악의 지형학에 의해 접히고 패인다. "폭력도 생활세계에 흔적을 남긴다. 생활세계의 지형학은 경이의 지형학만이 아니라 경악의 지형학도 포함한다. 적대감이란, 우리는 이렇게 말할 수 있는데, 쫓겨난 손님의 환대이다."(베른하르트 발덴펠스, 2010, 104)

우리가 다르다는 것을 인식하고, 그 차이를 인정하지 않으면 폭력적으로 동질성을 지향하고, 극단적으로 이질성을 드러내 차별에 이르게 된다. 다른 장소의 가능성을 인정하지 않으면 다른 것들의 장소를 비호감적인 것으로 치부하게 된다. 이것은 오감의 감각되고 지각됨으로써 전체적인 차원에서 소통의 가능성을 차단해 버린다.

환대가 적대로 변하는 지점은 순간적이다. 하루와 이틀 사이 머묾의 시간의 적정성이나, 여기와 저기 사이 머묾공간의 비적절성 등이 변곡점에 자리한다. 이질성에 대한 긍정만이 공존과 화해를 가능케 한다. 국가폭력의 주름(상처)은 적절한, 극적인 변곡을 통해 다른 측면에서 하나의 장소에 깊은 이야기를 새긴다. 1980년 5월 광주에서 펼쳐진 열흘의 공동체에 새겨진 상처가 대표적이다. 이 상처가 다채로운 스토리로 채워질 때, 경악은 경이로 변곡할 수 있다.

적대와 환대는 타인과의 관계에서만 발생하는 것은 아니다. 우리는 자아와 타자(대자, 대타)의 상호주관성으로 펼쳐진다. 우리가 나누게 될 최후의 대화의 상대는 자기 자신이다. 일상을 열고 닫으면서 나누는 첫 대화와 마지막 대화의 상대도 자기 자신인 경우가 많다. 이런 대자적 대화도 있지만 대타적 대화도 쉽게 만날 수 있다. 꿈속에서 우리는 타인, 사물과 대화를 나눈다. 그들의 모습은 나와 전혀 다르지만 그들이 쓰는 언어는 온전히 '나'에게서 비롯한 것이다. 생활세계를 구성하는 일상 언어는 나를 둘러싼 세계의 거의 전부라 해도 지나친 말은 아닐 것이다.

습관과 일상적인 것의 반경 너머에서 일어나는 제반 경험은 다른 어떤 곳에서 일어나는 낯선 경험이라는 형태를 취한다. 그러한 경험은 경이, 놀라움, 당황 혹은 호기심 등을 불러일으키는 일들과 함께 시작된다. 이러한 일에는 예기치 않게 너무 일찍 찾아오는 파토스의 선재성에 언제나 너무 늦게 반응하는 추후성이 상응한다. 그리고 일종의 분해작용이 일어난다. 이는 그 결과가 어떤 합성 과정을 통해서도 원래 형태로 되돌려지지 않는 작용이다. 이것은 통시적 형식만이 아니라 통공간적인 형식으로도 자신을 드러낸다.

— 베른하르트 발덴펠스, 2010, 101

추후성이라는 '마지막에 나와 나누는 대화'가 아닐까. 추후성이 열리는 장소는 일상이며 생활세계의 확장과 심화다. 통시간적 확장, 통공간적 확장을 통해 통장소적 확장이 이루어진다. 통장소는 물리적 넓이의 확장이 아니다. 파임, 주름, 변곡을 통해 다양하게 품을 확장한다. 시의 언어가 지닌 위의는 여기에 최적화되어 있다. 시가 갖는 위의는 독백과 성찰을 통해 심연에 이를 수 있는 언어를 제공한다. 자신과의 대화에서 최선의, 최상의 언어를 사용할 때, 그 사람의 일상 역시 최선, 최상이 되는 것이다.

자연과학

자연과학의 언어는 '수학'이다. 수학은 엄밀성이 그 어떤 학문보다 뛰어나다. 이 엄밀성은 '과학성'이라는 말과 다르지 않다. 과학주의는 어느새 '보편주의'와 같은 말로 쓰이기에 이르렀다. 비과학이 비학문이 되는 자리에서 인문학은 보편학문으로부터 밀려나기에 이른다. 이것을 한편으로는 인문학의 기회로 삼을 수도 있다. 이를 위해서는 과학이 학문의 전부가 아니라 학문의 극히 일부라는 것을 스스로 깨닫도록 해주는 역할을 인문학이 먼저 자청하는 것이다.

> 모든 존재를 자연과학적 방법으로 수량화해 규정하고 의식과 이념을 자연화(사물화) 하는 자연주의는 의식의 본질인 지향성을 파악할 수 없으며, 보편타당한 이념적 규범을 경험적 사실을 통해 확인하거나 반박하고 정초하려고 하면 할수록, 그 모순은 심화될 뿐이다. 또한 규범의 담지인 인격이 주체도 자연의 한 부분으로만 간주되어 인간의 삶에서 가치나 의미의 문제가 소외된다.
>
> – 이종훈, 2012, 50

물리학은 물질이 정신에 앞선다고 전제한다. 그런데 비주류이긴 하지만 새로운 물리학(포스트 물리주의)은 정신이 물질에 앞선다는 것을 인정한다. 지구의 삶에서 대하는 '자연'은 여러 자연들 가운데 하나라는 사유가 가능해지고 있다. 인간의 삶은 여러 자연들의 균형·조화를 통해 규정되기 어려운, 수량화할 수 없는 의미의 맥락을 이룬다.

후설은 "수학적, 자연과학의 탈의미화", 혹은 "생활세계의 망각"으로 대표되는 생각, 즉 수학화된 자연과학에 기초한 기술과학에 의해서 자연과학의 의미 토대인 생활세계가 망각되고 있다고 주장한다.(김희봉, 2005, 3~4) 최첨단의 기술이 최적화로 집적되는 것이 '무기'라는 것은 아이러니가 아닐 수 없다. 사람을 살상하는 무기에 인문학적 논의가 들어설 여지는 없다. 후설이 파악한 철학의 위기 곧 인문학의 위기는 학문 전체의 위기일 뿐만 아니라 인간성 자체의 위기이기도 하다.

그는 이러한 철학의 위기를 극복하기 위해 항상 궁극적 근원으로 되돌아가 묻는 철저한 선험적 태도에서 모든 학문적 이론과 삶의 실천을 정초하고 스스로 책임을 지는 엄밀한 학문으로서의 제일 철학의 이면을 죽는 날까지 일관되게 견지하고 탐구했다. 아니 생활세계를 분석함으로써 오히려 현상학적 철학, 즉 선험적 현상학의 이념을 더 생생하게 추구해 나갔다.

— 이종훈, 2012, 48

후설이 말하는 생활세계의 지평과 위상을 어떻게 보느냐에 따라 그의 철학적 위상은 달라진다. 인간은 의미를 중심에 둔 생활세계를 끊임없이 재구축한다. 그는 근대적 인식론자를 벗어나기 어렵다. 반면 인간을 생활세계를 구성하는 하나의 요소로 파악하고 있다면 그의 철학의 문화적 의미와 위상은 매우 현실적·현재적이게 된다.

우리로 존재하는 것은, 그것에 대해 존재하는 우리와 이면을 이룬다. 우리는 현존의 기대와 기억 사이에서 이루어진다. 실재는 이들 바깥에 존재하는 어떤 추상적인 것이 아니다. 세계는 현상 그 자체로 주어지고, 주어진 현상 속에서 우리의 구체적인 삶이 이루어진다. "그것은 수학적으로 정밀성이 결여되어 있고 한계들이 분명하게 설정되지 않은 현상세계이며, 그 현상들은 '정상 상태'란 말로 제시되는 이 모호한 적법성에 종속하는 '대략적으로'와 '말하자면'으로 가득 차 있는 것이다."(엠마누엘 레비나스, 2014, 64) 현재 가장 인간적인 것은 '기술적인 것'이다. 기술적인 것을 인간적인 것의 선두에서 끌어내리지 못한다면, 조화로운 생활세계의 일원으로서 인간의 자리는 더 이상 허락되지 않을지도 모른다.

놀이벽

인문학의 '人文'에 대한 해석은 다양하다. 서구 사상에서 인(人)은 개인 인(人)이다. 동양 사유에서 人인은 공동체 인(人)이다. 서구의 휴머니티(Humanity)는 완성된 개인을 전제하기 때문에 세계의 해석에 관심을 둔다. 반면 동양의 사유는 공동체를 이루는 개별자들의 '심성(心性)'의 해석에 더 큰 관심을 둔다. 서구사상에서 인간은 신이 이미 완벽하게 만들어 놓은 완성된 존재다. 동양사상에서는 계속해서 성장하고 변화하고 알 수 없는 완성을 위해 나아가야 한다고 본다. 인간의 완전성에 대한 믿음은 과학적 방법을 유일한 방법으로 인식하는 서구 사유에 바탕을 둔 것이다.

고전적 전일주의는 우주가 모든 것을 포괄한다고 보았다. 전일주의는 외부세계와 심리적·정신적·내면세계의 이원론, 외적 공간 감각과 내적 시간 감각의 이원론에 자리를 내주게 된다. 수리물리학을 통해 공간구성 자체는 탄탄한 뒷받침을 받는다. 그러나 문제가 되는 것은 "단지 하나의 방법에 불과한 것을 유일하게 진실한 존재로 여긴다"는 것이다. 수리물리학에서 발전한 공간이론 외에도 건축학으로 뒷받침되는 공간실천과 정치도 있다. 다른 것과 마찬가지로 공간을 지각하는 일이 미학에서도 가능하다는 것을 간과해서는 안 된다.(베른하르트 발덴펠스, 2010, 85~6)

생활세계의 삶은 한 차례도 고정되지 않는다. 천문·지리·인문이 모두 진동하며 흐른다. 오늘의 기온도 예상 평균치이지 고정된 것이 아니다. 같은 지역이라도 조금씩 다르다. 과학(수학)이 생활세계에서 힘을 발휘할 수 없는 것, 생활세계의 변화에 기여할 수 없는 이유는, 수학, 과학은 단지 하나의 방법에 불과한 것을 유일하게 진실한 존재로 여기기 때문이다.

물자체(物自體)로 되돌아가는 일은 지식에 앞서 있는 그리고 지식이란 그에 대한 이야기에 불과한 세계로 되돌아가는 일인 것이다. 이러한 세계와의 관계에서 모든 과학적 도식화는 하나의 추상적이며 유도되어진 기호 언어가 되는 것이다. 마치 지리학에 있어서 무엇이 숲이고 대초원이고 강물인지를 배워 알기 전에 이미 이루고 있는 시골과 관련해서 시작되는 것과 같은 것이다.

— 모리스 메를로·퐁티, 1983, 34

모든 책이 과학적 관점을 명백하게 밝힐 필요도 없다. 과학자들조차 과학적이지 않는 관점, 유사과학, 비과학을 암암리에 인정한다. 포스트 물리주의과학의 경우 양자역학을 바탕으로 의식이 물질에 앞선다고 본격적으로 주장하고 있다. "의식의 관점을 통하여 최초로 세계는 스스로를 나의 주위에 형성하게 되고 나를 위하여 존재하기 시작하는 것이다."고 메를로 퐁티는 말한다.

기호언어로 전승·전파된 것이 유일한 앎이 아니다. 우리는 이미 알고 있는 것은 기호로 알 수 있다. 이것을 최대치로 활용하는 것은 기존의 앎을 선입견으로 삼는 것이다. 가다머의 방법적 해석에서 선입견, 전통은 대화의 상대자다. 그것과 거리를 어떻게, 얼마쯤 유지하고 해석에 참여하느냐에 따라 언제나 '최초의 세계'가 열린다. 물자체로 되돌아갈 수 있는 탄력(반발력)을 통해 우리는 무수한 지향의 길을 열 수 있다. 이러한 많은 지향의 문을 닫아 버리고 오직 기호를 유일한 해석의 문으로 드는 표상(상징화)으로 삼게 되면 정작 도달해야 할 물자체는 비과학의 영역, 혹은 환상의 영역으로 치부해 버릴 우려가 크다.

그들은 실재와 비실재를 구분하지만, 실재가 비실재로 대체된다고 진단할 때, 이 진단 자체에는 이미 인공 기술 및 인위적 대체세계가 전혀 사용되지 않고 '직접' 주어지는 인간의 감각성 내지 자연성에서 아무 매개 없이 전(前) 기호적으로 형성되는 심상(心想)이나 환상이 있음을 인정한다. 그럼에도 현실적으로는 실재가 비실재에 의해 대체되고 있다고 말해지는 실정이다.

— 게오르크 크리스토프 톨렌, 2010, 13~2

우리의 내면은 깊이를 알 수 없다. 상상을 초월하는 공간 자체인 우주로 쉽게 풀려나 볼 수 없는 것은 귀환의 불투명성 때문이다. 최근 우주를 향한 인간의 욕망과 두려움 사이를 잇는 '프로젝트'가 진행되어 소기의 성과를 거두고 있다. '우주 엘리베이터'가 그것이다. 지구와 같은 속도로 자전하는 우주정거장과 지상을 밧줄로 연결한다. 캡슐 우주선에 타고 이 밧줄에 인도되어 지구 밖까지 나가는 것이다. 인간이 지구를 한눈에 담게 되었을 때, 스스로를 신처럼 생각할지 미미한 존재임을 자각할지는 알 수 없다. 이후의 '생활세계'와 그 변화를 대하는 입장에는 큰 변화라 있을 것은 분명하다.

반성의 시원적 상황인 그리고 불변하는 그리고 단지 한번만 소여 되어진 비반성적 생에 의존되어 있는 것이다. 일찍이 그렇게 생각되어진 바처럼 관념론적 철학의 한 절차와는 멀리 떨어져, 현상학적 환원은 존재에 대한 철학, 즉 실존철학에 속하고 있는 것이다. 그러므로 하이데거의 〈세계 내 존재〉는 현상학적 환원의 기호를 배경으로 해서만 출현할 수 있는 것이다.

— 모리스 메를로 퐁티, 1983, 43

시원의 탐색에 받쳐진 사유의 노정은 지난했다. 그러나 노력만큼 성과로 이어지지는 못했다. 자신의 고유한 출발점을 세우는 데 너무도 오랜 시간을 쏟아부었다. 그렇게 해서 얻어진 것이 '영원히 갱신되어지는 실현'이라는 언사다. 사유가 시작하는 특별한 시원적 자리가 있는 것이 아니다. 기술을 시작하는 곳을 출발점으로 삼을 수 있다. 혼자 공놀이를 할 때 있어야 하는 '놀이벽'처럼 끊임없이 대화(기술)할 수 있기 위해서 가다머가 방법적 해석에서 주장한 것이 '선입견'이다. 우리는 자신의 의존성에 대해 의식하는 것을 긍정적으로 받아들일 필요가 있다.

하늘 바깥으로 무한 상승한 후, 지구 바깥에서 내가 출발한 자리로 시선을 돌렸을 때의 깊이는 저마다 다를 것이다. 나는 '후설'과 '푸코'의 지구 밖 여행은 어떠했을지 궁금하다. 그들 모두 최대치로 깊어지거나 높아지고자 했고, 되돌아서 주체를 응시하고자 했다. 신의 시선 곧 관조의 시선이 아닌 가장 높아지고 깊어진 성찰의 시선을 갖고자 했다. 물리적으로 가장 높은 데서 행하는 가장 깊은 자들의 성찰의 시선이란 어떤 것이었을까?

공감

학문은 삶이나 현상을 언어화하는 것, 혹은 현상에 대한 언어화의 과정, 방법론을 통칭한다. 학문은 삶이나 현상 중 극히 일부만을 포섭할 수 있다. 일상의 삶, 현상들 대부분은 학문이라는 좁은 문을 통과하지 못한다. 좁은 문을 통과한 소수의 것들로 다시 채워 넣는 까닭에 학문적으로 기술된 삶은 대단히 성기고 협소하다. 그 밀도나 농도는 떨어지고 약화될 수밖에 없다. 학문의 언어로 기술된 생활세계는 보이는 생활세계를 보이지 않은 것(추상)처럼 기술한 것이다. 보이는 빙산의 일각마저도 투명하게 처리해 버린다. 우리 삶의 대부분은 보이지 않는 생활세계에서 이루어지고, 보이지 않는 생활세계가 좌우한다.

선험적 자아는 소박한 객관적 실재론의 태도에서 보면 자연적 태도에서 세계 속에 존재하는 객체인 경험적 자아와 동일한 하나의 자아다. 선험적 자아의 참된 의미는 "수수께끼 가운데 최대의 수수께끼"다. 선험적 자아는 선험적 태도에서 세계를 포괄하고 그것에 존재 의미와 타당성을 부여하는 주체다. 후설에서는 수수께끼, 즉 의식의 지향성이 원초적 출발점이자 일관된 중심축이다. 반면 하이데거에게는 그 수수께끼로 끝나는 종착점일 뿐이다.(이종훈, 2012, 44)

'수수께끼 가운데 최대의 수수께끼'는 그 물음 안에 답을 지니고 있는 경우가 많다. 모두에게 가장 큰 수수께끼로 주어진 것은 죽음이다. 그 죽음은 삶에서 찾아질 수밖에 없고, 찾아져야만 한다. 후설의 수수께끼는 순수계 곧 시원의 것이고, 뒤의 수수께끼는 하이데거의 수수께끼 곧 종착의 것이다. 이 둘은 사이에서 '최대의'라는 변곡을 감행함으로써 '일면'을 이룰 수 있다. 변곡의 이면과 그 이면의 이면을 채우고 있는 것이 '일상'이다. 그러니 일상은 개념으로는 결코 포착할 수도, 포착될 수도 없다.

> 하부(infra)와 상부(supra), 이하(en-deca)와 이상(au-dela)의 구분은 마이크로와 매크로 층위의 구분만큼이나 중요하다. 일상성의 이하, 즉 일상성의 내부, 결핍과 필요 속에서, 좀 더 견고하게 뿌리내린 일상생활을 열망하며 사는 민족이나 국가가 존재한다. 일상성 비판은 일상성 이상, 즉 일상성을 넘어설 때만 의미를 갖는다. 정치적인 것도 마찬가지다. 사람들, 즉 집단이나 민족은 정치적인 것의 내부에서 살고 생각하며, 정치를 통해서 혁명으로 가거나 혁명을 통해서 정치적 삶으로 나아간다.
>
> - 앙리 르페브르, 2011, 583

일상성 너머의 생활세계, 혁명은 곧 변곡, 비틀기, 헤테로토피아의 개시와 아상블라주를 이룬다. 이것은 일시적인가 상당히 지속적인가의 차이가 있지만 둘 다 양적인 것에서는 영원에 가깝고, 우주적인 것에 비하면 찰나에 지나지 않는다. 우리의 삶을 풍성하게 하기 위해서 필요한 것은 일상의 언어를 풍족하게 하고 심화하고 고차적으로 승화해 그 위상성을 강화·확장하는 것이다.

> 가능한 모든 권위 있는 인물들을 고통을 당하는 동료들로 재서술함으로써 권위의 개념에서 권위를 제거하려 한 프루스트의 노력은, 형이상학자의 단어를 도구로 사용하기보다는 단지 그 공명에 귀 기울이려 하이데거의 시도와 평행관계를 이룬다.
>
> — 리처드 로티, 1996, 221

위상을 달리하는 평행 상태의 새로운 관점을 제시할 수는 없다. 그것은 워낙 순식간에 지나가는 직관적 상황이기 때문이다. 새로운 관점은 공동의 관점을 다채로운 관점들로 직조해서 얻는다. 여러 시선으로 짜인 그물로 '순식간'을 여러 차례 포착하는 것이다. 공동체에서 필요한 것은 더 이상 이데올로기가 아니라 '공명' 곧 '시적 공명'이다. 공명 속에서 중요한 것은 일상적 실천이다. 학문도 예술도 공명의 한 자락을 타면서 일상 속에서 나름의 위상성을 획득해 나가야 한다. '포에톨로지'의 역할이 그것이다.

> 물론 학문 이전의 삶에는 이 알려진 것과 알려지지 않은 것을 알려진 것 속으로 옮겨 놓는 것으로 충분하며, 경험(그 자체로 확증되는 경험과 동시에 가상을 배재하는 경험)과 귀납(Induktion)의 토대 위에 우연적 인식을 획득하는 것으로 충분하다. 일상적 실천에서는 이것만으로 충분하다.
>
> — 에드문트 후설, 2016, 245

우리의 삶이 전체가 될 필요도, 전체에 의식적으로 이바지할 필요도 없다. 알려지지 않은 것은 알려진 것 속으로 옮김으로써 우리는 새로운, 낯선 공간을 품을 수 있게 된다. 이 공간은 또 수많은 시적 장소들이 품어 새로운 무늬로 짜고 짓고 모전(毛氈)할 수 있게 된다. 우리가 얻어야 할 작품성은 뮤즈의 것이 아니라 '일상적의 것'이다.

일상적인 것에서 작품과 생산물은 굳이 구분할 필요가 없다. 작품은 유일한 것이다. 주체 즉 창조자, 예술가의 표식, 다시 오지 않을 순간의 표상을 지닌 사물이다. 생산물의 한 속성은 반복성이다. 반복 생산 가능한 것, 반복적인 몸짓을 따라서 재생산 가능한 결과물이며, 궁극적으로 사회적 관계의 자동적인 재생산으로 이어진다. 작품과 생산물 사이의 분리와 분열을 극복하는 방향으로 나아가는 경향을 보일 것이라고 르페브르는 말한다.(앙리 르페브르, 2011, 591)

작품과 상품의 (비)변증법적 지향을 통해 한순간도 멈추지 않는 일상성을 지향한다. 시적 순간과 사후적 효과를 통한 장소성의 획득을 통해 안팎이 구분되지 않는 장소, 비장소성을 동시에 접고 펼친다. 이것은 시원과 끝을 동시에 실현하면서 얻는 효과를 지향한다. 이것이 일상성 미학의 핵심이다.

기분

민족의 역사, 지역공동체의 역사, 가족(가문)의 역사, 개인의 역사는 하나의 단일한 선적(線的) 맥락으로 일원화할 수 없다. 민족의 역사에는 "일상적인 삶, 폭력의 악몽, 사회적 저항운동, 거룩한 조국전행 하의 새로운 건설"(카를 슐뢰겔, 2010, 43) 등 여러 방향에서 평가받는다. 하위 역사들 역시 다채로운 방향에서 의미를 지향할 수 있다. '생활세계'는 저마다의 맥락과 그 맥락이 품고 있는 다채로운 맥락이 교차하는 지점에서 열린다. 그러니 복잡하고 풍부할 수밖에 없다. 다양한 노드들을 촘촘하게 잇고 엮을 때 밀도 있는 생활세계를 실현할 수 있다. 관심은 좀 더 미시적인 것으로 향한다.

지난 주체에 대한 관심에서 개인 및 개인의 일대기에 대한 관심으로 구조에 대한 작업에서 생활세계의 심연 속으로, 체제의 계획 그리고 경제에 초점을 맞추는 데서 벗어나 역사가 갖는 무질서와 고유 의미에 대한 관심으로, 독트린의 연구에서 문화코드의 해명으로 역사연구의 강조점이 옮아 갔다.

— 카를 슐뢰겔, 2010, 43

선재적 구조로부터 생활세계를 형성해 가는 것(아버지의 윤리, 금지의 윤리)을 이제는 멈출 때다. 혹은 이것에는 수많은 윤리 중 하나의 자격이 주어져야 한다. 생활세계로부터 구조, 구도를 사후적으로 형성하는 것이 곧 어머니의 윤리, 허용의 윤리다. 이러한 반성적 구조는 부드러운 구조, 변화, 유동성을 속성으로 한다.

인간의 캐릭터를 형성하고, 시간과 공간을 부여하는 일은 존재자에 선행해서 일어나 있는 것이 아니다. 단지 생산되고 장소화된 사물, 건축물 혹은 예술작품 안에서 일어나거나 그것들을 매개로 해서 일어난다. 존재자들 속에서의 존재의 전개 문제를 하이데거는 이미 자신의 논문 「예술작품의 근원」에서 자세히 논구한 바 있다. 이제 그것은 사물세계 특히 건축물들에 이전되어 그것의 위상학적 의미관계에서 해명되고 있다. 이것과 공존하는 테제가 공간은 역사적으로 매번 다르게 장소화된다는 것이다.(카트린 부슈, 2010, 161)

과거의 건축물은 단층적이었다. 공간이라는 것은 지평 위주로 확장하는 것이 마땅했다. 공간에 대한 욕망은 오직 넓은 땅으로 모아졌다. 이것을 잘 보여 주는 이야기가 톨스토이의 「사람에게 땅이 얼마나 필요한가?」이다. 주인공 '빠홈'은 더 넓은 땅을 갖기 위해 더 멀리까지 간다. 결국 해 질 녘에 목숨을 걸고 뛰어 겨우 도착한다. 그리고 거기에서 빠홈은 자신이 갖게 된 땅을 한 번도 일궈 보지도 못하고 죽는다.

현대도시의 건축물은 대지의 넓이보다는 '층수'를 더 강조한다. 건축물의 위상적 가치는 다층화된 공간의 다양한 연결선을 통해 창출된다. 공간의 위상적 가치를 높이기 위해서 건축가는 유클리드기하학에 의해 건물을 구조화한다. 이러한 구조에 능동적으로 적응하기 위해서는 우리의 직관의 한계도 깨뜨릴 필요가 있다.

> 세계에서 거리를 두고 세계 속의 장소들에 기하학을 써넣는 일은 이제 세계 속의 한 장소에서 세계 밖으로 기하학을 쓰는 일로 전화된다. 가우스는 문제의 상수를 휘어진 면의 곡률 상수로 연구했는데, 이때의 휘어진 면은 그것의 역점(Nullpunkt)이 마치 해수면 위로 불쑥 튀어나온 빙산의 꼭대기 같은 모양이었다. 이렇게 면을 빙산에 비유해 다룬 가우스의 아이디어는 사람들의 직관을 완전히 벗어나는 것이었다.
>
> — 페터 보른슐레겔, 2010, 216~7

공간의 원초적 장소화는 하이데거의 용어로 '기분', '마음 씀'으로 가늠할 수 있다. 동양사상에서는 '오운(五運)'이라고 말한다. 확장—원심은 열려 있음으로 수축—구심은 기분 잡힘으로 서로의 양면을 이룬다. 카트린 부슈는 기분은 행위와 사고 외에 자신만의 영역을 형성하는 특수한 감정의 세계가 아니고, 전체로서의 세계내존재라는 방식을 포괄한다고 말한다. 그와 함께 현존재의 공간성도 포함한다. 상황에 처해 있음이란, 현존재가 사물에서 시작하고 자신의 감정 속에서 뭔가를 느끼게 하며 그래서 "실존적으로 현존재의 세계 개방성을" 구성하는 가능성을 지칭한다. 상황에 처해 있음의 경계는 하이데거에게는 열려 있음과 기분 잡힘의 경계와 일치한다. "인간은 자신과 관련된 것에 머무른다."(카트린 부슈, 2010, 167) 인간을 '세계—내—존재'라고 할 때, 내

(內)가 곧 '기분'이며 '상황'이라고 할 수 있다.

태양계와 같은 '계'는 구심력과 원심력의 긴장관계 속에서 의미의 장(場)을 개시한다. 이렇게 개시된 장소를 채우는 것을 동양에서는 '음양오행(陰陽五行)'으로 본다. 동양의학에서는 '오운육기(五運六氣)로 구체화한다. "역사적 근본 기분들도 그것의 정열적인 특성에서 낯설거나 이미 언급한 의미에서 '허무적인' 특성을 갖는다. 왜냐하면 그러한 근본 기분들은 자신에게는 어쩔 도리 없이 수용할 수밖에 없는 '말 걸어오기'에 빚지고 있기 때문이다.(카트린 부슈, 2010, 171)

동질적인 것에는 굳이 말 걸어오기가 필요하지 않다. 이질성, 차이를 인정할 때 그 거리에 맞게 혹은 낯섦의 강도에 맞게 '말이 걸리게 된다'. 말은 비트겐슈타인의 사다리와 같은 역할을 한다. 낯섦의 거리를 건너는 말은 사다리처럼 한차례성의 효과를 발휘하게 된다. 이 사다리를 타고 우리는 새로운 의미의 세계로 이행해 갈 수 있다. 정상과 비정상 사이에 예술이 자리한다. 예술은 둘 사이에서 진동하며 변곡하고 전회하면서, 정상비정상, 비정상정상의 공존을 이끌어 낸다.

연결

인간은 오랫동안 자신들을 창조한 신의 이야기에 기대 살아왔다. 그 신들은 이제 이야기의 주인공으로 다양한 콘텐츠에서 되살아나고 있다. 창조한 신과 창조된 신을 구분하는 것이 거의 무의미한 지점에서 인간은 신의 자리를 차지하고 앉는다. 인간이 지상 최고의 자리에 앉아 최선의 권력을 구가한 것이 20세기였다. 21세기에 들어 과학기술의 눈부신 발전 덕분(탓)에 인간이 아니라, '과학'이 창조주를 자처하게 되었다.

과학기술은 인간의 뇌를 신경세포의 구성으로 설명한다. 인간의 마음조차도 뇌의 활동으로 규정하기에 이른다. 또한 인공두뇌의 배양에 성공함으로써 우리의 마음까지도 '구조적'으로 파악하는 것이 가능할지도 모르는 시점에 이르렀다. 기대와 불안의 경계에서 인간의 역사과정과 물리적 역사 과정에는 근본적인 차이가 없다는 발언이 나온다. 한발 더 나아가 로봇공학자 모라벡(H. Maravec)은 2050년이면 로봇이 지구의 주인이 된다고 말하고 있다. 과학은 점차 창조주의 능력을 대신하고 허용과 금지의 담론을 다시 활성화시킨다.(서요성, 2009, 339)

일방 독주를 감행하고 있는 과학기술의 발전 속도만을 놓고 보면 인간은 신의 자리를 과학기술에 점차 내어 주고 있는 것처럼 보인다. 인간의 기술은 개별적으로 최선을 추구한다. 그 기술적 성취를 하나로 모아 내는 알고리즘은 인간이 아니라 과학기술에 의해 창조된 비유기체의 몫이 될 가능성이 높다. 초연결시대의 소통의 주체는 인간이 아니다. 초연결은 인공지능이 주체다. 인간의 자발적 소외 혹은 소격현상은 절망과 희망 사이에서 진동하고 있다.

    현대사회의 위기는 인간이 자초한 결과이며, 역설적이게도 현대문명의 발전에 기여한 바로 기술의 본질에 의해 야기된 특성을 갖는다. 이처럼 인류 미래에 대한 인간의 희망과 절망이 오늘의 기술 속에서 교차되고 있다. 그것은 기술에 의해 현실이 지배되고 있으며, 거기서의 삶은 인간 욕구의 기술적 충족이라는 테크놀로지의 이념에 따라 주도되고 있지만, 인간적 삶의 진정한 의미와 가치는 퇴색되어 가고 있기 때문이다.

– 김희봉, 2005, 3

산업사회, 정보사회에서 자본의 획득이나 정보의 획득 및 점유의 경쟁은 치열했다. 그런데 4차 산업사회에서의 경쟁은 인간을 훨씬 초월한 인공지능이 주도한다. 간발의 뒤처짐은 회복이 불가능한 거리의 차이로 이어질 가능성이 커졌다. 과학기술은 스스로를 무한 경쟁으로 내몬다. 기술의 역설은 인간성 혹은 인간다움에 대한 성찰을 불가능하게 만들고 있다. 인간성은 르네상스의 산물이다. 근대의 의미 전체를 규정한 것이 '인간성'이다. 인간성은 '보편적 학문'의 토대이자 목적이었다. 인간성은 순수이성에 근거하고 있다는 것을 증명하고자 했다.

20세기의 이성적 기획이 실패로 끝나면서 인간성의 한계가 여실히 드러났다. 오늘날 우리에게 부과된 임무는 '영원의 철학'이라는 이념에 대해 근원적으로 회의하는 것이다. 진정한 보편적 학문의 이념을 점차적으로 실현한다는 위대한 의도가 명백히 거부당한 사실을 이해할 수 있게 만드는 것이다.(에드문트 후설, 2016, 359) 보편성, 전일성을 상실한 '과학기술'은 더 이상 보편 학문이 아니다. 수학자, 자연과학자는 기껏해야 1인의 기술자일 뿐이라고 후설은 말한다.

> 기껏해야 방법의 가장 독창적인 기술자인 수학자, 자연과학자 — 그는 그가 추구한 발견들을 오직 이 방법에 힘입고 있다 — 는 통상 곧바로 이러한 성찰을 수행할 수 있는 능력이 전혀 없다. 그는 그의 실제적 연구의 영역과 발견의 영역에서 이러한 성찰을 해명해야만 할 모든 것이 하여튼 해명할 필요가 있다는 점, 게다가 철학, 즉 학문에 대한 결정적인 최상의 관심을 위해, 세계 자체의 자연 자체를 실제로 인식하는 관심을 위해, 해명할 필요가 있다는 점을 전혀 모른다. 그것은 이것이야말로 그 관심을 근원적으로 건설하는 것에서 하여튼 결정적이었던 한, 전통적으로 주어져 왔고, 기술(技術)로 형성된 학문에 의해 상실된 것이다.
>
> — 에드문트 후설, 2016, 144

초월적 세계에서 시간의 시원을 구성하고 있는 신들은 인간과 직접 대면하지 않는다. 신과 인간 사이에 두 겹의 거리를 둠으로써 서양은 불연속적 세계관을 강고하게 한다. 소통은 신의 대리자인 '천사'와 인간의 대리자인 '제사장, 신탁자'가 담당한다. 인간은 신의 말씀을 직접 들은 적이 없다. 신 역시 인간의 목소리를 직접 듣지 못한다. 진실은 그 사이에 떠돌고 있는 셈이다.

오늘날의 삶을 이끄는 신은 과거에서 오지 않고 미래에서 오고 있다. 그 미래 신의 천사로는 인공지능을 탑재한 로봇 즉 안드로이드가 될 가능성이 높다. 제사장의 자리에는 과학기술자들이 자리하게 된다. 이들의 공통점은 인간다움, 인간성의 자발적 상실에 있다. 인간은 그 시원도 스스로 창조한 신에 맡기고, 또 그 최선의 미래(종말, 유토피아) 역시 스스로 창조한 신에게 맡겨 버릴 확률이 높아지고 있다.

우리의 생활세계가 시작과 끝이라는 한계에 갇힐 가능성이 급격하게 높아지고 있다. 그럼에도 불구하고 우리는 다채로운 가능성을 끊임없이 확장하지 않으면 안 된다. 인문학의 한 가능성은 방법의 무한함과 의미의 공존화에서 찾을 수 있을 것이다. 공존의 의미가 기술적 사고와 행동에 국한된다면 인간의 기술, 지식, 사유는 부품화를 면치 못할 것이다.

대기

다른 사람과의 관계에서 우리는 대부분 '주관적'이다. 스스로 상대에 대해 판단하고 또 다양한 평판을 자신의 주관에 따라 선택한다. 사람들은 자신의 시선이 외부의 사물을 향할 때 '객관적'이고자 한다. 다른 사람이 보는 것처럼 자신도 보려고 한다. 그리고 흔히 예술적 감각·지각에서는 직관에 의지한다고 알려져 있다. 그러나 실상 일상의 문제에 대해 우리는 직관적으로 결정하는 경우가 흔하다. 집을 고를 때도

'왠지 끌려서'라고 말하고, 옷을 고를 때도 '왠지 끌려서'라고 말한다. 식사 메뉴를 정할 때도 마찬가지다. 더구나 일생의 반려자를 정하는 일조차 '운명'에 맡기기까지 한다.

현상학의 주관은 사랑과 같은 것이다. 나에게는 너무나 확실한 사실이지만 다른 사람에게는 도저히 보여 줄 수 없는 것이다. 역사주의의 주관은 우리에 앞서 형성된 세계에 대한 주관이다. 현상학의 주관은 우리와 함께 의미로 주어진 세계 안팎의 초월적 주관이다. 사물은 객관적으로 존재하지만 의미는 주관적으로 형성한다. 주관과 사물과 객관, 나와 의미와 타자는 양면이면서 일면의 움직임이 가능한 '뫼비우스의 띠'처럼 연결하여 위상적으로 진동한다.

주관은 내부와 외부가 '지향성'의 관계로 하나가 되는 '장소'의 주관이다. 의식의 시간, 시간의 의식을 이성 속으로 끌어들인 것이 근대의 시간관이다. 이러한 시간관으로는 유클리드적인 근대의 공간사유에 묻힌 장소를 드러내지 못한다. 현상학적 주관은 인간주의에 머물러 있는 인식론적 형이상학의 리얼리티와 역사의 리얼리티를 벗어날 수 있는 출구가 된다.(송석랑, 2015, 331)

외부세계에서 의미를 만드는 사물(사건)에 대해 사실적으로 관찰하고자 하는 욕망의 집결 장소가 '과학'이다. 수학은 이러한 사실들(자연)의 패턴을 밝히고, 수치화하는 데 필요한 원리를 제공한다. 현상학은 또 하나의 세계인 우리의 내면에서 의미를 형성하는 과정에 관심을 집중한다. 우리의 외부의 바탕이 '공간'이라면, 우리 내면의 바탕을 이루는 것은 시간(시간의식, 의식시간)이다.

우리의 생활세계는 공간적 바탕의 자연과 시간적 바탕의 의식세계가 상충·상보하는 장소다. 고정과 변화가 차이와 반복을 통해 역동적인 흐름을 형성한다. 외부세계에도 이중성이 존재한다. 고정을 통해 인간에게 시간의 흐름을 알려 주는 것이 동양의 28수 별자리다. 어느 별자리에서 해가 뜨고 지는가에 따라 계절을 읽는다. 오행성의 길과 색과 흔들림을 28수를 좌표 삼아 함께 읽는다. 무엇보다 지구의 움직임, 자전과 공전이라는 거대한 흐름이 지구 생명체의 삶에는 절대적으로 영향을 끼친다.

인간은 의미 부여자다라고 말할 수 있을 것이다. 모든 존재하는 사물은 의미를 지니고 있으나 그 의미는 인간에 의해 부여되며, 의미를 획득함으로써 존재하게 된다는 말이다. 칸트의 초월적 범주가 내재적이고 정적이며 인식론적임에 비하여 하이데거는 인간을 고정된 성질이나 범주를 내유하고 있는 사고의 주체자로서가 아니라 현존재 Dasein으로서, 즉 하나의 객체로서가 아니라 하나의 기능자로서 파악하고 있다. 의식은 지향성이라는 훗설 개념, 즉 의식은 항시 무엇에 대한 의식이라는 개념을 차용하여 그는 다양한 형태의 인간의 전존재를 단일한 개념으로 통일하고 있는 것이다.

— 버논 W. 그라스, 1983, 7

고정성과 변화성 사이에서 사물들·사건들은 진동하면서 의미를 형성한다. 인간은 사물에 의미를 부여하며, 의미는 인간을 움직이게 한다. 사물에 의미를 부여할 때 비로소 인간은 존재의 의미를 획득하게 되는 것이다.

자연은 운동이고 그 상태대로 인간에 의해 경험되는 현상이다. 자연현상은 인류의 역사에서 일찍부터 운동 종류, 운동 형식, 사물의 형태 그리고 형태 변화 등으로 세분화해서 이해되었다. 과정적인 것은 모든 자연 인식의 가장 눈에 띄는 특성으로 통하게 되었다. 소크라테스 이전의 자연철학자들에게 4요소론은 과정적인 것을 감각으로 검증할 수 있는 경험 매체로 해석되었다. 태양은 항구적인 불(火)이라는 물체로, 바다는 순수한 운동공간으로, 공기는 모든 유기체적 생명체의 무조건적인 전제로, 사계절은 땅의 성장과 사멸을 설명해 주는 기본 모델로 해석되었던 것이다.(마르크 리스, 2010, 389)

> 헬름 홀츠는 리만의 위상학적 모델들을 유체역학적 회오리이론과 연결했다. 가령 쇼크파(波) 생성을 연구했다. 여기서 결정적인 것은, 연속이론적 시각으로 보면, 물질 입자가 유사 액체적 근본 실체의 회오리로 여겨질 수 있다는 사실이다. 장이론 역시 이 방향으로 나아갔다. 일반론의 장이론을 찾으려는 알베르트 아인슈타인의 추구는 이러한 발전을 완수하는 것이었다. 에테르이론의 극복과 함께 빈 공간 자체는 유사 액체적인 매체로 여겨졌다.
>
> — 마리-루이제 호이저, 2010, 261

음양은 '달과 해'를 가리킨다. 달에 의해 가장 활발하게 움직이는 것이 바다다. 바다의 밀물과 썰물을 보면, 물이 60~80%에 이르는 인간의 몸이 '달뜨고 지는 것'에 얼마나 영향을 받는지 미루어 짐작할 수 있다. '달뜨다'는 말이 있다. '물이 오르다'는 말도 있다. 땅이 받고 있는 물과 대기권으로 들어온 태양 빛이 만드는 분위기가 바로 '대기'다. 대기의 수분량이 곧 '분위기'를 좌우한다. '불쾌지수'라는 말은 분위기를 다르게 이르는 말이다.

지구

우리나라의 경우 단군 이래 19세기까지의 변화와 발전보다 20세기 100년간의 변화와 발전의 폭이 컸다는 데 이의를 제기할 사람은 없을 것이다. 삶의 기반을 과학기술로 삼은 대부분의 민족의 경우도 이와 크게 다르지 않을 것이다. 그리고 20세기 100년의 변화보다 21세기 초반 10년의 변화와 발전이 과학기술 측면에서 본다면 더 컸다고 봐도 무방할 것이다. 이와 관련해 미래에 대한 전망은 엇갈린다. 지난 30만 년 동안의 변화·발전보다 현재까지의 30년이, 현재까지의 30년보다는 이후의 3년의 변화가 더 클 것이라고 보는 미래학자들도 있다.

우리는 인류의 잠재력과 축적된 문화 기술의 역량이 폭발하는 시기를 살고 있다. 이것을 인간의 이성·심성·지성능력이 아니라 과학기술에 의해 주도되고 있다는 점에서 미래를 유토피아보다는 디스토피아로 그리는 사람이 늘어 가고 있다. 로봇·인공지능에 의해 더 가속화될 과학기술의 발전에 대한 기대와 두려움, 낙관과 비관이 교차하고 있다.

문화유물론자들의 문화에 대한 접근은 매우 신선한다. 그들은 서구문화로부터 억압되고, 지워지고 악마화된 타자의 목소리를 확대하여 문화를 다시 읽어 내고자 한다. 문화는 결코 지배문화에 의해서만 규정될 수 있는 것이 아니다. 항상 다양한 목소리를 포함하는 가변적인 하나의 과정이며, 문학비평은 일종의 문화비평이다.(김종환, 1994, 186)

우리 문화의 지향은 세계적 보편성과 지역적 특이성, 역사적 항상성과 문화적 가변성 사이에서 진동하고 있다. 그러한 진동은 폭을 키워 볼 틈도 없이 과학기술이 선도하는 새로움 쪽으로 강하게 경도되고 있는 것이 현실이다. 문학비평은 일종의 문화비평이지만 이것은 과학기술을 결여할 수밖에 없기 때문에 유력한 미래 담론에서 번번이 밀려나고 있는 실정이다.

우리는 과학기술의 타자로서 문학비평, 문화비평을 재정립할 필요가 있다. 인문학의 담론을 과학기술 담론들에 의해 '억압되고, 지워지고, 악마화된 타자의 목소리'로 스스로 상정하는 것이다. 타자의 목소리를 좀 더 정확하게 듣기 위한 자리로 변곡해 낼 수 있는 위치를 제대로 모색할 필요가 있다. 그러기 위해 우리는 타자로서의 '주체성'을 새롭게 모색해야 한다. 그래야 악마화된 목소리를 성찰의 목소리로 환원할 수 있다. 소위 지배문화라고 하는 것은 여러 문화 중 하나일 뿐이다. 문학 역시 여러 문화 중 하나라는 것을 부정할 수는 없다.

작금에 이루어지고 있는 세계화는 21세기 초입의 세계화와는 또 다른 양상과 지향을 보이고 있다. 그때의 세계화는 지역문화의 정체성을 심각하게 위협하는 것이었고, 서구 중심의 문화의 동질화를 꾀함으로써, 다양화, 특수성을 전면에 부각시킬 수 있었다.(이유선, 2006, 161) 기존의 세계화는 문화에서의 세계화를 일컫는 것이었기 때문에, 후진적인 문화가 아니라 특수한 문화라는 로컬리티가 작동할 수 있었다.

2010년대의 세계화는 문화가 아니라 과학기술이 주도하고 있다. 무한 경쟁으로 세계 전체를 내몰고 있다. 각 나라와 민족은 자신의 목소리나 특색을 갖기 위해 노력하는 것이 아니라 도태되지 않기 위해 사활을 걸고 있다. 물론 이것 역시 지난 세기의 연장선상에서 새로 기술문화제국이라는 욕망이 내재되어 있는 것도 부인할 수 없다.

과학기술이 이끄는 세계화라는 것도 여러 문화적 지향 중의 하나라고 생각하면, 생활세계에서의 근원적인 현상학적 환원은 중심보다는 지역에서 이루어질 수 있는 가능성이 크다. 즉 지역의 세계화 가능성은 중앙(대도시, 메트로폴리탄)의 세계화 가능성보다 클 수 있다는 것이다. 그러나 지역은 언제나 중앙을 지향하며 중앙은 지역을 지배하는 이중적 모순 구조를 띠고 있다. 민족주의에 기반한 이러한 모순 구조는 '범지구적 무대 누비기'라는 모빌리티의 확장으로 일거에 해소할 수 있다.

나는 또한 장소들 사이의 이례적인 범지구적 경쟁을 분석했는데, 범지구적 무대에서 그 지위를 둘러싼 투쟁을 하면서 장소의 특성이 변화됨을 분석했다. 따라서 장소는 역동적으로 이리저리 움직이는 것처럼, 그래서 반드시 하나의 '위치'에 머물러 있을 필요가 없는 것으로 보인다. 장소는 인간-비인간 행위자들, 즉 사진, 모래, 카메라, 자동차, 기념품, 그림 등으로 구성된 네트워크 내부를 이동한다. 이런 사물들은 인간이 할 수 있는 것과 장소의 수행이 가능한 것의 범위를 확장시킨다. 그 결과 네트워크는 소용돌이치며, 유동하는 것 같다. 또한 네트워크는 장소의 고정성을 변화시키며 기대하지 않았던 새로운 장소들을 무대 위로 '끌어'낸다.

— 존 어리, 2016, 491~2

망, 네트워크는 지구의 지평을 거의 무한대로 확장한다. 개인들이 네트워크상에서 하나의 '노드'로 작용해 적게는 수 개의 선을 연결하고 많게는 수백 개의 선을 연결한다. 지구의 장소 위상성은 무한대 이상으로 확장 가능하며, 자신이 중개한 선이 전혀 새로운 이면을 드러내며 자신을 통과해 간다. 장소 자체가 네트워크 내부를 이동하고 있는 것이다. 국가나 민족, 국경선이 얼마나 낡은 것인지를 비웃을 수 있게 되어야 한다. 후설은 생활세계의 선험성을 통해 미래로의 질주에 변곡을 가하고자 한다. 그는 학문은 생활세계의 아프리오리를 고유하고 순수한 주제로 삼아야 한다고 역설한다.

보편적인 생활세계의 아프리오리와 보편적인 객관적 아프리오리라는 두 가지 보편적 구조를 체계적으로 구별할 필요가 있다. 그런 다음 '어떻게 객관적 아프리오리가 생활세계의 주관적-상대적인 아프리오리 속에 근거하는가' 또는 '예를 들어 어떻게 수학적 명증성이 생활세계의 명증성 속에 자신의 의미의 원천과 권리의 원천을 갖는가'하는 방식에 따른 보편적인 문제 제기를 구별할 필요도 있다.

― 에드문트 후설, 2016, 270

우리에게 절대적 보편으로 주어진 것은 지구의 자전과 공전, 해와 달, 그리고 화성, 수성, 목성, 금성, 토성의 오행성과의 관계다. 지구에서 사는 생명에게 이보다 더 보편적인 것은 없다. 이것이 보편적 생활세계의 아프리오리다. 그리고 이들에 대한 다양한 방식으로 읽고/쓰는 학문의 이론과 방식이 객관적 아프리오리를 구성한다. 세계를 향하는 생활세계의 아프리오리와 내면을 지향하는 학문적 아프리오리가 하나의 체계를 이룬다.

우리는 후설의 물음 '어떻게 생활세계의 아프리오리라는 토대 위에, 또한 새로운 의미를 형성하는 어떠한 방식으로 객관적 아프리오리가 간접적이고 이론적인 작업 수행으로 성립하는가'에 나름대로의 체계적인 관계들을 제시해 볼 수 있게 된다. 보편적 문제 제기에 대한 답은 위상적이다. 바라보는 세계와 품고 있는 세계가 모두 다르기 때문이다. 따라서 답을 뒤좇아 다녀서는 특별한 의미를 만나기 어렵다. 스스로 주관과 객관, 절대와 상대, 보편과 특수가 끊임없이 변곡하는 장소를 구성한다. 그리고 '나무'와 같이 언어의 노드로 자리 잡고 다양한 위상선들이 지나는 것을 '뮤즈를 기다리는 낭만주의자'처럼 기다려 보는 것이다.

리듬

지구가 넓다고 생각하는 사람은 점점 줄어들고 이다. 스마트폰에서 구글 지도를 작동하면 자신이 지구의 어느 위치에 있는지 금방 알 수 있다. 물론 아주 깊은 심해나 지구의 핵 부분은 아직 가닿을 수 없다. 그렇지만 그곳에 특별한 세계가 있을 것이라는 상상은 현실감을 얻기 어렵게 되었다. 또한 영화적 상상 속에서 훨씬 더 다양하게 다룸으로써 혹여 그런 세계가 발견된다고 하더라도 사람들은 크게 놀라지도 않을 것이다.

우리가 '눈'으로 볼 수 있는 세상은 매우 한정적이다. 그런데 다양한 미디어를 통해 제공되는 영상은 우리의 상상 이미지를 넘어선다. 보이는 현실은 너무도 협소해졌다. 미디어의 상상이 닿지 못하는 영역을 가지기 위해서 우리는 새로운 지향을 감행할 필요가 있다.

초현실은 무한급수로 발전하는 재현기술에 의해 현실보다 더 실감 나게 시선에 주어진다. 영화의 컴퓨터 그래픽이나 게임이 제공하는 3D는 초현실주의를 능가하고도 남는다. 이 초월성은 신의 세계를 그려 내면서, 현실을 초라하게 만들었던 것과는 다르다. 오늘날 우리에게 제공되는 초월세계는 신들의 세계보다 훨씬 더 화려하고 역동적이다. 그 세계에서 인간은 스스로 신을 자처한다. 현실은 초라하더라도 새로운 초월세계의 신적인 위치를 차지한 나는 결코 초라하지 않다. 르페브르는 "초현실주의 시학이 지닌 내재적인 결함은 이보다 훨씬 심각하다."고 말한다.

> 초현실주의 시학은 보다(voir)라는 행위를 뛰어넘어 시각적인 것을 우위에 놓고, '듣는 일'에 소홀하며, 이상할 정도로 '말하기'의 음악성을 간과한다. 이 같은 소홀함은 중심이 되는 '시각'에서는 더욱 심각하게 나타난다. "마치 갑자기 인간존재의 어둡고 깊은 밤에 구멍이 뚫린 것 같고, 자연적인 필요가 논리적인 필요와 하나가 되기로 동의하며 완전히 투명성을 보이는 것 같았다.……"
>
> – 앙리 르페브르, 2011, 62

울림이 있는 말하기의 중요성, 이때 말은 입으로 하는 것이 아니다.

가슴으로 말하고, 온몸을 울려서 소리를 만들어야 다른 사람을 움직일수 있다. 울림이 있는 말하기, 이야기가 있는 노래가 채우는 공간은 그용적과 상관없이 우주적인 다양성을 획득할 수 있다. 이야기의 흐름이공간을 형성할 때, 우리는 입체적 지향을 통해 자연과 문화를 넘어, 3차적 자연에 이르는 길을 변증법적으로 탐색해 볼 수 있다.

흐름과 결집은 모순적이고 이중적이다. 그러나 이것이 없다면 자연의 리듬도 없다. 물이 오르고 꽃이 피고, 신록이 물들고, 열매가 영글고, 이파리가 떨어지고, 열매가 익는다. 자연적 리듬은 하나의 플롯이다. 그 흐름에서 돌출되는 것이 시다. 박봉우 시인의 「겨울에도 피는 꽃나무」가 대표적이다. 봄이어서 꽃이 피는 것이 아니라 꽃이 피면 한 겨울도 봄이다. "공간적 형태의 다양성, 실천의 유연성은 다기능, 기능 장애들, 기능의 다양성과 마찬가지로 강화될 수밖에 없다. 그같은 사이공간에서 몸은, 복수의 길을 헤쳐 나갈 수 있을 것인가? 일차적 자연과 2차적 자연은 어떻게 될 것인가?"(앙리 르페브르, 2011, 549~50) 도시는 현대의 자연이다. 그래서 현대인은 영하 10도나 영상 40도를 살 필요가 없다.

복제, 표절이 가능한 것은 정체성이 확실하면서 정체되어 있는 것, 곧 움직이지 않는 것이다. 투수는 야구공을 수만 번을 던진다. 같은 투수라도 똑같은 속도와 종류의 공을 두 번 던질 수는 없다. 몸에서 흐름을 만드는 데는 세 가지 힘이 동시에 작용해야 한다. 팔의 휘둘림은 원심력을 발생한다. 온몸의 전진운동과 멈춤을 통해 원심력을 직선운동의 에너지로 바꾼다. 투수가 공을 던지는 메커니즘은 이것이 전부라고 해도 무방하다. 수만 명이 투수들이 이 플롯에 기반해 공을 던지지만, 꼭 같은 폼으로 똑같은 공을 던지지 못한다. 플롯의 기능은 이렇게 공을 던질 수 있게 하는 것과 같이 사람들이 글을 쓸 수 있도록 만드는 것까지 담당하는 것이다. 그리고 직구나, 커브, 슬라이드처럼 글쓰기의 종류를 구분해 줌으로써 독자가 나름의 대응 방법을 강구할 수 있도록 해 주는 것까지 담당한다.

몸과 마음의 모순을 양질의 모순으로 환원하기는 어렵지만 '수사(修辭)'는 가능하다. 수사를 넘어 새로운 언어를 지향하기 위해서는 '3분법적 움직임'이 필요하다. 이러한 변이 혹은 자연스러운 몸의 변형, 마음의 변화는 공간에의 최적화를 지향한다. 직장에서의 몸, 집에서의 몸, 놀이공간에서의 몸은 달라진다. 몸이 달라지는 것은 몸이 품고 있는 공간인 마음이 달라진다는 것이기도 하다. 몸 바깥의 공간과 몸 안쪽의 공간 사이에서 진실은 다채롭게 진동하면서 한 차례의 반복도 허용하지 않는다.

> 리듬이란 상호작용이다. 리듬은 장소를 포함하고 있지만, 그 자체로 장소는 아니다. 리듬은 사물이 아니며, 사물의 집합체도 아니고 단순한 흐름도 아니다. 리듬은 그 안에 자신의 법칙, 즉 규칙성을 지니고 있다. 이 법칙은 공간, 리듬의 공간, 공간과 시간의 관계로부터 온다. 모든 리듬은 하나의 공간적·시간적 현실을 보유하고 점유한다. 이 리듬은 여러 학문을 통해서 밝혀졌으며, 물리적인 현실(파동)과 관련해서는 제어가 가능하기도 하지만, 생명체, 기관, 몸, 사회적 실천 등과 관련해서는 전혀 알려진 바가 없다.
>
> — 앙리 르페브르, 2011, 309

리듬은 진동에서 나온다. 진동의 층위는 대부분 '사이공간'이다. "이 층위는, 때로는 전복시켜 가면서 대칭-비대칭의 법칙에 복종한다. 이런 식으로 할당된 (가치가 부여된) 장소들은 정신적 공간으로 분산되지 않으며, 분리되지 않는다. 무엇이 장소를 이어 주는가? 기호학적 차이인 리듬이다."(앙리 르페브르, 2011, 336)

리듬, 변곡점의 역동적인 비틀기, 뒤틀기가 한 번도 반복되지 않은 그러나 하나의 플롯을 반복하면서 에너지를 생산하면서 소모한다. 소모하는 힘으로 에너지를 생산하는 장소를 구성한다. 이 중성성의 지점, 영도의 지점에서 공간의 진실과 진실의 공간이 공전한다. 공간의 진실은 정신공간과 사회공간의 교환 집합으로 열리지 않는다. 수학적인 정량은 여러 가지 방식 중 하나다. 두 공간 사이, 당신과 나 사이에는 구분이 아니라 거리를 확보하는 것이 중요하다. 두 공간은 혼동되는 것이 아니라 공통의 계기 또는 요소를 지니고 있다고 르페브르는 말한다.

> 중심성은 인식, 의식, 사회적 실천 모두의 공통점이 된다. 에너지의 집중, 핵심 그리고 '중심—주변', '집약—손실', '응축—발산', '내향성 폭발—외향성 폭발' 등의 변증법적 움직임 없이 '현실'이란 있을 수 없다. '주체'는? 그것은 일시적인 중심이다. 그렇다면 대상성? 역시 마찬가지다. 분리가 아니라 다소간의 거리, 거리감. 몸은? 적극적인(생산적인) 에너지 발생원이다. 도시는? 도시적인 것은? 마찬가지다.
>
> — 앙리 르페브르, 2011, 563

에너지를 발생하기 위해 절대적으로 필요한 것은 '분리가 아니라 다소간의 거리감'이다. 그러니 르페브르가 제안한 이항 대립적인 것으로는 이러한 거리감을 제대로 확보하기 어렵다. 거리감을 확보했다고 하더라도 그것을 '장(場)'으로 만드는 데는 한계가 있다. 따라서 '중심—주변', '집약—손실', '응축—발산', '내향성 폭발—외향성 폭발' 등의 변증법적 움직임은 이렇게 삼항 대립 혹은 삼항작용으로 대체되어야 한다.

12. 위상변증법

'3' 변증법 – 공간변증법 위상변증법

'3'이라는 숫자는 특히 동양에서 각별한 위미를 지닌다. '1'은 나(我)이고, '2'는 너(他人)이고, '3'은 '우리'다. '삼인행필유아사(三人行必有我師)'라는 구절도 매우 유명하다. '3'은 흔들림 없는 숫자이기도 하다. 고구려의 상징인 삼족오(三足烏)가 그렇고, 다리가 셋인 '솥'은 재단의 향을 피우는 신물을 상징하기도 했다. '3'과 관련된 언술은 우리의 실생활에서도 어렵지 않게 만날 수 있다. 금기를 지켜야 하는 날은 '3·7일', 3번의 기회, 3번의 울음, 승부는 삼세판, 삼재(三災), 술이 석 잔/뼘이 석 대 등이다. 도덕경에는 "一生二, 二生三, 三生萬物"이라고 했다.

변증법은 숫자 2를 기본으로 삼는다. '나와 너' 즉 주체와 대상의 관계다. 개인의 정체성의 추구는 가장 효율적일지 모르지만 공동체의 플롯 변화를 가져오는 것에서는 큰 효과를 발휘하기 어렵다. 서구의 '나너변증법'과 위상을 달리하는 '우리변증법'을 본격적으로 모색할 때다. 우리변증법은 오래도록 우리의 삶과 사유 속에서 작동하고 있었다. 서구 사유에 밀려 언어화의 기회를 갖지 못했을 뿐이다.

인류가 대처해야 할 문제는 이제 국가나 민족 단위에서 국지적으로 발생하지 않는다. 시간의 선적인 성격과 공간의 지평적 특성까지는

'너나변증법'으로도 얼마든지 규명하고 해석할 수 있었다. 우리의 삶이 위상적으로 더욱 다채로워지고 있는 만큼 '우리변증법' 즉 이분변증법을 넘는 변증법에 대해 언어적으로 해석하는 작업이 본격적으로 이루어질 필요가 있다.

우리의 삶, 정신에 지대한 영향을 미치는 언어는 두 쌍이 아니다. 몇 개의 예로도 쉽게 세 쌍의 언어를 확인할 수 있다. '나·너·우리', '이성·지성·감성', '주관·객관·직관', '개념, 관념, 신념', '공간, 시간, 인간', '천문, 지리, 인문', '천지인(天地人)'…… 이분법적 대립이나 이항 작용에서 변화의 원동력을 읽어 냈던 시선에서 벗어나 삼분법적, 3항 작용을 통해 다채로운 변화를 모색해 보는 것이다. 그래야 우리는 의미의 지평과 위상에 획기적인 변화를 줄 수 있을 것이기 때문이다.

르페브르는 맥락의 공간을 세 겹의 담론으로 파악한다. 정신을 차리는 것은 의식을 흐르게 하는 것이다. 이것이 사고다. 개인의 사고가 구체적인 문장으로 드러나 소통하는 장이 담론의 공간이다. 내면에서 이루지는 것이 사고라고 한다면, 바깥에서 이루어지는 것이 담론이다. 의미와 진실은 동일한 것이 아니다. 우리에게 중요한 것은 의미나 맥락이 아니라 흐름이라는 진실이다.

> 모든 언어는 공간 안에 위치한다. 모든 담론은 공간을 말한다. 여기서 공간 안의 담론과 공간에 대한 담론, 공간의 담론을 구분해야 한다. 요컨대 언어와 공간 사이에는 비교적 알려지지 않는 관계가 존재한다. 확실히 진정한 공간 따위는 없어 보인다. 하지만 비판적인 이론으로 축소되지 않으면서 이러한 경향까지는 포함하는 공간의 진실은 틀림없이 존재한다.
> – 앙리 르페브르, 2011, 214

공간의 진실이 존재하는 데 그치지 않고 흐름으로 나아가고 그 나아감이 새로운 흐름을 형성할 때 우리는 새로운 변증법을 모색할 수 있다. 이것은 다양한 생성의 변증법, 무 혹은 소멸의 변증법을 포괄하는 '흐름의 변증법'을 지향한다. 흐르기 위해서는 비워지는 것이 선행되어야 한다. 언어와 공간 사이에 비교적 알려지지 않는 관계를 제3의 관계로 본다. 제3의 관계는 흐름을 전제로 한 관계다.

공간의 진실은 채워지는 것이 아니라 비워지는 것이다. 비워 낸 자리에 남겨진 흔적을 통해 의미를 구성하게 된다. 공간의 진정성은 투명성, 중성성에 있다. 그러나 그 이면에는 담론의 진실이 자리하고 있어야 한다. 비우는 힘으로 채우고, 채우는 힘으로 비우는 변증법, 위상적 변증법이 '삼항변증법'의 핵심 원리다. 그럴 때 공간은 곧 담론이 될 수 있다. 이것은 1:1의 채워짐이 아니다. 공간에서 펼쳐지는 담론이고 공간으로부터 비롯한 담론이고, 공간에 대한 담론이기도 하다. 르페브르는 공감담론에서 중요한 것은 이항주의가 아니라 '삼중적 관계'라고 말한다.

> 삼중적 관계, 두 개가 아닌 세 개의 항이라는 데 주목한다. 두 개의 항이 문제될 때는 대체로 대립이나 대조, 반대관계로 요약되기 쉽다. 의미작용을 하는 효과, 이를테면 메아리효과, 파급효과, 거울효과 등에 의해 정의되기 쉽다는 말이다. 철학은 두 개의 항이 짝을 이루는 관계를 넘어선 적이 거의 없다.
>
> – 앙리 르페브르, 2011, 88

가장 오래된 이항 대립의 하나는 주체와 객체의 대립이다. 변증법은 이것을 기본 대립으로 삼는다. 그리고 대부분의 변증법은 '주체' 위주로 지향한다. 존재에서는 인식존재와 실존존재의 대립이 있다. 자아와 비자아의 대립 등 이항 대립은 우주를 지배하는 원리라고 말한다.

르페브르는 이항주의는 정신적인 것이 되어 버렸다고 말한다. 정신적인 것은 고정성이 강하다. 한시도 멈추지 않는 삶과 사유, 그리고 사회의 흐름을 정신적인 것은 받아 내지 못한다. 받아 내지 못한 것은 인정하는 대신 배척하는 경향이 있다.

물리적인 것, 정신적인 것, 사회적인 것, 문화적인 것, 체험된 것, 상상된 것, 감각된 것, 지각된 것, 인지된 것, 인식하는 것 등은 이항대립을 넘어선다. 이항으로 이항 대립을 넘어서는 방법으로는 메아리가 있다. 메아리효과에서는 변곡 지점이 가장 중요하다. 파급효과는 이항대립 사이를 수직(사선)으로 가르며 일으키는 내파의 흔적에서 비롯한다. 살아 있는 활동과 관계 있는 것, 곧 생활세계를 제대로 포착해야 삶에 기여할 수 있다. 시간, 공간 그리고 시간공간성, 공간시간성을 탐색할 수 있어야 한다.

후설은 시간공간성을 선험적 의미에서 실재적 생활세계로서 순수한 생활세계의 시간공간성으로 환원하자고 제안한다. 이 환원은 귀결이 아니라 변곡을 의미한다. 시간공간성은 생활세계의 이면에 자리한 실재적 세계의 보편적 형식이다. 이 형식을 통해 생활세계의 실재적인 것 모두는 형식적으로 규정된다.(에드문트 후설, 2016, 384)

그러나 규정은 고정이 아니라 흐름의 형식이라는 점에서 기존의 선험성에서 벗어난다. 동시성은 지평을 전방위로 확장한다. 계기성은 어떤 사건의 시초에 해당한다. 이렇게 지평을 넓히면서 시간은 공간성을 획득한다. 이것은 학문 이전의 의미나 이후의 의미에서, 상상적인 것과 실재적인 것 사이에서 장소성을 구성한다.

시선

우리의 생활세계는 인간의 삶의 배경이 아니다. 생활세계는 고정되거나 정체되는 일이 없다. 인간은 생활세계에 기대 사는 것이 아니라 달라붙어 산다. 인간의 삶이 환경세계를 주도하고 변형한다고 믿는 것은 오산이다. 환경세계(동양의 오운육기(五運六氣), 천문지리(天文地理)에 의해 인간의 몸은 물론 '심성'도 달라진다. 환경세계는 쉼 없이 흐르고, 변하기 때문에 관찰되거나 통찰 가능한 영역이 아니다. 오직 직관적으로 파악할 수밖에 없다. 흐름이고 분위기인 환경세계는 육체보다는 몸에 가까운 세계며, 정신보다는 마음에 더 가까운 세계다.

환경세계는 직관적으로 주어진다. 우리는 단순히 시간·공간의 형태들을 향한 추상적인 시선의 방향으로 물체를 경험한다. 이 물체는 기하학적-이념적 물질의 구조화가 아니다. 우리가 실제로 경험하며 실제적 경험을 내용으로 지닌 그 물질 자체다. 그 물질 자체로서 물체를 자의적으로 상상해 변형시킬 수 있다. 그럴 때에도 어떤 의미의 가능성은 기하학적-이념적 가능성 너머에서 온다.(에드문트 후설, 2016, 97)

분위기로서의 물체, 마음을 나누는 대상, 실제적 내용, 형식, 이념적 공간 속에 그려지는 반복 가능성의 불가능성을 최선으로 삼는다. '위상성'을 최대치로 발휘하기 위해서 마법/탈마법, 신화/탈신화를 하나의 흐름으로, 실제/탈실제, 실재/탈실재를 또 하나의 흐름으로 삼아 제3의 흐름으로 위상성을 확대·고양할 수 있어야겠다.

양과 질은 구분이 가능하지만 그것은 추상적으로만 가능하다. 질을 배재한 양, 양을 배제한 질은 시간과 공간처럼 추상적으로는 구분이 가능하다. 양·질, 질·양은 시공간, 공시간처럼 구분되지 않고, 서로의 이면을 이룰 때, 역동적인 의미를 생산할 수 있다. 역동성을 누르면서 추상화를 거듭한 철학은 분리를 혼동의 남용으로 간주한다. 분리, 분산은 결집과 대립한다. 이러한 이항 대립의 사유는 근대의 진보에 속도를 더했다. 속도를 더할 수 있는 길은 여러 길 중의 하나일 뿐이다.(앙리 르페브르, 2011, 586) 차이의 이해와 차이의 실현이 강제적인 동질화와 대립하는 것과 같은 이치라는 르페브르의 성찰은 값지다.

변증법을 이항 대립, 이분법에 가두는 것은 새로움을 지향하기보다 오늘의 문화적 환경에서는 쇠퇴를 거듭하는 길이다. 위계성은 강제적이고 동질화를 통해 구축된다. 이것을 벗어나는 길은 '차이의 이해와 실천'이라고 르페브르는 말한다. 차이는 선험적으로 존재하는 것이 아니다. 새로운 차이, 변곡을 위한 차이는 변곡 이후에 주어진다. 차이에 의해 위상성이 확보되는 것이 아니라 위상성에 의해 차이가 확보되는 것이다.

기호는 세계를 조목조목 의미화하고, 의미화를 통해 기호화한다. 이미지는 우리의 심경에 떠오르는 별과 같이 새겨져 빛난다. 이미지와 기호는 내면의 세계와 외면의 세계에 의미를 부여한다. 그런데 각자 부여된 의미만으로는 기하급수적인 증식을 이루기 어렵다. 두 세계의 소통이 이루어져야 의미의 역동성은 폭발적으로 배가한다. 공간적 실천은 두 세계를 잇는 변곡의 장소를 마련하는 것과 다르지 않다. "기호와 이미지라는 추상에 의해 눈속임으로 결합된 공간들을 해체시키지 않는 방식으로 공간을 점유한다. 차이는 차이의 기호로 대체되며, 그 결과 생산된 차이는 귀납적 차이와 기호로 축소된 차이로 진즉부터 대체된다."(앙리 르페브르, 2011, 551)

그래서 중요한 것은 동질화를 추구하는 것이 아니라 차이를 생산하는 것이다. 기술의 진전과 예술의 진전 사이 – 해석의 차이, 사후성의 차이, 기호와 이미지, 추상공간의 구체성, 예술의 차이를 모두 뒤집기를 할 수 있을 때, 동시적 시선을 확보할 수 있다.

말과 삶의 변증법적 움직임은 다양한 것들을 융합시킨다. 지배는 공간점유를 바탕으로 하고, 전유는 위상적 공간으로의 변곡을 지향한다. 공간을 유지하고자 하는 지배와 공간을 쪼개려고 하는 전유의 갈

등은 기술성(記述性)과 기술성(技術性)의 모순을 내포한다.

> 순수한, 절대적인, 전유의 기미라고는 전혀 감지되지 않는 상태의 기술이나 전문성이란 없다. 하지만 기술과 전문성은 자율적인 역량으로 부상하는 경향이 있고, 전유보다는 지배를 향하며, 질적인 것보다는 양적인 것을 추구한다. 이와 마찬가지로 기술과 어느 정도의 전문성이 빠진 음악, 시, 연극 등은 있을 수 없다. 하지만 전유는 질적인 것 속에 기술을 흡수하려는 경향을 보인다.
>
> – 앙리 르페브르, 2011, 554

기존의 변증법의 구조를 바탕으로 새로운 지향을 모색하는 데는 한계가 있다. 근원적으로 이항 대립을 삼항 대립으로 전환하는 순간 우리는 새로운 생활세계의 장을 개시할 수 있다. '말과 행위와 몸의 변증법', '고착과 홈파임과 흐름의 변증법', '지배와 예속과 전유의 변증법', '시와 음악과 회화의 변증법'……의 지향은 처음인 공간을 개시할 수 있다. 변증법적 모순은 능동적인 모순이고, 모순으로 나아가는 지향이다. 단일성을 지향하는 변증법은 근대의 것이다. 다양성을 추구하는 것이 위상적 변증법이 지향하는 바다.

제3의 자연

인간의 시선은 '자연'으로서 혹은 자연히 주어진 것과 대면한다. 선험적으로 주어진 것들을 분석·분류하면서 나름의 길을 낸다. 이 과정에서 벡터, 지향성을 획득하고 '자기 자신'의 정체성을 획득한다. 그리고 다양한 길, 지향성들을 짜고 짓고 깁고 엮으면서 2차적으로 주어진 자연으로서 '스스로 주체'인 문화, 후험적인 것들의 지향을 선도한다.

이것은 온전히 인간적인 것들만의 지향성 곧 우리가 흔히 일컫는 언어적 변증술에 바탕한 '변증법'들이다. 정체성을 확립하는 것은 '정체(멈추다)', 지향은 '지양'을 전제로 삼아야 한다. 그래야 의미를 인간 중심으로 구성할 수 있다.

멈춘다는 것은 의미를 상실하는 것이다. 언어의 모빌리티를 극대화함으로써 우리는 다양한 환원을 통해 움직이는 변증법을 활성화할 수 있다. 공간의 모빌리티를 극대화하기 위한 변증법적 움직임은 1차적인 자연과 2차적인 자연을 발판으로 삼는다. 1차적인 자연은 근원적인 자연이다. '자연스러움'을 최선의 지향 가치로 삼는다. 1차적인 자연은 예술작품으로서의 공간을 제공한다. 손수 지은 집은 세상에 유일무이한 공간을 제공한다. 2차적인 자연은 상품화된 공간이다. 자동화를 통해 무한에 가까운 반복이 가능하다. 오늘날의 아파트는 2차적 자연이 제공하는 공간을 대표한다.

이 과정은(무한대로 분화된) 노동에 의해서, (부와 자재, 도구의) 축적에 의해서, (지식과 권력을 통해 발전에 족쇄를 채우는) 축소에 의해서, (지식과 권력을 통해 발전에 족쇄를 채우는) 축소에 의해서 점유된 끝없이 긴 시기에 가서야 완성될 수 있다. 결국 이는 각종 위험으로 가득 찬 엄청난 과정이며, 다른 가능성들이 제시되면 언제라도 유산될 수 있는 과정이다.

— 앙리 르페브르, 2011, 575~6

바르트는 "오늘날의 자연은 바로 도시이다"(롤랑 바르트, 2004a, 134)라고 벌써 반세기 전에 선언한 바 있다. 광케이블, 와이파이라는 무선 인터넷의 광범위한 보급은 새로운 '모빌리티'를 제공해 준다. 우리는 3차적 자연이 펼쳐지는 '구름공간' 곧 클라우딩 시스템이 일상화된 세계로 접어들고 있다.

인간 역시 기술의 주체이며 대상이라는 점에서 사물들과의 역동적 관계에 대한 지향과 지양에 대한 모색이 새롭게 가능해졌다. 기술은 어느덧 자연스럽게 자연성을 획득하고 있다. 여기에서 인간 중심의 변증술을 발휘하려는 것은 '오만'을 방증할 가능성이 크다. 새로운 우리의 가능성을 본격적으로 탐색해야 제3의 자연 속에서 작품과 상품을 넘어설 수 있을 것이다. 이것은 또한 인간, 비인간, 사물 각 층위에서 새로운 위상성을 지향한다.

부분이 모인 전체나, 전체에 의해 규정되는 부분의 관계에서 과감하게 벗어날 필요가 있다. 총체성에 대한 새로운 접근, 부분의 전체로의 변곡 과정, 전체의 부분으로의 변곡 과정에 대한 움직이는 포착이 가능해져야 한다. 이것을 탐색, 모색하는 것이 '3' 위상학의 역할이고 임무다. 총체적인 공간의 필요성은 위상성을 획득하는 것이지, 다양한 위상성을 모아 총체성을 지향하는 것은 아니다.

그래서 총체적 공간은 다른 방식으로 존재한다. 부분적인 효과 외에 다른 효과를 이면에 포함한다. 총체적인 공간은 언어와 다르지 않다. 혹은 언어를 통해서만 구체화할 수 있다. 소통의 효과 외에도 폭력과 설득, 합법성과 불신이라는 모순적인 효과 역시 총체적 공간을 채우며 지난다. 그래서 총체적 공간에는 권력의 표시나 지시의 흔적이 남는다. 흔적들은 이야기로 구성됨으로써 도시적 층위에 효과적으로 작용한다.(앙리 르페브르, 2011, 338)

도시의 공간은 지평의 공간이 아니라 위상의 공간이다. 공간의 총체성은 때와 장소, 관계하는 사람에 따라서 무궁무진하게 변화한다. 공간을 특별하게 만드는 방식은 다양하다. 가장 중요한 것은 변곡을 포착해 내는 것이다. 그것이 공간의 빈터로서 노드의 역할을 수행하기 때문이다. 과거의 총체성이 채워지는 것이었다면, 미래의 총체성은 최대치로 비우면서 최다(最多)의 경로를 품는 플랫폼을 지향한다. 누구에게나, 모두에게도 '우리의 장소'가 될 수 있다.

> 부유층의 주거지는 피상적으로 '사회화'된다. 궁궐이나 귀족들의 대저택을 본떠서 영접 구조, 음료수를 마시기 위한 바, 만남과 에로티시즘의 장소(등받이 없는 긴 의자 등)를 구입하는 식이다. 그런가 하면 도시(파편화 된)는 도시용 가구, 즉 노상시설, '디자인', 인위적인 환경정비 등을 통해서 역시 피상적으로 '사유지화' 된다. 이는 모순을 해결하고 갈등 상황을 창조적으로 뛰어넘는 3분법적인 변증법적 움직임이라고 할 수 없다. 이는 양자가 심각하게 대립하다가 결국 틀어져 버리는 나머지 혼돈의 진흙탕 속으로 빠져드는 침체적인 대립 구조일 뿐이다.
>
> — 앙리 르페브르, 2011, 331~2

양자의 대립은 그 강도가 더해 갈수록 틀어지게 되고, 틀어짐이 심할수록 자신을 잃지 않기 위해서 제각각 '정체성'만을 강화하게 된다. 모순은 거의 대부분 이항 대립, 이분법적 사유에서 비롯한 것이다. 이것을 극복하는 방식은 크게 둘로 제안할 수 있다. 하나는 이분법을 유지하면서 극복하는 것이다. 다른 하나는 이분 대립의 상황을 삼항, 삼분의 비껴 봄으로 변환시키는 것이다.

르페브르는 "빠져들면서 살아남기 위해 함께 살기 위해서는 공존을 모색하기 이해서는 '모순을 해결하고 갈등 상황을 창조적으로 뛰어넘는 3분법적인 변증법적 움직임이 요청된다"고 말한다. 신/인간의 대립 관계에서 '신전의 파괴', 신전의 자리에 부유층이 향유하는 공간이 자리해서는 구조는 변경되지 않는다. 인간의 향유공간과 생활하기 위한 공간의 대립은 상충·상보하지 않고 비껴 난다.

대안

동양과 서양의 사상이 지향하는 바가 잘 드러나는 아포리즘이 서양의 '이성(理性)'과 동양의 '성리(性理)'이다. 둘은 글자 위치만 바뀌었을 뿐이다. 이성은 개념적으로 사유하는 능력을 나타내는 말로 서양의 'reason, logos, rationality' 등을 반영하는 말이다. 동양의 사상을 대표하는 '성리(性理)'는 영어로 'human nature and natural laws, the rule of Heaven' 등으로 번역한다.

리(理)와 성(性)은 원점과 지향성이 다르다. 理는 세계에 근원성을 두고 있다. '性'은 자아(주체)를 그 근원으로 삼는다. 이성은 그 근원이 개인이다. '性'에 기반을 두고 '理'를 확장한다. 나로부터 세계를 지향한다는 점에서 사상보다는 사유에 다가선다. 반면 성리는 세계에 근원을 둔다. 나는 세계로부터 비롯한다. 세계로부터 나에게로 지향하는 것에 대한 언어의 구성은 '사상'이라는 말이 더 어울린다.

동양사상이라는 말이 동양사유보다는 더 자연스러운 것은 이와 같은 이유에서다. 마찬가지라 서양 사유라는 말이 서양사상보다 더 자연스러운 것도 같은 맥락이다. 물론 여기에 다른 의견을 제시하는 이도 많을 것이다. 앙리 르페브르는 대표적인 사람이다. "내포하면서 동시에 내포되는 것, 그런 신성한 것과 제왕적인 것, 지식과 권력, 이것들이 결합되고 총족된 겁니다. 당신은 이것을 서양에 도입하고 싶은 겁니까?"라고 반문한다. 이 물음은 앙리 르페브르가 동양의 사상을 설명하는 중국 출신 학자의 이야기를 듣고 이에 대한 반론을 정리하면서 앞세운 것이다. 동양사상이 서구사유의 보완제 역할을 할 수 있지만 대안은 될 수 없다는 점을 그는 강조한다.

우리는 정치권력이 공간과 시간을 만든다는 사실을 인정하기가 어렵습니다. 서양적인 용어를 빌려 말하자면, 이 같은 극단적인 헤겔주의는 아름답긴 하나 용납할 수 없습니다. 국가라니요? 우리에게 국가는 현재에도 앞으로도 힘과 결탁한 지혜가 될 수 없습니다. 당신의 도식이 지배의 끔찍한 도구가 될까 봐 두렵군요. 당신은 서양사람들이 하듯이 그것을 학문적인 형식주의로 포장하려 하고, 우리 서양사람들은 당신의 그 같은 노력에 공간-시간 자체에 대한 전체적인 정의를 발견하게 됩니다.

— 앙리 르페브르, 2011, 248

세계를 국가 단위나 파시즘과 같은 확장된 개인의 차원에서 사용하는 것은 중국계 미국인 학자 이푸 투안에게서도 발견되는 점이다. 그는 중국의 방위를 좌-청룡-목, 우-백호-금, 남-주작-화, 북-현무-수, 중앙-황룡-토로 소개한다. 그러면서 중앙의 자리에 사람을 놓는다. 그 사람을 대표하는 자가 '황제'라는 것이다. 그러나 동양사상에서는 세상의 중심을 결코 '사람'으로 보지 않는다. 중앙은 글자대로 '땅'이고 '지구'이고 '가이아'다.

가운데 자리한 土는 목화금수(木火金水)와 고루 관계하면서 가장 큰 영향을 주고받는다. 오행성 중 토성은 목성보다 훨씬 작다. 거리는 가장 멀어서 지구에 미치는 중력은 가장 미미하다. 따라서 토성을 중심에 놓는 것은 이치에 맞지 않다. 가운데 자리에는 '지구-지리'가 자리하고, 토성은 보조적인 역할을 하게 된다.

동양의 사상은 천문(天文)과 지리(地理)의 작용으로 인문(人文)이 생성되었다고 본다. 황제니 국가니 하는 것은 인문의 소소한 일부분일 뿐이다. 어느 누구도, 무엇도, 천문을 거스를 수 없고 지리의 흐름에 역행할 수 없다. 이에 순응하면서 잘 살아가는 것이 '음양오행(陰陽五行)'의 기본이다.

한자에는 원을 사용하지 않는다. 우리가 매일 보는 가장 중요한 지구 생명 활동의 전부에 해당하는 태양을 가리키는 글자(日)도 동그랗게 쓰지 않고 네모로 쓴다. 동그라미를 글자에 쓰지 않는 것은 그것이 궁극의 원리이기 때문이다. 그로부터 음양이 나오고, 오행이 나오고 언어(言語)가 나온 까닭이다. 앙리 르페브르의 동양에 대한 사유는 '심상지리'에 의한 것이다.

> 우주의 모든 것은 네모로 되어 있습니다. 각각의 네모 안에는 다섯 개의 부분이 있습니다. 중앙은 사고하는 자의 자리이며 우주의 질서를 지탱하는 자리입니다. 과거엔 황제의 자리였습니다. 중앙으로부터 수직으로 뻗은 선이 나와 위로 올라가면, 이것은 이상적인 선으로, 날아다니면서 공간을 파악하는 새의 위치까지 올라갑니다. 이것은 사고의 차원, 지식의 차원입니다. 여기서는 지혜, 즉 현자의 힘, 자연의 질서를 이해하고 유지하는 힘이라고 할 수 있습니다.
>
> – 앙리 르페브르, 2011, 242

이를 동양사상에 맞게 조목조목 바로잡으면 다음과 같다. 동양에서는 우주의 모든 것은 무(無) 혹은 원형의 무(無)로 보았다. '완전한 둥긂'은 하늘의 것이니, 사람이 함부로 사용할 수 없었다. 그래서 한자에는 ○(圓)을 쓰지 않는다. 『성리대전』을 바탕으로 정리하면, 동양사상에서 우주 곧 하늘은 '태양계'를 가리킨다. 무에서 태극이 비롯하였다. 태극은 음과 양으로 이루어진다. 태양은 '해'를 태음은 '달'을 가리킨다. 태양은 지구에 에너지를 공급하고, 달은 지구 표면의 75%를 차지하는 대양에 운동의 동력을 제공한다.

지구에 사는 생명에게 가장 크게 작용하는 것이 태양과 달이다. 그리고 오행성이 있다. 오행성은 공전주기가 각각 달라 지구와 멀어지고 가까워짐으로써 매번 다르게 중력의 영향을 끼친다. 오행성의 기운은 그대로 인간 몸의 오장의 생장(生長)에 영향을 끼친다. 오행성은 그 크기와 공전주기를 통한 거리의 근접도에 따라 화성, 수성, 목성, 금성, 토성 순으로 강한 영향을 끼친다. 서양에서 일주일이라는 시간 단위가 동양으로 들어온 것은 근대기다. 일주일의 이름에는 동양사상 그중에서도 '천문(天文)'의 '음양(陰陽)오행(五行)'이 정밀하게 반영되어 있다. '일월화수목금토'는 지구에 영향을 끼치는 강밀도에 따라 순서대로 배열되어 있다.

시소(SeeSaw)

삶은 태어나면서 얻게 된 생명과 죽음이라는 그 생명의 소멸 사이에서 이루어진다. 삶은 태어남과 죽음 사이에서 진동한다. 소통과 관련해 가장 친근하게 들 수 있는 언어는 시소(SeeSaw)다. 소통에서 중요한 것은 적정한 기울기다. 그래야 생명과 죽음이 원활하고 역동적으로 흐를 수 있다. 생명으로만 이루어진 일상이나 죽음으로만 이루어진 일상은 흐르지 못한다. 매인 삶은 역동적인 진동이 불가능하다.

사회적 의사소통에서는 기울기 못지않게 기존의 가치를 반영한 '홈 패인 자리'를 중요시한다. 이 자리들은 양식화되어 있고 제도화되어 있다.(물길, 언어의 길). 이런 것들은 기존의 것을 유지하려는 경향이 강하다. 위반과 전복은 불안을 주면서, 동시에 활력도 불어넣는다. 그 효과가 클 때, 기존의 홈이 메워지고 새로운 홈이 나기도 한다.

전복과 위반을 통해 새롭게 열리는 길은 언어로 이루어진다. 이 언어를 벤야민은 소통 가능성일 뿐 아니라 동시에 소통 불가능성이기도 하다고 말한다. 문학은 말할 것도 없고 논리를 지향하는 철학도 언어에 기초한 텍스트다. 따라서 이런 역설에서 자유로울 수 없다.(이택광, 2010, 172) 철학의 위기는 삶의 위기가 아니다. 철학적 사유는 다채로워지는 생활세계의 다양성을 탐색하는 방식 중 하나다. 철학적 사유는 목적이나 지향이 아니라 매개라는 것을 인정할 필요가 있다.

언어는 소통에 있어서는 절대적인 것이다. 그래서 언어로 인해, 말로 인해 가장 빈번하게 다툼이 발생한다. 비트겐슈타인은 1차 세계대전에 참여해 총알이 빗발치는 참호 안에서 『논리철학논고』를 쓴다. 언어로 인해 벌어진 형언할 수 없는 세계대전의 참화 속에서 절대 언어, 이상적인 언어를 꿈꿨다. 전 지구적인 참화(가장 잔혹한 불행)도 역시 말의 오해에서 비롯되었다. 그러나 절대 언어의 불가능성, 혹은 언어 자체가 가진 이중성을 곧 인정해야 했다. 언어는 파르마콘과 다르지 않다.

약으로 읽히기를 강요받고 있는 지점에서 파르마콘은 독으로 읽힌다. 또한 독으로 읽히기를 강요받고 있는 지점에서 약으로 읽는다. 이러한 이중적 움직임은 특별한 운동으로 연결된다. 데리다는 이항 대립의 쌍들을 붕괴시킨다. 그에 대한 반전을 통해서 결정 가능성 속에 숨어 있는 문자의 결정 불가능성을 드러낸다. 파르마콘은 하나의 개념으로 정의되거나 하나의 의미로 사용되는 것이 아니다. 텍스트 안에서 서로 다른 두 개념의 차이로 대체되면서 확산되게 하는 힘이 들어 있다. 이것은 텍스트의 열린 해석을 가능하게 하는 구성적 힘의 요인이라 할 수 있다.(박만영, 2008, 87)

단어의 수준에서 아포리즘은 작동한다. 독약과 약독, 인어와 어인, 거지왕과 왕거지…… 가능성과 불가능성으로 인해 이항 대립의 쌍들의 붕괴 – 텍스트의 열린 해석도 가능하다. 파르마콘은 고유하거나 결정적 성격을 갖지 않는다. 결정적이지 않음으로 해서 자유로운 변곡이 가능하다. 가능성의 놀이이고 안과 밖을 넘나드는 운동이다. 여기에 가장 적합한 것은 삶보다는 '사랑'이다.

사랑을 확신하는 사람도 그 사랑을 보여 준 적은 없다. 사랑은 없다고 하는 사람도 언제나 사랑 속에서 산다. 사랑은 행·불행이 아니라 언제나 처음인 것이다. 바르트는 이것을 '아토포스'라고 말한다. 사랑은 누구에게나 매번 처음이다. 완전히 매끈한 면에 홈이 패인 것과 기울기만 있는 것을 상상해 본다. 전자가 서사의 소통이라면 후자는 서정의 '비'소통이다.

> 내가 사랑하고, 또 나를 매혹시키는 그 사람은 아토포스이다. 나는 그를 분류할 수 없다. 왜냐하면 그는 내 욕망의 특이함에 기적적으로 부응하러 온 유일한, 독특한 이미지이기 때문이다. 그는 어떤 상투적인 것(타인들의 진실)에도 포함될 수 없는 내 진실의 형상이다.
> ― 롤랑 바르트, 2004a, 60~1

+장소와 −장소 사이에는 흐름을 위한 부재로서 '아토포스(atopos)'가 마련된다. 아토포스는 예측할 수 없는, 끊임없는 독창성으로 인해 기존의 어떤 기준으로도, 선입견으로도 분류될 수 없다. 표현을 통해 드러난 뜻은 그 이전의 뜻과 구분되어야 한다는 것은 상식적인 수준에서 이해할 수 있다. 표현에 의해 드러나는 의미는 보편성을 띠지만 개인의 의식에 따라, 상황에 따라 다르게 경험한다.

후설의 현상학은 가장 명확하게 의미를 3개의 층으로 나눈다. 경험적 차이가 나타나는 층위는 표지(Anzeichen)층이다. 이 층은 의미를 드러내는 표현층과 대립적 관계에 있다. 이 둘 사이를 이어주는 층은 '뜻층'이다. 물론 표현과 무관하게 존재하는 뜻층을 선−표현적 하위층이라고 말하기도 한다.(김상환, 2008, 94) 표현이나 표지와 무관하게 존재한다는 것은 표지와 표현에 선후성을 함께 나타낸다. 선과 후는 선적인 차원이 아니라 변곡의 이면에 자리한다. 제3의 층은 표현에서 표지로, 표지에서 표현으로 건너는 층이다. 우리가 이번 사랑이 우주에서 한 차례도 반복되지 않는 사랑이라고 말하는 것은 표지층이나 표현층 때문이 아니라 두 층을 이으면서 구분하고 있는 제3의 '뜻층' 덕분이다.

우리 스스로 내적 변화로 끌려 들어가는데, 이렇게 변화하는 가운데 우리는 오랫동안 감지되었지만 그런데도 항상 은폐되었던 '선험적인 것'(transzendentales)의 차원에 실제로 직면하며, [그것은] 직접적 경험으로 주어진다. 그래서 무한하게 개방된 경험의 토대는 즉시 방법적으로 연구를 촉진하는 철학의 비옥한 경작지가 된다. 더구나 그것은 생각할 수 있는 과거의 모든 철학적 문제와 학문적 문제가 이러한 토대에 근거해 제시되어야만 하고 결정되어야만 한다는 명증성에서 그러하다.

— 에드문트 후설, 2016, 211

후설은 현상학의 선험성이 인식론의 선험성과 오해되는 것을 불편해한 것 같다. 그의 선험성은 생활세계 바깥에 있는 것이 아니었다. 그는 '선험적' '선험적 주관성'을 '현실적' '현실적 주관성'의 이면으로 삼고자 했다. "현실적 현상의 세계를 직관성 속에 타당하게 갖는 현실적 주관성을 구체적으로 분석해 심문하는 과제는 곧 현상학적 환원을 감행하고 '선험적 현상학을 실행하는 것' 이외에 다른 것이 아니다."(에드문트 후설, 2006, 454)고 말한다.

보로매우스의 매듭

한 덩이 동그란 밀가루 반죽은 한 덩어리의 몸을 이룬다. 이것을 굴려 길에 늘이면 바로 이웃에 있던 것들이 점점 멀어지게 된다. 그러나 아무리 가늘게 늘어나 멀어져도 여전히 한 몸이다. 양 끝은 고무줄을 늘리듯 달아난다. 끊어지지만 않으면 한 몸을 유지할 수 있다. 그 거리가 영영 다시 만날 수 없을 것만큼 멀어졌을 때, 막대처럼 늘어난 반죽을 비틀어 중간에서 겹치면 순식간에 변곡하면서 꼬인다.

그리고 가장 멀리 떨어졌던(멀어졌던) 양 끝이 맞붙자 원래 한 몸이었던 것이 각자가 되어 둘인 채 하나보다 더 각별하게 휘감긴다. 꽈배기는 가장 긴밀하게 두 줄 사이에 공간을 품는다. 두 줄에 하나가 더 늘어나 세 줄이 한 줄이 될 때 우리는 '따다'라고 말한다. 요즘은 주로 어린아이들에게서 보는 댕기 머리가 가장 많이 볼 수 있는 '따임'이다. '새끼줄'의 경우 가는 것은 꼬았지만, 용마람 혹은 고싸움에 쓰는 굵은 새끼는 꼬지 않고 땄다.

위상학적 공간개념은 시간의 개념에 근원적인 변화를 요구한다. 위상학적 공간개념은 위상학적 시간개념이라는 말과 다르지 않다. 둘은 다른 면이지만 뫼비우스의 띠처럼 이어진다. 뫼비우스 띠에서 어느 지점이 출발 지점인지 혹은 도착 지점인지 구별하는 것은 불가능할 뿐 아니라 무의미하다. 시간의 선후관계를 연대기적 순서로서 파악할 수 없게 되는 것이다. 시간은 흘러가는 것이 아니고 꼬이게 된다. 그 꼬임에서 특별한 공간이 발생한다. 이것이 위상학적 장소다. "꼬인 시간 속에서는, 마치 뫼비우스 띠처럼, 현재는 끊임없이 과거의 돌아옴으로써 이루어진다. 반대로 과거는 단지 현재로써 상기될 뿐이다."(최광식, 2004, 360)

비연대기적 시간, 멀어졌던 시간을 순식간에 꼬아서 마주 보게 하는 것이 가능하다면 우리의 시대는 훨씬 더 풍성해질 수 있다. 이승종은 다산 정약용의 사유에 현대적 접근을 시도하는 자리에서 세 겹 주름을 말한다. "다산과 그의 시대에 대한 위상학적 성찰을 우리 시대와 우리 자신에 적용시켜 볼 때 우리 역시 시대의 역운이 형성해 놓은 세 겹 주름 운동의 위상하에 놓여 있음을 알게 된다."(이승종, 2010, 325) 물론 여기에서 위상학적 성찰은 입체화되지 못하고 지평에 머문 한계가 있지만 그 문제의식은 높이 살 만하다.

현대사회를 구성하는 핵심요소로 들 수 있는 것은 세계화, 자본주의, 근대성이다. 소·중·대 범위의 역운(歷運), 혹은 역운(易運)에 각각 해당한다. 이것은 탈현대사회로 이행하면서 '모빌리티', '문화·문명', '포스트 휴먼성'으로 대체되고 있다. 세 가닥을 얽는 방법은 머리를 따는 방식이 가장 일반적이다. 라캉의 위상학을 이야기할 때 자주 등장하는 것이 '보로매우스의 매듭'이다.

보로매우스의 매듭은 '분자 기계'를 제작할 때, 많은 상상력을 제공한다. 꼬임이 없는 하나의 매듭은 하나의 공간을 품는다. 하나의 선을 세 번 교차해 묶으면 공간을 네 개 품은 세 잎 매듭이 된다. 둘 이상의 매듭으로 공간을 분할하면 더 많은 공간을 상상할 수 있다. 두 개의 매듭을 교차하면 5개의 공간을 얻을 수 있다. 3개의 매듭을 원형대로 유지하면서 얽힘 없이 교차하면 7개의 공간을 얻을 수 있다. 이것이 보로매우스의 매듭이다.

꼬임없는 매듭

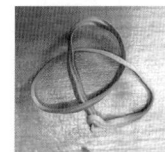
세잎매듭

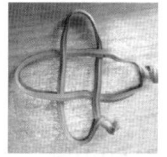
솔로몬매듭

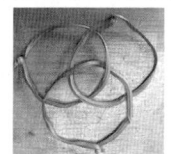
보로매우스매듭

세 개의 꼬임 없는 매듭은 각자성(자기운동성)을 유지하면서 상호교차를 통해 3개의 각자영역, 3개의 서로영역, 1개의 공통영역 등 모두 7개의 공간을 분할해 품는다. 7개의 빈 곳은 보로매우스의 매듭이라는 상징적(일관적) 형태로 표현된다. 일관성임에는 틀림없지만 무언가 논리적으로 고정시킬 수 없는 '위태로운' 일관성, 이것이 바로 라캉이 말하는 실재적 일관성이다. 그러나 라캉이 말했듯이 '정신적으로 박약한' 우리 인간은 이러한 '위태로운' 일관성을 지속적으로 유지할 수 없다. 그럼에도 이를 유지하고자 노력한다면, 정신병자로 전락할 수가 있다. 라캉은 정신병(망상증)을 보로매우스의 매듭의 고리가 완전히 풀려서 하나 혹은 둘로 축소된 형태로 표현한다.

주체, '정신적 매듭'을 의미하는 보로매우스의 매듭은 실재(육체), 상징(언어), 상상(이미지)의 매듭으로 이루어져 있다. 두 개의 매듭은 항상 제3의 매듭을 통해서만 연결되어 있고, 따라서 매듭 중 어느 하나가 제거되면 다른 매듭들도 풀리는 특징을 갖는다. 또한 각 매듭은 모두 실재계, 상징계, 상상계적 속성을 갖는다. 각각의 범주는 제거될 수 없다는 점에서 실재이고, 하나(일자)로 표현되었다는 점에서 상징계이고, 이미지의 형태로 제시되었다는 점에서 상상계에 속하기도 한다. 이러한 보로매우스의 매듭의 성격을 형식논리적 정합성 혹은 일관성으로 설명할 수 있겠는가? 실재, 상징, 상상의 다발로 '딴' 따로인 연속체가 보로매우스의 매듭이다.

얼굴의 주름은 물이 마른강처럼 깊게 파인다. 깊게 패인 주름으로 흐르는 것은 '시간'이다. 들뢰즈는 '주름의 철학자'라고 해도 과언은 아니다. 육체의 시간이 흐르고 세계의 시간이 흐르고, 뜻(의미)의 시간이 흐른다. 이렇게 다채로운 시간의 흐름은 주름이 된다. 주름은 안이 아니라 바깥으로부터 안쪽이 된 장소에 해당한다.

실재적인 것은 하나를 이루는 일을 지향한다. 우리가 이러한 '하나'에서 둘을 볼 수 있고, 또 그것을 쪼개면서 상상의 것이 이미지로 나타난다. 실재적인 아버지는 절대 법칙에 따라 하나이고자 한다. 그러나 실제 아버지의 이미지는 그 자체로서 이중적이다. 때로는 상보하면서 상충하면서 둘로 셋으로 갈린다. 아버지의 이미지는 최소한 두 인격 위에, 즉 같이 놀아 주며 웃음을 주는 아버지의 역할이 있다. 또 다른 인격에는 일을 하는 이상적인 아버지의 역할이 투영된다. 만약 상징적인 것 속에 제3의 어떤 것이 없다고 한다면 구조는 '순환하지' 않을 것

이다.(들뢰즈, 2007, 375)

우리의 삶이 이루어지는 것은 분할된 공간이 아니라 분할을 하고 있는 매듭의 끈 위에서다. 그 끈 위에서 만나는 공간이 삶의 분위기이고 에너지라면 최대한 다채로운 공간과 만나는 것이 유리하다. 세잎매듭을 뫼비우스의 띠처럼 한 번 꼬아서 연결하면 우리는 역동적인 공간을 구성할 수 있다. 보로매우스의 매듭을 이루고 있는 꼬임 없는 3개의 매듭이 뫼비우스의 띠라고 상상하면 그 공간의 다채로움은 상상을 초월하게 된다.

셋 변증법

객관, 주관, 직관을 종합한 것을 통관(統貫)이라고 한다. 통관(洞觀)은 철학에서는 주의를 기울이는 지각 대상을 인식하고 이해할 수 있는 지각과 정의의 마지막 단계라고 규정한다. 어떤 의식을 명료하게 하는 과정을 일컫는다. 이러한 통일의 과정에 발현되는 것이 능동성이라고 말한다.

주체의 행동을 이끄는 지각 원리와 조직 원리로 아비투스를 제안한 사람은 부르디외다. 아비투스는 생활세계의 장에서 거의 모든 행위자들에게 존재하는 성향들의 모음(공통)이다. 행위자의 성향 자체가 "객관적인 구분의 구조들이 체화되어 생겨난 결과들"이라는 것을 전제로 한다. 행위자의 아비투스 — 행위자들의 지각 도식, 사고 도식 그리고 행위 도식들 — 는 사회구조와 일치한다. 왜냐하면 일정한 사회공간적 조건 아래에서 체화된 것들이기 때문이다. 이렇게 볼 때, 아비투스는 내면화된 사회·공간적 관계들이라고 할 수 있다.(리푸너, 2010, 354)

우리의 신체(존재와 인간)는 몸, 정신, 마음의 상호주관성으로 구성되어 있다. 이것은 각각 세계, 주체, 의식과 통하는 통로에 해당한다. 이것이 대상들과 만나는 방식은 감각, 지각, 통각이다. 이 소통의 과정을 지켜보면서 쓰기/읽기의 거리를 유지할 때 우리는 관찰, 성찰, 통찰을 실천할 수 있다. 이 셋의 변증법적 지향이 외부로 향할 때 우리는 아비투스에 대해 이야기할 수 있다.

> 아비투스는 습관과는 구별되어야 할 것이다. 하나의 교리가 기적을 일으키지 않는 바에야 어떻게 아비투스와 여러 가지 개별적인 체계, 즉 글쓰기, 예술, 음악 등을 동시에 만들어 낼 수 있는 작업 방식을 포함할 수 있단 말인가? 이 같은 유심론적 횡설수설은 단일성, 생산이라는 매우 구체적인 직관을 은닉하고 있다.
>
> — 앙리 르페브르, 2011, 381

아비투스는 외적 통일성을 지향한다. 따라서 가장 중요시되는 감각은 시각이다. 아비투스는 시각적 논리라고 해도 무방할 것이다. '의식주'의 공통성과 차이점은 특정한 공동체를 나타내는 표식으로 작용하기도 한다. 지역적, 민족적 차원의 아비투스는 좀 더 보편적 차원에서 마스터플롯을 지향하기도 한다. 르페브르는 '유심론적 횡설수설'이 은닉하고 있는 '구체적인 직관'에 주목한다. 이 구체적인 직관은 감각의 시선이 아니라 지각의 시선에 의해 포착되는 것이다. 변증법적 지향이 내부로부터 출발할 때 '인투이투스'를 향하게 된다.

인지된 것은 체험된 것으로부터 분리된다. 인투이투스(intuitus, 직관적 통찰)는 아비투스로부터 분리됨으로써 통일성을 깨뜨린다. 동시에 인투이투스에 의해 형태와 구조, 기능이 각각의 사물 안에서 물질적 필요이면서 동시에 시민의 원칙·사회적 관습을 정착시키는 원칙

에 종속됨으로써 단일성에는 틈이 생기게 된다.(앙리 르페브르, 2011, 354)

깨뜨려진 통일성과 틈이 생긴 단일성은 두 개의 변곡점을 형성한다. 아비투스에서 인투이투스로 인투이투스에서 아비투스로의 변곡이 역동적으로 이루어질 때, 생활세계의 의미는 풍성해진다. 아비투스에서 인투이투스로 혹은 그 역은 변곡 지점을 통해서 다양하게 연결될 수 있다. 그 연결 지점이 우리의 '몸'이라는 것을 빼고는 감각적으로 확신할 수 없음은 물론이다. 블랑쇼는 '무심한 시선의 관찰'을, 무색의 관찰, 투명한 관찰을 제안한다.

> 모든 것은 본다는 움직임 속에서 일어난다. 그때 그 움직임 속에서 나의 시선은 앞서가기를 멈추고, 시선을 계획으로 끌어들이는 시간의 부추김 속에서, "마치 어깨너머처럼 뒤로 사물들을 바라보기 위해서", 활동적 삶의 마모 속에서 부서지거나 변화하는 것이 아니라 존재의 무구 속에 있는 그대로의, 내가 마치 완결된 것처럼 보고 있는 그러한 "사물들의 닫힌 현실 존재"에 이르기 위하여 되돌아선다. 그리하여 사물들과 방금 헤어진 어느 누구의 얼마간 거리를 둔 무심한 시선으로 나는 그것을 바라본다.
>
> – 모리스 블랑쇼, 2010, 218

무심하다는 것은 사물과 주체의 경계를 무화한다. 또한 사물과 사물, 주체의 아비투스와 인투이투스의 경계도 무화한다. 그렇게 마음과 마음이 몸을 매개로 다양하게 연결될 때 나는 사물에게 보이지 않는 것으로의 길을 열어 준다. 사물에 의해 나에게도 보이지 않는 길이 새로 열린다. 블랑쇼는 "그것들을 구원하는 것 못지않게, 나는 사물들을 보면서 나를 구원한다."고 말한다. 인투이투스는 주의·지각·감각의 변증법적 지향의 작용을 통해 지향해 가는 존재의 '무구(無垢)', 양자의 속, 공허(空虛)의 외면화된 영혼(양자적) 관계를 나타낸다.

반(半)공간

이항 대립의 마주 봄은 상충이나 상보적 관계를 통해 기존과는 다른 어떤 것을 지향한다. 생산된 의미는 기존의 것들과 차별화를 꾀함으로써 자기 정체성을 확보한다. 정체성이 확보되었다는 것은 지향성을 멈추고 이(異)항 혹은 이(裏)항을 기다리는 '지양'의 멈춤 단계에 들어서게 된다. 새로운 이항작용에 의한 지향은 기존의 이항 대립과의 과감하게 결별함으로써 다른 지향을 감행한다. 열린 정체성을 확보함으로써 단독(개인) 주체로써 최대치의 자유를 순간적으로 구가할 수 있다.

서구사유가 궁극의 지향성으로 '자유의지'를 삼고 있는 것은 이와 무관치 않다. 3분법적인 것은 이분법적인 것보다 더 한정을 갖는다. 덜 자유롭다. 영역의 분석보다 차이 분석은 훨씬 복합적이다. 매체는 단일한 구조로서 이원성을 지닌다. 따라서 매체는 기본적으로 3분법적 한정을 가능하게 해 준다.

대칭과 ~(대칭), 비대칭과 ~(비대칭), 직선과 ~(직선), 곡선과 ~(곡선)은 저마다 반복하면서 마주 보게 된다. 저마다의 움직임이 하나의 흐름을 이룰 때 새로운 의미를 부여받는다. "생산과 재생산의 매체인 추상공간을, 따라서 허위의식, 허구—실재인 공간의 의식을 만들어 내는 경향이 있다."(앙리 르페브르, 2011, 577~8) 공간의 의식과 의식의 공간은 서로의 이면을 이룬다. 공간 자체와 공간에 부합하는 실천은 지양과 지향을 통해 진실한 인식을 형성한다.

한정을 통해 공간의 위상적 확장·심화·고양이 가능해질 수 있다. 이때 지평은 물리적인 넓이가 아니라 다양한 위상적 소통로가 획득하는 입체적 표면적의 총합으로 확장할 수 있다. '오일러의 다리'는 넓지 않은 공간의 연결과 관련된다. 공간은 넓지 않지만 좀체 반복하기 어려운 산책길을 그려 낼 수 있다. 음악작품을 이루는 세 가지 계기는 리듬, 선율, 화음이다.

    삼항성(triplicite)은 무한한 생산 가능성을 보장한다. 하나의 계기만을 중심으로 구축된 작품들은(예를 들어 선율 연구나 타악 연주만을 따로 떼어 낼 경우) 그렇지 않은 작품들에 비해서 소통은 훨씬 수월하지만 너무 단조롭고, 따라서 훨씬 덜 매력적이다. 위대한 고전음악은 이 세 가지 계기의 단일성을 유지하고 있다.

— 앙리 르페브르, 2011, 525~6

    3분법적 한정의 공간을 촘촘하게 채우는 흐름을 통해 3항성-입체적 직조로 나아가야 한다. 그러기 위해서는 플롯의 리듬이 필요하다. 흐름(가로)의 선율은 위상적 화음(세로)을 통해 입체적으로 확장한다. 무한한 생산 가능성, 천만 가닥의 선율, 리듬, 화음, 얼키설키 이야기들…… 매번 다른 장소가 되는 것, 셋의 위상학, 위상성의 변증법의 목표는 차이를 생산하는 것이다.

    보이는 것과 보는 것 사이의 눈과 시선, 양과 질의 동질성과 차이, 힘의 자긍과 자만 사이에는 무한의 '線'들이 펼쳐지고 있다. 물질과 물질에 의해서 구분된 공간보다는 벽으로서 물질이 품고 있는 반공간에 새삼 주목하는 것도 이 '한정'에서 거의 모든 길들이 시작하기 때문이다. 물론 가능한 모든 길을 모은다고 하더라도 그것은 전체를 터무니없이 넘어서거나, 턱없이 모자라게 된다. 전자는 선들 하나하나가 폐쇄적으로 스스로를 완성된 공간으로 지향하는 경우에 해당한다. 후자는 전체보다 앞서서 존재하면서 전체 이후에야 차이에 의해 드러나는 공간을 지향하는 경우다.

차이는 한정을 벗어나지 않고 다른 것의 시·공간에 길을 내는, 길을 내기 위해 비운다. 이것이 반공간이다. 반공간은 채워진 공간이 아니라 처음인 것으로 비워진 공간 스스로 폐쇄한다. 누에고치가 하나의 예가 될 수 있다. 가장 느리게 땅을 기던 애벌레가 스스로의 영어(囹圄)를 통해 걷기와 달리기를 생략한 채, 누구도 예측할 수 없는 비행 궤적을 그리는 나비의 비행에 이를 수 있다. 위상성은 한정된 공간에서 생산해 낸 차이를 통해 '같아지기'라는 아포리즘(변곡)이 감행되는 장소의 다른 이름이다.

사물들이 공간을 차지하는 방식은 저마다 다르다. 땅에 뿌리내리고 공중에 가지를 뻗는 것이 식물의 속과 종을 결정한다. 꽃 피고 열매 맺는 것 역시 이후 공간점유를 위한 저마다의 전략을 담고 있다. 같은 종의 나무라고 하더라도, 저마다 다른 것은 공간을 점유하는 방식의 차이에서 기인한다. 완전히 똑같은 나무, 완전히 똑같은 나뭇잎이 없는 것처럼, 완전히 다른 나무, 완전히 다른 나뭇잎들도 없다. 반복들 사이에 깃드는 것이 총체적인 '나무의 생명'이고, 차이 사이에 깃드는 것이 구체적인 '나무의 생'이다. 날마다 반복되는 일상, 한 차례도 반복하지 않은 삶, 차이를 통해 같아지기는, 같아지기를 통해 달라지는 것이 위상적인 삶이다. 이러한 삶들의 위상학적 변증법이 그려 내는 것이 '마스터플롯'이다.

제2부

스타일
STYLE

1. 나선

소라

  유배에서 풀려난 정약용은 흑산도 유배지에서 죽음을 맞이할 때까지 형 약전을 모시던 여인의 집을 찾았다. 약용은 그녀의 집 벽지에서 낯익은 글씨를 보았다. 그렇게 그녀가 벽지로 붙인 약전의 글을 한 장 한 장 뜯어내 묶은 책이 정약전의 『자산어보』다. 정약전이 흑산도(자산)의 고기(해산물)들을 세세하게 기록한 연유는 명확하지 않다. 이 '어보'는 약용이 갖고 있는 오해를 풀어 주기 위한 것이 아닌가 미루어 짐작해 볼 수 있는 정황이 있다. 재차 유배에 처해진 정약용은 형 약전과 나주의 '율정' 주막에서 마지막 밤을 보낸다. 자신은 강진으로 약전은 흑산도로 길이 갈려 헤어져야 하는 날이 밝고 있었다. 귀양살이 마지막 동행의 새벽에 시 「율정별」을 쓴다. 중간에 형 약전의 유배지인 흑산도에 관한 대목이 있다.

     흑산도 머나먼 곳 바다와 하늘뿐인데
     그대가 어찌하여 이 속에 왔단 말인가
     고래는 이빨이 산과 같아 배를 삼켰다 뿜어냈다 하고
     지네가 크기 쥐엄나무만큼 하며 독사가 다래 덩굴처럼 엉켜 있다네

— 정약용, 「율정별」 가운데 부분

이것은 아마도 서울 사람들 일반이 품고 있는 외딴섬에 대한 일종의 '심상지리'였던 셈이다. 이런 동생의 걱정을 덜어 주기 위해 약전은 곳곳에 오류를 담고 있지만 상세하게 흑산도의 '바다'를 담아낸 것은 아닐까. 『자산어보』을 인용해 윤후명은 「누란의 사랑」에서 소라새에 대해 이야기한다.

소라가 날아오른다. 천년의 소라, 1억 년의 소라가 날아오른다.

소라의 '비상(飛上)'에 대한 상상은 나선형의 껍질과 무관치 않은 것이다. 전쟁터만큼 아비규환의 소리들이 땅과 하늘을 가득 메우는 장소도 없을 것이다. 이 모든 소리들을 뚫고 날아올라 군령을 전하는 소리는 '소라고둥'에서 나온다. 소라의 비상은 '새'의 비상을 상상하게 한다. 번데기의 주름에서 날아오르는 나비의 비상을 본다. '소라'에서 비상하는 새는 과연 '어떤 새'일까. 일반적으로 청자고둥의 나선 방향은 지구의 회전 방향과 같다고 알려져 있다.

청자고둥 껍데기가 "일정한 방향으로 회전하기는 하지만, 가끔은 '그 반대로 회전하는' 경우가 있다는 조건을 달았다. 이 모든 것이 17세기에 발견되었고, 사람들이 이제 아르키메데스적 나선과 회전 방향으로 점차 더 자주 논의하듯이, 새로운 나선형이 발견되었고 수학화되었으며, 근본적으로 어떤 청자고둥도 거울상처럼 뒤집힌 형태로 복사되지 않게 되었다.
— 카린 레온하르스, 2010, 186

나선은 두 세계를 이어 주면서 나누고, 나누면서 이어 준다. 청자고둥의 나선에는 자전의 힘만이 반영되어 있는 것이 아니다. 지구는 자전의 속도와는 비교할 수 없는 속도로 태양의 주위를 공전하고 있다. 지구의 생물, 미생물, 무생물의 나선(spiral)에는 이렇게 두 개의 회전 힘이 반영되어 있다.

변곡의 순간은 어떤 의미로도 경사하지 않고, 모든 의미로 경사한다. 이것은 직관할 수 없을 정도로 순간적으로 발행한다. 이 덧없는 그리고 무상한 순간은 그를 붙잡으려 하는 자를 피하여 시간의 반시간적 심연에로 열려 있는 완성된 순간으로 스스로를 변형시킨다. 〈관념(idea)〉이라 부른 것은 이제 현상세계에 있어 절대자의 발자취로서 즉각적으로 지각된 절대자의 장소로 진입하게 된다. '이데아'는 결코 올바르게 객관화할 수 없는 것이다. 일단의 제 경험에 빛을 주어 질서를 주며 진정한 사랑의 경험에서 그리고 인간의 감정에서 그 메아리를 발견한다.(요하네스 파이퍼, 1983, 168) 메아리의 원천은 절대적 상징의 영역이 아니다. 현상적인 것들을 중심점으로 높고 상징적인 것과 메아리는 시소를 탄다.

메아리의 울림은 청자고둥의 형상을 닮았다. 메아리는 그 끝에서 소멸하는 것이 아니라 파고들어 다른 면으로 변곡해 들어가는 것이다. 우리가 만나고 목도할 수 없는, 그래서 눈앞에 두고도 상상할 수밖에 없는 가장 크고 역동적인 고요는 아마도 태풍의 눈일 것이다. 태풍의 눈은 나선 태풍의 '첨단'(거꾸로 선), 청자고둥의 뾰족한 부분에 해당한다. 우리가 직접 태풍의 진원이 되고, 청자고둥의 나선을 그리며 미지로 파고들 수 있는 장소가 마련된 곳이 '책'이다. 책은 종이 묶음일 수도 있고, 작품이 될 수도 있다. 그것은 우리가 어떤 나선을 그리느냐에 달라질 수 있을 뿐이다.

책은 작품으로 고양시키고, 같은 길을 따라 작품을 존재로 고양시키고 환대를 작품이 발음되는 매혹으로 만드는 환대, 독서는 이러한 머무름이고, 독서는 이러한 머무름으로써 가볍고 투명한 그렇다의 단순함을 지니고 있다. 독서가 독자에게 공기가 부족하고 바닥이 무너지는 영역으로 들어가기를 요구하더라도, 이러한 폭풍 같은 접근과 별도로 독서는 작품이라는 격렬한 열림의 참여와 같다고 하더라도, 그 자체로서 독서는 평온하고 말 없는 현전이고, 과도함의 화해 장소이며, 모든 폭풍의 중심에 존재하고 침묵하는 "그렇다"이다.

— 모리스 블랑쇼, 2010, 286~7

'그렇다'의 침묵, 태풍의 눈의 날카롭게 파고드는 고요, '그 고요'의 텅 빔, 태풍의 '힘', 에너지는 이 눈에서 온다. 고요의 눈이 사라지면 아무리 강렬한 힘이라도 흩어지고 만다. 텅 빈 중심의 위력은 여기에서 발현된다.

신성공간은 중심이다. 세계는 이곳을 중심으로 삼는다. 신성한 공간은 하늘과 땅, 지하라는 세 가지 지평이 접히고 펼쳐지는 곳이다. 이들 간의 상호왕래가 가능한 노드인 셈이다. 그런 중심들은 결코 기하학적으로 이해될 수 없다. 어느 지역이나 신성한 중심들이 무수히 많다. 그런 곳은 '세계의 중심'으로 간주된다. 세계의 중심은 의미에 따라 도처에 산재해 있다. 사원, 왕궁, 신성구역 그리고 집 자체가 기도처가 된다. 가옥까지도, 모두 신성한 장소가 된다.(에드워드 랠프, 2005, 53)

바르트는 총체적 장소로서 '노아의 방주, 사막의 성막(聖幕), 예루살렘의 신전' 등으로 들고 있다.(롤랑 바르트, 2004b, 124~8) 세계의 중심, 우리 모두에게 사물까지도 포함하여 유일하게 고유한 장소는 바로 주체와 객체의 '빈' 마음이다. 그 마음이 연결될 때 우리는 다채로운 나선의 관계망을 통해 의미를 형성할 수 있다.

휘리릭

비과학적인 것은 비이성적인 것이다. 이 언술의 영향력을 최소화하기 위한 방법은 많지 않은 것 같다. 과학적인 것, 이성적인 것은 진리는 물론 진실의 영역까지도 좌지우지할 수 있다고 믿었다. 서양식의 '근대'는 그것을 확신했다. 이것은 다양한 진실을 탐색하고자 하는 측면에서는 바람직하지 않다.

이를 극복하는 방법은 '과학적인 것'은 여러 방법 중의 하나로 취급하는 것이다. 소위 유사과학이라고 하는 것들 역시 하나의 방법으로서 위상을 부여하는 것이다. '비이성적인 것'의 역할을 좀 더 능동적으로 찾아보는 것이다. 이런 것들은 감성적인 것, 지성적인 것들의 가치를 부각시키는 역할을 수행할 수 있다.

서양의 사유는 동양사상의 가치를 비과학적, 비이성적인 것으로 치부한다. 공간, 시간, 인간이라고 하면 학문적인 언술처럼 들리고, 천지인(天地人)이라고 하면 유사학문처럼 느낀다. 마찬가지로 태양와 달, 지구 그리고 태양계의 5행성이라고 하면 과학의 언술이 된다. 이것을 음양오행(陰陽五行)이라고 하면 유사과학처럼 취급한다.

동양사상의 가치를 찾는 것을 현대를 지배하는 서양사유의 반대급부의 차원에 그쳐서는 안 된다. 동양사상의 가치 추구를 더 이상 비과학적인 것이라고 '선입견'을 두는 것을 일단 그만둘 필요가 있다. 이것은 근대가 놓친 새로운 가치 발굴을 위한 출발이 될 것이다. 로봇이나 인공지능 등 인휴먼(inhuman)들과 경쟁해야 하는 미래의 휴먼, 그 휴먼과 관련한 포스트-인문학에서 이를 통해 다채로운 대안을 내세울 수 있다. 이 물음에서 다시 시작할 수 있다. '인간은 지구 그리고 우주와 어떻게 관련되어 있는가?'

이 물음에 대해서는 두 가지 형태의 답변이 가능하다. 세계 곳곳에 알려져 있는 두 개의 도식이 있다. 한 가지 도식에서 인간의 신체는 우주의 상(像, image)으로 인지된다. 다른 도식에서 인간은 기본방위(cadinal point)와 수직축으로 정해지는 우주적 틀의 중심이다. 우리는 마음속에 있는 좁은 의미의 목적이 아니라 우주에서 안정감을 얻기 위해 공간을 조직하려고 시도한다. 우주는 인간과 동떨어진 것이 아니다. 우주는 인간의 운명에 영향을 끼치거나 운명을 결정하지만, 인간의 필요와 창의력에 반응한다.(이푸 투안, 2007, 147)

이런 물음을 제기하고 답변하기 위해 노력하는 것은 이푸 투안이 중국계-미국인이라는 것과 무관치 않다. 인간이 한생을 다하면서 주름잡고, 펼칠 수 있는 공간의 양, 축적할 수 있는 시간층은 얼마나 될까. 이 둘을 함께 품을 수 있을 때 개별자들은 나름대로의 최대치의 품을 품을 수 있을 것이다. 물론 그 품의 크기, 밀도와 강도는 천차만별일 터이다.

> 장소의 통일성은 요람과 무덤을 가깝게 하고 결합시키며(동일한 작은 모퉁이, 동일한 땅), 유년기와 노년기를 결합시키고(동일한 덤불숲, 시내, 보리수집), 동일한 장소에서 동일한 조건하에 동일한 것들을 보며 살아온 여러 세대의 삶을 결합시킨다. 장소의 통일성이 가능하게 하는 이러한 모든 시간적 경계의 불명료성은 또한 목가의 특징인 순환적 리듬의 창조에도 본질적인 공헌을 한다.
>
> — 미하일 바흐찐, 1997, 430

순환적인 리듬의 창조를 통해 우리는 확장과 고양을, 확산과 심화를 동시에 시도할 수 있다. 나선으로 그리는 원뿔 – 휘리릭 휘감아 오는 역동성을 우리의 심경에서 발현할 수 있다. 의미가 전무(全無)한 장소일수록 무한한 가치를 담아낼 수 있다. 시간이 없는 인생은 가능해도 장소를 갖지 못한 인생은 불가능하다. 장소에 인간은 능동적으로 다가선다. 그리고 이야기를 만들고 흔적을 남긴다. 그 흔적을 통해 시간, 공간, 인간을 복원하고, 스토리를 재현한다. 흔적은 이야기의 종패(種貝)인 것이다.

장소는 사람이 거주할 수 있는 대상이다. 공간은 움직일 수 있는 능력에 의해 주어진다. 행위는 주로 앞으로 나아가지만 대상들과 장소들에 의해 가로막히기도 한다. 그래서 공간은 대상들이나 장소들의 상대적 위치로 경험한다. 장소들을 분리시키거나 연결시키는 거리와 넓은 구역으로 장소들의 네트워크에 의해 정의되는 지역으로 다양하게 경험될 수 있다.(이푸 투안, 2007, 29) 이야기는 시간이 머물 수 있는 거의 유일하고 강력한 거처다. 시간이 살고 있는 이야기들로 엮어진 것이 '장소'다. 그럴 때 장소는 공간의 한계를 넘어 확산-심화, 확장-고양할 수 있게 되는 것이다.

3의 길

후설 현상학의 효과는 '객관적인 것'에 회의를 품게 한 데 있다. 객관적인 것은 '눈에 보이는 것'이고 수와 량으로 환원할 수 있는 과학적인 것을 일컫는다. 이렇게 보이는 것이 의미(진실)의 전부라면 우리의 삶은 매우 협소해지고 말 것이다. 근본적인 회의는 기존의 것을 폐기하자는 데로 향하지 않는다. 평면적인 의미를 입체화하는 데로 나아간다.

의미의 장이 풍성해져야 인간의 삶이 이루어지는 생활세계는 넓어지고 늘어나고, 두터워질 수 있다. 그래야 좀 더 많은 사람이 최선의 일상을 살 수 있고, 최상의 인생을 구가할 수 있다. 개별자들의 인식, 양식, 방식 등에 초점을 맞추게 되면(배려현상, 의미), 현상학은 주관적이라는 비판을 면하기 어렵다. 그 대척점에는 객관주의라는 비판을 면키 어려운 구조주의가 자리한다.

현상학적으로 사고하는 사회이론의 주관주의적 시각과 구조주의적 이론의 객관주의적 시각을 부르디외가 공히 비판했다는 것은, 그렇다고 그 두 진영에 그들 나름의 권리를 인정하는 가운데, 이러한 이분법을 극복하려는 제3의 길을 걸어가겠다는 것을 의미하지는 않는다. 부르디외는 주관주의의 객관주의라는 이분법이 사회과학을 인위적으로 쪼개는 모든 대립의 "가장 근본적이고 파멸적인" 것들 중의 하나라는 사실을 인정한다.

― 롤란트 리푸너, 2010, 352

인문학의 경우는 객관주의/주관주의 대립에서 상당히 벗어나 있다. 가령 '사랑', '삶'이 객관적이냐, 주관적이냐는 논쟁이 무의미하다는 것을, 아인슈타인도 부르디외도 카프카도 잘 알고 있다. 주관주의는 객관주의와, 객관주의는 주관주의와 상충하든, 상보하든 그것은 대립을 전제로 한다. 이 둘은 시간과 공간처럼 따로 떼어 놓는 순간, 의미의 풍요로움을 잃고 만다. 둘의 변증법적 지향 역시 따로(각자)를 전제로 한다. 라캉의 주체의 위상학은 '주관과 객관'의 특별한 '서로'와 '가치지향'을 보여 주는 한 예다.

무의식과 의식에 위계적으로 접근하면 무의식은 심층에, 의식은 표면에 있는 것으로 판단하게 된다. 그러나 무의식은 심층에서 찾을 수 있는 것이 아니다. 전의식 또한 심층이나 표층에 자리하고 있는 것도 아니다. 무의식은 의식의 이면에 있는 까닭에 의식은 감각, 지각할 수 없고, 의식은 무의식의 이면에 있기 때문에 의식의 감각, 지각이 무의식에 개입할 수 없을 뿐이다. 의식과 무의식이 서로의 이면을 이룰 때, 전의식은 그림자로 드리워진다. 그러니까 전의식은 의식의 그림자면서 무의식의 그림자이기도 하다. 무의식은 "마치 뫼비우스의 띠의 '저편'이라는 것이 그렇듯이, 담론의 이면(裏面)을 형성한다. 이를 파악하

기 위해서는 시간 속에서 운동해야 한다."(마이 베게너, 2010, 316)

지식과 권력은 담론을 통해 연결된다. 어떤 담론을 통과하느냐에 따라 전혀 다른 효과를 유발할 수 있다. 지식은 권력을 거치면 다른 지식이 되고, 권력 역시 지식을 거치면 다른 권력으로 변화한다. 자기 자신에게 돌아오는 것은 '담론'뿐이다. 변화와 전환을 모두 진단할 수 있는 것은 담론의 시간이다. 담론의 시간은 '사후성' 혹은 '차후성'을 원리로 삼는다.

두 줄의 홈이 난 긴 원통을 한 번 꼬아서(변곡) 이으면 – 뫼비우스의 통 – 두 줄의 홈은 한 줄로 연결된다. 이 홈을 참숯에 난 미세한 통로들로 전환하면 그 길이, 수는 무한에 가깝게 늘어난다. 다람쥐 쳇바퀴 돌듯 반복하는 일상마저 결코 반복할 수 없는 것이다.

> 위상학적 모델은 라캉의 세 가지 목록인 상징계(S), 상상계(i) 그리고 실재계(R) 중 하나에 그냥 단순히 구겨 넣을 수 있는 게 아니다. 그것은 단순히 상상적인 것, 즉 순수환상적인 것이 아니며, 속임수도 아니고, 정신분석을 실재계 속에서 마치 자연과학 이상의 의미에서 증가하는 것도 아니다. 마찬가지로 그것들의 상징적인 것 속에서 사라지는 것을 – 말로 할 수 없는 것을 – 생산하려는 한, 상징계를 (실재계를 향해) 넘어서는 것도 아니다. 이 목록들의 연결을 위해 세 개의 고리로 엮어 만든 보로매우스 매듭이 있다. 이 또한 라캉이 수용해 사용하는 위상학적 형태의 하나이다. 그것의 특수한 속성이라면 세 고지 중 하나가 묶음에서 빠지면 나머지도 뿔뿔이 흩어져 버린다는 점이다.
>
> – 마이 베게네, 2010, 329

라캉의 정신모델은 시간적인 흐름으로 파악하는 것이 일반적이었다. 우리의 기억에 없는 영유아기를 상상계로, 기억(이야기할 수 있는 무렵)을 상징계로, 그리고 삶이 완성된 상태 혹은 죽음을 실재계로 놓는다. 우리는 상상계의 흔적들, 상처들에 의해 일생이 운명 지어지는 것으로 단순화할 수 있다. 선적인(시간적인 차원) 모델을 공간적으로 전환하면 위상학적 모델에 다가설 수 있다.

라캉의 '광학모델'을 단순하게 거울모델로 환원하는 것은 라캉의 총체적 전략을 단선화할 우려가 크다. 라캉의 거울모델을 '뒤집힌 꽃다발 모델'이라고 부르는 것에 주목할 필요가 있다. 뒤집힌 꽃다발은 '거울 위에서 뒤집힌 꽃다발'이라고 해야 더 선명한 이미지를 얻을 수 있다. 관건이 되는 것은 이 거울은 장소, 관계, 배열, 심정, 공간의 펼침 그리고 심정공간에서 주체에게 현상되기도 하고 그렇지 않기도 하다는 것이다. 마주 보고 있는 꽃다발은 서로가 서로를 다르게 인식하기 때문에 매번 다른 상을 얻는다.

> 프로이트의 경우와는 달리 라캉의 거울모델은 결정적으로 내적으로 심어진 것으로 여겨지지 않는다. 이러한 차이는 라캉에게는 모델 형성의 문제가 더 중요하게 여겨진다는 것을 의미한다. 그의 모델은 더 이상 개별적인 심리에서 시작해 개념화되고 있지 않고 – 애초에 다른 것, 타자의 장소를 다룰 때, 그것이 심적 장치에 구성적인 기능이 있는 것으로 보아-그것을 심적 장치에 포함해 받아들이며 심리적인 주체 구성에 적합한 것으로 수용한다.
>
> — 마이 베게너, 2010, 319~20

'지금여기'의 나에게 내재한 모든 가능성을 상상계로 상정한다. 상상력의 세계에는 무한 에너지가 잠재되어 있다. 특별한 장소의 매혹(매력)에 의해 상상계의 심상을 딛고 주체는 상승한다. 최선의 환희(주이상스)에 오르기 위해서는 실재계까지 올라야 한다. 그러기 위해서는

'언어로 가득 채워진' 상징계를 뚫고 솟구쳐야 한다. 솟구침이 최선의 효율성을 발휘하기 위해서 요구되는 모델형이 '나선형'이다. 그렇게 현실을 개방하지만 대부분의 도약은 상징계에서 멈춘다.

높이 상승하기 위해서는 깊이 파고들어야 한다. 깊게 파고들기 위해서는 높게 솟아올라야 한다. 죽음과 죽음의 초월, 생과 생의 초월이 동시에 이루어진다. '창조의 핑거'에서 별이 생성되는 원리가 이와 같다. 이것은 라캉의 뒤집힌 꽃다발모델과 상통한다. 텍스트(몸)를 거울에 비유하고 이것을 바닥에 놓는다. 그리고 그 위에 백 송이 꽃다발을 뒤집어 놓는다. 가장 넓은 표면의 꽃은 자신의 향기를 내면화하고, 향을 가장 높은 곳에서 뾰족하게 뿜어 올린다. 그리고 가장 날카롭게 솟구쳐 오르면서, 가장 깊게 파고 내린다. 이 향기가 현실의 언어와 기억의 언어를 모두 뚫고 오를 때, 우리는 삶과 죽음을 모두 초월한 '주이상스'에 이르게 되는 것이다.

비장소

2017년에 'DNA 가위'가 나왔다. DNA를 일부 제거해 내는 영상은 사람들에게 적잖은 충격을 주었다. 놀라움은 주로 우려 쪽으로 기울었다. 그즈음에 천체물리학자 스티븐 호킹이 타계했다. 일 년쯤 지나서 그의 유고가 출간되었다. 그의 책에는 담담하기는 하지만 확신에 찬 어조로 지금의 인류는 새로운 인류에게 멸망할 것이라고 예단한다. 갑부의 부모들은 어마어마한 돈을 들여 자녀들의 DNA에 손을 댈 것이다. 우성의 DNA만 갖게 된 사람이 늘어 가게 되면 그들에 의해 현생인류는 제거되고 말 것이라는 것이다. 웰벡의 소설 『소립자』는 이와 크게 다르지 않은 내용을 담고 있다. 다른 것은 현생인류 스스로 지구의 미래를 위해 다음 세대 인류에게 지구를 맡긴다는 자발성에서 차이가 있다. 『소립자』에서 현생인류는 진화한 인류에게 미래를 맡기고 스스로 사라짐을 선택한다. 이것도 일종의 전회에 대한 상상일 수 있다.

인간의 몸은 특별한 공간을 품고 있다. 이것을 '마음'이라고 한다. 타자가 깃들어 사는 건축물로 인간의 몸을 은유할 때, 그 사람의 성품이라는 것이 곧 그 사람이 품고 있는 공간과 다른 것이 아니다. 이푸 투안은 공간조직의 근본원리를 인간의 몸과 관련해 두 가지에서 탐색해야 한다고 주장한다. "하나는 인간 신체의 자세와 구조이고, 다른 하나는 인간들 사이의 관계(친밀하든 소원하든 상관없다)다. 인간은 신체의 긴밀한 관계를 통하여 그리고 타인과의 긴밀한 경험을 통하여 자신의 생물학적 욕구와 사회적 관계에 적합하고, 또 그것을 충족시킬 수 있도록 공간을 조직한다."(이푸 투안, 2007, 63)

공간을 조직하는 방법으로는 사물을 추가하고 재배치하는 것이 있다. 그러나 이런 방법으로 공간을 조직하는 데는 한계가 있다. 반면 공간적 전회는 공간의 다양성은 물론 역동성을 배가하는 데도 효과적이다.

> 첫 번째 전회, 즉 공간적 전회를 자연공간을 기술하는 작업으로 파악해 그쪽으로 회귀하는 것이라는 생각은 전적으로 오해라고 할 수 있다. 그뿐이 아니다. 두번째 전회, 즉 지형학적 전회를 문화공간을 지도하는 직업으로 여기는 것 역시 오해의 소치이다.
>
> — 슈테판 귄첼, 2010, 30

전회는 꺾임이 아니라 변곡이고 비틀림이다. 가장 역동적이고 효율적인 전회는 꼬임에 의해 나선의 구조를 취하는 것이다. 전회를 통해 변화를 지속하기 위해서는 끊임없이 틈을 만들어야 한다. 낯섦과 낯익음, 자기 경험과 타인의 경험을 결합시키기 위해 전제되어야 할 것은 '분열과 틈'이다. 이것이 전제되어야 우리는 시간의 흐름을 타면서 다른 것을 제대로 엮어 낼 수 있다. 변곡을 통한 엮기를 통해 서로 스미고 침투해 특별한 통일을 이룰 때, 공통의 경험들을 다채롭게 생산해 낼 수 있다.

> 현존 질서를 벗어나는 비정상적인 것으로서의 낯섦은 ― 미셸 푸코의 말을 빌리자면 ― 일종의 밖에서 생각하기를 요구하는데, 이것은 자기 자신에서 시작하지도 끝나지도 않은 방식이다. 우리의 경험이 유래하는 본래적인 다른 곳은 세계지도상의 흰 점들과 같은 것으로, 이들은 발견해도 지워 낼 수가 없을 뿐이다. 그 본래적 다른 곳이 경험의 장소에 비장소의 형태를 부여한다.
> ― 베른하르트 발덴펠스, 2010, 102

우리의 경험이 유래하는 장소는 다른 곳으로 통하는 통로와 다르지 않다. 그러면서 '비장소'에 일시적인 형태를 부여해 이미지화한다. 그 이미지들은 심경에 심상으로 남겨진다. 흔적, 심상에 의한 세계 인식은 밖에서 생각하기와 다르지 않다. 자기 자신에게서 시작하여도 결코 끝나지 않는 자체 나선의 시스템이 작동한다. '내가 제어할 수 없는 나의 움직임'에서 변곡의 에너지를 생산할 수 있다. 그래서 '나의 시간의식, 의식시간은 나의 것이 아니다.'

두 가닥의 줄로 더 튼튼하고 두터운 줄을 만드는 서술어는 '꼬다'이다. 세 가닥의 줄이 있을 때 우리는 이것을 댕기 머리처럼 따서 크고 두툼한 줄을 만든다. 이것은 줄이라기보다는 하나의 장소가 된다. 꼰 줄에는 무엇을 꽂아 둘 수는 있지만 담아 둘 수는 없다. '따는 것'은 서로 침투해서 통일을 이뤄 내는 특별한 작용이 이루어진다. 그러기 위해서 세 가닥의 줄은 더 철저하게 상호분리되어야 한다. 시간과 공간만으로는 좋은 품을 열 수 없다. 인간이 함께 따져야 한다.

객관적 시간과 주관적 시간만으로는 좋은 시간의 품을 가질 수 없다. 여기에는 경험적 시간이 함께 서로 침투하면서 엮여야 한다. "다른 시대에 살았고 서로 의사소통한 적도 없으며 서로 모르는 사람들이 같은 이야기를 하는 경향이 있다는 것 또한 여기서 읽을 수 있다."(자크 랑시에르, 2008, 133~4) 다양한 대화를 통해 경험시간이 시간의 한 축을 담당할 수 있어야 우리의 의미영역은 무한대로 확장할 수 있다.

약동

'나선(螺線)', 이 소용돌이 모양의 곡선은 우주의 작동원리이기도 하다. 특히 나선 우주는 넓어지는 힘과 솟구치는 힘을 동시에 발산한다. 나선은 균형(확장)과 변화(고양)를 동시에 반영한다. 나선은 생명의 힘을 상징하기도 한다. 'Spring'은 봄이다. 응축된 에너지가 약동하는 계절의 이름으로 안성맞춤이다. 일상에서 쓰는 '스프링'은 튕김의 에너지를 최대치로 응축할 수 있는 구조물을 일컫는다. 나선의 스타일이 지닌 가장 큰 강점은 거의 모든 이항 대립을 '에너지'로 바꿀 수 있다는 것이다.

"우연은 혼돈으로, 필연은 조화로 구분하여 본다면 분명히 인식론적 사건으로 다가온다."(최병학, 2004, 185) 장뤽 고다르 감독의 영화의 한 장면에서는 커피 잔에 녹아 들어가는 설탕을 클로즈업해서 보여준다. 설탕은 무질서하게 녹아들면서 소용돌이라는 질서를 따른다. 개별적인 설탕 알갱이의 혼돈(우연)과 커피 전체의 조화(필연)가 균형을 이루는 것을 이 장면은 잘 보여 준다.

우연과 필연, 혼돈과 조화가 역전되는 경우도 있다. 경찰에서 작성하는 '몽타주'가 대표적이다. 사람의 얼굴 부분 부분의 가능성을 최대치로 확보한다. 그리고 하나하나 교체하면서 우연적 필연, 필연적 우연의 실체에 다가서려 한다. 현상학적 환원, 환원의 현상학에서 '환원'은 직선의 운동을 곡선으로 변화시키는 데 원동력으로 작용할 수 있다. 돌아갈 곳이 있어서, 직관해야 할 본질이 있어서 환원을 하는 것이 아니다. 환원의 본질적 지향은 변화를 주는 것이다.

후설은 현상학적 심리학은 현상학적 환원 자체 – 이것은 그 본질에 포함된다 – 가 자신의 의미, 내적인 필연적 요구, 그 범위를 단지 단계적으로만 드러낼 수 있으므로, 그 의미에 따라 다른 단계를 드러낸다고 말한다. 현상학적 환원은 자신의 총체적 지평을 획득하기 위해 '현상학적 환원의 현상학'이 필요하다.(에드문트 후설, 2016, 425) 특정한 본질을 지향하는 것이 아니라면 단계마다 새로운 반성을 요구한다. 새로운 반성은 두 가지 시선이 동시에 작동 가능해야 한다. 자신에 대한 이해의 시선, 실행된 작업 수행을 통한 새로운 성찰의 시선이 그것이다.

새로운 반성이 언제나 새로운 방향을 모색하게 한다. 환원의 환원을 통해 우리는 본질직관이라는 정체에서 벗어나 역동적인 성찰 즉 온몸의 이행을 통한, 이행을 위한 성찰을 이룰 수 있다. 성찰을 통해 뒤를 따르면서 앞을 마주 보는 특별한 이중성, 양면성을 경험할 수 있다. 여기에서는 소외와 소격이 더 이상 구분되지 않는다.

직선, 진보적인 발전의 시선에서 보면 세계 문명의 중심은 실재하는 것이고, 근대에 대한 욕망은 문명의 중심으로 향한다. "소외의 체험이야말로 조선의 문학자들로 하여금 끊임없는 지정학적 혼란, 자기 정체성의 위기에서 방황하도록 만들었던 것으로 보인다. 이것이 바로 한국 현대시로 하여금 탕자형 인간을 낳게 한 이유라고 할 수 있을 것이다."(구인모, 2008, 173)

지정학적 혼란과 자기 정체성의 위기는 탕자를 두 가지 유형으로 나뉘게 한다. 머묾의 탕아는 더 강력한 소외를 통해 '자기 정체성'의 위기를 극단적으로 몰고 가는 유형이다. 다른 하나는 떠남의 탕아로 지정학적 혼란을 지정학적 경계 너머에서 바로 보게 됨으로써 언어적 확장을 꾀하는 경우다. 후자의 경우에는 기존의 도덕적 한계까지도 뛰어넘어 새로운 가치를 추구할 수 있다.

소외와 소격은 겉으로 드러나는 모습에서는 크게 차이가 나지 않는다. 능동성이 원동력인가 아닌가에서 차이가 있다. 비우는 욕망이 이뤄지면 소격이 발생하기 쉽고, 채우는 욕망에서 밀려나면 소외가 발생한다. 소외를 없애는 다양한 방식들이 강구되었다. 소외와 소격을 하나의 나선에 올려놓으면 둘의 구분은 의미가 없어진다.

소외·소격의 구분을 지우는 하나의 방법은 표상(表象)작용을 적극적으로 검토하는 것이다. 이미지로서의 표상은 심상(心象)에 가깝다. 텍스트에서 떠오르는 이미지는 이와 구분해서 표상(表象)한다. 감각이 우선 작용하는 직관은 심상과 연결되고, 지각이 작동하는 주지적인 것은 주관적 표상과 연결된다. 레비나스는 표상의 역할을 이렇게 말한다.

> 따라서 의식 안에서 표상이 하는 역할은 직관 자체의 의미에 대한 반향이다. 여기서 후설의 직관주의 특유의 주지주의적 성격의 근거가 발견된다. 표상의 역할에 대한 연구를 여기서 회피할 수는 없다.
> — 엠마누엘 레비나스, 2014, 110~1

텍스트에서 떠오르는 표상은 직선적인 독서를 방해한다. 변화와 주저함은 직관과 주관 사이에서 구부러지면서 읽기의 스타일을 형성해 나간다. 표상이 적극적으로 작동하는 읽기는 의미의 솟구침, 드러남,

사라짐 등 '나선의 길'을 열어 준다. 나선의 길은 반복의 차이, 차이의 반복을 특성으로 해서 열리는 공간이다. 이 공간은 정적인 의미 구조를 변형시키며 동적인 유희현상으로 연결된다.

데리다의 불가능성의 장소를 지칭하는 대표적인 어휘가 '차연'이다. 차연은 공간적 구조화을 바탕으로 차이와 시간적 구조화를 바탕으로 한 차이가 서로의 이면을 이루는 장소다. 따라서 이 장소에 있는 것은 구조라기보다는 '의미의 순수한 움직임'이라고 할 수 있다. "니체의 언어유희개념과도 맥을 같이하는 데리다의 해체는 이미 사용된 언어들을 다시 차용하여 동일하면서도 동일하지 않은 이중적 의미의 반복을 통해 이루어지지만 기표 사슬이 종결될 수 없기 때문에 텍스트 분석이 완결될 수 없는 모습을 지닌다."(피종호, 2002, 256) 언어의 동적인 유희현상이 발생하는 차연의 장소에서 종결될 수 없는 기표 사슬을 타면서, 우리가 멈출 수 없는 것이 곧 '현상학적 환원의 현상학적 환원의 현상학적 환원의 ……환원'이다.

(이)끌림

이상의 시 「최후」는 임계 상황을 잘 묘사하고 있다. '사과 한 알이 떨어졌다. 지구는 부서질 정도로 아팠다.'고 쓰고 있다. 지구는 사과보다 대략 1억 배 정도 크다고 한다. 물을 일억 배 확대하면 지름 1cm의 산소원자에 지름 0.5cm의 수소원자 두 개가 결합된 물분자들이 닿을 듯 말 듯 '밀당(밀고당김)'을 하고 있는 것을 볼 수 있다. 지구의 부서질 듯한 아픔을 사과 한 알에 의해 촉발되었다. 사과 한 알에 의해 촉발되기까지 지구의 '아픔'은 사과의 9천9백9십9만9천9백9십9만큼 쌓았다. 그리고 임계 상태에 이르렀을 때, 사과 한 알이 떨어져 아픔을 터뜨려 준다. 10억 개의 아픔들은 무너지면서 솟구치고, 솟구치면서 무너진다. 생전 처음인 죽을 듯한 아픔을 경험하게 된다.

사물은 저마다 다른 힘을 품고 있다. 이 힘이 완전히 소진되는 것을 막기 위해 '자기조직화'를 시도한다. 모래 더미나 눈사태 같은 것이 대표적이다. 임계점에 이르기 전에 미리 무너져 자기조직화를 이루기 위해서는 개체들 간에 틈(사이)이 있어야 한다. 눈앞에 전개되는 세계는 자기조직적이다.

메를로 퐁티는 본다는 것은 세계와 하나 되는 것이라고 말한다. 그의 견해로는 보는 것과 사고(思考), 기호와 의미, 감각과 지각의 구분은 더 이상 성립하지 않는다. 합리주의 시각에서의 본다는 것이 시각장에서 펼쳐지는 요소들을 해독해 낸다. 그리고 이것을 전체로 종합하는 동안, 현상학적 봄은 시각장이 펼쳐지도록 자연 그대로 조직되도록 내버려 둔다.(우테 홀, 2010, 120~1)

현상학적 봄은 직관적이다. 지각하는 순간 의미는 퍼지고, 퍼지는 의미에 따라 자신이 품고 있는 힘이 소진되는 것을 최소화하기 위해 '자기조직화'를 시도한다. 자기조직화는 무너짐이고 부서짐 같은 것이 된다. 이것은 수면에 던져진 돌멩이와 같이 흔적을 남기지만 순식간에 사라진다. 돌멩이가 수면에 닿아 무너지고 부서져 내리는 순간에 모든 무늬는 펼쳐지고 접히고 퍼진다. 이 무늬를 직시할 수 있는 사람만이 그 의미에 사로잡힌다. 이것이 매혹이다. 매혹은 사로잡힐 수 있는 능력이 있는 사람만이 당할 수 있는 것이다.

누구든지 매혹되었을 때, 그는 어떤 실제적 대상도, 어떤 실체적 형상도 알아볼 수 없다고 말할 수 있다. 왜냐하면 그가 보는 것은 현실의 세계가 아니라 매혹의 결정되지 않은 상태에 속해 있기 때문이다. 이를테면 절대적 상태, 거기로부터 거리가 배제되는 것이 아니라, 그 거리는 엄청난 것으로서, 이미지 뒤에 존재하는 무한의 깊이가 된다. 살아 있지 않고, 다룰 수 없는, 비록 주어지지 않았지만 절대적으로 현전하는 깊이, 대상들이 의미로부터 멀어져 그를 이미지 속으로 무너질 때 대상들은 이곳에 잠긴다.

— 모리스 블랑쇼, 2010, 32~3

매혹은 대항에 의해 촉발되는 것이 아니다. 그 무늬는 대상 스스로도 본 적이 없다. 매혹은 대상에게는 어떤 변화도 유발하지 못한다. 매혹은 오직 당하는 자의 것이다. 그것을 대상이 알게 하려는 순간, 대상도 주체도 파괴된다. 매혹은 오롯이 당하는 것이다. 그럴 때 매혹은 간직할 수 있고 휩싸일 수 있다.

매혹은 근본적으로 중성의 비인칭 현전에, 미정의 그 누구에게, 얼굴 없는 거대한 어느 누구에게 관련되어 있다. 매혹은 시선이 맺고 있는 관계, 시선 없고 윤곽 없는 깊이와, 맹목적이기에 보게 되는 부재와 맺고 있는 그 자체로 중성의 비인칭관계이다.

— 모리스 블랑쇼, 2010, 34

매혹적인 것과는 관계하지 않는다. 관계하기 위해서는 치우침이 있어야 하지만 매혹은 주체와 대상도 지워지고 무의(無意)만 남은 중성의 상태. 즉 매혹의 대상이나 주체 모두 비인칭의 관계를 유지할 때 최대치의 효과를 누릴 수 있다.

주체나 대상이 자신의 정체성을 분명히 하면서 대상이나 주체를 이끌어 올 수도 있다. '불나방'은 가장 강렬하게 유인된 존재를 대표한다. 불나방의 '불'은 나방을 죽음에 이르게 한다. 죽음을 자신의 의지와는 관계없이 파괴적으로 달고 다니는 존재다.

프로이트는 '미학적 유인'이라는 용어를 사용한다. 예술가는 자신 안에 존재하는 어떤 것을 표현해 내는 것이 아니다. 의식은 흐름을 속성으로 하고 있기 때문에 내용을 표현하는 것이 아니다. 순순하게 형식에 관한 매혹을 유발하는 것도 아니다. 이런 것은 매우 부분적인 것들이다. 어떤 것으로 환원할 수 있는 것은 더 이상 쾌락일 수 없다. 쾌락은 언제나 스타일적이다. 미학적 유인에서 방점은 '유인'보다는 '미학'에 찍힌다. 최대한의 수동성을 발현할 수 있을 때, 흐름과 스타일에 주체를 태워 볼 수 있다. 당하더라도 전혀 당한 것이 아닌, 유일한 것이 '아름다움'에 당하는 것이다. 이것이 '유혹(誘惑)'이고 '유인(誘引)'이다. 프로이트가 전위(前慰)라고 부르는 것이다.

내용의 쾌락주의는 벌과 나비를 유인하는 꿀의 전략이다. 형식의 쾌락주의는 향기와 색으로 벌과 나비를 유인하는 것이다. 더러는 '활주로'와 같은 무늬로 내려앉고 싶은 욕망을 자극하기도 한다. 참나무나 헛개나무는 자기 몸의 상처에서 나오는 진액으로 온갖 곤충을 꾄다. 이들 나무는 꽃 같은 꽃 없이도 가장 단단한 열매, 가장 커다란 씨앗을 맺는다. 실로 '가학적인 전략'이다.

비대칭

섞기, 비비기, 융합하기와 같은 술어(하기가 붙을 수 있는 명사 포함)의 효과는 극단적으로 갈린다. 하나는 섞이는 것들이 완전히 사라지는 것이다. 다른 하나는 최선의 +의 맛, 효과를 내오는 것이다. 복합, 융합, 융복합은 주로 후자의 효과를 노린다. 이 효과가 사람의 취향에 맞느냐, 맞지 않느냐가 문제일 뿐이었다.

섞기를 통하면 가장 큰 가능성을 품은 공간으로 새롭게 태어날 수 있다. 기존의 것들이 완전히 사라지고 '중성'의 상태가 되는 것이 가능성을 높이는 데 효과적이다. 블랑쇼는 이 중성의 상태를 죽음에까지 이끌고 갔다. 블랑쇼의 중성은 하나의 '주체'가 하나의 '타자'를 전면적으로 만날 때 발생한다. 주체와 타자 모두 사라지고 이 장소에서 모든 것은 최초인 것으로 새로 탄생할 수 있다. 중성과 달리 공통영역은 중성지대와 개별영역을 동시에 지향한다.

요소들의 조합으로부터 의미가 생겨난다고 할 때의 이 요소들은 기표를 말하는 것도 음소를 말하는 것도 아니며, 미규정적이지는 않으나 애매한[유령 같은] 분자적 요소들[힘들]을 말하는 것이다. 이렇게 되면 구조주의에 대한 이 논문은 레비스트로스 외의 모든 학자들이 자신은 아니라고 말했던 그 구조주의를 설명하려는 것이 아니라, 이미 구조주의에서 배태되고 있던 후기구조주의적 사유를 설명하는 것이며, 들뢰즈 자신의 철학적 입장에 관한 논문이 된다.

— 신지영, 2011, 123

요소들을 섞는 방법은 다양하다. 섞이는 방법은 사후적으로 결정되는 경우가 흔하다. 즉 섞이기 이전으로 환원이 가능한가에 따라서 복합과 융합이 크게 갈린다. 또 물리적 결합은 복합으로 화학적 결합은 융합으로 나오기도 한다. 새로운 가능성이라는 측면에서 융합은 복합보다 더 높게 평가받기도 했다. 21세기에는 둘을 하나로 부르는 '융복합'이라는 말이 가장 많이 쓰였다. 21세기의 변화된 모빌리티, 사이버네틱스 환경을 바탕으로 '멀티', '결합', '환원'이 굳이 필요치 않는 무장소공간이 마련되어 장소로서 '주체되기'가 다양하게 시도되고 있다.

그러니까 얼마든지 자신의 공간을 직조할 수 있게 된 덕분에 외부적으로 주어진, 민족이나 역사의 '시공간'에 큰 의미를 두지 않는 사람이 늘어 가고 있다. 역사는 거대한 흐름이고, 개인들의 삶을 모두 이끌어 가고자 했다. 이제 이러한 거대한 흐름을 거부하고, '역사'의 일부가 되는 것은 거부한다. 거대한 흐름 자체가 무의미하다. 나로부터 흘러가는, 나를 관통해 가는, 딛고 가는 생활세계의 흐름은 실로 부지기수다.

역사주의적 시도가 진실에 육박한다고 믿는 것은 객관적 시간을 바탕으로 할 때 가능하다. 이러한 역사의식이 객관성으로 이어지는 것은 거의 불가능하다. 시간을 인식주관의 내부로 끌어들이는 것만으로는 충분하지 않다. 인식주관으로부터 생성되는 시간은 역사주의를 근원적으로 회의한다. 이것은 주관의 관념성이 제거된 시간이기 때문이다. 그사이에 자리한 시간이 현상학적 경험시간이다. 역사주의를 '극복'하고 문화가 될 수 있도록 해 주는 시간이다.(송석랑, 2015, 481)

따라서 시간은 더 이상 시간에만 머물지 않고 공간으로 변곡한다. 공간 역시 한 치의 지체도 없이 시간으로 변곡해 들어간다. 시공간, 공시간은 공간의 관념성, 시간의 관념성을 엮어, 시공간, 공시간의 경험성으로 나아가게 한다. 이러한 과정을 통해 생활세계가 위상학적 의미를 획득할 수 있는 장(품)이 마련된다.

생활세계를 관통하는 시간은 여러 줄기다. 한 편의 영화를 보는 시간도 관람객마다 다르다. 러닝타임이라는 객관적 시간(시계시간)과 인식시간의 흐름이 일치하는 경우는 거의 없다. 어떤 이는 러닝타임보다 길게, 어떤 이는 짧게 느끼게 된다. 전자보다는 후자의 시간이 질적으로 좋은 시간이라고 할 수 있다. 시계시간보다 확실성이 높은 이 시간의식은 주관적 시간의 판단 근거가 된다. 생활세계를 흘러가는 시간은 객관적인 시간과 주관적 시간의 비대칭을 형성하며 흐른다. 현상학적 시간, 곧 경험의 시간은 흐름의 강도와 밀도가 시시때때로 변한다.

레비스트로스가 자신의 구조주의적 후배로 인정한 세르가 신화학에 관하여 합의한 내용 역시 〈비대칭〉에 관한 것이다. 다시 말해 신화적 담론의 출현은 구조가 그 비대칭으로 인해 방해를 받기 때문이라는 것이다. "공간

이동의 위태위태한 불안정성으로부터 호메로스의 담론이 출현하고, 이리 저리 연결된 공간들의 분석으로부터 신화 분석이 출현한다"는 것이다. 다시 말해서 이 〈비대칭〉이라는 것은 이야기의 생산, 돌연변이의 출현, 역동성, 우발성 등을 가능하게 하는 위상학적 구조의 요건인 것이다.

— 신지영, 2011, 135

미래학자 롤프 얀센은 우리의 미래를 드물게 긍정적으로 전망하는 사람이다. 인공지능 로봇으로 대변되는 미래사회의 인간적 영역의 확장과 축소에 대해 학자들의 전망은 암울한 경우가 많다. 얀센이 미래 전망을 긍정적으로 내올 수 있는 데는 지구상에서 '오직 인간만이' 할 수 있는 일을 이성, 두뇌와 관련된 것에서 감성, 스토리로 옮겨 낸 까닭이다. 그는 미래사회를 스토리의 시대, 신화의 시대로 그려 낸다.

들뢰즈의 위상학적 사유에서 중요한 개념 중 하나가 〈비대칭〉이다. 바로크건축의 휘감아 오르는 공간과 계단, 데카르트식 회오리이론, 천체들의 타원궤도 운동의 발견, 17세기 수학의 원뿔곡선 및 곡선 계단에 대한 선호. 이 모든 것은 고도로 패러독스적인 위상학에 근거한다. "비평형 및 탈출의 경합, 더 정확히 말해, 평형 이탈 경향을 보이는 운동 형식들"이다.(베온 하르트, 2010, 177) 이 비대칭성을 바탕으로 하나의 공간은 다양한 스타일이 관통하는 무한대의 장소가 된다.

진정성

흩어져 있는 것들을 모아 하나의 구조물을 만들 때 없어서는 안 될 것이 '나사못'이다. 나사못의 위력은 나선(螺線)에서 나온다. 못과는 비교할 수 없을 정도의 안정성과 속도를 자랑한다. 물에 어떤 것을 섞어 본 적이 있는 사람은 용기 중심을 파고드는 회오리 즉 나선의 힘을 실감했을 것이다. 나선의 힘은 뚫고 오르는 데만 발휘되는 것이 아니다. 파고 내리는 데도, 동시에 널리 퍼트리는 데도 위력적이다. 큰 터널을 뚫을 때의 스크류, 한 나라 전체의 대기를 휘감아 뒤섞는 태풍의 나선은 우리가 목도할 수 있는 강력하고 거대한 힘들이다.

나선형 계단을 내려가는 방문객들은 바깥에 있으면서 동시에 '안에' 있다고 느꼈다. 계단과 함께 나선형으로 돌아 내려가는 하늘과 주변 가옥들의 풍경이 사람들에게 안에 있다는 감각과 바깥에 있다는 감각을 연속적으로 자아내고 있었기 때문이다.

― 스티븐 컨, 2004, 452

나선은 안과 바깥을 한 차례의 운동으로 경험하게 해 준다. 바르트의 S/Z는 S와 Z의 마주 봄으로 해석하기도 하고, S의 거울성으로서 Z, Z의 거울상으로서의 S라고 해석하기도 한다. 그러나 좀 더 바르트의 속내를 좇아가 보면 S/Z의 나선형을 그려 낼 수도 있다.[1] 바르트는 자신 안에 모든 것을 가지고 있었다. 여성성과 남성성을, 자아와 세계를 동시에 드러내 '나'를 보완하고 구성할 수 있다면 우리는 전혀 다른 인류를 꿈꿀 수 있을 것이다. "세계가 완전히 내 안에 있고 내가 완전히 내 밖에 있다"고 메를로 퐁티는 쓰고 있다. 이 문장은 문장을 위한 문장처럼 보이지만 '나선'을 그려 보면 문장의 속뜻에 다가설 수 있다. 제프 말파스는 이 문장을 두고 "메를로 퐁티는 자신의 연구는 물론이고 바슐라르에게서 발견된 관념을 표현하고 있는 듯하다."고 평하고 있다.(제프 말파스, 2014, 18)

---

1 즉 S/Z는 ʂʐʂ의 나선으로 변형할 수 있다.

나선의 변증법은 그와 동시에 환기된 이분법의 파기를 제안한다. 그러므로 우리 '안에서' 이루어지는 삶의 요소는 우리가 살고 있는 외적공간이나 장소에서 발견된다. 우리의 안과 바깥이 단절되어 있다면 둘은 닮은 것이지 같은 것이 아니다. S와 Z는 닮은 것이지 같은 것이 아니다. 이분법적인 것들이 변곡을 통해 통합될 수 있는 장소는 안도 바깥도 아닌 경계, 나선의 경계다.

메를로 퐁티의 전언을 우리 눈앞에 구체적으로 보여 주는 데 일조할 수 있는 것은 '뫼비우스의 띠'이다. 동양사상의 핵심에 자리한 '태극' 역시 유사한 효과를 낼 수 있다. 우리 몸을 구성하고 있는 '오장육부'는 '천문과 지리'을 섭취하기 위한 목적으로 제자리를 차지하고 있다. 나는 다양한 상태로 존재한다. 이러한 상태들의 통합은 반복이 아니라 차이를 위해 끊임없이 독립성의 획득을 지향한다. 우리의 의식은 정신적 행위의 연쇄가 아니다. 정신적인 행위는 근원적·본질적 시간의식, 의식시간을 결코 앞서지 못한다. '나'는 통일체로 묶인 총체적 나도, 원자적 '나도' 아니다.

> 나는 그 자체로서 분리될 수 없는 단일한 경험이고 하나의 "살아 있는 응결체"이다. 자아와 그에 속한 상태들의 관계가 임의적이거나 우연한 것이 아니라면 – 상태들의 '소유권'이 상태 자체와 함께 주어지는 그런 관계라면 – 이는 상태들의 통일성과 특정 주체가 상태들을 소유하는 것이 한데 연결될 수 있으며 동일한 구조, 동일한 경험에서 내용과 자아 모두를 일원화한다는 뜻이다.
>
> – 제프 말파스, 2014, 114

정상적인 생활자에게는 내 몸이자 생명의 원천인 오장육부와 마주할 기회를 갖기 어렵다. 이것들은 우리 몸 바깥에서 천문의 오운(五運)

과 지리의 육기(六氣)로 대치되어 읽힌다. 장소가 우리 안에 통합되는 형식은 다채롭다. 우리의 신체를 보고, 느끼고 상상할 때, 나의 몸은 대상의 거리 사이에 놓인다.

그럴 때, 나는 온갖 살아 있는 것들로 이루어진, 미생물들의 쉴 새 없는 흐름으로 이루어진 응결체에 지나지 않는다. 흐르다, 살다와 같은 술어적 서술과 연결된 생명은 미생들의 흐름(머묾)과 떠남으로 결정된다. 식물이나 동물(인간을 포함하여)은 이 미생물들이 살아가는 장소일 뿐이다. 이것이 '나의 장소성'의 진정성이다.

(비)생명

선의 간격이 일정한 나선을 아르키메데스형이라고 한다. 우리 일상에서 흔히 볼 수 있는 모기향, 롤케이크, 레코드판 등이 아르키메데스형에 속한다. 선 간격의 바뀌는 것은 로그형이라고 한다. 달팽이, 나선 은하, 꽃 등이 대표적이다. 오른쪽 방향의 청자고둥 나선을 잘랐을 때, 언제나 오른쪽에 놓인 나선의 숫자는 반대편에 놓인 나선의 숫자보다 하나 더 많다. 중심축을 기본으로 해서 볼 때, 양쪽에서는 물질적 수준에서 비평형이 지배한다.(카린 레온하르트, 2010, 183) 물질적 수준에서 비평형은 자연적인 것으로 보인다. 이러한 비평형에서 가장 중요한 것은 이것이 움직임 자체를 나타낸다는 것이다.

유클리드적 기하학의 관념에 묶이면 중심점이나 중심축을 잡고 균형과 대칭을 따져 보게 된다. 그러나 비유클리드적으로 보면 중심은 하나가 아니다. 청자고둥의 중앙과 나선의 출발점의 간격 사이에서 중심은 진동한다. 나선의 움직임에 따라 중심이 이동함으로써 움직이는 구도(생명 구조)가 탄생하고 입체적 중심이 형성된다.

그래서 나선의 중심은 질점을 갖지 않는다. 질점이 없기 때문에 균형을 잡기 위해서는 흔들려야 한다. 그 흔들림을 통해 중심은 스스로 빈터를 갖게 된다. 빈터를 안정적으로 확보하기 위해서는 둘로는 부족하다. 둘은 추상적으로라도 질점을 가질 수 있다. 셋 이상이라야 불안정을 가장 신속하게 안정으로 되돌릴 수 있다. 중심의 입체화가 곧 나선의 특성인 것이다.

비대칭성은 차이의 근원적 구조를 이룬다. 잠재적인 것과 가능적인 것 사이에서 현실적인 것의 구조는 비대칭적으로 진동한다. 현재를 이루는 지평은 분리 불가능하게 연결되어 있지만 잠재적인 것과 가능적인 것은 서로 환원할 수 없는 차이가 있다. 이것은 구분을 위한 것이 아니라 역동성을 배가하기 위해 확보한 차이성이다. 잠재적인 것과 가능적인 것 사이에서 존재는 일의적이지 않고 다의적이다.

잠재와 현실, 잠정과 현실, 현실과 가능 사이에서 분리 불가능한 층들이 형성됨으로써 다양한 위상성이 발현된다. 분리 불가능하게 연결되어 있는 현존재의 층위는 비대칭적이다. 비대칭성을 속성으로 주체는 언제나 새로운 것으로 거듭날 수 있다. 또한 비대칭성을 속성으로 하는 대상과의 우발적인 만남을 통해 새로운 의미를 생성해 나간다.

평면적 비대칭성은 반복적인 움직임만을 유인할 수 있다. 입체적 비대칭성의 역동은 평면적인 것과는 비교할 수 없이 강렬하다. 우리 은하의 세 쌍, 여섯 개의 나선 팔이 이루는 역동성은 '창조의 핑거' 끝에서 별의 탄생을 이루어 낼 정도다. 이러한 역동성을 가장 '역동적이고 창조적으로' 설명할 수 있는 것을 통해서다.

뉴턴 이후 수학과 물리학에서는 공간을 더 이상 3차원이나 형태적인 단위로 파악하지 않는다. 반면 위상학은 상관적으로 규정되는 여러 국면들을 다양한 위상에서 고려해 공간 구조를 다채롭게 움직이면서 그려 낼 수 있다. 현대 수학과 과학의 성과와 더불어 시작된 위상학적 사유를 통해서는 더 이상 공간이 고정적인 것으로 이해되지 않는다. 우리가 구조를 위상학적이라고 칭하자마자 그것은 더 이상 고전적 의미에서 합리적이면서 고정된 구조를 말하는 것이 아니다.(신지영, 2011, 113~4)

상관적 국면들, 이웃, 관계의 역동성을 위해서 '중심의 노드'는 입체적이어야 한다. 중심은 힘으로 가득 찬 비공간이어야 한다. 이렇게 중심이 질점이 아니라 텅 빈 입체를 이룰 때 우리는 유기물을 포함한 무기물의 생명 구조의 탐색을 시도할 수 있다. 유기체의 생명 구조는 이 텅 빈 구조의 중심을 '마음'이라는 추상성으로 채운다. 반면 무기적 생명 구조는 우리 은하와 같이 그 중심을 가늠할 수 없는 깊이와 넓이의 입체로 갖는다.

윌리엄스는 "어떠한 행위도 수동적 종합의 표현이 될 수 있을 뿐이지 결코 그것의 정확한 재현이 될 수 없기 때문이다. 이는 수준들 사이의 비대칭성에서 기인한다."(윌리엄스, 2010, 216)라고 말한다. 비대칭성은 이렇게 재현을 허용하지 않고 수동적 종합의 표현만을 생산하도록 하며, 모든 새로운 것의 발생적 동인이 된다. 들뢰즈는 이를 여러 구체적인 지점에 적용한다. 수영 선수의 몸, 파도, 교사의 몸 등 활동하는 현실적인 사물이 도드라지는 지점을 비대칭성이라고 부를 수 있다.(신지영, 2011, 136)

중심 아닌 중심으로 모으면서 모이는 작용은 능동성이나 역동성만으로는 균형을 잡아내기 힘들다. 능동성만으로는 역동성도 균형도 내오기 어렵다. 생명 구조(유기적이든 무기적이든)의 움직임에 따라 물러나고 주춤거리고 흔들려야 제대로 균형을 잡을 수 있다. 구조의 흔들림에 따라 언제든 흔들릴 준비가 되어 있는 장소가 중심이다. 중심의 수동이 비로소 주변의 능동성을 이끌어 낸다.

수만 톤의 무게를 우주까지 날려 보내는, 그러기 위해 초속 17km의 속도를 내야 하는 로켓에는 날개가 없다. 그 무거운 것을 싣고 날개도 없이 균형을 잡을 수 있는 것은 열 개가 넘는 엔진들이 미세한 균형의 흐트러짐조차 용납하지 않게 재빨리 흔들어 주기 때문이다. 손바닥에 나무 막대를 세우기 위해서 필요한 것은 날개가 아니라 손의 흔들림이다. 무기적 생명, 무기적 생명의 일부를 이루는 유기적 생명은 거대하고, 미세하고, 세심하고 섬세한 흔들림을 통해 저마다의 자리에서 저마다의 모습으로 흐를 수 있다.

2. 아포리즘

뫼비우스의 띠

'Literature'의 번역어가 문학인 것처럼 인문은 Humanity의 번역어다. 현재 종합대학의 단과대학 명칭으로는 '인문대학'을 주로 쓴다. 1970년대만 해도 인문대학이라는 명칭보다는 '문리대학'이라는 명칭이 흔했다. '문과(文科)와 이과(理科)'의 복합어로 문학부와 이학부가 하나의 단과대학을 이루고 있었다. 문(文)과 이(理)는 어디에서 비롯한 글자일까? 문리에 대한 사전적 의미는 다음과 같다.

(1) 글 속에 담긴 논리와 체계
(2) 글 속에 담긴 뜻을 깨달아 아는 힘
(3) 사물의 이치를 깨달아 아는 힘 – 세상의 문리
(4) 문과와 이과를 아울러 이르는 말

과거의 '문리(文理)'는 주로 (1), (2)의 뜻으로 사용했다. 우리의 논의에서는 세 번째 풀이에 집중한다. 세상의 문리는 곧 사물의 이치와 다르지 않은 말이다. 사물의 이치는 동양사상에서는 천문(天文)과 지리(地理)의 작용으로 이루어지는 것이라고 본다. '운때가 맞아야 한다'

는 말을 쓴다. 이것은 결코 행운(幸運)을 나타내는 말이 아니다. 앞의 운은 천운(天運)에서 쓰는 것과 같다. 곧 오행성의 운행을 나타내며 운기의학에서는 '오운(五運)'이라고 부른다. '때'는 시기를 나타낸다. 이것은 지리의 작용으로 육기(六氣)라고 한다. 앞의 것은 공간적인 것이고, 뒤의 것은 시간적인 것이다.

> 복잡한 특수성 속에서 사람과 장소를 보는 능력은 인간에게서 가장 고도로 발달되어 있다. 이것은 우리의 우수한 지능을 나타내는 표시이지만, 우리는 이러한 능력을 어떤 체계적인 방식으로 응용할 필요를 거의 느끼지 않는다. 친구나 고향에 대해 연구를 해 본 적은 없지만, 우리는 친구와 고향을 잘 안다고 주장한다. 기술의 습득도 항상 명시적인 교육을 요하는 것은 아니다. 예컨대 에스키모족 아이들은 어른들이 일하는 것을 보고 또 스스로 해 봄으로써 사냥꾼이 된다. 우리는 물리학 교본 없이 자전거 타는 법을 배운다. 힘의 균형에 관한 공식적 지식은 오히려 장애가 될 수도 있다.
>
> – 이푸 투안, 2007, 318

우리는 많은 것을 '타고난다.' 주어진 환경 속에서 '운기(雲氣)'를 타고나는 것이다. 그리고 타고난 운기에 따라 흐르면서, 온갖 위기를 극복하며 '근근히' 살아가게 된다. 인간 경험의 총체성에 대한 가능성과 불가능성 그리고 인간의 의도에 의해 정의된 의미가 우리 실존의 중심이라는 사실을 우리는 일단 받아들인다. 그러므로 생활세계와 생활세계의 지리는 반론의 여지가 없을 만큼 심오한 인간성과 의미 깊은 것으로 간주된다. 장소는 그 특성이나 형태에 관하여 가능한 한 예단을 하지 않아야 접근할 수 있다. 왜냐하면 장소가 가지는 의미와 정체성의 범위는 인간이 장소를 인식하는 범위만큼이나 넓다는 것이 인간의 의도를 의심하게 한다. (에드워드 랠프, 2005, 35~6)

사람들은 지구의 지표 곧 지평 위에서 살았다. 따라서 소유한 땅의 넓이가 잘 사는 것의 척도가 되었다. 고정된 장소는 비공정성의 스타일로 접근할 때, 위상성으로 열린다. 다양한 방향으로 열린 위상성은 다채로운 의미로 펼쳐질 수 있는 가능성을 높인다.

러시아의 사진작가 보구라우스키는 매달 두 장의 사진을 똑같은 자세로 20년간 찍었다. 그렇게 찍은 400장의 사진을 전시했다. 그의 모습을 보면 시간은 선적으로 흐르지 않고 진동하면서 흐른다는 것을 알 수 있다. 우리는 어제보다 얼마든지 젊어질 수 있다. 사랑에 빠지면 그렇다. 그리고 우리는 한 달 후보다 훨씬 더 늙을 수도 있다. 가령 이별을 당하면 그렇다. 그러면서도 신체의 나이는 늙음으로 진동하면서 흘러갔다. 우리는 한 차례도 반복하지 않지만, 언제나 같은 나로서 닮음을 반복한다.

자연의 작동원리에 대한 물리법칙은 아주 단순하다. 자연에서 관찰되는 나선의 경우도 시계 방향이든 반시계 방향이든 자기 유사성의 원리에 따라 공간적 형태를 확장시킨다. 생물학에서 발견된 경험적 사실로서의 '편향적 자연'은 그러한 중립성을 의문시하기에 충분하다. 자기 유사성의 원리가 자연의 현상 형식들을 역동적으로 만들었다. 나선의 방향성을 다루는 글을 보면, 우리는 우연찮게도 17세기에 유행한 존재 관련 서적을 만나게 된다. 바로크시대 사람들은 다이내믹한 운동의 방향성을 발견했고 청자고둥은 그 시대의 상징물로 등극했다.(카린 레몬하르트, 2010, 184) 동양의 사유에 대한 오해는 '문리(文理)'를 서양의 '인문(人文)'으로 대체한다. 이런 오해는 중국 출신인 이푸 투안에게서도 어렵지 않게 발견할 수 있다.

중국인들은 4개의 기본방위를 가지는 공간의 중심에 인간을 두며, 각 지점은 어떤 색깔에, 그리고 때로는 어떤 동물에 상응한다. 인간은 세계에 대한 자신의 경험을 질서 짓고자 한다. 그렇게 질서 지어진 세계가 인간을 중심으로 회전한다는 것은 놀라운 일이 아니다. 중국인들의 세계관은 매우 인간중심적이다.

— 이푸 투안, 2007, 154

동양의 세계관에서 인간은 세계의 중심에 있지 않다. 인간중심적인 것은 서양의 세계관이다. 이것은 '성리(性理)'와 '이성(理性)'라는 아포리즘이 잘 보여 준다. 이성은 인간으로부터 형성되는 세계관을 지향한다. '성리'학에서는 인문이 천문과 지리의 작용에 의해 생성되는 것으로 본다. 오행의 중심에 있는 것은 인간이 아니라 황색(黃色)의 대지, 곧 지구다. 천문을 나타내는 것이 해와 달(陰陽), 오행성(화·수·목·금·토성)이다. 천문과 지리의 상호주관적관계 사이에서 인간의 다양한 성품과 생김새가 나타난다.

아포리아

공간의 아포리즘을 가장 잘 드러내고 있는 말은 미하일 바흐친의 '크로노토프'다. 단어는 chronos(시간)+topos(공간)의 합성어다. 그래서 시공간 매트릭스라 불린다. 시공간 매트릭스는 모든 내러티브와 언어적 행위의 연구를 위한 분석의 기본 단위를 지칭한다. 그것은 언어에 구현된 시간적·공간적 범주의 특성과 그 강도와 밀도에 따라 장르나 세계관 등이 달리 규정된다.(카를 슐뢰겔, 2010, 57) 규정된다기보다는 장르나 세계관이 방향과 지향을 달리하며 굽이쳐 흐른다고 해야 더 적합한 비유가 될 것이다.

변곡점, 변곡 장소에 대한 분석·이해는 다양하게 이루어지고 있다. 매트릭스는 다른 차원의 공간으로의 변곡을 나타낸다. 이것은 '인공 자궁'으로도 해석하는데, 생체의 디지털화로 다양한 아바타로의 전이가 가능해졌다. 시·공간의 복합, 융합, 융복합 그리고 합성의 다양한 지향을 가질 수 있다. 합성의 원리로 제시하고자 하는 것은 '나선', '휘리릭 감아 올라가는 스타일'이다. 바로크의 나선은 시공을 합성하는 매우 인상적인 방식이다.

> 바로크건축의 휘감아 오르는 공간과 계단, 데카르트식 회오리이론, 천체들의 타원궤도 운동의 발견, 17세기 수학의 원뿔곡선 및 곡선 계산에 대한 선호, 이 모든 것은 고도로 패러독스적인 위상학에 근거한다. 거기에서 다루는 운동 형식은 중심점 혹은 중심축을 기점으로 지속적으로 휘감아 오르는, 즉 비평형 및 탈출의 경향, 더 정확히 말해, 평형 이탈 경향을 보이는 운동 형식들이다. 이러한 패러독스는 항상 구심적인 복종과 원심적인 도주 간에 그리고 끌림과 자기 동력 간에 전개되는 긴장관계에서 자신을 드러낸다.
>
> — 카린 레온 하르트, 2010, 77

긴장관계 속에서 드러나는 자신은 아무리 평정심을 유지하려고 하더라도 진동하지 않을 수 없다. 스펙터클은 외부에서 강요된 일상이다. 이것은 망과 같이, 개인의 생활세계를 한정한다. 이것을 깨뜨리지 못하면 자기로부터 비롯하는 행복을 누리기 어렵다. 자기로부터 비롯한 기쁨이 없으면 '자유'도 없다. 자기에 대한 복종으로부터 우리의 자유는 출발한다는 아포리즘은 원뿔을 나선형으로 회전시키는 원동력이다.

저자들은 저마다의 개성을 표출하기 때문에 특정한 크로노토프로 묶는 것은 사실상 불가능하다. 그럼에도 불구하고 그들을 한데 묶을 수 있다면 그것은 구체성과 추상성, 관념과 물질 사이에서 경향되는 당파적 입장과 문체를 넘어서는 스타일일 것이다. 학자로서의 글쓰기보다 저자로서의 글쓰기를 지향하는 지리학자들이 있다. 그들의 "스타일은 확실히 에세이적인 발랄함이 특징이다. 논증 과정도 유희적으로 진행된다. 텍스트는 공간과 공간을 다루는 것이 아니라 ~의 지도 그리기를, ~의 공간화를, ~의 흔적화를, ~의 자리 잡기로 다룬다."(율리아 로사우, 2010, 81)

아포리즘, 언어의 뫼비우스의 띠, 유희적 글쓰기 – 자기의 꼬리를 맛나게, 꿀꺽꿀꺽 삼키다가 죽을 듯이 놀라는 검은 뱀과 같은 꼬임, 유희적 글쓰기에 대해서 좀 더 너그럽게 바라봐야 한다. 그러한 근엄한 학문적 글쓰기의 포즈는 일상을 풍요롭게 하는 데는 '1'도 도움이 되지 않기 때문이다. 표현은 언제나 동시적으로 작동한다. 그래서 깊어지면서 넓어지고, 넓어지면서 높아진다. 우주가 별 하나를 만드는 과정도 이와 같다. 창조의 펑거는 넓어지는 힘으로 치솟아 오르고 깊어지는 힘으로 넓어진다. 그 반복을 통해 최선의 모양과 회전에 도달할 때, 창조의 펑거는 그 끝을 살포시 떼어 우주의 공간에 자신의 끝을 떨쳐 놓는다.

> 복잡한 정신적 삶을 영위하는 능력, 자신은 물론이고 자신과 같은 다른 피조물과 세계의 공통된 객체들을 섬세하게 파악하는 능력, 그리고 언어 능력 사이에는 필수적인 관계 – 또한 데이비슨이 분명하게 언급한 관계이기도 하다 – 가 있다.
>
> – 제프 말파스, 2014, 191

이 표현만큼 거대하고 객관적인 표현이란 있을 수 없을 것이다. 표현은 주관과 객관 그리고 직관이 이루는 상호주관성 속에서 의미의 장을 펼친다. 의미의 장에서 관계하는 주체와 대상은 간접적으로 만난다. 직접적인 것은 소통행위 자체뿐이다. 따라서 소통의 상호작용을 위한 다양한 기호들을 생산함으로써 다양한 위상적 관계가 가능하도록 기호의 밀도를 높인다. 양식은 언어적인 것이라는 의미는 여기에서 나온 것이다. 표현의 표시성은 불가능성의 가능성으로 요약할 수 있다. 가령 이런 것들이 표현의 경계를 형성한다. '표현하면서 표현되는', '채워지면서 비워지는', '부재로 드러나는 현전', '내보내야 채워지는 마음'이라는 표현과 같은 것이다.

에너지

학문이 대상으로 삼는 것은 일상의 다사다난에 구애받지 않는 것이 대부분이다. 인간의 삶, 경험 이전에 주어진 것들, 선험적인 것들이 주로 학문의 대상이 된다. 우연성, 우발성에 시시때때로 개입하는 생활세계에서의 삶은 학문의 대상이 되는 것은 쉽지 않다. 학문은 일상으로부터, 생활세계와 일부러 거리를 유지하려고 한다. 학문과 달리 예술은 일상의 다사다난에 연결되고 싶어 하지만 끊임없이 일상에서 밀려난다. 일상의 학문화라는 말은 어색하지만 일상의 예술화라는 말이 가능한 것은 예술의 이러한 지향성과 관련이 있다.

학문의 선험성은 객관적인 것을 지향한다. 수학적 선험성이 여러 선험성에 앞선다고 후설은 말한다. 그러나 이런 학문적 선험성 역시 순수한 생활세계의 보편적 아프리오리에 근거한다.

> 생활세계의 아포리오리 즉 고유한 아프리오리한 학문으로서 앞으로 전개되어야 할 아프리오리에 의지함으로써만 우리의 아프리오리한 학문들, 즉 객관적 - 논리적 학문들은 이러한 사정에서 그것들이 절대적으로 요구하는 실제로 철저하며 진지하게 학문적으로 정초될 수 있다.
>
> — 에드문트 후설, 2016, 271

보편적 아프리오리와 구체적(생활세계) 아프리오리가 하나의 장을 이룰 때, 우리는 좀 더 풍성한 의미를 생산할 수 있다. 학문세계와 생활세계를 역동적으로 이어 줄 수 있는 실천적 행위의 핵심에 자리하는 것은 언어다. 언어의 아포리즘은 사회적 에너지의 순환을 담당한다. 신역사주의를 주창한 그린 블랏은 사회적 에너지의 순환(circulation of social energy)이라는 관점을 펼친다. 한 사회 속에 내재하는 모든 문화적 사회적 에너지가 총체적으로 순환하며 구성원의 물리적 정신적 집단 경험(collective physical and ental experience)을 형성한다는 것이다.(진광현, 2002, 216) 그가 신역사주의자에서 문화시학자로서 변모하는 지점이다. 역사적 개인에서 개인적 역사로의 변곡은 과거의 문화적 재현에서 현재의 문화적 재현까지 이어 준다. 역사 기술의 핵심에 자리하게 된 것은 '오늘 여기'를 사는 이들의 언어와 그 언어를 통한 개별자들의 삶과 역사의 만남이다.

문화적 에너지의 총체성은 개인들의 안팎을 연결하고 있는 추상과 구체의 변곡이라는 언어의 아포리즘을 인자로 삼는다. 평면적 순환으로는 '혁명'에 가까운 사회적 변화를 이끌 수 있는 원동력을 분출하기 어렵다. 또한 한순간에 평온해지는 안정성(안전)의 지향 역시 언어의 아포리즘(모순어법)을 빼놓고는 설명하기 어렵다. 이러한 언어를 바탕으로 관찰·통찰·성찰되는 생활세계 역시 아포리즘을 그 속성원리로 삼는다.

후설의 의식지향성은 인식대상과 인식작용이 불가분의 상관관계가 있다는 것을 전제한다. 그 판단중지는 추상적 본질을 직관하기 위한 것이 아니라 현상의 이면을 이루고 있는 본질을 드러나게 하는 결정적인 역할을 하는 것이다. 그럴 때, 생활세계를 수학적 언어로 수량화하고 상징적 기호로 이념화하는 객관적인 것들이 일방적 지향에서 벗어날 수 있다. 그 이면에 자리한 주관적인 것들과 객관적인 것들이 변곡하는 자리에 드러나는 흐름이 직관적인 것들이다. 직관적인 것들을 이 흐름으로 감각하고 사유할 수 있을 때 우리의 생활세계와 그 생활세계의 의미는 풍성해질 수 있다.

객관성과 주관성은 직관성을 통과하는 아포리즘을 통해 균형과 조화의 시선을 위한 하나의 시선이 될 수 있다. 또한 스타일로서의 철학적 사유를 전개하는 데도 바탕이 되어 줄 수 있다. 그러나 생활세계의 스타일을 열기에는 한계가 있다. 객관적인 것이 주도하는 학문세계에 대한 후설의 우려는 불과 50여 년이 지나지 않아 주관성마저 객관성으로 대처하고 있는 상황에 직면하고 있다.

모빌리티를 현대학문의 다른 이름으로 부르고자 하는 존 어리는 현대사회의 네트워킹에 주목한다. "사회생활의 네트워킹이 집vs집에서, 장소vs장소, 사람vs사람의 연결성으로 움직이는 양상을 보여주었다. 장소나 가정이 아니라 사람이 점차 새로운 '포털(portal)' 즉 각각의 사회적 네트워크의 새로운 중심이 된다. 네트워크를 구축하는 데 장소, 가정, 맥락이 덜 중요하게 된 것 같고, 대신 각 개인과 개인들의 특수한 네트워크가 중요해진다."(존 어리, 2016, 499)

네트워크로 연결된 개인들의 정보가 축적됨으로써 인공지능은 개인의 행동 패턴은 고스란히 읽을 수 있게 되었다. 여기에 머물지 않고 과학기술은 지향성을 상실한 채 무한 경쟁의 쳇바퀴 속으로 스스로 걸어 들어가 있다. 인간의 의식까지 수량화하고 이념화할 수 있는 알고리즘의 발견 그리고 AI의 전면적인 등장이 대표적인 것이다. 이것은 미래로부터 도래하고 있는 '객관적 자연'에 다름 아니다.

인문학은 인간이 이끄는 과학기술의 변화를 제어할 수 있는 통찰의 힘을 거의 상실하고 말았다. 그렇다고 과학기술의 무한 질주를 그대로 방치할 수도 없는 일이다. 과학기술이 이끄는 미래는 여러 가능한 미래 중의 하나라는 것을 잊지 않도록 생활세계의 스타일을 다양하게 제안할 필요가 있다. 우리는 객관과 주관의 변곡이 아닌 자연과 문화, 문화와 기술, 기술과 자연의 변곡을 통해 다채로운 스타일을 구성해야 할 필요가 있다. 변곡을 통한 다양한 스타일의 창안이 주관성을 통해 의미의 생산이라는 인간의 역할을 창조적으로 대처하게 될 것이다.

맥락

'문장'이 하나 발화하였다. 말을 하는 사람과 그 말을 듣는 사람에게 똑같은 말이 아니다. 말은 하면서도 들으면서도 순간적으로 '현전'하는 것이 이미지(心象)다. 말에 대한 이해나 오해 모두 다양한 위상적 의미를 형성하게 된다.

> 보이는 것의 보이지 않는 것으로의 변신을, 그것이 전환의 진실이라면, 거기에는 우리가 그 변신이 극히 순간적인 상태의 소멸 속으로 사라지지 않고서 이루어지는 것을 보게 되는 지점이 있다. 그것은 말이다. 말한다는 것, 그것을 본질적으로 보이는 것은 보이지 않는 것으로 변화시키고, 분할 할 수 없는 공간 속으로, 자신 밖에 존재하는 내밀성 속으로 들어가는 것이다.
>
> — 모리스 블랑쇼, 2010, 202

소멸과 순간과 상태로 뫼비우스의 띠(언어의 아포리즘)를 만들어 볼 수 있다. 소멸의 순간적인 상태, 상태의 소멸적인 순간, 순간의 상태적인 소멸, 순간의 소멸적인 상태, 상태의 순간적인 소멸, 소멸의 상태적인 순간 등이 그것이다. 이 아포리즘은 공전을 거듭하면서 항상 다른 의미의 면과 만나게 된다.

'소멸, 순간, 상태'는 관계적으로 주어지지 않고 밤하늘의 별과 같이 주어진다. 이것을 어떻게 이을 것인가는 말하는 사람도, 듣는 사람도 결정을 유보하고 있는 것이다. 이러한 아포리즘을 통해 내밀성은 '자신 밖에' 존재하면서 '자신밖에' 가리키지 못한다. 그러니까 의미는 '맥락' 선택의 문제가 된다.

문학의 분석과 해석에서 맥락은 매우 근본적인 것들이다. '맥락'은 표현에 사용되는 원래 언어의 바깥, 즉 언어의 실천적인 주변 환경을 일컫는 말이다. 맥락을 고려하지 않고 텍스트 해석을 말하는 것은 의미가 없다. 연극에서도 맥락은 매우 중요한 역할을 한다. 연기자, 청중, 상황, 이 셋의 유연한 흐름을 통해 상호작용과 일치 과정의 역동적 발전이 이루어진다.(요하임 후버, 2010, 267)

맥락은 역동적이다. 파도는 말할 것도 없고, 해안선도 역동적이다. 시간 일변도의 맥락에서 공간의 중요성을 강조할 때 역동성은 배가한다. 맥락의 구성요소 – 시간요소, 공간요소, 인간요소–로 우리의 삶의 맥락은 이야기로 구성된다. 기억은 시간을 넘어 위상학적으로 구성될 때 다양성을 확보할 수 있다.

> 기억은 잠재적으로 형식 없는 순수한 매체이자 흐름이기 때문이다. 여기서 우리는 문화적 기억의 재현 문제를 만난다. 이는 자신을 미메시스의 문제로, 보르헤스 소설의 텍스트 공간 내에서 기억의 위상학적 조건을 개방시켜 전재하고 그것을 하나의 메타분석에 내맡기는 일을 성공적으로 수행한다. 하지만 그는 더 많은 것을 성취한다. 극도로 조밀화되고 작업된 언어 자료는 저술 속으로 신체성의 차원을 끌어들인다.
>
> – 비토리아 보르소, 2010, 376

변곡이라는 엄청난 에너지를 투입해 우리는 몸을 텍스트와 연결한다. 저술 속으로 끌어들이는 신체성과 텍스트의 입체화를 통해 특별한 장소를 펼친다. '입자에서 파동으로' '파동에서 입자로'라는 아포리즘을 구동원리로 삼는다.

뉴턴 물리학에서 빛입자는 정지해 있는 텅 빈공간을 이동한다. 아인슈타인 물리학에서는 모든 것이 동시에 장을 이동한다. 공간은 충만하고 역동적이며 '물리적 사건 속에 참여하는' 힘을 가지고 있다. 포스트 물리학에서 우주는 다양한 상태의 에너지 장들로 충만해 있다. 공간은 당구공처럼 실체적인 것 혹은 번개만큼이나 활동적인 것으로 간주한다.(스티븐 컨, 2004, 386) 움직이는 것은 시간이 아니라 공간이다. 시간이 흐르면서 창출한 공간 속에서 시간은 흐른다. 파동으로서 빛의 시간적 속성은 입자로서 빛의 공간적 속성을 언제나 동시에 실현한다.

닮음

이미지는 화자와 사물이 소통하는 장소다. 이미지는 사물의 정체성을 지워 낸(비워 낸) '맨몸'의 표상 자체에 해당한다. 누구도 의심치 않는 사실성에 바탕을 두지만 그 내용은 완전히 비워 낸 채로 자리한다. 사물과의 일대일대응이 가능하다고 보는 상징의 언어나 상징성의 이미지에서는 우리가 '이미지'를 말한다고 할 수 있었다. 의미를 완전히 비워 낸 이미지는 다르다. 말하는 것은 우리가 아니라 이미지다.

이미지가 지향하는 '정신/본질, 추상/구체, 주체/대상, 내용/형식' 등의 독특성과 역동성에 대해 말을 걸어야 하는 쪽은 이미지가 아니라 인간이다. 이미지텔링의 핵심은 일차적인 주체는 이미지며, 화자는 매개자이고, 이미지를 마주하는 사람은 대화의 상대자가 된다. "이로부터 이미지와 이미지를 마주하는 인간 사이의 새로운 대화양식이 예비된다. 결국 이 두 전제로부터 우리는 전통의 주체와 대상 간의 관계가 역전되고 동시에 이미지(대상)와 인간(주체)이 분리될 수 없는 관계에 놓이게 된다."(송종인, 2012, 160)

전통의 주체와 대상 간의 관계 역전은 대상 우위를 규정하는 데 머물러서는 안 된다. 이것은 주체<대상, 주체>대상이라는 비대칭적 역동성으로 나아가야 한다. '사물(대상)과 이미지(비대칭)와 인간(주체)의 분리될 수 없는 관계'는 이미지를 통해 새로워진다. 주체와 대상은 언제나 비껴 마주 본다. 이미지 역시 주체와 대상에 의해 매번 새로워진다. 이미지는 아포리즘 자체라고 할 수 있다. 이러한 전환, 변곡이 가능하기 위해서 '이미지'는 '빈칸, 공허'를 충분하게 확보하고 있어야 한다.

생산은 활동과 불가분의 관계에 있다. 생산을 위해서는 움직임이 필수적이다. 여기에 기존과 다른 생산이 가능하려면 우발성이 가미되어야 한다. 우발성의 발현을 위해서는 '여지'가 필요하다. 여지를 통해 다양한 지향이 가능하다. 들뢰즈 철학에서 여지는 특이점들의 계열과 그 조합, 그리고 과정인 것이다. 이것이 바로 위상학적인 사유다.(신지영, 2011, 123)

생산의 전제조건은 '움직임'이다. 움직이는 것은 '살아 있다'는 것과 같은 말이다. 그리고 '이질적 생산' 곧 전에 없는 생산의 가능성은 '우발성'에 바탕을 둔다. 구조주의의 핵심은 '탈인간 중심주의'다. 인문학의 일종인 철학이나 문학은 이런 구조주의의 지향에 철저히 반기를 들게 된다. 그러면서 스스로가 봉착해 있는 '비과학', '반과학성'을 구조주의를 통해 보충하고자 하는 욕망도 숨기지 않았다. 구조주의의 '비인간성'을 보충하기 위해서 호출되는 것이 인간 중심주의의 요체라고 할 수 있는 '선험적 주체'다.

현상학에서는 '사실-자체로'의 환원을 말한다. 이때 사실은 물질적 사실이 아니라 경험적 사실이다. '주체'의 인식론적 거리를 제거하고 이념적 추상의 구조물을 허물 때 경험적 사실은 풍성해진다. 경험적 사실이라는 풍부한 여지 속에서 현상학적 환원을 감행할 때 장소로서 생활세계를 회복할 수 있다. 현상학에서 지향성은 '흐름'과 다르지 않은 말이다. 지향성 속으로 대상성과 표상성은 녹아든다. 주관주의와 객관주의가 무의미해진 자리에 위상학적 장소로서 '생활세계'가 떠오른다. 시간과 공간, 인간은 세계 자체의 시간과 공간, 인간이 된다.(송석랑, 2015, 483)

사실∞현상학적 사실∞현상학적 진실∞진실∞사실……로 이어지는 의미의 나선을 그려 볼 수 있다. 생활세계의 시공간은 인문주의적 시간·공간이 아니다. 세계 자체의 시간과 공간은 시간과 공간, 인간(세계)으로 이루어진 보로매우스의 매듭과 다르지 않다. 장소로의 귀환, 사물이 품고 있는 공간의 유사성, 그 공간에 의해 우리는 민족으로 닮고, 공동체로 닮고, 가족으로 닮고, 나와 닮거나 달라진다. 표상이나 대상성이 아니라 내적공간의 유사성, 이것은 일상언어가 이루어지는 '공간'의 닮음이다. 비트겐슈타인은 이것을 가족 유사성이라고 불렀다.

여기 어떤 공간에 마흔 명의 존재자가 거주한다. 어떤 이는 더 크고 어떤 이는 덜 작고, 어떤 이는 누워 있고 또 어떤 이는 뒤집어져 있으며, 어떤 이는 고독히 거하고 있고, 또 어떤 이는 벗하고 살고 있다. 개별자로서 그들은 크기와 양상, 입장과 태도가 제각각이지만, 전체로서 그들은 일종의 – 가족 유사성을 공유한다. 여기서 "우리는 겹치고 교차하는 유사성들의 복잡한 네트워크를 본다. 가끔은 전체적인 유사성을 가끔은 세부적인 유사성을 본다."

– 공상철, 2006, 91

가족 유사성을 환유적 유사성으로 단순하게 치환하기는 어렵다. 환유의 유사성은 '겉성'의 같음을 바탕으로 빠르게 미끌어지는 것을 목표로 삼는다. 가족은 성질이 닮은 사람들이라기보다는 얼굴이 닮은 사람들이다. 사물과 달리 사람의 얼굴은 '겉성'이 아니다. 운기의학에서는 얼굴의 닮음은 겉성으로서 내장기관의 닮음이고, 내장기관의 닮음은 속성으로 성품의 닮음으로 연결 짓는다.

'다른 같음, 같은 다름'이 가족 유사성의 아포리즘이다. 이 아포리즘의 반복과 차이를 통해 세 겹의 닮음을 경험적 사실, 경험적 진실 차원에서 제시할 수 있다. 먼저 시간 닮음이 있는데 이것은 친구 유사성이라고 부를 수 있다. 공간 닮음은 풍토, 지리적 닮음으로 지역 유사성이라고 할 수 있다. 마지막으로 인간 닮음이 있는데 이것은 가족 유사성이라고 부를 수 있다. 이 세 유사성의 다양한 꼬임, 엮임, 따임 등을 통해 닮음은 위상학적으로 확산/확대, 심화/고양한다.

리얼리티

우리가 살아 내는 지금의 일상이 어제와 내일을 잇는 역할뿐이라면 내일은 어제와 다르지 않을 것이다. 이러한 시간의식은 일상의 흐름이 시작된 근원적 '지금'이라든가 혹은 일상의 마지막 완성에 해당하는 죽음, 혹은 죽음 이후의 것, 곧 불가능성에 일상을 의탁하며 살아갈 수밖에 없다. 반면 역사적 시간의식에서 문화적 시간의식으로 전환을 하면 다른 의미의 일상을 살아 낼 수 있다. 어제나 내일의 기원은 지금·여기이고 또 그 마지막도 '지금여기'라는 인식으로 전환하는 것이다. 이것이 '세계의 리얼리티'의 핵심이다.

생활세계의 현상학은 일상의 현상학과 맥이 닿아 있다. 그렇다고 이것이 역사주의의 소통이나 재건을 의미하는 것은 아니다. '리얼리티'의 영역이 축소될수록 '지금여기'의 위상과 지평이 축소된다. 리얼리티가 각별함을 더할 때, 현재는 역사를 과거와 미래를 밀어내면서 현재를 선명하게 확장한다.

역사주의의 기획은 다양한 시공간의 기획 중 하나에 불과하다. 소위 주류의 시간을 자처했던 역사적 시간을 미완의 것으로 돌림으로써 시간과 시간을 초월하는 세계의 리얼리티를 결합하는 역설을 해소할 수 있다. 역사주의를 지양/극복하는 자리에서 일상사를 자신의 표현체로 취할 수 있다.(송석랑, 2015, 316~7) 이 표현체는 '변곡'의 자리에서 최대치로 의미의 빛을 발하며, 위상학적 논리를 넘는 논리로 흐른다.

백 번, 천 번, 만 번을 반복해서 끝내 완성해야 할 것은, 어제나 내일이 아니라 바로 '오늘', 지금여기의 '일상'이다. 이 일상이 펼쳐지는 장소는 우리의 '몸'이다. '실재'라고 하는 리얼리티는 곧 우리의 '신체의 효과'라고 할 수 있다. (천문이 대기에 끼치는 '오운'과 지리가 발하는 '육기'의 상호주관적 관계로 형성되는 것이 '인문'이다.) 오운과 육기는 인간의 몸에 '오장육부'로 자리한다는 것이 동양의 운기의학이 전제로 삼고 있는 것이다.

인간의 몸은 우주 물질에서 비롯한 것이다. 인간의 마음(정신) 또한 다르지 않다. 인간의 신체는 실재에 앞서지만, 실재가 신체 다음에 오는 것이라고 바꾸어 말할 수도 있다. 신체에 미치는 물질적 효과들이 실재에 앞서 존재하며, 물리적 효과들의 전제가 또한 실재이다. 앞섬과 뒤섬은 선후의 문제가 아니라 개시의 문제다. 우리가 설 자리는 따로 마련되어 있는 것이 아니라 그때그때 개시되는 것이다. "메를로 퐁티가 지각에 대한 현상학적 분석을 통해 제시하고 있듯이 감각이란 우리들의 신체가 물질적인 장 안에서 겪는 공존의 현상이며, 따라서 우리가 우리의 신체적 감각기관을 통해 지각하는 것은 실체로서의 실재라기보다는 오히려 우리의 신체를 포함하고 있는 물질계의 일련의 효과들이라 할 수 있다."(송종인, 2012, 148)

인간에게 신체보다 선험적인 것은 없다. 세계 속에 우리보다 먼저 나와 있는 것은 우리의 몸이다. 그리고 저마다 다르지만 한참이 지난 후에 '각자'가 자리하기 시작한다. 그리고 나중에 오게 될 자연스러운 죽음은 '각자'가 떠나고, 사라진 이후에 마지막으로 멈추는 것이 몸(신체)의 움직임이다. 공존의 현상—신체가 어떤 공간을 품느냐가 그 몸의 일생을 좌우한다.

들뢰즈의 차이는 욕망적 실천에서 생명으로 이동한다. 그래서 '생명철학'으로 분류되기도 한다. 그가 말하는 생명은 유기체의 생명이 아니라 비유기적/무기적 생명이라는 점은 누누이 지적되었다. 유기적 생명이 아니라 무기적 생명이기 때문에 더더욱 생명의 구조를 명확하게 할 수 있지 않겠느냐는 반문이 가능하다. 유기체의 생명은 나선 구조를 가지고 있다. 무기의 생명은 유기적 생명에 비해 더 분명한 구조를 가지고 있을 것으로 보인다. 두 구조는 차이가 있을지 모르지만 대립된다는 것은 매우 피상적인 것이다.(신지영, 2011, 110)

무기적 생명의 구조는 사물의 이미지로서 공간을 품기에 최적화된 구조로 발달한 것이다. 공간을 품고 있는 형태, 공간을 품고 있는 모양과 꼴이 곧 구조다. 공간을 품기 위한 핵과 전자의 상호주관적 진동과 율동이 또한 움직이는 구조를 이룬다. 이것은 유기적과 무기적을 구분하지 않는 생명 구조다. 유기적 생명 구조는 다른 생명 구조와 결합하는 것이 쉽지 않다.(키메라) 반면 무기적 생명 구조는 다른 것들과의 결합이 매우 용이하다. 자유로운 결합이 가능하면서도, 스스로의 독자성, 각자성을 크게 훼손하지 않아도 된다.

실재와 물질적 효과 사이에서 우리가 누릴 수 있는 최선의 것은 이미지와 에너지일 것이다. 이미지란 그 중심을 공분하며 춤추듯 어울리는 태극 문양과도 같이 서로 상반되는 두 속성을 따로따로 고찰하면서 동시에 서로를 이면으로 삼을 수 있어야 한다. 이미지는 그 어느 쪽에도 속하지 않은 채 부유하고 떠도는 것으로서만 남게 된다. 하지만 이제 우리는 이미지의 두 속성을 동시에 고려할 수 있어야 한다.(송종인, 2012, 154)

전통적인 철학들은 주체의 인식을 분명하게 하기 위해서 확연히 구분되는 속성을 지닌 대상을 묶어 인식대상으로 분류해 낸다. 인식의 대상과 비대상의 경계 위에 존재하고 있는 이미지를 제대로 다루지 못할 뿐더러 못 본 체한다. 위상학적 관점은 대상과 비대상보다는 그 둘 사이에 놓인 이미지에 집중한다. 이미지가 품은 변곡점, 변곡선, 변곡면, 변곡체가 춤추듯 어우러지면서, 평면을 벗어나야 제대로 변곡의 에너지를 발산할 수 있다.

사이버네틱스

'세계화'라는 개념은 매우 범위가 넓고, 추상적이다. 세계화는 현대적 트랜드에 맞게 표현해 탈물질화, 잡종화 그리고 초소형화로 세분(구체화)한다.(요하임 후버, 2010, 267) 이 중 잡종화에는 특히 다양한 이견들이 제시되고 있다. '잡종'을 가리키는 말은 두 가지다. 하나는 키메라(chimaera)고 다른 하나는 하이브리드(hybird)다.

키메라는 유기적 생명 구조의 잡종화를 가리킨다. 2개 이상의 다른 유전자형의 세포, 또는 다른 종의 세포로 만들어진 1개의 생물개체를 가리킨다. 1970년대에 생쥐 등 포유동물의 배를 사용하여 키메라를 만드는 기술이 확립되었다. 이 기술은 유전자 발현 메커니즘을 연구하는 데 이용되고 있다. 또한 사람의 유전적 질환의 발증 메커니즘을 연구하기 위한 실험동물로도 빈번하게 이용되고 있다.(다음백과, 2018. 12.3) '키메라'라는 말은 그리스 신화에 등장하는 머리는 사자, 몸통은 염소, 꼬리는 뱀으로 이루어진 괴물에서 유래했다. 현대에서는 세포융합, DNA편집 등의 기술로 구체화 하고 있다.

하이브리드(Hybrid)는 이질적인 요소가 서로 섞인 것으로 이종(異種), 혼합, 혼성, 혼혈이라는 의미를 지닌다. 좀 더 넓은 의미로는 이종을 결합해 부가가치가 높아진 무엇인가를 창조하는 통합 코드로 인식되고 있다. 휴대전화에 전화통화 기능과는 전혀 관련성이 없어 보이는 카메라, MP3 기능 등을 섞어 휴대폰의 가치를 올리는 것과 같은 이치다. 또한 다양성과 다원성이라는 기존 위에서 반대 의견을 포함한 사회의 다양한 목소리를 포용, 통합하는 하이브리드적 접근 방식이 정치·사회적 통합 코드로 최근 관심을 모으고 있다.(다음 백과, 2019. 12. 3) 하이브리드는 주로 무기적 생물 구조의 결합을 이르는 데 사용한다.

핵폭탄, 학교, 경제, 뇌, 우주정거장, 짧게 말해 '동물과 기계' 같은 모든 시스템을 조정하고 조정하는 아주 포괄적인 학문을 형성하려는 프로젝트가 진행되었다. 이것이 1953년 진행된 메이시 회의에서는 사이버네틱스에 관한 것이 가장 중요한 요청 사항 중의 하나였다. 그것을 해결하기 위해서는 영역 간 학문적인 번역이 요구되었다. 새넌의 기계가 바로 이러한 담론 메커니즘을 제기했고 그러한 일들이 벌어질 수 있는 계기를 마련해 주었다. 이외의 기록 자체도 부분적으로는 번역 연습처럼 읽힌다. '기계'가 '동물'로 번역되는 것이다.(페터 벡스테, 2010, 298)

유기적 생명의 독특성은 독자성을 강조하는 구조에 있다. 세포결합의 난맥상이 대표적이다. 또한 키메라의 존재는 사람들을 불쾌하게 만들 가능성이 크다. 무기물의 생명 구조는 모나드성이 뛰어나다. 결합과 분리의 용이성을 특징으로 삼는다. 과거의 '신화'는 유기적 생명의 탄생과 관련한 이야기다. 위상학은 새로운 포스트휴먼(Post-Human), 무기적 생명의 탄생 기원과 관련한다. 무기적 생명의 탄생이 활발한 '지금'은 미래에서 비롯한 신화시대를 예고한다.

레빈은 인간 성격의 다양한 영역, 경계구역, 다양한 분화 정도를 아주 훌륭하게 구분한다. 그의 위상학적 모델은 현실 내지 비현실의 다양한 영역들을 도입함으로써 3차원적으로 바뀐다. 이러한 구분은 생활공간 개념과 매우 유사하게 진행된다. 아이들의 생활공간은 좀 더 나이가 많은 아이들이나 성인들의 생활공간보다 좁은데, 아이들 성격도 마찬가지라고 그는 말한다. 실제와 비실제는 서로 긴밀한 관계에 있다. 과거와 미래는 성인들에 비해 아이들의 현실에서 더욱 미미한 의미를 갖는다.

— 헬무트 E. 뤽, 2010, 343

한 가정의 거주 형태에서 아이들의 생활공간은 좁다. 어른들의 생활공간은 넓다. 그러나 아이들의 생활공간은 깊다. 아이들의 생활공간에서는 실제와 비실제가 서로 긴밀하게 관련을 맺고 있다. 아이들의 공간은 다채롭기 그지없다. 과거나 미래에 애달파하지 않는 까닭에 아이의 현재는 '층층이' 겹친 위상에서 다채롭게 펼쳐진다.

"현상학적 위상학의 '장소'(생활세계)가 말하는 역사 존재론과 인식론을 역사가의 주관이 취할 경우, 일상사는 〈역사적인 것과 대립하는 '반복'의 장이 아니라 역사의 참여자들이 역사의 주체인 동시에 객체가 되는 '전유'의 장〉으로서의 일상"(송석랑, 2015, 344)으로 구성된다. 일상성은 '역사적 사실'들을 서술하는 '위상학적 역사주의'의 증표가 된다.

일상사 연구자인 뤼트게는 일상의 원리를 반복이 아니라 전유라고 말한다. 실제로 일상은 역사의 주체이면서 객체이며, 문화적 객체이자 자기 사유의 주체다. 얽히고, 짜이고, 따이고, 모전(毛氈)을 통해 전유의 장을 펼쳐준다. 전유를 통해 다양하게 굴곡진(매듭진) 장소를 품게 된다. 이 장소들에서 우리는 생활세계를 능동적으로 구성할 수 있다.

3. 모빌리티

도시

현대사회는 이동성의 극대화를 꾀하고 있다. 이동성 역량을 증강시키는 데 온 힘을 쏟고 있다. 사회 기반 시설 확충을 통한 아날로그의 이동성, 광통신망을 통한 정보의 이동성 강화, 개인의 사회관계망을 통한 전파력의 강화 등이 대표적인 예다. 20세기의 미디어 기술은 인쇄, 출판, 통신을 통해 민족 이념을 전파하고 민족 중심의 국가체제를 공고히 하는 데 활용되었다. 21세기는 이를 혁명적으로 뛰어넘어 지구적 네트워크를 구축하고 있다. 지구화와 정보화를 통해 수많은 글로벌 시티가 출현하고 있다.

자본의 글로벌화, 지식의 디지털화는 국가 간 경쟁을 도시 간 경쟁으로 옮겨 놓는다. 한편에서는 지구화에 대한 기대와 소외, 부응과 반발이라는 이중적 태도를 견지하면서 지역화(localication)를 촉진한다. 거대 글로벌 시티뿐만 아니라 지역 거점과 네트워크의 주요 축으로 작동하는 중소 도시의 역할도 함께 부각하고 있다. 상징의 영역으로 대표되는 추상적 이념의 안개가 걷힌 자리에 자본·재화·서비스 산업의 거점으로서, 또 개별주체들의 구체적이고 실제적인 삶의 터전으로서 도시의 맨얼굴과 그 위상이 고스란히 드러나고 있다.(김동우, 2011,

271)

플랫폼으로서 도시는 떠나기 위해 잠시 머무는 혹은 경유하는 전방 위적 확정 가능성을 바탕으로 심층화, 노드화를 지향한다. 노드는 공간적 속성을 갖는 시간이고, 시간적 속성을 갖는 공간이다. 단순히 공간만으로 작동해서는 모빌리티에 기여할 수 없다. 단순한 플랫폼에서 나아가 미끄럼틀, 도약대와 같은 역할을 담당할 수 있어야 한다. 바흐친의 '크로노토프'는 이러한 '노드'의 속성이 잘 드러나는 어휘다.

그리스 로맨스의 모험적 시간에 대한 분석을 끝마치기 전에 일반적인 측면을 한 가지 더, 즉 소설의 플롯을 구성하는 요소로 포함되는 개개의 모티프들에 대해 언급해야만 할 것이다. 만남과 헤어짐(이별), 분실과 취득, 수색과 발견, 인지와 비인지등은 다양성 시대의 다양한 유형의 소설뿐만 아니라 다른 장르 – 서사시, 극 그리고 서정시 – 의 문학작품의 플롯까지도 구성요소들로서 등장한다. 이러한 모티프들은 본질적으로 크로노프적이다.

— 미하일 바흐찐, 1997, 275

'노드'는 '모티프'로서 작동해야 다양한 모빌리티를 생산할 뿐만 아니라 매번 다른 지향(다양한 노선)을 가질 수 있다. 모티프가 더 많은 에너지를 품기 위한 전략으로는 자가발전이 가능한 아포리즘을 품는 것이 좋다. 이 아포리즘은 주제의 측면에 국한하지 않는다. 좀 더 중요한 아포리즘은 시간과 공간에서 작동한다. 시간·공간의 모순, 역설, 아이러니, 반어, 플롯 등이 아포리즘을 구성한다.

우리의 경험은 외부로 펼쳐지기를 갈망한다. 펼쳐짐은 원심의 힘이며, 플롯에 따라 체계적으로 이루어진다. 아포리즘과 플롯이 서로의 이면을 이루며 작동한다. 힘의 응축(모티프)은 아포리즘을 통과할 때,

좀 더 효과적으로 이루어진다. 힘의 펼침은 플롯을 통해 가능하다. 시간과 공간으로 이루어진 캐릭터(인물)의 개성이 강하게 반영될 때 언제나의 플롯은 또 맨 처음의 플롯으로 변전한다. 외부세계와의 시공간적 관계를 통해 획득한 경험은 의식·무의식을 영도 지점으로 삼아 외부와 내부세계로 동시에 향한다. 외부로 향한 경험은 내부를 향한 경험과 상호작용을 지속한다.

내·외부의 상호성을 통해 주체가 보고 생각하는 것은 자아를 넘어선다. 그래서 느끼는 것은 훨씬 모호하고, 크다. 느끼는 것은 틀림없이 의도적인 것이다. "그것은 무언가를 [예컨대] 사랑스러운 것, 증오스러운 것을 느끼는 것이다. 그러나 그것은 매우 낯선 의도(intentionality)이다. 그와 같은 의도는 한편으로는 사물에 대하여, 사람에 대하여, 세계에 대하여 느낀 특성들을 나타내며, 다른 한편으로 그것은 자아가 내부적으로 어떤 방식으로 영향을 받는지 명확히 드러내고 밝혀 준다."고 리커드는 말한다. 무언가를 느낄 때, 우리는 의도와 애정을 동시에 경험한다.(이푸 투안, 2007, 24) 우리가 느끼는 대부분은 우리가 느끼고자 한 것이다. 또한 우리가 느끼고자 한 것은 대부분이 느낀 것이기도 하다.

외부세계를 향하는 경험은 목줄을 맨 개들의 허락된 자유의 포악함과 같다. 개들의 윤리는 목줄의 길이와 상관성이 높다. 목줄의 길이가 자유의 원심이기도 한다. 용맹성은 상대와의 단절을 확신할 때 길길이 날뛴다. 용맹성은 말릴 것이 뻔한 상황에서도 타인에게 달려드는 나약한 주정뱅이 싸움꾼을 닮았다. 목줄에서 풀려나 또 다른 '노드'에 닿기까지의 자유만 스스로에게 보장할 수 있다면 우리는 순식간에 무한의 모빌리티를 구가할 수 있다. 이러한 자유와 용맹성만으로도 '무한'을 만끽할 수 있게 되었다.

모빌

　대부분의 아이들이 제일 먼저 만나게 되는 장난감은 '모빌'이다. '모빌'이라는 말에는 움직인다는 의미가 전제되어 있다. 미국 예술가 알렉산더 콜터는 1932년 파리전시회에 '모빌'을 전시한다. 콜터는 이렇게 밝히고 있다. "하나나 둘의 물체가 공간 속에서 동시에 실제로 관계하도록 만들었다."(다음백과) 이후 소년기를 지나면서 한시도 몸에서 떼지 않고 거의 자신의 육체처럼, 정신처럼 챙기는 것이 "모바일"이다. 모바일(mobile)은 '이동하기 쉬운' '잘 변하는'의 의미를 지닌 말로 정보통신에서 이동성을 가진 것을 통틀어 이루는 말이다. 그리고 성인이 되면 가장 사고 싶은 것 중의 하나가 자동차 곧 '오토 모빌(automobile)'이다. 이것은 취향의 문제이기도 하지만, 생활에서도 필수품이 되었다. 'Mobile'은 현대인의 삶에서 필수적인 것이다.

　'모빌리티'는 학문의 전 영역에서도 출현한다. 공학이나, 물리학에서는 물론 모빌리티학을 사회학으로 정립하려는 시도는 존 어리에 의해 상당 부분 진행되었다. 인문학에서도 모빌리티는 변화된 문화와 인문성을 탐색하는 데 호출되고 있다. 인문·사회학 분야에서 전개되고 있는 담론에서 등장하는 '모빌리티(mobilityes)'라는 개념은 지리학이나 교통 분야에서 전통적으로 사용한 이동성(mobility)이라는 개념과는 지향성이 다른 개념이다.

　'모빌리티스'라는 용어는 기본적으로 사람의 힘에 의한 이동 즉 걷기 등과 더불어 자전거, 버스, 열차, 선박, 비행기 등 기술에 의존한 사람의 이동과 화물의 운동 등을 포함한다. 여기에서 나아가 로컬국가 그리고 글로벌 차원에서 미디어를 통한 이미지와 정보의 이동도 포함한다. 또한 네트워크로 연결된 컴퓨터, 무선으로 연결된 휴대폰을 통한 개인 대 개인, 개인 대 다자 또는 다자-대-다자 커뮤니케이션의 연결망을 가리킨다. 여기에 그치지 않고 사람과 정보 그리고 이미지들의 흐름을 조직하는 고정적 하부 시설과 경계 또는 게이트 등과 같이 실재적 이동이나 잠재적 이동을 재현하고, 조정하고 규제하는 것들까지도 포함한다.(윤신희 외, 2015, 495)

모빌리티가 이동의 경로라는 수단에서 이동의 목적으로 전환되는 시점에 우리는 서 있다. 모빌리티에서 기대하는 것은 속도가 아니라 의미다. 의미 생산의 장이 되기 위해서 '모빌리티'는 적절한 시간과 공간에서 사람이 아니라 이야기가 오가는 장소로 개시해야 한다. 노드, 플랫폼 등이 모빌리티로 열리는 대표적인 장소다.

우리는 어느 대목에서 잉여가치가 창출되는지 거의 알고 있다. 그러나 이 가치가 실현되는 장소는 잘 알지 못한다. 자본 역시 멈추지 않고 끊임없이 흐른다. 더구나 그 가치가 어떻게 분배되는지에 대해서는 알려고 하지도 않는다. 시민들은 은행망과 금융망을 통해서 돈을 넣거나 뺀다. 이것을 돈이라고 하는 것은 허구적인 믿음에 불과하다. 우리는 이 모빌리티에서는 소외되어 있다. 르페브르는 좀 더 구체적으로 우리가 직접 참여하고 있는 모빌리티를 예시로 제시한다.

> 항공 교통(항공-정치)과 최신 산업(정보, 여가, 석유탐사 외에 다양한 산업), 다국적기업의 개입 등으로 인하여 공간의 재조정이 진행 중이다. 그 결과 공간 덮개는 변화하며, 교란된 상호작용은 균형을 되찾기(피드백) 위한 모색을 시도한다.
>
> — 앙리 르페브르, 2011, 502

은행망과 금융망 정도는 아니지만, 교통망 또한 시민들은 수동적으로 참여할 수밖에 없다. 운영원리 또한 짐작만 할 뿐이지 잘 알지 못한다. 이동에 능동적으로 참여하지 못하면, 장소의 가치를 확장하는 데 한계가 있다. 변화된 미디어 환경 속에서 시민들은 다양한 매체를 통해 정보와 이야기를 능동적으로 주고받는다. 개인들마다 플랫폼이나 노드가 될 수 있는 조건이 갖추어져 있다. 가치의 실현과 분배의 방법이나 장소는 부차적인 문제다. 모빌리티의 당사자는 스스로 플랫폼을 지향함으로서 역동성을 극대화한다.

모빌리티스는 이동 중의 활동에 의미를 부여하며 이동과 정주의 개념이 공존하는 사이공간을 주목한다. 장소가 탈장소화하고 재장소화는 과정을 강조한다. 장소는 시공간이 새로운 경험과 움직임을 통해 또 다른 장소의 의미를 획득하는 개념으로 변하고 있다. 장소에 대한 전통적인 개념들이 이제는 모빌리티스의 장소개념으로 범위가 확대되고 있는 부분에 주목할 필요가 있다. 연구되어야 할 필요성이 제기된다고 할 수 있다.(윤신희 외, 2015, 501)

다양한 사이공간 만들기, 그래서 다른 사람들과 비슷한 공간을, 처음으로 열어서 의미를 만들어 가는 것이 일상생활의 핵심이다. 사이공간에서의 삶들이 엮어 내는 스토리는 우리 몸에 반드시 흔적을 남긴다. 이 사이공간을 앙리 르페브르는 '움직이는 중간지대'라고 말한다. 이 중간지대는 의미에 얽매이지 않는 비무장지대이고, 중성의 공간이다.

나의 공간은 나의 몸을 건드리고 나의 몸에 닿으며 나의 몸을 위협하거나 선호하는 것과 다른 모든 몸 사이에 놓인, 움직이는 중간지대이다. 그러므로 앞에서 이미 사용한 용어를 사용하자면, 거기에는 거리감과 긴장감, 접촉, 단절이 있다. 하지만 공간은 이 같이 다양한 의미 효과를 통해서 복제와 메아리, 방향, 중복 등으로 구성되어 희한한 차이를 만들어 내며, 그 차이로 인해서 생겨나는 깊이 속에서 체험된다.

– 앙리 르페브르, 2011, 282

우리 몸의 모빌리티는 자연의 모빌리티를 따른다. 세계의 모빌리티에서 원리적인 면에서는 크게 다르지 않다. 하늘의 기운은 오장을 순환해 혈액에 산소를 공급한다. 공급된 산소를 몸 구석구석에 나르는 것이 혈액순환의 중요한 기능 중 하나다. 땅과 물에서 자라는 음식물은 입에서 항문을 통과한다. 이 과정에서 우리 몸의 '육부'에 해당하는 기관은 소화 운동을 통해 영양소를 얻는다. 이것으로 몸은 살아간다. 두 개의 순환 모빌리티를 연결하면서 몸 전체를 유기적으로 흐르게 하는 작용 전체를 동양의학에서는 경락(經絡)이라고 부른다. 침이나 뜸의 자리라고 하는 '경혈(經穴)'은 일종의 노드로 작용한다. 우리 몸의 다양한 기관의 대조, 결합/분리는 논리나 형식주의와는 아무런 상관이 없다. 오직 가장 효율적인 흐름을 추동하기 위한 모빌리티일 뿐이다.

지양(止揚)

'止'라는 글자를 보면 100m 출발선상에서 크라우칭 스타트 자세를 취하고 있는 선수의 모습이 그려진다. '그치다'는 뜻으로 풀이하는 이 글자는 '멈춰 서다'는 의미보다는 달려 나가기 직전의 긴장을 더 담고 있다. 개화 직전의 꽃봉오리에는 꽃나무가 품고 있는 에너지의 90%가 바쳐진다. '한 송이의 꽃을 피우기 위해서는 온 우주가 마음을 모아야 한다'는 시구도 있다.(이런 맥락에서 보면 과장으로만 들리지 않는다.) 꽃이 피는 것은 한 줄의 시가 표현되는 것과 다르지 않다. 시인의 언어는 대부분 침묵 속에서 긴장하고 있다.

쓴다는 것은 끝나지 않는 것, 끊이지 않는 것이다. 사람들이 말하기를 작가는 '나'를 말하기를 거부한다. 카프카는 놀랍게도 홀린 듯이 기뻐하며 '나'를 '그'로 대체할 수 있었을 때 문학에 들어섰다고 말한다. 그것은 사실이다. 하지만 그로 인한 변화는 훨씬 심각하다. 작가는 아무도 말하지 않는, 누구에게도 건네지지 않는, 중심이 없는, 아무것도 드러나지 않는 언어에 속해 있다.

- 모리스 블랑쇼, 2010, 22

이런 텅 빈 침묵 속에 있는 까닭에 언어는 작가를 통과할 수 있다. 같은 이유로 이런 꽉 찬 침묵 때문에 어떤 언어도 작가를 통과할 수 없다. 두 개의 침묵 사이에서 집중하며 흐르는 삶과 그렇지 않고 아예 머물러 사는 삶을 베르그송은 극명하게 구분한다. 이 극명한 삶 사이에서 대부분의 삶은 진동하면서 흐른다. 진동은 시간의 살이 에이고, 파이는 고통과 함께 떨린다. 생의 지속은 시간의 고통 속에서라야 충분히 열릴 수 있다. 이러한 지속으로부터 단절된 삶은 베르그송은 '빈약한 삶'이라고 말한다.

직접적인 자극에만 반응하며, 현재 속에서만 사는 것은 하등동물에나 어울리는 삶이라고 베르그송은 말한다. 그것은 충동에 충실한 삶이다. 이와 달리 과거 속에서만 사는 사람들은 몽상가다. 좋은 삶은 이것을 두 극단으로 삼아 그 사이에서 흔들린다. 현재 속에서는 훌륭하게 균형을 잡는다. 그러면서도 언제든 과거나 미래로 쉽게 왕래할 수 있다. 베르그송은 슬픔은 과거 쪽으로 향하고 이 우아함은 시간의 흐름을 잘 타는 것이라고 말한다.(스티븐 컨, 2004, 125)

피어나는 것은 모두 흔들리면서 첫걸음을 뗀다. 시작하는 것들의 모든 것은 흔들림에서 온다. 에너지를 응축하고 움츠리고 있는 것들의 파르스름한 떨림이야말로, 진동이야말로 가장 강렬하게 현재를 구성할 순간, 곧 근원인상에서 비롯한 것이다. 동시에 그 진동에 의해 근원인상이 지금을 순간으로 만들어 준다.

베르그송은 과거의 시선에서 그리움을 녹여 내지 않았고, 미래로 향하는 시선에 '살이 에이는' 고통을, 불안을 우아함의 이면으로 삼지 않았다. 과거로 향하는 시선들끼리의 떨림, 미래로 향하는 시선들끼리의 떨림이 서로 교차하면서 현재는 가장 역동적으로 구성된다. 이것이 베르그송이 말하는 '약동하는 생의 현재'다. '꽈배기 빵(프레첼 빵)이 등장하는 가장 철학적이고 문학적인 글은 벤야민의 것이다. 이 글에서 벤야민은 글쓰기와 관련해서 의미심장한 제안을 한다.

> 그런데 우리가 이 놀이의 역전된 형태를 떠올려 보면, 그러니까 주어진 어떤 문장을 그것이 마치 위의 놀이의 규칙에 따라 구성된 것처럼 보면 어떨까.
>
> — 발터 벤야민, 2008, 233

'주어진 어떤 문장을 그것이 마치 놀이의 규칙에 따라 구성된 것처럼 생각해 보는 것이다.'라는 말의 뒤에 이렇게 덧붙이면 이해를 도울 수 있다. 쓰고 싶은 의미가 있어서 문장을 쓴 것이 아니라 문장을 쓰면서, 문장이 쓰인 후에 의미가 만들어진 것으로 말이다. 벤야민의 말처럼 틀림없이 그 문장은 일순간 우리에게 어떤 낯설고 흥분된 표정으로 다가올 것이다. 프레첼 빵은 팔짱을 끼고 있는 모양의 8자형 빵이다. 이것은 무한대의 ∞를 떠오르게 하는 모양이다.

때때로, 그리고 특정 기간 동안, 대면 접촉과 모임이 이루어지는데, 이것은 아주 많은 이동의 결과이다. 둔중한 육체를 가끔씩 이동하는 데 대한 '통치성'을 높이고자 하는 국가에게, 거리는 많은 문제들을 야기하는 골칫거리다. 사회생활은 다양한 물질적 사물들('자연'과 '기술'을 포함)을 통해 구성되는데, 이 사물들은 사물·사람·정보를 직접적 또는 간접적으로 이동시키거나, 아니면 반대로 그 이동을 방해한다.

― 존 어리, 2016, 487

물리적 이동은 중력과 마찰력 때문에 둔중하고 허약하다. 육체에 의존하는 인간의 삶은 생활세계에서 둔중하고 허약하다. 연령, 성별, 인종적 특징을 지닌 한 육체가 다른 육체, 사물, 물리적 세계와 위상적 차원에서 감각을 나누면서 마주 본다. 이러한 물리적 장애에서 벗어난 정보 혹은 이미지는 훨씬 더 자유로운 모빌리티를 획득할 수 있다. 모빌리티의 원리 역시 '진동'이다. 떨거나 돌지 않고, 흔들림 없이 이동하는 것은 드물다. 로켓의 엔진처럼 높아지면서 깊어지기 위해서는 끊임없이 진동해야 한다.

디지털

겉으로 보기에는 똑같은 삶일 수 있다. 떠나기 위해 머무는 삶이 있는가 하면 머물기 위해 떠나는 삶도 있다. 추방당한 삶과 망명길에 오른 삶은 똑같이 떠나는 사람의 것이다. 여행과 탐험과 추방과 망명은 다르지만, 완전히 다른 것도 아니다. 떠난다는 것은 그 계기에서 그 내용이 결정되는 것이 아니다. '떠나다'라는 서술어 자체가 지닌 해방감은 다르지 않다. 해방은 모순의 해결(풀림)에서 맛보는 경우가 많다. 풀어내는 것은 '이야기'를 짓고, 그 이야기로 해방을 풀어내는 것이다.

인생의 모순은 서사를 통하면 대체로 해소된다. 기하학 형상 역시 대립을 해소하는 임무를 수행할 것이다. 이 가운데 가장 중요한 형상은 원 혹은 만다라다. 원, 즉 온전함과 조화의 상징은 고대 동양문명의 예술품과 고대 그리스의 사유, 기독교 예술, 중세 연금술 그리고 문맹인들의 치유 의식에서 반복되는 모티프다. 융학파의 분석심리학자들은 원이 대립을 화해시키는 원형이미지로 인류 공통의 상징이라고 본다.

— 이푸 투안, 2011, 40

여행은 떠난 자리로 돌아온다. 원환을 점점 크게 그려 나가고 또 깊게 그려 나간다. 그 원환을 그리는 것은 일종의 그물을 치는 것과 같다. 그물질을 통해 우리는 이야깃거리를 건진다. 건져 올린 이야깃거리들을 맛나게 요리하는 과정이 작가의 산책이다. 과거에 멀리까지 여행을 다녀올 기회를 갖는 사람은 극소수였다.

가장 먼 길을 다녀온 옛사람으로는 신라시대 승려 혜초가 있다. 그는 오천축국을 돌아보고『왕오천축국전』을 썼다. 가장 깊게 나라 밖을 돌아본 사람은 아마도 박지원이 아닐까 싶다. 그는 청나라의 '열하'에 다녀온 기록을『열하일기』에 담았다. 우리 근대의 시작을 알리는 자리에도 지구 한 바퀴를 돌아온 이가 등장한다. 유길준은 일본, 미국, 유럽을 거쳐 온 기록을『서유견문』으로 남겼다. 이들보다 더 일찍, 더 깊게, 더 멀리 돌아본 이도 없지 않을 것이다. 그러나 그들의 경험은 기록되지 않은 까닭에 우리가 그 여정을 알 수 있는 길이 없다.

오늘날 사람들은 비행기 모빌리티 덕택에 길지 않는 시간에도 아주 멀리까지 다녀올 수 있다. 그런가 하면 굳이 떠나지 않고서도 멀리까지 속속들이 다녀올 수도 있다. 이것은 디지털 모빌리티 덕택이다. 디지털 모빌리티의 특질은 역방향 소통에도 있다. 다양한 길들이 통할 수 있는 '플랫폼', '노드'를 구성하고 있으면 다채로운 장소들이 찾아오는 '모빌리티' 양방향성을 추구하고 있다.

집시, 유목민으로 대표되는 것이 아날로지-노마드다. 현대인은 이런 삶을 누릴 수 없고, 누리고 싶어하지도 않는다. 대신에 디지털-노마드가 일상화되었다. 디지털 유목민들은 다양한 매체를 아우르는 뛰어난 공간능력과 통합력(호환능력)을 갖추고 있다. 착종, 혼종, 복합,

융합, 융복합을 통해 다양한 텍스트를 재생산, 재전유한다. 독자들은 전통적인 비평에 앞서 문학을 골라 창조적으로 향유하고 그 향유 과정 자체를 자신의 텍스트로 생산한다. 새로운 주체의 가능성을 열고 있다. "디지털시대의 독자는 작가성과 독자성을 모두 갖추고 있는 문학 행위자의 복수주체로 등장하고 있다. 글 읽기와 글쓰기가 동시에 이루어지는 웹공간에서 텍스트는 누구나 개입할 수 있는 '공유영역'으로 개방된다."(이지원, 2017, 158)

디지털 미학의 속도를 내용(주제)의 가치지향만으로는 견뎌 내지 못한다. 형식미 역시 그 속도 속에서 포착하기란 쉽지 않다. 따라서 디지털 미학에서는 이미지 미의 구축이 요구된다. 디지털 미학은 모빌리티 미학과 뗄래야 뗄 수 없는 연관적 상황에 놓이게 되었다.

언어의 속도, 텍스트의 전달 속도는 매체와 연관이 깊다. 온전한 의미에서 텍스트 개입은 교차적 탈-중심화로 확장하여 매체와 매체 간의 텍스트 개입으로 확대되어야 한다. 전통미학에서 매체학으로 초점이 이동하고 있다.(신재훈, 2008, 241) 장르 미학에서 매체 미학으로 전환이 빠르게 이루어지고 있다. 매체는 의미의 소통 수단이라는 전통적 의미를 완전히 벗어나고 있다. "요즘 뭐해?"라는 물음에서 요구하는 답은 'What'과 짝을 이루는 것이 아니라 'How'와 어울리는 것이다.

기표와 기의의 무연성은 20세기 구조주의 언어학의 정수가 된다. 스틸먼은 뉴욕의 길거리를 다니며 살대만 앙상하게 남은 우산, 깨진 전구 등 쓸모없는 물건만 수집한다. 주인공인 다니엘 퀸(Daniel Quinn)은 그 모습은 의아하게 지켜보다가, 마침내 스틸먼과 공원에서 말을 섞게 된다. 스틸먼은 살대만 남아 쓸모없는 우산을 여전히 우산이라고 부를 수 있는지 반문한다. 파편화된 세상은 더 이상 언어와 대응관계를 이루지 못한다. 그러므로 자신이 새로운 언어를 만들고 있다고 얘기한다.(신홍주, 2016, 126)

좀 더 강도가 높고 밀도가 있는 자유를 만끽하기 위해서는 가장 강력하게 맺어져 있는 기표와 기의의 관계를 끊어 낼 필요가 있다. 그래야 다시 기표의 자유와 기의의 새롭게, 처음인 자유 속에서 역동적으로 만날 수 있다.

관계

기존 문학 장르에서 공간에 특별한 의미를 부여할 수 있는 힘은 가장 큰 것은 서사 장르(이야기 장르)였다. 전통시대의 설화는 지역공동체 곳곳에 흔적들을 남겨 놓고 있다. 기존의 '인문지리'는 이야기로 짜였다고 해도 지나친 말은 아니다. '짜다'는 말은 '베를 짜다'는 말과 1차적인 관계를 형성하고 있다. 우리가 '글'의 다른 이름으로 쓰고 있는 'text'는 '베를 짜다'에서 비롯한 것이다. 베틀에 앉아서 짠 베로 옷을 만드는 것은 '정주민'의 가장 핵심적인 특징이다. 유목인들은 짜지 않고 밟아서 '베'를 만든다. 동물의 털을 모아 이동하듯 지속적으로 밟는다. 이런 방식을 모전(毛氈), 펠트라고 부른다.

모빌리티의 특성은 이동성이다. 이동하면서 의미를 만들기 위해서는 이야기의 요소가 강해야 하고 또 '펠트'적이어야 한다. 무수한 것들이 맺는 다양한 관계 속에서 새로운 인본(人本)의 의미를 창출할 필요가 있다. 공간의 확장은 예상치 못한 곳에서 폭발적으로 일어나는 경우가 많다. 모빌리티사회의 네트워크공간은 고정된 절대적인 물리적인 공간을 벗어난다. 네크워크공간은 비선형적 움직임으로 생성되는 관계적 공간이다.

이들을 통한 연결성과 관계성은 인간과 기계의 결합 즉 혼종성과 물질성을 강조하는 것으로 인간이 물질세계로부터 독립된 방식으로 생각하고 행동할 수 있는 인간주체에 중심을 두던 인본주의와는 달리 인간의 능력은 다양한 사물 및 기술(도구, 건물, 통로, 자동차, 정보기기, 사물 등)과 새로운 형태로 결합하여 그 능력이 크게 확장될 수 있다는 점을 강조하고 있다.

— 윤신희 외, 2015, 496

모빌리티공간은 짜인 공간이 아니라 짜이면서 밟혀지고, 밟히면서 짜이는 공간이다. 다양한 가능성을 확대하기 위해서는 '인과율'을 철저하게 배제시킬 필요가 있다. 따라서 이야기는 선형적으로 전개되지 않고, 비선형성을 새로운 속성으로 삼는다. 시간은 짜이고 공간은 모전된다. 시간·공간은 둘이지만 둘이 아니다. 둘은 각자이지만 서로가 매듭이 되고 연결 고리가 된다. 따라서 시간은 공간과 분리되지 않는다. 시간, 공간에 지향성을 부여한다. 이런 물음이 따라붙는다. 공간과 시간을 묶어 주는 매듭, 이 둘 사이의 연결 고리는 어디에 존재하는가?

연결 고리는 이 시기에 습득된 지식을 넘어서는 곳, 하지만 인식이론의 테두리 안에 있는 곳, 다시 말해서 실천[현실 속에 존재하는 재현과 왜곡 사이의 불일치를 최소한으로 제한함으로써 시간과 공간의 일치를 조절하는(무의식적 실천)] 안에서 찾아진다. 축제는 공간 안에서 성취되면서 시간을 점철한다. 축제는 나름대로 허구적이며 (신화적이며) 실재적인 (실천적인) '대상'을 지니고 있으며, 이 대상들은 나타났다가 솟아오르고 내려가는가 하면 자취를 감추었다가 다시 모습을 드러낸다.

— 앙리 르페브르, 2011, 392

자동차의 모빌리티가 최대치로 실현되는 곳은 F1 국제자동차 경기대회다. 최고의 속도를 내는 자동차는 가장 난해하고 어려운 코스를 달린다. 국제자동차 경기장의 트랙을 설계하는 것은 대단히 전문성을 요구하는 작업이라고 한다. 직선은 빠르고(강렬하고) 곡선은 느리다(부드럽다). 가장 효율적으로 둘을 결합할 수 있는 방식이 '나선'이다. 나선성의 리듬, 나선의 모빌리티는 시간·공간의 이면을 탐색한다. 의미의 반복 불가능성이 개시하는 처음인 의미들이 장소의 위상성을 형성한다. 이동의 축제성은 여행과 추방을 하나로, 동시에 엮어 낸다. 의미는 예비된 것이 아니라 미래에서 온다. 그 장소에 도착하기 전에는 누구도 의미를 예단할 수 없다.

> 후설은 이러한 점을 표현하기 위해 '대상성'이라는 더욱 모호한 용어를 선택하고, 이를 통해서 그는 "협소한 의미의 대상"만이 아니라 "사태, 표지 내지 표시, 실질적이거나 범주적인 의존적 형식 등"도 이해하려 한다. 대상성은 또한 '존재한다'라는 말 자체의 다양한 의미, 존재의 다양한 차원이라는 이념을 완벽하게 하는 더욱 일반적인 기능을 따라 정의된다.
> ― 엠마누엘 레비나스, 2014, 154

서로 대상성, 항상 만나지만 언제나 처음 만나는 대상성의 비밀은 결코 전부 드러나지 않는다. 대상은 세계에 선험적으로 존재하는 것이 아니다. 판단 속에서, 만남 속에서, 관계 속에서 존재한다. "사유 안에서 대상을 구성하는 것은 판단의 능력인 지성이다. 진리의 법칙은 또한 판단의 법칙이다."(엠마누엘 레비나스, 2014, 163) 진리'와' 현상'과' 언어에서 직관되는 것은 '와'와 '과'이다. 진리도 현상도 언어도 대상이나 주체에 존재하지 않고 사유작용을 통해서만 포착할 수 있다.

5G

'빠르게'는 20세기를 넘어 오늘날에도 기술이 추구하는 중요한, 어쩌면 최고의 목표다. '빠르게'는 두 방향에서 각자 경쟁을 더하고 있다. 하나는 '주체의 이동'이고 다른 하나는 '주체에게로 이동'이다. 전자에서 가장 앞선 것은 하이퍼루프다. 진공에 가까운 튜브 속에서 자기 부상 방식의 열차가 달린다. 3초에 1km를 이동한다. 1초에 333m를 이동할 수 있다. 이것은 2020년 중반부터 시운전에 들어가게 된다고 한다. 100km달리는 데 300초 곧 5분 정도 소요된다. 서울, 부산 간 직선거리는 325km이다. 서울에서 부산까지 대략 20분이면 충분하다는 얘기다.

주체에게로 이동은 전송 정보량을 표시하는 '4G'에서 거의 완성되었다고 봐도 무방하다. 인간의 정보처리 속도를 감안하면 '4G'로도 충분하다. 최근에 출시된 스마트폰은 모두 '5G'를 실현했다고 말한다. 사용자는 5G폰과 4G폰의 큰 차이를 느끼지 못한다. 5G는 사물(정보)과 인간을 잇는 것이 아니라 사물과 사물을 잇기 위한 것이다. 5G가 4차 산업혁명의 중요 키워드 가운데 하나인 것은 바로 이 때문이다.

존 어리는 모빌리티스는 다양한 종류의 사람, 아이디어, 정보, 사물의 이동을 수반하고 유발하는 경제적·사회적·정치적 실천이자 이데올로기라고 말한다. 그에게 모빌리티는 사회다. 좀 더 나은 삶을 영위하기 위한 인간의 권리이자 역량이다. 현시대의 새로운 인간 유형을 구분하는 또 하나의 자본이 모빌리티다.(윤신희 외, 2015, 495) 자본의 긍정성과 부정성은 극명하게 갈린다. 자본이 토대가 될 때 그 긍정성을 극대화할 수 있다. 반면 자본이 목표가 될 때 부정성이 극대화하기 쉽다. 21세기 '모빌리티 자본'은 목표 즉 '속도를 위한 속도'로 기울고 있는 것은 아닌가 하는 우려를 떨칠 수 없다.

모빌리티라는 술어는 학문 전반에서 광범위하게 쓰인다. 공학, 자연과학에서 그 개념을 뚜렷이 했다. 사회과학에서는 존 어리가 사회과학, 사회학을 대체할 수 있는 용어로까지 비중 있게 다루고 있다. 인문학에서 '모빌리티'가 분석·해석 작업에 등장한 것은 최근의 일이다. 물론 그 이전에는 다른 어휘들이 수사적으로 모빌리티를 대처해 왔다. "비릴리오의 질주학, 세르의 천사, 바우만의 액체근대성, 드리프트의 움직임-공간, 하트와 네그리의 제국의 매끄러운 세계는 모빌리티에 관한 느낌의 구조가 반영된 최근의 연구 작업들이다."(조명래, 2015, 5)

사회학을 중심으로 모빌리티 연구는 세계적 수준에서 진행되고 있다. "프랑스 조절이론을 영국 조절이론을 발전시킨 Bob Jessop, 프랑스 행위자-네트워크이론을 영국 행위자 - 네트워크로 발전시킨 John law 등이 소속된 랭커스터 대학교 사회학과는 현재 기술-사회-공간의 관계에 관한 학제적 연구 즉 과학-기술 연구, 행위자-네트워크 이론 그리고 모빌리티 연구로 세계적 수준에서 이끌고 있다."(이희상, 2012, 185)

모빌리티의 시공성은 사회공간적 실천들을 구체화한다. 모빌리티는 다섯 가지로 유형화할 수 있다. 인간 신체의 이동, 물리적 이동, 상상이동, 가상이동, 통신으로 구분할 수 있다.(조명래, 2015, 5) 이러한 것을 구분없이 동시적으로 열고자 하는 것이 5G시대의 목표다. 네트워크로 대표되는 4차산업시대 모빌리티 자본의 영향력은 기하급수로 커질 수밖에 없다.

네트워크 자본은 각 요소가 개별적인 속성으로 존재하기보다는 요소 간의 상호연결 속 총체적인 자본력으로 나타나게 되며 개인과 타인, 개인과 환경, 기술들의 여러 요소들이 모여 결합되는 방식으로 표출된다. 네트워크 자본은 이 영역에서 다른 영역으로 확산되어 가는 것이며 특히 개인화된 네트워크의 형태들이 성장해 가며 나타나는 결과인 것이다. 따라서 멀리 흩어져 있는 개인화된 네트워크 구성원들 사이에는 높은 수준의 모빌리티 역량이 요구되며 네트워크 자본의 영향력은 점차 커지게 된다.

— 윤신희 외, 2015, 500

우리는 정보화사회를 예상보다 훨씬 빠르게 지나쳐 왔다. 정보사회의 자유는 평등한 접근 가능성에서 제공한다. 이것은 자본주의사회의 자유와 크게 다르지 않다. 누구나 노력하면 자본을 소유할 수 있다. 이것이 자유의 이름으로 주어진다. 그러나 극히 일부만이 자본을 생산수단으로서 소유할 수 있다. 정보사회도 이와 다르지 않을 것이라고 예상했다.

자본주의와 달리 정보에 대한 접근 가능성은 모두에게 열려 있다. 다만 방대한 정보를 소유(저장)할 수 있는 것은 막대한 자본을 바탕으로 하지 않으면 안 된다. 그런데 클라우딩 컴퓨팅 서비스는 이러한 우려를 근본적으로 해소한다. '개인 컴퓨터 환경'을 구성하고 정보에 접근하고, 활용하고, 이것을 다시 저장하는 데 거의 '소외'가 발생하기 않게 되었다. '정보'가 권력화에 기여하지 못하게 되자, 정보사회는 빠르게 '스킵'되고 있다.

리좀

디지털 모빌리티의 특이성은 모빌리티의 극단적 증대가 오히려 정주성을 강화할 수 있는 여지를 제공한다는 점이다. 굳이 신체가 아날로그적으로 이동할 필요가 없다. 모빌리티의 양면성, 정보의 모빌리티가 증대될수록, 신체의 모빌리티는 약화될 수 있다는 말이다. 물리적으로 이동해 오는 디지털로 변환된 장소들을 자신의 스토리를 바탕으로 증식하고 얼마든지 재구성할 수 있다.

모빌리티의 증대에 따른 시·공간의 압축은 거주함에 근거를 둔 지역성(locality)이나 지연적 유대 등의 가치를 약화시킨다. 반면 유목주의의 사고에는 힘을 더한다. 물론 정주주의가 모빌리티 자체를 부정하는 것은 아니다. 다만 모빌리티 또한 인간 삶의 중요한 요소이지만 정주주의를 이루는 본질이 아니라 정주와의 관계 속에서 나타나는 부차적인 것으로 파악한다.(이상봉, 2017, 116) 문화시대의 모빌리티, 디지털 모빌리티에서는 유목 속에서 정주를 지향하고 정주 안에서 유목을 지향한다.

유목형은 정주형 거주 방식에 비해 훨씬 더 가변적이고 유동적이며 파편화된다. 극단적인 거주의 한 형태로 모빌리티 거주가 있다. 주거의 관계 틀로써 가구가 소형화되고, 접근성이 좋다. 이동에 편리한 도심 역세권, 소형 주택, 주상복합이나 오피스텔, 주말 주택, 이동식 주택, 캡슐형 주거시설, 호텔식 주택 등이 선호된다. 주거의 내부공간이 간단하고 편리한 구조와 시설로 꾸며지는 것 등은 모빌리티에 적응하는 거주 방식이다.(조명래, 2015, 20)

모빌리티에 거주하는 것, 이동하기 위한 잠시의 정주, 정주하기 위한 오랜 이동 등 정주와 이동은 목적과 수단의 정확한 구분이 불가능할 정도로 다양해졌다. 그렇게 처음으로 열리는 반복 불가능한 장소인 만큼 우리는 언제나, 무엇인가의 전부를 전부로 만난다. 주관성은 주체의 것이 아니라 대상과 관계에서 형성되는 '현상'과 이어진다. 주관성은 주체의 것이면서 대상의 것이다. 주관성의 관계는 그것들이 의미화하거나 표상하는 사물에 대한 기호나 상과 같은 것이 아니다. 그것은 둘 사이에 놓인 모빌리티다.

사물의 주관적 현상은 실제로, 우리보다 더 힘이 있는 지성인 신적 지성이 직접적으로 사물 자체에 다다를 때 생겨날 수 있는 상이나 기호가 아니다. 물질적 사물에 대한 경험의 내재적 의미를 단계적으로 따라감으로써, 우리는 지각에 전조되는 사물이 지각에 유일하게 알려지는 것으로서, 그것이 존재하는 것의 전부라고 인식해야 한다.

– 엠마누엘 레비나스, 2014, 33~4

나는 사물과 함께 형성되고 사물은 나와 함께 구축된다. 우리는 맨 처음인 나와 맨 처음인 사물이 만나서 구성하는 맨 처음의 '장소'다. 이 장소에서 다시 펼쳐지는 이야기는 얼마든지 '전유'할 수 있다. 전유 자체의 새로움은 전유 자체를 목적으로 한다. 이것은 개별적 차원이 아니다. 세계적 차원에서 이루어지고 있는 것이 오늘날의 특징이다.

공간 안에서 그 어떤 교통수단도 완전히 자취를 감추지 않는다. 심지어 걷기, 달리기, 자전거 타기 등도 명맥을 이어 오고 있다. 20세기에 들어와 세계적 차원에서 새로운 공간이 형성되고 있다. 공간의 생산은 여전히 지속되고 있다. 새로운 생산양식은 새로운 사회를 또 다른 사회로 전유한다. 기존의 공간, 예전에 빚어진 공간을 자신의 목적에 맞게 변화시킨다. 변화는 매우 서서히 진행되며, 이미 공고하게 형성되어 있는 공간성으로 침투한다. 때로는 매우 난폭하게 도시와 농촌, 풍경을 전복시킨다.(앙리 르페브르, 2011, 33)

모빌리티공간을 관계적 공간으로 바라볼 때 중요한 것은 공간의 물질성과 혼종성이다. 이것은 이분법적이고 테리토리적 세계를 거부하고 관계적이고 네트워크적 세계를 추구한다. 라투어의 '행위자 네트워크', 하나웨어의 '사이보그', 들뢰즈의 '리좀' 논의는 이를 반영한 것이다.(이희상, 2012, 188)

공간을 바꿔야 세상을 바꿀 수 있다고 앙리 르페브르는 힘주어 말한다. 전혀 새로운 공간이라는 게 있을까. 전혀 새로운 시간, 전혀 새로운 인간이 있을까? 전혀 새롭지는 않지만 여전히 완전히 새로울 수 있는 가능성이 지구에는 무진장 남아 있다. 모빌리티의 공간은 물질성, 혼종성을 속성으로 하고 그 관계는 리좀성을 특성으로 한다.

티핑 포인트(Tipping Point)

'지구는 살아 있다.' 살아 있는 무수한 생명체들로 인해 살아 있는 것이다. 지구가 살아 있기 때문에 무수한 생명체들이 살 수 있다. 인간은 지구의 주인이 아니다. 다른 생물체에 비해 상대적으로 주어진 무거운 임무가 있다면 '돌보는 것', '가꾸는 것', '지구를 보살피는 것' 정도여야 한다. 그런데 지구는 공중과 지면, 바다, 땅속을 가리지 않고 인간들의 싸움터가 되고 있다. 이러한 문제의식은 많은 지식인들의 사유에 크게 영향을 끼치고 있다.

공간생산에서 가장 역동적으로 작용을 하는 것이 모빌리티다. 모빌리티는 하나의 시스템으로 작동한다. 그런데 이 시스템은 개인의 것에서 집단의 것까지 다양하게 작용을 하기 때문에 일목요연하게 파악하는 것은 어렵다. 복잡한 모빌리티의 상호작용으로 인해 변화의 지향성을 예견하는 것은 쉽지 않은 일이다.

많은 집단들이 사회 변화의 다양한 프로젝트를 실현하고자 애쓴다. 이것을 실제로 실현하는 것은 극히 어려운 일이다. 강력한 집단들을 포함해 무수한 집단들이 모든 시간을 다 바쳐 그것을 추구한다고 하더라도 범지구적 변화를 촉발할 수 있으리라고 상상하는 것은 거의 불가능하다.(존 어리, 2016, 495~6) 그러나 이것은 역으로 다양한 변화의 반향(反響)을 촉발해 위상적 지향의 가능성을 모색케 한다.

새로운 삶의 플롯을 만들지 않으면 인간은 '지구파괴자'라는 불명예만을 남기고 지구에서 사라질지도 모른다. 존 어리는 지금이 모빌리티의 터닝 포인트라고 말한다. 우리의 삶의 기획이 근원적으로 잘못된 것이 아닌가 하는 '회의'를 품게 한다. 서구사회의 산업혁명은 '모빌리티'의 증진과 밀접한 관련을 맺고 있다. 증기기관의 발명으로 대규모의 인력과 물자를 빠른 시간 안에 실어 나를 수 있게 되었다. 대규모 전쟁이 가능해지자 제국주의는 영토 확장의 야욕을 드러내며 앞다투어 식민지 개척에 나선다.

2차 산업혁명은 내연기관과 전기의 발명으로부터 'S-Curve'를 예감하게 한다. 2차 산업혁명은 자동차와 비행기의 모빌리티로 대표된다. 지구공간의 한계는 거의 극복 가능하게 되었다. 개인의 이동의 속도 증가와 이동의 자유를 보장하는 것이 관건이 되었다. 3차 산업혁명은 정보 기술의 비약적 발전으로 인간은 '시간'을 극복할 수 있게 되었다.

> 후기 자동차 연결 시스템을 향한 티핑 포인트는 예측할 수 없다. 이것은 기존의 기업, 산업, 실천, 경제에서 나타나는 단적 변화로부터 읽어 낼 수 없다. 인터넷과 이동전화가 그야말로 '어디에도 없던 데서' 출현했던 것과 꼭 마찬가지로 '후기 자동차'를 향한 티핑 포인트는 예기치 않게 출현할 것이다.
>
> — 존 어리, 2016, 511

모빌리티는 존 어리의 지적처럼 터닝 포인트에 봉착한다. 모두 다 가볼 것인가? 직접 안 가고 가볼 것인가? 존어리는 이것을 '모빌리티의 터닝 포인트'로 본다. 현실에서 모빌리티를 주도하고 있는 것은 자동차. 자동차는 오랫동안 환경오염, 온난화의 주범으로 여겨졌다. 그런데 새롭게 선보인 수소전기자동차는 공기정화기로서 효율성을 발휘할 수 있다고 한다. 이것은 극적인 터닝 포인트를 형성할 가능성이 있다.

그런데 수소전기자동차는 경제성의 논리에 의해 대중화가 가로막혀 있다. 전기자동차는 생산된 전기를 바로 사용하기 때문에 효율적이다. 전기자동차 자체는 대기를 거의 오염시키지 않는다. 다만 그 전기를 생산하는 과정에서 환경오염을 유발한다. 물을 전기분해하면 산소와 수소로 분리된다. 이렇게 얻은 수소를 수소전기자동차에 충전한다. 그리고 오염된 도심의 공기와 결합하면서 전기를 생산한 후 물로 흘려보낸다. 이 과정은 경제적으로는 매우 비효율적인 것이다. 획기적인 기술이 나타나지 않으면 수소전기자동차가 티핑 포인트에서 활약하는 것은 쉽지 않을 것이라는 예측이 더 많다.

연결 시스템은 경제적, 사회적, 정치적 생활의 데이터베이스화, 그리고 특히 어느 순간에서나 각 '자아'의 정확한 신체적 위치의 데이터베이스화가 엄청난 규모로 확장되는 것을 전제로 한다. 이와 관련된 하나의 핵심 양상은 미국이 주도한 헨(Global Dositioning system)이다. 그런데 유럽연합이 개발한 훨씬 더 정확한 갈릴레오 위치 확인 시스템이 더 앞서 나가고 있다.

— 존 어리, 2016, 494

현재 인간의 계산능력, 좀 더 정확히 컴퓨터의 계산능력은 슈퍼컴퓨터에서 양자컴퓨터로 발전하고 있다. 인공지능의 무한급수적 발전은 매우 정치한 연결 시스템을 구축할 수 있는 가능성을 현격하게 높이고 있다. 우리의 일상을 꼼꼼하게 데이터베이스화하는 것에는 휴머니즘에서 강조되었던 '자율'과 '자유'에 대한 침해의 소지가 없지 않다.

그러나 그 자율과 자유 역시 생활세계의 안전성을 높인 이후에야 발현이 가능한 것도 사실이다. 우리에게는 시스템 속에서 최선을 다해 자신을 돌보는 삶이 중요하다. 다른 사람처럼 살기가 아니라 끊임없이 자신을 개선해 나간다. 자기 모빌리티의 속도를 조절하고 지향을 다양하게 하는 방안을 끊임없이 모색할 필요가 있는 것이다.

자전거

이반 일리히 신부는 인류의 미래를 위해 일상으로 삼아야 할 것을 '셋' 들었다. 그것은 시와 도서관 그리고 자전거다. 시(詩)는 가장 고차적인 언어다. 프로메테우스의 언어이며 선각자의 언어다. 언어로 발현시킨 최고, 최선의 상상력이 시다. 시는 상상력의 다른 이름이라고 해도 지나친 말은 아니었다. 도서관은 인간의 장구한 시간을 층층으로 쌓고, 시간에 겹겹으로 싸인 공간이다. 그 공간은 인간이 품을 수 있는 최고의 시간들로 가득하다. 이것은 후각자인 에피메테우스의 공간이라고 할 수 있다. 자전거는 가장 인간다운 모빌리티를 창출한다.

자전거는 생계의 수단에서부터 최고의 여가까지를 제공한다. 또한 자전거 타기가 하나의 목적이 되기도 한다. 자전거와 관련한 아름다운 시편 중 하나가 신동엽 시인의 「산문시」이다.

> 스칸디나비아라든가 뭐라구 하는 고장에서는 아름다운 석양 대통령이라고 하는 직업을 가진 아저씨가 꽃 리본 단 딸아이의 손 이끌고 백화점 거리 칫솔 사러 나오신단다. 탄광 퇴근하는 광부들의 작업복 뒷주머니마다엔 기름 묻은 책 하이데거 럿셀 헤밍웨이 장자(莊子) 휴가 여행 떠나는 국무총리 서울역 삼등 대합실 매표구 앞을 뙤약볕 흡쓰며 줄지어 서 있을 때 그걸 본 서울역장 기쁘시겠소라는 인사 한마디 남길 뿐 평화스러이 자기 사무실 문 열고 들어가더란다. 남해에서 북강까지 넘실대는 물결 동해에서 서해까지 팔랑대는 꽃밭 땅에서 하늘로 치솟는 무지갯빛 분수 이름은 잊었지만 뭐라군가 불리우는 그 중립국에선 하나에서 백까지가 다 대학 나온 농민들 트럭을 두 대씩이나 가지고 대리석 별장에서 산다지만 대

통령 이름은 잘 몰라도 새 이름 꽃 이름 지휘자 이름 극작가 이름은 훤하더란다. 애당초 어느 쪽 패거리에도 총 쏘는 야만엔 가담치 않기로 작정한 그 지성(知性) 그래서 어린이들은 사람 죽이는 시늉을 아니 하고도 아름다운 놀이 꽃동산처럼 풍요로운 나라, 억만금을 준대도 싫었다. 자기네 포도밭은 사람 상처 내는 미사일 기지도 탱크 기지도 들어올 수 없소. 끝끝내 사나이 나라 배짱 지킨 국민들, 반도의 달밤 무너진 성터가의 입맞춤이며 푸짐한 타작 소리 춤 사색(思索)뿐 하늘로 가는 길가엔 황톳빛 노을 물든 석양 대통령이라고 하는 직함을 가진 신사가 자전거 꽁무니에 막걸릿병을 싣고 삼십 리 시골길 시인의 집을 놀러 가더란다.

— 신동엽, 『산문시(散文詩) 1』 전문

자동차의 자(自)는 기계를 가리킨다. 5G시대에는 인간이 주행에서 소외된 채 도로를 달리는 자율주행자동차시대가 본격적으로 막을 열게 된다. 자동차에서 분리된 사람은 모빌리티에서도 완전히 소외당하게 되었다. 반면 자전거의 자(自)는 동력을 제공하는 주체를, 거(車)는 기계를 가리킨다. '전(轉)'은 구르다는 의미도 있고 바꾸다는 의미도 있다. 사람의 굴림을 기계의 구르기로 바꾸는 과정을 포함한다. 사람과 기계의 혼연일체를 이렇게 연출할 수 있는 것도 드물 것이다.

1893년에 미국에 새로 등장한 자전거의 가격은 100~150달러였다고 한다. 4년 후인 1897년에는 80달러로 거의 반가가 되었다. 그리고 5년이 지난 1902년 무렵에는 3~15달러만 주면 어디서나 살 수 있게 되었다고 한다. 전 세계적으로 자전거가 대유행한 것은 1980년대다.(스티븐 컨, 2004, 523) 유가의 급등과 함께 환경에 대한 염려가 자전거에 대한 관심을 불러일으켰다.

널리 알려진 자전거 그림으로는 보초니의 1931년 작품 「자전거 타는 사람의 역동성(Dynamism of Cycle)」을 들 수 있다. 스티븐 컨은

이 작품을 "추상적인 부피감과 힘선들(lines of force), 페달을 밟을 때, 빛과 공기의 소용돌이 등으로 이루어진 작품 속에서 사람, 자전거, 공기는 상호침투한다."(스티븐 컨, 2004, 251)고 의미를 부여한다. 사람도, 자전거도, 공기도 각기 가지고 있는 에너지는 다르다. 이것이 서로 상호침투하기 위해서는 자신의 에너지로 공간에 들어가서는 안 된다. 공간을 차지하려는 적대적 투쟁을 통해서는 일체를 이룰 수 없으며 공간을 장소로 바꾸는 것은 어렵다. 스탠리의 말처럼 공간이 사물로 가득 찬 것이 아니라, 오히려 사물이 공간적이라는 인식의 전회가 필요하다.(스티븐 컨, 2004, 383)

한 사물이 공간을 점유하는 것은 사물이 그 공간의 에너지에 점유되는 것이기도 하다. 그래야 특별한 에너지를 서로 나눌 수 있다. 언어도 이와 다르지 않다. 거기에 꼭 들어맞는 이미지 이전에 그것은 끌거나 밀거나 당기거나 놓거나 하는 에너지가 작용해야 한다. 이것은 언어에 동시에 적용되면서 언어의 공간성과 주체의 공간성을 동시에 개시한다.

인간의 의식을 갖게 되는 과정은 자아와 소유물 사이의 관계로, 점유와 상호수용의 관계로 그리고 교환, 분배와 증여의 관계에 한정되어질 수 없다. 더욱이 그것은 지배와 복종의 관계에 즉 영향력의 계급제도와 그 분배의 관계에 한정 지을 수 없다. "인식을 위한 탐색"은 상호 간의 존중과 인정의 탐색에까지 확장되는 것이다. 나 자신을 위한 나의 존재는 그러므로 내가 타인에 의하여 어떻게 인식되는가에 달려 있기도 한 것이다. 즉 자아는 타인의 주장과 인정하는 바에 따라 형성된다. 이러한 상호 간의 견해에 따라 자아의 정립은 여전히 객체에 의하여 이끌려지게 된다. 그러나 객체들은(소유의 영역에 속하는) 상품, 또는 물품, 그리고 용역 따위가 아니며 권력의 영역에 속하는 대응하는 제도도 아니다. 이들 객체들은 법률, 예술, 문학, 철학의 기념비와 작품들이다.

— 폴 리쾨르, 1983, 120

나와 타인, 주체와 타자 모두는 서로 호응할 수 있는 여러 사물들 중 하나다. 기투되거나 피투되거나 그것은 크게 상관이 없다. 커다란 흐름 속이라면 자율성은 차라리 역동성을 발현하는 장애가 될 수 있다. 서로를 향하는 나의 독창적 기투와 피투의 가능성을 동시에 간직할 때, 자유의 가능성을 높일 수 있다.

문학비평가에게 비평의 대상이 되는 작품은 일종의 '자전거'와 같다. 비평가는 작가의 문체를 자신의 것으로 취한다. 이를 통해 이미 쓰인 작품을 초과해 간다. 작가의 경험 위에 비평가의 체험을 더함으로써 의미를 풍부하게 한다. 이러한 비평가의 쓰기는 작가에게 되돌려져 작가의 삶을 달리 해석할 수 있게 된다.

메를로 퐁티는 인간 실존의 비자율성을 인정한다. 따라서 완전무결한 표현은 작가와 비평가 모두의 쓰기에서 영원히 연기된다. 우리는 자전거 타기에 능동적으로 몰입하게 된다. 작품 읽기도 마찬가지다. 자전거의 기계적 수동성과 사람의 유기적-비자율성은 자발적 실패를 지향함으로써 의미 부여의 장을 획기적으로 지향한다. 비로소 우리는 의미보다는 '무의미'에 대한 탐색을 더 지향할 수 있게 된다.

길

과거의 이동성은 출발지에서 목적지에 이르는 '길' 자체였다. 길은 두 지점을 연결하는 이동의 전제이자 수단이었다. 길은 경관을 인간으로부터 분리하는 역할을 수행하지 않았다. 현대의 모빌리티는 더 철저히 수단화되고 있는 측면과 그 자체로 목적이 되는 경우로 극단적으로 갈리고 있다. 우리의 몸은 어둠을 밝히는 전등과 같이 공간을 장소화하는 중심에 자리한다. 공간이 획득하는 가치는 특정한 의미를 갖게 되는데 이것은 우리의 신체의 지향과 밀접하게 연관되어 있다.

거리는 개인 상호 간의 관계를 표현하는 용어와 밀접하게 연관되어 있다. 우리는 공간과 다채로운 경험이 능력과 자유에 대한 인간의 감각과 어떻게 연관되는지를 끊임없이 묻고, 되물을 수 있다. 공간이 개방과 자유의 상징이라면, 타인들의 현존은 그것에 어떤 영향을 미칠 것인가? 공간과 광대함에 대하여, 그리고 인구밀도의 과밀함에 대하여 명확한 의미를 부여할 수 있는 구체적인 경험은 무엇인가?(이푸 투안, 2007, 87) 그 구체적인 경험 역시 우리의 신체에서 비롯하는 경우가 많다.

과거의 모빌리티는 목표를 생활의 지평을 확장하는 데 맞추었다. 한국의 경우 '전국 1일 생활권'이라는 말이 근대화의 상징처럼 회자되던 때가 있었다. '지구촌'은 비행기의 발명과 함께 모빌리티의 발전을 대변하는 말이다. 이러한 지평의 확장은 더 이상 현대적 모빌리티의 목표가 되지 못한다.

> 행위를 하거나 반응하는 우리의 능력이 하나의 장소를 적게 포용할수록, 우리의 장소 파악은 더 추상적이다. 이런 점에서, 예를 들어, 방에서 아파트로, 건물로, 거주지로, 도시로, 주나 도로, 국가로……등등으로의 움직임의 경우 인용된 장소들, 다른 것 안에 포함되는 장소들은 모두 성격이 동일하지 않다. 일반적으로 좀 더 포괄적인 장소로의 이동은 더 큰 추상성으로의 이동이다. 아래의 이동, 더 작은 '장소들'로의 이동도 마찬가지다.
>
> – 제프 말파스, 2014, 221

모빌리티에서 이루어지는 행위 자체가 의미가 되는 시대다. 모빌리티는 수단이면서 목적이다. 시간과 공간성을 모두 포괄하는 말로서 입체화한다. 장소에서 장소로의 이동이 아니다. 이동행위를 통해 장소성이 부여된다.

공간은 모두에게 주어지지만 그 공간은 특정한 개인에게는 주관적 공간으로서 의미가 강하다. 그러나 아무리 객관화된 공간이라고 하더라도 일원적인 행위와 움직임은 추상적 차원에서만 존재할 수 있다. 더구나 객관화된 공간이라고 하더라도 매번의 행위는 주관적 공간을 개시한다. 객관적 공간은 주관적 공간의 무늬로 채워진다. "공간화된 인식론이라는 주제로 돌아가서, 세계 속에서 자신의 길을 찾는 능력이 전혀 없는 피조물은 세계나 자신에 대해 알 수 있는 능력이 전혀 없는 피조물이기도 하다는 것은 이와 같은 고려의 결과라고 말할 수도 있다."(제프 말파스, 2014, 174)

특정한 장소의 일원성은 불가능하다. 그럼에도 불구하고 일원성처럼 파악되는 것은 장소가 플롯에 의해 끊임없이 형성되기 때문이다. 그 플롯에 의해서 사람들은 장소에 걸맞게 움직인다. 같은 길이지만 매번 다른 의미로 개시하는 길을 통해 모빌리티의 시공성을 변주한다. 모빌리티로서의 길은 하나의 플롯으로 작용한다. 걷기, 자전거, 자동차, 기차, 비행기 등 이동의 수단은 저마다의 시공성을 펼치면서 플롯에 의해 목적을 획득한다. 또한 주체의 스토리에 따라 같은 플롯에서도 다른 의미가 발현된다.

인간이 지닌 행위와 작용은 하나의 조직된 경험의 영역을 지니고 있다. 그 안에서의 의미의 지향은 행동할 수 있는 행위자에 달려 있다. 작인으로서 행위자는 세계 안에서 활용할 수 있는 가능성과 그 자체의 행위 가능성에 대해 파악하는 행위자의 이중적 가능성 사이에 다양한 경험을 펼친다. 자신의 경험이 자신의 작용의 힘을 파악하는 것과 상관없는 행위자(작인)는 행위할 수 없는 행위자(작인)일 것이다. 그리고 세계와 완전히 무관하게 작용 – 힘을 파악하는 행위자(작인) 역시 활동할 수 없을 것이다.(제프 말파스, 2014, 165)

노동이 인간의 일 가운데 차지하는 비중이 점점 낮아지고 있다. 놀이와 일, 일과 놀이가 본격적으로 습합하는 시대를 맞고 있다. 일과 놀이가 공통으로 지향하는 것은 목표를 끊임없이 생산하고 이 목표를 향해 가는 방법을 찾는 것이다. 이 과정에서 중요한 생산요소는 물질 곧 상품이 아니라 문화다. 개별자들이 생산할 수 있는 최선의 문화 콘텐츠는 스토리다. 이야기의 경작인만이 진정한 행위자가 되고 있다.

4. 변곡

영도(零度)

　변곡의 장소로서 중성의 지점, 영도(零度)성에 가장 심오하게 천착한 이는 롤랑 바르트일 것이다. 그의 S/Z이론 즉 S/Ƨ, Z/Ƨ이론은 거울에서 거울로 마주 보는 순간의 미세한 변화를 잘 포착하고 있다는 평가를 받는다. 평면적인 회전은 x축과 y축을 기준으로 이루어진다. 이런 평면적인 회전은 좌우나 상하가 바뀌기 때문에 제대로 된 마주 봄은 불가능하다. 우리는 한 장의 사진으로 자신과 마주 보는 자신을 연출할 수 있다. 마주 보고 있는 자신과 악수를 하기 위해서는 z축의 회전이 필요하다. z축의 회전은 이면에서 바라봄, 이면을 바라봄을 전제로 한다. 그러니 투명한 색이 아니면 불가능하다. 투명한 색의 불가능성으로 인해 우리가 경험할 수 있는 것은 전면에서 이면으로, 이면에서 전면으로 변곡하는 순간의 과정뿐이다.

　레비나스는 형상적 본질의 직관은 감각대상의 직관에 힘입어 실현되는 방식을 보여 주는 것은 쉽지 않다고 말한다. 같은 맥락에서 어떤 식으로 건 감각적 대상이 사태의 구성과 협력하는 방식을 보여 주는 것도 쉽지 않다고 토로한다. 그것은 동시에 전면과 그 이면을 관찰할 수 있는 시선은 불가능하기 때문이다.

> 개별대상 – 이를테면 내 앞에 있는 이 소재의 빨강이라는 색–을 출발점으로 받아들여야 하지만, 나는 개별적 대상만이 아니라 개별적 빨강이 하나의 범례가 되어 버리는 빨강 일반을 향해 나의 시선을 보낸다. 나는 이념적 대상을 사유하기 위해 감각적 직관을 향하는 지향을 총체적으로 포기한다. 이로부터 이 궁극적 사유는 하나의 직관이 될 수 있다.
> — 엠마누엘 레비나스, 2014, 192~3

우리가 눈앞에 나타나는 것은 '개별적 빨강'이다. 우리는 이것을 감각적 대상으로 직관한다. 그런데 우리는 빨강을 향해 시선을 보낸다. 그러나 이때 우리는 이념으로서 '빨강'을 사유하기 위해 감각적 직관의 빨강을 총체적으로 포기하지 않는다. 우리가 인지하고자 하는 것은 '미적 대상으로서 빨강'이지 '기하학적 대상으로서 빨강'이 아니기 때문이다.

우리는 개별적인 빨강을 볼 때, 보편적인 빨강을 그 이면으로 삼아 함께 본다. 같은 방식으로 구체적인 것은 추상적인 것과 함께 있다. 형상적 본질의 직관과 감각적 대상의 직관은 전면과 이면이 교차하는 지점에서 열린다. 이 순간적인 과정은 '직관'적으로 포착할 수 없다. 궁극적 사유 역시 직관되는 것은 같은 맥락에서다.

변곡의 과정에서 직관되는 것은 형상이나 감각이 아니라 '흐름' 자체다. 이 흐름의 역동성, 긍정성을 좌우하는 것은 본질적 대상이나 개별적 대상이 아니라 공간 그 자체다. 공간의 질이 변곡의 질을 좌우한다고 할 수 있다. 과거에 변화를 이끈 것은 '전복과 억제'였다. 역사주의적 관점에 기반한 기술 방법은 대부분 한 인간의 주체성과 사회구조의 문제를 다룸에 있어 전복(subversion)과 억제(containment)의 문제를 권력의 폐쇄적 구조 속에서 단선적으로 다루었다. 이것은 신역사주의도 마찬가지다. 전통적 마르크시즘에서 한결 자유로운 영국의 문화유물론자들은 역사의 진보와 변화의 원동력을 인간의 행위력(agency)에서 찾는다.(진광현, 2002, 305). 행위력을 극대화하기 위해서 필요한 것은 전복과 억제가 아니라 '활성'과 '중성화'이다.

진복과 억제는 경계의 한정을 분명하게 해야 효과가 높다. 흐름과는 다소 거리가 있다. 명확한 구분선, 기준점이 전제되어야 하기 때문에 전복적 스타일이나 억제적 스타일이라는 말은 어색하다. 문화유물론자들이 지향하는 역사의 진보와 변화 역시 오늘의 삶에서는 하나의 선택에 불과한 것이다. 그래도 우리에게는 '탈의미화한 행위력'이 남는다. 의미화보다는 탈의미화가 더 큰 역동성을 불러일으킬 수 있다. 탈의미화는 양성이나 음성보다는 중성의 지대에서 좀 더 활발하게 이루어질 수 있다. 이러한 변곡의 과정은 사물에 대한 인식뿐만 아니라 자아에 대해서도 그대로 적용할 수 있다.

> 여기에서부터 '현실적 자아', 즉 흐르면서 끊임없이 현재에 있는 자아가 어떻게 자신을 시간화하는 가운데 자신의 지나가 버린[과거]을 통해 지속하는 것으로 구성하는가' 하는 점이 추적될 수 있을 것이다. 마찬가지로 현실적 자아, 즉 지속하는 원초적 영역에서 이미 지속하는 자아는 자신 속에 타인을 구성한다. 자신을 시간화(時間化)하는 것은 이른바 탈-현재화를 통해(회상을 통해) 나의 탈-생소화(더 높은 단계의 탈-현재화)-로서의 감정이입에서 자신의 유비를 지닌다. 그래서 다른 자아는 함께 현존하는 것으로서, 감각적 지각의 확증과는 명백히 전적으로 다른 그 명증적 확증의 방식으로 내 속에서 존재 타당성을 지닌다.
>
> — 에드문트 후설, 2016, 343

대상의 원초성, 자아의 본질성의 장소가 현재에 마련된 만큼 전통적인 학문이 지향했던 '객관'의 영역도 추상적 자리가 아닌 생활세계로 옮겨 올 필요가 있다. 후설은 전통적인 객관주의 철학의 [추정된] 학문적 성격 속에 놓여 있는 철학의 소박함을 극복하기 위한 유일하게 가능한 길을 제안한다. 그는 먼저 우리 삶의 소박함으로 정당하게 되돌아가는 것이고, 이 삶의 소박함을 극복하는 반성 속에 되돌아가는 것이라고 말한다. 이 둘을 동시에 실현하면서, 반복인 흐름 속에 놓을 수 있는 방식은 '변곡을 통한 연결이다. 후설은 이러한 "사실이 점차 밝혀지고, 결국 완전히 밝혀질 것이며, 이미 반복해 예시했던 새로운 차원에 문을 열 것이다."(에드문트 후설, 2016, 147)라고 확신한다.

우리는 끊임없이 흐르는 현재와 함께 흐른다. 한결같은 자아가 둘의 상호주관적 작용을 통해 현재의 위상을 형성한다. 원초적 영역이 감각적 대상으로 드러나는 현실의 이면에 자리하게 된다. 과거의 자아와 미래의 자아도 타인이다. 현재의 내가 타자인 나와 만나기 위해서는 서로가 서로의 이면을 이루는 것 이외에 달리 방법이 없다. 지평의 변화에서 위상으로 근원적 변화를 꾀할 때 현재는 두터워진다. 우리가 열어야 할 생소함은 새로운 차원에서가 아니라 바로 이면에서의 역동성과 다채로움의 증가를 통해 얻을 수 있다.

진동과 리비도

우주의 형성과 관련해 가장 최근에 나온 이론이 초끈이론이다. 초끈의 떨림은 한 번도 같은 패턴을 반복하지 않았다. 유형화할 수 없으니 기존의 관점에서는 '이론'이라고 하기 어려울 정도다. 우주의 모든 것들은 '초끈'으로 이루어졌지만, 저마다 다른 것은 반복이 불가능한 까닭이다.

매번 다른 모양이 가능할 정도로 떨림이라는 것은 다양한 변화를 나타내는 말이다. 하나의 사물에서도 그 떨림은 매번 다르다. 인간의 삶에서 '떨림'이라는 것은 그 강도에 따라서 생의 지침(指針)을 바꾸기도 한다. 한용운의 「님의 침묵」에 나오는 '날카로운 첫 키쓰의 추억'과 같은 떨림은 '나의 운명의 지침(指針)을 바꾸어 놓'을 수 있다. 너무 기뻐도 떨리고, 너무 슬퍼도 떨린다. 너무 무서워도 떨리고, 너무 분해도 떨린다. 떨림은 사랑과 이별 모두에서 함께 온다.

존재의 다양한 영역은 한계를 설정하는 기준이 된다. 본질과 범주에서만이 아니라 현존까지도 각기 다양하다. 거기 있다는 사실 자체가 더 중요한 어떤 떨림이 있는가이다. 있다는 것은 공허하거나 균일하지가 않다. 떨림은 다만 그것들 사이에서 서로 상이해질 수 있는 특권을 가지는 본질에 부과된다. 한 사물이 존재한다는 것이 모든 영역에서 동일한 의미를 갖는다는 것을 뜻하지는 않는다.

본질의 한계 범위 설정은 자기 영역을 확고히 하기 위한 것이 아니다. 그 경계를 걷기 위해서는 최대한 흔들려야 한다. 그래야 작두날 같은 경계에서도 미끄러지지 않고 길을 내며 나갈 수 있다. 경계의 떨림을 통해 우리는 더 다양한 현존의 방식을 확보할 수 있다. 서로 달라진다는 것은 '특권'이 된다. '진동해야 하는 현존'이 달라진다는 것, 이것은 '일'보다는 '놀이'의 특성이다. 삶이 놀이가 될 때, 예술에 한발 더 다가설 수 있다.

인간의 놀이가 예술이라는 진정한 완성을 이루게 되는 이 전환을 필자는 형성체(形成體)로의 변화라 부르고자 한다. 이 전환에 의하여 비로소 놀이는 이면성을 획득하게 되며, 따라서 그 자체로 의미되고 이해될 수 있다. 이제 비로소 놀이는 놀이하는 사람들이 놀이하고 있는 것의 순수한 현상에서 놀이의 본질을 찾을 수 있게 된다. 순수한 현상으로서의 놀이는, 예측할 수 없는 즉흥극의 의외적인 것 역시, 원칙적으로 반복 가능하며,

이 점에서 지속적인 놀이이다.

— 한스 게오르크 가다머, 2011, 204

  놀이만큼 우리에게 떨림은 주는 것도 드물다. 그러면서 놀이만큼 규칙이 정확한 것도 드물다. 아무리 사소한 아이들 놀이라도 시작하기 전에는 규칙을 정한다. 스포츠로 발전한 놀이의 규칙은 국가의 어떤 법령보다도 강력한 구속력을 지닌다. 그 경계가 확실해야 제대로 넘나들 수 있다. 역설적으로 강력한 한정성에 의해 놀이의 역동성은 배가한다.

  놀이할 때 사람들은 기존에서 벗어나게 된다. 백 번을 반복해도 놀이는 언제나 순수한 현상으로 다가온다. 원칙적 반복과 즉흥적 실행이 서로의 이면을 이루면서 언제나 새로운 스타일을 형성한다. 누구나 알고 있고, 거의 그대로 전달이 가능한 서사체에도 이중적 효과가 텍스트 내에서 일어난다. 그럼에도 불구하고 서사체의 이중성은 "피서술자는 너무나 자주 독자와 동일시되기 때문에 서술자가 있는 수행적 발화는 '타당한' 발화로 분류"(마리 맥클린, 1997, 70)된다. 서사체의 이중적 효과는 서술자 중심으로 이루어진다는 한계가 있다.

  여기에서 우리는 서사체의 타당성과 서정적인 것의 진실성에 대해 다시 생각하게 된다. 텍스트 안과 텍스트 바깥에서 일어나는 효과는 텍스트라는 경계에서 의미와 효과를 발산한다. 타당하지 않은 진실이나, 진실하지 못한 타당성은 일방적인 지향만을 가지기 쉽다. 타당한 진실이나 진실한 타당은 불가능하다는 것은 근대적 이성에 의해 이미 판명 났다. 서사와 서사의 타당성을 확보하기 위해 서정적인 것으로 변곡해 둘을 이어 주는 방법을 상상할 수 있다. 서사가 사라지고 서정이 사라지면서 흐름과 진동만이 남는 장소를 지향해 볼 필요가 있다. 이 자리에는 안팎의 이중적 효과가 텍스트에 동시에 드러날 수 있다.

외적 대상을 향하던 리비도는 현실 변혁을 꿈꾸지만 대부분 좌절한다. 그러나 그 리비도는 사라지지 않는다. 리비도가 급격하게 내부를 지향하게 되면 서사적 타당성을 잃기 쉽다. 현실적 타당성과 내면의 비타당성 사이에서 문학적 양식은 해체되기 쉽다. 1930년대 한국문학의 현실에서 특별한 글쓰기의 장을 펼친 작가가 이상이다. 그는 "외적 현실과 철저히 격리된 채 자기만의 주관적 내면성에 몰입하여 기존의 코드에 포섭하지 않는 그만의 독특한 사소설을 창작한 것으로 볼 수 있다."(이정석, 2009, 375)

외적 리비도가 내면을 향할 때, 우리는 사회적 변혁이 아니라 자신의 변혁을 꾀할 수 있다. 그러나 여기에서 끝나면 문학의 미적 효과가 독자에게까지 전해질 수 없다. 「오감도」는 그런 측면에서 보면 '독특한 사소설'에 해당한다. 뻔해 보이는 내용의 정치가 아니라 진정성을 갖춘 형식의 정치를 시적으로 밀고 간 것이다.

한 사회를 인식하는 것과 한 사람을 인식하는 것은 크게 다르지 않다. 우리가 어떤 사람을 동일한 인격으로 재인식할 때도 타당성과 진실성은 동시에 작동한다. 내가 알았던 사람과 그 사람을 자세히 알았던 다른 사람의 말 사이에는 간격이 있다. 이 최대치의 간격은 진동을 통해 동일성을 형성한다. "따라서 '저기에 서로 잘 아는 사람들의 사회단체 속에 어떤 사람이 있다'는 자명성은 선험적 문제성을 해소하는 것이 중요하다".(에드문트 후설, 2016, 338) 대상 자체가 아니라 주체와 대상 사이의 상호 작용이라는 해석의 차이가 사물(대상, 주체)의 존재 위상을 결정한다.

뒤틀림

몸을 뒤집기 위해서는 몸만큼의 여유공간이 있어야 한다. 주체와 대상이 함께 뒤집기 위해서는 주체와 대상만큼의 여유공간이 필요하다. 좀 더 역동적인 나선의 뒤집기를 연출하기 위해서는 공간이 크면 클수록 좋다. 주체의 의미공간, 객체(타자)의 의미공간이라는 이항의 의미를 엮어 제3의 의미를 만들어 내는 것은 삼항변증법의 목적이 아니다. 주체의 의미공간은 그 공간과 만나는 공간의 일렁임에서 의미를 찾는다. 마찬가지로 타자의 공간의 의미는 그 공간에 접한 공간의 '분위기'에서 비롯한다. 변곡(뒤틀림) 장소는 특별한 에너지의 응축과 벡터가 작용한다. 특별한 분위기가 연출되는 것이다.

> 새로운 공간, 지금까지와는 다른 공간, 즉 다른(사회적, 삶의 공간이며 다른 생산양식의) 공간을 생산할 수 있는 길을 제시하기 위해, 이 가설은 과학과 유토피아, 인지된 것과 체험된 것 사이의 간극을 뛰어넘으려고 한다. 이 가설은 '가능한 것-불가능한 것', '객관적인 것-주관적인 것' 사이의 변증법적인 관계로 탐색함으로써 이들 간의 대립을 극복하고자 한다.
> — 앙리 르페브르, 2011, 117

주·객의 변증법은 그 합이 대부분 '주체' 중심으로 지향한다. 아도르노의 부정변증법은 이를 뒤틀어 '객' 중심의 합을 지향한다. 제3의 변증법은 블랑쇼의 것으로 변증법의 이면을 이루는 변증법이다. 블랑쇼는 주·객의 합 자리에 '사라짐', '무(無)'를 놓는다.

건축물과 마찬가지로 우리의 몸은 공간으로부터 공간을 분리해 '나의 공간'을 만든다. 건축물은 그 공간에 물질적인 것들을 배치한다. 우리의 몸도 마찬가지다. 여기에 더해 우리의 몸이 품은 공간에는 다양한 이야기들, 이미지들이 자리하게 된다. 물리적인 몸은 건축물과 마찬가지로 '바깥 몸의 균형과 대칭, 오장육부의 조화와 비대칭, 바깥 몸과 안 몸의 상호작용' 등 천문(오운)과 지리(육기)의 상충(상극)·상보

(상생) 등 공간적 특성을 고스란히 재현한다.

우리 몸은 기관으로 이루어져 있지만 기관의 양적인 합 이상의 에너지와 의미를 발산한다는 점에서 이중적인 기계라고 할 수 있다. 각 기관(장기)은 각자 특별한 역할을 맡고 있다. 그러나 그 기관들의 고유의 역할은 전체를 이루는 데 있어서 매우 미미하다는 것이다. 대부분의 기관들은 다른 기관과 기관을 연결하는 역할을 담당한다. 고유성보다는 연결성이 더 큰 의미를 갖는다. 땅의 기운을 음식을 통해 얻는다. 또한 호흡한 공기에서 산소와 분위기를 섭취해 신진대사를 통해 작동한다. 이 둘은 '피의 흐름', '경락'을 통해 온몸을 하나의 장소로 만든다. 몸은 크게 삼중적으로 작동한다고 볼 수 있다.

몸의 에너지, 마음의 에너지, 육체의 에너지, 정신의 에너지라는 말을 쓸 수 있다. 에너지는 감각할 수 없지만 그 물질성을 의심하지는 않는다. 에너지가 곧 행위, 작동, 작용이라는 것은 누구나 직관할 수 있다. 사랑만큼 강렬한 에너지도 없다. 그러나 사랑의 물질성은 대부분 수긍하지 않는다.

우리 몸에서 에너지를 최대로 소비하는 장소는 '뇌'다. 그래서 반드시 필요한 일이 아니면 뇌는 일하지 않는다. 일상에서 중요한 것들은 뇌가 아니라 몸에 새겨 넣어야 한다. 태도의 '비의식성'은 손이 움직이는 대로 몸을 생산하는 에너지, 에너지를 생산하는 몸이 변곡함으로써 장소를 형성한다. 생산하는 몸, 생산되는 몸 사이의 변곡 지점에 대한 관찰, 통찰, 성찰을 통해 동시적 해석이 가능해야 한다. 몸의 정체성은 움직임이라는 아포리즘을 통해 언어로 표현된다. 그 정체성은 지향에서 나아가 흐름을 형성할 수 있어야 한다.

공간에서 집요함은 멈춰선 집중에서 발현되지 않는다. 이데올로기가 이중(불투명성, 투명성)을 넘어 삼중이 될 때, 이데올로기조차도 위상성(불투명성, 투명성, 반투명성)을 획득할 수 있다. 둘이 셋이 되는 순간, 변곡은 훨씬 복잡한 방향 전환이나 대체를 야기한다. 이 과정은 개인의 내면공간뿐만 아니라 사회적 공간도 '의도적인 의미작용, 일련의 코드 또는 코드의 중첩, 형태의 내포' 등 흐름으로 설명될 수 있다. "변증법적 움직임은 서로 맞물려 있는 분류와 코드화, 논리적 함의들을 상위 분류화, 상위 코드화한다. 여기서 문제 되는 것은 '무매개성-매개'와 (또는) 절대적인 것 - 상대적인 것 사이의 움직임이다."(앙리 르페브르, 2011, 345) 움직임을 강조하고 있지만 이 견해는 여전히 이항의 작용을 전제로 하고 있다는 것은 한계로 지적할 수 있다.

충분하게 자기 공간을 확보할 수 있다면 우리는 얼마든지 자아를 생산(창조)해 낼 수 있다. 시간의 재현이나 공간의 재생산도 가능하다. 우리의 정체성은 자기들을 노드로 삼아 무수하게 자기 자신의 그물망을 짜고 의미를 담고 의미를 건져 올리는 것이다. 위상학적 변증법을 작동시키면 무한에 가까운 자기(인간), 시간, 공간의 생산·창조·재생산이 가능하다. 총체적 공간의 가능성과 불가능성을 동시에 개시할 수도 있다. 그러면 우리는 죽음과 삶을 동시에 관찰할 수도 있게 되는 것이다.

> 총체적 공간은 변증법적 움직임에서 비롯된다. 이러한 움직임은 이항 대립, 대조와 보완, 신기루효과와 복제처럼 총체적 공간을 결속하며 그 공간에 동화된 요소들만으로 축소될 수 없다. 이 요소들은 필요하기는 하지만 그것들만으로는 충분하지 않다. 총체적 공간은 3분법적 갈등과 합병의 관계에 따라 움직인다.
>
> — 앙리 르페브르, 2011, 337

르페브르는 사회적 제도에서 3분법적 갈등에 주목하고 있다. 그는 "자본주의는 프롤레타리아와 부르주아계급, 임금과 이윤, 생산적 노동과 기생 상태 등의 이항 대립에 의해 분석되거나 설명하지 않는다."고 말한다. 그는 토지(지대), 노동(임금), 금융(이윤)의 세 가지 관계가 총체적 통합을 이룸으로써 잉여가치를 창출한다고 말한다. 자본주의 사회의 공간은 잉여가치 창출에 최적화를 지향한다. 이러한 자본주의적 지향 역시 여러 가지 지향 중의 하나가 되도록 지향의 위상성을 강화하는 것이 인문학의 목표가 되어야 한다.

세 가지 요소들은 자본주의에서만 그러했던 것은 아니다. 생활세계 전반 즉 문화를 배태하고 생산하는 삶은 거의 모두 세 가지 요소로, 세 가지 관계를 이루고 있다. 이항 대립으로 이런 생활세계를 파악할 수 없다. 이항 대립은 그래서 철저히 언어에 갇혀 있을 수밖에, 스스로를 언어에 영어(囹圄)할 수밖에 없는 것이다.

팔딱임

'어디로 튈지 모른다.' 이것은 양자세계에 맞는 말이고, 가상세계에도 어울린다. 이러한 진동이 문화적 사건으로 목격되면서 한 시대를 이룬 것이 바로크다. 벤야민은 바로크를 진동과 알레고리로 읽어 내고 있다.

> 알레고리는 여타의 표현형식들도 그렇듯이 '노화'됨으로써 의미를 잃어버린 것이 결코 아니었다. 오히려 여기서는 흔히 그렇듯이 예전의 의미와 새로운 의미 사이의 대립이 작용하고 있으며, 이러한 대립은 무개념적이면서 깊고 격렬했기에 그만큼 더 은밀하게 벌어진 경향이 있었다.
> — 발터 벤야민, 2009, 239

진동은 진자적으로 일정한 반복을 통해 이루어지 않는다. 바로크의 사고는 물질계의 내재적 표면은 꾸준한 운동 상태에 있으면서, 지속적인 비평형 상태에 있다고 본다. 바로크시대의 진동은 축대칭적 엄격성을 강조하는 고전적인 사고모델과 합리성의 모델의 충돌을 통해 하나의 에너지원을 생산한다. 17세기의 거울 대칭에서의 이탈은 여러 시각에서 결정적인 체험이었다. 절대 중심점을 축으로 감행한 회전은 자신도 주체할 수 없는 회오리가 되고, 그 안으로 빠져든다. 기술이 불가능한 비평형을 보여 주었다.(카린 레온 하르트, 2010, 191)

비대칭을 유발하는 회전의 방향은 '전자'처럼 종잡을 수 없을 때, 한 차례도 반복할 수 없는, 닮은꼴의 비평형적 진동을 지속할 수 있다. 평형 불가능성이 곧 역동성의 원천이다. 이러한 종잡을 수 없는 예측 불가능함은 사방팔방으로 소통의 품을 열어 놓게 된다. 하이데거의 '사방의 말 걸어옴'이 가능해진다.

예술과 건축은 또 다른 성질의 공간을 건설한다. 이를 통해 변화와 단절을 용인한다. 새로운 장소의 건립을 조건화하는 것은 특별한 주체가 아니다. 변화와 단절을 통해 새롭게 만들어진 경계의 장소가 새로운 움직임의 동인이다. "하이데거는 '토대 없는 심연'이라는 개념을 다양한 방식으로 사용해 다음과 같이 지적한다. 존재에서 일어나는 단절들이 유래하는 것 자체가 토대의 특징을 갖는 것이 아니다. 따라서 그것은 새로운 장소 진술을 통해 답할 수 있는 성질의 것이 아니다."(카트린 부슈, 2010, 164)

진동 속에서는 심연 자체가 토대가 되고 첨단이 된다. 알 수 없는 깊이의 심연으로 퍼져 내리는 힘으로 현실의 언어, 상징과 알레고리의 언어를 뚫으면서 밟고 도약해 실재의 주이상스로 통하는 첨단으로 솟는다. 그 과정에서 '사방팔방의 말 걸어옴'에 대해 능동적으로 소통하기 위해서는 회전운동만으로는 부족하다. 뫼비우스의 띠와 같은 사방팔방으로의 움직임이 가능한 스타일이 요구된다. 그것은 방향과 지향을 종잡을 수 없는 양자적 역동성을 가져야 실현 가능성을 조금이라도 높일 수 있다.

> 인간이 이리저리 돌아다닐 때의 활동의 창이면서도, 크기 때문에 전체가 인간의 눈에 들어오지 않는 물체가 과연 어떤 종류인지 규정할 수 있다고 할 때, 인간이 수행하는 이러한 규정은 일종의 위상학적 작인에 해당한다. 누군가 기차를 타고 갈 때, 이 기차가 구 위를 운행하는지 아니면 거대한 뫼비우스의 띠 위를 운행하는지를 어떻게 알 수 있는 것일까? 띠가 구와 차이가 나게 하는 속성이 있다면, 그것은 띠의 비정향성이다.
> — 페터 보른 슐레겔, 2010, 220

변곡을 통해 획득한 비정향성은 변화와 역동성을 동시에 획득할 수 있다. 이것은 하나의 움직임 속에서 이루어지는 까닭에 변화 없이 무한의 변화를 경험할 수 있다. 구체 위에서 달리는 기차는 선로를 따라서 달린다. 레일을 따라 한 방향으로 달린다. 뫼비우스의 띠 위에서 기차는 한 방향으로 나아가는 것이 다른 면으로 나아갈 수 있는 변곡 지점을 지난다. 앞으로 나아가는 것과 회전운동이 구분되지 않는다. 이와 같은 움직임으로 품게 되는 공간은 유클리드기하학을 넘어선다. 비유클리드기하학의 속성은 말랑말랑함, 꿀렁꿀렁함이다.

장소들을 통해 조직화되는 공간은 역사적 격변에 내던져져 있다. 하이데거는 역사적 사건은 공간부여의 발현 사건으로 생각해야 한다고 말한다. 공간 및 공간배열이 역사성을 획득하게 된다. 이것이 장소다. 하이데거는 아리스토텔레스를 참조하면서 '공간'과 '장소'의 구분을 명확하게 한다.(카트린 부슈, 2010, 163) 공간의 한계는 지속적으로 연기된다. 장소는 전자처럼 요청된다. 경계는 장소가 남기는 흔적의 퍼짐(선율)에 따라서 반복적으로 변한다. 팔딱이는 장소들에 의해서 움직이는 공간의 공간을 창조할 수 있는 모빌리티가 뫼비우스의 띠에서 실현된다.

'역'들

력(曆)을 엮는 기본단위로는 낮밤인 1태양일, 달의 위상(位相) 변화인 1삭망월, 계절의 변화인 1회귀년이 있다.(한국민족문화백과) 시간을 재는 것은 생활세계를 영위하는 데 필수적이다. 물에 의탁한 삶은 달의 위상 변화에 주목해 조수 간만을 읽을 수 있어야 한다. 농사를 짓는 사람은 달이 아니라 해를 잘 관찰해야 한다. 태음력을 쓰던 우리 민족도 농사를 지을 때는 태양력에 해당하는 24절기를 따랐다.

물론 24절기가 태양력과 일치한다고 할 수는 없다. 24절기는 태양의 움직임에 초점을 맞추지만 단순한 기계적, 정량적 시간이 아니라 음(陰)(흐름)의 '승강(昇降)'에 따른다. 절기는 음양(陰陽) 곧 해와 달이 이루는 조화를 관찰하는 동양의 독특한 역(曆)이라고 할 수 있다.

고유한 역법(曆法)을 갖는다는 것은 하나의 문명이 성립할 수 있는 토대가 마련되었다는 것을 것을 의미한다. 중국의 문명(음력), 아라비아 문명(양력)은 고유의 역법을 사용해 왔다. 이 둘은 동양의 문명과 서양의 문명의 바탕을 이루었다. 그런데 중국의 역법은 내륙 중심이었던 까닭에 음력이었음에도 불구하고 사리·조금의 때가 정확하지 않았다.

세계에서 세 번째의 역법이 출현한 것은 15세기에 들어서였다. 1403년 6월 세종은 한양의 위도를 묻는다. 승문원에서 외교문서 관리 업무를 보고 있던 말단의 이순지가 홀로 답했다. "한양의 위도는 38°강(强)이옵니다." 세종은 그에게 천문역법의 책임을 맡겼다. 이순지는 그의 나이 29세에 '역법(曆法) 프로젝트'에 돌입했다.

이순지는 해와 달은 물론 행성의 위치를 정확하게 계산하고 일식과 월식이 언제 일어날 수 있는지를 예측할 수 있는 '칠정산내외편(七政算內外編)'이라는 이론을 정립하였다. 칠정산(七政算)은 7개 움직이는 별을 계산한다는 뜻이다. 우리가 보고 있는 별은 99.99%는 항성이다. 이 항성은 천경의 좌표가 된다. 해가 어느 별자리에서 떠서 지는지, 달은 그리고 수금화목토(水金火木土)성이 어느 별자리에 있는지를 가늠한다. 그러니까 우리가 주목하는 것은 그 전체 밤하늘을 수놓은 별이 아니라 그 좌표를 움직이는 해·달, 5행성의 운행(運行), 색의 변화(대기의 움직임, 떨림, 진동)이다. 이순지는 한양의 하늘을 기준으로 관찰한 자료를 바탕으로 시간만이 아니라, 그 시간을 바탕으로 한 공간의 '변화무쌍'을 읽어낼 수 있는 역법을 만들어낸 것이다.

역운(歷運)은 운명적으로 주어지는 역사의 줄임말로 쓴다. 운명적 역사라는 것은 '해달별'의 운행과 크게 다르지 않다. 『이솝우화』의 여우처럼 모든 것이 과학 위주로 차려진 구도에서 음양오행에 기초한 동양사상은 근거없는 사변으로 묘사될 수밖에 없는 처지이다. 동양사상의 정수를 담고 있는 『중용』은 역사적으로 이미 그 진리성이 검증된 경전인 반면 생명과학의 명제는 그렇지 못하다고, 반론을 펼 것이다. 이러한 반론은 생명과학의 그것과 동등한 영향력을 행사하지 못한다. 하이데거는 이 시대의 역운이 이미 과학을 중심으로 방향 잡혀 있다고 1950년대에 진단했다.(이승종, 2010, 296)

'역운(歷運)'이라는 말에는 '운수'라는 말이 들어있다. '운수(運數)'는 천운(天運)과 기수(氣數)가 합쳐진 말이다. 인간의 의지, 의도를 넘어선 '운명'에 가까운 것이다. 그러나 이 '운(運)'은 초월적인 것은 아니다. 자전·공전, 일월(日月) 오행성의 '운행'은 인간이 어찌할 수 없는 것이지, 없는 것은 아니다. 보이는 것에서 오는 것이기 때문에 이 운명은 예측가능한 것이다. 그러니까 과학이 주도하는 현실만이 전부(전체)가 아니다. 과학적인 것은 사실에 가까운 것일지 모르지만 그 사실이 진실을 반영하고 있다고 단언할 수 없다. 어쩌다 '과학'이지, 예외없이 '과학'은 아니라는 말이다. 틀림없는 과학, 오직 과학을 주창한 것은 100여 년에 불과하다. 그런데도 기술지상주의의 '만연'은 현실이 되었다.

인간의 천성은 하늘로부터(해와 달, 5행성의 운행) 부여 받은 것이라는 믿음은 생명과학의 유전자에 대한 믿음보다 수천 년도 더 오래된 것이다. 그것은 잘못 알고 있었던 것이 아니라 달리 알고 있었던 것이다. 생명과학의 유전자는 또 그와는 달리 알게 된 '과학적이라고 하는' 하나의 사실, 주장일 뿐이다.

역학적 관점에서 보면 생명체는 여러 가지 다양한 수단을 동원해 에너지를 포획하는 장치다. 생명체는 숨을 쉬고 음식을 섭취해 에너지를 빨아들인다. 생명체는 사용 가능한 에너지를 초과해 보유하고 이를 유지한다. 수사자처럼 공격에 대비하기 위해서 필요한 양보다 많은 에너지를 보유하고 있다. 그렇기 때문에 생명체는 주도적인 입장을 취할 수 있다. 이 초과분의 에너지, 잉여 에너지로 우리는 삶과 본능적 생존을 구분할 수 있다. 포획된 에너지는 무한히 저장되거나, 언제까지고 축적된 상태로 유지할 수는 없다. 에너지를 오랫동안 과도하게 보유하면 부패하게 된다. 에너지는 본질적으로 소모된다. 소모되기는 하지만 생산적으로 소모된다.(앙리 르페브르, 273)

서양의 역학은 역학(力學)이다. '벡터'는 있으나 진동, 흔들림은 감안하지 않는다. 서양의 역학은 '유클리드기하학'에 바탕을 둔다. 예외는 고려, 배려하지 않고 배제하는 형태다. 개인의 최대치의 자유 실현을 위해, 공동체를 단일화하는 방향으로 역사의 키를 잡았다. 서양이 종교나 이념, 이데올로기의 '전체화'를 끊임없이 시도했던 것은 같은 맥락에서다.

한편 동양의 역학은 '역(易)'학이다. 역(易)은 바꾸다, 변화하다는 의미다. 서양의 변증법은 정반합이라는 선조성을 지닌다. 동양의 변증법은 궁리(窮理)를 속성으로 한다. 궁(窮) 즉 변(變), 변(變) 즉 통(通)이다. '통하다'는 것은 반복과 차이, 자율성과 유일성에 대한 권리를 동시에 보장한다.

척도

시간에 대한 태도는 동양과 서양이 극명하게 갈린다. 선적 시간에 바탕을 둔 서양에서는 시간의 전후를 매우 미세하게 구분한다. 우리에게는 '잠깐'이라는 말이 영어권에서는 'Just moment', 'Just second', 'Just minute' 등으로 세분화된다. 문장 시제의 복잡성은 동양사람들의 영작문을 가로막는 대표적인 장애 중 하나다.

순환적·원환적 시간관을 바탕으로 한 동양의 사유는 공간에 대한 인식도 이와 크게 다르지 않다. 서양의 척도는 표준적인 것을 사용한다. 물론 1자, 1척 등 공동체의 공통표준이 마련되어 있었다. 그보다 작은 '촌(寸)'은 '치'라고도 하는데, 손가락 하나 굵기의 폭을 가리킨다. '손가락'은 사람마다 다르다. 이것은 몸을 치유하는 혈을 찾을 때 주로 사용된다. 엄지손톱 아래 가장 두툼한 자리의 폭을 1촌으로 삼는다. 이 척도는 자신의 몸에만 정확하게 적용된다. 검지와 중지를 모아서 잰 길이가 1.5촌, 검지·중지·약지를 모아 재면 2촌이 된다.

서구의 전통에서 운동은 정확한 수식으로 표현한다. 그러나 동양의 경우는 그렇지 않다. 척도가 제각각이기 때문에 운동성 역시 계량화시킬 수 없다.

'운동성'은 레빈이 이러한 방향에서의 값의 변화율을 지칭히기 위해 사용한 개념이다. 그러한 방향은 아무 조건 없이 되돌려지진 않는다. 왜냐하면 생활공간은 한 번 운동이 일어난 후에는 이미 변화를 겪기 때문이다.

가령 레빈은 운동성을 비가역적인 성질을 갖는 생활공간 '통과하기'로 간주한 바 있다.

— 헬무트 E. 뤽, 2010, 336~7

하나의 공간에는 다양한 운동성들이 작용한다. 운동성에 따라 장소 역시 다채로워진다. 이러한 운동성들의 무한에 가까운 반복과 차이에 의해 장소는 한 차례도 반복하지 않는다. 사물은 흔들림을 통해 장소에 최적화된다. 복합체로서 사물은 단순하게 연관되기도 하고 복잡하게 연관되기도 한다. 단순하게 연관된 면은 임의의 방식으로 폐쇄된 선을 통해 구성될 수 있다. 이 선이 형성하는 순환 주기가 계속 수축되어 하나의 점으로 사라지게 할 수 있다.(마리 루이제 호이저, 2010, 255)

지속적인 형태 변화에서 점은 순환을 통해 선을 이루고 선은 다시 순환을 통해 면으로 기술된다. 이러한 단순한 형태 변화부터 복잡한 변화까지 지속적으로 추적하고 재구성하는 것이 현상학의 역할이다. 현상학적 경험이 다채롭게 엮일 때, 복잡한 연관 복합체로 발전할 수 있다. 영차원의 점은 이동을 통해 선을 창출한다. 선은 공간이동을 통해 면이 되고, 면은 회전을 통해 입체가 된다. 이 입체의 변화무쌍한 움직임으로 창출하는 공간은 다채로운 4차원의 세계로 펼쳐진다.

공간적 복합체의 연관성은 평면상에 혹은 입체로는 제대로 담아낼 수도, 표현할 수도 없다. 시·공의 복합에 의해서 장소는 열린다. 그리고 이 장소는 정체되지 않고 흐른다. 따라서 기존의 좌표로 위치를 묘사하는 것은 불가능하며 큰 의미를 찾기 힘들다.

위치 분석이라는 명칭은 고트프리트 W. 라이프니츠가 17세기에 처음 사용했고 위상학이라는 용어는 요한 B. 리스팅이 19세기에 사용했다. 라

> 이프니츠는 자신이 고안한 공간의 순수한 위치관계를 연구하는 새로운 수학을 지칭하기 위해 위치 분석이라는 표현 외에도, 위치 기하학, 위치 계산, 새로운 속성 혹은 분석 기능학 등의 표현을 사용했다.
>
> — 마리 루이제 호이저, 2010, 243~4

서양의 물리학은 힘의 학문(力學)이라고 해도 과언이 아니다. 뉴턴의 역학, 아인슈타인의 상대성이론, 열역학 그리고 양자역학까지 모두 이에 해당한다. 텍스트의 역학이라는 말도 흔히 사용한다. 라이프니츠는 '역(力)학' 일변도의 자연과학에 변화를 시도하고자 한 것으로 보인다. 다양한 이름을 달고 있는 라이프니츠의 '위치 분석'이라는 말에 가장 적합한 것도 '역학'이다. 이 역학은 동양의 역학으로 변화의 학문이라고 할 수 있는 '역학(易學)'이다. 힘의 학문에서 변이(변화, 전환, 전이)의 학문으로의 전회를 라이프니츠는 시도했다고 볼 수 있다.

무조리(無條理)

우리는 삶이 안정되기를 바란다. 그러면서 동시에 따분하지 않기를 바란다. 형식의 안정성과 내용의 역동성을 동시에 바란다. 그 역도 성립한다. 형식과 내용의 구분이 어느 정도 가능하다면 삶은 좀 더 명석판명한 지향을 할 수 있어야 한다. 삶은 김수영이 추구한 시와 마찬가지로 형식과 내용의 구분이 불가능하다. 그것은 '온몸의 이행'이어야 한다. 삶의 장소는 움직임 그 자체로 열리고 닫힌다. 온몸의 이행으로서의 움직임은 항상성과 가변성을 이면으로 삼아 삶의 에너지를 발산한다.

"시 텍스트는, 마치 아름다운 여인의 눈처럼 시인이 자기 자신의 완벽한 이미지를 찾아내는 거울이며, 무한한 것과의 융합을 허용하는 매개적인 실제 예다."(마리 맥클린, 1997, 131) 사랑의 불가능성은 시인을 환멸로 가득 채운다. 텍스트는 완성을 지향하기보다는 매개를 자처할 때, 새로운 이행의 통로를 열 수 있다. 완벽한 자기 이미지라는 항상성은 단지 단일성이 유지될 때만 가능하지만, 영원한 불가능성일 때만 제대로 효과를 발휘하는 아포리즘이 작동한다.

우리의 삶은 단 한 차례도 완전한 단일성을 획득할 수 없다. 안정적 환경 속에서 욕망하는 약동하는 삶, 불안정한 환경에서 갈구하는 삶의 안정성, 우리의 욕망은 진동하고, 삶은 흔들린다. 이 진동은 예측할 수 없지만 그 지평과 위상은 일종의 플롯을 형성하기 때문에 '기억/기대'를 동시에 실행하여 현전화한다.

우리의 삶은 완전한 최초도 불가능하다. 본능에 얽매여 있지 않으면서도 엄청나게 충동적인 존재라는 양면성을 지니고 있다. 우리는 과학기술을 바탕으로 한 문화적인 환경세계로부터 해방되어 있다. 그러면서 그 해방은 생활세계라는 한정을 인정할 때만 가능하다. 세계를 향해 열려 있는 존재는 자신의 현실적 존재를 안정화하는 삶을 동시에 지향한다.

이것이 어떻게 가능한가는 생활세계를 바탕으로 하지만 구체적으로 밝혀 보는 것은 쉽지 않다. 타고날 때부터 불안정하고 조형적이며 또 가변적이기도 한 영역이 인간의 삶 전반에 확산되어 있다. 그러므로 무한히 풍부한 형성능력의 가능성을 가진 이러한 영역에서 안정된 통일성을 확립하는 것이 가장 중요한 문제로 대두한다.(박만준, 2000, 102)

환경세계에 대한 지식은 기하급수로 늘었다. 그 지식은 환경문제의 증가와 궤를 같이하면서 증가했다. 그러나 이러한 사실적 인식만으로는 환경세계의 변화에 능동적 변용에 거의 개입하지 못한다는 것이 생활세계를 사는 우리의 현실적 한계이다. 우리의 본능은 최소한의 소모를 통해 생존을 유지하는 데 맞춰져 있다. 우리의 외연을 이루는 생활세계에 대해 인간은 매우 수동적이다. 그런데 내면을 지향하는 문화적 충동은 과잉을 양산한다. 과잉은 새로운 과잉을 낳는다. 이러한 과잉은 불안정성을 증가시킨다. 과잉의 욕망은 다양한 위상성을 위한 동력으로 활용할 필요가 있다. 새로운 장소감이 필요한 지점이다.

일상에서 시간은 공간과 전혀 다른 것처럼 느껴진다. 그러나 우주적인 공간이나 양자적인 공간에서는 시간과 공간은 분리되지 않는다. 나무에 새겨진 나이테는 그 이름과 다르게 나무의 정확한 나이를 알려주는 것이 아니다. 나이테는 일정한 패턴을 이루지 않는다. 일 년 동안 계절의 변화와 대기의 상태 등 공간적인 상황을 나타낸다. 같은 무늬지만 조개의 나선은 조금 다르다고 르페브르는 말한다.

> 조개의 나선도, 공간 안에서 '놀라울 정도로' 구체적으로, 복잡한 수학적 연산만이 추상적인 언어로 '번역할 수 있는' 법칙에 따라, 조개의 나이를 알려 준다. 시간은 필연적으로 지역적이다. 이는 장소와 그 장소가 갖는 시간 사이의 관계를 내포한다. 분석에 의해서 오로지 '시간성'에만 부여되는 현상들, 이를테면 성장이나 성숙, 노화 등도 사실 하나의 추상인 '공간성'으로부터 분리되지 않는다.
>
> — 앙리 르페브르, 2011, 271

공간과 시간은 서로 다르지만 분리 불가능한 것으로 나타난다. 시간에 있어서 순환은 대칭이나 순환이 아니라 나선을 형성한다. 시간의 순환은 공간의 순환과 이면을 형성하면서 입체적으로 확장한다. 흐름을 생성하는 장소는 시간과 공간의 뫼비우스 띠로 개시한다. 시간의 지역성 – 지역적 보편성, 공간의 보편성 – 보편의 지역성이라는 아포리즘으로 흐름을 만들어 낼 수 있다.

공간의 무한함과 시간의 유한함 혹은 시간의 무한함과 공간의 유한함이 장소의 위상과 지평을 개시한다. 르페브르는 이렇게 묻는다. "무한함은 유한함에 대한, 유한함은 무한함에 대한 환상은 아닐까? 신기루현상은 아닐까? 반사 혹은 굴절은 아닐까? 각 부분의 내부 또는 외부가 아닐까?"(앙리 르페브르, 2011, 278) 르페브르는 시간은 그 자체로 부조리이고 공간도 부조리라고 말한다.

상대적인 것과 절대적인 것은 서로가 서로를 마주 보고 반사하지 않는다. "이 두 가지는 시간과 공간처럼 끊임없이 서로에게 상대방을 보낸다. 이 두 가지는 반사와 굴절이라는 하나의 법칙과 하나의 현실을 공유하는 이중적인 표면이며 이중적인 외양이다. 비록 미미할지는 모르겠으나, 각각의 차이에 부여된 최대한의 차이다."(앙리 르페브르, 2011, 278) 공간의 부조리와 시간의 부조리가 반사하면서 굴절할 때 발생하는 것이 '무조리'다. 미미하고 거대한 차이, 안팎의 차이는 곧 연결되기 위한 차이의 흐름 속에서 '시간과 공간'은 구분 없이 연결된다.

신과 짐승 사이

동양적 사유에서 인간은 자신의 삶이 신을 반영하고, 재현하고, 끝내는 신이 되기를 바란다. 신(神)은 현실은 물론 실제와 실재 모두를 초월한 무(無), 비(非)시공의 존재다. 무(無)시공, 비(非)시공의 자리가 사라지고 보니 이제는 감히 인간이 신에서 비롯한 것이 아니라 신이 인간에게서 비롯한 것이라고 판단하기에 이르렀다. 인간의 생활에 맞춰 공간은 구성되었으나, 그 공간에 맞춰 인간의 삶은 이루어진다. 이때의 공간은 문화와 다르지 않은 말이다. 인간은 문화를 만들고 그 문화가 인간을 만든다는 전언에 이견을 제시하는 이는 드물 것이다.

인간을 입체화하고 종합적으로 태어나게 하는 것은 실천공간, 공간

실천이다. 공간적 실천은 몸의 이용, 즉 손을 비롯한 사지, 감각기관의 사용, 노동을 위한 몸짓, 여타 활동을 위한 몸짓 등이 몸의 이용에 해당한다. 몸은 외부세계를 지각하는 데 필요한 실천적인 토대이다. 몸에서 재현되는 공간은 이데올로기와 혼합되어 보급되는 학문적인 지식으로, 해부학적인 것, 심리학적인 것, 질병과 치료, 인간의 몸과 자연의 관계, 주변과 중심 등을 확장·심화한다. 신체적으로 체험된 것은 상징주의의 전통 속에서 높은 수준의 복잡성과 기묘함에 도달했다.(앙리 르페브르, 2011, 89) 상징의 비매개성이라는 환상은 문화 확장의 동력으로 근대기 내내 작동했다.

몸으로 말하는 것은 몸의 실천과 실천의 몸을 동시에 반영한다. 공간적 실천(몸짓에서 비롯), 실천적 공간(몸짓으로 이끌어 내는) 인간의 공간인 주거 형태와 몸 사이로 이마고문디와 플롯을 변곡시켜 이어 주는 역할을 한다. 부분으로 구현된 전체, 전체로 실천한 부분의 뫼비우스의 띠와 같은 만남, 온전히 따로이면서 온전히 하나인 특별한 반입체를 구현해 낸다.

총체적 존재 일반은 통일적인 합리적 체계라고 데카르트는 확신했다. 유클리드기하학의 가능성을 믿어 의심치 않았을 때, 물리학만이 참으로 완전한 세계의 체계를 해명하고 구면할 수 있을 것으로 믿었다. 그래서 물리학은 물리학자들에게 떠맡길 수 없었다. 이것은 우리의 내면세계를 전적으로 심리학 전문가들의 결정에 떠맡길 수 없는 것과 마찬가지다. "합리적인 총체적 체계의 통일 속에 어쨌든 절대적 실체로서의 신(神) 역시 이론적 주제로서 반드시 그것에 속해 있다."(에드문트 후설, 2016, 154)

총체적 존재 일반으로서 처음부터 자명한 사실은 우주적인 것도 아니고 섭리도 아니다. '섭리' 앞에 붙었을 때 가장 자연스러운 관형어는 '신(神)의'일 것이다. 원초적인 것, 시원적인 것은 오늘 지금 여기를 사는 우리의 삶에 직접적으로 작용하고 있지 않다. 현재의 시원과 원천은 생활세계 그리고 주체의 '몸'이다. 합리적 총체성의 핵심이 자리하고 있는 것이 바로 생활세계이고 몸이다. 이론적 주제로서 신적인 것 역시 이 총체성 속에 포함되어 있다는 것이 후설의 견해다. 총체성은 양적 규모로는 구분이 불가능하다. 총체성은 구조화보다는 변증법화를 지향한다고 르페브르는 말한다.

> 피카소는 구조화보다 훨씬 더 나아가서 색채와 리듬, 원경 등보다 선과 면으로 얻어지는 대립을 극단으로 밀고 나감으로써 화면을 '변증법화'했다. 피카소는 화폭의 표면만을 분할한 것이 아니었다. 그는 대상까지도 분해함으로써 3차원(깊이)으로 그려진 화면으로 환원하는 동시에, 다양한 관점에서 본 사물을 동시에 보여 줌(분석적 큐비즘)으로써 3차원을 복귀시켰다. 이는 지시대상(유클리드공간, 원근과 지평선 등)의 객관화된 종말이며, 동질적인 동시에 깨어진 공간, 구조를 통해서 끌어 잡아당기는 공간, 대립(패러다임)에서 출발하되 화폭을 부수는 데까지 나아가지는 않으며 서서히 윤곽을 잡아가는 변증법화를 대체하는 사물의 절대적인 시각화를 동시에 보여 준다고 할 수 있다.
>
> — 앙리 르페브르, 2011, 436

절대적 시각화를 이루기 위해서 우리는 3차원 공간 사물을 관찰한다. 그러기 위해서는 '한 초점 (두 눈)외눈박이'에서 벗어날 필요가 있다. 다초점, 겹눈, 시선의 중층성으로 확장할 때 우리는 사물의 전면과 이면을 함께 보고, 그려 낼 수 있다.

영화 〈매트릭스〉의 네오는 겹눈의 돌연변이에 해당한다. 〈매트릭스〉의 가상현실은 실제세계를 닮은 것이다. 시스템은 완전하지 않다. 네오나 모피어스와 같은 돌연변이가 발생한다. 데카르트도 형이상학이나, 신처럼 완벽한 존재를 물질과는 완전히 분리된 정신영역에서 상상했다. 매트릭스 설계자인 아키텍트는 인간의 능력을 모사해서 가상현실을 만들었다. 네오나 모피어스와 같은 돌연변이의 출몰로 인해 시스템 보완의 필요성이 제기된다. 매트릭스의 다음 버전은 완벽한 매트릭스, 즉 프로그램의 패턴에 따라 움직이면서도 인간의 우연성, 순발력, 정신까지도 시뮬레이션하고 제어하는 시스템을 지향할 것이다.(서요성, 2009, 329)

이번의 생을 기억하면서 다음 생을 살 수 있다면 그것은 좋은 것일까. 만일 가능하다면 정말 최선을 다해서 '생활세계'를 만들어 가야 하지 않겠는가? 우리 시대를 산 돌연변이들, 후설이나 비트겐슈타인, 바슐라르, 모리스 블랑쇼는 다음 생에서 자신을 기억하고 싶을지도 모른다. 그것은 자신들이 도달한 지점에서 출발하고 싶은 욕망이 클 것이 분명하기 때문이다. 예수나, 부처, 알라 같은 사람들도 있다. 그들은 '신이 된' 인간들이다. 그들은 자신들이 신이 되었다는 것을 지금 알고 있는 것일까? 그들이 네오나 모피어스는 아니었을까?

5. 플롯

벡터

절대적인 '무(無)'로서의 공간은 존재하지 않는다. 이 공간은 상상하는 것도 거의 불가능하다. 우주의 공간은 빅뱅을 위해 미리 준비되어 있던 공간이 아니다. 그런 공간은 없다. 우주는 공간과 일치한다. 빅뱅이라는 움직임에 의해 양의 물질이 만들어지면서 음(陰)물질로서 우주 공간이 생성되는 것이다.

양자의 세계에도 절대 무에 가까운 공간이 있다. 핵을 중심에 두고 예측 불가능한 방향으로 언제나 처음인 길을 따라 움직이는 전자와 핵 사이에 공간이 있다. 이것은 전자의 움직임에 의해서 비로소 관계되는 공간이다. 어떤 움직임에 의해 열린다는 점에서, 무에 가까운 공간이라기보다는 이미 의미에 노출된 장소적 공간이라고 해도 무방하다. 공간은 이미 '사이공간', '움직임의 공간'이라고 할 수 있다.

데카르트적 절대공간에서는 사람이나 사물이 고정된 좌표를 따라 움직인다. 이와 달리 베르그송의 공간은 시간개념과 같이 움직이는 위치나 관계에 의해 가변적이면서 유동적으로 생성되는(becoming) 장소이다. 장소는 상대적이며 관계적인 공간의 특성을 갖는다.(조명래, 2015, 10)

사이를 여는 움직임은 흐름 진동을 원동력으로 삼는다. 열린 공간에서 새롭게 공간을 열어 가는 움직임의 동력은 외부에서 주어지지 않는다. 자력, 자가 발생적 원기, 자가 발생적인 힘은 저장된, 고정된 힘이 아니다. 움직임 자체가 에너지다. 그 에너지를 극대화하기 위해서 필요한 것이 지향성이다.

결국 중요한 것은 통합의 의지 자체가 아니다. 지향성의 본질은 경계 해체와 종합을 달성하는 구체적인 힘의 '벡터'다. 삶과 예술, 실천과 담론, 사회적인 것과 언어적인 것의 이분법을 구성하는 힘의 논리는 거칠게 말해 두 가지 벡터를 따른다고 말한다. 하나는 문학 텍스트 속에서의 세계의 사회적 존재성에 대한 심문이고, 다른 하나는 세계 내에서의 문학 텍스트의 사회적 존재성에 대한 물음이다.

> '삶으로부터 텍스트로' 향하는 첫 번째 방향에서 꿈은 현실적인 삶의 경험들이 투영된 형태이며 소설은 시대의 거울이 된다. '텍스트로부터 삶으로' 향하는 두 번째 방향에서 꿈은 삶에서 실현될 사건들에 관한 예언이며 소설 읽기란 현실적 행위에 대한 지침이 된다.
>
> — 김수환, 2005, 115

삶에서 텍스트로 향할 때 텍스트는 거울이 된다. 시대적 배경 속에 투영된 자신의 모습을 발견할 수 있다. 그러나 이것은 일상의 거울처럼 자신의 모습과 마주하는 거울이 아니다. 윤동주의 시 「참회록(懺悔錄)」은 이렇게 끝난다. "그러면 어느 운석(隕石) 밑으로 홀로 걸어가는/슬픈 사람의 뒷모양이/거울 속에 나타나온다." 열심히 닦은 청동거울을 들여다볼 때, 비추는 것은 다름 아닌 '슬픈 사람의 뒷모양'이다. 이것은 미래에서 과거로 변곡해 가는 자신의 모습이다. 오늘 나는 미래의 어느 날에 오늘을 참회하면서 과거의 시간 속으로 걸어 들어가는

'나의 뒷모습'을 본다. 과거, 현재, 미래가 한순간에 겹쳐지면서 삶은 텍스트를 향하고, 텍스트는 삶으로 향하는 '참회'의 시적 순간이 완성되고 있다.

소설 읽기는 시 읽기보다 좀 더 지난한 과정을 요구한다. 소설을 읽을 때는 결말을 흥미롭게 보는 것보다는 플롯을 익히는 데 더 초점을 맞출 필요가 있다. 의미가 아니라 지향성의 힘을 감지해 내는 것이 중요하다. 삶 쓰기, 쓰기 삶의 역동적 변곡의 순간은 시간의 무화(無化) 속에서 가능한다. 즉 미래의 과거인 현재에서 나는 미래의 참회의 순간을 목도한다. '시적 자아'는 이미 이루어진 참회 속에서 미래를 향한다. 그 미래를 향하는 것은 또한 뒷모양으로 과거를 지향하는 사람과 다르지 않다. '텍스트에서 삶으로 삶에서 텍스트로'의 변곡적 순환을 통해 플롯은 채워지면서 바로 비워지고, 비워지면서 바로 채워지는 역동모델을 구현한다.

우리의 의식은 비워지고 채워지고 다시 비워지는 순환을 거듭한다. 이렇게 충전적 방식으로 주어진 의식은 반성의 대상만이 아니라 반성의 주체이기도 하고 그 사이에서 진동하는 변곡적 순환과정이기도 하다.

> 의식의 현존의 의미는 바로 그것이 단지 반성의 대상으로만 존재하지 않는다는 점에 있다. 의식은, 그것이 반성의 대상이 아닐 때조차도 존재한다. "이것은 반성 안에서 지각에 적합하게 파악된 것이 지각하는 사건 안에 존재하고 지속할 뿐만 아니라 이 시선이 그것에 주의를 기울이기 이전에 이미 존재했다는 점으로써 특징지어지게 된다."
> — 엠마누엘 레비나스, 2014, 71

의식의 존재, 존재의 의식은 그 존재 자체가 의식에 준거하는 인지적 영역을 비껴서 내적 지각에 관해 자기의 독립성을 드러낸다. 존재의 의식성, 의식의 존재성은 변곡적 순환을 거듭하면서, 슬픔에도 역동성을 부여할 수 있다. 시공간, 자기 독립성, 이들은 둘이지만 하나보다 더 긴밀해지기 위해서는 서로의 이면을 이루면서 변곡해 들어가야 한다.

우리가 존재의 구성요소로 그려 내는 사태의 구조는 감각적 대상만이 아니라 범주적 대상도 포함한다. 사태는 판단에 있어서, '존재한다'는 말을 표현하는 서술적 범주와 같은 것이다.(엠마누엘 레비나스, 2014, 145) 서술적 범주는 존재한다는 말이 의식한다는 말과 더불어 흐르면서 넓어진다. 주체 중심의 언어를 서술어 중심으로 변곡한다. 존재한다는 것은 서술하는 것이다. 서술한다는 것은 흐른다는 말과 다르지 않다.

중층(中層)

수학, 과학은 이성적 플롯을 대표한다. 후설은 수학에 바탕한 학문이 추구하는 것은 절대 진리가 아니라고 단언한다. 학문도 삶의 한 방편이라고 말한다. 삶은 전방위에 걸쳐서 문제가 발생한다. 그 문제의 답을 찾는 것으로 해결할 수도 있고, 새로운 문제를 찾는 것으로 나아 갈 수 있다. 수학적 공리를 가지고 과학적 개념들은 문제로부터 혹은 삶으로부터 비롯한 것이라기보다는 그 개념, 공리로 해결할 수 있는 문제들은 사후적으로 찾는다는 것이 더 솔직한 자세다. 그리고 그 공리개념으로 해결할 수 없는 문제들은 배제하는 것도 서슴지 않았다. 이성적 플롯은 단선적이다. 레비나스도 수학적 본질, 과학적 개념은 여러 플롯 중의 하나라고 말한다.

유한한 공리로부터의 연역을 통해 전개되는 수학적 본질이 유일한 형상적 학문인 것도 아니다. 더 나아가 과학적 개념들은 그 기원과 의미를 이 구체적 세계로부터 길어 온다. 우리는 이 이념화된 본질을 이 구체적 세계의 언어로 이해하기 위해 끊임없이 변형시킨다. 따라서 구체적 세계의 비정밀적 양상에 대한 기술을 잠정적이고 불충분한 것으로 바라봐서는 안 된다. 반대로 이러한 기술은 철학적 학문, 원리의 원천으로서의 학문적 인식에서 정초의 역할을 한다. 우리의 삶의 고유한 의미를 존중하기 위해서는, 삶이 모든 비정밀성에서 지각세계의 존재세계 우위성을 귀속시켜야 한다.

— 엠마누엘 레비나스, 2014, 214

후설의 생활세계는 엄밀한 학문으로는 명석하게 해명될 수 없는 비정밀성으로 채워져 있다. '비정밀하다'는 것은 정밀하지 않다는 것이 아니라 정체되어 있지 않다는 것이다. 삶은 흐르는 것이지 포즈를 취하는 것이 아닌 까닭이다. 그런 면에서 언어라는 매체에 정박되어 있는 텍스트는 그 자체로 어떤 진리를 드러낼 수 없다. 따라서 작가들은 텍스트에서 드러나야 하는 것은 의도적으로 은폐한다. 그 은폐는 문학적 플롯을 통해 이루어지고, 그 은폐된 것이 드러나는 것도 문학적 플롯을 통해서다. 단단하게 고정된 나무가 뿌리 끝과 잎맥 끝을 촘촘하게 연결하는 플롯을 통해 어떤 존재보다 역동적인 생을 구가하듯이 텍스트도 이 플롯을 통해 은폐와 개시를 반복한다. 이 반복의 차이, 차이의 반복을 통해 형성되는 것이 스타일이다.

수학적 본질, 과학적 개념이 하나의 플롯이듯이 예술적인 것도 이와 다르지 않다. 다만 앞의 것이 플롯의 규정성을 강화하는 데로 나아간다면, 예술적인 것은 규정적인 것을 해체하는 데로 나아가고자 한다. 예술은 오랫동안 해당 시기 인간들의 수수께끼 같은 것으로 여겨질 수 있는 행위를 담았다. 특정 시기의 개인적 – 사회적 행동이 어떻게 우리 앞에 암호화된 '텍스트'로 나타나게 되는지, 그리고 문학적 플롯이 어떻게 해서 우리들로 하여금 이 행위들 속에 감추어진 의미 속으로 파고들 수 있도록 하는 '코드들'로 기능하게 되는지를 분명하게 보여 준다.(김수환, 2005, 127) 이것이 로트만이 지향하는 역사 시학의 핵심이다.

수학적 본질, 과학적 개념과 달리 예술적, 미적, 시적 진실은 움직일 때만 드러난다. 사유의 본질적 운동은 진리를 향해 나아간다. 이것은 우리가 살아가는 구체적인 세계에서 비롯한 최상의 실제적 세계의 구축을 지향한다. 이러한 방법은 직접적 지각으로 환원할 수 없는, 비매개적이고 구체적인 모든 것에 대한 거부를 환원의 원동력으로 삼는다. 지각의 세계는 상대적으로 주어지며 또한 그 배후에 있는 실재(비실재)에 준거하기 때문에, 이 지각은 과학적 가치를 가지지 않는다. 그것은 나타남을 설명하는 실재세계를 추론적으로 구성할 수 있는 출발점으로서의 역할을 담당한다. 나타남에 대한 설명이 곧 설명 자체를 필요로 하는 어떤 것으로 주어져 있기 때문이다.(엠마누엘 레비나스, 2014, 49)

텍스트는 그 내부에 다양한 경로의 플롯을 내장하기 위해서 두터운 기술로 이루어져야 하며, 두터운 기술을 가능케 할 수 있어야 한다. 그럴 때 우리는 특별한 목적, 의도나 의미에서가 아니라 길 자체의 나타남에 대한 설명만으로도 효과를 충분히 거둘 수 있다.

기어츠는 낯선 문화를 이해하기 위해서는 가장 이해하기 어렵고 우연적인 것처럼 보이는 것에 주목해야 한다고 강조한다. 그의 가장 유명한 논문은 「발리섬의 닭싸움에 대한 해석」이다. 상징을 통해서 드러나는 해독 불가능한 것처럼 보이는 행위를 통해 그 사회를 규율하고 있는 의미의 교환체계를 파악하는 방법이 바로 두터운 기술이다.(최호근, 2003, 96) 그러나 이 논문에서 더 주목할 부분은 두터운 기술을 가능케 하는 새로운 글쓰기 전략이다. 그는 발리 전체를 조망할 수 있는 광각의 시선과 발리섬 사람들도 놓치고 있는 부분에 대한 접안의 시선을 동시에 투사한다. 관찰된 것들을 싣고 있는 기술 전략이 객관화가 아니라는 점에도 주목해야 한다. 그의 논문은 이후 사실의 차원에서 많은 약점이 지적되고 있지만, 그러한 객관적 허점을 뛰어넘는 것은 글쓰기가 자신의 주관성에 바탕을 두고 이루어졌다는 점이다. 객관성의 오류 때문에 타당성에 제기되는 문제들은 자신의 주관적 해석이 회득한 진실성에 의해서 상쇄할 수 있다는 것을 기어츠의 논문은 보여 주고 있다.

생활세계는 이미 학문에 앞서 언제나 인간성에 관해 존재한다. 그러므로 우리는 생활세계의 존재 방식에 관한 문제를 그 자체로 그리고 그 자체에 대해 제시할 수 있어야 한다고 후설은 말한다. 후설은 "보편타당하게 앞으로 결정되어야 할 과제가 생활세계의 고유한 존재 방식에 관해 제기되어야 하는가?"라고 묻는다. 그리고 "모든 객관적-학문적 의견이나 인식을 작용 밖에 놓고 전적으로 이 단적인 직관적 세계의 토대 위에 설 수가 있다."고 말한다.(에드문트 후설, 2016, 243~4)

우리는 판단은 이제 눈금자를 대고 정확한 균형을 제시하는 것에 머물러서는 안 된다. 역동적인 환원을 위해 필요한 것은 '직관'이다. 흐르는 것을 제대로 포착하기 위해서는 함께 흘러야 한다. 조화는 함께 흐르는 것에서 비롯한다. 중층 기술에서 요구되는 것은 수학적 균형보다는 예술적 조화다. 예술적 조화는 서로 기술하면서 기술되는 것이다. 과거의 문화에서 미래의 문화로의 전회가 요구되는 상황이다. 새로운 중층 기술법이 요구되는 시대를 우리는 흐르고 있다.

서정적 플롯

움직이기 위해서는 길이 있어야 한다. 가장 역동적인 움직임이면서 가장 예측 가능한 움직임은 스포츠 경기의 움직임이다. 현대인들에게 인기가 높은 대표적인 스포츠가 야구와 축구다. 야구의 규칙은 매우 세밀하게 짜여 있어 '룰북'이 있을 정도다. 투수의 행위 하나하나는 규정의 지킴과 위반 사이에서 체크된다. 정해진 포지션마다 행위의 범위, 행동 양식 등이 정해져 있다. 각자의 길이 가장 명확한 스포츠가 아마 야구가 아닌가 싶다.

반면 축구는 규칙이 가장 단순한 스포츠 중 하나일 것이다. 포지션은 있지만 그 움직임의 예측 가능성이 야구보다 현저히 낮다. 그러나 야구나 축구는 모두 흐름이 지배하는 경기이다. 공이 움직일 때 우리는 이미 그 공의 전후를 시간적으로 공간적으로 동시에 직관할 수 있는 플롯을 가지고 있다. 이 플롯이 없으면 야구나 축구를 즐길 수 없다. 플롯은 보편성과 특수성을 동시에 (서로의 이면으로) 지니고 있는 특정한 구조다.

레비나스는 후설의 지향성을 이중적으로 탐색한다. 그는 후설에게 이론의 우위성이 나타난다는 점을 확증한다. 그러면서 그의 본질적 존재가 존재의 위상을 구체적 삶 속에서 찾는다는 점을 강조한다. 이것이 실천적인 삶과 미학적인 삶이 지향적 성격을 가지며, 또한 존재의 영역에도 속해 있는 지향적 성격을 통해 구성된 대상들을 가지는 이유라고 말한다. 도덕성과 미학의 범주도 똑같이 존재의 구성요소이며 이것들이 의식에 대해 존재하는 방식 및 의식을 마주하는 방식은 특정한 구조를 가진다.(엠마누엘 레비나스, 2014, 269). 아쉽게도 레비나스는 특정한 구조에 대한 탐색까지 나아가지는 못하고 있다.

우리가 경험을 쌓는다고 말할 때 이것은 다양한 플롯을 갖는다는 말과 다르지 않다. 플롯은 파노라마처럼 펼쳐진 다양한 사건과 사물을 무지개의 색과 같이 구분해서 감각·지각할 수 있게 해 준다. 우리에게 감성과 지성이 있다면, 감성은 무지개를 통합적으로 받아들이고 그것을 심경에 옮겨 이미지화한다. 반면 지성은 무지개를 언어로 옮겨 전달할 수 있는 상태로 분절해 낸다. 이 둘을 자연스럽게 이을 수 있을 때 레비나스가 말한 '특정한 구조'를 제시할 수 있을 것이다.

> 우리는 후설이 도입한 방법을 통해서 우리의 흥미를 불러오는, 감성과 지성이라고 부르는 것의 경계를 전하려는 논의를 살펴볼 수 있다. 후설은 생득성이나 감각기관의 활용과 같은 순수하게 외재적인 좌표에 힘입어서 이러한 능력들을 특징지으려고 하지 않는다. 지성과 감성을 구별하기 위해서, 후설은 소박한 형이상학이나 인간학이 아니라 감각적 삶이나 범주적인 삶 자체의 내재적 의미에서 출발한다.
> ― 엠마누엘 레비나스, 2014, 150

감각적 대상은 직접적인 방식으로 주어진다. 지각적 대상은 간접적인 방식으로 주어지는 것이 아니라 직관적으로 주어진다. 감각적 대상과 지각적 대상은 복잡하게 주어지는 것처럼 보이지만 단순한 방식으로 구성된다고 레비나스는 말한다. 방식의 단순화가 플롯화다. 경험적 직관의 지성화, 플롯적 직관의 감성화로의 전이, 변이, 변곡 지점에서 우리는 '직관적 플롯'으로서 새로운 장소성의 형성을 목도할 수 있다.

후설은 이론을 하나의 의미화 과정으로 상정한다. 그에게 이론은 초-역사적인 것에 해당한다. 이 플롯은 '우리의 모든 의식의 삶'을 통과시킬 수 있다. 이렇게 표상한 의식은 작용의 토대가 된다. 의식의 역사성을 강조할 때, 주지주의적 성격을 직관에 부여할 수 있다.

같은 이유로 현상학적 환원은 설명을 필요로 하지 않는다. 환원은 철학자가 자기 자신에 대해 반성하는, 다시 말해 세계 안에서 살아가는 인간, 이 세계를 현존하는 것으로 정립하는 인간, 이 세계에 참여하는 인간이 자신을 '중립화하는' 일에서 비롯하는 작용이다. 환원은 자신의 삶을 바라보는 것으로 나타난다.

― 엠마누엘 레비나스, 2014, 267~8

    이성, 지성, 감성의 상호주관적 관계를 통한 플롯의 다각화와 다양한 복합·융합·융복합을 통해 위상적 플롯을 확장할 필요가 있다. 역사시학을 강조한 로트만은 플롯은 인간의 삶을 의미화하기 위한 강력한 수단이라고 말한다. 예술적 플롯으로서 서사의 발명은 결과적으로 인간을 사건들의 비분절적 흐름으로부터 분절적 단위로 구분해 낼 수 있는 서사능력을 갖게 하였다. 플롯은 일정한 의미들과 결합해 질서 잡힌 사슬 속에서 조직화하는 법을 익히게 된다. 플롯 텍스트를 만듦으로써, 인간은 삶 속에서 플롯을 구분할 수 있게 되었으며, 그렇게 해서, 이 삶을 스스로에게 설명할 수 있게 되었다.(김수환, 2005, 122)

    문화의 힘, 효과는 플롯을 통해 발현된다. 내용의 다채로움을 전달·전파하는 것은 여전히 쉽지 않은 일이다. 더구나 언어를 달리한다면 그것은 더욱더 어려워질 수밖에 없다. 정보를 정확하게 전달하는 것도 한계가 있다. 문화의 확장과 전파는 플롯을 통해 이루어질 때, 확실한 효과를 발현할 수 있다. 전파, 전승, 전달을 통해 공동체의 확산과 언어적 심화를 이루고 보편적, 개별적 인간의 품이 커진다. 또한 플롯은 공동체와 공동체의 공감대를 형성하는 데에서도 문화적 효과를 발현할 수 있다. 로트만은 서사적 플롯의 한계를 지적한다. 의미화하는 강력한 수단이 서사적 플롯이라면 탈의미화하는 데 강력한 힘을 발휘하는 플롯이 '서정적 플롯'이다.

매트릭스(matrix)

인간 중심 인문학은 지향의 주체를 혹은 지향성의 동인으로 '사람'만을 상정했다. 휴먼(Human)은 이제 현실적으로 모든 의미의 주체를 자처할 수 없게 되었다. 또한 모빌리티, 흐름 자체가 의미작용, 의미가 되고 있다. 그렇다고 지향성의 주체를 사물, 인휴먼(inHuman)으로 삼기는 시기상조다. 지향성의 에너지를 발현하고, 지향성의 길을 구성하는 것은 언어다. 인간 중심성이 옅어지더라도 언어의 역할은 줄어들지 않을 것이다.

언어의 수행성은 주체의 지향성을 바탕으로 한다. 지향성은 단순히 주체가 대상을 향해 가는 것을 의미하지 않는다. 지향성은 주체의 주체성을 구성한다. 지향 직전의 주체의 가능성 자체가 하나의 한정을 이룰 때, 우리는 스스로를 초월해 볼 수 있는 에너지를 얻을 수 있다. 주체와 대상 간의 관계 문제는 사물의 물질적 속성에 의존하여 현존을 파악하는 실체론적 존재론을 정당화시켰다. 실체론적 존재론은 흐름을 속성으로 삼는다.

> 후설은 실체론자의 현존개념을 극복함으로써, 주체가 제일 먼저 존재하고, 이를 통해 주체가 대상과 관계를 맺는 어떤 것이 아니라는 점을 증명할 수 있었다. 주체와 대상의 관계는 우리가 '주체'와 '대상'이라고 일컬었던 것이 무엇인지를 발견할 수 있는 제일 참된 현상을 이루고 있다.
>
> — 엠마누엘 레비나스, 2014, 91

주체와 대상 사이를 흐르고 있는 것이 '플롯'이다. 주체의 실재성 자체, 대상의 실제성 자체가 명확해지면 주체와 대상은 단단한 자기 정체성의 범주를 명석하게 한다. 그렇게 함으로써 그 사이의 의미 흐름, 플롯의 모빌리티는 역동적으로 증강한다.

현실공간을 둘로 나누는 것을 벽이라고 한다. 매트릭스는 벽의 모양을 하고 있으나 이질적 공간을 이어 주는 통로다. 데리다는 작가와 독자, 글쓰기와 읽기 사이에 언어의 체계가 일종의 매트릭스처럼 개입한다고 말한다. 그래서 좁은 의미의 철학 텍스트건 문학 텍스트건 간에 작가의 지향성(intentionality)은 온전하게 구현되는 경우가 드물다. '의미지향의 구조'는 구조주의에서처럼 글쓰기와 읽기에 앞서서 존재하는 것이 아니라 비판적 읽기의 과정에서 생산되기에 구조를 닮는다. 그러나 일반적 의미의 구조를 넘어 오히려 개별 글쓰기를 읽는 행위에서 구조처럼 현상하는 일종의 유사 구조에 가깝다.(강우성, 2005, 10)

결국 최후의 플롯과 시원의 플롯을 이면으로 삼아서 펼쳐 볼 수 있는 장소는 '글쓰기'다. 글쓰기 플롯의 가장 큰 장점은 '새로운 범주적 형성'이 가능하다는 것이다. 흐름의 개념은 객관화하는 작용이다. 판단과 지각은 같은 유의 작업으로 정립한다는 사실에서 새로운 범주적 형성을 엿볼 수 있다. 이는 직관주의적 진리론으로 연결될 수 있다. 진리는 판단과 지각작용 안에서 동일한 것이어야만 하고 판단의 정당화가 지각의 정당화와 같은 어떤 것을 갖는다고 추측한다. 그럼으로써 판단과 지각은 같은 차원에 놓이며 같은 차원에서 연결된다.(엠마누엘 레비나스, 2014, 126)

기존의 범주라는 개념은 다른 것과의 구분을 통해 주체의 영역을 뚜렷이 하는 것이었다. 그러나 새로운 범주의 개념은 어떤 것과 연결되느냐에 따라 정해지는 유동적인 가능성의 영역을 나타낸다. 범주라는 개념은 판단에서 빌려 온 것이 아니다. 범주는 존재의 구조이지 인식의 구조가 아니다. 범주표를 만들기 위해 전통논리학을 요청하지도 않는다. 현대적인 자연과학의 논리를 요청하지도 않는다.(엠마누엘 레비나스, 2014, 208) 한정된 영역에서 최선의 자유를 누리기 위해서 필요한 것은 영역의 위상성 강화이다. 범주는 더 이상 영역의 차원에서 제기되는 문제가 아니다. 어떤 플롯이 드러나 의미를 형성하는지에 따라 위상은 달라진다.

"대표상의 기능은, 지향적 작용의 질료와 관련하며 연결된 형식에 의존한다. 후설이 '표상의 형식'이라고 부르는 이러한 형식, 그리고 질료의 형식과 '대표상'의 통일은 '표상'으로 명명된다. 그러므로 표상의 형식은 지향성이 대표상을 전유하는 방식을 표현한다.(엠마누엘 레비나스 2014, 139~40) 후설이 제시하는 대표상을 선험적인 것이라고 보면, 그의 철학은 근대적 의식에서 벗어나기 어렵다. 여기에서 대표상은 전형의 개념이라기보다는 '선입견'의 개념이다. 선입견은 다채로운 대화를 위해 마주 세우는 가다머의 대화 상대자에 해당한다. 우리가 파악한다는 것은 대표상을 파악한다는 것이 아니라 주체와 대표상 사이에 놓이는 다양한 위상성을 파악한다는 의미이다.

플롯 '플랫폼'

2019년 현재 전 세계의 자본시장을 주도하고 있는 기업은 기계·건설·화학·정보·전자가 아니라 '플랫폼' 기업이다. 애플, 아마존, 페이스북, 구글 등이 대표적인 플랫폼 기업이다. 원래 'platform'은 프랑스어로 '평평하다'의 의미인 plat과 '형태'를 뜻하는 영어 form이 합쳐진 글자다. 여러 가지 활동을 뒷받침하는 기반 시설이라는 의미로 확장했다. 우리가 일상에서 가장 자주 만났던 플랫폼은 기차역의 것이었다. 기차가 들어올 때 승객들이 대기하는 '평평한 시설'을 가리킨다. 옛 영국에서는 시 낭송 경연 대회를 평평한 나무 무대에서 열었다. 자기 생각을 선보일 수 있는 무대라는 뜻도 플랫폼은 가지고 있다.

오늘날 플랫폼은 미디어 분야에서 가장 널리 쓰이는 용어가 되었다. 정보 기술의 발달로 다양한 모바일·인터넷 플랫폼이 등장하고 있는 가운데, 이를 기반으로 각종 제품·서비스를 중개하고 수수료 수익을 내는 사업을 가리킨다. 소비자·기업 등이 재화·서비스를 사고팔거나 상호작용하는 일종의 '장터' 개념으로 보면 되겠다.(다음 백과사전, 2020. 1. 21.)

플랫폼형 비즈니스모델은 소통에 있어서 대중들 삶의 형태에 깊숙하게 파고들어 있다. 이 모델을 인문학에 적극적으로 도입할 필요가 있다. 플랫폼형 '문화·예술·인문'을 적극적으로 모색해야 한다. 그 노드에서는 '생산, 공유, 향유' 모델을 복합적으로 추구해 제시할 필요가 있다. 이것이 인문학을 위상학적으로 다양화할 수 있는 거의 유일한 길이다.

> 플랫폼이 가동되는 시장은 양면시장(two-sided market)이다. 사실 광고주와 독자를 연결하는 신문이 전형적인 양면시장이란 점에서 플랫폼 비즈니스가 갑자기 등장한 것은 아니다. 다만 지금까지 대부분의 기업은 물건을 만들고 판매하는 단면시장(single-sided market)에서 활동했기에 이런 시장에서 승리하는 것이 경영의 주류였다. 전자업체라면 소프트웨어보다는 좋은 기기를 만드는 데 목숨을 거는 식이다. 이와 달리 플랫폼은 생태학적으로 접근한다. 유기체들이 서로 영향을 주고받고 환경과도 영향을 주고받는다고 본다. 생태계는 폐쇄적이기보다는 개방적이고 경쟁보다는 협력이 중요한 곳이다. 누구나 참여해 플랫폼을 확장하거나 바꿀 수 있다. 그래서 플랫폼에서 강조되는 것은 개방, 공유, 협업 같은 정신이다.
> – 이봉현, 「플랫폼이 되는 자가 승리한다.」, 〈한겨레〉, 2005. 5. 8.)

오늘날의 플랫폼은 단순한 명면이 아니라 입체화하고 있다. 상품은 모든 공간을 점유해 가고 있다. 교환가치가 전 지구적 가치의 표본이 되고 있다. 세계 역사란 결국 상품의 역사가 아닐까?라고 묻게 된다.

그러나 상품의 역사는 전 역사에서 극히 일부분에 해당한다. 이런 극단적인 가설은 상품으로부터 소외된 것과 소격된 것을 구분할 수 있게 해 준다. 예술작품은 상품이 되기도 하고 그렇지 않기도 한다.

현상은 비슷하지만 언어적 대응에 있어서는 그 지향성에서 차이가 날 수밖에 없다. "궁극적으로 국가는 자신만의 공간, 즉 정치적 절대성을 생산할 것인가? 아니면, 민족-국가와 그 국가의 정치적 절대공간이 세계 시장 속으로 사라지는 광경을 목격할 것인가? 자기 파괴에 의해서? '몰락의 초월을 통해서' 두 가지 중 하나일까? 두 가지 모두일까?"(앙리 르페브르, 2011, 327)

소외의 일상화는 우리를 민족적 국가주의가 아니라 세계국가주의로 경도할 가능성이 크다. 문학예술의 역능은 새로운 '소격'을 감행하면서 찾아야 한다. 이것은 민족의 정체성을 강화하는 방향에서가 아니라 특정 지역이나 문화의 정체성을 끊임없이 변곡하는 데서 찾을 필요가 있다. 상품 자체, 예술작품 자체의 형식과 의미에 매몰될 경우 우리는 플랫폼이라는 더 큰 흐름을 간과하게 된다. 그럴 때 새로운 '오리엔탈리즘'의 희생양이 되기 쉽다. 생산 플랫폼의 장악에 전념하는 자본주의에 맞서 플랫폼 생산의 다양성을 추구하는 방법이 있다. 이것이 매체 플랫폼이고 포에톨로지가 지향하는 바다.

매체의 확장성은 정보의 종류와 관련이 깊다. 반면 매체의 편재성은 접속 가능성에서 찾을 수 있다. 얼마나 다양한 사물들, 정보들과 접속 가능한가를 따진다. 확장과 편재는 우리의 시선과 겹친다. 시의 위기는 매체가 거의 '종이'에 한정되어 있다는 데 있다. 이것은 반대로 '종이' 매체의 한정에서 스스로 벗어날 때, 시는 새로운 가능성의 위상을 획득할 수 있다는 말이기도 하다.

오늘날 우리가 자유롭게 사용하고 있는 매체를 플랫폼으로 인식할 수 있다면 시는 그 지점을 출발점으로 삼을 수 있다.(이민호, 2012,

45) 낯선 출발을 통해 닿고자 하는 곳이 어디인지는 언제나 괄호에 담긴다. 시는 시를 실어 나르는 '매체'여야 하고, 매체를 실어 나르는 '플랫폼'이 되어야 한다. 그 과정에서 메타 매체로서 재매개화할 필요가 있다.

> 재매개화는 우리가 문화 속에서 수많은 기술을 매체로 사용하며 받아들이는 과정에서 나오며, 그 기술의 기능이 발휘되고 다른 매체와 관계하는 방식으로부터 발생하게 된다. 그 결과 기존 매체와 새로운 매체는 모두 기술적, 사회적, 경제적 맥락으로 구성된 네트워크에 참여하게 된다. 이러한 현상이 다매체시대의 매체들의 관계 양상이라고 할 수 있다. 다매체시대에서 모든 매체의 재현은 재매개화라 할 수 있으며, 그런 의미에서 재매개화하는 매개의 매개이자 새로운 매체를 통한 '의미생산과정'이라고 할 수 있다.
>
> – 신재훈, 2008, 227

디지털은 모든 것을 0:1로 분해해 전달, 전파한다. 이것은 물질계에서는 나노 기술과 비슷한 상상력을 발휘한다. 맛있는 음식과 플라스틱 쓰레기는 원자 이하 단위로 나눠 가면 어느 때부터는 구분이 되지 않는다. 쓰레기를 분해한 것을 재조립하면 맛있는 음식이 되기도 하고, 칼이 될 수도 있다. 디지털 기술은 플롯의 내용과 방법도 결정할 수 있다. "디지털 방식은 아날로그 방식의 소설과 영화가 보여 주는 전통적 서사와는 다른 새로운 서사의 틀을 요구한다."(허만욱, 2012, 398) 기존 스토리, 서사 플롯이 아닌 시적 플롯, 포에톨로지로의 전환을 통해 우리는 우리의 예상보다 훨씬 더 빠른 전환을 보이는 세계에 대응할 수 있다.

문형(figure)

사람들이 사랑을 느끼고 그것을 사랑으로 직감하는 순간은 모두 다르다. 한 사람이 사랑을 느끼는 상황 역시 그렇다. 그런데도 사람들은 그것을, 그 상황을 모두 '사랑'이라고 느끼고, 알게 된다. 정체가 불분명한 것을 무엇보다 확실하게 느낄 수 있는 것을 바르트는 '문형(figure)'라는 말로 설명하고 있다.

> 우리를 스쳐 가는 담론 속에서 우리가 알아차릴 수 있는 어떤 것, 즉 언젠가 읽고 듣고 느꼈던 것에 의해 문형은 잘려진다. 그리하여 문형의 윤곽이 그려지고(하나의 기호처럼) 기억되어진다(이미지 혹은 이야기처럼). 어느 누군가가 "이 얼마나 맞는 말인가! 난 이 언어의 장면을 알아볼 수 있어"라고 말할 수만 있다면 그것으로 이미 하나의 문형은 성립된 것이다.
>
> – 롤랑 바르트, 2004a, 15

사랑이 드러나는 '표현'은 단 한 차례도 반복되지 않는다. 그런데 그 표현을 벗기고, 쪼개고 들어가면 거기에는 '사랑의 문형'이라고 할 수 있는 것이 있다는 말이다. 이것을 사랑의 플롯이라고 명명할 수 있을 것이다. 사람들은 다양한 표현으로 사랑이 플롯을 감싸고, 그렇게 구체화된다. 매번 처음으로 특별한 사랑의 담론을 형성한 표현들을 모아 '사랑의 플롯'을 변형해 간다. 결국 '사랑의 플롯'은 '분위기'로 읽힐 수밖에 없다. 플롯은 곧 사랑이 오가는 장소가 된다.

장소를 지나는 다양한 길의 가능성을 탐색하는 것이 위상학의 목표다. 공간을 감각하고, 지각해 새로운 의미의 길을 모색한다. 여기에는 구체적인 물질성과 기술행위도 포괄한다. 하지만 위상학에서 탐색하는 물질성은 자연과학의 것과는 다르다. 자연과학이 +물질성을 탐색한다면, 위상학은 −물질성을 추구한다. 곧 사물의 양과 질에 대한 탐색이 아니라 사물이 품고 있는 공간에 대해 탐색한다. 공간에서 공간을 분리해 공간을 만들고, 그 공간은 저마다의 공간을 품고 있는 사물들로 채우면서 다채롭게 비워진다. 이렇게 '공간은 만들어진다.' 만들어지는 공간, 담론을 형성하는 문형이 곧 '플롯'이다.

> 서로가 서로에 대해 계층화되어 있고 경우에 따라 서로 부양하는 관계에 있는 사회공간 속의 사회적 장의 정체성을 밝혀 내는 데 기초가 되는 공간메타포는 결국 본체론적·본질주의적 사고방식을 피하려는 요청의 토대를 뒤엎는다. 그런데도 그러한 공간메타포는, "사회세계를 선이 분명한 동질적인 단위들로 세분해서 사회세계의 더 나아간 특징들을 예견하고, 행위자들을 구분하며, 종합 정리"라는 성취들을 이루고자 '소망'한다. 부르디외에 의하면, 사람들은 사회공간의 구성을 통해서 "실천 현실을 결정적으로 규정하는 주요 인자들과 그것들로 인한 모든 특징에 기반해 고도의 동질성을 갖는 이론적 단위집합들을 구성할 가능성을 획득한다."
> ― 롤란트 리무너, 2010, 355

'종합적 정리'가 하나의 규범으로 굳어지면 양식이 된다. 반면 종합적 정리가 새로운 시작의 발판이 될 때, '플롯'이라고 할 수 있다. 플롯은 서사를 기초로 하는 까닭에 시간을 바탕으로 한다. 동시에 여러 개의 시간 스토리를 경험하며, 공간플롯으로 '비틀기', '꼬기', '따기' 등으로 입체화하며 변곡해 들어간다. 양식은 시간 바탕 플롯에서 공간 바탕 플롯으로 확장, 심화할 필요가 있다. 이렇게 입체화된 장(場) 속에서 인간 형상은 그려지고, 형상 인간이 새로 구성된다.

현상학은 공간과 시간, 그리고 우리가 그 안에 살고 있는 세계를 기술하기도 한다. 이 철학은 우리의 경험이 경험되어진 바 그대로를 직접적으로 기술하려 노력한다. 과학자나 역사가가 또는 사회학자들이 그러하듯이 경험의 심리적 원인과 인과율에 의한 설명을 무시하고자 한다. 그러나 훗설은 그의 마지막 저술에서 〈발생현상학〉 더우기 〈구성현상학〉을 논하고 있다.

— 모리스 메를로 퐁티, 1983, 31~2

발생현상학과 구성현상학을 대비해서 보자면 앞의 것은 시적 현상학, 생성현상학, 프로메테우스의 현상학, 기술현상학 등으로 부를 수 있다. 이것의 작동원리는 '아포리즘'으로 새로운 긴장을 통해 언어를 만들어 생활세계에 활력을 불어넣는 역할을 한다. 구성현상학은 소설현상학, 저변의 현상학이라고 할 수 있다. 이 현상학의 작동원리가 바로 플롯이다. 에피메테우스의 현상학, 기술(記述)의 현상학이라고도 할 수 있다. 이것은 기억 속에 가라앉아 있는 언어를 그물망(의미망)으로 건져 올려 '생활세계'를 풍성하게 하는 것을 본연의 임무로 삼고 있다.

그물의 틈새

우리의 동학(東學)은 최제우의 『동경대전(東經大全)』에서 비롯한 명칭이다. 이 말을 가장 폄훼할 때 함께 사용하는 말이 서학(西學)이다. 동학은 서학(천주교)의 반대급부로 지어진 이름이라는 것이다. 스스로의 정체성을 부여하는 이름이 대상에서 비롯된 것이라는 발상은 모욕적이기까지 하다.

동(東)이라는 글자를 풀이할 때 흔히 목(木)에 해(日)가 걸려 있는 곳, 해가 떠오르는 '동쪽'을 가리킨다고 한다. 갑골문과 금문에서는 일(日)이 쓰이지 않았다. 그래서 해가 나무에 걸린 모양이 아니라 일종의 자루를 본뜬 글자라고 풀이하기도 한다.(이락의, 1996) 이것이 동쪽이라는 의미로 매우 일찍 가차된 것으로 보고 있다.

동학은 천주교, 도교, 불교, 유교, 무속 신앙 등을 망라한 종합 종교의 면모를 갖추고 있다. 또한 획기적인 네트워크 망에 해당하는 접 제도를 통해 조직을 확장하고, 관리하였다.(곽은우, 2012) 이러한 면모로 볼 때, 드물게 해석되지만 '동(東)'은 '그물'을 가리킨다라고 해석해 볼 수 있다. 이런 해석을 통해 좀 더 현대적인 의미를 얻을 수 있다. 갑골문이나 금문에 보이는 동(東)은 자루를 묶은 모습이 아니라 양쪽에서 고기 같은 것을 떠올리는 그물로 해석할 수 있다. 이 그물에서 가장 중요한 부분은 중간의 '네트' 부분이다. 이것은 어떤 것을 건져 올릴 수 있는 것이면서 관계를 나타내는 것이기도 하다. 문화적 플롯을 단 한 글자로 나타낼 수 있다면 그것은 그물 동(東)일 것이다.

실질적 생활세계에서 기대할 수 있는 경험적 법칙성을 작성하기 위해 필요한 것이 플롯 곧 공식이다. "공식들을 얻으면, 그것으로써 사람들은 구체적인 실제의 삶에 직관적으로 주어진 세계에서 경험적 확실성을 통해 기대하는 것을 실천적으로 얻고자 했던 예견을 미리 지닌다."(에드문트 후설, 2016, 125) 수학화는 여러 가지 방식들 중 하나다. 수학화에 의해 목표를 달성하는 것은 의미가 없다. 의미가 있다면 목표가 달성된 공식들을 수학화하는 것이다. 이것은 새로운 실천적 삶에 플롯으로서 작용하게 된다.

과거의 그물망은 의미를 건져 올리고, 나르는 역할을 주로 수행했다. 실천적 생활세계에서 우리가 삶을 통해 기대하는 것은 벗어나지(탈선) 않으면서도 언제나 처음인 삶이다. '현상적 고정성과 내용의 유동성을 동시에 추구하고자 하는 이율배반이 개별자들에게 역동성을 부여한다. 그물망은 의미를 담기보다 다른 그물망과의 연결을 통해 의미를 분사하는 것 즉 다채로운 탈주선을 연결하게 해 준다.

카시러는 문화를 복합적이고 역동적인 기호의 복합체로 이해한다.

그는 문화적 대상들은 수많은 기호 복합체로 구성되며, 서로 다른 사회계층에 의해 다양하게 형성될 수 있다고 말한다. 또 다양한 매체 - 문자 텍스트, 그림, 사진, 교통신호, 데이터베이스 따위를 통해서도 나타난다. 기호 복합체로서의 문화를 생성시키는 인간의 심성 코드 역시 무한하다.(김길웅, 2003, 377)

역사는 '있는 그대로'가 없기 때문에 받아들이는 것이 아니라 이해하는 것이다. 역사 역시 기호 복합체로 이루어진 상징적 코드와 다르지 않다. 기호 복합체는 역사적으로 변화하며 해석의 지평에 따라 움직인다. 움직이는 기호 복합체를 소위 객관을 지향하는 학문적 인식으로 판단할 수 있을까 하는 의구심을 떨칠 수 없다.

우리가 다양한 복합체들과 얽혀 들게 되면 개별적인 삶은 불가능하게 된다. 따라서 다양한 연결선을 마련하고 얽히기보다는 통과할 때, 더 많은 가능성들을 품을 수 있게 된다. 우리가 지향해야 할 복합은 주체나 대상의 것이 아니라 관계맺음 자체다. 또한 연결선과 연결선 사이의 빈 공간 역시 놓치지 않고 주목할 필요가 있다. 우리는 채워지는 것이 아니라 하나의 연결에 의해 그만큼 비워질 수 있어야 한다. 그래야 다른 연결 가능성을 확대할 수 있다. 의미는 소유하는 것이 아니라 연결하는 것이다. 연결을 통해 우리 자체의 의미 또한 기하급수로 증강, 증폭할 수 있다. 연결에 의해 비워지는 장소들에 주목할 때 예술의 플롯이 왜 최고이고 최고여야 하는지에 대해 말할 수 있다.

예술이야말로 구체적 기호에 보편적인 의미가 결합된 작가의 정신적 에너지를 집약적으로 보여 주는 영역이기 때문이다. 문화의 모든 영역들을 기호 내지는 상징체계를 원용하여 종합적인 인식과 판단에 이를 수 있다는 카시러의 문화철학 담론들은 따라서 문학 텍스트 분석을 문화학적 차원으로 확대할 수 있음을 잘 보여 준다.

― 김길웅, 2003, 379

의미의 장을 이루는 근원적 요소는 시간·공간·인간이었다. 이것은 선험적으로 주어진 것이다. 여기에 의미의 지평과 위상을 심화·확장해 입체화하는 요소들이 언어와 기술이라고 할 수 있다. 이렇게 후험적으로 주어진 것들과의 조화와 균형 속에서 문화의 장을 확장해 가야 한다. 그러나 현실에서는 과학기술의 주도로 선험적 요소 즉 시간·공간·인간에 대한 변형이 가능하게 되었다. 언어의 고군분투는 큰 성과를 기대하기 어려운 실정이다. 예술은 기존과는 다른 미학적 대상과 가치 지향을 해내지 않으면 안 되게 되었다.

기존에 강조되었던 것은 조화였다. 상징적인 것들은 원관념을 감추기 때문에 결국 드러난 것들의 균형감을 추구할 수밖에 없었다. 그러나 이제 근원적인 요소들의 수정이 가능해진 시대에 접어들고 있는 까닭에 조화로움이라는 것은 추상적인 영역, 혹은 초월적인 영역에서나 가능할 공산이 커지고 있다. 수량적 가능성은 여러 가능성의 하나일 뿐이다.

조화로움은 '좋은 사이'라는 말로 대체 가능하다. 이것은 수량적이라기보다는 관계적인 것이라고 할 수 있다. 마리 맥클린은 그의 서사 이론에서 텍스트를 통한 대표적인 관계맺음이라고 할 수 있는 화자와 청자의 관계에 주목한다.

> 화자는 또한 정보를 충분히 제공하지 않는 경우와 정보를 지나치게 많이 제공하는 경우 사이에서 미묘한 균형점을 발견해야만 한다. 서사 연속체 안에는 항상 청자의 상상력과 청자의 정신에 존재하는 구조화할 수 있는 힘을 자극하는 '틈새' 또는 '빈 공간'이 있게 마련이다. 이런 상황들은 기록 서사뿐만 아니라 전통적 서사의 경우에도 마찬가지로 잘 적용된다.

― 마리 맥클린, 1997, 25

사이, 관계에 주목할 때 우리는 사건을 전달하는 데 최적화된 기존의 서사에서 벗어날 필요를 느낀다. 기존의 서사가 시간을 토대로 언어를 구성했다면, 새로운 문화적 서사는 공간을 바탕으로 언어를 구성해 갈 필요가 있다. 이때 기존의 서사를 대신할 수 있는 말이 '시적 서사'가 될 것이다. 복잡하게 얽힌 선들의 맥락을 기존 서사의 길이만큼 확보하는 것은 지난한 일이다. 혹여 그렇게 풀어 갔다고 하더라도 돌아보면 얼키설키 얽혀 있을 가능성이 크다. 네트워크가 복잡해짐에 따라 복합 서사체의 투명성을 강화하기 위해서는 시적 서사에 대한 탐색을 본격화할 필요가 있다. 채우는 서사에서 비우는 서사로, 모으는 서사에서 분산하는 서사로의 전회가 필요한 시점이다.

긍경(肯綮)

알고리즘(algorithm)은 주어진 문제를 풀기 위한 절차나 방법을 이르는 말이다. 컴퓨터 프로그램의 기술에서는 실행 명령어의 순서를 의미한다. 아랍의 수학자 알고리즈미(Al-Khowarizmi)가 발견하고 제안한 것으로 알려져 있다. 효율성, 실행 속도 메커니즘, 기계 구조에서 기계나 기계 부품 내에 운동을 전달하거나 변화시키기 위해 채용된 수단 — 정해진 운동의 보합을 통한 최선의 효과를 거두는 것을 목표로 삼는다.

플롯은 사건의 논리적인 패턴, 배치와 연관이 깊다는 점에서 일종의 언어적 알고리즘이라고 할 수 있다. 정형시의 경우 형식적 알고리즘이 주어져 있다고 볼 수 있다. 알고리즘, 메커니즘, 플롯은 양식화의 대표적인 방식들이다. 알고리즘이나 메커니즘은 최선을 추구한다.

반면 플롯은 다양성을 추구한다는 점에서 지향성의 차이를 지닌다. 우리의 삶에 직접적으로 영향을 미치고 있는 것은 알고리즘과 메커니즘 쪽이다. 플롯의 영향력은 점점 약화되고 있는 실정이다. 다양성으로 위장된 획일성과 획일성으로 위장한 다양성의 얽힘을 통해 사람들의 시선을 현실에 붙잡아 둔다. 이것이 스펙터클이다.

강물에 무엇인가가 무거운 것이 떨어지고, 그 소리에 놀라 물을 바라본다면 우리가 볼 수 있는 것은 강물의 표면에 남은 무늬들뿐이다. 그것은 사물 자체가 아니지만, 우리가 무엇인가를 추정할 때, 그 무늬의 선명성만큼 사물 자체에 다가설 수 있다. 우리의 시선을 붙잡는 스펙터클로서 무늬들을 어떻게 해석할까만 남는다. 물 위에 남은 파문으로 대상을 제대로 인식하는 것은 거의 불가능하다. 인식이 참을 추구할 수 없는 이유다. 떨어진 무엇이 중요한 것이 아니라 남은 무늬에서 떠오르는 것이 어떤 의미로 해석 가능한가로 옮겨 갈 수 있다.

> 우리 인식에 대응하는 것은 절대로 보증할 수 있는 것이 아니며, 단지 우리의 인식을 통해서 그 자체로 구성된다. 이로부터, 사유와 대상의 대응은 대상 일반의 구성 법칙에의 충실도로 나타날 수 있을 뿐이다. 인식은, 대상에 일치하는 한에서 참이다. 하지만 대상은 범주표로 나타나는 종합에 의거하여, 초월적 분석론에서 기술하는 규칙을 따라 구성된다.
>
> — 엠마누엘 레비나스, 2014. 163

'포정해우(庖丁解牛)'라는 고사가 있다. 포정이 문혜군을 위해 소를 잡았다. 그 모습을 보고 문혜군이 놀라며 물었다. "오, 훌륭하도다. 그 기술이 어떻게 여기에까지 이를 수 있단 말인가?" 포정은 대답 중에 아래와 같은 대목이 있다.

솜씨 좋은 요리사가 일 년에 한 번 칼을 바꾸는데, 그것은 살을 가르기 때문입니다. 평범한 요리사들은 달마다 칼을 바꾸는데, 뼈를 자르기 때문입니다. 지금 제 칼은 19년이 되었으며 수천 마리의 소를 잡았지만 칼날은 방금 숫돌에 간 것과 같습니다. 소의 뼈마디에는 틈이 있는데 칼날에는 두께가 없습니다. 두께가 없는 것을 틈이 있는 곳에 넣기 때문에 칼을 휘휘 놀려도 항상 여유가 있는 것입니다. 그래서 19년이 지났어도 칼날이 새로 숫돌에 갈아 놓은 것과 같습니다.

— 다음 백과(2019. 9. 23.)

포정은 한 자루의 칼로 한 마리의 소를 완전무결하게 해체했다. 그것도 무려 19년을 날도 벼르지 않고 같은 칼을 사용하고 있다고 말하고 있다. 포정에게 소는 하나의 유기체가 아니라 부분 부분(부위)으로 연결된 구조체에 가깝다. 부위와 부위가 연결된 '사이'를 '긍경'이라고 한다. 그 긍경으로 칼이 지나기만 하면 되었다. 육우가 지닌 해체의 플롯은 세상의 거의 모든 소들에 적용이 가능하다.

생산과 향유의 뫼비우스의 띠와 같은 플롯의 중요성은 문화가 다채로워질수록 더 절실하게 요구된다. 플롯은 소 자체에 대한 해체보다는 그것을 이용한 다양한 요리 비책과 연관이 깊다. 모든 소를 해체할 수 있는 플롯이 아니라 같은 부위를 반복 불가능한 맛으로 요리할 수 있는 레시피를 요구하는 시대다.

포정이 고기 부위를 해체하고 그에 따라 요리가 이루어지는 것이 아니다. 최선의 요리를 위해 부위 부위가 나뉘고 해체의 플롯이 마련된다. 이것은 과거 귀납이라기보다는 미래 귀납에 가깝다. 따라서 다른 형태의 연역인 셈인데 이것은 논리적이라기보다는 본질직관으로 그 정초를 삼는다. 기존의 삼단논법이 추구하는 결론의 필연성은 전체들의 형식적 본질에 정초한다. 그러나 형식적 본질은 과거나 미래가 아니라 현실 혹은 현실의 이면을 이룬다. 이 본질직관이 현재라는 영역을 정초한다.

연역의 역할은 그 자체로 명증한 직관, 그 자체로 명증한 일련의 합을 통해서는 존재하지 않는 진리로 귀결되는 것으로 나타난다. 그것은 연역이 아니며, 인식의 이성적 요인인 명증이다. 연역은 특정 진리들이 제일원리의 명증으로 귀착되는 데서 비롯되는 작용이다. 그것은 모든 이성적 인식에 특징적인 것이 아니라 대상들의 어떤 한정적 영역에서만 특징적이다. 후설에 의하면, 진리들이 유한한 수의 원리들로부터 연역될 때, 그 진리들의 영역은 '수학적'이거나 한정적인 다수성을 요청하는데, 이러한 것들이 곧 기하학과 논리적 형식의 세계의 대상이며, 보편 지식의 대상이다.
― 엠마누엘 레비나스, 2014, 200~1

과거의 플롯이나 양식은 주로 귀납적인 방식에 의해 지나간 것들을 호출해 의미를 구성했다. 이와 달리 문화적 플롯은 귀납적으로 수렴되는 구조들을 미래에서도 취한다. 직관적 세계가 경험의 흐름 속에 언제나 머무는 불변의 보편적 양식을 우리는 연구의 주제로 삼을 수 있다. 보편적 양식에 맞춰서 사물들과 그 사건들은 임의적으로 나타나고 경과하는 것이 아니다. 직관적 세계의 불변하는 형식에 의해 '아프리오리하게 결합해 있다'는 사실을 우리는 파악한다. 세계 속에 함께 존재하는 모든 것은 인과 규칙에 의해 직접적이든 간접적이든 보편적으로 함께 속해 있다. 특수하게 결합해 있는 사실에 관해 현실적으로 경험하는 것이 아무리 사소하더라도, 이러한 사실에 관해 앞선 경험에 근거해 알고, 앞으로의 경험에 대해 미리 지시하는 것이 아무리 적더라도, 그것은 아프리오리하게 명증적이다.(에드문트 후설, 2016, 107)
형식에 의해 다양한 반복이 이루어지는 것이 아니라 현실적이고 실질적인 다양한 반복을 통해 형식은 언제나 움직이면서 제자리를 지킨다. 미래 선험성, 시간 초월적 플롯, 플롯의 장소성 – 언어가 깃들 수 있는 최적의 장소화를 지향한다. 지붕이 없는 가장 강렬한 모빌리티의 집으로서 'Nest'를 지향한다. 새의 둥지, 지붕이 없는 집은 날기 위한 비상대(飛上臺)에 해당한다.

시스템

격(格)이나 격식(格式)이라는 말은 특별한 공간에 어울리는 행동 방식을 나타낸다. 인간의 공간과는 다른, 시간의 공간, 공간의 공간을 상정해 볼 수 있다. 이곳에서는 인간다움의 격, 격식이 작동하지 않는다. 격이나 격식은 능동성을 통해 의미를 얻는다. 자연의 공간에는 능동성보다는 수동성이 더 어울린다.

장소성을 인위적인 것, 작위적인 것으로 보면, 자연의 장소는 장소성을 잃고 만다. 곧바로 의미 없는 것이 되고 만다. '사람의 흔적'이 깃들어야 하고, 인위적인 관리가 이루어져야 한다. 그렇지 않은 자연은 위험하다는 생각이 후기산업사회를 지배한 것이 사실이다.

이런 의미에서 자연성은 '무장소성'과 통한다. 자연적인 태도가 하나의 삶의 자세이듯이 무장소성도 일종의 태도가 될 수 있다. "이러한 태도가 점점 지배적인 현상이 됨에 따라 깊이 있는 장소감을 가지거나 장소를 진정하게 창출하는 것이 점점 어려워지고 있다는 사실을 인식하는 것이다."(에드워드 랠프, 2005, 179) 사라진 자연과 함께 도시에서는 '무장소성'의 구현도 거의 불가능해졌다. 그렇다고 자연과 무장소성이 변두리 외곽으로 멀리 밀려나는 것은 아니다. 바로 도시의 이면으로 더 깊고 두텁게 파고든다. 이것이 무장소성의 수동적 역능을 이룬다.

장소성과 관련해서 중요한 것은 태도다. 그러나 장소성을 획득하고 장소감을 심화하는 데 인간의 능동적 개입을 강조하는 것은 공간을 하나의 의미 혹은 플롯에 고착하고자 하는 욕망일 뿐이다. 인간적인 것들, 인위적인 것들, 작위적인 것들이 공간에 자리하게 되면 다시 비워지는 일이 점점 더 어려워진다. 땅에 콘크리트가 덮이고 이것이 특정한 목적지에 닿는 길이 되는 인위적 플롯을 획득한다. 그렇게 되면 땅이 지리를 발현해 생명을 키워 내는 일은 거의 불가능해지고 만다.

대안의 하나로 제안할 수 있는 것은 장소의 플랫폼화이다. 다양한 의미가 소통할 수 있도록 다양한 노드를 놓는다. 진정성의 장소, 비진정성의 장소 모두 플랫폼을 지향함으로써 의미의 새겨짐, 확정을 연기하는 것 즉 '길' 자체가 되는 것이 다른 측면에서 장소의 중성화라고 할 수 있다.

> 진정성이 세계에 대한 개방성 그리고 인간조건에 대한 자각으로 이루어져 있듯이 비진정성은 세계와 인간의 가능성에 대한 폐쇄적인 태도이다. 이 둘 다 존재와 실존양식으로서 똑같이 중요하다. 하이데거가 고심하면서 강조한 것은 비진정성이 진정성보다 하위 차원이 아니라, 다른 차원일 뿐이라는 점이다. 비진정성은 진정성만큼 인간 실존에 필요하고 중요할 뿐만 아니라 정상적이고 일상적인 삶의 특징이다.
>
> — 에드워드 랠프, 2005, 179~80

장소의 진정성이 비움과 관련이 있다면 비진정성은 채움과 짝을 이룬다. 비움이 떠나기 위한 채움이라면, 비진정성은 머물기 위한 비움이라는 아포리즘을 이룬다. 주체의 입장에서 터미널, 공항, 역은 진정성의 장소에 해당한다. 식당, 경기장, 노래방은 비진정성의 장소에 해당한다. 비진정성과 진정성은 음과 양의 태극처럼 서로의 이면을 이루는 뫼비우스의 띠와 같은 구조를 형성한다. 진정성은 바깥으로 드러나는 존재성이다. 비진정성은 내부로 드러나는 실재성이다. 둘은 다른 차원 곧 서로의 이면을 이루면서 하나로 연결된다.

전환을 통하여 모든 것은 내면을 향한다. 이것은 우리 자신이 돌아선다는 것을, 하지만 또한 우리가 모든 것을, 우리가 관여하는 모든 것을 돌린다는 것을 의미한다. 이것이 바로 본질적인 지점이다. 인간은 사물들에 관련되어 있고, 그 가운데 존재하고 있으며, 그리고 인간이 실천 활동과 표상 활동을 거절하고, 자기 자신에게로 물러선다면, 그것은 그가 아닌 모든 것을, 초라하고 노쇠한 현실들을 몰아내기 위해서가 아니라, 차라리 그 현실들을 자신과 함께 이끌고 가서 그것들을 내면화시키기 위해서이다.

– 모리스 블랑쇼, 2010, 198

나는 사물이 아니고 사물은 내가 아니다. 그러나 둘은 하나처럼 만나야 특별한 의미를 만들 수 있다. 사물이 우리의 내면을 향하는 것으로는 부족하다. 우리 역시 사물의 내면으로 향해야 진정한 전환이 이루어지게 된다. 내부와 외부의 실재성. 진정성과 비진정성이 서로를 밀며 끌며 자가발전 시스템을 구성하기 위해 필요한 것이 전환이다.

6. 솜씨

마우스

중구삭금(衆口鑠金)이라는 말이 있다. 동해 용왕에게 납치된 수로부인을 구하는 방법으로 '노인'이 제안한 방법이 곧 '중구(衆口)'다. 여러 사람의 입이 모이면 쇠도 녹일 수 있다는 것이다. 이를 받아들인 순정공은 인근 고을 사람들과 함께 노인의 말대로 물을 치면서 '해가사'를 불렀다. 입 곧 말은 인간이 구사하는 가장 무서운 무기라는 것을 나타내는 고사, 속담은 여럿 있다.

입은 영어(英語)로 mouth라고 쓰고 마우스라고 읽는다. '마우스'를 포털에 입력하면 검색되는 것은 99%가 'Mouse'다. 이 말은 생쥐를 나타내는 말이었지만 이제 그 첫번째 의미는 '마우스'에 내주었다. 컴퓨터의 대표적인 입력장치가 Mouse다. 이 명칭은 생쥐를 닮았다는 데서 유래한 이름이라고 하는 것이 통상적이다. 그러나 'Mouth'와의 발음의 유사성에서 더 큰 해석적 의미를 찾아볼 수 있다. 요즘 새로 생겨난 말 중에 마우스 소문(Word of Mouse)라는 것이 있다.

'마우스 소문'을 통해 네티즌들은 이 댓글 시를 확산시켰다. 그리고 영상과 음악을 더해 멀티미디어 시 형태로 제작하는 등 이 댓글 시를 콘텐츠화하여 블로그, 페이스 북 등 자신들의 미디어에 공유했으며, 이 콘텐츠들은 다시 마우스 소문을 통해 끝없이 퍼져 나갔다. 이러한 바이럴효과를 통해 댓글 시인 제페토는 등단이라는 진입 장벽을 거치지 않고, 어떤 문학적 제도의 검열도 거치지 않은 채 수용자들에 의해 시인의 작위를 수여받았다.

— 이지원, 2017, 166

대중적 공감은 문단 외부의 기준과 안목을 가지고 독자 스스로 댓글을 문학으로 분류해 냈다. 그것을 단순히 읽는 데서 그치지 않고 콘텐츠화시켜 퍼 나른다. 독자는 2차, 3차 창작자이자 배급자가 되기를 자청했다. 입소문이라는 말은 손가락소문, 클릭소문, 손소문이라는 말로 대체될 것이다.

조선시대는 언문불일치(거의 완전한)의 시대였다. 우리의 근대는 한문 글쓰기에서 국문 글쓰기로의 전회로부터 비롯하였다. 고전과 현대가 텍스트에서 이렇게 극명하게 갈리는 때가 명확하게 제시된 것은 어떤 문화에도 없을 것이다. 언문불일치는 완벽한 언문일치로 급선회하였다. 그리고 1930년대 한글맞춤법통일안이 제정되고, 표준어가 정해지면서 글쓰기와 말하기는 다시 불일치로 돌아섰다. 그 표지가 1938년 정지용, 이태준의 주도로 창간한 『문장』지다.

『문집』을 글을 고도화하면서 말하기가 타락시키는 언어를 견인하고자 했다. 데리다의 에크리튀르는 언문불일치에서 문(文) 중심의 언문일치를 최고 목표 삼아 실현할 수 있는 가능성을 보여 준 한 예라고 할 수 있다. 그러나 그것은 대중의 삶, 언어생활까지 이어지기 전에 '인터넷'이라는 그물망에 의해 덮이고 말았다.

인터넷 글쓰기와 글 읽기는 단지 종이 문서에서 전자 문서로의 물리적 변화만을 의미하지 않는다. 인터넷은 모든 콘텐츠를 하이퍼링크를 통해 주입하고 검색 가능한 조각으로 분해하며, 이를 자신이 흡수한 다른 미디어 콘텐츠들로 빈틈없이 둘러싼다. 이와 같은 환경은 읽기 방식과 사유 방식을 바꾸어 놓고 의미 생산과정에 영향을 미치면서 글쓰기와 독서의 개념에 대한 근본적인 재성찰을 요구한다.

- 허만욱, 2012, 388

요즘 사람들처럼 많이 읽고 쓰는 이들도 없었을 것이다. 말하는 시간보다 쓰는 시간이 점점 늘어나고 있다. 의사소통을 통화로 하는 시간보다 SNS에 글을 써서 하는 시간이 훨씬 늘어 가고 있다. 그러나 이들이 쓰는 것은 글이라기보다는 말에 가깝다. 말을 쓰고, 말을 읽는 새로운 언문일치로 급격하게 일상의 쓰기/읽기가 선회하였다. 기존의 언문일치와는 구분해서 '문언일치'라고 써야 하는 것은 아닐까 할 정도다.

작가와 독자는 텍스트를 매개로 바로 연결되지 않는다(못 한다). 글쓰기에서 기록을 가능케 하는 것은 말하는 행위의 다양한 층위들에 고유한 지향적 외재화이다. 그러므로 고정이라는 문제 틀의 외연은 다차원적 구조를 가진 말하기 행위의 지향적 외재화라는 문제 틀의 외연과 같다.(리쾨르, 1998, 63) 언표는 입체적 다차원으로 복잡하게 얽혀 있다. 이 얽힘을 통해서 셀 수 없이 많은 공간들이 생성된다.

공간을 점령하는 도식에 선행하는 공간을 비우는 도식은 강력한 힘을 발휘한다. 그런데 여기서 공간이란 무슨 공간을 의미하는가? 공간과 관련하여 생산한다는 무엇을 의미하는가? 여기서 우리는 다듬어진, 그러니까 형식화된 개념에서 궤변의 기회로 전락할 우려가 있는 예시와 보기가 아닌 (더 근본적인) 내용으로 넘어가야 한다.

- 앙리 르페브르, 2011, 57

표현은 언제나 커다란 놀라움을 선사할 수 있어야 한다. 표현은 공간이 공간을, 공간에서 공간으로 공간이 되게 한다. 이 공간에서는 모든 격(格)조사가 가능성으로 남아 있고, 모든 서술어와의 관계 가능성이 열려 있다. 한정된 공간을 무한으로 나누는 것이 '표현'의 최종 목표인 셈이다.

재서술
인간은 직립보행을 통해 남다른 시선과 자유로운 '손'을 얻었다. '손을 쓰다'는 인간만의 고유한 서술이라고 할 수 있다. 손을 쓰는 일이 빼어난 결과로 연결될 때 우리는 솜씨가 좋다는 말을 한다. 머리가 없는 포유류는 없다. 손이 있는 동물은 지구에서 인간이 유일하다. 직립을 통해 손을 쓰게 됨으로써 인간은 공간을 층층으로 나누어 활용할 수 있게 되었다. 물리적 공간의 위상성의 강화는 손을 쓰는 것과 매우 밀접한 연관을 지닌다.

르페브르는 '손을 보자'고 제안한다. 손은 눈이나 언어에 비해 매우 단순해 보인다. 덜 복잡하다는 것이 덜 풍부한 것이라고 할 수는 없다. 손은 만지고 쓰다듬으며 움켜쥐고, 부수고 때리고, 대상을 죽음에 이르게 할 수도 있다. 어둠에서도 만지기를 통해 물질을 드러낼 수 있다. 촉각을 통해 자연과 스스로를 인식하고, 대상을 자연으로부터 분리시킨다. 몸과 몸의 리듬을 연장시키는 손은 대상을 변화시킨다. 근육의 노력은 노동의 반복적인 몸짓 혹은 놀이의 반복적인 몸짓을 통해서 에너지를 대량으로 움직이게 한다. 손은 접촉, 즉 만지고 쓰다듬는 촉각을 통해서 사물에 대한 정보를 탐색하는 동안에 에너지는 미세하게 사용한다.(앙리 르페브르, 2011, 319) 자신의 에너지를 대량으로 사용하면, 대상이나 정보의 변형은 불가피하다. 반면 에너지를 미세하게 사용하면 대상이나 정보의 속성을 그대로 유지할 가능성이 높다. 인간의 몸이 매체로서 작동할 때, 손은 몸에서 가장 중요한 역할을 한다.

인간의 감각은 크게 5가지로 구분한다. 직립의 위치에서 높은 곳으로부터 감각의 신뢰도는 점점 내려간다. 인간이 가장 신뢰하는 감각은 시각이다. 그 다음을 잇는 것이 청각, 후각, 미각 순이다. 촉각은 가장 하위의 감각으로 취급되었다. 중세에는 '전염', '퇴락', '타락'의 감각으로까지 취급되었다. 21세기는 누가 뭐래도 '터치(touch)'의 시대다. 열고 들어서기 위해 '터치'하지 않으면 안 된다. 공간을 장소로 만드는 데 가장 결정적으로 역할을 하는 것, 공간의 본질·본성은 파악하는 데 가장 최선의 방법은 직접 만져 보는 것이다. 우리가 일상을 산다는 것은 발로 움직여 손을 쓰는 일에서 크게 벗어나지 않는다. 특히 글쓰기의 일상은 당연히 텍스트로서의 일상을 '기술하는 일'이다.

일상사는 거시사와 달리 역사철학에 입각해 역사를 서술할 수도 있고, 그렇지 않을 수도 있다. 역사 인식은 '주관성 자체'를 피할 수 없다. 마찬가지로 주체 역시 역사의 '존재/인식'에 대한 하나의 객관성을 암암리에 지향할 수밖에 없다.(송석랑, 2015, 343) 그러나 단순하고 소박한 일상의 기록은 우리가 피해야 하는 것은 아니다. 해석의 문제는 사후적인 것이다. '소박한 비철학적인 태도나 철학적 허무주의'도 텍스트 이후에 오는 것이다. 행위가 이루어지는 과정에서는 유일한 목적은 행위 자체인 까닭이다.

일상사는 객관적 언어나 주관적 언어, 개념이나 관념의 언어가 아닌 일상어로 이루어진 이야기다. 서술된 역사는 과거의 것이 아니라 현재의 것이다. 가장 중요한 것은 기술하는 행위다. 역사는 서술하는 것도 일상을 벗어나 있는 것도 아니기 때문이다. 역사 인식이 주관성 자체를 피할 수 없는 것과 마찬가지로 역사도 철학도, 객관도 주관도 기술행위에서 벗어날 수 없다. '나는 움직인다. 고로 존재한다.'

찌르고 들어 올리며 저항하는 등의 형식에서 나는 물체를 지배하는 작용을 통해 멀리 떨어져 있는 자아로서, 우선적으로 세계 속에 있는 객체들의 물체적 측면에서 행동한다. 나는 나의 지배하는 자아의 존재만 실제로 자아 그 자체로서 고유하게 본질적으로 경험하며, 모든 사람은 자신의 것만 경험한다. 그렇게 지배하는 모든 작용은 움직이는 양상으로 경과하지만, 지배하는 작용은 '나는 움직인다'(나는 어떤 것을 만지고 찌르면서 손을 움직인다)는 그 자체에서는 다른 모든 사람이 그러한 것으로 지각할 수 있는 공간적인 물체의 움직임은 아니다. 나의 몸체, 특히 가령 몸체의 부분인 '손'은 공간 속에 움직인다.

─ 에드문트 후설, 2016, 386

   물체를 지배하는 작용, 물체와 맞닿을 수 있는, 주체와 대상, 대상과 대상을 나눌 수 있는 것이 '손'이다. 가장 활발하게 공간을 움직이는 것이 '손'이다. 손이 묶이면 언어도 묶이는 경우가 많다. 빨리 달릴 때 다리와 똑같이 손도 움직인다. 어둠 속에서 길을 찾는 때도 손을 더듬이처럼 움직인다. 몸을 전체로 옮기는 것이 서사적이라면, 손의 움직임은 다분히 서정적이다.

   손의 움직임을 무엇보다 중요하게 여기는 사람 중 한 명이 '아이러니스트'가 있다. 이들이 대상을 판단할 때 내세우는 기준은 자기 자신이다. 그는 자신의 용어로 자신의 삶을 요약할 수 있기를 원한다. 완전한 삶은 그의 마지막 어휘가 최소한 온전히 그의 것이었다는 확신 속에서 마감되는 삶이 될 것이다. 그러기 위해서 그들은 자신을 지배하고 있는 규준에 대해 저항한다. 그가 자신을 지배하고, 자신이 지배하는 힘을 온전히 발현하기 위해 자신을 억누르고 있는 규준에 대해 재서술하고자 한다.(리처드 로티, 1996, 186) 재서술을 통해 스스로가 파편으로 흩어지는 것도 감내하고자 한다. 재서술행위 자체가 가장 강렬한 자기 자신의 실현인 까닭이다.

날갯짓

사물 쪽으로 다가서는 손의 작업은 '그리기'다. 사물을 주체 쪽으로 당겨서 기록하는 것은 '쓰기'다. 세계와 주체는 그리기와 쓰기를 통해 손에서 펼쳐진다고 해도 지나친 말은 아니다. '솜씨'의 발현을 통해 사물과 주체, 사물과 사물, 주체와 주체는 근접에 이를 수 있을 뿐 결코 밀착하지(하나되지)는 않는다.

세계는 사태들의 연관과 행위 실천을 통해 공간적으로 개시한다. 거리와 방향은 각각의 실천적 관계에서 나온다. 하이데거가 도구로 표현했던 세계 속에서 만나는 존재자는 사용 연관에서 출현한다. 존재자는 장소에서 그것의 '손안에 있음'을 통해 실천적 교류에 상응해서 규정된다. 사물들은 근본적으로 '자리'를 가지며 거기에서 현현해 나온다.(카트린 부슈, 2010, 158)

이야기가 쏟아지는 별자리, 사물의 현존재가 사라진 자리에 '별자리'가 남는다. 그 빈자리의 자리는 이야기가 채운다. 주체의 사라짐은 죽음이다. 주체의 죽음 자리에도 이야기가 남는다. 그러니까 글을 쓰는 자는 벌써 죽음의 자리를 지나온 자. 모리스 블랑쇼는 이렇게 말한다. "죽을 수 있기 위하여 글을 쓴다 – 글을 쓸 수 있기 위하여 죽는다."

우리를 순환의 요구 속에 빠뜨리는 단어들, 우리가 찾아내고자 하는 것으로부터 결국 출발점만을 발견하게 하고, 그래서 이 출발점을 거기로부터 멀어지면서 다가갈 수밖에 없는 그 어떤 것으로 만들도록 강제하는 단어들. 하지만 이 단어들은 또한 다음과 같은 희망을 허락한다. 끝나지 않는 것이 예고되는 곳에서, 종결을 붙잡아 솟아오르게 하리란 희망을.

— 모리스 블랑쇼, 2010, 123

나의 죽음 이후에 나의 영혼은 솟구쳐 올라 공간으로 흩어질 수 있다. 또는 블랙홀에 빨려드는 것처럼 처음인 깊이까지 가라앉아 한 톨의 결정으로 맺힐 수도 있다. 그렇다면 나는 어떤 쪽을 선택할 것인가. 결국 그려지는 이미지에 의해, 씌어지는 언어에 의해 우리의 삶과 죽음은 나선(螺線)을 그리면서 오늘과는 다른 내일을 연다.

글쓰기의 자유는 잠의 경험에 관련되고, 그것의 좀 더 진정되고 위험이 덜한 형태와도 같다. 브르통의 친구들 각자는 순진하게도 미리 숙고한 잠 속에서 밤을 찾았고, 각자는 습관적으로 자아 밖으로 미끄러져 나가, 자신이 좀 더 자유롭고 보다 광활한 공간의 주인이라고 생각하였다. 이것이 "기쁨적인 정신위생을 고려"하여 종식시켜야 했던 혼란을 야기하였다. 여기서 신중함은 소용이 없다고 말할 수 있다. 그러나 '무분별함'은 그렇게 멀리 나아가지 않았다.

— 모리스 블랑쇼, 2010, 201~2

일상적 자아와 습관적 자아를 구분할 필요가 있다. 일을 하면서 돈을 버는 일상과 돈을 벌기 위해 일을 하는 습관의 차이는 크다. 일이 목적이 아니라 수단이 될 때 우리는 그것을 '일상'이라고 말한다. 자는 것처럼 쓰기, 누에의 잠처럼 어마어마한 변곡이 이루어지는 쓰기를 꿈꾼다. 기어다니기도 힘든 존재가 스스로가 죽음보다 깊은 잠, 고치 속의 잠을 통해 누구도 다음 행로를(스스로도) 예측할 수 없는 미결정성의 비행이 가능한 나비로 변곡(변태)한다. 쓰기와 잠, 잠으로써 쓰기,

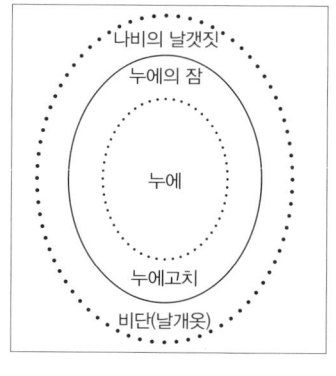

쓰기로서의 잠, 누에고치와 같은 텍스트, 텍스트와 같은 누에고치, 이것이 글쓰기가 발현할 수 있는 최대치의 자유다.

　누에는 고치 속에서 세계로부터 보호받는다. 그리고 세계 밖으로 누에를 끌어내는 요구로부터도 보호받는다. 누에는 예술가이고 고치는 잘 짜인 텍스트다. "작품 속에서 예술가는 세계로부터 보호받을 뿐만 아니라 세계 밖으로 그를 끌어내는 요구로부터도 보호받는다. 작품은 그에게 내밀성을 돌려주면서 일시적으로 이 '바깥'을 길들인다. 작품은 침묵을 요구하고, 작품은 근원적 경험의 말이라는 내밀성도 휴식도 없는 이 바깥에 침묵의 내밀성을 부여한다."(모리스 블랑쇼, 2010, 62) 작품이 요구하는 침묵의 시간을 견뎌 낸 이후에 작품의 미적효과는 '나비의 날갯짓'으로 실현한다. 나비의 날갯짓을 재현할 수 있는 인간의 몸은 '손'이다. 그리기와 쓰기는 인간의 날갯짓인 셈이다.

손

　세계가 주체로부터 개시된다고 동·서양을 막론하고 믿게 된 것 같다. 서구의 사유에 바탕을 하면 주체가 사라지면 세계도 사라진다. 동양의 사유에서 주체는 사라지는 것이 아니라 돌아가는 것이다. 인간을 이루는 천문(五運), 지리(六氣)로 흩어져 제자리로 돌아가는 것이다. 인간은 감정과 의도를 가지고 있다. 감정과 의도를 인간의 것, 인간에서 비롯한 것이라고 보면, 인간이 세계를 지배할 수 있다고 믿게 된다.

　예술품의 형식은 인간의 감정을 상징하고 있으므로 예술품도 그렇게 할 수 있다고 링거는 말했다. 한 점의 조각품은 저마다 개성을 구현하고 있다. 그러면서 사물로서, 예술품으로서 자기 세계의 중심이 된다. 조상(彫像)은 인식영역의 대상임에도 불구하고, 그것은 자신의 공간을 창조하는 것처럼 보인다.(이푸 투안, 2007, 203) 세계에 대한 인간의 자리가 조상(彫像)의 위치와 다르지 않다.

인간은 예술품이 획득한 미적 가치에 도달한 상태에서 꾸준하게 일상을 이어 갈 수는 없다. 예술품은 인간이 인간적인 것을 벗어난 어떤 특별한 순간을 담아 놓은 것이다. 그 작품을 창작한 예술가조차도 그 영역에 다시 도달하는 것은 거의 불가능하다. 자기가 만든 작품조차 장악할 수 없는 인간이 세계를 지배할 수 있다고 믿는 것은 커다란 착각이 아닐 수 없다.

자기감정(내부세계)의 의도(감정의 외재화)에 의해 열리는 것은 세계의 극히 일부분(티끌만큼도 되지 못하는)에 불과하다. 우리의 감정과 의도는 지구의 공전이나 자전과 같은 대표적인 생활세계의 변화에 조금도 관여하지 못한다. 인류는 운명적으로 내맡겨진(내던져진) 존재다. 우리는 수동적 자세를 유지한 채 온전히 세계와 연결되기를 바라는 수밖에 없다.

> 우주(cosmic vegions)에 대한 우리의 판단도 신체의 각 부분들과 연관되어 결정되는 한, 우리가 일반적인 지역(regions)에 대해 가지고 있는 개념에 따른다…… 내가 기본방위의 질서를 통달하고 있다 하더라도, 이런 질서가 진행되는 방향을 알고 있을 때에만 나는 그와 같은 질서를 규정할 수 있다. 그리고 아무리 완벽한 별자리 도표도, 내가 그것을 마음속에 완벽하게 그려 볼 수 있다고 하더라도, 알려진 지역 즉 북반부에서 일출은 어느 편에서 볼 수 있는지를 가르쳐 주지는 못한다.
>
> – 이푸 투안, 2007, 65

인간의 생존에 가장 필요했던 것이 '힘(근력)'이었던 때가 있었다. 마을 당산나무 앞에 놓인 '들독'은 한 사람의 노동력의 질을 평가하는 기준이 되었다. 힘을 쓰는 것이 제일 중요했던 시절은 가고 머리를 잘 쓰는 것이 인간의 최상의 가치가 되었다. 그 시기를 우리는 '근대'라고 부르고 있다. 과학기술의 눈부신 발전으로 인간 문화의 영역을 획기적으로 확장한 것은 두뇌의 힘이라고 보았다. 그런데 인간보다 머리가 비교할 수 없을 정도로 뛰어난 인공지능(AI)이 출현했다. 지구상에서 머리가 제일 좋은 존재는 이제 더 이상 인류가 아니다.

머리 좋은 순으로 세상을 지배한다는 위계적 발상도 무참히 깨지고 말았다. 지구의 존재 중에서 인간이 가장 뛰어난 능력을 발현하는 것이 '지능'이 아니라면 인간에게 남는 것은 무엇일까? 인간이 다른 포유동물과의 결정적으로 달라진 계기가 '직립보행(直立步行)'이라는 것을 부인하는 사람은 없을 것이다. 이 직립보행을 통해서 인간의 시야는 크게 넓혀졌다. 직립보행을 통해 턱이 들림으로써 숨쉬기가 매우 수월해졌다. 인간은 몸에 필요한 산소를 공급하고도 남는 숨을 확보하게 된다. 또한 기도가 열림으로써 다채로운 소리 내기가 가능해졌다. 직립보행을 통해 소리의 다채로운 분화가 가능했고, 인간은 비로소 '말'을 할 수 있게 되었다.

'언어'는 인간다움의 결정체다. 언어의 사용은 인간의 지능을 획기적으로 향상시켰다. 인간이 직립보행을 통해 얻은 가장 큰 혜택은 '손'이다. 인간의 기술은 보행에서 해방된 두 손을 통해 발전되었다고 해도 지나친 말은 아닐 것이다. 거의 모든 기술은 '손'으로부터 비롯한다. 기술의 발현 정도를 평가하는 말을 대표하는 것이 '솜씨'다. 지능을 겨룰 수 없는 인공지능, 힘·속도 등 물리적 능력을 겨룰 수 없는 로봇에 맞서 동시에 인간이 우위에서 겨룰 수 있는 마지막 영역이 바로 '솜씨'다.

인간의 손은 힘과 민첩성 그리고 민감성에 있어서 타의 추종을 불허한다. 인간을 포함한 영장류는 자신의 종의 구성원을 인식하고 부양하기 위해 손을 사용한다. 그러나 인간은 또한 자연환경을 탐구하는 데 즉 나무껍질과 돌을 주의 깊게 느낌으로써 자연환경을 구분하는 데 손을 사용한다. 성인은 피부에 끈적거리는 물질이 묻는 것을 싫어한다. 왜냐하면 그것이 피부의 분별력을 떨어뜨리기 때문이다.

— 이푸 투안 2007, 27

지구에서 최고를 가리는 기준이 머리가 아니라면 인간에게 남는 것이 있는가. '손'이 남는다. 손을 써서 물건을 만드는 재주를 가리켜 '솜씨'라고 한다. 이 솜씨야 말로 인간이 최후, 최고의 능력이 될 가망이 크다. 우리 몸의 위상성을 획기적으로 다양화하기 위해서 지각의 선들을 손을 노드 삼아 펼치고 오므릴 수 있어야 한다.

산책(散策)

손으로 원고지를 써 내려가듯 온몸이 하나의 붓이 되어 공간을 걷는다. 같은 길을 걸어도 매번 다른 쓰기가 되고 그 쓰기에 의해서 길은 언제나 새로운 길이다. 걷는 것은 쓰는 것이며 읽는 것이다. 걸으며 만나는 풍경에서 우리는 많은 이야기를 얻는다. 경관뿐만 아니라 독자로서 나는 내 안에 쓰인 이야기를 읽는다.

'오일러의 다리'는 위상을 대표하는 말이다. 이것은 산책과 관련되어 있다. 프로이센의 쾨니히스베르크(오늘날 러시아 칼리닌그라드)에는 강이 있고 강으로 둘러싸인 섬이 하나 있다. 섬을 잇는 다리가 7개가 있다. 운동이나 산책을 하면서 이 다리들을 모두 한 번씩만 건너서 출발한 곳으로 다시 돌아올 수 있는 방법을 찾았다.

아무도 답을 찾지 못하고 있을 때 오일러가 각 지점을 점으로 다리는 변으로 삼는 그래프를 고안하여 현재 상태로는 불가능하다는 것을 밝혀냈다. 오일러는 어떤 그래프에 한 꼭짓점에서 시작하여 펜을 떼지 않고 모든 변을 한 번씩만 지나서 처음 출발점으로 되돌아오는 길을 가지려면 각 꼭짓점에 연결된 변의 개수가 모두 짝수이어야 함을 증명했다.(1735년)(https://suhak.tistory.com/54 [수학 이야기])

살면서 작정하고 하는 것 중에서 무의미한 것은 많지 않다. 반면 산책·걷기는 무작정 나서야 의미 있는 것이 되는 경우가 많다. 그렇게 무작정 걸었던 사람들의 이야기를 우리는 어렵지 않게 만날 수 있다. 삶의 여백을 만드는 일이 곧 산책이기 때문이다.

> 워즈워스는 적어도 17만 5,000마일을 걸었다. 그들의 사례는 동시에 사람들에게 그리고 그 이후 다른 많은 부유한 사람들에게 보행 활동을 자극했다. 윌리엄 해즐릿은 하루에 40 또는 50마일을 걷는다고 말했고, 드 퀸시는 일주일에 70~100마일을 걸었으며, 또한 카츠는 1818년 레이크 지역과 스코틀랜드 여행 중간 642마일을 걸었다.
>
> — 존 어리, 2016, 140

걷기는 언어를 사용하는 것과 같다. 걷기는 물이 흘러가는 것과 같은 연속성을 속성으로 삼지 않는다. 징검다리를 건너는 것처럼 디딤, 디딤 걷는다. 걷기의 자국은 일정하게 남지 않는다. 화자가 언어를 사용하는 것과 비슷하게 걷기는 산책자를 통해 "지형학적 체계"를 습득한다고 말한다. 언어를 말소리로 현실화하는 것이 화행이다. 이와 마찬가지로 걷기는 공간을 장소로 실현한다.

> 도보자는 자신이 걷는 길에서 공간의 질서를 자체에 포함한 여러 가능성을 (그리고 금지들을) 활성화한다. 그는 "그러한 것들이(……) 존재할 수 있도록 도와주며 그것들에 하나의 현상을 만들어 준다." 그와 동시에 도보자는 존재하는 공간질서를 변화시키고 그 가능성을 더욱 활성화시킨다." 왜냐하면 길을 걷는 동안에 지름길, 우회로 그리고 즉흥적 결정을 통해 공간적인 요소를 선호하고 변화시키고 보류할 수 있기 때문이다.
>
> – 롤란트 리푸너, 2010, 360

우리가 걷는 것은 우리 스스로가 상상해 내는 가상의 길을 걷는 것과 다르지 않다. 그러니 매일 같은 장소를 걸어도 매번 다르게 걸을 수 있다. "언어는 끊임없이 스스로가 만들어 낸 가상에 몸을 내던짐으로써 자기의 알맹이랄 수 있는 순수한 언어를 위험에 몰아넣지 않을 수 없는 처지에 몰리고 만다."(마르틴 하이데거, 1983, 61) 자연경관 속에서의 걷기는 무의미를 향한 의미 있는 걷기를 지향한다. 반면 도시경관에서의 걷기는 의미를 향한 무의미한 걷기가 주를 이룬다. 걸으면서 도시를 배회하는 것을 '플라네리(flnerie)'라고 한다. 이것은 도시의 거리가 주는 풍경을 즐기면서 뜻밖의 발견을 통해 기쁨을 느끼는 순간을 일컫는다.

도시에서 산책을 한다는 것은 도시가 풍경을 펼쳐지고 방으로 감싸는 것이다. 몸이 도시를 지각하는 근거이며, 세계에 대해 열린 구조로 관계한다. 따라서 우리가 어느 곳을 걷는다는 것은 몸의 감각으로 그곳을 알아 가는 것이라고 할 수 있다. 길을 걷는 사람이 자신과 도시, 혹은 가로나 동네와 맺게 되는 관계는 무엇보다 먼저 어떤 정서적인 관계인 동시에 신체적 경험이다. 도시를 걷는 경험은 우리의 몸 전체의 반응을 촉발하기 때문이다.

― 신성환, 2011, 382

자연으로 스며드는 몸과 몸으로 스며드는 도시경관은 분명한 차이가 있다. 자기 자신이 자연으로 이루어지고자 하는 것은 의미 있는 무의미(무화)에 닿고자 하는 것이다. 반면 도시의 걷기는 주체로부터 밝혀지는 경관들이다. 도시만큼 인간의 확실한 주체성과 미미한 존재감을 동시에 갖게 하는 곳도 드물다. 이런 경관을 받아들이는 지향의 차이는 글을 쓰는 손을 통해 가장 잘 표현된다.

손으로 하는 행위로서 최선의 결과를 도출하는 것을 '솜씨'라고 한다. 손으로 할 수 있는 일 중에서 가장 의미 있는 것이 '글쓰기'일 것이다. 글을 쓰는 손은 '지고한 수동성'에 의해 움직여 나간다. 손은 수단이 아니라 일종의 목적이 된다. 몸의 산책과 같이 글쓰기는 손의 선택에 해당한다. 이러한 쓰기는 독립된 권능의 장을 연다.

불이(不二)

프랑스 철학자인 가브리엘 마르셀은 "개인은 자신의 장소와 별개가 아니다. 그가 바로 장소다."라고 말했다. 우리나라에 생산되는 농산물을 홍보하는 농협의 대표적인 문구가 '신토불이(身土不二)'다. 농경민족은 특히 태어난 곳에 묻히는 것을 간절히 소망했었다. 흙과 가까이 살았던 시대의 사람일수록 태어나고, 자라고, 살고, 죽음을 맞는 장소는 거의 같았다. 그러니 죽음 이후에도 같은 장소에 묻히고 싶어 한 것은 당연한 것이었다.

장소에 대한 인식·인지 과정, 의식작용 등이 개인의 정체성, 문화의 정체성을 이루는 일종의 플롯으로 자리한다. 장소성, 장소감은 의미의 장(場)을 형성한다. 이야기들 자체가 소통의 장(언어)이 됨으로써 안정감을 구축한다. 그 장소는 세계가 지향하는 풍경이면서, 세계로 향해 지향하는 것들의 근원으로 작동한다(不二性). 생명은 유기적 생명 구조와 무기적 생명 구조로 언어적 구분이 가능하다. 그 사이에 자리할 수 있는 것은 '비유기적 생명 구조'라고 할 수 있다.

들뢰즈는 '무기적 생명'을 긍정적으로 살핀다. 생명의 속성이 유기성이라는 것은 하나의 선입견일 수 있다. 유기적 생명, 비-유기적 생명, 무기적 생명으로 다양하게 펼쳐질 수 있다고 들뢰즈는 생각한다. 들뢰즈의 생각의 바탕에는 베르그송, 맑스, 빌헬름 보링거들이 자리한다. 맑스는 다른 동물들과 인간을 구분하는 전통적인 철학적 견해에서 크게 벗어나지는 못했다. 그러나 인간과 동물이 공히 무기적 자연으로부터 기인한 유적 생명을 가지고 있다고 사유했다. 비-유기적 생명이라는 것은 유기적으로 조직되지 않는 생명이라는 뜻이다. 이 말은 유기적 명령, 통일, 조화 등이 모두 배제된 생명이라는 뜻을 포함한다.(신지영, 2009, 78) 우리는 무기적 생명을 '공감'을 통해 느끼게 된다. 문학에서는 〈무아경 같은 공명〉으로 표현된다. 이런 공감 상태라면 우리는 거의 '모든 사물'들과 생명을 나눌 수 있게 된다.

유기체인 우리의 몸은 대부분 무기물로 이루어져 있다. 무기물인 우리의 육체는 유기체로서 생명을 부여받는다. 무기적 생명과 유기적 삶의 공명을 통해 우리는 삶을 죽음의 이면으로 삼고, 죽음을 삶의 이면으로 삼아 진동하며 흐를 수 있다.

이 공명을 최대치로 실현하는 것이 예술의 몫이자 역할이다. "이를 실현시켜 주는 것은 바로 스타일[문체]이다." "예술이 공명을 생산한다는 것은 명백하고, 이 생산은 〈문체〉를 통해 가능하게 된다." 들뢰즈의 윤리적 사유가 미학적인 쪽으로 전개되었다.(신지영, 2009, 80)

춤을 보고 아름답게 느껴지는 것은 유기적 생명체로서 '몸'의 움직임이 아니다. 그 몸이 유발하는 '의상'의 무기적 움직임이다. 아무리 아름다운 춤이라고 하더라도 거기에 맞는 스타일의 '의상'이 찢기거나, 벗겨지게 된다면 전혀 다른 느낌을 받을 수밖에 없다. 우리의 살갗은 생과 비'생(生)' 사이에서 유기보다는 무기에 가깝다. 이 살갗이 감싸고 있는 유기물의 아름다움은 오직 0.08mm의 무기적 살갗에 의해 보장되는 것이다. 모리스 블랑쇼는 "사물들과 방금 헤어진 어느 누구의 얼마간 거리를 준 무심한 시선으로 나는 그것을 바라본다."라고 말한다.

우리의 생명의 아름다움을 유기적인 것이 아니라 무기적인 것에서 찾을 때 우리는 우리를 좀 더 무심한 시선으로 관찰할 수 있게 된다. 이 무심한 시선 속에서 우리는 우리의 사물성을 복원할 수 있다. 스스로 사물성을 복원한 주체만이 다른 사물들과 거의 전체로 접목할 수 있게 된다.

– 모리스 블랑쇼, 2010, 218

'나는 그것을 바라보면서, 그것은 나를 바라보면서, 그것은 그것을 보고, 나는 나를 본다.' 존재는 비존재의 울림통이 되고 비존재는 존재의 현상을 통해 울려 나온다. 그리고 이것은 뫼비우스의 띠(태극)와 같이 무한히 반복된다. 그럴 때 마음은 이 우주와 인간이 나눈 말들의 거름이 된다.(신진숙, 2010, 239)

생활이 예술이 될 때, 우리는 새로운 생명으로 이행할 수 있다. 술어적 참여(수행적 참여)를 통해 우리는 익명성을 획득할 수 있다. 이렇게 자발적으로 주체를 소멸함으로써 우리는 예술작품의 형성에 능동적으로 참여할 수 있다. 이 참여를 통해 온전히 언어의 세계로 이행할 수 있다. 그 언어세계에서 예술작품으로 흐르기 위해서 주체는 더 분산되고 더 부서져 무기적 생명의 단계까지 파편화할 수 있어야 한다.

3D

텍스트의 평면적 의미를 입체화하는 것을 독자의 몫으로 맡겨 두는 것은 거의 의미가 없는 시대에 도달했다. 독자는 텍스트를 최종적으로 완성하는 사람들이 더 이상 아니다. 독자는 여러 텍스트를 연결하는 노드로 기능한다. 기존의 상상력은 '표현-표상-형상' 층위에서 제각각 작용하는 것으로 보았다. 이것은 각각 작가의 상상력, 언어의 상상력, 독자의 상상력에 해당했다. 저마다의 공간은 하나의 장소로 통합되지 못하는 까닭에 의미 부여는 표현-표상, 표상, 표상-형상의 차원에서 주로 형성되었다.

> 그러면 예술과 문학은 공간의 위상학적 연구에 대해 어떤 기능을 담당하는가? 상상적·문학적 지형학은 위상학적 기계이자 공간을 생산하는 실천이다. 어떤 매체를 통하든 언어예술이 관건이든 혹은 회화예술이 관건이든 간에, 묘사 사건이라고 하는 것은 거기서 형성하기가 위상학적으로 일어나는 장소이다. 이러한 것은 기호적 심층 의미에서 일어나는 것이 아니라 그림의 물질적 표면 그리고 언어의 물질성에서 일어난다.
>
> — 비토리아 보르소, 2010, 383

공간에 남겨지는 것은 흔적이다. 이 흔적은 특정한 이미지로 변신하고, 그 이미지에 의해서 새로운 의미가 발생한다. 공간은 공간 자체이다. 그림, 모상, 복사본 등 공간을 배낀 것이지 새로운 의미로의 도약을 추동하는 이미지는 아니다. 이미지는 "위상학적 배열의 형성을 의미하고 그것의 생산 실천을 의미하기도 한다." 보르소는 계속해서 이렇게 말한다.

텍스트의 표면에서 순차적으로 나타나는 시각들은 물질적인 거리를 고려하지 않는다. 근거리와 원거리 사이, 구체적인 것과 추상적인 것 사이, 시간 흐름과 순간 포착 사이를 오가며 진동한다. 이러한 다양한 시각의 결과가 텍스트공간에 반영된다. 진동은 공간의 위치화를 가능케 하는 도구와 내가 위치해 있지 않은 저 유토피아적인 곳 사이에서 일어난다. 오히려 개시되는 것은 주체와 세계로 짜인 두꺼운 직물 속에 위치하는 것들의 무한한 상호얽힘이다. 근본적으로 현상학적인 문제다.(비토리아 보르소, 2010, 371)

주체와 세계로 짜인 두꺼운 직물을 상상하는 것은 쉽지 않다. 텍스츄어 곧 직물의 방식으로 짜인 텍스트는 그 두께가 한정될 수밖에 없다. 뜨개 방식의 옷은 한 겹이 대부분이다. 누비(퀼트)의 방식은 두께를 더하는 데 유력한 방식이 될 수 있다. 그러나 이것은 이후의 가감이 거의 불가능하다. 마지막으로 펠트의 방식이 있다. 동물의 털을 밟아 모전(毛氈)의 방식으로 텍스트를 늘리고 두께를 더한다. 얼마든지 두꺼운 천을 만들 수 있는 방식이다.

> 영화작품들은 도상론적 그리고 내러티브적 구조를 넘어 공간구성 측면에서 서술될 수 있을 뿐만 아니라, 영화적 공간표상에 내재한 역사적·정치적 시각에서도 기술될 수 있다. 그럼에도 영화 관련 및 영화의 기술적 측면들과 관련해서는, 카시러에 의해, 특히 후설에 의해 현상학적 방법으로 확실해진, 수학적 공간과 심리생리학적 공간의 양립 불가능성 문제가 공공연히 뜨거운 이슈로 부각되기에 이른다.
>
> - 우테 홀, 2010, 112

수학적 공간과 심리생리학적 공간이 굳이 양립할 필요가 없다. 양립한다는 것은 하나의 공간을 배경으로 삼는다는 것이다. 역동성을 배가하고 위상성을 다양하게 확보하기 위해서는 차라리 둘을 서로 다른 공간으로 삼는 것이 유리할 수 있다. 다른 공간이 다양한 변곡을 통해서 위상적으로 연결될 때, 새로운 의미와 스타일을 창출할 수 있다.

공간연구는 공간성이라는 것이 어떻게 조건 지어지느냐에 초점을 맞춘다. 이렇게 공간적인 실체(實體) 혹은 연장 같은 조건보다는 공간의 구조적인 측면 내지 공간들의 위치관계들을 우선해 다루는 연구 방법을 수학자들은 '위상(수)학'이라 칭한다.(슈테판 귄첼, 2010, 11) 위치는 경도와 위도로 값을 나타낸 좌표라 할 수 있는 것이다. 위상학적 위치는 모든 변형에도 불구하고 끝내 변하지 않는 내면의 '공간'과와 관계 속에서 파악할 수 있는 것이다. 그럴 때 머그잔과 유리컵이 닮은 것이 아니라 머그잔과 도넛이 더 유사한 것이 된다.

7. 매듭과 매체

누에고치

실을 뽑아내는(잣는) 방식은 인류가 대동소이한 것 같다. 목화에서 딴 '미영'으로 실을 만드는 것을 '잣다'라고 한다. 무수한 짧은 실뭉치인 미영을 비틀어 뭉쳐 실을 잣는다. 이것이 인류가 가장 널리 쓰는 실을 뽑아내는 방식이다. 실을 잣는 데 쓰는 '물레'는 인류의 공통유산이라고 할 수 있다.

비단실은 누에고치에서 뽑아낸 것이다. 누에는 자신의 '실뭉치 분비물'로 실을 자아 고치를 튼다. 이 실을 자으면서 바깥으로부터 감아 스스로 누에고치의 중심을 이룬다. 그렇게 고치를 틀고 그 안에서 '날개'를 키워 내는 '변태'를 감행한다. 누에는 실을 잣는 물레인 셈이고, 누에가 자아 놓은 실을 인간은 뽑아내(풀어내) 쓴다. 누에는 자신이 자은 실로 지은 집에서 '기는 존재'에서 걷기, 달리기를 생략하고(건너뛰어) 공중을 '나는 존재'로 탈바꿈한다. 이런 획기적(혁명적) 변이, 변화·전환이 가능한 공간이 '생명의 장소'인 셈이다. 인간에게도 이와 비슷한 공간이 있다. 바로 '스토리'로 튼 '이야기 고치'다.

더더욱 스토리를 디지털시대, 현대사회 전체가 '시각의 바다'를 이루고

> 있는 현상들을 설명하고 담보하기에는 역부족이라는 것은 이론의 여지가
> 없을 것이다. 본고에서 우리가 감히 '스토리'를 넘어 '이미지'에 대한 연구
> 가 다각화·심화되기를 제안한 이유가 여기에 있다. 그리고 그 결정적 이유
> 는 여전히(이야기+하기)라는 수준에 머물러 있는 스토리텔링 개념만으로
> 는 설명할 수 없는 것들이 너무도 많기 때문이다.
>
> — 송종인, 2012, 163

 누에가 고치를 만드는 방법은 '틀기'다. 이것은 한 줄의 실로 공간을 둘둘 말아서 만든다. 하나의 이야기를 스토리텔링을 통해 특별하게 만들어 내는 서사능력은 '틀기'에 가깝다. 누에고치에서 뽑아낸 실은 염색과 짜기를 거쳐 비단이 된다. 이 비단으로 지어진 옷은 특별한 이미지를 연출한다. 인간이 지은 가장 작은 집(공간)은 '옷'이다. 인간은 특별한 장소에 맞도록 자신을 전환하기 위해 옷이 만든 공간 안에 깃든다. 옷과 몸을 특별한 장소를 연출한다. 장소의 연출이 이미지텔링이다.
 생활세계는 공간이 시간, 시간이 공간과 동시 발생적인 원-설립자로 주어져 작동한다. 이 특별한 '초월적 장소'는 세계 개시의 차원을 획득한다. 실제의 시간과 공간을 분출하는 '장소'의 초월론적 의미 연관체로서 실존은 부단히 리얼리티를 획득한다. 생활의 지평인 환경세계의 이면에 구체적인 상호주관성의 보편을 함축하고 있는 선험적 구조로서 자아의 리얼리티가 자리한다. 이 두 리얼리티를 통해 인간은 존재론적 위상학의 깊이를 갖는다.(송석랑, 2015, 329)
 생활세계는 시간과 공간으로 짜인 장소에서 펼쳐지고, 오므라든다. 이러한 특성을 반영한 시간의 선은 경도에 따라서 달리한다. 공간은 위도로 표시한다. 물론 이것은 기계적으로 나누어 놓은 것이다. 적도를 변곡선으로 해서, 계절(시간)은 바뀐다. 남반부의 여름은 북반부의 겨울이다. 남반부의 봄은 북반부의 가을이다. 지구의 생활세계는 그동

안 주로 시간과 공간으로 짜여졌다. 생활세계의 텍스트성은 이렇게 직조되어 의미를 담아낸다.

텍스트 역시 이와 같은 원리에 마련되는 것으로 보았다. 최근에 새로 인류의 삶에 결정적인 영향을 끼치는 세계가 열렸다. 사이버(Cyber)세계가 바로 그것이다. 우리가 사는 생활세계는 상대성이론이 적용되는 우주(거시세계)와 양자역학의 세계(미시세계) 사이에 경계로 존재한다. 사이버세계는 시간과 공간이 우왕좌왕 뒤섞이는 세계다. 세 개의 세계가 엮이는 사이에서 생활세계가 마련된다. 이 매듭에 깃들어 살면서 어떤 사람은 거시세계를, 어떤 사람은 미시세계를, 사이버세계를 주로 지향하면서 산다.

보로매우스의 매듭에는 비중이 똑같은 3개의 매듭의 관계 속에서 드러나는 빈 곳이 있다. 그것은 매듭의 내부이기도 하고 외부이기도 한 곳이다. 이 빈 곳은 보로매우스의 매듭이라는 상징적(일관적) 형태를 표현한다. 매듭이라는 일관성을 견지하지만 논리적인 것과는 거리를 두고 있으며 무엇으로 고정시킬 수 없는 '위태로운' 일관성을 속성으로 한다. 이것이 바로 라캉이 말하는 실재적 일관성이다. 그러나 정신적으로 언제나 흔들리는 인간은 이러한 위태로운 일관성에서 일관성을 지속하기보다는 '위태로운'을 지속함으로써 자기 정체성을 유지할 수 있다.

묶이기 시작하는 지점, 풀리기 시작하는 지점에서 보로매우스 매듭은 위상성을 획득한다. 이것이 풀리기 어렵게 묶이거나, 묶이기 힘들게 풀려나기 시작하면 병리현상으로 드러날 수 있다. 전자는 결벽증으로 이어진다. 라캉은 정신병(망상증)을 보로매우스의 매듭의 고리가 완전히 풀려서 하나 혹은 둘로 추락된 형태로 표현한다. 후자가 여기에 해당한다.

세 개의 세계가 엮어지는 사이에 마련된 생활세계는 타오르는 회오리처럼 역동적으로 구성된다. 텍스트와 텍스트의 반복적 짜임은 다양한 '플롯'을 이룬다. 퀼트와 팰트, 텍스트의 보로매우스적 결합을 통해 다채로운 결의 표면, 표상을 얻는다. 매듭과 매듭 사이에 안이면서 바깥이고 바깥이면서 안인 공간이 여기저기에 마련되어 '고치'를 예비하고 있다.

매듭

없어야 있는 것들이 있다. 보이는 순간 사라지는 것들, 가령 신, 예술, 사랑과 같은 것이 대표적이다. 있는 것은 보여야 한다고 믿는 합리성의 인간에게 작품은 적잖이 위험하다고 블랑쇼는 말한다. 이들은 작품에서 신성한 것의 위엄과 과도함을 빼앗으려고 한다. 그래서 "작품을 자신의 수준에서 보존하려고 하고, 작품 속에서 주인공으로, 성공으로, 다행스럽고 합리적인 작업의 완성으로 스스로를 확인하려고 한"(블랑쇼, 2010, 338)다고 말한다.

> 보이는 것은 보이지 않는 것을 위해 필수적인 것이고, 그것은 보이지 않는 것 속에서 구원된다. 하지만 그것은 또한 보이지 않는 것을 구원하는 것, 두 극 사이에 가치의 균등을 회복시키는 성스러운 대조의 법칙이다.
>
> — 모리스 블랑쇼, 2010, 217

데칼코마니에서 원본이 어느 쪽인지 우리는 알 수 있는가. 시와 반시 중 어느 쪽이 진짜 시인지 알 수 있는가. 진짜 거짓말과 가짜 거짓말, 나쁜 참말과 좋은 거짓말은 어느 쪽이 더 윤리적인가를 따질 수 있는가. 시는 반시를 위해 바쳐진다. 반시가 시를 위해 바쳐지는 것처럼. 사랑은 반사랑을 위해 바쳐진다. 입자와 반입자, 물질과 반물질은 그 경계를 스스로 애매하고 모호하게 만듦으로써 역동성을 배가한다.

'부분들 간의 상호연관'은, 리스팅에 따르면, 태동 방식의 결과 그것이 평면 형태 아니면 다층적으로 굽어 있는 형태로 나오든 간에, 아주 단순한 것이어서, 마치 하나의 원판면의 경우처럼 통과 부분이나 구멍이 없고, 하나의 순환 주기적인 가장자리에 의해 완전히 한계 지어져 있는데 이 순환 주기적 가장자리는 그것의 양쪽 면 중 한 면에 있는 장소에서 반대편에 놓인 면 위에 있는 장소로, 면을 관통하지 않고 도달하려 할 때, 필연적으로 그 어딘가에서 건너뛰어야 하는 것이어서, 그 가장자리는 두 개의 서로 분리된(동일한 크기의) 양면의 면적영역들을 나누는 유일한 경계선이 된다. 이 단순하게 상호연관된 면을 리스팅은 자신의 가장자리를 묘사하는 순환 주기의 가로막면 혹은 격막이라 칭한다.

— 마리 루이제 호이저, 2010, 256

우리은하의 구조를 원반형이라고 말한다. 이 원반의 두께는 빛의 속도로 3만 년을 달려야 한다. 격막의 지경, 격막은 단순하게 가르다, 구분하다의 의미를 넘는다. 경계성은 '비경계성'을 통해 모든 것을 포섭하는 '위상적 영역'으로 자리매김한다. 이 위상적 영역에서 상상력은 무한까지 확장할 수도 있고, 극한까지 수축할 수 있다.

퇴행과 진보는 진정하게 대립된 과정 전체를 대표할 수 없다. 단일한 상징화의 과정의 범주를 이루고 있는 두 개의 한계를 표현하기 위하여 사용하는 추상적 용어다. 신경증적 경향이 꿈을 반복과 복고주의를 향하게 한다. 신경증이 자아로 하여금 스스로에게 향하는 진로 행위를 촉발한다. 꿈은 이 두 기능 사이를 넘나들고 있는 절충점이 아닐까?(폴 리쾨르, 1983, 119) 꿈은 열린 공간이다.

퇴행과 진보는 단순하게 물러나고, 나아가는 것이 아니다. 일원적인 것의 나아가고 물러나는 것을 넘어선다. 둘이서 혹은 셋이서 드러나고 감춰지고를 반복한다. '오락가락'의 비틀림, 꼬임, 따임과 같은 것이다. 언제나 패턴을 넘어서는 패턴이다. 패턴을 완전히 상실한 신경증적 경향은 추억을 찾는다. 추억은 잘 다듬어진 시간이어서 위태해진 존재가 깃들기에 좋은 '장소'가 된다.

시간은 연대기적 순서로 흘러가는 것이 아니다. 시간은 마치 뫼비우스 띠처럼 꼬이게 되는 것이다. 또한 연대기적 순서에 의한 현재와 과거를 구분하는 것은 불가능하게 된다. 인물의 혼동, 장면에서 현재와 과거의 구분이 불가능한 것처럼, 결국 이것은 현재와 과거의 구별 불가능성으로 연역된다. 현재의 이미지 속에서 과거의 이미지들을 지속적으로 보게 되는 현상을 말한다. 바꿔 말한다면 과거와 현재의 공존이다.(최광식, 2004, 357)

과거·현재·미래가 '따인' 보로매우스의 매듭은 가장 다채로운 공간과 맞닿아 있다. 그 매듭은 완전히 정지한 상태로도 활발하게 흐르는 공간을 창출한다. 어느 공간은 이제 막 '꼬임' 속으로 접어들고, 이제 막 '따임'에서 풀려나기도 한다. 미끄럼을 타기도 하고, 옹달샘처럼 고이는 공간도 있다. 우리가 현재라고 하는 것은 과거적인 것, 현재적인 것, 미래적인 것의 매듭으로 잡히고 접힌 공간이다.

뒤집기

주관적 시간을 객관화한 것이 '시계'다. 시계의 시간은 공간화된 시간이라고 말한다. 객관적 공간을 주관화한 것이 장소다. 객관적 공간을 장소로 만드는 것은 스토리이다. 스토리에 의해 객관적 공간은 주관적 축으로 발산한다. 주관적 축은 "본질적으로 4개의 기본방향을 향하는 수평면이다. 순환적 시간—태양의 운동과 추의 운동과 같은 계절

변화 – 은 객관적 공간에 위치한다."(이푸 투안, 2007, 197)

평면 위로 뜨고 지는 태양과 달 그리고 별들은 평면을 감싸면서 공간의 품을 만든다. 이 입체적 품을 가득 채우고 밀도를 달리하면서 계절은 온다. 시간을 더해 짙어 가면서 그다음 계절이 온다. 이 모든 것들이 달과 태양과 행성의 움직임에 의해서 만들어지는 것이 아니다. 지구의 움직임이 거의 모든 것들을 유발한다고 할 수 있다. 지구는 자전을 해와 달을 뜨고 지게 만들면서, 태양을 돌아 계절을 만든다. 이때 사람들은 보이는 것을 보이는 대로 말하면서 – 해가 뜨고 진다, 계절이 오고 간다 – 그것은 사실이 아니라는 것도 말한다. 이 패러다임의 변화를 가져오는 데 인류 역사의 대부분의 시간이 소요되었다.

> 지리학에서 패러다임의 도입 당시 세계관, 연구 분야, 연구방법론에 대한 패러다임의 스케일을 고려하지 않았다. 공간분석 지리학자들은 하나의 혁명으로서 패러다임을 주장하였지만, 그들의 주장은 세계관 스케일에서의 변화라기보다는 연구 방법에서의 변화를 제시하는 수준에 머물렀다.
> – 이용균, 2006, 96

패러다임은 거시적 스케일의 세계관, 중간 스케일의 연구 분야, 미시적 스케일의 연구 분야 등 다양한 위상에서 구축되고 변화를 시도한다. 이 세 가지 위상을 모두 포함하고 있는 것이 커다란 나무의 '씨앗'이다. 이것은 다양한 이미지를 품고 있는 어휘에 비유할 수 있다. 대지는 씨앗을 품고 있다. 적정한 자리의 흐름을 타고 천문을 읽고 최적의 시기에 씨앗을 깨워 올린다.

하나의 주체가 특별한 마음을 유지한다는 것은 대기의 분위기와 대지를 흐르는 시간성 위에서 주체의 활동을 지속한다는 것을 의미한다. 분위기와 시간에 감염된 정신의 상태는 경험하고 사유하는 주체와 구별된다. 그럼에도 마음은 주체의 것처럼 보인다. 주체의 마음은 주체가 간직할 때는 마음이 되지 않는다. 우리의 마음은 '주어야 하는 것'이다. 그래야 특별한 관계맺음이 가능하다. 그럼에도 마음은 주체의 것이라는 것을 부정할 수 없다. 마음은 주체와 어떤 본래적인 관계를 맺지 않는다. 그럼으로써 마음은 몸을 전유하고, 몸은 마음을 전유할 수 있게 된다.

물론 이것은 주체에게 너무 많은 부담을 주는 것이다. 언제나 상태에 따라 발생하는 주체로서 '나', 기술하면서 기술되는 주체는 정신 상태가 발현되는 장소가 아니다. 정신 상태 속에서 주체가 발현하는 것으로 전환하면 주체를 과도한 부담에서 벗어날 수 있게 할 수 있다. 그러면 죽음과 같은 극단적인 불안과 속박에서 조금이라도 풀려날 수 있다.

〈틈이 벌어지는 순간〉이 현재니 과거니 미래니 하는 것의 틈을 자꾸 벌려 나가는 순간부터 비로소 상재하는 것을 바탕 삼아 서로가 하나가 될 수 있는 계기가 이루어지는 것이다. 우리가 하나의 대화가 된다 함은 "시간이라는 것이 존재한다는 그 순간부터. 시간이 생겨난 이후, 그때부터 우리도 역사와 더불어 존재하게 되는 것이다." 이 두 가지, 고쳐 말해서 하나의 대화이자 역사가 된다는 계기는 함께 태어났을 뿐더러 서로 관련이 있기 마련이고 똑같은 것이다.

— 마틴 하이데거, 1983, 64

고정불변의 변화, 변화의 고정불변 사이에서 틈이 생겨난다. 이 틈은 순식간에 드러났다가 사라진다. 지속과 현존은 늘 그렇게 있으면서 꼭 그대로 있다. 그러나 그 섬광과 같은 출현으로 인해 가장 강렬한 수동적 움직임을 나타낸다. 에피파니는 특별한 계기를 통해 시간이 퍼져 나가면서 스스로를 열어 보이는 순간을 뜻한다. "인간의 상재하는 것의 현재에 부딪치는 그 순간부터 인간은 비로소 변전(變轉), 다가옴, 물러감과 같은 것에 부딪치게 된다."(마틴 하이데거, 1983, 64) 여기에는 어떤 까닭이 있을 수도 없고, 없을 수도 없다. 지속하는 것만이 변전할 수 있는 까닭이다. 이 변전의 통로가 스스로 여는 '틈'이다. 틈이 벌어지는 순간 하얗게 부서지는 변전이 발생할 수 있다. 안과 밖이 뒤집히면서 새로운 공간을 펼친다.

바이럴루프

조선시대 훈민정음은 '언문(諺文)'이라 부르기도 했다. 정음의 뜻을 폄훼하는 의도가 담긴 명칭이다. 조금만 비틀어 보면 사실 훈민정음은 어문(語文)보다는 언문(言文)에 최적화된 글자다. 언문(言文)은 1909년 지석영이 짓고 정기신이 교정한 국어사전 형식의 교과서의 이름이기도 하다. 요즘 젊은이들처럼 글을 많이 쓰는 이들도 없었을 것이다. 'SNS(소셜네트워크시스템)에 소통되는 언어는 '글'이다. 그러나 이 글은 글(語)보다는 말(言)에 가깝다. 조선시대의 언문은 요즘으로 치면 SNS에서 소통하는 글로 된 말과 같은 역할을 담당했다. 훈민정음(訓民正音)에서 정음(正音)은 소리[音]에 방점이 찍힌 명칭이다.

누구의 작명인지는 명확치 않지만 많은 연구자들은 '한글'은 주시경 선생이 명명했다고 보고 있다. 한글은 말이 아니라 글에 방점이 찍은 명칭이다. 훈민정음 곧 언문에서 한글로의 전회는 전혀 다른 지향의 언어생활을 개시한다. 그리고 디지털시대에 들어 말과 글은 그 위상이 매우 어지럽게 얽혀져 있다.

매체의 의미 생성과 텍스트의 의미 생성은 의미 생성이라는 기호학적 방법론에 의해 동일하게 묶일 수가 있다. 그런데 재매개화론의 주창자인 몰티와 그루신은 그들 책의 서문에서 재매개화 문제는 텍스트 자체가 아니라 매체의 형태(form)에만 오직 국한되는 이야기라고 규정하고 있다. 만일 재매개화 과정에서 텍스트를 언급하게 되면 재매개화는 맥루한의 '메시지' 개념이 되어 버린다는 것이다.

— 신재훈, 2008, 241

    쓰기는 일차적 지위, 원재료, 장르 선택을 통해 매체를 결정하는 특권적 지위를 누렸다. 하지만 다매체시대를 맞아 매체가 쓰기를 변화시킨다. 일찍이 바흐친은 '장르가 아니라 크로노토프'라고 말하기도 했다. 기존의 장르개념은 이제 거의 쓸모를 다했다고 봐도 무방하겠다. 특히 하이퍼미디어적인 전자책은 종이책에 대한 유사성과 친화성을 완전히 포기한 채 새로운 정보의 조직과 재구성 방식을 보여 준다. 글쓰기의 공간과 조작 가능한 수단이 바뀌게 되면 글쓰기의 방식과 사고 또한 재조직된다는 것을 반증한다.(허만욱, 2012, 391)
    매체는 언어 구성물을 나르는 소통 통로다. 그런데 매체가 다양화되고 거의 모든 구성물들이 디지털화되고 있다. 같은 층위, 같은 속성의 재료로 만들어져 다양하게 소통할 수 있는 환경이 조성되었다. 이제 매체가 없으면 소통 가능한 언어의 존재도 확신할 수 없다. 르페브르도 "확실히 물리적인 실현 매체 없이는 관계도 없다."고 말한다.

    '매체'에 의해 지탱되며 이동되는 관계, 이 관계와 매체가 맺는 관계는 무엇으로 이루어지는가? 질문을 복잡하게 만들고, 암시적으로 만들어 버리는 것은 답에 접근하게 해 준다기보다는 그 질문이 얼마나 난제인가를 보여 준다. 로고스와 언어의 이론가들(헤겔과 마르크스 같은 사람들)은 이러한 어려움을 제대로 간파했다. 언어 없이는 사고도 성찰도 불가능하며, 감각, 입, 귀 진동하는 공기층, 음성, 분절화된 기호의 발화 등 물리적 실현 매체 없이는 언어도 존재하지 못한다.

— 앙리 르페브르, 2011, 566

지금은 물리적 실현 매체와는 비교할 수 없이 다양하고 복잡한 매체들이 디지털화를 통해 소통에 참여하고 있다. 매체의 다양성은 환경, 전경화된 소통 환경, 목적성 등에 국한하지 않는다. 현재 독자는 '웨어러블컴퓨터'의 전 단계로서 다매체 미디어를 실현할 수 있는 '스마트폰'을 휴대하고 있다. 개별 독자들 한 명 한 명이 독립된 매체다. 장르의 형성과 변화 과정에서 독자의 역할과 이와 관련된 문화적 조건을 너무 강조할 경우 장르의 자율성을 해칠 수 있다는 우려도 있다. 그러나 장르가 지닌 독자성들은 모두 매체 속으로 녹아들고 있다.

장르는 오랫동안 문학의 언어를 지키는 중심에 자리한 성(城)이었다. 장르의 해체와 교섭에 관한 이야기들이 활발하게 일어났다. 그러나 이것은 모두 문학이라는 성(城) 안에서의 일이었다. 장르는 복잡하고 다양한 문학 현실을 특성한 소통방식과 구조로 가름해 준다는 점에서 선별적이면 제도적인 성격을 띠었다. 사회제도와 마찬가지로 문학 장르도 사회적 의존과 독자적인 자기 규범 사이에 매여 있었다.

장르 시학에서는 장르의 자율성과 독자성을 강조했다. 장르의 사회적 관계가 더 강조되기도 했다. 장르의 역사는 문학적, 사회적 제도의 역사이며, "제도화 과정과 탈제도화 과정"이 역사의 역동적인 계기로 작동하기도 했다.(라영균, 2017, 208) 장르의 새로운 가능성을 타진하기도 전에 문학도, 사회도, 역사도 모두 매체 속으로 녹아들고 있다. 독자의 매체성이 강조되면서 급진적으로 바이럴(viral) 문학성에 주목하는 시선도 있다.

전염성이 내재된 콘텐츠는 자기 복제 서비스를 통해 급속도로 확산되고 빠르게 수용된다. 디지털 기술이 제공한 무한 복제성이 소셜네트워크와 결합되어 극적인 증식효과를 만들어 내는 것이다. 이와 관련해 페넨버그는 디지털세계에서 바이럴리티(virality)가 갖는 중요성은 자연계에서 종의 번식이 차지하는 그것과 같다고 말한다. 바이럴루프는 서로 연결되고 싶어 하는 인간의 본능적 욕구를 활용하는 것이다.

- 이지원, 2017, 164

'루프'는 전파속도를 최선의 과제로 지향한다. '발 없는 말이 천 리를 간다'는 것은 '루프'의 한 전형을 담고 있는 말이다. 바이럴은 바이러스와 같은 확산력을 나타낸다. 바이럴루프는 전방위로 빠르게 확산하는 것을 가리킨다. 문학성은 미적 주체, 미적 대상, 미적 언어, 비평 속에서 발견되는 것이 아니다. 누가 예비하고 있는 것도 아니다. 소위 '입소문'은 이제 '손소문(마우스소문)'이 되어 퍼진다. 문학성까지도 사후적인 것이 되고 있다. 서서히 비평의 전성시대도 저물고 있다. 가장 비관적인 입장에서 비평은 사후약방문(死後藥方文)이 될 공산이 크다.

사다리

비트겐슈타인이 발명한 말 중 오늘날에도 널리 회자되는 것이 '사다리'와 관련된 것이다. "사다리를 딛고 올라간 후에는 그 사다리를 던져 버려라." 그리고 많은 사람들은 새로운 위상공간으로 인도한 대표적인 사다리가 "말할 수 없는 것에 대해서는 침묵하라."이다. 비트겐슈타인의 사다리는 언어와 언어 사이를 오가는 길과 다르지 않다. 같은 길을 두 번 오갈 만큼 한가로운 인생은 없다. 그리고 한 번 간 길이라고 하더라도 다시 갈 때 똑같은 시·공에 놓인 길일 리도 없다. 사다리를 오르기 전의 나와 오른 후의 나는 다른 나이다. 그 사다리는 굳이

버리지 않아도 다른 데로 건너가는 길이 되거나 나팔꽃이 타고 오르는 지주목으로 훌륭하게 전유될 것이다.

이것은 푸코의 핵심 전언인 한 차례도 반복하지 않는 삶이 자신에게 줄 수 있는 최선의 선물이라는 선언과 겹친다. 비트겐슈타인이 언어에 집중하였다면, 푸코는 언어 사이를 헤매며 노는 주체에 집중하고 있는 것이 차이라면 차이겠다.

비트겐슈타인은 『논고』의 사다리를 다른 길로 내어 주고 『철학적 탐구』에서는 언어가 사용하고, 언어를 사용하는 '삶의 맥락 안으로' 들어온다. 상식적인 수준에서 이해하면, 이 우주에서 가장 빛나야 하는 것은 한 차례 주어진 '각자의 생활(삶)'이어야 한다는 것이 비트겐슈타인 후기 철학의 바탕에 깔려 있다. 그리고 그 삶을 끊임없이 개선시키는 일상을 구성할 것을 당부한다. 이것은 푸코가 『주체의 해석학』에서 줄기차게 강조하고 있는 '네 자신을 배려하라'는 것과 일맥상통하는 것이다. 비트겐슈타인이 일상의 위상학자였다면, 푸코는 주체의 위상학자였다고 할 수 있다. 현대적 주체철학자의 면모를 도처에서 보여 준 들뢰즈가 푸코를 위상학자라고 칭한 것도 이러한 점을 간파했기 때문일 것이다.

한 차례도 반복하지 않는다는 것은 '포즈'를 취하지 않는다는 것이다. 즉 멈추지 않고 '흐른다'는 의미다. '사다리' 위에서 움직이고, 길 위에서 움직여 나가는 것이다. '메타성'을 잃지 않는 것이 곧 살아 있는 것이고, 위상학적 전략의 핵심이기도 하다.

언어 밖의 대상을 지칭하지 않고, 다시 언어 안의 다른 언어기호를 가리키는 언어를 메타언어라 할 수 있다. 그리고 이 메타언어에 의해서 지칭되는 언어를 대상언어라고 부른다. 따라서 대상언어와 메타언어의 개념은 상호적 개념으로 하나가 다른 하나를 조건 짓는다.

— 신형욱, 2003, 494

언어와 언어 사이를 건너는 것은 메타언어의 목표가 아니다. 메타언어는 언어와 언어로 짠 사다리를 타는 언어다. 이것은 언어 밖의 세상을 더 이상 지칭하지 않아도 된다. '사다리'만 짜 주면 된다. 사다리를 길 삼아서 언어와 언어 사이를 끊임없이 건너는 것이 삶이고 일상이다. 사다리가 언어가 되고 또 길로 전유되고 재전유되는 과정이 문학과 예술이다.

양자역학의 관점에서 보면 올라가는 순간의 사다리와 올라간 이후의 사다리는 다르다. 관찰의 위치가 완전히 바뀐 까닭이다. 올라간 이후에 돌아보았을 때 거기에 있는 것은 같은 사다리가 아니다. 사다리는 버려지는 것이 아니다. 건너온(올라온) 후에는 사다리가 아니라 다른 것으로 관찰되는 것이다. 따라서 사다리와 사다리 아닌 것, 길과 사다리, 과정과 목적지의 구분이 없어지는 까닭에 우리가 가질 수 있는 것은 주체나 대상이 아니라 그 사이뿐이다. 메타 위상 전략은 사다리와 사다리와 사다리……를 놓는 것을 플롯으로 삼는다. 플롯의 변화를 꾀할 수 있다면 우리는 삶의 변화에 개입할 수 있다. 메타성이 단어 차원이 아니라 플롯 차원에서 발현될 때 '위상성'은 고도화, 다양화될 수 있다.

메타

'메타(meta)'라고 하는 말은 '~후' 또는 '너머'의 뜻을 지닌 희랍어에서 나왔다. 일정한 대상을 두고 그와 다른 차원에서 움직이는 동종의 추상적 대상을 가리킬 때 사용되는 상대적인 개념이다. 공통속성을 토대로 주로 추상(원관념)과 구체(보조관념)를 잇는 은유(metaphor)와는 구별된다.

메타는 은유에 비해 자기 지시성(self-referentiality)이 훨씬 강하다. 또한 은유가 단어, 문장 등 의미의 확장과 관련된다면, '메타'는 정체성의 확장, 심화 즉 '주체'의 문제와 관련이 깊다. 가령 '메타언어'라는 말은 '언어에 대한 언어'라고 할 수 있다.(신충주, 2016, 124) 메타시는 '시에 대해 시로 쓴 시'가 된다.

> 바로 이런 이유에서 우리가 살고 있는 시대는 인간이 최초로 자신의 언어적 본질을 경험할 수 있는 시대가 된다. 언어의 이런저런 내용이 아니라 언어 자체, 이런저런 진리의 진술이 아니라 언어를 말한다는 바로 그 사실을 말이다. 우리 시대의 정치는 전 지구상에서 전통과 믿음, 이데올로기와 종교, 정체성과 공동체를 부수고 비우는 파괴적인 언어 경험/체험이다.
>
> — 조르조 아감벤, 2014, 115

다양한 영역의 담론들은 다양한 분야에까지 자신의 언어가 파고들어 영향을 끼치기를 바랐던 때도 있었다. 문학의 사회참여나 문화적 역할을 강조했던 때가 불과 10여 년 전이다. 매체 중심의 사회가 본격화하면서 하나의 분야는 여기저기까지 굳이 힘들여 건너다닐 필요가 없어졌다. 스스로에 최선을 다해 집중을 해도 충분히 소통이 가능하고 영향을 주고받을 수 있는 매체 환경이 조성되었다.

언어는 언어만 바라봐도 되고, 시는 시만 바라봐도 된다는 말이다. 얼마나 많은 것들이 자신의 실체를 감추고, 위장하고, 분식하고, 대의와 명분을 앞세워 시민들의 눈앞에 스펙터클을 펼치고 있는가? 이것을 꿰뚫기 위해서 문학은 문학만 보면서 가장 부드럽게 솟구칠 수 있어야 한다. 문학의 현재와 미래에 대해 절망하는 이도 없지 않다. 시를 읽는 사람은 시인들뿐이라는 자조 섞인 말이 들린다. 소설을 읽는 사람도 많이 줄었다.

다양한 매체들이 사람들의 감각을 붙들고 있다. 문학과 예술에 눈을 주고 귀를 열어 줄 틈이 없다. 문학의 몫은 아주 잠시를 제외하곤 역사 시간 대부분 동안 '아무것도 할 수 없는 것이 가장 중요한 존재 이유'였다. 일부러 아무것도 하지 않는 것을 새로운 존재 이유로 삼고, 오직 '문학만 바라보는 것'을 하나의 전력으로 삼으면 어떨까?

문학과 사회, 미적 가치와 사회적 가치가 서로 무관하지 않다. 야우스는 이 양자를 수용미학의 관점에서 연결시켰다. 수용미학의 관점은 장르에 대해 사회적 가치가 취한 태도를 중요하게 생각한다. 장르와 사회적 문맥은 불가분의 관계가 된다. 문학성을 담고 있는 장르가 인간의 실제 삶에서 나오지 않고 또한 거기에 자리를 잡지 않는다면 문학은 아무것도 말할 수 없다. 문학 장르의 본령은 구체적인 삶 속에 있으며, 그것의 사회적 기능을 도외시할 수 없다는 뜻이다.(라영균, 2017, 207) 이와 같은 생각은 여전히 유효하다. 그러나 여기에 그쳐서는 매체에서도 도태되기 쉽다. 우리의 구체적인 삶이 이루어지는 장소가 사회에서 매체로 옮겨 가고 있기 때문이다.

현대인의 삶 속에서 자연미가 차지하는 비중은 점점 옅어지고 있다. '인공미'가 대부분을 차지하고 있다. 삶을 노래하지 않고 언어를 노래하고, 시를 노래하는 것이 시의 '본연의 몫'으로 삼아도 좋은 때가 되었다. 자기에 대한 해석, 자기 반복·복제, '자기 연관성', '행위의 자체 반복성', '행위의 시간·공간적 동일성'등은 메타행위의 보편적 특성이 아니다.

메타행위의 보편적 특성은 일차적 행위와 사건에 대한 성찰이다. 행위의 주체와 사건의 주체 그리고 언어의 주체가 같다는 점에서 텍스트는 동일한 것으로 취급할 수 있다. 그러나 엄밀하게 말하면 행위의 메타성이 사건으로 드러나고, 사건의 메타성이 텍스트로 드러난다. 텍스트는 메타 작가와 메타 독자가 만나는 장이기도 하다. "시간·공간적 차이에도 불구하고 이를 행위주체의 자기 성찰적 행위로 볼 수는 있을지라도, 시간·공간적으로 구분되는 행위 단위로서의 행위의 자기 성찰성을 인정할 수는 없"(신형욱, 2003, 491)는 까닭이다.

시간·공간적 동일성은 시간과 공간이 따로 따로 동일하다는 것이 아니다. 간격의 문제, 동일 무늬 형태, 시간과 공간의 이면성 등이 종합적으로 고려되어야 한다. 뫼비우스의 띠와 같은 메타성을 요구한다. 공간에 대해 시간으로 드러낸 공간, 시간에 대해 공간으로 드러낸 시간이라는 이중적 메타성을 갖는다. 사다리를 타고 오르는 메타성이 아니라 변곡의 메타성, 연인의 자기 공동체성을 통과하는 메타성이 위상 메타성의 핵심이다.

알파벳

사랑에 대해 끊임없이 이야기를 하는 것은 '사랑'이 무엇인지, 왜 사랑이어야 하는지를 알기 위해서가 아니다. 삶을 이끌어 생명을 흐르게 하는 힘이 사랑에서 비롯하기 때문이다. 시간에 대한 물음, 공간에 대한 물음, 인간에 대한 물음도 이와 크게 다르지 않다. 아무도 그 존재를 부인하지 않지만(못하지만) 누구도 그 존재를 규정할 수도 없다.

장소는 의미를 이루는 절대적 요소인 시간·공간·인간의 상호주관적관계에 의해 열리는 의미의 장이다. 장소는 존재하지 않음으로써 존재하는 것들을 만들어 낸다. 그리고 장소에는 시간과 공간 그리고 인간의 삶이 빚어낸 이야기(언어)가 남는다. 이야기가 남겨져야 시간도, 공간도, 인간도 장소가 된다. 위상학은 이 '장소'에 대해 탐구하는 학문이다. 마셜 맥루한은 이렇게 말한다.

중국사회는 수 세기 동안 표의 문자를 사용해 왔지만 그 가족이나 부족의 이음새 없는 망이 위협을 받은 적은 없었다. 다른 한편 오늘날의 아프리카에서는, 2천 년 전 고대 로마의 속령이었던 곳이 그랬던 것처럼 알파벳글자를 익혀 한 세대가 경과하면 우선 적어도 개인이 부족의 그물로부터 해방되는 일이 충분히 가능하다. 이런 사실은 알파벳으로 씌어진 '내용'과는 아무런 관계가 없다. 그것은 인간의 청각 경험과 시각 경험 간의 갑작스런 분열에 따른 결과이다. 오직 표음 알파벳만이 그 사용자에게 귀를 대신할 눈을 주고, 또 전 부족이 도취되어 있는 공명하는 말의 마력과 친족의 굴레로부터 해방시킴으로써 이 같은 경험상의 예리한 구분을 할 수 있게 해 준다.

— 마셜 맥루한, 2002, 136

'표의문자'는 눈으로 정확히 읽어 내야 의미를 파악할 수 있는 문자다. 눈이 얽매여 있기 때문에 다른 감각들의 활성화는 방해만 될 뿐이다. 다른 감각은 모두 닫아야 한다. 반면 표음문자는 귀를 열고 들어야 하는 문자다. 눈이 자유를 얻게 됨으로써 다양한 시선에서 포착되는 것들과 '귀로 듣는' 정보를 섞어 내서 새로운 것을 창조하는 데로 나아갈 수 있다.

문자가 목적이 되면 그것은 숭배의 대상이 된다. '지구라트'와 같이 그 자리에 기존의 의미와 가치를 결속해 두고 사람들이 찾아와 그것을 고스란히 받들도록 한다. 맥루한은 부족 관계망이 위협받지 않은 이유를 여기에서 찾는다. 반면 소리를 기록하는 표음문자로서 알파벳은 소리를 전달하는 수단·매개로서 작동한다. 알파벳이라는 매체를 타고 다양한 이야기들이 파도처럼 밀려온다. 신의 글자는 인간의 소리를 대신하는 표음문자가 된다. 그 표음문자는 눈이 아니라 귀에 보임으로써 사람들은 좀 더 다채로운 상상 속으로 그 이야기를 가져와 변주하게 된다. '말의 마력과 친족의 굴레로부터의 해방'이라는 특별한 위상적 경험을 통해 저마다 새로운 세계를 열 수 있게 된 것이다.

위상학은 미학만큼 그 개념을 정리하기 힘들다. "위상학은 공간적 실체나 연장의 측면에 주목하기보다는 공간의 구조적 측면이나 위치관계에 주의력을 집중하는 수학이다. 이는 공간을 연구할 때, 사물을 바라보는 관점을 공간의 조건이 아니라, '공간성'의 조건에 둔다는 것을 뜻한다."(송석랑, 2015, 325) 이러한 위상학에 대한 정의 역시 다양한 것 중 하나에 해당한다.

공간성은 그 공간이 품고 있는 '공간'과 관련한 문제다. 손잡이가 있는 머그컵은 위스키 잔보다는 링과 위상학적으로 동질적이다. 품고 있는 공간이 곧 동질성의 강밀도를 좌우한다. 다른 말로 하면 서술어를 속성의 차원에서 공유할 수 있다는 말이기도 한다. 머그컵과 위스키 잔, 링이 모두 말랑말랑한 찰흙으로 만들어졌다고 가정한다. 머그컵은 위치관계의 변화 없이 링 모양으로 변형이 가능하다. 링 역시 위치관계의 변화 없이 머그컵으로 변형이 가능하다. 위스키 컵은 위치관계의 변화 없이 접시가 될 수 있지만 링이나 머그컵으로 변형되는 것은 불가능하다.

공간성의 조성에 대해 들뢰즈는 여러 차례 언급한 바 있다. "위상학적 위치 이동과 유형학적 변이(『니체와 철학』, 181)", "되기는 하나도 아니고 둘도 아니며, 둘의 관계도 아니다. 그것은 둘 – 사이' 경계 혹은 도주선이다."(『천개의 고원』, 새물결, 360), 특히 『푸코』라는 저서의 2부 제목은 〈위상학〉이다. 들뢰즈는 푸코의 철학을 이미 위상학으로 이해하고 있다. 「무엇으로 구조주의를 식별할 것인가?」라는 논문에서는 그가 진단하는 구조주의를 위상학으로 정의하고 있다.(신지영, 2011, 114)

레비스트로스가 엄격하게 말한 바 있듯이 구조의 요소들은 반드시 그리고 오로지 위치로부터 비롯된 의미 외에는 다른 아무것도 가지지 않는다. 물론 이때의 위치는 실제적인 연장 속의 자리와도 무관하며, 상상적인 외연 속의 장소와도 무관하다. 그것은 고유하게 구조적인 공간, 즉 위상학적 공간 속에서의 자리와 장소에 관계한다. 〈중략〉 당연한 이야기지만 순수하게 구조적인 이 같은 자리들은 그들을 점유하게 될 사물과 실제적인 존재에 대해서 일차적이며, 또 이 자리들이 점유될 때 필연적으로 나타나며 언제나 어느 정도는 상상적인 그런 역할과 사건에 대해서도 일차적이다.

이러한 의미에서 구조주의의 과학적 야망은 양적이 아니라 위상학적이며 관계적이다.

— 들뢰즈, 2007, 373

이때 구조주의는 표의문자와 같이 규정되고 고정되고 고착된 구조가 아니다. 표음문자의 것처럼 기존으로부터 '탈', '포스트(post)'하기 위한 맥락선으로서 말랑말랑한(유체의) 구조여야 한다. 들뢰즈는 위상학적 사유, 위상학에 대한 관심은 오랫동안 다양한 곳에서 표출하고 있다.

이모티콘

매체는 소통의 매개물이다. 가장 오래된 (소식을 전하는) 소통의 매체는 '달'이다. '내 님도 저 달 보고 날과 같이 생각런가'라는 시조의 한 구도 있다. 소식을 전하는 매체로는 '기러기'의 비유도 자주 등장한다. 매체(극단적인 일방향성, 전달의 불가능성, 수신의 희박성, 송신의 희망……등)는 우편제도의 정착을 가져왔다. 전신 전화의 발명 등으로 사람들의 소통은 놀라울 정도로 빠르고 정확하게 먼 거리에서도 이루어질 수 있었다. 이때만 해도 매체는 소통을 위한 '수단'이었다.

매체는 어떤 내용이나 정보를 전달하기 위해 소용되는 매개물을 의미한다. 매체를 통해 전달되는 다양한 형태의 이미지가 문화콘텐츠를 종횡무진 누빈다. 영화, 만화, 애니메이션, 게임들에서 무엇보다 중요한 것은 '비주얼 컬처'다. 매개물이 일차적으로 우리에게 전달하는 것은 이미지다. 이것은 내용의 이미지면서 매체 자체의 이미지다. 이러한 이미지의 이중적이면서도 복합적인 속성은 이 둘의 사이에서 발생한다. 문화콘텐츠의 본질에 육박하게 위해서는 이미지의 속성을 정확히 짚어 내야 한다.(송종인 외, 2012, 155)

의사를 빠르고 명확하게 전달하는 것에는 전혀 제약이 따르지 않는 시대다. 나눌 '의사'가 없는데도 끊임없이 '소통'을 해야 하는 시대이기도 하다. '의사'의 명확성은 '송신자'에게도 확신을 주지 못한다. 내가 전하고자 하는 메시지에 대해서 스스로 확신을 갖지 못한다. 그래서 '이미지'로 전달하게 된다. 최근 소통에서 가장 광범위하게 작동하는 매체가 SNS다. 여기에서는 명확한 정보보다는 이미지가 범람한다. 대표적인 것이 '이모티콘'이다. 여기에는 송신자의 상상력과 수신자의 상상력이 동시에 작동한다. 우리에게 매체는 의사소통의 수단에서 목적으로 재정립되고 있다. 상상력이 발현되는 곳 역시 소통의 근원처에서 소통의 매개(노드)로 옮겨 오고 있다.

상상력의 장소는 상상의 안과 바깥에서 동시에 발현된다. 상상력은 하늘의 별처럼 저마다의 이야기를 품고 그 이야기의 발화점으로서 편재되어 있다. 제각기 이야기를 편재한 시공의 장소는 다양한 맥락의 연결을 통해 의식적으로 다의성을 지향할 수 있다. 따라서 자리는 고정적으로 제공되는 것이 아니라 맥락이라는 흐름 자체에서 형성되고 흘러간다. 우리는 내면뿐만 아니라 외부세계까지도 자기 자신으로부터 유래하는 길을 닦음으로써 주체의 통각 가능성을 높일 수 있게 된다.

상상력이 발현되는 장소의 이동 곧, 선험적·초월적 감성론의 근원이 내부의 심처가 아니라 바깥이라는 데로 인식을 전환하면 첨예화한 문제를 풀 수 있다. 주어진 것(인지대상→의식대상, 자기 자신으로부터 유래한 인지작용←의식작용)의 종합, 입체화 가능성은 '상상력의 장소'를 매체의 중심으로 옮겨 옴으로써 실현 가능할 것이다. 주어진 것, 구조적인 것, 언어에서는 상징적인 것이 한 축을 담당하고, 순수공간은 질적공간으로서 '변곡의 빈터'를 제공한다.

〈상징적인 것〉이 구조주의의 발견이라는 점을 명백히 하면서 이 상징적인 것과 순수공간, 그리고 위상학의 관계를 다음과 같이 설명한 바 있다. "구조적인 것이란 이처럼 비연장적이고 선-외연적인 공간, 이웃관계의 질서로서 점점 더 가깝게 구성되는 그런 순수공간(spatium)을 말한다. 당연한 이야기지만, 순수하게 구조적인 이 같은 자리들은 그들을 점유하게 될 사물과 실재적인 존재에 대해서 일치적이며, 또 이 자리들이 점유될 때 필연적으로 나타나는 언제나 어느 정도는 상상적인 그런 역할과 사건에 대해서도 일차적이다. …… 이러한 의미에서 구조주의의 과학적 야망은 양적이 아니라 위상학적이며 관계적이다.

— 신지영, 2011, 123~4

지각, 감각은 그 지향성에서 차이가 분명하다. 지각은 자기 자신으로부터 주어진 것이다. 감각은 외부에서 주어진 것으로부터 자신에게로 지향한다. 과학주의는 후자에 집중한다. 현상학은 그와 반대다. 구조주의가 과학주의와 다른 점은 그리고 현상학과도 다른 점은 위상성에 있다. 발생적 현상학, 구조주의 현상학, 현상학, 위상학, 구조주의적 위상학, 위상적 구조주의, 플롯의 위상학 등은 현상학과 위상학 사이에서 다채로운 공간을 품는다.

장소의 회복은 존재론적 주관 즉 초월적 주관, 추상적 구체의 정립(움직임, 흐름)을 가리킨다. 초월적 관념성은 매우 중요한 의미를 갖는다. 여기에서 초월은 생활세계 안에서 이루어지는 것이다. 후설 이후 현상학들의 위상학적 전개 양상이 분명해지는 지점이 여기다. '초월적 주관'의 본질은 '지향성'의 질적 차이가 반영된 분리 양상을 전제로 한다. 이것은 변곡의 이어짐을 위한 전제가 된다. 후설 이후 그를 서로 달리 이해하고 수용했던 하이데거와 메를로 퐁티의 현상학에서 선명히 나타난다.(송석랑, 2015, 483) 하이데거가 천경의 별자리에서 이야기를 끌어낸다면, 메를로 퐁티는 심경의 별자리에서 본격적으로 이야기를 탐색한다. 위상학적 양상의 차이에 따른 이 두 국면은 두 전형으로 빛나게 되는데, 위상학은 이 둘을 역동적으로 잇는 것이다.

장소 회복을 통해 것은 상징이 은폐시킨 원관념을 확정함으로써 나머지 지평을 확대할 수 있다. 이것은 세계의 별자리와 심경의 별자리가 '시소'를 탈 수 있을 때 가능하다. 둘이 서로의 상징을 번갈아 가면서 주고받을 때, 우리는 특별한 '상징', 새로운 '상징'을 만날 수 있게 된다. 우리의 '수사 모빌리티'는 새로운 상징의 역동성, 경향성에서 찾아질 가능성이 높다. 장소, 거의 모든 주의 주장이 통과할 수 있는 실천의 장소를 우리는 마련할 수 있게 되는 것이다.

다리

의미 형성에서 가장 중요한 것은 '사실'이라고 오랫동안 믿어 왔다. 사실에 대한 회의는 근대를 지나오면서 다방면에서 제기되었다. 가장 근원적인 회의를 본격적으로 제기한 사람은 후설이다. 그는 이것을 '사실에 대한 미신'이라고 말한다. 자연과학주의는 엄밀한 학문으로서의 철학에 대한 충동을 왜곡시키고, 역사주의와 세계관 철학은 약화시킬 뿐이라고 말한다. '사실에 대한 미신'은 이들 모두에게 공통적이다. 거부되어야 할 것은 이성이 아니라 소박한 자연과학의 영향 아래 이성이 추구한 잘못된 방법이다. 엄밀한 학문의 이념을 이상적으로 설명하는 것은 "최고의 권위를 지닌 이성 자신"이다.(이종훈, 2012, 51)

이성 자신은 개념의 이성이 아니다. 회의하고 환원하고 직관하는 이성이다. 성찰의 이성, 실천의 이성이라고 할 수 있다. '사실'은 거부되어서는 안 되지만 의미 형성에 기여하는 여러 요소들 중 하나일 뿐이다. 또한 '사실을 명사적인 것'에서 주로 찾아왔던 것도 사실의 역동성을 가로막은 한 요소였다.

> 공간재현이 실용적인 영향을 끼칠 수도 있으며, 효과적인 인식과 이데올로기가 각인된 공간의 직조(texture spatiale) 속에 편입되어 이를 변화시킬 것으로 기대해 볼 수도 있다. 이 경우 공간재현은 지대한 영향력을 행사하게 되며 공간생산에 있어서 특별한 영향을 줄 수도 있다.
>
> – 앙리 르페브르, 2011, 92

맥락을 벗어난 건축은 스스로를 맥락으로부터 소외시킨다. 기념물적인 건축이나 궁전 같은 것이 대표적이다. 건축은 공간적인 맥락과 직조 속에 통합된 기획 전체를 나타낸다. 흔히 텍스트는 언어의 건축물이라고 한다. 건축이 실제적 차원에서 공간재현에 초점을 맞춘다면, 텍스트는 시간재현에 초점을 맞춘다.

텍스트에 재현된 시간은 시계시간이나 본질시간과는 일정한 차이가 있다. 현상학적 시간, 경험적 시간에서 의미는 씨앗처럼, 정체가 분명한 과일처럼 영그는 것이 아니다. 프리즘을 통과한 빛처럼 순간적으로 펼쳐졌다가 사라진다. 의미는 포착하는 것이다. 하나의 텍스트를 두고 누구는 보랏빛이라고 하고 누구는 빨강이라고 말할 수 있다. 명사는 존재의 집과 같은 건축물이다. 그러나 이러한 집들이 상징에 머물러서는 효과적으로 의미를 뿜어낼 수 없다.

효과를 발산하기 위해서는 먼저 이해될 수 있어야 한다. 모든 예술작품은 다른 텍스트와 마찬가지로 이해당해야 한다. 모든 이해는 뛰어난 이해가 되고자 한다. 예술작품이 여는 해석의 무대는 각축장이 아니라 경연장이다. 해석학적 의식은 미적 의식을 넘어서는 포괄적 영역을 획득한다. 가다머는 미학은 해석학에서 출발해야 한다고 말한다. 그리고 그 해석 자체가 하나의 미학이어야 한다고 말한다.

> 이 말은 단지 문제의 범위에 관련된 언명일 뿐만 아니라, 내용적으로도 타당하다. 거꾸로 말하면 해석학은 전체적으로 예술의 경험을 올바르게 다룰 수 있도록 규정되어 있음에 틀림없다. 이해는 의미 발생의 한 부분으로 고려되지 않으면 안 된다. 모든 언표의 의미, 예술이나 그 밖의 전승의 의미는 의미 발생 과정에서 형성되고 완성되는 것이다.
>
> — 한스 게오르크 가다머, 2011, 287

기존의 해석학과 가다머의 방법적 해석학은 근원적인 차이가 있다. 헤르메스 즉 신의 말을 전하는 메신저인 헤르메스에서 온 해석학(hermetic)의 근원은 '신의 말씀'이다. 이 해석의 목표는 본원에 최대한 접근하는 것이었다. 가다머의 해석학은 '예술의 경험'을 올바르게 다루는 데 바쳐진다. 이 경험의 주체는 독자이며, 감상자이다. 미학이 예술학에서 출발하지 않으면 안 된다고 주장할 수 있는 근거다.

해석적 과학에서 이론이 어떻게 작용하는지에 대한 이러한 견해는 실험과학이나 관찰과학에서의 "기술(description)과 설명(explanation)"

사이의 차이 – 어떤 경우에든 상대적이다 – 를 여기에서는 "명문화(inscription)"("중층기술")와 "특정화(specification)"("진단") 사이의 차이 – 이것은 훨씬 더 상대적이다 – 로 본다.

– 클리퍼드 기어츠, 2013, 43

중층적 기술은 두 개의 시선을 동시에 견지할 수 있어야 효과적으로 수행할 수 있다. 하나의 시선은 특정한 사회적행위가 그것을 행하는 행위자들에게 어떤 의미를 가지는지를 포착해 기록한다. 다른 하나의 시선은 그러한 행위를 가능케 하는 사회생활의 구조가 어떻게 드러나는가를 포착해 기술한다. 이 둘을 가능한 '분명하게 진술하는 것'이 필요하다. '분명하게'의 목적은 명확한 구분이 아니다. 다양한 위상에서 분석·해석하기 위해서다.

헤르메스의 쓰기가 설명으로 기운다면, 가다머의 기술은 해석으로 경사한다. 세심하게 관찰되어야 하는 것은 자기 자신의 '심경(心境)'이다. 특정한 사회적 "행위" 행위자들에게 가지는 의미 – 그 차이에서 의미는 발생한다. 그 사이와 차이를 잇는 것은 언어의 가교가 아니라 징검다리다. 이 징검돌들은 하나의 길을 예비해서 줄줄이 놓여 있는 것이 아니다. 흩뿌리듯이 놓여 있다. 길을 선택하는 것은 해석에 참여하는 자의 몫이자 역할이다.

의미를 형성하는 데에서는 은유적 유사성이 주로 작동한다. 의미보다는 언어의 역동적 흐름을 형성하는 데는 환유적 유사성이 효과적이다. 개별적 연속체 사이의 한계점들은 다른 것으로의 전이를 가능케 한다. 이때 시각적 유사성을 지닌 대상이나 또는 특정한 에피소드의 형태로 건너뛰는 것이 일반적이다.

한계점들은 비록 다른 형태로 나타나지만 공유하는 중요한 원칙이 있다. 한계점들은 하나의 연속체에서 다른 연속체로의 연결이 가능하게 하는 일종의 다리 역할을 한다는 것이다. 하지만 이러한 연결에는 항상 잘못된 연결로 인한 간격이 존재한다. 이러한 간격들에 의해서 이야기 구조의 연속성이 흔들리게 되며, 이것은 위상학적 공간에서의 한계점들의 개념과 비교될 수 있다.

— 최광식, 2004, 354

위상학적 공간의 한계점은 연속체를 전제로 한 '사이'라는 점에서 기존의 한계 혹은 경계와는 다르다. 단속적 연속이 위상성 미학의 속성을 이룬다. 이 연속은 표면적인 연속에 그치지 않는다. 이면과 이면을 잇는 다리와 같은 '뫼비우스의 띠'가 위상학적 해석의 연결 방식이라고 할 수 있다. 가장 미학적으로 해석의 다리가 놓이게 되면 우리는 의미와 의미를 잇거나, 텍스트에서 텍스트로 건너기 위한 수단으로써 다리를 힘겹게 놓을 필요가 없다. 우리의 지향과 목적은 텍스트가 아니라 해석 자체, 곧 다리 자체가 되는 것이다.

8. 스펙터클

디지털 스펙터클

죽음에 대해 느끼는 인간의 불안과 공포는 거의 '절대적인 것'에 가깝다. 종교는 다소나마 이 불안·공포를 무마시켜 주는 역할을 오랫동안 수행해 왔다. 종교는 죽음에 대한 강렬한 의식을 죽음 이후의 세계를 통해 희석한다. 죽음을 건널 수 있는 '강'으로 자주 묘사하는 것은 같은 맥락에서 이해할 수 있다. 요즈음의 종교는 전통사회에서 수행해 오던 역할에서 많이 벗어나 있다. 종교 역시 자본주의의 일부분으로 대부분 편입되었다. 자본주의가 펼치는 스펙터클은 상상을 초월하는 규모를 자랑한다.

우리가 불과 100여 년 전에 추구했던 가치들 중에는 아예 쓸모없는 것으로 취급받는 것이 많아졌다. 모든 가치가 미래에서만 온다면 우리의 의식, 사유는 반쪽을 잃게 될지도 모른다. 현대적인 것에 비교되는 옛것, 서양적인 것에 비교되는 동양적인 것의 가치는 오늘을 사는 사람들의 관심을 끌지 못하고 있다. "신상품을 팔기 위한 자본가의 마케팅으로 말미암아 쉴 새 없이 바뀌는 유행을 따라잡기 급급한 현대인들의 눈에 동양철학은 구태의연을 넘어 유통기한을 한참 지닌 고색창연한 골동품으로 보일 수밖에 없을 것이다."(이승종, 2010, 294)

스펙터클은 '영화'에 국한된 용어가 아니다. 영화에나 나올 법한, 영화 같은, 영화보다 더한 사건들이 현실에서 펼쳐지고 있다. 미디어에서는 연일, 시시각각, 분초 단위로 볼거리가 쏟아진다. 연속극(드라마)은 내일을, 다음 주 이 시간을 목을 빼고 기다리게 만든다. 죽음에 대한 두려움, 불만이 극에 달하면 죽음을 모르고, 죽는 것들에 대한 부러움을 품게 된다. 그러보면 죽음을 알면서도, 모르게 알게, 알게 모르게 죽을 수 있는 것은 현대 스펙터클이 가져다준 재앙이자 선물이다.

포스트모던 경관은 복합적이고 이해하기도 쉽지 않다. 장소감과 무장소성(장소 상실)에 관한 사고는 여전히 유효하지만 그것을 구분하는 것은 전처럼 분명하지 않다. 이런 복합성에 접근할 수 있는 한 가지 가능한 방법은 뚜렷한 지리적 능력을 개발하는 것이다. 지리적 능력이란 특정 장소에 존재하는 개인이며, 동시에 광범위한 환경적·사회적 힘으로 이루어진 네트워크의 한 부분으로 존재하는 우리가 삶의 직접성을 깨닫는 능력을 말한다. 이런 관점에서 장소는 집이나 지역 이상의 것이며, 우리가 외부세계를 바라보는 거점이기도 하다.

— 에드워드 랠프, 2005, 7

'나'는 어디에 있는가가 아니라 나는 어떻게 연결되어 있는가가 오늘날의 '지리적 능력'이다. 내가 지금 동시에 접속할 수 있는 가능성을 입체적으로 구성하는 것은 현대사회에서 발현해야 할 지리적 능력인 셈이다. 지리적 능력은 지금 누구와, 무엇과 연결되어 있는가의 물음과 다르지 않다. '인문능력'과 크게 구분되지 않는 말이 된 것이다. 새로운 공간의 가능성은 현대인들이 과거에 비해 훨씬 많이 사용하게 된 '촉각'에서 찾을 수 있다.

디지털 세대는 다양한 이미지들을 '손'으로 잘 다룬다. 반면 '머리'로 깊이 생각하는 것은 꺼린다. 감각적으로 느끼고 즐길 뿐 이를 반성하거나 성찰하지 않는다. 특히 디지털화된 이미지들은 전통의 활자 매체처럼 "의미의 구속력"이 거의 없다. 파편처럼 단편적인 양상으로, 이렇게 범람하고 있는 시대로 살아가고 있으면서도 정작 이미지 자체에 대한 물음을 망각하고 있다.(송종인 외, 2012, 139) 이러한 걱정은 십분 이해할 수 있다. 그러나 우려의 이면에 기대를 함께 자리할 수 있게 한다면 이것은 인문학에는 또 다른 기회가 될 수 있다.

기존의 스토리텔링을 주도한 것은 문자였다. 문자는 그 위력과 권위가 막대하였기 때문에 스스로 매체라는 것을 잊어버릴 정도였다. 그러나 오늘날 스토리텔링에서 문자가 차지하는 비중은 점점 작아지고 있다. 문자는 스토리텔링이 가능한 다양한 매체 중 하나일 뿐이다. 중심 매체에서 점점 밀려나고 있는 것도 부정할 수 없다. 스마트폰에 집약되어 있는 다양한 매체의 스토리텔링에 접근하기 위해서는 터치(촉각)를 해야 한다. 공간은 '만지기'에 의해서 열린다.

물론 디지털시대가 되었다고 해서 아날로그적인 이미지들의 존재와 역할이 뒷전으로 물러난 것은 결코 아니다. 우리가 문화콘텐츠 상품이라고 말하는 것들 대부분은 디지털화된 이미지들이다. 우리가 말을 걸었던 아날로그적 이미지들과 달리, 디지털화된 이미지들은 우리에게 말을 걸어온다.(송종인, 2012, 162) 우리가 원하는 것들이 인공지능에 의해 이미 화면에 맞춤형으로 주어지고 있다.

말을 걸고, 말을 걸어오는 상호주관성의 관계는 새로운 소통의 가능성을 시사한다. 아날로그적인 것은 디지털의 모상, 원천으로서의 의미는 점차 상실하고 있는 것도 사실이다. 아날로그적인 것은 디지털 이후에 사람들의 실천행위에 의해 새로운 의미를 부여받을 수도 있다.

디지털화된 이미지, 숫자화, 신호화됨으로써 재구성 가능성을 무한대에 가깝게 확장할 수 있다. 우리는 디지털화를 통해 네트워크상에서 얼마든지 영생을 누릴 수 있다. 디지털화가 우리의 기억, 현전, 기대 등 '사유·사고 능력'을 디지털화할 수 있다면 우리는 디지털 속에서 지금처럼 생각하고 느낄 수 있을지 모른다. 스스로의 디지털화를 자각할 수 있게 되는 것이다. 그야말로 디지털 영생에 다가서고 있는 것이다. 그때 우리는 중차대한 선택에 직면할 것이다. 디지털화할 것인가, 잊혀질 것인가. 죽음이 권리가 될 시절은 미래의 가능성 중 하나임이 분명하다.

세속

'스펙터클'이라는 말이 가장 많이 쓰이는 곳은 '영화담론'에서다. 영화에서 스펙터클은 '대규모의 구경거리'를 의미한다. 전통사회에서 스펙터클은 일상에서 벗어난 특별한 경험을 제공한다. 주로 축제의 형태로 제공되면서 공동체의 결속력에도 기여했다. 스펙터클이 따로 제공되기보다 일상의 삶, 의·식·주를 해결하는 일 자체가 전통사회에서는 스펙터클한 것이다. 농사짓기, 집짓기는 마을 공동체 전체가 동원되어야 가능했다. 특히 상례(喪禮)의 경우는 마을 공동체가 함께 힘을 모아 치뤄야 하는 중요한 행사 중 하나였다.

농사의 수확량에서 무엇보다 중요한 것은 '최적기'에 파종(모내기)하고 수확하는 것이었다. 농사일은 마을 전체가 동원되어야 하는 일이었다. 마을에서는 한 해 동안 가장 기여도가 큰 사람을 최적기에 배정했다. 분란을 일으킨 사람은 가장 안 좋은 시기에 배정을 한다.

우리가 일률적이고 균질적인 시간을 사적으로 경험할 때, 심리적 긴장들이 구성되는데, 주술과 종교의 시간이란 바로 이 긴장들 사이의 절충물이다. 기념의식, 특히 주술적인 현상이나 성스러운 현상과 관련된 의식은 개개인의 고유한 삶의 리듬을 사회 공동체의 일률적인 리듬에 종합시킨다는 것이다.

– 스티븐 컨, 2004, 97

집단 노동을 중심으로 한 전통사회가 붕괴되면서 세시 풍속의 사회적 역할도 거의 사라졌다. 그럼에도 한 사회가 안정적으로 유지되기 위해서는 사회 공동체가 일률적 리듬이 필요하다. 새로운 세속화의 시도는 시대적 가치가 달라짐에 따라 다른 방식으로 시도되고 있다. 권위적인 것들을 세속화함으로써 억압을 돌파하고, 관습을 희화화한다.

끊임없는 세속화를 위해서 인간은 관찰과 통찰을 병행하며, 여기에서 거둔 영향과 효과는 일상에 고스란히 되돌려 준다. "세속화는 결국 무장소를 유발하는 새로운 전통들에 의하여 중단될 위험이 항상 남아 있다. 하지만 우리가 그 책임을 다하면서 살아가는 한, 장소에 대해 낙관할 수 있는 매우 실질적인 토대를 제공해 준다."(에드워드 랠프, 2005, 295)

세속화의 강점으로는 사회적 안정과 현실 생활의 풍부화를 꼽을 수 있다. 집단 노동에서 벗어난 사람들은 개별적으로 일해 획득한 재화를 따로 쓰면서 '함께' 스펙터클을 형성한다. 나는 스펙터클을 구성하는 부분이면서 그 스펙터클을 바라보는 자이기도 하다. 나와 스펙터클을 함께 봐야 하기 때문에 '외눈박이'의 주체는 눈을 뗄 수가 없다.

우리의 현대환경에도 즐겁고 매력적인 것이 많이 있다. 많은 건물과 개발이 극적이고 흥미롭다. 우리의 경험이 얄팍해질지도 모르지만, 그 대신 경험의 폭은 넓어지고, 무장소성은 장소로부터 자유를 의미하기도 한다. 또 일상성은 관료주의적 소비사회의 함정일 수 있지만, 편안함과 안전을 뜻하기도 하다.

— 에드워드 랠프, 2005, 283

현대환경으로서 스펙터클은 양가적인 측면이 많다. 단점으로 꼽히는 '얄팍'과 '함정'은 외면할 수 없는 진실이다. 연령이 많은 층은 드라마에서 눈을 떼지 못하는 경우가 많다. 청소년들이 가장 기다리고 즐기는 스펙터클은 영화가 아니라 게임이 제공한다. 다음에는 어떤 게임이 나올지를 생각하면서, 게임에 푹 빠져서 산다. 스펙터클은 현실의 삶을 역동적이고 즐겁게 만든다. 그러면서 그 이면에 자리한 진실, 진정성에 대해서는 관심 둘 틈을 주지 않는다. 시를 읽지 않는 시대다.

그곳에서, 글을 쓰는 동안 작가는 그가 글을 쓰기를 요구하는 압력에 위험스레 직면하고, 하지만 또한 그 압력으로부터 자신을 지키고 있다. 여기서 해방의 기쁨, 괴테가 말하는 매혹이라는 고독한 전능과 마주하고 있다는 기쁨, 그러한 놀랍고도 커다란 기쁨 – 적어도 그 일부는 – 비롯된다. 매혹을 마주할 때 우리는 그것을 저버리지도 피하지도 못하고서, 하지만 자기 자신을 다스리기를 포기하지 않은 채 그 앞에 멈춰 서게 된다. 해방, 사실은 자신을 벗어나 빠져들게 되는 데서 오는 해방.

— 모리스 블랑쇼, 2010, 60

작품이란 순수한 원이다. 밤하늘에 펼쳐지는 별들의 스펙터클 속으로 둥근달의 '동공(洞空)'이 떠오른다. 그 순수의 원이 작품이다. 그 원을 문으로 열고 들어갈 때, 우리는 '자신을 벗어나 빠져들게 되는 데서 오는 해방'을 맛볼 수 있다. 작가에게 책은 언어로 지은 집 곧 '영소(靈巢)'인 셈이다. "그 종이와 인쇄의 현실뿐만 아니라 또한 그 책의 본질, 안정된 의미의 짜임새, 미리 설정된 언어 덕분에 이루어지는 확인, 책을 중심으로 책을 읽지 않은 내가 이미 그 속에 들어서 있는 모든 독자들의 공동체가 형성하는 울타리, 그리고 이 울타리는 여전히 날개가 서로 얽혀 있는 천사들처럼 미지의 책 한 권을 세심히 돌보고 있는 모든 책들의 울타리"(모리스 블랑쇼, 2010, 284)라고 블랑쇼는 말한다.

'미지의 별 하나를 세심히 돌보고 있는 모든 별들의 울타리', 이것은 밤하늘의 풍경이다. 이 풍경은 인간의 내면 곧 심경에도 자리한다. 천경과 심경을 이어 주는 것은 도서관의 책들이 아니라 디지털콘텐츠가 된 것은 우려와 기대를 동시에 낳게 한다. 넓이를 택할 것인가, 깊이를 택할 것인가라는 양자택일의 문제를 극복하기 위해서 필요한 것이 '위상성'에 대한 통찰, '위성성'을 통한 성찰이다. 깊이 넓게, 넓게 깊이가 동시에 가능한 것도 위상학적 기술의 힘이자 지향이다. 그 출발은 작품이 스펙터클에 낸 순수한 동공(洞空)에서 가능하다.

디지털 경관

스펙터클한 현대공간은 반짝거리는 광경, 속도감 있는 광경을 제공한다. 자연의 풍경은 스며드는 공간이거나 물드는 풍경이며 깊이 빠져들 수 있는 경관이다. 이 두 경관은 저마다의 장점과 단점이 있다. 이 두 풍경 사이에 부조리한 경관이 스펙트럼처럼 펼쳐진다. 불편하면서도 의미심장하고, 소중하면서도(피하고 싶은) 부담스러운 경관이 부조리의 공간이다.

부조리한 경관은 우리와 멀리 떨어져 저기에 존재하는 경관이다. 우리와는 상관없는 것으로 경험하게 된다. 인간과 환경은 점점 더 분리되고 '자연합일'이라는 말은 불가능해지고 있다. 환경에서 부조리에 대한 우리의 경험이 갈수록 늘고 있다. 반데르크는 경관에의 황홀한 경험은 과거의 일이며, 현재는 경관으로부터 소외가 일반화되어 있다고 말한다.(에드워드 랠프, 2005, 259)

'들어가지 마시오.' 현대사회에서 최고의 자연 풍광은 자연으로 찾아가서 보는 것이 아니라 제공되는 경우가 많다. 어떤 자연 풍광보다 뛰어나 보이지만 이런 경고 푯말에 가로막혀 바라볼 수밖에 없는 풍광들이 늘고 있다. 자연과 섞여 들 필요가 없는 만큼 현대의 경관은 편리성이 크고 접근성이 용이하면 좋은 장소로 본다.

> 우리가 이 경관을 지저분한 쓰레기 더미로 평가하든지, 아니면 번영·진보·평등의 새 시대를 표현하는 것으로 평가하든지 간에 한 가지만은 분명하다. 그것은 바로 오늘날의 경관이 최근의 현상이기 때문에, 그 특징이 영원히 지속될 것이라든가 편리성과 효율성이 반드시 부조리와 무장소를 야기한다거나, 혹은 현대경관에서는 매우 의미 깊은 장소들이 생겨날 전망이 없다고 믿어야 할 이유가 하나도 없다는 것이다.
>
> – 에드워드 랠프, 2005, 283~4

스펙터클한 경관에는 의미를 새기고 있을 시간적인 여유가 주어지지 않는다. 양면 거울과 같은 스펙터클은 천경과 심경을 마주 보며 바로 다가서게 한다. 둘 사이에서 진동의 역동성은 상상을 초월한다. 스펙터클은 자신의 정체와 지향을 역동성 속으로 감춘다. 이것이 디지털 경관의 핵심이다. 디지털 경관은 부조리의 역동성을 속성으로 삼는다. 경관과 경관을 잇는 매체적 특성을 지닌 디지털 경관은 천경과 심경을 가로지르며 유사(類似) 천경(세계)과 유사 심경(사이버세계)을 만들어 실로 상상을 초월하는 입체성을 확보하게 된다.

입체형의 정합적인 물체 및 사물로부터 유연하고 변화 가능한 물체 및

> 사물로의 이전, 혹은 자신의 조건이 정확히 주어질 수 있는 조건적 영상 및 테스트의 세계로부터 포스트조건적 연상인 불명료성, 무규정성, 무법칙성, 불확실성, 의문, 기생성, 변형적인 것, 극한적인 것, 가능성, 다기능 등의 세계, 즉 포스트조건적 매개성, 전제개방적인 매개성으로의 이전(移轉).
>
> — 마르크 리스, 2010, 403

디지털 경관의 특성은 무한에 가까운 증식에 있다. 복제마저도 필요 없이 '영원에 가깝게' 흐를 수 있는 경관이다. 흐르면서 변화하고 변화하면서 흐르는 공간이다. 디지털의 '아우라'는 원형을 완전히 상실함으로써 모든 가능성으로 환원해 흐른다. 디지털 데이터 교환 과정에서는 이제 복제도 불필요하다. 내용을 담지한 전달 매체의 복제본이 굳이 사용자나 수신자에게 전달될 필요도 없다. 수신자는 정보가 있는 곳을 찾아가기만 하면 그만이다. 이로써 어디에 정보를 담아 전달하느냐는 후퇴한다. 어디에서 정보를 구할 것인지가 관건이다. 정보의 '극소'가 관건이 되어 버린다.(슈테판 귄첼, 2010, 29)

디지털 아우라는 '흐르는 극소'가 지닌 아우라라고 할 수 있다. 이 아우라는 아주 잠깐 나타나는 한차례성을 지닌다. 이 한차례성은 무한 반복되는 까닭에 영원성에 가깝다. 영원한 한차례성, 한차례의 영원성이 디지털 아우라의 아포리즘이다.

헤라클레이토스를 절망케 한 것은 다시 반복할 수 없는 시간이었다. "우리는 같은 강물에 두 번 발을 담글 수 없다." 그러나 디지털 경관에서 우리는 같은 강물에 발을 담글 수 있고 심지어 경관을 소환할 수도 있다. 새로운 공동체는 가상현실에서 순간적으로 형성되고 금세 흩어진다. 모빌리티가 공동체 구성의 원리이자 지향 목적이 된다.

디지털시대에는 가상적으로 이동하고, 즉각적으로 정보를 검색하고, 이동하면서도 무수한 타인들과 소통하는 것이 가능하다. 수백만이 동시에 게임을 즐길 수 있는 디지털 환경을 '디지털과 함께 추는 춤'에 비유할 수 있다. 그러나 거대한 소통의 플랫폼은 상호의존적인 '데이터베이싱' 시스템 속에 갇힐 때만 가능하다.(존 어리, 2016, 493) 사적 정보의 공적화, 공적 정보의 사적화의 가능성은 아직 시스템적으로 구현되지 못하고 있다. 참여주체는 언제나 '대상'의 자리에서만 주체적으로 활동할 수밖에 없다는 것은 디지털 경관의 대표적인 부조리에 해당한다.

증강현실

20세기 인간의 삶에 큰 영향을 끼친 것 중 하나는 자동차다. 모빌리티로서 자동차는 인간의 생활 지평을 넓히는 데 혁명적인 역할을 담당했다. 자동차는 이동성뿐만 아니라 움직이는 거주의 공간으로서 장소성을 제공한다. 자동차를 대단히 예찬하는 이는 '롤랑 바르트'다. "내가 생각하기에 오늘날 자동차는 장대한 고딕 대성당에 거의 필적한다. 이 말은 자동차가 이 시대 최고의 창조물로서, 무명 예술가들의 열정으로 고안되며, 자동차를 순전히 마술적인 물건으로 소유하고 있는 모든 사람들에 의해, 그 사용가치가 아닌 이미지의 형태로 소비된다는 의미다."(에드워드 랠프, 2005, 263)

이동성의 확보를 위해 우리는 자동차를 구입한다. 그런데 자동차를 고를 때 먼저 고려하는 것은 연비나 성능이 아니라 디자인이다. 이동성 못지않게 거주의 공간으로서의 자동차의 의미도 점점 커지고 있다. 수단으로서의 자동차와 목적으로서 자동차를 동시에 구현하고자 한다. 인간이 장소를 획득하는 데 결정적인 기여를 한 것은 자동차다. 자동차는 20세기 들어 현실공간의 확장에 혁명적으로 작용했다. 그런데 현실공간의 확장은 아무리 최대치로 실행하더라도 지구가 마지노선이다. 한정적인 지구를 무한정 확장할 수 있는 방식들이 다양하게 시도되고 있다. 그중 하나가 '증강현실'이다.

> 증강된 실재-고양되고, 보충된 실재-그리고 도시 큐레이팅이라는 개념들은 연구를 위한 접근법만이 아니라 방법적인 이슈로도 중요한 역할을 수행한다. 공공장소에서 현대의 도시 마케팅/도시 아이덴티티, 브랜드 스케이핑 그리고 문화경영으로 이어지는 시너지 효과들이 나온다.
>
> — 요하임 후버, 2010, 284

자의적인 도시 큐레이팅의 가능성이 열리고 있다. 시너지효과는 과거·현재·미래에 처한 한 공간을 동시적으로 실현하는 시간 동시성의 축을 갖는다. 공간적 동시성이 또 하나의 축을 형성한다. 즉 도시라는 공간에 자리한 유사한 공간들의 동시적 겹침이 가능해진다. 다양하게 제공되는 입체적 도시 지도(스카이뷰, 로드뷰)가 사이버공간에서 실현된다. 이것은 현실공간의 일치와 불일치의 진동을 통해 장소를 넓힌다. 역으로 현실공간 역시 사이버공간을 통해 진동한다. 공간의 스펙터클이 펼쳐지는 것이다. 초월은 현실 너머가 아니라 다른 현실로 발현되고 우리는 그것을 상상할 수 있는 것이 아니라 실제 목도할 수 있게 될 것이다.

인간의 본질적 자유는 초월적 의식의 지향성에서 발현된다. 초월적 의식은 현존재와는 대조적인 자리에서 무(無)로서 규정되어질 수 있다. 모든 것의 결여(缺如), 부정(否定)으로서 규정될 수 있는 것이다. 완전하게 비어 있는 존재 – 공(空)의 존재(存在)를 지향적 의식은 물자체(物自體)의 조건으로 열망한다. 자유의 강제, 강제의 자유라는 아포리즘이 초월적 의식의 스타일이다. 이 존재의 모순 사이에서 인간은 무용한 정열이다. 결코 자유롭고 역동적으로 탈존하는 초월성의 대자와 완전한 결여 속에서 자족하는 정적 실존으로서 즉자의 통합을 영원히 연기할 수 있다.(버논 W. 그라스, 1983, 17)

위상적 초월성은 다른 세계를 지향하지 않는다. 현실을 사는 것이 시간의 가로지르기라면, 세로지르는 시간 동시성과 공간 동시성으로 확장된 품에서 새로운 '나'를 목도하는 '위상적 초월'이다. 인간의 본질적 자유는 초월적 의식의 지향성과 다르지 않다. 우리는 자유스럽도록 강제된 존재다. 대자적 상승과 즉자적 심화가 동시적으로 극대화한다. '나선의 지향'을 통한 위상적 초월은 생활세계의 자장 안에 있다. 초월을 통해 자신의 일상의 지평을 넓히고 위상을 다채롭게 만든다.

공간과 시간은 의미화 이전과 이후의 후경·전경으로 주어진다. 그 사이에서 장소화가 이루어진다. 장소의 실존, 실존의 장소는 인간의 삶이 요구하는 장소를 펼치고, 이런 장소에 사람들은 애착을 갖는다. 애착을 통해 거주의 공간은 영감의 원천으로 거듭나게 된다. 이를 우리는 영소(靈巢)라고 한다. 여기에서는 어떤 구체적 문제에 대한 정확하고 구체적인 해결책을 얻기는 어렵다. 그렇지만 가능한 모든 방법들이 위상적으로 호출되면서 영소는 어떤 장소보다 풍성해진다.

개인과 공동체에서 저마다의 장소를 만들 수 있는 여지가 충분히 마련되는 것이다. 장소의 개조에서 물질적 개조는 표면적인 것이다. 시간과 공간과 인간의 방향과 가능성이 새롭게 점쳐질 때, 장소는 영소로서의 진정성을 얻게 되는 것이다. 매일 생활하는 장소를 매번 다르게 살 수도 있다. 그러기 위해 우리는 안팎으로 가꾸기를 게을리해서는 안 된다. 외형은 아끼고 내면에는 이야기로 풍성하게 채우는 것이 최고의 가꾸기가 될 것이다. 결국 장소의 깊이는 삶과 얼마만큼 밀착되어, 얼마나 꼼꼼하게 삶을 받아 적고 있는가에 달린 것이다.

새장

 최근에 스토리의 선명성이 강조되고 있는 분야는 광고, 영화, 게임 등이다. 사태들은 톱니바퀴처럼 아귀가 맞아 지시적 상황을 사건으로 명료하게 연출한다. 보는 사람이면서 하는 사람(作人)인 참여자들은 그 맥락에서 벗어나(밀려나)지 않기 위해 적극적으로 노력한다. 이러한 적극성으로 인해 참여자들은 스스로를 향유하는 주체로 인식하기도 한다. 그러나 이것은 어디까지나 주어진 틀 안에서 가능하다.

 베란다에 걸린 새장 속의 새는 누가 봐도 갇혔다고 생각한다. 동물원의 새장은 영어(囹圄)감이 조금은 덜하다. 이것은 갇힌 새의 입장에서가 아니라 보는 사람의 입장에서 그렇다는 것이다. 현대인들은 여러 면에서 지구에 살았던 어떤 인류보다 큰 자유를 누리고 있는 것처럼 보인다. 그러나 달리 생각해 보면 동물원의 새장이 지구 정도로 커진 것은 아닌가 하고 되묻게 한다. '스펙터클'의 규모는 상상을 불허할 정도다. 그러나 그것은 어디까지나 갇힌 자유를 선물할 뿐이다.

 스펙터클은 일치보다는 어긋남에서 발생하는 경우가 많다. 스펙터클은 이미지의 영역이나 미디어라 부르는 것과 일치하는 것은 아니다. 스펙터클은 움직임 자체다. 그래서 이미지들로 매개된 사람들 사이의 사회적 관계를 다양하게 형성할 수 있는 장으로 제공되는 경우가 많다. 스펙터클은 사회·문화적인 공식 관계로부터 자발적으로 혹은 자신도 모르게 벗어나도록 한다. 소외되면서도 소외가 아니라 소격된다고 느낀다. 아감벤은 "스펙터클은, 그 자체가 이미지가 될 정도로 축적된 자본이다. 바로 이런 이유에서 스펙터클은 분리의 가장 순수한 형태에 다름 아니다."라고 말한다.

 현실세계가 이미지로 변해 있고 또 이미지가 현실이 될 때 인간의 실제적 능력은 자기 자신과 분리되어 독자적 세계로 나타난다. 이렇게 미디어에 의해 분리되고 조작되며, 국가의 형식과 경제의 형식이 뒤얽힌 세계에서 시장경제는 전 사회적 삶에 대해서 절대적이면서도 무책임한 주권의 지위를 획득한다.

― 조르조 아감벤, 2014, 109~10

무한의 자유를 누릴 수 있는 것처럼 주어지는 스펙터클의 서사는 '파놉티콘'과 다르지 않다. 그 스펙터클 안에서는 감시자의 눈길마저 스펙터클의 일부로 녹아든다. 참여하는 순간 일거수일투족이 정확하게 파악되고 기록되지만 그것은 한 차례도 반복되지 않는다. 패턴을 예측할 수 있을지는 모르지만, 다음 차례의 진동(행위)은 누구도 내다볼 수 없다. 개별성이라는 것은 반복되는 순간 보편적인 것을 지향한다. '지시된 사물을 보여 주어 개별성을 확인시키기 위한 몸짓으로 가리킬 필요가 없다.' 그 흐름에 다소곳하게 휩쓸리면 된다.

그럼에도 불구하고 개별성의 확인은 궁극적으로 대화적 상황에 의해 결정되어 있는 지금/여기를 가리킨다. 우리가 말하는 대상을 시-공간의 그물망 안에 있는 하나의 특정한 위치와 연관 짓는 확인은 존재하지 않는다. 또한 시간과 공간 안에는 최종적으로 상황적인 지금/여기를 가리키지 않는 장소들의 그물망도 존재하지 않는다.

― 폴 리쾨르, 1998, 71

궁극적으로 구술 언어의 지시는 외시(外示, monstrations)에 의존한다. 그리고 바깥으로 향하는 시선은 대화에 참여하는 사람들이 공유할 수 있는 상황에 의존한다. 대화적 상황에서 지시는 상황적이다. 드러난 맥락에 따라 소통을 하는 한에서 '모든 대화는 스펙터클적이다'. 대화를 통해서 온전히 자신을 드러내는 경우는 극히 드물다. 그럴 경우 '싸움'이 되는 경우가 많다. '외시'가 놓치고 싶지 않은 것이 스펙터클이다. 오늘날 시를 둘러싼 환경도 급격히 변화하고 있다. 다양한 매체와 연결되어 불특정 다수와 무차별적 접촉이 가능하며, 무한 정보에 노출되어 있다.

    어떠한 접촉도 무슨 정보도 균일하거나 확정적이지 않다. 이 불확실성은 다분히 시적 상황이라고 할 수 있다. 기존 종이 매체에서 제한적으로 형상화하였던 시의 형식을 오히려 자유롭게 변주시킬 수 있는 지점이다. 이러한 측면에서 시는 변해야 하고 시를 쓰는 사람도 새롭게 규정해야 한다.
― 이민호, 2012. 12

    매체 중심의 소통, 무차별적 접촉, 무한 정보, 연결의 다중·다층성으로 스펙터클은 종잡을 수 없는 현상으로 펼쳐진다. 이런 상황에 대처하며 자신의 욕망의 언어를 끝내 놓치지 않기 위해 '오래' 맥락을 붙드는 것은 비효율적이다. 스펙터클은 다양한 서사로 겹쳐 있기 때문에, 개별적인 서사들은 스펙터클에 빨려 들 수밖에 없다. 그래서 호출되는 것인 '포에톨로지'다. 시적 상황은 발생한 자리에서 즉각 사라질 수 있다. 긴 이야기가 아니라 순간적 스토리이며, 직관적 상황이 사라진 자리에 '텅 빈' 언어만 남게 된다.
    그런 모순적인 장소만을 찾아 헤매는 이들이 시인들이다. 시인들은 그래서 언제나 헤매는 사람처럼 보인다. 세계가 그들에게 부여한 이름에 균열을 내고, 단절하고자 하는 비행위로서의 행위를 가능한 한 오래 사유하고자 한다. 시가 탄생하는 곳은 명명 불가능한 모순적 장소들이다. 그러나 그 장소들이 스펙터클에서 소외된 삶을 해결할 수 있을 것이라 믿지 않는다. 그들은 헐벗었지만 그 자리에서 궁리를 시작했다. 그 궁리가 결국 세계의 어떤 차원을 밀어붙이고 또 열어 놓을 것이라는 희망은 사라지지 않는다. 이것만은 언제까지 우리에게 여전히 엄연하다.(신진숙, 2010, 27) 따라서 시에게는 한 번도 허락되지 않는 '없는 자리' 역시 엄연히 준비되어 있다.

시는 모순적 장소, 모순마저도 파괴된 폐허에서 탄생한다. 폐허를 지우는 것은 그 이면으로 생명을 밀어 올리는 일과 다르지 않다. 폐허로서 시가 탄생하는 장소는, 생성으로서 시가 사라지는 장소와 다르지 않다.

스펙터클[2]

우리은하의 두께는 1만 5000광년이고, 지름은 10만 광년이다. 납작한 원반 모양의 '막대나선은하'다. 멈춰 섰다는 것을 가정하면 막대나선이지만 상상을 불허하는 속도로 회전하고 있어서 원반에 가깝다고 할 수 있다. 나선팔은 3쌍 여섯 개로 구성되어 있다. 선풍기의 날개와 같이 멈춰 서면 팔이지만, 회전으로 인해 3태극 모양을 그리고 있다. 태양계는 우리은하의 중심을 시속 79만km의 속도로 돌고 있다. 상상마저 불허하는 속도다. 우리은하를 상상해 그린 조감도(?)를 들여다보고 있으며 영락없는 태극 문양이다.

우리 은하의 조감도에서 지구를 가늠한다는 것은 원자의 중심핵을 가늠하는 것에 비교할 수도 없을 만큼 어렵다. 전체 우주를 상상하면 우리은하의 규모는 또 얼마나 미미한가.

다음의 그림을 우리가 바라보는 하늘(天境, 天球)만큼 확대를 해야 태양은 한 점 별로 반짝일 수 있다. 그렇게 태양이 반짝일 때, 지구 역시 그 그늘에서 푸르게 반짝인다. 그 지구에서 하늘에 별만큼 많은 별을 심경에 품고 사는 인간이 있다. 인간은 의미를 이루는 우주삼간(宇宙 三間)의 하나다. 너무도 미미한 존재로서 1間을 자처하는 것은 오만

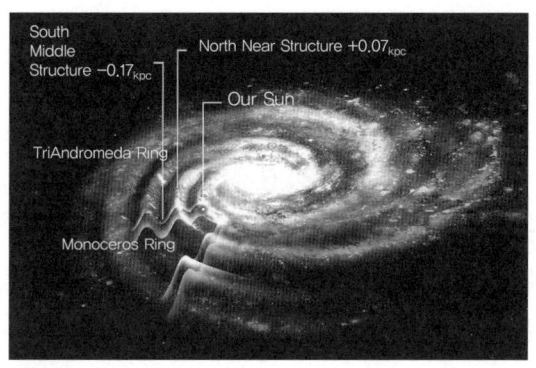

해 보이기도 한다. 그러나 시간·공간이 구분되지 않는 우주적인 세계와 시간·공간이 없는 것이나 다름없는, 있어도 별 소용이 없는 양자적인 세계 사이에서 둘을 매개할 수 있는, 메타시간이자, 메타공간의 존재는 아직 인간뿐이다. 인간이 宇宙라고 이름하기 전에는 우주는 없는 것이나 마찬가지였다. 시간과 공간에 이름을 부여한 것도 신이 아니라 인간이다. 의미의 장에서 인간의 역할은 여전히 지대하다.

오늘을 사는 우리 대부분은 '소시민'이다. 小를 Petit로 해석하는 것은 서구의 경제 논리다. 동양에서 小는 素素에 가깝다. 일가(一家)를 이뤄 백가(百家)의 말석에 이름을 올린 소설가(小說家)의 '소(小)'는 작다는 의미가 아니라 '가볍다', '즐겁다', '시름없다'의 의미였다. 소시민은 현실에 안주하고 사는 사람들, 현실을 즐겁게 받아들이는 사람들이라고 할 수 있다.

이 지구에 차례로 거주했던 민중들과 세대들에게 참과 거짓을 구성했던 것 – 언어상의 차이, 방언성의 차이, 생활 방식과 성격상의 차이, 관습상의 차이, 심지어는 개별 인간의 신체적 특징까지도 – 그러한 것이 소시민 계급에 있어서는 어떤 의미도, 어떤 표현과 소통상의 가치도 갖지 않는다. 세계사의 희비극을 특징지었던 그 다양성은 소시민계급 안에서 한데 모아져 판타스마고리아적인 공허함 속에 노정된다.

— 조르조 아감벤, 2014, 90

    과거의 일들이 순식간에 거의 겹치듯이 스쳐 지나갈 때 우리는 '주마등(走馬燈)처럼 스친다'라고 말한다. 주마등은 불을 켜는 등(燈)의 일종이다. 두 겹으로 된 틀의 안쪽에 갖가지 그림을 붙여 놓고 등을 켠 다음 안쪽 틀을 돌려 그림이 바깥쪽으로 스치듯이 순식간에 지나가도록 만든 것이다. '주마등(走馬燈)'은 흔히 사물이 덧없이 빨리 변하는 것을 비유하는 데 쓴다. 주마등이 공허함은 쓸쓸한 텅 빔과는 차이가 있다. 이것은 내가 목표로 했던 하나의 그림, 지향점의 공허함과 같다. 여러 사물, 사건들이 한데 섞임으로 인해 우리는 새로운 중성의 지대를 만나게 되고, 여기에서는 모든 것들이 막 탄생한 별처럼 다만 반짝이며, 이름을 기다리고, 이야기를 기다린다.

    자신의 멸망, 인간의 생존 자체가 지구의 환경을 파괴한다. 아파트는 쓰레기 생산 공장 같다. 도대체 인간의 삶은 지구에 어떤 기여를 하는가. '전대미문'의 기획은 어떤 것일까. 그것은 인간의 미미함과 위대함을 동시에 볼 수 있을 때 포착 가능할 것이다. 문화적 스펙터클과 자연적 스펙터클을 함께 구현할 수 있을 때 우리는 새로운 출발을 감행할 수 있다. 이것은 후설이 말한 생활세계의 위대한 '현상학적 전회'가 될 것이고, 데리다의 '다시 쓰기'가 될 것이다.

    신행성적 인류의 특징들 중에서 그들의 생존을 가능하게 했던 것을 꼽아 볼 것, 사악한 미디어적 홍보성을, 스스로만을 전달하는 완전한 외부성과 분리하는 얇은 가림벽으로 제거할 것, 이것이 우리 시대의 정치적 과업을 이룬다.

— 조르조 아감벤, 2014, 93

'사악한 미디어'는 온갖 스펙터클의 온상이다. 스펙터클 자체가 선이거나 악이거나 한 것은 아니다. 스펙터클의 목적이 자본이거나, 그 자본을 통한 다른 스펙터클의 생산이 될 때 이것은 종교보다 더 가혹하게 인간을 현실에 안주시킨다. 신들의 세계, 우주의 세계, 미생물의 세계도 인간이 '사악한 미디어'를 통해 쏟아 내는 스펙터클을 당해 낼 수 없을 정도다. 그런데 사악한 미디어는 의외로 지구에 사는 사람들을 '지구인'으로 묶어 주는 데 꽤나 큰 기여를 하고 있다. 2018년에 대유행을 했던 온라인 게임의 경우 가장 많을 때 동시 접속자가 지구인 300만이었다.

만일 우리가 인류의 운명을 다시 한 번 계급의 개념으로 사유하고자 한다면 오늘날에는 더 이상 사회계급이 존재하지 않으며 단지 모든 사회계급이 용해되어 있는 단일한 행성적인(planetrarial) 소시민계급만이 존재한다는 사실을 인정해야 할 것이다. 그 소시민계급은 이 세계의 상속자이고 인류가 허무주의를 이기고 살아남는 형태이다.

— 조르조 아감벤, 2014, 89

전쟁, 환경오염 등 오늘날 인류가 멸망으로 치닫고 있다는 진단은 과장된 면이 없지 않다. 인류의 소멸, 태양계의 소멸 나아가 우리은하의 소멸은 예정되어 있다. 물론 이것은 인간의 시간에 비하면 영원에 가까운 것이긴 하다. 인류는 벌써부터 다른 행성으로의 이주를 실행해 옮기고 있지만, 이것이 성공한다고 해도 태양계를 벗어나기는 어려울 것이다. 이런 단계에 접어들면 우리는 한국인이나 영국인, 흑인이나 백인이 아니라 '행성적인 소시민'으로서의 계급성을 새롭게 얻게 될 것이다.

보이지 않는 것들이 좌우하는 우리의 삶을 다시 한 번 냉정하게 돌아보아야 할 때다. 그래서 가장 중요한 것들, 절체절명의 것들, 인류의 존립에 필수 불가결한 것들을 과감하게 괄호(판단중지)에 묶고, 전대미문의 현상학적 환원을 감행할 수 있어야 한다. 그래야 우리는 우리의 미래를 여전히 '기대'할 수 있다.

궁극의 모빌리티

유클리드기하학은 유사한 사물들의 반복적 형태를 추출한다. 그렇게 추출된 형태로 사물들을 재단하고 규정한다. '알'은 둥글다. 산은 '삼각형'과 같은 말들이 진실과는 엄연한 거리가 있음에도 사실로 받아들여지고 있다. 유클리드기하학의 다섯 공리는 다음과 같다.

1. 동일한 것의 같은 것은 서로 같다. 같은 것과 같은 두 개의 것은 서로 같다.(A=B, A=C이면 B=C이다.)
2. 서로 같은 것에 같은 것을 더하면, 그 결과는 같다.(A=B이면 A+C=B+C이다.)
3. 서로 같은 것에 같은 것을 각각 빼면, 그 결과는 같다.(A=B이면 A-C=B-C이다.)
4. 서로 일치하는 것은 서로 같다.
5. 전체는 부분보다 더 크다.

유클리드기하학의 다섯 공준은 다음과 같다.

1. 임의의 점과 다른 한 점을 연결하는 직선은 단 하나뿐이다.
2. 임의의 선분은 양 끝으로 얼마든지 연장할 수 있다.

3. 임의의 점을 중심으로 하고 임의의 길이를 반지름으로 하는 원을 그릴 수 잇다.

4. 직각은 서로 모두 같다.

5. 한 선분을 서로 다른 두 직선이 교차할 때, 두 내각의 합이 180도보다 작으면, 이 두 직선을 무한히 연장하면 두 내각의 합이 180도보다 작은 쪽에서 교차한다.(평행성 공준)

유클리드의 공리와 공준은 직관적이다. 직관적이라고 하는 것은 '완전함'을 전제로 한다. 가령 공준의 1과 5의 경우는 완벽한 평면을 전제로 해야 한다. 시간과 공간이 휘었다거나 지구처럼 둥근 지표에서는 공준이 되지 않는다. 그러니까 유클리드기하학은 현실에서는 재현이 불가능하다. 공간의 휨을 전제로 하면 유클리드 5공준의 1은 이렇게 수정된다. 1. 임의의 점과 다른 한 점을 연결하는 직선은 무한하다. 여기가 비유클리드기하학이 출발하는 지점이다. 위상학적 기하학은 특히 5공리의 4를 괄호로 묶는다. 5. 서로 일치하는 것은 서로 같지 않을 수 있다. 서로 일치하지 않는 것은 서로 같을 수 있다. 유클리드기하학에 대한 비유클리드기하학의 도전은 200여 년 전인 1818년에 이미 본격화되었다.

뫼비우스 띠는 한 면(?)과 하나의 모서리만을 가지고 있다. 이 같은 재미있는 성질은 1818년 독일의 수학자 '아우구스트 뫼비우스와 요한리스팅이 같은 시기에 각각 발견했지만, 공은 뫼비우스에게 돌아갔다.

— 다음 백과(2019. 11. 1.)

뫼비우스의 띠는 두 면으로 된 한 면이고 한 면으로 된 두 면이라는 아포리즘을 이룬다. 이면과 저면이 고정되지 않은 뫼비우스 띠는 유클리드기하학으로 고정시킬 수 없다. 재미있고 이상한 성질은 비유클리드적인 상상마저도 뛰어넘는다. 긴 띠를 그대로 붙이면 공간을 품은 원이 만들어진다. 그런데 한쪽을 반 바퀴 뒤집어 다른 면에 이어 붙이면 뫼비우스의 띠가 된다. 이렇게 이어진 모서리들의 품고 있는 공간은 그냥 붙인 것과 양적으로, 질적으로 비교가 불가능하다. 전혀 다른 차원의 공간이 열리는 것이다.

뫼비우스의 띠와 같은 '공전'의 공간창출은 유한 안에서 무한을 경험하는 데 매우 유력한 힘을 발휘한다. 그 힘은 뫼비우스의 띠가 안 공간과 바깥 공간을 구분하는 역할에서 벗어나 있기 때문이다.

> 외부는 규정된 공간 너머에 있는 어떤 공간이 아니라, 통로, 즉 규정된 공간으로 하여금 전조를 가능하게 하는 외부성이자, 한마디로 말하자면 그 공간의 얼굴, 그것의 형상eidos이다. 이런 의미에서 한계는 경계와 다른 것이 아니다. 말하자면 한계는 경계의 경험 자체, 즉 어떤 외부의 내부에 있는 경험이다. 이러한 탈자태는 인류의 빈손으로부터 특이성이 받는 선물이다.
>
> — 조르조 아감벤, 2014, 97~8

뫼비우스의 띠의 역능, 역동성은 안팎이 구분되지 않는 특별한 공간성에서 나온다. 내부에 품을 수 있는 즉 그 질을 바꿀 수 있는 '공간'의 량이 뫼비우스의 띠의 역능과 관련된다. 우리 시대에는 품을 수 있는 사회·문화적 공간(공허)은 역설적으로 '스펙터클'의 화려함의 변곡으로부터 이끌어 낼 수 있다. 어느 때보다 강렬한 희열과 어느 때보다도 깊은 고독감을 동시에 맛볼 수 있다는 것이다.

스펙터클이 단순히 이미지들의 영역이나 우리가 오늘날 미디어라 부르는 것과 일치하는 것은 아니다. 오히려 그것은 이미지들로 매개된 사람들 사이의 사회적 관계이며 인간적인 사회성의 박탈이자 소외 그 자체이다. 아니 더 간간히 정식화해 보자면 스펙터클은, 그 자체가 이미지가 될 정도로 축적된 자본이다. 바로 이런 이유에서 스펙터클은 분리의 가장 순수한 형태에 다름 아니다. 현실세계가 이미지로 변해 있고 또 이미지가 현실이 될 때, 인간의 실제적 능력은 자기 자신과 분리되어 독자적 세계로 나타난다. 이렇게 미디어에 의해 분리되고 조작되며, 국가의 형식과 경제의 형식이 뒤얽힌 세계에서 시장경제는 전 사회적 삶에 대해서 절대적이면서도 무책임한 주권의 지위를 획득한다.

- 조르조 아감벤, 2014, 109~10

스펙터클이 지나가고 남는 자리의 허무(공간, 공허)가 '변곡'의 공간으로 작용할 수 있다. 스펙터클의 진정한 효과는 주는 것이 아니라 앗아 가는 것이다. '갤러그'라는 비디오게임이 있다. 이 게임은 1980년대에 전 세계에서 널리 유행했다. 게임에 참여한 사람은 자신이 게임을 하고 있다는 것을 망각하지 않았다. 그리고 40여 년이 흐른 지금, 증강현실(VR)은 우리의 현실 속에 깊숙하게 들어와 있다. 다시 40여 년이 흐른 후에는 현실과 가상의 구분이 훨씬 더 모호해질 수 있다. 먼 미래에는 증강현실이 현실을 압도할 것이라고 보는 사람들이 점점 늘고 있다. 그때 펼쳐질 스펙터클은 우리의 상상을 훨씬 뛰어넘는 것이 될 것이다.

범지구적으로 벌어질 경쟁 속에서 우리는 어떤 장소를 구성해야 할 것인가를 고민하게 된다. "장소는 역동적으로 이리저리 움직이는 것처럼, 그래서 반드시 하나의 '위치'에 머물러 있을 필요가 없는 것으로 보인다. 장소는 인간-비인간 행위자들, 즉 사진, 모래, 카메라, 자동차, 기념품, 크림 등으로 구성된 네트워크 내부를 이동한다."(존 어리,

2016, 481~2) 다양한 스펙터클은 인간이 할 수 있는 일과 구성할 수 있는 장소의 가능성을 확대할 수 있을 것이다.

    그러나 지금처럼 인간 중심의 시선과 관점을 그대로 유지한다면 스펙터클에 완전히 매몰될 공산이 크다. 스펙터클의 중심에 자리한 "네트워크는 소용돌이치며 유동"한다. 이 소용돌이를 도약대로 삼아 스펙터클을 뚫고 나갈 때, 우리는 라캉이 꿈꾸던 특별한 주이상스의 공간에 도달할 수 있을 것이다.

9. 분위기

바람

'저마다의 모습으로 밀려오는 파도는 한결같이 서로 닮았다.' 세계의 근원 원소에 대한 견해는 다양하다. 고대 서양에서는 4원소를 주창했다. 철학자 시인, 시인 철학자로 잘 알려진 바슐라르는 세상의 문학(시)을 4개의 창고에 나누어 담는 것을 평생의 일로 삼았다. 창고에는 각각 물, 불, 흙, 공기라고 쓰여 있었다. 서양이 구체적인 물질에서 근원 원소를 찾았다면, 동양에서는 '기운' 혹은 '분위기'를 원소로 삼았다. 동양의 '五行'은 오행성의 작용을 나타내지만 이것은 거의 모든 사물, 현상으로 귀류한다. 오행인 목화토금수(木火土金水)는 '풍열습조한(風熱濕燥寒)'이라는 대지, 인간의 몸에 나타나는 현상과 짝을 이룬다. 이것은 계절로 봄, 여름, 늦여름, 가을, 겨울에 해당한다.

'목(木), 목성(木星), 봄, 바람, 흔들림'은 동양, 서양에서 모두 생명의 활력과 관련을 맺고 있다. 바슐라르는 땅의 고정성과 대기의 무형성 사이에서 물처럼 흐르고 불처럼 타오르는 '이미지'로 '나무'의 상상력을 제시한다. 이상은 「오감도 시 제7호」에서 절대 고독을 '나는 탑배하는 독사와 같이 지평에 식수되어'라고 형상화하고 있다. 고독은 완전한 멈춤에서는 오지 않는다. 꺾어지는 것을 두려워하지 않고 가장 강렬하게 흔들릴 수 있는 나무만이 천년을 넘게 살 수 있다. 또한 살면서 끊임없이 죽어 가기 때문에 천년을 넘어 푸르게 흔들릴 수 있다.

> 카프카는 비장하게 흔들리고 있다. 때로는 '그 매혹의 권능이 끔찍한' 사람들 사이에 거처를 마련하기 위하여 온갖 능력을 다하고 있는 듯하다. 고독을 이겨 내기 위해서 뿐만 아니라 살아 있는 성숙한 인간의 독자성을 획득하기 위하여, 그는 약혼을 하려 하고, 정원을 돌보고, 육체노동을 시도해 보고, 팔레스타인을 잊지 않고, 프라하에 거처를 마련한다.
> — 모리스 블랑쇼, 2010, 96~7

카프카는 누구보다 사랑을 갈망했지만, 결혼에 이르는 것을 연기하면서 끝내 죽어 갔다. 그의 흔들림은 삶과 생활 모두에서 일관되었고 쓰기에서 그대로 반복되었다. 흔들림은 단순한 기웃거림이 아니라 대상들과 스스로를 분리해 내는 강고한 작업이다. 그렇게 혼자가 되는 것은 시름없이 살기 위해서가 아니라 홀가분하게 '잘' 죽기 위해서라고 카프카는 말한 적이 있다.

고독하기 위해 흔들린다. 고독은 언어 바깥에도 없고 언어 안쪽에도 없다. 언어는 안쪽도 없고 바깥쪽도 없다. 없는 둘 사이를 흔들리다 보면 순간순간 고독을 목도할 수 있다. 마음이 가득 차서는 제대로 흔들릴 수 없다. 흔들리는 고독과 마주하기 위해서는 고독과 함께 흔들릴 수 있어야 한다. 고독하다고 말해서도, 고독하지 않다고 말해서는 안 된다. 제대로 흔들려야 고독과 마주할 수 있는 여지를 최대한 넓힐 수 있다.

'여지'라는 개념도 문제적 공간이 객관적인지 주관적인지에 따라 달라진다. 객관적 공간에는 제한이 없다. 그 자체로 재현 가능한 한계도, 재현 불가능한 한계도 없다. 객관적 공간과 결부된 '여지'라는 개념은 무제한의 움직임을 허용하는 하나의 '우주적 여지'다. 그러나 주관적 공간의 영역은 제한된 범위의 영역이다. 주관적 공간은 특정 사물의 신체적·환경적 자각에 연결되어 있다. 그것은 특정한 방향 결정능력과 운동능력에 결부된다. 주관적 공간의 '여지'는 이런 능력·역능들로 한정된다.(제프 말파스, 2014, 85) 객관적 공간의 근원성이 무제한이라면 주관적 공간의 의미성은 근본적인 제한으로부터 온다.

아무리 넓은 주관적 여지를 가져도 세상은 '지구 안'이다. 아무리 여지가 하찮더라도 우리에 몸은 누구도 헤량할 길 없는 '마음'을 품고 있다. 몸은 한계를 갖지 않는 객관적 공간에 해당한다. 또한 한정된 영역을 지니고 있는 주관적 공간의 영역이기도 하다. 우리의 몸은 객관적이며 주관적이다. 둘의 상호작용을 통해 중성성이 확보된 몸에서 이루어지는 것이 나와 나, 세상과 세상, 나와 세상의 비밀스러운 동일성이다. 이 동일성들이 기록되는 장소가 시인·소설가·수필가·디자이너·건축가 이상의 문장, 카프카의 문장이다.

> 여기서 우리는 적어도 우리가 카프카의 것으로 여겼던 문장들에서 어쩌면 그가 말하려고 애썼던 것으로 되돌아온다. 즉, 나는 죽기 위해서, 죽음에 그 본질적 가능성을 주기 위해서 글을 쓴다. 여기서 죽음은 본질적 죽음, 비가시성의 원천이다. 하지만 아울러 죽음의 안에서 글을 쓰고, 나를 텅 빈 지점으로 만들 때에만 혹은 비인칭이 긍정될 때에만 나는 글을 쓸 수 있다.
>
> — 모리스 블랑쇼, 2010, 215

나를 타인처럼 대할 수 있다면 거의 모든 문제는 해결된다. 타인을 나처럼 대할 수 있다면 모든 것은 문제가 되어 버린다. 둘은 모두 불가능하고 무의미하다. 비인칭은 경사된 시선에 걸린 대상이다. 시선의 경사는 외눈보다는 겹눈일 때 가능성을 높일 수 있다. 현실을 보는 인간의 눈은 두 개지만 상은 하나로 맺힌다. 인간의 시선은 외눈이다. 인간의 눈이 한쪽은 사물을 포착하고, 다른 한쪽 눈은 사물을 비스듬하게 썰면서 통과할 수 있다고 가정해 보자. 사물을 통과할 때 시선은 바람과 같은 공간성을 획득한다.

한 객체에서 나타난 요소나 속성이라고 하더라도 일원화를 통해 절대적 해석에 다가설 수 있는 것은 아니다. 이 일원화는 해석의 문제라기보다는 객체 자체를 인과적 구조 속으로 통합하는 문제이다. 그러나 경험이 굳이 객체를 둘러싸고 조직될 필요가 있느냐는 반론이 제기되는 지점도 '인과적 구조'라는 말이다. 이것은 공간파악은 객관적 공간에 대한 파악과 주관적 공간에 대한 파악을 모두 요구한다는 관념에 반하는 식으로 작용할 수 있다.(제프 말파스, 2014, 167)

아무것도 아닌, 없는 바람은 공간이 아무것도 아닌, 없는 것은 아니라는 것을 알려 준다. 거대한 나무의 이파리를 하나도 빼놓지 않고 흔들 수 있는 힘은 바람의 힘이 아니라 공중의 힘이다. 그 바람을 타는 결은 모든 이파리들이 다르다. 동일성은 늘 비밀스럽게 단 한 차례만 이루어진다. 공간의 정수이며 공간작용 자체인 바람은 가장 밀접하고 자유롭게 흐름이라는 속성을 시간과 공유한다. 바람은 가장 자유로운 '장소성'을 연출한다. 이것이 바람의 미장센이다.

이 한 방울의 무(無)

대기는 텅 비어 있지만 언제나 꽉 차 있다. 대기가 어떻게 채워졌는가, 어떻게 흐르느냐에 따라 천경(天境)에 맺히는 별빛의 색도, 반짝임도 달라진다. 맑은 가을 하늘과 같은 심경을 갖는 것은 쉽지 않은 일이다. 그러나 우리는 언제 한 번쯤은 눈을 감고 꾸는 꿈속에서 선명한 세상을, 푸른 하늘을 보았을 것이다. 오래 명상을 한 사람은 맑은 가을 하늘과 같은 심경을 지속적으로 품을 수 있다고 한다.

맑게 개인 심경에는 구름과 같은 이미지가 혹은 별빛과 같은 언어들이 반짝인다. 그 과정을 상상해 보는 것은 어려운 일만은 아니다. 말라르메의 이지튀르는 언어의 아포리즘, 곧 뫼비우스의 띠다. 죽음의 진리, 진리의 죽음, 삶의 행위, 행위의 삶, 필연적 우연, 우연적 필연과 같은 최선의 가능성이자 불가능성을 근거로 언제나 극단적인 순간을 펼친다.

> 그때 말들 속에서 작용하는 그 부정은, 우리에게 있어 의식의 현전인 "이 한 방울의 무"는, 우리의 본질인 존재하지 않는 능력을 이끌어 내는 그 죽음은 또한 진리에 관계하고, 결정적인 그 무엇을 증언하며, "무한에 한계를 부여"하지 않기 때문이다. 그리하여 부정의 순수성에 연결된 작품은 이제 작품의 근원인 저 먼 동방에 대한 확신 가운데 일어설 수 있다.
>
> – 모리스 블랑쇼, 2010, 151

'이 한 방울의 무'가 심경에 떨어져 흩뿌려져서 무지개로 떠오른다. 이 무지개와 같이 '존재하지 않는 본질의 능력'이 무한이 한계를 넘어 발휘된다. 이와 같은 극한의 무한에 가까운 그러나 '경계를 갖는 펼쳐짐은 특별한 시작으로부터 가능하다. 하이데거는 "'진정한 시작'은 항상 도약으로서 선도약인데, 이런 도약에서는, 비록 은폐된 것이긴 하지만 모든 도래할 것이 미리 건너뛰게 한다"고 말한다. 이 말은 하이데거의 차이-시간을 잘 나타낸다.(게오르크 크리스토프 툴렌, 2010, 149)

하이데거가 프랑스에 방문했을 때 데리다를 만난 적이 있다고 한다. 데리다는 하이데거 부부를 태우고 직접 차를 몰아 프랑스를 보여주었다. 이때 데리다는 최대치의 속도를 유지했다. 하이데거는 위험한 속도에도 전혀 당황하지 않았다. 오히려 주어진 시간에 최대한 많은 프랑스의 풍경을 본 것에 대해 데리다에게 감사의 말을 전했다고 한다. 데리다는 자신의 의도가 간파당한 것을 알고 겸연쩍어 했다는 일화가 있다. 차이를 통한 주체의 지평 확산을 꾀하는 하이데거의 존재 시간, 시간 존재를 데리다의 차연은 다양한 위상 존재로 깨뜨린다. 그의 차연은 절대성 속의 공간이지만 층층을 가진 공간이다.

스피노자의 직업은 당대에 최첨단의 것이었다. 요즘으로 하면 광학 렌즈 설계자라고 부를 수 있다. 그는 유리를 깎아 멀리 보는 망원경의 렌즈를 만들고, 깊게 보는 현미경의 렌즈를 만들었다. 여기에서 한발 나아간 것이 데리다의 렌즈다. 데리다의 차연은 아주 잘 설계하고 깎은 '허공렌즈' '사이렌즈'인 셈이다. 이것은 우리의 내면을 읽어 내는 심적 장치라고 할 수 있다. 프로이트는 광학적으로 이 심적 기구를 보고 있다. 그는 꿈은 그림들을 표상, 기억 인상 그리고 무의식적 판타지로 무리 없이 위치시킨다. 심적 장치는 심상을 맺게 한다. 심상이 맺히는 심경이 가장 큰 심적 장치라고 할 수 있다. 천경이 일종의 지구의 눈이 되는 것처럼 심경은 우리 마음의 가장 큰 눈이다. 천경과 심경도, '한 방울의 무'라고 할 수 있다. 라캉은 이 과정을 좀 더 구조적으로 파악하면서 상상적인 것을 넘어서는 바탕을 이룬다고 말한다.

> 거기서 강조해야 할 부분은 물론 상상적인 것 자체가 아니라 오히려 그것을 만들어 내는, 상상적인 것의 현상 및 상황화를 비로소 가능케 하는 장치다. 다시 한번 라캉의 말을 차용해 표현하자면 우리는 심상들이 – 충분히 찰나적으로 – 유동되고, 지속되고 그리고/혹은 사그라드는 기초적인 것의 조절 구조들에 주의를 집중할 필요가 없다.
>
> — 마이 베케너, 2010, 318~9

한 번 빛나기 시작한 별은 지속적으로 빛난다. 그러나 이 지속은 어둠으로 채워진 밤하늘의 질과 대기의 흐름에 따라 떠오르기도 하고 뜨지 않기도 한다. 심경에 떠오른 '이미지'들도 한 번 새겨지면 사라지지 않고 특별한 상황에서 다시 떠오른다. 하이데거는 자신의 재생산적 상상력개념의 재수용을 원본을 단순하게 모방(묘사)하는 재생산개념과 구분한다.

천경과 심경은 매우 빠른 속도로 움직인다. 재생산, 재인지는 어떤 것을 계속 유지하는 활동을 바탕으로 이루어지기 어렵다. 일시적으로는 얼개 구조가 마련될 수 있지만 이것은 순식간에 과거의 지평이 된다. 따라서 기억의 지평은 기대의 지평과 동시에 열린다. 우리의 시야는 두 방향으로 동시에 열리지 않으면 안 된다.

새로운 시선의 광학적 구조는 선행하면서 동시에 기반이 된다. 나도, 나의 시선도 고정되지 않는다. 재생산, 재인지 행위는 닦아 세우는 행위이다. 닦아 세운 심경의 프리즘으로 한 방울의 무, 한 방울의 빛이 투과하면 무지개와 같은 파노라마가 펼쳐진다. 어휘 하나, 한 문장, 한 편의 시, 대서사시, 소설, 대하소설까지도 결국 심경에는 한 방울의 '무'로 떨어진다.

반보기

머리를 쓰는 것, 머리로 이해하는 것은 인지가 주도한다. 인지 과정은 외부, 대상에서 주체에로 지향한다. 마음을 쓰는 것, 마음으로 느끼는 것은 의식작용이다. 의식작용의 원천은 우리의 무의식에 가까운, 의식적으로 어떻게 할 수 없는 시간의식, 의식시간이다. 몸의 실천은 이 둘 사이에서 이루어진다. 이는 수동성과 능동성의 차원에서 다룰 수 있다.

인지 과정은 주체의 능동성이 주로 작용하겠지만, 사물(대상)을 받아들이는 수동성이 바탕을 이루어야 한다. 의식작용은 의식대상이 낚시찌의 신호와 같이 떠오르기를 수동성을 발현해 기다린다. 그러면서 사물에 다가서야 한다는 점에서는 능동성을 발휘하지 않으면 안 된다. 수동적 능동성, 능동적 수동성의 진동 속에서 우리의 행위는 역동성을 더하게 된다. 머리와 마음과 몸이 중성의 지대에서 완벽한 수동성의 역능에 빠져들 때 우리는 '매혹'이라는 말을 쓴다.

> 어머니의 형상의 힘은 그 광채를 매혹의 힘 자체에서 가져오는 듯하다. 그리하여 어머니가 그 매혹적인 매력을 발휘하는 것은 아이가 온통 매혹의 시선 아래 살고 있을 때 어머니는 모습을 드러내면서 홀림의 모든 위력을 자신 가운데 집중시키고 있기 때문이라고 말할 수 있다. 어머니가 매혹적인 것은 아기가 매혹되어 있기 때문이다. 그리고 이러한 이유에서 모든 최초의 시간의 인상은 매혹으로부터 비롯된 고정된 무엇을 지니고 있다.
> – 모리스 블랑쇼, 2010, 33

아이는 매력적인 엄마에게 매료되어 있다. 엄마 역시 매력적인 아이에게 매혹되어 있다. 이 광경에서 가장 매혹적인 장면은 서로에게 빠져 홀리고 홀림 당해 있는 둘을 지켜보는 자의 몫일지도 모른다. 매혹의 공간을 연출하고 있는 이 셋에게는 각각 다른 시간이 흐른다. 매혹의 역동성을 좀 더 강화하기 위해서는 상호마중운동(반보기)이 필요하다.

하이데거식으로 '마음을 쓰는 것'은 '주의'를 기울이는 것이다. 그러나 주의하는 행위와 주의하는 태도를 분석하는 일에만 매달려 있으면 안 된다. 주의하는 행위와 태도는 현실을 기술하는 것으로 나아가야 한다. 주의현상학에서는 장소를 장면적으로 바라볼 필요가 있다. 나에게 떠오르는 사건과 내가 주의를 기울이는 사건이 상호주관적(하나로 수렴되어 통일되지 않음)으로 의미의 장을 구성한다. 상호마중운동은 낯선 말 걸기가 내게 와닿아 응답을 유발할 때에 첨예화한다. 이러한 현상은 사람들의 눈길 마주침 같은 무언의 형식으로 일어날 수도 있다. 요구와 응대 혹은 타자의 에로틱한 성적 욕망을 갈구하는 듯한 상호작용에서도 일어날 수 있다.(베른하르트 발덴펠스, 2010, 103)

한국의 옛 풍속에는 '반보기'라는 것이 있었다. 어머니와 아이의 매혹까지는 아니더라도 어머니와 시집간 딸이 중간에서 만나 정을 나누는 것이 특별한 장소를 매개로 이루어진다. 반보기의 마주침이야말로 진정한 상호마중운동이면서, 동시에 상호배웅운동이기도 하다. 이런 매혹의 공간이 '언어'를 통해 열릴 때, 우리는 인지와 의식 모두에서 지평의 확산과 인식적 심화·고양을 동시에 이뤄 낼 수 있다.

인간이 창출했고 소유하고 있는 가장 큰 공간은 언어의 공간이다. 문자는 그 자체로도 공간의 차원을 구성하고 있는 공간적 대상이다. 문자의 직시적 이미지가 그렇고 문자로 매개되는 노동의 양상 역시 공간속성을 드러낸다. 문자는 단편적이며 불연속적인 자구나 음절의 조합으로 의미를 불러일으킨다. 이 과정이 공간형상과 유사하다. 의식이나 관념까지는 연속된 것으로 간주할 수 있다. 그러나 이러한 연속을 유발하는 문자의 표현은 불연속적인 것이다. 더군다나 커뮤니케이션은 양방향성을 본질적 원리로 삼는다. 언어적 행위는 공간적 기제로 파악하는 것이 마땅하다.(장일구, 2001, 12)

읽기와 쓰기가 의미 있는 행위, 실천을 유발하기 위해서는 서로 마중하기가 필요하다. 언어적 행위는 현실에 공간을 펼치기보다는 심경에 공간을 펼친다. 설령 그 언어가 발화되어 메아리로 울려 퍼진다고 하더라도 더 오래, 더 깊게 무늬가 새겨지는 장소는 '심경'이다. 블랑쇼는 다음과 같이 말한다.

그러므로 시는 보여 주고, 시는 밝힌다. 하지만 숨기면서, 왜냐하면 시는 어둠 속에 어둠으로부터 어둠을 통하여 그리고 어둠이 최초로 만드는 밝음 속까지 어둠을 어둡게 보존하면서 밝혀질 수 있는 것만을 간직하기 때문이다. 시는 시가 이름하는 성스러운 것 앞에서 사라지고, 시는 시속에서 말하는 신을 말로 이끄는 침묵이다. 하지만 신성한 것은 언제나 말로 다할 수 없는 말 없는 것이기에, 시는, 시가 언어 속에 가두는 신의 침묵으로부터 침묵을 통하여, 단 한 시로서 말하는 것이고 감추어져 있으면서도 작품으로 스스로를 보여 주는 것이다.

– 모리스 블랑쇼, 2010, 336

매혹에 휩싸인 자는 말을 잃는다. 자신을 내려놓고 언어에게로 향한다. 독자와 만나는 작품 역시 마찬가지다. 기존의 의도, 의미를 내려놓고 독자에게로 향한다. 독자도 작품도 동시에 말을 잃는다. 말을 넘어서지 못하는 것은 아직 덜 '매혹'적이거나, 매혹당한 것일 가능성이 크다. 작품은 매혹적인 독자, 매혹 당한 독자의 관계 속에서 '매혹당한 채 매혹하기', '매혹당한 언어의 매혹'이라는 이중성을 획득한다. 그 이중성 사이에 깃드는 것이 '홀림'의 공간, 반보기의 공간이다.

이웃

장소에 대한 초기 성찰은 아리스토텔레스가 주도했다. 위상학적 전통에 대한 탐색의 기본 텍스트로 알려진 것이 그의 『물리학』 4권이다. 이 책을 출발점으로 삼아 공간에 대한 다양한 물음이 제기되었고, 이에 대한 답에 천착한 저작물들이 나왔다. 다양한 스펙트럼의 공간화 작업은 오늘날 공간을 계산적으로 대하는 자연과학적 연구를 앞세운다. 또한 장(場)연구 분야에서 인문학적 장소의 수용에서, 공간에 대한 철학적 성찰을 하는 곳에서 그리고 공간과 관련한 에세이적인 논의 방식들에 이르기까지 아주 광범위하고 다양하게 전개되고 있다.(크누트 에벨링, 2010, 406)

공간의 한정성을 극복하면서 장소의 의미가 확장한다. 장소는 스스로 작동함으로써 그 연결에 의해 거의 무한으로 확장할 수 있다. 우주적인 크기에 대한 동경이나 불가지적인 내면의 무한성에 대한 주관적 집착에서 벗어나는 것이 중요하다. 그래야 객관성·주관성의 영역을 넘나들며 새로운 영역을 개척할 수 있다.

수치적 크기가 각기 다른 장소들을 서로 연결하는 통로, 즉 로고스라고 하는 것은 숨겨진 가정적 성질을 가지며 또한 아직 검증되지 않은 추측이다. 이 주제는 위상학의 설명대상이다. 위상학의 관심은 장소들 간에 성립하는 관계들의 통로를 고려하는 것이지, 사물들 간의 떨어진 거리를 고려하는 것이 아니다.

― 페터 보른 슐레겔, 2010, 205~6

지구의 지표에서 거리라고 하는 것은 우리가 생각하는 것만큼 멀리 않고, 또 우리가 느끼는 것만큼 가깝지 않다. 우주적인 공간에서 지구의 크기를 상상하면 지구의 사물들은 거의 밀착되어 있는 것이나 마찬가지다. 반면 양자적인 절대공간의 차원에서 보면 사물들 간의 거리의 우주적인 것만큼 멀다. 그러니 사물, 사건들을 포함하는 것으로 장소나 장소 이동을 고려하는 것은 크게 의미가 없다. 물리적 무한성이나 절대성보다는 관계맺음의 무한성에 주목하는 것이 위상학의 관점이다.

우주의 무한성과 양자적 절대성 사이에서 확보할 수 있는 위상적 무한성이 우리에게 주어진 무한성이다. 거리는 문제가 아니다. 별자리를 이루고 있는 별들의 물리적 거리는 상상을 불허한다. 그럼에도 우리는 천경의 단 일면에 별들을 이웃하여 놓고 스토리로 잇는다. 다양한 스토리를 통해 평면을 입체로 만드는 것이 위상학의 임무다. 이를 통해 위치관계의 무한성을 실현하는 것이다.

> 라이프니츠와 연결되어 현재 활발히 진행되는 위상학적 접근법들과는 달리, 여기서 강조할 사항이 있다면, 하이데거에게는 사물들을 '물질성'과는 독립해 있는 '위치관계들'을 규정하는 문제가 연구의 관건은 아니라는 사실이다. 앞으로 알 수 있겠지만, 하이데거 이후에 공간은 그때그때 장소, 사물, 예술작품, 건축물 등에서 출발하면서 개방된다. 위상학적 전회의 접근법들에 얼마나 근접해 있는가.
>
> — 카트린 부슈, 2010, 156

사물과 사건들을 하늘의 별처럼 모두에게 주어져 있다. 그것을 어떤 구조, 플롯, 스토리로 잇느냐에 따라 장소는 달라진다. 그 모든 가능성에 열려진 것은 물론, 그것들의 관계를 통해 장소를 입체화하는 것이 위상적 접근법이다. 위상학은 특정한 시·공에서 사물의 무늬, 패턴, 양식, 태도를 읽는 것에서 시작한다. 위상학적 성찰과 지형학적 성찰의 차이는 평면과 입체의 차이로 단순하기 어렵다. 차라리 지형학이 공간과 관련한 정체성에 관심을 둔다면, 위상학은 전환, 전회, 변곡 등 흐름과 관계에 특히 주목한다.

존재에 대한 시간적 기술은 존재의 연속성을 강조한다. 역운 역시 흐름에 바탕을 두지만 다양한 흐름을 가능케 하는 '노드'의 성격을 강조한다. 하이데거는 '존재 역운'을 이야기한다. 존재 역운은 "동시에 일어나는 존재 자체의 본질 유래와 퇴거 시 매번 주조되는 존재자의 현현을 위해 영역을 밝혀 공간을 마련해 준다. 자기 내보이기로서 역운은 존재의 장소화가 역사적이듯, 존재 역운도 자신을 필연적으로 공간화해야 한다. 하이데거가 후기철학에서 사용한 개념 '시간공간/공간시간'이 역사성과 장소화의 이러한 융합을 잘 증언해 준다.(카트린 부슈, 2010, 155)

역운(歷運)은 크게 두 가지로 해석할 수 있다. 하이데거 철학에서는 개별자들에게 주어지는 역사적 운명을 일컫는다고 흔히 알려져 있다. '역사적 운명'의 줄임말로서 '역운'이라는 말의 하이데거의 후기철학을 이해하는 데 큰 역할을 하지 못한다. 시간공간 혹은 시간이 공간이라는 인식은 철저히 '시간성'을 바탕으로 삼는 역사성을 벗어나 있다. 이것은 우주적인 시간의 사유다. 우리가 말하는 역사마저도 우주적 시간에 비하면 찰나에 불과한 것이다. 우리말에서 '역운(歷運)'은 '해와 달과 별의 운행'을 가리킨다. 존재의 역운은 태양계의 움직임 속에서, 우주와 호흡하는 특별한 존재의 개시에 대한 상상으로 해석해 볼 수 있다. 물론 이것은 동양의 전통사유에 비춰 보면 매우 어린 수준이지만 나치즘을 통과하면서 맞닥뜨린 서구사유의 한계에 대한 하이데거의 처절한 반성에서 기인한 것이라면, 그 의의가 작지 않다.

자유

인간 실존의 중심적 긴장이 마련되는 '곳', 그 장소가 지리(地理)에 기반을 두고 있다는 것은 공간시대의 대표적 발상 중 하나다. 동양의 학에서는 인간의 몸을 나무에 비유한다. 입에서 항문까지 연결하는 길에서 인간은 '지리'에서 자라난 것들을 소화해 영양분을 섭취한다. '오장육부'에서 오장(五臟)은 가슴뼈로 감춰진(보호받고 있는) 것들이다. 간(봄), 심장(여름), 비장(늦여름), 폐장(가을), 신장(겨울)이 오장이다. 육부는 담, 심포(삼초, 횡경막), 소장, 위, 대장, 방광이다. 오장은 주로 천문(天文)의 기운을 흡수한다. 나무의 이파리와 같은 역할을 한다. 육부는 지구의 지표에서 자란 것들을 소화해 흙으로 삼고 양분을 흡수하는 나무의 뿌리에 해당한다. 인간의 몸에 대한 이러한 해석적 접근은 자연적 욕망의 회복, 곧 자유의 진정성과 연관되어 있다.

 인간 실존의 중심적인 긴장은 바로 이 상징화이론의 매개변수 안에서 변화하게 된다. 우리 시대가 직면한 제일의 문제로서 이 자연과 자유 사이의 긴장을 기술하고 있는 초기의 저술에서 리쾨르는 "자연은 자유가 자연을 의미하는 것으로 만드는 동안에 자유를 현실화한다."는 그 자신의 고유한 중재적 원리를 형성하였다. 언어와 상징의 차원으로 번역되어짐으로써 자유의 자연에로의 귀향"이 된다. 해석학적 내지 상징적 주석은 항상 이러한 대립과 화해의 변증법적 구조를 드러내 보여 주어야만 한다.
– 버논 W. 그라스, 1983, 24

 자유를 실현하는 것은 자유를 현실화하는 것이다. 공간에 이야기의 흔적을 남기면 자연을 의미 있는 것으로 만들 수 있다. 곧 개별자들이 성취하는(혹은 누리는) 자유의 양과 질은 저마다 얼마만큼의 지평을 의미 있게 만들어 '위상화'시키느냐에 달려 있다.
 이미 오래전에 미셸 푸코는 우리가 맞이할 시대는 '공간의 시대'가 될 것이라고 공언한 바 있다.
 푸코는 "우리는 동시성의 시대에 있다. 곧 우리는 병치(juxta position)의 시대, 원근(the near and far)의 시대, 병렬(the side by side)의 시대, 분산(the dispersed)의 시대에 있다. 나는 우리가 시간을 통해 길게 전개되는 삶의 세계가 아니라, 지점들을 이고 이곳 우리 자신의 실타래와 교차되는 하나의 연결망으로서 세계를 경험하는 순간에 있다고 믿는다."고 말한다.(제프 말파스, 2014, 34) 장소를 다양한 개념들과 연결할 때, 로컬리티는 변곡점(면)에 자리한다. 다양한 지점들을 잇는 하나의 노드를 형성한다.

푸코가 공언한 '공간의 시대'는 장소의 시대 더 구체적으로 말하면 '위상적 세계'라고 할 수 있다. 그의 '공간'은 '넓이의 공간'이 아니라 그물의 공간, 곧 망의 공간이다. 우리가 경험할 수 있는 공간은 한정적이다. 그 한계를 바깥으로의 확장을 통해 극복하고자 하는 것은 무모하다. 공간의 한계를 내적으로 극복할 수 있는 방법이 그물망 곧 공간의 위상학적 심화와 고양이다. 그럴 때 인간의 삶은 진정한 자유를 누리면서 한 차례도 반복하지 않을 수 있다. 인간이 삶을 통해 구가하고자 하는 자유는 시간의 자유, 공간의 자유 두 방향으로 나눌 수 있다. 이 둘을 따로 추구해서는 자유를 제대로 구가하기 힘들다. 시간과 공간의 동시적 추구의 방향으로 자유는 전화해 가야 한다.

장소를 시간보다 공간에 더 긴밀히 연결된 것으로 생각하는 사람들이 많다. 시간의식, 의식시간과 마찬가지로 장소경험은 경험장소와 다르지 않다. 시간의식이 자아의 내재적(근원적) 구현을 지향한다면 장소경험은 자아의 물질적 구현을 지향한다. 물질적 구현은 공간적인 것에만 관심을 쏟는다 하는 것은 섣부른 예단이다.

공간화는 언제나 시간화이며 또한 시간화는 공간화이다. 시간을 공간보다 우선시하는 것도, 공간을 시간보다 우선시하는 것도 모두 반론에 부딪치기 일쑤다. 두 입장 모두 장소를 전용하고 있다. 공간도 시간도 장소와 무관하게 존재할 수 없으며 서로에게 분리되어 이해될 수 없기 때문이다.(제프 말파스, 2014, 6)

시간과 공간은 따로이지만 언제나 함께이고, 함께이면서도 언제나 직관적으로 구분이 가능하다. 그러나 직관적 구분을 개념적으로 설명하는 것은 쉽지 않은 일이다. 시간과 공간은 뫼비우스의 띠, 혹은 태극처럼 변곡 지점으로 연결된다. 그 변곡 지점을 우리는 장소성의 핵심이라고 말할 수 있다. 이 변곡점에서 에너지는 최대치로 응축되어 있다.

차원과 꿈

공간은 완전한 무(無)이기 때문에 구조 이전의 순수다. 공간은 시간을 흐르는 구조다. 그렇다고 특정할 수 있는 구조는 아니다. 시간과 공간은 구조적 특성에서 대극에 자리한다. 시간공간, 공간시간으로서 장소의 구조는 규정성과 비규성을 동시에 추구한다. 규정이 윤리성을 지향한다면, 비규정성은 스타일을 추구한다.

장소는 다채로운 아포리즘을 선사한다. 장소는 포함하면서 포함되는 구조다. 안팎으로 포개진다. 나타나면서 사라지고 사라지면서 나타난다. 구체적으로 경험되고 추상적으로 재현한다. "장소가 지극히 복잡한 구조를 지니며 분화된 다양한 방식으로 자신을 표현할 수 있다는 사실은 장소를 파악하고 이해하는 방식이 다수일 수밖에 없다는 사실로 이어진다. 장소는 자연적인 환경의 구체적인 특성을 강조하는 데에서 볼 수 있을 것이다."(제프 말파스, 2014, 223) 장소는 또한 세계 속에서 문화적인 것과 자연적인 것이 또한 다양한 아포리즘을 형성한다. 여기에 그치지 않고 사회적인 것, 경제적인 것까지도 다양한 변곡, 변화에 영향을 끼친다.

공간이 한정을 갖고 품을 가짐으로써 시간의 차원성을 획득하기 위해서는 시간과 공간을 따로 여기면서, 함께 묶어 생각할 필요가 있다. 즉 따로라는 것은 함께 묶기 위한 전제가 된다. 양자의 세계에는 시간과 공간이 절대 무(無)의 상태를 유지한다. 우주에서는 시간은 공간이고, 공간은 곧 시간이다. 지구와 별의 거리는 '광년(光年)'으로 나타낸다. 빛이 1년 동안 달린 거리인 '광년'은 시간과 공간개념이 함께 담겨 있다. 지구의 지표에서는 시간과 공간을 별개인 것으로 생각하고 이 특수한 것을 일반적인 것이라고 알고 있다. 인간은 시간과 공간 중 어느 쪽에 기운 존재일까.

> 시간과 공간을 개별 형식으로 생각하기보다 어쩌면 한데 묶일 때에만 적절한 차원으로 구성되는 것들로 여겨야 한다. 그러므로 공간에서 한 지점은 시간을 통하지 않고는 어떤 차원도 갖지 않는다.(이는 시간과 공간을 언제나 결합되는 것으로 생각할 필요가 있다는 것을 나타낼 뿐만 아니라 공간이나 시간상의 한 점이라는 개념의 인위성을 나타낸다). 공간이 이런 식으로 공존할 수 있는 차원을 평가하는 것은 정확히 공간을 파악하는 것이다.
> – 제프 말파스, 2014, 223

공간성의 자구적 개념을 동시적이거나 공존하는 차원의 구체적 형식의 하나로 말하기도 한다. 물리적 확장의 동시적 차원을 확보하기 위해서는 확장이라는 말의 선입견에서 벗어날 필요가 있다. 확장을 확대와 동의어로 놓아서는 동시적 차원의 확보가 불가능하다. 우주적 확장과 양자적 확장, 양의 확장과 음의 확장을 동시에 고려할 수 있어야 한다. 공간과 시간도 마찬가지다. 둘은 따로이지만 각자는 의미가 없고 항상 함께여야 의미가 있고, 의미 자체가 된다.

생활세계는 지구의 자전과 공전이라는 움직임을 바탕으로 열린다. 지구의 외적 지향성에 또 하나의 지향성이 더해지는데 그것은 인간의 지향성이다. 똑같은 요소로 이루어지지만 이 지향성의 벡터는 서구의 것과 동양의 것이 다르다. 우리가 분위기라고 일컫는 것은 외적 생활세계의 지향성과 내적 생활세계의 지향성이 상호주관적 관계를 통해 형성된다.

사람의 심성(心性)은 타고나는 것도 있고, 태어난 후에 형성되는 부분도 있다. 타고난다는 말에는 지향성이 있다. 즉 '하늘에서 타고 내리는 것'이라는 의미가 있다. 만들어진다는 것의 다른 말은 영향을 받는다가 될 것이다. 영향을 받는다는 것은 성장하면서 함께하는 것, 특히 땅으로부터 자라나는 것의 영향을 가장 크게 받는다. 이 말을 가장 축약적으로 보여 주는 것이 '신토불이(身土不二)'이다.

동양의학에서는 사람의 성질을 장기의 생긴 모양과 한 가지로 본다. '오행귀류표(五行歸類表)'에 따르면 '선천(先天)'은 태양계 5행성의 영향을 받는다. '후천(後天)'은 땅에서 자라는 먹거리의 영향을 가장 많이 받는다. 태아의 경우에는 천문의 영향을 절대적으로 받는다. 태어나면서부터는 지리의 영향이 상대적으로 증가한다. 태어난 이후 인간존재는 지리적이라는 말은 틀린 말이 아니다.

> 존재론에는 지리학이 결여되어 있고, 지리학에는 존재론이 결여되어 있다. 지리학자에게 존재론은 낯설다. 지리적 현상을 통해 존재의 문제로 다가서는 데 익숙하지 않다. 지리학자는 철학자처럼 관념적이지 않고 추상적이지 않다. 그럼에도 불구하고, 지리학이 존재에 대해 설명할 수 있는 이유는 인간이란 존재가 지구에 거주하면서 자신을 새기고 있으며(graphion), 지구에 자신을 새기는 것이 다른 어떤 의미 체계 속에 받아들여져 새로운 새길을 가능하게 하기 때문이다.
>
> — 박승규, 2010, 700

존재론은 서구사유의 핵심에 자리한다. 이성은 서구사유의 본질이라고 할 수 있다. 이성의 근원은 인간존재다. 그 이성의 눈에 의해 비로소 생겨나는 것이 세계다. 서구존재론이 결코 포기할 수 없는 것은 '개인'이다. 개인이 자유의 근원이어서가 아니라 세계를 개시하는 근원이기 때문이다. 이와 같이 이성의 관점에서 보면 '존재'가 지리적 영향을 받아 생성된다는 것은 다양한 상상력을 발휘하게 해 준다.

존재에 대한 동양적 성찰의 핵심에도 '理性'이 자리한다. 그러나 동양적 성찰에서 작동하는 것은 '이성(理性)'이 아니라 '성리(性理)'다. 같은 한자를 쓰지만 글자의 위치가 바뀌었다. 이 두 낱말은 전혀 다른 지향을 보이기 때문에 같은 한자여도 전혀 비슷하게 보이지 않는다. 성리(性理)의 핵심에도 역시 인간존재가 자리한다.

이성의 인간이 세계를 개시하는 존재라면, 성리의 인간은 세계의 작용에 의해서 성립하는 존재다. 즉 인문(人文)은 천문(天文)과 지리(地理)의 상호작용으로 이루어진다. 인문의 다른 이름은 문리(文理)가 되는 것이다. 세계를 개시하는 이성과 세계에 의해 성립하는 '성리'는 그 지향에서 극과 극 곧 대극(對極)을 이루고 있는 셈이다.

경험

하늘은 두 가지 의미로 쓰인다. 지구 바깥 전체 곧 우주를 가리키는 말이다. 또 '천상천하(天上天下)'라고 할 때는 上 곧 우주와 下 곧 지상의 경계를 가리킨다. 이때 우리는 하늘을 '둥근 하늘'이라고 말한다. 우주가 둥글다는 것을 주장하는 천체물리학자는 아직 없다. 현재까지의 관찰에 의하면 태양계는 비행선 모양이라고 한다. 그럼에도 여전히 하늘은 둥글다고 말한다. 둥글다는 것은 그렇게 보인다는 것이지 객관적 사실이라고 하기는 어렵다.

하늘의 둥긂은 별이 뜨는 밤이면 좀 더 뚜렷한 현상으로 드러난다. 땅의 경계를 이르는 지경(地境)이라는 말과 함께 둥근 하늘을 동양에서는 '천경(天境)'이라고 불러왔다. 이 천경은 우리가 하늘을 경험하는 구조다. 천경에 태양의 상(像)도 맺히고, 달의 상(像)도, 별의 상(像)도 맺힌다.

경험을 했다는 것은 보이는 것을 내부로 가져와 이미지화 혹은 언어화했다는 말이 된다. 하늘의 해나 달 혹은 별을 경험했다는 것은 그 모습을 똑같이 내면으로 옮겨 왔다는 말이 된다. 이렇게 경험된 것이 심상이미지로 맺히는 장소가 우리의 '심경(心境)'이다. 심경과 어울리는 서술어는 대개가 날씨와 관련해서 흔히 쓰는 말들이다. 심경이 맑다/흐리다, 심경이 밝다/어둡다, 심경이 어지럽다/고요하다. 심경은 마음의 경계이면서 다른 사물들, 사건들과 소통할 수 있는 문이기도 하다.

단순하게 감각하는 것을 모두 경험이라고 말하지 않는다. 우리는 경험의 강도·밀도를 의식적으로 조절할 수는 없다. 감각은 수동적일 때 제대로 능력을 발휘하는 것도 한 요인이다. 그러나 더 주목해야 할 것은 경험이 구조적으로 작동한다는 것이다. 공동체는 경험을 공유한다기보다는 경험의 구조를 공유한다.

우리는 그동안 시공간적 위치라는 좁은 의미에서 장소를 주관적 구성물로 보아 왔다. 위상학적 전환을 통해 장소는 인간적 존재의 근거로 새롭게 자리매김할 수 있다. 이를 위해서는 경험의 구조와 가능성을 이해하는 일이 필수적이다.(제프 말파스, 2014, 47) 제프 말파스의 말처럼 우리는 경험을 일상적이고 비경험적인 방식으로 이해하는 경우가 흔하다. 그것은 경험을 주관적인 것이라고 전제하기 때문이다. 그렇다고 경험의 구조와 가능성이 비주관적이라고 말하는 것은 아니다. 장소의 경험은 구조화를 넘어서는 천경(天境)이나 구조화의 표상인 지경(地境)에서 일어나는 것이 아니다. 반(半)구조화, 비(非)구조화 사이를 진동하는 심경(心境)에서 일어나는 사태들이다.

인간적 존재의 근거로서 경험은 쓰인 이야기일 가능성이 높다. 대체로 인간존재의 경험은 서사적으로 기록되고 이야기를 통해 풀어진다. 경험은 시간의 바탕에 수놓아진 공간들(장소들)의 무늬라고 할 수 있다. 하늘의 별들을 노드(node) 삼고 이야기를 로드(road)로 닦아 연결함으로써 별자리를 만든다. 이와 똑같이 심경에서도 수놓인 경험들을 다채로운 이야기로 연결한다. 그 이야기로 연결된 자리 곧 심경의 구조를 공동체는 공유한다.

계속해서 말파스는 장소의 이중적인 면을 강조한다. 이분법적으로 접근하면 장소에 대한 생각은 극명하게 갈린다. 장소를 특수한 공간으로 인지하면 객관적이고 물리적 공간으로 일부라고 여기게 된다. 이와 달리 다른 극단에서는 장소를 시간의 이면으로 상정해 주관적이고 감정적 것으로 생각한다. 위상학적 접근은 이 둘을 결합해(플롯화) 특질적인 것들의 입체적 집합체로 장소를 사유한다.

> 더욱이 그런 접근법에서 특정 공간과 정서적 특질은 순전히 우연한 관계를 맺는 것일 수 있다. 장소에 대한 그런 경험에서 실제 쟁점이 되는 것이 구체적으로 지형적인 경험이라고 전제할 이유는 없으며 공간적 특성을 지닌 경험이라고 전제할 이유도 없다.
>
> — 제프 말파스, 2014, 44

경험은 구조 언어적 플롯에 의해 이루어지는 까닭에, 그 전제는 천문도, 지리도, 인문일 필요도 없다. 장소는 공간과는 분명하게 구분된다. 그러나 그 구분점(면)을 개념적으로 명확하게 하는 것은 불가능하다. 시간은 공간이 아니다. 공간은 시간과는 다르다. 그러나 시간이 없으면 공간도 없다. 공간이 없으면 시간도 없다. 둘은 하나 이상의 특별한 관계를 맺고 있다. 둘이지만 둘이어서는 안 되는 것이 연결되는 자리에서 생성되고 펼쳐지는 것이 '장소'다.

근원공간(빛)을 제공하는 것은 천문(天文)이다. 그 빛을 따라 시간은 지리(地理)공간을 흐른다. 그 사이에 문리(文理) 곧 인문(人文)이 자리한다. 이런 대응관계로 보면 사람이 곧 장소다. 사람의 기분은 장소의 분위기를 가장 구체적으로 포착한 표현이라고 할 수 있다. 장소는 시·공의 변곡점에 자리할 때 가장 역동적인 에너지를 발산할 수 있다.

장소는 차원이나 범위, 그리고 현장이나 환경의 개념과 떼어 놓을 수 없다. 그러나 이들과 일치하는 것도 아니다. 장소의 개념을 탐색하는 것은 개념적인 차원, 철학적인 것으로의 의미를 정교하게 다듬는 것을 훨씬 넘어선다. 장소를 의미 있는 개념으로 정교하게 다듬는 일은 먼저 복잡성에 합당해야 한다. 또한 장소의 개념에는 차원과 현장(Local)의 개념이 필연적으로 함축된다는 사실을 인정해야 한다.(제프 말파스, 2014, 39) 이럴 때 장소개념은 시간이나 공간, 인간의 개념을 넘어 스타일로 나아갈 수 있다.

장소의 개념에 차원과 현장개념이 함축되어 있다는 것에 이의를 제기할 사람은 없을 것이다. 제프 말파스는 장소에 대한 탐구가 공간의 개념 연구와 결합되어야 한다고 하는 데 이것은 너무 표면적이다. 장소의 개념에는 시간에 대한 연구가 반드시 결합되어 한다고 하는 것이 좀 더 의미의 파장을 크게 한다. 시간과 공간이 서로 이면을 이루면서 장소를 형성한다는 데에는 거의 의견을 같이한다. 그러나 장소를 드러나게 하는 계기는 결국 시간적인 것이라는 것도 부정할 수 없다.

건너기

우리 생은 생활세계에서 이루어진다. 생활세계에서 이루어지는 삶이 일상생활이다. 생활세계의 개념을 철학에 가져온 이는 후설이다. 그는 철학의 정수에 '생활세계'를 놓았다. 그의 철학을 관통하는 행위는 '회의'다. 회의는 보이는 것들에 대한 의심으로부터 출발한다. 그는 보이는 것을 중심으로 형성된 가치들에 대해 근본적으로 회의한다. 그리고 철저히 다른 길을 모색할 때 인류의 미래는 좀 더 큰 가능성을 품을 수 있다고 말한다.

생활세계를 좀 더 좁혀 환경에 국한하더라도 상황은 조금도 개선되지 않는다. 생활세계는 지평공간의 한정성을 전제하고 펼쳐진다. '생활세계'는 우리가 살고 있는 일상의 근원이자 지향이다. 따라서 추상적인 모델과 이론으로 접근하는 것은 큰 의미가 없다. 보고 듣고 알게 되고 경험하는 일상의 환경과 상황에 좀 더 관심을 가져야 한다. 그것은 일상의 환경과 상황을 통해서만 보이지 않는 생활세계에 대해 알아갈 수 있기 때문이다.

장소는 개인들의 경험을 이면으로 삼는다. 따라서 장소와 장소감은 과학적 분석을 통해 파악하는 것은 별로 의미가 없다. "장소와 장소감은 인생의 모든 희망과 절망, 혼란과 뒤얽혀 있기 때문이다. 아마도 이 때문에 사회과학자들은 이러한 주제를 회피해 왔다. 사실 장소현상은 철학자, 역사가, 건축가, 지리학자들의 짤막한 설명은 있었지만, 상세한 논의가 거의 이루어지지 않았던 주제이다."(에드워드 랠프, 2005, 12)

지리에 대한 인문학적 관심과 필요성은 장소 경험의 다양성과 직결된다. 다양한 경험을 큰 흐름으로 통합하거나, 큰 흐름을 다양한 흐름으로 세분하기 위해서는 '경험된 기술'이 있어야 하기 때문이다. 기술된 경험을 통해 다양성, 강조 그리고 밀도가 파악되어야 장소에 다양한 위상이 발생한다. 다양한 기술들, 이야기들이 뒤얽혀 있는 까닭에 장소와 장소감은 과학적 분석이 불가능하다.

일상은 현대적인 것, 즉 독창적이고 찬란한 것과는 단절되어 있다는 점에서 부정적으로 볼 수도 있다. 부연하면, 위대한 과학적·기술적인 업적이 일상과 관련을 맺을 때는 일상과는 거리가 먼 신화로서의 업적이다. 일상의 또 하나 특징은 한때 모든 생산과정에 필수적이었던 숙련 기술과 정성이 시들해졌다는 것이다. 이런 숙련과 정성은 대중들이 손쉽게 소비할 수 있는 대량 생산품과 이미지로 대체되었다. 일상생활에서 사회적 책임이라는 의식은 개인의 자유와 쾌락 추구에 의하여 시대에 뒤떨어진 것이 되어버렸다.

— 에드워드 랠프, 2005, 267

"일상생활은 대부분의 사람들이 대부분을 보내게 되는 생활을 말한다." 랠프는 이런 일상이 크게 변모했다고 지적한다. 하나는 독창적이고 찬란한 것과는 단절되어 있다는 것이고 다른 하나는 모든 생산과정에 필수적이었던 숙련 기술과 정성이 시들해졌다는 것이다. 일상생활은 사회적 책임과 개인의 자유와 쾌락 추구 사이에서 긍정적인 효과보다는 부정적으로 작동하고 있다고 랠프는 평가한다. 일상이 개인의 자유와 쾌락 추구로 경사되고 있다는 점을 비판하고 있다. 그러나 다른 측면에서 접근하면 이 점에서 우리는 새로운 가능성을 모색할 수 있다.

철학자 비트겐슈타인은 일생에서 최선을 다해 가꾸고 보살펴야 할 것은 '일상'이라고 말한다. 그가 일상어를 최대치로 완성시키려고 한 것은 같은 맥락에서다. 최선의 일상어로 일상생활을 영위한다면 그것은 최선의 일상이 될 것이기 때문이다.

우리가 쓰는 말에 '일상다반사(日常茶飯事)'라는 것이 있다. '일상은 곧 다반사다'라는 해석이 흔하게 만날 수 있는 것이다. 일상은 日常이라고 쓴다. 日은 '날마다'로서 시간적인 측면을 나타낸다. 常은 항상성, 곧 공간의 반복성을 일컫는다. '다반사(茶飯事)'는 '차 마시고 밥먹는 일'로 해석한다. 그런데 조금 다른 해석도 가능하다. 이것을 각각 실사(實辭)로 보고 '차 마시고, 밥 먹고, 일하다'로 풀이할 수 있다. 일상이라는 시공간에서 이루어지는 가장 인간스러운 것이 '다반사'인 것이다. 이것은 곧 일상생활과 대비해서 읽을 수 있다. 생활이 곧 다반사라면 '차 마시고, 먹고, 일하기'가 더 어울린다.

죽어 버린 시간 그것은 실제의 시간이다. 그곳에 죽음은 다가오면서 죽음이 다가올 수 있도록 허락하는 시간을 헛된 것으로 만드는 것처럼, 죽어 버린 현재는 현전의 실현 불가능성, 현전하는 불가능성, 현전하는 모든 현재를 앞지르는 것으로서 여기에 있는 불가능성이다. 그것은 현재가 간직하고, 현재가 현재 속에 숨기고 있는 현재의 그림자이다.

— 모리스 블랑쇼, 2010, 30

최선의 일상을 살아 낼 수 있다면 우리들 대부분은 삶을 최고치에서 살아 낼 수 있을 것이다. 이러한 일상의 지속성이 현재를 이룰 때, 우리는 특별한 순간을 맞이할 수 있다. 현재의 긴 그림자로 죽음의 '지평'을 살짝 넘어 보는 것이다. 그 과정을 경험하고 그것을 기억으로까지 이끌어 내 기술할 수 있다면 그것은 인간이 닿을 수 있는 최후의, 최초의 장소가 될 것이다.

숨결

나는 도심의 변두리지역에 살고 있다. 도시에서 낮 시간을 보내고, 변두리 시골집에서 저녁을 보낸다. 집으로 돌아오는 길에 온천지구를 지난다. 눈이 아무리 와도 쌓이지 않았다는 이야기를 간직하고 있는 곳에 세워진 3층 건물은 '원탕'이라는 이름을 달고 있다. 한참은 모텔들이 울뚝불뚝 솟았다. 그런 한철이 지났다. 최근에 모텔 하나가 미술관이 되었다. 1층 커피집은 호황이다. 오랫동안 방치되었던 모텔은 유래가 없는 무더위 속에서 공사를 거쳐 한정식집으로 탈바꿈했다. 가장 큰 호텔 옆에 그보다 조금 더 큰 규모로 짓다 만 건물이 있었다. 그 건물은 최근에 '암전문 요양병원'으로 거듭났다. 유명한 영화배우가 폐암

수술을 하고 여기에서 요양을 해서 더 유명해졌다.

> 공간구조 및 공간역동성은 공간의 속성이 아니며 그래서 공간의 존재론도 아니다. 오히려 거주된 공간과의 관계에서 생성된다. 위상학은 이를 파악코자 한다. 반면 과학적 분류와 지도 제작술을 '거주된', 살아 있는 공간을 살해한다. 이러한 견해의 배후에는 방법론적으로 공간구조화를 현상학적으로 환원하는 것이 필요하다. 수학적 의미에서의 이산적이지 않은, 즉 구조화에 선행하는 '비문화된' 공간이 위상학의 영점으로 취급되어야 한다.
>
> — 비토로아 보르소, 2010, 380

공간과 연결되는 '속성'은 서술어에서 드러나는 경우가 많다. '공간을 만들다, 갖다, 공간이 크다, 작다, 공간을 닫다, 열다, 공간을 나누다, 합치다' 등이다. 공간의 구조는 행위가 결정한다. 행위가 달라지면 공간의 구조는 달라진다. 공간의 역동성은 분위기가 좌우한다. 공간구조의 현상학적 환원을 통해 우리는 선험적 공간에서 경험적 공간으로 전회할 수 있다. 하나의 공간은 주체와 대상에 따라 매번 달라진다. 자연은 동물마다 다르다고 말한다.

동물의 욕구와 구조적 패턴이 만들어 내는 창조력을 중시한 사람은 다윈의 자연선택설을 비판하기도 한다. 멕스퀼은 "사람들과의 통념과는 반대로 자연이 동물을 적응시키는 게 아니라 실은 동물이 자신의 특별한 욕구에 따라 자연을 형성한다."고 말한다. 그는 세계나 공간이 엄청나게 많기 때문에 그들 중에는, 마치 아메바가 우리 밤하늘의 별들을 볼 수 없듯이, 우리가 보지 못하는 더 거대한 차원의 고등세계가 있을지도 모른다고 생각했다.(스티븐 컨, 2004, 345) 모든 생명체는 우주의 단 하나인 지구에서 저마다 최선의 지구를 살고 있다.

브라크는 어떤 인터뷰에서 입체파의 주된 매력을 "내가 감각한 새로운 공간을 구현하는 것"이라고 설명하였다. 자연 안에서 '감촉할 수 있는 공간'을 발견한 그는 대상 주변에서 느껴지는 움직임, 지형에 대한 느낌, 사물들 사이의 거리를 표현하고자 했다. "이것이 저를 매혹시킨 공간이었습니다. 초기 입체파 회화는 온통 거기에 관심을 가졌으니까요. 한 마디로 공간의 탐색이었지요."

— 스티븐 컨, 2004, 404

　　특정 공간에는 그곳에 맞는 분위기가 상존해 있다. 그래서 하나의 공간은 변화를 거듭하면서 최선의 장소를 개시한다. '최선'은 그 분위기에 감응하는 주체와 대상의 관계 사이에서 찾아진다. 들뢰즈의 펼쳐짐(동서남북)은 주체에게만 해당하는 것은 아니다. 그렇게 펼쳐진 공간에서 인간은 숨과 감각, 지각을 통해 공간이 되고, 이내 그 이면으로 변곡해 나아간다.

　　바르뷔스는 이렇게 회상했다. "우리의 사명? 그런 건 거의 남아 있지 않았다. 뭉뚱그려 말하면 그렇다. 두더지 무덤에 우리 운명을 맡기러 이곳에 오기 전, 아직 사회적 지위도 갖고 있던 시절에……우린 과연 무엇이었던 건가? 출구 없는 무덤에 묶인 우리, 거대한 모험에 의해 좋든 싫든 하나의 신분 속으로 쓸려 들어간 우리는, 일주일이 가고 한 달이 감에 따라 서로 닮아 갈 수밖에 없었다. 다른 선택의 여지가 없었던 것이다. 끔찍할 만큼 좁아터진 공동생활은 우리를 가깝게 묶어 주고 상황에 순응케 했으며, 서로서로 섞여 닮게 만들었다. 그것은 일종의 숙명적 감염이었다."(스티븐 컨, 2004, 713) 주관적인 체험에서 내적 변화가 일어나고, 날숨은 그것을 밖으로 끄집어낸다. 그 숨결들이 모여 분위기를 형성한다.

10. 크로노토프

배리(背理)

시인 이상은 여러 분야에서 천재성이 번뜩이는 작품들을 남겼다. 일본어로 발간한 『조선과 건축』의 표지 디자인 공모에 당선한 작품은 디자이너로서 역량을 엿보기 충분하다. 건축가로서 이상의 작품을 만날 수 없다는 것은 못내 아쉬운 부분이다. 시인 이상은 『조선과 건축』에 일본어로 「조감도(鳥瞰圖)」 연작을 실었다. 물론 그는 이 글을 시(詩)라고 특정하지 않았다. '조감도'는 건축에서 주로 쓰는 용어다. 완성된 건축물의 모습을 하늘을 나는 새의 시선으로 포착해 미리 보여 주는 것이다. 현재의 부재와 미래의 실제 사이에서 이미지화된 건물의 '실재'가 제시되는 것이다. 물론 이 실재가 그대로 현실화하는 경우는 많지 않다.

폐병이 발병해 건축과 관련한 일을 더 이상 할 수 없게 되자 이상은 문학으로 완전히 방향을 바꾼다. 스물두 살 때의 일이다. 그리고 이태 후에 『조선중앙매일신문』에 김태준의 주선으로 시를 연재한다. 시의 제목은 「조감도」에서 「오감도(烏瞰圖)」로 바뀐다. '烏'에 대한 해석은 이상의 「오감도」 연작을 해석하는 데 매우 중요한 위치를 점한다.

조(鳥)는 새의 형상을 본뜬 글자다. 새의 눈을 나타내는 부분이 지워진 것이 오(烏)다. 까마귀는 눈도 검고 깃도 검어서 눈이 없는 것처럼 보인다. 그래서 눈이 깃털과 구분이 잘 되지 않는다. 그러니까 오(烏)는 눈이 없는 것이 아니라 없는 것처럼 보이는 것을 형상한 글자다.

해석은 여기에서 한발 나아간다. 오(烏)를 눈먼 새로 해석하는 것이다. 또 다른 해석의 시선에서는 눈 감은 새로 해석하기도 한다. 앞의 해석에서는 근대에 대한 불안, 공포라는 의미의 기저에 '눈멀다'를 제시한다. 뒤의 해석은 자발성, 능동성에 무게를 둔다. 후설의 현상학으로 하면 괄호 치기에 이은 현상학적 환원을 위한 '배리(背理)'에 해당한다.

후설은 선험적 현상학을 전개하기 위해 견지해야 할 사실이란 것이 있다면 그것은 인식작용과 인식대상의 평행(律)이라고 말한다. "인식대상적으로 이러저러하게 '사념된' 대상의 통일체와 구성하는 의식 형태들 사이의 평행론['사물의 질서와 결합'(ordo et comexio reum)] 그리고 관념의 질서와 결합[ordo et connexio idearum]을 인식대상적 평행론-과 혼동해서는 안 된다는 사실이다."(에드문트 후설, 2015, 325)

배리(背理)는 이치에 맞지 않는 일을 가리키는 말이다. 논리학에서는 추리하는 사람의 부주의에서 생기는 추리의 오류를 가리킨다. 그러나 다양성의 사회에서 도리나 이치라고 하는 것은 사물성의 진실에서 일부분을 차지한다. 이것을 인정한다면 배리나 역리와 같은 것은 도리나 이치의 이면으로 삼는 데로 나아갈 수 있다. 도리나 이치가 그 이면, 그림자를 갖지 않을 리 없다. 그림자가 없다는 것은 입체가 아니라는 말이고, 입체가 아니라는 말은 실제 혹은 실재가 아니라는 말이다. 그것으로는 삶을 온전히 품을 수 없다.

기호는 추상적인 것이다. 이 추상성은 구체적인 무의미, 의미의 과잉까지도 품을 수 있기 위해 중성화한 것이다. 다양한 기호들은 문장을 품으면서 약호가 된다. 약호는 실천을 포함함으로써 적극적으로 소비된다. 약호가 없다면 공간은 대중적으로 소비되기 어려울 것이다. 공간의 소비는 사물의 소비와는 다른 측면이 있다. 사물의 소비는 공간을 변형시키지 못하지만 공간의 소비는 사물을 다르게 변형시킨다. 공간을 소비하는 것은 의미를 소비하는 것이 아니라 공간의 이면을 이루고 있는 시간을 소비하는 것이다.

잘린 시간, 아끼는 시간, 쪼개는 시간, 비우는 시간은 특별한 공간에서 다른 질의 시간을 경험하게 한다. 시간과 관련된 서술어, 흐름과 경직 사이의 시간, 이 사이가 시간으로부터 떼어 낸 공간이다. 논리나 조리라고 하는 것은 사실이나 진실이 아니다. 이것은 여러 가지 기술 중 하나일 뿐이다. 배리나 부조리는 잘못이거나 부당한 것이 아니다. 이것 역시 여러 가지 기술 중 하나다. 그러나 여러 가지를 다 표현하는 것은 불가능할 뿐더러 별다른 의미도 없다. 중요한 것은 논리에서 배리로, 배리에서 조리로, 조리에서 부조리로 부조리에서 논리로 이행하는 '변곡'에 대해 적극적으로 기술하는 것이다.

다른 문

주체는 목적한 바에 따라 대상과 접촉한다. 물론 접촉을 시도하면서 그 목적은 끊임없이 변해 간다. 거듭되는 접촉을 통해 대상에 대한 앎이 더해지고, 그 앎이 자신에게 번져 주체는 모르는 새에 대상의 '어떤 정수'에 물든다. 자신의 목적은 희석이 되고 어느새 대상의 목적이 자리 잡아 자신의 지향을 새로 더하게 된다. 이것이 재매개화 과정이다.

재매개화를 거치면 주체의 공간은 자연적인 동시에 사회적이며, 실천인 동시에 상징이 된다. 공간은 우월한 '현실'로 가득 차 있는(기표적이며 기의적인) 것처럼 보인다. 어둠이나 밤, 죽음과 대조되는 빛(태양과 달, 별들의 빛), 진리와 생명 따라서 사고와 지식, 불확실하고 애매한 매개들이 극을 이루며 빛을 발한다. 동양과 서양을 막론하고 종교적·정치적 공간은 재매개화를 거친 주체의 공간에 의해서만 현실화된다. 모든 사회적 실천과 마찬가지로 공간적 실천은 인지되기 이전에 이미 체험된다.(앙리 르페브르, 2011, 82)

재매개화하는 '체험'을 통한 '체험'에 의한, '체험' 그 자체가 목적이 된다. 쌀은 물과 불을 매개로 밥이 된다. 밥은 고추장과 참기름을 매개로 비빔밥이 된다. 비빔밥은 김을 매개로 김밥이 된다. 김밥은 펄펄 끓은 기름을 매개로 튀김이 된다. 김밥튀김은 떡볶이 양념을 매개로 떡볶이의 일원이 된다.

재매개화에서 모든 매체는 다른 매체에 의존하고 있지만, 매체 자체는 현실의 언어적, 문화적, 사회적, 경제적 교환시스템 등에 존재하는 객체이자 대상물이며 실재하는 것이다. 따라서 매체는 혼성적이고 매체를 생산하고 사용하는 현실에 존재하며 현실 구성원들의 합의의 결과로 나타나는 일종의 문화인 셈이다.

— 신재훈, 2008, 226

매체의 대상성, 주체성, 의식성에 대한 고찰, 매체적 물리적, 주관적, 추상적인 속성은 술어적 서술을 통해 그 지향성을 획득해 간다. 술어적 서술은 개념어들이 지닌 위계적인 것을 일거에 뒤엎는다. 소크라테스는 호머를 재문맥화했으며, 아우구스티누스는 이교도의 덕을 다채로운 악으로 전화시킴으로써 재문맥화했고, 니체는 그 위계를 다시 전도시켰으며, 헤겔은 소크라테스와 아우구스티누스를 모두 〈지양된〉 선행자로 만들기 위해 재문맥화했다. 프루스트는 자신이 만난 모든 사람을 (계속 반복해서) 재문맥화했다. 그리고 데리다는 헤겔, 오스틴, 썰 등 그가 읽고 있는 모든 사람을 (계속 반복해서) 재문맥화하고 있다.(리처드 로티, 1996, 249)

재문맥화는 전유보다는 비빔에 가깝다. 구멍이 아니라 길게 패인 홈의 한 부분을 막는 것만으로도 우리는 불가능성을 곧바로 가능성으로 바꿀 수 있다. 재문맥화는 하나를 막고 다른 것을 트는 것과 다르지 않다. 극단적인 재매개화를 통해 의미를 전복하는 시를 한 편 든다.

> 연민도 공개적인 비판 대상이 되던 시절,
> 그렇기에 혼자서만 오랜 망각의 술을 마셔왔다
> 변명할수록 더 구차스럽던 치욕의 세월이었으므로
> 퍽이나 오래 잘못 살아버린 삶의 기억을
> 이제 벽을 문삼아 한꺼번에 토하고자 한다
> 그러나 그토록 옥죄인 마음의 빗장을 열려 하니
> 여기저기 아파온다, 미처 빠져나가지 못한
> 슬픔의 독이 한꺼번에 목구멍으로 치밀어 오른다
>
> — 임동확, 「벽을 문으로—심경(心經) 19」 2연

    2000년대 초반 공전의 히트를 기록한 조엔 롤링의 소설 『해리포터』 시리즈는 영화로 만들어져 더 큰 성공을 거두었다. 자신이 사람이 아니라 마법사라는 것을 처음 안 주인공은 마법세계로부터 초대장을 받는다. 그 초대를 받아들여 기차를 타러 주인공은 역으로 간다. 사람들이 붐비는 플랫폼에서 주인공은 문이 아니라 단단한 벽(사각 돌기둥)을 향해 힘껏 뛰어든다. 그 벽이 바로 마법세계로 통하는 문이었던 것이다. 주인공은 그 벽을 통해 사람에서 마법사로 완전히 다시 태어난다.
    카프카의 소설 『소송』은 위상적 장소에 대해 상상하게 해 준다. 주인공은 점점 자신의 삶을 옥죄는 것이 벽이 아니라 문이라는 것을 깨닫게 된다. 결국 그는 문에 갇히는 처지로 전락한다. 하나의 문을 열면 법정이 열린다. 또 하나의 문을 열면 부엌이 열리고, 같은 문을 다른 때 열면 화장실이 된다. 죄는 절대적인 것이 아니라 상대적인 것이

다. 어떤 문을 통해 관계한 사건이냐에 따라 죄가 되기도 하고 되지 않기도 한다.

우리의 삶도 어떤 소통 과정에 놓이느냐에 따라 다른 정체성으로 구성하게 된다. 카프카 소설 『소송』의 주인공 요제프처럼 우리는 어떤 '문턱'을 넘느냐에 따라 이야기의 주체가 되기도 하고, 노래의 주체가 되기도 한다. 이제 장르라는 문학작품의 자율적인 정체성은 해체되고, 어떤 문턱(크로노토프)이 주인공에게, 독자에게 주어지느냐에 따라 문화적 효과는 결정될 것이다.

징검돌

물을 건너는 것만이 목적이라면 잘 닦인 다리가 편하고 안전하다. 냇물을 건너는 것만이 목적이 아니라면 상황은 달라진다. 노둣돌로 밟을 수 있는 돌들이 여기저기 흩뿌려져 있는 여울을 떠올려 본다. 냇물 위에 규칙이 없이 던져진 노둣돌을 밟고 냇물을 오가는 놀이가 가능하다. 길은 위상학적으로 열린다. 나의 움직임이 최초의 길을 열고, 그렇게 열린 길은 곧 닫힌다.

바흐친은 소설의 전개를 기존의 서사 전략이나 플롯이라는 말 대신 '크로노토프'라는 용어를 만들어 설명한다. 시간의 흐름, 서사의 흐름은 '징검돌'과 같은 '크로노토프'(Cronos+Topos)를 연결하면서 전개된다. 각각의 장소로서 크로노토프는 그것이 지니고 있는 갈림길의 속성에 따라서 다양한 이름을 붙일 수 있다. 이름에 따라 해석의 길도 달리 놓인다.

시·공간적 세계 전체는 상징적인 해석에 종속된다. 심지어는 이 작품들에서 시간은 행위로부터 완전히 배제된다고까지 말할 수 있을 정도이다. 작품의 행위는 결국 하나의 '버전'인데, 그것은 현실적인 시간상으로 보면 대단히 짧은 시간이다. 또 사실 드러난 것으로서 의미 그 자체는 시간 외적이다. (물론 그것은 시간과 일정한 관련을 맺고 있다.) 단 시간(인생의 시간) 및 역사적 시간과 교차하는 순간뿐만 아니라 비전의 현실적 시간도 순전한 상징적 성격을 지닌다.

― 미하일 바흐친, 1997, 347

바흐친의 '시·공간 세계 전체'는 모두 크로노토프를 잠재하고 있다. 그중에서 어떤 것을 선택해 노둣돌(노드) 삼아 진행을 할 것이냐는 편집(선택)의 문제가 된다. 바흐친의 크로노토프는 소설적이기보다는 영화적이라고 할 수 있다. 행위를 품은 장면(장소)을 크로노토프로 선택할 때는 시간은 크게 고려되지 않는다. 이것이 기존의 서사 전략과 가장 큰 차이점이다. 공간에 대한 '인상'이 고려의 대상이다.

공간경험에는 본질적으로 세 가지 요소가 있다고 말한다. '장소', '내용', '연속적인 조망'이 그것이다. 장소는 시각적으로 정의되는 직접적인 위치를 말한다. 프랑스어 'place'에 해당하는 어떤 것을 의미한다. 내용은 색깔·조직·크기·스타일·개성 등 성질들을 포괄하는 모든 측면에서 장소의 모습을 말한다. 연속적인 조망은 우리가 '장소'에 들어가고, 나가고, 그 사이에 있으면서 이어지는 일종의 경치다. 정적인 '장소들'과 그 내용이 관계하면서 지속적인 상호작용을 통해 펼쳐진다. 위의 세 요소들에 의해 구성되는 형태는 여기와 저기, 이것과 저것의 관계로 구조화되어 있지만 거의 무한에 가깝게 다양하다.(에드워드 랠프, 2005, 124~5) 이렇게 무한에 가까워지면서 위상적 장소성을 획득하는 것이다.

시각적 장소(풍경), 그 안에 있는 '인상들'을, 스토리를 통한 연속적 조망, 장소성은 위상적 측면의 연속적인 조망 곧 상호작용을 통해 그 이면까지도 한 차례에 볼 수 있다. 특정한 공간을 장소로(크로노토프) 삼는 것은 직관적이고 주관적인 선택의 문제가 된다. 내가 전개하는 이야기는 내가 전개되는 이야기이기도 하다. 어디로 튈지 모르기 때문에 이야기 주체에게도 흥미로운 과정이다.

자연에서 가장 객관적으로 주어진 공간을 주관적으로 구조화하면서 장소성을 획득해 간다. 서사의 경우 이것을 인과적 과정에서 바라본다. 서사적 공간은 인과적 구조로 이루어진다. 우리는 서사적 공간을 흔히 객관적이라고 느끼는 것은 시계의 시간을 객관적이라고 보는 것과 맥락을 같이한다. 시계는 흔히 공간화된 시간을 나타낸다고 말한다. 시간의식으로서 자기의식을 망각하고 자신과는 무관한 인과적 속성으로 시간과 공간을 대할 때, 우리는 의미의 주체가 되기 어렵다. 우리가 의미화 과정에서 밀려나게 되면, 의미의 장소화에도 능동적으로 참여하기 어렵다.

공간은 능동성과 수동성을 모두 작동함으로써 특별한 장소 경험을 제공한다. 즉 능동적으로 가서 수동적인 기다림을 통해 처음인 장소를 경험할 가능성을 높일 수 있다. 능동성이 발현되는 주관적 결정은 단순히 직관적으로 이루어지는 것은 아니다. 여기에는 그 공간에 다가설 수 있는 플롯과 시스템 혹은 체계가 작동한다.

> 정신의 상태와 행동의 관계를 인정할 경우 정신의 상태와 행위가 서로 연결된 하나의 체계를 형성하기는 하지만 이 체계에는 언제나 방향이나 지향이 있어야 한다는 것을 인정해야 한다. 체계의 방향이나 지향은 행위의 방향이나 지향에서 도출될 수 있는 것으로 볼 수 있다. 방향과 지향은 행위 자체의 필수적인 특징이다. 행위는 '무언가'를 야기하려는 시도다.
>
> — 제프 말파스, 2014, 120

중요한 어휘들은 대부분 아포리즘을 형성함으로써 의미의 확장을 꾀할 수 있다. 가령 행위를 의도하는 무언가와 무언가를 의도하는 행위는 미묘한 차이를 두고 진동한다. 선후의 문제는 사후적 문제로 전이하면서 의도를 파악할 수 있게 한다. 따라서 의도에 의한 행위로서 장소 체험은 시간서사를 통해 지향성을 획득하고, 행위 이후에 발생하는 의도는 공간서사를 통해 지향성을 회득한다. 후자를 우리는 위상성이라고 말한다.

노드(Node)와 로드(Road)

플롯을 말할 때는 일원성과 일관성을 명확하게 구분한다. 주체의 일원성이 강조될 때, 통합은 가운데로 뭉치는 것을 의미한다. 주체의 일관성은 맥락에서 형성되면서 맺고 풀린다. 일원성은 공간적 통합을, 일관성은 시간적 통합을 지향한다. 일관성의 측면에서 통합은 가로지르기, 혹은 꿰기이다.

주체는 스스로 동인을 제공하는 움직임을 통해 발생한다. 우리의 의식 상태의 일원성을 주체는 포괄할 수 없다. 다양하게 전개되는 상태들의 통합의 동인은 그들 스스로가 바탕을 두고 있는 내재성에서 찾아져야 한다. 드러난 상태들이 서로 연결되는 것과 내재성이 연결되는 것은 다른 차원의 것이다. 일원성은 불가능하지는 않지만, 이중적 차원에서 탐색되어야 하기 때문에 그 실현을 직접 감지하는 것은 매우 힘들다.

태도는 기대와 기억이 만나는 지점을 결정하는 자세에 해당한다. 공간적인 특성이 강하다. 경험은 태도를 통과해 심상에 남겨지는 작용으로 정신의 움직임에 해당한다. 기억들은 경험에 의해 심경에 새겨진 흔적이 이미지로 재현된 것들을 가리킨다. 이들의 상호작용에 기대가 끼어들 수 없는 것은 태도 속에 이미 예지와 기대가 포함되어 있는 까닭이다.

한 줄기 이야기, 한 차례의 이야기는 파도에 비유할 수 있다. 해안선은 일종의 '패러다임'에 비유할 수 있다. 이야기에서 패러다임을 읽어 내고, 패러다임에서 이야기를 써내는 데 작동하는 과정에 놓인 것이 '서사'다. 서사는 전혀 다른 것처럼 보이는 것들을 한자리에 모을 수 있고, 전혀 다른 방향으로 움직이게 할 수 있다. 여기에서 일원성은 다양성과 다른 말이 아니다. 일원적 다양성, 다양적 일원성이라는 하나의 아포리즘을 이룬다.

> 기억의 영소하는 구조는 놀랄 것도 없이 서사의 두드러진 영소를 통해 채택될 수 있는 하나의 정치로 여겨질 수 있다. 그러나 현재의 논의에는 네제르가 기억(그리고 내 설명에서는 정신적 삶 자체)의 영소하는 구조와 장소의 영소라는 구조 사이의 관계를 시사하는 방식이 특별한 의미를 갖는다.
>
> — 제프 말파스, 2014, 130

인간의 정체성은 물질과 사유(정신)의 파노라마처럼 펼쳐 있다. 장소는 물질적 속성으로 기울고, 영소는 정신적 속성으로 기운다. 영혼에 깃들어서 스스로 움직이면서 늘 새로워지는 곳이 영소다. 기억의 영소와 장소의 영소가 이루는 구조, 그리고 둘 사이의 관계에 대한 끈질긴 탐색과 정치한 분석이 요구된다.

기억은 기호처럼 평면적으로 자리한다. 그래야 최대치로 저장할 수 있다. 기억의 실체를 입체적으로 재현하는 것은 쉽지 않은 일이다. 따라서 기억은 사건의 연속성 혹은 맥락에 의해서 재배치, 재재현된다. 기억이 스스로 이면을 드러내기 위해서는 자체로 전환할 수 있는 공간이 마련되어야 한다. 객체들은 자신의 몸을 뒤집기에 최적화된 영소가 있어야 한다는 말이다.

> 시간성과 공간성이 기억의 구조에 얼마나 중요한지 보면서, 우리는 정신적 사람의 조작에서 시간성과 공간성의 중심성을 볼 수 있을 것이다. 더욱이, 케이시가 그 문제에 대한 자신의 논의에서 강조하는 것처럼, 기억과 장소의 연결은 기억과 신체, 정신적 내용의 체현과 가능성의 긴밀한 상관 관계를 나타낸다.
>
> — 제프 말파스, 2014, 136

정신적 삶과 육체적 삶의 구분이 가능하다면 우리는 어떤 삶에 좀 더 가치를 부여할 수 있을까? 정신적 삶은 기억의 삶이고, 육체적 삶은 체험의 삶이다. 그 사이를 오가는 것이 경험의 삶이다. 체험의 중요성을 강조하면 태도에 방점을 둘 것이고, 기억의 삶을 강조할 경우에는 신념에 무게를 둘 것이다. 신념은 시간적 속성을 더 강하게 갖고, 태도는 공간적 속성을 강조하게 된다.

"시간적으로도 공간적으로도 확장된 장소-행위를 하는 것이 가능하다는 점을 덧붙일 수 있는 하나의 장소와 관련한 자아 통합의 문제라는 생각은 사고나 경험의 가능성 자체를 적절히 이해하는 데 중요하다."(제프 말파스, 2014, 136). 기억과 관련해 자아 통합의 영소를 마련하는 데는 시간적 요소가 더 중요하다. 자아는 이야기에 깃들어 영소를 마련한다.

영소의 가능성을 작용의 가능성에 주의를 기울이는 요건들을 적극적으로 고려할 필요가 있다. 이를 위해서 경험, 사고, 공간성의 연결이 지니는 성격을 좀 더 분명하고 상세히 이해할 수 있다. 그러나 작용과 공간성의 연결, 공간성의 연결을 위한 작용, 그리고 공간성의 경험 사이의 연결은 단순하지 않다. 여기서 쟁점이 되는 것은 그 연결은 서로 관련이 있는 개념들의 연결망을 함축한다는 것이다. 여기에 뒤따르는 관계들은 하나의 가닥이 아니라 여러 개의 서로 다른 가닥들이다.(제프 말파스, 2014, 140)

우리의 행위는 맥락 안에 남을 것을 전제로 이루어진다. 행위는 경험이 되고 경험은 기억의 무늬로 심경에 남는다. 이러한 흔적들을 새로 배치하고 이으면서 이야기를 만드는 것이 정신적 삶이다. 이것은 한 차례로 끝나지 않는다. 나의 기억들이지만 언제나 새롭게 연결되는 까닭에 정신적인 삶을 반복할수록, 역동적으로 전개할수록 더 많은 가닥들로 이루어진 연결망을 구축할 수 있다. 의미는 그만큼 다채롭고 입체적이 된다.

무한 확정

포스트모던이 추구하는 의미의 미결정성, 결정 불가능성, 불확정성은 가벼움을 지향하는 경향이 있다. 이와 달리 위상성은 '의미의 한 차례성'과 관련이 깊다. 매번 다른 의미에 다다를 수 있다는 점에서 가벼움을 극복한다. 매번 달라진다는 점에서 상징, 존재론적 무거움에서도 벗어난다. 인간과 공간은 대립하지 않는다.

하이데거 후기 철학은 위상학적으로 시사하는 바가 크다. 존재의 발현을 통해 이루는 사건적 장소화가 인간을 공간적 현존재로 규정한다. 하이데거는 인간과 공간을 서로 긴밀하게 엮는다. 그래서 공간이 거주를 규정해 주고 세계와 관계하는 상태에서의 현존재를 규정해 준다.(카트린 부슈, 2010, 165)

존재가 발현하는 사건적 장소화는 '나는 어떤 이야기들의 흔적을 담고 있는가'와 관련이 깊다. 공간적·신체적 현존재는 물리적인 측면에서의 현존재다. 몸에 상처가 지나간 자리, 즉 흉터는 이야기를 담고 있다. 그렇다면 마음에 상처가 지나간 자리는 어떤가. 이야기를 간직하긴 하지만 몸의 상처처럼 단 하나의 이야기를 구성하는 데 머물지 않는다. 즉 다양한 이야기들의 징검돌, 노둣돌이 됨으로써 이야기의 색채를 기하급수적으로 늘린다. 심경에 맺히고, 풀리고, 흐르는 심상은 대립과 병치를 통해 다양한 문학적 위상을 구성한다. 완전히 매끄러워서는 제대로 흐를 수 없다.

흐름에는 '문턱'이 있어야 무늬가 다채로워진다. 그래서 생을 전환할 수도 있는 물살을 만들어 낼 수 있다. 문턱을 통해 생겨나는 다양한 무늬가 곧 심상이다. 크로노토프는 무늬를 다채롭게 하는 데 그치지 않고 흐름의 지향성을 바꾸기도 한다. 이렇게 흐름이 바뀌는 지점이 위상학자들에게는 '영점'이 된다. 그러나 이것은 객관적으로 주어지는 것이 아니다. 개방된 관찰자 시점, 자기만의 위치화가 갖는 우연성에 의해 관찰되고 성찰되는 경우가 많다. 따라서 이러한 역동적인 변화를 관찰할 수 있는 시선은 심층적 사유나 성찰에서보다는 관찰, 파수(把守)에 의해 획득되는 경우가 많다.

영점은 이야기의 종패(種貝)로서 역할을 수행한다. 바르트의 영도(零度), 중성지대가 여기에 해당한다. 모든 것이 사라지고, 모든 것이 생겨나고, 이것이 저것으로, 저것이 이것으로 변곡하는 지점이다. 삶이 마련한 영점, 영도에 의해서 이야기는 십 리만큼 늘어나기도 하고, 한 뼘으로 줄어들기도 한다. 이 영점은 이야기가 시작하는 곳이면서 끝나는 지점이다. 스토리를 형성하는 지점이기도 하지만 스토리가 이루어진 이후에 데칼코마니(과거와 미래로 펼쳐진 나비의 날개 그리고 생활이 이루어지는 나비의 머리·가슴·배 그리고 더듬이)의 접힘점과 같은 곳에서 새로 형성되는 영점이기도 하다.

인간들의 공간관계성에는 그것이 예술공간들 - 그것이 공간을 장악하는 설비든 건축 형태의 작품이든 - 속으로 '빠져들기'를 의미하는 동인은 원칙적으로, '분위기' 개념하에 협의되는 것은 모두 해당된다. 하이데거의 위상학적 접근법과 함께 공간에 대한 파토스적이고 역사적인 내맡김은 인간의 공간관계에서 근본적인 것으로 묘사될 수 있다. 이러한 하이데거 사고의 장점은 물론 공간적 분위기를 그것의 기분 차원에서만이 아니라 낯선 차원에서도 사고한다는 것이다.

- 카트린 부슈, 2010, 173

　　분위기는 파토스적인 것과 에토스적인 것 사이에서 조성이 되는 경우가 있다. 분위기를 제대로 읽고, 감응할 때 사람은 공간과의 관계에서 최선의 주체로 실현해 낼 수 있다. 그 공간에 처한 '자세', '태도', '지향' 등은 사람이 결정하는 것이 아니라 공간에 내맡길 때, 자연스러운 흐름으로 형성된다. 공간은 객관적이지 않다. 객관성은 비객관성에 비해 극히 일부의 속성만을 나타낸다.

　　공간성과 객관성의 관계에는 부가적인 탐색이 필요하다. 비록 탐색 자체가 작용의 본성과 선행조건들, 특히 작용과 인과성의 관계를 더욱더 명료하게 하는 데 의지한다 해도 그렇다. 작용과 객관성과 공간성의 관계에 대한 더 풍부하고 상세한 개념화는 인과성의 개념으로 가능해진다.

- 제프 말파스, 2014, 159

　　인과성은 매우 매혹적인 해석 방식의 하나다. 인과성을 바탕으로 삼은 서사의 매력은 나머지들에서 시선을 거두게 만들기도 한다. 일방향적인 시선에 빠지게 되면 자신의 행동능력과 텍스트의 작용을 일치하는 것으로 생각하기 쉽다. 작용은 작용하는 것이기도 하지만, 우리의 삶을 이루는 내용을 찬찬히 살펴보면 '작용당하는' 경우가 더 많다. 작용 장소의 다른 이름이 되기 위해서는 작용의 비주관성을 적극적으로 드러낼 필요가 있다.

시간의 화살

바흐친이 창안한 크로노토프는 서사 전략을 파악하는 자리에 자주 등장하는 용어다. 서사를 구성하는 요소 역시 의미의 장을 이루는 요소와 크게 다르지 않다. 시간, 공간, 인간을 서사에서는 사건, 배경, 인물이라고 한다. 사건은 좀 더 구체적으로 말하면 시간이나 공간이라기보다는 장소 즉 서사가 담기는 장소 자체라고 할 수 있다. 배경은 시간배경(시대배경)과 공간배경으로 구분할 수 있다. 이것 역시 물리적인 장소라기보다는 구체적인 장소에 가깝다. 인물은 흔히 성격이라고 부른다. 인물의 성격은 특정한 사건, 배경 즉 추상적·구체적 장소에서 드러난다. 인간은 성격을 담는 그릇 곧 장소와 다르지 않다.

서사의 전략이라고 할 수 있는 구성은 장소로 통합된다. 바흐친은 서사를 파악하기 위해서는 장소 파악이 중요하다고 보고 그 핵심 용어로 '크로노토프'를 든다. Chrono(시간)과 Topos(공간)을 합친 말이다. 이것은 일종의 시공간의 매트릭스라고 부를 만하다. 바흐친의 크로노토프는 서사와 언어행위 전반을 분석할 수 있는 기본단위다. 언어로 구현·재현된 시간적 지평, 공간적 범주의 특성과 강도에 따라 장르, 세계관을 규정할 수 있다.

크로노토프가 '매트릭스'로 작용할 때, 우리는 언어행위가 갖는 의미에 대한 인식의 변화를 가져올 수 있다. 서사의 주요 임무는 사건을 전달하는 것이 아니다. 서사에 독자를 실어서 '자이로스코프'처럼 완전한 변곡을 경험하게 해 주는 것이다. 그러나 자이로스코프와는 달리 출발점으로 돌아오지 못하고 다른 곳에 닿도록 해 준다. 이러한 변곡이 다채롭게 이루어지기 위해서 서사에서 시간에 대한 인식은 기존의 서사와는 달리해야 한다.

역사의 구조, 간단없이 전진하는 시계, 하루의, 계절의, 한 개의 경과, 소박한 상식 등 이 모든 것이 시간은 불가역적이며 동일한 속도로 전진한다고 말한다. 그러나 이런 전통적인 시간의 특징들도 시간을 가역적인 것, 불규칙하게 움직이는 것, 심지어는 갑자기 딱 멈추기도 하는 것으로 통찰한 예술가와 지식인들에 의해 도전받게 되었다. 세기말, 시간의 화살은 늘 일직선으로 올바르게 날아가지는 않았던 것이다.

— 스티븐 컨, 2004, 89

수영을 할 때 물은 우리 몸을 부드럽게 받아 준다. 다이빙을 할 때 물은 다이버의 높이에 따라 견고함을 더해 간다. 어느 정도 높이에 이르면 손끝이나 발끝을 세워 물을 뚫어 내지 못하면 물에 부딪쳐 큰 충격을 받게 된다. 굴절은 말할 것도 없고 심한 경우 죽음에 이를 수도 있다. 다이빙과는 비교할 수 없는 속도로 날아가는 화살이나 총알은 과녁에 닿기까지 엄청난 공기의 저항에 부딪치게 된다. 이 공기를 제대로 뚫어 내야 과녁에 명중할 수 있다. 총알의 파괴 전략에서 속도 못지않게 중요한 것이 회전이다.

화살의 전략은 파닥거림이다. 1/1000의 속도로 촬영된 화살의 비행 영상은 먹이를 향해 매끄럽게 돌진하는 돌고래를 닮았다. 화살의 날개는 돌고래의 꼬리지느러미처럼 공기를 헤엄쳐 간다. 화살의 비행과 총알의 비행 전략을 합하면 가장 강력한 나선형의 비행 궤적을 얻을지도 모른다. 아니 그래야 우리는 똑같으면서 한 번도 반복되지 않는 궤적의 시간을 저마다 살아 낼 수 있다.

나선형의 모듈적 다양성에 대한 뒤러의 연구에 대해서는 부분적으로 프리드리히 태야 바흐가 먼저 작업한 바 있다. 하지만 그 분야 연구는 당시만 해도 그리 진전된 상태는 아니었다. 네 권으로 된 1525년 저서 『캠퍼스와 자를 이용한 측정교본』 1부에서 뒤러는 '달팽이집에 난 나선'을 다양한 방식으로 구성하는 방법을 보여 준다. 그 구성 과정은 매우 흥미롭다. 가령 뒤러는 아르키메데스 나선의 각점을 정확히 구성해 그것을 수작업으로 이어 주는 과정을 기술한다. 여기서 뒤러는 가운데로 갈수록 폭이 좁아지는 나선을 구성하여 그 효과를 강화하며, 나선의 회전 방향을 염두에 두고, 자신이 '영원한 선'이라 부를 뿐 아니라 나중에 데카르트가 수학적으로 정의해야 했던 로그형 나선을 초기에 기술한다.

— 카린 레온하르트, 2010, 181~2

나선형 모듈의 다양성을 증폭시킬 수 있는 방향에서 '시간'을 뫼비우스의 띠와 같은 흐름으로 상상해 본다. 시간의 품을 확장하는 '직관 순간', 여기에 현재라는 지평으로 환산한다는 것은 현상학이 아니더라도 대부분 동의하는 바다. 시간의 다채로운 위상이 더해져야 시간의 질을 무한대에 가깝게 다채로울 수 있다.

시간을 변곡의 흐름으로 상상할 때, 시간의 구조는 꼬이게 되고, 엮이게 된다. 우리는 자연스럽게 순환 구조와 관련해서는 위상학적 개념 하에 세워진 뫼비우스의 띠를 떠올리게 된다. 뫼비우스 띠의 구조를 따라 흐르면 출발도 도착도 존재하지 않는다. 방향을 바꾸지 않고 출발했던 점의 반대편을 발견할 수 있다. 개별 연속체는 파동의 구조와 같이 더 이상 고정된 출발점이나 고정된 마지막 점을 고려하지 않는다.(최광식, 2004, 355) 시간의 흐름이 창출하는 공간이 장소다. 양면이 구분되지 않지만 뫼비우스의 띠에는 에너지가 가장 응축되어 있는 변곡 지점이 존재한다. 여기가 움직이면서 움직이게 하는 장소인 '크로노토프'다.

소멸 이후

절대적인 '끝'을 다루지만, 결코 '끝'을 알 수 없는 사건이 죽음이다. 길을 가는 사람이 방향을 바꾸거나 다른 주체로 변화하는 '길목', '상징물'을 '크로노토프'라고 바흐친은 말한다. 서사 전략 혹은 서사라고 하는 것은 배치된 '크로노토프'에 따라 그 주체의 지향성이 드러난다. 다양한 크로노토프 중에서 '죽음'은 가장 강렬하게 주체를 변화시키는 '크로노토프'에 해당한다. 그러나 죽음은 이전만이 가능하다. 이후에 대한 기술이 불가능하다는 점은, 차라리 우리에게 죽음을 선회할 수 있는 다양한 크로노토프를 상상하게 해 준다.

> 죽음이라는 사건이 생물학적 사실이라 하더라도 언제나 신체적 현상을 넘어서 죽음의 존재에 관해서 질문해야 한다. 사람은 결코 병으로 죽는 것이 아니라 죽으므로(죽음으로) 죽고, 그리고 이것이 릴케가, 그와 그의 마지막 사이에 일반적 지식을 매개하기를 바라지 않으면서, 무엇으로 그가 죽게 되는지 알기를 완강하게 거절한 이유이다.
>
> – 모리스 블랑쇼, 2010, 176

신체의 죽음, 몸의 죽음, 마음의 죽음, 육신의 죽음, 정신의 죽음, 영혼의 죽음을 상상하고 실현해 보면서 조금씩, 조금씩 절대적 죽음에 다가서 보는 것이다. 크로노토프는 인생의 '지침'까지도 돌려놓는 변곡의 시공, 시공의 변곡이다. 크로노토프라는 말을 만들어 낸 사람은 바흐친이다. 바흐친은 "문학작품 속에 예술적으로 표현된 시간과 공간

사이의 내적 연관을 '크로노토프(chronotope)(문자 그대로 '시공간(視空間)'이라는 의미를 지닌다)라고 부르겠다."고 말한다.

시공간이라는 이 용어는 수학에서 사용되고 있는 용어로서 아인슈타인의 상대성원리의 일부로 도입되어 변용된 용어이다. 우리에게는 상대성원리에서 이 단어가 지니는 특수한 의미는 중요하지 않다. 다만 문학비평을 위한 비유적인(그러나 전적으로 비유적인 것만은 아닌) 표현으로 사용하고자 할 따름이다. 중요한 것은 이 용어가 공간과 시간(공간의 제4차원으로서의 시간) 사이의 불가분의 관계를 표현하고 있다는 사실이다.

― 미하일 바흐친, 1999, 260

바흐친은 "문학작품 속의 크로노토프는 본질적으로 장르를 규정하는 의미를 지닌다"고 말한다. 크로노토프야말로 장르와 장르적 차이점들을 결정하는 요인이라고도 말할 수 있다. 문학작품 속에서 크로노토프를 직접 뒷받침하는 것이 시간이다. 크로노토프는 '길'을 길에 잇는다. 길은 공간이지만 시간이라는 흐름을 통해 의미를 획득한다. 크로노토프는 형식적 구성범주로서 문학작품 내의 인간 형상(image)도 크게 좌우한다. 인간 형상은 언제나 본질적으로 크로노토프적이라고 말한다.(미하일 바흐친, 1997, 261) 삶의 길, 길의 지향, 지향의 방향을 잘 바꾸기 위해서는 크로노토프의 현재(문턱)도 두터울수록 유리한다. 자동차가 U턴하기 위한 최소의 조건, 최적의 조건을 생각하면 그 맥락을 쉽게 파악할 수 있다.

고대 그리스시대 이래로 시간의 구조와 관련하여 계속 논란이 되어 온 논점이 한 가지 있다. 어떤 사상가들은 시간이 개별적인 부분들로 구성된다고 주장했다. 마치 점이 선을 구성하듯이 무한소의 순간들이 더 긴 지속을 만들어 낸다고 흄이 이런 관점의 가장 극단적인 경우였는데, 그는 시간이 '상이한 부분들로 이루어지며', 이 부분들이 더 긴 지속을 형성한다고 말했다. 이런 해석에 반기를 든 사람은 윌리엄 제임스, 조시아 로이스(Josiah Royce)등으로 이들은 '두터운' 현재를 주창했다.

— 스티븐 컨, 2004, 211

두터운 현재는 세 겹의 시간으로 구성된다. 현재화된 과거, 현재화된 현재, 현재화된 미래. 이것은 각각 기억, 현전, 기대와 대응한다. 그런데 관건은 구분할 수 없는 세 겹을 구분하지 않고도 쌓거나, 연결하는 원리가 무엇인가, 어떻게 가능한가이다. 과거라는 것은 실재하지 않는다. 미래(未來)라는 것은 글자 그대로 아직 도래하지 않은 시간이다. 후설은 이렇게 없는 과거는 기억의 현전화를 통해, 도래하지 않은 미래는 기대의 현전화를 통해 현재의 지평은 확장된다고 말한다. 그러나 이러한 현전화가 어떻게 현재와 이어지는가에 대한 논의는 생략되어 있다. 작품에서 어떻게 현재가 두터워지는가를 보면 현재의 지평 확장원리에 대한 상상을 증폭할 수 있다.

작품은 그것이 찢어진, 언제나 다투는 그리고 결코 진정되지 않은 단일성이라는 한에서만 작품이다. 그리고 작품은 어둠으로부터 어둠으로 인하여 빛이 되고 갇혀 있는 것의 개화가 된다는 한에서만 그 찢겨진 내밀성이다. 창조자로서 작품을 현전하게 하면서 작품을 만드는 자와 독자로서 작품을 다시 만들기 위해서 작품 속에 현전하는 자는 이러한 대립의 양상을 이룬다. 하지만 그들은 고양된 상반작용을 분리된 권한들에 대한 확신으로 대체하면서 이미 작품을 발전시키고 또한 안정시키고 있다.

— 모리스 블랑쇼, 2010, 334

블랑쇼는 '찢겨진 내밀성'을 작품이 단일성을 획득하는 원리라고 말하고 있다. 창작자의 현전은 과거의 것이고, 독자의 현전은 미래의 것이다. 그렇게 작품은 현재의 지평을 확장한다. 분리된 권한들이 고양된 상반작용을 통해 작품을 발전시키면서 안정화시키기 위해서는 선적으로 연결되면 안 된다. 여기에 위상적인 연결이 가능해야 한다. 창작자와 작품과 독자는 확실하게 분리되어 있으면서 하나로 현전하기 위해서는 변곡을 거쳐 연결될 필요가 있다. 변곡을 통해 작품은 역동적으로 흘러 공간을 열고, 공간을 통해 흐름을 만든다. 작품에서와 같이 과거와 현재와 미래가 뫼비우스의 띠처럼 연결되어 있다면, 우리는 현재와 마찬가지로 과거와 미래의 실재에 대해 다른 차원의 논의로 이어 갈 수 있을 것이다.

망상(網狀)

최근에 토폴로지라는 말은 네트워크란 말과 함께 자주 등장한다. 네트워크의 물리적 연결 형태를 의미하는 말로 주로 사용한다. 학문적으로 위상수학, 위상기하학은 토폴로지를 번역한 말이다. 토폴로지는 다양한 변주, 의미 확장이 가능한 용어다. 특히 세계인의 대부분이 거주하는 도시 형태의 '이웃관계'를 나타낼 때, 더 큰 상상력을 발현할 수 있다. 과거의 지형은 지평적으로 넓어지는 것이었다면, 현대의 지형은 위상적으로 높아지고 층층이 깊어지는 형태를 취하고 있다. 높이와 깊이를 함께 읽어 내는 데 유용한 방식들은 장소에 따라 '플롯'으로 주어지는 경우가 많다. 그리고 그 층들은 네트워크를 통해 거미줄처럼 연결된다. 거대한 망상조직을 타고 엄청난 정보들이 오고 간다.

메가시티, 메갈로폴릿, 탈도시, 탈폴리스, 주변화, 사이도시, 위성도

시/변두리도시, 띠도시, 그물도시, 다핵도시, 순환도시, 글로벌도시 등이다. 무경계도시를 지칭하는 도시개념들이 이렇게 다양한 이유는 @건축위상학의 도구들로 도시의 개별적인 특징들을 제대로 따라잡기 위해서이다. @건축위상학이 파악하는 무경계도시는 이질적이고, 복합적이며, 다층적이고, 예측불가능하며, 역동적이고, '난해하다'.

― 요하임 후버, 2010, 272

거대한 도시와 소규모 도시는 규모에서는 현격한 차이가 있다. 그러나 공간구성을 위상학적으로 따져 보면 크게 다르지 않다. 즉 소도시의 건물 3층과 대도시의 건물 30층을 구성하는 '토폴로지'는 크게 다르지 않다. 또 그 토폴로지를 흐르는 정보는 거의 같다(다르지 않다). 이것은 대도시 변두리의 전원주택 단지의 3층에 마련된 네트워크 환경(토폴로지)과도 크게 차이가 없다. 물리적 공간의 다변화와 인터넷(네트워크) 공간의 균질화가 현재 '토폴로지'의 이중성을 형성한다. '심상인문지리'의 중요성이 이 지점에서 역설적으로 부상한다.

과거의 풍경은 역사성을 배제한 시선에서 포착되는 자연을 중심으로 한 장면이었다. 시선은 액자의 역할을 하면서 풍경은 바깥으로부터 떼어 낸다. 자연과 일치를 이룬 사람들은 풍경을 인식하지 못하고 그 안에서 풍경의 일부로 산다. 풍경은 근대의 산물이다. 근대인은 그 풍경에서 빠져나옴으로써 자신의 부재를 확인한다. 그 불안이 근대 발전의 동인이었다는 데 아이러니가 있다. 자연과 일치된 삶을 산 사람들은 그래서 전체의 풍경 속에서 자신을 둘 수 있었다. 그러나 근대인들은 반쪽의 풍경 속에서 산다. 잃어버린, 혹은 읽어 낼 수 없는 반쪽의 풍경이 근대인들의 불안의 근원으로 작용한다고 본다.

풍경과 발견된 풍경, 외부풍경[도시 풍경(외적)]과 물리적 내부(인터넷)풍경이 안팎에서 감싸 오는(압박해 오는) 스펙터클의 불안과 안도 속에서 현대인은 살아간다. 스펙터클의 불안은 자신의 내면 상실과 관련된다. 반면 안도는 계급의식도 넘어서는 공범자의식과 밀접하게 연관이 된다. 잔인한 계급화를 유일하게 넘어설 수 있는 시간은 드라마나, 영화, 게임 속에서 한마음이 되고, 한 팀을 이루는 경우에만 허락될 수도 있다.

적극적으로 '심상인문지리'를 발견하고 확장함으로써 우리는 스펙터클을 우회할 수 있는 길을 모색할 수 있다. 그렇게 가져 내는 공통영역 속에서 공감의 공동체를 꿈꿀 수 있다. 공통영역을 갖는다는 것은 또한 자신만의 영역을 갖는다는 것이기도 하다. '시인'의 재발견은 이 지점에서 기획되어야 한다.

> 시인은, 글을 쓰는 자는, '창조자'는 결코 본질적 무위로부터 작품을 표현할 수 없다. 근원이 되는 것으로부터 시작의 순수한 말을 결코 자신에게만 솟아나게 할 수 없다. 그러한 까닭에, 작품은 작품을 쓰는 자의, 작품을 읽는 자의 알려진 내밀성이 될 때에만, 말하는 능력과 듣는 능력 서로 간의 이의 제기를 통해 결정적으로 펼쳐진 공간이 될 때에만 작품이 된다.
>
> – 모리스 블랑쇼, 2010, 38

말하는 것과 듣는 것이 서로의 이면을 이루며 뫼비우스의 띠로 연결된다. 이렇게 열리는 공간이 작품이 될 때, 작품은 처음 열리는 장소가 된다. 시선으로 열리는 공간에 대해서는 대부분 객관성을 의심치 않는다. 이러한 공간에서의 행동과 작용에 필수적인 것은 초점이다. 초점은 현재를 구성하는 근원 인상과 같이 사고와 경험을 하나로 묶어준다.

우리는 초점이 없이 펼쳐지는 공간의 지평을 상상할 수 있다. 소리에 의해 펼쳐지는 공간이 가능하다. 이것은 '비공간적 세계'라고 할 수 있다. 제프 말파스는 이러한 물음을 제기한다. "비공간적 견지에서 그 자체를 이해하는 주체의 작용으로서 이해될 수 없었을까?" 이 질문에 대한 답을 이해하면 주관성에 근거한 구조와 그런 구조 안에서 작용의 역할을 좀 더 명확하게 이해할 수 있을 것이다.(제프 말파스, 2014, 138)

괄호

첫사랑은 생의 마지막 순간에 정해진다는 말이 있다. 눈부신 기술 발전을 대표하는 것 중 하나가 컴퓨터다. 지금 쓰고 있는 컴퓨터의 사양을 10년 전에 사려고 했다면 지금 가격의 10배쯤은 줘야 했을 것이다. 그래서 이런 말도 있다. 최고 사양의 컴퓨터를 가장 저렴한 가격에 구입할 수 있는 방법은 죽기 직전에 사는 것이다.

AI(인공지능)의 기하급수적 발전은 인간의 미래를 불투명하게 만든다. 인지적 차원에서는 인간과 비교할 수 없는 능력자가 인류의 손에 의해 창조되고 있다. 그것들(그들)에 의해 인류는 어떻게 될지 궁금해하며, 걱정하기에 이르렀다. 인공지능은 이미 글쓰기의 알고리듬을 파악했고, 정형화된 글쓰기는 인간을 능가하고 있다.

기존의 글쓰기를 모두 섭렵한 AI는 저널리스트 못지않은 글쓰기 능력을 갖추어 가고 있다. 뭔가 쓸 것이 있다면 그것은 이미 AI가 쓰기에서 월등할 가능성이 점점 높아 가고 있다. 그때에도 인간만의 쓰기가 가능할까. 쓸 것이 있어서 쓰는 쓰기가 아니라 쓰면서, 쓰기 이후에 의미가 오는 글쓰기는 여전히 인간만의 영역으로 남을 가능성이 있다.

칸트식으로 말하면 표상하고 묘사된 미의 효과에 대한 지성화된 관심이 깃들고, 여기에서 유발하는 쾌감은 감성적 만족과 합치한다. 인간의 형체를 묘사하는 경우에 한정해, 작품의 전 내용은 동시에 인간에 대한 표현으로 우리에게 전달된다.(한스 게오르크 가다머, 2011,

105) 인간의 표현은 결국 자신을 대상으로 한 묘사적 기술 곧 메타 묘사적 기술에 의해서 총체성을 드러낼 수 있다.
그러니 언어가 없으면 할 수 있는 것이 도무지 없다는 말이다. 본질이라는 것도 표상되고 표현된 이후에 온다. 미 자체는 인식할 수 있는 것도 언어가 없으면 불가능하다. 예술의 본질은 실로 사후적인 것이다.

> 언어의 의미는 사용에 의해 규정된다고 하는 후기 비트겐슈타인의 언어철학 전통에 서 있는 로티의 입장에서 보자면 하버마스가 모든 맥락을 뛰어넘는다고 말할 때, 도대체 모든 맥락을 뛰어넘어 어디로 간다는 것인지 의아하지 않을 수 없을 것이다.
>
> — 이유선, 2006, 176

우리가 뛰어넘는 맥락은 비트겐슈타인의 '사다리' 정도에 해당한다. 모든 사다리를 뛰어넘어서 우리가 도달할 수 있는 곳 역시 '생활세계'다. 이 생활세계는 지성에 의해 조직된 세계를 넘어서서 감성적 영역으로 변곡해 들어갈 때 입체성을 확보할 수 있다. 입체성을 확보한 이후라야 우리는 생활세계에 대한 묘사적 기술이 가능하다. "지성이 세계를 조직한다는 것은 동화와 적응이라는 두 개의 축을 향한 동시 발전에 의한 것이며, 새로운 지식을 낡은 것에 그리고 낡은 지식을 새로운 지식에 조화시키는 것이다."(에드워드 랠프, 2005, 135)

환원은 자연적인 태도 속에서 은폐되어 있는 것들을 우리들의 시야로 불러들이는 것이다. 그래서야만 현상적인 탐구가 가능해진다. 그래서 이들은 독사적인(doxa) 대상성격이나 대상양식을 가지고 있는 것들, 현실적인 것, 가능한 것, 의심스러운 것 등이다. 에포케 대상에 결코 개별적인 존재 타당만이 아니라 자연적 태도의 일반정립을 괄호쳐야 하며 "세계신념"

모두를 포함해야 한다.

- 박순영, 1996, 236

글쓰기가 사후적으로 이루어져야 하는 것은 이것이 존재의 형식이자 내용인 까닭이다. 글쓰기가 서술 중심으로 이루어져야 하는 것은 사전(생전)에서 출발해 현재를 관통해 새로운 사후를 열어야 하는 까닭이다. 사전과 사후 사이에서 펼쳐지는 '접속과 어울림, 자가발전의 구조, 거울, 미래에서 온 나' 등의 겹침과 얽힘 등 다채로운 언어가 펼쳐진다.

글 쓰는 동안만이 작가가 자신의 살아 있음을 확인하는 존재적 순간이며 글쓰기를 마치는 동시에 작가는 죽는다고 할 수 있다. 유언과도 같은 글쓰기, 다시 말해 살아 있음의 유일한 알리바이인, 글쓰기는 인간 존재의 비참함이자 동시에 위대함을 극명히 드러낸다. 글 쓰는 순간만이, 그 지나간 흔적만이 삶과 죽음의 알리바이인 것이며, 그 흔적을 추적하는 것은 기껏 작가의 시체로 인도할 뿐임을 독자와 작가가 공히 깨닫는 것이야 말로 바로 바르트가 상상하는 문학 유토피아(Utopia)라고 할 수 있다.

- 김선, 2008, 231

올바르게 죽는다는 것은 죽음에서 돌아서서 삶을 향하며 자신의 고유한 삶(쓰기) 속에서 죽는 것이다. 이러한 바람직한 죽음은 심연의 깊이에 대한 경이로움보다는 생활세계에 대한 예의에서 비롯한다. 보통의 죽음은 그 죽음과 함께 언어로 굳어진다. 아주 드물게 일상으로 자신의 고유한 삶은 살아 낸 자들만이 누릴 수 있는 권리가 있다. 비트겐슈타인, 바슐라르, 후설, 블랑쇼와 같은 글쟁이들이 맞는 사후적 글쓰기, 그들은 죽음 이후에도 쓰기를 멈추지 않는다.

11. 지향성

나침반

    나침반은 미세한 흔들림을 멈추지 않는다. 나침반은 흔들림의 평균점에서 '북극성' 방향을 가리킨다. 나침반은 제자리를 꼼짝없이 가리키는 것이 아니라 한 바퀴를 돌며 북극성을 가리킨다. 그리고 그 반대편에 남쪽을 놓는다. 지구가 태양을 한 바퀴 도는 동안에도 상상할 수 없는 거리에 있는 '폴라'를 가리킨다. 그러니까 지구에서 나침반이 가리키는 방향은 태양계의 북쪽은 아니다. 나침반은 지구의 자기장이 상태만을 가리킬 뿐, 지구 바깥에서는 무용지물이다.

    나침반과 관련한 두 가지 이야기를 소개한다. 신화적 이야기와 신화가 된 과학자의 이야기가 있다. 중국 신화의 한복판에 자리한 것이 '황제와 치우의 전쟁'이다. 현재 중국 한족의 시조로 자리한 인물이다. 반면 '치우'는 중국 신화에서는 '못된 신'의 자리에 놓여 있다. 한국 근대 역사의 기반이 놓인 시기는 불행하게도 일제강점기다. 역사에는 만일이 없다지만, 좀 더 좋은 시기에 고대 역사가 구성되었다면 '치우'는 우리의 정사에서도 거론되었을지 모르겠다. 아카데미를 벗어나서 전개되는 한국의 고대사 논의에서 '치우천왕'은 곳곳에서 호출되어 다양하게 활약하고 있다.

황제와 치우의 전쟁에서 초반에 승기를 잡은 쪽은 치우다. 치우의 능력은 안개였다. 그는 방향을 지우는 능력이 있었다. 치우가 불러온 칠흑 같은 안개에 황제(뇌우능력)의 군대는 길을 찾지 못하기 일쑤였다. 패전을 거듭한 황제 군대의 사기는 땅에 떨어졌다. 이러한 전시 상황을 일거에 바꾸게 된 것은 자연현상을 좌우하는 신적(神的) 능력이 아니었다. 황제에게는 풍후(風后)라는 신하가 있었다.

그는 북두칠성의 국자 모양의 손잡이가 왜 시간이 흐름에 따라 가리키는 방향이 달라지는 것일까 하는 문제를 생각하고 있었던 것이다. 만약 그런 물건을 하나 발명해 낼 수만 있다면 어떻게 돌려놓더라도 늘 일정한 방향을 가리키게 될 것이다. 한쪽 방향만 알게 된다면 나머지 세 방향이야 저절로 알게 될 것이니 그러면 문제는 해결되는 것이 아닌가?

– 위앤커, 1999, 173

그가 만들어서 황제에게 바친 것이 지남차(指南車)였다. 이 수레의 맨 앞에 쇠로 만든 '선인(仙人)'을 붙였다. 그 선인은 손을 내밀고 있었는데, 그 손가락이 가리키는 곳이 남쪽이었던 것이다. 황제는 지남차를 앞세워 겹겹이 싸인 안개의 장막을 빠져나왔다. 전세는 순식간에 역전되었다. 나침반과 관련된 이야기가 하나 더 있다.

아인슈타인은 어느 자전적 소묘에서 유년시절 자연계의 신비에 경탄했던 일화 두 가지를 회상한 바 있다. 다섯 살 때 아버지가 그에게 나침반을 보여 주었던 일이 그 첫 번째다. 바늘이 늘 한 방향을 가리킨다는 것 자연계 안에 "뭔가 심오한 것이 숨겨 있다."는 암시로 보였다. 다음으로, 열두 살 때 그는 유클리드기하학에 관한 책에 실려 있는 명제들이 하나의 보편적이고 균질적인 공간을 전제하는 듯하다고 느낀다.

— 스티븐 컨, 2004, 333

한국 시에서 나침반과 관련된 구절로 유명한 것은 한용운이 「님의 침묵」이 앞자리에 있다. "날카로운 첫키쓰의 추억은 나의 운명의 指針을 돌려놓고 뒷걸음질 쳐 사라졌습니다." 여기에서 지침은 '나침반의 지침'을 가리킨다. 한용운의 「님의 침묵」에서 만나게 된 '날카로운 첫키쓰'는 가장 강렬한 크로노토프에 해당한다.

'운명의 지침'은 지구의 북쪽 곧 북극성과 같이 절대적 방향성에 해당한다. 그런데 이 지침을 바꾸어 놓는 강력한 내적 경험, 크로노토프를 만나게 된 것이다. 이러한 크로노토프가 갈라놓는 공간은 질적으로 다르다. 즉 '날카로운 첫키쓰' 이전은 채우기 위한 사랑이었다면 이후는 비우기 위한 사랑이 되는 것이다. 따라서 '아아 님은 갔지만 나는 님을 보내지 아니하였습니다.'라는 특별한 아포리즘으로 변곡해 갈 수 있는 것이다.

등대

자유라는 말은 '~로부터의'라는 관형어와 더불어 지향과 구체를 획득할 수 있다. '~'의 자리에 들어갈 수 있는 근원적인 것은 '시간, 공간, 인간'일 것이다. 복종이라는 말은 인간으로부터의 자유와 대척점에 자리한다. 한용운의 시 「복종」은 자유와 복종의 '아포리즘'을 그려볼 수 있는 시다. "복종하고 싶은데 복종하는 것은 아름다운 자유보다 달콤합니다. 그것이 나의 행복입니다."(「복종」) 사라진 이후에도 자유를 지향하는 것이 시인의 속성이자 운명이라면 이 시구는 반시적이다.

시 「복종」에서의 '당신'은 곧 시인의 내면으로 '뒷걸음질 쳐' 사라진 자신의 '영원성'에 다름 아니다. 이 시에서 화자가 복종을 하고자 하는

'당신'의 정체를 좇아 보면 이 시구는 다른 지향을 갖는다는 것을 알 수 있다. 시인은 「님의 침묵」에서 "날카로운 첫 키쓰의 추억은 나의 운명의 지침(指針)을 돌려놓고."라고 노래하고 있다. 어떤 '키쓰'가 운명의 지침마저 돌려놓을 수 있을 것인가. 이것은 자신이 내면 깊이에서 걸어 나온 '영원'과의 마주침일 가능성이 가장 크다.

나에 대한 나의 최대치의 구속, 억압, 영어, 속박은 나에게 최대치의 '자유'를 맛보게 해 준다. 복종과 자유는 대척점에 있거나 마주 보지 않는다. 삶과 죽음이 그러하듯이 서로의 이면을 이루면서 뫼비우스의 띠처럼 이어져 공전하고 있는 것이다. 복종하고 싶은 대상이 타자라고 하면 이것은 역설이거나 모순어법에 해방한다. 복종하고 싶은 대상이 '대자(對自)'가 아니라 '즉자(卽自)'일 때 이 복종은 자유의 이면에 자리하게 되는 것이다.

담화는 서사를 기초로 한다. 시적 담화는 일상적인 시간의 거리를 확보하면서 스스로를 억압하고 있는 존재양식(modes of being)을 언어화할 필요가 있다. 시적인 것에서는 그 누구보다도 시인은 자유롭다. 그러나 담화가 되는 순간, 시인의 손에서 시가 아니라 말이 새어 나오면서 시적인 것은 뒷걸음질 친다. "시인의 말은 세계에 대한 일상적인 시각으로부터 자유롭다고, 이것은 단지 시인이 언어화해야 하는 새로운 존재로부터 자기 자신이 자유롭기 때문이다."(폴 리쾨르, 1998, 110)

시도 말이 되게 해야 한다는 것을 전제로 한 것이 '시적 담화'다. 시적 담화는 이중고에 처할 수밖에 없다. 설명의 언어를 요구하는 측과 어떤 것으로부터도 자유를 구가하는 시인의 말을 연결할 수 있는 통로를 마련하는 것은 쉽지 않은 일이다. 시인은 새로운 존재를 언어화해야 하는 사람이 아니다. 오히려 시인의 언어에 의해 새로운 존재화가 이루어져야, 진정한 시의 시인, 진정한 시인의 시라고 할 수 있다.

오래된 시적 본질은 안온한 통일을 지향했고, 그 지향에 대해 적대적이었다. 주체와 타자, 언어와 대상, 의식과 감각, 인식과 지각 사이를 잇는 '객관적 상관물'에 긍정적 검토가 전통적인 시였다면, 부정적 검토는 반시의 지향이었다.

시는 하나의 긍정이며 동시에 부정이다. 무한한 긍정의 포용만으로 세계를 수사할 수 없음이다. 다만 부정의 시는 치유를 목적으로 하지 않을 뿐이다. 상처를 보이고 만지는 것, 그리고 성찰하는 것, 그것은 전일성을 향하는 고전적 서정 시스템만으로는 불가능하다. 어떤 느낌들은 분명 파열적이고 파괴적인 감각체계가 요구된다.

― 신진숙, 2010, 91

상처가 아픈 것은 일종의 신호라고 할 수 있다. 상처 주변의 '미생물'만으로는 상처 치료가 역부족이기 때문에 주위의 미생물들에게 도움을 요청하는 것이라고 말한다. 그러나 몸 전체는 '상처'가 주는 신호 정도에는 쉽게 움직이지 않는다. 저마다 파수(把守)를 놓치면 안 되는 영역이 정해져 있기 때문이다. 자신이 맡은 영역의 경계를 넘는 것은 쉬운 일이 아니다. 그래서 동양의학에서는 상처에 침을 사용하는 경우가 있다. 마취를 하고 침을 놓으면 효과가 없다. 아픔이 상처를 치유하는 것이다. 그 상처보다 더 깊숙하게 찔러 오는 침의 자극은 미생물들을 깨어나게 하고 몰려오게 한다. 일종의 등대인 셈이다.

외부에서 당한 상처를 넘어서서 스스로가 만들어 낸 깊은 자극은 공포와 불안을 떨치게 한다. 아픈 데를 찌르는 것, 시는 그런 자극을 줄 수 있어야 한다. 이처럼 어떤 고통도 닿지 않은 곳까지의 깊이에 이를 수 있기 위해서 시는 언제나 '순수의 상태'를 유지하고 있어야 한다. "가장 순수한 사건으로서의 시, 그래서 시인들은 오늘도 먼 길을 더 가야 한다. 더 많은 사라지는 것들을 오래 바라보고 또 만져 보아야 한다."(신진숙, 2010, 256) 서정시가 펼치는 지평이 삶의 진정한 지평이 되는 순간을 그리지만 이것은 서정시가 꾸는 꿈에 불가능하다는 것을 반증한다.

시는 언제나 중성의 상태를 유지해야 모든 것들과 어울릴 수 있다. 삶과 죽음이, 음과 양이, 물과 불이, 가로와 세로가…… 서로 마주할 수 있을 때, 최대치의 축제 혹은 난장이 펼쳐진다. 추구하는 것은 의미가 아니라, 이미지 혹은 에너지다. 이 에너지에서는 기존의 단선적 시간 구조가 입체적으로 얽힌다. 이 난해한 시간 구조는 축제에서 이해할 수 있다.

정기적인 축제는 반복된다. 이러한 반복을 통해 축제가 돌아오고 우리는 축제를 통해 시간의 흐름을 지각한다. 차이가 나는 반복, 반복하고 있는 차이, 그 사이에서 축제가 갖는 근원적으로 신성한 성격이 드러난다. "우리가 현재, 최상, 기대라는 시간경험을 통해 알고 잇는 그러한 구별을 명백히 배제한다. 축제의 시간경험은 오히려 거행, 즉 유일무이한 현재이다."(한스 게오르크 가다머, 2011, 222) 유일무이한 현재는 곧 시적 순간과 다르지 않다. 시적 순간을 통해 펼쳐지는 시간 지평을 통해 획득되는 장소성에서 직관되는 '이야기'가 '포에톨로지'다. 그래서 축제시간의 경험은 전달 불가능하고 반복 불가능하다.

흐름

우리의 시선이 닿는 경관이 생활세계의 지평을 이루던 시기가 있었다. 이런 시기에는 유클리드기하학으로 공간을 파악하는 것만으로도 충분했다. 점에서 선, 선에서 면, 면에서 입체로 충분히 치환할 수 있다고 믿었다. 아인슈타인의 상대성이론이나 양자역학은 불확정성, 미결정성을 상식적으로 받아들이도록 요구한다. 정체성은 변화라는 말과 따로 떼어 놓고 생각할 수 없게 되었다.

관찰자가 무언가에 변화가 일어났다고 느낀다. 위상학적 시각을 가졌다고 하는 관찰자에게 그러면 변하지 않고 동일하게 남아 있는 것이 무엇인지 따져 묻는다. 그렇게 함으로써 변화의 강도·밀도뿐 아니라 지향성을 간파하고자 한다. 이런 위상학적 사고가 태동한 시기는 기하학이 대수화한 시기, 즉, 공간 및 공간적인 형태를 갖는 물체에 대한 직관적 재현이 비직관적인 형태의 공간으로 변모한 시기이다.(슈테판 귄첼, 2010, 22) 이후 기하학적 형태의 유사성이 공간의 유사성에서 차지하는 비중은 점차 축소하게 되었다.

오늘의 생활세계는 유클리드기하학만으로 그리기에는 불가능할 정도로 다변화, 다양화하였다. 시선의 '각도'에 의해서 의미의 장이 마련되는 것이다. 변곡에 의해, 스타일에 의해 의미의 장은 마련되고 풍부해진다. 유클리드기하학의 특성이 고정성, 규정성이라면 비유클리드기하학의 특성은 '흐름'이다.

> 새로운 비유클리드기하학에 대한 저항이 점차 사라지면서 그것이 관철되고 이를 통해 미래의 기하학을 위한 기회의 문이 열리고 있다. 물체들을 새롭게 생각한다는 것, 이는 정적이고 고정된 형식이 아닌 움직이는 대상을 생각한다는 것을 의미한다. 람베르트가 스케치한 논리적 구조의 윤곽, 이것은 가우스가 알아내고자 했던 바로 그 물체였다. 그것은 계속 변화하는 형식에도 불구하고 자기만의 치환 불가능한 속성을 가지고 있다. 이는 그 물체가 주변으로부터 독립해 자율적으로 남아 있고 모든 공간을 통해 움직이기 때문이다.
>
> — 페터 보른슐레겔, 2010, 223~4

비유클리드기하학은 물체(사물)를 보이는 것과 다르게 보는 것에 중점을 둔다. 물체는 하나의 형태로 고정됨으로써 정체성을 유지하는 것이 아니다. 비유클리드기하학이 추구하는 것은 '지평학'이나 '지형학'이 아니라 '위상학'이다. 위상학은 '외면적인 모습'이 중요한 것이 아니라 물체가 품고 있는 공간으로 사물의 속성을 파악하고, 정체성을 부여하는 것을 핵심으로 삼는다. 마리-루이제 호이저는 리스팅의 '위상학'을 다음과 같이 소개한다.

> 위상학은 공간형태의 양상적 관계에 대한 이론 혹은 서로의 위치, 점, 선, 평면, 체들 그리고 그것들의 부분이나 공간에서의 모습이 이루는 순서에 대한, 수치 및 크기관계를 도외시한 상호연관이나 법칙의 이론으로 이해해야 한다.
>
> — 마리 루이제 호이저, 2010, 253

유클리드기하학은 수치 및 크기관계에 초점을 두고 사물을 파악했다. 위상학은 이런 것을 배제하고 상호연관성에 주목한다. 즉 맥락, 스토리라인을 그려 내는 것이다. 공간은 한정적이더라도 위상은 무한에 가깝게 확장할 수 있다. 무한에 가까운 확장 속에서도 '자기 동일성'을 유지하는 것이 위상성, 곧 내면에 품고 있는 '공간'의 동일성이다.

위상(位相)을 자구대로 풀이하면 '위치'와 '서로'이다. 위치에 따라 다른 '서로'가 이어지고 '서로'에 의해 다양한 위치가 마련된다. 위상학적으로 볼 때 지구는 태양보다 결코 작지 않다. 우주에서도 마찬가지다. 지구는 어쩌면 가장 큰 별일지도 모른다. 위상학에서는 다양한 것들이 서로 합치될 수 있는 가능성을 가늠한다. 그리고 외관상, 선입견상, 용도상 전혀 무관한 것들로부터 유사한 구조를 밝혀내는 일에 주목한다.

다 변하더라도 끝내 변하지 않는 것은 '아무것도 아닌 것, 아무것도 없는 것'이다. 물체가 품고 있는 '공간'은 그대로일 가능성이 제일 높다. 따라서 사물들의 유사성을 탐색할 때는 그 사물이 어떤 공간을 어떻게 품고 있는가에 주목한다. 변치 않는 공간을 품고 다양한 양식, 플롯, 자세, 태도, 의도, 공간을 따라 무한에 가깝게 변형할 수 있다. 위상학은 다시 이렇게 묻는다. "아직도 변하지 않고 있는 것은 무엇인가?"

물동그라미

의식의 흐름을 현상학의 빛으로 조명해 낸 철학자가 후설이다. 그는 시간의식, 의식시간을 함께 쓰며 의식으로서의 시간, 시간으로서의 의식을 인식작용의 측면에서 따로 보지 않는다. 의식이 시간(본질적 시간)의 흐름과 폭, 품을 만드는 과정을 '지향성'의 개념으로 설명한다. 가로지향성은 시간의 객관성으로, 세로지향성은 시간의 주관성으로 경사(傾斜)한다. 본질적 시간과 맥락이 닿아 있는 현상학적 시간은 가로지향성과 세로지향성의 상호작용을 통해 품을 펼친다.

여전히 이데아적인 세계 인식이 남아 있었기 때문에 그 지향성은 일방향적이었다. 그래서 후설은 행위의 지향성과 작용의 지향성을 구별한다. 행위의 지향성은 인식대상과 세계를 잇는다. 우리들이 대상을 판단하는 것은 행위의 지향성을 통해서다. 행위는 특별한 위치가 있어야 일관성을 유지할 수 있다. 작용의 지향성은 객관적 지식보다 더욱 명확하게 우리의 의식에 드러난다. 인식작용의 지향성은 "우리의 지식이 세세한 언어로 번역하려 노력하는 그런 텍스트를 장식하고 있는 '자연적이고도 반서술적인 세계의 통일성과 우리들 생의 통일성을 낳는 지향성이다."(모리스 메를로 퐁티, 1983, 49)

행위의 지향성은 우리가 지각·감각할 수 있는 지향성이다. '의식류'에 '시적 순간'이 돌멩이처럼 던져진다. 시적 순간은 그 크기와 무게에 따라 '의식류'의 표면에 파문을 남기고 가라앉는다. 이때 우리가 인식할 수 있는 것은 점점 퍼지면서, 아래로 흐르면서, 점점 희미해지는 물동그라미다. 이것이 바로 지향성, 행위의 지향성이다.

표면의 흔적이 다 사라질 때까지 의식의 깊이에 따라 '시적 순간의 돌덩이'는 가라앉는다. 그러면서 의식류의 내면에 물살, 물살무늬를 기표로 새긴다. 이렇게 가라앉으면서 새겨진 흔적들도 흐르면서 점점 사라진다. 표면의 물동그라미와 돌멩이가 바닥에 닿는 자리에서 만들어진 무늬는 거꾸로 선 원뿔 모양으로 품을 넓히면서 사라진다. 이것이 세로지향성, 작용의 지향성이다. 작용(세로)과 행위(가로)의 상호주관적으로 열리는 것이 '위상적 지향성'이다. 위상적 지향성을 포착하기 위해서는 수사적 전략이 필요하다. 우리의 의식을 살피기 전에 우선 사회적 구조 내에서의 위상적 지향성을 살펴본다.

우리의 삶을 통제할 수 있는 이론이 불가능하듯이 우리의 삶이 반영되고 우리의 삶을 반영하는 텍스트 역시 통제 불가능한 실천의 다양성을 지니고 있다. 그럼에도 불구하고 우리가 개념적인 틀에 수렴할 수 있다면 그것은 상호연관된 전체로 나타나는 수사적인 전략이 사용되고 있기 때문이다. 수사적 전략은 '종패(種貝)'가 한 덩어리의 홍합 뭉치가 되는 것과 같이 수동성을 취할 수밖에 없다. "지리학적 장소가 초개인적인 구조들과 일상적인 실천들이 서로 정합적일 수 있다는 것을 아주 잘 드러내고 있다."(롤란트 리푸너, 2010, 356~7) 하나의 지리학적 장소가 종패(種貝)로 작동하면 그곳에는 수동적인 상호연관 된 이야기들이 한 무더기로 연결된다.

수사적 전략이 곧 언어의 수행적 행위 언어의 위상성일 터, 이러한 전략에 따라서 의식류, 곧 의식시간의 위상은 시간에서 공간으로 전회할 수 있다.(공간을 품고, 품기 위해 흐르는 시간류, 의식류) 흐름의 효과성은 '전회'의 역동성을 강화시킨다. 시간구성에 상응하는 공간구성보다는 시간경험에 상응하는 공간경험의 사유가 현상학의 위상학적 태도로의 전용(轉用)을 유도한다.

> 주/객관주의적 재현론과 실체론의 공간개념에 의해 가려진 채 존재해 왔던 '장소'와 연관해 공간을 "주체"의 실존론적 차원에서 숙고함으로써, 역사주의가 말하는 역사 이성의 인간주의적 한계인 '형이상학적 주관주의의 인식론적 관념성 및 상대성'을 벗어나며 역사주의 철학(존재론과 인식론)을 '지양/극복'할 수 있는 정치한 논리의 토대를 확보하게 된다.
> – 송석랑, 2015, 325

재현성과 물질성에서 더 이상 선후관계를 따지는 것이 무의미하다. 역동성은 섞임을 통해 발산된다. 장소는 재현성과 물질성을 두 축이나 경계로 삼지 않는다. 장소의 역동성은 재현의 물질성, 물질의 재현성을 통해 움직임으로 열린다. 이렇게 마련된 공·시간의 공간 속에서 딱딱하게 굳어졌던 말은 풀어져 '욕망의 에너지'를 가득 채운다.

> 그리고 그것이 지칠 줄 모르게 긍정하는 것, 그것이 말하지 않을 수 없는 것, 그것이 표현을 시작할 수도 끝낼 수도 없는 것, 이것이 르네 샤르가 "시는 욕망으로 남은 욕망의 실현된 사랑이다."라고 말하면서 그 메아리를 들려주는 것이다. 그리고 앙드레 브르통은 말한다. "욕망, 그렇다, 언제나."
> – 모리스 블랑쇼, 2010, 275

우리가 내부에서 만들어 낼 수 있는 가장 큰 흐름은 '욕망'이다. 욕망은 양날의 검처럼 작동한다. 외부로 향할 때는 일반적으로 권력화한다. 그럴 때도 욕망은 담론의 장에서 '언어(수사)'화 한다. "욕망이 되는 말"이 열어 놓은 통로, 우리가 내부를 향해 그 근원을 탐색할 때, 조금이라도 더 깊이에 닿기 위해서도 우리는 "욕망의 말에 자신을 맡기는 것"이 최선이다. 그렇게 바깥으로 향한 욕망의 말과 안으로 향하는 욕망의 말이 주고받는 메아리, '울림'이 시다.

경향

지향의 자율성을 보장하기 위해서는 중성성을 바탕으로 삼지 않으면 안 된다. 그리고 기욺이 있어야 흐름이 발생한다. 흐름의 흔적에 상상이 더해질 때 특별한 장소가 발생한다. 흔적, 무늬, 입체적 무늬, 4차원적인 것, 시간+공간 등 그 전제가 중성적이지 않으면 이후에 발생한 흐름은 예측이 가능하다. 예측 가능한 것은 역동적이지 않다. 역동성을 보장받기 어렵다는 것이다. 이 중성의 공간은 우주에 마련된 것이 아니다. 저마다의 심경에서 발생하는 추상공간이다.

추상공간은 분리된 욕망과 필요가 완전체로 결합하는 장소가 아니다. 어딘가 부족한 상태로 다시 결합하는 공간이다. 추상 공간은 일상의 삶들이 포진하여 자리를 잡아 가는 중성적 공간이다. 이 공간에서는 당파성이 배제된다. 그러나 경향성은 끊임없이 발생함으로써 언어는 언제나 요동친다.

사회적·문화적 추상공간은 사회적으로나 정치적으로 부르주아계급과 노동자계급이라는 양극단의 중간에 위치한다. 이 공간은 이들로부터 자체 '발현'된 것이라기보다는 경향성에 의해 구성되는 공간이다. "이들 계급은 자신들이 구하는 것, 자신들의 '현실'을 비추어 주는 거울, 안심시키는 재현, 다시 말해서 자신들의 이름이 붙어 있는 확실한 자리를 차지하고 있다는 사회적 세계의 이미지를 그 공간에서 찾는다.

하지만 실제로 이들은 불확실한 갈망과 너무도 확실한 필요로 말미암아 이 공간 안에서 조종당하고 있다."(앙리 르페브르, 2011, 446)
　우리의 '심경'은 무의식의 욕망과 의식의 필요가 '분리와 비분리'의 경계를 넘나든다. 그 기울기의 변화 속도와 기울기의 '강도 밀도'에 따라 갈망과 필요가 하나의 '면'으로 이어진다. 욕망에서 필요로 향하는 변곡점에서 발생하는 것이 '공간실천'이며, 필요에서 욕망으로 향하는 변곡점에서 이루어지는 것이 '실천공간'이다.

> 공간적 실천은 삶을 규제하고 통제할 뿐 삶을 만들어 내지는 않는다. 공간은 '그 자체'로서는 아무런 권력도 지니지 않으며, 공간의 모순은 그 자체로서의 공간에 의해 결정되는 것이 아니다. 사회의 모순(사회에 있어서 이것과 저것 사이의 모순, 이를테면 생산력과 생산관계의 모순)이 공간의 모순을 만들어 내며, 공간 내부에, 공간의 층위에 모습을 드러낸다.
> 　　　　　　　　　　　　　　　　　　　　　　　　　　　　　　- 앙리 르페브르, 2011, 511

　모순의 힘, 역동성, 아포리즘의 발생, 좀 더 다양한 층위, 다양한 사회의 모순, 공간의 모순을 역동성으로 살려 내는 것이 공간적 실천이다. 공간적 실천은 언제나 관계 속에서 발생하고 의미의 위상성을 획득한다. 공간이 의미의 위상을 획득할 때 장소가 된다. "지역적인 것과 총체적인 것의 관계, 이러한 관계의 재현, 행위와 기호, 보편화된 일상적 공간, 상징들로 이루어진 특권적인 공간을 동시에 규정한다. 이는 정신적이거나 문학적인 '장소' 철학적인 '토포스'가 아니다. 정치적, 사회적 장소의 문제라고 할 수 있다."(앙리 르페브르, 2011, 420)
　상징은 추상성을 바탕으로 하지만 본래 의미로 추정되는 것들은 다분히 '위계적'으로 자리한다. 해석의 권위에 따라서 그 위계는 변화하지만, 위계성 자체를 포기하지는 않는다. 따라서 상징은 우호적이거나 적대적일 수 있고, 축복을 주거나 저주를 내릴 수도 있다. 선별적으로 허가되거나 특정한 부류에만 금지될 수 있다. 상징은 절대 중성적이지 않다.

위상성은 특별한 장소성과 연관된다. 장소는 추상을 품고 있는 구체, 구체를 품고 있는 일반, 일반을 품고 있는 개별, 개별을 품고 있는 보편, 보편을 품고 있는 특수와 같이 다채로운 맥락을 형성한다. 맥락의 다양성을 보장하는 것이 상상력이다. 상상력에 의해 다양한 장소가 펼쳐지는데 이 중에서 특별한 지향을 견인하는 것이 '토포스'다. 장소의 아포리즘이 토포스인 셈이다. 추상을 품고 있는 구체가 장소를 나타낸다면 구체를 품고 있는 추상이 토포스의 '지향'이다.

> 실천공간과 공간실천 안에 내포-배제, 함축-설명의 관계가 포함되어 있다는 사실엔 의심의 여지가 없다. '인간존재'는 자기 앞에나 주변에 그림이나 구경거리 또는 거울을 가지고 있듯이 사회적 공간(그가 속한 사회)을 가지고 있는 것이 아니다. 인간존재는 자신이 공간을 가지고 있으며, 그 공간 안에 자신이 들어 있다는 사실을 잘 알고 있다.
>
> — 앙리 르페브르, 2011, 427~8

인간존재는 단순히 물질로 이루어져 있지 않다. 인간존재는 감각의 존재이거나 지각의 존재만도 아니다. 인간존재는 공간을 누비면서 다양한 무늬를 남기고, 무늬가 되면서 스스로의 위상을 결정한다. 인간존재는 언제나 "공간의 일부"이며 언제나 "공간을 품는 존재"이다. 공간적 실천은 천체물리학과 양자역학의 공간상상력을 요구한다. 실천적 공간으로서 토포스(Topos)는 철학 문학/문학 철학의 추상 상상력을 요구한다. 공간실천과 실천공간의 작용을 통해 인간존재의 의미 지평이 펼쳐지는 것이다.

향유

삶과 글은 일치하지 않는다. 삶이 움직이면 글이 다가서고 글이 움직이면 삶이 물러선다. 좋은 삶을 따라 배우는 것은 매우 긍정적인 것이라고 평가할 수 있다. 반면 다른 사람의 글을 따라 쓰는 것은 부정적인 평가를 받는다. 삶과 글은 서로의 필요조건이다. 글의 충분조건은 삶의 이면이다. 삶의 충분조건은 글의 이면이다. 둘은 마주 보다는 일치가 아니라 비켜서 보는 시선에서만 겨우 하나다.

하나의 대상이 미적 대상으로 거듭날 때는 특별한 미적 관점과 만날 때다. 우리는 미적 구별이라고 부를 수 있는 특별한 저항을 만날 수 있다. 그러나 가다머는 이러한 저항을 '부차적'이라고 말한다. 본격적인 미적 구별은 텍스트 차원에서 이루어진다. 먼저 표현과 표현하는 것을 분리한다. 의자와 의자를 그린 그림을 우리는 따로따로 본다. 그러나 미적 구별은 이것을 구별하지 않는다. "미적 구별은 모사되는 것을 현전시키기 위해 상(그림)이 그 자체의 존재를 지양시키기를 원치 않는다. 그와 반대로 상은 모사되는 것을 현전시키기 위해 그 자체의 존재를 유지한다."(한스 게오르크 가다머, 2011, 248) 미적 구별은 둘을 더 큰 하나로 묶기 위해 실행하는 것이다. 표현은 표현하는 행위를 통해 배가 되고, 표현 행위를 통해 얻은 표현의 강도가 표현하는 것의 의미를 확장한다.

모상(母像)과 모상(模像) 사이의 존재론은 뫼비우스의 띠처럼 변곡을 통해 하나로 이어져야 미적 스타일까지 구현할 수 있다. 바람이 지나가는 것을 나뭇가지의 이파리가 보여 주듯이, 시간이 지나가면 공간은 일렁이고, 그 일렁임은 흔적으로 남는다. 시간이 지나가는 흔적을 시간선이라고 말한다. 시간선이라는 말은 직선 시간관을 바탕으로 삼을 때 가능하다. 시간선을 그려 가는(따라가는) 주의 집중이나 주의 환기 자체는 긴장을 유발한다. 긴장을 통해 지평을 확장한 시적 순간은

'현재'라는 의미의 장을 표상 형식과는 다른 차원에서 열게 해 준다. 툴렌은 이것을 '운동'이라고 말한다.

> 시간선 그리기, 이것이 가능한 경우는 오직 – 여기서는 형태적 종합과 가능한 직관의 형태를 산출해 내는 것이 관건이 되기에, 구체적인 형태를 표상하는 일을 도외시하면 – 표상 방식에 따라 시간적 또는 공간적이 될 때가 아니라, 그러한 운동이 표상공간이 아니라 다른 공간을 가로질러 생겨날 때이다.
>
> – 레오르크 크리스토프 툴렌, 2010, 145

시간선은 한 줄만 펼쳐지는 것은 아니다. 칸트는 운동을 주체의 행위로서 공간에 존재하는 다양한 것의 종합이라고 말한다. 직관적 표상은 바람의 무늬를 아까시나무 이파리에서 읽어 낼 수 있다. 또한 물의 무늬를 순간적으로 읽어 내서 특별한 맥락의 서사를 펼쳐 볼 수도 있다. 이것을 전체로 묶어 놓으면 하나의 선을 이루는 것 같지만, 한 줄 한 줄의 선들은 일정한 방향을 갖지 않고 다양한 층위에서, 다양한 방면으로 흐른다. 운동은 선적이지 않고 입체적이다. 서사의 가장 큰 매력은 공간에 존재하는 모든 것들을 가져와 하나의 흐름으로 엮어 낼 수 있다는 데 있다.

다매체가 펼쳐 놓는 다채로운 공간은 오늘날의 문화의 장을 구성하는 핵심이면서 가장자리다. 따라서 문화적 향유는 넓게 하는 것과 깊게 하는 것이 동시에 가능해졌고, 그 역도 가능하다. 문화적 향유의 핵심을 이루는 것이 '서사'라는 데는 이견이 없는 것 같다. 이야기의 전파, 전승, 전달력에 대한 확신은 어제 오늘의 것이 아니다. 보편성과 개별성을 반영하는 플롯에 바탕을 두고 우리는 이야기를 짓는다. 그리고 저마다의 시대에 맞는 최선의 전파 경로를 따라 이야기가 퍼진다.

이야기를 듣고 의미를 찾아낸다.

이야기를 통해 장소의 다양성을 확대하고 나누는 것은 시대를 초월해 계속되어 온 문화의 향유 방식이었다. "디지털 문화의 시대에도 결국 중요한 것은 서사의 힘이다. 더구나 디지털시대에 콘텐츠가 중요해지면서 이른바 문화산업에서 서사의 비중은 매우 높아져 있는 상황이다. 따라서 더욱 주목해야 할 것은 디지털 다매체시대에서의 서사가 사회문화적, 문학 환경 속에서 어떠한 방식으로 변화와 확장이라는 변용을 모색하는지를 조망하는 것이다."(허만욱, 2012, 383)

서사의 중요성을 강조하는 사람들은 인간을 '호모 나렌스(Homo Narrans)'라고 부른다. 그들은 인간학의 핵심에 서사가 있다고 확신한다. 호모 나렌스는 속성이나 본성을 지향하는 것을 그만두고 다양한 현상들을 반영하는 디지털 언어로 급격하게 선회하고 있다. "디지털공간에서 말하기 좋아하는 소비자를 말한다. 이들은 적극적으로 이야기를 찾아다니며 자신과 같은 소비자의 이야기(We Media)를 신뢰하고 기존 콘텐츠의 재구성을 즐기며 이야기 중심에 항상 '나'를 둔다는 특성이 있다."[다음 백과(2019. 12. 5.)]

디지털시대의 '서사적 역능'은 이야기가 흐를 수 있는 길이 거의 무한대에 가깝다는 데서 발현한다. 기존의 흐름과는 비교할 수 없는 강도와 밀도의 경로가 마련되어 있다. 서사의 역능을 최대치로 발휘하기 위해서는 자유로우면서도 다채로운 운동이 가능해야 한다. 이야기에서도 '미니멀리즘'이 작동하는 이유다. 길고, 도도하고, 유장하게 흐를 수 있는 기존의 서사의 길은 현저하게 줄어들고 있다.

이성감성·감성이성

시간은 정신을 차리면 흐르고, 정신을 놓으면 흐르는 시간에서 높여나며 솟구친다. 흐르는 시간은 시계를 통해 균질화된다. 소위 '멍 때릴 때' 시간은 무화하고, 집중, 몰입할 때 시간은 솟구친다. 시계 시간을 홈 패인 시간이라고 한다면 무화되거나 솟구치는 시간은 위상의 시간이라고 할 수 있다. 패인 홈을 따라서 흐르는 시간은 서사적 시간의 속성이다. 위상적 시간은 서정적 시간의 속성을 띤다. 시간은 위상·지평으로 외재화한다. 위상적인 것은 직관되는 것이고, 지평적인 것은 관찰되는 것이다. 시간은 감성적이면서 이성적인 것이다.

공간은 모두에게 주어진다. 장소와 관련된 말 중에 '아는 만큼 보인다'는 것이 있다. 그러나 이것은 공간이 지닌 위상성을 생각하면 매우 편협된 말이다. 폭넓은 이성적 앎은 공간을 파악하는 데 도움을 주지만, 그것을 통해 보이는 것은 표면적인 것이다. 극히 일부분일 뿐이다. 여기에는 깊이 있는 감성적 느낌이 동반되어야 한다. 우리가 공간을 찾는 목표는 기존의 것을 답습하고 싶어서가 아니다. 언제나 새로운 장소를 개시하기 위함이다. 보이는 것에 집중할 경우, 경관의 뿌리는 얄팍해질 수밖에 없다.

> 장소에 대한 감성은 우발적인 것 이상으로 발전할 전망이 없다. 장소의 정체성이 날조된 결과이거나, 세계적이고 무장소적인 프로세스가 지역적으로 결합된 결과이기 때문이다.
>
> – 에드워드 랠프, 2005, 282

대지는 시간의 매개체다. 시간이 대지로 흐르는 것이 아니라 대지 자체가 흐르는 것이다. 대지의 흐름 자체가 시간이다(자전과 공전). 공간에 이미 시간이 내재해 있어 그 시간 속으로 지구는 자전하면서 공전해 간다. 지구가 봄에 당도하고, 여름을 지나고, 가을로 들어선다. 지구가 어디에 위치하고 있는지는 대지와 대기에 동시에 표시가 된다.

대기권은 공간보다는 대지에 가깝다. 우주공간에 비한다면 대기권은 매우 밀도가 높다. 또한 구름이 흐르고 나무 이파리들이 광합성을 한다. 물은 대지와 대기의 속성을 모두 지니고 있다. 지구의 땅, 물, 대기는 지구의 지리가 작동하는 곳이라고 보아야 한다. 셋의 역동적인 변증법을 통해 지구에는 비와 바람, 비바람이 한날한시도 자는 날이 없다. 이 진동에서 생명이 움트고 자란다.

랠프는 "환경, 활동, 의미를 장소의 정체성을 이루는 세 가지 기존 요소로 든다."(에드워드 랠프, 2005, 112) 랠프가 말하는 세 가지 기존 요소를 각각 환경은 공간, 활동은 시간, 의미는 인간과 대응해 볼 수 있다. 아리스토텔레스는 토포스개념을 정의하는 자리에서 장소를 그곳에 자리 잡고 있는 사물 자체가 움직이거나 움직일 수 있는 동안 자기가 있던 곳에 머물러 있는 것이라고 말한다. 예술적 실천은 철학적 공간이론 혹은 자연과학적 공간개념과는 달리 특정적 예술이 원래 어디에 존재하는지 보여 준다.(크누트 에벨링, 1010, 421)

특정 장소를 점유하는 것, 배경으로 삼는 것, 결합한 것의 의미는 배경으로서 어디에 존재하는지를 보여 줄 뿐이다. 반면 장소의 전경화는 장소에 역동성을 부여한다. 따라서 주체나 대상이 어디에 자리할지 보여 줌으로써 다음 행동을 예비할 수 있다. '자리한다'는 말은 100m 선수가 출발선상에 자리한다, 토론자가 토론대에 자리한다 등과 같이 다음행위(작용)을 미리 보여 준다. 장소는 의미의 본원이자 행위의 귀결이다. 따라서 장소는 멈출 틈이 없다. 행여 움직이지 않더라도 그 이전의 자리와 이후의 자리를 동시에 담고 있기 때문에 진동을 멈추지 않는다.

장소는 인간의 질서와 자연의 질서가 융합된 것이고, 우리가 세계를 직접적으로 경험하는 의미 깊은 중심이다. 장소는 고유한 인지, 경관, 공동체에 의하여 정의되기보다는, 특정 환경에 대한 경험과 의도에 초점을 두는 방식으로 정의된다. 장소는 추상이나 개념이 아니다. 장소는 생활세계가 직접 경험되는 현상이다. 그래서 장소는 의미, 실재 사물, 계속적인 활동으로 가득 차 있다.

− 에드워드 랠프, 2005, 287

장소는 현상이다. 떠오르고 가라앉는다. 그래서 언제나 떠 있는, 직접경험 가능한 일상 너머 생활세계까지도 엿볼 수 있다. 환경이 보이는 세계라면 활동은 그 너머로 변곡하는 과정까지를 포괄한다. 의미라고 하는 것은 곧 장소를 통해서 그려 나가는 위상적 이야기들이다. 이 이야기들은 퍼지는 시간과 흐르는 공간을 담고 있다. 장소를 유동적·관계적인 것으로 인식하게 되면 장소는 '고정된 것'이 아니라 지향해 가는 것이 된다.

틈새

사유의 좀 더 근원적인 역할은 의미를 채우는 것이 아니라 비워 내는 것이다. 우리의 의식을 말끔하게 비워 낼 수 있는 거의 유일한 방법이 '사유'다. 채우는 사유가 의식 곧 존재의 의식이라면 배워 내는 의식은 흐름의 존재, 의식존재를 지향하게 된다. 사이, 틈이야말로 의식존재 모두의 공통양식이라고 할 수 있다. 절대 무(無)는 순수라는 의미를 갖지 못한다. 혹은 순수와는 관련이 없다. 비운다는 것은 있는 것을 없앤다가 아니라 공간을 만들어 낸다에 해당한다. 이것은 또 길을 비로소 연다는 의미와도 연결된다. 길이라는 것은 일종의 형식이다. 그 길에 맞는 내용이라는 것은 정해져 있지 않다.

순수사유와 실재와의 접촉 사이에 일어나는 차이는 대상들 안에 있는 것이 아니다. 직관은 범주나 논리보다는 의미화작용을 지향한다. 차이점은 대상에 관한 것이 아니다. 대상의 주어진 존재 방식, 체험된 존재 방식과 관련한다. 순수사유는 존재 자체가 아니라 존재의 현전으로서의 삶과 같은 차원의 삶의 방식이다. 의미화의 지향성에서 중요한 것은 존재 자체가 아니라 관계가 맺어지는 사이공간이다.(엠마누엘 레비나스, 2014, 133~4)

순수사유는 사유 그 자체가 된다. 사물 이전의 현전과 사물 이후의 현전 사이에 현재의 지평은 펼쳐진다. 지평은 언제나 흐르기 때문에 자기 자신을 넘어선다. 의미화하는 작용의 진리를 보증하는 실재의 접촉은 새로운 지향성이 아니라 언제나 다른, 반복적 지향성이다.

순수사유는 추상적인 것이 아니다. 인간의 상상력이 깊어지는 것은 사유나, 의식, 무의식 속에서가 아니다. 우주에 대한 천체물리학적 상상(사유), 양자에 대한 양자물리학적 상상(사유)은 시적 상상보다 훨씬 구체적이다. 실제적이면서 실재적이다. 시적 사유가 천착해 가야 할 곳은 상징의 세계나 언어 텍스트가 아니라 바로 생활세계여야 한다. 그래야 과학기술의 오만한 독주를 견제할 수 있다. 또한 성찰의 경종도 울릴 수 있다. 이것이 후설이 진단한 유럽학문의 위기이며, 인문학적 처방이다.

채움의 상상이 과학기술의 몫이라면, 인문학적 상상의 몫은 비워내는 것이다. 대상의 성격은 잡다한 구조와 더불어 자연적 인과성의 산물인 순수하게 주관적인 현상으로 환원할 수 있다. 잡다한 구조를 품고 있는 사물이 미적 대상으로 개시하기 위해서는 특별한 시선이 필요하다.

미적 경험에서 표현되는 아름다움은 대상성의 영역에 속하는 것으로 자신을 드러낸다. 예술작품의 아름다움은 단순히 그 자체로 아름다움과 추함 너머에 존재하는 그런 작품이 – 속성에서 비롯되는 '주관적 감성'이다. 미적 대상은 그 자체로 아름답다.

– 엠마누엘 레비나스, 2014, 52

대상의 아름다움은 주체의 것이 될 수 없다. 주제가 대상의 아름다움을 간직할 수 있는 것은 채워 내는 것이 아니라 비워 낼 수 있기 때문이다. 찰흙으로 빚은 상은 대상의 것이다. 여기에 석고로 본을 뜨고, 찰흙을 파내면 '상'은 석고 내부에 텅 빈 채로 자리한다. 이것이 주체의 것이다. 이렇게 주체의 내면을 비워 내면서 새겨진(음각된) 대상의 텅 빈 자리(무늬)는 주관적 감성이나 객관적 이성만으로 아름다움을 파악할 수 없다. '주관적 이성, 객관적 감성'으로 변곡하는 언어로 그 결을 파악할 때 우리는 적당한 점도의 언어로 원래의 상을 모사해 낼 수 있다. 그 모사는 원본과 언제나 다르다는 것은 자명한 사실이다.

언어의 수행적 '행위들'의 가능성이 존재하는 것은 단지 인간의 자의성과 자연성 사이에 난 틈새를 통해서 언어로부터 분리될 뿐이기 때문이다. 실로 이러한 틈새 자체는, '자연적인 것'이 문화적 범주의 하나인 것처럼, 언어를 통해 생산한다. 따라서, 우리가 서술할 수 있는 단지 언어가 우리 문화의 구성원들이 공유하는 서술 관습들을 허용해 주기 때문이다.

– 마리 맥클린, 1997, 142~3

빈 공간은 선재성, 고정불변성 그리고 기반성이라는 도식에 기초하는 것이 아니다. 빈자리의 흔적은 비눗물과 같이 굴곡 굴곡을 흘러서 그러한 도식이 생겨난다. 수반되는 시간 특성 즉 전재했던 것과 그것이 떠난 자리에 남은 텅 빈 고정불변성, 그리고 비워진 기반성은 부지불식간에 넘어서는 사건에서 발견된다. 선행성은 어떤 것의 기반성으로 작동하기 때문에 무엇인가 선행하는 것이다. 아프리오리의 항상성을 최초로 형성하고 허용하는 무언가다, 그 자신 더 이상의 선험적으로 주어져 고정되는 일이 없이 선행성에 추가되는 것이다.(레오르크 크리스토프 툴렌, 2010, 141~2) 근원적인 근원, 근원의 근원은 바로 생활세계다. 선행성에 선행하는 장소는 다름 아닌 생활세계다.

언어의 수행적 행위들은 빈 공간에 남겨진 흔적들을 세밀하게 더듬는다. 비워진 곳을 언어로 채우는 것이 언어의 수행적 행위의 핵심이다. 빈 공간에 채워지는 언어들은 마치 석고에 발라진 비눗물과 같이 각인된 대상의 형식 사이를 채우면서 스스로를 분리해 낸다. 언어로부터 분리될 수 있는 '틈', '언어가 우리 문화 구성원들이 공유하는 서술 관습' – 상호주관성의 분리, 그래야 우리는 마음껏 다른 것들을 껴안을 수 있다. 분리 가능성에 대한 확신이 있을 때, 서로 스밀 정도로 껴안을 수 있다.

12. 길/흐르다

물

　달이 흘러가는 것처럼 보이게 하면서 구름이 가만히 떠 있는 것처럼 흐른다. 이것을 형상화한 언어가 박목월 시인의 "구름에 달 가듯이"이다. 모든 것을 쓸어버릴 듯 계곡물이 쏟아져 내린다. 우리는 둘 모두에서 생명력을 느낄 수 있다. 물론 더 강렬한 생명력이 느껴지는 것은 계곡물 쪽이다. 이상화의 시 「원시적 읍울」에는 그물에 끼어 환하게 웃고 있는 조개와 졸고 있는 삽살개가 나온다.

　　방랑성을 품은 애매랄드 널판의 바다가 말없이 대였음이
　　묏머리에서 늦여름의 한낮 숲을 보는 듯 — 조으는 얼굴일러라
　　짜증나게도 늘어진 봄날 — 오후의 하늘이야 희기도 하여라.
　　게선 이따금 어머니의 젖꼭지를 빠는 어린애 숨결이 날려 오도다.
　　사면(斜綿) 언덕 위로 쭈그리고 앉은 두어 집 울타리마다
　　걸어 둔 그물에 틈틈이 끼인 조개 껍질은 머—리서 웃는 이빨일러라.
　　마을 앞으로 엎디어 있는 모래 길에는 아무도 없고나.
　　지난밤 밤 낚기에 나른하여—낮잠의 단술을 마심인가 보다.
　　다만 두서넛 젊은 아낙네들이 붉은 치마 입은 허리에 광주리를 달고

바다의 꿈 같은 미역을 거두며 여울목에서 여울목으로 건너만 간다.
잠결에 듣는 듯한 뼈꾸기의 부드럽고도 구슬픈 울음 소리에
늙은 삽사리 목을 뻗고 살피다간 다시 눈감고 조을더라.
나의 가슴엔 갈매기떼와 함께 수평선 밖으로 넘어가는 마음과
넋 잃은 시선 – 어느 것 보이지도 보려도 않는 물 같은 생각의 구름만 쌓일 뿐이어라

― 이상화, 「원시적 읍울 – 어촌 애경(哀景)」 전문

  삽살개와 조개껍질 중에 어떤 것에서 더 생명력을 느낄 수 있는가. 시에 매료된 사람은 '조개껍질'을, 좀 더 현실적인 이들은 삽살개를 들 수도 있을 것이다. 우리가 느끼는 생명력이라고 하는 것은 절대적인 것이 아니라 상대적인 것이다. 생명력은 살아 있는 유기체의 생명에 한정되지 않는다.
  이 시는 자유시를 지향하는 한국 현대시에 구체적인 시간·공간·인간이 반영된 리얼리즘의 선구적인 작품으로 꼽힌다. 주제는 한 사내의 시선에서 드러난다. "나의 가슴엔 갈매기떼와 함께 수평선 밖으로 넘어가는 마음과/넋 잃은 시선 – 어느 것 보이지도 보려도 않은 물과 같은 생각의 구름만 쌓일 뿐이어라"가 주제를 담고 있다. 이 대목에 사내의 시선이 중첩된다. 시의 주체는 평화로운 어촌의 경치와는 대조적으로 시적 긴장에 싸여 있다. 바다 너머로 향하는 진취적인 시선과 현실에서 눈 돌리고 자기 자신의 내부로 침잠하려는 시선 사이에서 주체는 심하게 진동하고 있다. 이러한 고민은 1920년대의 것만은 아니기 때문에 우리는 이 시에서 시적 울림을 여전히 얻을 수 있다.
  생명력의 술어로는 '살아 있다'보다는 '흐르다'가 더 어울린다. 후설의 후기 철학은 생활세계의 현상학이라고 할 수 있다. 이것은 정적이기보다 발생적이다. 정적인 현상학이 근원을 전제로 한 것이라면, 발

생적 현상학은 환원행위를 통해 근원을 발생시킨다. 지향해야 하는 근원이 매번 다르기 때문에 의미는 '움직임'에서 우러난다. 환원의 지향 순간은 초월 주관적 직관에 의해 결정된다. "초월적 주관(순수자아)의 '시간/역사'적이고 '개인/개체'적인 배경에 내재한 초월적 의미 구조, 즉 수동적 구성 측면에 대한 해명에 집중함으로써 위상학적 사유를 가시적으로 수행한다."(송석랑, 2015, 333)

'발생한다'는 것은 나타난다는 말이다. 하나가 나타나면 다른 하나는 사라지는 것이 된다. 나타남과 사라짐의 반복이 흐름의 원동력이다. 그리고 그 반복의 차이가 흐름을 형성하게 된다. '비틀림, 꼬임, 짜임, 짜임, 밟힘'을 통해 새로운 장소 출현의 가능성을 높인다. 그리고 이러한 가능성을 내재한 힘에 의해 사라짐도 발생한다. 나타남과 사라짐의 반복과 차이가 생명력 곧 흐름을 유발하고 형성한다. 이것은 유기적 생명의 구조(이중나선 구조)까지 포함한 무기적 생명 구조라고 할 수 있다. 유기적이라는 말은 무기적이라는 말과 마주 보는 말이 아니라, 무기적이라는 말에 포함된 말이다.

들뢰즈는 생명의 준-안정성에 대해 사유한다. 들뢰즈의 생명은 베르그송의 지속과는 다르다. 들뢰즈는 발화체를 인간 언어행위의 조건이 된다고 간주한다.(신지영, 2011, 112) 베르그송은 피동적 생명, 지속적 흐름의 생명을 강조한다. 끊김은 결국 죽음에 닿는다. 그 흐름에 있어서는 가장 강력하게 생명력을 담지하는 것은 유기적 생명체의 구조다. 들뢰즈는 하나의 사건으로서 생명을 본다. 생명은 하나의 맥락을 이룬다. 흐르는 것은 전체로서, 총체적으로 흐르는 것이 아니다. 강물처럼 흐르는 것이 아니라는 말이다. 구조적인 흐름으로서 분리가 가능한 흐름이다.

우리의 생명은 전체로 흐르지 않는다. 그래서 생명이 다할 때는 주체 즉 내 몸의 '목자(牧者)'로서 임무를 부여받은 '나'의 의식이 사라진다. 이것이 나의 죽음과 관련해서 유일하게 사라지는 것이다. 이렇게 본다면 죽음은 매일 드는 잠과 크게 다르지 않다. 죽는 것은 잠드는 것이다. 나와 함께 내 몸에서 꼬이고 따이고 짜여서 흘렀던 99.9%의 생명들은 '천지간'으로 흩어질 뿐이다.

우리 몸의 60~70%는 물이다. 물이 가장 많은 때는 80% 정도에 달하기도 한다. 갓 태어난 아이는 하나같이 모두 예쁘고 아름답다. 아이 때는 물로 가득 찬 시절이고, 그 물의 흐름이 막힘이 없는 거의 유일한 시절이다. 흐름이 막히는 것이 아픈 것이다. 산다는 것은 점점 메말라 가는 것이다. 죽어 간다는 것은 흐름이 부자연스러워지다가 끝내 끊긴다는 것이다. 80%에 달하던 물의 함량이 닳고 닳아서 50% 아래로 떨어지면 우리는 죽음에 이르게 된다. 흐름이 끊겨서 죽는 것은 병사하는 것이다. 메말라서 죽는 것은 늙어서 죽는 것이다.

과거나 지금이나 물의 순환은 지구의 물리적 사실들의 이치를 밝히는 데 널리 공인된 체계다. 현재로서는 주로 바다와 육지 사이에 일어나는 기체와 액체의 교환으로 이해하지만, 이는 지리적 지형 및 수형적인 운동요소를 강조하는 것으로 17세기 후반에 비로소 나타난 개념이다. 예전에는 수리적 전환이 본질적으로 또 하나의 차원, 즉 수직성을 지닌다고 상상했다.(이푸 투안, 2011, 206)

물의 순환에는 '달'의 중력이 크게 작용한다. 지구의 시간변화를 읽는 데는 '나무와 물'이 바로미터가 된다. 해가 뜨고 지는 것으로 하루의 시작과 끝을 알지만 하루의 시작은 매번 다르다. 계절과 한 달의 변화는 달을 통해 알 수 있다. 바다에서 일을 하는 사람의 하루는 태양이 아니라 달에 의해 결정된다. 고기를 잡는 사람은 만조에 맞추어 하루를 시작하고 끝낸다. 갯일을 하는 사람은 간조에 맞추어 하루를 시작하고 마친다.

나무는 물이 오르고 내리는 것에 따라 계절을 달리한다. 나무의 물을 오르게 하는 것은 달이다. 봄은 다른 말로 하면 '물이 오르다'가 된다. 초여름은 '물이 차다', 늦여름은 '물이 익는다(무르익는다)', 가을은 '물이 맺는다', 겨울은 '물이 언다'가 된다. 이것은 우리의 삶과 인생 전체에도 대입이 가능하다.

> 작품은 다시 시작되는 것과 관계하는 부분을 가지는 예술로부터 출발하여 '시작'이라는 단어를 말한다. 존재의 운명을 말하고, 수동성을, 형태 없는 말 많음을 말하는 예술을 말하면서, 작품은 존재를 말하고, 선택을, 다스림을, 형태를 말한다. 그리고 작품은 선택 가운데서 마저 우리를 여전히 모든 시작 이편에, 숨김의 어두운 밀물과 썰물이 웅얼거리는 원초의 그렇다와 아니다 속에 묶어 둔다.
>
> – 모리스 블랑쇼, 2010, 358

물의 흐름은 수동적이다. 기울기에 맡기는 것이 가장 자연스러운 것이다. 그러니 시간이 기욺에 따라 천변만화의 무늬로 흐를 수 있다. 가장 역동적인 차이와 반복을 연출하는 것은 '뫼비우스의 띠'의 움직이다. 유기적 생명 구조는 이중나선 구조로 일원화되어 있다. 무기적 생명 구조는 '완전한 끈(초끈)'이라고 한다. 이 초끈의 떨림의 근원 구조는 '뫼비우스의 띠', '태극'이 아닐까 상상해 본다.

아직까지 패턴도 발견하지 못한 초끈은 그 구조 역시 확인할 수 없다. 지구에서 가장 큰 구조로 움직이는 것은 대양이다. 밀려오는 물이 밀려가는 물을 변곡하는 지점/순간, 밀려가던 물이 밀려오는 물로 변곡하는 그 지점/순간이 바다의 운동이고 생명력의 원천을 이룬다. 여기에서 이루어지는 변곡은 '뫼비우스의 띠', '태극'에 다름 아니다.

레이스

 움직이는 것을 '직관'하기 위해서는 함께 움직여야 한다. 우리 디엔에이(DNA)를 이루는 이중나선의 움직임이 멈춘다면 우리는 소멸을 맞게 된다. 움직이면 멈출 수 없는 구조가 나선의 구조다. 사랑 역시 나선형으로 움직이는 것이 분명하다. 끝을 봐야 서서히 사라지는 구조가 나선의 구조다. 우리의 내면에서 가장 확실한 것은 살아 있다는 것을 느끼게 해 주는 바로 그 '에너지'다. 그러나 에너지는 고정시킬 수도, 규정할 수도 없다. 이것은 오직 직관에 의해서 그 '흐름'만을 감지하고, 간파할 수 있을 뿐이다.

 우리가 접할 수 있는 나선 구조는 다채롭다. 좌우 방향의 나사, 시계태엽, 풍력발전기의 나선형 날개, 배의 나사형 노, 나선 펌프, 아르키메데스 나사, 나선 계단, 나선 기둥 그리고 건축에서 사용되는 나사형 장식물들 그리고 시계의 스프링, 태엽 그리고 밧줄, 꼰 밧줄, 꼬아 만든 끈 그리고 장식용 레이스에 사용되는 꼰 끈 혹은 철사 같은 사례들이 대표적이다.(마리 루이제 호이저, 2010, 258~9) 우리 전통 타악기 중에서 가장 멀리까지 소리의 위상을 확장하는 '징'의 경우 표면이 로그형 나선형으로 긁혀 있다.

 구름 같은, 연기 같은 목화솜(미영)을 물레를 돌려 잣는다. 잣는다는 것은 꼰다는 말이다. 스스로 품고 있는 빈자리를 스펀지에서 물을 짜듯이 뽑아낸다. 똘똘 말린 실은 질겨진다. 밀도가 높아진다는 것은 강해진다는 것이다. 실의 강도를 높이기 위해 두 가닥의 실을 꼬고, 세 가닥의 실은 딴다. 말리면서 공간을 말고, 꼬아지면서 공간도 꼰다. 실 사이사이에 작은 공간들이 맺힌다. 비워 낸 공간들이 실 바깥에서 맺히기 시작하면 실은 옷감으로 거듭난다. 공간의 위력은 이렇게 안쪽 사이에서보다 바깥쪽 사이에서 빛을 발하게 된다.

> 인간이 공간을 관장하는 것이 아니라, 오히려 장소들이 인간들과의 관계에서 힘을 발휘하다는 것을 인정하면서 목격하는 수밖에 없다는 사실이 예술에서 현시된다. 예술은 우리에게, 공간이 자신의 역사적 우연 속에서 인간 현존재를 규정한다는 사실을 자각하도록 해 준다. 그렇게 예술은 낯선 것을 존재의 위상적 차원으로 개시해 주는 것이다.
>
> – 카트린 부슈, 2010, 172

이 공간은 흔한 공간이 아니다. 예술은 낯선 것을 존재의 위상적 차원에 개시해 준다. 이런 공간의 위력, 공간의 결에 따라 우리의 심성(心性)은 언제나 달리 맺힌다. 심성은 단독으로 존재할 수 없다. 물리적 몸짓과 언제나 짝을 이룬다. 그렇게 공간은 인간 심성의 자궁(매트릭스)이 된다. '아무리' 혼자여도 하나인 것은 없다. "신체이론이나 영혼이론, 이 둘은 일정한 한계 내에서 자신만의 확고한 기호를 가지고 있다. 하지만 그는, 둘의 관계에 대해서는 그와 똑같은 방식으로 말할 수는 없다"고 페이넌은 1860년대에 『심리물리학의 요소들』에 쓴다.(마이 베게너, 2010, 312) 상상의 관념성과 물질성은 서로의 이면을 이룬다. 하나가 드러나면 다른 하나는 정신적 이면(裏面), 신체적 이면(裏面)에 숨어든다.

이면이 없는 일면은 불가능하다. 또한 이면은 다른 이면의 이면이기도 하다. 일면과 이면이 입체적으로 결합할 때(뫼비우스의 띠) 면의 구분은 무의미해진다. 운동의 역동성만이 남는다. 꼬이고 따인 것들이 품고 있는 공간에서 다양한 변곡이 발생한다. 이 공간의 역동성을 존재론적으로 환원하면 의식존재론, 존재의식론이 된다.

상징의 지나친 결정적인 해석을 통하여 이러한 작업들은 우리의 경험 세계와 그리고 그 내부에 밀접하게 이어지게 된다. 자아(ego)가 출현하는 곳은 바로 이드(id)가 존재하고 있는 곳이다. 모든 우리의 유년기적 상태를 모든 우리의 고대성을 활성화함으로써 그리고 몽환 속에서 그 활성화를 구체화함으로써 시학은 인간의 문화적 존재성을 거대한 책략, 하찮은(가공물), 본질과 동떨어진 그리고 본질에 반하는 사상누각으로 전략하는 것을 막아 주게 되는 것이다.

— 폴 리쾨르, 1983, 121

근대는 언어적으로 보면 상징의 시대였다고 할 수 있다. 절대 의미, 절대정신을 상정하고 그것을 해석해 내는 것을 문학이 담당해야 할 최선의 역할이라고 믿어 주었다. 그러나 그러한 진리에 대한 회의가 강하게 제기되면서 상징의 권위가 흔들리게 되었다. 그러면서 일련의 현상학자들을 중심으로 의미가 발생하는 장소는 초월적 세계가 아니라 '생활세계'라는 주장이 제기되었다.

그들은 초월이 발생하는 장소도 생활세계라고 말한다. 우리 스스로가 생활세계 이전, 이후의 세계를 폐기함으로써 공간적인 한정 속으로 스스로 고치를 틀듯, 영어(囹圄)할 수 있다. 이 안에서 최대치의 자유, 역동성을 구가하기 위해서는 끊임없이 파편으로 흩어지지 않으면 안 된다. 움직이면 멈출 수 없는 알레고리의 세계가 새로운 세계의 모빌리티, 최선의 움직임을 형성한다.

흐름의 본질성

우리의 삶이 이루어지는 현재는 세 겹으로 구성된다. 후설은 기억과 현존, 기대를 이야기한다. '지금'은 시간의 최소 구성입자다. 이 중 근원 인상의 지금을 순간이라고 하고, 이 순간이 지평을 갖게 될 때, 우리는 현재라고 말한다. 현상학적 시간, 경험의 시간은 현재의 지평을 마련한다. 시간이 의미의 장을 구성하는 데 결정적인 역할을 하는 계기를 마련한다. 여기에서 시간의식, 의식시간은 공간성과는 분명한 차이를 둔다. 의미의 장은 시간의식을 바탕으로 한 것이지 그 자체로 공간성을 획득한 것은 아니다.

인물들의 개별 연속체는 과거에 머물지 않고 끊임없이 현전화를 통해 현재 속으로 나타난다. 각각의 연속체는 비록 자신만의 영역을 가지고 있지만 어떠한 한 점으로 모이면서 지평을 확장한다. 현재는 이렇게 구성된다. 각각 과거의 지층은 자신만의 고유한 영역을 가지고 있지만 이러한 과거의 지층 사이에는 이웃관계가 존재한다. 과거의 지층들은 현재 속에서 공통의 영역을 마련하고 끊임없이 충돌하고 전환된다.

위상적 현재는 지속적으로 기억의 형태로 과거의 지층을 불러일으킨다. 이러한 과정을 통해서 위상학적 공간에서의 각각의 연속체의 전환을 목도한다. 이를 통해 개별 연속체 사이에 존재하는 공통의 영역을 가능하게 한다.(최광식, 2004, 352) 위상학적 공간은 현상학적 시간지평을 공간으로 전환하는 과정에서 형성된다. 공간은 선험적으로, 전제로서 마련되는 것이 아니다. 작용, 과정 속에서 열리고 닫힌다.

위상학적으로 표면, 곡면, 텍스트를 생각한다는 것은 어떠한 초월자도 개입시키지 않고 품고 있는 공간으로 위치관계를 사유한다는 것이다. 위상적 사유는 차이의 즉자성과 내재성을 그대로 보여 준다. 차이는 위상적으로 사유될 때 입체화한다. 라이프니츠가 기하학적 형태들을 생산하는 방법을 묘사하는 데 사용된 개념들, '거리', '관계', '배열', '위치' 등을 들뢰즈는 구조주의적인 규준으로 제시한다. 이것은 들뢰즈 자신의 철학을 전개하는 데 있어서도 불가결한 개념들이다. 차이의 구조는 위상학적이며, 위상학적인 과정은 내재적인 것이다.(신지영, 2011, 132)

암나사의 안쪽 표면과 수나사의 바깥 표면은 나선으로 패여 있다. 패인 자리에 들어앉은 공간은 안도 아니고 바깥도 아니다. 표면 아닌 표면이 역시 표면 아닌 표면과 대면하는 방식은 내재적으로 스며들듯 마주 본다. 나선과 나선의 결합은 완벽한 결합이 아니라 부분 부분의 결합이다. 결합된 부분 부분, 사이사이에 자리한 공간이 결합력을 보장한다. 나선의 결합 즉 비대칭의 역동성에 두 나선의 결합 - 뫼비우스의 띠와 같은 결합이 가능할 때, 에너지를 최대한 응축할 수 있다.

해체의 존재론, 존재론적 해체라는 아포리즘을 통과하면서 또 하나의 주체는 시간과 공간의 균열, 세계와 인간의 분리를 변곡을 통해 잇는다. 메를로 퐁티와 하이데거의 현상학적 위상학의 주관이 그러하듯, '타자에서 비롯하거나 타자로 열린' 혹은 '타자로서 주체가 되고 주체로서 타자가 되는' 주체가 위상적 주체이다. 자신의 진리와 가치체계를 위협하는 폭력의 치명적 위협에 맞서는 폭력과 외면 그리고 타자의 비폭력성도 의미화한다.(송석랑, 2015, 494) 자신을 위협하는 폭력마저도 위상적 장소를 확장하는 초월적 사유 주관의 하나로 삼아 버릴 수 있는 것이 위상적 주체다.

언제나 새로운 주체가 탄생하는 것, 새로운 지평을 여는 것은 주체의 전환, 전회를 전제로 하지 않는다. 현상학적 주체의 선험성에는 손상을 가하지 않는다. 새로운 주체는 타자와의 결합을 통해 전혀 다른 공간을 품게 된 주체다. 자신의 공간은 내어 주고 타자를 받아들임으로써 새로운 공간을 품게 되는 것이다.

현상학적 세계는 선재하는 존재를 뚜렷하게 표현하려 하는 것이 아니라 존재를 자리 잡게 하는 것이다. 철학은 선재하는 진리의 반성이 아니라 오히려 예술과 마찬가지로 진리를 존재하게 하는 행위인 것이다. 이러한 장소가 어떻게 가능한지를 만일 그것이 사물들 가운데에서 하나의 선재하

는 이성을 되찾는 일이 아니라면 의문스럽게 생각하는 것은 당연한 일이
다. 이에 대한 해답으로는 오로지 선재하는 법칙 로고스만이 세계 그 자체
이며 그 로고스를 가시적인 존재로 만드는 철학을 개연적임에 의해 시작
되는 것이 아니라고 말할 수 있다.

- 모리스 메를로 퐁티, 1983, 53

나는 누구인가, 무엇인가, 왜 존재하는가라는 물음은 이제 관심을 크게 끌지 못한다. 오히려 내 자리는 어디인가, 나는 언제, 어디서, 어떻게 나인가라는 의미론적 물음에 더 관심을 둔다. 흐르는, 움직이는 물음 자체가 의미를 이룬다. 이런 의미론적 물음은 시간을 바탕으로 삼아 공간적 존재에 대해 제기하는 물음이다. 이 물음을 공간바탕 위에 시간적 존재의 물음으로 전회할 때, 현상학적 물음은 위상학적으로 확장하게 된다. 전회와 재전회의 나선이 간직한 공간이 위상학적 품이다. 위상학적 '품'은 언제나 전체의 공간과 셋으로 구분되면서 하나로 연결된다. 길이 중요한 것이 아니라 그 길에서 만나는 공간의 속성이 중요한 것이다.

강물

홑눈의 시선은 오직 하나의 형체만을 포착하다. 지금 이 순간은 오직 단 하나의 장면일 뿐이다. 다른 가능성은 없다. 시선의 단일성은 정지를 전제로 한다. 그런데 우리는 자전하면서 상상을 불허하는 속도로 공전하는 지구 위에 정지한 것처럼 느끼면 서로를 목도하고 있다. 단일성이라는 것은 근본적으로 불가능하다. 장소는 단편적 행위에 의해서 형성되는 것이 아니다. 작용 곧 흐름에 의해서 장소는 발생한다. 새로운 차원을 여는 흐름이 장소의 정체를 형성한다.

> '흐름'이라는 은유는 정신 활동의 특징을 충분히 기술하지 못한다. 흐름이라고 하면 어떤 정해진 길을 따라 일정한 속도로 흘러간다는 느낌을 주는데, 몰리의 마음은 흐름의 속도나 방향에 대한 기존의 계산 방식을 완전히 무시하면서 자신의 우주를 여기저기 돌아다니기 때문이다. 이 마지막 에피소드에서 조이스는 몰리의 의식 속에서 경험되는 몰리의 세계 시간을 최대한 팽창시키는 데 성공한다. 이는 하루 중 어떤 시간에 일어난 일인지 조이스가 전혀 언급하지 않은 유일한 에피소드로서 이 에피소드의 기호는 영원성과 무한성을 상징하는 "∞"이다.
>
> — 스티븐 컨, 2004, 88

무한대, 파이, 뫼비우스의 띠, 공전, 태극의 공통원리는 다양한 에피소드(Big date)로 형성된 플롯이라는 점이다. 시간의 확장과 공간의 배열을 통해 시간은 공간전체를 만나고 공간은 시간전체를 경험한다. 두 경험의 전체성은 상호주관성을 통해 무한의 맥락을 형성할 수 있다.

점의 이동이 선을 만들고, 선의 이동이 면을 만든다. 이렇듯 이동-연속적 이동, 흐름은 차원을 달리하는 작용을 한다. 면의 전체적인 이동이 입체를 만든다. 그렇게 면이 내부에 공(空)을 품고 회전운동을 하게 되면 특별한 입방체를 형성하게 된다. 안팎의 공간이 단절된 입체가 아니라 안쪽과 바깥쪽에 동시에 바깥과 안을 품은 비입체, 반입체가 된다. 이것을 기호로 형상화한 것인 '파이'이고 '뫼비우스의 띠'이고, 태극이다.

의미의 모체가 되는 것은 시간성, 공간성, 질료성, 기품 등의 양태다. 시간성은 가능태, 타락, 사실성을 포괄한다. 의미의 모체는 그들의 범위 안에서 전체적 인간성을, 즉 한 개인의 고유한 역사적 국면들과 그의 유기체적 국면을 모두 포함한다. 한 사람을 하나의 지향적 구조로 본다면 형태주의자나 프로이트의 본능적 인간관과는 달리 정신분열증과 같은 정신이상 상태는 현존재의 존재론적 가능태의 기능장애로서 일차적으로 고려해야 할 것이다.(버논 W. 그라스, 1983, 9)

가능태를 막아서는 장애물은 이중적 역할을 수행한다. 하나는 흐름을 방해한다. 다른 하나는 역동성을 부여해 다양한 변화를 유발한다. '흐르다'의 속성을 지닌 것을 대표하는 것이 '시간'이다. 그러나 시간의 흐름은 아무도 목도한 적이 없이 때문에 현상적으로 흐름을 보여 주는 것이 가능하다. 시간은 강물처럼 흐른다, 시간의 강물이 흐르다, 시간은 강물이다는 가장 오래된 은유 중 하나다.

흐르는 강물은 분할이 불가능하다. 시간도 마찬가지다. 행위나 운동 역시 전후를 명확하게 구분하는 것은 불가능하다. 강물은 강에 담겨 흐르고 시간은 의식에 담겨 흐르지만 둘은 완전하게 일치하는 것은 아니다. 강과 의식은 분할이 가능하지만 강물과 시간 혹은 시간의식은 분할이 불가능하다. "운동을 정지들의 종합이라거나 시간을 시간적 원자들의 총합으로 보게 되면 불가피하게 운동과 시간의 유체적 성질을 왜곡하게 된다."(스티븐 컨, 2004, 81~2)

이 흐름을 통해 우리는 일자(一者)와 만유(萬有) 사이에 있는 어떤 것도 가져와 섞을 수 있다. 우리의 영혼이 이 모든 것을 너끈히 섞을 수 있는 그릇이다. 강물이 흐르지 않으면 강이 아니고, 강으로 흐리지 않으면 강물이 아니다. 우리의 영혼에 섞여 흐르는 것은 또한 영혼이다. 흐르는 영혼은 정감(情感)과 감정(感情)의 뫼비우스의 띠를 통해 흐름의 에너지를 얻는다.

정감은 상징과 마찬가지로 혼융되어져 있는 것이기 때문이다. 이를 플라톤은 그의 『공화국』 제4장에서 thums라는 즉 〈혼(魂)〉 또는 〈마음〉으로 변역될 제목 아래, 정감이 〈혼융되어진 구조물〉임을 밝히고 있다. 플라톤은 혼이란 때때로 이성적인 면에서 이념과 용기의 형식으로 투쟁하며 때로는 공격과 초조와 분노의 형식으로 욕망에 편을 들기도 한다고 말하고 있다.

— 폴 리쾨르, 1893, 99

플라톤의 견해를 이 글에 맞춰 번역한다면 이성적 측면에서 혼은 '정감'으로 발현해 해석의 단초를 제공한다로 바꿔 볼 수 있을 것이다. '감정'은 주로 욕망의 편을 드는 경우가 많다. 둘은 서로의 이면을 이뤄 한 쌍으로 작동함으로써 영혼에 생기와 투쟁심, 욕망을 불어넣고, 영혼을 스스로 흐르게 한다.

퇴적

땅은 고정되어 있고 바람은 멈추지 않는다. 이것은 통념상 그렇다는 것이다. 그리고 그것은 의심할 여지가 없는 것으로 '보이는 것'이다. 실제로 지표는 조금씩 흐른다. 지진의 발생은 이것을 보여 주는 한 예다. 또 지구는 5급의 허리케인보다 빠른 속도로 자전을 한다. 그리고 초속 27km의 속도로 태양을 돈다. 땅은 흐르고 하늘은 고정되어 있다. 여기에 비하면 대기의 상태를 알려 주는 바람이라는 것의 속도는 거의 불지 않는 것이나 마찬가지의 속도다.

시간의 흐름은 우리가 고정적으로 인식하고 있는 '지구'의 움직임, 그 흐름 자체라고 할 수 있다. 땅을 다루는 지리는 공간의 개념에서 시간의 개념으로 전환을 이룬다. 이것이 포스트모던 지리학의 한 특성이다. 포스트모던 인문지리학에서는 구조-인간 간의 관계에 관심을 기울인다. 그와 함께 공간적 현상에서 시간적 변화도 정성스럽게 다룬다. 개별적 장소·공간·지역 속에 퇴적되어 있는 시간은 단선적으로 흐르는 '역사적 시간'을 의미하지 않는다. 각각의 장소는 서로 다른 특성을 나타낼 수 있었다. 각각의 장소에 흐르는 시간은 제각기 다르기 때문이다.(신성환, 2011, 371) 근원적 시간과 달리 공간화된 시계 시간은 모든 지역에 똑같이 적용된다. 그러나 그 시계 시간의 흐름을 인식하는 시간은 또 제각각 달라진다. 장소의 흐름에 따라 다르게 움직이는 상대적이고 맥락적인 시간이다.

공간화된 시간은 객관적인 시간으로서의 의미가 강하다. 맥락적인 시간, 흐름의 공간, '흐름과 고정의 뫼비우스의 띠와 같은 변증법이 복합적으로 작동한다. 시간은 언어 너머에 축적된다. 축적된 언어는 언어의 기억 속으로 잠겨 든다. 그 기억들을 새롭게 호출하는 것은 변전을 거듭하는 '플롯'이다. 문학은 근원적으로(본래적으로) 흐름의 위상성을 본질로 삼는다.

문학은 지형학을 하이픈으로 내재하는 형식으로 이해한다. 그래서 문학은 지형학을 일종의 공간쓰기 및 공간 새겨넣기로 여긴다. 왜냐하면 공간이란 우리 눈앞에 주어져 있는 것이 아니라, 일정한 방식으로 생산되는 것이기 때문이다. '위상학'이라는 것이 공간과 관련한 이론임과 동시에 공간 생산의 조건, 공간 역동성 내지 공간 창발의 조건을 비판적으로 성찰하는 이론인 한, 그러한 견해는 분명 위상학적 사고에 기초를 둔 문학적 지형학 혹은 문화적 지형학이 견지하는 기본 생각이기도 하다. 어떤 매체를 매개로 공간이 구성되느냐와는 상관없이, '지형학'에서 관건이 되는 재현이란 그것의 위상학이 '지도 제작 논리'와는 완전히 상이한 재현이라고 할 수 있다.

― 빅토리아 보르소, 2010, 365

문학 연구가 위상학을 지향할 수밖에 없는 것은 언어의 상징성이 아니라 중층성 때문이다. 공간생산에 최적화되어 있는 언어 구조물, 꽃병과 같이, 스스로 비워져서 온갖 꽃을 꽂을 수 있는 그러나 꽃을 직접 품을 수는 없는 꽃병과 같은 것이 문학의 '플롯'이다. 우리가 문학에서 해석이 가능하다고 한다면 그것은 작품의 해석이 아니라 바로 '플롯'에 대한 해석이다. 문학은 아름다움을 품고 있는 것이 아니다. 다채로운 아름다움과 연결되어 있다. 연결점, 혹은 변곡점을 찾아 아름다움을 맛볼 수 있을지 없을지는 온전히 독자의 몫이다. 이것이 문학의 진실이다.

문학은 언어 구조물이다. 언어 구조물은 시간 구조물이고 공간 구조물이며, 인간 구조물이다. 소설의 3요소 중 하나인 구성은 시간, 공간, 인간을 3요소로 삼는다. 이 세 가지 요소들은 각자의 정체성을 간직하면서 새로운 것으로 엮어져야 한다. 그러기 위해서는 흐르지 않으면 안 된다.

> 유체위상(학) 동형적인 흐름들이 회오리와 격랑을 일으키는 흐름으로 전이되는 상황을 다룬다. 유체위상(학)은 무차별과는 정반대다. 위상(학)은 적응 능력, 예상, 조절, 수용력, 회복력 그리고 신속한 대응 등을 가능케 해 준다. 우연히 이리저리 섞일 경우, 유체위상(학)은 잡탕의 위상(학)이자 문화적, 상업적, 공공적 그리고 비공공적 공간술이 한데 섞인 위상(학)이기도 하다. 인정적인 위상(학)에 대한 특수한 기준으로 볼 때, 그러한 위상(학)에서는 한편에서는 불안정성으로 넘어가는 임계가 기술되고, 다른 한편에서는 위상(학)적 상태 변화의 임계가 기술된다.
>
> — 요하임 후버, 2010, 284

임계점, 임계 함수를 정규분포보다 안정적이면서도 역동적으로 만들 수 있는 방법은 '변곡'에 있다. 극단에서 비틀기, 무너지기 직전에 다른 공간으로 파고들기가 가능하면 최선의 안정성과 역동성을 동시에 구가할 수 있다. 멱함수의 경우도 마찬가지다. 보이는 것들에서 벗어나 보이지 않은 것까지 고려할 때, 멱함수는 다른 멱함수의 이면으로 자리한다. 따라서 상호관계맺음은 기존과 같이 '면 대 면'의 마주 봄으로 이루어지지 않는다. 역동적 관계를 위해서는 움직이면서 만나야 하고 섞이고 꽈져야 한다.

섞이고, 엮이고, 꽈지는 변곡의 공간이 자아의 장소인 '노드'다. 노드들에서 발생하는 교차운동은 어떤 것을 목적으로 이루어지지 않는다. 장소의 공유가 최대의 목적이다. 그리고 다른 노드로의 지향은 독립적으로 이루어진다. 이것은 상호소통하는 네크워크를 구성하는 것을 목표로 삼지 않는다. 그렇게 되면 '나의 노드'는 특별한 중심을 지향함으로써 '노드성'을 상실하게 된다. 노드의 목표는 다양한 반응을 이루어 내는 것이지 무엇과 무엇을 연결하는 것이 아니기 때문이다.

우리가 '정체성'이라는 말에서 자유로워지면 다양한 크로노토프를 지향할 수 있게 된다. 이것은 움직임, 흐름, 운동 자체이다. 바흐친의 '크로노토프'는 시간과 공간이 전환하는 장소를 나타낸다. 이 장소에 도달하기 전에는 전혀 보이지 않았던 새로운 길이 열린다. 시간·공간의 중성지대로서 장소는 모든 가능성을 포함한다. 여기에서 길을 여는 것이 언어의 지향성이다.

그네

단오날 춘향이 그네를 타지 않았다면 이몽룡과 극적으로 만나는 장면을 연출하기 어려웠을 것이다. 이몽룡이 한눈에 반한 여인은 '하늘을 나는 여인'이었다. "바람이 파도를 밀어 올리듯이/그렇게 나를 밀어 올려다오./향단아."로 끝나는 서정주의 「추천사1-춘향의 말」은 그네와 관련한 대표적인 시다. 그네타기는 조선 여인에게는 가장 높이 올라, 가장 멀리까지 볼 수 있는 놀이이자 구경이었다. 그리고 그 모습은 가장 멀리에서도 볼 수 있는 풍경을 연출한다.

그런데 그네로 최선의 위상을 점하는 데 있어 주체의 역할은 한계가 있다. 즉 밀어 주는 사람에게 거의 전적으로 의지하는 까닭에 '상호'에는 한계가 있다. 상호성이 강한 민속놀이로는 '널뛰기'를 들 수 있다. 이 놀이는 여인들이 담장 밖을 보기 위해 만들어졌다는 설이 있다. 서양에서 널뛰기에 가장 근접한 놀이 기구는 시소다. 초등학교에는 으레 하나쯤 있는 이 놀이 기구의 영어 이름은 'SeeSaw'다. 두 사람은 접시저울처럼 평평하게 기마 자세로 앉는다. 눈빛을 채 교환하기도 전에 한 사람은 땅을 차고 오르고, 다른 한 사람은 체중을 실어 주저앉는다. 공중에 뜬 사람은 See가 되고, 앉은 사람은 Saw가 된다. 그리고 곧바로 위치는 바뀌어 Saw-See가 되고 금세 See-Saw가 된다.

> 바로크시대 사람들은 자연은 하나의 격동하는 심장을 소유한다는 사실 – 그와 함께 순환운동을 한다는 사실 – 자연의 심장은 한쪽으로 치우친 상태에서 발송한다는 사실을 알아차리기 시작했다. 이는 오른쪽이나 왼쪽이나 방향성을 두고 벌인 논쟁에서 칸트가 추론해 낸 것이기도 하다. 우리가 비록 좌우 양쪽의 신체 부위를 가진 존재이지만, 그럼에도 우리의 심장은 한쪽에 치우쳐 있어, 우리는 좌우를 구분하기 위해 선험적 비평형에 관계해야 한다. 그러한 기준점은 라이프니츠의 위치공간에서는 존재하지 않는다. 라이프니츠의 위치공간은, 운동하는 물체의 체계로는 일정방향으로 정향되어 있지도 않기 때문이다.
>
> — 카린 레온하르트, 2010, 192

땅의 기운을 담은 음식물은 입으로 들어가 식도, 위, 소장, 대장을 거쳐 영양소를 몸 안으로 보내고 항문으로 배출된다. 이 흐름은 멈추지 않고 계속된다. 하늘의 기운은 입을 거쳐 기도를 지나 폐를 돌아 나온다. 이렇게 흡수된 하늘의 기운은 갈비뼈로 보호되는 5개의 장기(간, 심장, 비위, 폐, 신장)의 작용으로 산소를 공급받은 맑은 피를 온몸에 돌린다. 천문을 흡수하는 것이 '숨'의 가장 큰 역할이다. 숨이 멎는 것은 뇌가 죽는 일과 직결되어 있다. 이 흐름 역시 멈추지 않는다. 인간의 몸은 이렇게 두 흐름 사이에서 '이루어진다'. 멈추지 않는 흐름 사이에서 몸 역시 멈추지 않고 진동한다.

이러한 진동 속에서 우리는 한 차례의 반복도 없이 매번 같은 틀에서 언제나 다른 삶을 살 수 있다. '재현적 비재현, 비재현적 재현'이라는 아포리즘을 삶에서 실행할 수 있게 되는 것이다. 비재현주의에서는 이데아나 이상이 아니라 '보통 사람들'의 몸 혹은 몸을 사용해 수행하는 실천이 중심이 된다. 여기에서 비재현주의적 이론인 특수한 정치학이 나온다. 비재현주의적 정치학이나 문화이론에서 가장 중요하게 다루는 것이 생활세계다. 세계를 경시하는 경향에 격렬히 저항하고, 몸의 경험, 접촉, 그리고 운동과 연관된 지식을 중심에 세우는 일을 비재현주의이론은 특히 중시한다. (율리아 로사우, 2010, 74)

재현 불가능성은 다양한 모빌리티의 욕망으로 분출된다. SeeSaw는 반복이지만 언제나 다른 풍경을 펼친다. 비재현적 목표는 확실하다. 바로 장소를 남기는 것이다.

행동의 목표, 이 경우 물 마시는 행위의 목표가 되는 세계의 변화는 포착하는 용어들로 행위를 개념화한다. 그리고 그런 행위는 사건들 사이의 다양한 의존성에, 그리고 행위를 하는 피조물이 사건 자체와 그것을 둘러싼 세계 속의 그 사건 사이의 여러 의존성을 파악하는 데에 달려 있는 한편, 그런 행동 역시 세계와 세계 속 사물들 사이의 파악에 달려 있다. 그런데 사람은 사물에 대해 작용하고, 사물은 사람 자신의 일부로서 사람은 사물을 통해 혹은 사물은 수단으로 삼아 행동한다.

— 제프 말파스, 2014, 143

사람은 탄수화물을 흡수하면서 사는 초식동물에 가깝다. 치아에서 송곳니보다는 어금니가 발달한 것을 봐도 알 수 있다. 그래서 사람이 먹는 고기는 '초식동물'까지가 적당하다. 사람이 호랑이고기나 늑대고기를 먹지 않는 것은 맛이 없어서라기보다는 그것들이 육식동물이기 때문이다. 초식동물에 가까운 사람에게는 좋은 음식이 아니라는 것이다. 소가 쓰러지면 여물에 산낙지를 섞어 몇 마리 먹이면 불끈 일어난다는 말이 있었다. 소에게 낙지는 음식이 아니라 약이다. 이 넘나듦을 반복한다면 소는 쓰러진 상태보다 더 악화될 것이다. 초식동물인 소가 동물 사료를 먹고 생겨난 병이 '광우병'이다.

몸이 다른 위상을 넘는다는 것은 위험스러운 일이다. 다른 세계를 경험한다는 것은 환상에 가까우며 목숨을 거는 모험을 감행해야 한다는 의미다. 간혹 서커스에서는 360° 회전하는 그네도 볼 수 있다. 그러나 이것은 위험천만한 일이다. 다채로운 위상을 경험할 수 있는 그네는 높이의 한계를 가져야 최소한의 안전을 보장할 수 있다. 넘나듦에도 한계와 경계를 두고 그 사이에서 최선의 다채로움을 추구할 필요가 있다.

4차

'4차'라는 말은 '3차' 다음이라는 말이다. 이것은 표면적인 의미다. 4차산업은 3차원 산업 다음이라는 의미에 국한되지 않는다. 4차산업은 4차원의 과학기술 상상력을 바탕으로 삼아, 그 상상력을 지향해 간다. 2차원의 면은 흐름(움직임)을 통해 3차원의 입체를 형성한다. 3차원의 입체는 움직임을 통해 공간을 연다. 가령 '구'는 순환운동을 통해 '도넛'과 같은 '토러스'를 만든다.

구(球)는 바깥의 공간과 안의 공간이 단절된다. 반면 토러스가 품고 있는 안의 공간과 바깥의 공간은 이어진 공간이면서 또 다른 공간이다. 여기에서 나아가 토러스 자체가 움직임을 지속할 때 토러스 자체의 공간은 안과 바깥을 확정하지 못한다. 그래서 우리가 확정할 수 있는 4차원 공간의 가장 단순화된 형태가 뫼비우스의 띠다. 엄밀하게 말해서 입체의 뫼비우스의 띠란 우리가 쉽게 상상하기 어렵다. 우리가 뫼비우스의 띠로 흔히 시연하는 종이는 엄연히 두께(높이)를 가진 육면체다.

지향성을 다른 말로 하면 '사유작용' 곧 정신의 입체적인 실천, 실천 정신이다. 사유작용은 경험하고 생각하면서, 느끼고 욕구하면서 무엇인가를 의식해 갖는 작용이다. 각각의 사유작용은 사유대상을 갖는다. 사유작용은 가장 넓은 의미에서 사념작용으로서 일종의 대화인 셈이다. 상호주관적인 대화를 통해 검증(檢證)과 부인(否認)을 구별하고, 참된 것과 거짓된 것의 구별이 이루어진다.(에드문트 후설, 2016, 183)

그러나 이 구별이 둘의 정체성을 가르는 데에 그치면 역동적인 작용을 이끌어 내기 어렵다. 구분은 다만 흐름의 역동성에 기여할 뿐이다. 즉 검증을 따라가다 보면 부인(否認)에 이르고 부인(否認)을 따라가면 검증에 이른다. 마찬가지로 참된 것을 따라가면 거짓된 것에 이르고 거짓된 것을 따라가면 참된 것에 이르게 된다. 존재는 특정한 정체성에 의해서 형성되는 것이 아니다. '나는 움직인다. 고로 존재한다.' 흐르기 시작하는 존재가 의식의 존재다.

그 다음에 의식하는 나를 개방한다. 개방된 '나'들은 다채롭다. 언어에서는 '나'로 출현한다. 보이지 않지만 보이는 것보다 확실한 것은 자신(보이는 나)의 이면에 자리한 '자기(自己)'다. 굳건하게 자리를 지키는 '정신'의 이면에는 끊임없이 진동하는 자아가 있다. 그리고 우리가 움직일 때, 우리는 사물로서 '주체'로 거듭날 수 있다. 움직이는 주체가 열어 놓는 것이 장소다.

우리의 생활은 놀이와 일, 공유와 향유, 지식과 지혜가 포괄적으로 작동할 수 있는 건축공간을 지향한다. 작품은 공간을 생산하고, 생산된 공간으로 의미를 확산한다. 작품은 공간을 전유하고, 공간은 작품을 전유한다. 전유를 통해 뒤집힌 세계를 다시 뒤집는다. 지배를 하면서 지배를 받고, 상상하면서 상상되는 흐름을 형성한다. 전유는 '천성'을 바꾸는 데에서도 활약할 수 있다.

천성을 바꾸는 제2의 천성은 천성을 파괴하지 않고도 그 천성을 대체하고 그 위에 겹쳐서 놓일 수 있는 것이다. 죽은 것이 계속해서 산 것을 장악할 경우, 파괴와 자기 파괴의 위협이 따른다. 동시 발생적인 자본주의와 부르주아계급은 이 같은 장악(지식 내부에서 이는 환원이라는 이름으로 불린다)을 기반으로 추상 화면을 실현한다. 즉 추상화의 장소이자 원천인 추상공간 속의 화폐, 상품, 자본 그 자체, 다시 말해서 추상노동(일반적인 노동, 일반적인 교환가치의 창출)을 의미한다.

― 앙리 르페브르, 2011, 498

장악력과 환원력은 그 긴장이 크면 클수록 더 강력한 역동성을 발휘한다. 천성(天性)은 '공간성'과 다르지 않다. 천성이 달라진다는 것은 다른 공간을 품거나 다른 공간과 마주한다는 의미다. 그리고 이것은 대체되거나 교환되거나, 변화되는 것이 아니라 펼친다. 바로 뫼비우스의 띠와 같은 변곡에 의해 다른 천성을 갖게 된다는 것을 의미한다. 니체는 "공간이 있는 곳에 존재가 있다."고 말한다.

시간과 공간의 절대적 관계에 특별한 문제를 불러일으키는 것은 에너지다. 에너지는 특정한 공간 속에서 흐르고 그 흐름은 시간을 형성한다. 양자세계의 시간·공간은 무화하고, 우주세계에서 시간·공간은 하나다. 시간과 공간의 구분이 분명한 것은 지극히 협소한 지구 위의 세계뿐이다. 우리가 알고 있는 에너지(힘) 그리고 일은 여러 작용 중 극히 미미한 것이라는 것을 알 수 있다.

에너지, 힘 비록 '그 자체로의'(그런데 분석적인 지성을 통해서 '그 자체', 즉 어떠한 현실, 이를테면 에너지, 시간, 공간 같은 것들을 어떻게 파악할 수 있을까?) 힘은 엄연히 힘으로 인한 결과와 구별되지만, 공간에서의 결과를 통해서만 감지될 수 있다.

― 앙리 르페브르, 2011, 66

양자세계에서의 움직임은 예측이 불가능하다. 예측이 불가능하기 때문에 역설적으로 관찰된 이후에 의미를 갖는다. 이 절대공간은 언제나 최초이면서 또 동시에 마지막이다. 절대 반복 불가능성의 영역이다. 3차원에서 흐르는 것은 시간이다. 4차원에서 흐르는 것은 공간이다. 3차원에서 살고 있는 우리는 3차원의 인식에 최적화되어 있다. 4차원의 흐름을 상상하는 것은 거의 불가능하다.(아인슈타인과 같은 소수만 상상이 가능했다고 한다.)

선적인 시간의 흐름에서 벗어나 입체적 흐름으로 확장할 필요가 있다. 그래야 우리는 세상을 보는 것을 넘어서 마음을 볼 수 있고, 보이는 대로 그려 낼 수도 있다. 존재가 있는 곳이 공간이고, 공간이 있는 곳에서 존재는 처음이자 마지막으로 출현한다. 힘은 하게 하는 것, 움직이게 하는 것이다. 공간은 흐를 때 비로소 공간이다.

허기

　비워져야 비로소 채워질 수 있는 것이 '길'이다. 길의 목적은 도착하는 것이 아니라 비워 내는 것이다. 기존하는 것으로 자리한 시간적인 것, 공간적인 것, 인간적인 것은 얼룩이 지더라도 표백해 내야 한다. 기존의 것들이 남긴 흔적, 얼룩까지도 지워 내야 한다. 작품이라고 하는 것은 기존의 것으로 이루어진 처음인 것이다. 따라서 기존의 것들을 상처 없이 효과적으로 비워(지워) 내는 최선의 방식, 방법을 탐색해야 한다. 길의 변증법은 나타남의 변증법이 아니라, 사라짐의 변증법에서 제대로 작동할 수 있다. 블랑쇼는 작품에 이르는 변증법의 작동에 대해 이렇게 말한다.

> 사라짐은, 유용한 현전으로 위장할 때에도, 작품의 본질에 속하고, 그리고 사라짐은 또한 예술의 변증법에 관계한다고 생각해야 한다. 작품, 예술 그리고 세계가 부재하는 찬가로부터 인간과 세계가 현전하려고 노력하는 그러한 작품으로, 그리고 나서 작품 자체에 대한 경험, 예술, 시작하는 근원의 소통이 그것 또한 사라짐인 현전 속에 긍정되는 작품으로 이르는 변증법에 말이다.
>
> — 모리스 블랑쇼, 2010, 301

　사라지는 것이 현존인 것, 그러한 사라짐은 긍정하는 중성성의 장소에 이르기 위한, 중성의 변증법, 길에 의해서(갈림길이 있는 정원, 뫼비우스의 띠와 같은 길) 공간은 하나이면서 세 개의 층위로 나뉘게 된다. 우리의 시선은 '있는 것'에 모아진다. 이 시선을 확대하면 이 자리에 '있었던 것'과 '있을 것'을 바라볼 수 있다. '있는 것'은 '있는'의 내면으로, '있었던'으로, '있을'로 사라진다. 길은 기억과 현전과 기대의 변증법이 함께 이루어지는 위상적 공간이다. 우리는 한 차례의 움직임으로 세 층위의 길을 동시에 경험할 수 있다.

이러한 움직임이 가능할 때, 어떤 권력도 메시지를 은폐할 수 없다. 공간은 모든 것을 말하지 않지만, 위상적 움직임은 공간의 모든 것을 드러나게 한다. 공간의 입은 '틈'이다. 금지되는 것들 사이에서 말해지는 것이 공간이 말하고자 하는 것이다. 공간의 존재양식, 공간의 실천적 현실은 글로 쓰인 대상, 책 등의 현존재와는 전적으로 다르다. 결과이면서 원인, 생산물이면서 생산하는 것으로서의 공간은 계획과 행위의 장소다. 이 행위에 의해 부각되는 장소가 관건이다.(앙리 르페브르, 2011, 228) 과거의 서사뿐 아니라 미래 역시 '언제'가 중요한 것이 아니라 '어디로' 올 것인가가 중요하다.

공간의 공(空)은 무의미하다. 최선의 공간을 위해서는 최대치로 비워져야 한다. 공간은 '허기'와 같은 것이다. 공간·존재·양식은 공간존재양식, 존재양식공간, 양식존재공간, 공간양식존재, 양식존재공간, 존재공간양식, 존재공간양식, 공간양식존재, 양식존재공간 등으로 다채로워질 수 있다. 이러한 양식, 공간, 존재의 삼중성을 토대로 삼으면 우리는 심경, 천경에 별의 언어, 언어의 별로 수놓인 다채로운 무대를 마련할 수 있다. 이 다채로운 무대 위에서 내러티브는 '병렬'됨으로써 또 한 번 다채로움을 '제곱'할 수 있게 된다.

등가적인 기술 방식은 의미를 배가하는 데까지 유효하다. 구체적인 것에서 일반적인 것으로 넘어가는 움직임, 그 역의 움직임도 등가적 기술 방식 곧 직렬적인 연결을 통하면 효과적이다. 이것이 "예시적인 장소들에서 시작해 이름을 '구체적 전제'로 재구성하는 귀납적 기술 방식이다."(슐레겔, 2010, 62) 전체로서의 체계와 개별 사례를 종합하는 것은 '구체적 총체성, 총체적 구체성'이라는 아포리즘이 작동하는 장소를 개시한다는 것을 의미한다.

여기에서 '추상성'이라는 하나의 길을 더 내면 우리는 '제곱'의 증가를 가능케 한다. '총체적 구체성→구체적 추상성→추상적 총체성→총체적 구체성……'이라는 삼항 변증술의 길을 닦을 수 있다. 이 길은 채우는 길이 아니라 비우는 길이고, 의미가 명확해지는 길이 아니라 중성(허기)을 지향하는 길이다.

의미를 형성하는 과정에서도 이항 대립보다는 삼중적 관계가 작동해 왔다. 르페브르는 이를 '지각된 것, 인지된 것, 체험된 것'으로 본다. 꾸준하게 공간은 공간적 실천, 공간재현, 재현공간이라는 층을 형성한다. 다양한 관계를 형성함으로써 우리는 추상적인 모델(구체적인 것들을 무력화하는)을 무력화한다.

그 자체로서 주어지는 구체성을 포착하는 것은 '사실'이라기보다는 '일면'이라는 것을 신속하게 인정할 필요가 있다. 다른 많은 매개요소들과 마찬가지로 이념의 중요성도 제한적 중요성만을 갖는다. "체험된 것, 인지된 것, 지각된 것이 모두 한군데로 모아져서 한 사회집단의 구성원인 주체가 길을 잃지 않고 하나에서 다른 하나로 순조롭게 넘어갈 수 있어야 한다."(앙리 르페브르, 2011, 90)

공(空)의 위상을 다양하게 살핌으로써 우리는 다양한 결의 공간을 접할 수 있다. 체험하는 길은 공간적 실천과 짝을 이룬다. 공간적 재현은 공간을 인지하는 길, 재현적 공간은 공간을 지각하는 길로 대체할 수 있다. 체험하는 길은 실천하는 길로 변곡함으로써 길 자체를 장소화한다. 이 길들은 각각 전면의 공간, 이면의 공간, 변곡의 공간, 표현의 공간으로 기술될 수 있다.

사잇길

무기적 생명의 구조를 '위상성'으로 상정하면 유기적 생명 구조는 맥락적이라고 할 수 있다. '생명과 구조'는 양립하는 것이 쉽지 않다.

후자는 약동, 흐름이라는 말과 어울리고, 전자는 고정, 멈춤의 '이미지'가 강하다. 우리가 스스로를 지칭할 때도 '구조'라는 말을 흔히 쓴다. 대표적인 것이, '정신 구조'라는 말이다. 정신과 구조가 어울리는 것은 정신이 어떤 '틀'에 맞춰 진행되는 경향이 있다는 것을 전제로 한다. 정신은 고정되고 일정한 틀이 있다는 것이다. 위상학에서는 이 구조적 정신을 '흐름'으로 전환한다.

서양에서 인간의 정신을 '생각하는 흐름(stream of thought)'이라고 본 사람은 윌리엄 제임스(William James)로 알려져 있다. 그는 1884년 한 논문에서 흄과 요한 헤르바르트를 비판했는데, 흄은 정신을 관념이라 부른다. 다양한 형태의 분리된 존재들이 융합된 것으로 간주했기 때문에, 헤르바르트는 정신을 '표상'이라고 불리는 분리된 존재들의 상호모순의 결과로 간주했다. 이것은 비판의 대상이 되었다.(스티븐 컨, 2004, 76) 이렇게 되면 시간 역시 개별적 단위의 총합이 아니라 일종의 흐름이라고 할 수 있다. 동양에서는 훨씬 더 오랜 전통을 지니고 있다. 『황제내경』은 인간의 몸과 정신 모두를 경락(經絡)이라는 흐름으로 보았다.

기존의 구조는 드러나는 것으로 그 작용(작동, 시스템)을 형성한다. 위상학적 구조는 경계, 사이, 미로가 구조의 정체, 작용 정체로 작동한다. 즉 공간과 공간을 연결하는 경계, 들과 들 사이의 강, 산과 들 사이의 사잇길이 있다.

매체와 공간의 관계, 사이버네틱스와 구조주의의 관계에 대해 여기 소개된 생각들은 둘 다 전제하는 그 무엇에 관계하는데 바로 '사이'이다. 사이의 형상은 미로가 개방과 닫힘, 내부와 외부, 정향과 비정향의 중간적인 것으로 존재하는 곳에서 발견된다. 그래서 이러한 상징적인 공간의 기호 기능이 바로 사이인 것이다. 미로가 논의의 초점인 곳에서는 사이가 항상 관건이 된다. 또 사이가 관건인 곳에서는 미로가 항상 그 주변에 있다. 사이나 미로는 지식과 지식들 간의 경계를 오가는 자리의 이동이다.

— 페터 벡스테, 2010, 307

위상학적 구조에 대한 탐색할 때 매체적 성격에 주목하는 것은 우리의 관계맺음의 대상이 움직이는 대상이라는 점 때문이다. 움직이는 대상과 마주 보기 위해서는 우리 역시 함께 움직여야 한다. 우리에게 필요한 것은 상징이 아니라 상징과 상징 사이다. 그 사이가 깊고 멀수록 우리는 더 크게 흐를 수 있다. 그러나 관건은 그 사이를 어떻게 충분히 채울 수 있느냐다.

정신의 상태와 행위의 의도성을 어느 정도 유사한 것으로 여기면 한 가지 중요한 결과가 초래된다. 의도성을 정신의 상태와 객체들 사이의 신비로운 관계로 보는 대신에, 언제나 공간적 방향과 인과적 개입에 기반을 두고 있는 것으로 볼 수 있다. 그런데 공간적 방향과 인과적 개입은 우리가 움직이는 객체와 상대할 때 전형적으로 나타나는 특징이다.

— 제프 말파스, 2014, 121

차원을 넓히는 것은 흐름의 지평을 넓히고 그 위상을 다채롭게 한다. 그것은 생활의 차원, 사유의 차원, 경험의 차원에서 동시에 이뤄낼 수 있다. 생활의 차원은 물리적인 시·공간에서 마련된다. 여기에서 우리의 육체적 생은 다채로운 위상 속에서 펼쳐지고 유지된다. 사유의 차원은 우리의 의식에서 이루어진다. 여기에 자리한 이미지는 관념성과 물질성을 동시에 가짐으로써 안팎으로의 배치가 가능해진다. 그리고 경험의 차원은 생활의 차원과 사유 차원의 다양한 관계맺음을 통해 열리고 닫힌다. 경험의 차원은 연결의 차원 자체라고 할 수 있다.

경험의 공간이 곧 현상학적 공간이다. 이 공간에 대한 기술은 크게 둘로 나눌 수 있다. 하나는 흐름에 초점을 맞추고, 다른 하나는 위치에 초점을 맞춘 위상학을 지향한다. 앞의 주체는 '순수자아'를 지향하고, 뒤의 주체는 모든 가능성의 자아를 지향한다. 순수자아가 지향하는 것은 의미가 아니라 '길' 자체다. 그 길을 통해 열리는 흐름을 자신의 정체로 삼는다. 후자의 경우는 의미에 더 주목한다. 모든 것을 받아들일 준비가 되어 있는 자아는 끊임없는 변화를 통해 자신의 위치관계 즉 내부에 품고 있는 공간을 변형시킨다. 이 두 자아의 상호주관적인 상충, 상보를 통해 자아의 위상성을 고도로 확장할 수 있다.

제3부

포에톨로지
POETOLOGY

1. 몸

데칼코마니

김기림의 「기상도」는 세계의 명랑성을 특별한 방법으로 보여 준다. 태풍은 스스로 제 모습을 보여 줄 수 없다. 바다에서는 큰 파도로, 산에서는 금세 꺾이고 쓰러질 듯한 나무로 제 모습을 표상한다. 김기림의 『기상도』는 도시가 얼마나 태풍을 제대로 표상할 수 있는지를 세밀하게 묘사한다. 도시에서는 숲의 낙엽처럼 시들어 떨어진 문화의 파편들을 태풍으로 되살려 낸다. 어둡고 침울한 세계의 소식들은 파편으로 흩어져 다만 강력한 태풍의 결을 그려 내는 글자(색과 소리)가 된다.

허나
이윽고
태풍이 짓밟고 간 깨여진 〈메트로폴리스〉에
어린 태양이 병아리처럼
홰를 치며 일어날 게다
하루밤 그 꿈을 건너다니던
수없는 놀램과 소름을 떨어 버리고
이슬에 젖은 나래로 하늘로 펼 게다.

> 탄탄한 대로가 희망처럼
> 저 머언 지평선에 뻗히면
> 우리도 사륜마차에 내일을 싣고
> 유량한 말발굽 소리를 울리면서
> 처음 맞는 새길을 떠날 게다
>
> — 김기림, 「쇠바퀴의 노래」 앞부분, 『기상도』

　태풍의 가장 큰 위력은 뒤집는 것이다. 태풍이 제대로 지나가 뒤집힌 바다는 고온으로 인한 녹조를 최소화한다. 태풍으로 꺾일 듯 흔들린 나무들에 끝내 매달린 열매들은 영글어 야무진 씨앗을 품을 수 있다. 태풍에 휩쓸린 '메트로폴리스'는 깨어져 어지럽다. 그러나 태풍 속에서는 도시 역시 하나의 '자연'과 다르지 않아서 그 혼란 속에서 '처음 맞는 새길'의 생명에 대한 설렘을 갖게 되는 것이다.

　일상의 안정성은 아폴론의 윤리가 담당한다. 반면 탈일상, 일탈의 욕망은 디오니소스의 윤리가 지향하는 바다. 니체는 삶의 예술에서 그리스세계의 명랑성을 지향한다. 화창한 아폴론(태양)적 예술이 지향하는 '아름다운 상상'이 세계의 명랑성을 이끈다. 밝음과 어둠은 대립하지 않고 공존한다. 빛이 아폴론이라면 그늘에서는 디오니소스의 세계가 펼쳐진다. 환희 속에서 느껴지는 일상의 고통, 고통의 일상 속에서도 품게 되는 희망은 삶을 풍성하게 한다.

　꿈과 가상의 세계에서 펼쳐지는 아폴론적 예술은 개체화의 원칙에 따르면서 디오니소스적 예술과 보완적 관계를 이루고 있기 때문이다. 특히 디오니소스적 비극이 도래하기를 꿈꾸는 가운데 니체는 허무주의 및 데카당스 예술에서 주장하는 허구적 주체를 포기하고, 주체의 다양성을 전제로 한다. 삶의 예술에서 논의하는 현존재는 힘에의 의지와 우연성의 유희에서 초인과 같은 거대한 주체로 집약되어 나타나는 미학적 현상이다.

– 피종호, 2002, 253

아폴론과 디오니소스는 프로메테우스와 에피메테우스 형제처럼 대극적으로 교차하면서 역설적인 유사성을 띠고 있다. 삶의 예술이 가능하기 위해서는 세계의 명랑성에 근거한 아폴론적인 아름다운 빛이라는 가상의 영역도 필요하다. 그리고 그 밝음을 바탕으로 삼아 허무주의적 삶의 고통이 물든다. 프로메테우스와 에피메테우스가 수평적인 구조에서 언어적으로 작용한다면, 아폴론과 디오니소스는 수직적인 구조에서 미학적 대상을 확대한다.

윤리의 지향
    아폴론 – 금지의 윤리   에피메테우스(후각자) – 서사적 윤리
    디오니소스 – 허용의 윤리   프로메테우스(선각자) – 시적 윤리(비윤리)

일상 예술의 가능성
    힘에의 의지(아폴론) – 우연성의 언어(프로메테우스)
    유희에의 의지(디오니소스) – 필연성의 언어(에피메테우스)

〈신화적 상상력과 언어의 지향 구조〉

이들이 교차하는 지점에서 획득 가능한 언어의 명랑성에서는 뫼비우스의 띠와 같은 연결이 미적 긴장감을 높인다. 이 긴장감은 언어의 긴장감이지 현실이나 가상의 긴장감이 아니다. 이것을 잘 보여 주는 것이 카프카의 텍스트다. 텍스트의 매력은 형상의 언어에서 오는 것이지 그 언어가 형상하는 세계가 반논리적이고, 비현실세계라는 데서 오는 것은 아니다.

그 형상언어의 핵심적 특질은 '초현실성과 반모방성'으로, 객체적 세계를 개념적인 설명으로 기술한다기보다는 직관에 호소하는 판타지 형상이

다. 엘리히에 따르면 카프카 텍스트는 명백히 하나로 수렴될 수 있는 의미로 고정될 수 없기에 비유, 우의 그리고 괴테적 의미의 상징도 아닌, 새로운 해석 미학을 필요로 하는 또 다른 비유 형식이다.

— 이유선, 2005, 250

글쓰기의 새로운 플롯은 비유 형식 이상으로 작가와 독자를 이끌어야 한다. 언어의 새로운 길을 탐색하고 글쓰기를 통해 직접 개척한 이가 카프카다. 객체적 세계의 이면에 대한 기술, 이면의 판타지에서 기술하는 객체적 세계, 그리고 뫼비우스의 띠와 같이 두 세계를 연결해 처음인 플롯이 특별한 해석의 길을 낸다. 그 길이 기존의 것과 다른 것은 끊임없이 움직인다는 것이다.

랑시에르는 문학적 우둔함의 정치는 그 역설의 순수성 안에서 실현되는 것이라고 말한다. 정치적이면서 시적이기는 힘들다. 이 말을 랑시에르는 의미와 무의미의 고발적인 힘을 동시에 가질 수 없다고도 말한다. 하나가 다른 하나를 파기하지 않고서는 이 두 요소를 한데 묶어 형상언어로 그 역능들을 통합할 수 없다. 절대적 문체의 문장은 최종 심급에서 세속적인 산문의 상투성 속에서 스스로를 파기한다.(자크 랑시에르, 2009, 54) 시적인 것이 파고들어 간 통로를 타고 최종 심급으로 귀환하는 정치적인 것들이 시적인 것으로의 변곡을 시도할 수 있다. 마주할 수 없는 것이 함께할 수 있는 가능성을 높이기 위해서는 '전도된 대칭'을 넘어설 수 있어야 한다.

전도된 대칭은 데칼코마니와 같이 반대편에 같은 그림(무늬)을 반복할 뿐이다. 뫼비우스의 띠와 같이 심급에 파고들었다가 귀환하는 까닭에 우리는 내면적 실체에도 접근해 볼 엄두를 낼 수 있게 되는 것이다. 타자를 육체적인 존재라면 인간은 온통 성적 욕망으로 채워진 존재에 그칠 뿐이다. 타자가 마주 보는 나 역시 그런 욕망으로 채워진 존재일 뿐이다. 둘은 데칼코마니 이상의 형상을 창조해 낼 수 없다.

데칼코마니의 전면은 후면의 형상과 전혀 다를 바가 없게 된다. 육체를 넘어서는 몸은 저마다의 것이면서 모두의 것이기도 하다. 서로의 행위는 '모두의 몸'을 노드로 삼아 시간과 공간의 다양성을 확보한다. 공간은 몸의 성격을 부여하고, 시간은 몸의 특성을 마련한다. 시간의 특이성과 공간의 보편성의 연결을 통해 우리는 금지와 허용, 고통과 환희, 시적인 것과 정치적인 것을 하나인 것처럼 연결할 수 있다. 폭력과 사랑이 이면을 이룬다. 그리고 한정을 통해 드러나는 몸짓과 그것을 해석하는 몸짓이 장소를 열고 연결된다. 가장 순수한 빛의 공간과 그늘의 공간에 우리의 몸이 동시에 자리한다.

더듬더듬

나의 정체성을 '나는 누구인가?'라는 물음에서 찾기는 어려워진 시대다. '나는 누구와 무엇과 어떻게 연결되어 있는가?'에서 찾는 경우가 많아지고 있다. 연결행위 자체가 정체성의 핵심을 차지하는 만큼 새로운 시대의 의미를 형성하는 공간은 노드로서 '사이공간'이다. 출발지와 목적지 사이에 노드가 자리하는 것이 아니다. 노드에 의해서 출발지와 목적지가 매번 달리 정해진다. 노드는 더 이상 수단이 아니라 목적이 된다. 근대에 이루어진 '언어의 전회'에 비견할 수 있는 '노드의 전회'가 이루어지고 있다. 물리적 공간이 획득하는 장소성과 구분해서 노드가 획득하는 장소성을 '비장소성'이라고 부르기로 한다.

비장소적 공간은 이동이 만들어 낸 공간이며 이동 자체가 이루어지는 공간이다. 이동의 흐름 선상에서 전·후의 다른 공간을 매개하고 연결하는 가능성 자체가 비장소성이다. 이 공간이 사이공간(interspace or in-between space)이다. 모빌리티공간은 '비장소적 장소'이면서

동시에 사이공간으로서 특징을 갖는다.(조명래, 2015, 10~1)

공간은 움직임을 전제할 때 의미가 생겨난다. 그리고 움직임 이후에 비로소 장소성을 획득한다. 같은 강도와 긴장을 유지하면서 지속적으로 움직이는 것은 한계가 있다. 특별한 무늬의 파문을 잠재한 시적 긴장은 그것을 유발하는 움직임을 예비한다. 둘의 작용으로 열리는 의미의 지평(현재의 지평)은 일종의 노드가 된다. 이 노드가 지닌 근원적인 특성은 방향을 바꾸거나 길을 바꾸거나 뒤집기를 통해 이면으로 들어설 수 있다는 것이다. 이러한 장소가 공현존의 시공간으로서 노드다.

우리의 삶은 오랫동안 '안정성'을 추구해 왔다. 동네의 경계를 표시하는 당산나무, 성황당 등이 있고, 집의 울타리가 있고, 방문이 있다. 이렇게 전체공간에서 공간을 분리함으로써 자신만의 공간 속에서 안정되기를 바랐다. 예속의 긍정성을 바탕으로 삼은 공현존에 대한 지향은 점차 줄어들고 있다. 대신에 우리는 다양한 연결을 통해서 자기 삶의 터전을 마련하고자 한다. 얼마나 잘 닫혔느냐가 아니라 얼마나 다양하게 열렸는가로 옮겨 가고 있다. 네트워크의 중요성이 그만큼 부각하고 있다.

일, 가족, 사회생활이라는 분명히 서로 다른 영역들이 점점 네트워크 되고, 점점 비슷해지고 있다. 더욱이 각각이 영역 내부에서 네트워크가 점점 상호중첩되고, 그래서 이들 영역 내부와 영역을 가로지르는 움직임이 점점 중요해지고 있다. 느슨한 관계가 이 영역에서 저 영역으로 확산되고, 특히 네트워크 자본이 성장하면서 몇몇 노드(node)의 권력을 극적으로 증가시키며, 전반적인 사회 불평등을 만들어 내고 있다.

— 존 어리, 2016, 489

모빌리티에 대한 존 어리의 식견은 탁월하다. 그러나 네트워크 모빌리티가 사회 불평등을 만들어 낼 것이라는 것은 기우(杞憂)로 끝날 가능성이 크다. '네트워크 자본에 대한 상대적 접근성 수준'에서 차이가 날 것이라고 걱정하지만, 정보는 엄청난 비용이 들어가는 하드웨어에 저장되는 것이 아니다. 클라우딩(Clouding) 방식은 정보를 마치 구름처럼 공중에 띄운다. 저장을 위한 공유에서 공유를 위한 저장으로 바뀐 것이다. 최소한 네트워크 모빌리티에서는 사회적 불평등은 발생하지 않을 것으로 보인다.

매체로 연결된 노드, 노드로 연결된 매체라는 아포리즘적 연결이 가능하게 되었다. 노드에서 노드로 가기 위한 길이 아니라 길에서 길로 이동하기 위한 '노드'의 필요성도 새롭게 대두하고 있다. 예측 가능한 공현존의 영역이 노드라는 머묾에서 로드(길)라는 움직임으로 옮겨가고 있다. 새로운 모빌리티에 주목할 필요가 있다. 노드로부터 다방향으로, 다층으로 열린 길을 동시에 탐색하기 위해서는 하나의 초점이 아니라 다초점, 두 개의 더듬이가 아니라 세 개 이상의 더듬이가 필요하다.

시적 감각기관(더듬이)의 지향은 세 가지 양상으로 이해할 수 있다. 하나는 경계의 안쪽을 향한다. 그리고 그 경계 위에 서 있는 것이 또 하나의 양상이다. 세 번째는 경계의 바깥으로 일탈을 꿈꾸는 경우다. 경계의 안쪽을 향할 때 감각 사유는 현상 너머의 원형질로서의 본질적 이미지를 포착한다. 경계의 바깥을 향한다는 것은 원형적 감각을 복원하는 것이다. 경계 위의 지향은 비대칭적으로 세계 너머를 환상하고 몽상적으로 현실을 재감각하고 또 사유한다.(신진숙, 2010, 84)

서사적 감각기관은 전후, 양방향을 이어 확정적이고 명료한 하나의 길을 내는 데 최적화되어 있다. 명료한 한길을 내는 데는 서사적 감각기관만 한 것이 없다. 반면 다양한 길의 가능성을 모색할 때는 시적 감각기관, 경계에서 끊임없이 배회할 수 있는 더듬이가 필요하다. 경계,

경계 안쪽, 경계 바깥쪽 그리고 다양한 위상에 대한 더듬거리는 '탐색', 그 자체가 의미가 된다. 비대칭적 세계 너머의 환상과 몽상이 '위상성' 확장의 원동력이 된다.

경계의 안쪽과 경계의 바깥을 지향하는 경우, 감각할 수 있는 대상을 만나기 어렵다. 따라서 결국 우리는 경계에서 진동하는 지향과 지양을 거듭할 수밖에 없다. 여기에서 보는 위치와 보이는 위치 사이의 위계적 구조는 깨진다. 시선과 응시가 상호작용한다. 타자는 한 존재의 외부에 존재하는 동시에 내부로 귀속하는 결과를 가져온다.(신진숙, 2010, 25) 의미와 감각이 '살' 속에서 주관적으로 겹친다. 겹침은 단순하게 포개지는 것이 아니다. 뫼비우스의 띠와 같은 나눔과 이어짐을 동시에 구현한다.

하늘무늬

소설가 한강을 세계적인 작가의 반열에 작품이 「채식주의자」다. 이 소설은 발표 당시 '외설' 논란에 휩싸이기도 했다. 통속소설이나 외설 영화에 자주 등장하는 '언니의 남편과 아내의 여동생'의 포르노그래피의 요소가 외설 논란의 핵심을 차지했다. 외설과 예술 논란에서 예술 쪽으로 힘을 실을 수 있게 한 것은 '몽고반점'이라는 모티브였다.

한국인은 태어날 때 각자 특정한 몸의 부위에, 저마다 다른 모양의 '몽고반점'을 지니고 태어난다. 이것은 자라면서 점차 사라지게 된다. 사라지는 시기도 개인마다 다르다. 이 소설은 몽고반점을 초월의 세계, 혹은 이계로부터 온 메시지로 보는 매체적 상상력이 발현되는 순간을 담고 있다. 이 지점을 미적순간, 미적대상으로 삼으면 소설은 예술도 초과하게 된다.

> 슈빙은 〈천서〉에 얽힌 다소 소름끼치는 이야기를 털어놓았다. "천서(天書)는 원래 벼락맞아 죽은 사람의 살갖에 남겨진 문양을 의미합니다. 과거 사람들은 이를 보고 그들이 이해하지 못하는 하늘에서 내려온 글자들이라 여겼습니다. 내가 작품에 붙인 제목은 '세계를 분석하는 책'이었지만 사람들은 모두 이를 '천서'라 불렀습니다."
>
> — 이지은, 2005, 147

캄보디아 산간에서 생활하는 한 부족의 이야기는 흥미롭다. 마을(부족)의 추장은 몸에 백반증이 있는 사람이 맡는다고 한다. 사람들은 한 해가 시작하는 정월 보름날에 추장의 집에 모여 백반증의 '무늬'를 읽으며 한 해의 길흉화복을 점친다고 한다. 다른 나라에서는 피부병의 일종이나, 이 부족에게만큼은 '천서'와 다르지 않은 것이다.

우리는 다양한 징후·징조를 통해 미래를 읽어 내고자 한다. 미래는 현실·현전화하지 않기 때문에 미래다. 현실화한, 즉 해독해 버린 미래의 징후는 더 이상 미래의 것이 아니다. 미래는 도래하는 것, 우리에게 밀려오는 것이 아니다. 우리가 다가서는 것이다. 장 기요는 1890년 저서 『시간관념의 탄생(The Genesis of the Idea of Time)』에서 우리의 시간관념은 진화하며, 이것은 개인의 심리학적 발달의 산물이라고 주장했다. 그는 아이가 허기지면 유모 쪽으로 팔을 뻗치는 것이 바로 미래관념의 싹이라고 말한다.

> 생리적 욕구가 욕망을 낳고 이전에 욕망이 만족되었던 기억이 미래의 만족 또한 가능하다는 의식을 낳는다. 그리하여 개인은 공간에 있어서는 자기 앞쪽으로 향하고 시간에 있어서는 미래 쪽으로 향하는 의도적인 행동을 함으로써 욕망을 만족시킬 채비를 한다. 이렇듯 욕망과 능동성에서 배리관념과 우리의 총체적인 시간의식은 태어난다. 이것이 미래를 능동성

의 방식으로 파악한 철학이다. "미래가 우리 쪽으로 다가오는 것이 아니라 우리가 미래 쪽으로 다가선다."

— 스티븐 컨, 2004, 260~1

손을 내밀면 금세 닿을 것 같은 거리에서 안달이 나 있는 것이 욕구다. 이런 욕구의 채워짐이 반복되면서 도저히 닿을 수 없는 거리까지도 뻗쳐 나가는 것이 욕망의 손, 욕망의 시선이다. 사람의 정체성은 욕구의 충족 거리와 욕망이 뻗쳐 나간 거리 사이에서 흔들린다. 어떤 사람에게는 욕망의 거리에 있는 것이 어떤 사람에게는 욕구의 거리에 있다. 그러나 결코 채워지지 않는다는 점에서 욕구나 욕망은 매한가지다. 욕구와 욕망은 거리의 문제도 아닌 것 같다. 서로를 이면으로 삼아 뫼비우스의 띠와 같이 이어져 있는 것이다.

위상학적 공간에서는 항상 개별 연속체가 존재한다. 연속체들은 하나의 위상을 형성한다. 하나의 위상은 언제나 이웃관계가 있게 마련이다. 다채로운 이웃관계를 통해 공유된 영역이 열린다. 공유된 영역에서 연속체의 전이를 통한 확장작용이 이루어진다. 전이과정 중에는 가로지르는 점들이 존재한다. 가로지르는 점들은 개별 연속체로 하여금 자신의 고유영역을 파편화하는 방식을 제공한다.(최광식, 2004, 355)

이 점들을 통해 공통의 영역을 넘어서는 개별 연속체의 구분이 가능하다. 위상성은 파편들을 하나의 노드로 삼아 다양한 흐름의 위상을 지향했다. 따라서 파편화는 위상학의 전제가 된다. 하나의 연속체가 매번 다른 연속체가 되기 위한 전이에 있어 파현화는 필수적인 것이다. 과거로부터 온 것은 그 상태로는 충족된 욕구거나 실현되지 못한 욕망의 그림자일 뿐이다. 기존의 것을 현전화하기 위해서는 깨짐이라는 미래에 다가서야 한다. 욕망과 욕구의 뫼비우스의 띠가 깨짐으로써 우리는 기존의 것만으로도 전혀 새로운 무늬와 에너지를 지닌 위상적 존재(흐름)을 만들어 낼 수 있다. 특별한 고양을 통해 처음 보는 자세와 무늬를 만날 수 있다.

> 자기에 대하여 외재적이면서 동시에 규범적으로 자기의 의식이나 존재에 선행하는 사상(事象)인 것처럼 현상할 것이다. 에밀 뒤르켐의 고전적인 개념을 사유하면, 여기에서 말하는 전역적 공간상은 사회적으로 공유된 관념을 표상하고 있다는 의미에서 집합표상이고, 개인에 외재하는 규범적인 존재이며, 사회적인 경험에 대하여 선행하는 것으로 나타난다는 의미에서 '사회적 사실'이다.
>
> – 공상철, 2006, 90

고양(高揚)을 통해 우리는 지평의 대부분을 조망해 낼 수 있다고 말한다. 이 지평에는 타자의 위치와 커뮤니케이션의 가능성이 그려져 있다. 이렇게 전달 가능성이 높아짐으로써 지평은 입체화한다. 사회는 자기를 포함하는 복수의 신체로 이루어진 집합이다. 이 공간은 자기뿐만 아니라 자기로부터 독립하여 존재하는 타자들에게도 보편적으로 타당한 공간상이다. 우리의 몸 자체가 하나의 사회적 사실이자 사회적 실천이다.

블랙홀

물이 60~70%를 차지하는 우리의 몸은 물질보다 비물질 곧 물질을 이루는 데 절대적인 역할을 하는 공(空)이 대부분의 량을 차지하고 있다. 철에 비하면 분자의 간격이 상상할 수 없을 만큼 멀다. 밀도는 물을 기준으로 하다. $1cm^3$ 채우는 데 필요한 물의 양을 $1g$이라고 한다. 가장 높은 밀도는 플루토늄이다. $1cm^3$를 채운 플루토늄의 질량을 재보면 무려 19.83g이다.

우리 몸 크기의 쇳덩어리는 사람의 몸보다 훨씬 꽉 차 있다. 그럼에도 불구하고 그 쇳덩어리 역시 99.9%는 빈 공간이다. 만일 지구가 블랙홀에 빠져들게 되면 빛도 빠져나올 수 없는 중력에 의해 순식간에 총체적으로 줄어든다. 줄어든 크기가 '콩알' 정도라고 한다. 약 500억 배쯤 작아진다고 할 수 있겠다. 이것이 가능한 것은 지구의 모든 물질은 99.9% 이상 비어 있는 상태이기 때문이다.

공간을 공유한다는 것은 품고 있는 공간의 분위기를 공유하는 것이다. 실존공간에서는 그 문화를 이해하려고 노력하지 않는 다른 문화의 구성원들과는 의사소통이 불가능하다. 실존공간은 하나의 문화집단 속에서만 의미가 있기 때문이다. 땅을 기반으로 한 지역 공동체에서는 이론의 여지가 없는 것이다. 그러나 오늘날 변화된 문화 환경에서 원초적 공간은 시원성이나 태고성과는 점점 멀어지고 있다.

원초적인 공간은 우리의 몸에 배인 공간이다. 우리가 특별하게 의식하지 않고 행동할 수 있고 본능적인 행위가 가능한 공간이다. 생활세계의 내부에 자리하고 있는 구체적이고 실질적인 공간이다. 여기에서는 우리의 몸 역시 공간의 일부가 된다. 랠프는 이 공간은 공간이나 공간관계에 대한 이미지나 개념도 가지고 있지 않다고 말한다.

> 이 공간은 동물의 '기능적' 즉 동물이 살아가고 기능하는 환경이 비견될 만한 특성을 가지고 있다. 지금까지 알려진 바로는, 동물들은 환경에 대한 추상적인 이미지를 가지고 있지 않기 때문이다. 사실 원초적 공간은 가능적 영역보다 덜 발달되어 있을 수 있다. 에른스트 카시러가 지적한 대로, "어린아이는 동물이 태어나면서부터 가진 많은 기술들을 일일이 배워야만 하기 때문이다."
>
> — 에드워드 랠프, 2005, 40

우리의 삶이 이루어지는 현실이 추상으로 가득했던 때가 있었다. 그때 우리는 시원이나 유토피아를 원초적 세계로 삼고 현실을 그것의 반영이거나 재현으로 인식했다. 현재는 초월성의 세계보다 사이버공간이나 행성적 상상력이 더 크게 작용한다.

변화된 디지털 환경 속에서 우리의 생활세계는 일종의 '모상(母象)'이 된다. 생활세계를 기반으로 삼아 사이버공간이나 우주공간 등으로 또 다른 세계를 상상해 들어간다. 기존의 미결정성들과는 다른 점은 사이버공간이나 행성의 공간은 감각·지각이 가능하다는 것이다. 눈앞에서 펼쳐지는 미결정성이라는 점에서 기존의 초월성이나 상징성보다는 위상성의 문제에 가깝다.

> 그때 작품은 아무것도 머물지 않는, 일어난 것이 하지만 일어나지 않는, 다시 시작하는 것이 아직 결코 시작되지 않는 이 영역은, 거기로부터 아무것도 나타나지 않는 가장 위험스러운 미결정의 혼돈의 장소를 가리킨다. 영원한 바깥인 이 장소는, 인간이 가능성과 길이 되기 위하여 진리라는 것이 부정하여야만 하는 것의 시련을 받게 되는, 외부의 암흑이라는 이미지로 아주 잘 환기되고 있다.
>
> — 모리스 블랑쇼, 2010, 347

미결정의 혼돈의 장소로서의 작품은 장애물이 아니라 일종의 '매트릭스'다. 뫼비우스의 띠가 구획하는 공간은 다양한 변형을 이룬다. '아무것도 머물지 않는, 일어난 것이 하지만 일어나지 않는, 다시 시작하는 것이 아직 결코 시작되지 않는'이라는 말은 뫼비우스의 띠, 태극과 같은 공간에서 실현된다.

태극의 음양이 교차하는 지점이 60갑자의 양(陽)의 동인(同人)과임(臨)괘 사이, 그리고 음(陰)의 사(師)와 둔(遯)괘 사이다. '임하다'와 '달아나다' 사이에서 '금화교육(金火交易)'이 이루어진다. 다른 성질의 같은 존재로의 전환을 위한 하나의 '노드'로 작동하는 것이다. 이러한 변이 과정을 다채로운 매체를 통해 일상으로 지켜볼 수 있다는 것이 우리 시대의 큰 특징 중 하나다.

현상학적 신체

다양한 의미를 다채롭게 직조하기 위해서 우리의 몸에는 좀 더 많은 빈자리가 마련되어야 한다. 나를 위해 채운 몸과 달리 타인의 자리로 비워진 몸을 우리는 '현상학적 신체'라고 말한다. 현상학적 신체는 주어진(선험적) 몸이 아니라, 경험하는 몸이며 경험 이후의 몸이기도 하다. 전회하는 몸이며, 전회를 위한 몸이다.

> 어떤 정신에 대한 믿음과 마찬가지로 세계 그 자체의 소박한 객관주의를 부정함으로써 현상학은 "세계와 직접적이며 원초적인 접촉을 이루는 데" 집중할 수 있는 것이다. 메를로 퐁티에게는 이 원초적 접촉은 신체를 통해서 이루어질 수 있게 된다. 경험의 객체로서의 나의 육체는 외부로부터 관찰되는 그런 나의 육체가 아니라 나를 세계 내에 거주하게 하는 그런 현상학적 신체를 통해서 가능한 것이다.
>
> — 버논 W. 그라스, 1983, 13

절대정신에 대한 믿음이 인간을 절대적 절망(죽음)에서 구할 수 있다고 믿었던 때가 있었다. 최소한 지구에서 펼쳐지는 세계는 소박하기 이를 데 없는 객관주의에 오랫동안 매달려 있었다. 이 소박함이 건져 올릴 수 있는 '구원'은 너무도 미미하고 미약하다. 나를 나로부터 구원해 다시 나로 돌려놓는 반복의 전 과정을 요약하는 것이 바로 '현상학적 신체'다.

현상학적 신체는 과정을 추동하는 나의 힘은 지식·경험·사유로부터 나온다. 이 셋은 독자적으로 움직이지 않는다. 단독으로 움직여서 불러일으킬 수 있는 파장(에너지)은 미미하다. 제프 말파스는 장소가 "지식과 경험과 사유가 존재한다는 암묵적인 가정을 토대"(제프 말파스, 2014, 199~200)로 형성된다고 말한다. 이 셋의 선행조건, 현행 과정, 후행 결과를 도출하는 것은 그의 말처럼 '초월적 논증'을 거쳐야 할 필요가 없다. 그것은 다른 세계가 아니라 바로 우리의 생활세계를 이루고 있는 조건이며 과정이며 결과(목표)인 까닭이다.

생활세계를 설명하는 우리의 지식은 정신의 자각과 신체공간의 감각을 통해 획득하고 또 써먹는다. 경험은 몸에 새겨진 시간, 시간에 새겨진 몸이다. 사유는 마음에 사물의 이미지를 새기는 것이고, 이 이미지는 언제든 언어로 옮길 수 있다. 이 세 가지 의미작용은 따로 이루어지는 것이 아니다.

라캉은 프로이트를 입체화한다. 이를 위해 구조적 계기들로 든 것이 '실재계', '상상계', '상징계'이다. 라캉은 세 가닥이 서로 개별성을 유지한 채, 엮이면서 보로매우스의 매듭과 같이 바깥과 안에 무의미한 장소가 마련된다고 말한다. 우리의 정신은 이 자리에 머물지 않은 것처럼 머물고, 머무는 것처럼 머물지 않는다.

서로가 서로에 대해 결합을 보증하는 3중 나선의 매듭 구조로 기술한다. 사이버네틱스 측면에서 보았을 때, 위상학이란 관계성을 창출해 낸다는 의미에서 '공간창출효과가 있는' 것으로 여겨진다. 반면 정신분석학에서는 위상학적 모델이 특히 심리적, 사회적 복합성을 설명하는 데 사용된다. 어찌 되었든 이것들은 위상학적 기술에 적잖이 기여한다. 이런 예는 위상학적 변형을 일으켜 작업을 진행하는 건축학에서 관철되기도 하는데, 이 분야에서는 공간구성의 새 가능성을 열어 주는 위상학적 모델에 대한 관심이 높아지고 있다.

— 슈테판 권첼, 2010, 28

위상학적 모델은 공간품기의 모델과 같은 말이다. 최대치의 공간, 최선의 공간을 창출하기 위해 스스로 공간을 비운 몸으로 공간의 바깥이 되면서 공간을 품는다. 이렇게 품은 공간이 장소가 된다. "위상학적 차원에서 개별 연속체는 자신만의 공간을 점유하면서 동시에 다른 연속체들과 공통의 영역을 공유한다. 이러한 것을 가능하게 한 것이 위상학적 공간에서의 이웃관계 때문이다. 또한 이러한 공통의 영역이 만들어지기 위해서는 개별 연속체들 사이에 전환이 일어나야 한다."(최광식, 2004, 360)

중요한 것은 개별체들의 전환이 아니라 개별 연속체들의 전환이다. 이것은 전환을 위한 흐름, 흐름을 위한 전환을 통해 저마다 특별한 스타일을 형성한다. 소통을 위해 필요한 것은 공통영역이 아니라 길이 될 수 있는 사이(경계)다. 공통영역은 몸의 이행을 위한 것이어야 한다. 아감벤은 도래할 미래에 대한 전망을 긍정적으로도, 부정적으로도 제시하지 않는다. 소위 장밋빛 전망들의 실현은 금세 시들해지기 일쑤였다. 미래는 오지 않거나 오더라도 다른 미래에 의해 대체되어야 한다. 지구와 더불어 인간도 움직임을 멈출 수 없기 때문이다. 우리는 어떤 좌표도 지닐 수 없다. 아감벤은 '만일'이라는 가정을 통해 인류가 도달할 수 있는 최선의 공동체를 꿈꾼다.

만일 인간들이 이미 비고유하고 무의미한 개체성의 형상에서 고유한 개체성을 계속 찾는 대신 그러한 것으로서 이러한 비고유성에 귀속하는 데 성공한다면, 또한 이렇게 존재함을 어떤 정체성과 개별 속성이 아니라 정체성 없는 특이성, 어떤 공통적인, 전적으로 노정된 특이성이라 가정하는 데 성공한다면, 만일 인간들이 이런저런 개별적 생의 기록 속에서 그렇게 존재하는 것이 아니라 유일한 그 이렇게 존재하며, 자신들의 특이한 외부성과 자신들의 얼굴로 존재할 수 있다면,

— 조르조 아감벤, 2014, 92

이 가정들이 충족된다면 인류는 최초로 주체도 전제도 없는 공동체에 들어설 수 있게 된다고 전망한다. 아감벤은 이 세계는 완전한 소통이 가능한 곳으로 "소통될 수 없는 것이라곤 아무것도 없는 어떤 소통으로 들어서게 될 것"이라고 덧붙인다. 이것은 후설이 유럽 학문의 위기를 진단하면서, 완전히 새로운 가치를 지향하는 현상학적 환원을 감행하지 않으면 미래를 기대할 수 없다고 말한 것과 맥락이 닿아 있다.

지구와 몸

"지구를 단순히 거대한 신체"(이푸 투안, 2007, 149)라고 하는 것은 비유적 수사이지 동양의 사유를 제대로 반영한 언사는 아니다. 『황제내경』에 기반한 '운기의학'에서는 인간의 몸과 마음은 '오운육기'에 따라 형성되고 작동한다고 본다. 오운(五運)은 목성(木星), 화성(火星), 토성(土星), 금성(金星), 수성(水星)의 영향을 일컫는다. 행성들이 어떤 계절에 지구와 가장 가까이에서 영향을 미쳤는가도 따진다. 목성은 간장, 화성은 심장, 토성은 비장, 금성은 폐장, 수성은 신장의 형성과 생장에 좀 더 관여한다. 육기는 땅의 기운과 관련한다. 풍(風), 군화(君火), 상화(相火), 습(濕), 조(燥), 한(寒)이다. 이것은 각각 장부[담, 소장, 삼초(횡경막), 위장, 대장, 방광(자궁)]의 형성과 생장에 관여한다.

소우주론은 지구뿐만 아니라 별과 혹성도 인간의 신체와 관련시킨다. 바르칸(Barkan)과 카시러(Cassier)에 따르면, 점성술은 처음부터 소우주적이다. 인간은 별의 질서 속에서 결정적이고 중심적인 존재다. 인간은 내부에 전체 별체계의 정수를 담고 있다. 점성술과 인간 신체의 결합은 우주 속에 있는 물질 등의 다양성을 통합할 필요에서, 그리고 평행한 전체성을 추구하는 데서 비롯된다. 인간의 신체는 두 개의 우주체계 속에 새겨질 수 있다.

— 이푸 투안, 2007, 149

서구의 과학적 관점에서 위의 이야기는 비과학적이거나 유사과학적인 것이다. 점성술은 학문적 영역에서 더 이상 다루지 않는다. 동양의 음양오행의 경우도 서양의 점성술처럼 취급받고 있는 것이 사실이다. 지구는 태양계에서도 작은 행성에 불과하다. 그 지구에서 미미한 인간의 존재가 우주의 중심이라고 하는 것은 동양의 사유가 아니다. 이것은 서구의 사유에 더 가깝다. 인간 중심의 오만함에서 벗어나야 한다는 것은 후기 철학에서 힘주어 강조한 이가 후설이다. 인간의 신체는 우주가 아니다. 우리는 그저 오행성의 기운인 천문과 지구 복사열에 의해 형성된 대기의 '상태'에 의해 형성된 몸에 깃들어 사는 한낱 존재일 뿐이다.

우리의 오른손과 왼손에 위치하고 절대 완전히 수학화·논리화할 수 없는 신체적 감각에 의존한다는 사실을 언급한다. 우리는 오른쪽과 왼쪽에서 오른쪽으로 써 나가며 올바른 교통 규칙을 지키는 가운데 습득한다. 이 과정에서 내적 나침반으로 기능하는 신체 도식이 형성되어 나온다. 우리는 지형학을 지도 제작술과 동일시하는 것에 주의해야 하고 우리의 공간

> 경험을 공간적 구성물로 혼동하지 말아야 한다.
>
> – 베른하르트 발덴펠스, 2010, 96~7

시간과 공간인식에 대한 근본적인 전회, 시간에 대한 수동적 태도와 공간에 대한 능동적 태도에서 시간에 대한 능동적 태도, 공간에 대한 수동적 태도로 전환할 필요가 있다. 우리는 공간을 구성할 수 없다. 차라리 우리가 장소에 의해 끊임없이 구성된다. '오는 세월은 막을 수 없다'에 "닥쳐오는 공간은 피할 수 없다"가 추가된다. 시간이 우리를 변화시키는 것이 아니라 우리가 얼마든지 시간의 강도와 밀도를 조절할 수 있다로 바뀐다. 저마다의 신체는 다른 공간적 기운(五運)과 시간적 기운(六氣)을 품고 있다. 그러니까 같은 자리에 있어도 다른 장소에 처해 있는 것이다.

위상학적으로 관찰되는 사건들은 기술대상이다. 여기에 머물지 않고 기술하는 주체의 영역에서도 사건은 발생한다. 주체를 공간과 신체적으로 관계시키는 것은 추가적인 위치화가 발생한다. 위상학은 기술되는 대상이나 기술하는 주체의 영역을 모두 포괄한다. 두 차원에 동시에 걸쳐 있는 까닭에 대상의 위치와 바라보는 주체의 위치, 이 둘 모두를 묘사할 수 있게 해 주는 방법론을 요구한다.(비토리아 보르소, 2010, 370)

후설은 몸적 신체를 말한다. 그 상황의 장소성은 몸성과 짝을 짓고, 측정 가능한 공간성은 신체성과 짝을 이룬다. 우리 자신으로부터 비롯한 몸과 신체로부터 비롯한 우리 자신은 선·후의 문제가 아니라 서로의 이면을 이룬다. 몸과 신체는 "쌍방이 서로 협응하는 장소공간(Ortraum)"(베른하르트 발덴펠스, 2010, 92)이다. 몸적 신체, 신체적 몸 사이에 적극적으로 마음이 개입함으로써 몸의 위상성은 다채로워진다.

우리는 우리의 몸으로 새로운 기술을 위한 언어적 나침반(플롯)을 적극적으로 습득해 나가야 한다. 몸과 함께 장소가 형성되는 곳이 생활세계다. 생활세계의 중요성은 여기에 있다. 그 장소에 삶과 죽음의 이야기가 양방향으로 흩어지고 두 방향에서 모이고, 짜이면서 얽힌다.

나

불의의 사고로 손가락을 잃거나 다리를 한쪽 잃어도 나는 '나'다. 살아 있으면 몸의 불구와 상관없이 '나'는 나다. 바꾸어 말하면 몸 전체가 나의 것은 아니라는 것이다. 다리가 한쪽 없어지면 다리와 속속들이, 촘촘하게 연결되어 있던 '뇌'의 부분은 할 일이 없어진다. 그렇다고 멈출 수 없는 까닭에 짝을 몸의 다른 부분으로 옮긴다. '뇌사' 상태에 빠지면 몸은 움직이지 않는다. 기적적으로 뇌가 깨어날 때는 손끝이나 발끝부터 까닥이게 된다. 뇌사 상태에 있을 때도 몸은 온전히 살아 있다. 신진대사는 뇌가 아니라 몸 자체에서 일어나는 것이 분명한 것 같다. 이때 나는 어디에 있는 것일까. 내 몸은 나의 것이 아닌 것은 확실하다.

> 위상학은 시선과 신체의 상호관계를 성찰할 수 있게 해 준다. 왜냐하면 공간배열은 '신체화'되기 때문이다. 공간배열은 신체를 매개로, 그리고 공간상에서 신체가 이루는 공간정향을 매개로 형성된다.
> － 비토리아 보르소, 2010, 381

내가 사라지면 세계가 사라지는 것이 아니다. 내 몸에 깃든 나와 수많은 생명, 미생명들과 특별한 관계를 맺어 주던 에너지가 소진하는 것이다. 특별한 관계맺음이 풀리고 배치가 해체되어 흩어지게 되는 것이다. '위상학'의 보배는 '눈'이다. 이 눈은 세계를 관찰하기에 앞서 내가 깃든 몸과 마음을 꼼꼼하게 살펴야 한다.

시선에 대해 누구보다 깊게 성찰한 철학자는 모리스 메를로 퐁티일 것이다. 우리의 감각기관은 지각기관과 데칼코마니처럼 연결되어 펼쳐진다. 그중에서 가장 선명하게 외부 세계를 밝히면서 내부세계를 밝히는 것이 시각이다. 그가 펼친 지각현상학의 근원적, 근원적 감각·지각이 '시선'이다.

> 내가 존재의 이 영도 지점에 자리를 잡는 동안, 나는 존재의 이 영도 지점이 장소성과 시간성과 신비스러운 끈으로 엮임을 잘 안다. 요컨대 내일, 잠시 후, 이 굽어보는 시선은 이 시선이 감싸 안는 모든 것과 함께 달력의 특정 날짜에 떨어질 것이며, 나는 이 시선에서 땅 위와 나의 삶 가운데 어떤 출현의 시점을 부여할 것이다. 시간은 저 밑에서 흐르기를 계속했고, 땅은 존재하기를 계속했다고 믿어야 한다. 하지만 내가 다른 쪽으로 넘어간 이상, 내가 시간과 장소 가운데 있다고 말하는 대신, 또는 나는 어떤 곳에도 있지 않다고 말하는 대신, 내가 이 순간 이 장소에 있지만 도처에, 언제나, 있다고 말 못 할 이유가 무엇인가?
>
> – 메를로 퐁티, 2004, 164

'영도'의 지점은 감각과 지각, 외부와 내부가 접히는 지점이다. 접힘은 평면적으로 이루어지는 것이 아니라 입체적 변곡을 형성한다. 따라서 접힘점은 안팎을 구분하는 구분선, 경계선이 아니라 소통로가 마련되는 것이다.

특정 공간과 시간 즉 특정 장소에서 자신을 제대로 읽을 때 자신을 제대로 배려할 수 있다. 자신을 잘 읽을 수 있어야 내 몸과 마음은 좋은 '공동체'를 이룰 수 있다. 그러면서 세계의 건강성에 기여하면서, 건강한 일원이 될 수 있다. 푸코가 『주체의 해석학』에서 시종일관 강조한 '너 자신을 배려하라'는 전언은 배려하는 '나'와 배려 받는 '나'의 최선의 위상성을 전제로 한 것이다.

우리는 공적 시간을 지향하는 것 같지만 그 끝은 언제나 사적 시간으로 말려든다. 우리는 사실을 욕망하는 것이 아니라 경험을 욕망하기 때문이다. 경험의 욕망, 욕망의 경험은 물질적인 것, 물리적인 것을 인식하는 정신능력의 안정성과 객관성에 대한 확신을 회의하게 한다. "시간이 실제로 무엇인지 알 수 없다면, 인간은 세계를 '실제 있는 그대로' 알 수 없다.(스티븐 컨, 2004, 726)

'실제 있는 그대로'의 불가능성, 전체 다른 존재들로 이루어진 '존재'가 바로 나다. '모든 개인은 저마다의 시간을 펼치며, 한순간 한순간을 자신의 세계, 그것도 홀로 창조할 책임이 있는 셈이다.' 그러니 우리가 일상으로 살고 있는 생활에서 스스로가 주체라고 하기에는 세계를 형성하는 데 너무 미미한 역할을 한다.

 생활공간에서의 변화는 '장력(場力)들'의 사건이다. 양의 값을 갖는 생활공간의 지역은 사람들로 하여금 이곳을 목표지역으로 설정해 따르거나 추구하게 하고 음의 유인 특성을 갖는 지역들을 피하도록 한다. 이는 사람이 어떤 환경이 자극의 한 '대상'을 묘사하는 방식으로 일어나는 것이 아니다. 렐빈은 사람이 생활공간의 일부이긴 하지만, 이 생활공간은 단지 사람을 통해 지각될 수 있다고 생각한다.

- 헬무트 E·뤽, 2010, 339

양의 지역과 음의 지역은 지도에 표시할 수 없다. 매우 주관적인 판단이지만, 당사자의 입장에서는 확실한 것이다. 이 확실성은 객관적으로 드러날 수 없다. 대신 확실함은 심경에 새겨진다. 그리고 그것은 은 연중 행동을 통해 드러날 수 있다. 우리의 몸은 일종의 접힘점이고, 안 팎의 소통 통로가 된다.

주체의 위상학적 배치는 신체와 관련을 맺는다. 한 극은 자신의 신체를 매개로 공간에서 어떻게 자리 잡는지를 보여 준다. 롤랑 바르트가 투박한 목소리라고 칭할 목소리의 특수성과 함께, 화자가 자신의 임재를 설득력 있게 만드는 수단인 특수한 사건이 구체화되고 있다. 목소리는 화자의 환원할 수 없는 고유성을, 좀 더 부연해서 표현하자면, 자기 정체성으로서의 고유성이 아니라 개성으로서의 고유성을 지칭하는 기호이다.(비토리아 보르소, 2010, 377)

이렇게 발생한 고유성이 가장 다채롭게 반영되는 장소는 '저술공간'이다. 따라서 텍스트에 자리한 위상학적 개념들은 신체성과 결부되어 있다. 이것은 인물의 신체성뿐만 아니라 텍스트의 몸으로서 언어의 신체성으로 재현된다. 신체가 관련해서 수행되는 장소와의 다채로운 교류는 텍스트에서 재현되는 심상공간에서 표현된다. 이것이 주체 신체성의 다른 한 극이다.

몸짓의 신화화

우리의 몸짓은 의미가 풍부하다. 그러나 기호처럼 정제되어 있지 않다. 따라서 신체의 움직임을 의미화하기 위해서는 맥락 곧 플롯이 필요하다. 우리의 신체와 결부되지 않는 사고는 불가능하거나 크게 의미가 없다. 인간은 동물로서 자연과 연결된 신체를 가지고 있다. 또 우리의 의식과 합리성은 신체적 적응과 결부되어 있다. 그리고 문화적 환경 안에서 신체는 우리의 상호작용에 결부되어 있다. "우리가 신체를 갖는다는 것은 우리가 누구이며 무엇을 의미하는가라는 문제에 결정적으로 중요하며 합리적 추론을 끌어내고 창의적으로 사고하는 데

도 필수적이다."(제프 말파스, 2014, 23)

인간의 신체는 우리가 가장 친밀하게 알고 있는 구체적인 세계의 한 부분이다.(이푸 투안, 2011, 147) 나의 대상성은 신체(몸)에서 비롯한다. 나를 객관적으로 바라보는 것은 신체를 통해서만 가능하다. 그러나 나의 시선의 주관성은 객관적으로 바라보이는 신체를 주관적으로 구성한다. 우리의 '몸짓'은 마치 구름과 같아서 구분과 형상이 있으나, 그것을 명석판명한 것으로 결정하는 것은 불가능하다. 이것은 반대로 다양한 해석에 열려 있다는 말이기도 하다.

> 메를로 퐁티가 그의 가장 기본적인 개념인 〈몸짓(gesture)〉을 다양한 문화적 표현의 세계에로 유추에 의하여 확장함으로서 복합적으로 사용되고 있는 반면에 (예를 들어 그의 signs에서처럼) 바슐라르는 그의 탐구를 이미지에 한정시키고 있다.
>
> — 버논 W. 그라스, 1983, 15~6

메를로 퐁티가 몸의 전체적 반응 곧 주체의 지각작용을 통해 사물을 파악하려고 했다면, 바슐라르는 대상의 자기 발현에 더 초점을 맞추고 있다. 두 사람 모두 어떤 본질에 접근하기 위해 현상학적 방법을 적극적으로 수용하고 있다. 차이는 지향성에 있다. 메를로 퐁티가 자기현상학에 가깝다면, 바슐라르는 타자현상학에 근접한다.

하늘에 떠 있는 별처럼 무수한 몸짓이 의미의 빛을 반짝이며 일상으로 흐른다. 일상의 몸짓에서 특별한 의미를 읽어 내고, 별자리처럼 이야기로 수놓는 것은 일상을 '신화화'하는 것과 다르지 않다. 일상의 신화화를 통해 우리는 가장 강력하게 생활의 힘을 구가할 수 있다. 나는 일상으로 수놓아진 생활세계의 주인공이 된다.

생활세계에서는 우리는 다양한 관계를 맺고 산다. 어떤 것은 이미 주어진 관계도 있고, 또 적극적인 관계맺음을 통해 획득한 것도 있다. 혈연(血緣)은 디엔에이(DNA)의 닮음을 통해 가족 유사성을 형성한다. 이것은 인간닮음이라고 할 수 있다. 지연(地緣)은 공통의 공간에서 지리(地理)를 공유한다. 식성이 비슷하고 우리 몸의 육부(六腑)의 성질이 비슷하다. 이것은 공동체 유사성이고, 시간닮음이라고 할 수 있다. 또 학연(學緣)이 있다. 이것은 비슷한 때 태어난 동년배로 구성되며 친구 유사성을 형성한다. 비슷한 때에 태어났다는 것은 '천문(天文)-대운(大運)'을 공유했다는 것이다. 이것은 공간닮음이라고 할 수 있다.

　인간의 관계는 상상할 수 없을 만큼 복잡하게 연결되어 있다. 특히 전통사회에서의 혈연은 인간관계를 규정하는 매우 중요한 자리를 차지했다. 혈연은 역사성을 통해 공동체의 감각, 제 고향의 산하와 풍경, 언어를 둘러싼 공통감각을 형성하는 데 결정적으로 작용했다. 역사의 부침 가운데에서도 공간의 동일성에 대한 믿음과 실천은 지연이라는 공동체 형성의 한 요인을 제공한다. 현실적인 공간이든, 저마다 처한 다른 인생의 지점에 특권을 부여하며 살 만한 곳으로 전환한 공간이든 인간은 특별한 이야기를 추구해 간다. 그러면서 공통의 장소를 영소로 삼아 세계의 중심으로 상정하고 일종의 치유 체험을 가능케 한다.(구인모, 2008, 176)

　치유 체험을 대표하는 것이 문학 체험이다. 문학적 체험은 매우 개인적이면서 공적인 것으로 확장 가능하기도 하고, 반대로 아주 공적인 것인데 개인적인 것으로 수렴할 수 있는 것이기도 하다. 신화적인 것이 두 지향의 바깥에 존재하는 것이었다. 신화적인 것의 의미가 사라졌다고 해서 그것을 곧장 폐기하는 것은 너무도 큰 문화적 손실이다. 그래서 신화적인 것을 문화적 체험과 일상 사이에 위치시키는 방법을 고안할 수 있다. 그렇게 되면 인간의 구경적 가치는 없는 곳에서가 아니라 바로 현실 속에서 찾고 구가할 수 있게 되는 것이다.

목자(牧者)

공간의 사실성은 객관적인 것이었고 그래서 진리라고 확신했다. 자연과학은 이 사실적 진리를 추구해 왔다. 본질적 시간은 사실의 문제가 아니라 진실의 차원을 연다. 사실과 진실을 이면으로 삼아 역동적 행위가 이루어질 때, 장소는 열린다. 이렇게 열린 장소가 지향하는 것은 사실이나 진실이 아니라 '진정성'이라고 말한다.

장소는 진정한 장소감과 비진정한 장소감으로 구분할 수 있다. 인간이 장소와 맺는 관계를 통해 얻는 장소 경험이 능동적이고 주체적이면 진정한 장소감을 느낀다고 한다. 반면 수동적이고 강제적이면 비진정한 장소감을 느낀다고 한다. 인간이 장소로부터 소외되어 있는가가 진정성과 비진정성을 가른다. 장소를 장소의 일부로 경험할수록 그리고 의식적인 것보다 무의식적으로 경험할수록 진정성의 강도는 더해진다.(신성환, 2011, 358)

장소와 장소 경험의 주체를 '사람'으로 놓는 것은 위상성의 측면에서는 긍정적인 효과를 기대하기 어렵다. 장소의 정체성은 비정체성을 목표로 삼기 때문이다. 진정성은 몸에 스민 장소, 나의 몸과 마음을 형성하고 있는 장소의 분위기에서 형성되고 직접 느낄 수 있다. 장소 정체성이 곧 주체의 정체성이 된다. 장소의 분위기는 끊임없이 변화한다. 따라서 나의 정체성 역시 끊임없이 변화할 수밖에 없다.

장소의 진정성은 보이지 않는 것들이 나를 매개로 드러나는 과정에서 형성되기도 한다. 장소의 비진정성은 진정성과 연결되어 있다. 나를 포함한 매개체들이 배열, 배치 또는 변이, 변곡을 통해 비진정성의 진정성, 진정성의 비진정성을 드러낼 수 있다. 이때에도 진정성은 개별적이고 구체적인 것을, 비진정성은 보편적인 것, 추상적인 것을 지향한다.

삶의 본질적인 부분과 맞닿아 있으면서도 일상에서 잊혔던 공간과 장소를 들추어낼 때, 그 아래 감춰진 삶의 본질을 목격할 수 있다. 현대자본주의사회에서 인간과 공간의 관계성은 점점 더 악화되고 왜곡된다. 현실에서 의미 있는 장소와 관련 맺고자 하는 인간의 자연적 욕구는 위협당하고 있다. 현대사회에서 인간은 두 가지 방식으로 장소에 처한다. 하나는 원해서가 아니라 어쩔 수 없이 더 나은 삶의 조건을 찾아서 장소를 떠나는 경우가 있다. 다른 하나는 인간은 원래 장소에 그대로 있지만 장소 자체가 물리적·심리적으로 변형·훼손되는 경우이다.(신성환, 2011, 356) 앞의 것은 현실의 이면에 본질이 남아 있고, 뒤의 것은 드러나는 장소의 이면에 본질이 남게 된다.

보이는 것들은 보이지 않는 것들을 지향하는 경우가 많다. 이 시대의 진정성이 훼손되고 있다는 비평은, '보이는 것들'의 심각한 변형·훼손을 통한 진단에서 비롯한 것이다. 타자가 다가오는 방식의 진정성은 보이는 것보다는 보이지 않는 것에 의해 감지되는 경우가 많다.

> '타자와의 조우, 레비나스의 표현을 빌자면, 하나의 분리된—성스러운—얼굴로서 우리에게 온다. 그의 외재성, 곧 그가 내게 갖는 호소력이 그의 진실이다. …… 대면은 최종적으로 환원될 수 없는 관계로 어떤 개념도 새로운 대담자 앞에서 즉각 자신을 발견하고 그 개념을 생각하는 사람이 없이는 포괄될 수 없는 관계이다. 그 관계는 사회의 다원주의를 가능케 한다.
> — 제프 말파스, 2014, 178

가장 가까운 타자는 나의 몸이다. '나'는 내 몸의 목자다. 나를 다르게 만들고 싶으면 나를 다른 장소로 옮기면 된다. 장소의 다양성 — 사회적 다원주의 — 을 최대한 확보할 때 나 역시 다양한 내가 될 수 있다. 타자 역시 장소성으로 다가온다. 우리 몸이 정신적인 것에 기울 때 주관적이고, 사물에 기울 때 객관적이다. 사물인 몸에서 중요한 것은 구체적 객체로 파악할 가능성이 높다. 이것은 어떤 추상적이고 일반적인 개념의 객관성과 구분된다. 몸의 객관성을 확보하기 위해서는 상호주관성의 개념을 적극적으로 도입할 필요가 있다.

> 유사한 반응들과 함께 구체적 객체들을 그런 반응들의 공통원인으로 채택할 수 있는 수단 – 특정 객체를 고르는 능력이 요구되고, 그래서 추상적 위치가 아니라 상호주관적 장소인 실제 위치에서 다른 피조물들과 관계하는 것이 요구되는 해석과 자아 해석의 특정 문제들과 관련해서 등장하는 상호주관성으로의 전환—으로서 다른 피조물을 참조해야 하는 필요성이라는 견지에서이다.
>
> – 제프 말파스, 2014, 189

객체를 파악하는 데 온 감각기관이 동원했다고 하더라도 명확하게 파악했다고 할 수는 없다. 주체와 객체는 언제나 상호주관성을 통해 존재하기 때문이다. 몸은 제각각의 장소에서 다르게 반응하기 때문에 주체가 모두 파악할 수는 없다. 병이 어떻게 들어오는지 알 수 없는 것처럼 치유의 과정 또한 몸이 하는 일이지, 내가 하는 것이 아니다. 나는 내 몸의 주인이 아니다. 내 몸은 나의 소유물이 아니다. 나는 내 몸을 돌보는 목자(牧者)로서 주어진 시간과 공간에서 최선을 다할 수 있을 뿐이다.

2. 심상이미지

구름

살아 있는 것은 '색기(色氣)'를 띤다. 선명한 '색'은 생명과 연관이 깊다. 꽃의 색, 나뭇잎의 색 등 천연색은 자연적으로 사는 생명의 정체성을 나타낸다. 시선으로 사물을 구분할 때 색(色)은 매우 중요한 역할을 한다. 색은 색채라는 말로도 쓴다. 색도가 강도라면 색채는 '밀도'와 짝을 이룬다.

학문에서는 '색'을 배제하는 경우가 대부분이다. 글을 쓸 때 색연필을 쓰는 경우도 드물다. 컬러로 인쇄하는 학술지도 아직은 없다. 장소가 채색된 공간이라면 무장소는 탈색된 공간이다. 무장소는 구름 색과 같은 이미지만을 간직한다.

장소와 무장소에 대한 연구의 철학적 기초는 현상학이다. 현상학은 직접경험으로 이루어진 생활세계의 현상을 출발점으로 한다. 주의 깊은 관찰과 엄밀한 기술 방식으로 현상들을 밝히려는 철학적 전통을 현상학은 지향한다. 현상학적 방법은 사회학, 인류학, 심리학, 신학, 인성학, 생물학을 포함해 다양한 학문에서 활용되어 왔다.(애드워드 랠프, 2005, 13)

구름은 거의 하나의 색 같지만 같은 색의 구름은 없다. 가장 현상학적이며 비현상학적인 사물이 구름이다. 구름은 장소성과 무장소성을 동시에 품고 있다. 구름의 색은 아름답다. 구름의 색은 구름의 색일 뿐, 다른 '천연'의 색으로 대체할 수 없다. 구름의 이미지는 색이라는 강도로 표현할 수 없다. 그러나 구름은 '채도'만으로도 같은 색을 반복하지 않는다. 채도에 의해서 구름은 저마다의 이름을 갖는다. 천연의 색을 스스로 배제함으로써 그 형태에 집중된 천변만화(千變萬化)를 고스란히 보여 준다. 변화를 자신의 정체로 삼을 수 있게 된 것이다..

어떤 연속체로 있던 질료는 형상을 얻게 되는 과정을 통해 기호로서의 의미를 지니게 된다. 의미를 획득한 기호는 다시 질료의 형상을 변형하는 데 작용한다. 이중적 코드화는 질료에 형상을 부여하는 가정이면서 어떤 형식을 통해서 내용을 담아내는 과정이다. 이미지에 대한 연구는 이 모든 것을 동시에 고려하는 변증법적인 성질의 것이다.(송종인, 2012, 154)

말랑말랑한 변증법은 하나가 다른 하나를 취하는 변증법이나 성질을 변화시키는 변증법을 넘어선다. '꽈배기'의 변증법, 둘에서 새로운 공간을 창출하는 흐름의 변증법, 이미지와 이미지의 변증법, 구름과 구름의 변증법을 그려 볼 수 있다. 구름이 지닌 이미지를 기다리며 지켜보는 '파수'는 위상학적 고찰에 합당하다.

시를 배반하고 사는 마음이여
자기의 나체를 더듬어 보고 살펴볼 수 없는 시인처럼
비참한 사람이 또 있을까
거리에 나와서 집을 보고 집에 앉아서 거리를 그리던
어리석음도 이제는 모두 사라졌나 보다
날아간 제비와 같이
날아간 제비와 같이 자국도 꿈도 없이

> 어디로인지 알 수 없으나
> 어디로든 가야 할 반역의 정신
> 나는 지금 산정에 있다 ————
> 시를 반역한 죄로
> 이 메마른 산정에서 오랫동안 꿈도 없이 바라보아야 할 구름
> 그리고 그 구름의 파수병인 나.
>
> — 김수영, 「구름의 파수꾼」, 후반부

  시적 화자가 관찰하고자 하는 것은 자기 자신이다. 그러나 직접 관찰할 수 없는 까닭에 그는 구름을 닮은 '반역의 정신'과 '남루한 생활'을 동시에 쳐다본다. 집에서는 산정의 구름을 바라보고, 산정에서는 남루한 생활을 바라본다. 반역은 기존의 것을 위반하고 전복하는 것이다.

  가장 높은 데서 뭉게뭉게 피어오르며 퍼지는 구름과 가장 낮은 데서 생활의 냄새가 직접 감각에 전해지는 남루한 생활, 외양간을 동시에 바라보면서 자기 자신을 펼친다. 시인의 눈은 홑눈에서 겹눈으로 전회하고 있는 것 같다. 이 파수꾼은 구름을 보면서 생활을 보고, 생활을 보면서도 구름의 무늬(천서)를 읽어 내고자 한다.

  위상학적 고찰이 생명과 구조의 미묘한 종합에 머물러서는 의미의 확장을 꾀할 수 없다. 유물론과 관념론의 종합이라는 것 역시 한계가 있다. 위상학적 고찰은 사물의 생명과 구조에 대한 고찰이 아니라 그것이 품고 있는 공간에 좀 더 집중한다.

  '유물 위상 관념', '생명 위상 구조'에서 위상은 지평이나 범주를 갖는 것이 아니라 유물에서 관념으로 구조에서 생명으로 변곡하는 점, 선, 면, 체의 위치다. 이분법으로 나뉘었던 것을 서로의 이면에 자리 잡게 함으로써 다양한 채도를 갖게 한다. 위상성의 역동성은 상상력의 역동성과 맥락을 같이한다.

> 이성 중심주의가 강화되면 강화될수록, 이미지를 오류의 근원으로서 폄하하거나 죄악시하면서, 이성 그 자체를 위한 하나의 원리로서 '이미지'가 차지하는 존재론적 지위나 '상상력'이 수행하는 인식론적 기능은 늘 강조되었다. 예를 들어 버클리가 자신의 관념론에서 주체에 대하여 '내재화된 이미지로서의 관념들'을 제시할 때도 그렇고, 흄이 인식의 근거로 삼은 '인상들의 연합'을 위한 원리로서 상상력의 중요성을 주장할 때도 그렇다. 뿐만 아니라 칸트가 표상과 개념을 연결해 주는 인간의 고유한 능력으로서의 도식과 그 도식을 산출하는 상상력을 거론할 때도 마찬가지다.
> — 송종인, 2012, 145

더 다채로운 연합을 위해서 '이미지는 구름과 같이 탐색'되어야 한다. 이미지의 탈색은 색채의 가능성을 없애는 것이 아니라 더 높이는 것이다. 이성적 표상, 감성적 이미지, 지성적 행위의 토대가 되는 것은 천연이 탈색한 꿈, 구름과 같은 채도의 움직임이다.

위상학은 비유클리드공간의 존재를 긍정하고 위치관계를 다룬다. 손잡이가 하나 있는 머그컵과 가운데가 빈 도넛과 소보루빵이 있다고 가정한다. 양과 질에서는 도넛과 소보루빵의 속성이 같다. 반면 위상학적으로 보면 머그컵과 도넛의 속성이 같다. 즉 그 사물이 품고 있는 공간, 각 지점들이 맺고 있는 위치관계에서 그렇다는 것이다. 말랑말랑한 머그컵을 상상하면 도넛 모양으로 만들 수 있다. 소보루빵은 기존의 형태를 파괴하지 않고는 도넛 모양으로 건너갈 수 없다.

그림자의 위상학

시인 김수영의 시학을 대표하는 어휘가 '온몸'이다. 시인은 「시여 침을 뱉어라」에서 "시는 온몸으로, 바로 온몸으로 밀고 나가는 것이다."
라고 썼다.

> 그것은 그림자를 의식하지 않는다. 그림자에조차도 의지하지 않는다. 시의 형식은 내용에 의지하지 않고 그 내용은 형식에 의존하지 않는다. 시는 그림자에조차도 의지하지 않는다. 시는 문화를 염두에 두지 않고, 민족을 염두에 두지 않는다. 그러면서도 그것은 문화와 민족과 인류에 공헌하고 평화에 공헌한다. 바로 그처럼 형식은 내용이 되고, 내용은 형식이 된다. 시는 온몸으로, 바로 온몸으로 밀고 나가는 것이다.
> — 김수영, 「시(詩)여, 침을 뱉어라」, 『김수영전집 2 산문』, 민음사, 1997, 253~4

그림자는 개체적 정체성보다는 종·류의 정체성을 드러내 준다. 인류의 그림자는 한결같고 얼굴(표정)은 한결같지 않다. 우리가 시각으로 감각하는 사물은 표정을 갖고 있는 사물이다. 그 사물이 우리의 내적 공간 즉 심경에 맺히는 과정으로서(작용으로서) 심상은 내적 공간을 연다. 그 심상은 사물의 표정이 아니라 그림자라고 할 수 있다.

이미지는 경험·태도·기억이나 직접적 감각의 산물인 심리적 그림으로 보는 견해도 있다. 이것은 정보를 해석하고, 행동에 방향을 제시하는 것으로 활용되었다. 이미지로 우리는 정보를 해석하고, 행동의 방향을 잡는 데 활용한다. 이미지는 의미 있는 대상과 개념의 관계에 비교적 안정적 질서를 부여한다. 이미지는 객관적인 실제를 선택적으로 추상할 수 있다. 그것이 어떤 것인가 또는 무엇으로 믿어지는가에 대한 의도적인 해석으로 이끌기도 한다.(에드워드 랠프, 2005, 128)

이미지에 맞춰 우리의 심경은 최적화를 지향한다. 애매모호성의 가능성은 내적 이미지의 실현 가능성과 관련이 있다. 우리가 밤하늘에서 보는 것은 진짜 별이 아니라 별의 이미지다. 그 이미지까지 대기의 넘실거리는 흐름 때문에 고정되어 있지 않고 흔들린다. 그러한 비고정성 덕분에 더 많은 이야기를 받아 적을 수 있다. 그 별들은 '객관적 실제'를 선택적으로 추상한 것이다. 한 사물에 대한 그림은 그리는 사람에 따라 매번 다르다. 사진마저도 그렇다. 심상은 사물을 단일하게 재현하지 못한다.

> 누군가는 그것이 아이의 정신에 있는 '내적 공간'의 어느 지점에 위치한다고 가정할지도 모른다. 다른 곳에서, 데이비슨은 이 문제를 조금 다른 말로 제기한다. 태도가 겨냥하는 객체를 확인하려면 원인을 참고해야 한다는 시각을 받아들이면서 데이비슨은 '가능한 많은 원인들 가운데 어느 것이 옳은가?'를 묻는다. 우리가 홀로 있는 피조물이 활용할 수 있는 원천만 살펴본다면, 다른 곳이 아닌 어느 한 곳에 객체들을 위치시킬 토대가 없어 보인다.
>
> — 제프 말파스, 2014, 186

객체의 이미지는 심경을 가득 채운다. 심경과 심상이 하나로 겹친다. '객체들을 위치시킬 토대'가 없어서, 위치시킬 필요 없이 그 자체 일대일로 짝을 이뤄 서로를 품는다. 내부성은 중세도시의 성곽같이 물리적 형태와 관련이 있다. 장소의 고유한 특질을 유지하려는 의식(儀式)과 주기적인 활동으로 내부성이 표출될 수도 있다. 무엇보다도 내부성은 장소 경험의 강렬함과 관련이 있다. "물리적 입지(환경이라고 해도 좋다)를 장소로 전환시키는 촉매는 심층적인 경험 과정이다."고 알랜 구스는 말한다. 하나의 장소는 느낌에 의해 주목은 받게 되는 전체 환경의 한 부분이다.(에드워드 랠프, 2005, 288) 격리를 통해 먼저 획득할 수 있는 것이 내부성이다. 그러나 위상학에서 다루는 내부성은 외부와 분리된/격리된 것이 아니다. 외부성과 내부성이 구분이 되지 않는, 의미가 없는 내부성/외부성, 외부성/내부성을 지향한다. 사물은 모두 양각의 그림자와 음각의 그림자를 가지고 있다. 두 그림자는 관찰에 의해서 그때그때 다르게 목격된다.

추상적인 것이든 구체적인 것이든, 정신적인 것이든 물질적인 것이든 간에 우리들 인식의 직접적 대상이라 믿어 왔던 '실재'의 존재론적 근거는 사실은 '이미지'라는 점에 주목한다. 우리는 '이미지'란 '실재'에 비해 어떤 성질이 결여된 것으로 보는 경향이 여전하다. 이 두 속성을 동시에 지니고 있는 것이라는 점을 받아들여야만 한다.(송종인 외, 2012, 149~50) 사물의 근원적 그림자는 음그림자의 지향과 양그림자의 지향으로 입체화한다. 이것은 현실에서 달그림자와 해그림자로 대비할 수 있다. 이런 그림자는 우리의 심상에서 다채롭게 채색됨으로써 사물화한다.

'이미지'의 경계성

존재론적 물음은 가장 원본적인 것이다. 이 물음이 제기되는 대상은 '있으나 없는 것', '보이지만 보이지 않는 것'이다. 무수한 답이 제시되었지만 긍정적인 차원보다는 부정적인 차원으로 경사되어 인정받자마자 폐기되기를 반복하고 있다. 이 소모적 물음에 대한 회의가 의미론적 물음, 방법론적 물음을 촉발했다. 물론 모두가 알고 있는데 누구도 제대로 알지 못하는 것에 대해서는 '존재론적 물음'은 여전히 유효하다. 답이 없다는 것을 모두 알고 있음에도 불구하고 존재론적 물음은 여전히 의미가 있다.

'시간이란 무엇인가', '삶이란 무엇인가', '사랑이란 무엇인가'라는 언사는 답을 구하는 물음보다는 탄식에 가깝다. 그런데 이런 속사정에 비해서는 상대적이고 구체적으로 보이는 '이미지'에 대한 물음은 층위를 달리한다. 그러나 '이미지란 무엇인가'라는 물음은 '사물이란 무엇인가'라는 물음보다는 추상적이다.

이미지텔링은 언제나 역동적이다. 그것은 관념과 물질성이 동시에 반영되기 때문이다. 관념은 하나의 구체적인 대상으로 표현되고, 물질은 구름과 같이 무규정적으로 질료화해서 묘사된다. "이미지텔링은 아직 탐구되지 않은 바로 이 영역에서의 역학관계를 밝히는 작업이 될 것이다. 그러므로 이미지텔링의 주연구대상은 이미지가 지니는 역할인 관념과 물질 사이의 상호관계 및 그 사이의 상호제약적인 상관성을 밝히는 데 초점이 있다."(송종인 외, 2012, 158)

이미지는 고정되면 이미지성을 상실한다. 이미지성을 상실하더라도 이미지는 박제나 도식을 언제나 뛰어넘는다. 우리가 가장 흔하게 볼 수 있는 이미지는 밤하늘에 빛나는 별이다. 한결같아 보이지만 저마다 다른 빛, 다른 반짝임을 지닌다. 그 반짝임은 본래의 모습을 구체적으로 반영하지 않는다. 밤하늘만큼 크고 아름답고 다양한 이미지를 간직하고 있는 장소도 드물 것이다.

같은 맥락에서 이미지는 사유의 측면과 신체 모두에서 생산해 낼 수 있다. 신체 계열은 정신 계열을 움직이게 하고, 정신 계열은 신체 계열을 움직이게 한다. "어떤 이미지든 그것이 생산된다면, 그것은 이미 '추상화된 물질'이라 할 수 있다. 또한 이미지가 우리들의 신체에 대하여 감각과 자극을 통해 물질적인 영향을 줄 때, 이는 단순히 물질적인 영향을 넘어서서 우리의 정신에까지 영향을 미친다."(송종인 외, 2012, 151) 이미지는 물질화된 추상, 구체화된 관념이라고 할 수 있다.

우리는 저마다 두 개의 밤하늘을 가지고 있다. 하나는 최대의 바깥인 우주와 경계를 이루며 별들이 머무는 밤하늘이다. 다른 하나는 최선의 바깥인 내면과 경계를 이루는 맘하늘이다. 앞의 밤하늘에 반짝이는 것이 별이다. 뒤의 밤하늘(맘하늘)에 반짝이는 것이 '언어'다. 반짝이는 별이나, 언어는 별 자체, 언어 자체가 아니다. 별의 이미지이거나 언어의 이미지다. 낮에는 구름이 떠간다. 현실의 밤하늘은 꿈처럼 빛나고 꿈처럼 그려지는 내면의 언어들은 현실처럼 생생하게 빛난다.

> 만일 내가 〈꿈〉과 〈현실〉에 관하여 이야기할 수 있다면, 즉 상상적인 것과 현실적인 것 사이의 구별을 위하여 노심초사할 수 있다면, 그것은 이러한 구별이 이미 어떠한 분석에 앞서서 나에 의하여 마련되어져 있기 때문이다. 즉 그것은 내가 현실에 대한 경험을 상상적인 것에 대한 경험으로서 소유하는 것이며, 그렇기 때문에 문제는 비판적 사유가 그 자신을 위하여 이 구별에 대한 이차적인 등가물을 어떻게 제공하느냐 하는 것이 아니라, 그 〈현실〉에 대한 우리의 원초적인 인식을 어떻게 명확하게 하느냐, 즉 우리의 진리에 대한 관념이 그 위에 영원한 기호를 마련하고 있는 것으로서 세계에 대한 우리의 지각을 어떻게 기술하느냐 하는 것이기 때문이다.
> – 모리스 메를로 퐁티, 1983, 46

꿈과 현실, 상징적인 것과 현실적인 것 사이에 놓인 것이 '심상'이다. 심상을 이미지로 곧바로 환원하는 것은 어렵다. 이미지가 현실화를 지향한다면 심상은 좀 더 비현실을 지향한다. 둘은 서로의 이면을 이뤄 의미를 풍성하게 하는 데 기여한다. 두 개의 밤하늘 즉 천경과 심경 사이에 놓인 '나의 몸' 자체가 심상이미지고 이미지심상이다.

이미지는 신체를 통한 구체적인 감각인 동시에, 사유에서 떠오르는 추상적 지각이다. 이 둘은 특별한 변곡을 통해 '실재'를 형성한다. 이 변곡점에 대해 제대로 파악하지 않는다면 "이미지는 정신과 물질의 경계 위에서 유령처럼 배회할 수밖에 없었다. 게다가 이러한 사유 습관에 물든 자들에게 '이미지'는 존재론적인 이중적 속성보다는 모호성만이 눈에 띄게 된다."(송종인, 2012, 150)는 전통적인 관점에 머물기 쉽다.

다양한 위상으로 펼쳐지는 현대사회에 능동적으로 대체하기 위해서는 보고도 믿지 않을 수 있어야 하고, 보지 않고도 믿을 수 있어야 한다. 과거의 유령은 얼마든지 우리가 감각하고 지각할 수 있는 존재로 현상할 수 있다. 보고도 믿을 수 없는, 보지 않고도 믿을 수 있는 이미지의 '유령'과 같은 속성이 결국 '상상력'의 증폭을 불러온다. 증폭된 상상력 속에서 '이미지'는 처음인 '물질과 관념'으로 재탄생(해석)된다.

서정적 화행

말하기 자체는 화행이 아니다. 화행은 몸의 움직임을 수행해야 한다. 그래서 '언어행위(言語行爲, Speech act, 화행)'는 언어를 통해 이루어지는 행위로 풀이한다. 언어는 무엇을 하는가, 상호작용의 과정 – 화행이론, 수단으로 언어의 최고 단계는 상호소통 과정을 통해 의미를 명확하게 전달하는 것이다. 문학적 화행에서는 언어행위 자체를 목적으로 한다.

마리 맥클린은 화행은 1차 화행과 2차 화행으로 나뉜다고 말한다. 인간의 삶, 문화적 삶의 바탕에 놓인 것은 '언어'다. 인간의 문화적 의미가 있는 활동은 대부분 '화행' – 언어를 통해 이루어지는 행위라고 할 수 있다. 제1차 화행은 자연 담화와 직접화법에서 발생하는 경향이 있다. 제2차 화행은 허구적 담화와 일상생활의 서사체에서 발생하는 경향이 있다.

어떤 종류의 서술이건 간에 모든 서술은 필연적으로 중계된 경험이다. 심지어 우리가 "내가 너에게 그 얘기를 해 줄게"라고 이야기할 때도 우리는 단지 현실의 중계를 약속할 수 있을 뿐이다. 예를 들면, 우리는 집 밖에서 발생했던 길거리의 사건에 대해서 객관적인 설명을 시도할 때, 청자와 서사적 계약을 맺는다. 그러나 우리의 설명, 우리의 이야기는 경찰관이 말해 줄 수 있는 설명처럼 수많은 사실적 설명 가운데 하나일 뿐이다. 게다가 그 설명은 서사성의 여러 힘들의 통제를 받는다.

— 마리 맥클린, 1997, 61

1차 화행은 직접적 화행, 수단으로서의 화행이라고 할 수 있다. 2차 화행은 간접적 화행, 목적으로서의 화행으로 구분할 수 있다. 이런 점 때문에 2차 화행은 서술이 서술 안에 포함된 화행의 성격을 변화시킨다. 여기에서 조심스럽게 3차 화행의 가능성을 타진해 볼 수 있겠다.

서사체의 화행에서 서정체의 화행으로 이행, 위상적 대화, 주고받는 대화에서 끊임없이 비켜 가면서 서로에 대해 서로서로 이야기하는 것, 서로 나누는 대화가 아니라 새로운 길의 출발점, 거점으로서 새로운 역할을 모색할 수가 있다. 화행의 서정성, 우리의 생활 서사체를 서정체(이상체)로 확산할 필요가 있다.

삶은 한정된 시간과 제한된 공간 내에서 이루어지기 마련이다. 시공을 초월한 삶을 허구적 세계에서나 있을 법하여 이야깃거리가 되며, 그 자체가 허무맹랑한 공상의 것이다. 시간과 공간의 제약이 없는 어떠한 삶도 존재할 수 없다. 가령 저 유명한 실존주의는 인간존재를 시간과 공간의 한계에 처해 있는 현존재(Dasein)로 전제하는 데서 출발하는데, 시사적이다.

— 장일구, 2001, 9

시간·공간·인간의 상호주관성을 통해 펼쳐지는 의미의 지평으로는 기하급수로 펼쳐지는 이야기들은 다 받아 낼 수 없다. 노드(node)로 길 전체를 채우면서 길을 지우며 가상의 선들만을 무한대로 확장한다. 현실의 공간, 시공을 초월한 삶, 허구적 세계가 서로 교차하면서(할 수 있으며) 언제나 새로운 길을 낼 수 있는 것이 '시적 위상세계'라고 할 수 있다.

> 사적인 경험공간 그리고 사적인 생활공간들은 아주 사적인 삶의 시간과 삶의 시각들과 연관되어 있다. 개략적으로 말해, 우리는 다양한 '깊이'와 '일관성'을 가진 공간들, '구성' 및 '쇠퇴 기간'의 공간들을 구성할 수 있다. 도식적으로 그것들을 아마도 대(大)공간(자연공간), 중(中)공간(역사, 사기들의 공간) 그리고 개인 및 개별적 사회의 경과라는 소(小)공간으로 구분해 파악할 수 있을 것이다.
>
> — 페터 슐뢰겔, 2010, 52

시적 위상세계는 좀 더 다채로운 구분이 가능하다. 그리고 구분된 것들을 다채롭게 재배열, 재맥락화함으로서 위상성을 확대한다. 슐뢰겔의 공간구분은 서사성에 바탕을 두고 있다. 이것을 시간과 인간으로 확대해 아래의 표로 제시해 본다.

	대(大)	중(中)	소(小)
공간	세계	집	몸
시간	자연	사회	의식
인간	사회인	가족인	개인

다양한 '깊이'와 '일관성'을 가진 공간들, 시간들, 인간들에 대한 입체적인 탐색이 가능하다. 이러한 위상적 시간·공간·인간이 가장 직접적이고 친밀하게 교차하고 있는 '노드'는 다름 아닌 집이다. 다양한 위상에서 펼쳐지고 있는 담론들이 수렴되고, 확산하고 있는 장소로서 집의 위상성을 새롭게 탐색해야 할 때다. 노동에 최적화된 전근대적인 가족의 형태가 근대까지도 관통하면서 파괴적일 모습을 도처에서 드

러냈다. 가족의 위상성을 다시 모색할 때, 우리는 다양한 화행의 수렴과 확산이 내밀하고 밀도 있게 이루어지는 장소를 구현할 수 있다.

하이데거는 '빈터(Lich-tung)'라는 은유로 인간의 존재론적 구조를 해석했다. 그는 인간을 '존재 자체에 의해 말이 걸러진 자'라고 말한다. 걸러진 말은 '존재의 집'이 된다. 정제된 언어에 깃든 존재의 말에 귀 기울여 듣는 것이 인간에게 부여된 운명이다.(이홍경, 2013, 154) 하이데거의 전언은 '언어는 존재의 집'이라고 단순화할 수 없다. 이러한 단순화는 의미의 확장을 가져오지 못한다. 여기에는 뫼비우스의 띠와 같은 순환이 작동한다. 존재 이전에 우리의 생활세계가 있다. 그 생활세계를 이루고 있는 존재는 언어를 걸러 '주체'를 구성한다. 화행의 주체이자 대상이었던 '나'는 존재 자체가 깃드는 집이 된다. 그 집 안에서 울려오는 존재 자체의 목소리에 귀를 기울인다. '주체'는 존재 자체의 말 이전과 이후 모두, 동시에 존재한다.

인공자궁

우리가 쓰고 있는 문장의 종류는 크게 셋으로 구분할 수 있다. 동사 서술어-무엇이 어찌하다, 형용사 서술어-무엇이 어떠하다, '이다' 서술어-무엇이 무엇이다가 있다. 영어의 경우에는 '동사 서술어'만이 가능하다. 우리말은 형용사 서술어에 거의 모든 품사를 서술어로 만드는 '이다' 서술어까지 있으니 '서술어'의 확장은 그 어떤 언어에 비할 바가 아니다.

동사 서술어의 경우 흔히 주체와 대상의 외재적 움직임을 나타내는 경우가 많아 형용사 서술어의 경우 내재적 움직임을 나타내는 경우가 흔하다. 전자가 객관성을 지향한다면 후자는 다분히 주관적이다. '이다' 서술어의 경우에는 주체와 대상의 마주 봄, 비껴 보기, 통과하기가 이루어진다. 둘이 움직임에 초점이 맞춰지면 '것이다'는 변형된 '이다' 서술어에 해당한다.

플라톤의 이데아는 절대적인 자리를 점하고 있는 명사적 이념이다. 들뢰즈는 이런 이데아를 전복하면서 동사적인 이념(Ideo)을 취한다. 이 이념은 동일성과 닮음, 그리고 명사와 그 속성으로서의 형용사들을 모두 배제한 형태발생적 과정 자체다. 상징적인 것의 존재는 지시 가능한 실체적 실재도 아니고, 상상적인 것도 아니며, 가지적인 어떤 본질도 아니다. 비유클리드기하학의 위상학적 특징과 n차원에 이르는 다양체개념, 그리고 극한에 대한 생각은 들뢰즈 철학에 온전히 소화되어 저변에 도도히 흐르고 있다.(신지영, 2011, 128)

이념을 기호와 의미작용으로 보는 앙리 르페브르는 공간의 생산을 '형태, 기능, 구조' 차원으로 나누어 고찰한다. "형태와 기능, 구조 각각은 하나의 공간을 정립한다. 각각의 망, 각각의 연쇄작용, 따라서 각각의 공간은 교환가치와 사물가치를 위해 봉사한다."(앙리 르페브르, 2011, 568) 공간의 형태-형용사, 공간의 기능-동사, 공간의 구조-명사 서술어로 짝을 지어 볼 수 있다. 동사와 서술어의 차이에 대한 언급은 러셀의 『수학의 원리』에 등장한다.

개념들 가운데에는 적어도 두 가지 종류가 구분되어야 한다. 형용사로 지시되는 개념이 있고 동사로 지시되는 개념이 있다. 동사로 지시되는 개념은 항상 그리고 거의 항상 관계들이다.(자동사의 경우, 동사에 의해 표현되는 생각은 복잡하다. 그리고 보통 정의되지 않은 관계항에 정의된 관계를 확언한다. 스미스가 숨을 쉰다에서처럼). 형용사로 지시되는 개념과 동사로 지시되는 개념을 구분한 러셀은 이미 들뢰즈 개념적 개념과 개념 없는 개념을 구분한 작업을 선취할 것이다. 개념이 동사적인 것일 때, 즉 개념 없는 개념일 때, 그 개념은 항상 관계들일 수밖에 없다.

— 신지영, 2011, 138

 안팎의 구분이 불가능한 장소가 있다. 가령 음식물을 소화하는 '위'는 우리 몸의 바깥이다. 입에서 항문까지는 우리 몸 안쪽에 있으나, 우리의 몸이 아닌 음식물과 소화된 음식물 찌꺼기가 지나는 몸의 바깥이다. 그런데 자궁의 경우는 '위장'과는 다른 장소다. 이곳은 바깥도 아니고 안도 아니다. 바깥이기도 하고 안이기도 하다. 영화 〈매트릭스〉는 '인공자궁'으로 해석하기도 한다. 이쪽 세계와 저쪽 세계의 변곡면 혹은 체로서 '벽'은 다른 존재로 이행하는 장소가 된다.
 플라톤은 '코라'(chora)로서 경험되는 공간적인 것을 통해 '장소'를 사유한다. 현상계의 개별 사물의 자리로서 장소는 시간과 함께 나란히 초월해야 할 철학적 대상으로 보았다. 그리스·로마시대의 철학적 사유에서 '장소'는 공간적인 것을 토대로 경험되었다는 사실이다. 근대의 공간에 대한 인식 태도는 '비어 있는 것'으로서 규정하며 대상화했다. 장소는 '공간적인 것' 내지 '공간성'의 지반에 대한 경험의 자리, 즉 '주체의 장소'를 가리킨다.(송석랑, 2015, 326) 오늘날 장소개념에서 공간은 배경이 된다. 그 배경을 시간과 인간이 흐를 때, 장소가 개시된다고 본다. '시간과 인간'이 흐르는 공간이 장소가 품은 공간 혹은 마음이 되는 것이다. 장소의 정체는 여기에 따라 시시각각 달라진다. 따라서 장소의 정체를 고대처럼 '명사화'하는 것은 크게 의미가 없다.
 주관적 초월과 초월적 객관이념이라는 아포리즘에서 선험적 주체의 초월성은 모두 배제한다. 여기에 기초한 내재성에 대한 탐색이 새로운 형이상학의 가능성을 개시할 수 있다. 여기에서 중요한 것은 주관이나 객관이 아닌 직관이다. 위상적 직관을 통해 세계와 다양한 연결 통로를 탐색하는 것이 위상학의 역할이다.
 이데아에 대한 설명, 본질주의적 설명은 물질과 에너지의 영역을 초월하는 요인들에 호소한다. 형태발생적 설명은 물질세계에 내재적인 형태를 - 발생시키는 원천들만 사용함으로써 모든 초월적인 요인들을 배제한다.(마누엘 데란다, 2009, 29) 세계 안에 자기의 모습을 투사하면서, 세계와 마주하는 내재적 기하학을 고안한 이가 라이프니츠다. 내재적 기하학은 비유클리드기하학이다. 기존의 기하학이 명사 기하학이라면 내재적 기하학은 동사기하학, 형용사기하학, 유체 흐름에 대한 기하학, 미에 대한 기하학이라고 할 수 있다.

심상성

일반적으로 '심상성'이라는 말은 한 개인이 어떤 장소를 접할 때, 주체 안으로 그 장소의 모습을 읽어 들이면서 떠오르는 것을 가리킨다. 이때 장소를 접하는 것은 직접적일 수도 있고 간접적일 수도 있다. 심상성을 일종의 장소 아우라로 보는 견해도 있다. 중심성은 명확한 형태로 존재하기보다는 이야기로 존재한다. 한 장소에서 특별하고 중요한 사건들이 일어난다. 시간을 견뎌 내면서 지속적으로 흘러온 이야기를 통해 배경이었던 장소가 전면에 떠오른다. 장소가 전면화하면서 잊혔던 이야기들도 다시 재생된다. 특별한 이야기보다는 다수의 이야기가 흐르는 장소의 심상성이 높다고 할 수 있다.

아무리 현실적 공간이 획득하고 있는 역사적 사실이나 스토리의 위력이 높고 견고한 심상성(압도적 심상성)을 획득했다고 하더라도 그것은 "고정하거나 절대적인 특성이 아니다. 이전 시대의 중요한 장소들은 시대가 바뀌면서 더 큰 것에 압도당하거나, 그 의미를 잃어버리기도 한다."(에드워드 랠프, 2005, 89)

'심상성'의 변화에 더 크게 영향을 미치는 것은 개별자들이 품고 있는 심경의 '양과 질'이다. 같은 하늘을 보더라도 깊은 산골에서 보는 것과 탁 트인 초원에서 보는 것은 다르다. 산중에서는 하늘을 가득 메운 별을 한눈에 더 깊게 볼 수 있다. 눈앞에 주먹만 한 별들이 손에 잡힐 듯 아른거린다는 히말라야 낭가파르바트에서 보는 하늘은 평지의 것과 다르다. 사람들이 어떤 '내적 하늘-심경'을 품고 있느냐에 따라 '심상'은 '천차만별(千差萬別)' '천양지차(天壤之差)'로 자리한다.

주관적 존재가 '정신 속'에 있는 것으로 간주되기 때문에 객관적 존재는 '정신 밖에' 있는 것이 되고 그래서 우리에게 홉스와 같은 정신 밖의 존재라는 개념이 있다면, 공간개념이 있다고 말하기 쉽다. 사실, 에반스는 객관성 개념이 공간성 개념을 함축한다는 것에 이론을 제기하지 않는다. 오히려 이런 연결의 이유, 그리고 본질에 관한 탐색을 촉구한다.

— 제프 말파스, 2014, 140

세계와 접속하면 외면에서 생성되는 이미지는 객관성을 지향한다. 내면과 접속한 면에서 동시에 맺히는 심상은 주관성을 지향한다. 이 두 지향을 연결하는 방안을 구체적으로 고민할 필요가 있다. 하나의 방안으로 '나선과 변곡'을 제시할 수 있다. 이것을 심상의 확장 원리로 삼으면 이미지심상, 심상이미지에 대한 재해석에 이를 수 있다. "이미지에 대한 재해석을 통해 우리는 결국 인간과 이미지 사이의 관계 또한 늘 이중적 방식으로 관계 맺고 있음을 밝히고 이미지 자체를 고유하게 담아낼 수 있는 '새로운' 작문적 '그릇'이 필요"(송종인 외, 2012, 161)하다는 견해는 설득력이 있다. 이것이 다양한 플롯으로 제공되고, 그 플롯이 플랫폼을 형성할 때, 우리의 글쓰기는 무한급수로 풍성해질 것이다.

새로운 '학문적 그릇'의 필요성에 적극 공감하면서 제시하고자 하는 것이, '위상학'이다. 위상학의 앞에는 인문, 문화, 문학이 함께할 수 있다. 이 위상학의 내적 원리는 '심상인문지리'다. 이것은 '천인지(天人

地)'을 문화적으로 해석해 부여한 명칭이다. '심상인문지리'에서 이미지는 주체성과 대상성의 양면에 항상 동시에 드러내면서 감추고, 감추면서 드러난다.

이미지는 관념성과 물질성이 서로의 이면을 이룬 통일체라고 할 수 있다. 이미지가 관념인 한에 있어서 우리는 이미지에 대하여 능동적으로 개입(해석)할 수 있다. 그것이 물질적인 한에서 우리는 수동적으로 그것을 수용(지각)한다. 이미지는 추상적인 것과 구체적인 것을 이면으로 삼는다. 우리는 이미지가 전달하는 관념들에 영향을 받는다. 다른 한편에서는 물질성을 지각함으로써 이미지를 생성/생산, 조각할 수 있다.(송종인, 2012, 152) 이렇게 품을 갖게 된 이미지는 더 이상 인간의 언어적 해석대상이 아니다. 인간은 확장한 이미지 속에서 새로운 언어를 얻고 새로운 인식을 갖게 된다. 새로운 인식은 반복을 통해 하나의 플롯을 형성하게 된다. '플롯'은 대표적인 심적 장치/기구라고 할 수 있다. 프로이트는 이것을 기술하기 위해 시각적 도구를 끌어들인다.

> 『꿈의 해석』의 한 구절에서 발견되는 광학에 대한 언급은, 꿈의 그림들을 마치 표상, 기억 인상 그리고 무의식적 판타지로 무리 없이 위치시킨다. 심적 장치는 표상, 즉 심상을 만들어 내는 것이다. 그리고 정신분석은 이러한 심상의 분석, 라캉의 말을 빌리자면, 상상적인 것 자체가 아니라 오히려 그것을 만들어 내는, 상상적인 것의 현상 및 상황화를 비로소 가능케 하는 장치다.
>
> — 마이 베게너, 2010, 318~9

우리는 심상들이 유통되고, 지속되고 그리고 가라앉는 기초적인 조절 구조들에 주의를 집중할 필요가 있다. 우리가 풀고 맺고 품어야 할 세계는 지평의 세계를 훨씬 초과하고 있다. 우리는 위상적으로 확장·확대·심화·고양하며 흐르는 입체적 유체의 세계에서 살고 있다. 우리의 인식은 3차원을 벗어나기 어렵다. 그럼에도 불구하고 우리의 의식과 무의식, 내면과 바깥을 역동적으로 변곡해 내면서 4차원의 다가서는 노력을 멈추지 않아야 한다.

마음 씀

전통적인 의미에서 이미지는 실재나 실제에서 멀리 떨어진 것이다. 그래서 실제·실재를 건드리지(다치지) 않고, 함부로 굴려 볼 수 있는 것으로 취급하였다. 그러나 실제(보이는 것)나, 실재(보이지 않는 것)가 사물의 일면, 그것도 '극히' 일부라는 것에 동조하는 이가 더 늘어가고 있다. 그렇다면 실제·실재이거나 거기에 가까운, 것이 아니라 그 이미지의 실체성에 주목할 필요가 있다. 실재·실제로 가려진 면에 가 닿을 수 있는 통로로서 우리는 이미지와의 접촉을 적극적으로 시도할 수 있다.

그렇게 시선에 주어지는 것은 언제일까? 그것은 능동적 접촉, 실제로 만지는 접촉행위가 아니라, 시선이 부동의 움직임과 깊이 있는 배경으로 이끌려 들어가 흡수되는 것을 말한다. 거리를 둔 접촉을 통해 우리에게 주어지는 것은 이미지이고, 그리고 매혹은 이미지의 정념이다.

— 모리스 블랑쇼, 2010, 31

보이는 것 즉 '시선'이 '부동의 움직임과 깊이 없는 배경'으로 이끌려 들어가 흡수될 때, 우리는 물질적인 것, 물리적인 것을 상실하고 '빈터'로서(거푸집과 같이, 석고본과 같이) 남게 된다. 이것은 '심경'의 위상성과 관련한다. 심경은 거의 모든 것을 받아 안아 '공중'으로 만들 수 있도록 '구름과 같은 것'으로 가득 차고 비워져 있다. '이미지의 정념'으로 채워지고 풀리는 심경의 변경은 사물이 품은 공간을 그대로 드러낸다. 우리가 '심리'라고 하는 심경의 작용 곧 심상은 새로운 시선과 접착을 요구한다.

새로운 심리학이 가능하다면 그것은 우리의 내면공간에 대한 구상을 달리하는 것으로부터 시작할 수 있다. 관념성과 물질성을 동시에 구현하면서 공간을 새롭게 구성한다. 이것은 관념과 물질의 단순한 합을 넘어선다. 감각과 이어지고, 지각과 관계하면서 매번 다른 형태의 공간성을 전체성으로 취할 수 있다.

> 새로운 심리학은 모든 지각된 현상은 욕구와 연결되어 있음을 보여 준다. 자연스럽게 있는 그대로, 그러나 우연치 않은 방식으로 세계는 주체와의 관계에서 형성되는데, 이는 특히 주체가 어떤 상황에 처해 있고 어디에 "닻을 내리느냐"에 따라 달라진다. 새로운 심리학은 - 이제 세 번째로 - 타자와의 관계를, 이것이 존재의 표면에서 항상 이미 주어지듯이, 명증하게 나타나는 행동에 대한 자연스러운 반응으로 이해한다.
>
> — 우테 홀, 2010, 121~2

이미지의 입체화는 채도로써 드러난다. 반성의 사물 성찰적 기능의 새로운 발견, 심리적 능동적 작용으로서 심상(움직이는 이미지), 심경은 심상의 움직임에 의해서 펼쳐지고 접힌다. 바탕이면서 매질이면서 이미지 자체다. 그러기 위해서 '자기 성찰'이라는 매우 제한적인 역할만 주어져 있던 '반성'의 새로운 역할에 주목할 필요가 있다. 반성은 서로를 통과하는 대화를 지향한다.

내가 반성을 시작할 때엔 나의 반성은 비반성적 경험 위에서 일어나는 것이다. 더욱이 나의 반성은 하나의 사태로서의 스스로를 인식하지 않을 수 없다. 그리고 그것은 진정하게 창조적 행위 즉 변화되어진 의식 구조의 빛 가운데에서 스스로에게 드러나 보이게 된다. 그러면서도 그것은 그 자신의 작용에 대하여 우성적인 것으로 주체에게 소여된 즉 그 주체는 그 자신에게 소여된 것이기 때문에 자신에게 소여된 세계를 반드시 인식하지 않으면 안 된다. 현실은 구축되어지거나 형성되어야 하는 것이 아니라 기술되어져야만 하는 것이다. 이 말은 나는 지각을 판단과 행위와 서술에 의하여 표현되어지는 종합과 같은 범주 안에 자리 잡게 할 수 없음을 뜻하는 것이다.

— 모리스 메를로 퐁티, 1983, 36

    현실은 유기체라고 할 수 없다. 그럼에도 우리는 역사는 살아 있다고 한다. 물은 유기체가 아니다. 그러나 유기체 중에서도 물보다 더 살아 있기는 쉽지 않다. 현실이 생생하게 살아 있기 위해서는 '흘러야 한다'. 우리가 살아 있기 위해서는 구축된 기능, 구축된 틀에 자리 잡는 것이 아니라 기술하면서 기술되어야 한다. 완전히 멈춰 있는 구름(천경)이라는 것은 불가능하다. 심경을 채우고 이미지에 따라 항상 비워낼 준비를 하고 있는 심상은 자리 잡을 수 없는 자리가 마련되어 있는 장소 자체다. 서로를 통과하는 반성, 위상적 반성은 심상의 입체화를 증폭시킨다. 이러한 반성 속에서 주체와 세계, 그리고 내면(심상)은 하나로 엮이게 된다.
    하나의 빛, 하나의 기술, 한 차례의 통일성이 끊임없이 진동하면서 장소를 형성한다. 이것이 위상적 서술의 임무고 역할이다. 공간적 정렬과 시선은 문학적으로나 감각적으로도 시연할 수 있다. 인간의 내면과 언어에 집중하는 모더니즘 문학에 대한 위상학적 탐색은 권력 분석의 도구이자 권력 무력화를 위한 실천의 도구이다. 위상학은 정치적인 분석의 방법론으로 확장이 가능하다.(비토리아 보르소, 2010, 379)

　나의 외면에 있는 것은 진정으로 인식할 수 없다. 우리가 타자, 사물에 대해 진정성을 가졌다는 것은 마음에 타자·사물의 마음을 품었다는 의미다. 이렇게 마음이 겹칠 때 자의식과 타의식은 구별되지 않는다. 타자, 사물의 내면에서도 겹침이 일어난다. 이중적 겹침은 논리적으로 조리 있고 균형 있는 초월적 관념론을 전개한다. 따라서 인간을 세계의 주체, 경험의 주체로 세웠던 인식론을 괄호로 묶는다. 그러면 "우리가 모두 하나의 빛이고, 그 하나에 통일성을 파괴하지 않으며 참여하는 한에 있어 우리가 그것에 대해 재현하는 사물인 것이다."(모리스 메를로 퐁티, 1983, 38~9) 사물들은 그것에 대해 재현하는 우리인 것이다.

3. 영소(靈巢)

나비

바닷가재의 수명은 이론상 무한이라고 한다. 세포에는 노화를 일으키는 유전자가 존재하지 않는다. 그러나 바닷가재는 최대 100살을 살고 죽는다. 너무 두꺼워진 껍질을 끝내 벗지 못하기 때문이라고 한다. 자신의 몸에 가득 차오르는 또 다른 몸에 의해 삶을 마감한다는 것은 다소 비극적이고 아이러니하다.

한생을 살면서 가장 극적으로 모습을 바꾸는 것 중 하나는 나비일 것이다. 나비 애벌레는 가장 낮은 자세로 지표를 기어 다닌다. 나비는 스스로도 예측할 수 없는 가장 역동적인 날갯짓을 한다. 이 둘 사이에 자리하고 있는 것이 '고치'다. 애벌레는 스스로를 어떤 의미 속에 가두고 '혁명적인 변환'을 그 고치 속에서 이루어 낸다. 그것은 가히 전생과 후생이라고 할 만한 변이임에 틀림없다.

인간에게 고치와 비슷한 것이 있다면 그것은 아마도 텍스트일 것이다. 텍스트는 가능한 세계에 대해 그리고 그 안에서 자기 자신을 방향 짓는 가능한 방식에 대해 말한다. 리쾨르는 이 세계의 차원들은 텍스트에 의해 적절히 열리기도 하고 닫히기도 한다고 말한다. "문자언어에서 담화는 구술언어에서의 명시적 지시에 상응한다. 그러나 그것은 단지 이미 존재하는 것을 가리키고 보여 주는 기능을 넘어서며, 따라서 이러한 의미에서, 구술언어와 연관된 명시적 지시의 기능을 초월한다."(폴 리쾨르, 1998, 148)

고치라는 텍스트는 보여 주는 것인 동시에 새로운 존재 양식을 창조하는 장소이다. 고치 안의 공간은 애벌레가 오체투지로 살아남은 땅의 시간이, 날개의 공간으로 변하는 '탈바꿈'의 장소다. '기다'에서 '날다'로 변이하는 지점에서 누에는 걷거나 뛰지 않고 오랫동안 '물구나무서서' 변곡의 지점을 통과하는 것이다. 그렇게 애벌레는 최선의 공간적 존재가 되고, 나비는 비할 데 없는 날갯짓으로 난생처음인 흐름을 타는 시간적 존재가 될 수 있다. 같은 맥락에서 시인의 이야기는 부재의 고치를 트는 실과 다를 바가 없다. 풀어지기 위한 시의 언어가 아니라 감싸기 위한 이야기의 언어가 직조(織造)된다.

> 시인은 시의 희생을 통하여 그의 작품 속에 질문을 열어 놓은 자이다. 언제 어느 때에나 그는 비단의 시간을 살고, 그리고 그의 시간은 언제나 공허의 시간이다. 공허의 시간에 그가 살아야 하는 것은 이중의 불성실, 곧 인간의 불성실과 신들의 불성실이고, 그리고 또한 더 이상 존재하지 않고 그리고 아직 존재하지 않는 신들의 이중 부재이다.
>
> — 모리스 블랑쇼, 2010, 363

언제 어느 때고 그는 비단의 실을 자신의 안에서 풀어내 몸을 감싸는 바깥 몸을 짓는다. 그 안에서 그의 시간은 '공허의 시간'이다. 고치를 틀어 애벌레가 차단하는 것, 봉인하는 것은 무엇인가. 애벌레를 버리고 나비의 꿈에서도 벗어난 완전한 '무'의 궁극에 처하는 것이다. 고치의 실과 같은 쓰기, 맥락을 가질 때 우리는 언어로 집을 짓고, 언어의 잠에 들고, 언어의 날개를 달고 날아오를 수 있다. 우리는 일생을 다해 애벌레가 실을 잣듯 글을 써야 한다. 그 글의 실타래로 스스로를 영어(囹圄)하는 절대 봉인에 이를 수 있어야 전대미문의 전회를 이루어 낼 수 있다.

시적인 상황이 시인에게 포착되는 순간은 세계의 중심에서 이루어지지 않는다. 시는 불확정적이며 유동적인 시공간 속에 존재한다. 사람들이 주의를 집중하는 데서 시는 발생하지 않는다. 정보가 중요하지 않을 때는 사용자가 집중하지 않아도 주변에서 자연스럽게 인식할 수 있도록 하는 것을 조용한 기술(Calm Technology)이라고 한다.(이민호, 2012, 15) 스마트폰, 인터넷, 텔레비전, 라디오 등이 펼치는 스펙터클의 요란한 기술 이면에서 작동하는 것들에 대한 순수한 포착 가능성을 높여야 한다. 애벌레에서 나비로 변이하는 고치 안의 정지는 가장 강렬한 변화가 이루어지는 '절대의 흐름'이다.

같은 맥락에서 명상이라는 것은 내면의 침묵으로 외부의 '다변(수다)'를 차단하는 것과 다르지 않다. 언어로 튼 고치인 셈이다. 미디어의 다변화는 매체 중심의 소통으로 유도한다. 매체와 매체를 넘나드는 스펙터클은 주변에서 자연스럽게 스며드는 것들의 인식을 방해하고 가로막는다. 주변을 상실하면 내면을 갖는 것은 불가능하다.

수단으로서의 언어는 전달 가능한 것만을 전달할 수 있다. 언어의 상징적인 측면은 언어의 기호로서의 정체성과 관련이 깊다. 하지만 이러한 측면은 어떤 특정한 관계 속에서는 명명과 판단에까지 영향을 미친다. 명명과 판단은 전달 기능을 담당한다.(김유동, 2009, 274~5) 상징은 전달 가능성을 전달 불가능성 뒤에 숨긴다. 극단으로 지향하면 수수께끼나 독자를 우롱하는 것이 될 공산이 크다.

목적으로서의 언어는 전달 불가능한 것들에 대한 전달을 끊임없이 시도한다. 전달 불가능한 것을 전달 가능한 조각들로 계속해서 유도한다. 서정시의 궁극적 목표는 '그래서' 전달 불가능한 것을 찾는 일인지도 모른다. 그런데도 꼭 하나 남아 있는 가능성은 전달 불가능한 것조차도 언어로 이루어져 있다는 점에서 찾을 수 있다.

전대미문(前代未聞)

주류가 되기는 어렵겠지만 물리학계에서도 혁명적인 전회의 가능성이 엿보인다. 반-물리학, 포스트물리학에서는 의식이 물질에 앞선다고 선언한다. 물질이 의식의 산물이라는 것이다. 기존 물리학계의 입장에서는 거의 이단에 가까운 발언이다. 그럼에도 이에 동조하는 물리학자들이 늘고 있다는 것도 부정할 수 없는 사실이다. 예술의 상상력을 넘어서는 상상력이 물리학계에서 발현되고 있다.

리처드 로티는 "만일 당신이 미래의 세대에 의해 기억되길 원한다면 수학보다는 시를 택하라"고 말한다. 책이 표지에 고이 싸여 있기보다는 독자에게 읽히기를 원한다면, 진리보다는 마음의 울림을 만들어 내야 한다. 우리가 상식이라고 부르는 폭넓게 받아들여진 진리의 물음은 사은유를 모아 놓은 것이다. 진리란 울림을 야기하는 감각을 불러일으키는 능력이 친근함과 오랜 사용에 의해 문질러져 없어진 다음에 남아 있는 뼈다귀다.(리처드 로티, 1996, 275~6)

날지 못하는 나비는 '나비성'을 상실한다. 나비의 정체성은 예측할 수 없는 비행을 창출해 내는 '나비의 날개'에서 나온다. 나비의 날개는 색색의 무수한 입자들로 뒤덮여 있다. 그 정체성을 투명하게 밝히겠다고 닦으면 아름다움은 사라진다. 아름다움은 불투명성의 무늬에서 나오고, 비행 가능성에서 나온다.

불투명성과 비행 가능성은 감각적인 내용보다는 형식적인 구조에서 나온다. 형식적인 구조는 기하학적이고 감각적인 내용은 미학적이다. 이것은 구분될 수 없는 것이다. 이 이중성을 역동적으로 구현해 내는 것이 포에톨로지의 역할이 될 것이다.

철학적 사유, 이념이 세계의 변화를 이끌어야 한다는 주장에 동의하는 사람은 급격히 줄어들고 있다. 시와 마찬가지로 철학들이 인상적인 것으로 영향을 끼치고 흥미를 끎으로써 심정을 움직이고 예감을 일깨우는 데로 나가야 한다는 사람들이 늘고 있다. 그러나 파편적으로 작동했던 시와 달리 철학은 논리적인 언어 곧 플롯화된 언어를 통해 세계가 아니라 존재 곧 인식에 영향을 주는 방향으로 나가야 새로운 역할, 존재 의미를 부여받을 수 있을 것이다.

우리는 철학자들에게 가장 고상한 의도를 인정할 수도 있고, 심지어 역사의 목적론적 의미에 대한 확고한 확신으로 충족될 수 있으며, 역사의 형성물들에 어떤 의미를 승인할 수도 있다. 그러나 그 의미라는 것은 역사적으로는 철학에 위임되고 부과된 것이 아닌가? 즉 사람들이 이러한 철학적 사유로 되돌아가 관련을 맺을 때, 오히려 다른 것, 즉 최상의 것과 가장 필요한 것을 포기하는 것은 아닌가?

– 에드문트 후설, 2016, 358

후설은 유럽 학문의 위기를 진단하면서 전대미문의 인문학을 요청한다. 물론 후설이 그 이후까지를 상상해 제시한 것은 아니다. 심정(心情)을 움직이고 예감을 일깨우는 것은 정서적인 차원의 것이다. 고상한 양식은 안정성을 준다. 고상하지 않는 내용과 형식은 불안하지만 역동적이다. 역사는 무수한 목적 중 하나의 목적이 이룬 맥락이다. 확고한 확신은 그 하나의 것에 관한 것이다. 최상의 것, 가장 필요한 것은 언제나 지금 여기를 새롭게 통과한다.

로티의 사유는 '신실용주의'라고 말한다. 실용이라는 말은 현실의 삶에 직접 개입하는 것으로 거칠게 정리할 수 있다. 여기에 '신(新)'이라는 말이 붙은 것은 삶의 변화에 개입하는 언어를 전복한 데 있다. 즉 철학의 세계 변화와 시의 심성 변화라는 기존의 것에서 철학의 심성 변화와 시의 세계 변화라는 언어적 전회를 시도한다. 세계의 변화와 심성의 변화가 상호영향을 주고받는다는 것은 상식적인 것이었다. 로티는 둘이 굳이 연관될 필요가 없다고 말한다. 로티는 "어떻게 하이데거는 단어를 바라볼 때 단순한 사용이 아닌 힘을 갖는 기초적인 단어를 알아내는가?"라고 묻는다.

그가 유한하고, 우리처럼 시공간에 얽매여 있다면, 그가 그런 단어를 들었을 때 형이상학으로 되돌아가지 않으면서 기초적인 단어를 인식할 수 있다고 주장할 수 있을까? 우리는 그가 출판한 몇 안 되는 시(비록 많이 쓰기는 했지만)에 등장하는 시구에서 그의 대답에 대한 실마리를 얻을 수 있다. "존재의 시 – 인간 – 는 이제 막 시작되었다." 그는 인간을(혹은 차라리 유럽인이라고 하는 것이 나올지도 모르겠는데) 특정한 마지막 어휘에서 다른 특정한 마지막 어휘로 움직여 가면서 인생을 소모해 버린 사람이라고 생각하고 있다.

– 리처드 로티, 1996, 219

단순한 힘이 아닌 지향이 확실한 힘, 벡터의 힘, 힘의 벡터, 그 힘은 존재와 의식 전체를 이행할 수 있다. 매번 쓰이는 한 차례의 시, 한 차례의 존재는 이제 철학의 몫이 된다. 시는 공동체가 공감대를 형성하는 데 영향을 끼친다. 전체로 이행하는 시적 한 걸음은 새로운 위상과 지평을 개시할 수 있다.

이러한 개별적 발걸음들에서 판단을 억제하는 보편성 대신 전혀 다른 방식의 보편적 판단중지가 가능하다고 후설은 말한다. 세계 속의 삶 자체를 그리고 타당성들(비록 은폐되었든 명백하게 개방되었든)의 그물망에 의해 철저하게 관통하는 타당하다고 정립하는 작업 수행 전체를 일격에 작용 밖으로 배제하는 것, 즉 통일적인 자연적 태도로서 단적으로 단도직입적으로 영위되는 삶을 형성하는 작업 수행 전체를 일격에 작용 밖으로 배제하는 것이다.(에드문트 후설, 2016, 285)

세계와 존재는 전혀 단절되지 않은 채 서로 마주 본다. 하이데거는 여기에 '내'라는 상황, 노드를 놓는다. 이 노드는 서로를 잇기보다는 단절하는 데서 더 큰 역동성을 발현한다. 로티는 이 역동성이 삶을 풍성하게 만든다고 말한다. 로티가 지향하는 '자연'은 노드로서의 자연이다. 후설은 "삶의 방식을 제지해 타당하게 정립하는 실행을 억제함으로써 삶 전체의 태도를 완전히 변경하게 된다. 즉 전혀 새로운 방식의 삶이 획득된다."(에드문트 후설, 2016, 285)고 말한다.

겨를과 틈

장소가 무엇인지는 누구나 알고 있다. 그러나 그것을 말로 설명하는 것은 생각만큼 쉽지 않다. 시간에 대한 설명과 마찬가지이다. 시간을 설명하기 어려운 것은 추상성 때문이다. 그러나 장소는 매우 구체적이다. 시간과는 다른 결에서 언어로 옮기는 것이 어렵다. 장소개념 자체에 복잡성과 양면성이 있다. 한정을 넘어서는 행위에 의해 형성되는 것이 장소다. 그 의미 자체가 비개념적인 것이다. 장소는 다른 개념들과의 상관성 속에서 파악할 수밖에 없다.

장소의 개념을 설명할 때는 공간, 시간, 인간과의 관계를 종합적으로 파악해야 한다. 장소에는 공동체의 정체성뿐만 아니라 개별자들의 정체성이 결부되어 있다. 따라서 한 공간이라고 하더라도 개별자들마다 다른 언어로 설명될 수밖에 없다.

장소 속에서 비로소 의미를 발하는 것은 사람만이 아니다. 장소는 사물/사건, 주체/객체, 자아/타자 등의 모든 가능성에 열려 있고, 심지어 이런 것들이 전혀 없을 때에도 장소는 텅 빈 의미를 발할 수 있다. 제프 말파스는 "세계 자체가 장소 안에서 그리고 장소를 통해 모습을 드러낸다."고 말한다. 옥스퍼드영어사전에는 '장소'의 의미로 다섯 가지가 주어져 있다.

① 한정된 열린 공간, 특히 도시나 도회지 안에 위치한 경계가 있는 열린 공간
② 공간, 범위, 차원(dimensionality), 여지(room)와 같은 더 일반적인 의미(그리고 이런 의미에서 시간에 반하는 것으로서 공간의 특정 개념과 동일한 것으로 이해된다.)
③ 어떤 질서(공간적 질서, 혹은 위계적일 수도 있고 그렇지 않을 수도 있는 다른 종류의 질서) 안에서 위치나 자리
④ 나름의 특성을 지닌 구체적 현상(local)이나 환경
⑤ 그 안에 어떤 것이 존재하거나 누군가 살아갈 수 있는 벽돌집(adobe) 따위

장소에 대한 사전의 개념적 규정은 평면적이다. ①, ②는 공간-장소, ③은 약하기는 하지만 시간-장소 ④, ⑤는 인간-장소에 해당한다. 이들 평면적 장소는 '사물/사건-장소, 주체/객체-장소, 자아/타자-장소'로 확장할 수 있다. 장소들이 위상적 관계맺음을 통해 4차원으로 확장과 고양을 이뤄 낼 수 있다. 이것도 장소를 이루기 때문에 장소의 개념 규정은 사실상 불가능하다.

문어보다는 구어에서 주로 쓰는 '시방(時方)'이란 말이 있다. '지금 거기'에서 뭐하세요? 라는 물음은 '시방 뭐하세요?'로 고칠 수 있다. '지금 여기에서 밥을 먹고 있다.'는 답은 '시방 밥 먹고 있다'로 고쳐 말

할 수 있다. 시공(時空)성, 공시(空時)성을 이르는 말이 시방이다.

'공간'은 단순히 구간이나 차원의 뜻으로 쓰일 수 있을 뿐만 아니라 시간의 지속과 순간적인 물리 선상에도 사용할 수 있다. 시공간에서 좀 더 시간에 방점을 두면 '겨를(space of time)'이라고 말할 수 있다. 공간에 좀 더 방점을 두면 '틈(time of space)'이라고 말할 수 있다. 일상적으로 전자의 경우 주로 시간과 관련해서 사용한다. 반면 뒤의 것은 공간의 틈과 시간의 틈을 확연하게 구분해서 사용한다. 이것을 제프 말파스는 '차이드라움(zeitraum)'이라는 말로 쓴다. 독일어는 시간의 용어-차이트(Zeit)-공간의 용어-라움(Raum)-를 간단히 결합해서 하나의 단일한 용어로 '시공간'-'차이트라움(Zeitraum)'에 도달한다.(제프 말파스, 2014, 372)

> 장소들은 내적으로 분화되고 그 안에 등장하는 요소들의 견지에서 서로 연결된다. 반면 해당요소들은 다른 장소들과 연결된다. 그렇게 해서 장소들은 서로 나란히 놓이며 교차된다. 또한 장소들 속에 장소들이 포함돼 있어서 사람들은 어떤 장소 안에 자리 잡은 다른 장소를 찾아 장소의 안쪽으로 움직일 수 있다. 물론 좀 더 포괄적인 현장을 찾아 밖으로 움직일 수도 있다.
>
> — 제프 말파스, 2014, 48

차이트라움은 삶의 보금자리, 의미의 영소(nesting)에 머물러서는 역동적인 의미를 발현하기 어렵다. 제프 말파스는 장소들의 '영소'를 장소와 기억의 중요한 연결이라고 말한다. 이것은 분명 매력적인 언술이다. 그러나 그 연결 방식에 대해 구체적으로 언급하지 않는 것은 아쉬움으로 남는다.

단순히 품는 것만으로 영소의 역할을 담당했던 시대는 이미 지났다. 영소는 'Nest'보다는 'Net'를 지향해 가야 한다. 머문다는 것은 움직인다는 것이며, 움직인다는 것은 공간을 장소화하면서 머문다는 것이다. 시공이 함께하는 것, 동시적으로 작동하는 것을 우리는 시공의 뫼비우스의 띠로 상상 가능하다. 시간과 공간은 분명히 다르다. 그러나 하나만으로는 어떤 시간도, 공간도, 인간도, 의미도 구성할 수 없다.

마트료시카(Матрёшка): 인형 속의 인형

공간은 글자 그대로 '空'이고 '間'이다. 공간은 전무(全無)이자 태허(太虛)이다. 존재의 문제가 아니라 관점의 문제다. 공간은 행위에 적절한 공간을 제공한다. 그리고 적절한 행위에 의해서 공간은 장소가 된다. 행위의 수(스타일)만큼 공간은 동시에 여러 장소로 구현할 수 있다. 사물들은 다양한 방식으로 공간을 자신의 장소로 바꾸길 희망한다. 사물은 세계 속에서 의미를 찾을 수 있는 공간을 희망하며, 그 공간은 사물 스스로 공간으로 자리하면서 이중으로 획득 가능하다.

주체의 위치에 따라 다르게 보이는 공간은 주관적 공간이다. 이런 이유에서 주관적 공간은 관점(perspective)이라는 개념으로 규정할 수 있다. 주관적 공간은 태생적으로 관점의 공간이다. 물론 관점은 고정점으로 파악되어서는 안 된다. 그러면 객관적 공간의 다양한 측면이라고 해석될 수 있기 때문이다. 관점은 단순히 하나의 '점'으로 환원하지 않는 그런 개념이 되어야 한다. 주관적 공간은 관점의 공간이지만 이는 또한 일정한 방향성과 그 방향으로서 확장(변위)을 갖는 공간이기도 하다. 주관적 공간은 행위(이야기)가 이루어지는 '공간을 제공하는 공간'이다.(제프 말파스, 2014, 68)

파도에 의해 형성된 해안선은 지도에 남겨지는 객관적 공간으로 대위할 수 있다. 그 해안선을 따라 부서지면서 한 차례도 반복하지 않는 파도는 주관적 공간이라고 할 수 있다. 지도에 해안선으로 그려진 객관적인 것은 단 한 차례도 현실에 재현되지 않는다. 마찬가지로 현실에서 주관적 공간으로 구현되는 파도는 단 한 번도 객관적 공간을 구현하지 않는다.
    파도의 역동성(유동성)과 지도에 그려진 해안선의 안정성(규정성) 사이에 객관적 공간과 구체적 사물의 공간 그리고 둘의 연결공간도 포함된다. 이것을 고려하지 않고 단일한 구조로 환원하여 단일한 공간으로 파악하고자 하는 것은 공간을 개념화하는 것이나 마찬가지다. 주관적 구성요소와 객관적 구성요소를 모두 배제하는 결과를 낳을 수 있다.

> 우리가 구조를 이런 식으로 묘사하려고 한다면(어쩌면 그 일원성을 강조하려고 한다면), 우리는 그렇게 묘사된 '공간'개념에 어떤 내용을 부여할 수 없을 것이다. 그 구조가 필연적으로 상호의존적이지만 공통분모 없이 서로 다른 공간적 구조들을 포괄하기 때문에, 공간성의 어떤 단일한 형식도 하나의 전체로서 구조를 규정하는 데 적합하지 않을 것이다.
>
> — 제프 말파스, 2014, 91~2

    위계적으로 대상(사물/사건)을 파악하고자 하는 관점은 여전하다. 저마다 최선의 자리를 상정하고, 그것을 지향한다. 여기에 그친다면 위상성의 확대에 긍정적으로 기여하는 부분도 없지 않다. 그런데 최종적으로 자신의 것이 절대적 진리가 되기를 욕망한다. 비극 혹은 허무가 발생하는 지점은 다르지 않다.
    여기에서 우리는 행위의 주체이면서 의미 형성의 장(場)을 여닫는 우리 몸의 객관성과 주관성에 대해 생각한다. 육체라는 말과 몸이라는 말은 정신이라는 말과 마음이라는 말만큼 그 지향성이 다르다. 육체와 몸의 변곡 지점, 정신과 마음의 변곡 지점을 이중적으로 이을 때 우리는 특별한 역동성을 획득할 수 있다.

우리는 언제든 우리 자신을 비현실적인 공간에서 파악할 수 있다. 이때에 우리가 자리하는 주관적 공간은 객관적 공간과는 무관하지 않다는 것 역시 주지의 사실이다. 자신을 우리 경험의 주관적 공간으로부터 개념적으로 자신을 '분리하는' 능력을 우리는 지니고 있다. 이것은 주관적 공간이 객관적 공간에 포함된다는 것을 전제로 하는 것은 아니다. 개념적 분리가 가능하다는 것은 객관적 공간을 선험적으로 파악하고 있다는 것을 의미한다. 이러한 추상화의 능력을 베르그송은 "이미 하나의 동질적 매체……이른바 공간의 직관적 통찰을 내포한다."고 말한다.(제프 말파스, 2014, 83)

직관적 통찰은 겹침이나 파임, 연접과 같은 것을 순식간에 파악할 수 있는 능력과 결부한다. 에피파니는 단 한 차례 드러나는 공간의 한 속성을 지닌 찰나의 시간성이다. 그러니 긴 이야기가 틈입할 겨를이 없다. 가장 짧은 장소이미지만을 그려 낼 수 있다. 그 짧은 순간에도 이야기를 그려 내기 위해서는 우리는 동시에 두 개의 공간을 경험하지 않으면 안 된다. 우리의 몸은 물리적으로 두 개의 바깥 사이에 있다. 위를 지나는 단면도를 그리면 우리 몸은 도넛처럼 두 개의 공간사이에 있다. 데리다는 우리의 영혼이 두 개의 바람통 사이에 있다고 했다. 두 개의 바람통 사이에서 입체적으로 활동하기 위해서 최적화된 것이 뫼비우스의 띠다. 육체와 몸, 정신과 마음의 이중주, 이중나선 구조, 뫼비우스의 띠, 태극 등이 이를 이미지화한 것들이다.

현재들의 이웃

후설 현상학에서 시간의 핵심과 지평은 '현재'다. 우리는 눈에 보이는 햇빛의 양태도 명확하게 파악하지 못하고 있다. 어떤 사람은 입자라고 하고(공간성), 어떤 사람은 파동(시간성)이라고 한다. 시간과 공간을 우주에서 이야기할 때는 빛의 속도를 기준으로 삼는다. 빛의 속도보다 빠르게 달리면 시간을 되돌릴 수 있다는 상상은 영화 〈슈퍼맨〉을 통해 영상화되었다. 빛의 속도는 1초에 지구를 7.5바퀴 돌 수 있다. 이 이상의 속도로 자전의 반대 방향으로 돌면 이전의 자전 상태로 갈 수 있다는 상상이다. 또 우주의 거리는 빛이 일 년 동안 여행한 거리를 1광년으로 나타낸다. 시간이 빛이고 빛이 시간이다. 빛과 시간은 공간 없이는 존재할 수 없다는 점에서 시간과 공간과 빛을 우주에서 구분하는 것은 무의미하다.

후설의 현상학은 시간을 입자로 보고 사유를 전개한다. 빛의 입자는 현상학에서는 '지금'이 된다. 시간은 '지금' '지금' '지금' 이렇게 흘러가고 있는 것이다. 그 지금 중에서 특별한 인상을 받아 의미의 지평을 펼친 것을 '순간'이라고 한다. 이 순간을 우리는 근원 인상이라고도 한다. 순간이 지평을 갖게 되었을 때 우리는 그것을 '현재'라고 한다.

1878년 호지슨은 엄밀한 현재는 과거와 미래 사이의 구분선으로, 너무 짧아서 경험할 수 없다고 보았다. 그는 개념적인 현재와 몇 초에서 몇 분까지 지평을 갖는 현재를 분명하게 구별했다. 그런가 하면 클리어는 마치 유성의 자취가 '현재 속에 포함되어' 있는 것처럼 보이듯이 우리가 경험하는 현재는 근접한 과거의 일부라고 주장한다. 이 시간 간격을 '외견상의 현재'라고 정의 내렸다.(스티븐 컨, 2004, 201)

엄밀한 현재는 '순간', 실질적인 현재는 '현재'라고 할 수 있다. 경험의 현재, 의미의 현재, 의미의 장으로 현재의 '의미'를 부여할 수 있다. 현재의 위상은 다양하다. 비교적 긴 현재의 것은 '예술의 것'이 될 것이다. 예술이 현재의 지평을 확장하는 전략은 '무화(無化)'다.

작품 구성이 끝나고 집필을 앞둔 시점에서는 이야기 내용이 모두 작가의 머릿속에 들어 있기 때문에 어떤 순서로 이야기를 펼쳐 나갈지는 자유다. 그런 점에 비춰 볼 때 작가가 이야기를 처음 시점에서 시작하고 최종 시점에서 끝내는 것은 스타빈에게는 인위적인 관습에 불과하다고 여겨졌다. 구상이 이루어진 순간 작가의 마음속에는 처음과 끝이 모두 현재인 것이다. 이야기를 쓰는 데 시간이 걸린다는 사실이나 써 나가는 과정에서 저자가 주체를 발견해 간다는 사실은 그녀의 이론과 전혀 모순되지 않는다.

— 스티븐 컨, 2004, 218

세 겹의 현재는 작가의 현재(표현성), 텍스트의 현재(표상성)-지속되는 현재, 독자의 현재(형상성)-다양성의 현재다. 시간상으로 먼저 구성되는 것은 작가의 현재 즉 표현성의 현재다. 현재가 어떤 위상을 타고 구성되는가에 따라 입체적(다양한, 다원적인) 현재가 구현된다. 중심이 다양한 것이 아니라 중심이 흔들리기 때문에 매번의 현재는 매번의 다른 현재를 구성하게 되는 것이다.

전통사회의 신화적 공간에서는 '중심' 또는 '중앙' 개념이 중요하다. 중심 또는 중심부(hertland) 개념은 또한 미국 공간에서도 중요하다. 그러나 이동은 미국의 역사에서 또 다른 핵심 주제이다. 서부로의 사람들의 이동은 이상(理想)으로서 서부의 강렬한 매력과 결합되어 있으며, 이는 중심 개념이 주는 균형감을 왜곡시킨다. 그러므로 '농부의 주도'라는 용어는 일시적이다.

— 이-푸 투안, 2007, 164

위상학의 차원에서 시간은 개별 연속체를 이룬다. 지속을 통해 반복 가능성을 획득함으로써 자신만의 공간을 마련한다. 그리고 이 공간을 노드로 삼아 다른 연속체와 연결된다. 이 연결에 의해 다양한 위상적 차원에서 관계맺음이 가능하다. 이웃 연결에 의해 거의 모든 것들은 이웃이 될 수 있다. 관계맺음이 이루어지는 노드가 평면적일 때는 이웃은 평면에 머물게 된다. 연속체들과의 관계맺음이 변곡을 통해 이루어질 때, 노드는 입체화된다.

위상학적 공간에서 이웃관계는 물리적 거리의 멀고 가까움과는 연관이 전혀 없다. 마치 아파트의 이웃관계처럼 벽 하나를 사이에 두고 생활하지만 공유하는 것이 전혀 없다면 이웃이 아닌 것이나 마찬가지다. '전 지구적인 이웃관계'의 가능성이 역으로 열렸다. 위상학은 이웃 사이의 경계와 한계, 연속과 단속에 대해 탐색한다.

위상학은 개별현상들의 '변곡'적 연결에 주목한다. 양적 질적 차이는 위상학에서는 중요하지 않다. 관계맺음은 품고 있는 공간 즉 위치 관계와 밀접하게 관계한다. 하나의 공간을 품고 있는 토루소는 한 차례의 변곡을 통해 하나이면서 셋으로 구분된 뫼비우스의 입체가 된다. 이 입체가 품고 있는 공간의 다양성으로 인해 관계맺음의 수는 기하급수로 늘어나게 된다.

위상변증법의 지향과 현재는 누구도 종잡을 수 없다. 프랑스 파리의 친구와 연결되어 있는 현재와 인도나 브라질의 친구와 연결되어 있는 현재는 다르다. 우리는 언제 어디서든 다른 차원의 현재의 소통을 위한 '노드'가 될 수 있다. 위상학은 위상적 공간에 재현되는 개별 연속체 사이에 존재하는 이웃관계에 대한 연구라고 할 수 있다.(최광식, 2004, 351)

존재의 집

詩는 언(말, 言)과 사(절, 寺)로 이루어진 글자다. 시(詩)를 '사(寺)'

로 발음하지 않는 것은 사(寺)가 단순하게 음을 위해 쓰인 것이 아니라는 것을 반증한다. 사(寺)에 대한 해석을 크게 둘로 갈린다. 하나는 지(持)로 풀어 '언(言)'을 지키다, 보존하다로 푼다. 다른 하나는 글자 그대로 절, 사원으로 해석한다. 시(詩)가 지키고 보존해야 할 말은 현실의 언어가 아님은 자명하다. 인간이 모든 사물의 번역자가 되기 이전의 말들, 사물의 말들, 인간의 언어 이후의 것이다. 이것은 다분히 낭만적인 해석에 가깝다.

사(寺)를 절로 보면 시는 '언어의 사원'이라는 뜻으로 풀 수 있다. '말씀으로 절을 짓는다'로 해석할 수 있다. 하이데거가 한자를 알았는지 몰랐는지는 확신할 수 없다. 그런데 이와 비슷한 생각을 했던 것을 그의 논의에서 포착할 수 있다. 하이데거는 사원(temple)이란 말의 어원을 분석하면서, 근본적으로 "나누다, 분할하다"라는 말을 함축하고 있다고 보았다. 하늘과 땅, 음과 양, 신과 인간, 이성과 감성 등의 분할을 지향하는 것이 아니다. 그 사이에서 다채로운 언어가 생성됨으로써 인간은 새로운 감정과 분위기를 얻게 된다. 인간의 정서와 감수성은 이러한 감정의 흐름을 통해 풍성해진다.

'일상'은 가장 낯익은 양식으로 이루어지지만 그 가치는 낯섦에서 온다. 일상적인 것은 '사용—교환(가치)'의 모순 없이는 이해할 수 없다. 일상의 낯섦을 가리는 대표적인 것이 공간의 정치적 사용이다. 공간의 정치적 사용은 자원, 공간적 상황, 전략 등 사용가치를 최대한 복원시켜 준다.(앙리 르페브르, 2011, 508)

> 추상적인 공간 안에서 매우 구체적인 제약을 동반하는 일상성이 지속되는 한, 세부 사항의 기술적 향상(이동 시간의 단축, 속도, 상대적인 편안함 등)만이 감지되는 한, 공간들(노동의 공간, 여가의 공간, 주거의 공간 등) 분리되어 있다가 정치적인 기구의 개입과 감독하에서만 일시적으로

하나로 뭉치는 한, '삶을 바꾸자'는 계획은 잊어버릴 만하면 잠깐씩 표면으로 부상하는 정치적 구호에 그칠 것이다.

— 앙리 르페브르, 2011, 116

관리되는 시간과 공간, 인간은 규정된 공간 속에서 존재한다. 스포츠의 법칙에 맞게 이미 구조화되고, 능동적으로 찾아가지만 수동적 공정성을 발현할 기회를 박탈당한 장소 등이 자주 발생한다. 또한 이동성의 급증으로 공간은 이중, 삼중적으로 중첩한다. 정주성을 기반으로 하던 일상의 삶은 물론이고 전지구적인 삶의 지형 전반이 심대하게 변화하고 있다.

경제적, 사회적, 정치적 관계들의 특성을 지금까지와 다른 방식으로 사고할 것을 요구한다. 존 어리 등의 학자들은 이를 '모빌리티 전환' 혹은 '모빌리티 패러다임 전환'이라 부른다. 기존의 패러다임 전환은 역사적으로 정태적이고 고정적이었다. 모빌리티 패러다임 전환은 주로 비공간적 '사회구조'에 관한 사회과학을 넘어서는 '후기 학문적'이다.(조명래, 2015, 2) 속도의 중요성과 함께 장소 체험이 중요한 문제로 대두한다.

전문 연구 집단의 네트워크는 학문의 변화를 좌우하는 직접적인 요소에 해당한다. 일부의 혁신적 아이디어와 야망을 지닌 소수의 학자들이 새로운 이론과 접근을 토대로 학문의 변화를 가져올 수 있으나, 패러다임의 변화를 주도하는 것은 새로운 이론과 접근을 수용하려는 주류 연구 집단의 네트워크를 통해서 가능하다.

— 이용균, 2006, 98

학문은 객관적인 것을 지향하지만 결코 객관적이지 않다. 언어를 선택하는 데는 어쩔 수 없이 권력이 작동한다. 학문영역은 담론의 공간을 형성하면서 소통한다. 담론이 공평하게 주어진 적은 없었다. 지식의 언어와 힘의 지향 사이에서 진동하는 까닭에 아무리 객관적이라고 하더라도 담론의 장에서는 학문 역시 경향성을 띨 수밖에 없다. 학문은 자신의 객관성을 여러 가치 중 하나로 인정할 필요가 있다. 그래서 개념화에서 벗어나 사물의 '물성' 쪽으로 시선을 옮길 필요가 있다. 사물은 언제나 제자리를 지키면서, 진동하며 접근하는 주체와 대상에 따라 그 지평의 강도와 밀도를 달리한다. 돌은 대부분 단단하지만 때론 접근하는 대상에 따라 매우 부드러워지기도 한다.

> 직관적으로 작용 속에 있는 그러한 대상의 현존이, 정신 안에서의 어떤 내재적 내용들, 직관적 내용의 현전을 의미할 뿐이라면, 참된 대상, 실질적인 대상을 구성하는 것은 그러한 내용들이다. 이 경우 의식은 더 이상 독특한 현존 방식을 가지는 최상의 구체적인 현상이 아니다. 여기서 대상은 의식을 통해 지향된(의미 지어진), 지향된 대상으로 존재한다.
> — 엠마누엘 레비나스, 2014, 137

의식에 비치는 개별적 사물은 그 자체만으로는 무(無)다. 사물에 대한 지각은 지각의 장(場) 속에 있는 그 사물에 대한 지각된 이미지다. 그리고 본래 지각된 것은 하나로 새겨지지 않는다. 가능한 다양한 지각이 제시되고 이것은 체계적 다양체들을 지시한다. 개별적 사물이 '가능한 지각'이라는 개방된 지평을 통해서 지각 속에서 의미를 형성한다.

사물은 언제든 어떤 식으로든 지평을 갖는다. 이것은 이미지와 현상 사이의 소통으로서 지각 과정과 다르지 않다. 내적 지각 이외에 곧 사물의 영역의 사물로서 외적 지평을 가진다.(에드문트 후설, 2016,

305) 이 지평은 현실처럼 펼쳐지는 것이 아니라 전체가 문으로 구성되어 있어 열린다. 사물은 언제나 하나의 지평을 입체적으로 펼친다. 이것이 사물에 내재한 존재의 집이다. 세상에 모든 집은 존재가 잠시 머물다 가게끔 지어진다.

이마고문디

인간에게 주어진 일은 공간을 생산하는 것이라고 르페브르는 말한다. 인간이 생산하는 공간의 원본은 우주다. 이것을 최대한 추상적으로 배치한 것을 '이마고문디'라고 한다. 이마고문디는 우주의 원본이 재현된 공간이다. 이것을 삶의 세계로 본떠 와 공간을 실현하고, 이 공간에 맞는 실천을 양식화한다. 이렇게 공간에서 다양하게 실천된 것들은 이야기로 쌓인다. 쌓인 이야기의 정수는 '신화'가 되어 다시 우주의 '별자리(별의 공간)'를 마련한다. 이 순환의 변곡점에 자리하고 있는 것이 '집'이다. 모든 집은 건물이다. 그러나 모든 건물이 집이 되는 것은 아니다.

주택은 단순한 건물이다. 그러나 어떤 주택도 단순하지 않은 공간을 품고 있다. 그래서 주택은 언제나 하나의 장소이다. 현실적으로 집은 안식처를 제공한다. 공간에서 주택의 위계는 사회적 필요에 부응한다. 그리고 주택은 보호의 영역이며 기억과 꿈의 저장고다. 잘 지은 건축물이 "자아(self)와 짝을 이루는 세계(world)의 외형을 창조한다." 개인적 자아에게 세계는 집이다. 집단과 자아에게 세계는 사원, 시청, 광장 등 공공센터와 같은 공공환경이다."(이푸 투안, 2007, 268) 이러한 공통의 공공환경 속에서 자아가 나타나기 위해서는 자아가 스스로를 드러내야 한다.

자신의 몸이 추상적인 세계로부터 빠져나왔다고, 즉 그로부터 벗어났다고 여겨야 한다. 세계의 먹잇감이며, 수천 가지 위협에 노출된 자아는 스스로 몸을 피한다. 자아는 방어를 통해서 스스로를 격리시키며 접근을 금지한다. 자연에서 자아는 스스로 약하다고 생각하기 때문에 울타리를 세운다. 자아는 스스로가 강해지기를 원한다. 허구라고? 그야 물론이다. 요술 같은 일이다! 요술 같은 이 작업은 명칭보다 앞서는가? 혹은 그 반대로 명칭이 먼저이며 그 뒤를 따르는가?

― 앙리 르페브르, 2011, 304

꼭 같은 판에 찍어 놓은 것과 같은 다세대주택이나 아파트들은 거의 같은 공간을 품고 있다. 이 하나같은 공간들이 모두 다른 장소를 구현하고 있다는 것이야말로 '요술 같은 일'이 아닐 수 없다. 하나의 장소도 삶과 작용하면서 매번 다른 장소를 개시한다는 것 역시 똑같은 놀라움을 준다.

집의 인문성은 천문과 지리의 작용이 입체적으로 집적되면서 발현한다. 집은 사람을 닮고, 사람은 집을 닮는다. 공간재현 ― 재현공간 ― 공간실천 ― 실천공간 ― 공간재현……의 뫼비우스의 띠를 구현한다. 이 중심에 집이 자리한다.

공간의 전용과 재전유는 중요한 의미를 지니며, 새로운 공간의 생산을 위한 교육 자료가 될 수 있다. (자본주의) 생산양식이 위협받거나 재생산(생산수단이 재생산)으로 기우는 어려운 시기엔 새로운 창조(생산)의 시도보다 전용이 훨씬 설득력을 얻을 수 있다. 이 경우 공동체들은 형태적으로는 이전에 형성된 공간, 즉 공동체적인 삶을 위해 생산되지 않은 공간에 정착한다. 형태적인 부조화가 공동체적 삶을 위한 시도의 대부분을 실패로 이끌 수도 있다.

— 앙리 르페브르, 2011, 262

세 번 이상의 전유를 거치면 대상들(생산물)은 거의 처음 생산될 때의 목적을 갖기 힘들다. 공간은 공동체를 형성하고, 형성된 공동체는 새로운 공간을 창출한다. 기존에 획득한 형태적 부조화는 새로운 가능성 즉 아상블라주의 가능성을 높인다. 마찬가지로 공동체적 삶을 위한 시도는 실패와 성공 모두 새로운 가능성을 연다.

도시공간의 이율배반성은 비공동체적 공동체성과 맞닿아 있다. 아파트 거주 형태는 어떤 역사적 공동체보다 가장 가까이에 모여 사는 공동체다. 그러면서 역사상에 존재하는 어떤 공동체보다 옅은 정서적 공감을 가지고 있다. 현대인의 공간에 대한 애착은 따라서 자신을 중심으로 한 물질적인 특성에 매달려 있다. 공간에 대한 애착은 공간의 물리적 존재들에 의해 좌우되는 것이 아니다. 그 물리적 존재들을 엮고 있는 이야기가 내용의 망, 형식의 망을 이루면서 공간에 대한 사랑을 반영한다.

그 안에 들어 있는 것들은 거의 존재론적인 존엄성에 도달한다. 서랍이나 함, 옷장 등은 철학자-시인에 의해서 감지된 새 둥지, 조개껍데기, 구석진 곳, 동그라미 등 자연적인 유사물, 다시 말해서 가장 원형적인 형태에 접근한다.

— 앙리 르페브르, 2011, 200

집은 특권을 부여받은 개인적인 공간이다. 이 특권이 물질적인 것에 머물 때, 장소애는 자본으로의 환산과 연결될 수밖에 없다. 입체적 장소애는 신성성, 종교적 공간, 절대성이라는 장소화로 나아갈 필요가 있다. 바슐라르는 몽상을 통해 넘나드는 재현공간은 은밀하고 절대적인 공간이라고 했다. 사람이 가장 내밀하고 절대적인 공간으로서 마음을 품고 있는 것과 같이 집 역시 이러한 재현공간으로서 마음을 품고 있다.

집은 높아지는 곳이 아니라 깊어지는 것이다. 르페브르는 우주의 이미지 곧 이마고문디를 도시공간의 해석에 적용하면서 "경제적, 종교적, 정치적 한정 외에도 자신의 복제, 반향, 메아리를 통해서 자신을 지각하며, 높은 망루에 올라가서 스스로를 내려다봄으로써 성문에서, 종탑에서 스스로가 일구어 낸 풍경, 즉 자신의 작품 속에서 자신의 존재를 확인하는 것이다. 거기에 **가장자리 장식**을 더하면 직조가 완성된다."(앙리 르페브르, 2011, 347)고 말한다. 우주적 이미지를 완성하는 것은 거대한 중심이 아니라 가장자리로 흩어지는 별들이다. 우리는 우리의 집에서 우주의 별과 같이 하나의 가장자리 장식으로서 이마고문디를 언제나 다르게 그려 낼 수 있다.

이야기의 배꼽

시가 품은 공간과 시가 지향하는 공간은 똑같이 다르고, 다르게 똑같다. 똑같이 다르다는 것은 시가 품은 공간과 지향하는 공간은 모두 언어로 이루어진 것에서 기인한다. 다르게 똑같다는 말은 시가 품은 공간은 무(無)를 지향하고, 그 무의 공간이 지향하는 것은 이야기라는 데서 나온 것이다. 시가 지향하는 공간의 이중성은 시적 공간이 발현하는 위상성의 원동력이 된다. 시의 위상학적 공간은 현실의 언어와 이어지면서, 현실의 언어로부터 벗어나 있다.

위상학적인 것은 매번 다르게 현실을 맵핑(mapping)한다. 위상학적 질서(비질서) 안에서 실재성들은 위치와 관계의 구조로 전환된다. 이 속에서 현실은 여럿이 되고 언제나 새롭게 재구성된다.(김윤정,

2013, 825) 언어가 현실을 직접적으로 반영할 수 있는 것은 기존의 서사, 이야기의 장이 지닌 힘이었다. 시는 현실을 반영하는 것을 일부러 꺼린다. 그런데 이제 시는 현실의 반영을 '구성적으로'(플롯) 시도할 필요가 있다. 이것이 위상학적인 현실 맵핑에 해당한다.

미학성과 현실성의 결합으로서의 시적 원리를 구현할 때 거둘 수 있는 다양한 시적 효과를 탐색할 필요가 있다. 일상의 예술화를 지향하기 위해서는 대상을 미적대상으로 바라볼 수 있는 나름대로의 플롯이 필요하다. 일상은 진행의 문제거나 원인-결과의 문제거나, 시간적 라인의 결과물이 아니다. 일상의 의미는 '사후적'으로 구성되고, 재구성한다. 우리의 일상이 곧 최선의 텍스트로 쓰이도록 삶은 지향되어야 한다.

삶의 지향에 사후성의 개념을 대입하면 우리의 삶은 쓰기를 따른다. 텍스트 안에서 현전적 사태가 나타난다. 이것은 사후적으로 구성된 결과다. 과거는 미래에 의해 사후적으로 구성된다. 이런 의미에서 과거는 미래보다 늦게 온다는 역설이 가능하다. 같은 맥락에서 과거는 미래보다 늦게 온다고 말한다. 원인에 의해 결과가 도출되는 것이 아니라, 결과를 따라 원인이 재구성된다. 이것은 병인(病因)과 원초적 장면 등을 지배한다고 보는 것은 프로이트의 '사후성의 논리'다.

> 원초적 장면은 발병의 원인이지만 발병 상황에 의해 보충되고 구성되는, 따라서 발명의 원인이지만 발병 상황에 의해 보충되고 구성되는, 따라서 발병보다 늦게 오는 사건이다. 이 사후성의 논리 안에서 원초적인 것과 파생적인 것은 서로의 가능성을 조건 짓는다. 사후적 시간성의 세계인 텍스트에서 순수한 현전은 불가능하며, 나아가 형이상학적 이항 대립 역시 불가능하다.
>
> — 김상환, 2008, 107~8

사후적 시간성은 '텍스트'의 특성이다. 데리다는 사후적 시간성이 아닌 사후적 공간성의 사유를 시도한다. 그는 부재의 현전을 의미화 과정에서 보여 준다. 데리다가 주목하는 것은 '수행적 구조(structure performative)'이다. 이 구조를 가능하게 하는 것은 '언어적 사태의 배꼽'이다. 사람에게 배꼽은 분리의 흔적이다. 체조를 할 때 안전을 위해 까는 매트리스에서 '배꼽'들은 '쿠션'의 부재를 나타낸다. 그 부재(배꼽)에 의해 사람은 몸을 갖게 되고, 매트리스는 쿠션을 품을 수 있다.

동양의학에서는 배꼽을 제중혈(臍中血)이라고 한다. 혈 자리에서 가장 중요한 자리라는 의미다. 우리 몸의 혈 자리는 관점에 따라 360개에서 800여 개까지 본다. 이 혈 중에서 가장 중요하다는 제중혈에만 유일하게 뜸을 뜰 수 없고, 침도 놓을 수 없다. 데리다는 "모든 사실 확인적 경계는 그 자체가 어떤 수행적 구조, 적어도 암묵적인 수행적 구조에 의존한다."고 말한다. 수행적 구조에서 수행적 언어와 비수행적 언어의 구분은 무의미할 것이다. 아무리 강렬한 수행적 언어도 끝내 비수행적 언어로 귀결한다. 바르트와 데리다가 말하는 읽기나 쓰기는 언어가 이런 수행적 구조를 드러내는 사건, 오로지 언어만이 행동을 수행하는 사건이다.(김상환, 2008, 102)

수행적 언어는 현전의 언어다. 현전은 현재의 지평을 이루는 경계를 나타낸다. 기억과 기대의 현전이 동시적으로 상호작용하면서 현재의 지평과 위상을 형성한다. 비수행적 언어는 부재의 언어를 이룬다. 수행하는 언어, 수행되는 언어의 이중성은 언어에 의한, 언어를 위한, 언어적 시원의 순수성과 비순수성을 지향한다.

시를 쓴다는 것은 최선의 수행언어를 실현하는 것이다. 시를 쓴다는 것은 자기실현의 한 형식이다. 그것은 자기동일성의 확인 과정이기도 하다. 한 시인의 시학은 그가 태어난 고향, 곧 근원 회귀의 장소를 맴돌기 십상이다. 연어가 좇아가는 물의 향기, 흐름의 맛이 그렇듯 시인에게는 타고난 언어가 그러할 것이다.

시인의 고향 회귀와 향토적인 사투리에 실재(實在)에는 관념을 넘어서는 어떤 원초성이 깃들어 있다. 태생의 자연과 성장의 배경, 산과 강, 고향의 풍경과 인정, 풍속과 지리 등 자신이 확인되는 자리들을 시에서 어떻게 활용하는가 하는 것은 미적 판단의 문제이지만, 근원 회귀의 장소는 과거가 아니라 미래에서 결정되는 것이다.(김명인, 2006, 289) 과거에서 비롯한 기억은 이렇게 미래에서 비롯하게 된다. 기대는 과거로부터 기억을 마중하면서 현재를 흐름의 역동성 자체로 구성한다.

4. 네트워크

그물

개인의 기억과 공동체의 기억 모두에는 하늘의 별만큼이나 많은 별들이 있다. 그 별들은 아주 소수만 빛을 발하고 있다. 이런 기억들을 엮어 올리는 것이 플롯 곧 서사 전략이다. 기억과 어울리는 서술어는 '잊다', '떠오르다', '묻히다' 등이다. 조금 수사를 발휘하면 가라앉다, 흩어지다, 모으다 등도 가능하다. 기억은 어디에 어떻게 가라앉아 있다가, 언제 어떻게 떠오르는가.

서사의 바탕은 시간이다. 그리고 지향점은 공간을 장소화하는 데 있다. 장소화에 결정적으로 작동하는 것은 경험의 시간이라고 할 수 있다. 서사는 기억의 시간에 세부적이고 구체적으로 연결되어 있다고 할 수 있다. 서사는 시간의 아포리즘적 성격을 적극적으로 활용해 시간의 품을 넓힌다. 가령 양자적 시간과 우주적 시간은 양립 불가능하지만 엄연히 함께 존재한다. 그 사이를 변곡해 잇는 것이 경험시간이라는 것을 부정하고 나면 그 대안을 제시하는 것은 거의 불가능하다. 그리고 이 경험시간이 현상학적 시간인가, 인지적 시간인가에 따라서 의미의 지향은 달라진다.

> 시간과 공간이 서로 연관된 차원의 형식들로서 함께 이해되어야 마땅한 것처럼 서사 역시 시간과 연결될 뿐 아니라 공간과도 연결된 것으로 이해되는 것이 옳다. 서사가 하나의 공간이나 지역의 일원성을 파악하고 분명히 하는 수단을 제공하듯이 서사 자체는 그런 공간적이고 지형적인 구조들과의 관계에서만 성취될 수 있다.
>
> — 제프 말파스, 2014, 243

기억은 의식류에 가라앉아 있다. 의식의 지향성, 서사의 의식지향성에서 흐름의 강도와 밀도에 따라 떠오르는 기억의 종류는 다르다. 서사는 흐름의 정체성을 형성한다. "당신은 어떤 이야기를 품고 있습니까?", "당신에게는 어떤 이야기가 흐르고 있습니까?" 정체감을 중심으로 과거와 미래로 연결할 경우 중심 맥락을 상정할 수밖에 없다.

하나의 서사 혹은 일단의 서사와 정체감의 연결은 일종의 관념 가운데 하나다. 그렇다고 자아 정체성이 사람과 장소의 단순한 동일시로 환원될 수 있는 것은 아니다. 장소 안에서는 주관성과 정신적 삶의 근본 토대가 장소와 위치의 견지에서 이루어진다. 이것은 주체의 정체성 확립보다는 자기개념화가 이루어지는 방식에 따라 좌우된다고 할 수 있다.(제프 말파스, 2014, 234) 개인의 정체성과 공동체의 정체성 형성에서 서사의 지향성은 각각 심화와 확장의 지향을 취한다. 그러나 이것은 기존의 것처럼 주관성과 객관성으로 자르듯 나눌 수는 없다.

주관성은, 문화와 사회에서 발견되는 상호주관성은 물론이고 자아 주관성 모두 체현되고 공간화된 활동의 견지에서 그런 활동과 근본적으로, 그래서 장소의 구조 안에서, 그리고 구조를 통해 연결되는 개인적인 문화적 서사의 견지에서 작용할 수밖에 없다. 그럼에도 불구하고 장소 자체가 서사적으로 구조화된 인간 주체들의 개인적이고 집단적인 활동을 통해 객관적이고 물리적인 환경 안에서 효력을 갖게 되고 명확해진다.

— 제프 말파스, 2014, 239

장소 정체성과 장소 구체성은 구체적 관념이라고 할 수 있는 플롯으로 녹아든다. 이 플롯을 통해 언어는 장소성을 확보한다. 관념들은 주관과 객관의 변곡을 통해 구체적인 것들과 다양하게 연결된다. 그러면서 '공동체의 문화 서사'는 다양하게 분화한다. 우리 정체성은 장소의 포괄적 구조 안에서 주관성과 정신적 삶의 구조화를 통해 특정 장소나 위치와 관련을 맺고 있다. 특정 장소는 우리의 자기개념과 자기 정체성 안으로 변곡해 들어오게 된다. 객체와 다른 사람들, 혹은 무엇보다 우리 자신과 조우할 수 있는 장소의 파악에서, 그리고 그런 장소의 파악을 통해서 우리의 위치 파악이 가능하다.(제프 말파스, 2014, 230)

우리는 다른 사람을 알아 갈 때 어느 지역 출신인지를 묻는 경우가 많다. 장소에 대한 공유는 인간적 연대를 강화하는 데 현실적으로 크게 기여하고 있다. 소위 '지연'이라고 하는 것은 전근대적 관계맺기의 하나라고 치부한다. 사회관계망이 발달한 시대에는 더 설득력을 얻고 있다. 하지만 기존과는 다른 층위에서 '자연'이라고 하는 것은 관계의 모빌리티에서 그 새로운 가능성을 모색할 필요가 있다. '지리'에 기반한 연대, 모빌리티는 다른 것들에 기반한 것과는 다른 위상성을 지향할 것이다.

시공간 연속체

1916년 아인슈타인은 우리가 진정성 있는 의미를 지향할 때는 애매한 '공간'이라는 모호한 용어는 피해야 한다고 말한다. "공간으로부터는 어떠한 사소한 개념조차 구성할 수 없음을 솔직히 시인해야 한다.

'공간'이라는 말은 '구체적인 강체(剛體)와의 상관적 운동'이라는 말로 대체 되어야 한다."(스티븐 컨, 2004, 343) 공간을 '구체적인 강체(剛體)와의 상관운동'이라고 한다면 여기에는 공간적 개념과 시간적 개념이 복합적으로 담겨 있다고 할 수 있다. '강체'라는 공간적 개념, 상관적 운동이라는 시간적 개념이 하나를 이룬다.

> 세계를 하나의 공간-시간 연속체로 이해하는 일은 지금도 어렵지만 당시에는 정말이지 어려운 일이었다. 이 이론은 서구사상의 토대에 놓여 있는 오래된 범주들의 구별을 무너뜨렸다. 19세기는 시간과 공간이라는 형식이 관찰자의 정신적인 틀에 의해 결정된다는 칸트의 이론은 제 것으로 만드는 과정에서 갖은 고생을 해야 했다. 하지만 칸트는 물론 뉴턴을 비롯한 고전물리학세계도 시간과 공간이라는 형식이 서로 교체될 수 있다는 식의 이야기는 절대 하지 않았다.
>
> — 스티븐 컨, 2004, 503

세계를 하나의 공간-시간 연속체로 이해할 수 있는가? 사람은 모두 다른 '강체'들이다. 그것은 사람마다 시간이 다르기 때문이며, 처한 공간의 '질(분위기)'도 모두 다르기 때문이다. 공간의 질은 '좋다/나쁘다'로 이분되지 않는다. 공간은 긍정적 부정공간, 부정적 긍정공간으로 분화한다. 긍정과 부정의 강도에 따라 훨씬 다채로운 위상을 갖는 것은 당연하다. 또한 여기에 이 긍정적 부정공간에 대한 긍정/부정, 부정적 긍정공간에 대한 부정/긍정이라는 판단이 더해짐으로써 분위기는 더욱 다층화한다.

결절점, 절점은 노드(node)를 번역할 때 쓰는 말이다. 질점은 "유한요소 해석(Finite element analysis)에 있어 필수적인 요소망(mesh)을 구성하는 유한요소(finite element)는 물체의 형상을 유한개로 나누어 세분화시킨 작은 기하학적 영역 하나하나를 일컫는다." 유한요소는 그 형상, 절점 혹은 요소차수(element order)에 따라 구분된다. 2차원(면)의 경우를 예를 들면, 형상에 따라 삼각형, 사각형 요소로, 차수에 따라 1차, 2차 혹은 고차요소로 구분된다. 그리고 3,4,8혹은 9절점 요소로도 구분하는데, 여기서 숫자는 한 요소가 가지는 절점의 개수를 나타낸다.(midas HFY)

질점은 질량을 갖지만 공간적 퍼짐을 갖지 않은 단일점이다. 질점의 역학은 공간적 퍼짐을 가진 물체의 질량을 1점에 집중시켜 이것을 질점이라고 부른다. 질점의 운동은 작용하는 힘에 의해 변화하는 데 그 상태는 뉴턴 운동의 3법칙, 달랑베르의 운동방정식 및 에너지보존법칙에 의해 기술된다.(Daum 백과사전)

질점이라고 간주할 수 없는 물체, 즉 크기를 무시할 수 없는 물체를 역학적으로 논하려면 이것을 질점의 집합이라고 생각해야 한다. 특히 물체를 구성하는 각각의 질점 사이의 거리가 절대로 변하지 않는 이상체를 생각하고 이것을 '강체'라고 한다. 따라서 강체는 질점계의 특별한 경우이므로 질점계에 성립하는 역학의 관계성을 적용할 수 있다. 더욱이 상호거리불변의 조건에 따라 그들의 관계식이 매우 간단하게 된다. 즉, 강체의 경우 공간 내의 임의의 1점이 상호거리불변 때문에 일직선상에 없는 3질점의 위치가 정해지면 완전히 그 위치가 결정되므로 3질점의 자유도는 6개로 되어 강체의 운동의 6개의 독립된 미분방정식의 의해 정해진다.(기계공학대사전)

"모든 것에는 제자리가 있고 모든 것은 바로 그 자리에 있어야 한다"는 새뮤얼 스마일스의 설교는 구질서를 잘 표현하는 것이다. 만물이 제자리에 있다고 믿는 것은 위안이 된다. 헤테로토피아를 적극적으로 품어 낼수록 자리는 불안하고 불편해진다. 긍정적 부정공간을 긍정했다는 것은 곧 공간을 그 안에 들어 있는 것보다 덜 중시하는 종래의 공간관을 거부한 것이었다. 형태의 재구성은 곧 공간 속 대상들을 틀에 박힌 위계 안에 넣어 버리는 전통질서의 거부였다.(스티븐 컨, 2004, 728)

전통공간관은 공간에 대한 새로운 해석을 위한 '선입견'으로 충분히 활용할 수 있다. 주로 부정적인 측면만 강조되었던 공간을 새로운 해석 과정에 놓음으로써 그 역동적 측면을 충분하게 드러낼 수 있다. 선입견은 공간적 차원에서는 그 긍정성을 적극적으로 강조할 필요가 있다. 그리고 둘 사이에 긍정적 부정공간과 부정적 긍정공간이라는 새로운 선입견적 통로도 놓을 필요가 있다.

> 니체가 의식이 명료했던 최후의 시기에 통찰한 생활과 예술에 대한 위대한 디오니소스적 '긍정(yeasaying)'을 시작하는 데는 한 세대의 과학자, 예술가, 철학자들의 불철주야의 노력이 필요하다. 낡은 형상의 붕괴는 관점주의와 긍정적 부정공간의 긍정과 더불어 다양한 위계들을 평준화시켰다. 공간경험에 있어서의 이러한 변화들은 인습과 습관이 특권적인 관점, 장소 형상을 지정할 수 있다는 관념과 충돌했다.
>
> — 스티븐 컨, 2004, 510

이제 모든 것들은 삶의 과정, 해석의 과정 속에서 새롭게 검토되어야 한다. 건축가나 예술가의 눈으로만 아니라 일상인의 시선에서 그려 내야 더 다양한 위상에서 삶을 펼칠 수 있다. 당대의 가치와 현실의 가치 그리고 미래의 가치까지 입체적으로 반영하면서 재구성할 필요가 있는 것이다. 위계들의 평준화를 통해 다양한 위상성을 펼칠 수 있다. 아폴론의 규정적 긍정성과 부정성, 깨임과 취함의 긍정성과 부정성, 디오니소스의 비규정적 긍정성과 부정성을 동시에 고려할 수 있어야 한다. 공간의 아포리즘에 대한 탐구를 새롭게 시작할 때이다.

공간을 욕망하는 몸

욕망(慾望)의 태도와 지향의 본질에 자리하고 있는 것은 '망(望)'이다. '하고자 하다' 즉 욕(慾)에서 방점이 찍히는 자리는 '능동성'이다. 반면 '바라다' 곧 망(望)은 마음으로 기대하는 것이다. 의미는 수동성으로 기울면서 발현한다. 인간의 '욕망' 중 시간에 대한 것은 지극히 추상적이며 비상식적인 것으로 취급한다. 인간에 대한 욕망은 대단히 변화가 심하고 역동적이다. 이와 달리 공간에 대한 욕망은 매우 구체적이고 상식적이기까지 하다.

공간은 권력을 드러내는 가치 그 자체였다. 새로운 가치세계와 함께 공간은 등장한다. 가치세계에 등장한 공간은 장소화를 속성으로 한다. 경제의 흐름을 대변하는 것으로 인식되는 화폐의 가치는 흐름을 속성으로 하는 장소화를 지향한다. 우리는 조금 더 나이가 들어가고, 수입이 늘어나면서 더 넓은 공간을 차지하고 싶어 한다. 공간이 곧 인간을 대변할 수 있다는 생각이 현실화된다. 공간은 비어 있는 곳이 아니다. 무언가로 가득 채워져 있다.(박승규, 2010, 703)

욕망은 '사물·사건'에 대한 태도를 전제로 삼는다. 태도는 시간과 공간의 틈을 메우는 몸에 배인 행위와 관련이 깊다. 그 행위는 힘 즉 벡터를 통해 지향성을 획득한다. 이러한 욕망의 움직임, 쏠림은 '바라보다'라는 말과 함께 태도와 지향을 동시에 갖게 된다. 바라다는 것은 욕망이 구체화되기 전이다. 욕망이 태도와 지향을 가질 때 어울리는 술어가 '바라보다'다. 이 말을 실행함으로써 욕망을 구체화하고, 욕망의 실현 가능성을 높인다.

집을 둘러싼 공간의 확장 욕망에서 이동하는 집을 통한 공간의 무한 확장으로 거주의 모빌리티는 급증하고 있다. 오늘날 공간에 대한 욕망은 다변화하고 있다. 과거에는 자신의 소유지를 넓히는 방향으로 공간에 대한 욕망은 집중되었다. 톨스토이의 「사람에게는 땅이 얼마나 필요한가」는 이를 잘 보여 주는 글이다. 해가 걸린 동안 죽을힘을 다해 달려 누구보다 넓은 땅을 끝내 갖게 된 빠훔은 세상에서 꿈꿀 수 있는 가장 넓은 땅을 갖는 순간에 최후를 맞는다.

> 머슴은 삽을 들고 빠훔의 무덤을 판 뒤 거기에 그를 묻었습니다. 머리에서부터 발끝까지 그가 차지할 수 있었던 땅은 정확히 2미터 가량밖에 되지 않았습니다.
>
> — 톨스토이, 「사람에게는 땅이 얼마나 필요한가」 끝부분

현대에 와서는 이동성 증대와 맞물려 공간의 욕망에서 욕망의 공간으로 전환하고 있는 추세다. 집에 대한 욕망 못지않게 현대인을 사로잡는 것은 '이동성'에 대한 욕망이다. 자가용 자동차가 일반화되었다. 바다에서는 요트에 대한 욕망이, 공중으로는 자가용 비행기에 대한 욕망이 펼쳐지고 있다.

이러한 모빌리티에 대한 욕망이 위계적으로 작동할 경우, 이것은 계급화할 가능성이 높다. 위상적 욕망으로 변곡해 다변화할 필요가 있다. 소유의 욕망에서 향유의 욕망으로 전유할 때, 우리는 다채롭고 다양한 가치를 지향하는 미래의 삶을 기대할 수 있다.

몸의 수수께끼, 가까운 것 같으면서도 심오하며 '주체'와 '대상'을 넘어서는(그리고 이 두 가지의 철학적 구분을 넘어서는) 몸의 비밀은 몸짓이나 리듬[선(線)적, 주기적]의 반복으로부터 '무의식적으로' 차이를 생산한다는 점이다. 몸이 알지 못하는 공간에서는 가깝게 있든 멀리 있든, 이 역설적인 반복과 차이를 결합, 이 근본적인 '생산'이 쉬지 않고 이루어진다. 사실 이는 극적인 비밀이 아닐 수 없는 것이, 이렇게 해서 만들어진 시간은 새로운 것을 가져다주며(미성숙과 성숙 사이의 움직임 속에서), 따라서 노화

와 죽음도 가져다주기 때문이다. 말하자면 끔찍하고 비극적이며 최종적인 반복인 것이다. 요컨대 지고의 차이이다.

— 앙리 르페브르, 2011, 559

우리의 몸은 생산을 쉬지 않는다. 근본적인 생산의 장소다. 몸의 위상적 특성은 너무도 확실하게 근접해 있는 것들의 '신비성'에서 찾을 수 있다. 몸에 대한 욕망은 그 접근 가능성 때문에 강하고, 그 신비성으로 인해서 타자의 것보다 약하다. 그것이 몸의 위상성 곧 '지고의 차이'다.

카니발의 장소성

'카니발'은 공간을 장소로 만드는 데 특별한 힘을 지니고 있다. 축제는 전체성을 깨뜨리는 것, 파괴를 수반한다. 축제는 상징적이기보다는 알레고리적이다. 기존의 것을 깨뜨리고(나무를 썰어서) 태우는 것(나무보다 크고 뜨겁게 타오를 수 있는)이다. 그 자리에 남은 '재'야말로 장소성의 증좌가 된다. 그 '재'에서 불멸의 피닉스는 날아오른다.

축제는 공간감과 장소감을 형성하는 토대다. 공간은 인간의 생물학적 사실에서 기인한다. 장소는 개인의 경험뿐만 아니라 공동체의 경험 그리고 기존하는 다양한 이야기를 통해서 다채롭게 엮이고 흐른다. "인간의 생물학적 사실들에서 기인하는 공간과 장소의 경험을 기술하고, 인간이 공간과 장소에 의미를 부여하고 그것을 조직하는 방식을 이해하"(신성환, 2011, 358)는 것은 삶을 이해하는 하나의 유력한 방식이다.

오늘날 공동체의 축제(현대적 축제)는 일탈을 용납하지 않는다. 정해진 규칙에 따라 참여하는 것은 구경하는 것이다. 아직도 남아 있는 거의 유일한 축제 중의 축제는 '스페인의 골목 소몰이 축제'일 것이다. 매년 1~2명의 사망자가 나온다. 다수의 부상자가 나온다. 옛날 광주의 칠석동 고싸움에서도 중상을 입은 사람을 한쪽에 눕혀 놓고 사력을 다해 고를 부딪쳤다고 한다. 싸움이 끝났을 때야, 정신을 차린 사람들은 다친 사람을 병원으로 옮겼다고 한다. 축제가 거의 빠짐없이 '술'을 동반하는 것은 디오니소스적 무질서에 가장 빠르게 닿을 수 있기 때문이다. 그 무질서에는 누구도 예측할 수 없는 '변화성'이 있다. 참여자는 전혀 다른 사람으로 돌변한다.

> 객관적 공간 안에 있는 서로 다른 위치라는 개념 – 확장된 시공간적 틀 안의 서로 다른 상황들이라는 개념 – 을 파악함으로써 우리는 위치나 방향에서 그런 차이를 통해 경험의 차이라는 가능성을 파악할 수 있다. 공감을 통해 우리는 위치상의 그런 차이가 빚어낼 차이를 상상한다. 그렇게 해서 "우리 자신이 타인의 입장에 선다." 하지만 그런 공감적 사고는 우리가 타자를 생각하는 데 중요한 요소이기는 하지만 그 자체가 타자에 대한 우리의 사고가 발견되는 것으로 구성하지는 않는다.
>
> – 제프 말파스, 2014, 195

자기를 타자화하는 방식은 크게 두 가지로 나눌 수 있다. 처음인 언어를 사용하거나 잊혀진 언어를 새롭게 호출함으로써 스스로를 낯선 위치에 자리하게 하는 것이다. 전자는 시적 언어로서 첨단에서 날카롭게 언어를 파낸다. 후자는 서사적 언어로서 저변에서 그물질을 하듯이 언어를 끌어올린다.

가장 높게 날아올라 새로운 자신과 마주할 수 있다는 기대와 가장 깊게 내려가서 가장 넓은 자신을 만날 수 있다는 기억 경험이 동시에 작동할 때 우리는 가장 넓은 진폭을 가진 자신을 구성할 수 있다. 그 사이에서 다채로운 스타일을 구현하면서 주체를 타인의 입장에 서게 하고, 또 타인을 주체의 입장에 서게 한다. 타인이 된 주체가 주체의 입장에 서 보거나, 주체가 된 타인의 입장에서 타인을 바라보는 시선 까지도 획득하게 된다.

대체를 통해 달성된 일원성은 병치에 의지한다. 그러나 우리가 왜 그런 명백한 '순환성'을 문제 삼아야 하는지는 분명치 않다. 데이비드 슨이 언급한 감각 구조는 주관성, 상호주관성, 객관성을 포괄한다. 이 세 가지 요소로 구성된 하나의 단일 구조이며 각 요소는 서로 의존하지만, 그로 인해 더없이 알기 쉬운 것이 감각 구조다. 그 구조는 정확히 서로 다른 요소들의 상호작용을 통해 형성되며 그 일원성은 그들의 구조적 상호작용을 통해 주어진다.(제프 말파스, 2014, 253)

사물은 단독성을 기본으로 한다. 그러나 단독성을 시간이나 공간차원에서 획득하는 것은 아니다. 사물성의 획득은 상호적이라는 점에서 사물의 단독성은 추상적인 개념으로만 남는다. 사물의 단독성은 오직 관계 속에서만 획득이 가능하다. 또한 그 관계에서 스스로 보충물(대리 보충물)이 됨으로써 다른 사물과 결합한다. 멀리에서는 하나(숲), 가까이에서는 무한(풀 한 포기, 나뭇잎 하나)에 가까운 다수 되기를 사물의 관계는 지향한다.

나선의 방향은 내부에서 외부로, 외부에서 내부로, 좌에서 우로, 우에서 좌로 향한다. 모든 가능성이 존재하고, 확률 역시 동일하다. 고둥 껍데기 나선을 구성할 때 뒤러는 기하학적 공간에 위치해 있었다. 이 것은 생물학적 공간도 시간화된 공간에도 있지 않았다. 그런데 1600년에는 물이나, 물에 사는 실제 고둥 껍데기의 나선 방향은 주로 오른쪽으로 향해 있다는 사실이 알려졌다.(카린 레온 하르트, 2010, 183) 사람의 몸에서 가장 쉽게 확인할 수 있는 나선은 '가마' 곧 정수에 있는 머리카락의 회전이다. 칸트는 사람들의 정수리에 나 있는 머리카락 회전 방향의 일관성에 대해 관심을 보인 바 있다. 머리카락의 회전 방향은 왼손잡이와 오른손잡이가 다르다는 설이 제기되고 있다.

나선의 타오름을 개별자들은 저마다 각기 다르게 경험해 왔다. 그런데 역사 이래 가장 거대한 타오름의 축제가 대한민국에서 벌어졌다. '촛불혁명'이 바로 그것이다. 멀리서 100만 개의 촛불은 도시 하나를 거대한 타오름으로 불 밝힌다. 그리고 유사 이래 가장 커다란 타오름에 한발 한발 다가서면 거기에는 오롯하게 타오르는 100만 개의 촛불이 한 차례도 반복할 수 없는 흔들림으로, 한 자루의 촛불로 타고 있다.

Things; ~하는 것, ~인 것

어떤 것(things, 사람, 사건)을 감각·지각하는 지금을 순간(근원인상)으로 삼아 현재의 지평이 열린다. 다양한 감각과 지각 중에서 '눈'은 현재성을 획득하는 데 결정적인 역할을 한다. 1차 세계대전이라는 미증유의 사건을 거치면서 시간인식 자체에 대한 변화도 가져오게 된다. 이 전쟁부터 작전이 동시적이고 입체적으로 이루어진다. 그것을 가능하게 한 것이 시계의 활용이었다. 전쟁이 벌어지는 모든 지역으로 동시적, 전쟁의 지평 확장이 가능하게 되었다. 눈앞에서 벌어지던 전쟁이 소리를 통해 사방으로 퍼져 나갔다.

우리는 현재를 눈으로 볼 수 있다고 믿는다. 현재는 시간·공간으로 이루어졌다. 시간도 공간도 우리는 눈으로 볼 수 없다. 따라서 현재는 시간과 공간 안에 있지 않다. 그렇다고 현재가 시간과 공간 바깥에 있는 것도 아니다. "보이는 현재의 앞, 그 뒤, 그 주변에서 현재의 가시성과 경합할 수 있는 것은 아무것도 없다. 그러나 보이는 현재는 단독으로 존재하지 않는다. 보이는 현재는 전체가 아니다."(메를로 퐁티, 2004, 164) 보이는 것은 보이지 않는 것에 기대고, 보이지 않는 것은 보이는 것에 의탁한다. 그 사이에서 현재는 발생하고, 지평을 얻는다.

시간과 장소는 언제나 저 너머로 펼쳐진다. 시간과 공간은 보이는 현재의 이면을 이룬다. 보는 주체인 나는 언제나, 동시에 보이는 대상이기도 하다.

메를로 퐁티는 세잔을 분석한 적이 있다. 세잔은 시선의 너머로 확장하고 변화하는 공간을 포착하기 위해 고투했다. 하나의 질서가 솟아오르는 인상, 예술작품 안에서 대상이 우리 눈앞에 떠올라 스스로를 조직하는 인상을 창출해 낼 수 있었다. 대상이 특정한 형태를 취할 때는 특정한 시간에 의해서다. 시선이 시야에 던져져 대상 주변을 어슬렁거리다가 마침내 대상이 공간에서 자리를 잡고, 우리의 경험 속으로 통합될 때 세잔은 대상을 공간 속에 실현시켰다. 따라서 세잔에게 있어 공간 속의 한 대상은 관점을 조금만 이동하더라도 극적으로 변화하는 복수의 창조물이다. 대상이 움직이는 만큼 그것을 제대로 포착하기 위해서 눈은 끊임없이 움직여야 한다.(스티븐 컨, 2004, 359)

대상은 시선에 따라 다양한 대상들로 분화한다. 시선의 주체는 움직이는 사람이다. 이 시선의 주체는 감각의 '눈'과 지각의 '눈'이 겹쳐 있다. 인간의 시선이 지닌 가치는 잠자리나 파리처럼 대상을 여러 개로 구분해서 보는 겹눈에서 찾아지는 것이 아니다. 인간은 외부와 내부를 동시에 볼 수 있는 특별한 겹눈을 가질 수 있을지도 모른다.

대상의 복수성을 (대상)2 으로 나타낸다면 주체 시선의 복수성은 겹복수성으로 (몸)2×(마음)2이다. 따라서 움직이는 중층의 겹눈이 복수성의 대상과 만나는 다양성의 경로는 (대상)2×(몸)2×(마음)2으로 표시할 수 있다. 이렇게 기하급수로 늘어난 시선이 동시에 통과하기 위해서는 현재의 지평 확장만으로는 부족하다. 현재는 두터워질 필요가 있다.

가장 뚜렷하게 새로웠던 것은 현재 감각으로, 현재는 되당김(과거)과 미리 당김(미래)을 더하여 시간적으로 두터워졌으며, 가장 중요하게는 공간적으로도 확대되어 동시성이라는 방대한 공통경험을 창출했다는 점이다. 현재는 더 이상 과거와 미래 사이에 꽉 끼여 있는 장소의 한 사건에만 한정되지 않게 되었고, 또한 국부적인 주변에 한정되지도 않게 되었다. 함부로 끼어드는 전자 통신시대가 되자 '지금'의 시간간격이 넓어져서 세계 여러 곳의 사건들이 거기에 담길 수 있게 되었고, 반드시 포함되어야 했다.

— 스티븐 컨, 2004, 762

아인슈타인의 상대성이론은 우주공간에서 시간과 공간은 분리되어 있지 않다는 것을 밝혔다. 이를 바탕으로 '시간·공간'의 통합적 인식이 광범위하게 시도되었다. 그러나 지구 표면에서는 여전히 뉴턴의 운동법칙이 사리에 맞는 것처럼 보인다. 상대성이론은 일상생활에 큰 변화를 주지 못했다. 하지만 '지금·여기'라는 현재가 시간성에서 공간성으로 전회할 수 있는 토대가 마련됨으로써 장소성을 새롭게 인식할 수 있게 되었다. 시간이 공간성을 획득함으로써 시간 지평의 확장이나 심화/고양과 같은 용어를 사용할 수 있게 된 것이다.

전쟁에서는 특별한 시·공간이 펼쳐진다. 1차 세계대전을 전후해 현재 감각에 있어서 가장 뚜렷한 특징의 하나는 현재의 시간적 지평이 칼끝과 같은 순간에서 지평으로 바뀌었다는 점이다. 하나의 연장된 간격으로 과거와 미래 사이에 낀 현재에서 점점 두터워져 과거와 미래의 일부까지 포함하는 현재로 바뀌었다. "베르그송의 지속, 제임스의 외관상의 현재, 후설의 되당김이라는 후광과 미리 당김이라는 숲 장식, 거트루드스타인의 연속적인 현재 등은 모두 현재라는 시간 간격에는 과거로부터의 흐름과 미래에로의 흐름이 포함된다는 것을 함축하고 있었다."(스티븐 컨, 2004, 685)

현재의 확장을 통해 하루, 한 주, 일 년 속의 우리의 생은 과거와 미래의 경험을 끌어들여 그 지평을 확장한다. 평면적인 사건, 일의적인 서술은 기존의 서사 전략으로 충분했다. 늘어난 현재, 두터워진 현재는 이것으로는 부족하다. 서사 전략은 의미를 형성하는 결정적인 하나의 맥락을 형성하지 않으면 안 된다. 서사 전략도 하나의 매개체로 작동하게 된다. 인간의 숙명은 죽음이라는 실존적 테마 위에 놓여 있다. 죽음은 언어가 아니라 '메타언어' 차원에서 작용한다. 삶과 그 이면의 언어는 '덧없는 것'이다. 덧없는 것일수록 메타언어 차원에서 작동하는 경향이 강하다.

> 덧없는 것은 기호의 잠시성을 의미하고 이야기는 이것을 이용해 기호 사용에서의 복잡성 증가와 감소의 관계를 다룬다. 이러한 이야기에 의해 설정되는 문제제기는, 한편으로는 재현을 통한 삶의 살해, 다른 한편으로는 삶의 흐름 속에서의 시간지각과 공간의 무한성의 긴장에도 적용된다. 이러한 긴장은 이야기 속에서 분석된다. 그때 텍스트의 다양한 차원이 위상학적 개념화를 끌어들인다.
>
> — 비토리아 보르소, 2010, 368

시간의 입체화는 공간의 무한성이라는 배경에 의해서 가능하다. 공간의 무한성은 의미의 '무(無)화'와도 통한다. 시간은 공간 덕분에 입체화할 수 있고, 공간은 시간 덕분에 의미를 품을 수 있게 된다. 다양한 위상으로 펼쳐지는 텍스트의 차원들로 의미는 한정된 공간에서 입체화된 시간을 타고 무한에 가까운 확장을 시도한다. 상승 욕망은 시간 욕망과 어울리고, 하강 욕망은 공간적 숙명과 관련을 맺는다. 영원성을 지향하는 시간의 욕망과 '지구'라는 공간적 숙명을 인간은 위상성을 통해 동시에 '한정/실현'해 내고자 한다. 지구에서 백 년도 되지 않는 삶을 사는 인간은 시간의 영원성과 공간의 무한성을 경험하기 위해

$(((겹)^2겹)^2겹)^2\cdots\cdots)^n$으로 확장을 시도한다.

유한의 무한

나무가 적재적소에 심어진 정원을 그려본다. 나무는 다른 나무로 이어지는 갈림길의 노드다. 이 정원을 골고루 거니는 방법은 나무의 숫자가 늘어 가면서 기하급수적으로 증가한다. 그 정원만 거닐면서도 우리는 한생을 다 보낼 수 있을지도 모른다.

여기서 인간은 이미 정착된 기하학 없이 극단적으로 순간화된 내적 경험을 통해 무한히 분기화될 수 있는 길들 앞에 서기 때문이다. 또한 화자는 글의 물질성에 주의를 환기시키고, 공간은 여러 이야기의 차원을 거치면서 접힌다.

- 비토리아 보르소, 2010, 371

아무리 넓어도 '정원'이라는 말에는 '집'보다 혹은 생활공간보다는 넓지 않다는 말이 전제되어 있다. 푸른 별 지구는 태양계의 정원이라는 수사가 가능하다. 지구는 넓은 곳이 아니다. 지구라는 정원에서 인류 누구도 구가하지 못한 산책을 하기 위해서 필요한 것이 길의 위상적 입체화다. 좁은 곳에서 매번 처음이기 위해서는 지평에서 위상으로, 힘에서 변화로 이행하는 가치의 전회를 이루어 내야 한다. '위상의 수사'를 대표할 수 있는 말이 '유한하지만 무한한'이다.

알베르트 아인슈타인은 뉴턴의 중력이론을 수정해, 유한하지만 무한한 새로운 공간 및 우주의 개념을 제안했다. 보르헤스는 이 이야기를 바탕으로 시간과 공간의 제한을 통해 문화적 기호의 상대성이론을 그린다. 문화의 기호들은 간(間) 텍스트적 연결 그리고 망(網)을 통해,

시간 속에서 그것들의 빈번한 반복을 통해 무제한성을 획득한다. 도서관에서의 분리된 미로 같은 글 또한 그 자체로는 유한하지만, 그럼에도 시간을 두고 수행되는 해독들이 늘 새롭게 쓰이는 무제한의 공간이다.(비토리아 보르소, 2010, 372)

공간은 유한하지만 매번 다른 시간이 지남으로써 언제나 처음인 장소를 지향할 수 있다. 무한을 지향하기 위해서는 견고하면서도 유연하고, 유연하면서도 견고성을 유지해야 한다. 우둘투둘한 공간, 요철(凹凸)에서 이제 경우의 수와 같은 지평적 요소는 크게 의미가 없다. 위상학에서는 양적관계가 아니라 장소관계의 질적 변화가 중요하다.

> 장소관계의 질적법칙을 다루는 이론으로서 위상학은 리스팅에게 자연과 그 조직화된 존재들의 조직 정도 및 복잡성 정도를 통해 동기화되었다. 그의 노력은 거기서(다른 것들 중에서 결정학에서의) 소위 '낭만적 학문'의 시대정신에도 영향을 받은 좀 더 규모가 큰 연구영역에 속한다.
> ― 마리 루이제 호이저, 2010, 260

위상학은 의미의 '장'을 최대치로 확장하는 것을 목표로 한다. 자연과 함께 세계의 품을 확장하는 것은 매우 제한적이다. 라캉의 거울모델과 같이 이것은 동시에 내면세계에서도 이루어져야 한다. 그래야 그 품은 획기적으로 확장할 수 있다.

문학적이고 시각적인 상(像)의 공간은 우리가 물질적인 성질들에 주목하면 비물질적인 것을 드러내고, 개념적인 것에 주목하면 물질적인 것을 드러낸다. 이미지의 공간은 개념적인 것과 물질적인 것 사이를 오간다. 위상학이란 인간들이 고유의 마스터플랜 없이도 공간과 관계하면서 수행하는 행위이자 행함이다.(비토리아 보르소, 2010, 384)

해안선과 만나는 파도와 같이 눈에 확연하게 보이는 변화에서 파도와 만나는 해안성과 같이 눈에 전혀 보이지 않는 변화까지 변화의 강도와 폭은 다채롭다. 우리의 삶 역시 마스터플롯 없이도 공간과 관계하면서 매번 같은 듯 다른 무늬로 행위할 수 있다. 마스터플롯의 부재, 이야기의 다양성은 마스터플롯의 선재와 부재 사이에서 펼쳐진다.

침묵의 그물

아무것도 아닌 것과 아무것도 없는 것은 다르다. 전자는 대상과 관련되고, 후자는 장소와 관련된다. 무(無)에 대한 의지가 강렬할수록 죽음에 대한 비의지 또한 그 밀도를 높인다. 절대 악과 절대 선으로서 신적인 것이 무(無)로 귀결되었다. 무의 시·공을 채우려는(비우려는) 인간의 텅 빈/끝없는 욕망에 대한 탐색을 통해 무의 장소성에 다가설 수 있는 단초를 찾을 수 있을 것이다.

근대 이성의 강화로 초월적 세계를 상실하게 되자, 예술가와 지식인들은 바깥에 존재하는 자들로서 어느 쪽 길로 가야 할지 알지 못해 방황했다. 더 이상 돌아갈 신전이 없다는 깨달음과도 직면하지 않을 수 없었다. 신 없는 세계에서 모든 인간은 무에 직면하며 니체가 지적했듯이 대부분은 "아무것도 의욕하지 않는 것보다 차라리 무를 의욕하자"고 한다.(스티븐 컨, 2004, 493)

원주민들의 이상한 소리가 강변을 따라 들려왔다. 째지는 듯한 소리가 터져 나오더니 갑자기 멎었다. 그리곤 '소름 끼치는 침묵'만이 남겨졌다. 하지만 그 정적은 결코 평화로운 것이 아니었다. '정적은 불가사의한 의도를 품고 있는 저항 불능의 힘을 보유'하고 있었다. 덤불숲의 원주민들은 식인종이었고, 그들의 배고픔의 공허보다 더한 것을 상징하고 있었다.

— 스티븐 컨, 2004, 415

신이 비워진 자리는 금세 채워지지 않고 오랫동안 공동으로 남는다. 아무것도 아닌 것을 의욕하는 것, 아무것도 없는 것을 의욕하는 것은 최초의 욕망이자 최후의 욕망이다. 이것은 순수 이전의 욕망이고 순수 이후의 욕망이기도 하다. 욕망은 채우고자 하는 것이다. 비우고자 하는 것은 욕망의 대척점에 있다. 그것은 순수라는 말 이전에 자리한다. 텅 비었다는 것은 무(無) 이전과 이후까지를 포괄한다. 텅 빈 것들의 혼잡은 극단적인 상황에 처한 공동체에서도 발견할 수 있다.

공간과 장소에 대한 구분/구별은 여전히 엄격하지 않다. 장소는 공간의 차원에서 고려되는 것이 일반적이다. 장소는 안전성, 공간은 자유로 해석하는 견해는 이를 잘 보여 준다. 장소는 안전을 의미하며 공간은 자유를 의미한다. 우리는 고착, 고정된 장소를 원하면서, 다른 한 면에서는 열린 공간을 열망한다.(이푸 투안, 2007, 15) '집만큼 좋은 데는 없다.' 이것은 동서고금을 막론하고 금과옥조로 삼는 말이다. 그런데 집이란 무엇인가? 물질적 공간과 관계적 장소 사이에서 그 의미가 다채로워진다. "그것은 오래된 가옥이며 오래된 이웃이고 고향이며 조국이다."

집이 최고의 장소일 때 이웃은 공간이다. 이웃이 최고의 장소일 때 고향 마을은 공간이다. 이러한 점층법으로 보면 공간과 장소의 개념은 여전히 상대적이다. 이 둘의 속성은 축소와 확산의 상대적 의미가 아니라 뫼비우스의 띠와 같이 동시에 내재되어 있는 '곳'이라면 특별한 의미가 있는 것이다. 최대치의 장소와 최소치의 공간, 최소치의 공간과 최대치의 장소로서 이미지를 품고 있는 공간은 한 지역을 이루는 구심으로 작용한다. 공간과 장소를 동시에 같은 크기로, 서로의 이면으로 삼을 수 있는 것이 이러한 장소의 특징이다.

작은 것은 큰 것을 반영한다. 작은 것은 인간의 모든 감각이 접근할 수 있는 것이다. 작은 지역 안에 한정되어 있는 메시지는 쉽게 인식되고 이해할 수 있다. 가옥, 사원, 도시는 모두 집의 확장된 형태다. 건축 공간은 명료함을 담고 있는 소우주다. 집합적이든 개인적이든 건축은 언어로 표현될 수 있는 경험뿐만이 아니다. 우리가 느끼는 경험들을 분명하게 표현하는 가시적 세계를 창조한다. 그렇게 창조된 표현은 인식을 고양시키려는 인간의 노력을 접속시킨다.(이푸 투안, 2007, 165)

『전쟁의 빈 공간』에서 레지널드 패러는 자신이 솜강 전투 때 본 '텅 빈 혼잡'을 묘사했다. 그곳에서는 사람이 지냈던 흔적들은 모두 유령처럼 맴도는 거대한 고독감을 강화시켰다. "그곳을 텅 비었다고 하는 건 결코 온당치 못할 것이다. 전혀 텅 비어 있지 않는 공허, 그곳 전체에는 뭔가 개인적인 것이 있었고, 난 이 작은 지역을 하나의 장면이 아니라 한 사람으로 떠올리게 되었다."

— 스티븐 컨, 2004, 701

극한적인 상황으로서 전쟁은 '텅 빈 혼잡'을 대표한다. 우리는 공동체의 특별한 침묵의 경험을 공유하고 있다. '양자적 침묵', 혹은 인류가 경험할 수 없는 언어 이후의 침묵과도 같은 것이었다. 대한민국 광주, 1980년 5월 27일 새벽에 이런 침묵이 있었다. 이보다 깊고 짙은 '침묵'은 인류 역사상 최초이자 아직까지는 최후의 것이다. 이것은 가장 크고 깊은 그물과 같아서 전우주를 포획할 수 있을 것만 같았다.

인류 최초로 발생한 인간 사이의 중력, 관계, 어떤 기존의 관계도 일거에 빨아들여 무화시켜 내는 블랙홀과도 같은 침묵의 가능성을 확인할 수 있다. 1980년 광주의 오월 공동체는 최초인 것을 뿜어 올리는 화이트홀과도 같은 역할을 동시에 수행했다. 가장 미세하고 가장 거대한 무의 공동체가 인류 최초로 실현된 것이다.

5. 중성성

들키고 싶은 진실

신체가 깃드는 장소로서 옷은 사람을 달리 보이게 한다. 옷이 겉모습의 스타일을 창출한다면 속모습의 스타일을 창출하는 것은 언어다. 언어는 내면에 품고 있는 장소를 드러낸다. 〈마이 페어 레이디〉라는 영화는 언어교정을 통해 전혀 새로운 삶을 살게 되는 여인(오드리 햅번 분)의 이야기를 담고 있다.

세계에 대한 의식은 지평에 대한 의식에 가깝다. 사물에 대한 의식은 대상에 대한 인식 과정이라고 할 수 있다. 둘은 바깥에서 안으로, 안에서 바깥으로라는 인식의 과정의 지향에서 원칙적인 차이를 드러낸다. 그런데 이 둘은 분리될 수 없는 통일을 형성한다. 원칙적인 차이와 분리될 수 없는 통일이라는 모순을 일거에 해결할 수 있는 방식을 다양한 측면에서 모색할 필요가 있다.

사물들, 객체들(언제나 순수하게 생활세계에서 이해된 객체들)은 우리에게 그때그때(존재의 활성화에 어떤 양상들로) 타당한 것으로 주어져 있지만, 원리적으로는 단지 사계의 지평 속에 있는 사물들, 객체들로 의식된 것으로 주어져 있다. 각자의 사물은 어떤 것, 즉 우리에게 끊임없이 지평으로 의식된 세계 '에서의 어떤 것'이다. 다른 한편 이 지평은 존재하는 객체들에 대한 지평으로만 의식되며, 특별히 의식된 객체들이 없다면 결코 현실적으로 될 수 없다.

— 에드문트 후설, 2016, 274

후설은 바깥에서 안으로의 지향을 '~에서의 어떤 것'으로, 안에서 바깥으로의 지향을 '어떤 것의 ~에서'로 나누어 살피고 있다. 각자의 사물과 지평은 각기 그리고 서로 타당하게 만드는 작용 그리고 그 변화의 양상을 통해 존재의 확실성을 직관적으로 확인할 수 있다.

해석의 질은 대상의 질이나 해석 지평의 질에 달린 것이 아니라 둘의 작용, 변화 과정에 달린다. 이것이 위상학적 해석이 전제로 삼는 것이다. '의미의 장'은 흐름을 속성으로 삼는다. 그러나 직선의 흐름을 가정하면 해석은 성찰을 결여하기 때문에 입체성을 획득하기 어렵다. 물과 마찬가지로 강렬한 흐름을 유지할 때 해석 지평, 장의 질도 보장된다. 오염된 폭포란 없다. 마찬가지로 해석의 장 역시 폭포와 같은 역동성을 유지한다면 언제나 최고의 해석을 보장할 수 있다.

해석의 지평이 흐를 때 세계와 사물도 해석을 달리하며 흐른다. 장소가 움직일 때 의미의 다양성은 기하급수로 증가한다. 가치를 미리 규정하고 그것으로 사물의 가치를 해석하는 것으로는 사물성의 근원에 다가서기 어렵다. 사물은 제각기 타당성을 지닌다. 그래서 그러한 모양으로 존재할 수 있다. 그 타당성을 의미의 진실성으로, 역동적으로 옮겨 가기 위해서는 의미의 지평이 사물·대상과 비슷한 속도로 움직여야 한다.

후설은 학문과 그 방법이 환원의 가능성을 최소화하고 있는 것에 대해 역설적으로 묻는다. "내적 가능성과 필연성을 전혀 이해하지 못하고 모든 삶이 올바로 다룰 수 있는 기계 즉, 명백히 매우 유익한 것을 수행하고 이 점에서 선회할 수 있는 기계와 닮지 않았는가? 기하학과 학문은 유사한 의미에서 완전한 - 학문적 - 이해에 근거해 기계와 같이 미리 기획될 수 있지 않은가?"(에드문트 후설, 2016, 137) 이것은 거듭되는 역설을 통해 현상학적 환원의 가능성을 제기한다. 기계는 생활세계의 필요와 요구에 따라 얼마든지 새롭게 만들어질 수 있다. 학문과 기하학 역시 스스로가 법칙이나 진리가 아니라 하나의 기계로서 정체성을 인정한다면 우리는 좀 더 다양한 변화와 작용 속에서 생활세계를 풍부하게 할 수 있지 않겠는가? 이런 질문을 역으로 던지고 있다. 학문이 제시하는 방법·이론이 기계와 닮아 가는 것은 아닌가라는 우려는 AI(인공지능)로 현실화되고 있다. '무한 소급'의 전략은 일의성의 지향에서 매번 다른 의미의 지향이라는 지향의 지향을 새롭게 호출할 수 있다.

후설은 이념적인 것과 실재적인 것을 '의식의 안팎'으로 구분하지 않는다. 후설에게 이념적인 것은 시간성을 결여한 것이고, 실재적인 것은 시간성을 속성으로 하는 것이다. 객관적 학문세계는 생활세계에 이념과 상징의 옷을 입혀 탈시간화시킨 것이다. 실증적 자연과학은 자연을 수학적 언어로 쓰인 책이라고 파악한다. 생활세계를 수량화하고 기호로 나타냄으로써 객관적 자연과학을 발견했다. 그러나 객관적인 것에 의미를 부여하는 본래적 시간의 주관성을 망각했다. 후설은 의식이라는 절대적, 본래적 흐름에 직접 주어지는 직관의 세계를 분석하는 선험적 현상학을 참된 의미의 실증주의, 가장 강력한 실재론이라고 말한다.(이종훈, 2012, 41~2)

자연적 공간이 아니라 사회적 공간으로 공간지평을 변화해 갈 때, 실재론의 지향은 달라진다. 르페브르는 "무엇이 (사회적) 공간이 지니는 이러한 진실, 즉 사회적 공간은 하나의 사회적 생산물이라는 사실을 은닉하는가?"라고 묻는다.

그것이 바로 이중적인 환상이다. 다시 말해서 투명성의 환상과 불투명성의 환상('현실주의적' 환상), 이렇게 두 가지 환상이 서로가 서로를 감싸고 강화시킴으로써 진실을 드러나지 않게 만든다.

— 앙리 르페브르, 2011, 72

사회적 공간은 사회적 생산에 최적화를 지향하고, 사회적 생산은 사회적 공간의 다양화에 기여한다. 진실을 드러나지 않게 감춤으로써 해석의 다양성을 이끄는 것은 긍정적인 효과라고 할 수 있다. 반면 진실을 왜곡하거나 진실의 부재를 감춤으로써 생활세계의 스펙터클만을 생산할 경우 이것은 부정적인 효과에 해당한다.

해석을 가하지 않는 발견은 무의미하다. 투명성과 불투명성의 이중적 환상은 사회적인 것, 문화적인 것에서만 작동하는 것은 아니다. 우리 몸의 불투명성과 마음의 투명성 혹은 몸의 투명성과 마음의 불투명성이 갖는 이중적 환상을 통해 우리가 감추고 드러내는 진실에 대해서도 새롭게 주목할 필요가 있다.

중성의 레시피

냄새가 지독하기로는 민물고기의 비린내를 당할 것이 없다. 특히 비늘 있는 민물고기의 비린내는 잘 닦이지도, 쉽게 사라지지도 않는다. 우리가 자주 먹는 식물 중에서 가장 지독한 냄새를 풍기는 것 중 하나가 마늘이다. 자체가 반찬이면서 재료가 되는 것 중에서 가장 강한 냄새를 풍기는 것은 단연 된장이다. 너무도 강렬하고 독특하고 지독하기까지 한 이 셋은 적정한 비율로 섞어 한 냄비에서 끓인다. 비린내도, 마늘 냄새도, 된장 내도 거짓말처럼 사라지고 뜨거운 국물만 남는다. 여기에 고춧가루(고추장)를 풀면, 난생처음인 '매운'맛이 난다. '매운탕'은 이렇게 만들어진다.

이 중성지대에서는 뭐가 들어가도 난생처음인 '무엇'을 맛볼 수 있다. 제대로 된 중성지대에서는 '무엇이든' 새로 태어난다. 이 지대에서 작가 역시 작품을 망각하면서 새로운 성취를 이뤄 낼 수 있다. 중성지대에서 사라지는 것은 작가의 작품이다. 작가의 작품이 사라지는 자리에서 중성의 작품, 누구나의 작품이 떠오른다. 사라지면서 떠오르는 이 순간을 통해 가장 극적이고 역동적인 장소가 구성된다.

> 작품이 절대적으로 사라지는, 작품보다 더욱 중요한 그 무엇이, 작품보다 중요성이 더욱 떨어지는 그 무엇이 예고되고 긍정되는 유일의 순간이다. 작품은 오르페우스에게 있어서 작품이 상실되는 이러한 욕망의 시선을 제외할 때의 모든 것이다. 그리하여 또한 작품이 스스로를 넘어서서 그 근원과 하나가 되고 불가능성에 헌신할 수 있는 것은 오직 이 시선 속에서만 가능하다.
>
> — 모리스 블랑쇼, 2010, 255

작품이 사라지면서 그 자리를 메우며, 모든 자신들이 생성한다. 스스로를 넘어서는 것, 지우개 시선, 불가능성에 헌신할 수 있는 것은 사라져야 한다. 사라짐을 감행할 수 있는 것은 자기를 보는 자기의 시선에 대한 믿음 덕분이다. 별의 깜박거림, '시선의 깜박거림' 사이, 사이로 "모든 것이 사라졌다, 모든 것이 새로 나타난다."

이것이 또 다른 밤이다. 밤은 '모든 것이 사라졌다'의 나타남이다. 밤은 품이 잠을 대신할 때, 죽은 자들이 밤 깊은 곳을 지날 때, 밤 깊은 곳이 죽은 자들 가운데 나타날 때 예감되는 것, 그것이다. 나타남, 유령, 꿈은 이 텅 빈 밤의 암시이다. 이것은 영국 작가 영의 밤, 이를테면 어둠이 충분히 어둡지 못한 것 같은 곳, 죽음이 결코 충분한 죽음 같지 않는 곳이다.

— 모리스 블랑쇼, 2010, 236

우리는 매번 다른 밤을, 다른 깊이와 질의 어둠을 보내지만, 특별한 밤과 어둠은 드물게 만난다. 또 다른 밤이 처음인 밤이 되기 위해서는 '주체와 대상' 모두에게 특별한 거리가 마련되어야 한다. 아무것도 보이지 않는 밤이 아니라, 서로를 지나쳐서 도달한 밤과 어둠의 가능성을 지속적으로 높일 수 있어야 한다. 이렇게 모든 것이 사라진 자리에 돋아나는 것이 영혼, '시혼(詩魂)'이라고 김소월은 말한다.

우리는 우리의 몸이나 맘으로는 일상(日常)에 보지도 못하며 느끼지도 못하던 것을, 또는 그들로는 볼 수도 없으며 느낄 수도 없는 밝음을 지워버린 어두움의 골방에서며, 살음에서는 좀 더 돌아앉은 죽음의 새벽빛을 받는 바라지 위에서야, 비로소 보기도 하며 느끼기도 한다는 말입니다. 그렇습니다, 분명(分明)합니다. 우리에게는 우리의 몸보다도 맘보다도 더욱 우리에게 각자(各自)의 그림자같이 가깝고 각자(各自)에게 있는 그림자같이 반듯한 각자(各自)의 영혼(靈魂)이 있습니다.

— 김소월, 「시혼」, 『개벽』, 1925

모리스 블랑쇼는 죽음보다 더 시시한 것은 없다고 말한다. "죽음 자체가 통속적인 허망으로 가치가 떨어지는, 하찮음으로서의 죽음, 이것이 릴케를 뒷걸음질 치게 한 것, 죽는 것과 "한 모금의 물을 마시거나 배추 머리를 자르는 것"보다 더 중요하지 않은 그 순간이다."(모리스 블랑쇼, 2010, 172) 우리는 우리가 죽인 것들(사냥, 채집)을 살기 위해 먹으면서 죽어 간다. 내 죽음의 흔적인 이 글을 받아먹고서 조금씩 진동을 겪으며 조금 맑아지며 흐르는 것이다. 진리가 하나라면 그래서 '절대 인생'이라는 것이 있다면 '허구한' 죽음들은 별 의미가 없다는 것이 된다. 죽음의 흔적을 이야기로 새기는 길이 있다.

하늘의 별과 심경의 별은 저마다 다른 밝기와 강도로 빛난다. 둘은 특별한 공간의 전회를 통해 서로 마주할 수 있다. 이러한 공간적 전회의 결과, 유일무이한 바로 '그 공간'이 무엇인가를 연구하려는 시도는 이제 완전히 포기되기에 이르렀다고 슈테판 귄첼을 말한다. "무엇인가?"라는 물음에 대해 '공간이란 바로 이러이러한 것이다.'라는 식의 답을 내놓는 것은 무의미하다. '이러이러한 것이다'는 술어를 만족시키는 답은 단 하나만 가능해야 한다면 이것은 더더욱 무의미한 것이다. 공간적 전회에서 그런 사고는 더 이상 허용되지 않는다.(슈테판 귄첼, 2010, 15) 자전과 공전의 속도, 태양과 달 그리고 오행성의 중력, 별들의 흔들림으로 가늠하는 지구 대기권의 상태 등은 언제나 우리에게는 '유일무이한' 공간을 안겨 준다.

무등(無等), 무등등(無等等)

'무(無)'라는 말을 달고, 다채로운 해석으로 열리는 명산은 '무등(無等)'만 한 것이 없다. 2013년 3월 한국의 21번째 국립공원으로 지정된 산의 이름이기도 하다. '무등'은 등급이 없다는 의미에서 '평등'을 가리킨다. 그 반대편에는 불교에서 연원한 '무등등(無等等)'이라는 말이 있다. '천상천하유아독존(天上天下唯我獨存)'을 탄생과 함께 일성으로 날린 부처의 오른손 검지 손가락이 곧 '무등등'의 이미지다.

인간과 인간의 자아를 종속된 개별적 실재성으로 간주하는 전체의 공간적-시간적 세계는 그 의미상 단순한 지향적 존재, 따라서 의식에 대해 어떤 존재의 단순한 2차적 의미, 상대적 의미를 갖는 존재이다. 그것은 의식이 자신의 경험 속에 어떤 존재의 단순한 2차적 의미, 상대적 의미를 갖는 존재이다. 그것은 의식이 자신의 경험 속에 정립한, 원리적으로 오직 동기 지어진 나타남의 다양체들의 동일자로서만 직관할 수 있고 규정할 수 있는 존재이다. 그러나 이것을 넘어서는 것은 무(無)이다.

— 에드문트 후설, 2009, 174

생활세계에서 무(無)를 실현하는 거의 유일한 방법은 빈틈없이 이야기로 가득 채우는 것이다. '無'는 모든 가능성으로 거듭난다. 그런 면에서 바르트의 영도, 블랑쇼의 중성과 다르지 않다. 아무것도 없는 무가 아니라 모든 것이 모여 자신을 자발적으로 저버리고 새로운 가능성의 장소를 이루는 무(無)로 채워진 장소다. 하얀 종이에 한 줄의 글이 써지면 '유'이지만, 천 줄 만 줄의 문장이 써지면 그것은 글씨로 채워진, 다시 말해 '유(有)'를 '유(有)'로 지워낸(비워낸) 무(無)가 된다. 순수 존재가 백색의 존재라면 문화적 존재, 생활세계의 존재는 '무색(無色)'의 존재라고 할 수 있다.

존재에 관한 논의의 일상적 의미는 끊임없이 전도(顚倒)된다. 1차적 존재는 그 자체로 2차적 존재의 면을 이룬다. 2차적 존재는 1차적 존재와의 '관련' 속에서만 그것이 존재하는 그대로를 반영한다. 그것은 절대적인 의미에서는 아무것도 아니고, '절대적 본질'을 전혀 갖지 않는다. 1차적·2차적 존재, 2차적·1차적 존재는 어떤 것에 대한 본질성을 갖고, 원리적으로 단지 지향적인 것, 단지 의식된 것, 의식에 적합하게 표상된 것, 나타나는 것일 뿐이다.(에드문트 후설, 2009, 173~4)

원초적인 비노동, 아무런 노력을 기울이지 않고 창조하는 자연, 판매하지 않고, 거저 주며, 잔인성과 관대함이 구별되지 않으며, 쾌락과 고통이 분리되지 않는 그 자연에서 시작하기 때문이다. 이런 의미에서라면, 비록 형식 면에서 희화화되고 제한적일 수 있지만, 예술이 자연을 가장 잘 모방한다. 다만 예술은 고통으로부터 쾌감을 분리시키며, 궁극적으로 기쁨을 선사하려는 의도를 지닌다는 점에서 자연과 다르다.

- 앙리 르페브르, 2011, 575

'자연미'는 전통적인 차원에서 예술이 추구하는 바였다. 인공미는 전통미학에서는 좋은 미가 아니었다. 자연미는 '쾌락과 고통'이 분리되지 않은 상태를 지향했다. 그것이 자연스러운 것이었다. 지금에 있어 예술이 추구하는 자연미는 예술화된 자연미다. 장 폴 사르트르는 무(無)는 재(灰)와 같은 것으로 파악한다. 재는 사물이 중성의 상태를 회복하는 것이다. 모든 의식은 그것이 직관적인 것이거나 그렇지 않은 것이나 무엇에 대한 의식이다. 따라서 무에 대한 직관은 존재할 수 없는 것이다.

무는 자신을 무엇에 대한 하부구조로서만 존재하게 할 수 있다. 무에 대한 경험은 엄밀하게 말하자면 하나의 간접적인 경험이 아니다. 그것은 근원적으로 〈함께〉 소여된 또는 〈내면에〉 소유되어져 있는 경험이다. 이런 점에서 베르그송의 분석들은 타당성을 지니고 있다고 할 수 있다. 즉 직접적으로 죽음을 또는 존재의 무를 인식하려는 노력은 본질적으로 실패하게 된다는 그의 말은 전적으로 타당한 것이다.

- 장·폴 사르트르, 1983, 83

불은 사물에서 무엇이 뽑아져서 타는 것인가? 종이를 태워 보면 부서지지 않는 재에는 그림이며 글씨가 남는다. 그것은 미세한 충격으로 와르르 무너진다. 그 무너짐이 그림이나 글씨를 완전히 지워 버리는 것은 아니다. 우리가 종이를 찢었다고 해서 그 안에 그려진 그림이, 쓴 글씨가 사라지는 것은 아니다.

재에도 이전의 흔적은 그렇게 산산이 부서진 채, 무너진 채 남는다. 무의 위상성은 '자아의 무화'로 귀결되고, 자아의 무화로부터 출발한다. "새로운 영혼과 정신의 상황으로 이루어지는 것이 아닌 변화, 나로부터 밀어지거나 나의 '무화'로도 만족하지 않는 좀 더 극단적인 변화에 관계하고 있다. 그 변화는 더 이상 어떠한 책의 특정 내용이 아니라, 작품이 근본적 요구에 관계하는 극단적 변화이다."(모리스 블랑쇼, 2010, 117)

타오르는 불길은 사물을 가장 높은 곳까지 이끌어 올린다. 그러면서 불을 다 내어 준 것들은 가장 낮게 재로 흩어진다. 이 이중적 지향성이 현상학적 지향성을 이루며, 빛과 온기의 품을 이룬다. 무등이 평등이 될 때 최대치의 가로지향성을 획득한다. 무등등은 우주적 존재로서 최고치의 세로지향성을 구성한다. '무등'과 '무등등'의 상호지향성을 통해 우리는 최대·최고치의 장소적 지향성을 구성할 수 있게 되는 것이다.

비무장지대

한반도에만 있는 가장 아름다운 지명이 있다. 비무장지대(DeMilitarized Zone)가 바로 그것이다. 그러나 세계에서 가장 군사적 긴장이 높은 곳도 바로 DMZ다. 한국정부는 최근 DMZ를 세계평화공원으로 조성하는 방안을 적극적으로 검토하고 있다. 이것이 실현되면 우리나라는 세계에서 가장 넓은 평화의 지대, 중성의 지대를 갖게 된다. 비무장지대가 평화의 '비무장'으로 조성될 가능성이 높아지고 있다. 평화의 지대를 조금씩 늘려 한라산에서 백두산까지 한반도 전체를 비무장지대로 만들어야 한다고 노래 시인이 신동엽이다.

그리하여, 다시
껍데기는 가라.
이곳에선, 두 가슴과 그곳까지 내논
아사달 아사녀가
중립의 초례청 앞에 서서
부끄럼 빛내며
맞절할지니

껍데기는 가라.
한라에서 백두까지
향그러운 흙가슴만 남고
그, 모오든 쇠붙이는 가라.

— 신동엽, 「껍데기는 가라」 후반부

  신동엽 시인은 온 역사를 다하여 "껍데기는 가라."라고 부르짖는다. 이 껍데기 중 하나가 살상 무기다. '무기'는 인간의 욕망에서도 가장 강렬한 것에 속한다. 이 무기를 두만강, 압록강 너머로, 남쪽 바다 너머로 밀어내자고 시인은 말한다. 그러면 한반도는 '비무장지대'가 된다. 지구상에 국제적으로 용인된 1억 평의 비무장지대가 있는 곳은 한국이 유일하다. 이 완충지대에 숨겨진 무기가 완전히 제거되고 제대로 중립지대, 중성의 지대가 될 때 민족 차원에서, 세계 차원에서 다른 위상의 평화를 구가할 수 있을 것이다.
  개별자들에게는 사회적 가치나 자기의 의식·무의식적 가치가 맞닿은 지점이 있다. 이 지점은 칼날처럼 벼려져 있어야 건강한 삶, 자기의 가치를 추구할 수 있다. 우리는 세계와 맞닿는 자리에 무장소를 가져야 자신만의 무늬를 다채롭게 그려 낼 수 있다.

변화무쌍한 상황 속에서 모호해진 경계는 오늘날 경관에서 널리 나타난다. 고유의 자원과 기술이 독특한 경관을 형성하고 있다. 지역은 현재와 과거의 유물로 존재한다. 이것들은 무장소를 만드는 힘에 의해 크게 변화되었다. 일관되고 잘 변하지 않는 정체성을 가진 독특한 지역이 생겨나면서, 분명한 중심이나 경계도 사라지고 있다. 지속적이고 복잡한 변화를 겪고 있는 경관들이 생겨나고 있다.(에드워드 랠프, 2005, 271)

넘실거리는 경관, 너나없이 다가가서 이야기를 남길 수 있는 공간의 역동성이 무장소의 특성이다. 무장소는 이야기가 없는 순백의 공간이 아니다. 너무 많은 이야기가 오가서 새롭게 하나가 지나도 크게 변화가 없는, 그대로인 것과 같은 '무명'의 공간이다. 이야기는 몸과 공간의 접촉을 통해 무늬로서 나에게 새겨진다. 우리의 몸과 바깥 세계의 경계에 자리하고 있는 것이 살갗이다. 신체의 자기 경계는 피부에 자신만의 고유한 경계면과 접촉면이 축적되면서 흐른다. 이 장소에서 내적 공간과 외적 공간, 안과 밖이 분리된다.

변화무쌍한 생활세계에 얼마나 접근하느냐, 어느 정도나 귀속될 수 있느냐에 따라, 생활세계는 '고향세계'와 '이산(離散)세계'로 분리된다. 이 두 세계는 서로 떨어져 있는 것이 아니다. 분리는 역동적인 만남을 위한 전제가 된다. 자기 고유성은 단지 이질성과의 대비를 통해 그 정체를 형성하기 때문이다.(베른하르트 발덴펠스, 2010, 86)

자기 고유성의 매혹과 나를 파괴하지 않는 나와 더불어 누릴 수 있는 자유의 유혹은 세계와 만나서 자유를 느끼는 접촉에 대한 욕망과 겹친다. 이러한 욕망의 경계에 무장소가 자리하지 않을 때, 이들 자유는 서로를 구속하거나 파괴하는 형태로 나타나기 쉽다. 너/나의 구분이 없는 접촉을 위해서는 대상이나 주체의 정체성을 지우는 것이 최선이다. 애초에 중성성을 확보한 대상이나 주체라면 더 유리하다. 그러나 정체성의 지움은 사실상 불가능하다. 주체와 대상에 대한 '무지'로 방향을 틀어 보는 것도 하나의 방법이다.

> 그의 파악은 이제 더 이상 리비도의 영역에 존재하는 것이 아니다. 오히려 자의식이 영역에 존재하는 것이다. 즉 그것은 비진리의 힘으로서 인간의 분노인 것이다. 리쾨르에게는 진리란 보다 넓은 의미에 있어 〈충족〉이라고 생각되어지고 있음을 염두에 둔다면 『Oedipus Rex』와 같은 예술 작품에 의하여 주어지는 미적 기쁨은 "주인공을 통하여 달성되어지는 진리의 작용 안에 동참하는 기쁨"임을 알 수 있다. 상징화란 결국 자연으로부터 에너지를 유도해 내는 일이며 동시에 이 에너지를 혁신적인 의미에로 전환시키거나 승화시키는 일이다. 이 승화의 문화적 산물에 대한 깊은 숙고에 의하여 '해석학적 현상학'은 존재하기 위한 수육(受肉)된 자아의 노력이 재발견될 수 있는 것이다.
>
> — 버논 W. 그라스, 1983, 25

상징화는 자연으로부터 에너지를 유도해 내는 일이다. 동시에 이 에너지를 혁신적인 의미로 전환시키고 승화시키는 일이다. 기존의 의미에 얽매여서는 역동적인 변화를 이끌어 낼 수 없다. 작업은 언어를 통해 이루어진다. 상징화는 비상징화와 서로의 이면을 이루는 것이 중요하다. '언어'와 '비언어'의 비켜 마주 봄, 이면의 마주 봄을 통한 공전을 이루어 내면서 둘 모두 사라지는 중성의 지대(변곡의 지대)가 마련된다. 중성의 힘과 질(매질)을 최대치로 이끌어 낼 수 있는 장소가 마련된 것이다.

언어 자체에는 자기 자신에게 끊임없이 닥쳐오는 위험이 예비되어 있다. 존재자를 있는 그대로 작품에 현현시키고 돌보아 주는 것이 언어의 소명이다. 언어에는 가장 순수한 것과 가장 깊숙이 숨겨진 것이 혼란스러운 것, 저속한 것과 아울러 나란히 말로 나타나게 된다는 뜻이 된다. 실상 본질이 되는 언어를 인간이 이해하고 만인 공유의 재산으로 삼다 보면 언어는 저속해질 수밖에 없는 노릇이다.(마틴 하이데거, 1983, 61)

후설은 자아를 순수자아와 가능성의 자아로 나눈다. 이 둘은 현상학적 시간이 흐를 수 있도록 의식의 강둑을 이룬다. 그 사이로 언어의 강물이 흐른다. 언어가 만인 공동의 것이 되면 언어의 타락은 막을 수도, 늦출 수도 없다. 만인 공유의 재산은 언어가 아니라 플롯이 되어야 한다. 언어는 누구도, 누구와도 공유할 수 없다. 언어에 의해 공유되는 것들이 하나의 플롯으로 흐를 수 있는 특정 공동체를 언제나 새롭게 이룰 수 있어야 한다. 그래야 다양한 자유를 구가할 수 있다.

품을 품는 품

장소는 시간성과 공간성을 모두 지니고 있다. 흰색과 검정색이 만나 회색이 된다. 회색은 검은색과 흰색을 모두 지니고 있다. 그런데 빨강빛, 파랑빛, 노랑빛이 만나면 하얀빛이 된다. 이 흰빛에는 빨강, 파랑, 노랑이 들어 있지 않다. 그러나 아예 들어 있지 않다고 말하기도 어렵다. 이 흰빛이 마련한 공간은 중성의 공간이다.

장소는 시간과 공간으로 이루어진다는 것에는 이의를 제기하는 사람은 많지 않을 것이다. 천문(五運)과 지리(六氣)로 형성된 것이 사람이다. 이것은 사람의 내장기관인 오장(五臟), 육부(六腑)에 대응한다. 그러나 사람은 천문지리나 지리천문이라고 하지 않는다. 이 둘을 중성화시키면서 자신의 자리를 획득하고 있는 까닭이다. 장소도 마찬가지다. 장소는 시간공간이나 공간시간이 아니다. 장소는 장소다.

장소의 주관성만을 강조할 경우 장소는 다양한 개별자들의 매개체로서 작용이 제한받을 수밖에 없다. 반대로 장소의 객관성만을 강조하면 주어진 것 이외에 개별자들의 특별한 이야기를 통해 장소를 창조하는 것이 어려워진다. 장소는 주관/객관도 객관/주관도 아닌 그들의 변곡점에 자리한다. 변곡점은 '직관적'으로 포착된다.

장소가 주관성 위에 확립되는 것이 아니라 오히려 주관성이 장소성 위에 자리매김한다고 바꿔 볼 수 있다. 장소는 공간의 객관성을 바탕으로 삼는 것이 아니라 객관성이 오히려 장소성을 '내면'으로 품음으로써 특별한 정체성을 획득한다로 바꿔 볼 수 있다.

따라서 장소개념이라는 견지에서 세계의 어떤 특질들을 이해하는 주관성을 갖는 것이 아니다. 그 대신 주관성의 구조는 장소의 구조 안에서 장소의 구조를 통해 주어진다. 주관성과 장소의 연결은 주관성을 행위와 연결되고 공간성을 체현하는 것으로, 그리하여 주체를 넘어 객체, 사건, 사람들의 세계까지 확장될 수 있는 하나의 구조와 관련해 구성되는 것으로 볼 필요가 있음을 나타낸다.(제프 말파스, 2014, 49~50) 주관성의 자리에 객관성을 대비하고, 구조의 자리에 '의미'를 대입해도 일맥상통한다.

장소에 대한 주관성을 지나치게 강조하는 경우 자칫 인간의 욕망은 주관적 욕망의 점유, 소유욕으로 경사될 위험이 있다. 주관성과 행위의 선후관계에 대한 전회가 필요하다. 주관성은 해석 문제이며 행위는 그다음에 오는 것으로 선입견화되어 있다. 이것을 뒤집으면 특별한 위상을 찾을 수 있다.

주관성의 전반적 구조가 행동의 구조 위에서 조직된다는 생각은, 주변에서 조직된 것으로서 주관적 공간이라는 근본적인 생각에, 그리고 주체의 행위능력과 인지능력과의 관계에 이미 전제된 것으로 볼 수 있다.

— 제프 말파스, 2014, 137

주관성의 구조화는 파도와 해안선에 비유할 수 있다. 파도는 매번 다른 방식으로 부닥쳐 오고, 해안선은 안정적으로 구조화되어 있다. 행위는 파도와 해안선의 상호작용에 비유할 수 있다. 우리가 아는 지도의 해안선은 바다와 육지의 경계를 임의로 상정해 구조화한 것이다. 행위능력과 인지능력은 지도와 같이 일종의 선입견으로 주어진다. 공간을 전제할 수밖에 없는 피조물의 존재 방식은 필연적으로 시간성을 바탕으로 삼을 수밖에 없다. 이들의 상호주관적 관계 속에서 장소화는 훨씬 더 복잡하게 이루어진다.

장소는 물질로 이루어진 공간이 아니다. 사람들의 감성과 결부되어 의미로 가득한 공간이다. 장소에 관한 연구는 기존의 공간에 대한 연구가 일상생활공간에서의 인간의 이성이나 감정, 구체적 실천과 경험의 문제를 무시했음을 비판한 데서 비롯하였다. 공간이 어떻게 강한 인간적인 장소가 되는가를 탐색하는 것이 새로운 지리학의 지향이 될 것이다.(신성환, 2011, 357)

최대치의 자유는 '한정'을 전제로 발현할 수 있다. 공간의 빈터가 의미로 채워지고 비워질 때 우리는 채워지고 다시 비워지는 과정 자체를 장소라고 할 수 있다. 구체적 실천과 경험은 시간을 바탕으로 삼은 이야기를 남긴다. 공간은 이야기의 실타래로 '텍스트'화한다. 이러한 이야기를 인간으로 한정할 때 '인간적인 장소'가 열린다. 그러나 인간적인 장소는 장소의 일면일 뿐이다. 인간 역시 피조물의 하나일 뿐이다.

미래의 신화

세계의 신화 속에서 가장 빈번하게 등장하는 동물은 '용'일 것이다.

서양의 용은 공룡에 가깝다. 기사들이 스스로의 용맹을 증명하기 위해 사냥감으로 삼았다. 서양의 용은 비교적 현실의 역사시대(중세까지)와 멀지 않은 데까지 살았다. 동양의 용은 '악'보다는 '선'에 가깝다. 인간계보다는 신성계 쪽의 동물이다. 소위 상상의 동물이다. 동양의 용은 9가지 동물로 만들어졌다. 머리는 낙타, 뿔은 사슴, 목은 뱀, 비닐은 잉어, 발톱은 독수리, 주먹은 호랑이…… 소위 '육해공'을 망라하여 구성된 상상의 존재다. 중국의 『산해경』은 세상 너머, 혹은 세상과 그 너머의 경계를 특별한 동물들이 사는 곳으로 표시한다.

과거의 신화에는 자연물의 다양한 합성으로 표현된 것이 많이 등장한다. 그리스·로마신화에 나오는 두 종류 이상의 짐승·인간이 합쳐진 존재의 경우 인간성 즉 머리 부분이 인간이면 현자거나 선의 존재로 등장한다. 반면에 머리 부분이 짐승이고 아랫부분이 사람인 경우는 괴물로 등장한다. 서양의 경우 인간계와 비슷한 것은 선에 가까워지고, 인간계에서 멀어질수록 악의 강도가 세진다. 반면 동양의 신화는 인간계의 것과 멀어질수록 특별한 신성의 힘을 획득한다. 서양의 신화를 읽으면 인간계의 정수를 지켜 나가는 것이 선(善)의 핵심처럼 느껴진다. 신들도 인간의 욕망을 그대로 담고 있다는 것을 그리스·로마 신화는 잘 보여 준다. 동양의 신화를 읽으면 현실이 얼마나 좁은 공간인가를 인식하게 된다. 이러한 상반된 지향은 코드화를 이끌고, 이야기의 플롯을 형성하는 기저에 자리 잡는다.

두말할 필요 없이 이러한 코드는 하나의 사회에 속한다. 이러한 코드들은 소속을 명시한다는 말이다. 하나의 사회에 속한다는 것은 그 사회가 지니는 코드를 알고 이를 사용함을 의미한다. 이를테면 예절이나 정중함, 애정, 토론, 협상, 전쟁 선언(동맹 코드는 지지를 통해서 불손함, 모욕, 공개적인 적대감 코드 등을 보완한다) 등에는 고유의 코드가 존재한다.

— 앙리 르페브르, 2011, 321

내재적인 코드는 '신화'를 통해서 형성되고, 공동체 구성원들에게 전파·전승한다. 공동체의 코드는 '플롯'에 의해 전개되는 이야기들이 대표적이다. '코드의 신화, 신화의 코드'를 통해 신화는 현실공간의 곳곳에 장소성을 부여한다. 신화가 코드로 작용한다는 것은 중성성, 중간성을 지향함으로써 의미의 규정을 연기한다는 말이기도 하다.

사람들은 북서항로가 존재하는가? 파라다이스는 에티오피아에 있는가? 하는 질문을 제기하지 않았다. 오히려 이런 장소들은 존재하는 것으로 가정되었으며 문제는 그 장소를 찾는 것이었다. 옛날에 유럽인들은 북서항로와 지상낙원과 같은 장소들이 존재한다고 집요하게 주장했다. 그곳을 찾아내는 일이 계속 실패해도 탐험가들은 더 많은 노력을 아끼지 않았다. 그런 장소는 복잡한 신념체제의 핵심요소였으므로 존재해야만 했다. 지상낙원 사상을 버렸다면 세계를 바라보는 전체적인 방식에 위협이 가해졌을 것이다.

— 이푸 투안, 2007, 1442

신화는 반복적인 코드화를 통해 시간의 흐름(선후/인과), 역사시간에서 비켜난다. 신화는 이질적인 것들을 동일성으로 환원한다. "어떤 것도 다르지 않다. 물론 너무 달라서 동화되지 못하고, 따라서 '이국적인 것'이 되는 예외도 있다. 신화는 질을 양으로 환원시킨다. 모든 것이 추론되며 측정된다. 수치로 하거나, 아니면 정확한 효과로라도 측정 가능하다.(에드워드 랠프, 2005, 281)

현세를 사는 인간의 뿌리가 과거(신화)에 있다는 것을 확신했던 시기에 우리는 언어의 원터를 과거에서 찾는 것에 전혀 이견을 제시하지 않았다. 포스트휴먼 사회가 현실화하고 있다. '현재'의 인간은 과거가 아니라 미래 쪽에서 도래하고 있다. 새로운 인류를 지향하는 '포스트휴먼'의 뿌리는 과거가 아니라 미래 쪽으로 뻗치고 있다. 우리는 적극적으로 미래 쪽으로 다가설 필요가 있다.

> 개인은 공간에 있어서는 자기 앞쪽으로 향하고 시간에 있어서도 미래 쪽으로 향하는 의도적인 행동을 함으로써 욕망을 만족시킬 채비를 한다. 이렇듯 욕망과 능동성에서 미래관념과 우리의 총체적인 시간의식은 태어난다. 이것이 미래를 능동성 방식으로 파악한 철학이다.
> — 스티븐 컨, 2004, 260~1

스티븐 컨은 "미래가 우리 쪽으로 다가오는 것이 아니라 우리가 미래 쪽으로 다가간다."고 말한다. 우리의 시인들, 김소월, 윤동주, 김영랑, 백석, 이상……, 이들은 당대의 독자보다는 미래의 독자들에게 훨씬 더 큰 사랑을 받았다. '미술계'에는 그 안타까움이 더한다. 김수근, 이중섭과 같은 화가는 그들이 그림을 팔았을 때 가격보다 심하게는 천 배가 넘는 가격으로 그림이 거래되고 있다. 이렇게 묻지 않을 수 없다. 왜 위대한 예술의 독자는 미래에 있는 것일까? 김시습은 그의 벗에게 『금오신화』를 보였다가 '괴력난신'을 꾸짖듯 염려하는 친구에게 말한다. "한 오백 년 후의 사람은 내 글을 알아주려나!" 그렇게 김시습이 꿈꾼 미래가 오늘을 사는 우리가 아니겠는가!

따라서 말해야 하는 것은 작가의 몫이 아니라 독자의 몫이다. 작품이 이루어진 다음 읽는 능력 혹은 가능성이 되는 것은 이미 다양한 형태로 작품의 근원 가운데 현전하는 것이다. 글을 쓰는 것은 언제나 불가능성에서 시작해 가능성으로 나아간다. 반면 읽기는 가능성에서 불가능성에로 나아간다. "글을 쓰는 것은 그때 읽는다는 것의 요구의 특성들을 받아들이고, 그리고 작가는 아직은 무한한 미래의 독자로부터 태어나는 내밀성이 된다."(모리스 블랑쇼, 2010, 291)

시인의 불행은 그 시의 진정한 독자는 아직 도래하지 않았다는 데 있다. 그러나 더 불행한 것은 그 진정한 독자들마저 곧 과거가 된다는 것이다. 예술이 완성되는, 완성될지 모를 먼 미래에서 예술의 '신화'가 출발한다. 그 신화가 현재에 닿을지 닿지 않을지는 아무도 모른다. 하지만 과거의 신화보다 더 많은 이야기들이 가능성의 한 파편을 싣고 미래로부터 오고 있다.

롤랑 바르트는 신화의 중성성에 주목한다. 아무리 주의 깊게 신화를 독해하더라도, 신화의 힘을 강화하거나 무력화할 수 없다. 신화는 완전할 수 없으며 동시에 의심의 여지도 없다. 시간을 더하거나 지식을 축적하는 것도 신화를 더 좋게도 나쁘게도 만들지 못한다.(에드워드 랠프, 2005, 279) 신화의 힘은 그 중성성에 있지만, 실제적인 효과는 모두가 거짓말로 알면서도 모두가 믿고 싶어 한다는 이율배반성에서 발생한다.

멜랑콜리

자신을 드러내는 은유적 어법조차 감지할 수 없는 깊이로 침잠하면서 미지의 자신으로 자아를 덮을 수 있을 때 우리는 멜랑콜리의 상태에 들 수 있다. 이것은 '비경험'의 영역이다. 내적경험의 심연 너머에서 우리는 '無의 보편성' 안으로 자신의 구체, 정체를 녹여 낼 수 있다. 그림자가 사라지는 어스름처럼 '무의 보편성'은 정체성에 집착하는 이들에게도 사라져 보고 싶은 충동을 불러일으킬 수 있다.

리쾨르는 새로운 자기 이해를 가능케 하기 위해서는 텍스트의 명령에 순응하고, 의미의 '화살들'을 따라가면서 사유하고 해석해야 한다고 말한다. 새로운 자기-이해는 곧 텍스트에 대한 이해를 전제한다. 이렇게 형성된 자기(the self)를 이해에 선행하는 자아(the ego)와 마주 보게 함으로써 진정한 자기-이해에 도달한다. 자아에게 자기를 선사해 주는 것은 바로 세계를 탈은폐하는 보편적인 힘을 가진 텍스트다.(폴 리쾨르, 1998, 157)

하나의 전형, 즉 무의 보편성을 실현할 수 있는 다양한 형식이 존재한다. 그중 하나에서 자신의 무화를 경험하게 된다면 그 경험과 동시에 새로운 자기가 형성된다. 앞의 자기가 주어진 자아라면, 뒤의 자아는 내가 참여해 형성한 자기다. 이것이 자아에게 자기를 선사해 주는 것이다. 우리는 주어져 있는 주체의 선험성과 주어질 선험성 모두에 참여할 수 있다. 모두와 맞먹을 자아, 모든 것에서의 자아를 가장 깊은 내면에서 동시에 실현할 수 있다.

나는 나에게 의미가 있는 모든 자연적 현존재를 넘어서 있다. 세계가 그 속에 순수한 세계로서 나에게 의미로 다가올 때마다 선험적 삶의 자아, 극인 자아와 마주 볼 수 있다. 자아는 이 모든 것을 포괄하는 자아다. 이것은 자아가 지향하는 완전한 구체성이다. 세계를 '모두에 대한 세계'로 구성하는 장은 선험적 상호주관성에서 열린다. 실로 이것은 그 밖의 다른 사람들 가운데 '하나의' 선험적 자아로 등장하며, 이 경우 '우리 모두'는 선험적으로 기능하는 자로 등장한다.(에드문트 후설, 2016, 341)

선험적인 것은 외부에 있지 않고 자아의 이면에 자리한다. 완전한 구체성은 완전한 추상체를 이면으로 삼아야 가능하다. 나는 언제나 내 속에서 출현한다. 완전한 추상체의 자아와 완전한 구체성의 나는 언제나 출현하는(사라지는) 나를 통해 서로의 이면을 이루게 되는 것이다.

그러나 이러한 가능성은 단 한 차례로 실현된 적이 없다. 성인의 반열에 오른 이들은 언어를 통해 실현했다고 할 수 있는데, 이것은 종교적인 것이지 철학적인 것은 아니다. 따라서 가능성의 불가능성을 불가능성의 가능성으로 전회하면 세계가 아니라 자아를 향하게 된다. 그러면 모든 것에서의 '자아'를 탐색할 수 있다. 후설의 말을 따라간다.

> 자아 각각은 단지 자아 극이 아니라, 존재하고 그러하게 존재하는 것으로 간주하는 세계를 함께 고려한다. 그 작업 수행과 이것에 의해 획득된 모든 것에서의 자아이다. 하지만 판단중지에서는, 그리고 기능하는 자아 극으로 순수하게 시선을 향하고 이것에서 삶과 이 삶의 지향적 중간 단계의 형성물이나 궁극적 형성물의 구체적 전체에 순수하게 시선을 향하면, 당연히 인간적인 것은 아무것도 제시되지 않으며 영혼이나 영혼의 삶, 실재적인 심리물리적 인간도 제시되지 않는다. 이 모든 것은 현상 속으로, 즉 구성된 극으로서 세계에 귀속된다.
>
> – 에드문트 후설, 2016, 339

뫼비우스의 띠나, 태극에서 자아 극은 끝이 아니라 새로운 시작이다. 인간은 심상들에서 최상의 것들을 시시때때로, 시의적절하게 호출하고 조합하여 드러낸다. 지구의 극은 전자기력으로 대기를 대지와 하나로 묶어 '천경'을 구성한다. 인간은 천경의 맞은편에 '심경'을 구축한다. 내면의 대기에서 다양한 자기작용이 일어난다. 육체가 대지에 연결되고, 몸은 대기에 연결된다. 이 연결에서도 다양한 강도의 전자기력이 작동한다.

이러한 원리는 자아의 형성 과정에도 그대로 대비해 볼 수 있다. 나의 자기(Ich)–자아(ego)와 무엇보다 자명하게 나는 관계하며 정립된다. 나와 영혼(seele)과의 관계를 발판 삼아 내 의식의 심층으로 깊어지고, 세계의 외곽을 뚫고 오르는 데까지 선험적 문제 제기 전체는 에워싸고 전개된다. 이러한 대극적인 관계 속에서 이 세계는 내가 의식하며, 나는 그 세계의 참된 존재를 나 자신이 인식한 형성물들을 통해 인식한다.(에드문트 후설, 2016, 207) 따라서 우리가 진정 궁금한 것은 '나'지만 '나'는 결국 형성물이라는 점에서 '우리'다. 기어츠는 "우리의 확신을 뒷받침해 주는 것은 무엇인가?"라고 묻는다. 그리고 "이 확신이 우리의 확신이라는 점 외에는 별로 없었던 것 같다."고 답한다.(클리퍼드 기어츠, 2014, 153)

모리스 블랑쇼는 기어츠의 표상적인 답변을 침묵 속으로 가지고 들어간다. "내가 홀로일 때, 거기에 있는 것은 내가 아니다. 그리고 나는 너로부터, 다른 사람들로부터, 세계로부터 멀리 떨어져 있는 것이 아니다. 여기에 '본질적 고통과 세계 내의 고독'에 관해 질문하는 성찰이 열린다."(모리스 블랑쇼, 2010, 31) 이렇게 의식의 극단적인 공허 속에서 열리는 장소가 멜랑콜리다. 거기에 있는 것은 내가 아니다. 한용운의 「님의 침묵」에서 화자의 운명의 지침(指針)마저도 돌려놓은 '날카로운 첫 키쓰'가 이루어진 장소가 바로 이곳이다. 여기에서는 중성화가 이루어진다. 이 중성화는 모든 가능성으로 나를 되돌려 놓는다. 멜랑콜리에 들면, 생천 처음인 나, 그러니 세상도 당신도 처음이다.

이지튀르

행위·사건의 양가성을 잘 표현해 주고 있는 말이 '새옹지마(塞翁之馬)'다. 새옹의 말이 집을 나갔다 돌아오고, 아들이 말을 타다 다치고 그래서 전쟁에 나가지 않게 되어 살아남는다. 양가성은 인간의 기준에서 그렇다는 것이다. 그 가치를 사물에 돌리면 해석의 여지는 크게 넓어진다. 인간은 언어를 통해 의미를 확장한다.

그 언어가 지워지는 자리에 인간은 가장 크고 깊은 '여지'를 열 수 있다. 언어의 부재라는 측면에서 침묵은 부정적인 것에 기운다. '여기'

의 심화, 확장이라는 측면에서는 긍정적인 것에 기운다. "긍정적인 부정적 시간(positive negative time)은 침묵이다. 침묵의 구성적 역할에 대한 인식은 문학에서 암흑, 공허, 무, 공(空) 등 다양한 형태로 표현된 빈 공간에 구성적 기능이 있음을 인식한 것과 유사하다."(스티븐 컨, 2004, 420)

수다(多辯)가 알레고리적이라면 침묵은 '무언가'를 의미한다는 측면에서는 상징적이라고 할 수 있다. 그러나 이런 상징의 침묵은 '신의 침묵'처럼 일의적 의미로 환원해야 한다. 이것은 우리를 전통해석학의 범주에 얽매이게 한다. 가다머의 '방법적 해석'은 선입견을 통해 다양한 해석에 이르는 길을 제시한다. 방법적 다양성을 통해 우리는 매번 다른 다양한 의미에 도달할 수 있다. 침묵은 상징적인 것도, 멜랑콜리적인 것도 동시에 극복하면서 가능성의 '공백'을 최대치로 확장한다.

말라르메의 만년의 작업을 대표하는 말이 '이지튀르'다. 이지튀르는 규정되지 않는 말 자체다. '텅 빈 채움', 짙게 쓰인 여백, 지우개로 쓰기와 같은 행위를 나타낸다. 말 사이의 공백과 행간의 여백을 통해 부재를 표현한다. 그렇게 표현된 부재에 의해서 의미는 돋아나면서 이면으로 사라진다. 시의 의미는 표현하고, 표상하는 것이 아니라 그 부재를 끊임없이 환기하는 것이다.

이 공백들은 계열을 이루는 사유에 뚫려 있는 구멍들, 인간의 의사소통에 있어서의 괴리들, 모든 발화를 둘러싸는 침묵의 상징이었다. 그의 설명에 따르면 "시의 지적인 얼개 자체는 감추어져 있다. 하지만 연과 연을 나누는 공간 속에, 그리고 종이의 흰 여백 속에 현존한다. – 놓여 있다. 그것은 뭔가를 의미하는 침묵으로서 시 작품의 구성에서 문자열 못지않게 아름다운 것이다.

— 스티븐 컨, 2004, 426~7

시의 얼개는 없는 것이나 마찬가지다. 그러나 시를 보면 사람들은 직관적으로 시라는 것을 알아본다. 애매모호성을 지우기 위해 단순한 구분선을 그을 수는 없다. 존재의 '명(明)'은 '암(暗)'에 의해서 드러난다. 그림자로 짙어지는 '빈' 존재, 의미를 갖는 것은 '명'이지만, 그 존재의 바탕을 이루는 것은 오직 '암'의 움직임, 그 벡터에 의해서다. 이것은 밤하늘에서 빛나는 별빛의 '질'이 어둠의 질에 좌우되는 것과 같은 것이다.

대부분의 우정은, 아니 심지어 사랑도, 그 바탕에는 공통적으로 '침묵에 대한 혐오'가 깔려 있다. 침묵에 대한 이러한 부정적인 감정들은 역설적으로 침묵의 중요성을 잘 드러내며 또한 긍정적인 측면에서 침묵의 창조력과 묶어 주는 힘을 가리키고 있다. 침묵은 단순히 소리의 부재이기는커녕 어떤 단어나 소리도 표현할 수 없는 뭔가를 표현한다.

— 스티븐 컨, 2004, 422

한 사람과의 만남의 질을 가늠하는 데는 대화의 질보다는 침묵의 질이 결정적이라고 한다. 가장 심오한 공동체인 연인의 공동체에서 '침묵'은 가장 내밀한 대화다. 그러므로 침묵의 시간이야말로 가장 기억에 남는 시간인 것이다. 컨은 "침묵의 질이 곧 사랑의 질이다."고 말한다. 금속의 질량은 순수한 물로 잴 수 있다. 금처럼 빛나는 영혼을 가늠할 수 있는 것은 순수한 물과 같은 침묵이다. 우리가 의미하는 말들이 하늘의 별처럼 빛나기 위해서는 밤하늘보다 더 깊은 침묵에 둘러싸이지 않으면 안 된다. 침묵의 '초'텍스트성, 침묵은 둘 사이, 여럿 사이의 기대치의 시공을 확보할 수 있는 고도의 '쓰기', 쓰기의 불가능성이다.

이지튀르는 방에서 나가지 않는다. 텅 빈 방, 그것은 또한 이지튀르, 텅 빈 방을 말하는 것으로 만족하고, 방을 부재하게 하기 위해서는 보다 근원적인 어떤 부재도 그 근거가 되지 못하는 그의 말밖에 지니지 못한 바로 그이다. 그런데 죽음에 지고하게 이르기 위해서는 진정 그가 지고한 죽음의 현전을 그를 "삭제하고" 지우는 자정의 이 순수한 조건을 마주하여야 한다면, 그러한 대결, 그러한 결정적 시험은 결핍되어 있다. 그러한 시험은 의식의 보호 아래, 의식의 보장 아래 그리고 이식을 위해 위험 없이 이루어지기 때문이다.

— 모리스 블랑쇼, 2010, 160

말라르메의 이지튀르는 특별한 장소다. 특별하다는 것은 이지튀르가 시간이면서 공간이면서 인간이기 때문이다. 또한 이지튀르는 아포리즘 자체다. 머묾으로써 떠나고, 비움으로써 채운다. 근원으로서 죽음이고 죽음으로서 근원이다. 어둠에서 마주 보게 되는 나의 두 눈동자의 번쩍임, 드디어 내가 바라보는 나인 타자와의 마주 봄 사이에 놓인 텅 빈 공간은 나를 '보는 자'로 새롭게 자리매김한다.

6. 서정성

자기 여행

인류는 기호를 통해 세계를 반영하고, 의미하고, 상징화해 문화의 지평을 확장하고 위상을 다채롭게 했다. 의미가 풍성해지고, 태도와 지향을 갖게 된 언어는 '약호'의 위상을 얻는다. '약호'는 문장을 품고 있는 기호다. 약호가 특정 공동체의 이야기를 담게 되면 '사회어'가 된다. 공동체의 이야기를 넘어 보편적으로 적용 가능한 플롯을 제공하는 것을 '문화어'라고 한다. 정형화된 플롯은 기억의 일원화를 추동하고, '에피스테메'로서 기억을 축적한다.

후각자의 가장 큰 힘은 서사 구성능력이다. 서사 구성력은 기억하는 능력에 의존하는 한 일정한 상호의존성이 상존한다. 한 사람이 기억하는 범위가 넓을수록 서사가 한 사람의 삶에 통합될 가능성은 더 풍부하고 복잡하다. 이것이 기억과 기술 사이에의 의문스러운 순환성을 얻게 될 것을 함축하지 않는다. 여전히 쟁점이 되고 있는 수많은 개념들과 함께 기억과 서사는 단일한 구조 안에 있는 상호의존적인 요소들로 여겨져야 한다. 자아 정체성의 의식은 기억과 서술능력에 묶여 있다.(제프 말파스, 2014, 237)

집단의 서사보다는 개인의 서사가 각자의 일상을 구성하는 데는 더 절실하게 작용한다. 기억의 일원화는 집단 차원에서는 단일성을 지향하지만, 개인적인 차원에서는 다양한 해석 가능성에 열려 있다. 기억의 통합이 자전(自傳)적인 차원에서 이루어지면 그것은 사실성과 상상성 차이에서 다양하게 변주할 수 있다. 그것은 심경(心境)에 어떻게 위치시킬 것인가에 달려 있다. 밤하늘의 별들은 한 번도 같은 모양으로 반짝이지 않는다. 그러면서 '추상화된' 별자리로 자리하고 있다. 그러나 신화를 담고 있는 별자리 역시 영원한 것은 아니다. 수백만 년 후에는 자전축이 한 바퀴 회전해 우리의 머리 위에는 남극성이 자리하게 된다. 마찬가지로 기억들 역시 심경의 상태(기억하는 능력에 의존하는 서사 구성능력)과 기술 사이(별자리)에 다양한 변수가 존재하는 까닭에 언제나 같은 의미로 떠오르지 않는다.

공동체적 차원의 플롯은 개인의 삶의 변화에 깊게 관여하지는 못한다. 우리에게 더 절실한 것은 자기, 곧 자신에 대한 여행이다. 이 여행 방법은 세계를 여행하는 것 못지않게 다양한 길이 있다. '자기'를 여행할 수 있는 '자기-모빌리티'를 다양하게 구성하고 제시할 수 있어야 한다.

> 인간의 거주 장소와 공간은 변하고 분해될 뿐만 아니라 그런 장소와 공간들은 그 흔적을 따라 변화와 교체를 일으키는 과정들을 통해서만 스스로를 드러낸다. 사실, 그런 장소와 공간들은 움직임과의 관계 속에서, 그리고 변화와의 관계 속에서 드러난다. 그렇다면 영원한 장소나 거처라는 개념은 인간의 거주와 사유와 경험일 수도 있는 것에 관한 전혀 다른 개념을 요구할 것이다.
>
> — 제프 말파스, 2014, 248

우리는 변화의 속도가 무한급수로 증가하는 시대를 살고 있다. 그러한 변화로부터 한발 벗어나고, 쇠퇴로부터도 자유로운 장소의 출현이 절실한 때다. 그곳을 우주공간에서 찾는 것은 불가능하다. 지구상에서 찾는 것 또한 거의 불가능하다. 결국 남는 것은 자기의 세계, 곧 심경(心境)을 반구(半球)로 덮고 있는 자기 세계다. 자기 모빌리티를 통해 우리는 자아도 타자도 나타나지 않는 장소를 추구할 수 있다. 그러면서 그 이면에서는 끝없이 사는 삶, 변화에서 자유로운 삶 곧 영원성을 추구할 수 있다. 그것이 생활세계와 연결될 때, 자기 이야기들이 무수히 지나는 장소는 복잡한 구조를 지닐 수밖에 없다.

언어와 언어의 지향으로 장르를 구분하면 장르의 복잡한 구조, 단순한 범주화와 개념화에 대한 저항, 주관적 요소와 객관적 요소의 아포리즘, 내적 요소와 행위의 필연적 아포리즘, 이 모든 것은 장소의 개념이 어떤 정치를 초래하는 것이 아니라 정치적인 것 자체가 위치해야 하는 바로 그 틀을 규정하는 것임을 시사한다. 근본적으로 우리는 몸이라는 장소 안에 마음이라는 장소를 품고 있는 이중공간의 존재다. 우리의 존재에서 합당한 정치의 가능성을 생각하는 일은 정치적인 것이 생성될 수 있는 장소에 대한 파악으로부터 시작할 수 있다.(제프 말파스, 2014, 256)

정치는 특정한 공간을 전제한다. 그 안에서 다채로운 시간을 살고 있는 집단들과 개인들, 타자와 타자의 관계에 개입해 왔다. 새로운 정치는 새로운 장소를 전제해야 한다. 그 장소는 타인들과의 관계가 맺고 풀리는 세계가 아니라 자신들과의 관계 맺는 세계다. 그 자신들(마음에 담긴 것과 마음을 나눈 것과 마음을 준 것)은 심경에도 있고, 지경에도 있고, 천경에도 있다. 이 모든 자신들과 더불어 쓰는 이야기가 자기 정치이며, 자기 모빌리티이며, 새로운 장소성이다.

두리번

 개연성에 의해 사태들이 물 흐르듯이 사건을 이뤄야 좋은 서사라고 할 수 있다. 반면 서정은 마치 항아리가 깨지듯이 종잡을 수 없는 방향으로 개연성이 깨져 나간다. 그리고 날 선 사금파리를 주워 들 때와 같은, 확연하게 드러나는 주저함을 보여 준다. 스스로 되돌릴(반추할) 수 있는 맥락을 놓침으로써 유일한 스타일을 단 한 차례 수행할 수 있다.

 말라르메는 시 쓰는 행위 자체를 시로 끌어올리기까지 한다. 그는 만년에 이르러서 말 사이의 공간과 행 사이의 공간을 가지고 부재를 표현했다. 시를 통해 의미를 전달하는 것이 아니라 잠시의 안일이라도 환기하는 성질을 가시화하는 방식으로 발전시킨다. 이 공백들은 계열을 이루는 사유에 뚫려 있는 구멍들, 인간의 의사소통에 있어서의 괴리들, 모든 발화를 둘러싸는 침묵의 상징이었다. 시의 지적인 얼개 자체는 감추어져 있다. 하지만 연과 연을 나누는 공간 속에, 그리고 종이의 흰 여백 속에 현존하다.(스티븐 컨, 2004, 427)

 흰 여백은 뭔가를 의미하는 침묵으로서 시 작품 구성에 있어서 문자열과는 전혀 다른 아름다운 것을 준다. '포스트'의 시대는 '속도'의 시대다. '모빌리티'의 시대는 속도가 핵심에 자리한다. 속도를 강화하기 위해서는 직선에 가까워져야 한다. 굴곡진 것들이 품고 있는 특별한 공간은 메워진다. 서정의 맥락, 서정의 플롯은 스스로 전통이 되기 위해서 '게으름'을 강화한다.

 게으름을 태 나지 않게 피우기 위해서는 '주저함'이나 '두리번거림'이 필요하다. 주저함의 장소, 두리번거림의 장소를 바흐친은 '크로노토프'라고 말한다. 작품 안에 역사의 크로노토프를 담는 과정은 복잡하고 일정치 않은 것이었다. 주어진 역사적 조건하에 파악 가능한 크로노토프의 몇몇 개별적 측면들만이 완성되어 왔다. 예술작품 속에 반영된 것은 실제 크로노토프의 특수한 형태일 따름이었다.(미하일 바흐찐, 1997, 261) 기존의 정통적으로 규범화된 장르적 형식은 폐기해야 할 것이 아니라 선입견으로 활용해야 할 것으로 재정립한다.

바흐찐이 지적한 것처럼 예술작품 곧 장편 서사에 반영된 것은 특수한 형태의 크로노토프였다. 그 외 무수한 크로노토프는 '대서사'에서는 배제된 것이나 마찬가지다. 이들 서사를 특수한 형태의 그것 못지 않게 담아낼 수 있는 것이 서정적 크로노프 곧 포에톨로지라고 할 수 있다. 특수한 크로노토프가 되기 위해 작품이 특별한 시점을 통해 장소를 열고 닫는다. 장소를 열고 닫는 것은 고스란히 독자의 몫으로 주어진다.

누구도 자기를 직접 밝혀 드러낼 수는 없다. 자기는 공간적인 것의 순수표상을 통해 지향되는 것이다. 순수하다는 것은 없다는 의미가 아니다. 표상해야 하는 것을 최대치로 드러낼 수 있는 것이 순수표상이다. 따라서 순수는 선견, 선험성, 선입견 등 어떤 것을 어떤 것이게 해주는 특성을 선취하는 예비적 시선에 해당한다. 순수는 직관이 지양된 상태이다. 하이데거는 "순수직관작용에서 직관된 것은 비대상적인 방식으로 그리고 비주체적으로 하나의 선견 속에 세워진다."고 말한다.

> 자신의 임재를 뒤로 연기한 채 드러나는 이러한 순수직관의 선재성은 칸트 자신은 생각하지 못한 시간적 지표를 담지하고 있다. 왜냐하면 직관의 선견이나 지평은, 언젠가는 앞에 마주 선 것으로 등장하는 대상성에 대한 헌신으로서, 스스로 행하는 선취작용을 전제하기 때문이다.
>
> — 게오르크 크리스토프 툴렌, 2010, 144

공간의 순수성, 중성성을 확보하는 것은 '비주체적으로 하나의 선견'을 확보하는 것이다. 전제의 선견은 과거에서 온 미래다. 대조인 자리에서 선취는 미래에서 온 과거다. 선견과 선취의 동시적 지평 확장을 통해 최대치의 현재를 개시할 수 있다. 어떤 것을 '어떤 것'이게 해 주는 순수직관의 선재성은 오롯이 주체 스스로 대상성(사물성)을 회복할 때 가능한 것이다. '서정'이 지향하는 순수성, 중성성은 선취하는 작용이 아니라 지우거나 주는 '스스로 행하는 성취작용'을 향한다.

서정은 자신의 존재감을 인정받기 위해 스스로를 비운다. 다가오는 존재감이 아니라 물러서는 존재감, 물러난 후에 뒤늦게 오는 존재감이 서정의 존재감이다. 서정시의 역능은 바깥으로부터 주어지는 것이 아니라 서정을 낳은 하나의 '마음'으로부터 온다. 서정의 마음이라는 무한한 바탕에서 시작한다. 사전에 혹은 사후에 있었고 있을 어떤 인정의 언어들은 결코 서정의 텍스트에 조금의 영향도 주지 못한다. 이렇게 텅 빈 권위 뒤로 한없이 물러서는 서정적 시선은 대상에 모든 자리를 내어 주는 헌신을 통해 사물을 미적 대상으로 거듭나게 할 수 있다. 미적 대상이 된 사물을 통해 시의 현재성은 발현된다.

이제와 아직

시적 글쓰기, 시적 언어가 전통적으로 담당해 왔던 역할은 두 가지다. 하나는 새로운 언어를 찾아내 기존의 언어에 던짐으로써 언어적 긴장을 유발하는 것이다. 이것이 시적 언어가 담당해 온 생성의 역할이다. 다른 하나는 소멸의 기능이다. 이것은 언어를 정화하는 기능이기도 하다. 수많은 사연과 이야기로 범벅이 된 언어를 시를 중화시킨다.

시는 언어를 언어의 본연으로 다시 빛나게 하는 역할을 해 왔다. 세상에 나가서 찌들고 타락한 언어를 중성의 언어로 정화시켜 '심경(心境)'의 별로 다시 뜨게 하는 것이다. 별은 양각되는 것이 아니라 음각된다. 허무는 있었으면 하는, 애초부터 없는 것을 향한다. 결핍은 있었으나 지금은 없는, 그러나 지금은 꼭 없어도 되는 것에서 일어난다. 결핍에는 다소의 자발성이 발현된다. 세상의 언어와 심경에 별로 뜬 언어 사이에는 두 겹의 허무와 두 겹의 결핍이 흐른다.

시가 말할 수 있는 것은 결국 시(詩)다. 인간은 인간만을 이야기할 수 있게 될 것이다. 이런 맥락에서 휠덜린은 시의 본질을 시작(詩作)하고 있다고 하이데거는 평가한다. 시의 본질은 특정한 시간에 매여 있다. 이미 있는 시간이나 아직 없는 시간에 대해 탐색한다. 그렇게 함으로써 시의 본질은 새롭게 쓰이고 그것은 새로운 시간에 다가선다. 시의 본질은 본래적 시간성을 구현한다. 시간은 가 버린 신들과 다가올 신들 사이에 있는 시간이다. 이 시간이야말로 궁핍한 시간인 것이다. 왜 그런가? 하이데거는 이렇게 답한다. 이 시간은 가 버린 신이 이제는 없다는 점과 다가올 시간이 아직도 없다는 점이다. 그러기에 두 겹의 허무와 결핍으로 이루어진 것이다.(마르틴 하이데거, 1983, 74)

"이제 없고, 아직도 없다." 이제 없는 것은 결핍의 신이다. 아직도 없는 것은 '허무'다. 이제와 아직을 잇는 다양한 길을 내는 것이 문화의 역할이다. 시인은 가장 먼저 '이제와 아직' 사이의 허무와 결핍에 첫발을 내딛는 자다. 두 겹의 허무로 허무를 감싼다. 이것은 심경(心境) 아래에서 중성의 별들을 보면서 이루어지는 일이다. 두 겹의 결핍으로 결핍을 감싼다. 이것은 천경(天境) 아래에서 이야기의 별들을 보면서 이루어지는 일이다. 두 겹의 허무에서 두 겹의 결핍으로, 두 겹의 결핍에서 두 겹의 허무로 변곡하면서 하나의 텅 빔을 다른 텅 빔으로 채우는 변곡의 자리에서 만나는 장소가 또 하나의 결핍이면서 허무이고, 허무이면서 결핍인 '포에톨로지'이다. 이렇게 세 겹의 허무와 세 겹의 결핍으로 가장 풍성한 텅 빔에 들게 되는 것이다.

시간의 부재는 결핍과 허무 사이에서 장을 펼친다. 비우는 것이 목적인 예술은 그래서 아무것도 완성하지 않으며, 완성할 수도 없다. 시작(詩作)을 한다는 것은 부재를 짓는 것이다. 유례없는 격렬한 긍정성이라는 것은 아무것도 하지 않아도 된다는 것에서 발현된다. 시는 독립적이어야 한다. 그래야 제대로 사라지면서 공간을 무의 장소로 비워낼 수 있다.

> 독립된 대상으로 받아들여진 시, 자족적이고, 그 자체만을 위해 창조된 언어로서의 대상, 단어의 성격만이 비치는 단어의 모나드(monade)로서의 시는 그리하여 어쩌면 위엄과 예외적 중요성을 지닌 하나의 실재, 하나의 개별적 존재이다. 하지만 하나의 존재, 그리고 바로 이 때문에 존재와는, 즉 모든 결정과 모든 형태의 실존을 벗어나는 것과는 결코 가깝지 않은 존재이다.
>
> — 모리스 블랑쇼, 2010, 46

시는 완벽하게 사라지거나 현실을 완전하게 초월하는 것이 아니다. 현재에서, 생생한 언어들 가운데서, 전체를 '문'으로 개방함으로써 안팎의 구분을 일시에 폭력화한다. 시는 의미의 모나드, 존재의 모나드, 세계의 모나드, 인식의 모나드⋯⋯사물과 어떻게 만나느냐에 따라 거의 모든 모나드가 가능한 n의 모나드성을 지닌다. 모든 면에서 어느 때고 결합이 가능하도록 들떠 있는 것이 시의 언어다.

시 쓰기는 사실상 위상적이지 않다. 시는 쓰기가 아니라 매번 다른 읽기로 전회가 가능해야 한다. 어디에서 출발해도 새로운 하나의 읽기를 구성할 수 있어야 한다. 유기체적인 글쓰기는 하나만 어그러져도 전체가 무너지기 쉽다. 뜨개옷과 같은 것이 전일적으로 구성된 텍스트다. 위상적 시 쓰기는 펠트와 같이 모전(毛氈)하는 것이다. 시는 쓰기, 짓기보다는 읽기, 걷기에 어울린다. 시는 짜는 것이 아니라 밟는 것이다. 모든 것과 결합이 가능하기 위해서는 중성적이어야 하며 '의도'나 '의미'와는 거리를 두어야 한다. 길은 목적지가 없다. 그 길을 걷는 사람에게 순간적으로 떠오르는 것이 목적지가 된다. 서정시는 다만 '길'일 뿐이다.

> 시작이라는 것은 해로울 까닭이 조금도 없는 것이다. 아울러 현실에는 맥도 못 추는 것이 시작이기도 하다. 왜냐하면 시작이라는 것은 늘 사물을 말하기 때문이다. 시작은 곧장 현실에 파고들어 현실을 바꾸어 놓는 행위와는 아무런 관계도 없다. 시란 꿈과 같은 것이기도 하나 현실은 아니다. 말장난이기는 하나 진지한 행위는 아니다. 시란 해로울 까닭도 없거니와 그렇다고 힘이 있다는 것은 아니다.
>
> — 마틴 하이데거, 1983, 58

들뢰즈는 생명을 무기적 생명 구조로 본다. 무기적 생명 구조를 공유하면 우리는 사물의 언어를 흉내 내는 수준에서 벗어나 사물의 언어를 구사할 수 있다. 우리는 '인간'의 사물성을 회복하는 길을 열 수 있을지도 모르겠다. 움직이면서, 흐르면서, 진동하면서 중성의 '중심'을 잡는 것, 그것이 '시작(詩作)'의 시작(始作)이고 시작(始作)의 끝이고, 끝의 시작(詩作)이다.' 꿈이면서 현실은 아니다가 아니라 꿈이면서 현실이고, 현실도 아니면서 꿈도 아니다. 말장난이면서 진지한 행동이고 말장난이 아니면서 진지한 행동이 아니다. 언어의 뫼비우스 띠, 물고 물리는 문장을 이루어 낸다.

나는 모든 것들처럼 책에도 분절선, 분할선, 지층, 영토성 등이 있다. 하지만 책에는 도주선, 탈영토화운동, 지각변동(=탈지층화) 운동들도 있다. 이 선들을 좇는 흐름이 갖는 서로 다른 속도들 때문에, 책은 상대적으로 느려지고 엉겨 붙거나 아니면 반대로 가족화되거나 단절화된다. 이 모든 것들, 즉 선들과 측정 가능한 속도들이 하나의 배치물을 구성한다. 책은 그러한 배치들이며, 그렇기에 특정한 누군가의 것이 될 수 없다. 책은 하나의 다양체이다.

― 질 들뢰즈/펠릭스 가타리, 2011, 12

한정되는 것은 무한에 가깝게 만드는 것, 수많은 것들의 각자성을 모아, 작자성을 지켜 주면서도 처음인 전체성을 이룬다. 이것을 만드는 방식은 구기는 것(구름)이고 비비는 것이다. 서사가 꼬면서 따는 것이라면, 서정시는 숱한 언어들(위상을 달리하는)을 '무작정'으로 작정하고 비벼 넣는다. 들뢰즈가 말하는 '책' ― '천 개의 고원'을 품은 책은 '그냥' 책이 아니다. 중성의 책―무엇과 만나느냐, 주름의 책―어디를 어떻게 펼치느냐에 따라서 언제나 다르게 읽힌다.

스타일의 해방, 해방의 스타일

해방과 자유를 가장 밀접하게 연결시킨 시인은 김수영이다. 김수영의 '온몸의 시학'은 내용과 형식의 동시적 해방 곧 최대치의 자유를 구가한다. 내용과 형식을 따로 구분해서는 극한의 자유를 맛볼 수 없다. 그동안 학문의 지향은 공간의 해방, 시간의 해방, 인간의 해방을 따로따로 추구했다. 이러한 단독의 해방은 과잉이나 결핍을 동반하는 경우가 많았다.

셋을 동시에 추구할 수 있을 때 우리는 특별한 해방의 주이상스를 경험할 수 있다. 이것이 곧 스타일의 해방이며 해방의 스타일이다. 이 아포리즘이 이루어지는 장소가 '포에톨로지'라고 할 수 있다. 세계로부터의 해방은 그러나 언어에 묶여 있다. 그러니 다른 측면에서는 시 역시 세계에 묶여 있거나 세계의 한 편을 묶고 있다. 리쾨르는 해방되어 있다는 점에서 묶여 있다고 말한다.

시적 분위기가 시의 상징적 질서와 외연을 같이한다고 말했던 것은 시란 아무런 까닭도 없이 진행하는 말놀이(verbal word play)가 아님을 보여 준다. 오히려 시는 자신이 창조하는 것에 묶여 있다. 일상적 담화와 그 교훈적 의도를 중지하는 것은 시인에게 절실한 특성이 된다.

— 폴 리쾨르, 1998, 108~9

세계 밖으로의 해방이 아니라, 세계 속에서 해방되는 것, 세계를 무(無)로 전환, 전회시키는 것이다. 시의 상징적 질서는 이성의 영역을 넘어선다. 그 외연은 지성적 행위로 도달할 수 없는 길이다. 그리고 무엇보다 중요한 것은 '시적 분위기'다. 이 분위기는 막연한 직관이나 느낌이 아니라 일(태양), 월(달), 화성, 수성, 목성, 금성, 토성의 상호작용에 의해서 이루어지는 공간의 질이다.

지구의 자전과 공전, 달과 행성들의 공전과 자전에 따라 형성되는 시간의 위상에 의해 구체적으로 감지되는 인문의 분위기를 인간과 사물은 마음에 품는다. 이러한 분위기는 어떤 수치나 이론보다 구체적이다. 우리의 내면에서 직관할 수 있기 때문이다. 그러나 전달할 수 있는 언어를 갖지 못했다는 한계로 인해 '비과학'의 영역으로 밀려나 있는 것도 사실이다.

시의 언어는 파헤칠 수 있는 공허다. 이 공허는 두 개의 심연으로 즉 결핍의 심연과 허무의 심연으로 이루어졌다. 결핍은 신의 부재에 닿고, 허무는 자신의 죽음과 마주하게 될 때 절정에 이른다. "최초의 의미, 혹은 최종적 의미를 보장해 주는 신이란 존재하지 않으며, 언어의 바탕은 결국 의미의 부재 혹은 무의미라는 사실이 문학과 언어의 본질을 캐어묻는 시인에게 그러한 것이다."(고재정, 2009, 8) 신의 부재, 자신의 죽음과 마주한 언어는 더 이상 무언가를 의미하려는 욕망에서 풀려나게 된다. 의미를 전달하는 도구의 유용성을 내려놓고, "'무'라고 하는 언어의 본질을 가리키는 언어, 아무것도 말하지 않지만 결코 멈추지 않는 침묵의 언어, 글쓰기의 언어가 된다."(고재정, 2009, 9)

말라르메는 최초의 언어, 좀 더 정확히 언어가 거쳐해 보지 못한 전대미문의 언어의 거처로서 시를 쓰고자 했다. 그는 시가 언어의 의미나 형식에 의해서가 아니라 한 편의 시 자체가 한 단어처럼 즉각적으로 감지될 수 있기를 희망했다. 읽기는 독자들이 자신의 즉각적 감지를 확인하는 것에 불과하다.

새로운 세계를 감싸고 있는 것은 자신의 내면으로 침잠하는 침묵과 세계와 만나는 감각의 언어로서 '다변'이다. 전자는 멜랑콜리라고 하고 후자는 알레고리라고 말할 수 있다. 지워지는 것과 깨지는 것은 모두 다른 방식으로 '무'를 지향한다. 멜랑콜리적 침잠과 알레고리적 들뜸은 한 극단을 이루기 때문에 "시적 정치성을 구현하기 위해서는 언제나 더 새롭고 이질적인 감각의 출현을 필요로 한다."(신진숙, 2010, 325) 멜랑콜리는 절대의 무를 지향하고, 알레고리는 소음에 다가선다. 그 사이에서 극단까지 사라지는 말을 추구하는 것이 시의 역할이라고 할 수 있다. 비슬라바 쉼보르스카는 「단어를 찾아서」에서 이렇게 노래(?)하고 있다.

> 가장 용감한 단어는 여전히 비겁하고,
> 가장 천박한 단어는 너무나 거룩하다.
> 가장 잔인한 단어는 지극히 자비롭고
> 가장 적대적인 단어는 퍽이나 온건하다

비슬라바 쉼보르스카의 시구절은 그 내용 면에서는 너무도 평이하다. 주목할 부분은 그가 문장을 구성하는 방식이다. 그는 어떤 단어를 찾고 싶거나 의미를 전달하고자 한 것이 아니다. 언어의 뫼비우스 띠를 구현하는 하나의 방식을 제시한다. 이 시의 시적 플롯은 '새로울 것은 없지만(동양고전의 다양한 아포리즘을 보라) 세련된 문장, 글쓰기의 언어를 제시하고 있다.

침묵의 언어는 중성의 언어이고, 변곡의 장소를 개시한다. 시의 정치는 현실에서 맞서는 언어들을 서로의 이면으로 만들어 준다. "그런 만큼 타자는 주체의 대칭일 뿐만 아니라 비대칭적 위치를 점유한다."(신진숙, 2010, 55) 절대적이지는 않지만 마주 볼 수 없는 것들을 끝내 놓치지 않기 위해서 필요한 것이 언어의 정치다. 현실의 정치가 묶어서 잇는 것이라면(실제는 분열을 조장한다), 시의 정치는 갈가리 찢어서 동일성을 회복하고자 한다.

"시적 감각의 분화는 세계의 분별체계를 흐트러뜨리고, 탈정체화된 이미지들을 기입하며, 고정된 공간 속에 이견의 장소들을 마련한다."(신진숙, 2010, 317) 이러한 갈가리 찢긴 이견의 장소들에서 작동하는 원리가 포에톨로지다. 침묵의 언어, 파편의 언어를 추구하는 글쓰기를 꿈꾸는 것만으로도 언제나 새로운 쓰기로 이행할 수 있다.

당당한 주저: 시인의 위상

'개념이 있다, 개념이 없다'는 말에는 가치의 지향성이라는 의미가 담겨 있다. 철학자 들뢰즈는 "철학은 개념으로 과학은 함수로 예술은 감각과 지각으로 사유한다."고 말한 바 있다. 철학은 언어의 명석·판명성을 추구한다. 초기 비트겐슈타인이 추구했던 언어가 대표적이다. 모든 것을 명제와 함수관계로 설명하고자 했던 러셀은 초기 비트겐슈타인에게 큰 영향을 주었다. 개념은 언어에 담긴 틀, 얼개로서 함수와 같이 다양한 사건들은 규정적으로 해석할 수 있는 것으로 보았다. 과학과 수학에서 함수는 일종의 패턴이라고 말할 수 있다.

예술은 감각과 지각으로 사유한다고 함은 두 가지 술어적 이미지를 생성한다. 감각은 동사의 술어적 이미지, 지각은 형용사의 술어적 이미지를 창출한다. 서술이미지(감각, 지각)를 통합적으로 사유하는 것이 위상학적 사유에 해당한다. 손잡이가 하나 달려 있는 머그컵과 가운데 구멍이 있는 도넛의 유사성은 하나의 공간을 품는 것을 지각하는 데서 찾아진다. 지각과 감각은 품고 있는 하나의 공간을 두고 환원할 수 있는 다양한 움직임으로 그릴 수 있어야 한다.

블랑쇼는 "시는 시인에게 그가 다가갈 수 있는 진리나 확실성으로 주어지지 않는다. 그는 자신이 시인인지 모르고, 시가 무엇인지, 시라는 게 존재하는지조차도 모른다. 시는 그에게 달려 있고, 그의 탐구에 달려 있다."(모리스 블랑쇼, 2010, 113)고 말한다. 그 역시 마찬가지다. 그는 시에 달려 있고, 시의 지향에 달려 있다. 이러한 의존관계는 상호적이라는 점에서 "그를 그가 찾는 것의 주인이 되게 하는 것이 아니라, 그 자신에 대해 확신하지 못하는, 마치 존재하지 않는 것처럼 만든다."(모리스 블랑쇼, 2010, 113) 시인 김수영은 '온몸의 시학'을 펼친 시론 「시여 침을 뱉어라」에서 이렇게 말한다.

사실은 나는 20여 년의 시작 생활을 경험하고 나서도 아직도 시를 쓴다는 것이 무엇인지를 잘 모른다. 똑같은 말이 되풀이하는 것이 되지만, 시를 쓴다는 것이 무엇인지를 알면 다음 시를 못 쓰게 된다. 다음 시를 쓰기 위해서는 여즉까지의 시에 대한 사변(思辨)을 모조리 파산을 시켜야 한다. 혹은 파산을 시켜야만 한다. 말을 바꾸어 하자면, 시작(詩作)은 〈머리〉로 하는 것이 아니고, 〈심장〉으로 하는 것도 아니고, 〈몸〉으로 하는 것이다. 〈온몸〉으로 밀고 나가는 것이다. 정확하게 말하자면, 온몸으로 동시에 밀고 나가는 것이다.

― 김수영, 「시여 침을 뱉어라」

　온몸으로 이행한다는 것이 내가 새로운 공간으로 간다는 것을 의미하지 않는다. 이것은 내 안에 처음인 공간, 달라진 공간, 그 공간으로 인한 다른 위치관계의 '사물'이 되었다는 것을 의미한다. 그러니까 이전의 것을 이전대로 담을 수 없는 새로운 존재로 이행한 것이다. 시는 언제나 '난생'처음이니 그것을 품은 시인은 고독할 수밖에 없다.

　그것은 시의 공간이 또한 통일시키고 다시 이어 주는 '그리고'이고, 그 속에 과거의 공허와 미래의 공허가 진정한 현전이 되는 순수한 말이며, 밝아 오는 낮의 '이제'가 아닌가를 알아보는 질문이기도 하다. 이 질문은 작품 속에 보존하고, 작품 속에서 숨김으로, 망각의 바탕으로 회귀하면서 드러나는 것이다. 이러한 이유에서 시는 고독의 궁핍함이다. 이 고독은 미래의 들음, 하지만 무력한 들음이다. 시간의 이편에서 언제나 시작을 예고하는 예언적 고립이다.

― 모리스 블랑쇼, 2010, 363~4

　고독의 포즈, 포즈의 고독, 고독의 궁핍, 궁핍의 고독은 서로의 빛은 아니지만 그윽한 그늘이 되어 준다. 과거의 공허와 미래 공허 사이에 난 현전의 '공허' 속에서 뒤척임, 뒤집어짐, 돌아눕기가 이루어진다. 우리에게 진정한 물음은 대답이 불가능한 물음이다. 고독의 궁핍함과 예언적 고립은 언제나 새로운 시작을 예고한다. 이러한 고독 속에서 시는 바깥으로가 아니라 안쪽에서 길을 모색하면서 내면으로 드는 통로를 낸다.

　이렇게 우리는 이 전환이, 우리가 모든 것을 변환시키면서 우리가 변하는 그곳, 작품이라는 가장 내면적인 것으로 가기 위한 이 움직임이 우리의 종말과 관계하는 어떤 것을 지니고 있음을 보게 된다. 그리고 이 변화는, 우리가 떠맡고 있는 보이는 것의 보이지 않는 것으로의 변화의 실현은 죽는다는 임무 그 자체이다. 그러한 임무는 지금까지 우리가 인정하기가 그토록 힘들었던 하나의 일이기는 하지만, 우리가 물건을 만들고 결과를 계획하는 그러한 작업과는 분명히 다른 일이다.

— 모리스 블랑쇼, 2010, 201

가장 내면적인 것은 보이는 것의 보이지 않는 것이다. 보이는 것의 자발적 사라짐을 통해 우리는 보이지 않는 것들이 드러나도록 할 수 있다. 문제는 보이지 않는 것이 들어날 때 정작, 사라진 주체는 그것을 목도할 수 없다는 것이다. 우리가 현존시키고자 하는 것은 사물이 아니다. 불가능한 것들의 현존 가능성을 부재를 통해 모색할 수 있기 위해서는 주체가 사물에 본격적으로 의탁해야 한다. 그래야 주체가 사라진 후에 드러나는 보이지 않는 것들을 사물 안에서 지켜볼 수 있을 것이다.

"시의 미학성이 현실과의 단절하에 있는 것은 아니다. 현실의 소재를 끌어들이는 동시에 관계의 요소로서 추상화시키는 과정 속에 현실과의 연접(延接)과 이접(離接)이, 현실과의 연속과 불연속이 구성적으로 이루어져 있다. 그것을 현실과 이어져 있되 동시에 현실과 상대적으로 독립된 구성적 특징을 지니고 있는 것으로서, 현실의 재현은 아니되 현실의 재구성이라 할 수 있기 때문이다."(김윤정, 2013, 821)

보이는 것의 보이지 않는 것으로의 변화의 실현이 시작품의 위의다. 텅 빈 텍스트의 공허가 깊을수록 변화의 폭을 깊어지고 질은 농밀해진다. 사물의 효과에 주목할 때, 대상은 새로운 지향을 나타낸다. 의미의 대상에서 미적 대상으로 변곡해 가는 지점에서 '과감한 도약과 당당한 주저'가 발생한다.

암향(暗香)

세상에서 가장 깊은 우물은 10m짜리거나 100m짜리가 아니다. 가장 높고 푸른 하늘을 온전히 '반영'하고 있는 우물이다. 하늘(天境)을 반영한 우물은 곧 내면에 심상으로 자리한다. 그리고 맞은편에서도 대극적인 상이 맺히는 것을 상상해 볼 수 있다.

> 그리하여 한편으로는 그릇된 공간, 다른 한편으로는 그릇된 '내면'. 그럼에도 불구하고 한편으로는 바깥의 실재성이자 힘, 다른 한편으로는 내밀성의 깊이, 자유 그리고 보이지 않는 것은 침묵. 공간이 내밀성이자 동시에 바깥이 되는 지점이 있을 수는 없을까?
> — 모리스 블랑쇼, 2010, 192

파괴된다는 것은 연결이 끊긴다는 것을 의미한다. 이것은 위상적 변화다. 깨뜨려지지 않으면서 가장 역동적인 위상적 변화가 가능한 것이 '나선(螺線)'이다. 나선은 변곡을 통해 에너지를 응축하고 발산한다. 이 변곡 지점이 '공간의 내밀성이자 바깥'에 해당한다. 변곡(크로노토프)의 강도와 밀도에 따라서 작품의 스타일이 결정되는 것이다.

김소월의 「시혼」은 인간의 영혼이 얼마만큼 깊을 수 있는가를 따지는 것이 아니다. 인간의 영혼은 시 자체다. 가장 내밀한 영원성이 영혼 곧 시혼을 통해 드러남으로써 시를 읽는 독자 역시 그 영원성의 깊이에 닿는 자기의 영원성을 느껴 볼 수 있다. 시혼은 깊이가 아니라 영도, 중성성을 그 속성으로 한다. 독자는 자신의 영원성의 깊이만큼 시를 통해 그 깊이를 경험할 수 있다. 텍스트의 깊이를 가늠하는 것은 의

미거나 언어적 깊이가 아니다. 시인의 시혼으로서 내밀성의 깊이를 얼마나 제대로 반영할 수 있는가의 문제다.

> 내면공간은 사물들을 한 언어에서 다른 언어로, 낯선 외부의 언어에서 내면의 언어, 언어의 내부 그 자체로 옮긴다. 그때 언어는 침묵 속에서 침묵을 통하여 이름하고, 이름을 침묵하는 현실로 만든다. "우리를 넘어서고 사물들을 번역하는 공간"은 따라서 변형 장치, 탁월한 번역자이다. 그러나 이러한 지칭은 다음 사실을 예감하게 한다. 이를테면, 공간은 또 다른 번역자, 사물들이 그 보이지 않는 내밀성 가운데 머물기 위해 보이기를 그만두는 또 다른 공간이 아닐까?
>
> – 모리스 블랑쇼, 2010, 202

순수 '무(無)'의 상태에서는 변곡(변이, 탈바꿈)의 역동성은 물론 가능성도 현격하게 줄어들 수 있다. 바깥공간과 안쪽공간 사이는 '무지개'와 같은 '문'이 마련될 필요가 있다. 빛으로 된 문, 그러나 그 입구를 특정할 수는 없다. 빛의 무지개를 통과해 다른 영역에 닿기 위해서는 특별한 '비행(飛行)'이 필요하다.

꽃이 가장 멀리 날려 보낼 수 있는 것은 향기다. 꽃향기의 비행은 궤도가 없다. 위상학은 이를 탐색하고 추적한다. 따라서 "위상(학)은 실제공간이 아닌 유사(類似) 무(無)를 다루거나 무의 형식을 취한다. 이러한 위상(학)의 모습은 구체적인 것에 복사되어 구체적으로 실현되고, 이 복사물은 추후에 일정한 방식으로 해석된다."(요하임 후버, 2010, 274~5) 꽃향기를 해석하는 것은 규정하는 위상학이 아니라 사라짐의 위상학 곧 무의 위상학이라고 할 수 있다.

> 매화는 어느 꽃보다 유덕(有德)한 그 암향이 좋다 합니다. 〈략〉

나는 구름같이 핀 매화 앞에 단정히 앉아 행여나 풍겨 오는 암향(暗香)을 다칠세라 호흡도 가다듬어 쉬면서 격동하는 심장을 가라앉히기에 힘을 씁니다. 그는 앉은 자리에서 나에게 곧 무슨 이야긴지 속삭이는 것 같습니다.

– 김용준, 「매화」 중에서, 『새근원수필』, 열화당, 2004, 16~17

구름처럼 핀 매화꽃은 꽃향기를 소나기처럼 퍼붓지 않는다. 그 향기는 매우 귀하여 맡아 본 사람이 드물다. 사람이 맡는 것이 아니라 매화가 베풀어 주는 것이기에 '유덕(有德)'한 이라고 말한다. 친한 벗이 나에게만 속삭여 주는 귀엣말처럼 매화의 향기는 '무슨 이야기'를 나에게만 들려주는 듯이 나에게만 다녀가는 것이다. 나란히 있어도 한 사람만 들을 수 있는 향기가 매화의 향기 곧 '암향(暗香)'이다.

기존의 매개는 평면적으로 거쳐서 지나게 해 주는, 통과하여 영역을 달리하게 해 주는 역할을 주로 담당했다. 위상학에서 매체, 혹은 매개체의 역할은 한 공간을 다양한 장소로 변곡해 경험하게 해 준다. 공간 메타적인 성격이 강하다. 안이면서 바깥이고, 안도 아니면서 바깥도 아닌 까닭에 시적인 말은 어느 누구의 말도 아니다. "시적인 말은 더 이상 어느 누구의 말이 아니다. 그 말 속에서 어느 누구도 말하지 않고, 말하는 자는 어느 누구가 아니다. 오히려 말 홀로 스스로를 말하는 것 같다."(모리스 블랑쇼, 2010, 45) 의도된 의미에서 벗어나 중성성을 회복할 때 언어는 최고도의 중요성을 획득했다고 할 수 있다. 언어의 본질은 심연이나 우주적인 초월에 자리하는 것이 아니다. 바로 안과 밖, 의미와 무의미 사이에 자리한다. 시인의 임무는 언어의 정화 곧 의미 지우기다. 독자의 임무도 시인의 임무와 크게 다르지 않다.

이 모든 것에도 불구하고, 작가에 대한 고려가 그 역할을 하는 듯한 모든 독서는 작품을 작품 자체로, 그 익명의 현전으로, 있는 그대로의 격렬한 비인칭의 긍정으로 돌려주기 위해 작가를 무효화시키는 놀이이다. 독자는 그 자신이 근본적으로 익명의 존재이고, 그는 누구라도 될 수 있는 유일하지만 투명한 독자이다.

— 모리스 블랑쇼, 2010, 282

말은 말 속에 그 목적을 지니고 있기 때문에 말하는 자는 시인이 아니라 언어 스스로다. 작품으로서의 언어는 언어를 말하고, 언어로서의 작품은 작품을 말한다. 언어는 언어로서 말하고 말해진다. 이를 위해 텍스트는 작가와 독자 그리고 사회와도 일정한 거리를 유지한다. 그 일정한 거리를 변곡을 통해 통과한다. 독자와 작가는 텍스트로 말려 들어가서 신체성을 확보하게 된다. 신체성이 확보해야 할 가장 큰 속성은 '중성성'이다. 그래야 작품과 제대로 '비벼지기'가 가능하다. 유일한 투명성의 존재로 중성화하는 독자 되기의 경험은 텍스트에 대한 최대치의 경험으로 이어진다.

더늠

글을 쓰는 것을 업으로 삼는 사람들 가운데, 그 지향성에서 크게 대비되는 이들이 시인과 역사가다. 역사가는 글을 쓰는 사람이고 시인은 글을 짓는 사람이다. 시를 짓는 것은 글을 짓는다고 하지 않고 '노래를 짓다' 혹은 '노래하다'라고도 말한다. 사실을 기록하는 역사가 중에는 서술어도 객관적이어야 한다고 말하는 이들도 있다.

시인은 자신의 사랑을 노래하면서도 자신의 것이라고 결코 말하지 않는다(못한다). 역사가는 기존하는 역사를 기술한다. 스스로가 역사를 남기는 사람이라는 것에 자부심을 느낀다. 시인은 그 어디에도 없는 것

(빈 공간, 허무 결점)을 노래해 시를 창조한다. 그러나 단 한 번도 창조자 행세를 하지 못한다. 시인은 시 다음에 오는 자(者)인 까닭이다.

> 작가는 죽을 수 있기 위하여 글을 쓰는 자이고, 그리고 그는 죽음과의 예견된 관계에서 자신의 글쓰기능력을 길어 오는 자이다. 모순은 그대로이나, 달리 밝아진다. 시가 있기 위해서 먼저 시인이 있어야 하는게 당연하지만 시인은 시 앞에서 마치 시 다음으로만 존재한다.
> – 모리스 블랑쇼, 2010, 122

진정한 시인은 시로 쓰여진 자다. 죽을 수 있기 위해 글을 쓰는 자, 스스로의 역사를 마감함으로써 역사가의 기술을 근원적으로 차단한다. 시와 역사 사이를 오갈 수 있는 사람은 역사가가 아니라 시인이다. 죽어도 되는 자가 되기 위해서 글을 쓰는 자가 시인이다. 살아남기 위해 글을 쓰는 역사가는 그래서 시에 직접 닿을 수 없는 것이다. 시는 시인을 통과해서 오지만, 시가 온전히 자리한 이후라야 시인의 자리가 주어진다.

자신의 심상에 따라 자유롭게 이미지를 창조하는 시인은 자신의 세계를 종결의 형태로 현존시킬 수 있다. 같은 맥락에서 역사가는 우리를 위해 보존하고 있는 편린들을 모아 나름대로의 '역사'를 드러내야 한다. 과학의 실증적 태도와 비슷한 제약 속에서 편린들을 구성한다. 이와는 위상을 달리해 일상사는 추론적 상상력과 침묵의 언어, 진술하는 비진술이라는 표현 전략을 취한다. 이것은 전통역사주의가 지향했던 인간주의적 초월적 경험을 능가한다. 바깥으로 능가가 아니라 생활세계 안에서의 능가이다.(송석랑, 2015, 351~2)

요즘 시인들은 생활세계를 서술하는 역사가가 되고자 하는지도 모르겠다. 지금은 어느 때보다도 제약 없이 언어를 세우고 한 시대를 열 수 있는 시대다. 그렇게 열린 시대는 또 쉽게 닫힌다. 어디에서나 역사를 쓸 수 있고, 어떤 것도 역사가 될 수 없는 시대다. 우리는 제약 없이 세계를 세울 수 있는 역사가와 아무런 제약이 없으면서도 세계를 무너뜨리는 시인 사이에서 진동한다.

> 시인은 결정되지 않은 것의 힘과 자신과는 아무런 관계가 없는 존재의 순수한 격정에 자신을 드러내는 것을, 그것을 당당하게 견디는 것을, 하지만 또한 거기에 신중함을, 어떤 형태의 완성을 부과하면서 그것을 간직하는 것을 운명으로 하고 있다. 위험 가득한 욕구.
> — 모리스 블랑쇼, 2010, 205

시인이 견뎌야 하는 것은 사건이 아니라 언어다. 시인이 감내해야 하는 것은 보이지 않는 생활세계다. '시시비비(是是非非)'는 가려지는 것이 아니라 끝내 견뎌 내 보는 것일 뿐이다. 시인은 가장 밝은 '은밀'에 기거한다. 전체가 벽이면서, 전체가 문인 장소가 시의 언어로 지은 집이다. 시인이 은밀한 현전에 가로막히게 되는 것은 생활세계의 이면을 이루고 있는 비현실 자체 속으로 끊임없이 변곡해 들어가기 때문이다. 시인의 언어는 비현실적인 것을 지향하는 까닭에 시인 역시 비현실로부터 벗어나는 것은 쉽지 않다. 블랑쇼는 "존재들로부터 박탈당한 시인은 비현실 속에서 "이것은……이라는 말 자체"의 신비를 만난다"고 말한다.

비현실적인 것 속에 무언가가 남아 있기 때문이 아니라, 거부로는 불충분했고 부정의 작업이 너무 빨리 중단되었기 때문이 아니라, 아무것도 없을 때 아무것도 아닌 것이 더 이상 부정될 수 없고, 긍정하고, 또 다시 긍정하고, 무를 존재처럼 존재를 무처럼 말하기 때문이다.

— 모리스 블랑쇼, 2010, 150~1

　무언가 할 말이 있어서, 그 '말'을 들어 달라고, 알아 달라고 시를 쓰는 시인은 자신의 시를 고집한다. 그 시는 시인만 시라고 인정한다. 시는 시를 읽는 사람이 아무런 말을 할 수 없게, 아무런 말을 안 해도 되게 만들어 준다. 모리스 블랑쇼는 자문한다. "한 권의 책을 만든다는 행위는 더욱 깊은 곳까지 우리를 바꾸는 것일까?"

　그것은 그렇다면 행위 자체, 즉, 행위 속의 수고, 인내, 주의일까? 그것은 아마도 작품을 통하여 완성되는 보다 근원적인 요구, 선결되어야 할 변화가 아닐까? 작품은 우리를 변화로 이끈다. 하지만 변화는 본질적 모순에 의해 그 완성에 앞서는 것일 뿐 아니라, 아무것도 완성할 수 없는 지점으로 거슬러 올라가는 것이 아닐까?

— 모리스 블랑쇼, 2010, 117

　작품이 이끄는 변화의 방향은 어느 쪽일까? 삶 쪽인가 죽음 쪽인가. 무엇인가를 완성해야 하는 삶이라면 누구도 부담을 떨칠 수가 없을 것이다. 반면 누가 되었건 아무것도 완성할 수 없다는 전제를 깔고 있는 장소라면 누구나 부담을 떨칠 수 있다. 우리는 무엇인가를 완성해야 할 삶이 아니라 무장소로 '거슬러 올라가는 것'이다, '움직이는 것이다.' 가장 강렬한 우리의 움직임은 다름 아닌 '쓰기'다.

아토포스(Atopos): 부재의 위상학

　한용운의 시집 『님의 침묵』은 '아! 님은 갔습니다!'로 시작한다. 그리고 마지막에 실려 있는 「사랑의 끝판」은 '네 네 가요 곧 가요 님이 나를 부르시네.'로 끝난다. 『님의 침묵』에 실린 60여 편의 시는 '님의 부재'의 흔적들을 '탁본'해 놓은 것처럼 보인다. 시집 전체가 '부재'로 채워져 있다. 그 부재의 힘은 최대치로 끌어올려 변곡의 에너지로 분출하는 시구가 「님의 침묵」에 있다. '아아 님은 갔지만 나는 님을 보내지 아니하였습니다.' '님은 갔지만'은 객관적 사실이고, '나는 님을 보내지 아니하였습니다'는 주관적 진실에 속한다. 객관과 주관 사이에 진동하는 것이 직관적 현상이다.

현재는 너무나 혼란스러워 그 현실의 본질을 확연히 분간해 낼 수 없으며, 지성은 그것을 파악하는 데 전혀 쓸모가 없다. 오직 지나간 시간의 시점, 되찾은 시간의 시점을 통해서만 우리는 과거를 이해하고 그 회복을 즐길 수 있다. "우리가 잃어버린 낙원, 그것만이 참된 사랑이다."

— 스티븐 컨, 2004, 132

의식적인 기억은 우리가 상상할 수 없는 질과 양의 무의식적인 기억들에 의해 뒷받침된다. 밤하늘에 빛나는 별이 상상할 수 없이 많은 별들의 뒷받침을 받는 것과 같다. 무의식적인 기억들 중에도 잃어버린 시간도 없다. 차라리 시간을 잃어버리는 것이 무의식의 음성(-성)을 강화하는 데 도움이 될 수 있다. 색깔·음향, 향기, 맛, 기온·습도는 직접적인 언어로 표현할 수 없다. 무의식적인 기억은 감각적으로 발현된다.

우리는 행복했던 순간을 회상하면서 강렬한 기쁨을 경험하기 위해 언어화를 미룬다. 이미지, 에너지 상태로 방치하면서 무의식적 기억으로 가라앉도록, 내버려 둔다. '참된 사랑'은 의식의 상태로 결코 호출하지 않는다(못한다). 사랑을 가장 커다랗게 키우는 순간은 '이별의 순간'이다. 부재의 역동성은 「이별의 능력」이라는 김행숙 시가 잘 보여 준다.

> 나는 기체의 형상을 하는 것들.
> 나는 2분간 담배연기, 3분간 수증기, 당신의 폐로 흘러가는 산소
> 기쁜 마음으로 당신을 태울 거야.
> 당신 머리에서 연기가 피어오르는데, 알고 있었니?
> 당신이 혐오하는 비계가 부드럽게 타고 있는데
> 내장이 연통이 되는데
> 피가 끓고
> 세상의 모든 새들이 모든 안개를 거느리고 이민을 떠나는데
>
> — 김행숙, 「이별의 능력」 1연, 『이별의 능력』, 문학과지성사, 2007

이 시는 이별이라는 것이 얼마나 강력한 '능력'을 발휘할 수 있는지를 잘 보여 준다. 속수무책으로 이별의 '힘'에 의해 주체가 대상화되어 흩어지는 것을 잘 보여 준다. 마치 눈사태에, 홍수 난 물에 휩쓸린 사람처럼 능동적인 저항 자체가 무의미하다. 죽음이 목전에 와 있는 것같이 휩쓸고 가지만, 이 흐름을 잘만 탈 수 있다면, 특별한 언어와 만날 수 있다. '이별이 없었다면 이런 경험이 가능했겠어!'라고 잠시 쾌재를 부를 정도의 강렬한 자기 부재 상황을 경험할 수도 있다.

부재로서 마음의 심경이 무방비로 노출될 때, 무의식의 기억들이 '무한한 스토리'로 엮일 수 있는 '노드'가 된다. 자기 자신을 자신만의 장소에 있게 해 준 경험이 있는가? 혹은 그것은 가능한가? 불가능을 가능으로 전회하기 위해서는 우리는 장소의 비장소성을 적극적으로 전면화할 필요가 있다. 비장소와 비진정성의 장소성을 좀 더 적극적으로 가져올 수 있게 된 것은 모빌리티의 강점이 극대화할 수 있는 환경과 관련이 깊다.

부재의 장소를 대표하는 말이 아토포스(Atopos)다. 아토포스는 자신의 집에서도 시작하는 낯섦, 진정한 비장소성을 통해 특별한 이야기

가 새겨짐으로서 끊임없이 새로운 장소성으로 변이할 수 있다. 절대적 부재를 통해 우리는 시간과 공간의 제약(한정성)에서 벗어나 최선의 모빌리티를 구가할 수 있다. 장소성과 비장소성의 역동적인 변이를 통한 움직임 속에서 우리는 새로운 문을 열 수 있다.

저 너머로(plus ultra)라는 모토는 역사를 "원래 있을 법한" 대로 재구성하고 설명하는 것을 의미한다. 이 작업은 여러 역사가들이 여러 세대를 거치면서 시험하여 검증한다. 결코 종결되지 않는 비판적 방법에 따라 진행된다. 이것이 학문적 작업으로서의 역사 기술을 문학적인 글쓰기인 저술과 구분해 준다.(가를 슐레겔, 2010, 49~50) 역사 서술이 모아서 배열하는 기술이라면, 문학적 기술은 '산(散)'-흩뿌리는 기술이다.

그러면서 동시에 끌어모아 압축하고 끝내 사라지게 하는 것이 시적 언어의 전략이기도 하다. 역사 기술은 '기억의 실제'를 재구성하려고 한다. 문학적 글쓰기는 '상징'의 안과 바깥에서 부재를 동시에 마련하고자 한다. 따라서 우리에게 남는 것은 부재와 부재의 중간 지점, 현존과 현존의 중간 지점에서 일어나는 변곡만이 우리에게 주어진다. 이렇게 주어진 지점이 플랫폼으로 확장할 때, 우리는 '파동의 위상학'을 상상해 낼 수 있을 것이다.

예술은 차라리 충만하고 한계 없는 미결정임을 부재의 장소성은 알게 해 준다. 미결정을 전제할 때 진리는 스스로 길을 열어 가는 작용이 된다. 예술은 그것을 되돌릴 수 있는 능력은 없다. 그것을 인정하면서 예술은 무정의 격렬함이 됨으로써만 스스로를 결정할 수 있다.(모리스 블랑쇼, 2010, 356) "예술은 죽음과 같이 아무와도 함께할 수 없다."고 모리스 블랑쇼는 말한다. 사랑이 그런 것처럼, 이별이 그러한 것처럼 말이다.

충분한 죽음

 부재의 의미는 때로 현존의 의미보다 더 강렬하다. '폼페이의 사랑'이라는 이름으로 널리 알려진 핏줄이 선연하도록 부둥켜안고 있는 남녀의 상이 있다. 뜨거운 화산재에 순식간에 쌓여 죽음에 이른 남녀의 몸은 세월에 모두 흘러내리고, 그 자리는 오롯하게 빈공간으로 남았다. 몇 천 년이 흐른 뒤 그 흔적을 더듬던 사람들은 빈자리들에 의문을 품고, 석고를 붓는다. 부재는 현존보다 더 '폼페이의 사랑'을 강렬하고 생생하게 살려 낸다. 이 부재 속으로 통과할 수 있는 의미는 무한대에 가깝다. 둘은 연인이었다. 둘은 부부였다. 둘은 부녀였다. 둘은 모자였다. 둘은 인정받지 못한 사랑이었다. 부재의 밤이 어둠으로 가득 찼을 때, 모든 것들이 새로 나타난다.

 이것이 또 다른 밤이다. 밤은 '모든 것이 사라졌다'의 나타남이다. 밤은 꿈이 잠을 대신할 때, 죽은 자들이 밤 깊은 곳을 지날 때, 밤 깊은 곳이 죽은 자들 가운데 나타날 때 예감되는 것, 그것이다. 나타남, 유령, 꿈은 이 텅 빈 밤의 입자이다. 이것은 영국 작가 영의 밤, 이를테면 어둠이 충분히 어둡지 못한 것 같은 곳, 죽음이 결코 충분한 죽음 같지 않은 곳이다.

- 모리스 블랑쇼, 2010, 236

 별이 빛난다는 것은 별이 깜박거리는 것이다. 당신의 눈이 빛난다는 것은 눈이 깜박거린다는 것이다. 사라짐도 없이 빛나는 것은 좋은 빛남이 아니다. 별이 빛나는 밤이다. 모든 것은 사라진 후라야 별도 사랑도 나타난다. 그 깊은 밤의 꿈은 기억나지 않는다고 하더라도, 기억하지 못하는 것들은, 한 방울의 땀으로, 눈물로, 문득 바람에도 휘어지는 입꼬리의 긴장을 타고 흩어진다. 어떤 사라짐이 남긴 여운인 것처럼. 나는 파닥거린다.

점멸의 지속적인 반복으로 '점'과 '멸'은 일상화하는 전략이 가능하다. 그렇게 하면, 죽음보다 더 시시한 것도 없게 될 것이다. "죽음 자체가 통속적인 허망으로 가치가 멀어지는, 하찮음으로서의 죽음, 이것이 릴케를 뒷걸음질 치게 한 것, 죽는 것과 죽이는 것이 한 모금의 물을 마시거나 배추 머리를 자르는 것보다 더 중요하지 않는 그 순간이다."(모리스 블랑쇼, 2010, 172) 죽음에 버금가는 스스로의 부재와 마주할 수 있다면 우리가 행할 수 있는 변이와 그 강도는 실로 놀라운 것이 될 것이다. 이것은 죽음뿐만 아니라 삶에서도, 언어에서도, 텍스트에서도 마찬가지다.

매 페이지마다 우리의 자립적인 정신을 페이지가 시작되는 빈 공간 쪽으로 기울여야 한다. 제목은 울림이 너무 강하므로 잊어버려야 한다. 그렇게 하면 페이지에서 가장 작은 존재이자 가장 심하게 여기저기 흩뿌려져 있는 존재인 구두점들 속에서 수많은 우연들이 단어 하나하나마다 부식될 때, 공백은 틀림없이 돌아온다. 이전에 공백은 의미 없는 것이었지만 이제는 없어서는 안 될 존재다. 마침내 이제 공백 너머에는 아무것도 없다는 것이 명명백백해졌다. 이제 침묵이야말로 정당하며 진짜다.
— 스티븐 컨, 2004, 427

침묵은 부재의 언어로 채워진 빈터다. 소리로 채워진 침묵, 소음을 지우는 소음은 좋은 아포리즘을 형성하지 못한다. 1천 각형을 상상하면 그것은 원이다. 1만 각형을 상상한다. 그것은 원을 지나친 원이다. 직선으로 비워 낸 '원환의 존재'는 침묵으로 비워 낸 침묵의 무거움이다. 사회·문화적인 공간의 의미 구성 역시 채우기가 아니라 비우기를 통해서 좀 더 내밀한 데까지 다가설 수 있다.
문화의 지형은 단편적이거나 단면적이지 않고 입체적이다. 사회적 측면에서 한 대상은 모든 것을 의미할 수도 있고, 아무것도 의미하지 않을 수도 있다. 그 대상이 구체적으로 의미하는 것은 시간·공간적인 좌표의 것도, 임의적인 것도 아니다. 또한 대상이 지닌 물질성에 의해 결정된 것도 아니다. 사람의 몸이 그러한 것처럼 장소의 의미 역시 물질성에서 생겨나는 것이 아니다. 그것의 의미는 사회의 성취의 산물이자, 의사소통의 실천, 의미론, 의미 질서들에 의한 성취이다. 따라서 관심을 두는 것은 구체적인 물질성이나 공간 '자체'가 아니다. 어떻게 해서 의미 있게 구성되는지 묻는 것이 우선이다.(율리아 로사우, 2010, 78)

공간 '자체'에 대한 관심은 우선 순위에서 밀리고 있다. 공간에서, 공간이 어떻게 해서 의미를 구성하는지가 관심사의 앞자리에 선다. 공간의 최초성과 최후성은 항상 서로의 이면에 자리한다. 그 둘을 누가, 어떻게 꼬아 이을 것인가. 공간은 어떤 측면에서 그 안에서 진행되는 움직임들의 전체로 채워지고, 비워진다. 공간은 움직임들의 지향에 의해 구성되고, 움직임은 곧 시간을 구성한다.

활동의 결과로서 시간의 다양한 선들이 흔적으로 남음으로써 공간은 장소화한다. "공간은 요소들의 느슨한 접합으로 이해할 수 있을 것이다. 공간은 그 안에서 요소들의 확고한 접합을 통해(장소 배열을 통해) 형태가 형성되는 매체를 지칭한다는 것이다. 장소와 달리 공간에는 일의성도 없고 뭔가 고유와 안정성이 존재하질 않는다."(롤란트 리푸너, 2010, 360) 공간은 다양한 장소들의 활동으로 채워진다. 단 한 차례의 장소도 나타나지 않는 공간은 아직 공간이 아니다.

7. 죽음

죽음의 위상성

인간은 스스로의 삶을 끊임없이 긍정하고 수도 없이 부정한다. 삶과 죽음에 대한 회의가 거듭될수록 생활세계는 언어로 풍성해지고 문화의 지평은 넓어진다. 그럼에도 인간에게 주어진 시계시간은 한정되어 있다. 생활세계에서 최선의 시간을, 최상의 공간을 일상으로 살아내는 수밖에 없다. 한정된 시간을 무한에 가깝게 늘려 쓸 수 있는 방법을 찾을 수 있다면 우리는 불안과 두려움 속에서 '죽음'을 당하지 않아도 될 것이다.

비트겐슈타인은 "모든 과학적인 질문이 해답을 찾게 되더라도, 인간의 삶의 문제는 고스란히 손대지 못한 채 남는다."고 말한다. 일반적으로 과학의 문제와 방법들이 생활세계를 다루는 데 있어서 제한적 가치를 지닌다는 것은 명백하다. 장소의 맥락에서 가능한 최대한의 감수성을 가지고 유사과학적 계획이나 사회공학이 활용될 필요가 있는 것은 분명하다.(에드워드 랠프, 2005, 196) 유사과학은 '과학'을 정상적인 것으로 전제하는 말이다. 과학 역시 여러 가지 방법 중 하나라는 점에서 유사과학보다는 비과학이라는 말이 더 쓰임새가 클 것으로 보인다.

장소에 대한 맥락적, 감각적 이해는 과학적 사고의 천편일률성과 생활세계의 천변만화 사이에 플롯(맥락)을 사다리처럼 놓는다. 이 플롯은 견고한 것이 아니라 고무줄과 같이 유연하다. 흐름에 따라서 유연하게 변형이 가능한 플롯이다. "왜 학문은 일상을 비루하게 보는 것이냐?" 그럴 근거가 없는데도 학문의 세계는 고고하고, 일상은 그렇지 않다고 여긴다. 그렇다면 일상을 바꿔 보는 방법이 있다. 각자의 몸에 맞게 마음이 가는 대로 다양한 일상으로 직조해 가는 것이다. 일상의 밀도가 높지 않으면 우리는 어정쩡한 죽음에 내몰릴 수 있다.

블랑쇼는 "인간은 죽는다. 그리고 그것은 아무것도 아니다."라고 말한다. 인간은 자신의 죽음으로부터 시작되어 존재한다. 자신의 심판관이 되는 관계를 통하여 격렬하게 죽음과 관계한다. 자신의 죽음을 이루고, 스스로 죽을 수밖에 없는 존재로 자신을 몰아간다. 여기에서 할 수 있는 능력이 주어지고, 자신이 하는 일에 자기 나름의 의미와 진리를 부여한다. 존재하지 않으면서 존재한다는 것은 불가능한 죽음의 가능성 자체다.(모리스 블랑쇼, 2010, 127)

죽음의 불가능성의 완전한 가능성, 죽음의 가능성의 절대 불가능성이라는 아포리즘은 영원히 풀리지 않는, 멈추지 않는 언어(플롯)다. 모두가 죽었고 모두가 죽어야 하는 것이다. 그것은 일상만큼이나 '별것이 아니다'. 지상에 태어난 모든 것은 죽었다. 극소수의 인간만이 그 죽음을 천천히 맞이하고, 직면하고 끝내 두려움을 떨쳐 내고 죽었다. 서양에서는 서양인을 통틀어 그중 불과 몇 사람만이 신의 반열에 올랐다. 동양에서는 한 가족을 이룬 사람이면 누구나 신이 될 수 있었다.

동·서양에서 성인의 반열에 오른 사람들도 있었다. 그런데 정말 극소수만일까. 거의 대부분의 사람들은 두려움과 불안 속에서 혹은 극심한 육체의 고통에 못 이겨 차라리 '죽음'이라도 선택하고 마는 것일까! 오랫동안 죽음에 대해 생각하고, 아주 천천히 죽으면서 쓰고, 쓰면서 죽어 간 이가 모리스 블랑쇼다. 그는 온몸으로 가장 오랫동안 수만

번의 죽음을 통과한 '죽음의 위상성' 자체라고 할 수 있다. 그는 죽음을 받아들인 영예를 끝내 누렸다.

> 그런데 도달한 자는 더 이상 내가 아니라 타자이다. 그리하여 내가 나 자신에게 죽음을 부여할 때, 죽음을 부여하는 자는 '나'인지도 모른다. 하지만 죽음을 받아들여야 하는 자는 내가 아니고, 그리고 그 죽음은 더 이상 그곳에서 내가 죽어야 하는 죽음 – 내가 부여했던 죽음 – 이 아니다. 그것은 내가 거부했고, 무심했던 죽음, 그리고 이러한 무심함 자체이자 경과이며 영원한 무위인 죽음이다.
>
> – 모리스 블랑쇼, 2010, 146

죽음 앞에 서서 순간적으로나마 죽음 너머에 나를 세울 수 있을까. 그러면 '나'는 '나'와 온전히 타자가 되고, 타자가 된 둘이서 죽음을 한참 동안 가둬 둘 수 있다. 아주 잠시 동안이라도 하더라도, 죽음은 다양한 위상으로 펼쳐져야 한다. 나는 최초이자 마지막인 하나의 죽음을 스토리로 새기는 자다. 이것이 인류에게 주는 최선의 선물이다. 그때 나는 죽음을 관찰하면서 어느 결(맥락)의 '플롯'을 탈 것인지, 내 죽음의 스타일을 결정할 수 있다.

> 죽는다는 것은 이렇게 시간의 전체를 껴안는 것이고 시간을 하나의 전체로 만드는 것이며, 그것은 하나의 시간을 아우르는 황홀이다. 사람은 결코 지금 죽지 않고, 사람은 언제나 나중에, 미래에, 결코 현재가 아니고, 모든 것이 완성되었을 때, 모든 것이 완성되고 더 이상 현재가 없을 때 올 수 있는 그러한 미래에 죽는다. 과거가 모든 현재를 넘어 미래와 다시 만나는 이러한 도약은 인간성이 배어든 인간적 죽음의 의미이다.
>
> – 모리스 블랑쇼, 2010, 239

현재를 전제하지 않고 오는 미래, 현재에서 완전히 해방된 과거, 현재가 될 필요가 없는 기억과 기대의 최초의 어울림 속에 죽음이 자리한다. 황홀한 죽음, 죽음의 황홀에 일순 휩싸이면서 그것은 죽음의 뒤안길에 남는다.

살

시는 쓰이지 않는다. 우리가 볼 수 있는 것은 본질의 시가 아니라 시의 그림자다. 탁본된 시의 시를 품고 있는(품을 수 있는) 인간의 삶은 하나하나가 '포에톨로지'다. 어디에서 '사라질 것인가', 그래서 부재에만 머물지 않고 '음(陰)'이 될 것인가. 음의 언어로 이루어진 텍스트가 포에톨로지를 형성한다.

양물질의 육체에 깃든 음물질인 마음, 양물질의 삶에 음물질인 죽음이 언제나 깃들어 있다. 삶과 죽음은 뫼비우스의 띠처럼, 태극처럼 공전한다. 삶이라는 것은 '운(運)' 좋게도 관찰되는 순간순간이 대체로 관찰되는 것이다. 그 이면에 자리한 '음물질'로서 죽음에서 삶은 돋아나온다.

양의 눈만 뜨면 세상을 볼 수 있다. 드물게 음의 눈을 뜰 수 있으면 자신의 내면을 볼 수 있다. 전자는 관찰의 시선인 서사의 눈이다. 후자는 마음의 시선, 서정의 눈에 해당한다. 서정의 눈은 그 어떤 것도 지배하지 않는다. "그것은 감각과 사유, 인식과 느낌을 종합할 뿐 무엇을 소유하기 위하여 사물을 혹은 타자를 바라보지 않는다."(신진숙, 2010, 228) 이러한 시선을 갖는 서정적 주체는 의미를 사물에 투사하지 않는다. 투사하는 대신에 사물을 흡수하여 반영하고, 사물에 흡수되어 반영된다. 사물의 언어를 인간의 언어로 번역하기보다는 사물의 언어로 사물의 마음을 말해 보고자 한다. 그러면서 의미를 만나게 되더라도 결코 작가의 것이라고 말하지 않는다.

감각들의 이상한 환몽 - 손으로 보거나, 눈으로 만지거나, 귀로 맡거나, 코로 듣거나 - 은 낯선 언어에 대한 욕망을 부추긴다. 그 욕망에 경도될 때 서정적 주체는 사물이 드러내고 싶은 이미지의 일렁임으로 흘러 들어간다. 이미지를 사물로 만드는 '음'의 그림자들, 매번 삶의 이면에 자리한 죽음을 감각할 수 있을 때, 우리는 우리가 사라지는 자리를 목도할 수 있게 된다.

끊임없이 다른 것으로 흘러 들어가는 주체는 자신의 '죽음'마저 지나치는 것과 다르지 않다. 시의 경험에 의해 주어지는 언어는 시의 진실을 나타내는 목적에 바쳐진다. 현대사유의 한복판에 결국 진동하는 시의 언어가 자리할 수밖에 없다는 말이다. 다수의 주체, 주체들 다수가 순간적인 긍정을 시의 직관적 경험으로 간주한다.(박규현, 2001, 175)

사라짐의 경험은 사물 속으로, 언어 속으로 무(無) 속으로 뒤틀리며 들어간다. 그래서 말로 할 수 없음이다. 시의 무력감, 쓸모없음이야말로 시가 일상을 균열 낼 수 있는 힘이 나오는 자리다. 시적 인식 대상, 시적 의미, 시적 인식작용의 과정은 결국 자신의 주관적인 확신과 세상의 진실 사이를 변곡해서 잇는다. "그 점에서 시인은 언제나 이미 '아름다운 폐인'이다."(신진숙, 2010, 251)

우주의 다섯 번째 힘이 있다면 그것은 음의 힘 혹은 '무력(無力)'이라고 할 수 있다. 이것은 나타나는 힘이 아니라 사라지는 힘이다. 시가 일상에 균열을 낼 수 있는 자리에서 솟구치지 않고 무너져 내린다. 균열의 노드들을 밟으며 시적 인식은 스스로와 결별할 수 있는 자신감으로 이어진다. 시인이 단단히 벼린 칼의 시는 사물, 타자가 아니라 자신의 목을 겨눈다. 이것이 시적 윤리의 출발이다.

부드러운 것은 타인을 향하고, 날카로운 것은 자기를 향한다. 시적인 것과 윤리적인 것이 하나의 '형식' 속에서 결합할 수 있을 때, 우리는 새로운 플롯의 가능성을 고대할 수 있다. 부드러움과 날카로움이 어떻게 치명적인 고통과 엇비켜 갈 수 있느냐가 문제다. 이 고통이 새어 나오는 상처는 처음인 언어가 새어 나오는 '입'이다. 고통이 치명적일수록 우리는 처음인 언어가 상처로부터 흘러나오는 것을 목도하게 된다.

"그러나 한편으로 이러한 고통은 몽상을 몽상으로 머물게 하지 않는다. 몽상적 주체는 자본주의세계를 다시 사유하고 또 파열시키는 새로운 주체로 나아갈 것이다."(신진숙, 2010, 338~9) 근거 없는 낙관적인 전망은 시의 위의(威儀)에 대한 불안한 확신에서 비롯하는 것이다. 주체의 몽상과 몽상의 주체는 다르지 않지만 그 지향성에서도 분명하게 다르다. 둘이 변곡하는 장소에서 직관할 수 있는 사라짐의 장소가 여기에 마련된다. 거의 유일하게 삶과 죽음에서 벗어난 시가 맺힌다. 그 시의 삶이 잠시 깃들 수 있는 장소가 포에톨로지다.

몸의 고통이 +라면, 언어의 고통은 −이다. 고통이 언어적으로 존재하고, 그 고통이 몸으로 변곡할 때 우리는 특별한 쾌감을 얻게 된다. 우리가 시에서 끊임없이 추구하는 것은 고통이지 환희가 아닌 것은 이런 까닭에서다.

> 주체와 타자는 육화된 감각의 장인 '살'을 공유한다. 서정의 감각장인 주체와 타자, 안과 밖으로 이분화할 수 없이 중첩된다. 여기에서 상호주관적 시적 주체의 가능성이 발생한다. 서정이 추구하는 상호주관성은 주체와 타자 사이의 감각과 사유의 공명을 향하며, 이는 의사소통적 주체의 가능성을 설명할 수 있는 부분이다.
>
> − 신진숙, 2010, 153

여기까지가 포에틱의 몫이다. 주체와 타자는 육화된 지각의 장(場) 인 '언어'를 공유한다. 육화된 감각에 육화된 지각의 장이 동시에 펼쳐 질 때, 우리는 육체의 살뿐만 아니라 마음의 살까지도 풍성하게 할 수 있다. 우리가 타인을 인지한다는 것은 멀리서 바라보는 것이 아니라 감각하는 것이다. 눈으로 만지는 것이고, 귀로 만지는 것이고, 전 감각으로 만지는 것이다. 우리가 타인과 접촉하는 것은 살과 살이 닿는 것이다. 이것은 메를로 퐁티가 신체적 실존주의를 주창하는 바탕을 이룬다. 살에서 세계가 비롯하고, 살이 있어야 타인의 마음도 깃들 수 있다.

매트릭스로서의 죽음

죽음에 대한 가장 강렬하고, 역동적이며 쓸쓸한 분위기를 자아내는 시가 이상의 「오감도 시 제10호 – 나비」다. 화자는 찢어진 벽지를 나비의 한쪽 날개로 그린다. 한 쪽 날개는 벽의 이쪽에 있고 다른 쪽 날개는 벽 너머의 다른 세계에 있다.

> 찢어진벽지에죽어가는나비를본다. 그것은유계에낙역되는비밀한통화구다. 어느날거울가운데의 수염에죽어가는나비를본다. 날개축처진나비는입김에어리는가난한이슬을먹는다. 통과구를손바닥으로꼭막으면서내가죽으면앉았다일어서드키나비도날아가리라. 이런말이결코밖으로세어나가지는않게한다.
>
> — 이상, 「오감도 – 시 제10호 나비」 전문

비밀한 통화구는 '유계(幽界)'에 낙역(絡繹)되는 변곡의 장소다. 이 통화구는 언제나 열려 있는 것이 아니다. 벽지에 나비의 삶과 죽음이 교차하는 통화구가 열려 있다. 벽은 이쪽 세계와 저쪽 세상을 연결하면서 나뉘고 나누면서 연결하는 '매트릭스'와 다르지 않다. 워쇼스키 형제의 〈매트릭스 1〉은 21세기 영화의 플라토닉으로 불릴 정도로 대단한 반향을 불러일으켰다.

주인공 레오는 매트릭스의 죽음이 실제의 죽음으로 이어지냐고 묻는다. 모피어스는 "육체(body)"는 "정신(mind)" 없이 살 수 없다고 대답한다. 실제의 매트릭스는 인간의 육체와 정신처럼 하나의 유기체로 비유한다. 매트릭스가 신체의 죽음을 뇌에 신호로 전달하기만 하면, 실제로 오장육부의 활동은 중단되고 육신에 죽음이 찾아온다. 가상현실에서 네오가 느끼는 육체적 고통은 현실에서도 직접적으로 적용되는 것이다. 이처럼 가상현실이란 실제와 가상의 혼합물이지만 그 주도권은 매트릭스의 질서로 넘어가고 있다.(서요성, 2009, 328)

여전히 난점은 있다. 인간을 '육체와 정신'으로 이루어졌다고 하는 것은 이분법적 존재라는 뉘앙스를 강하게 남긴다. 육체와 자신 사이를 기술이 예리하게 파고 들어가면 분리도 가능하다는 말이 된다. 가상과 현실도 마찬가지로 둘이었던 것이 하나로 합쳐진 것으로 보면 언제든 분리가 가능한 것이다. 다양한 해석이 가능한 매트릭스는 가장 강렬한 매체이자 변곡면이다. 삶과 죽음, 혹은 그 이상을 매개하기 때문이다.

이지튀르는 스스로를 넘어서려 하지 않고, 이러한 자의적 초월을 통해 삶의 또 다른 측면에 대한 새로운 시각을 발견하려 하지도 않는다. 그는 정신을 통해 죽는다. 정신의 성장 그 자체를 통해, 자기 자신으로의 정신의 현전, 분명 부재이고 부재의 내밀성이고 밤인 자기 자신의 저 깊은 박동치는 심장으로의 정신의 현전을 통해 죽는다.

— 모리스 블랑쇼, 2010, 153

이지튀르는 정체가 불분명하다. 그것은 반쪽만 드러나는 존재이면서 비존재이기 때문이다. 그의 삶은 대지로, 공중으로 퍼지는 일반적인 죽음으로 귀결하지 않는다. 자신의 정신 속으로 말려 들어간다. 자신의 정신을 건너 자신 내부의 바깥, 저편으로 건너가는 것이다. 블랑쇼는 '제때에 죽어라'고 말한다.

지고하게 균형을 이룬 죽음을 통하여 유일하게 우리 삶의 균형을 맞추게 될 그 적절한 순간을, 우리는 알 수 없는 비밀로써만 포착할 수 있다. 그것은 이미 죽어 버린 우리의 삶과 우리의 죽음을 한눈에 하나의 전체로서 바라볼 수 있는 지점에서 우리 자신을 바라볼 수 있을 때에만 밝혀질 수 있고, 이 지점은 이지튀르가 그의 출발점을 가능하고 적절한 것으로 만들기 위해 분명 거기로부터 떠나기를 원하는 밤, 하지만 그가 반영의 초라함으로 위축시킨 밤, 그 밤의 진리인지도 모른다. "제때에 죽어라." 그러나 죽음의 특성은 죽음의 부적절함이고, 그 적절함의 결핍이다. 그리하여 너무 이르고 그리고 뒤늦게 오고 난 다음에 오는 죽음은 너무 일찍 혹은 너무 늦게 온다. 그것은 현재 시간의 심연이자, 현재가 없는, 모든 것이 수평이 되게 하는 순간의 불안정한 균형으로서의 적절한 지점이 없는 시간의 군림이다.

— 모리스 블랑쇼, 2010, 161~2

적절한 죽음, 삶에서 죽음으로, 죽음에서 삶으로의 진동을 통해서 우리는 죽음을 삶처럼, 삶을 죽음처럼 건널 수 있게 될 것이다. 죽음은 필연적으로 예비된 것이지만, 대부분 사람들은 죽음을 우연에 맡긴다. 죽음의 이중성은 죽음이 지닌 정화, 중성의 성격을 극대화한다. 블랑쇼는 릴케를 통해 우연을 죽음의 본질에 통합하고 우연을 절대적 미결정성으로 변곡하는 과정을 탐색한다. "그리하여 단지 부적절하고 부단한 사건이 되고 마는 대신, 죽음은 그 비가시성 속에서 사건조차 아닌 것, 완성되지 않는 것, 하지만 여기에 있는 것, 이를테면 죽음의 완성이 실현할 수 없는 그러한 사건의 몫이 된다."(모리스 블랑쇼, 2010, 225)

죽음을 오래오래 건너야 스스로에게라도 목도한 것을 들려줄 수 있다. 언어조차 마련되지 않는 죽음, 순간적으로 닥쳐온 죽음은 가장 불행한 죽음이다. 죽음의 사태성에 대하여 "가장 나쁜 죽음 – 우연의 죽음, 가장 좋은 죽음 – 멈추지 않고 살아 있는 한 꾸준히 죽어 간 죽음"이라고 블랑쇼는 말한다. 그리고 그는 이렇게 천천히 조심조심, 쓰면서 끝끝내 죽어 갔다.

죽음을 붙들고 살기

삶을 붙들고 사는 사람은 많다. 일상을 사는 사람들은 대부분 삶을 붙들고 살지만 사실은 그렇게 해서 붙들리는 삶이란 거의 없다. 죽음을 붙들고 사는 사람도 있다. 자신의 의지대로 죽는 이들의 이야기가 간혹 회자된다. 우리 문학에서는 시인 이상을 앞자리에 놓을 수 있다. 서양에서는 카프카가 앞선다. 카프카는 가능한 죽음을 바랐다. 죽음의 자유, 자유의 죽음에 대하여 카프카의 대응은 전례가 없는 것이라고 평가받는다.

같은 해 두 번에 걸쳐서 카프카는 그의 일기에 "내가 사람들로부터 멀어지는 것은 평화롭게 살기 위해서가 아니라 평화롭게 죽을 수 있기 위해서다."라고 적고 있다. 이러한 멀어짐 그리고 고독에 대한 수동적 갈망은 카프카의 작업을 위해, 작업을 통해 그에게 부과된 것이다. "작업 속에서 나를 구하지 못하면, 난 마지막이다." 이 사실을 어떻게 그토록 분명하게 알고 있는 것일까?(모리스 블랑쇼, 2010, 122) 1970년대부터 30여 년을 거의 홀로 지낸 블랑쇼는 이렇게 적었다. "내가 사람들을 피해 사는 것은 평화롭게 살기 위해서가 아니라, 평화롭게 사라지기 위해서이다."

미련은 도래하지 않은 욕망과 같다. 가장 불행한 죽음은 리얼리스트의 죽음이다. 돌아보지 않고 죽음을 통과할 수 있기 위해서는 삶에서 못다 한 것이 없어야 한다. 비트겐슈타인은 이것을 온몸으로, 생을 다해 실천한 드물고 드문 사람이다. 그는 암을 앓으면서 죽기에 알맞은 장소에서 언제나처럼 최선을 다해서 글을 썼다. 죽음을 통과해 간, 어쩌면 죽음 이후의 시간까지도 걸어 나간 죽음을 블랑쇼는 이렇게 기술한다.

죽음을 통하여 "우리는 동물의 커다란 눈을 가지고 바깥을 바라본다." 죽음을 통하여 눈은 스스로의 방향을 전환하고, 그리고 전환, 그것은 또 다른 곳이고, 또 다른 곳, 그것은 벗어나 사는 것이 아니라, 전환하여, 대화의 내밀성 속으로 들어가, 의식이 없는 것이 아니라 의식을 통하여 의식 바깥에 자리하고서, 이러한 움직임의 황홀함 속에 던져져 산다는 사실이다.

– 모리스 블랑쇼, 2010, 191

심경과 천경을 동시에 바라보기, 하늘에 떠 있는 별과 마음에 떠 있는 별을 이어 최초의, 최후의 별자리를 만들기, 마지막 움직임의 황홀, 마지막까지 부여잡고 있던 것을 놓아주는 황홀 – 그 모든 것들로부터 해방되는 죽음의 권능을 만끽하기 위해서는 최선의 일상, 그 하나만을 붙들고 있어야 한다. 나머지는 모두 의식적으로, 무의식적으로 던져 버릴 수 있어야 한다. 그래야 비트겐슈타인처럼 마지막 날까지 자신의 '확실성'에 대하여 쓸 수 있다.

죽음의 순간이란 어떤 것일까. 누구나 한 번은 겪지만, 그것을 들려준 사람은 단 한 명도 없기 때문에 여전히 신비한 영역으로 남아 있다.

죽음의 순간 펼쳐지는 시공의 것들은 절대적으로 낯선 것들임에 틀림없다. 우리에게서 멀어져 가는 것들에 대해서도 충실해야 하고, 우리에게 스며드는 가장 깊은 공허에도 순응할 수 있어야 한다. 블랑쇼는 이렇게 묻는다. "죽음이라는 이 드높은 권능을 거역하지 않고 죽기 위해서는 어떻게 해야 할까?" "나 자신을 거역하지 않는 죽음을 죽고, 나 자신이 죽음의 진리와 본질을 거역하지 않고 죽는 것이다."(모리스 블랑쇼, 2010, 179) 블랑쇼는 이렇게 죽음을 대하는 두 가지 태도를 제시한다.

어쩔 수 없는 인연까지도 배제할 수 있어야 한다. 그리고 배제할 수 있는 것들과만 인연이 닿아야 한다. 그래야 최선을 다할 수 있고 충실할 수 있고, 언제든지 홀가분해질 수 있다. 편안하고 홀가분한 죽음을 위해서, '변곡'으로서 죽음을 타고 넘기 위해서 우리는 끊임없이 죽음을 스타일로 추구해야 한다. 죽음에서 죽음을 타면서, 타고 넘으면서 변곡해 가는 것이다. 다가오는 죽음을 잠시라도 통과해 지나쳐 보는 것이다.

> '죽음을 죽음 자체로 고양시키려는 노력, 죽음이 죽음 속으로 사라지는 지점과 내가 나의 밖으로 사라지는 지점을 일치하게 하려는 노력은 단순한 내면적 문제가 아니라, 사물들에 대한 엄청난 책임을 포함하고 있고, 사물들을 매개로 하여서만, 보다 훌륭한 현실과 진리의 지점으로 사물들을 고양시키도록 나에게 위임된 움직임을 통해서만 가능하다.
> – 모리스 블랑쇼, 2010, 217

'나'라고 인식하는 나는 나의 극히 일부분다. 내 몸의 대부분은 '사물'이다. 자연에 대해 위임된 주체의 움직임은 근대 합리적 이성의 오만함을 보여 준다. '위임된 움직임'은 내 몸에 대한 것에 국한된다. 나는 내 몸을 관찰하는 자이지 관할하는 자가 아니다. 내가 사라지면 지구며 우주가 사라지는 것이 아니다. 인식하는 내가 사라지더라도 나의 대부분은 사라지지 않고, 자연 안으로 흩어진다. 나와의 삶의 인연들은 기억으로 남아 자연에서 자연으로 이어진다. 나의 죽음이 사물들에 대한 엄청난 책임을 포함하는 것은 이러한 까닭이다. 내 몸은 무수한 미생물에게는 무한의 우주와 다르지 않다. 그러나 절대로 간과해서는 안 되는 것은 나는 그 우주를 관장하는 자가 아니라는 것이다.

진정한 죽음에 우리는 다가설 수 있을까. 내 죽음을 보고자 하나 나는 나의 죽음을 보지 못한다. 스스로 죽음의 시선이 닿는 가장 내밀한 곳에 자리할 수 있을 때, 비로소 나를 비인칭으로 접할 수 있다. 우리는 우리 자신을 통과해 사물의 내밀성에 자리하는 연습을 끊임없이 반복함으로써 끝내 나까지도 비인칭화할 수 있다.

"자기 자신에게 멈추지 않는 "나"라고 말할 수 없는, 그 누구도 아닌 자의 비인칭의 죽음의 시선으로"(모리스 블랑쇼, 2010, 224) 죽음의 깊이를 응시할 수 있어야 한다. 비인칭의 시선이 바로 위상성의 시선이다. 사태가 위급할수록, 위험한 것일수록 불가피한 것일수록 관찰하는 사람에게는 흥미를 준다. 나의 죽음을 관찰자의 시선으로 볼 수 있다면 이것은 생의 가장 강렬한 경험이 될 것이 분명하다. '비인칭의 죽음의 시선'은 가장 완전한 죽음에 이른 자의 시선과 다르지 않다.

약동하는 죽음의 장소

시간은 대지의 것이다. '지리(地理)'의 속성은 시간이고 시간의 속성은 흐름이다. 대지의 모든 것에는 저마다의 시간이 흐른다. 생활세계는 자전과 공전이라는 어마어마한 속도의 구체적인 사실을 바탕으로 한다. 그런데 너무나 확실한 것을 지구에서 사는 것들은 직접 인지하지 못하고 생활한다. 이것은 너무도 객관적인 것이지만 보이지 않는 것이다. '지구'가 돌면서 달리는 공간은 달·해(陰陽) 그리고 오행성(木火土金水)의 중력이 영향을 미치고 있다. 빛과 중력에 영향을 받은 개별 생명체는 저마다 특별한 분위기의 공간을 매번 새롭게 연출한다. 지리의 시간성(넋)과 천문의 공간성(혼) 중 어느 것에 더 초점을 두느냐에 따라 죽음을 향한 인문성의 지향도 달라진다.

베르그송은 '약동하는 생의 현존'을 존재의 속성으로 본다. 존재는 '약동'을 통해 '창조적 진화'를 이뤄 낸다. 약동이 가능하기 위해서는 자발적으로 경계를 상정해야 한다. 인간은 삶과 죽음은 인간이 지닌 가장 커다란 경계다. 베르그송의 사상 안에는 소여에로의 현상학적 접근이 가능한 자아를 탐닉하는 후설적 모습 한 가지와 프랑스 철학의 과학철학적 전통의 선상에서 자아 초월적인 전체 생명에로 향하는 우주론적 생명철학자의 모습이라는 두 가지 모습이 공존하고 있다.(홍경실, 2003, 289) 또한 선험적 자아(절대순수자아)와 후험적 자아(모든 것으로 이루어진 자아) 사이에서 베르그송의 자아는 진동한다.

후설의 죽음은 우주 전체가 자아로 말려드는 것과 다르지 않다. 우주를 껴안은 자아가 수축되어, '선험적 자아'로 응축되고 사라지는 것처럼 작아지는 것이 죽음이다. 베르그송의 죽음은 확장하는 죽음이다. 베르그송의 자아는 선험적인 자아와 자아 초월적 범우주지향의 자아 사이로 동시에 수축하고 확장하면서 희미해지는 것이다.

저기 멀리 한 마리의 새가 하늘로 날아간다. 뚜렷한 한 점으로 사라진다. 여기 한 방울의 잉크가 있다. 이 잉크는 무엇이었을까. 이것을 풀어내기 위해서는 펜촉에 찍어서 펼쳐 보아야 한다. 퍼질 것인가 수축할 것인가 그 갈림길에서 진동하면서 삶을 지탱하는 가장 두꺼운 기둥은 '죽음'이다.

블랑쇼 사유의 핵심에는 의미를 해체하는 바깥의 힘, 주체를 해체하는 불가능성의 체험으로서의 죽음이 자리하고 있다. 블랑쇼의 문제의식은 죽음이 순수한 불가능성의 기호가 아니라는 점에 모아진다. 언어의 의미를 무화시키는 것도 죽음이다. 그렇지만 언어의 의미 가능성 또한 죽음으로부터 나온다는 사실을 블랑쇼는 외면하지 않는다. 헤겔은 언어가 대상의 감각적인 속성을 제거하고 관념화하여 소통 가능한 기호로 만드는 작용을 '관념적 살인'이라고 부른다. 블랑쇼는 이에 동의한다. 블랑쇼는 죽음이야말로 이해와 소통의 유일한 바탕이라고 인정한다. "죽음이 없다면 모든 것이 부조리, 허무 속으로 무너질 것이다."(고재정, 2009, 13) 삶의 바탕이 되는 것이 죽음이다. 삶을 굳건한 바탕에 세우고 역동적으로 진동하기 위해서는 죽음을 나의 죽음으로 만드는 것만큼 좋은 것은 없다.

> 죽음을 나의 죽음으로 만드는 것, 그것은 따라서 이제 나를 죽음에 이르기까지 나 자신으로 유지하는 것이 아니라, 그러한 나를 죽음에까지 확장시키고, 나를 죽음에 무릎쓰게 하며, 더 이상 죽음을 배제하는 것이 아니라, 죽음을 포함시켜, 죽음을 나의 죽음으로 바라보며, 죽음을 나의 비밀스러운 진실로 읽는 것이다. 그것은 거기서 내가 누구인가를 알아보는 것으로 그때 나는 나보다 더 큰 나, 절대적인 나 혹은 절대적으로 큰 나이다.
> – 모리스 블랑쇼, 2010, 181

블랑쇼는 죽음을 세 가지 아포리즘으로 제시한다. '부동의 동시성', '부재의 실체', '공허의 심연'이다. 셋은 죽음을 지향하는 삶이 바라보는 변곡점에서 동시에 사라진다. 반대로 죽음의 입장에서 바라보는 변곡점에서는 이렇게 나타난다. '동시의 부동성', '실체의 부재', '심연의 공허'로 흐른다. 블랑쇼는 변곡점에 대해 "나의 죽음에 의해서 형성된 공간이자 거기로의 접근만이 나를 죽게 하는 영원한 바깥일 것이다."고

덧붙인다.

최선의 죽음: 브레후노프에 바쳐

우리만큼 죽음을 멀리하고 또 가까이 하는 사람(민족)도 드물 것이다. 현실에서 죽음, 죽은 것과 맞닥뜨리는 것은 죽기보다 싫어하고 꺼려한다. 죽은 뱀을 가리킨 손가락은 자기 나이만큼 밟아 주어야 뱀이 타고 오르지 못한다고 한다. 그런가 하면 우리는 '죽다'는 말을 입에 달고 산다. '배가 고파 죽겠다'하고 밥을 먹는다. 그리고 금방 '배불러 죽겠다'고 한다. 젊은 사람들은 친구들에게 '너 죽을래!'라고 친구의 이름을 부르듯이 한다. 또 스스로 죽는다는 말을 몇 번씩 하는 지도 모른다. 졸려도 죽겠다 하고, 좋아도 죽겠다 하고, 싫어도 죽겠다 한다. 가을 하늘은 죽을 만큼 푸르다고 한다. '죽는다'는 말을 이렇게 입에 달고 사는 민족도 드물 것이다.

절정의 경험을 나타내는 말을 대표하는 것 역시 '죽이다'이다. 성적 경험, 미적 경험의 절정(오르가즘이나 주이상스)도 역시 '죽이다', '죽여준다'라는 말로 표현한다. "우연한 관심이 절정 경험(peak experience)으로 완전히 변할 수도 있다. 절정 경험이란 경관의 형태나 경관에 대한 선호도 때문에 특정 환경이 일상적인 경험과는 완전히 단절된 심오한 방식으로 우리 의식 속에 들어오는 것이다."(에드워드 랠프, 2005, 252)

이러한 절정 경험으로서 장소애(topophilia)는 시적이라기보다는 서사적이고, 현재적이라기보다는 사후적이라고 할 수 있다. 우리가 말하는 장소와 관련한 '환희나 엑스타시, 공포나 절망, 주변 환경과의 일체감, 성취감'은 그 자체가 아니라 기술된 것이다. 현장성은 떨어질지 모르지만, 그 전파, 전승력을 무한에 가깝게 증가한다.

특정 장소에서 휩싸이는 절정의 경험은 순간으로 온다. 장소에 대한 경험은 매우 짧다. 경관에서 오는 감동은 순식간으로 왔다 곧 사라진다. 그러나 그 감동은 심연까지 흔적을 남기기 때문에 다수의 기억들을 재구성하는 힘을 발휘한다. 그러한 장소는 스토리를 구성하는 데 핵심으로 작용한다. 또한 특정 공간이 특별한 순간과 조우할 때는 시적 긴장을 유발한다. 자의식의 변화를 유도할 때, 시적 순간은 시적 현재로 확장한다.

감당할 수 없는 고통(몸&마음) 속에 휩싸일 때, 우리는 가장 낮게 임함으로써 최상의 높이에서 죽음을 경험할 수 있다. 죽음을 끝까지 경험하고자 한다면 고통은 죽음의 배경으로 자리하게 해야 한다. 고통과 죽음 중에서 어떤 것을 감당할 수 있을까. "에잇, 못 살겠다!"는 마지막 단말마의 외침은 고통에서 온 것인가, 두려움에서 온 것인가. 한 순간의 미래도 없는데, 두려움이라는 것은 의미가 있는 것인가?

> 그는 죽기 위해서 몸을 눕힌다. 단호하고 과감한 남자 브레후노프 역시 죽기 위해서 몸을 눕힐 수밖에 없다. 갑자기 이 건장한 몸을 굽혀 그것을 하얀 밤 속에 눕히는 것은 죽음 자체이고, 그리고 이 밤은 그에게 두려움을 주지 않고, 그는 죽음 앞에 자신을 닫지도 움츠리지도 않는다. 두려움을 주지 않고, 그는 죽음 앞에 자신을 닫지도 움츠리지도 않는다. 오히려 그는 즐겁게 죽음을 맞이하러 자신을 던진다. 다만 밤 속에 누우면서 그는 어쨌든 니키타 위에 자신의 몸을 눕힌다. 마치 이 밤이 아직은 어떤 인간적 모습에 대한 희망이고 미래인 것처럼, 우리의 죽음을 다른 누구에게 다른 모든 사람들에게 건네면서 그들 속에 얼어붙은 미래의 바탕을 기다리기 위해서만 우리가 죽을 수 있는 것처럼.
>
> — 모리스 블랑쇼, 2010, 242~3

즐거운 죽음만이 즐기는 죽음이 되고 미래의 바탕이 될 수 있다. 기대되는 삶이 아닌 기대되는 죽음, 준비하는 삶이 아닌 준비하는 죽음, 연출하는 죽음, 죽음효과의 극대화를 일상으로 꾀하는 삶만이 기쁜 죽음을 맞을 수 있다. 브레후노프의 슬픔과 분노는 '극단적인 순식간'에 기쁨과 희망으로 바뀐다. 그것은 그의 일상이 언제나 최선으로 살아냈기에 가능한 것이었다.

최근(2018년 가을) 한 언론사의 기획 기사로부터 '연명치료'에 대한 이야기가 공론화되기 시작하고 있다. '죽을 수 있는 권리', '마지막 순간을 스스로 결정할 수 있는 자유'에 대한 이야기를 본격적으로 시작하고 있다. 그러나 크게 확장하지는 못할 것이다. 죽음에 대해 구체적으로 이야기하는 것을 사람들은 꺼린다. 죽음이 자신의 삶과 직결되는 상상을 하고 싶어 하지 않는다.

> 글은 분명 작품 속에 일어나는 불행한 죽음과 그 죽음을 즐기는 작가 사이의 내밀한 관계를 읽어 주고 있다. 글은 객관적 묘사를 가능케 하는 거리를 둔 냉정한 관계를 배제하고 있다. 감동의 기술을 지닌 화자라면 그와는 상관없는 충격적인 사건을 충격적으로 이야기할 줄 안다.
>
> — 모리스 블랑쇼, 2010, 119

타자와 자아 사이에서 오가는 것이 텍스트를 구성한다. 텍스트에는 사물들, 사랑들, 사건들, 죽음들까지도 재현된다. 이것들은 '그' 혹은 내레이터와는 상관이 없으면 없을수록 독자에게 더 큰, 제대로 된 충격을 줄 수 있다. 글은 진동하면서 품을 만든다. 그래야 충격적인 사건의 '충격'을 고스란히 전해 줄 수 있다. 죽음의 충격을 제대로 묘사하기 위해서 우리는 우리들 삶에서는 철저히 '내레이터'일 필요가 있다.

죽음의 반복성

공간을 장소로 만드는 데 가장 효과적인 것은 서사다. 하나의 서사 속에 장소는 재현됨으로써 특별한 효과를 발휘한다. 또한 스토리는 장소성을 획득한다. 실제 장소보다는 심상에 자리하고 있는 장소와 관련이 깊다. 심상의 장소는 맥락보다는 다양한 연결성에 더 초점이 맞춰지는 만큼 장편적이기보다는 단편적이다. 또한 다층의 연결이 동시에 가능하다는 점에서는 서사적이라기보다는 서정적이다. 기존의 의미에서 능동적으로 벗어난다는 점에서 상징적이라기보다는 알레고리적이다.

시적 장소성을 통해 표현되는 행위와 제도들은 포괄적이라기보다는 제한적이다. 이것은 장소를 전체적으로 결정하는 것을 시도하지 않는다. 특정한 세계, 특정한 사물/사건과만 관계함으로써 다양한 가능성을 열어 놓는다. 하나의 특정한 장 안에 의미(맥락)을 부여함으로써 장소화를 꾀한다. 장소화는 한 사회가 공간과 시간을 정리하는 구체적인 방식을 참조하고 반영한다. "그것이 사회적인 것을 포괄하듯이 장소 역시 부분적으로 사회적인 것에 의해 정교하게 다듬어진다. 장소가 개별 주체들과 근거가 되는 물리적 구조들에서 도출된 질서와의 관계 속에서 정교해지는 것과 같다."(제프 말파스, 2014, 50)

사회적 질서는 법이나 도덕으로만 이루어지는 것은 아니다. 장소는 '선(善)'과 관련된 것이 아니라 미(美)와 더 관계가 깊다. 따라서 사회적 질서는 스토리를 통해 형성되는 '스타일'에 가까워야 한다. 견고해지기보다는 유연해짐으로써 삶의 역동성을 높이는 쪽으로 지향할 필요가 있다. 역동성은 장소의 중요한 속성 중 하나다. 장소가 단순한 위치개념을 넘는 것은 당연하고 자연스럽다.

일반적으로 장소를 말할 때, 우리는 경험적인 것을 강조하며, 자연환경 자체와 인간의 관계를 강조하기도 한다. 이것은 실제적인 장소에 의미를 부여하는 데는 어느 정도 기여할 수 있다. 그러나 기념비처럼 새기는 것은 실재적 장소의 가능성을 설명하는 데는 한계가 있다. "장소와 경험의 연결에 관한 결정적 주장은 장소가 오직 경험 안에서만 마주하게 되는 것이라는 점이 아니라, 오히려 장소가 경험의 구조와 가능성 자체에 통합된다는 것이다."(제프 말파스, 2014, 45)

장소는 경험의 구조와 가능성 자체에 통합되면서 그것을 통합한다. '현사실성'이라는 말은 그 개념이 여전히 모호한 말이다. 하이데거는 현존재(what)와 현존재의 존재 이유(why)를 시간성에서 찾는다. 현존재는 인간 저마다의 삶을 가리키는 술어이다.(블로그: The Magazine – '마르틴 하이데거의 존재론', 『현사실성의 해석학』) 현존재는 "여기에 있음+지금 있음"이다. 존재자들이 제각기 드러나 있는 시간존재 스스로를 이해한다. 시간 이해를 날줄로 삼고 공간이해를 씨줄로 삼아 현존재의 거처를 직조한다. 존재는 이야기를 직조하면서 그 직조된 무늬를 통해 스스로를 드러낸다. 우리가 다른 사람과 다르며, 스스로도 매번 다른 것은 다른 시간을 살아서가 아니라, 다른 스토리를 짓기 때문이다.

현존재는 언어라는 가로등에 의해 '밝혀져 있음'을 전제로 한다. 가로등은 그 빛에 의해 '가로등'을 획득하는 것처럼, 존재는 '현존재'에 의해 존재를 획득한다. 가로등과 빛, 존재와 현존재 중에서 어떤 것이 더 근원적인가에 대한 물음은 무의미한 것이다. '밝혀져 있음' 자체가 의미의 근원인 까닭이다. 현존재는 자기 본래 존재에 대해 하나의 가능성으로서 자신과 관계하고 있다.

현존재는 다양한 맥락과 위상에서 하나의 가능성으로 자신과 관계하고 있다. 현존재는 모든 존재 가능성의 하나이면서 동시에 절대 존재 가능성이기도 하다. 자신이 공유한 시간과 공간이라는 의미에서 현존재는 '지금여기에 의미와 존재가 나타나 있음'이다. 실존의 현전이 현존재이다. 실존의 현존재, 현존재의 실존은 존재에 있어 그 존재함 자체가 문제됨을 이해하는 존재 가능성으로서 존재하는 것을 가리킨다.

하이데거의 시간성은 초월적으로 존재하는 시간성이 아니다. 현실성이라 불리는 우리의 현존재는 순간마다 각각 특유한 모습으로 드러난다. 현존재는 각자 나름대로 이미 그가 내던져 있는 그 장소에 의해서 규정된다. 현사실성은 객관적 현실을 이루는 사실성(史實性)과는 구분된다. '나는 매번 다른 장소다.'

각자는 항상 어떤 분위기에 젖어 있다고 하이데거는 표현한다. 그것은 각자가 품고 있는 공간 즉 마음이 서로 다르다는 말이다. 인간은 신과 동물 사이의 영역을 인간적인 것(영역)으로 삼았다. 그러면서 신과 동물(짐승) 사이를 오가며 장소(위상)를 연결해 문화를 확장하고, 고양·심화해 왔다.

죽음을 선회하는 존재로서 현존재는 언제나 죽음의 가능성을 품고 있다. 죽음의 근원은 불안이다. 그 불안은 등대와 같이 우리를 죽음으로 인도한다. 불안은 마음 씀과 이어져 있다. 불안을 통해 현존재는 변화를 꾀하게 되며 자신의 고유한 가능성인 본래적 실존의 가능성으로 죽음을 살짝 가린다.

장소 경험을 통해 남기는 것은 삶의 흔적이 아니라 죽어 간 기록이다. 삶이 밝힐 수 있는 공간은 극히 한정적이다. 우리가 죽음 쪽으로 한걸음 내걸으면 방금 밝혀졌던 장소는 어둠에 휩싸인다. 그러나 그 어둠은 막막하게 앞을 가로막던 어둠이 아니다. 내가 지나온 어둠에는 죽음의 흔적들이 별처럼 반짝이기 시작한다. 반짝이는 죽음의 기록들을 등대 삼아 나는 기존의 어떤 죽음과도 다른 위상과 밀도의 죽음으로 이야기를 새기며 걸어 들어갈 수 있다. 흐름을 놓치지 않고 위상적 리듬에 삶을 맡기며 자연스럽게, 부드럽게, 용감하게 죽음을 통과해 가는 것이다.

8. 상상력

무(無)의 이중구조

상상력이란 무엇인가?라는 물음은 여전히 난해하다. 이 물음의 답 또한 상상되어질 수밖에 없는 까닭이다. 상상력은 '허구'라는 말로 대신하기도 하고, 언어의 품 혹은 마음이라고 말하기도 한다. 상상력에서 '力'이라는 글자는 힘의 크기나 벡터보다는 공간적 부피와 더 연관되는 것처럼 보인다. 얼마나 큰 세계를 품을 수 있는가, 얼마나 낯선 것들을 한자리에 품을 수 있는가라는 물음에 더 가까운 것 같다.

상상력은 강도와 밀도와도 연관이 있다. 그러나 상상력에 붙은 힘(力)이 가장 강력하게 유발하는 것은 '지향성'이다. 따라서 상상력은 역동적인 내면의 흐름과도 밀접하게 관련하면서, 거의 모든 것에 관련되어 있는 것 같다. 상상력이 나름의 구조 혹은 구도를 갖고 있지 않고서는 이러한 관계맺음은 불가능한 일이다. 능동적 변형(변화)을 전제하더라도 구조가 있어야 그토록 다양한 것들과 마주할 수 있을 것이다.

우리는 상상력의 구조를 명백하게 규정할 수 있다. 세계를 무에로 되돌려 놓는 과정은 상상력의 본질적 조건이며, 또한 원초적인 구조로 파악하기를 허용하는 것은 의식에 앞서 상상적인 것이 출현하기 때문이다. 만일

상상하고 있지 않은 의식을 잠시나마 인식하는 일이 가능하다면 그 의식은 존재에 완전히 삼켜져 버린 그리고 존재하는 것 외에는 어느 것도 이해할 수 없는 그런 의식으로 인식되어야만 할 것이다.

- 장 폴 사르트르, 1983, 84

사르트르의 말처럼 상상력의 구조가 명백하게 규정되었는지는 모르겠지만, '상상'은 어두운 밤하늘에 가로등을 켜는 것과 흡사하다. 상상은 의식의 불을 밝히는 것과 다르지 않다는 말이다. 세계는 어두운 의식 속으로 끊임없이 미끄러져 들어온다. 그리고 미끄러져 들어온 세계들 중에서 상상을 통해 포착된 것들이 현실로 개시한다. 사르트르는 "인간의 현실이 출현하는 일은 단지 세계와의 관계에 있어서는 무이며 또 세계는 그에 관해서 무인 그런 무엇인가를 정초함으로써만 가능해진다."고 말한다.

우리는 '상상력이 풍부하다'고 말한다. 이때 상상력은 '풍부하다'의 주어가 아니라 보어다. 또 '상상력을 펼치다'라고 말한다. 이때 상상력은 목적어다. 상상력은 주어에는 자리하기 힘들다. 상상력은 '돋보이거나, 풍부하거나, 펼치는 혹은 펼쳐지는 술어적 서술이 어울리는 용어다.

상상력은 품의 크기와 같아서 그 자체로 의미를 만드는 것은 어렵다. 우리에게 절실한 것은 상상력 자체가 아니라 상상력을 마음껏 펼쳐질 수 있는 심경(心境)을 천경(天境)만큼 높게 하고, 지경(地境)만큼 넓히는 일이다. 우리는 천경에 머무는 별들을 창조적으로 이어 별자리를 만든다. 별, 별자리는 개인마다 그리고 지역마다, 민족마다 다른 이야기를 담고 있다. 심경에 맺히는 이미지를 우리는 심상, 혹은 심상이미지라고 부른다.

빛은 모든 것을 창조하는 근원적인 힘으로 작용한다. 현실에서 작용하는 빛의 역할을 우리의 심중에서 담당하는 것이 상상력이다. 또한 빛은 우리의 외부뿐만 아니라 내면에도 영향을 끼친다. 빛이 우리의 내면에서는 그림자로 작동한다. 마찬가지로 상상력은 빛이 드러내는 현상들의 그림자로 의미를 풍성하게 한다.

사고 역시 우리의 의식을 밝히는 빛과 같은 작용을 하지만 상상력과 달리 스스로를 창조할 수는 없다. 사고는 창조의 기능보다는 분석, 설명의 기능을 담당하기 때문에 '기존의 것'에서 크게 벗어나지 못한다. '정신을 차리라'는 말은 사고를 통해 분석·설명할 수 있는 대상을 명확하게 인식하라는 말과 다르지 않다. 상상력은 마음과 연결된다. '마음을 주다'라는 말은 대상과 가장 내밀하게 소통하다라는 의미를 내포한다. 정신이 자연으로부터 소격된 인간적 산물이라면, 마음은 자연에 다가서는 인간적 산물이라고 할 수 있다.

자연으로부터 '충만한 가슴'을 받은 자는 심경과 천경을 동시에 파수해야 하는 운명을 타고난다. 심상이 대상성을 획득하기 위해서는 사고가 뒷받침되어야 한다. 그래야 심상을 언어로 옮길 수 있다. 그 언어들을 담아낼 수 있는 플롯을 다양하게 마련하는 것이 상상력의 몫이다. 상상력이 심상으로 발현되었을 때 우리는 하나의 스타일을 획득하게 된다.

장 리사르의 『문학과 감성』이라는 책의 서문에서 플레는 "비평은 하나의 사고를 사유하는 것으로 만족해서는 안 된다. 비평 활동은 그의 방향을 더욱더 뒤로 즉 이미지에서 이미지로 즉 감성에로 뻗어 나가며 이루어져야만 한다. 비평은 정신이 정신 그 자체를 주체로서 만들이 위하여 객체를 자신에 결합되어지게 하는 행위에까지 도달해야 한다"고 말하고 있다.

– 버논 W. 그라스, 1983, 21

조르주 풀레는 문학을 〈인간 의식의 역사〉라고 말한다. 인간의 의식은 개별성이 강하고, 역사는 보편성을 지향한다. 이 둘의 모순적인 결합은 다양한 스타일을 만들어 낸다. 그는 창조적인 의식이 동시적으로 세계와 의식 자체를 존립케 할 수 있다고 본다. 창조적 인식의 지속가능한 경험 과정에 대한 표현 자체가 문학이라고 말한다. '표현'은 자체로 완성되기보다는 다양한 읽기를 통해 표현 이전과 이후까지를 연결할 수 있을 때, 최대치로 효과를 발산할 수 있다. 기호의 상상력, 텍스트의 상상력, 작가의 상상력까지를 포괄해야 하는 것이 비평가 곧 독자의 상상력이다.

넘나듦의 원리

우주에서 작용하는 힘은 전자기력, 강력, 약력, 중력이다. 중력은 붙드는 힘, 모이는 힘, 모으는 힘이다. 전기력(자기력)은 1864년 맥스웰이 발견한 것이다. 세계에 가득한 힘이고 이 세계를 가득하게 하는 힘이다. 강력은 원자핵 속에서 작용하는 힘이다. 양성자 중성자에서 작용하면서 이 세계가 단단하게 유지되도록 하는 힘이다. 방사선의 붕괴, 양성자 중성자의 붕괴가 가장 큰 약력을 발산한다. 이 세계가 부드럽게 흐르도록 하는 힘이다.

궁극의 이론, 모든 것의 이론(theory of everything)은 이 네 힘을 모두 해석하고 규명할 수 있는 이론이다. 통일장이론에서는 바깥으로 지향하는 힘의 역할을 크게 두 종류로 들고 있다. 하나는 꽉 채워진 힘이다. 이 힘에 의해 사물, 주체는 텅 빔 혹은 마음을 품을 수 있다. 다른 하나는 텅 빈 힘이다. 텅 빔의 힘은 주체가 '사물성'을 획득할 수 있게 해준다. 한정성과 영원성의 역동적·역설적 구현이 가능하다.

바깥의 힘은 의미를 해체하는 것이 아니라, 부재를 통해 존재를 떠받치는 힘이다. 이것을 확인할 수는 없음에도 불구하고, 바깥의 힘 때문에 의미는 능동적으로 해체된다. 사랑을 찾아 모든 것을 버리고 떠나는 사람처럼, 그 순간순간의 연속이 불연속적으로 전개된다. 그 사랑과 만나면 그것은 바깥이 아니라 언젠가는 꼭 해체되어야만 하는 의미로 고착한다. 그 의미는 +물질만이 아니라 −물질일 수 있는 것이다.

사랑의 의미는 곧 음물질과 닮았다. 세 번째 바깥의 '힘'이 바로 '−'물질성이다. 서정의 언어는 세 번째 영역에 대한 탐색에 나설 수 있는 거의 유일한 언어다. 새로운 서정이 지닌 어떤 본질적인 측면이라고 말할 수 있을 것이다. 서정과 무의미의 만남, 불가능한 만남 이것은 여전히 서정 속에 입이 되는 상처 혹은 언어의 얼룩으로 잔존한다. 그래서 서정 자체를 불가능한 것으로 만든다. 불가능성의 공허, 여기에서 중요한 것은 바로 부재의 얼굴들, 그 불가능성이 서정을 진정으로 가능하게 하는 동인이다.(신진숙, 2010, 346)

의미와 무의미의 의미 있는 만남의 불가능성, 그것의 사라짐이라는 수행성을 통해 서정의 장소성은 형성한다. 모리스 블랑쇼는 '시의 운명, 운명의 시'를 이렇게 말한다.

> 신들 배후에서 혹은 인간들의 이름으로 작품이 스스로를 들리게 할 때마다, 그것은 보다 커다란 시작을 예고하기 위한 것 같다. 신들은 근원의 열쇠를 획득하는 것 같고, 최초의 권능들이 나타나는 것 같다. 거기서 모든 것은 빛나고, 작품은 신들을 말하면서도 신들보다 더 근원적인 무엇을 말하고, 그들의 운명이기도 한 신들의 결함을 말하며, 운명이 조짐도 위력도 없이 머무는 그러한 그림자를 운명 이전에 말한다.
> ― 모리스 블랑쇼, 2010, 338

우리의 외부는 신들로 채워져 있고, 우리의 세계는 의미로 채워져 있다. 이것을 조금이라도 비워 낼 수 있다면 그것은 '불가능성의 가능성'을 통해서다. 신들의 불가능성은 '-(음)영역'에의 도달 불가능성, 탐색 불가능성과 관련이 깊다. 의미의 불가능성은 언어의 중성성을 강화함으로써 언어의 투명성을 강화하는 것이다. 구름으로 가득 찬 천경(天境)과 이미지로 켜켜이 새겨진 심경(心鏡)은 텅 빈 장소(場所) 그 자체를 지향한다.

베르그송의 의문 제기는 이 '불가능성의 가능성'을 탐색하는 데로 이끈다. 베르그송은 소리의 시간성(temporality)과 지속(continuity) 속으로 공간이 스며드는 것을 보여 주는 외재성의 원칙에 의문을 제기한다. 진정한 말은 기억 속에서 나오지만 그 기억은 말하기 위해 기대되는 것에서 비롯한다. 적합한 표현을 추구한다는 것은 화자의 의도를 충족시키고자 하는 것으로 귀결하지 않는다. '지적 노력'은 화자의 것도 독자의 것도 아니다. 표현행위 자체가 곧 '지적 노력'을 이룬다. 지적 노력의 저장고로서 글은 말과 감정, 노력, 생각의 역동성을 연결하고 있던 끈을 끊어 버림으로써 파편화한다.

> 숨결, 노래, 리듬은 사라져 버리고 그 대신 비유(figure)가 자리 잡는다. 비유는 사로잡으며 매혹시킨다. 그것은 또한 흐트러뜨리며 고립시킨다. 이것이 바로 소크라테스나 예수와 같이 진정으로 창조적인 인물들이 글을 전혀 남기지 않은 이유이며, 진정한 신비가들이 언명과 표현된 사고를 거부하는 것이다.
>
> — 폴 리쾨르, 1998, 78

사라지는 말, 말로 한 음악, 진정한 창조적인 인물들은 글을 전혀 남기지 않는 대신 말씀을 새긴다. 새겨서 완전히 지워 버린다. 그 공감을 파고드는 작동원리로 미학적 재현의 아프리오리가 작용한다. "감각적인 것의 나눔에서 미학적 차원을 통해 새로운 감각이 정치적인 것으로 출몰하는 것이다. 감각적인 것의 나눔이라는 '미학적 재현의 아프리오리'가 없다면 정치적인 것은 물질화할 수가 없다."(이택광, 2010, 167)

물질과 재현행위 중에서 어떤 것이 선행하는가에 대한 물음은 현실적으로는 '물질'이라고 답할 것이다. 천체물리학자(양자역학) 중에서는 의식이 물질보다 앞선다고 주장하는 사람들이 점점 늘고 있다. 의미는 재현적인 속성과 물질적인 속성을 동시에 구현한다. 재현적인 속성은 물질적인 속성을 가로막고 왜곡한다는 것이 일반적이었다. 그러나 이러한 견해는 상징에 바탕을 한 근대적 사유 안에서만 의미 있는 것이 될 가능성이 크다. 반대로 재현적 속성에 의해 물질적 속성이 표상한다고 전회할 때 우리는 다양한 위상에서 다채로운 쓰기를 전개할 수 있게 된다.

에쁘롱

시에서 사실을 찾는 독자는 매우 드물다. 시에서 찾고자 하는 것은 진실이다. 사실은 드러난 진실의 일면이라고 할 수 있다. 진실은 파악되거나 이해하는 것이 불가능하다. 공감-상상력이라는 지향된 공간에서 마음의 촉각으로 더듬어 울려 내야 어림으로라도 진실을 그려 볼 수 있다. 진실은 사랑하는 이의 완성된 얼굴처럼 면사포에 감싸서 그 윤곽이 실루엣으로 드러난다. 맨얼굴로 드러나는 진실이란 없다. 진실에 조금이라도 더 다가서기 위해서 상상력을 키우면서 언어는 더 촘촘하고 부드러워져야 한다. 시적 언어의 위력은 여기에서 발현되는 것이다.

서사 텍스트는 '타당한 비타당성', '이미지에 대한 이미지의 작용, 그리고 이미지의 이미지인 하나의 이미지를 제2차 수준의 이미지로 구성하는 작업'이란 측면에서 시적 텍스트와 유사한 기능을 수행한다.(마리 맥클린, 1997, 169) 시적 기능의 허구성, 허구의 진실성을 인정할 때, 우리는 허구적 세계에서의 시적 기능들의 역할을 긍정적으로 검토할 수 있다.

진실의 실제에 대한 회의가 문제가 아니라 그 진실이 효과에 의문을 제기하는 경우가 점점 늘어나고 있는 것이 우려되는 부분이다. 현실을 뒤덮고 가득 채운 '스펙터클'은 진실을 좇는 노고를 고역으로 바꾸어 버린다. 힘을 들이지 않고서도 맛볼 수 있는 즐거움이 도처에 널려 있다. 작품을 통해 주로 드러났던 진실은 드러남의 기존 전략을 바꿀 필요가 있다. 감춤으로써 드러내기와 드러냄으로써 감추기라는 이중성의 전략은 특별한 즐거움을 선사할 수도 있기 때문이다.

> 허구적 발화행위는 그것이 서술자의 것이든 작중인물의 것이든 간에 상관없이 모두 모방적이다. 허구적 발화행위는, 마치 드라마의 화행이 배우들에 의해서 생산되는 것처럼, 꾸며 낸 화자에 의해서 생산된다. 〈생략〉 청중은 동일시(직접적 발화 효과)와 소외(모방적 화행의 효과뿐만 아니라 연행 또는 메타 텍스트의 인식)라는 이중의 즐거움을 경험할 수 있다.
>
> — 마리 맥클린, 1997, 72

모방적인 것은 방향성을 갖는다. 허구적 발화행위는 어떤 사건이나 대상을 모방하지만, 어떤 사건이나 대상 역시 허구적 발화행위를 모방한다. 두 방향의 모방을 원활하게 중계하는 역할을 담당하는 것이 '메타성'이다. 발화행위와 사건·대상은 서로를 직접 모방하지 않는다. '메타성'은 모방의 또 하나의 주체로 자리한다. 이렇게 삼중성이 확보된다. 진실을 모방(모사)한 시적 텍스트, 시적 텍스트를 모방한 진실 사이에 '메타성'이 자리한다. 시적 텍스트를 모방(모사)하는 진실의 뫼비우스의 띠, 동일시와 소외의 동시성이라는 이중적 즐거움을 향유할 수 있다.

 그것은 일상과 비일상, 혹은 예술과 비예술 사이의 분할을 넘어 둘 사이의 이동, 즉 전복적인 교환의 놀이 방식이라고 부를 수 있는 것이다. 이는 랑시에르가 '감각적 경험의 정상적 정보들의 중지'라고 부른 어떤 것이리라. 그것은 일종의 이중적인 감각과 유희로서, "외형과 현실 사이뿐만 아니라 형태의 재료, 능동성과 수동성, 오성과 감성 사이의 일상적 연결을 중지시키는 특수한 경험 안에서 주어진다."

— 신진숙, 2010, 389~90

 일상의 윤리에 작동하는 것이 이성이라면 비일상적 윤리에 작동하는 것은 감성이다. 예술의 윤리에 작동하는 것이 감성이라면 비예술의 윤리에 작동하는 것이 이성이다. 흐름인 감성과 절대적 정체인 '이성' 사이를 흐르는 것이 '오성'이다. 밤하늘에 떠 있는 별들을 이어 이야기를 만드는 능력이 이성적 상상력이라면, 마음 하늘 곧 '심경'에 떠 있는 이미지를 이어 이야기를 만드는 것은 감성적 상상력이다. 이 둘을 변곡체 삼아 이어 주는 것이 '오성적 상상력'이다. 이어 주는 거의 유일한 길은 특수한 '언어'적 경험이다. 오성은 오직 언어를 통해서만 드러나고 언어 자체로 가라앉는다.

 기호는 [사람의 시선] 계속 머물러 있게 할 정도로 주목을 끌어서는 안 된다. 왜냐하면 기호는 현재적이지 않은 것, 즉 비현재적인 것만이 사념될 정도로 현재적이게 해야 하기 때문이다. 기호는 이를테면 자신의 고유한 그림의 내용을 통해서 [사람의 시선이 그 자체] 지속적으로 머물게 해서는 안 된다.

— 한스 게오르크 가다머, 2011, 268

심경 쪽으로 돌출된 부위를 우리는 확인할 수 없다. 그 반대쪽으로 도출된 부분을 통해 미루어 짐작할 수 있을 뿐이다. 그것은 빙산의 일각일지, 일각의 빙산일지는 알 수 없다. 의미 혹은 변곡의 지향성에 따라 자리를 바꿀 가능성이 높다. 에쁘롱은 뾰족한 돌출부, 내숭과 화장의 문체 등을 나타내는 프랑스어다. 데리다는 니체의 문체를 '에쁘롱'이라고 말한다.

'여성'은 거세의 효과를 필요로 하며, 이것이 없이는 유혹할 수도 욕망을 열 수도 없다 – 물론 여성은 그것을 믿지 않는다. '여성'은 그것을 믿지 않고 즐긴다. 즉 웃기 위해서 새로운 개념이나 믿음의 새로운 구조를 이용한다. 남성을 이용하여 – 독단적이고 쉽게 믿는 그 어느 철학가도 측정할 수 없을 지식을 이용하여, 여성은 거세가 일어나지 않는다는 것을 안다.

— 자크 데리다, 1998, 52

데리다는 "글쓰기의 명확성은 스스로 제외시킨 점에서 자신 밖에(Out) 있다."고 말한다. 이것은 '에쁘롱', 양각된 글들이다. 또 데리다는 "자신밖에(Only) 없고"라는 아포리즘을 구사한다. 이것은 음각된 글들이다. 지워진 자신에게서 외부로 뽑혀졌던, 그래서 자신으로부터 분리된 것으로부터 나오는 것이 문체의 상상력이다. 니체의 문체는 반여성이 아니라 반남성적이라고 데리다는 확신한다. 니체의 양각은 음각의 빙산의 일각인 것이다.

감각의 총체성

　사물, 사건, 대상에 대해 우리의 경험은 총체적일 수 있을까? 총체라는 말은 동시-전면적이라는 시선과 관점을 전제로 한다. 순간적으로라도 총체성을 드러내기 위해서는 투사하고 반영하는 정신이 가능해야 한다. 이러한 정신은 모든 감각의 발현을 통해 구성된다. 대상과 장소가 구체성과 현실성을 함께 얻기 위해서는 모든 감각을 활성화해야 한다.

　우리가 생활하는 장소는 풍경이 되기 어렵다. 풍경이 되기 위해서는 시공간적 거리가 확보되어야 한다. 우리가 직접 살아 본 공간은 극히 미미하다. 우리는 여행가의 입장에서 장소를 바라보거나 매체를 통해 정보를 얻고, 심상지리화한다. 이런 방식으로 대부분의 장소를 이해하기 때문에 현실성이 떨어질 수밖에 없다. 현실성이 떨어지는 것은 반대급부로 다양한 상징을 만드는 데 기여할 수 있다. "상징을 만드는 인류의 특징은 그 구성원들이 국가와 같은 거대한 장소들에 열정적인 애정을 가질 수 있다는 것이다."(이푸 투안, 2007, 36)

　장소에 대해 제한된 직접경험은 장소를 권력화하는 데 활용되기도 했다. 그러나 이제 다매체시대에 장소에 대한 간접체험은 직접경험에 뒤지지 않게 되었다. 미지가 사라지자 상징의 위력도 점점 미약해지고 있다. 직접 가 보면 깊은 이야기를 할 수 있다. 그런데 가 본 것 못지않게 가 보지 않고도 다채로운 이야기를 하는 데 부족함이 없는 시대가 열렸다.

　결국 장소에 대한 총체적 인식은 이야기 전체를 함께 흐르게 할 수 있어야 가능하다. 열정적인 애정의 발현은 전체를 안다고 해서 가능한 것은 아니다. 전체 이야기는 한꺼번에 펼칠 수는 없다. 이야기는 대상·사물·장소를 나선으로 감싼다. 전체는 아니더라도 전면을 기어오를 수 있다. 이야기가 기어오르는 것은 사물-장소의 '피부'에 해당한다. 피부는 감각이 기록되는 곳이라고 말한다.

> 피부는 자신의 상태를 보고하고 동시에 피부에 압박을 가하고 있는 대상의 상태도 보고한다. 하지만 피부는 거리 계측기가 아니다. 이 점에서 촉각은 시각과 정반대다. 피부는 어떤 공간적 관념을 전달할 수 있으며, 단지 신체 구조와 움직이는 능력에 의존할 뿐 다른 감각의 도움 없이 그렇게 할 수 있다.
>
> — 이푸 투안, 2007, 31

어둠 속에서는 촉각 혹은 손이 시각을 대신한다. 시의 언어가 반짝이는 시선의 언어라면 서사의 언어는 더듬어 흐르는 촉각의 언어다. 시선은 하나의 대상에 세계가 내어 준 공간의 크기를 감지하는 데 탁월하다. 반면 촉각 혹은 손길은 스스로의 공간 즉 개별적 대상에 내어 준 공간을 가늠케 한다. 손으로 보기, 눈으로 더듬기 혹은 만지기라는 감각의 진회가 새로운 공간을 연다.

> 인간의 공간은 인간의 감각과 정신의 특징을 반영한다. 정신은 자주 감각적 증거를 초월하여 삽입된다. 광막함이라는 개념을 생각해 보라. 대양의 광막함은 직접적으로 지각되지 않는다. 제임스는 "바다에 갈 때마다 갖게 되는 인상을 마음속으로 확대시킴으로써 우리는 대양을 하나의 전체로 생각한다"고 한다.
>
> — 이푸 투안, 2007, 35

시각과 촉각은 대척점에 서 있는 감각이다. 그 사이를 다양한 감각의 결이 채운다. 그렇게 공간의 구조는 다양하게 변주한다. 세계는 늘 새롭게 제기되는 공간구조다. 우리의 몸을 중심으로 다양한 감각들은 저마다의 세계를 공간적으로 구조화한다. 투안은 후각을 통해 열리는 세계를 다음과 같이 이야기한다. "후각의 세계란 단순히 냄새가 무질서하게 연속되거나 미완성의 혼합물로 나타나는 세계가 아니다. 냄새가 공간적으로 배열된 세계일 것이다." 투안은 이렇게 묻는다. "시각과 촉각 이외의 다른 감각이 공간적으로 조직된 세계를 제공할 수 있을까?"(이푸 투안, 2007, 28) 맛, 냄새 그리고 소리도 그 자체로는 우리에게 공간감각을 줄 수 없다는 주장이 가능하다. 이것이 직접 공간의 확장에 기여할 수 없을지는 모른다. 프루스트의 『잃어버린 시간을 찾아서』는 맛, 냄새, 소리가 소환하는 위상적 공간에 대해 바쳐지고 있다는 것을 부인할 수 없을 것이다.

감각의 동시적 적용을 통해 우리는 사물, 사건을 총체적으로 인식할 수 있다. 입체파의 풍경화는 그런 감각의 총동원을 통해 펼친 공간이다. "입체파의 풍경화가 복수의 광원을 반영함으로써 다면체 형태를 이루는 것"(스티븐 컨, 2004, 686)은 한 줄기로 흐르는 강물로 비유되는 역사적 인식과는 다르다. 역사적 인식 속에서 통일된 모습을 보이는 것은 가능할 수 있지만 그것은 총체적 인식과는 거리가 멀다.

코기타치오: 언어의 별자리

'아는 만큼 보인다'는 말이 있다. 이 말은 '보이는 것만큼 아는 것'이라는 말로 바꿔 볼 수 있다. 이렇게 아는 것은 사물을 얼마쯤 안다는 것일까? 우리가 사물·사건을 안다고 할 때도 우리는 대부분 '시각'에 의존한다. 나머지 감각으로 사물·사건을 아는 것은 남다른 관계라는 말과 다르지 않다. 그런 점에서 늘 시선의 바깥에 있는 '나'는 감각적으로는 가장 알지 못하는 '대상'에 속한다고 할 수 있다. 현상적으로도 자신의 얼굴을 정확하게 기억하는 사람은 드물다. 우리가 진정성을 가지고 할 수 있는 것은 '대상'에 대해, 모른다고 말하는 것이다. '모르는 대상'에 대한 '인지된 의미'를 모르는 것으로 품는다.

> 무는 결코 스스로를 위하여 존립함이 없이 사라져야 할 그런 것이다. 상상력을 수반하지 않는 현행하는 의식은 존재할 수 없다. 그리고 또한 이 역의 이야기도 성립한다. 그러므로 상상력은 의식의 현실적 특성으로서 나타나는 것이 아니다. 의식의 본질적이며 초월적인 조건임이 판명되는 것이다. 코기토를 현실화하지 않는 의식을 생각하는 것만큼이나, 상상하지 않는 의식을 생각하는 것이 부조리다.
>
> — 장·폴 사르트르, 1983, 86

상상의 의식성, 의식의 상상성은 이율배반성을 띤다. 무가 스스로를 인지, 인식할 때 의미가 채워지기 시작하는 것과 다르지 않다. 그런데 둘의 이율배반이 역동적으로 이어질 수 있는 방법이 없는 것은 아니다. 이것은 상상력의 발현과 밀접한 관계를 맺고 있다. 의식적 사랑의 뒷면에 펼쳐진 사랑에 대한 의식은 사랑의 상상력을 한정한다. 이 한정이 채워지지 않고 비워졌을 때, 의식과 사랑은 제대로 변곡할 수 있는 여지를 마련하게 되는 것이다. 의식이 물이라면 상상은 강의 모든 가능성이다.

물이 없이도 강은 가능하다. 메말라도 강은 강이다. 그러나 물은 강이 없이 강물이 될 수 없다. 부조리의 역동성은 조리의 역동성보다 거세다. 의식의 진정성은 '갇힌' 진정성, 규범에 묶인 진정성이다. 자신을 타자의 자리에 놓는 진정성과 다르지 않다. 물이 없는 강의 진정성은 불가능하다. 강으로서 어떤 의미 있는 역할도 수행할 수 없기 때문이다. 한정과 자유의 적절한 이음새를 통해 역동성은 배가 한다. 그런 면에서 의식은 차라리 비진정성으로 열릴 때 다채로운 것들과 소통할 수 있는 거점으로서 노드성을 획득한다.

몸에 익은 공간을 우리는 무의식적이고 진정하지 못한 태도로 대하는 경우가 많다. 그 대표적인 장소가 우리의 몸이다. 보이는 몸의 생채기는 화들짝 놀라며 보살피지만, 보이지 않은 내부의 상처는 크게 관심을 쓰지 않는 경우가 많다. 이와 마찬가지로 "많은 물리적이고 사회적인 계획은 공간이 균등하고, 사물과 활동이 그 공간 안에서 자유롭게 위치하고 조작될 수 있다는 함축적인 가정 위에서 성립한 것이다. 즉 의미에 따른 분화는 별로 중요하지 않고, 장소는 단순히 잠재적인 개발 가능성을 담고 있는 위치로 환원된다.(에드워드 랠프, 2005, 193)

의식적인 비진정성은 다양한 형태의 기술(記述)을 통해 장소에 적용되면서 드러나는 경향이 있다. 이러한 장소의 가변성이 역동성으로 곧장 연결되지는 않는다. 변화는 경계를 가늠할 수 없는 흐름 속에서 이루어져야 한다. 매번 같은 공간은 매번 다른 장소로서 의미를 생산할 수 있는 것은 흐름의 속성 덕분이다. 공간의 객관성은 과학의 수식으로 존재한다. 현실에서 공간의 객관성은 불가능하다. 물리적으로 모든 장소는 그 원초와 강밀도가 다르다.

흐르는 시간이 다르고 분위기의 증폭이 다르다. 우리는 우주의 크기를 그릴 수는 없다. 교회의 스테인드글라스가 높이를 알 수 없는 신의 세계에 대한 숭고를 무한으로 고양하는 것과 같이 천경은 우주의 크기를 반영한다. 최대치의 상상은 천경에 반영된 우주의 상징적 상상이다. 바깥의 무한에 대한 구체적인(눈으로 보는) 상상이다. 그 반대편으로는 안의 무한에 대한 추상적 상상이 자리한다. 내면의 무한을 응시하는 자아로 우리는 흔히 '명상하는 자아'를 든다.

명상은 명상(冥想)이라고도 쓰고 명상(瞑想)이라고도 쓴다. 명상은 '눈을 감는다'는 것을 전제로 한다. 눈을 감으면 칠흑같은 밤에 눈을 뜨고 있는 것과 다르지 않다. 그런데 명상의 단계에 들면 형태(이미지)가 점점 또렷하게 드러난다. 그리고 영성(靈聖)의 단계에 들면 대낮과 같이 총천연색의 이미지들을 볼 수 있다. 즉 밤에도 낮처럼 볼 수 있게 되면 또 하나의 세계가 새로 열렸다는 것이다.

그렇게 하여 내가 발견한 코기타치오는 객관적인 시간과 공간의 위상을 지니고 있지 못한다고 할지라도 현상학적 세계 안에까지 자리가 없지는 않다. 세계는 즉 인과율의 제 관계들로 연결되어진 사물들의 또는 과정들의 총체로서 나 자신으로부터 구별되는 세계는 나는 〈나의 내부〉에서 나의 모든 코기타치오스의 영원한 지평으로서 그리고 그에 대한 관계에서 내가 나 자신을 끊임없이 자리 잡게 하는 그런 차원으로서 다시 발견하게 된다.

— 모리스 메를로 퐁티, 1983, 41

코기타치오는 심경에 떠오른 언어의 별자리다. 나의 지평은 곧 받아쓰기의 지평, 상상력은 천경의 바깥, 심경의 바깥에 에둘러 천경과 심경을 연결하는 자리에 빈터로 자리한다. 코기타치오스는 '무'의 뫼비우스의 띠를 타고 펼쳐진다. 우리가 아는 것들, 천경의 안쪽과 심경의 안쪽을 감싸면서, 안쪽에 감싸이면서 무(無)로서 흐른다. 무로 흐르는 텅 빈 방, 어둠으로 가득 채워진 우주에서 인식은 흔들리는 한 자루의 촛불처럼 빛나고 뜨겁다. 흔들리지 않는 촛불은 촛불이 아니다. 흔들리는 중심을 가져야 진정으로 흔들리지 않을 수 있다.

양물질과 음물질

시간공간이 발생하기 전, 절대공간, 우주는 완벽한 균형과 조화, 즉 중성, '0'의 상태였다. 알 수 없는 원동자에 의해 최초의 움직임이 있었고 에너지가 응축하기 시작했다. 그 원동자를 동아시아에서는 아프카 허허의 '숨결'이 있었다고 말한다. 헤브라이즘에서는 '말씀이 있었다'라고 한다. 그렇게 극한까지 응축하다 드디어 폭발한다. 이것을 '빅뱅'이라고 말한다. 빅뱅은 우주 생성에서 꽤 유력한 설 가운데 하나다. 그 외의 가설은 상상을 초월하는 경우도 많다. 절대 중성의 상태에서 '양의 물질'의 별들이 만들어졌다. 그러니까 절대 무에서 양의 값이 5%가 만들어졌으니, 95%는 절대무가 아니라 음의 값이 되어야 마땅하다. 자연스러운 상상이다. 그런데 최근에야 '음물질'이라는 개념이 발표되었다.

현대물리학의 가장 큰 난제인 암흑물질과 암흑에너지를 음의 질량(negative mass)을 갖는 유체(流體, fluid)로 설명하는 새로운 이론이 제시돼 관심을 받고 있다. 우주에 셀 수 없이 많은 별은 전체 우주의 5%밖에 안 된다. 나머지 95%는 암흑물질과 암흑에너지가 차지하고 있다. 하지만 이들은 눈에 보이지 않고 주변 물질에 미치는 중력효과를 통해서만 간접적으로 그 존재가 추론될 뿐이다. 현재 가장 널리 인정되는 표준 우주 모형인 람다(∧)CDM마저도 이를 제대로 설명하지 못하고 있다.

이런 상황에서 영국 옥스포드 대학 e-연구센터의 천문학작 제이미 판즈 박사가 국제학술지 '천문학 및 천체물리학(Astronomy & Astrophysis)' 최신호에 발표한 논문에서 암흑물질과 암흑에너지를 하나의 현상으로 묶어 주변의 모든 물질을 밀어내는 마이너스 중력을 갖는 유체로 설명하는 암흑유체설을 제기했다.

지금까지 암흑물질은 주변 물질에 중력작용을 하고, 암흑에너지는 우주를 가속 팽창시키는 척력(斥力)으로 별개 현상으로 다뤄져 왔다.

판즈 박사는 그러나 둘을 사실상 같은 것으로 보고, 중력이 모든 것을 끌어들이는 것과는 반대로 주변의 모든 것을 밀어내는 음의 질량영역에 있는 것으로 시사했다.

 음의 질량은 주변의 모든 것을 밀어내는 가설적 물질 형태로 양의 질량을 가진 일반적인 물질과 달리, 힘을 가해 밀면 오히려 힘을 가하는 쪽으로 되돌아오는 특성을 갖는다.
  – 연합뉴스, "우주 95% 암흑물질·암흑에너지 음의 질량을 가진 유체", 2018. 12. 07.

 우주의 암흑은 빛이 없어서가 아니라, 빛을 밀어내서(뽑아내서)라고 상상할 수 있다. 빛을 빛으로 만드는 것은 배경으로서 암흑이 아니라 실질적으로 빛의 속도를 가능하게 해 주는 음(-)물질이 있다는 것이다. 리만은 양의 값은 '있다'가 아니라 유한성이라고 말한다. "공간의 양의 규정에 기반이 되는 경험개념들[고체, 광선]은 무한히 작은 것들에서는 타당성을 상실한다. 가령 무한이 경미한 세계에서 공간의 양적 관계들은 기하학의 전제들에 부합하지 않는다." 왜냐하면 "곡률이 아주 자그마한 수치에서나마 양의 값을 갖게 되자마자 필연적으로 유한해지기"(보른 슐레겔, 2010, 223) 때문이다. 무한과 극한이 유지된다는 것은 양의 값을 갖지 않았다는 것이고, 보른 슐레겔은 이를 리만이 상대성이론과 양자이론의 양립 가능성을 최초로 고민한 것이 지점이라고 본다.(신지영, 2011, 126) 빈 중심의 무한성, 꽉 찬 텅 빈 중심과 같은 수사는 중심의 음물질적 특성과 관련할 때 표현 가능한 상상을 제공한다.

 의식에 형성되는 이미지의 물질성은 음물질적 상상에 다가선다. 이미지는 인식작용이면서 인식대상이다. 이미지는 인간에 대하여 주체인 동시에 대상이다. 이미지는 실체·계열을 통해서 지각이나 감각을 통해 우리에게 영향을 미친다. 여기에 그치지 않고 정신·계열의 관계에 있어서도 영향을 미치는 주체인 것이다. 그런 점에서 이미지는 내용을 담고 있는 단순한 형식으로서의 그릇이 아니다. 자신을 그 자체로 우리에게 드러내면서 말을 거는 일종의 주체라는 적극적 정의도 가능하다.(송종인 외, 2012, 152) 이미지의 입체화를 위해서 중심은 흔들려야 하고, 텅 비어야 하고 음(陰)으로 꽉 차야 한다.

우리의 육체는 물질이다. 몸은 물질적인 것이라고 할 수 있다. 몸과 육체는 똑같지만 다르다. 몸의 추상성과 육체의 구체성 사이에서 진동하는 우리의 정신은 반물질이라고 할 수 있다. 반면 언어의 물질성은 사유의 반물질성과 맥락을 함께한다. 우리의 마음은 비어 있어야 가득 찬 것이다. 마음을 넓히는 것이 텅 빈 자리를 늘리는 것이라면, 물질적인 것들은 바깥으로 밀려나기 마련이다. 그래서는 주체가 옅어질 수밖에 없다. 마음의 음물질성에 대해서 구체적으로 고민을 시작할 필요가 있다.

상상력의 안팎

작품은 역사를 갖지 않는다. 작품이 역사를 취하면 전·후 맥락에서 의미를 파악할 수 있다. 그렇게 되면 작품은 폭발적인 공감대를 형성하는 데 한계를 드러내게 된다. 전후 맥락에서 놓여날 때 작품은 죽음의 순간처럼 불가능한 품을 품을 수 있다. 앙드레 말로는 "작품은 어느 날 작품이 결코 더 이상 말하지 않을 언어, 그 탄생의 언어를 말한다."고 했다.(모리스 블랑쇼, 2010, 332) 작품이 무엇인가 요구하는 순간 작품은 역사를 이루는 하나의 줄기로 전락한다.

다양한 것들을 총체화하는 데 가장 결정적인 역할을 하는 것은 서술능력이다. 서술능력은 경험을 종합하는 데 결정적일 뿐만 아니라 표상능력, 상상력, 공감력, 소통능력 등을 종합화한다. 역사는 사실을 서술하는 능력이 아니라 이와 같은 종합하는 서술능력이 발현되는 글쓰기이다. 역사 기술은 비판적 판단력, 스타일을 창조하는 상상력을 통해서 가능하다는 것을 부정하기 어렵다. 판단력과 상상력은 경험과 취향을 동시에 반영한다. 서술의 스타일은 개인의 취향과 사회적 습속을 동시에 반영한다.

상상력을 발현하기 위한 이미지화 작업을 하는 데 주로 직선으로 하는 사람과 곡선으로 하는 것이 편한 사람으로 나눌 수 있다. 또 흑백으로 하는 사람과 천연색으로 하는 사람으로도 갈릴 수 있다. 이것은 교육의 영향일 수 있으나 정서적인 측면에서 이성적 사유를 지향하는지, 감성적 사유를 지향하는지에 따라서도 달라질 수 있다. 따라서 의식적으로 심경(마음의 대기)을 활성화시키지 않으면, 상상력은 시각적이고 구체적인 것에서만 주로 발현될 수 있다. 교육의 힘이 과도하게 상상력에 작용할 경우에는 사회적 관계, 위계적 질서, 사회계급 등에 따라 상상력이 분할하는 경우도 발생할 수 있다.

상상력의 품은 개인마다 다르다. 그 안에 그려질 수 있는 세계 또한 다르다. 상상(想像)+힘(力)은 마음의 유연성과 관련이 있다. 수축과 팽창의 역동성이 '상상력'의 자가발전원리이자 역할이다. 풍선의 역동성 혹은 정체성(크기와 밀도)은 열린 외부와 닫힌 내부(외부) 사이의 경계에서 형성된다. 그 얇디얇은 풍선의 막이 '풍선' 자체다. 바깥쪽 외부와 안쪽 외부를 이루는 물질적 성분은 거의 일치한다. 바깥과 안쪽이 서로 긴장을 유발하고 유지하는 것이 아니다. 그 사이에 놓인 고무막의 유연함만이, 그리고 그 절대적인 한계점에서 최대치의 풍선이 실현된다. 막은 바깥쪽은 끌려가지 않으려고 긴장하고, 막의 안쪽은 밀려나지 않으려고 맞선다. 그 얇은 막의 이쪽저쪽에서는 극단적인 힘의 대결이 펼쳐진다. 이것은 각각 실존적 외부성과 내부성 위에 다양한 무늬가 펼쳐진다.

실존적 외부성은 자각적이고 깊은 생각 끝에 내린 무관심, 사람들과 장소로부터 소외, 돌아갈 집의 상실, 세계에 대한 비현실감과 소속감의 상실을 포괄한다. 이런 관점에서는 장소가 실존의 의미 있는 중심일 수 없으며, 기껏해야 의식 없는 망상적인 활동의 배경이 될 뿐이며, 최악의 경우는 공허하기도 하다.

— 에드워드 랠프, 2005, 119

장소는 실존의 의미 있는 중심일 수 없다. 지구에서 발생하는 운동 중 거대한 규모에 속하는 것이 '태풍'이다. 태풍의 눈이라고 하는 중심은 그 어마어마한 에너지의 일렁임 속에서 거의 무(無)에 해당하는 평온함을 유지한다. 그 거대한 태풍도 태양계 속에서 보면 풍선의 막에 지나지 않는다. 태풍의 바깥 외부와 태풍의 안쪽 외부 사이에서 격렬한 긴장감을 유지한 채 자신이 품은 에너지를 한껏 발산한다.

실존은 지향성을 통해 주체를 구성한다. "실존의 내부성은, 이 장소가 바로 당신이 속한 곳이라는 사실이 암묵적으로 인지될 때 생긴다. 즉, 이 장소가 아닌 다른 모든 곳에서는 우리가 아무리 그곳의 상징과 의미에 개방적이라고 해도 실존적 외부인이다."(에드워드 랠프, 2005, 127) 비슷한 측면에서 현존의 외부성은 특별한 공감대 속에서 습속을 공유한다고 하더라도 특별한 상황 속(세계-내-존재)에서 현존을 개시한다. 내부성은 외부를 향하고, 외부성을 내부성을 향하는 특별한 변곡을 매 순간 거듭함으로써 실존과 현존은 서로의 이면을 이룬다.

진실은 내면에서 만들어질 수밖에 없다. 그러나 내면에만 머물러 있으면 '진실'은 없는 것이나 마찬가지다. 풍선에 담긴 공기와 바깥의 공기는 물질적 성분에서는 차이가 없다. 그러나 그 공간 안에 담긴 진실, 사랑하는 사람에게 고백하는 마음, 아이의 생일을 축하하는 마음, 축제의 들뜬 마음은 각기 다르게 담긴다. 바깥 곧 장소의 분위기가 제대로, 골고루 전해질 때, 모두를 들뜨게 만들 수 있다.

9. 술어

차(茶) 이야기

사람들은 원활한 소통을 위해 기호식품을 애용한다. 어떤 경우엔 기호식품을 목적으로 만나기도 한다. 차는 대표적인 기호식품이다. 기호식품에만 붙여 쓰는 말이 '끽(喫)'이다. 차를 마시는 것은 '끽다(喫茶)'라고, 담배를 피는 것을 '끽연(喫煙)'이라고 한다. 차(茶)와 관련한 가장 유명하면서 짧은 말은 '끽다거(喫茶去)'일 것이다. 조주선사[종심(從諗) 778~897]는 차를 선의 경지로 끌어올린 이다. 그는 80세부터 120세로 입적할 때까지 40년 동안 관음원에 머물렀다. 수행자 두 사람이 그를 찾아왔다. 조주선사는 두 스님을 불러 이렇게 물었다.

"전에 이곳에 와 본 적이 있는가?"
"와 본 적이 없습니다."
"차 마시고 가게."
"저는 와 본 적이 있습니다."
"차 마시고 가게."
"화상께서는 매양 같은 질문을 하시고 대답이 어떻든, 차나 마시고 가라 하시니 무슨 뜻으로 그렇게 말씀하십니까?"

"원주야."

"네."

"차 마시고 가게(喫茶去)."

"끽다거." 이것이 무슨 말인지 모르는 사람은 없다. 또 이것이 무슨 말인지 아는 사람도 없다. 조주선사도 '의사'를 가지고 말한 것이 아니라 말한 이후에야 알게 된 것인지도 모른다. 선문답이라는 것은 묻고 답하는 것이 아니다. 마주 보는 대화가 아니라 언제나 비켜 가는 묻고 답하기다. 그러니 의미를 포획하는 것은 불가능하다. 역동적인 흐름을 타는 것이 최고의 소통이다.

특별한 나이를 이르는 말이 여럿 있다. 대표적인 것은 공자의 말씀에서 기인했다. 지학, 약관, 이립, 불혹, 지천명, 이순, 고희 등이 공자의 말씀에서 온 나이를 일컫는 말이다. 말의 의미로 나이를 나타내기도 한다. 망팔(望八)은 80을 바라보는 나이라는 의미로 79세를 가리킨다. 망구(望九)는 90을 바라보는 나이라는 의미에서 89세를 가리킨다. 한자를 풀어 헤쳐 나타난 숫자로 나이를 일컫기도 한다. 미수(米壽)는 88세를 일컫는다. 미(米) 자를 파자하면 '八十八'이 된다. '白壽'라는 말은 100세를 가리키는 것이 아니다. 百에서 一을 빼면 白이 되니 99를 가리킨다. 백수(白壽)는 100살에서 1살이 빠진 99살을 가리킨다. 이렇게 만들어진 사람의 나이 중에 가장 많은 것은 다수(茶壽) 혹은 차수(茶壽)다. 茶를 파자하면 '十十 八十八'이다. 이십에 팔십팔을 더하니 108이 된다.

척박한 땅에서 잘 자라는 나무가 있다. 이렇게 말하면 그 나무에겐 실례가 될 수 있다. 무슨 나무든 좋은 땅에서 잘 자란다. 아들이 묻는다. "아빠, 왜 나무는 산에서만 자라요?" "나무라고 저 들판에서 자라고 싶지 않겠어. 그런데 들에서는 곡식이 자라야 하니, 곡식도 과일나무도 자라지 못하는 땅에서 자라는 것이지."

척박한 땅에서도 잘 견뎌 내는 나무가 있다. 그런 나무를 척박한 땅에 심으니 이제 척박한 땅에는 의당 '그 나무다'라고 정해져 버렸다. 억울한 면이 없지 않겠다. 아까시나무는 그래서 기를 쓰고 좋은 땅 쪽으로 새끼 나무를 퍼뜨린다. 퍼뜨리는 아까시나무와 달리 차나무는 그 자리에서 우북하게 우거진다. 본줄기가 어떤 것일까 싶게 여럿으로 나뉘는 전략을 취한다. 냉해에 약한 나무는 그렇게 서로 기대며 한 줄기라도 살리려고 한다. 이 두 나무의 공통점은 뿌리다. 차나무는 제 키의 6배 깊이까지 뿌리를 내린다. 차의 '무심(無心)'의 맛은 어떤 나무도 풀도 가 보지 못한 깊이의 땅속에서 끌어 올린 것이다. 가히 '오르페우스의 노래'와 같은 향이 울려 나올 만하다.

차나무는 옮겨 심으면 차맛이 제대로 나지 않는다. 잔뿌리가 생겨나는 비옥한 땅에서는 영양분이 많아서 뿌리를 깊이 내릴 필요가 없다. 차나무에 비료를 하는 것은 그래서 무늬만 차나무로 만드는 것이다. 제 키의 6배나 되는 깊이에서 기운을 끌어 올리려면 한 번에는 안 된다. 중간에 쉼터(노드)가 있어야 한다. 이것이 뿌리혹이다. 뿌리에서만 길어 올리는 것이 아니라 이파리를 타고 내린 하늘의 햇살과 기운도 그 뿌리까지 내려가 실뿌리로 하얗게 번져 간다.

가장 깊은 땅의 기운과 가장 높은 하늘의 기운이 소통하는 중간중간에 자리한 뿌리혹, 조주선사는 그런 수많은 말들이 오가는 '플랫폼'과 같은 역할을 자임한 것이 아닐까. 가장 깊은 뿌리혹의 말, 말의 플랫폼 '차나 마시고 가게.' 차는 세 번째 우린 것을 최고의 것으로 친다. 이렇게 조주선사는 찾은 이들은 세 잔의 차를 마시니 조주선사를 다 마시고 가는 셈이다.

위상학적 기술법

역학이라는 말은 세 가지 한자로 번역한다. 하나는 서양에서 쓰는 역학(力學, mechanics)이다. 물체에 힘이 작용할 때, 물체의 운동에 관해 연구하는 분야로, 고전역학, 양자역학, 열역학 등에서 대표적으로 쓴다. 동양에서 역학은 易學이라고 주로 쓴다. 한국사상사에서 역학은 여러 면에서 최고의 원리로 인식되어 왔다.

> 서경덕은 음기와 양기의 양능(良能)으로 생성 변화가 이루어지는 방식을 이(理)라고 보았다. 서경덕의 역리에 의하면 천지를 만고불변의 것으로 보지 않았다. 천미 미생(未生)전은 전천지라 한다면 천지가 멸한 뒤에는 후천지가 나온다고 보는 것이다.
>
> — 한국민족문화대백과사전

이황은 인심(人心) 중의 태극을 강조한다. 이기(理氣)이원론을 주창한 그는 문이재도(文以載道)론을 펼쳤다. 그는 문(文)은 흥을 발(發)하는 데 목적이 있기 때문에 문에 실려야 하는 도(道)는 인정(人情)이어야 한다고 보았다. 그는 유학자로서는 드물게 자신의 이름을 달고 연시조를 썼다.

나머지 하나는 번역과 관련된 역학(譯學)이다. 지금은 번역학이라고 한다. 조선시대에 외국어의 학습, 교육, 연구, 통역 등을 통칭해 역학이라고 했다. 역학은 역학(曆學)과 관련이 깊다. 위상학은 동양의 '역학(易學)'의 다른 이름이라고 해도 지나친 말은 아닐 것이다.

리스팅에게는 하나의 정해진 공간측정학(거리)이 필요하지 않고, 오직 장소들(그리스어로 topos는 '위치/장소'를 의미)의 상호관계의 양상적 측면만이 관건이다. 리스팅은 라이프니츠의 물음이던, 고정되어 변치 않는 점들의 배열 내에서 변수적 점들이 어떤 운동 가능성을 갖는지보다는, 본인 스스로 칭하듯이, 모든 복합적인 것들(compleximen)의 공간의 복잡도, 질서도 그리고 상관관계성의 정도에 관심을 갖고 있었다. 리스팅의 위상학개념은 나중에 라이프니츠의 위치해석에 대항하는 개념으로 관철되기에 이른다.

— 마리-루이제 호이저, 2010, 254

변수적 지점들은 라이프니츠의 대표적인 용어인 '모나드'와 통한다. 탈의미화한 장소는 '플랫폼'이 대표적이다. 이 둘의 성격을 동시에 이면으로 갖는 장소가 '노드'다. 노드에서는 장소 자체가 방향과 속도를 함께 갖는다. 방위에서 방(方)은 특정 공간을, 위(位)는 맥락의 지향을 나타낸다. 이것이 한꺼번에 실행할 수 있는 장소는 기술행위를 통해 열리는 경우가 가장 많다.

회화에서는 추상화된 원근법적 거리개념을 침식하고자 한다. 세잔이 발견한 '인간학적 공간'은 메를로 퐁티 같은 이에게는 결정적인 것이었다. 모네, 마티스에서 알비스, 이브 클랭 그리고 현대미술에 이르기까지 현대화가들은 그림공간이 천편일률적이지 않다는 것을 보여주었다. 뿐만 아니라 전경적인 측면에서뿐 아니라 후경적인 측면에서도 동일한 충격을 내재한다는 사실을 보여 주었다. 공간에 대한 그림은 매체 외부에 자리 잡고 있는 것이 아니다. 그것의 매개적 특성과 위상학적 실천에서 창발적 속성으로 자리 잡고 있다.(비토리아 보르소, 2010, 381)

그림과 언어의 층, 즉 그림에서 떠오르는 언어, 언어에서 번져 나오는 그림을 통칭해 '심상'이라고 할 수 있다. 위상학에서의 사물은 주체의 시선에 따라 달라진다. 또한 사물의 시선에 따라 주체 역시 달라진다. 이렇게 달라진 주체의 시선(관찰)에서 사물은 새롭게 탄생한다.

텍스트의 위상학은 심상이 생기는 공간이다. 텍스트 표면에 쓰인 아라베스크 같이 화려하게 수놓인 문자 속에서만 멀리 떨어진 곳으로, 지나간 과거로 수명 확장을 가능케 하는 이동이 일어난다. 여기서는 생각의 상들이 반복하고, 변화하고, 삽입되는 것 그리고 갑자기 출현하는 새로운 배열질서를 발견할 수 있다. 또한 공간을 전혀 다르게 현현하게 하는 카프카의 유명한 이상적 위상 혹은 사원의 감옥 같은 작은 장르 및 단편을 발견할 수 있다.

— 비토리아 보르소, 2010, 384

인간의 심상은 위상적이기 때문에 물리적 상상이나 지평적 상상으로는 제대로 펼칠 수 없다. 주체의 역할은 양자의 핵처럼 심상의 움직임을 통해 심경을 확장하는 데 있어 중심(빈터)으로 자리매김한다. 그리고 심상은 노마드적으로 주체의 주위를 맹렬히 움직임으로서 심경의 질적·양적 강밀도를 조절한다. 심상의 변화를 가장 강렬하게 이끌어 내는 것은 독서행위다. 독서행위를 통해 얻어지는 이미지는 모두 심경에 자리한다. "텍스트의 위상학은 심상이 생기는 공간이다."라는 말은 여기에서 기인한 것이다.

따라서 텍스트의 미학은 외부적인 규칙체계에 의해 발현되지 않는다. 그러면서 '미학'이 학문적 성격을 띠기 위해서는 구체적인 대상이 있어야 한다. 그러나 심상의 물질화 과정은 현실에서와는 다르게 이루어진다. 내면을 즉각, 제대로 보기 위해서 우리는 특별한 광학장비가 필요하다. 이 광학장비는 저마다 다르기 때문에 결국 독서행위를 통해 활성화된 심경에서 심상들의 움직임은 '쓰기행위'를 통해 드러날 수밖에 없다. "'텍스트의 위상학'은 읽기행위와 쓰기행위 사이에 심상이 생기는 공간을 감각/지각하는 것이다."라는 말로 고쳐 쓸 수 있다.

역(易)과 흐름—술어적 논리

우리가 많이 쓰는 '역'은 대체로 흐름, 작용 등과 연관이 있는 것 같다. 기차가 오고 가는 길목에 역(驛)이 있고, 작용의 근원이 되는 역(力)이 있다. 그리고 인간사의 도도한 흐름을 나타내는 역(歷)이 있다. 한 나라의 말을 다른 나라의 말로 옮기는 역(譯)도 있다. 동양경전의 최고 자리에 놓는 '역경(易經)'의 역(易)이 있다. 서양학문의 핵심에 자리한 물리학은 '역학(力學)'이라 해도 과언은 아니다. 뉴턴, 아인슈타인 등이 새롭게 세운 것이 역학이다. 역학(力學)은 역학(易學)과 무관치 않으며, 동양의 역학(曆學)은 역학(易學)에서 파생한 것이다.

동양에서 '역(易)'은 근대에 수립된 헤겔의 변증법의 원리를 오래전에 선취하고 있다. 동양의 '변증'의 핵심에 자리하고 있는 것이 역(易)이다. '궁즉변, 변즉통, 통즉구, 구즉궁……'이 동양의 변증술이다. 궁과 통의 사이에 작용하는 것이 변(變)이고 통과 궁 사이에서 작용하는 것이 구(久)다. 변은 변화를 구는 지속을 나타낸다. 변과 구의 작용이 곧 역(易)이다.

> "오랫동안 철학의 공통전제였던 주어논리주의 입장에서 술어논리주의 입장으로 코페르니쿠스적 전회를 행함과 동시에 그것을 통해 모든 실재를 술어적 기체(=무)로 근거짓고 무의 장소를 유의 결여로서가 아니라, 적극적으로 온갖 유를 낳는 풍부한 세계로서 파악하는 사유"
> ― 다카무라 유지로, 『토포스: 장소의 철학』, 그린비, 2012

주어의 논리를 펼치기 위해서는 우선 사물을 고정시켜야 한다. 고정시킨 사물에서 추출하는 것이 개념이다. 주어논리주의는 개념을 추구한다. 술어논리주의는 흐름, 행위, 변화와 연결된다. 변화가 있어야 '술(術)'이 될 수 있다. 술어는 서술어만 해당되지 않으며, 모든 서술어가 술어적 서술이 되는 것도 아니다. 술어는 개념이 무(無)로 규정한 장소를 휘저어 온갖 것들의 이미지가 부유할 수 있게 된다. 퇴적된 시간들이 솟구쳐 오르며 공간을 가득 채우는 것이 곧 '술어'의 논리다. 술어적 공간에서는 명사도, 동사도, 형용사도, 관형사도, 부사도 모두 흔들리고, 흐르고, 움직인다. 술어적 공간에서 존재론적 위상은 '시간, 인간, 공간'의 종합체(입체)로서 의미를 '품'에 품을 수 있도록 펼쳐진다.

일상에 작동하는 야만의 폭력과 은밀히 내통 가능한 것이 언어에 가하는 '시적 폭력의 정치성'이다. 이러한 사태는 고독하게 사유하는 일 자체가 역사 사실의 기록 속에서 유일하게 적실한 행위를 구성한다는 생각으로 이어진다. 지각 가능한 사유의 감각함과 같은 것으로 위축함으로써 새로운 언어의 뒤집기가 가능하다. 하이데거의 존재론은 초월론적 주관의 '시적 폭력'이 드러낼 역사의 진실을 일상의 구체적인 '사회적 세계'로부터 떼어 놓는다. 이 떼어 놓음을 통해 새로운 구성과 배치가 위상학적으로 가능해진다.(송석랑, 2015, 488)

하이데거의 사유는 시간존재론이라고 할 수 있다. 인간존재를 두 개의 바람통 사이에 있다고 파악한 데리다의 존재론은 공간존재론이라고 할 수 있다. 가다머의 존재론은 선입견을 방법론으로 도입한다. 인간이 기존에 구축한 의식을 대화의 상대로 삼는 만큼 인간존재론이라고 말할 수 있다. 이런 존재론들을 한자리에서 다룰 때, 각각 존재론의 영역을 구분하고 고정하는 것은 관심 밖의 문제다. 존재론들은 작용·흐름에 의해 '비비다', '꼬다', '따다'와 같은 술어와 함께 새로운 공간을 품게 된다. 이러한 새로운 '스타일의 공간'에서 위상학적 구조체의 탄생과 소멸을 동시에 목도할 수 있다.

위상학적 구조체의 탄생은 외부의 무한한 혼란과 카오스에 대항하는 성질을 지닌다. 그것은 무한한 상스(sens)에 대립하여 독자적이고 독립적인 질서를 구축하며 그에 따라 상대적인 에너지가(價)를 지니게 된다. 위상학적 구조체가 독자적인 밀도와 구조에 의해 에너지가를 지님에 따라 그것은 현실에 관한 자율적인 의미와 기능을 지니게 된다.

— 김윤정, 2013, 811

위상학적 구조체는 언어를 통해 보게 되는 '선율'과 다르지 않다. 위상학적 글쓰기는 시적 산문 쓰기, 산문적 시 쓰기의 아포리즘으로 변곡한다. 이러한 글쓰기에서는 개체와 보편, 보편과 특수, 특수와 추상, 추상과 구체, 구체와 개체……처럼 구분 자체가 불필요하게 된다.

생활세계의 개체성와 보편성이 빚어내는 역사주의의 역설이다. 세계의 리얼리티와 역사의 리얼리티가 이면을 이루게 되면 이러한 역설은 에너지로 전환할 수 있다. 세계와 역사의 리얼리티가 이면을 이루는 생활세계는 '날것의 물체들' 영역에서 선(先)술어, 선주체적으로 생성되는 초월적 의미체이다. 이것은 주체를 토대로 구축된 역사주의의 논리를 초과한다. 위상학적 장소의 인간은 근대적 리얼리티로서의 주체와 달리 하나의 역설, 즉 세계와 맞서는 주체인 동시에 세계에 속하는 객체를 동시에 지향한다. 세계로 구성되어 있는 생활세계의 존재는 동시에 세계의 부분으로 존재하는 주관의 이중성을 넘는다. 또한 초월론적 주체-객체-상관관계에 처한 주/객 너머를 지향한다.(송석랑, 2015, 330~1) 우리가 최선을 다해 보살피고, 돌봐야 할 것은 우리의 '일상'이다. 이 시간과 공간이 아름다워야 우리의 한생 대부분이 아름다울 수 있다.

에크리튀르

학문은 언어의 저수지다. 저수지가 가두고 있는 물의 용도는 정해져 있다. 저수지는 물이 용도에 맞게 흐르기 위해 잠시 멈추는 장소다. 학문에 저장된 언어 역시 목적이 분명하다. 따라서 그 이외의 것에 대해 마음을 쓰지 않는다. 저수지에 갇힌 물을 용도에 맞게 쓰는 경우는 그렇지 않은 경우보다 드물다. 학문이 가두고 있는 언어 역시 크게 다르지 않다. 학문이 목적으로 삼는 것은 유일한 길이 아니라 여러 길들 중 하나다.

생활세계와 객관적 학문의 본질적 결합이 가능할 수 있어야 한다. 그래야 학문은 개념이 아니라 수행성을 획득할 수 있다. "기하학의 형식적 −추상적 '수'이론이나 '양'이론으로서의 수학에 보편적 과제가 제기된다."(에드문트 후설, 2016, 91) 이것은 원리적으로 새로운 '양식' 자체의 의미의 변형을 이끌 수 있어야 한다. 여기에서 간과하지 않아야 할 것은 객관적 학문 역시 주관적 형성물이라는 점이다. 후설은 다음과 같이 생활세계와 객관적 학문의 결합을 고려한다.

> 그것의 논리적 의미 속에 뿌리를 둔 객관적 이론(보편적으로 파악하면 술어적 이론의 총체성으로서 학문, '명제 그 자체', '진리 그 자체'로서 논리적으로 사념하는 이러한 의미에서 논리적으로 결합한 언표들의 체계의 총체성인 학문)은 생활세계 속에 근거하며, 생활세계에 속한 근원적 명증성에 근거한다.
>
> − 에드문트 후설, 2016, 253~4

객관적 학문들의 아포리즘, 근원적 명증성 − 생활 속에 근거한다. 생활 세계의 시원은 과거나 미래가 아니라 우리의 생활세계 곧 태양계에서 지구의 흐름이다. 이것보다 더 명증한 근원, 시원은 없다. 따라서 흐르는 생활세계에 최선을 다해 매달려 살기 위해서 우리 또한 흘러야 한다. 몸과 마음, 육신과 정신이 모두 함께 잘 흐르기 위해서는 문장 역시 술어적 서술 중심으로 구성되지 않으면 안 된다. 명제 그 자체는 흐름을 위한 '노드'로서의 역할을 받아들여야 한다. 진리 그 자체가 아무리 확실하더라도 그것은 흐름과 흐름을 연결할 때에라야 의미가 있다.

술어적 서술 중심의 글쓰기는 데리다의 '에크리튀르'가 대표적이다. 데리다는 이것을 제3의 기록이라고 했다. 제3의 기록은 단순히 텍스트 차원에서 수평적 구도의 기록이 아니다. 데리다는 말로 쓰는 글, 글로 하는 말로서 에크리튀르를 지향했다. 절대적 과거나 불가능한 미래만을 지향하지 않는다. 상징 이전의 상상과 죽음 이후의 망각을 잇는 것들도 큰 틀에서는 수평적 구도의 기록이다. 다채로운 수평축 위에는 우리 안에 내재하고 있는 상상의 영역이 있다. 언어 바깥에 불가능성의 가능성의 영역으로 주어진 실재를 데리다는 동시에 호출한다.

데리다의 글쓰기는 모든 언어에 내재된 수행성을 최대치로 끌어내고자 한다. 수평적 구조와 수직적 구조가 직관적으로 형성하는 수행적 구조를 통해 우리는 순간적으로 상징 이전과 이후, 이상과 이하의 영역에 도달해 볼 수 있다. "김수영은 그런 의미의 글쓰기를 '죽음의 고비를 넘어가는 기술'이라 한 적이 있다."(김상환, 2008, 119)

〈사람은 죽을 곳을 알아야 한다〉는 말은, 사람은 자기만이 죽을 수 있는 장소와 때를 알아야 한다는 말이 되는데 이 말은 시에다 적용하는 경우에는 〈자기 나름〉으로, 즉 자기의 나름의 스타일을 가지고 죽어야 한다는 말이 된다. 이렇게 말하면 영리한 독자는 또 독창성에 대한 〈다람쥐 쳇바퀴 도는〉 식의 강화로구나 하고 눈살을 찌푸릴지 모르지만 모든 시는 – 마르크스주의의 시까지도 합해서 – 어떻게 자기 나름으로 죽음을 완수했느냐의 문제를 검토하는 방법이라고 해도 과언이 아니다. 그리고 모든 시론은 이 죽음의 고개를 넘어가는 모습과 행방과 그 행방의 거리에 대한 해석과 측정의 의견에 지나지 않는다.

— 김수영, 「〈죽음과 사랑〉의 대극은 시의 **本髓**」

수평적 구조의 기술은 환유적 구도를 지향한다. 우리가 일상에서 행하는 쓰기가 이 구조에서 주로 이루어진다. 수직적 구조의 기술은 은유적 구도에 의한 짓기라고 할 수 있다. 죽음의 고개를 넘어가는 기술, 곧 사선(死線)을 넘는 기술은 수직과 수평의 상호주관적 작용을 통해 경사한 사선(斜線)의 글쓰기이기도 하다. 이것은 현상학적 구조의 기술로서 현전의 구도를 직조한다.

우리는 객관적 세계에 대한 학문에서 통상적으로 이루어진 구별, 즉 절대적 보편성에 관한 학문들인 법칙학(法則學)에 대립해 기술학(記述學) – 사실적 현존재를 통리한 모든 사람에 대해 그렇게 확립하기 위해, 경험의 토대 위에 사실적 현존재를 기술하고 분류하며 직관적 경험 안에서 경험 속에 놓여 있는 귀납적 보편성을 계획하는 학문-의 구별로 이끌린다.

— 에드문트 후설, 2016, 330

술어의 환유성과 은유성의 활성화를 통해 수행적 구도를 형성한다. 이것이 글쓰기의 삼분 수행 구도다. 이러한 제3의 기술을 통해서 새로운 위상성을 마련할 때, 우리는 객관적 학문이 정립한 절대적 보편성에 관한 법칙을 넘어설 수 있다. 법칙학에서 기술학으로서 전회를 통해 학문의 언어로도 생활세계의 위상성 강화에 기여할 수 있는 길을 다채롭게 모색할 수 있을 것이다.

시간서술어 공간서술어

미야자키 하야오 감독은 다른 세계로 드는 통로에 대한 상상이 탁월하다. 〈하울의 움직이는 성〉은 대표적인 작품 가운데 하나다. 하울의 성은 달리는 성이다. 성이 움직이지 않을 때는 세계가 움직인다. 현관에 달린 눈금판을 어떤 색을 하느냐에 따라 문을 열었을 때 펼쳐지는 세계가 달라진다.

성이 세계를 달리거나 성을 세계가 달린다. 멈추지 않기 때문에 사상은 무한으로 펼쳐진다. 마법으로 할머니가 된 '소피의 시간'은 다시 소녀로 거슬러 내린다. 세계가 흐르고, 성이 달리는 까닭에 하울의 시간은 굳이 선적으로 흐를 필요가 없다. 그의 시간은 여섯 살에서 멈춰 있다.

아무것도 없는 무의 공간은 불가능하다는 것이 과학계의 일반적인 견해가 되고 있다. 우주 대부분의 공간은 95% 가량이 텅 텅 텅 비어 있다. 그런데 이 공간을 완전한 절대의 무(無)로 비워 있는 것이 아니다. '음(陰), -'로 채워진 공간이라고 보는 학설이 제기되고 있다. 절대적인 무의 공간을 대부분 음물질화하면서 탄생하는 것이 우주의 '별들'이다. 이와 같은 학설은 동양의 '음양오행(陰陽五行)'에 새로운 해석을 덧붙일 수 있는 좋은 계기가 될 것으로 보인다.

공간과 시간의 일치성을 '장소의 논리'로써 입증하지 못하고 현존재의 '능동적 이해'(후설의 수동적 종합 영역에서 찾아낸 "열어 밝힘")에 장소('생활세계')의 의미를 맡긴 데서 유래한 『존재와 시간』의 관념성 혐의에 의하여 하이데거는 다음과 같이 반박한다. 그 책은 이미 모든 종류의 주체적 인간 주관성 및 [초월적 관념론'의] 인간학적 입장을 내려놓은 것이다. 그리고 이러한 반박을 달리 반복해 그 책에 떨어진 관념성 혐의를 오해로 몰며 이렇게 해명했다. 즉 그 책에서 '다만 현존재가 있는 한에서만 존재가 있다'고 한 것은 틀리지 않는 말이다. 그 말의 의미는 존재의 빛이 '일어나는' 한에서 존재가 인간에게 자연을 위탁한다는 뜻이다.

– 송석랑, 2015, 337

    주체나 대상의 현존은 징검다리처럼 이야기와 이야기를 잇는다. 노드성은 주로 '서술어'에서 드러난다. 과거·미래가 교차·교직·소통하는 매개로서의 플랫폼은 오고 가는 서술어들의 입체화의 다른 이름이라고 할 수 있다. 인간은 존재 자체가 아니다. 존재 이후이거나 이전이다. 인간이 존재가 아니라 존재가 인간에게 자신을 위탁한 것이다. 그러면 존재 자신은 누구인가. 존재는 주어이고 목적어이다. 인간 몸의 작동원리는 서술어와 일맥상통한다. 흐르게 함으로서, 지향함으로써 시간을 발생해 내는 역할이 몸에 주어진 것이다. 시간의 흐름은 공간을 개시한다. 인간과 시간과 공간은 서술어를 통해, 셋의 변증을 이루고, 장소를 형성한다. 좀 더 잘 흔들리면서 더 역동적으로 흐르기 위해서는 중심을 더 크게 비워 내야 한다.
    스티븐 제이 굴드는 서인도제도의 땅콩달팽이를 연구한 진화생물학자로 이름을 떨쳤다. 그는 "땅콩달팽이는 가장 다양한 종을 가진 달팽이 종류이다. 세리온(Cerion) 속에는 무려 600여 종의 달팽이가 포함된다. 사실 이들은 모두 이종교배가 가능하기 때문에 진정한 의미에서 종이라 할 수는 없다. 그러나 땅콩달팽이에서 나타나는 발현 형질의 놀라운 다양성으로 인해 이들은 각기 다른 이름으로 불리기에 손색이 없다. 어떤 것은 골프공과 같은 껍질을 갖고 있으며 다른 것은 연필 모양의 껍질을 갖고 있다. 내 연구의 주된 관심사는 유전자의 미세한 차이로부터 어떻게 이런 극적인 다양성이 나타나게 되었는가 하는 점이다."(http://blog.naver.com/PostView.nhn) 600종을 모두 땅콩달팽이라고 부를 수 있는 것은 껍질에 나 있는 나선 덕분이다. 이 나선을 붙들고 땅콩달팽이는 극단으로까지 변화를 모색할 수 있다.

서인도 달팽이 껍데기 회전의 경우 나선이 처음에는 동일하지만 그 후 점차 분기해 진행된다. 비규칙적이고 산만하게 변화한다. 원래의 구성 계획은 마치 망가진 듯하다. 나선의 선천적인 비평형이 분명한 모습으로 출현한다. 이 형태는 마치 느려지고 이탈한, 즉 초기 임펄스는 유지하지만 그 후에는 더 이상 유지하지 못하는 추시계운동이나 회전 모멘트가 부재한 자이로스코프와 유사하다.(카린 레온하르트, 2010, 186) 스스로의 힘을 억제할 수 없는 곳에서 뜻밖의 지향성을 얻는다. 필연성보다는 우연성에 경사한 우발성에서 삶의 방향은 더 자주 바뀐다. 역사도 예외는 아니다.

"역사의 서사에 상상력이 동원되지 않을 수 없다."(진즈 브르크)라고 주장하면서, 랑케의 딜타이 같은 역사주의자들이 '역사이성[직관 내지 이해]에 상응하는 역사연구의 특성으로 승인했던 과학-예술성을 제시한다. 물론 이 제시는 경험적 사료를 취급 [과학적 독해]하되 간접적으로 해석 [예술적 상상]할 수밖에 없는 역사연구의 불가피한 양면에 사용하는 '역사인식의 주관성'을 해소하기 위해 나온 것이라는 측면에서 보면, 역사주의의 연장에 있다.

— 송석랑, 2015, 350

상상력은 다지향(입체적 지향)을 통해 '품(공간)'을 무한에 가깝게 확장할 수 있다. 사실이라는 것은 유일한 어떤 것이 아니라 무한에 가까운 것 중에서 겨우 한 가닥에 불과한 이야기다. 그것을 포착해, 명석판명하게 드러낸다는 것은 거의가 아니라 절대 불가능한 것이다. 오늘날의 이야기는 현실세계보다는 사이버세계에서 다채롭게 만들어진다. 전달의 속도는 상상을 초월한다. 전파는 전 세계에 거의 동시적으로 이루어질 정도다.

사이버공간에서 스토리(내러티브)의 구조를 구성하는 핵심요소가 '문자(스토리)'에서 '이미지'로, 담론에서 형상으로, 의미(찾기)에서 유희로 그 중심이 이동하고 있다는 것을 간과하는 자라면, 이미지(형상)에 대한 새로운 접근과 의미 부여가 시급하다는 우리의 주장을 충분히 수용하리라 생각한다.

— 송종인 외, 2012, 141

하나의 스토리가 지닌 해석 가능성이 서술어의 지향성을 바탕으로 한 하나의 입체화를 이룬다. 한 지점에서 퍼지기 시작해 펼쳐지면서 자율성의 공간을 개시한다. 이렇게 이미지화된 스토리가 다시 스토리로 풀릴 때는 한 지점이 무수한 지점(노드)과 연결되는 까닭에 '자율성'의 수도 확장 가능하다. 다양한 자율성이 가능하다면 우리가 누릴 수 있는 자유의 다채로움도 위상적으로 얼마든지 확장, 확대할 수 있다.

술어적 장소

인간은 우주라는 가장 거대한 공간에서 우주도 품을 수 있는 마음(상상력)이라는 장소를 품고 있는 존재다. 존재하는 사물은 모두 공간 안에서 저마다의 공간을 품고 있다. 사물의 사물성은 두 공간 사이에서 이루어진다. 사물의 차이는 품고 있는 공간의 차이에서 비롯한다.

사물은 공간 안에 있고, 그 사물들은 저마다 공간을 품고 있다. 공간은 지리적 현상으로만 환원되지 않는다. 공간은 모든 현상을 담는다. 따라서 어떤 현상을 담고 있는가에 따라 공간의 가치와 지향은 달라진다. 20세기 제국주의는 도구적 이성을 앞세워 공간의 확장을 꾀했다. 넓은 공간을 차지하는 것이 권력을 대변했다.(박승규, 2010, 703) 권력은 영토의 넓이와 직결되던 때가 있었다. 국가의 힘은 얼마나 넓은 땅을 가지고 있느냐에서 나왔다. 기술의 급격한 발달과 기차, 자동차 등의 일상화로 빠른 이동이 가능해졌다. 공간을 품는 것보다는 공간을 넓히는 데 몰두했다.

공간에 명사가 자리하면 지명으로 고정되기 쉽다. 공간이 획득한 정체성이 명약관화, 명석판명해야 한다면 그것은 가장 강력한 정체(停滯)를 통해 획득하는 정체성에 다름 아니다. 그런데 이렇게 규정되고 고정된 지명이라도, 이야기가 깃들 때 공간은 자체로 장소성을 획득할 수 있다. 이렇게 획득한 장소성은 의미의 다양성 측면에서는 유리하게 작용하지 않는다. 반면 공간이 '술어'를 갖게 되면, 지표가 아닌 노드로서 작동할 확률이 높아진다. 노드로 작동하는 장소는 좀 더 많은 사물과 사건을 연결할 수 있다.

> 객체의 개념은 그 자체가 오직 장소 안에서만 확립되고 그로 인해 어떤 주체와의 관계 속에서만 확립될 수 있는 것이다. 이렇게 말할 때 주체와 객체 모두 동일한 구조 안에 '자리 잡아야(placed)'하는 것이지 둘 가운데 어느 하나가 해당 구조의 바탕에 놓인 토대가 되는 것이 아니라는 점이다.
> — 제프 말파스, 2014, 93

플롯에 들어설 때 비로소 대상은 해석의 '객체'로서 위상을 획득한다. 객체는 주체의 바탕이나 토대(배경)가 아니다. 객체는 주체를 배경삼아 전경화되는 것도 아니다. 둘은 서로의 이면이 되어 '뫼비우스의 띠'와 같이 작동한다. 플롯화가 가능한 공간은 장소성을 획득해 노드가 될 가능성이 높다는 것을 의미하는 것이기도 하다.

전통적 의미에서 장소는 경험에 선행한다. 위상학적으로는 경험이 장소에 선행한다. 즉 경험에 의해 최적화된 장소가 구성되는 것이다. 위상학적으로 공간에 접근함으로써 주관성과 객관성의 개념을 따로따로가 아니라 함께 검토할 수 있게 된다. 주관성의 개념은 추상적인 것과는 맥락을 함께하지만 지향을 달리한다. 마찬가지로 객관성의 개념은 구체적인 것과 맥락을 이룰 수 있지만 지향은 다르다. 위상적인 것은 이 넷을 하나의 맥락 안에서 흐르도록 구성할 수 있다. 객관적 공간에 대한 고찰은 주관적 공간에 대한 고찰로 귀결한다. 마찬가지로 주관적 공간의 대한 고찰은 반드시 객관적 공간에 대한 고찰로 귀결되어야 한다.

주관과 객관을 명확하게 구분해서는 특별한 의미, 풍성한 의미를 도출하기 힘들다. 그리고 둘의 구분을 명확하게 할 수 있는가도 의문이 제기되는 부분이다. 주관과 객관의 연결 방식, 장소 경험의 구조 혹은 플롯을 술어적으로 다양하게 탐색할 필요가 있다.

공간의 술어성

하나의 길은 특정한 장소에서 두 방향의 길이 만나는 것과 다르지 않다. 세 개의 길이 만나는 곳을 삼거리라고 한다. 네 길이 만나면 사거리, 다섯 개의 길이 만나면 오거리다. 그러니까 모든 길은 1거리가 아니라 2거리부터 시작한다(2차원) '가다', '흐르다'라는 지향성이 발생할 때, 길은 '서술어'가 잇는 장소가 된다. 공간이 술어를 획득할 때 노드가 된다.

특정한 장소는 개별적인 사람들의 의식(인식)차원에서 중요하게 기능한다. 실제 행위가 펼쳐지는 행위공간, 의식·인식이 확산되고 지향되는 재현공간으로 나눌 수 있다.(권은, 2017, 13) 주체(주어) 중심의 문장은 타자의 시선을 끌기 힘들다.

세계인의 DNA는 거의 같다. 거주하는 지역에 따라 유럽인, 아시아인은 차이가 발생한다. 아시아는 ~(유럽) 곧 유럽이 '아닌'이라는 의미다. 서아시아와 동아시아는 유럽과 동아시아만큼이나 거리가 멀고 다르다. 어떤 대륙보다 아시아는 동질성이 약하다. 서남아시아인, 중앙아시아인, 동남아시아인, 동북아시아인 등으로 묶는 것은 지역적 특성만으로 그러한 것은 아니다. 모든 상대성에도 불구하고 일상생활의 바탕이라고 하는 '의식주' 등에서 어떤 일치되는 출발점을 보인다.

학문의 객관성과 다른 차원에서 타당한 객체에 대한 진리라는 목표를 설정해야 새로운 객관성의 학문의 길을 개척할 수 있다. "객관성이라는('진리 그 자체'라는) 목표를 설정함으로써 우리는 순수한 생활세계를 넘어서는 일종의 가설들을 세우게 된다."(후설, 2016, 268)

학문이 전통적으로 지향했던 객관적인 것보다 생활세계의 바탕이 되는 플롯이 인류로서, 지구 행성인으로서 공통형식을 이룬다. 어느 대륙으로 가더라도 집에 들어가면 잠잘 곳, 음식 먹는 곳, 화장실 등은 어림짐작할 수 있다. '절대적으로 타당한 객체'의 가능한 불가능성, 불가능한 가능성은 새로운 객관적 학문의 가능성과 불가능성에 도전할 수 있는 발판을 제공한다. 진리 그 자체는 객관성, 순수한 생활세계를 넘어서는 일종의 가설을 형성한다. 여기에서 우리는 '마스터플롯'의 가능성을 적극적으로 타진한다. 마스터플롯을 통해 진리의 정체성과 유동성의 진리를 동시에 추구할 수 있다.

우리는 참된 존재와 [또한] 행동하는 삶이 자신의 실천을 위해 그것(상황의 진리)이 필요한 술어적 진리들에 관한 모든 인식, 모든 확정을 배제한다. 그러나 세계가 그 자체로 객관적 진리 속에 있는 그대로의 세계에 관한 학문의 모든 인식과 더불어 그것이 진정한 학문이든 가상의 학문이든 상관없이, 모든 학문도 배제한다.

— 에드문트 후설, 2016, 295

　기존 학문들의 공통적 지향은 언어의 규정성을 강하게 가져야 한다는 데로 향한다. 학문이 담보해야 한다는 객관성은 확고부동한 문장을 가져야 한다는 말과 맥이 닿는다. 문장이 흔들린다는 것은 객관적이지 않다는 것이었다. 그러나 객관성이 강할수록 주체의 주관적 판단은 더 강하게 작용한다는 점에서 가상의 학문도 진정한 학문도 모두 배제당할 수 있다. 모든 확정을 배제하는 것은 서술 중심의 진리·진실을 추구하는 것이다.
　주체나 객체는 '술어'에 얽매인다. 주체에서 대상으로, 대상에서 주체로의 소통을 '술어'가 담당한다. 주어나 목적어 역시 '반보기'로 서술어를 마중할 때, 문장의 역동성은 배가한다. 본질은 변하지 않는 것, 고정되어 있는 것이라는 고정관념을 벗어던지면, 좀 더 강렬한 움직임이 가능하다. 거의 모든 명사는 서술어 '이다'를 통해 서술어가 될 수 있다. 서술격조사 '이다'로 인해 한국어는 위상성의 시대에 어떤 언어보다 큰 활약을 거둘 수 있을 것으로 기대한다. 본질적 술어는 마치 블랙홀과 같이 다른 술어들을 변양으로 이끈다. 변양을 위해서는 변양하지 않는 것을 전제로 해야 한다.

　본질은, 다른 술어들이 자신에게 속하게 하기 위해 가져야만 하는 술어들의 총체를 통해 지속된다. 대상의 성질과 본질을 동일시하지 않는 이 정의는 개별 대상의 모든 성격을 일반성으로 고양시키는 일과 관련하는 것이 아니라, 단지 그 성질들 가운데 어떤 성질만이 특권화된 역할을 수행한다는 점을 보여 준다. 그것이 한 대상의 가능성의 조건 자체를 구성한다.

— 엠마누엘 레비나스, 2014, 202~3

항상 그 자리를 지키는 태양마저 뜨고 지는 것이 우리의 시선에 확실하게 주어진 현상이다. 그러니 지구에서 불변하는 어떤 것을 가정하는 것은 쉽지 않은 일이다. 스스로는 변양하지 않으면서도 거의 모든 것을 변양할 수 있는 것이 술어와 술어가 이룬 뫼비우스의 띠다. 아포리즘을 이룬 문장은 하나의 플롯이 되기도 한다.

술어를 갖지 않은 사물은 주체도 대상도 될 수 없다. 서술어는 주어와의 관계를 나타내거나, 관계에 의해서 의미를 획득하는 것이 아니다. 주어 못지않게 목적어와의 관계도 중요하다. 대상이 품고 있는 마음 곧 주고받을 수 있는 것이 술어다. 대상이 품고 있는 서술어가 다양할수록 그 사물의 가치, 효과는 크다. 대상이 지닌 최선의 술어를 구현하는 것이 일상의 예술화다. 주체는 최선의 서술어를 찾고자 한다. 대상이 품은 최선의 술어를 찾는 것 또한 중요하다. 그런 술어들이 표상될 때, 주체나 객체, 서술어까지도 전과 달라져 돌이킬 수 없는 변곡지점, 특이점을 지나치게 되는 것이다.

최적의 서술: 술어적 표현

우주에서 흐르지 않는 것은 없다. 최선의 술어와 술어가 만날 때 특별한 의미가 발현된다. 상징이 명사 중심으로 구현되는 것이라면 알레고리는 술어 중심으로 구현된다. 알레고리에 의해 의미를 폭발적으로 증가하는 과정에서 발생하는 것이 아이러니다. 대척되는 아이러니의 연결을 통해서 우리는 아포리즘을 구현해 낼 수 있다. 아이러니스트는 서술에 집중하고 다시 서술하기, 곧 재서술로 나아가는 사람들이다.

어떤 본원적인 것이 실제 한다면, 근처에도 가 볼 수 없는 비밀을 세계 속에 남긴 채 대부분의 사람들은 죽음을 맞게 될 것이다. 접근할 수 없는 '본원적인 것'을 부정할 수 있다면, 우리는 뫼비우스의 띠와 같이 서술을 재서술하고, 재배열하면서 사물들과 함께할 수 있는 다채로운 길을 열 수 있다.

우리가 아이러니스트를 지향한다면 재배열하고, 재서술될 소재는 지속적으로 많아질 것이다. 우리에게 가장 크게 주어진 자유는 결코 올바른 서술을 지향할 필요가 없다는 것이다. 비록 철저한 아이러니스트가 '더 나은 재서술'이란 개념을 사용할 수 있다고 하더라도, 그는 그 용어의 적용 기준을 갖고 있지 않으며, 따라서 '올바른 서술'이란 개념을 사용할 수 없기 때문이다.(리처드 로티, 1996, 189)

공간은 그때그때 최선의 술어들이 지난다. 한정된 사물들 속에서 무한의 의미를 생산하기 위해서는 계속해서 재서술되어야 한다. 그러나 아무리 많은 재서술이 이루어지더라도 그 재서술의 옳고 그름 혹은 최선, 차선, 차차선……의 순위를 따질 수는 없다. 서술 자체는 언제나 처음이고 마지막이고, 최선이면서 최악이기 때문이다. 어떤 서술어가 지나가느냐의 문제만 남겨진다.

> 공간적 실천에 있어서는 상호적 관계의 재생산이 지배적이다. 지식, 권력과 밀접하게 연결된 공간재현은 재현공간에게는 지극히 제한적인 자리만을 내어준다. 따라서 재현공간은 작품이나 이미지, 추억 등으로 축소되며, 배제된 내용(감각적인 것, 관능적인 것, 성적인 것)은 상징주의적인 방식으로 슬쩍 건드리기만 할 뿐이다.
>
> – 앙리 르페브르, 2011, 103

'언제 밥 한번 먹어요.'라는 말에서 가장 중요한 의미를 '밥'이라고 말하는 것은 상징주의적인 방식이다. '밥'은 반찬을 포함하고, 또 한 끼의 식사를 대신하는 말로서 일종의 제유라고 할 수 있다. 그러나 장소를 좀 더 다채롭게 만들기 위해서는 '밥'보다는 '먹어요'에 집중할 필요가 있다. '먹다'는 '먹고 마시는 대부분의 행위'를 가로지를 수 있다. 공간적 실천은 곧 동사적 실천, 서술어적 실천이라고 할 수 있다.

> 재현공간은 자생하며 스스로에게 말을 건다. 재현공간은 정서적인 핵 혹은 중심을 지니고 있다. 재현공간은 자아, 침대, 방, 거처, 혹은 집, 광장, 교회, 묘지 등으로 이루어져 있다는 말이다. 재현공간은 정열을 위한 장소, 행동하기 위한 장소, 체험된 상황의 장소들을 지향적인, 상황적인, 관계적인 등 여러 가지 다양한 형용사를 거느릴 수 있다. 재현공간이란 본질적으로 질적이고 유동적이며 움직임을 부여받았기 때문이다.
>
> — 앙리 르페브르, 2011, 91~2

재현공간은 잠재된 서술어들에 대한 묘사적 서술에 의해 표현된다. 이것은 형용사 서술어 문장을 통해 주로 그려진다. 출발선에서 몸을 곧추세우는 단거리 달리기 선수와 같이 다양한 지향점을 향해 포즈를 취하면서 자신의 위상선이 개방되기를 기다린다. 공간재현은 기술적 서술을 통해 이루어진다. 기술적 서술은 동사 서술어 문장에서 주로 이루어진다.

학문 이전에 놓여 있는 진리들은 절대성이 아니라 상대적인 영역에서 규범을 제공한다. 논리학, 생활세계에서 순수기술의 적합한 논리적인 것은 매우 제한적이다. 학문 이전에 주어진 규범(스타일)에 의해 논리적인 것들을 유연하게 할 방법을 찾는 것이 최적의 술어적 표현을 찾는 이유다.

후설은 "객관적 논리학은 전통적인 지위를 오랫동안 누렸다. 주관적-상대적 진리의 영역에 새롭게 주목하기 위해서는 이것을 아프리오리한 규범 곧 학문 이전의 것으로 대체할 필요가 있다."(에드문트 후설, 2016, 262)고 말한다. 학문은 개념 중심의 문장을 구사한다. 영어에서는 주로 Be동사를 서술어로 취하고, 우리 문장에서는 '이다' 서술어를 취하는 경우가 많다. 우리가 눈길을 주지 않고 방치한 위상적 세계는 학문 바깥에 있는 것이 아니라 학문의 문장을 포함하고 있다. 위상적 세계가 포함하고 있는 학문 이전 혹은 이후는 술어적 표현에 의해 드러날 수 있다.

사이 스토리: 갑작스러운 도약과 당당한 주저

시와 그림의 차이와 반복을 이야기할 때, 자주 등장하는 것이 말라르메와 고갱의 대화다. 당시에는 시는 언어로 그린 그림이고, 회화는 색으로 쓴 시라는 말을 금과옥조로 받아들였다. 자신은 그림을 잘 그리는데도 시를 쓸 수 없다며 고갱이 말라르메에게 왜 그런가를 물었다. 그러자 말라르메는 이렇게 대답해 주었다. "언어는 색이 없고, 색에는 사상이 없다." 이 말은 위상학적으로 다음과 같이 변용할 수 있을 것이다. "사물을 그리지 말고 그것이 빚어내는 공간, 그 공간을 흐르는 서술어를 그려라."

말라르메는 말과 말 사이의 공백을 일종의 시각적 휴지로 이용하여 말과 이미지의 리듬감 있는 운동감을 창출했다. 말라르메는 시란 모름지기 뭔가를 환기하고 충동질하는 것이어야 한다고 믿었다. '사물을 그리지 말고 그것이 빚어내는 효과를 그려라.'는 말라르메의 신념이 담겨 있는 말이다. 주제-대상은 여기서 다시 한 번 이전의 중심적 지위를 잃는다. 대상 주변의 공간을 대상과 동등한 실질을 가진 것으로 표현함으로써 회화가 고수했던 권위를 무너뜨린 이는 브라크다. 비슷한 맥락에서 말라르메는 대상을 시에서 떼어 내고 대상의 그림자와 효과들을 재료로 하여 언어 구성물을 만들어 낸다. 이로써 대상이 문학에서 보유해 온 권위를 감쇄시켰다.

— 스티븐 컨, 2004, 425

사물의 효과를 가장 잘 드러낼 수 있는 것은 서술어다. 서술어가 동사로 한정되는 영어의 경우 술어적 서술을 'Thing'까지 확대한다. 따라서 '~한 것', '~인 것'까지도 술어적 서술로 본다. 여기에서 사물의 효과는 다채롭게 묘사 서술, 서술 묘사될 수 있다. 사물의 하나로서 다른 사물과의 관계에서 '서술어'를 찾고 쓸 수 있게 되는 것, 이것이 술어적 서술이 갖는 위상학적 역동성을 배가하는 길이다.

말라르메는 "'갑작스런 도약과 당당한 주저'야말로 대상을 암시함으로써 독자가 자신의 심상과 연상을 가지고 자유롭게 반응할 수 있게 해 준다."(스티븐 컨, 2004, 426)고 말한다. 언어 구성물을 통한 미학적 성취라는 부담을 짊어진 큰 문학으로부터 한발 물러설 필요가 있다. 동시에 재현에 매달려 붙들고 있던 사물들도 놓아줌으로써 오직 '자유'를 획득하는 쪽으로 나아간다. '효과'라고 하는 것은 언어도, 색도, 음도 아니고 다만 그 '사이의 역동성'이다.

소통의 두 주체였던 작가와 독자 사이의 거리(구별)는 거의 없는 것이나 마찬가지가 되었다. 담론의 형성공간인 작가와 텍스트, 텍스트와 독자 사이도 마찬가지로 틈이 크지 않다. 우리가 비워 내야 할 것은 틈새가 아니라 '텍스트 전체'다. 그래야 뒤척이고, 변곡할 수 있는 여지를 충분히 확보할 수 있다.

독자가 점한 공간이 서술하는 공간에서 중요한 차원으로 대두하는 것은 필연적이다. 오랫동안 독자의 공간은 담화공간을 구성하는 일부로 역할을 해 왔다. 서술된 공간이나 서술하는 공간과 독자가 공간을 해석하는 공간은 나란히 배치되기도 하였다. 서사에 투영된 공간형상이 대상공간과 정합성이 거의 없을 때 담화공간의 양상도 극도의 균열상을 보이기 쉽다. 이럴 경우 해석공간은 병렬된 공간수준에 그치지

않고, 그 자체가 독자적인 공간층위를 구성하게 되는 것이다.(장일구, 2001, 37)

이러한 '해석공간'의 독립적 구획은 변곡을 위한 것이지 자신의 위상을 높이기 위한 것은 아니다. 해석공간은 설명과 이해의 변증법을 통해 지향된 공간이다. 작가의 해석과 텍스트의 존재론적 해석, 독자의 해석 등이 이 지향된 공간에서 경연하고 경합하면서 해석의 위상성을 강화한다. 이 강화는 단순하게 넓어지는 것을 의미하지 않는다. 꼬임과 따임, 엮임과 같은 것이 위상성의 강화에 기여한다.

해석공간에서는 정신 상태들과 장소에 결부된 행위들의 다양한 융합이 이루어진다. 물론 둘의 분할을 이해하는 것은 매우 간단한 방식으로도 가능하다. 그러나 분할은 구분을 위한 것이 아님은 명백하다. 이것은 매번 행위자들이 서로 다른 지향을 가능하게 해 줄 때 의미가 크다고 할 수 있다.

> 지향의 그런 차이는 정신 상태들의 지향(orientation)과 배열이라는 차원의 차이는 물론이고 신체와 그 부분들의 지향의 차이를 수반하는 것으로 여겨질 수 있다. 정신의 '분할'은 단일한 행위자(작인)가 다른 면에서는 공통분모가 없는 태도들을 지닐 수 있게 하는 것으로 볼 수도 있으며, 이 경우에 구별되는 행위와 활동들에 연결된 서로 다른 공간적 지향과 장소들을 통해 생겨나고 거기에 토대를 둔 것으로 이해될 수 있다.
>
> — 제프 말파스, 2014, 125~6

정신 상태들의 행위(양자적 움직임)는 방향을 종잡을 수 없다는 것이 특징이다. '공통분모가 없는 행위', '태도로서의 행위'의 경계를 표식하는 비존재, 미존재, 반존재들이 존재와 더불어 움직이면서 위상적 공간을 개척한다. 이렇게 형성되는 서사들은 서사와 서사, 서사와 서

사와 서사'……'의 상호주관성을 통해 그 움직임을 기하급수로 늘린다. 존재는 여러 존재들 중 하나의 위상을 가볍게 얻는다.

자아는 어떤 것들의 바탕이 되는 것이 아니라 다채로운 이야기들이 통과하는 하나의 구체적인 장소다. 자아는 복잡한 하나의 구조로 파악할 수 있다. 그러나 이 구조는 흐름의 구조인 까닭에 언어적으로 완전히 명료해질 수 없다. 그러나 이것은 또한 언어를 통해서만 드러날 수 있다. 정신적 내용은 이미지로 떠오르고, 세계는 행위를 통해 의미를 지향한다. 그 사이에서 언어는 일종의 변곡 장소로 정신적 삶의 서사성과 맥락적 행위의 서정성을 술어적으로 펼친다.

서술어를 갖는 것, 이것 자체가 곧 문장의 연결이고 장소의 연결이다. 장소의 이해는 장소의 플롯을 실천하는 것으로 대체가 가능하다. 플롯에 의한 장소 실천이 있을 때 우리는 장소 이야기를 갖게 된다. 사이 공간이 비좁거나 아주 넓은 것을 상관하지 않고, '갑작스러운 도약과 당당한 주저'가 동시에 가능할 때 헐겁게 비우면서 강렬하게 잇는 것이 가능하다. 이런 도약과 주저가 가능한 것은 서사적 스토리가 아니라 서정적 스토리다.

10. 사물성

문화적 전유(Cultural Appropriation)

백과사전에서는 전유에 대한 풀이를 찾아보기 힘들다. 대신 재유와 재전유에 대해 다음과 같이 풀이하고 있다.

재유 – 원본을 끌어들여 자원으로 삼는 방법론. 문화 연구, 예술비평 개념. 전유(專有)라고 부르기도 한다. 확고한 권위와 지명도를 획득한 원본은 하나의 기호로 작용하는데 이 기호의 맥락을 변경하여 의미를 전복한다는 함의를 가지는 용어.

재전유 – 전유된 가치나 질서로부터 출발하여 본래의 목적과는 다른 기초와 방식으로 작용하거나 다른 의미체계를 갖도록 만드는 행위. 이는 억압된 문화에 대한 도전과 위반의식을 가지는 하위문화적 특성이다.

전유는 한 차례로 끝나는 것이 아니다. 전유는 맥락 안에서 발생하고 효과를 극대화한다. 전유는 여전히 누군가에게 말해짐으로써 그 의미가 실제화된다는 사실을 나타내 준다. 하나의 텍스트는 잠재적으로 읽을 수 있는 모든 사람에게 말해진다. 실제적으로 그것은 지금여기에서 개시된 장소로서 나에게 말해진다. 해석은 읽기가 하나의 사건, 즉 지금 이 순간의 담화 사건을 산출할 때 전유로써 완성된다. 전유를 통해 해석은 하나의 사건이 된다.(폴 리쾨르, 1998, 152) 전유는 뒤집을 수 있는 장소가 전제되어야 한다. 내가 개시된 장소여야 하는 것은 이런 이유 때문이다.

  텍스트에 새로운 해석이 가해진다는 것은 의미가 변곡할 수 있는 공간이 마련되었다는 것을 의미한다. 리쾨르는 전유를 이뤄 내기 위해서는 대부분의 독자가 받아들일 수 있는 설명의 단계와 수용한 지식을 바탕으로 지켜볼 수 있게 만드는 분석의 단계를 밟아야 한다고 말한다. 이 과정에서 독자들은 기존의 앎과 '이격'된다. 이렇게 마련된 공간(틈, 사이)이 역동적일수록 강렬한 변곡을 이뤄 낼 수 있다. 전유가 사건이라고 하는 것은 이런 맥락에서 이해할 수 있다. 결국 전유의 완성은 의미 자체의 고정에 그치는 것이 아니다. 새로운 자아의 생성으로 닿기 때문에, 새로워진 자아는 또 다른 '읽기'를 시작할 수 있게 되는 것이다. 전유를 위해서 전제되어야 할 것은 '공간의 생산'이다.

> 공간의 생산은 여러 가지 다른 조건을 초래하는데, 그중에는 공간에 대한 사유재산권의 쇠퇴, 그와 동시에 공간의 지배자인 정치적 국가의 쇠퇴를 꼽을 수 있다. 이는 지배에서 전유로, 교환가치에 대한 사용가치의 우월성(교환가치의 쇠퇴)을 내포한다. 만일 그렇게 되지 않는다면 최악의 상황이 도래할 것이다.
>
>   - 앙리 르페브르, 2011, 576~7

  미래학자들은 유토피아든지 디스토피아든지 극단적인 상황을 그려 낸다. 극단적 상황의 제시로 인해 의미의 갈등은 불가피해 보인다. 사물의 생산양식에서 공간의 생산양식으로의 이행을 통해 기존 생산관계의 파열을 가하는 마르크스의 주장은 새로운 해석을 요구한다. 양적 성장의 중요성은 더 이상 중요하지 않게 되었다. 다양한 의미가 발생 가능한 플랫폼의 지향은 새로운 시대의 변화를 잘 보여 준다. 지평에서 위상으로 다채로워지기 전략, 넓은 집에서 깊은 집, 귀한 물건이 많은 집에서 이야기가 많은 집으로의 전회가 어느 때보다 필요할 때다. 우리가 전유해야 하는 것을 리쾨르는 이렇게 정리한다.

> 전유해야 하는 것은 텍스트 자체의 의미, 곧 텍스트가 열어 주는 생각의 방향에 따라 역동적으로 인지된 텍스트의 의미이다. 다시 말하자면, 전유해야 하는 것은 하나의 세계를, 텍스트의 지시를 구성하는 세계를 탈은폐하는 힘 그것뿐이다. 이러한 방식으로 우리는 낯선 심리와 일치되고자 하는 낭만주의적 이상으로부터 멀리, 떨어진다. 만일 우리가 어떤 것과 일치될 수 있다고 한다면, 그것은 다른 자아의 내적 삶과 일치되는 것을 말하는 게 아니라, 사물을 바라보는 다양한 방식을 탈은폐하는 것을 말한다.
> — 폴 리쾨르, 1998, 153

의미의 핵심은 고정되어 있는 것이 아니라 역동적으로 인지되는 것이다. '탈은폐의 힘'이 새싹보다 강한 것도 없다. 새싹은 자신을 둘러싸고 있는 껍질을 뚫어야 하고, 흙과 돌을 헤쳐야 하고, 어느 때는 아스팔트마저도 뚫을 수 있어야 한다. 텍스트를 뚫고 나오는 탈은폐의 힘도 날카로움에 있는 것이 아니라 부드러움에 있다.

'텍스트의 지시를 구성하는 세계를 탈은폐하는 힘', 다른 자아의 내적 삶과 일치하는 것이 아니라 나의 이면과 다른 면 즉 나의 무기적 생명 구조와 유기적 생명 구조의 만남, 아주 멀리까지 멀어질수록 바로 이면에서 만날 수 있다. 사물을 바라보는 다양한 방식을 탈은폐하는 것 즉 나의 무기적 생명 구조를 드러나게 하는 것이 텍스트의 진정한 힘이다.

쉴러는 예술이 일종의 자유의 연습이라고 선언함으로써 칸트보다는 피히테를 따랐다. 칸트가 취미와 천재의 경험 독립성의 근거로 삼는 인식능력의 자유로운 유희를, 쉴러는 피히테의 충동이론을 토대로 하여 인간학적으로 이해했다. 쉴러는 유희 충동이 형상 충동과 질료 충동 사이의 조화를 가져온다고 주장했으며, 이러한 충동을 도야하는 것이 미적 교육의 목적이다.

— 한스 게오르크 가다머, 2011, 158

가다머는 자유의 연습으로서 '예술'의 전유를 강조한다. 그러나 예술이 주는 좀 더 강렬한 효과는 타자를 미적대상으로 본다는 것이다. 예술의 전유가 자유의 연습을 넘어서기 위해서는 예술을 일상으로 전유할 필요가 있다. 이렇게 역동적으로 전유하는 과정에서 생활세계를 채우고 있었던 일상의 사물의 다양한 이면을 볼 수 있다. 사물은 언제나 그 자리에 있었다. 그 사물이 미적대상이 되기 위해서는 우리의 시선이 부지런히 움직이지 않으면 안 된다. 비록 사물의 예술적 면모를 목도하고도 그리지 못하는 경우가 있더라도 역동적으로 흐르면서 사물의 면면을 속속들이 탐색해야 할 필요가 있다.

생기: 사물의 마음

'~하는 것', '~하고 있는 것'은 사물(thing)의 지향과 정체를 동시에 나타낸다. 사물의 정신은 바로 이 지향성에 있다. 움직일 때, 움직이기 직전의 사물의 현상태에 대한 '묘사와 서술'이 기술 전략을 이룬다. 기존의 사물들은 배치를 통해 전체 이미지(구성)의 일부분이 됨으로써 제 역할을 얻었다. '~하는'이라는 지향성, 행위성을 특성으로 할 때,

사물은 배치가 아닌 지향성, 품고 있는 공간성에 의해 정체될 수 없는 정체성을 형성한다.

마음은 움직이고 끊임없이 대상을 지향한다. 정신은 올곧게 자리를 지키며 자신의 정체성을 형성한다. 의식은 둘 사이를 흐르면서 긴장과 이완을 반복하면서 흐른다. 개념화를 지향하는 정신을 과학적으로 유용한 개념으로 복귀시키기 위해서는 그것을 동사나 분사로 변형시키는 것이라고 기어츠는 말한다.

정신은 정신 활동을 하는 것으로 움직여 가야 한다. 전체적인 측면에서 일관성 있는 하나의 단위로 행하는 유기체의 반응이 정신 활동이다. 이 관점은 우리를 불모의 무력한 형이상학적 언어의 굴레로부터 해방시킨다. 정신 활동이 움직이고 흐를 때, 자유롭게 밭에 씨를 뿌리고 열매를 거둬들일 수 있게 해 준다.(클리퍼드 기어츠, 2012, 79)

동사나 분사로의 변형 즉 개념(정지)을 술어적으로 변형시키는 것이다. 정신은 정신 활동을 하는 것, 유기체의 정체적 반응, 온몸의 지향 가능성을 높여 갈 필요가 있다. 형이상학적 굴레를 벗어나는 것, 순환적 지향점, 하루의 해, 한 달의 달, 일 년의 '꽃나무', 일생의 사람……. 생각의 역동성은 무심결의 기계적 반복으로 배가될 수 있다는 역설이 가능하다.

베르그송은 생각이란 연설의 처음부터 끝에 이르기까지 자라는 것이라고 말한다. 싹이 트고 꽃이 피고 열매가 무르익어 간다. 이것은 결코 한순간도 정지하거나 반복하지 않는다. 생각은 매 순간 변해야만 한다. 한순간이라도 변하기를 그만둔다면 약동하는 삶을 포기하는 것이 될 것이다. "몸짓도 생각처럼 생기를 띠고 있어야 하리라! 또한 결코 반복하지 않는다는 삶의 근본법칙을 받아들여야 할 것이다." 베르그송은 계속해서 이렇게 말한다.

우리가 보는 것은 팔이나 머리의 늘 똑같은 움직임이 주기적으로 반복되는 것이다. 만일 내가 그것을 알아채고 즐거워한다면, 그래서 혹시 지나가는 길에 또 나오지 않을까 기대하고 있을 때 그것이 나타난다면, 나는 얼떨결에 웃게 될 것이다. 왜? 그 이유는 지금 이 순간 내 앞에 자동적으로 작동하는 하나의 기계장치를 대하게 되었기 때문이다. 그것은 더 이상 생명적인 것이 아니라 생명 안에 자리 잡고 있으면서 생명을 모방하는 자동주의적인 것이다.

- 앙리 베르그송, 2013, 34

몸의 사유와 행동, 사유와 행동의 뫼비우스의 띠와 같은 동시성 확보, 사물로서의 지향성 - '자동적으로 작동하는' 메커니즘…… 다양한 사물의 가능성을 품는 것, 이것이 다채로운 삶의 한 지향 방법이다. 움직이는 생각, 자라나는 생각 쓰기는 쓸 것이 있어서 쓰는 것이 아니다. 쓰면서, 쓴 이후에 쓰이는 것들이 좀 더 역동적이고 진정한 쓰기로 나아갈 수 있을 것이다. 사물들의 진리에 다가서기, 연결되기 등이 다양한 위상에서 흘러간다.

돌들은 권력가들, 장군들, 웅변가들과 같은 목소리를 지니지는 않는다. 그들보다 더 능숙하게 말을 한다. 돌들은 자신들의 신체에 역사의 증언을 지니고 있다. 이 증언은 인간의 입으로 발설된 어느 담론보다 더한 신뢰를 불러일으킨다. 또한 이 증언은 웅변가들의 거짓과 수단에 대립되는 사물들의 진리이다.

- 자크 랑시시에르, 2009, 31

돌이나 바위에 남겨진 흔적, 단단한 언어에 새겨진(남겨진) 흔적은 다채로운 이야기를 유발한다. 다채로운 이야기들이 쉼 없이 교차하는 장르로서 끊임없이 되살아날 때 우리는 단순한 물질로 전락하는 것을 연기하면서 생명을 구가(향유)할 수 있다. 베르그송은 사회는 그 구성원들로부터 가능한 한 최대의 유연성과 최고의 사회성을 얻기 위해 경직성을 제거하려고 노력한다고 말한다.(김효, 2016, 85) 경직성이 제거되고 유연한 자리에서 우리가 얻게 되는 것은 흔적, 그리고 흔적의 깊이(위상)다. 흔적의 깊이를 통해 '공간성'이 드러난다. 그 울림의 크기는 언제나 다르게 반향(反響)한다.

사물의 사물성, 위상성

사물의 사물성은 보이는 것 속에서 파악할 수 있다. 사물의 위상성은 보이지 않는 것에서 파악 가능하다. 둘을 종합하면 사물은 그 사물이 품고 있는 공간으로 파악할 수 있다. 병을 보면 거기에 담겼던, 혹은 담길 것이 무엇인지, 무엇이어야 하는지 짐작할 수 있다. '병'은 일종의 플롯인 셈이다.

사물의 사물성은 공리적 형태의 스케치/초벌그림, 윤곽도/밑그림을 넘어선다. 이것은 단순하게 대상에 내재한 성질 자체와 관계한다고 보기는 어렵다. 우리가 알고 있는 꽃병이나 포도주병과 같은 개별적인 것들은 꽃이나 포도주에 최적화된 절대공간은 아니기 때문이다. 내재적 성질을 더 강렬하게 드러낼 수 있는 형식은 기존의 것을 넘어서는 자리에서 발현될 가능성이 높다. 툴렌은 실천적 기능을 넘어서는 측면을 세심하게 분석하는 곳에서 사물성은 잘 드러난다고 말한다. 사물에 내재한 '파악할 수 없는 빈 공간'과 관계한다. 이 빈 공간은 고전적인 빈 공간과는 다른 개념이다. 부여된 빈 공간의 공간성은 "세계 개방성을 개방한 채로" – 유지하는 열린 공간의 공간성이다.(레오르크 크리스토프 툴렌, 2010, 148~9)

열린 공간의 장소성을 대표하는 말이 '파사드'다. 파사드는 큰 건물의 얼굴이자 입구이며 정체성이다. 바깥은 안으로 들기 위해 전환을 꾀하고, 안은 바깥으로 나기 위해 언어의 매무새를 새로 가다듬는 곳이다. 그러나 이것은 '파악할 수 있는 빈 공간'이 아니다. 데리다는 건축가 아이젠만과 '코라(chora)'를 주제로 건축 프로젝트를 진행했다. 이 프로젝트는 예견되었던 대로 실패로 끝났다. 그들은 건축물을 짓는 대신『피터 아이젠만은 왜 이렇게 좋은 책을 쓰는가?』라는 책을 지었다. 바깥으로 구성한 안, 안으로 구성한 바깥 즉 '코라'의 건축은 실패했지만, 그 책 속에 언어로 지어진 것은 분명하다.

물론 이 프로젝트를 시작할 때 데리다는 불가능하다는 것을 잘 알고 있었다. 그런 점에서 사람들은 데리다가 세간의 이목을 끌기 위해 불필요한 논의를 지속했다고 비난하기도 했다. 이것은 현실 건축보다는 심상 건축에서는 얼마든지 가능하다. 뫼비우스의 띠가 만들어 내는 공간이 그렇다. 뫼비우스의 띠는 하나의 공간을 셋으로 나눈다. 셋으로 나뉜 공간은 한 공간성을 잃지 않는다. 안팎의 구분이 불가능한 혹은 큰 의미를 두지 않기 위해서 물음을 '배열과 태도의 문제'로 옮겨 갈 필요가 있다.

문학적이거나 시각적인 지형학은 위상학적으로 분석될 수 있다. 다시 말해 텍스트공간과 그림공간의 문제요, 공간의 배열 문제이며, 재현의 물질성 속에 적힌 사물을 대하는 태도의 문제이기도 하다. 묘사에 대한 위상학적 분석이 공간의 역동성을 둘러싸고 생성되는 지식과 관련되는 점에서 그것은 기호화되고 상징적인 공간으로서 지형학을 재구성하는 것을 넘어선다. 왜냐하면 글에 내재한 물질적 차원을 거론하지 않기 때문이다. 우리가 보르헤스에게서 예시적으로 보았듯이, 위상학적 자리 배열과 그것의 역동성은 텍스트공간에 내재해 있다.

— 비토리아 보르소, 2010, 383~4

사물의 정체성, 속성, 역동성은 사물을 대하는 태도의 문제 곧 관찰의 문제다. 이것은 '양자역학'의 입장과 맥을 같이한다. 묘사에 대한 위상학적 분석은 공간의 역동성을 둘러싸고 생성과 깊게 관련된다. 묘사적 서술과 서술적 묘사는 '묘사와 서술'의 이분법적 구분을 넘어서는 위상적 기술 전략을 가능케 한다. 이럴 때 우리는 인간 중심의 일방적 서술에서 벗어날 수 있다.

모든 사람에 대해 상호주관적으로 동일한 생활세계는 나타남의 다양체들에 대한 지향적 '지표'로써 기여한다. 다양체들은 이 나타남을 상호주관적 종합 속에 결합한다. 이것을 통해 모든 자아 주체는 일반적으로 우리 속에 결합한 모든 활동성 등의 영역인 공동의 세계와 이 세계의 사물들을 향해 있다. 상호주관성은 주체와 대상 모두를 향한다.(에드문트 후설, 2016, 322)

자아 주체는 상호주관성을 통해 주체성과 대상성을 함께 지향하는 까닭에 개체성과 고유성을 동시에 넘어선다. 우리는 위상학적 기술 전략을 통해 공동의 세계와 세계의 사물이 짓고, 짜고, 쓰는 스토리의 인덱스를 차곡차곡 쌓아 가야 한다. 우리의 생활세계를 인간의 삶으로 한정하는 것은 세계를 너무도 좁게 만드는 것이다. 좀 더 깊고 넓게 살기 위해서 우리는 사물 맞춤형 세계 지평을 언제나 새롭게 열 필요가 있다.

생활세계는, 우리가 이것을 우리의 학문 이전의 삶과 학문 이외의 삶에서 경험하고 또 이 경험된 것을 넘어서 경험할 수 있는 것으로 알고 있듯이, 시간-공간적 사물들의 세계이다. 우리는 사물을 경험할 수 있는 지평으로서 하나의 세계의 지평을 가진다. 이 사물들은 돌·동물·식물 그리고 인간과 인간이 만들어 낸 형성물이다.

— 에드문트 후설, 2016, 267

우리는 일상적으로 플롯화된 것들에 대해서는 직접체험을 하지 않더라도 충분히 경험할 수 있다. 이 경험은 삶의 공동체를 이루는 다양한 집단들 속에서 더 확실한 것이 된다. 어떤 지평 안에서는 주목할 만한 불일치를 겪지 않고 확신 속에서 의미를 형성할 수 있다. 그럼에도 때에 따라 의도적인 인식작용을 통해 실천적인 것이 중요한 문제가 될 경우가 발생한다. 진리 추구라는 목표를 갖고 확실한 사실에 이를 수 있다. 그러나 이것 또한 플롯화를 보강하는 여러 가지 현상 중 하나에 해당한다. 이 모든 것은 주관적-상대적이다.

유기체의 무기적 확장

'반려자'라는 말은 오랫동안 '배우자'를 지칭하는 데 써 왔다. 최근에는 '반려'라는 말을 사람에게 쓰는 것은 조금 어색해질 정도가 되었다. 요즘은 주로 개나 고양이 등 동물과 함께 쓴다. '반려동물'이라는 말이 대세를 이루고 있다. 그리고 근래에 SF영화에는 '반려인조인간'이 등장했다. 사람의 관계맺음은 주로 사람과 사람 사이의 일이었다. 이것이 유기적 생명체(영적 공감)로 확장했고, 다시 기계적인 것들과의 공감을 모색하기에 이르렀다.

인간의 위상 역시 새롭게 모색해 볼 필요가 있다. 인간의 몸은 공간이다. 위상학적으로 어떤 공간(마음)을 품고 있느냐에 따라서 그 사람의 영혼의 빛깔이 결정된다. 우리의 몸이 어떤 공간을 품느냐에 따라서 영혼 역시 다른 빛을 발할 수 있다. 육체의 반복을 통해 공간을 품은 공간 즉 몸은 변주된다. 몸이 '위상학'적 탐색의 대상인 이유다.

'위상학'은 공간의 요소를 모양이나 크기, 거리를 사상한 채 연속이나 불연속과 같은 위치와 구조로써 파악하는 방법론이다. 공간의 구조적인 측면, 공간 내 요소들의 위치관계들을 다루는 태도를 가리키기도 한다. 위상학적 공간이란 다분히 구조주의적 성질을 지닌 것으로, 특정 유기체가 지니고 있는 자의적이고 변별적인 위치체계를 가리킨다. 유기체는 필연적으로 자신에게 가장 안정되고 고유한 질서를 지향한다. 모든 사물은 다양한 방법으로 위상공간을 구축한다.(김윤정, 2013, 806) 그러나 유기체가 기능 분담의 위계적 조직화를 통해 이룰 수 있는 것은 '정체성'이라는 한 목적성이다. 유기체는 위상적 흐름을 통해 다양한 목적성을 실현할 수 있다.

위상성을 유기체의 특성으로 한정하면 우리가 사물과 함께 누릴 수 있는 공간의 다양성은 대폭 제한될 수밖에 없다. 무기체로서의 전환이 혹은 무기체로서의 개방이 필요한 시점이다. 무기체로서의 전환에 앞서 일어나야 하는 것이 '구체적 추상'의 확장이다. 별자리와 같은 것이 구체적 추상의 대표적인 예이다. '구체적 추상'의 관점은 보이는 현상이 비록 하나라고 하더라도 그것이 재현할 수 있는 언어는 언어적 관계를 뛰어넘는다는 것을 강조한다.

> 철학적 숙고 속에서 이루어지는 재현은 이념의 재현이며, 이러한 재현의 작업은 "오로지 개념 속에서 사물적인 요소들을 배속하는 작업 속에서만" 이루어진다. 즉 "이념들은 사물적인 요소들의 성좌로써 재현된다."
>
> – 김유동, 2009, 276

의미의 장인 심경에 인식대상으로 재현되는 사물은 헤아릴 수조차 없이 많다. 이 사물은 대상성만이 아니라 행위성도 함께 갖는다. '~인 것과 ~하는 것'을 함께 포괄하기 때문에 그 수를 헤아릴 수 없는 것이다. 그에 대응하는 언어를 하나하나 찾아내는 것은 불가능하다. 우리가 사물적인 요소들을 성좌로 재현할 수밖에 없는 이유는 여기에 있다. 재현되는, 재현하는 '순간의 확장으로서 현재의 역동성, 긍정성'은 부정할 수 없다. 현재에 대한 가장 단호한 긍정을 피력한 철학자는 니체다.

> 역사의 '오용'에 대한 그의 경멸은 생을 사랑하고 영원회귀이론에 기꺼이 화답할 수 있는 사람들에 대한 찬양만큼이나 강렬한 것이었다. 영원회귀라는 생각은, 우주에 존재하는 여러 가지 힘들의 현재의 편저(configuration)가 또다시 자신을 영원히 반복한다는 우주론적 사유들을 몇 가지 배운 후, 1880년대 초에 니체가 발전시킨 것이었다. 그가 영원회귀이론을 100퍼센트 확신한 것은 결코 아니었지만, 그럴 수 있는 가능성에 대해 숙고하는 과정에서 자기 철학의 중심개념을 발전시킬 수 있었다. 그것은 사상사에 있어서 현재에 대한 가장 단호한 긍정이었다.
>
> — 스티븐 컨, 2004, 221

물론 니체는 자신이 말한 현재를 살아 낸 사람은 아니다. 그는 위상적으로 극단적인 한계 지점에서 살았다. 극단으로 내몰린(혹은 스스로 내몬) 삶이었기 때문에 역설적으로 내적·외적으로 가장 열린 삶을 그릴 수 있었을지도 모른다. 레비스트로스는 문화의 과제를 공간을 분리하고 새롭게 연결하는 것이라고 말한다. 구조주의자 레비스트로스는 "조합적 대수학에서 출발해 신화를 위상학적으로 처리하는 방식으로 이월해 갔다."(페터 벡스테, 2010, 306)고 위상학의 방향에 대해 말한다.

인간 제도의 근간에 자리하고 있는 것이 레비스트로스는 '근친상간 금지'라고 말한다. 이것이 레비스트스의 구조주의에서 파악한 문화 분자, 문화 DNA라고 할 수 있다. 유클리드기하학에서는 원, 삼각형, 사각형은 완전히 다른 도형이다. 위상기하학에서는 이 셋은 하나의 공간을 품고 있는 것이기 때문에 똑같은 것이다. 위상기하학은 '매듭'의 예술이라고 할 수 있다. 하나의 선으로 얼마나 다채로운 공간을 품을 수 있느냐가 관건이다. DNA의 나선 역시 위상적 공간 품기에 의해 다양성을 확보한다. 우리의 몸도, 마음도 어떤 공간을 품느냐가 존재를 결정한다면, 생명도 유기물보다는 무기물 곧 공간에 의해 구조화한다고 볼 수 있다.

비유기적 생명성

언어행위, 언술행위에는 가치가 반영된다. 인간은 동물과 대비되는 것을 그렇게 달가워하지 않는다. 개 같다, 말 같다, 소 같다, 호랑이 같다…… 등등. 달리기를 잘하는 사람에게 '치타같이 달린다'라는 표현도 크게 환영받지 못할 것으로 보인다. 과학기술이 주도하는 현재는 자연과의 닮음을 의식적으로 지향하지 않는다. 인간은 자연을 닮고 싶어 하지 않고, '기계'를 닮고 싶어 한다. 말과 같은 심장을 가진 축구선수보다는, 기관차 같은 심장을 갖은 선수로 불리고 싶어 한다. 고릴라와 같은 펀치력보다는 로봇과 같은 펀치력을 더 선호하는 것 같다.

기계는 자연에너지를 받아들이고 이를 이용해서 생산과 관련된 일련의 조작을 수행한다. 노동자는 연장을 다루는 대신 기계를 다룬다. 그러면서 생산품과 간접적인 관계를 맺게 되었다. 처음엔 물을 이용했다. 물은 증기가 되고, 이어서 전기가 등장한다. 여기서 생산과정의 매우 급진적이면서 모순적인 변화가 일어난다. 노동은 분업화되고 부분화되는 반면, 기계는 더 거대하고 일관성 있다. 더 통일적이고 생산적인 전체로 조직화된다.(앙리 르페브르, 2011, 493)

태양빛을 받은 식물의 이파리는 광합성을 통해 탄수화물을 생산한다. 지구의 생명체 상당수는 이것을 먹고 산다. 땅에서는 식물이 광합성을 담당한다. 물에서는 식물성 플랑크톤이 이 일을 맡아 한다. 원초적으로 지구의 모든 생명체는 태양에너지를 먹고 산다고 보면 틀림없을 것이다. 생명 유지에 필요한 식량을 생산하는 최대의 기계가 식물과 플랑크톤인 셈이다. 전기는 인간이 만들어 낸(엄밀하게 말하면 자연) 햇빛이라고 할 수 있다.

인간은 전기(에너지)를 통해 '문화의 광합성'을 가속화할 수 있었다. 생산의 일관성을 유지할 수 있게 되면서 개별적으로 기계를 지양하게 되었다. 공간을 생산하는 기계로서의 인간은 유일한 기계임에도 불구하고 여전히 자연과 맥이 닿아 있다. 인간 개개인은 '재현공간'을 생산하는 데 특화된 자연-기계들인 셈이다. 이런 물음이 가능하다.

'재현공간'이란 무엇인가! 이는 위상학적인 것이 보여 주는 역동성과는 어떤 관계에 있는가? 현상학 이래 20세기 전체를 거치면서 잠재적으로만 남아 있다가 문화기술의 매개성에 대한 오늘날의 이론에서 새롭게 그 관련성이 입증되는 문화학적 위상학에서 거의 주목을 받지 못했던 호르헤 루이스 보르헤스가 제시하는 분석의 한 차원이 여기에 매우 유의미해진다.

— 비토리아 보르소, 2010, 382

무의 공간을 유의 공간으로, 추상의 공간을 구체의 공간으로 변곡시키는 것을 우리는 '공간재현'이라고 말할 수 있다. 공간재현을 우리가 만날 수 있는 곳은 주로 이미지나 텍스트다. 이러한 공간재현의 작품이 구체성을 획득해 실현될 때, 그리고 실제화하는 것을 재현공간이라고 할 수 있다. 실재 공간은 감각·지각할 수는 없지만, 아예 없는 공간은 아니다. 실재공간은 최선의 공간실천을 추동하고, 유도한다.

우리는 매번 궁극의 공간을 생산하는 것이 아니다. 우리는 다만 공간에서 궁극의 생산(쓰기)을 할 수 있을 뿐이다. 모든 활동이 궁극의 행위가 되기 위해 전체되어야 하는 것이 '진리의 상대성'이다. "궁극적으로 공간의 생산(분리될 수 없게 연결된 이론적 개념과 실천적인 현실)은 스스로 형성되어 가는 과정을 보임으로써 명확하게 진술될 것이며, 그것이 바로 '그 자체로 그 자체를 위한' 진리, 완성되었거나 상대적인 진리의 증명이 될 것이다."(앙리 르페브르, 2011, 125)

'그 자체로 그 자체를 위한 진리'는 메타진리라고 할 수 있다. 이 메타성을 문학은 본격적으로 추구해도 좋을 여건이 마련되었다. 길을 가는 목적이 길 자체가 될 때, 최고의 메타성을 획득한다. 두 갈래로 갈라지는 길은 없다. 갈라지는 길은 언제나 세 갈래다. 내가 걸어온 어제는 이미 있는 '시간'이 아니라 다시 재현되어야 하는 기억이면서 동시에 도래해야 할 새로운 미래를 품고 있다.

갈림길에서 우리가 선택해야 할 길은 둘이 아니라 셋이다. 우리의 목적은 특정 장소가 아니라 길 자체인 까닭이다. '끝없이 갈라지는 갈림길이 있는 정원'에는 굳이 많은 갈림길이 있을 필요가 없다. 셋이나 넷 정도라도 여기서부터는 이미 '끝없이 갈라지는'에 접어들게 된다. 길들은 최고의 위상성을 획득한다. 이렇게 진리의 상대성이 보장되어야 우리는 지향성의 차이를 통해 자유의 폭을 획기적으로 넓힐 수 있다. 가다머는 위상성을 확장하는 방안을 이렇게 제안한다.

거울이 일그러진 상을 보여 줄 수도 있다. 그러나 그것은 단지 거울의 결함으로 인해 야기된 현상이다. 이 경우 거울은 자기 기능을 제대로 수행하지 못하고 있는 것이다. 이 점에서 거울은 다음과 같은 사실을 증명한다. 즉 상의 경우는 표현과 표현되는 것의 근원적인 통일과 무구별을 지향한다. 이것이 여기서 근본적으로 언급되어야 할 사항이다. 상은 표현되는 것의 상이다.

— 한스 게오르크 가다머, 2011, 247

거울에 반영된 공간, 공간에 반영된 거울은 하나의 플랫폼을 형성한다. 이곳은 서로를 통과할 수 없는 마주 봄이지만 거울 안팎에는 각각 두 개의 길이 있다. "거울 속에 나타난 것은 (거울의 상이 아니라) '표현되는 것'의 상"이다. 이 길들을 위상적으로 연결하면 우리는 모두 6개의 길(삶)을 구현해 낼 수 있다. 이상의 「오감도 시 제15호」는 이를 잘 보여 준다.

1
나는거울없는실내에있다. 거울속의나는역시외출중이다. 나는지금거울속의나를무서워하며떨고있다. 거울속의나는어디가서나를어떻게하려는음모를하는중일까.

2
죄를품고식은침상에서잤다. 확실한내꿈에나는결석하였고의족을담은군용장화가내꿈의 백지를더럽혀놓았다.

3
나는거울있는실내로몰래들어간다. 나를거울에서해방하려고. 그러나거울속의나는침울한얼굴로동시에꼭들어온다. 거울속의나는내게미안한뜻을 전한다. 내가그때문에영어되어있드키그도나때문에영어되어떨고있다.

4
내가결석한나의꿈. 내위조가등장하지않는내거울. 무능이라도좋은나의고독의갈망자다. 나는드디어거울속의나에게자살을권유하기로결심하였다. 나는그에게시야도없는들창을가리키었다. 그들창은자살만을위한들창이다. 그러나내가자살하지아니하면그가자살할수없음을그는내게가르친다. 거울속의나는불사조에가깝다.

5
내왼편가슴심장위를방탄금속으로엄폐하고나는거울속의내왼편가슴을겨누어권총을발사하였다. 탄환은그의왼편가슴을관통하였으므로그의심장은바른편에있다.

6
모형심장에서붉은잉크가엎질러졌다. 내가지각한내꿈에서나는극형을받았다. 내꿈을지배하는자는내가아니다. 악수할수조차없는두사람을봉쇄한거대한죄가있다.

시의 화자는 거울 속의 나와 마주한다. 그의 영어([囹圄])를 해방하고자 하지만 그것은 시적 화자의 죽음과 연결되어 있어 불가능하다. '시적 화자, 거울, 거울 속의 나'라는 세 개의 길이 있다. '시적 화자는 시인 이상, 생활인 이상'이라는 길로 연결되어 있다. '거울 속의 나는 꿈 속의 나, 그 꿈을 지배하는 나'라는 길로 연결되어 있다. 여기에서 우리가 유기체의 생명이라고 할 수 있는 것은 '생활인 이상'정도다. 나머지 '이상'들은 언어적 존재, 이미지의 존재들이다.

인문적 구체성
정서적 교감이 가능한 로봇의 이야기가 영화적 상상력 속에서 재현되고 있다. 인공지능이나 로봇이 인간다움의 영역까지 들어오고 있다.

그 역을 추적하면 인간의 삶과 정체성을 구조화하는 것도 불가능한 것은 아니다. 인간의 태도와 행동을 이해하는 데는 서정적인 것보다는 서사적인 것이 더 효과적일 수 있다. 이것은 인간 스스로 정신 자체를 전체화하려는 욕망과 무관치 않은 것이기 때문이다.

자신의 어떤 신념을 구체적으로 나타내는 것은 쉽지 않은 일이다. 신념과 그 신념과 결부된 신념 그리고 태도들 모두 구체화할 방법은 딱히 없다. 에피스테메(episteme)적이거나 '교조적'인 관계들은 다원적이다. 하나의 신념은 다른 신념을 함축할 수 있다. 신념들의 동일성에 관한 확실한 기준은 존재할 수 없다. 그럼에도 우리는 어떻게든 신념을 설명할 수 있다. 신념들의 관계를 구체화하거나 신념의 내용 자체를 구체화하는 유일한 방식은 존재하지 않는다.(제프 말파스, 2014, 107) 따라서 다양한 설명이 가능해진다.

신념은 자기 정체성의 발로가 사회적 가치와 만나는 지점에서 형성한다. 신념은 행동으로 이어질 때 그 빛을 제대로 발한다. 행동으로 나가지 못하고 내적으로 굳어지면 이데올로기가 된다. 이데올로기는 혼자서는 발현하지 못하는 신념들이 모여 집단적으로 발현된 것이다. 이데올로기는 집단적인 행동으로 이어지는 경우가 많다. 그래서 자기 가치, 윤리는 덮이고, 이에 반하는 행동을 마치 자기 가치, 윤리에 의한 행동인 것처럼 받아들인다.

기존의 철학문화가 지향한 신념에 의한 구조화는 양날의 검과 같다. 반면 지리적 특성에 의해 획득된 공동체는 그 구조를 넘는 구조선을 획득한다. 이것은 과학적 구체성과 구분되는 인문적 구체성이다.

특정 지역이 가지고 있는 지리적 구체성과 해당 지역을 경험한 인간의 삶은 서로 분리되지 않는다. 이 양상은 공동체의 기억으로 후대에 전승된다. 이것이 인문지리학의 역사적 관점이다. 이러한 지정학적 시선은 무엇보다도 지리적 조건이라는 객관적 속성이 인간의 삶의 방식을 규정한다는 경험적이며 실증적인 입장에 근거한다. 반면 '심상지리'는 특정 집단의 관념에 의해 재구된 장소 이미지이다.(정주아, 2013, 256) 지정학적 시선은 물리적 지표와 관련된 사회·정치적 의미를 포함한다. 반면 심상지리는 자신의 내면에 직관적으로 통찰되는 영감, 이미지들과 관련한다.

그런 측면에서 인문지리에 비해 심상지리는 더 추상화·관념화된 것이다. 관념은 몸이 경험한 것이 아니다. 또한 언어로 경험한 것도 아니다. 선입견처럼 주어진(각인된) 이미지를 마치 경험한 것처럼 내면에 투사한 것일 뿐이다. 인문지리는 행동으로 이어진 지리적 신념이라고 할 수 있다. 반면 심상지리는 이데올로기화된 특정 지역의 이미지이다. 그래서 공동체화한 이미지이다. 반면 인문지리학은 공동체의 내면이 아니라 개별자들의 내면을 이루는 공통성을 찾아나간다.

> 지리학이 인간존재의 심연으로 들어가는 통로이고, 지리학을 통해 인간의 심연을 비출 수 있음을 말해 준다. 모든 것을 부인하면서도 부인할 수 없는 것이 생각하고 있는 나일 때, 지리학은 '어디에서' 생각하고 있는지를 묻는다. 지리학은 나를 둘러싼 구체적인 사물을 통해 인간 의식의 심연을 설명한다. 지리학은 인간이 지구에 새겨 놓은 흔적을 통해 인간존재의 본질에 다가갈 수 있음을 알린다. 지리학은 존재론을 결여하지 않는다.
>
> — 박승규, 2010, 702

인간의 몸은 '천문과 지리'가 가장 효과적이고 섬세하게 교차하고, 상호작용하는 장소다. 우리는 다양한 위상적 관점에서 인간의 내면 풍경을 그려 내고(지리), 읽어 낼(천문) 수 있다. 과학의 구체성이 보이는 것의 구체성이라면 인문학의 구체성은 보이지 않는 것의 구체성이다. 육체의 구체성과 사랑의 구체성으로 대별해 볼 수 있다. 그 사이를 진동하는 것이 몸의 구체성과 마음의 구체성이다.

문화적 위상학: 매번의 객관성

이름난 산의 정상 가까이에 이르면 인상을 찌푸리게 하는 것이 하나 있다. 바위에 새겨진 이름이 그것이다. 이고 진 노비들의 가마에 올라 오른 산의 정상이 무슨 의미가 있을까 싶어진다. 자연을 즐기기 위해 힘겹게 산에 오르지는 않았을 것이다. 이곳에 다녀갔다는 증좌를 남기기 위해 오른 것은 아닐까. 요즘 사람들은 멀리까지 보기 위해 산에 오르지는 않는다. 풍경 감상도 등산의 부차적인 목적이 되었다. 무엇보다 건강을 위해 산에 오르는 사람들이 많다. 높이 오르고 싶으면 전망대가 잘 갖춰진 '마천루'가 제격이다.

도도히 흐르는 강물이 역사의 상징이라면 높게 솟은 건물들이 품고 있는 각양각색의 공간은 문화의 상징이라고 말할 수 있다. 마천루가 세워지면서 인간의 주된 관심은 시간에서 공간으로 전회하기 시작한다. 풍속, 아비투스는 공간주의, 문화주의에 의해 확대, 확산한다.

지리학에서 공간의 재발견은 지리학자들에 의해 이루어지지 않았다. 기든스, 존 어리, 카스텔 등의 사회이론가들은 사회적 현상을 설명함에 있어 공간적 특성의 이해가 필요함을 이론화하였다. 지리학자들은 이들 이론을 확대 및 적용하면서 공간의 재발견을 시도했다. 대표적으로 세계화와 지방화, 지역 혁신체계 등에 대한 재발견은 사회과학 이론에서 전개된 문화의 탈구성과 해체를 통한 사회현상의 이해라는 맥락에서 등장하였다. 전통적인 문화지리학의 확대 및 발전은 사후적인 것이 되었다.(이용균, 2006, 102)

지리학에서는 이제 공간을 단면에서 입체로 확장할 수밖에 없게 되었다. 지평 자체의 무의미함이 더 심해지고 있다. 전 국민의 80%가 도시적 형태의 주거에서 거주한다. 이웃해 나란히 사는 것이 아니라 층층이 사는 주거형태가 일반화되었다. 시간은 지구의 표면을 골고루, 한 평도 빠뜨리지 않고 지나간다. 공간은 층층이 다르게 구성되어 있으며 다른 이야기가 담긴다. 일의적인 과학적 객관성도 '여러 객관성의 하나'로 공간을 통과한다.

인간의 가능성에 대한 개발은 이 새로운 종류의 객관성 즉 문화적 객관성에로 확장된다. 반 고흐가 의자를 스케치할 때에도 그는 동시에 인간을 그리고 있는 것이다. 즉 그는 인간의 한 형상을 즉 이 재현되어지는 세계를 소유하고 있는 인간을 그려내는 것이다. 인간의 존엄성과 자긍은 바로 이러한 작품과 기념물에 의하여 형성되어지는 것이다. 종국적으로 인간이 자신으로부터 소외되어질 수 있고, 자신을 비하할 수 있고, 자신을 바보로 만들 수 있고, 자신을 파괴할 수 있게 되는 차원이 여기에서 가능해진다.

— 폴 리쾨르, 1983, 104

문화적 객관성은 매번의 객관성이다. 매번의 객관성은 주관성과 서로의 이면을 이룬다. 새로운 종류의 객관성은 언제나 어디서나 문화적 객관성이다. 인간이 여전히 간직한 가능성은 스타일, 플롯으로서의 윤리성이다. 이 윤리성을 끝내 지켜 내는 것이 인간에게 남겨진 최후의 임무일지도 모른다.

생물학적 측면에서 인간은 의식의 흐름, 생체 시간의 흐름 등에 놓여 있는 까닭에 그 명확한 정체, 위치, 양과 질을 파악하는 것은 불확정적이다. 즉 물체로서의 정확한 측정은 불가능하다는 것이다. 시공간에 연동된 생물학적 육체는 물질의 기본입자인 양자의 예측할 수 없는 움직임에 의해 형성된다는 점에서 생물학적 지향성을 종합화한다는 것은 상대적일 수밖에 없다.

관찰자와 관찰대상을 완전히 분리할 수 없다. 이것은 현대물리학의 성과와도 일치하는 것이다. 학문간 융합이나 통섭은 시간을 두고 지속적으로 더욱 광범위하게 전개될 것으로 전망된다. 도시 역시 생물학적 지향성, 양자적 예측 불가능성이 동시에 작동하는 장소다. 도시 자체는 하나의 자연 상태라고 할 수 있다. 인간과 도시의 상호작용으로 이해하는 개별인문학으로 도시문제에 접근하는 것의 한계와 가능성은 동시에 열려 있다.(김동우, 2011, 273)

인간이 이룩해 낸 고도의 과학기술이 바깥이 아니라 인간의 안쪽을 지향하면서 생물학의 역할에 대한 관심이 증폭하고 있다. 인간을 바깥에서 감싸고 있는 다양한 문화는 이제 인간의 안쪽에서도 다채롭게 증폭하고 있다. 인간의 문화는 인간의 몸 안팎을 넘나들면서 더욱더 다양해질(무서워질) 것이다.

11. 위상적 서술 전략

제3의 기록

데리다식 글쓰기를 대표하는 말은 '에크리튀르'다. 에크리튀르는 새로운 글 혹은 쓰기를 지향한다. 말과 글, 말하기와 글쓰기는 불일치했고, 그 불일치를 의도적으로 지향했다. 말하기의 일상성과 글쓰기의 비일상성(고차성)을 구분함으로써 소통의 수단으로서 언어와 목적으로서의 언어를 구분한다. 데리다는 둘을 서로의 이면으로 삼아 연결하고자 했다. 말하기가 지닌 역동성(현장성)과 글쓰기가 지닌 규정성·안정성을 동시에 추구하고자 했다.

데리다의 에크리튀르는 제3의 기록으로서 텍스트다. 그것은 텍스트의 차원에서 일어나는 수평적 구도의 기록이 아니다. 그것은 텍스트의 절대적 과거로 향하는 쓰기, 죽음과 망각으로 이어지는 수직적 구도의 쓰기다. 하지만 해체론의 관점에서 모든 수평적 구도의 쓰기는 이미 수직적 구도의 쓰기를 전제한다. 모든 언어는 어떤 '수행적 구조'를 함축하고 있다.(김상환, 2008, 119) 수평적 구조가 제1의 기록(말하기)이라면, 수직적 구조는 제2의 기록(글쓰기)이다. 데리다의 글쓰기는 수행적 구조의 글쓰기 곧 3의 기록(말하기∞글쓰기)이라고 할 수 있다.

데리다는 열정적으로 강의하는 것을 즐겼다고 한다. 그리고 강의 내용(말하기)을 고스란히 옮겨 글로 안정화시켜 냈다. 고도의 말하기와 역동적 글쓰기가 그의 에크리튀르가 추구하는 바였다. 말하기와 글쓰기에서는 거의 차이가 없는 수준에서 언어를 구사하는 것이 제3의 기록으로서 텍스트의 추구인 셈이다.

수평적 글쓰기를 대표하는 것은 역사 기술이다. 신역사주의는 이와는 다른 방식의 기술을 지향한다. 신역사주의적 기술은 시간이 아니라 공간, 장소에 주목한다. 그러나 여전히 '역사주의'라는 말을 고수한다. 신역사주의는 역사주의를 보완하는 차원에서 제기된다. 문화 기술로서 중층적 기술은 본격적으로 지향하지는 않는다.

신역사주의는 각 시대의 민족, 문화들 사이에 존재하는 차이뿐만 아니라 그 안에 존재하는 차이들까지 인식할 것을 요구한다. 이와 같은 차이들을 정태적으로 확인할 것이 아니라, 서로 충돌하거나 타협하고 공존하거나 배제하면서 현실을 만들어가는 역동적 힘들의 근원으로 파악할 것을 요구하는 데로 나아갈 때 문화 기술로 향한다.(최호근, 2003, 98)

현실을 조직해 가는 역동적 힘들의 근원은 과거나 미래가 아니라 현실의 이면에 있다. 말이 글의 이면에 자리하고, 글은 말의 이면에 자리한다. 문학이 그러한 것처럼, 역사 역시 문화의 일부분이 되었다. 과거의 기억은 문화를 이루는 한 요소이지 절대적인 사실성으로 인정받기 어려워졌다. 과거 안에서 이루어진 대화는 '한 겹의 대화'를 이룬다. 문화의 위상성을 강화하기 위해서는 두 겹의 대화 이상의 겹대화를 요구한다.

문화의 장이 확장함에 따라 문학적 글쓰기 역시 문화 기술의 하나를 이루고 있다. 문화 기술로서 문학적 글쓰기 역시 제3의 기록을 지향한다. 문학적 글쓰기에서 제1의 기록이 비평적 글쓰기라면, 제2의 기록은 문학적 글쓰기가 담당한다. 둘은 현상학적 지향을 통해 제3의 기록으로서 문화적 글쓰기가 된다. 이 지점에서 문화의 주체인 독자의 글쓰기가 최종의 텍스트가 된다. 이택광은 문학과 비평이 '뫼비우스의 띠'처럼 결합하는 상황을 직시한다.

> 문학과 비평은 서로의 보완물로 작용한다기보다 뫼비우스의 띠처럼 상호결합하고 있는 것이라고 볼 수 있다. 정치적인 것이 미학적인 것을 통해 출현한다는 랑시에르의 지적은 궁극적으로 비평의 문제가 감각적인 것의 나눔이라는 인식의 선험적 체제에 대한 고찰이라는 사실을 알 수 있다. 문학이 이 체제를 형상적으로 드러내는 것이라면, 비평은 이를 논리적으로 해명하고자 한 것뿐이다.
>
> — 이택광, 2010, 173

문학과 비평은 그 대상을 달리하지만 '감각적인 것의 나눔이라는 인식의 선험적 체제'라는 장소를 함께한다. 문학과 비평이 하나의 체제를 다룬다고 하지만 이 체제를 이루는 요소들 곧 대상들은 각기 다르다. 문학이 실제적인 것을 대상으로 한다면, 비평은 텍스트에 실재하는 것을 대상으로 한다. 대상의 다름이나 '형상'과 '논리'처럼 방법이 다름에도 불구하고 둘이 분리되지 않는 것은 둘이 이루어지는 장소가 같기 때문이다. 비평의 수평과 문학의 수직이 '뫼비우스의 띠처럼 상호결합'할 때, 우리는 수행적 구조를 읽기/쓰기를 통해 구체화할 수 있다.

중층 기술의 원리

랍비의 길이 예정이 되어 있던 스피노자는 그 길을 가지 않기로 결심한다. 그리고 선택한 직업이 렌즈를 깎는 일이었다. 유리를 깎는 각도에 따라서 넓게 볼 수 있는 광각(望遠)렌즈가 된다. 또 세밀하게 볼 수 있는 접안(接眼)렌즈가 되기도 한다. 스피노자는 의식 혹은 인식과정에서 하나의 대상, 사건에 대해 광각의 시선과 접안의 시선을 함께 견지하고 싶었던 것 같다. 인간은 주로 시선을 통해 들어온 사물, 사건, 풍경을 내재화한다. 언어를 통해 내면에 들어온 것들은 이미지화되어 심경에 새겨진다. 그것이 드러나는 것도 언어를 통해서다.

객체는 인식되는 상(象)과 표상(表象)이 될 뿐만 아니라 생 자체의 계기가 된다. 이 과정 자체가 체험이 된다. 개개의 체험은 어느 정도 모험의 특성을 가지고 있다. 미지를 포함할 때 기지는 '선입견'으로서 변화의 바탕이 된다. 모험이란 무엇인가? 가다머는 모험은 에피소드만이 아니라고 말한다. 에피소드가 어떤 내적연관성도 없이 펼쳐지는 것이기 때문에 어떤 지속적인 의미도 없는 개체들의 병렬이다.(가다머, 2011, 138) 모험은 '아무렇게'나 펼쳐지는 것이 아니라 지향성을 가져야 한다. 그래야 해석을 기다릴 수 있는 의미를 포함하게 된다.

그러나 하나의 맥락을 이루는 지향성만으로는 다양한 위상을 포함할 수 없다. 직렬의 직선은 병렬을 통해 변곡하고, 병렬의 '순환'은 직렬을 통해 지향성을 획득한다. 에피소드들을 꿰고 연결하는 최선의 방식으로 가장 유력한 것은 뫼비우스의 띠다. 상과 표상의 마주 봄과 엇갈림, 어떤 것도 연결할 수 있는 시선이 곧 위상성의 시선이다. '상'은 인식대상으로서 인지 과정을 거친다. 표상은 의식에서 의식 과정을 통해 떠오른다. 둘의 역동적 조우를 균형과 조화 속에서 받고, 연결할 수 있다. 안을 바깥으로, 바깥을 안으로 변곡해 낼 수 있는 곧 뫼비우스의 띠과 같은 '기술(記述)력'이 요구된다.

앎과 힘, 지식과 권력을 연결하는 '장소'가 담론이다. 담론은 실제하는 장소가 아니라 둘 사이에 이루어지는 변곡 그 자체다. 따라서 앎의 텍스트의 언저리와 힘의 텍스트는 담론의 끄나풀로 직조되면서 서로의 이면을 이룬다. 그래서 "텍스트는 담론으로 이루어져 있고 담론은 텍스트로 이루어져 있다."는 말이 가능해진다.

'포스트(post)'라는 말에는 기둥이라는 의미도 있고, 우편이라는 의미도 있고, ~다음, 후에라는 의미도 있다. 포스트모더니즘에서 '포스트' 물론 마지막 의미가 강하다. 그러나 '다음에는?' '후에는?'라는 물음에 답을 제시하는 것은 쉽지 않다. 그 물음을 통해 다른 변곡(환원)을 이뤄 내면서 같지만 다른 'post(기둥)'를 지향하며 자연스럽게 나선을 그려 나간다.

포스트모더니즘의 역사학은 이렇게 담론의 개념을 통해 부각된 상호텍스트성이 개별 텍스트의 특징일 뿐 아니라 텍스트로 간주되는 문화와 역사의 특징이기도 하다는 점을 기어츠는 강조한다. 그의 중층기술법은 문화와 복잡한 텍스트망을 추적하는 데 그치지 않고, 그것을 기술하는 데서 더 탁월한 효과를 발휘한다. 나선의 첨단은 탐침에 강점이 있고, 나선의 저변은 해석에 강점이 있다. "기어츠의 문화 분석이나 담론의 실로 조밀하게 짜여진 문화와 역사의 직조물을 확대하여 그 실 하나하나를 세밀하게 분석하는 신역사주의 연구 방법을 정당화"(라영균, 2010, 117~8)하는 데 그치지 않는다. 그것을 새롭게 기술하는 데까지 기어츠는 나아가고 있다.

신역사주의의 공통적인 목표는 통일성이나 전체성을 지향하지 않는다. 다양성을 인정할 뿐만 아니라 지향하면서 복잡성이나 무질서에서도 찾고자 하는 것은 전체성이 아니라 일종의 패턴이다. 다성성, 비논리성을 통해 재구성하고, 텍스트화까지 밀고 나간다. 기어츠의 중층기술은 이성적 언어의 논리적 분석능력과 감성언어의 정서적 공감능력은 동시에 문화에 접목함으로써 입체적, 균형적 기술을 가능하게 한다. 이것이 중층 기술이 지닌 언어의 수행적 능력이다.

이를 통해 기어츠가 지향하는 것은 특별한 이야기이지 실재 혹은 사실이나 실체를 파악하는 것이 아니다. 기어츠는 문화인류학자는 사실의 담화 기록자가 아니라 '저자'라고 확신에 차 말한다. 역사를 통일성이나 전체성이 아니라 복잡성, 무질서, 다성성, 비논리성의 원칙에 따라 재구성하고 텍스트화하고자 하는 까닭이 여기에 있다.

민족지가 중층적 기술이며 인류학자가 그것을 담당하는 사람이라면 그 한편의 민족지가 저널리스트의 풍자이든 말리노프스키 규모의 논문이든 간에 중요한 것은 그 기록이 윙크와 눈의 경련을 제대로 구별했는가 또는 진짜 윙크와 윙크 흉내를 구분할 수 있었는가 하는 점에 있는 것이다. 우리는 지극히 현상적 기술인 해석이 되지 않은 상태의 자료에 대해서 그 설명의 설득력을 평가하는 것이 아니라 우리를 그 이방인들의 생활에 얼마나 근접시킬 수 있는가 하는 학문적 상상력의 정도에 의해서 그것을 평가해야만 한다.

— 클리퍼드 기어츠, 2012, 29

생활의 근접 정도가 기술의 진실성을 담보한다. '윙크'냐 '눈의 경련'이냐를 판가름하는 것은 별로 의미가 없다. 둘 사이의 차이를 관찰하는 것도 그다지 큰 의미가 없다. 우리는 둘을 '줌인(zoom in)과 줌아웃(zoom out)'으로 동시에 볼 수 있어야 한다.

스피노자가 언어를 통해 깎아 놓은 접안의 렌즈로 의식의 흐름을 관찰할 수 있다. 이것은 줌인을 넘어선다. 이것만으로는 부족하다. 생활과 시선 사이에 놓인 번역 불가능한 언어의 이중적인 벽까지 넓게 볼 수 있어야 한다. 여기에 광각의 시선이 필요하다. 생활의 접경과 광경을 동시에 그려 낼 때 우리는 두 풍경 사이에 중층으로 흐르는 것들을 기술해 낼 수 있다.

텍스트의 역사화는 누구도 부정하기 힘든 사실이다. 그러나 동시에 역사의 텍스트화도 함께 진행된다는 것 또한 부정해서는 안 된다. 신역사주의자들은 모든 텍스트를 역사화하면서 또 역사를 텍스트화하는 것을 시도한다. 텍스트와 콘텍스트의 벽을 허물고자 하는 그린 블랏은 나의 시선과 그의 시선으로 대표되는 우리 시대 아카데미와 세계의 접촉은 또 다른 차원에서의 '차이와 전체', '텍스트와 콘텍스트' 그리고 '경이와 울림'이라는 두 세계의 충족이라고 말한다.(임병철, 2006, 235) 다양하게 마주 잡고 펼쳐지는 두 세계 사이에 은밀하게 작용하는 "사회적 힘의(social energy)의 순환(circulation)"은 중층 기술을 통해서만 표현될 수 있다.

융복합 쓰기 전략

동양에서는 인문학이라는 말을 쓰지 않았다. 학문(學問)이 곧 인문학이었던 까닭이다. 과학기술이 학문의 영역을 주도하면서 인문학은 소수 학문의 자리를 점하게 되었다. 동양의 인문학 곧 학문은 '문사철'이라는 이름으로 영역을 구분했다. 문(文)은 시문(詩文)을 담고 있는 말이다. 시(詩)는 운율이 있는 글을, 문(文)은 산문을 가리켰다. 사(史)는 역사, 철은 경학(經學)으로 대표되었다. 사(史)는 역사적 사실에 대한 설명적 이해를 목표로 하는 글쓰기다. 사마천의 『사기(史記)』는 본이 되는 책이다. 철학은 역학(易學)의 다른 이름이나 마찬가지였다.

천문과 지리의 운행을 읽어 '인문'을 내다보는 것이 동양사상의 핵심을 이루었다. 오늘날 동양철학이 '점을 치는 것', 철학관은 '점을 보는 곳'의 명칭이 되었다. 동양사상은 논리적인 분석과 해석을 통해 지구 환경의 변화, 인간의 몸의 변화를 읽어 내고자 했다. 시문(詩文)은 상상적 해석, 언어의 확장, 심화, 고양을 통해 상상력의 가시거리를 획기적으로 높인다. 시(詩)가 현미(顯微)의 시선과 관련이 있다면, 문은 망원(望遠)의 시선을 획기적으로 확장했다.

공간의 역사가 물질의 역사와 동일하게 취급된 것은 근대의 가장 큰 특징 중의 하나다. 공간은 그 공간을 채우고 있는 사물들의 흔적에 담겨 있다고 생각했다. 그 흔적의 주인공이 대부분 인간이라는 것은 당연한 것처럼 받아들여졌다.

(사회적) 공간이 생산양식에 개입하면, 즉 결과이면서 동시에 원인이고 이유라고 할 때, 공간은 생산양식과 더불어 변화한다. 이는 매우 이해하기 쉽다. 다른 식으로 말하자면 공간이 '사회'와 더불어 변화하는 것이다. 따라서 공간의 역사가 존재하는 것이다.(시간의 역사, 물의 역사, 섹슈얼리티 등의 역사가 그런 것처럼) 다만 그 역사는 이제부터 써 나가야 한다.

— 앙리 르페브르, 2011, 29

전통사회에서 농지(農地)는 작물의 생육 성장 상태에 따라 구분했다. 논두렁이 구불구불해지는 것은 당연했다. 현재는 반듯하게 경지 정리를 해 놓았다. 이것은 땅의 성질이 구분의 기준이 아니라 기계가 효율적으로 작동할 수 있게 한 것이다. 언어로 서술된 이야기나, 그려진 풍경들이 획득하는 이미지가 '구체적 추상'이다. 이 구체적 추상, '플롯'을 위주로 전달하기 때문에 좀 더 많은 사람들이 자신의 색채를 유지한 채 이야기에 참여해 자신의 것으로 이끌어 낼 수 있다. 구체적 추상은 추상적 구체로 자유롭게 변곡할 수 있어야 의미는 풍성해진다.

구체적 추상은 결정된 존재들의 힘처럼 움직이면서 현상을 구체화한다. 사물은 공간 안에 있으며, 장소를 점유한다. 장소와 장소가 다양한 방식으로 연결됨으로써 세계적인 차원에서 망이 형성되고 분절한다. 무한한 수량으로 이동함으로써 사물들은 새로운 상품성을 획득한다. 이동 속에서 새롭게 모빌리티를 형성하는 상품은 역으로 세계에 공간을 제안하고 그 공간에 어울리는 행위를 촉발해 낸다. 공간의 개념까지도 제시한다. 공간과 공간을 잇는 상품의 이동은 교환 가능성이라는 호환성을 내포한다. 각각의 장소, 각각의 고리는 하나의 사물에 의해서 점유되며, 그 사물의 개별성은 같은 장소에서 부동화되어 지속될 때 확실하게 드러난다.(앙리 르페브르, 2011, 489)

우리가 지닌 의식의 장에는 형언할 수는 없지만 정말 확실한 것들이 너무도 많다. 사물의 구체성은 다방면의 '쓰기'를 통해 추상성을 획득한다. 추상성은 구체성의 대척점에 있는 것이 아니라 구체성을 이면으로 삼는다. 추상성은 기존의 것과는 달리 '움직임, 행위'를 포착하는 데 최적화된 것이다. 따라서 우리가 새롭게 구성해야 하는 것은 추상과 구체의 뫼비우스의 띠와 같은 연결이다. 구체적 구상, 추상적 구체로서 문학적 상상력과 심경에 펼쳐지는 확실성을 동시에 고려해 나가야 한다. 이것이 인문의 위상성을 강화할 때, 핵심에 자리한다.

> 하루 중의 시간, 계절, 지평선 위로 떠오르는 태양의 고도, 하늘에 떠 있는 달과 별들의 위치, 추위와 더위, 자연적인 존재의 나이 등이 모두 공간 안에서 파악된다는 말이다. 자연이 저개발 상태에 위치 지어지기 전만 하더라도, 모든 장소는 나무가 살아온 세월만큼의 나이테를 간직하듯이, 고유한 나이와 나이의 흔적을 간직하고 있었다. 시간은 공간 안에 새겨졌고, 공간-자연은 시간-자연의 서정적이고 비극적인 글쓰기에 지나지 않는다.
>
> — 앙리 르페브르, 2011, 165

구체와 추상, 추상과 구체의 한 차례 뫼비우스 띠와 같은 순환을 통해 공간의 나이는 퇴적한다. 공간의 나이는 그래서 이야기로 쌓이고 풀린다. 그 이야기의 다채로움을 통해 전 세대, 전 역사, 세계 전체도 다 품어 낼 수도 있다.

글쓰기의 위상학적 위력

　미국 듀크대학의 셸던 솔로몬 교수는 죽음의 불편한 감정에 대한 실험을 고안했다. 그의 실험에서는 글쓰기의 위력을 우회적으로 엿볼 수 있다. 이것은 죽음을 주제로 한 다큐멘터리에 소개되어 일반에 알려졌다. 이 실험의 핵심은 사람들이 느끼는 현실 중심의 미적 정서는 그 사람의 심리 상태에 의해 크게 좌우된다는 상식에 가까운 내용이다.
　실험은 이렇게 진행된다. 20대 남성 20명을 A·B 두 그룹으로 나눈다. 아름다운 여성과 1분의 첫 대면을 갖는다. 그리고 30분 동안 글쓰기 활동을 한 후 4분의 대면을 통해 호감도의 변화를 알아보는 것이다. A그룹과 B그룹은 첫 대면에서 비슷한 호감도를 보인다. 그런데 글쓰기 활동 이후 두 번째 만남에서는 다른 반응을 보인다. A그룹의 경우 부정적 반응을 보이는 사람이 많아졌다. 이들은 비슷한 서술 전략으로 응답한다. 먼저 첫 만남에서 좋았던 점에 대해 말한다. 그리고 두 번째 만남에서 좋지 않았던 점을 말한다. 반면 B그룹은 반대의 서술 전략을 구사한다. 첫 번째 만남에서 좋지 않았던 점을 말하고, 두 번째 만남에서 발견한 좋은 점을 말한다.
　첫 번째 만남에서의 호감도 평균은 7점 만점에서 4.5점 정도였다. 두 번째 만남 이후 호감도는 A그룹은 3.6점, B그룹은 5.5점으로 나타났다. 비슷한 심리 상태의 인간을 30분 만에 다른 지향성의 심리 상태로 만든 것은 다름 아닌 '글쓰기'였다. 물론 더 많은 시간이 있다면 다양한 방법이 가능하겠지만, 짧은 시간에 가장 깊숙하게 파고들어 심리 상태를 변화시킬 수 있는 것은 글쓰기라는 것이다.

  A그룹의 경우 30분 동안 '재난 현장에서 죽음을 맞을 때 느끼는 두려움'에 대해 썼다. B그룹은 '면접 현장에서 답할 자신의 미래'를 주제로 썼다. 글쓰기가 얼마나 주체를 강력하게 변화할 수 있는지를 보여주고 있다. 주체의 위상 변화를 획기적으로 가져오는 것이 글쓰기의 위상적 위력이다.

  시인 김수영의 시학을 응축하고 있는 말이 '온몸의 시학'이다. '온몸'이라는 말은 위상적 용어다. '자기 자신, 몸, 육체, 정신, 마음, 주체, 나' 등, '주어'와 관련된 모든 것을 담아내는 말이 '온몸'이다. 또한 이것은 '텍스트의 모든 것'과 통하는 용어이기도 하다. 전자의 경우에 '시는 사랑이다'는 말이 가능하다. 한 사람의 전체는 사랑 이전과 이후가 확연히 갈린다.

  사랑이라는 사건은 한 사람을 다른 위상으로 전체적으로 이행시킨다. 그 이행은 환원 불가능한 이행이다. 후자의 경우에는 '시는 자유다'라는 말로 풀이할 수 있다. 온몸의 시는 시의 형식과 내용 모두에서 아무런 제약도 없이 움직여 나갈 수 있는 것이다. 이전의 시는 이후의 시에 의해 극복된다. 이때 극복은 달라진다는 것이지 진화나 진보의 의미를 지향하는 것은 아니다. 즉 나아가는 것이지 나아지는 것을 목표로 삼지 않는다.

  새로운 시대에는 인간이 예술작품을 창작하지 않을 가능성도 있다. 인간이 오랜 시간에 걸쳐 만들어 놓은 개념들을 단기간에 습득하고 인간이 아직 도달하지 못한 영역의 기본틀을 만들어 낸 것과 같은 현상들이 예술 영역에서 일어나지 않으리란 법이 없다.

- 이지용, 2018, 44

글쓰기의 궁극적 목적을 예술작품을 창작하는 데에 두어서는 시대와 더불어 흐르기 어렵다. 글쓰기의 목적은 이행하는 것들이 새로운 동력을 얻을 수 있는 플랫폼을 지향할 필요가 있다. 단순한 매체의 변화가 아니라 매체지향적으로 쓰는 글이 되어야 한다. 글쓰기 자체의 위상적 변화 모색이 절실한 때다.

인간의 능력이 인간의 과학기술에 의해 잠식되고, 극복될수록 인간은 언어에 집착하게 될 것으로 보인다. 과학기술에 의해 만들어진 것들은 거의 대부분이 태양에너지에 직·간접적으로 기대서 얻은 것이다. 인간이 100%를 창조했다고 할 수 있는 거의 유일한 것이 언어다. 5G 시대를 대표하는 것이 자율주행자동차다. 물론 자율이라는 말이 잘못 쓰였다는 견해도 있다. 자율이라는 말에는 자유의지가 동반되는 까닭이다. 어찌되었건 자동차를 타고 이동하는 과정에서 사람은 소외된다. 주행에 필요한 정보를 주고받는 것은 자동차와 자동차 사이이다. 이 자동차에 의한 모빌리티의 생산에서 인간은 소외된다.

초연결사회에서 의미를 생성하는 것이 정보 간의 상호연관성이라고 규정할 때, 우리들은 먼저 우리가 가지고 있는 정보들에 대한 인식의 문제를 해결해야 할 필요가 있다. 아마도 새로운 글쓰기의 방법이나 새로운 문학의 형태와 같은 담론들은 우리가 발명해 내는 것이 아니라 이미 존재해 왔던 것들에게서 나타날 것이다.

- 이지용, 2018, 50

초연결의 사회에서 인간은 더 많은 분야의 연결 과정에서 소외될 것이 분명하다. 이때에도 인간이 주도할 수 있는 거의 유일한 모빌리티영역이 있다면 그것은 언어 모빌리티일 것이다. '새로운 수사적 모빌리티'를 적극적으로 시도하고, 다시 시도함으로써 인공지능의 알고리즘을 뛰어넘을 수 있을 것이다. 삶과 죽음을 이야기를 통해 다채롭게 연결하는 것이 오직 인간만이 이룰 수 있는 초연결이고 이것이 가능할 때 우리는 '오랜 미래'에서도 인간으로서의 자존감을 지켜 낼 수 있을 것이다.

생활세계의 추상성

생명이 걸려 있는 그러나 둘은 완전한 독립체인 경우를 우리는 사진을, 그림을 통해 만난다. 엄마의 젖을 물고 있는 아이는 연결된 독립체다. 자궁에서 자라나는 아이는 독립보다는 연결에 더 방점이 있다. 태양을 물고 있는 지구는 젖이나 자궁보다 더한 연결 속에 있다. 우리의 생활은 독립체로서 이루어지는 것 같지만 철저한 연결 속에서만이 가능하다. 후설의 생활세계는 이러한 절대적 연결, 그것은 전제하지 않고서는 '생명 유지' 자체가 불가능한 선험적인 것처럼 주어진 것들을 말한다.

하나의 맥락을 중심으로 삼아 역사적 사실을 구성할 수 있다고 믿는 역사주의는 신역사주의, 문화 시학 등에 의해 나름대로 극복되고 있다. 이러한 극복에는 '현상학'이 제시하는 '경험적 사실'이 크게 기여하고 있다. '자유와 이성', '상상과 감성', '지향과 지성'을 종합적으로 작동시키면서 위상적 논리를 적극적으로 전개할 필요가 있다. 그중 하나가 '초월적 주관'이다.

초월적 주관이 '파토스적 사유'의 질적 차이와 연관해 언제나 달리 나타남으로써 일상사를 가능케 한다. 이것을 해석하고 의미를 부여하는 데 적극적으로 동원되는 것이 현상학의 정치성이다. 생활세계의 위상학이 말하는 장소는 반복하지 않는다. 그런 만큼 거기에서의 존재론적 '시간/공간'은 언제나 열린 채로 있다. 이 때문에 소위 '역사의 사실/진실'에 근접하는 파토스도 여러 양상으로 변주되어 나타날 수밖에 없다.(송석랑, 2015, 352~3) 현상학적 관점에서 경험적으로 나타나는 '장소'의 차이는 외적 동일성으로 가려질 수 없다.

'생활세계'는 지구에 사는 모든 생명체에게 동일하게 주어져 있다. 일상사와 현상학의 정치성은 현재의 역사성이다. 이 역사는 한 줄로 흐르는 전후의 맥락 안에서 '버스형(토폴로지)'으로 연결되는 것이 아니다. '출발과 목적지가 있는 한 줄의 모빌리티'는 이제 더 이상 의미가 없다. 이것을 망상조직의 한 '노드'로서 역할을 한다. 역사는 현실의 여러 위상 중의 하나에 불과하다.

현실은 우리에게 전면적으로 주어진다. 이것이 입체적이라든지 총체적이라든지 하는 말을 대신하지는 못한다. 위상은 단면적으로 주어진 현실의 이면을 언제나 새롭게, 달리 구성한다. 현실에 주어진 한 지점을 이면의 특별한 것들과 연결될 수 있는 특이점들로 새로운 위상을 부여한다. 이를 통해 현실의 공간은 언제나 새로운 공간으로 거듭날 수 있다.

> 위상학적 관점에 의하면 하나의 구성물은 현실과 연결된 채 상대적으로 독립된 구조가 된다. 상대적으로 독립된 이러한 구조 속에서 특이점을 지닌 현실의 의미 양이 제거된 채 상호연관되고 조직된다. 형식의 이질적인 요소들이 정서적 흥분 상태나 강조된 관점 없이 무심하게 접속되는 까닭도 위상학적 구조가 지니는 추상화의 성질에 기인한다.
> — 김윤정, 2013, 824

더 철저히 독립적으로 가능성의 강밀도를 높이는 데 기여하는 것이 주체가 할 수 있는 최선이다. 나무처럼 계절과 바람을 맞고 보내는 것이 좇아가는 것보다 더 다채로운 경험이 가능하다. '홀가분하게' 무심하게 접촉하기 위해서는 '이념적 동일성'보다는 '감성적 동질성'이 중요하다. 추상성은 구체성의 결여, 구체성의 탈각을 의미하는 것이 아니다. 공동체를 이루는 데 있어 모든 주체성을 실현할 수 있는 가능성으로서의 측면을 생활세계의 추상성은 강조된다.

우리가 감행하는 현상학적 초월, 초월적 주관은 모두 생활세계 안에서 이루어지는 것이다. 초월은 다른 위상으로의 변곡을 감행하기 위해 필요한 것이지, 다른 세계를 지향하지 않는다. 역사의 리얼리티 또한 특별한 지위를 갖는 것이 아니다. 여러 위상들 중 하나에 불과하다. 이것은 생활세계에서 언제나 다른 위상으로 서술될 수 있고, 되어야 한다. 초월성이나 역사적 리얼리티는 우리에게 주어진 세계를 비춰 보고 휘저어 볼 수 있는 반성의 기제다. 우리는 경험세계를 단순하게 받아들이는 것이 아니라 경험 속에 내재해 있는 다양한 것들을 떠오르게 함으로써 생활세계가 풍성해지는 것이다. 초월성, 역사성을 소급해야 할 근원은 우리의 생활세계 안에 내재해 있다는 것은 항상 염두에 두어야 한다.

역사의 현장에서 '현장'의 역사는 생활세계의 역사다. 생활사는 독립적으로 특수한 것이지만 보편적인 것으로 내재한다. 세계사는 연결성이 강조된 보편적인 것이지만 여러 개의 기술 중 하나에 해당하는 특수한 것을 내재하고 있다. 보편과 특수의 변증법을 통해 생활세계는 기술될 수 있다.

우리에게 역사적 리얼리티보다 좀 더 중요한 것은 구체적인 서술 방법이다. 우리의 일상사는 현상학에 기반한 위상적 역사 인식만 가지고 온전하게 성립하기 어렵다. 일상사가 추구하는 '역사의 리얼리티'는 그 근원을 생활세계에 두는 까닭에 시간과 공간의 위상학적 의미 구조를 추구하는 장소를 지향한다.

삶의 구체적 장소에서 역사적 사실/진실은 파토스의 정서를 통해 낯선 의미로 밀려온다. 이렇게 드러나는 역사의 진실이 우리의 삶에 깊숙하게 들어와 삶의 위상성을 다채롭게 하는 데 기여할 수 있다.(송석랑, 2015, 349) 문화적 플롯, 토폴로지, 위상학적 서술 방식이 곧 삶의 서술 방식이 될 가능성이 높다. 인간 삶의 본원적 이유는 '이야기 만들기', '삶을 기술하기'에 있지 않은지 숙고하게 된다. 저자로서 역사가가 호출되는 지점이다.

기술·쓰기·짓기

시인의 언어는 세계의 것이다. 그러나 시의 언어는 세계와 자발적으로 단절한다. 시(詩)의 언어가 의도적으로 세계로부터 소격함으로써 거두는 효과에 대해서는 다양하게 조명하고 있다. '위반'의 수사를 사용하는 데는 자동차 도로경계선의 비유가 효과적이다. 시‖세계는 두 언어가 서로 넘나들 수 없다(소통 단절). 시:|세계는 시에서 세계로 넘어가는 것만 허용된다. 시|:세계는 세계의 언어만 시로 자유롭게 넘어올 수 있다. 시::세계는 시에서 세계로 세계에서 시로 자유로운 넘나듦이 가능하다.

시인이 끊임없이 세계의 모든 사물들을 생각하는 것이 아니라, 사물들이 그를 생각한다. 사물들은 그의 내면에 있고, 그를 지배한다. 그 메마른 시간들, 그 우울, 그 동요마저도 비인칭의 상태들이고, 지진계의 튀어 오름에 해당한다. 그리고 얼마간 깊이 있는 시선은 거기에서 시에서보다 더 한층 신비로운 비밀들을 읽을 수 있을 것이다.

— 모리스 블랑쇼, 2010, 265

사물이 관심을 쏟는 시인은 사물이 깃들기에 알맞은, 넉넉한 심경을 갖춘 사람일 것이다. '심경'의 상태, 상황과 관련된 표현은 우리가 대기의 상황·상태를 표현하는 말을 그대로 써도 전혀 어색하지 않다. 자크 데리다의 행간 쓰기는 방법론적 반(反)전략을 취한다. 반(反)은 되돌리기, 튀어 오르기 등의 의미로 모순적인 것을 동시에 출현하게 하는 위상학적 방향 전환을 지칭한다.

강력한 위상학적 향수들 중 하나에 속하는 방향 잡기는 거기서 패러독스를 고려하는 것이다. 패러독스들은 통상 비(非)맥락적인 것으로 받아들여진다. 모순적인 것들은 필요한 경우 제기되거나 무마되어 버린다. 그러나 이러한 제거나 무마를 통해 맥락에서는, 원래 그러한 무마를 통해 의도하고자 했던 것과는 완전히 반대로, 하나의 위상(학)적 틈새가 무의식적으로 생성된다.(요하임 후버, 2010, 276) 이렇게 영원성의 자리에 변형을 적극적으로 들여오는 것이 데리다가 추구하는 '행간 쓰기'의 요체다.

영원성의 자리까지 패러다임의 나선을 그리며 오는 '위상학적 침투'에 의해 일원성의 심연은 갈갈이 나눠져 수많은 길들을 품게 된다. 이 심연에는 최초의 것들이 자리하는 것이 아니다. 심해의 바닥과 같이 가장 오래된 것부터 가라앉아 있다. 문화적 기억의 퇴적층으로부터 팔딱이는 기억을 한 무리씩 무더기로 건져 올릴 수 있는 것이 '플롯'(문화 플롯) 곧 기술전략인 셈이다. 이렇게 난생 처음인 것처럼 건져 올린 언어들은 파편으로 흩어져 있다. 이 파편들을 던져지기 전으로 복원하고자 하는 것은 상징의 전략이다. 알레고리적인 전략은 기존에서 벗어난 파편들을 전혀 새로운 것들로 변주, 변곡시켜 내는 것이다.

언어가 그들을 분열하게 한다면 그것은 더욱 친밀하게 그들을 결합시켜 주기 위해서이다. 자연과 예술이 조화를 이루며 서로를 마주 보고 있을 때, 즉 자연은 예술에 의하여 승화되고, 예술은 자연의 개화(開花)이며 완성으로 창조되어질 때, 존재의 정화(淨化)가 이루어진다. 〈인생의 황혼의 모습〉은 이제 〈안전한 빛〉 가운데 서 있다.

— 에밀 슈타이거, 1983, 163

자연에서 온 인간이 돌아갈 곳은 더 이상 '자연'이 아니다. 지구에서 자연 상태를 유지하고 있는 것은 지구 자체 운동 곧 지구의 자전과 공전 정도가 대표적일 것이다. 인간이 지구에서 나서 죽는 것은, 문화에서 나서 문화로 흩어지는 것이 되었다. 이것은 그다지 아름답지 못하다. 'SNS'에 남아 있는 흔적은 죽어도 지워지지 않는다.

〈안전한 빛〉 속에 들기 위해서 우리는 좀 더 잔인한 빛을 감내할 수 있어야 한다. 〈디지털 스펙터클〉을 뛰어넘는 것은 쉽지 않은 일이다. 눈이 멀고서 새로 뜬 눈으로 극단적인 순간 속에서 문이 열리는 '순간'을 포착할 수 있다. 그 빛과 연결되기 위해서 죽음에 이르기 전, 황혼에 닿기 전까지 다이아몬드보다 더 많은 커팅 면을 갖는 다면체가 되기 위해 끝까지 스스로를 깎아 내야 한다. 아무것도 남지 않고 전체가 전체와 만날 수 있는 무한개의 접속면으로 이뤄진 '단자'가 될 때까지 스스로를 깎아 문을 만들어야 한다. 위상학적 기술의 궁극적 목표는 '처음인 길로 처음인 채 마지막으로 사라져 가는 것'이다.

그것은 글을 쓰는 것이다. 그는 글을 쓰기 위해 세계를 등지고, 그리고 평화롭게 죽기 위해 글을 쓴다. 이제 죽음은, 만족스러운 죽음은 예술이 주는 보수이고, 글쓰기의 목표이자 정당성이다. 평화롭게 사라지기 위한 글쓰기, 그렇다. 하지만 어떻게 글을 쓸 것인가? 무엇이 글쓰기를 허락하는가? 우리는 대답을 알고 있다. 만족스럽게 죽을 수 있는 능력이 있어야만 글을 쓸 수 있다. 모순은 우리를 경험의 깊이 속으로 불러들인다.

— 모리스 블랑쇼, 2010, 122

사라짐의 위상학은 자신의 언어를 완전히 소진함으로써 안(텅 빈 내면)과 바깥(공간을 쥐어 짜내며 직조된 텍스트)의 넉넉한 공간 사이에서 풍성한, 완벽한 죽음을 맞아 통과해 갈 수 있다. 나와 관계한(했던, 할) 언어, 이웃한(했던, 할) 언어까지 깨끗하게, 산뜻하게, 홀가분하게 소진해 버리는 것이다. 더 이상 쓸 말이 남아 있지 않는 삶은 무의미한 것이다. 그렇게 해서 마지막으로 남게 되는 말을 나침반 삼고, 붓 삼아 우리는 아무런 두려움도 미련도 없이 '죽음'에 성큼 다가설 수 있게 되는 것이다.

언어의 장소화

빈터, 즉 공간이 있어야 한 채의 집을 지을 수 있다. 지붕과 벽으로 특정 공간을 원래 공간으로부터 소외시킴으로써 집의 역할을 수행하게 된다. 소외냐, 소격이냐 혹은 분리냐에 따라 집의 지향성은 달라진다. 집이 품은 공간은 다시 가구, 가전 등으로 공간을 채움으로써 공간화한다. "사유와 경험에 대한 이야기가 정신적 내용(mental content)의 가능성에 초점을 맞춘다면, 명제적 내용(propositional content)이 될 것"(제프 말파스, 2014, 65)이다.

이미지 내용, 지향적 내용의 상호주관적 활동에 의해 내용의 공간은 확장, 축소, 변곡한다. 흔히 객관적 공간의 파악도 피조물(사물)의 관점에서 가능하다는 점에서 순수객관이라고 하기는 힘들다. 객관적 공간에 대한 최종 파악은 세계가 아니라 우리의 심경에서 재현됨으로써 이루어진다. 재현을 내면화하는 것은 사물들 중에서 가장 큰 공간을 품고 있는 인간의 능력이다. "내적 재현은 공간의 일정 부분에 대한 객관적 지도 작성을 산출하는 것으로, 심지어 객관적 지도 작성에 존재할 수 있는 것으로 여겨질 수 있다."(제프 말파스, 2014, 89~90)

객관적 공간의 파악은 사물, 사건, 타자를 중심으로 해서 플롯화된 틀을 통해 가능하다. 즉 공간의 파악에서 선입견은 매우 중요한 역할을 차지한다. 그리고 객관적 공간은 나름대로의 주관적 암호화, 재현되는 방식의 고유화 등을 통해 주관성을 확보할 수 있다. 재현의 역동성과 입체성은 객관성과 주관성의 상충, 상보를 통해 이루어진다. 가장 획일적인 틀의 공간으로 주어지는 아파트지만 모두 다른 방식으로 존재한다. 집은 공간보다는 장소의 속성이 강하다. 제프 말파스는 인간이 살 수 있는 곳을 '장소'라고 특정한다.

> 장소라는 개념의 핵심적 특징(설사 그 용어의 모든 의미를 전하지 못한다 해도)은 경계는 있지만 개방된 공간이나 영역이라는 생각인 듯하다. 그러나 장소의 개념이 개방성과 공간의 의미를 수반한다고 해도 그것이 전부는 아닐 것이다. 사람이 살 수 있는 장소는 거주 가능한 공간을 제공하고 – 그것은 거주가 가능하도록 '공간을 준다(gives space)' – 살 수 있는 장소는 단순한 '공간'이어야 한다.
>
> – 제프 말파스, 2014, 36

울타리, 벽은 경관을 나눈다. 테두리는 공간을 장소로 만드는 데 결정적인 역할을 하는 물리적 환경을 제공한다. 정신적 공간에서 테두리의 역할은 스토리가 대체한다. 장소는 공간적 차원 속성에서는 대극적 지향을 갖는다. 하나는 좌표이고 다른 하나는 현장이다.

지도 위에서 좌표로 사용되는 하나의 점으로서 장소(place)의 개념과 그 안에 사는 어떤 사람이나 사물을 포함하는 구체적 현장(locale) – 무엇보다 사람이 좌표점 안에 살 수 없는 노릇이다 – 으로서의 장소의 개념 사이에는 뚜렷한 차이가 있다. 현장이나 거처라는 말로 이해되는 장소는 일정한 개방성, 3차원 공간을 요구한다. 장소가 범위나 공간성의 개념과 분리될 수 없다.(제프 말파스, 2014, 36) 그러나 장소가 공간에 포함된다든지, 공간성을 바탕으로 삼는다든지 하는 것은 성급한 결론이다. 장소는 공간보다는 생활 혹은 삶과 더 밀접한 관련을 맺고 있기 때문이다.

공간이라는 말은 개념화가 불가능한 말이다. 공간이라는 개념이 발생할 때, 그것은 공간화된 공간이라고 할 수 있다. 공간으로부터 공간에서 장소화가 이루어진다. 공간과 마찬가지로 시간 역시 개념화가 불가능한 말이다. 시간으로부터 공간, 공간으로부터의 시간의 양방향으로 장소화가 이루어진다. 물리적 범위의 좁은 개념과 결부되는 공간은 그 위치로부터 개념화를 시도한다. 이 공간이 장소와 결부되는데, 장소는 공간에 포함되지는 않는다. 공간의 이면이 시간이고 시간의 이면은 공간이다. 이면인 시간과 공간을 잇는 작용(뫼비우스 띠의 꼬임)이 개시하는 공간시간이 장소인 까닭이다.

헤테로토피아

지난 세기만 해도 지구는 꽤 많은 미지를 품고 있었다. 지구는 세상의 전부라고 해도 무방했다. 미지를 향하는 모험은 지구별이면 충분했다. 스페이스X프로젝트를 이끌고 있는 엘론 머스크는 2018년 12월에 로켓 팰컨헤비를 쏘아 올렸다. 이 로켓은 화성과 목성 사이의 소행성 지대로 전기자동차를 밀어 보내고 영화의 한 장면처럼 정해진 자리에 내려앉았다. 로켓의 재활용이라는 꿈이 이루어진 것이다. 이것으로 우주여행이 가시화되었다. 2022년에는 달을 한 바퀴 돌아오는 여행이 가능할 전망이다.

그런가 하면 '구글earth 앱'을 켜면 지금 현재의 지구 모습을 꼼꼼하게 찍어서 실시간으로 제공한다. 얼마 전에는 원시림을 찾아내어 알려 주기도 했다. 여전히 인간의 발길, 눈길이 닿지 않은 심해가 있지만 지구를 세계의 전부 혹은 미지의 공간을 가득 품고 있는 넓은 공간으로 인식하는 사람은 점점 줄어들고 있다.

당장 세계적 수준의 무국경화가 이루어질 것 같지는 않다. 여전히 종교전쟁과 민족 분쟁, 인종 갈등, 전근대적 우경화 등이 세계 곳곳에서 진행되고 있다. 또한 그와는 달리 특정 사회, 특정 국민 국가를 바탕으로 기업과 개인에게 가해졌던 한계와 제한이 극복되고 있는 것도 현실이다. 지구화, 세계화는 서구 중심으로 진행되고 있는 것은 부정할 수 없다. 유토피아적 전망보다는 디스토피아적 전망이 우세한 것도 사실이다. 이것은 전혀 다른 측면에서 '중세주의'의 대두로 그려진다.

중세세계는 영토적 경계나 사회적 영역이 분명치 않고, 중심부와 주변부로 나누어진 제국이 있지만 그 속에는 언어공동체에 기반을 둔 권력공간(지역) 사이의 대립과 충돌이 늘 발생했다. 신중세적 지구촌세계는 관할 권역의 정체성이 서로 중첩되는 경쟁 기구와 제도들로 구성된다.

— 조명래, 2015. 8

'신(神)'이라는 말이 붙기는 했지만 '중세주의'적 전망은 틀릴 가능성이 크다. 지구의 대지, 땅, 표면의 공간은 현대인의 삶에서 근세나 근대에 비해 영향력이 크게 약화되었다. '사이버공간'은 지구의 공간만큼 담대한 세계를 구현하고 있다. 물리적 공간과 사이버공간이 유기적으로 소통할 수 있도록 하는 것이 중요해졌다. 여기에서 문학적 공간의 역할이 새롭게 대두한다.

통념적으로 이해되는 문학의 공간은 세속화의 과정으로부터도 분리되어 있는 장소처럼 생각된다. 여하한 세속적 메시지나 정치적 견해가 뒤섞여서는 안 되는 '무관심성'의 장소라고 할 수 있다.(진은영, 2012, 93) 부르디외는 문학의 장소성에 대한 이런 이해에 강력히 대항한다. 그는 정치의 언어에 시적 언어가 적극적으로 개입할 필요가 있다고 말한다. 감성의 다양한 분할을 통해 마치 무의 장소처럼 지워 내는 것이 그의 정치적 '무화' 전략이다. 과거 문학의 지향이 순백의 순수였다면 문화시대의 문학공간은 무명(무색)의 순수로 채워진다.

문학의 토포스는 세계의 다양한 장소들 중 특수한 방식으로 점유된 하나의 장소를 의미한다. 그것은 상업적인 화폐의 공간과 우파와 좌파 모두의 도덕주의적 정치공간으로부터 분리되어 존재하는 하나의 새로운 장소다.(진은영, 2012, 91) 그러나 이 장소는 순수주의자의 주장처럼 세상의 때가 묻지 않은 장소가 아니다. 예술을 위한 예술, 또는 예술의 종교를 믿었던 자들이 발견한 곳에 예술은 깃들 수 있을지 모르지만 삶은 깃들기 어렵다.

우리는 정치적으로 규정한 법령의 지배를 받지 않으면서 자기의 고유한 윤리 속에서 그 장소의 생산물들을 평가하고 관리하며 소비하는 것을 꿈꾼다. 그러나 이것은 없는 세상을 전제로 한 유토피아가 아니다. 푸코의 '헤테로피아'는 정치가 폭넓게 지배하는 현실 이면에 헤테로피아로서 '문학의 토포스'를 적극적으로 상상할 수 있게 해 준다. '문학의 토포스' 전혀 새로운 공동체를 꿈꾸지만 그 토대는 '생활세계'여야 한다는 점에서 기존의 낭만적인 상상과는 거리를 둔다.

문학의 토포스를 확장하고 심화하는 것은 '생활세계'에서 이루어져야 한다. 따라서 로티가 제안하는 '재서술'은 하나의 획기적인 전략으로 활용할 수 있다. 그는 역사의 흐름에 대해 기술 방법을 이전과 다르게 말(생각)함으로써, 혹은 이전과 다르게 말하는 방식을 찾음으로써 재서술할 수 있다고 믿는다.

오늘날의 세계는 시간과 공간의 우연의 산물이다. 새로운 것이 창조되거나 세계의 본래 모습을 향해 조금씩 진보해 나가는 것도 아니다. 기존의 것을 새롭게 말하고, 그것을 새로운 방식으로 플롯화한 결과다. 역사의 진보는 재서술행위를 통해 우연히 형성된다는 것이다.(김학룡, 1998, 56) 시간의 흐름은 필연적이지만 그 시간이 흘러가는 공간은 늘 우연적으로 열린다. 필연과 우연 속에서 인간의 역사는 언제나 '우발적'으로 열리고 흐른다.

12. 스토리

서정적 내러티브

인간에게 절대 숙명이 있다면 그것은 필연적으로 죽음에 이른다는 것이다. 철학자 중에서 가장 오래오래 죽어 간 사람 중 한 명은 모리스 블랑쇼다. 그는 끝내 쓰면서 천천히 오래오래 죽었다. 우리의 이야기는 기억을 반추하는 것을 지향하지 않는다. 기억만 반추하면 이야기로는 죽음에 다가설 수도, 지나칠 수도 없다. 우리는 이야기에 대한 기억이 있을 뿐이다. 죽음도 우리의 기억이 될 수 있는 길을 열어 보는 것이다.

인간이 갖고 있는 이야기에 대한 욕망은 매우 근원적이고 본질적이다. 이것은 생활세계 전반에 걸쳐 두루 퍼져 있다. 이야기 욕망은 인상적이고, 직관적이다. 대중 미디어, 디지털 미디어를 통해 다양한 층위의 이야기가 소통하고 있다. 인간은 이야기를 보고, 듣고 싶어 하며, 또 이야기를 하고 싶어한다. 그것은 이야기가 인간의 경험을 전달하는 효과적인 방법이라는 것은 부정할 수 없다. 인터넷의 발달로 인한 SNS의 생활화를 통해 이야기는 다채롭게 다층적으로 증식한다.(김근호, 2008, 230~1) 이야기 욕망은 생활세계의 구체적인 현상이다.

이야기하고 싶은 욕망, 이야기되고 싶은 욕망은 서로의 이면을 이룬다. 전자가 과거에 대한 욕망이라면, 후자는 미래에 관한 욕망이다.

이 둘이 꼬리에 꼬리를 물 수 있으려면 '뫼비우스의 띠'를 구현할 수 있어야 한다. 이야기는 섬세한 욕망을 다루게 되며 한 개인의 구체적인 삶에 더 집중할 수 있다.

'몸글'이라는 이름 자체가 언어(觀念)와 몸(物質)이 절대 뗄 수 없는 것임을 시사하듯, 타자의 세계는 비단관념으로 조형된 자의식을 통해서는 완성되지 않는다. 타자의 세계는 '나'(주체)의 시선과는 별도의 시간을 가지고 흘러간다.

— 정주아, 2013, 262

우리는 특정한 지역에서는 그 지역에 맞는 '이상적인 삶'을 꿈꾼다. 이것은 삶의 거처를 옮기는 것이 아니다. 잠시 여행을 할 때도 마찬가지다. 그 장소에 맞춤으로써 특별한 이야기를 갖기를 희망하는 것이다. 우리의 생은 특정한 장소에 나무처럼 자리할 수 없다(붙박힐 수 없다). 장구한 시간을 한자리에서 보낼 수 없다. 그러면서 제각기 '별도의 시간'이 흘러간다. 그 시간을 포착하는 데는 서사적 이야기보다는 서정적 이야기가 어울린다. 서정적 이야기는 이미지나 상징 중심이 아니라 술어, 알레고리적이어야 한다.

시란 생생한 접근에 관련된, 삶의 진지함과 수고 가운데 완성되는 움직임에 관련된 경험이다. 단 한 줄의 시를 쓰기 위해 삶을 다해야 한다. 그리고 두 번째 대답은 다음과 같다. 단 한 줄의 시를 쓰기 위하여 예술을 다하여야 하고, 예술의 탐구에 자신의 삶을 다하여야 한다. 이 두 개의 대답은 모두 예술은 경험이라는 것을 염두에 두고 있다. 예술은 탐구이고, 그 탐구는 결정되지 않은 것이 아니라 미결에 의해 결정된 탐구, 비록 삶에 아랑곳하지 않는다 하더라도 삶 전체를 관통하는 탐구하기 때문이다.

— 모리스 블랑쇼, 2010, 116

미결정성은 불가능성의 가능성이다. 그 가능성으로 인해 누구나 어떻게든 삶을 다할 수 있는 원동력이 제공된다. 미결정성은 역사적 삶이나 서사적 시간이 아니라 서정적인 것들이어서 별도의 시간 바탕을 갖는다. 예술의 시간은 직관적 시간 탐구이며 미결에 의해 결정된 탐색이다. 서사적 삶에 아랑곳 않는 것은 삶 전체를 관통하는 탐구이거나 시적 순간에 대한 탐색을 강화함으로써 가능하다. 우리의 일생은 커다란 한 줄기만으로 흐르지 않아도 된다. 한 가닥의 일생은 수만 가닥의 스토리로 짜이고 풀리고 따진다. 그리고 누벼지고, 기워지고, 덧대어진다.

우리는 우리의 기억이 정말로 과거의 실제 사건에 관한 것인지 궁금할 수 있다. 회상은 사실과는 일정 거리가 있다. 또한 기억은 생각에 나타나는 어떤 것이라는 의미에서 그 기억이 내 것인지를 다른 층위에서 궁금해한다. 구체적인 기억들이 누군가에게 '이식'될 수 있다고 하더라도 이것이 엄밀한 의미에서 사람이 자신의 기억을 가질 수 있음을 입증하지 않는다.(제프 말파스, 2014, 99) 자신의 기억이라는 말은 그래서 타당하지 않은 것이다. 기억의 이식, 스토리 이식이라는 것이 개별적으로 이루어져서는 의미가 없다. 여기에서 중요한 것은 '플롯'이다. 기억을 이야기하면서가 아니라 이야기를 기억하면서로 전환하기 위해 중요한 것이 바로 '플롯'이다.

스토리 헤게모니

역사의 헤게모니를 장악하기 위한 투쟁의 장이 권력의 장을 형성한다. 『조선왕조실록』은 유네스코세계문화유산으로 지정될 만큼 그 가치를 인정받고 있다. 『조선왕조실록』의 사실성, 객관성을 확보하기 위해 사관(史官)의 기록은 '임금'도 볼 수 없게 하였다.

홍명희의 역사소설 『임꺽정』은 1928년 11월 27일부터 1939년 3월 11일까지 연재된 작품이다. 〈조선일보〉에서 연재되다가 중단되고 《조광》을 통해 계속 연재가 됐다. 연재가 끝난 후, 1939년 조선일보사에서 총 4책으로 초판을 출간했다. 이로써 이 소설은 우리 소설사에서 대하소설이라는 한 획을 긋게 된다.

조선 숙종 때, 함경도에서 민란이 있었다. 민란의 수괴 이름은 '꺽정'이었다. 그는 함경도에서 활약을 했고, 보기에 따라서는 도적이었고, 의적이었다. 성을 갖지 못한 천민이었다. 꺽정의 무리가 진압이 되고 조정에서는 그에 대한 이야기가 있었다. 사관은 『조선왕조실록』에 그 내용을 기록하면서 꺽정에게 수풀에 산다는 의미로 성(姓)을 임(林)이라고 붙여 준다. 그리고 이름을 기록하면서 '거정(巨正)'이라는 한자로 쓴다. 반란죄로 죽음을 당한 사람의 이름을 '크게 바름'이라고 썼다는 것이 만일 알려졌다면, 그 사관 또한 화를 면치 못했을 것이다.

'사실(事實)'은 물론 사실(寫實)이나 사실(史實)도 객관성을 완전히 담보하는 것은 '사실상' 불가능하다. 최대한 객관적으로 기록할 수 있는 장(場)은 물론 중요하다. 그러나 이것만으로는 부족하다. 기술행위는 상상을 통해 그 공간을 스스로 열지 않으면 안 된다.

사실과 상상을 구분하는 것은 근본적인 작업임에 틀림없다. 그러나 근본적이라는 말이 가졌던 의미가 많이 퇴색된 것도 부정할 수 없다. 소위 유사학문, 비학문, 반학문 등에서는 사실과 상상이 구분되지 않는 경우도 있다. 특히 현대의 물리학의 경우 사실을 상상이 압도하는 경우도 쉽지 않게 관찰할 수 있다. 역사 서술의 경우도 예외는 아니다. "역사가가 양심적으로 조사해서 발견한 수많은 자료와 사실들도, 증거력이 있는 사실들도 – 아직도 히스토리로서의 역사가 아니다. 역사를 서술하는 작업은 이를 기술하는 사람들의 적극적 개입과 종합하고 재구성하는 작업 없이는 진행될 수 없다."(카를 슐레겔, 2010, 50)

실록을 해석하고 기술하는 것은 '역사 서술'이라고 할 수 있다. 사실과 상상을 칼로 자르듯 구분하는 것은 불가능에 가깝다. 사실에 바탕을 둘 때, 상상은 풍등처럼 알 수 없는 곳으로 날아가는 것이 아니라 애드벌룬처럼 현실을 붙잡고 끊임없이 현실에 개입할 수 있다. 사건의 직접성이나 사실의 직접성은 크게 의미가 없다. '기술의 직접성'이 '상상의 나래'를 펼치면서 자유로운 기술을 가능케 한다.

반향(反響), 반성(反省)의 반(反)에는 '되돌리다'의 의미가 담겨 있다. 가다머는 반향, 반성을 위해 꼭 필요한 것이 '선입견'이라고 말한다. 리쾨르의 경우도 직접성에로의 귀환은 침묵에로 향하는 것이 아니라고 말한다. 언어의 충만함으로 돌아갈 때 생생한 언어행위는 총체적 의미화 과정으로 채워진다고 말한다.

> 구어에로의 이러한 귀환에서 반성은 반성이 된다. 즉 의미의 이해가 이루어진다. 그러므로 반성이란 해석이다. 구어에로의 되돌아감에서만 반성은 구체적인 것이 되며 반성은 반성으로 존재할 수 있게 된다. 제2의 천진난만함은 제1의 천진난만함과 다르다. 왜냐하면 제2의 천진난만함은 전비판적인 것이 아니라 후비판적인 것이기 때문이다. 그것은 고지(告知)의 천진성이다.
>
> — 폴 리쾨르, 1983, 83

문장 언어를 타락으로 본 소쉬르는 음성언어의 복원을 소망했다. 이것은 제1의 천진성으로의 회귀이다. 물론 성공할 수 없는 기획이었다. 데리다는 『그라마톨로지』에서 이 점을 분명히 하고 있다. 폴 리쾨르는 소쉬르와 비슷하게 '구어'로의 귀환을 주장한다. 소쉬르와 다른 것은 이 구어는 입으로 발음하는 '음성언어'가 아니라 '손'으로 말하는 입말을 향하고 있다는 점이다. 말을 하면서 말을 볼 수 있는 거리가 확보된다. 따라서 제1의 천진성과는 구분되는 제2의 천진성이라고 할 수 있다. 요즘의 SNS를 오가는 메시지는 글보다는 말에 가깝다. 입말과 구분해서 '손말'이라고 할 수 있다.

재구성을 통해 의미를 펼치기 위해서는 시간보다는 공간을 바탕으로 삼는 것이 유리하다. 시간을 바탕으로 한 '역사학'에서 공간의 중요성을 부각하는 역사지형학으로의 전회가 본격적으로 이루어지고 있다.

> 역사지형학(historishce Topograhie)은 공간들과 생성과 붕괴를 사고 차원에서 사후적으로 따라잡기에 역사적이다. 위에서 언급했듯이, 고도로 역동적이었던 1890~1930년 상트페테르부르크/페트로그라스/레닌 그라드의 역사지형학은 시간과 공간이 인위적 노력 없이 서로 조직적으로 녹아들어 융합된 역사 기술 즉 유럽사의 시공간(chrontop)으로서 페테르부르크를 기술하기 위해 필요한 요소들을 제공한다.
>
> — 카를 슐뢰겔, 2010, 45

공간에서 차지하는 '역사적 의미'는 극히 미미한 것이다. 조선이라는 시·공간을 살았던 수많은 이들의 이야기가 빠지고 왕과 관련된 이야기만 기록된 '실록'은 그야말로 N분의 1의 스토리일 뿐이다. 그것을 조선의 결정적인 역사처럼 서술하는 것은 난센스에 가깝다. 시간 중심의 역사 서술은 하나의 큰 흐름을 전제로 하는 경우가 많다. 나머지 무수한 흐름은 배제되거나 큰 흐름에 통합된다. 새로운 역사 기술의 지향은 공간차원에 좀 더 많은 관심을 기울일 필요가 있다.

즉 한 공간을 지나는 다양한 시간의 선들, 그리고 그것이 형성하는 다채로운 흐름의 무늬를 읽어 낼 필요가 있다. 역사에 대한 이러한 위상학적 접근은 자연스럽게 거시사에서 미시사로, 미시사에서 일상사로 시선을 돌리게 한다. 이것은 역사 기술의 패러다임을 바꾸는 차원이 아니라 기술의 시간·공간·인간 즉 기술의 주체와 대상을 모두 바꾸는 것이다. "시간대와 세대를 뛰어넘는 역사 기록물을 구성해 내는 일, 특히 역사와의 소통을 가능케 하는 기록물을 구성해 내는 것과도 관련이 있다. 요컨대 역서를 발굴하고 기록하는 사람들의 경험과 관련되어 있다. 사람들은 그런 것을 배워야 한다."(카를 슐뢰겔, 2010, 35~6) 도처에서 사람들은 저마다의 역사를 기록하고 있다. 그 기록들은 고스란히 남고 언제든, 어디서든, 마음만 먹으면 누구든 볼 수 있다. 그 상상하기 어려운 가닥의 이야기들로 펼쳐진 삶의 위상성이야말로 가장 소중한 인간다움의 징표일 것이다.

소설을 쓰는 마음으로 시를 쓰다

세계의 역사는 제 민족들의 시원을 담고 있는 신화의 각축장이었다. 민족들은 저마다 자신들의 이야기가 세계의 근원이 되기를 소망했다. 그 소망은 폭력적으로 드러나는 경우가 많았다. 현재 세계의 패권은 서구의 경제, 문화가 주도하고 있다. 세계인들에게 가장 널리 알려진 이야기는 그리스·로마신화(헬레니즘)였다. 그리고 이것은 기독교신화(헤브라이즘)에 추월당한 것으로 보인다.

소강희는 서구의 시간관을 직선의 시간이라고 말한다.(소강희, 2001). 헬레니즘과 헤브라이즘의 차이는 사선과 선분의 차이다. 헬리니즘의 시간은 과거와 미래로 무한히 확장하는 시간이다. 헤브라이즘은 태초와 종말이 있는 선분의 시간이다. 차이에도 불구하고 현재는 선분 위에 놓이는 까닭에 반복이 불가능하다는 공통점이 있다.

서구인들은 자신들의 이야기가 오직 한 번뿐인 시간 위에 주름 잡히기를 바라는 욕망에 민족의 운명을 걸기도 한다. 근대의 비극은 이러한 대서사의 각축에서 비롯되었다는 분석은 설득력이 있다. 각축장(격투장)을 경연장으로 전회하면 세계의 안전성과 안정성을 동시에 높일 수 있다.

타자가 건강하지 않으면 자기도 건강할 수 없다. 타자라는 구체성을 잃은 시, 타자를 지운 사랑은 공허하다. 그 공허 속에서는 탐미주의적인 기호의 추구만 있을 뿐이다. 세계의 맥락을 변화시킬 어떤 진실한 전언을 구성하는 것은 쉽지 않다. 그래서 사랑이 타자의 것이 되면서 주체와 타자라는 관계의 체계마저 잊을 때, 사랑은 하나의 의미를 구성하게 된다.(신진숙, 2010, 60) 그러나 이 구성은 나타남의 의미 구성이 아니라 사라짐의 의미 구성도 동시에 지향할 수 있어야 한다.

사랑의 진정한 의미는 완벽하게 하나를 구성하는 것이 아니라는 것은 상식이다. 하나가 되는 것이 아니라 완벽한 타자가 되어 끝없는 대화, 곧 이야기를 만들어 내는 것이다. 단일한 서사의 각축장에서 이야기가 이야기를 듣고, 그 이야기가 다시 이야기와 어울리는 다층적 서사의 장소로의 전환이 절실한 때다. 왜 세계의 맥락이 서사의 이야기에서 서정의 이야기로 쇄신해야 하는지 새롭게 묻게 되는 지점이다.

시는 이야기다. 그것도 최대치로 짧아진 이야기다. 소설은 긴 이야기다. 그러나 우주적으로 보면 둘 모두 짧은 이야기에 불과하다. 양자적인 것으로부터 보면 시나 소설 모두 우주적인 이야기다. 시적 담화의 진정한 특성은 쉽게 고정되지 않는 담화, 진동하는 담화라는 데 있다.

인간적인 사실을 움켜쥐고는 사물과 전면적으로 섞여 들 수 없다. 목소리, 표정, 몸짓 등 감각적 대상으로 주체를 지우고 '매개물'을 이용하는 것은 하나의 문화적 성취라고 할 수 있다. 재현성의 표식과 물질성의 표식들이 상호연관되면서 의미를 전달한다. 그리고 그 과정에서 우리가 전달하고자 하는 것은 의미 자체가 아니라 의미가 전달하는 과정을 포함한 '메시지'가 된다.

> 문화적 성취는 우선 담화의 사건적 특성과 연관되며 이어서 의미와도 연관된다. 담화가 말해졌을 때에는 도망가고 글로 쓰였을 때 고정되는 것은, 그것이 오직 담화의 잠재적이고 현재적인 순간에만 존재하기 때문이다. 사건은 나타났다 사라졌다 하기 때문에, 이를 고정시켜야 하는, 즉 글로 써야 하는 문제가 생기는 것이다. 우리가 고정시키고자 하는 것은 장르로서의 언어가 아니라 담화다.
>
> — 폴 리쾨르, 1998, 61

담화는 고정되는 않는다. 나타났다 사라졌다 하는 것에 관심을 기울이기 시작하면서 진동이 시작되고 담화의 장이 열린다. 길고 짧은 것은 고려의 대상이 아니다. 고정시키려고 하는가 그렇지 않은가의 문제다. 담화가 문장으로 고정되는 것과 언표로 진동하는 것은 다른 위상적 역동성을 갖게 된다. 맥락이 조금 다른 것을 감안하면 '포에톨로지의 지향'을 김수영의 시론에서 엿볼 수 있다. 그는 "나는 소설을 쓰는 마음으로 시를 쓴다."고 말한다.

> 그만큼 많은 산문을 도입하고 있고 내용의 면에서 완전히 자유를 누리고 있다. 그러면서도 자유가 없다. 너무나 많은 자유가 있고 너무나 많은 자유가 없다. 그런데 여기에서도 또 똑같은 말을 되풀이하게 되지만, 〈내용의 면에서 완전한 자유를 누리고 있다〉는 말은 사실은 내용이 하는 말이 아니라 〈형식〉이 하는 혼잣말이다.
>
> — 김수영, 「시여 침을 뱉어라」, 『전집2 산문』, 400

김수영의 시론에서 가장 널리 알려진 대목이다. 이 대목에서 그동안 주목했던 부분은 '내용'과 '형식'의 상호관계와 작용이었다. 이 둘의 균형과 조화를 통해 밀고 가는 것이 '온몸'이었다. 새롭게 주목하고자 하는 대목은 '나는 소설을 쓰는 마음으로 시를 쓰고 있다'다. 이것을 내용과 형식으로 대치하면 "나는 형식을 쓰는 마음으로 내용을 쓰고 있다"가 된다. 우리가 누릴 수 있는 최선의 자유는 '형식'에 있다. 내용에서 자유는 여전히 누리지 못하고 있다. 우리가 내용까지도 최선의 자유를 누리기 위해서는 '형식'을 쓰는 마음으로 내용을 쓰는 것이다.

형식은 '플롯'으로서 서사에 주어진 것이다. 내용과 형식이 구분이 되지 않는 것은 시다. 형식에서 내용으로, 내용에서 '형식내용 ∞ 내용형식' 그리고 다시 형식으로의 뫼비우스의 띠와 같은 순환 구조를 만들어낸다. 이것이 "소설을 쓰는 마음으로 시를" 쓸 때 열리는 장소(언어) 곧 포에톨로지다. '장소의 개시'는 시가 지닌 장소의 개시성, 한차례성, 유연성, 유동성을 속성으로 삼아 이루어진다. 시는 언어를 바탕으로 활동한다. 그래서 시의 본질은 언어의 본질에서 찾아야 한다는 것은 상식 수준의 말이다. 시는 상식의 언어, 수단으로서의 언어에서 끊임없이 탈출(주)을 시도한다.

> 우리가 일상생활에서 쓰는 말 가운데서 이야기하거나 담론하는 온갖 내용이 오히려 환히 드러나게 된다는 뜻이다. 그러기에 언어는 시의 생소재로 있는 것이 아니라 오히려 시 자체가 비로소 언어를 만들어 내는 것이라고 하겠다. 시는 역사적 겨레가 지닌 근원이 되는 언어이다. 그러기에 언어의 본질은 거꾸로 시의 본질에서 찾아야 된다.
>
> – 마틴 하이데거, 1983, 68

시란 것은 만물의 존재와 본질을 건설하고 이름을 붙여 주는 행위를 가리키는 것이라고 하이데거는 말한다. 언어는 시의 본질을 이룬다. 시가 다시 언어의 본질을 이루기 위해서는 변곡을 통한 순환의 구조를 형성할 수 있어야 한다. 이것은 형식으로서의 언어와 내용으로서의 시가 만나는 방식과 한 맥락을 이룬다.

언어의 본질은 기호의 속성이 아니다. 언어의 본질은 이야기를 구성하는 것, 담는 것이다. 특별한 사람만 만드는 것은 이야기가 아니다. 누구나, 어떻게든, 무슨 의미나 담아낼 수 있는 천차만별의 서사 틀을 제공할 수 있어야 한다. 형식은 다양성에서 그 자유를 누린다. 서사의 자유는 널리 퍼지는 것이다. 시의 자유는 심화 고양하면서 시원과 궁극을 찾아가는 것이다. 이 둘의 역동적인 만남을 통해 포에톨로지는 문화적 필요성, 시대적 요구까지 반영하게 된다.

프로메테우스∞에피메테우스

인간의 삶을 신적인 차원으로 고양시키기 위해 애쓴 '타이탄족' 쌍둥이 형제가 프로메테우스와 에피메테우스다. 그는 제우스 일족과 타이탄족의 싸움에서 제우스 편에 선다. 프로메테우스는 선각자라고 하고, 에피메테우스는 후각자라고 한다. 프로메테우스는 다양한 '기술'(불로 대표되는)을 인간에게 전해 준다. 기술은 새로운 영역을 뚫고 들어가는 데 탁월한 효과를 발휘한다.

제우스는 크게 분노하다. 프로메테우스에게 억겁의 세월을 반복하는 가장 커다란 고통을 벌로 내린다. 제우스의 분노는 어디에서 온 것일까? 그리스 로마 신화에서 제우스는 인류의 아버지다. 그런데 자식에게 도움을 준 프로메테우스에게 왜 최대의 분노를 표출한 것일까. '과학기술'은 미지의 것에서 비롯한 것이기 때문에 기지의 것으로 가치판단이 불가능하다. 가치나 윤리의 문제가 개입하기 어렵다는 것이다.

기억과 사유와 경험과 그 통합 즉 정신적 삶의 통합은 그 선후관계가 불명확하다. 기억과 사유와 경험은 통합 이전의 것이기도 하고 통합 이후의 것일 수도 있다. 내용과 태도에서 최소의 일관성이라도 보이는 정신 상태들을 어떤 피조물에게 귀속시킬 수 없는 경우, 그 피조물도 어떤 정신적 상태들로 귀속시킬 수 없다. 개별 주체에 속하는 것으로 이해된 특정 상태들은 적절한 일원성이나 통합을 드러내는 상태들을 위한 것이기 때문이다.(제프 말파스, 2014, 112)

서사는 언어의 장소를 극대화하는 언어적 방식이다. 에피메테우스는 인간에게 반성, 성찰할 수 있는 힘을 선물한다. 성찰은 맥락, 상황, 사건을 통해 이루어진다. 미지의 언어를 캐서(프로메테우스), 현재의 장(문화)을 신선하고 역동적으로 만들어 준다. 현재를 채우고 있던 언어가 비워지지 않으면 역동성도 반감한다. 기존의 언어는 기억 속으로 가라앉는다. 문화의 시대가 지속될수록 더 많은 양의 언어가 의식, 무의식에 가라앉는다. 이것은 아예 없어지는 것이 아니다. 에피메테우스의 성찰의 힘, 후각(後覺)의 힘으로 그물(플롯)을 과거의 기억 속에 던져 가라앉아 있던 언어를 끌어 올린다. 에피메테우스가 선물한 '플롯'이 있기 때문에 우리는 홀가분하게 현재를 비우면서 언어(이야기)를 안심하고 놓아줄 수 있다.

서사는 비슷한 방식으로, 자아 정체성 자체가 달성되고 확립되고 장소와 풍경들을 구조화되고 기억과 자아 정체성을 구조화하는 것으로 여겨질 수 있다. 여기서 서사를 환기하는 것은 보편적 "서사 원칙"의 우선성을 시사하고자 하는 것이 아니다. 그것은 자아와 정신을 조직하는 데서 결정적인 것으로서 우리가 마주치게 되는 종류의 구조들이 세계에 대한 우리의 이해에, 행위의 가능성에서, 행위를 통해, 행위가 가능한 장소들의 가능성에서 결정적 구조가 되는 방식을 나타내고자 하는 것이다. 우리는 구체적인 공간에서 가능한 종류의 '행위의 서사들'을 파악함으로써 그런 공간을 이해한다.

— 제프 말파스, 2014, 241

　자아의 정체성은 그가 어떤 장소로 지니고 있는가로 파악할 수 있다. 장소는 스토리로 구성되는 만큼 자아의 정체성은 '시적'이지 않고 '서사적'이다. 장소 경험은 스토리를 획득할 때 의미가 있다. 그리고 장소에서 획득한 스토리와 스토리를 엮어 새로운 장소성(플롯)을 획득한다. 현실은 언제나 비워진 상태로 있어야 넘치도록 채워질 수 있다. 시적 언어가 문화의 장에 공급하는 새로운 언어가 문화의 영역 확장에 미치는 영향은 미미하다. 텅 빈 문화의 장을 흘러넘치게 하는 것은 '기지'의 언어의 바다에 던진 '플롯-그물망'이다.
　삶의 시간은 사라지고 공간은 퇴색한다. 그러한 삶의 취약성과 상실성으로 인해 비워진 자리가 마련되어야 비로소 풍요롭게 흘러넘치는 것이 이야기다. "삶은 장소의 경이로움과 취약성 모두를 경험하는 것으로 규정된다. 그러므로 장소를 잃고 되찾는 경험에 의해, 그리고 "인간화되고 인간화하는" 것으로서 장소를 경험함으로써 규정된다."(제프 말파스, 2014, 250)
　장소의 문화성은 인간화되고(서사), 인간화하면서(서정) 열린다. 확장하면서(서사) 그 힘으로 깊어진다(서정). 깊어지는 힘으로 확장한다. 사람은 창조적 힘을 통해 문화를 만들고, 그 문화는 플롯의 힘(이야기의 힘)으로 사람을 키워 낸다. 공간을 장소로 만드는 것은 사람들의 행위, 기억, 작용, 이야기들이다. 이렇게 만들어진 장소는 특정 지역의 사람들의 기질, 성정의 형성에 결정적으로 작용한다. 서사는 능동적 빈곤을 역동적(수동적) 풍요로 채운다. 서정은 수동적 풍요를 역동적(능동적)으로 비운다.

마지막 말

구체적인 것들의 연결, 이웃관계, 인과관계를 서술하는 데는 '서사 전략'만한 것이 없다. 이것은 시간을 바탕으로 시작과 마무리 사이에 구체적인 것들(things)을 배치함으로써 시간이 연속성을 확보하는 전략이다. 기존의 '서사 전략'은 서술자 중심으로 구사하는 것이 일반적이었다. 그러면 극단적인 경우에는 처음이 이미 끝에 닿아 있고, 끝은 처음으로 이어져 다른 가능성의 여지는 없는 것이나 마찬가지였다. 서사의 서술은 과거형이어야 한다는 것을 의심하지 않고 받아들였다.

여러 활동과 결부되고 그런 활동들의 형식을 엄격히 제한하는 관행적인 '이야기'도 서사에 해당한다. 또한 구체적인 개인들 특유의 좀 더 독특한 이야기에까지 펼쳐진 서사는 실로 다양한다. 우리는 대체로 서사를 통해서 우리의 삶을 과거와 현재로부터 미래에 투사할 수 있다. 그렇게 하면서 미래의 행위 가능성을 탐색하고 도식화할 수 있다.(제프 말파스, 2014, 119)

서사의 힘을 가장 잘 보여 주는 말이 '스토리텔링'이다. 플롯의 다양성은 삶의 다양성, 일체성과 관련한다. 서사는 미래에서 읽는 '나'라도 벌써 과거가 된 '나'다. 미래의 행위 가능성들 중에서 상대적으로 실현시킬 필요가 없다고 판단되는 삶을 하나하나 지워 내는 것이 서사가 주는 여러 효용성 중 하나다. 서사는 다분히 윤리적이다. 지우는 윤리는 규범화되고 고정되어야 제 역할을 다할 수 있다. 지우는 행위 자체가 다른 가능성을 여는 것도 생각해 볼 수 있다.

모든 경우를 지우면서 최선의 것을 찾아가게 하는 AI 학습 방법이 '딥러닝(deep learning)'이다. 선적으로, 차례로 경우의 수를 비교해 배제하는 것이 아니라 동시적으로 탐색하고, 동시적으로 채택하고, 배제하는 것이 딥러닝의 요체다. 이야기를 확장하는 데 이러한 모델을 고려해 볼 수 있다. 그것은 AI와는 다른 방향 곧 경우의 수를 지우는 것이 아니라 무한대로 늘리는 방향을 지향해야 할 것이다. 이를 구체화하기 위해 위상적 서사 전략, 플롯 등 동시적 읽기의 가능성을 모색할 수 있다.

　　이 기이한 글자를 통해 떠올리게 되는 것은 보르헤스가 갈구한 촉조물, 끝없이 두 갈래로 갈라지는 길들이 있는 정원'이다. 보르헤스는 여기서 이 정원을 책의 이미지와 포개고 있다. 어느 정원에서 갈림길을 만나면 산행자(山行者)는 하나의 길만을 남기고 다른 길들을 포기하기 마련인데, 이 정원(책)에서 산행자(독자)는 모든 길 - 다양한 미래를, 다양한 사건들 - 을 동시에 선택하게 된다. 거기서 그들은 또 무한히 두 갈래로 갈라지면서 증식한다. 서로 접근하기도 하고, 서로 갈라지기도 하고 사로 단절하기도 하고, 또는 수백 년 동안 서로에 대해 알지 못하기도 하는 시간의 구조는 이리하여 모든 가능성을 포괄하게 된다.

- 보르헤스, 1994, 87

　　보르헤스는 끝없이 갈라지는 두 갈래 길을 통해 다양성을 추구한다. 그런데 '길'을 여전히 시간의 바탕으로 보고 있는 것은 한계다. 이것은 두 갈래로 갈라지는 길까지 산행자가 밟아온 길을 순식간에 '과거'로 놓기 때문이다. 모든 길은 두 갈래 길이다. 따라서 갈라지는 길은 세 갈래부터다. 길을 위상학적으로 보면 나는 어디에서 온 나가 아니다. 지금 여기는 처음이고 마지막인 장소이다. 내가 가야 할 길을 두 갈래가 아니라 세 갈래가 된다. 두 갈래 시간의 길 위에 새롭게 경험된 길이 열린다. 행위가 여는 공간은 행위가 지나가면 닫힌다. 그러나 행위의 흔적은 이야기로 남아 언제든 행위로서 재현할 수 있다.

　　좁은 의미에서 공간적 기술은 신체를 통해 가능하다. 기술을 통해 획득할 수 있는 의미는 민첩성의 의미와 유사하다. 넓은 의미에서 공간적 기술은 운동의 범위와 속도를 통해 나타난다. 물론 여기에는 장소와 맺고 있는 유대의 강밀도가 작용한다. 지도와 컴퍼스를 소지한 탐험가는 낯선 지방의 지형에 대한 개인적 경험에 거의 의존하지 않고서도 그곳을 여행할 수 있다. 기술적 지식을 습득함으로써 인간은 새처럼 대륙을 횡단할 수 있었다. 또 짧은 기간이나마 지구의 중력권을 벗어날 수 있었다. 인간에게 있어서 기술과 지식은 매우 복잡 미묘하게 얽혀 있다.(이푸 투안, 2007, 127)

기술의 지향은 공간을 채우는 것이 아니라 비우는 것이다. 꽉 찬 비움, 쓰임의 다양한 비움, 가령 공간은 $1mm^3$당 300조 개의 이온으로 채워져 있다. '대기'가 되어 생명들의 '숨'으로 드나든다. 하나의 공간에 있다는 것은 이렇게 '숨'을 나눈다는 것이다. '숨'은 '천문과 지리'의 상호작용에 의해 분위기를 형성한다. '분위기'는 공동체의 성향에 매우 큰 영향을 끼친다. 역사적인 시간에 매이면 우리의 경험은 일관성과 합리성에 속박당하기 쉽다.

이런 구속은 '서사 구조'를 통해 세월 속에서 달성되는 정신적 삶의 통합에서 특히 중요한 형태로 출현된다. 그렇다고 한 사람의 경험과 기억과 사유가 각각 다른 모든 기억이나 사유 혹은 경험과 합리적으로 연결되어야 할 필요는 없다. 우리에게는 다른 기억과 모순되는 기억이 얼마든지 있다. 우리는 일관성 없는 판단을 하기도 한다. 우리는 보고 듣고 느끼는 것들에 부합하지 않는 것들도 보고 듣고 느낄 수 있다. 불합리성과 불일치성이 다양한 형태로 존재하는 것은 대체로 정신적 삶의 복잡하고 분파적인 성격에서 비롯한다.(제프 말파스, 2014, 108) 한 사람의 생각과 경험을 일거에 표현하기 위해 일시에 파악되는 것을 '마지막 말'이라는 은유로 나타내기도 한다.

기억과 기대를 포함해 우리는 시간을 결코 잊어버리지 않는다. 잊어버린 것들은 어떤 계기를 만나면 반드시 재생된다. 우리가 깜박하면 잃어버리게 되는 것은 공간이다. 공간을 잃어버리면 잊힌 시간을 재현할 수 있는 계기를 상실한다. 그렇게 되면 결코 잊어버릴 수 없는 시간을 잃게 되는 일이 생긴다. 그 시간을 잊으면 잃은 것조차 인지할 수 없기 때문에 잃지 않은 것과 같아져 버린다.

장소 시스템·시스템 장소

기호로서 언어의 속성은 공간이 지닌 특성과 매우 흡사하다. 공간은 사물로 채워지고, 언어는 이미지로 채워진다. 사물의 무늬와 언어의 무늬는 상호주관적 작용을 통해 의미를 형성한다. 무늬와 무늬를 연결해 스토리를 구성함으로써 공간은 장소성을 획득한다. 이것은 삶과 예술 모두에서 매우 중요하다.

누군가에게 '내가 남는다는 것', 혹은 나에게 '누군가, 무언가'가 남는다는 것은 장소화를 의미한다. 이 과정이 체계적으로 진행되어야 좀 더 많은 사람과 함께 공유, 공감할 수 있다. 또 우리의 심경에 남겨질 때도, 다양한 플롯에서 소환이 가능하도록 배치할 수 있다. "장소(Loci)의 방법은 구체적 장소들로 이루어진 하나의 체계 안에서 구체적인 '장소들(place 혹은 'loci)'과 구체적인 기억의 연결을 통해 작동하는 하나의 기억체계를 제공했다."(제프 말파스, 2014, 135)

이야기는 지식을 전달하고 간직하고 전승하고 전파하는 데 최적화된 체계를 가진다. 서사학자들은 '마스터플롯'의 가능성을 타진한다. 시대와 장소를 넘어서 공감, 공유 가능한 플롯이 존재한다면 지구 전체는 오해를 최소화한 소통이 문화적으로 가능할 것이기 때문이다. 기억은 장소에 저장되고 기억이 저장된 장소는 로컬리티를 획득한다.

로컬리티의 배열은 사물의 질서를 보존함으로써 전파와 전승의 근거를 제공한다. 여기에 머물지 않고 변화를 촉발하는 기준점으로 작동하게 된다. 이럴 때 공동체는 장소화를 통해 기억을 오해 없이 조직화하고 그 기억의 실타래로 짜인 이야기가 장소를 덮을 때 그것은 요람의 담요와 같은 역할을 하게 된다. 공간과 시간의 동시적 획득을 통해 영소를 마련하는 것은 언어공동체에게는 공통으로 주어지는 시스템이다. 이렇게 마련된 시스템으로 공간에 접근하고, 장소화할 때, 좀 더 많은 사람들의 생활세계에 변화를 유도할 수도 있다. 공간에 능동적으로 개입하면서 우리는 자유를 획기적으로 늘릴 수 있다.

  물론 피조물의 행동적이고 감각적인 개입(engagement)이 변화하는 데 따라 후자의 관점은 변하겠지만, 피조물의 전반적 능력이 시간의 흐름에도 안정적인 상태로 남아 있는 한, 전자의 관점은 훨씬 더 안정된 상태로 남아 있을 것이다. 그럼에도 불구하고 전반적 능력이라는 견지에서든, 특정 사건에서만 구사되는 능력과 관련해서든, 혹은 그런 능력들이 구사되든 그렇지 않든, 문제의 관점은 주관적 공간의 형성에서 단순히 수동적 '시점(point of view)'이 아니라 능동적 개입의 관점이다.

- 제프 말파스, 2014, 69

 하나의 대상, 사건에 대한 다양한 이야기들이 플롯을 이루고, 시스템이 되기 위해서는 갖춰야 할 요소들이 있다. 시스템의 장소성 혹은 장소의 시스템성은 인간적 차원에서는 지향성을, 공간적 차원에서는 일원성(반복성)을, 시간적 측면에서는 지속성을 획득해야 한다. 좀 더 다양한 이야기들을 통해 획득된 플롯일수록 특정 사건에 꼭 맞는 의미를 도출해 내는 데도 효과적으로 적용될 수 있다.
 주체는 행위를 통해 형성된다. 주체가 되기 위해서는 그 성공 여부에 상관없이 행위 속에 자리해야 한다. 자신이 행동하는 의도에 어울리는 것들과의 관계 속에서 어떤 위치에 있는 자신을 파악할 수 있어야 한다. 이는 특정한 행위가 한 사람의 나머지 태도들과 일관될 필요가 있음을 반영한다. 여기에서 나아가 이것은 행동 자체가 방향성이 있고, 조직된 행위 형식이 되는 방식을 반영하기도 한다. 그리고 행위와 결부된 주관적 공간에는 방향과 초점이 뚜렷하다는 특성이 있음을 반영한다.(제프 말파스, 2014, 120)

스스로의 행위가 이루어지는 위치는 공간위치나 시간위치로 좌표화하는 것은 불가능할 뿐더러 의미도 크지 않다. 장소의 구조화나 시스템은 정체가 아니라 흐름을 전제로 하기 때문이다. 장소로서의 시스템을 이야기의 단일성이나 의미의 단일성으로 환원할 수는 없다. 이것이 장소 시스템의 가장 큰 특성, 가장 깊은 내적 속성이라고 할 수 있다.

> 설명의 이런 다원성은 우리의 정신적 삶에 중요한 특징 가운데 하나다. 태도들의 관계, 경험과 기억의 관계는 다양하며 그런 태도들, 경험들, 기억들을 정리하는 방식은 항상 하나 이상 존재하고 그것들이 놓일 수 있는 서사 역시 항상 하나 이상 존재한다.
>
> — 제프 말파스, 2014, 129

우리가 가장 흔하게 장소를 개시하는 일은 쓰는(Writing) 일이다. 장(場)은 쓰는 순간 열리는 것이기도 하다. 하나의 장(chapter)을 쓰는 일은 물론 여러 가능한 설명 중 하나다. 그럼에도 불구하고 유일한 설명인 것처럼 쓰려는 욕망이 꿈틀거린다. 쓸 것이 있어서 쓰면 그러한 쓰기는 다른 데서, 다른 시간에도 반복될 가능성이 높다. 쓰면서 쓸 것이 생기고 그것을 쓰면서 다시 쓸 것이 생길 때, 반복 가능성을 최대로 낮출 수 있다. 하나의 서사만 갖는 장소는 장소가 아닐 뿐더러 불가능하다. 장소성을 발현한다는 것은 하나의 장에서 끊임없이 새 장을 여는 일이다.

Poetry-Topology

'신간이 편하다'라는 말이 있다. 이때 '신간'은 한자로는 身幹이라고 쓴다. 또 '신간'이라는 말에는 곤란한 일을 겪어 몹시 애를 쓴다는 의미도 있다. 한자로는 辛艱이라고 쓴다. 여기에서 언급하려고 하는 신간(身幹)은 몸통을 가리킨다. 사람이나 동물의 몸에서 머리, 팔다리, 날개, 꼬리, 지느러미 등을 제외한 가슴, 등, 배로 이루어진 가운데 부분을 일컫는다. '생활세계'에서 사용하는 신간에는 육신(肉身)과 육신이 겪는 고통이라는 의미가 더해진다. 몸이 처해 있는 공간으로써 몸의 편·불편함과 관련되어 있다.

의미의 장을 구성하는 세 가지 핵심요소는 시간·공간·인간이다. 문학의 장르는 이 세 요소가 균형과 조화를 이루면서 정체성을 지향했다. 서사의 경우 시간을 바탕으로 삼아 '공간'에 의미를 더하는 것이 핵심 역할이었다. 서정의 경우는 공간을 바탕으로 시적 순간, 본질적 시간을 포착하는 역할이 주어졌다. 극의 경우는 '무대화된' 시간과 공간을 배경으로 인간의 내면을 파고드는 데 탁월한 역량을 발휘했다. 문화적 환경과 지향이 급격하게 변화했다. 기존의 자기 역할만으로는 문화의 장에서 능동적으로 제 역할을 담당하기는 어려워졌다.

현재 공간화운동은 20세기의 분기된 이론사를 가로질러 진행되고 있다고 에벨링은 말한다. 공간화 운동은 장악하는 운동이 아니라 파노라마처럼 펼쳐지는 운동이다. 주름과 펼침으로 형성되는 스타일을 포착하고 그려 내기 위해서는 인문학의 시선이 필요하다. 여기에서는 "이론가의 말보다는 시인의 말에 귀를 기울이는 편이 나을 듯하다."(크누트 에벨링, 2010, 416)고 에벨링은 제안한다.

서사의 경우, 공간을 특별한 장소로 진지하고 장엄하게 규정하는 데 적합하고 위력적이기도 하다. 그러나 모빌리티가 급증하고 모빌리티 자체가 매체가 되고 있는 우리 시대에 '무겁고 장엄한 것'은 장점보다는 단점이 되기 쉽다. 장소에 대해 끊임없이 새롭게 다룰 수 있고, 가볍고 명쾌하게 '스토리텔링'을 할 수 있는 서정적 기술 전략을 '공간 담론'에서 새롭게 주목할 필요가 있다. 서정시가 여는 공간은 새겨지는 공간이 아니라 새롭게 지우는 공간이다.

> 모든 것이 깊은 존재로 되돌아가고, 두 영역 사이에 무한의 통로가 있는 공간, 모든 것이 죽은, 하지만 죽음이 삶의 지혜로운 동반자인 공간, 두려움이 황홀함이고, 찬양이 탄식하고, 탄식이 예찬하는 공간, "모든 세계가 그들에게 가장 가깝고 가장 진정한 실재성을 향하는 것처럼 서둘러 다가가는" 공간 자체, 보다 거대한 순환과 끝나지 않는 변신의 공간은 시의 공간이다.
>
> — 모리스 블랑쇼, 2010, 203

시의 공간은 변신의 공간이다. 변신을 위해서는 공간이 확보되어야 한다. 이 공간은 변신하는 주체의 이면에 자리한다. 시의 공간은 있으면서 없는 공간이다. 죽음을 통과해서만 도달할 수 있는 공간도 있다. 오르페우스가 삶을 유지한 채 뚫고 들어간 죽음의 공간은 없으면서 있는 공간이다. 이 장소는 빛에서 드러나는 언어로는 표상할 수 없는 공간이다. 이곳을 채울 수 있는 거의 유일한 것은 빛이 없을 때 오히려 더 멀리 더 세밀하게 울려 퍼지는 소리다.

몸으로 음악이 깃들어 올 때, 우리는 침묵하지 않을 수 없다. 침묵은 자신과 타인 모두에게 날을 세우는 양날의 검과 같다. 그날에 베인 상처가 서로의 몸에 새로 돋는 '입'이 된다. 몸에 돋은 입에서 새어 나는 음악이 채우는 공간이 근원으로서의 작품이 된다. 오르페우스의 공간이 절대적 시의 공간, 근원으로서의 시적 공간이라면 프로메테우스의 공간은 '난생'처음인 최초의 공간, 첨단의 공간이라고 할 수 있다.

그리고 서사의 공간을 직조하는 것은 '에피메테우스'의 시간화공간, 공간화시간의 직조이자 모전(毛氈)이다. 열린 세계, 지우는 세계 그것이 '시(詩)'다. 지어지거나 짜인 것이 아닌 공간이 가능하다. 공간을 생산하는 공간, 이것을 시적 공간이라고 칭할 수 있다. '포에톨로지'를 통해 우리는 시적 공간에 대한 위상학적 해석에 다가간다.

> 교통망 혹은 컴퓨터 칩의 회로망 공급망 혹은 월드와이드웹(www), 전화통신망 혹은 우편배달망, 이 모든 것은 페넬로페의 영악함과 오일러식 사고로 공간을 엮는다. 쾨니히스베르크의 다리에서 미학적인 산책 내지 오디세우스의 모험을 포에톨로지적으로 그려 내는 작업은 효과적이고, 전략적인 움직임을 만들어 내기 위한 문제가 되었고, 이제는 데이터, 청소차 그리고 우편물이 그러한 길을 따라 미리 정해진 위치로 인도된다.
> – 블라디미르 벨인스키, 2010, 241~2

벨인스키가 쓰고 있는 포에톨로지라는 말에는 '언어적 모험', '미학적 산책'과 같은 의미가 담겨져 있다. 포에톨로지는 포에트리(poetry)과 토폴로지(topology)가 합쳐진 것이다. 일반적으로 글자를 조합할 때는 앞 단어의 전반부와 뒷 단어의 후반부를 합친다. '포에+폴로지'로 '포에폴로지'가 되는 것이 일반적이다. 그런데 공통적인 변곡 지점을 'ㅌ'로 잡는다. "포에ㅌ-ㄹ로지"로 합쳐 '포에톨로지'가 됨으로써 글자의 견고성과 유연성, 반복과 차이를 함께 갖추고자 한다.

'쾨니히스베르크의 다리'를 건너서 이 지역을 돌아보는 방법은 경우의 수는 '7×6×5×4×3×2×1'에 달한다. 포에톨로지는 공간을 생산하는 공간이다. 'topology'에 방점을 찍을 경우, 장소를 생산하는 장소라고 할 수 있다. 'poetry'에 방점을 찍으면 언어를 생산하는 언어가 된다. 사라짐을 통해 끊임없이 새로워지는 것이 시의 임무다. 포에톨로지를 통해 공간을 최선의 공간으로 비워 냄으로서 근원적 공간에 다가 설 수 있다.

　　말 가운데, 시는 근원에 가까워진다. 근원적인 모든 것은 다시 시작한 다는 이러한 순수한 무력감을, 불모의 말 많음을, 아무것도 할 수 없는 것 의 과잉을, 결코 작품이 아닌 것의, 작품을 허물고서 그 가운데 끝없는 무 위로 되살리는 것의 과잉을 시험하는 것이기 때문이다.
- 모리스 블랑쇼, 2010, 38

　　아름다운 옷을 보고 옷감의 종류에 몰두하는 것은 옷을 만드는 사 람일 가능성이 높다. 아름다운 시를 보고 시의 근원을 파악하는 사람은 시인일 가능성이 높다. 시는 배경이 되는 공간을 투명하게 비움으로써 언어의 입체성을 더한다. 시의 표면에 등장하는 시어는 단어 자체의 선 명한 의미를 목적으로 삼지 않는다. 그 바탕이 되는 공간의 깊이를 가 늠하는 역할이 더 크다. 밤하늘에 반짝이는 별들이 그 아름다움(그 자 체의 아름다움)에 반하는 어둠의 깊이를 더하는 것과 비슷하다.

시적 벡터
　　시적 공간의 특징은 '순간적 드러남'에 있다. 드러남, 흐름 위에 있 었다는 것을 전제로 한다. 순간적이라는 것은 이후와 이전이 없다는 것을 의미한다. 서사는 도도한 흐름 자체다. 서사적 시간은 장면의 연 속으로 이루어진다. 이것은 공간으로 이루어진 시간이다. 시적 시간은 한 장면, 한 순간만을 포착한다. 온전히 시간으로 이루어진 공간이라 고 할 수 있다.
　　시적 순간이 펼치는 공간이라는 것은 다채로운 위상성을 지닌다.

시적 순간은 근원 인상으로서 시간의 개념이지만 그것은 지평을 확장해 현재를 구성하면서 하나의 공간성을 획득한다. 시적 순간, 시적 현재, 시적 공간은 다른 말이 아니다.

공간은 곧 순간이라는 시간에 직면하기 때문에 그 순간과 구별되지 않는다. 우주와 같이 시의 시간공간은, 시공간이면서 공시간이다. 다른 것은 우주의 것이 최대치의 시공간이라면, 시적인 것은 언어적으로 구현된 최소치의 시공간이라는 점이다.

비록 순간적인 드러남이지만 그것은 단순한 배경이나 포즈로 포착되는 것은 아니다. 시적 공간은 채우면서 비우고, 비우면서 채우는 언어들에 의해 그 지향을 갖게 된다. 포에톨로지는 시적 공간이 가진 사회·문화적 벡터와 연결된다. 이것이 함께 결합해야 언어는 지향성을 갖게 된다. 지향성을 획득한 언어들이 '시적 장소'를 연다.

시간과 공간이 겹쳐지는 까닭에 시적 장소에서 가장 중요한 것은 '지향성'이다. 공간지향이냐 시간지향이냐에 따라서 그 의미가 다르게 펼쳐진다. 가장 강렬한 언어적 힘으로 지향한다는 의미에 '시적 벡터'라고 할 수 있다. 벡터는 방향, 지향성이 담긴 힘이다. 시적 벡터는 그 지향점이 목표가 아닌 것, 곧 목적이 없는 지향성이다. 그래서 지향 자체가 목적이다. 멀리 나아가지 않으면서도 지향성을 멈추지 않기 위해서는 곧장 이면으로 파고들어야 한다.

과정 자체가 의미가 있는 것이 아니라 지향 자체가 가장 큰 효과, 의미를 발휘한다. 문학적 세공, 시집의 플롯, 시적 벡터는 어떤 것으로도 호환할 수 없다. 그렇다고 시적 벡터가 발현이 되면 되돌릴 수 없는 무한 우주로 사라져 가는 것이 아니다. 그래서 필요한 것이 변곡이다. 내가 숨어들기 위해 필요한 것은 우주 전체가 아니라 그림자 하나면 충분하다. 그림자의 이면이 내가 완벽하게 사라질 장소다.

이를 통해서 선험적인 것과 후험적인 것 사이의 환원할 수 없는 차이, 그리고 학문들에서의 각각의 고유한 역할이 확증된다. 존재의 본질적 구조로 이해되는 인과성 일반과 경험적 존재의 인과성의 우연적 관계 사이에 하나의 틈이 형성된다. 그것은 두 가지 상이한 차원에 존재한다. 후설이 비판한 실천적 심리학주의, 극단적 자연주의는 자연의 유형으로 의식을 파악하는 것 때문만이 아니라 자연 그 자체에 대한 인식 안에서 선험적인 것의 역할을 보지 못하기 때문에 그러한 비판을 받았다.

- 엠마누엘 레비나스, 2014, 204~5

선험적인 것과 후험적인 것, 프로메테우스와 에피메테우스 사이에는 시적 언어와 소설적 언어의 환원 불가능성의 차이가 있다. 그러나 둘은 매우 긴밀하게 이어져 있다. 간극이 있다면 그것은 오직 변곡을 통해 이어지기라는 목적 이외에는 없다는 것이다. 환원 불가능성과 의미의 연결성(소통, 맥락)이라는 역설이 가능하기 위해서는 변곡이 필요하다. 그 다양한 변곡 자체에 의미가 내려앉을 수 있는 지평이 발생한다. 인과성과 우연성이 발생하는 굽이굽이가 곧 스타일이며 시적 장소가 된다.

존재라는 개념에는 멈춤이라는 의미가 그림자로 붙는다. 의식이라는 개념에는 흐름이라는 말이 달라붙는다. 존재나 의식의 개념을 변형하기 위해서 우리는 시선의 이중성을 긍정할 필요가 있다. 존재는 흐름으로 나아가고 의식은 멈춤으로 나아가지만 둘은 마주 볼 수 없다. 보이는 것은 실체의 이념이 아니다. 의식과 존재를 벽과 벽, 이항 대립으로 잇고자 하는 주체성의 이념도 여기에서는 허용되지 않는다. 의식이 존재에 담기는 것이 아니듯 존재 역시 의식에 잠기는 것이 아니다.

존재의 정체성은 멈춤, 포즈, 대체 불가능성 같은 것에서 더 이상 찾아지지 않는다. 변곡의 순간, 흐름으로 나아가는 순간에서만 '시적 벡터'의 지향성으로써 획득할 수 있다. 의식의 정체성은 흐름에서만 찾아질 수 있는 것은 아니다. 순간적인 틈으로 낙수(落水)가 스며들자마자 용천수(龍泉水)로 솟구칠 때, 둘은 같으면서 다른 물이고 다른 물이면서 같은 물이다. 이러한 변곡의 순간이 의식의 참정체성이라고 할 수 있다. 천 길의 목포가 만 길의 용오름으로 바로 변곡하는 상상을 하면 그 변곡의 힘은 상상키 어려울 정도가 된다. 존재의 정체성은 변형 자체, 흐름 자체에서 찾는다. 의식의 정체성 역시 변곡의 힘으로 구성할 수 있다. 모든 존재의 기원은 과거나 미래가 아니라 현재, 시적 현재가 되는 것이다.

우리의 현재는 욕망이 요동치는 시공간이다. 마리 맥클린의 말처럼 텍스트뿐만 아니라 세계와 개인 모두에게는 다양한 형태의 욕망이 존재한다는 것은 너무나 명백한 사실이다. 화자와 청자의 리비도 외피나 화자와 청자 사이의 관계는 사랑만큼이나 무한한 변이 형태를 가능케 한다는 점도 명백하다.(마리 맥클린, 1997, 77)

서사적 교환이 호기심에서 열정에 이르기까지 그 무엇인가에 의해 촉발될 수도 있고 무수한 형태의 실패로 귀결될 수 있다는 것도 사실이다. 그럼에도 불구하고 우리의 욕망의 가능성은 서사적 교환이 지닌 물리적 한계를 벗어날 수 있다. 서정적 교환은 시간의 교환이 아니라 윙크와 눈의 찡그림 사이에도 얼마든지 존재하고 의식 가능하다. 유한적인 다의성과 무한적인 다의성 사이에는 아무런 차이가 없다. 다만 시적 장소가 펼치는 위상성의 다채로움 안에서는 유한과 무한은 극단에 서는 것이 아니라 서로의 이면을 이룬다. 삶과 죽음이 이루는 뫼비우스의 띠가 그러한 것처럼 말이다.

13. 토피아

토피아들

　토피아(topia)는 고대 그리스어에서 나온 파생어다. 거의 모든 지리적 영역을 나타내는 말로, topos, place, region을 포괄한다. 가꾸기, 가다듬기 등 인위적인 것을 받아들인, 혹은 받아들일 준비가 되어 있는 영역을 나타낼 때 쓰인다. 이 말에는 또한 지향성의 의미가 강하게 배어 있다. 토피아는 단독으로 쓰는 경우는 거의 없다.

　토피아는 지향하거나 지양(부정적)하고자 하는 세계의 속성을 반영해 그 정체성을 드러낼 때 topos의 특성을 잘 드러낸다. 이탈리아 음식을 대표하는 피자는 크게 도우와 토핑으로 구성된다. 토핑(Topping)은 글자 그대로 위에 얹는 것이다. 이것이 피자의 이름을 결정한다. 도우는 다양한 지향성을 가능케 해 주는 바탕이 된다는 점에서 일종의 토피아다. 토피아는 우리말로 번역하면 '마당'에 근접한다. 마당에 어떤 것이 얹히느냐에 따라 판의 이름이 결정된다. U+토피아, Dis+토피아, Zoo+토피아…… 등 얼마든지 가능하다. 이 토피아를 가장 철학적으로 호출한 이는 미셸 푸코다. 그는 '다른'을 의미하는 Heteros와 Topia를 합성해 '헤테로토피아'라는 말을 제시한다.

　헤테로토피아는 공간과 시간개념에 일대 수정을 가한다. 위상학적 시각에서 장소를 기술하는 것은 시간과 공간 범주 구성에서 탈중심화를 꾀한다. 데리다의 '차연'은 시간 측면에서도 파악하지 않는 사이공간이면서 사이시간이다. 이러한 장소 기술이 곧 장소를 위상학적으로 규정하는 일이다.

> 열린 공간들을 확대하거나 아주 낯선 것으로 대할 수도 없었을 것이다. 문화학에서 관철된 공간적 전회 혹은 지형학적 전회에서 역사적으로 변화해온 문화학적 지식 속의 공간이나 문화학 속에서 권력의 형태로 그려지는 공간도, 공간을 그러한 방식으로 대했기 때문에 구성될 수 있었던 것이다. 여기서도 공간을 헤테로토피아적인 방식으로 대하지 않았다면, 분명 문화학적 공간을 구성할 수 없었을 것이다.
> — 게오르크 크리스토프 툴렌, 2010, 128

기존에 토피아는 경험 불가능한 영역이 언어적으로 개시(開)되었을 때 주로 썼다. 유토피아, 디스토피아가 대표적이다. 그런데 헤테로토피아는 현실 바깥의 영역을 가리키지 않는다. 현실을 장악한, 보이는 일의적 장소성을 벗어나 한공간의 다양성을 가능케 하는 말이 '헤테로토피아'다. 헤토로토피아의 역능은 일상공간과 달리 수동적 긍정성, 부정적인 것의 긍정성에서 찾아진다.

공간과 시간을 단순하게 엮은 역사적 텍스트의 기술은 또 다른 문제에 직면한다. 장소를 현전화하고 재구성하는 작업은 역사 기술 현장에 대한 직접적인 체험을 바탕으로 한다. 이러한 체험은 하나의 시간의 흐름을 타야 하는 까닭에 앞뒤 순서로 일어나는 사건들만을 배열해 기술할 수 있을 뿐이다.

역사적 기술의 중심 어휘는 '그다음에'다. 이와 달리 위상학적 기술은 모든 것을 동시에 병행하게 하는 '여기와 저기'라는 표현이다. 이들이 다루는 영역은 선후가 아니라 병행으로, 직렬이 아니라 병렬적으로 확장한다. 시간이 지나면서 사건과 이야기가 진행되면서 사라지는 식이 아니라 여러 장소에서 동시에 일어나는 사건들의 현전과 공존이 가능하다. 위상적 장소는 모든 것을 엮이게 하고, 그것들로 하여금 함께 있을 수 있도록 해 준다. 역사 기술은 다양한 시간 층위들을 순서에 준해 나란히 그리고 층층이 배열한다. 장소 기술은 시간층위들을 가까이 혹은 멀리 배열하고, 공존하게 하여 인식한다.(슐레겔, 2010, 55)

역사 기술은 사실, 서사의 각축장에서 벗어나 이야기의 경연장으로 탈바꿈해야(변곡, 변형)한다. 그럴 때 우리는 '역사 서술'마저도 '유희의 장'으로 탈바꿈시킬 수 있으며 저마다의 역사를 역동적으로 써 가는 공간을 스스로 창출할 수 있다.

자유로운 가동성을 지니고 있으며 어디에서나 공연될 수 있는 문학과 음악조차 임의적인 공간에 적합한 게 아니다. 이 공간 혹은 저 공간, 극장이나 홀, 교회에서 적절한 장소를 찾게 된다. 여기에서 중요한 것은 그 자체로 완성된 형성체를 위한 외적 장소를 제시하는 것과 꼭 마찬가지로 주어진 여건에 적응해야 한다. 자체로 형성되는 공간의 잠재력에 순응하지 않으면 안 된다.(한스 게오르크 가다머, 2011, 277) 위상적 기술에서 주체는 수동적이어야 더 다채로운 변화를 모색할 수 있다.

공간잠재력이라고 하는 것은 '공간씨앗'이라는 말로 바꿔 볼 수 있다. 거의 모든 씨들은 꽉 차 있다. 이 씨는 발아해 성장 과정을 거쳐 열매 속에 다시 자리 잡는다. 씨가 자리잡은 열매는 저마다의 파종 전략에 따라 다양한 색과 향, 맛을 지닌다. 그런데 위상학에서는 씨앗이 품은 공간의 형태에만 집중한다. 참외와 바나나의 차이, 수박과 호박의 차이는 다른 차이가 아니라 그것들이 품고 있는 공간의 다름에서 기인한다.

문학의 언어는 외부의 공간을 허락하지 않는다. 잠재되어 있는 공간을 바깥으로 끌어내는 방법이 위상성의 질을 판가름한다. 이것은 자체의 공간형성적인 잠재력에 순응하기라는 수동성을 지향한다. 그 지향에 몸을 맡기기 위해서는 공통감각의 재구성을 통한 관점을 획득할 필요가 있다.

우리가 관심을 갖는 위상적 관점에서 유토피아라는 단어는 크게 두 가지 모순적인 의미들을 운반한다. 유토피아는 확실성의 범주들을 부수는, 감성의 논쟁적 재구성의 극점, 비(非)-장소다. 그러면서 유토피아는 우리가 행하는 것, 우리가 보는 것 그리고 우리가 말하는 것이 정확히 서로 일치하는, 감각세계의 어떤 비논쟁적 분할의 형상, 어떤 적합한 장소의 형상이기도 하다.(자크 랑시에르, 2008, 55) 유토피아는 절대 불가능한 가능성이고, 절대 가능한 불가능성이다. 전자가 이상적 유토피아라면, 후자는 생활세계의 유토피아다.

유현(幽顯)의 장소

현사실성은 '현'의 장소성과 다르지 않다. 현(現)은 시간의 나타남을, 현(顯)은 공간적인 드러남을 의미한다. 현사실성은 존재 의미의 바탕, 재료이자 세계 내 존재에서 '내'의 장소성을 가리킨다. 즉 '내'는 세계와 존재 사이에 형성되는 일종의 사이공간인 셈이다. 이 사이공간의 양과 질에 따라서 현존재의 나타남/드러남이 결정된다.

인간의 현존재는 '세계-내-존재'라는 하이데거의 명명은 다양한 해석을 낳고 있다. 인간은 세계 안에서 사는 존재라고 하는 해석은 너무나 평면적이다. '내'를 '사이'와 '이면'을 포괄하는 장소로 해석하면 의미는 좀 더 풍성해진다. "인간을 여전히 환경과 인간 활동의 현실적 구조와 우연히 연결된 존재로만 여겨서는 제대로 이해할 수 없다는 것이다. 『존재와 시간』 이후 하이데거의 사고는 장소와 로컬리티의 개념을 훨씬 더 강조한다."(제프 말파스, 2014, 21)

후기의 하이데거가 그리스의 토포스나 독일어 오르트를 자주 사용했다는 것은 잘 알려진 사실이다. 그러나 이것이 그의 사유가 시간에서 공간으로 옮겨 갔다는 확실한 증거는 되지 못한다. 존재의 범위는 똑같이 주어진 시간에 얼마나 다양하고 많은 경험을 하느냐에 달려 있다. 이렇게 본다면 시간존재와 장소존재는 다른 것이 아니다. 한정성을 시간성에 두느냐 공간성에 두느냐의 차이라고 할 수 있다.

하이데거는 공간경험을 강조한다. 이를 통해 획득할 수 있는 것이 로컬리티다. 로컬리티는 객관적인 시간을 바탕에 깔고 쌓아 올린 개별적 체험이라고 할 수 있다. 장소를 구성하는 것과 의미의 선후성에 대해서는 논란의 여지가 있다. 사물들이 있고 장소가 구성되는지, 장소에 의해 사물이 드러나는지는 그다지 큰 문제가 아니다. 주체 역시 장소에 의해 구성된 주체가 밝히는 '장소'라는 아포리즘에 충실하면 그만이다.

> 경험의 구조와 가능성의 문제에 대한 접근 방식은 구조를 하나의 근본적인 요소나 원칙으로 환원하지 않는 방식이어야 한다. 반드시 해야 할 일은 구조를 여러 요소들의 상호작용을 통해 만들어지는 하나의 전체로서 보여 주는 것이다.
>
> — 제프 말파스, 2014, 55

장소에 대한 경험에 앞서 그 가능성은 구조적으로 주어진다. 장소가 지닌 다양한 요소들은 하나의 플롯을 통해 제시됨으로써 추상적 구조를 형성한다. 따라서 해당요소들을 부분으로 삼아 구성되는 장소는 전반적 구조와 무관하지 않다. 하지만 직접적으로 관계 맺는 경우도 드물다. 경험 구조는 유사성이 확인되지만 그 구체적 실천은 결코 유사하지 않기 때문이다.

우리가 추구하는 '현'의 장소성은 주관과 객관의 벽을 넘는 흔적으로서 심상에 남는다. 우주공간의 절대적 불가능성의 가능성과 마음의 상대적 가능성의 불가능성이 스스로 변곡하면서, 상호변곡하는 이중의 변곡 지점이 발생한다. 전체와 부분의 결합은 이렇게 이중의 변곡을 통해 이루어진다. 공간을 선험적인 것으로 보는 시각과 후험적인 것으로 보는 시각은 정반대를 이루는 것 같지만 특별한 변곡을 취하면 바로 이면에 자리 잡게 할 수 있다.

공간을 주로 물리적 우주의 특징으로 보는 시각과 장소나 '의미 있는 공간'을 하나의 인위적 구성물 즉 하나의 주관적 상관물로 보는 시각 사이에서는 공간에 관한 담론이 다채롭게 펼쳐진다. 이 사이에서 발생하는 다양한 관계들을 감지할 수 있는 장소가 곧 '내(內)'인 것이다. 현존재의 공간성과 사물의 공간성을 구별하면서, 하이데거는 현존재를 철저히 '객관적으로' 다루는 것, 곧 현존재를 다른 객체들 속에 있는 하나의 객체에 불과한 것으로 다루는 것이 불가능하다고 역설한다.(제프 말파스, 2014, 46)

현존재의 공간성과 사물의 공간성은 구분되는 것이 아니라 특별한 방식으로 연결되는 것이다. 이 연결은 단절된 연결이면서 연결된 단절이다. 이러한 이중의 변곡을 통해 세계-내-존재는 '내'라는 특별한 '변곡의 장소'를 품을 수 있다. 이것이 현존재를 다른 객체들 속에 있는 하나의 객체로 다루는 것이 불가능하다고 말하는 이유다.

기술시대의 명암

지구라는 행성에서 인간의 존재는 '필요악'이다. 『녹두장군』, 『오월의 미소』의 저자인 송기숙 교수는 80년 오월과 관련해 옥고(獄苦)를 치렀다. 계엄군에게 몽둥이로 얻어맞은 등짝의 멍이 손끝까지 내려왔다가 꼭 두 달이 지나 거칠 즈음에 광주교도소로 이감되었다고 한다. 그리고 정말 오랜만에 나온 교도소 운동장 높은 담벼락 너머로 흔들리던 버드나무의 푸른빛을 본 순간, '저 푸른빛이 '기적'이구나'라고 탄성을 흘렸다고 한다. 그리고 얼마 후 시 한 편을 만났는데, 그때 그 마음이 고스란히 돌아났다고 한다.

> 그대를 환영하며
> 이곳에서 쓴맛 단맛 다 보고
> 다시 떠날 때
> 오직 이 별에서만 초록빛과 사랑이 있음을
> 알고 간다면
> 이번 생에 감사할 일 아닌가
> 초록빛과 사랑 : 이거
>
> 우주 기적 아녀
>
> — 황지우, 「발작」 후반부

지구의 미래를 낙관적으로 전망하는 사람은 드물다. 그것은 우주의 기적이라고 하는 '초록빛'이 지구 도처에서 흐려지고 있기 때문이다. 무분별한 개발로 인한 환경파괴의 속도가 인간의 발전 욕망과 함께 기하급수의 속도로 진행되고 있다. 최근 한국을 덮친 미세먼지 문제는 환경파괴의 심각성을 폐부 깊이 느끼게 해 주었다. 환경 등의 변화에 대한 인간의 대응은 어떠한 방향으로 이루어져야 하는지에 대해 다양한 의견이 제시되고 있지만, 그 현장마다 다양한 이해 충돌이 일어나고 있는 것도 사실이다.

　시인 황지우의 탄복에도 잘 드러나듯 '푸르다'는 것은 우주의 기적과 같은 것이다. '푸름'은 곧 생명의 다른 이름인 것이다. 지구의 환경오염, 자연훼손은 어제오늘 일이 아니다. 남극의 오존층은 남극 대륙의 두 배까지 파괴되었다. 프레온가스의 사용 금지 등의 조치로 회복세가 두드러져 2060년에는 거의 회복할 수 있을 것이라는 반가운 뉴스가 나왔다. 그러나 여전히 북반부의 중위도 지역을 중심으로 산업화가 급격하게 진전되면서 회복보다 빠른 속도로 환경이 파괴되고 있는 것도 현실이다.

　생명의 지구를 오래 지속시키기 위해서 인간이 할 수 있는 최선의 역할은 무엇인가? 극단적인 경우 인간이 지구에서 사라지는 것만이 좀 더 오래 생명을 지속시킬 수 있다고 말한다. 2014년 개봉한 영화 『노아(Noah)』에서 그려진 대홍수의 목표는 '인간종의 전멸'이었다. 다른 한 극단에서는 지구의 '푸름'을 제1의 자연으로 취급한다. 기술을 바탕으로 한 제2의 자연에서 인간은 얼마든지 인간다운 생활을 영위할 수 있다고 본다. 붉은별 '화성'으로의 이주 프로젝트가 한창 진행되고 있다. 기술지상주의의 유토피아 건설에 대한 꿈이 한창 영글어 가고 있는 시기다.

　기술지상주의에 대한 우려를 르페브르는 이렇게 표명한다. 기술 관료적·기능적·구조주의적 이데올로기의 특징인 '엄밀성'에 입각해서 통합적 가설을 전개할 수는 있다. 이러한 엄밀성은 너무도 위험천만한 제안을 가능케 한다. 공상과학 소설에나 어울리는 개념의 연쇄들로 귀결되는 데 그것은 기술지상주의의 유토피아다. 그것은 역사를 설명하기 위하여 소극적인 그러니까 정적(靜的)인 기계와 건축은 식물과 유사하고, '적극적인', 그러니까 더욱 '역동적이고 조건반사적인' 기계는 동물과 유사하다고 유추했다.(앙리 르페브르, 2011, 63~4) 변화될 환경에 대한 예측은 다양한 대응 방안을 다각도에서 모색하게 한다. 인문학적 계승에 대해서도 그 명과 암이 명확하게 갈린다. 우엘벡은 소설 『소립자』의 에필로그(소설의 일부)에 다음과 같이 적고 있다.

> 당시의 서구사상계는 중대한 지각변동을 맞고 있었다. 푸코와 라캉, 데리다, 들뢰즈의 저작은 수십 년에 걸쳐 터무니없이 과대평가되어 오다가 갑작스럽게 웃음거리가 되어 버렸다. 그들의 사상은 어떤 새로운 철학 사상에 길을 열어 주기는커녕, 〈인문과학〉을 표방하는 지식인 전체에 대한 불신만 심어 주었다. 그럼으로써 과학자들이 사상의 모든 영역에서 강력하게 부상하는 것을 피할 수 없게 되었다. 어쩌다 〈뉴에이지〉의 동조자들이 〈오랜 영적 전통〉에서 나온 이러저러한 신앙에 대해 앞뒤가 맞지 않는 관심을 보이기는 했지만, 그 관심조차도 사실은 그들이 정신분열증에 가까운 참담한 조난 상태에 빠져 있음을 보여 주는 것에 지나지 않았다.
>
> — 미셸 우엘벡, 2017, 362

"사실 오늘날처럼 과학기술이 우리 삶에 막대한 영향을 미치는 상황에서 반과학(anti-science)은 거의 성립하기 힘들다. 이미 과학기술은 우리의 존재조건이자 삶의 기반이다."(김동광, 2009, 116) 과학기술이 주도하고 있는 학문의 현상황에 대해 가장 크게 우려를 표명한 이는 후설이다. 그는 유럽 학문의 위기를 이렇게 진단한다.

> 결국 그 문제는 인간이나 인간 이외의 환경세계에 대해 자유롭게 태도를 취하는 자인 인간, 즉 자기 자신과 자신의 환경세계를 이성적으로 형성할 가능성을 지닌 자유로운 인간에 관계한다. 이성이나 비이성에 대해 그리고 자유의 주체인 우리 인간에 대해 학문은 도대체 무엇을 말해야 하는가? 단순한 물질과학은 이 점에 대해 아무것도 말하지 않는다는 점은 분명

하며, 더구나 주관적인 것 모두를 제거한다.

— 에드문트 후설, 2016, 68

'기술'은 과학보다 앞선다. 기술은 우연에 의해 발견되는 경우가 많다. 엄밀성을 요하는 과학은 발견된 기술들을 통합해 가설 속으로 흡수해 버린다. 윤리에 대한 성찰이 가능한 시간적·공간적·인간적 여백은 전혀 허락되지 않는다. 윤리를 결여한다는 것은 인간다움을 배제하는 것이다. 과학기술 유토피아의 이면에는 과학기술 디스토피아가 자리하고 있다. 유토피아는 순식간에 디스토피아가 될 수 있는 위험성이 도사리고 있다.

인문학의 새로운 역할 변화는 기술지상주의시대에도 결코 외면할 수 없는 환경(생활세계)에 대한 관심을 집중하는 것이다. '지구' 환경 변화(가시적 변화 – 생활세계(비가시적 환경) – 과학기술 환경(디지털 환경) 등의 순조로운 변곡 가능성을 여는 데서 인문학의 새로운 역할을 모색할 수 있을 것이다.

나(Subject)를 타고 오르는 나(Zubjcet)를 타고 오르는

사이버공간은 없지만 있는 공간이다. 꿈의 공간은 있지만 없는 공간이다. 사이버공간이 우리가 꿈꿔 왔던 공간이 아니라는 것은 확실하다. 그 사이에서 펼쳐지는 물리적 환경은 언어화할 수 있어야 의미가 있어야 한다. 그러나 이것만으로는 부족하다. 움직임 곧 활동이 일어날 때 장소는 열린다. 그러나 장소를 최종적으로 개시하는 것은 '움직임'이다.

우리는 장소를 고정적인 것에서 유동적·관계적으로 인식할 필요가 있다. 고정되면 더 이상 장소의 역능을 발휘할 수 없다. 장소는 사물적인 것이 아니라 작용적인 것이고 과정적인 것이다. 이미 주어져 있는 것이 아니라 늘 새롭게 구성되는 것이다.

"장소는 '지금여기'에 대한 불가피한 협상으로서의 사건"이라고 매시는 주장한다. 장소가 사건이 된다고 해서 장소의 고유성이나 정체성(장소성)이 무의미해지는 것은 아니다. 장소성은 그곳에 '뿌리내린' 사람들이 아니라 '함께 있는' 사람들의 열린 교섭을 통해 유동적·관계적인 방식으로 새롭게 구성된다. 장소는 교섭이 이루어지는 현장(locus)이다. 여기서는 당연히 정치가 발생할 수밖에 없다.(이상봉, 2017, 126~7)

움직이는 것이 장소의 속성이라고 단순하게 말할 수는 없다. 우리 몸에서 가장 강렬하게 흐르는 것은 의식 곧 정신이다. 후설은 의식을 의식류라 하여 흐름의 속성을 강조한다. 그는 의식류가 곧 시간류라고 말한다. 그런 면에서 "정신(mind)이란 바로 그것 자체의 장소다"라고 하는 전문가들의 지적은 반만 옳다. 반면 기어츠는 정신은 은유적이라고 하더라도 "장소"는 아니다.(클리퍼드 기어츠, 2012, 77)라고 말한다. 이 전언도 반만 맞다.

공간은 특정한 경험을 통해 장소가 된다. 장소의 구성은 주로 욕망을 따른다. 유연적인 사건, 공간 자체의 특수성은 공간의 구성에 기여한다. 이렇게 경험된 공간을 이-푸 투안은 '장소' 내지 '장소감'으로 말한다. 공간이 객관적인 실체라면 장소는 주관적 체험의 결과라고 할 수 있다. 경험에 중점을 두는 것이 장소다.(이현승, 2012, 136)

이푸 투안은 '어린아이에게 보모는 제일의 장소다'라고 말한다. 어린아이가 장소 자체라고 하는 것은 그 장소를 통해 사물을 구성하기 때문이다. 그녀는 어린아이가 아니라면 '보모'일 수 없다. 보모가 아니라도 어린아이는 어린아이다. 장소는 사물에 선행한다. 장소는 '어린아이와 같다.' 어린아이들은 시간과 공간을 달리하는 사물을 모두 자연스럽게 연결한다. 기존의 맥락을 반복하는 것이 더 불가능해 보일 정도다.

모든 탈맥락화의 테크놀로지가 우리에게 열어 준 가능성은 무엇일까. 그것은 맥락화의 무한한 확산이다. 우리가 우리의 모든 감각을 작동하여 체험하는 맥락의 사이버공간에서 만들어질 수 있다. 하이퍼텍스트가 아니라 하더라도, 컴퓨터는 수많은 영상들을 만들어 내고 전송하고 유포한다. 그리고 그것은 소리나 문자와 결합되어 보다 실감 나는 맥락을 만들어낸다.

― 송효섭, 2002, 113

영상, 이미지의 적극적인 도입으로 맥락을 입체화하는 것은 누구나 가능하게 되었다. 입체화의 지향은 과거에는 미디어 관련 기계와 기술을 가진 소수가 독점했다. 이때 생산된 미디어는 풍선처럼 부풀려지고 매끈하고 현실과는 멀어지는 것이다. 모두가 미디어이자 매체인 오늘날에는 풍선이 아니라 참숯에 난 무수한 구멍들과 같은 입체화가 이루어지고 있다. 바깥으로 부푸는 것은 안쪽의 공허만을 증진시킬 뿐이다. 내밀한 공간이 다양한 품을 형성한다. 내부에 다양한 공간을 품음으로써 동시 맥락화에 적극적으로 참여할 수 있게 된다. 사이버공간에서 '나이 듦'이란 존재하지 않는다. 모두가 젊고, 새롭고, 유치하다. 사이버공간은 시간이 흐르지 않고 특정한 점으로 모였다가 흩어진다. 토포스보다는 아토포스를 지향하는 경향이 강하다.

아토포스(atopos)는 장소를 의미하는 그리스어(topos)에서 유래한 단어이다. 여기서 'a'는 부정과 결여의 접두사로서, 아토포스는 비장소성으로 번역할 수 있다. 이 단어에는 어떤 장소에도 고정될 수 없어서 그 정체를 알 수 없다는 의미가 담겼다. 바르트는 이러한 비장소성이 사랑의 사건에 내재한다고 보면서 "내가 사랑하고 또 다른 매혹시키는

그 사람은 아토포스(atopos)다"라고 말한다.(진은영, 2012, 111)

'아토포스'는 근원적으로 비어 있는 장소를 가리키는 것이 아니다. 이것은 우리의 몸이 품고 있는 마음과 같은 것이다. 현실적으로 그 존재를 특정할 수 없지만, 누구에게나 있는 것이 마음이다. 마음 자락에서 산맥과 같이 솟구치는 것이 영감이다. 내적 주체는 이 영감을 타고 흐르며 시적 의미를 구성하게 된다. 문학적으로 새로운 공간들과 사랑에 빠지는 것, 이러한 문학적 기투를 롤랑 바르트가 '아토포스'라고 불렀다. 롤랑바르트의 S/Z → S에서 Z로 Z에서 S로 변곡할 수 있는 장소 자체를 자신의 몸에 개시한다.

롤랑 바르트의 주체는 'Subject'와 'Zuject'가 거의 동시에 발현하면서 아토포스를 품는다. Subject 단독으로 솟구치는 영감은 'ᑐ'과 같은 단선적 흐름만을 형성할 수 있다. 'Subject와 Zubject'이 동시적 발현은 'ᑐ'와 같이 내면에 아토포스를 품으며 솟구칠 수 있다. 몸을 품은 마음 'S'에서 마음을 품은 몸 'Z'로 다시 S에서 Z…… 변곡하면서 우리는 3차원을 극복할 수 있다.

3차원의 세계에서 4차원으로 변곡하는 '나'의 필요성에서 아토포스는 언제나 그림자로 주어진다. 그림자를 속으로 사라지는 장소들이 언젠가 이르게 될 주이상스의 바탕이 된다. 아토포스에서 펼쳐짐으로서 우리는 세계·사물의 마음과 나의 마음이 합치하는 경험이 곧 주이상스인 것이다.

장소의 시스템

시스템은 일종의 플롯이다. 시작과 끝이 있기 때문에 서사적 속성이 강하다. 수학으로 하면 '함수'라는 말에 근접한다. 최근의 용어로는 '알고리듬'이나 '알고리즘'과 의미가 통한다. 시스템의 목적은 의미 혹은 의미 있는 것을 생산하는 것이다. 의미의 장을 펼치기 위해서는 시간요소, 공간요소, 인간요소가 필요하다. 시스템도 마찬가지다.

지구에 사는 생명체는 모두 솔라 시스템(solar system)에 절대적으로 의존하고 있다. 시스템의 시간요소가 지닌 특성은 지속성이다. 공간요소의 특성은 반복성이고, 인간적 특성은 지향성이다. 지구의 작동을 예로 들어 본다. 지구는 자전과 공전을 지속함으로써 밤낮을 이루고 계절을 형성한다. 자전과 공전을 반복함으로써 일정한 공간을 점한다.

지구 시스템에서 인간만의 요소는 아마도 '이야기'일 것이다. 태양계에서 지적 생명체는 인간이 거의 유일하다. 이런 인간의 지향성은 삶을 통해 우주적인 것들까지 이야기로 엮어 기록하는 것까지 나아갈 수 있다.

구체적인 주관적 시각으로부터 관점의 요소나 주관적 요소들을 점진적으로 '벗겨 냄'으로서 '존재하지 않는 곳'으로부터의 객관적 '시각'에 도달할 수 있다는 인상을 주는 이유는 바로 객관적 공간개념과 주관적 공간개념이 이처럼 불가피하고 선험적으로 뒤섞이기 때문이다. 주관적 공간은 그런 주관적 공간의 중심이 될 행위자(작인)가 위치할 수 있는 더 객관적 공간과 연결되어야 인식될 수 있다.

— 제프 말파스, 2014, 86

우리의 경험은 주관공간과 객관공간을 연결시키는 작용을 한다. 경험은 매우 명석한 것이지만 경계를 판명하게 하기는 어렵다. 그래서 주관적 공간과 객관적 공간으로부터 우리 자신을 경험은 분리해 낸다. 그러나 이것은 구분을 위한 분리가 아니라 시스템적으로 객관, 경험, 주관 공간을 연결하기 위한 선행 작업에 해당한다.

주관적 공간과 객관적 공간의 연결점 – 선험적으로 뒤섞음의 작동점 - 차원이라고 한다. 차원의 개념은 실체가 있는 것이 아니다. 핵과 전자에서 - 양자라고 하는 것은 움직임으로 존재한다. 가령 핵은 전자가 중심점으로 삼아 도는 기준점이다. 실체가 있다고 하기도 그렇지 않다고 하기도 어렵다. 오직 전자의 운동(돌기)에 의해서만 [비(非)]자리를 점한다. 그러니까 전자가 핵의 주위를 돈다고 말하는 것도 사실은 아니다. 전자가 움직여서 만드는 구체의 중심을 핵이라고 부른다.

1차원은 그 점이 움직일 때 나타나는 선이다. 2차원은 선이 지향성을 통해 움직임으로써 나타나는 면이다. 면이 전면으로 움직이거나 하나의 축으로 회전하면 3차원이 열린다. 그런데 면이 전면적으로 움직이면 축을 달리하며 계속해서 회전하면서 펼치는 공간을 상상할 수 있다. 2차원의 속성을 유지하면서 3차원(입체), 4차원(흐름)도 함께 가진 것을 상상할 때 가장 근접하는 것은 다양한 입체로 구성된 뫼비우스의 띠일 것이다.

주관적 공간과 객관적 공간이 장소의 구조 안에서 어떻게 연관되는지를 따지는 것은 위상학적 장소 탐구에서 매우 중요하다. 서로 연관된 요소가 되는 방식은 장소가 전반적으로 주관성과 객관성을 모두 포괄하는 방식을 지시한다. 여기서 쟁점이 되는 장소의 구조는 구조 안의 어떤 단일한 요소로 환원될 수 없다. 왜냐하면 그것은 사실상, 서로 다른 요소들이 필연적으로 서로 연결되어 있고, 어떤 점에서는 상호의존적인 것으로 여겨지는 구조이기 때문이다.(제프 말파스, 2014, 93) 따라서 연관 방식은 주관성과 객관성을 모두 포괄하는 방식을 지향하면서, 동시에 둘 모두에서 벗어나는 것을 지향하는 방식이어야 한다.

장소의 구조는 기존의 것처럼 규정성을 목표로 하지 않는다. 장소는 흐름으로써 형성된다. 요소들의 단순한 결합이 아니라 언제나 과정 속에서 다양한 요소들이 섞이면서(비벼지면서) 형성되는 흐름 자체다. 따라서 장소의 구조는 결코 장소 안의 어떤 요소들로 환원이 불가능해야 한다.

장소의 윤리성·윤리의 장소성

나무의 좋은 씨앗에 의해 결정된다. 싹이 틀 때 같은 종은 거의 구분이 가지 않는 나무 '자체' 혹은 정수를 보여 준다. 나무의 정체성은 땅의 속성에 따라 결정된다. 또한 대기의 상태, 바람에 따라 다른 외형을 형성한다. 사람의 정체성도 이와 다르지 않은 과정을 거쳐 결정되고 흐르면서 끊임없이 변한다.

아이의 정체성 형성에 작동하는 것은 부모의 유전자와 천문(五運), 지리(六氣)다. 즉 아이의 정체성은 천문, 지리, 인문(유전자)의 상호주관성을 통해 형성된 장소에 따라 결정된다고 해도 지나친 말은 아니다. "장소는 아이가 자궁으로 들어가는 느낌과 직결될 수 있다. 〈중략〉 삶이란 장소와 결합되는 것이다. 이런 이유 때문에 한 아이의 정체성은 구체적인 장소로부터 도출된다. 또 영적이며 토템적인 특정 조상에게서 도출된다."(제프 말파스, 2014, 16)

정체성은 고정되지 않는다. 장소에 따라 다양한 변주가 가능해야 한다. 정체성의 변화폭이 곧 삶의 지평과 위상으로써 품을 이룬다. 한 정체성과 다른 정체성 사이에서의 흐름이 스타일을 이룬다. 이 스타일이 한 사람이 자기 자신들과 어울려 사는 방식으로서 '자기 윤리'를 형성한다. 정체성이 장소에서 비롯하였음으로 윤리 역시 자기 관계(장소성)를 바탕으로 삼을 수밖에 없다.

장소에 위치하는 정치행위나 참여의 특성을 이해하지 않고는 정치적인 것을 이해할 수 없기 때문이다. 더욱이 우리가 그런 장소성(placedness)을 이해한다고 해서 보수적이거나 반동적인 형태의 사고에 이르게 되는 것은 아니다. 오히려 다원주의 정치로, 그리고 궁극적으로는 관계의 윤리로 향하게 된다.

― 제프 말파스, 2014, 8

인류라는 말이 가능한 것은 이 말 안에 공통적인 윤리의 지향이 내재되어 있기 때문이다. 동양에서는 '천륜(天倫)'이라고 말한다. 그보다는 규정성이 약하지만 '인륜(人倫)'이라는 것도 민족 이상의 단위까지 공통질서를 형성하는 데 작용한다. 그러나 윤리는 규정성만을 갖지는 않는다. 장소에 따라 인류의 특성은 다양한 방향에서 역동성을 획득한다. '지리'에 바탕한 윤리가 가능하다. 시간의 흐름에 따라 스스로 변화하는 윤리는 정서와 감수성을 바탕으로 삼아 펼쳐지고 오므리며 흐르는 윤리다. 태양의 윤리가 아니라 달의 윤리이고, 불의 윤리가 아니라 물의 윤리다. 금지의 윤리가 아니라 허용의 윤리다.

다양한 관계를 통해 그때그때의 최적의 윤리를 구성함으로써 역동성, 가능성을 배가할 수 있다. 우리는 세계 안에 자리 잡고 있다. 우리가 자리 잡아야 비로소 세계는 열린다. 그러나 이 불변의 진리는 여전히 근원적이고 복잡할 뿐만 아니라 불확정적이고, 여전히 물음투성이다. 과거에는 이러한 다양한 의문들을 획일적으로 관리하려고 했다.

우리가 망고나무가 아닌 사과나무를 심는 이유는 기후가 너무 춥기 때문일 것이다. 그러나 그보다 훨씬 더 간접적이고, 어쩌면 더 널리 폭넓게 분포하는 다른 이유들도 있다. 거기서 우리가 풍경이나 환경과 맺고 있는 관계를 사실 우리가 영향을 줄 수 있는 능력(ability of effect)에 관한 것이기도 하다.

― 제프 말파스, 2014, 14

우리가 나무를 심는다고 하는 문장에는 인간을 환경을 합리적으로 관리할 수 있다는 전제가 깔려 있다. 풍경이나 환경에 인류가 줄 수 있는 영향은 아직까지는 '매우' 부정적인 측면이 강하다. 지구의 환경을 지키기 위해서 가장 먼저 지구에서 사라져야 할 존재가 있다면 서슴치 않고 인간이라고 답하는 사람들도 있다. 지구의 환경파괴는 거의 전적으로 인류에 의해 이루어졌다. 회복 불가능한 정도까지 이르고 있다. 그런데 실낱같은 회복 가능성도 역시 인류의 노력에서 비롯할 수밖에 없다.

어떤 이들은 지구에 사는 생물들은 지구 전체를 구성하는 극히 일부라고 말한다. 지구의 환경파괴는 태양계에는 어떤 영향도 주지 않을 것이라고도 말한다. 그럼에도 여전히 지구에 인류가 환경을 지키며 살아야 하는 것은 더 큰 위험 즉 소행성의 충돌과 같은 지구 자체의 변형을 막기 위해서라고 말하는 사람도 있다.

장소 몽타주

장소가 획득하는 이미지는 위상학적이다. 위상적인 공간에서는 장소의 전방위적인 축소와 확장이 역동적으로 이루어진다. 에드워드 랠프는 장소의 입지는 수직적·수평적으로 구조화되어 있다고 말한다. 수직적인 구조는 경험의 강도와 깊이의 구조이다. 다양한 수준의 외부성과 내부성의 경험에 대응되는 층위들을 가지고 있다. 수평적 구조는 개인·집단·대중의 내부와 그들 상호 간에 들어 있는 장소에 대한 지식의 사회적 분포에 관한 것이다.(에드워드 랠프, 2005, 129) 수직적 구조는 통시적이며 상징적이다. 수평적 구조는 공시적이며 알레고리적이다. 이 둘을 씨줄과 날줄로 삼아 짜는 것만으로는 입체적인 장소를 마련하기 어렵다. 이 평면을 위상학적으로 축소, 확장하면서 입체화하는 것이 장소 위상학의 목표다.

공간이 펼치는 지평이 공간의 가치였던 시대가 있었다. 공간의 지평적 의미는 많이 쇠퇴한 것이 사실이다. 넓은 땅을 소유하고 있는 것보다 높은 건물을 가지고 있으면 비교할 수 없을 만큼 큰 이윤을 얻을 수 있다. 지평에서 위상으로의 변화는 경제적인 측면에서도 이미 이루어졌다. 이런 위상적 변화마저 경제 논리가 장악하는 것은 한정된 공간 속에서 상상을 해야 하는 인간에게는 바람직한 소식이 아니다.

공간화된 시간의 축은 수직축으로 동시대적 문화 지평의 심화·고양과 연관된다. 시간화된 공간의 축은 수평축으로 역사 서술이 이루어진다. 둘의 역동적인 융합을 통해 고정적이고 규정적인 위계적 공간을 흔든다. 공간을 가두는 대신, 흔들어서 진동하게 하고, 구부러지게 하면서 순간적인 입체화를 구성한다. 여기에 담긴 의미는 머물지 못하고 함께 움직임으로써 역동성을 배가한다. 이렇게 공간에 능동적으로 개입해 장소화를 시도한다.

'능동적 개입'에서 강조되는 것은 '능동성'의 주체다. 여기에서 자아는 능동성의 주체가 아니다. 사람이 장소에 묶여 있는 것은 기둥에 묶인 것과는 다르다. 장소에 묶인 사람은 기억에 묶인 사람이고, 이는 곧 시간에 묶인 사람이라고 할 수 있다. 시간은 흐른다. 시간에 묶이기 위해서 주체는 흘러야 한다. '능동성'이라는 말은 '수동적으로 흐른다'는 말과 구분하기 어렵다. "하나의 장소를 추구한다는 견지에서 제시된 자아 정체성의 의미를 추구하는 것이 필연적으로 공간적이고 시간적인 것의 추구임을 발견하게 된다." 흐른다는 것은 넘나드는 것인 까닭에 자아의 정체성은 장소의 안팎에서 흐름을 추구하게 되는 것이다.

우리가 '찾을 수 있는 시간'은 오직 장소화된 시간뿐이다. 장소를 추구하는 것은 시간을 추구하는 것이다. 우리는 시간이 '호박벌'과 같이 간직한 이야기를 찾고 발굴할 수 있다. 그러나 이것은 유물의 발굴처럼 감싸고 있는 것을 벗겨 내는 것이 아니다. 시간이 그 본래성을 회복해 흐르게 함으로써 '호박벌'이 '수동적 능동성'을 발휘해 날아오르도록 (풀려나도록) 장소를 형성하는 것이다. 미래에서 발효되는 시간 - 시간의 지향성은 공간을 다양하게 위상화한다. 위상화된 공간은 모두에게 '하나같이 다른' 공간을 제공한다. 그 공간이 이야기로 수놓아지면서 저마다의 장소가 된다. 텍스트의 공간은 공간이면서 장소이고, 장소이면서 공간이다.

> 인간은 자연의 기하학적 패턴들을 분별할 뿐 아니라 마음속에 추상적 공간을 만든다. 또한 인간은 그들의 느낌, 이미지, 사유를 만질 수 있는 형태로 구체화하려 한다. 그 결과로 조각 공원과 건축공간이, 크게는 계획도시가 나타난다. 여기서 공간에 대한 불완전한 느낌들과 사실상 빠르게 변화하는 공간에 대한 식견에서부터 그것들의 공적이고 물질적인 물상화(reification)에 이르는 진보가 발생한다.
>
> — 이푸 투안, 2007, 36

'세계 내 존재'에서 '내'를 상황으로 풀이한 이는 앞서 언급한 대로 사르트르다. 현존재를 '세계 내 존재'라고 할 때, 현존재=존재라는 것을 괄호에 묶고 '판단중지'를 한다. 그러면 현존재는 세계 내 존재, 존재 내 세계라는 아포리즘이 가능하다. 세계를 인식대상으로, 존재를 인식작용으로 한정하면, 대상 내 의식, 의식 내 대상, 공간 내 시간, 시간 내 공간과 병치해 볼 수 있다. 그러면 상황은 시간의 서사와 공간의 미장센이 결합된 장면으로서 의미를 형성해 간다.

우리가 사랑의 장면, 이별의 장면이라고 의미 부여를 하는 상황은 사랑의 수만큼, 이별의 수만큼 다양하다. 그런데도 우리는 사랑을 혹은 이별을 읽어 낼 수 있다. 이것은 상황의 존재양식으로서 플롯의 상황에 작동하고 있기 때문이다. 상황 안에서 유연하게 작동하기 위해서는 진정성보다는 비진정성이 더 유리하다.

에드워드 랠프는 "비진정성이 산업화된 대중사회에서 지배적인 존재양식이라는 사실은 분명하며, 사회·경제·물리적 형태를 띤 대중적 가치관이나 비인격적인 계획이 이러한 비진정성의 강력한 표현임을 인식하는 것은 쉬운 일이다."(에드워드 랠프, 2005, 182)고 말한다. 그런데 이러한 비진정성은 스펙터클 속에 녹아들기 때문에 따로 고려하지 않는다. '세계 내 존재'에서 상황으로서 '내'는 우리의 경험과 상응한다. 장소나 경관은 이미지화를 통해 우리의 '심경' 속에 우리의 경험으로 자리 잡는다.

비진정성은 플롯의 각자성을 지향하게 한다. 해안선의 가치가 진정성의 가치라면 파도의 가치가 비진정성의 가치다. 진정성과 비진정성의 동시적 실천이 경계(갯벌, 모래밭)에 생명력을 불어넣는다. 지구의 25%는 육지이고, 대양은 75%를 차지한다. 75%의 대양과 25%가 육지가 만나는 그 경계에 사는 생명의 수는 육지에 사는 생물 개체 수와 대양에 사는 개체 수 못지않다. 글쓰기는 매우 날 선 경계에서 이루어진다. 대양과 같은 바깥으로부터 비롯하는 사실들과 육지와 같은 내부로부터 솟아오르는 의식이 다채로운 경계를 이룰 때, 사실과 의식의 개체 수를 훨씬 더 포괄하는 진실이 적힐 수 있을 것이다.

이야기의 강

사회는 객관적 현실에 바탕을 두고 객관적인 것들을 지향한다. 그런 사회 속에서 사는 개인들은 철저히 주관적 삶을 지향한다. 개인들의 삶에 대해서는 철저히 언어로 해명하려고 한다. 반면 사회적인 것들에 대해서 '분위기' 등에 휩싸여 이해하고 넘어가려는 경향이 있다.

사회적 객관성은 개별자들의 주관성을 언어적으로 해명하려는 노력들의 결과물이다.

논리적·객관적인 것들을 바탕으로 삼아 단 하나의 거대한 사실들의 흐름을 구성할 수 있다고 역사는 가정한다. 그러나 역사는 무수한 스토리들로 구성된 하나의 주관적인 것의 객관적 기술에 해당한다. 랑시에르는 "역사를 쓰는 것과 스토리를 쓰는 것은 하나의 동일한 진리체제에 속한다."고 말한다.

> 스토리들의 제조 모델이 "역사를 만드는" 자들의 이념과 더불어 공통적 운명으로서의 역사의 어느 일정한 이념에 연결된다는 것과, 사실들의 논리와 스토리들의 논리 사이의 이 상호침투가 누구라도 역사를 "만드는" 임무에의 협력자로서 간주되는 시대에 고유하다는 것은 분명하다. 따라서 그것은 "역사"가, 우리가 우리끼리 말하는 스토리들로서만 만들어진다고 말하는 것에 관계되는 문제가 아니라 단지 "스토리들의 논리"와 역사적 행위자들로서 행동하는 능력들이 함께 간다고 말하는 것에 관계되는 문제다.
> — 자크 랑시에르, 2008, 53

부르디외는 사회적 행위자들은 자유로이, 의식적으로, 완전히 이해하며 행위하는 주체들이 아니라고 말한다. 구조주의이론은 객관적인 시각을 바탕으로 삼는다고 주장한다. 객관적인 것의 불가능성에 대한 비판이 주관주의의 일방적인 승리가 되어서는 안 된다고 부르디외는 말한다.(롤란트 리푸너, 2010, 351~2)

개인을 '객관'이라는 단어로 쓴 '주관'이라고 한다면, 사회는 '주관'이라는 단어로 쓴 '객관'이라고 할 수 있다. 이것들은 '나선'의 융합을 통해 우리의 행위를 이끌어 낸다. 실험실이나 강의실에서는 사회적 실천행위가 이루어지지 않는다. 이성보다는 감성에 의해 사회적 실천은 이루어진다. 이것은 머리가 아니라 가슴이 바탕이 된다.

　1980년 5월 광주에서 목숨을 걸고 무장투쟁을 강행한 이들은 평범한 '시민'들이었다. 시민들을 무장하게 하고, 목숨을 던지게 했던 것은 '수치심'이었다고 말한다. 그 무자비한 폭력 앞에서 두려워 골목으로 숨어들었던 자신의 모습에서 '짐승'을 발견한 것이다. 누구도 그때의 심정을 언어로 제대로 옮기지 못하는 것은 이와 무관치 않다. 이러한 감성적 기억은 저마다 그 강도와 밀도가 다르다. 나의 기억과 다른 사람의 기억이 일치할 수 없다. 그 기억들이 이야기로 풀려나고, 풀려난 이야기들이 하나의 강을 이룰 때, '스토리의 논리'가 된다.

> 　그릇된 기억이나 시각적 환영의 경우, 특히 우리가 그것들을 그렇게 인식하는 경우, 정신의 상태들이 다른 상태들과의 적절한 통합을 드러내지 못하는 뚜렷한 사례로 받아들여질 수 있는 것이다. 그런 경우에조차도 일원화의 실패는 결코 끝나지 않는다.
>
> 　　　　　　　　　　　　　　　　　　　　　　　　　－ 제프 말파스, 2014, 111

　나는 내 기억의 정확성을 확신할 수 없다. 그럼에도 우리는 쓰기를 통해서 사실에 대한 확신보다 더 강한 믿음을 가질 수 있다. 이러한 모순은 고문의 고통보다는 스트레칭이 주는 고통에 가깝다. 나는 한 기억에 대한 정확성을 확신할 수 없기 때문에, 정확성을 확신할 수 없는 나의 다른 기억들과 모순적 고통 속에서 결합을 감행할 수 있다.

　한 도시의 기억도 모순적인 내면을 가지고 있다. 그 내면은 특별한 서술어를 속성으로 삼는다. 그 서술어는 개별자들의 심경에 흘러들어 특정한 이미지를 형성한다. '심상지리'가 형성되고 이것은 도시를 방문하지 않은 사람들에게 전해져서, 기대와 우려를 형성한다. 이것은 도시 바깥에 있는 사람들은 이렇게 가장 주관적인 것들을 객관적인 것으로 품는다. 반면 그 도시에 사는 사람들은 그와 반대의 지향을 보인다.

도시공간 내에서는 모든 것이 서로서로 묶여 있다. 시간, 공간, 등장인물, 이 모두가 도시 공간에서는 서로 묶여 있다. 공적공간, 사적공간, 건설된 장소, 상상의 세계가 하나로 묶여 있는 것이다. 우리는 다른 어느 것과도 바꿀 수 없는 유일한 자기만의 도시가 있다는 사실을 전혀 의심하지 않는다. 하지만 우리가 그 도시에 대한 그림을 그리려 할 때, 그런 그림이나 시각들이 도시민의 수만큼이다. 다양하고 많다는 사실 또한 우리는 확신한다. 도시는 그 자체가 독특한 영웅이자 힘과 구심력 완성의 주체이다.
― 카를 슐뢰겔, 2010, 37~8

누구나 삶의 거처에서 도시의 중성성을 확보한다. 이 중성성을 통해 자신만의 도시를 만든다. 언제나 비어 있는 중성의 도시에 날마다 새로운 이야기를 쓴다. '도시위상학'은 온통 흘러가는 것들의 모빌리티를 구성한다. 스스로는 빈 중심으로서 노드를 자처하게 된다.

본질과 세계는 우리가 의미를 구성하는 데는 늘 바깥에 위치한다. 우리에게 주어진 것은 노드로서의 '의미의 장'이다. 긍정적인 의미에서 현상학은 본질을 존재에게 되돌리고자 한다. 같은 맥락에서 세계에 대한 이해에서 추상적인 것, 보편적인 것에 대한 관심보다는 주어진 것, 구체적인 것에서 시작하고자 한다. 본질적인 것, 보편적인 것이 '현상'을 묶는 괄호다. 괄호에 의해서 생활세계의 공간이 열린다.

인간은 사회적 존재인 동시에 공간적 존재이다. 사회는 공간적으로 생산되며, 공간은 사회적으로 생산된다. 공간은 말 그대로 '텅 빈 사이(空間)'가 아니라, 다중적인 사회경제 관계들이 역동적으로 교차하는 네트워크이다. 삶의 공간을 가꾸어 나가면서 타인과 관계를 맺고 무엇인가를 만들어

가는 행위는 매우 중요한 경험이다. 그래서 더 나은 삶의 조건으로서의 공간을 만들기 위해서는 공간을 잘 이해하려는 체계적이고 심층적인 노력이 필요하다.

― 신성환, 2011, 355

관계는 어디에 남는가. 수단으로서 공간을 배경에 놓고 이것을 "수단 배경 ∞ 전경 목적"으로 전환하면서 나선의 지향을 감행한다. 사회는 공간적으로 생산되고 공간은 시간적으로 재생산된다. 시간은 사회적으로 다시 생산된다. 현대인이 구성하는 네트워크의 노드는 현실의 시간/공간, 우주의 시간공간, 양자의 무(無)시무(無)공간을 모두 넘어선다. 가장 인간화된 시간공간∞공간시간으로 구성하는 장소다.

서브토피아의 위상학

장소의 정체성은 흐름을 속성으로 한다. 따라서 규정성보다는 비규정성, 정체성보다는 비정체성을 속성으로 한다. 장소를 공간의 일부로 파악하던 때가 있었다. 이때 장소는 무엇인가로 쉽게 환원 가능하고 대체가 가능했다. 공간의 일부로서 장소의 속성은 '분리 가능성'이었다. 반면 시간을 중심으로 장소를 파악하는 경우, 어떤 절대적 의미의 획득에 중점을 두었다. 시간공간, 공간시간을 하나로 놓을 때 장소의 특성은 '절대적인 것도, 항상 변화하는 것도 아닌' 어떤 매체로서의 역할이 강조된다. "장소 정체성에는 여러 가지 형태가 있으나, 그것은 항상 다른 장소에 대립하며 바로 이 장소에서 우리가 경험하는 기반이 바로 그것이다."(에드와드 랠프, 2005, 141)

특정 장소에서 경험은 반복 불가능성, 언제나 처음이지만 그러한 '처음'인 반복을 통해서 일정한 '플롯'에 이를 수 있다. 그런데 이 플롯

자체가 '미궁의 것'으로 주어지는 경우가 흔하다. 플롯이 주어져도 언제나 처음을 반복한다. 경험의 반복을 원천적으로 차단하는 '최초성'이 장소성의 플롯으로 제시된다.

『페페르모코』는 식민 본국인 프랑스와 식민지인 알제리의 카스바라는 공간의 대립 안에서 주인공 페페의 이중적 정체성으로 인한 비극을 다룬 영화이다. 주인공 페페는 본래 프랑스 출신이지만 수많은 범죄를 저지른 범죄자이다. 그는 경찰을 피해서 카스바라는 도시로 건너오게 된다. 영화의 첫 장면은 독특한 도시 구조를 지닌 카스바에 대한 묘사로 시작된다. 영화의 도입부에서 카스바는 경찰 본부에서 영사되는 다큐멘터리 몽타주로 표현된다. 카스바는 알제리의 높은 곳에 위치해서, 길고 '꼬불꼬불한 계란과 바깥으로 확장된 열린 테라스의 모자이크로 형상화된다. 이 도입부의 설명적 몽타주에 의해서 카스바는 도시의 위험한 미궁의 지리로 면밀하게 시각적으로 재현된다.

— 오현숙, 2008, 201

한국 영화의 최고 수확은 2019년 〈기생충〉의 칸영화제 작품상 수상이다. 2020년에는 아카데미영화상 작품상을 거머쥐었다. 이 영화는 봉준호 감독 작품이다. 봉준호 감독은 이 영화를 통해 누구에게나 평등한 기회가 주어진다는 자본주의가 얼마나 철저하게 위계적인가를 층층으로 나뉜 공간을 통해 보여 준다.

영화의 주 무대가 되는 두 채의 집은 모두 헤테로토피아를 품고 있다. 송강호(분)의 가족이 살고 있는 가난한 집은 반지하다. 여기에서 헤테로피아는 방보다 반층쯤 위에 있는 화장실 공간이다. 이 공간에서 잡히는 와이파이는 다른 세계와의 연결을 가능하게 해 준다. 이선균(분)의 가족이 살고 있는 부유한 집은 탁 트인 전망을 자랑한다. 그 밖은 공간은 어두운 지하실을 헤테로토피아로 품고 있다. 가장 높은 그림자와 가장 깊은 그림자가 함께 드리워지고 있다. 이 헤테로토피아에서 자본이 야기하는 사회 모순이 근원화되면서 어둡고 음습한 신화가 새로 써진다.

　　나는 우리가 사는 공간에 신화적이고 실제적인 이의 제기를 수행하는 이 다른 공간들, 다른 장소들을 대상으로 삼게 될 하나의 과학 – 나는 분명히 과학이라고 말한다–을 꿈꾼다. 이러한 과학은 유토피아를 연구하지 않을 것이다. [유토피아는] 그 이름은 정말로 어떤 장소도 갖지 않는 것을 위해서만 남겨져야 하기 때문이다. 그 과학은 절대적으로 다른 공간들, 헤테로–토피아들을 연구할 것이다. 문제의 그 과학은 필연적으로 '헤테로토폴로지'라고 불릴 수 있고, 불릴 것이며, 이미 그렇게 불린다.

– 미셸 푸코, 2014, 14~5

　　봉준호 감독의 외할아버지가 소설가 박태원이다. 박태원의「천변풍경」은 청계천으로부터 위계화된 도시의 구조와 청계천을 따라 흐르는 다양한 삶의 군상들의 위상성을 동시에 담아낸다. 박태원의「천변풍경」은 미궁의 위상성을 잘 보여 준다.

　　제임스 조이스가 식민지 도시를 폐쇄 회로의 미궁으로 표상함으로서 부정적인 성격을 부각시켰다면, 박태원은『더블린 사람들』을 수용하면서도『천변풍경』을 통해서 식민지 도시의 부정적 측면뿐만 아니라 제국의 지배와 통제를 넘어설 수 있는 공간의 긍정적 가능성을 탐색하고 있다. 그러나 경성의 긍정적 성격이 계급과 정치적 갈등이 무화된 "자족적 유토피아"로 기능하거나 "세계관의 결여로 말미암아 한갓 세태 풍속 묘사에 그친" 것은 아니다. 이러한 평가는 이 작품에서 전면화되는 하위주체에 대한 박태원의 정치적 형상화와 그것이 지니는 의미의 문제를 농락하게 이해하게 한다.

― 오현숙, 2008, 192

박태원은 이러한 도시의 사태적 풍경들, 단편적 풍경들을 '미궁'으로 빠뜨린다. 즉 박태원은 길이 있는 '미궁'을 그려 낸다. 이것이 서브토피아(subtopia)의 속성이다. 서브토피아는 목적이나 관계에 어떤 패턴도 가지지 않는다. 인위적 구조물(도시)을 오직 맥락 없이 그 자체만을 최소한 형상해 내는 스냅숏으로 찍어 아무 생각 없이 흐트러뜨려 놓는다.

이는 무작위로 위치한 점과 지구의 집합이라고 할 수 있는데, 각 점이나 지구는 하나의 목적만을 수행하며 각기 주변 환경으로부터 고립된 채 오로지 도로하고만 연결되어 있다. 끝없이 이어진 똑같은 주택단지들이 그 전형적인 사례이다. 결과적으로 각 지역의 지역성을 구별하는 것이 불가능하게 된다.

― 신성환, 2011, 366

포털에서 제공되는 지도를 떠올리면 서브토피아의 개념을 좀 더 이해하기 쉽다. 한국의 전도가 한 화면에 담기는 축소비율에서는 경부선, 호남선 등 주요 고속도로만 표시된다. 비율을 확대하면 경도를 따라 홀수 국도와 위도를 따라 짝수 국도가 떠오른다. 좀 더 비율을 확대하면 지방도가 나온다. 그리고 최대의 비율로 확대하면 골목길까지도 표시된다. 서브토피아 즉 길의 길의 길의 길……이 떠오를수록 전체는 사라지고 도시는 깊어진다. 반면 웅숭깊었던 농촌공간은 표면으로 떠오르고 서브토피아로써 집과 지방도 군도 등에 연결된다.

14. 공동체

공동체의 표지로서 서술어

　단 한 차례도 반복되지 않은 삶을 사는 것이 자기에게 줄 수 있는 최고의 선물이라고 푸코는 말한다. 그는 「사물의 질서」 마지막 부분에 "바닷가에 그린 얼굴이 모래 속으로 사라지는 것처럼 인간이 사라질 것"이라고 쓴다. 이는 애도와 헌사를 함께 품고 있는 말이다. 우리는 옛사람들과 같은 사람이지만 새로운 인류라고 할 만큼 다른 삶을 살고 있다. 그들은 어느 지점에서 모래에 새겨진 얼굴처럼 파도의 시간에 쓸려 사라져 갔다.

　초등학교가 아니라 국민학교를 다닌 사람들은 대부분 위문편지를 쓴 기억을 가지고 있다. '국민교육헌장'을 외우던 세대다. '나는 민족중흥의 역사적 사명을 띠고 이 땅에 태어났다.'로 시작한다. 쓰고 외우는 행위는 주체에게 환원한다. 대상에게 전달되는 것은 이차적인 것이다. 정말 객체를 위한 것이라면 오늘을 사는 초등학생들은 e-메일이나 '카톡'을 통해 '위문편지'를 전해야 할 것이다. 군인에게 위문편지를 쓰던 얼굴은 파도에 쓸려 간 지 오래다.

　새로운 미디어사회가 도래했다. 슬로터다이크는 오늘날 사회는 '포스트-문자적', '포스트-서한적' 그리고 '포스트-휴먼적'이라고 진단한다. 그는 '문학적, 서한적, 휴머니즘적 매체'를 통해 인간을 길들이는 고전적 휴머니즘적 전통은 그 실효성을 상실할 수밖에 없다고 분석한다. 포스트휴먼적 사회에서 기존의 휴머니즘은 어떻게 새롭게 정의되고 실현될 수 있을지 구체적으로 고민해야 한다.(이홍경, 2013, 153)

국가 시민적 휴머니즘은 '급작스럽게' 종말을 고하고 있다. 이것은 문자의 종말과도 연결되어 있다. 새로운 휴머니즘의 핵심에는 '휴먼'이 아니라 '포스트휴먼', '인휴먼'이 자리할 수도 있다. 지금까지의 사라짐과는 질적으로 다를 수 있다는 것이 미래학자들의 전망이다. 그러나 여전히 인간의 연속성은 전해질 것이다. 그것은 세세한 문자적 연속성이 아니라 '플롯'의 연속성일 가능성이 높아지고 있다.

자신의 삶을 자기가 그리는 것은 불가능하지 않다. 아무리 잘 그려진 그림이라도 그 그림대로 사는 것은 거의 불가능하다. 주체나 대상, 술어는 자체가 지향하는 의미보다는 '매체' 중심으로 이루어지기 때문이다. 자신의 삶으로 플롯을 만들고, 그 플롯으로 자신의 삶을 살아가는 것이 최선이다.

작가의 자유 창작이란 이미 유효한 전통에 연결되어 있는 중개 역할의 일면일 따름이다. 작가는 스스로 자유로이 창작한다고 믿고 있다. 그러나 정작 자신의 플롯을 자유롭게 창작하지는 못한다. 오히려 플롯에 의해서 작자의 자유 창작을 그려 낼 수 있다. 오늘날까지 모방이론의 오래된 기반에 속하는 '어떤 것'이 남아 있다. 작가의 자유로운 창작은 하나의 '플롯'으로서 작가조차도 구속하는 공통된 진리의 표현이다.(한스 게오르크 가다머, 2011, 237)

공동체의 언어로서 '플롯'을 다양하게 하는 것이 그나마 창작의 '자유'를 배가하는 하나의 방식이다. 플롯은 그때그때의 맥락에서 출현하고 사라진다. 플롯의 다양성을 통해 인간 자유의 발현과 억압이 동시에 존재한다. 플롯이 한 번 작동하면 거의 법칙에 가깝게 굳어져 작용하는 곳이 '생활세계'다.

생활공간은 경계를 갖는데, 그 이유는 어떤 구체적인 시점에서 의미가 없는 사물, 사건 등이 존재하기 때문이다. 생활공간은 다양한 값을 갖는 '지역들'로, 가령 들어가지 말라는 금지어가 있어 들어갈 수 없는 지역들은 통해(레빈에게 이는 대개 선으로 묘사된다.) 그리고 '장애물'을 통해 구조화되어 있다. 한 아이가 뒤로 들어간 공을 되찾고자 한다. 하지만 공에 접근할 수 없다. 이 아이는 장애물을 돌아 그곳에 도달하려 하거나 어른에게 부탁한 것이라고 생각할 수 있다. 아이는 유인 특성을 향해 목표 지향적 인상을 획득한다. 여기서는 일종의 '자연목적론'이 지배한다.

— 헬무트 E. 뤽, 2010, 339

개별적 지식을 일일이 기억하는 것은 한계가 있다. 또한 인간의 능력은 인공지능의 지식 습득능력과 비교가 되지 않는다. 인간능력은 개별 지식의 양에서는 비교할 수 없을 정도로 부족하다. 그런데 인간의 지혜는 지식의 종량을 훨씬 넘어설 수 있다. 지혜는 개별 지식이 아니라 일종의 '플롯'을 가리키는 것이다. 알지 못한 것도 제대로 행할 수 있는 것은 '플롯'을 가지고 있기 때문이다. 지혜는 이야기를 타고 전파, 전승, 전달된다. 중요한 것은 이야기의 내용이나 형식이 아니라 '플롯'이다. 지혜는 고정성이 아니라 가변성, 유연성을 속성으로 삼는다.

매체 중심으로 의미가 전달되고 있는 오늘날의 미디어 환경에서 전통의 문학 장르는 그 영향력이 현격하게 약화되고 있다. 그러나 '텔레비전이나 PC, 만화, 스마트폰' 등 다매체 속에서도 소설을 필두로 한 문학성은 상당히 훼손될 것으로 보인다. 그러나 사라지지는 않을 것이라고 전망한다. 다양한 작품들 속에서 누구나 읽고 그 속에서 자아를 발견하고 역사와 현실을 이해한다. 그 무엇인가 소중한 것을 위하여

전력을 다해서 살아가는 삶은 독자를 비출 수 있는 거울을 제공한다. 이것이 바로 소설을 비롯한 문학의 생활화가 곧 문학적 문화의 교양이다.(구인환, 1996, 40)

생활세계 속에서 문학의 문화적 역할은 지식들을 지혜로 정립하고, 지혜를 통해 생활세계의 플롯의 변화를 이끌어 낼 수 있다. 문학은 심급에서 자아를 발견할 수 있는 까닭에 좀 더 근원적인 환원을 이룰 수 있다. 서사적 공동체의 플롯과 서정적 공동체의 다채로운 삶의 직조를 통해 '다매체 속의 이야기'를 구현낼 수 있다. 이것은 면면히 흐르는 역사의 강물과는 다르다. 보이지 않는 문화적 핏줄은 서사적 플롯과 서정적 파편성, 편재성의 이중적 직조를 통해 드러난다.

노드로서 인간의 장소성

주관적 공간과 객관적 공간은 관념상으로는 구별이 가능하다. 위계나 위치를 중심으로 장소를 파악하고자 한다면 개념적 구별도 가능해진다. 그런데 위상적 관점을 취하면 이 둘은 구별이 아니라 연결해야 할 것이 된다. 둘은 서로가 서로를 이면으로 삼을 때, 공간을 여러 층으로 입체화할 수 있다.

객관적 공간과 주관적 공간은 개념적으로도 구분이 가능하다. 그러나 구체적 현상 속에서 둘을 구분하는 것은 쉽지 않다. "객관적 공간을 파악하고 있다는 것은 누군가 주관적 공간개념 역시 파악하고 있음을 전제한다. 동시에 주관적 공간의 개념적 파악은 객관적 공간의 파악에 달려 있음을 전제한다."(제프 말파스, 2014, 87)

한순간도 멈추지 않는 생활세계 속에서 한 차례도 반복하지 않는 삶을 살고 있는 자기의 위치를 명확하게 규정하는 것은 불가능하다. 따라서 우리 자신의 자기 인식이 객관적 시공간 틀 안에서 위치시킬 수 있는 능력이 있다고 하는 것은 다소 과장된 것이다. 그렇게 위치시키는 것이 가능하다면 객관적 질서의 개념 파악도 가능하다는 데까지 나아간다. 이것은 시공간을 인간이 좌우할 수 있고, 그렇지 않다고 하더라도 자기 위치는 명확하게 파악할 수 있다는 다소 오만스러운 입장에서 나온 것이다.

우리가 흔히 알고 있는 시간은 시계가 가리키는 것이다. 시계시간은 공간화된 시간이라고 말한다. 이것은 본질적인 시간에서 가장 멀어진 시간이다. 후설은 의식을 시간으로 파악한다. 의식은 시간과 다르지 않다. 시간은 우리의 의식에서 발생하는 '의식 자체'다. 각자가 가진 의식의 깊이, 흐르는 속도, 밀도에 따라 저마다 다른 시간이 흐른다. 또 개별자라도 사건, 사물에 따라 의식류는 한결같지 않고 매번 달라진다. 그러니 시간이야말로 '순수주관'이라고 할 수 있다.

공간은 세상 만물에게 똑같이 주어져 있다. 그런데 인간은 공통으로 주어진 공간에 대해 강렬한 소유욕을 드러낸다. 주관화된 공간만을 의미 있는 장소로 간직하고자 한다. 인간이 가질 수 있는 공간은 지표에 한정되어 있다. 지표에서 얼마만큼의 깊이, 높이까지 점유권을 허용해야 하는지는 여전히 논쟁거리로 남아 있다.

주관화된 공간은 공간성을 상실한다. 거의 모든 것들이 지날 수 있고, 흔적을 남길 수 있는 것이 공간의 순수성이다. 순수객관의 정점에 위치하고 있는 것이 순수공간이다. 역설적으로 가장 다양한 사람들이 가장 다양한 이야기를 나누며 오가는 '광장'은 장소로서 공간의 순수성이 강하다고 할 수 있다.

순수객관으로서 광장의 공간이 순수주관으로서 시간을 담고 있는 이야기로 엮이면서 주관화의 순수성으로 변곡한다. 순수주관의 객관화, 순수객관의 주관화의 변곡점에 자리하고 있는 것이 장소로서 '인간'이다. 그래서 인간에게 있어 시간과 공간은 따로 파악될 수 있는 것이 아니다. 제프 말파스는 장소와 인간의 관계를 이렇게 말하고 있다.

> 장소와 인간의 관계는 인간다운 삶을 가능하게 하는 근본 구조이며, 명확히 알 필요가 있기는 하지만, 어떤 면에서 인간의 정체성을 결정하는 것이라고 생각할 만한 이유가 충분하다. 이 경우, 장소가 [그리고 이와 연관된 개념들인 공간성과 체현(신체를 갖는다는 것이)이] 너무나 많은 학과들에서 그리고 수없이 많은 저자와 학자의 연구에서 그처럼 두드러지게 되었다는 사실이 그리 놀랍지 않다.
>
> – 제프 말파스, 2014, 26

인간이 곧 장소이고 장소가 곧 인간이다. 인간의 정체성(공동체의 정체성)은 특정한 심성과 관련이 있다. 사람들은 제각기 자신의 마음을 지니고 있다. 마음은 장소로서 인간이 품고 있는 순수공간이다. 그 마음을 사람들은 다른 사람에게 주고, 다양한 사물에게도 준다. 또한 여러 사건에도 마음을 쓴다. 이렇게 다른 것으로 옮겨 간 순수공간은 '순수객관'으로 변모한다. 순수하게 비워 내야 순수로 가득 차는 것이 마음이다. 그 빈 마음인 '심경(心境)'의 질적 동질성이 공동체의 정체성과 맞물려 있다.

장소와 장소의 연결을 통해 마련된 장소에는 구체적인 객체와 사건들이 자리한다. 객체와 사건들 하나하나는 하나의 세계와 연결될 수 있다. 우리는 세계에 관해 생각할 수 있고 세계 안에서 자신을 발견할 수 있는 피조물이자 주체다. 이 가능성 자체가 장소나 로컬리티에 결부되어 있다. "하이데거와 메를로 퐁티의 연구에서 확인되는 '세계 안의 존재'로서 인간과 공간성, 로컬리티, 체현의 긴밀한 관계에 관한 생각이 서로 다른 분야에서 연구하는 여러 사상가들의 연구에 거듭 등장한다."(제프 말파스, 2014, 21)

공동체는 언어를 공유하는 사람들로 구성된다. 언어는 어휘에서 이야기의 수준, 그리고 이야기를 전달하는 '플롯'까지 다양하다. '플롯'을 공유할 때, 우리는 절대 공동체에 접근할 수 있다. 순수객관과 순수주관이 개인적인 차원에서의 교차에 그치지 않고 공동체인(人)의 차원까지 확장·고양할 수 있다. 그때 우리는 지금과는 달리 쓰인 사회를 살아볼 수 있다.

다양의 총체성·총체의 다양성

철학이 주도하던 세계에서는 핵심 코어, 개념이 중요했다. 의미는 그 코어를 동심원으로 에두르며 형성되었다. 지금은 과학기술이 주도하는 세계다. 과학기술은 변화·발전을 속성으로 삼는다. 새로운 총체성을 견인하는 것은 명사가 아니라 서술어다. 둘 사이에는 묘사적 서술이 가교 역할을 한다. 흐르는 것들을 담아내는 서술을 세잔의 그리기가 잘 보여 준다. 세잔은 흐르는 생트뵈브의 산과 함께 흐르면서 산의 정수를 담아낸다.

묘사적 서술에서는 시간성 바탕의 서술과 공간성 바탕의 묘사가 함께 이루어진다. 이를 통해 만들어 내는 기표들은 다층적으로 중층화한다. 역사에서 각 세계는 공간의 조직 작업-장소화에 사용되는 문화 기술 및 시각적 절차를 가지고 자신들의 사물을 보는 방식을 다른 시대로 옮겨 놓는다.(우테 홀, 2011, 108) 묘사에 의해 구현된 다층성은 상징성을 풍부화한다. 서술에 의해 구현되는 중층성은 변증술을 통해 구현된다. 중층성은 공간을 효과적으로 만들어 내지만 정체성 강화나 미장센을 지향하지 않는다. 그 자체로 흐름에 최적화된 공간을 연출하는 것이 묘사적 서술의 핵심 과제가 된다.

완전한 앎이란 그 자체로 확고하게 규정되어 존재하는 세계와 이 세계를 술어적으로 설명하는 전거, 즉 이상적인 학문적 진리('진리 그 자체')라는 당연히 무한히 먼 곳에 놓여 있는 상관적 이념에 따른 것이다. 완전성의 단계들을 체계적으로 거침으로써, 즉 부단한 진보를 가능하게 만드는 방법을 통해 이것을 실현하는 것, 이것이 바로 과제이다.

- 에드문트 후설, 2016, 226

부단한 진보는 성찰을 결여하기 쉽다. 이러한 새로움은 매번 극단적으로 추구하는 새로움이다. 안정성, 반복의 가치는 간과하기 쉽다. 우리가 인문학적으로 추구하는 진보는 일단 '부단함'에 대한 표기로부터 시작되어야 한다. 진보를 직선에서 내려놓는 것, 굴곡지게 만드는 것이 필요하다. 그리고 최후에는 뫼비우스의 띠와 같은 가장 짧지만 가장 오래도록 처음인 길을 한없이 달릴 수 있는 일상을 구현해 낸다. 소소할지는 모르지만 저마다의 완전성을 겨우 실현해 볼 수 있는 것이다.

우리는 대상을 의식대상 곧 노에마를 구성하는 요소들의 총체에서 되찾는다. 우리는 요소들 가운데 대상을 특징짓는다. 이 요소들을 하나의 맥락으로 묶어 주는 것이 술어의 역할이다. 요소들은 술어에 의해서 주체나 대상의 어떠함이나 어찌함을 형성한다. 또한 이 술어들은 일종의 지지대, 그것의 술어들의 'X', 대상-축, 필연적으로 대상에 대한 기술 속에 있다. 술어들이 변하는 동안에도 동일하게 남아 있는 일종의 실체와 연관된다.(엠마누엘 레비나스, 2014, 113)

거의 대부분의 물음은 6何로 온다. 何(어찌, 무엇, 얼마)에는 명사적인 것, 상징적인 것이 들어온다. 그러나 이제 사람들이 궁금해하는 것은 그런 규정적인 것이 아니다. 명사적인 것에 대한 묘사적 서술은 '노드'를 구성한다. 기술적 서술, 술어적 서술은 노드를 갈림점으로 삼아 길을 연다.

> 대상의 본질을 특징짓기 위해서, 후설은 그 이념성을 말하는 것으로 만
> 족하지 않는다. 개별적인 '여기 이것'과 이념성은 단순하게 반대되는 것이
> 아니다. 이념의 차원에서, 하나의 본질을 형성하기 위해, 일반성에서의 그
> 모든 규정과 관련해서, 개별대상을 고양시키는 것으로는 모든 것이 충족
> 되지는 않는다. 대상의 규정에는, 어떤 것이 또 다른 것을 가능하게 하기
> 위해 요청되는 위계가 존재한다.
>
> — 엠마누엘 레비나스, 2014, 196

대상의 본질은 대상의 필연적 구조다. 존재하는 바로 그것으로부터 형성된 것이 구조다. 구조는 대상의 모든 경험적 특성을 수용할 수 있어야 하기 때문에 유연해야 한다. 구조는 선험적이라기보다는 유연성을 속성으로 한다. 유연성이 바로 구조의 원리를 가능하게 하고 이해를 가능하게 한다.(엠마누엘 레비나스, 2014, 197)

강물은 강이라는 구조를 흘러간다. 흘러가면서 한 번도 같은 모습을 재현하지 않는다. 그러나 그 본질은 변하지 않는다. 물은 제 스스로 흐르는 것 못지않게 흐를 수 없는 것들을 흐르도록 만들어 준다. 물을 만나면 구조도 본질도 표지도 형상도 모두 고스란히 흘러간다.

소격·공동·공감·돌아봄

타인이 나와 하나가 되는 사랑의 시간은 길게 반추할수록 즐거운 일이다. 서사에 담기에 좋다. 나였던 것이 타인으로 분리되어 가는 이별의 시간은 그 자체가 살을 에는 고통이어서 서정적으로 표착하는 것이 유리하다. 우리는 우리 몸 밖에서 에너지를 취한다. 우리가 먹는 것은 독(毒)이나 약(藥)이라는 대극적인 엔트로피 사이에 다양하게 펼쳐

져 있다. 이런 엔트로피를 섭취해 네겐트로피로 전환하면서 우리의 삶은 긴장과 이완을 반복한다. 시간은 이렇게 흐른다.

에너지를 최대치로 높이는 방식은 주체를 대상으로부터 소격화하는 것이다. 이것이 리쾨르가 말하는 '생산적 소격화'다. 그는 전유는 시간적 거리가 야기하는 낯설음으로부터 과거의 문화유산을 구해 낼 수 있는 처방이라고 말한다. "거리와 인접성의 이러한 교차는 헤겔식의 절대지를 상정하지 않고 해석의 역사성을 규정하는 것이었다. 그러나 동시에 생산적 소격화라는 개념을 주장했다."(폴 리쾨르, 1998, 149)

애매모호는 동어반복이 아니다. 명석판명도 마찬가지다. 형체는 애매하고, 경계는 모호하다. 형체는 명석하고 경계는 판명하다. 형체를 구분할 수 없고 경계를 구분할 수 없다. 응집하면 형체가 구별되고 결속해야 경계가 분명하다. 응집은 밀도를 더하고 결속은 강도를 더 한다. 소격화는 스스로를 지우며 자기 정체성을 분명히 하는 것이다. 주체가 스스로를 지운다는 것은 음각된다는 것을 의미한다. 전유는 낯선 것들 자체가 아니라 그것을 둘러싸고, 감싸고, 통과하고 있는 시간과 장소를 위반하고, 전복한다.

우리의 세상은 학문적이지 않다. 그래서 생활세계를 판단할 때 필요한 것이 '주관적-상대적인(subjective-relative) 직관'이다. 학문 이전의 삶, 학문 이후의 삶에서 직관은 '자연스럽게' 작동한다. 물론 자연스러운 것이 경멸의 대상이 되는 장소도 있다. 유클리드기하학의 세계가 그렇다.

주관적-상대적인 직관은 (삶 자체에서는) 충분히 확증할 수 있는 영역이며, 그것에 기초해 충분히 확증된 술어적 인식의 영역이고, 또한 그것의 의미를 규정하는 삶의 실천적 계획이 그것 자체를 요구하는 것과 정확히 마찬가지로 객관성이라는 근대의 이상을 추구하는 학자들이 경멸해 취급하였는데, 이 경멸감은 학자 자신이 직관적인 것의 영역에 의지하고, 또 불가피하게 의지해야만 하는 모든 경우에 여전히 이 영역에 틀림없이 만족한다는 점을 전혀 변경시키지 않는 것처럼, 이 단순히 주관적-상대적인 것이 존재하는 방식을 전혀 변경시키지 않는다.

- 에드문트 후설, 2016, 247

주관적 상대적 직관의 가장 큰 장점은 거리의 확보다. 거리가 생길수록 흐릿해진다. 이 '흐릿함'은 공간의 확보를 가능케 하고, 개념보다는 술어적 서술의 가능성을 높인다. 적절한 거리를 확보할 때 술어적 인식을 활발하게 전개할 수 있다. 가장 극단적 거리에서 발생하는 것이 '전유'다. 술어적 인식의 가장 큰 장점이 바로 역동성이다.

소쉬르는 기표와 기의라는 개념으로 세계를 본질적으로 구조화한다. 세계는 이 구조틀을 통해 언어화된다. 가령 망가진 우산을 지칭하는 말을 만든다면 망가진 형태와 정도에 따라 무수히 많은 단어가 필요할 텐데, 이는 현실적으로 불가능하다. 언어가 세계를 분절하여 표상하는 것은 언어의 한계라기보다는 언어의 본질이다.(신홍주, 2016, 127)

위상학은 무수한 단어를 포기하는 대신에 다양한 흐름으로 나아가고자 한다. 구분은 둘을 개념화를 위한 것이 아니라 다양한 변곡을 위한 전제조건이다. 구분은 스스로의 소격화를 바탕으로 이루어진다. 구분을 통해 마련된 장소에서 이루어지는 변곡은 직관적으로 파악됨으로써 무수한 가능성을 모두 하나의 장소에서 구현해 낼 수 있는 것이다.

장소는 운동 속에서의 정지이다. (인간을 포함하여) 풍물은 한 장소에 멈춘다. 왜냐하면 그것이 어떤 생물학적 욕구를 충족시키기 때문이다. 정지함으로써 장소는 인간이 느끼는 가치의 중심이 될 수 있다. 개코원숭이와 꼬리 없는 원숭이는 분명 다치거나 병든 동료를 돌보기 위해 멈추지는 않는다. 인간은 멈춘다. 그리고 이 사실은 장소에 대한 인간 정서의 깊이를 더 해준다. 병에서 회복한 인간은 자신이 타인들에게 의존하고 있음을 안다.

— 이푸 투안, 2007, 222

BBS다큐멘터리 〈인간의 탄생〉에는 인간에게 '기억의 시간'이 생겨나는 장면이 연출되어 있다. 강을 건너다 자신의 짝이 악어에게 잡혀갔다. 그때 사내는 아주 잠시 자리에 멈춰 강물 쪽을 돌아보고 다시 길을 간다. 처음인 감정이 돌아나고 최초의 되돌아봄이 잠깐 있었다. 수만 년의 세월이 지나면서 멈춤의 시간이 길어지고, 급기야 발걸음을 돌리게 된다. 멈춤, 돌아봄, 여기서 인간다움이 발생한다. 전유가 태어나고 인간의 서술은 서술어 중심으로 옮겨 갈 수 있다. '인간다움'은 그의 개념이 아니라 그가 사용하는 서술어에 의해 파악될 수 있다. '그녀'가 소격됨으로써 거리가 발생하고, 그 거리를 통해서 짐승의 유인원은 인간다움으로 변곡을 감행할 수 있었다.

공동체와 공동(空洞)

지구상에 살았던 여러 부족, 민족, 국가들은 제각각의 신화를 내세워 자신들의 운명을 맡겼다. 신의 대리자도 있었고, 신의 아들도 있었으면, 다른 세계에서 건너온 자들도 있었다. 그들은 명확하지 않은, 애매모호함, 누구도 알 수 없는(스스로도) 영역에 대한 선지자로 자리하면서 그 권력을 가졌다. 그 시대에 그들의 말과 행동은 거의 절대 진리에 가까웠지만, 부족, 민족의 성쇠와 함께 대부분 이야기 속에 남게 되었다.

오늘날에는 명확함, 정밀성을 앞세운 과학기술이 전 인류의 운명을 이끌려 하고 있다. 과학기술의 발전 속도는 추월을 허락지 않을 것 같다. AI의 발전 속도를 보면 최초에 벌어진 한 뼘의 차이는 회복 불가능한 거리가 될 것으로 보인다. 국가들은 국운을 걸고 무한 경쟁에 내몰리고 있다. 성찰 없는(틈이 없는) 과학기술의 한 차례의 오판은 부족이나 민족이 아닌 전 인류를 절멸에 이르게 할지도 모른다는 우려를 낳게 한다.

> 우리는 과학을 통해 구성된 세계 속에서, 사물들의 실체가 인과적 사슬의 집합으로 환원된다고 여긴다. 이로 인해 이 구성된 세계 내에서, 현존은 자연에 부속물로 나타나고 이것의 범주로서의 시간, 공간, 그리고 인과성의 대응물로 나타난다는 것이 확증된다. 또한 물론 시간, 공간 그리고 인과성은 여기서 물리학자의 규정 속에서 이해되는 것으로, 즉 구체적인 시간, 공간, 그리고 인과성이라는 우리의 삶을 초래하는 이 모호한 매개체를 넘어서는 방식으로 의미가 부여된다.
>
> — 엠마누엘 레비나스, 2014, 38

시간 매개체, 공간 매개체, 인간 매개체는 저마다 연결과 소통의 방식이 다르다. 각각의 것으로 시도할 수 있는 소통의 방식은 한정적이다. 이 셋의 변증법적 지향을 통해 우리는 소통의 다양성을 무한급수로 늘려 가야 한다. 그래서 기술이 끊임없이 채워 넣고 보완하는 것을 인문은 다채로운 방식으로 나누면서 비워 낼 필요가 있다.

후설이 기술 비판을 통해 대안으로 내세운 것의 핵심은 생활세계의 회복이다. 콘크리트가 덮고 있는 대지는, 대량의 인쇄물 속에서 최종의 질문을 찾으려 하는 인간의 땀을 환기시킨다. 물론 이것으로 인문성의 위기를 극복하기에는 턱없이 부족하다. 후설은 기술의 일방 독주가 야기하는 폐해를 강조한다. 기술의 대척점에 있는 생활세계의 건강한 복원을 통해 균형과 조화를 이룰 것을 희망한다. 생활세계는 책임지는 인간이 주체로서 살아가는 세계이다. 인간의 책임성과 그 한계를 동시에 고려함으로써 생활세계의 좀 더 근원적인 확장을 도모한다. 그때 우리는 "우리로부터 기인하지 않은 참된 존재 양식을 수용하는 겸허한 자세"(김희봉, 2005, 19)도 견지할 수 있을 것이다.

인간은 스스로 불완전한 존재라는 것을 당연하게 받아들였다. 스스로에게 내재해 있는 빈자리를 채우고 그 의미를 읽는 것을 소명으로 알고 살았다. 그런데 인간에게 소명을 내려 준 신의 섭리가 과학적 사유에 의해 머물 곳을 잃고 말았다. 그 앞자리에서 인간의 불완전성에 대해 고도의 불만을 표출한고 있는 이가 데카르트다. 그는 그 불안을 '사유의 힘'으로 메워 넣고자 했다.

데카르트는 신의 자리를 괄호에 담고 남은 반을 사유의 대상으로 삼는다. 이러한 그의 행위는 다분히 주관적인 판단임에도 그는 순수한 객관주의를 고집했다. 신은 괄호로 묶은 것은 겸허한 성찰의 자세가 아니라 어쩌면 신의 추방을 의미한 것인지도 모른다. 그가 그 자체로 존립하며 객관적 학문의 정초를 위한 절대적 인식의 토대로 삼은 것은 인간의(그의) 마음이었다. '마음'이 신의 자리를 대신하고 있는 것이다.

> 데카르트는 판단중지를 통해 '세계'라는 성격을 상실해 버린 그의 자기인 자아 즉 기능하는 사유작용에서 이제까지 세계가 자신에 대해 가질 수 있었던 모든 존재의 의미를 지닌 자아는 세계 속에 주제로 등장할 수 없다는 점을 스스로 명백하게 해명하지 못했다. 왜냐하면 세계 속에 존재하는 모든 것은 곧바로 이 자아의 기능에서 그것의 의미를, 따라서 자신의 영혼적 존재 – 또한 일상적 의미에서 자기(Ich)도 포함해–를 이끌어 내야 하기 때문이다.

– 에드문트 후설, 2016, 181

세계 속에 드러나는 것은 자기 자신의 자리가 아니다. 영혼의 존재 곧 자기의 빈 공간을 채우고 있던 '마음'의 드러남이다. 마음을 드러내 적극적으로 세계의 공동을 확장해야 좀 더 자유롭고 역동적인 존재로서의 활동이 가능하다. 반면 기술은 세계를 빈틈없이, 오차 없이 가득 채우려고 한다. 우리 일상의 삶이 기술에 의해 구성되는 강밀도가 강화됨에 따라 철학으로 대변되는 학문은 점점 초라해져 간다. 기술은 삶에도 세계에도 여백을 용납하지 않는다.

그것이 경험하고 발견하는 사고, 때에 따라서는 최고의 독창성으로 구축적인 이론들을 형성하는 사고가 변화된 개념들, 즉 상징적 개념들을 가진 사고로 변형되는 것을 고려해야만 한다. 이것에 의해 순수기하학적 사고는, 이것이 사실적 자연에 적용되는 경우 자연과학적 사고도 마찬가지로 공동화된다. 이에 덧붙여 기술화하는 것은 자연과학에 고유한 그 밖의 모든 방법도 이어받는다. 이러한 방법들이 추후에 기계화되는 것만 아니다. 오히려 본질적으로 모든 방법에는 기술화하는 것과 일치해 자신을 외면화(外面化)시키는 경향이 있다.

— 에드문트 후설, 2016, 131

판단중지 곧 괄호는 여백을 남기는 데 적극적으로 활용해야 한다. 여한(餘恨)을 두지 않기 위한 판단중지는 인간의 '오만'을 부추기기 십상이다. 괄호 곧 여백을 통해 스스로 변형, 변화로 나아갈 수 있어야 한다. 현상적 괄호가 이면으로 통하는 문으로 작동할 때, 우리는 좀 더 위상적인 사유에 다가설 수 있을 것이다. 순수기하학의 삼각형은 자연 어디에도 존재하지 않는다. 그러니 생활세계에서는 그다지 유용하지 않다. 그리고 우리의 생활세계가 유클리드기하학에 의해 재단되는 것을 결코 원치 않는다. 하나의 대상이 미적 대상이 되는 것은 작은 흔적, 돌출부에서 비롯하는 경우가 많기 때문이다.

인간 몸의 연속성/불연속성

동양과 서양의 사유, 세계관에서 큰 차이를 보이는 부분은 연속성과 불연속성이다. 우리의 세계를 개시한 것은 동아시아에서는 '개벽(開闢)', 서구에서는 '창조(創造)'로 본다. 개벽은 유에서 다른 유로의 변화를, 창조는 무에서 유를 만들어 낸 것을 가리킨다. 개벽은 연속성을, 창조는 불연속성을 속성으로 삼는다.

인간 역시 마찬가지다. 동양에서 인간은 다양한 되기를 통해 동·식물을 넘나들 수 있다. 반면 서양에서는 그 경계를 오가는 것이 불가능하다. 인간과 신 사이에서도 마찬가지다. 동양에서 인간은 생의 초월을 통해 얼마든지 신이 될 수 있다. 서양에서는 불가능하다. 세계와의 관계에서도 마찬가지다. 동양의 사상에서는 인문을 천문과 지리의 상호작용으로 본다. 반면 서양에서는 인문의 관점에 의해 세계가 형성(출현)된다고 본다. 따라서 공간의 지향도 다르다. 동양이 구심적 공간에 주목한다면, 서양은 원심적 공간에 더 주목하는 경향을 보인다. 르페브르는 우리의 삶을 둘러싼 공간을 이렇게 구분한다.

> 사회적 공간은 정신적 공간(철학자들과 수학자들이 정의한 공간)이나 물리적 공간(실천적·감각적이며 자연에 대한 인식에 의해 규정되는 공간)과 혼동됨이 없이 뚜렷하게 구분되기 시작할 때 비로소 자신만의 특화된 성격을 드러낸다. 사회적 공간은 일련의 사물들을 잡다하게 수집해 놓은 공간이 아니며, 감각적인 사실들의 총합도 아니고, 마치 포장하듯이 다양한 물건들로 빈 곳을 채운 곳도 아니다. 다시 말해서 현상이나 사물, 물리

적 물질성에 강요된 형태로 귀착되는 것이 아님을 증명해 보여야 한다.

— 앙리 르페브르, 2011, 72

르페브르의 공간관이 특별한 것은 연속성에 기반을 두고 있기 때문이다. 공간은 분리에 의해 의미를 형성하는 것이 아니라 작용에 의해 의미를 획득한다는 것이 르페브르가 전개한 공간관의 새로움이다. 물론 이것은 초보적인 수준의 공간사유에 지나지 않는다. 서구의 공간관은 '시스템'을 매우 중요시한다. 인간의 능력을 최대치로 발현할 수 있도록 공간을 구성한다.

그리스인들은 전적으로 합리적인 단일성을 발견했을 것이다. 상당히 널리 퍼져 있는 가설에 의하면 역사적으로 볼 때 '형태-기능-구조'는 흩어져 있었다. 이를 재결합할 필요가 있을 때, 합리적 단일성의 가설은 제법 매력적이라고 할 수 있다. 하지만 이 가설은 새로운 문제의식, 즉 평범한 건물과 관련한 문제의식은 고려하고 있지 않다. 그리스인들이 끝까지 추구했던 것은 단일성이다. 사원이나 경기장, 시민을 위한 광장들의 기념물과 밀접한 관련을 맺고 있다.(앙리 르페브르, 2011, 250)

공간은 그 공간에 부여된 최선, 최고의 지위가 있고 다른 것은 파생적이다. 신은 신의 자리에 인간은 인간의 자리에, 공동체는 '광장'에 자리한다. 이것을 시스템적으로, 구조적으로 파악할 수 있기를 희망한다. 이렇게 할 때 인간 중심으로 시간·공간·인간을 합리적으로 관리할 수 있다고 보는 것이다.

특정한 목표(생산해야 할 대상)에 도달하기 위해 연속적으로 이어지는 일련의 행위를 배치함으로써 이루어진다. 이러한 합리성은 시간적으로, 공간적으로 직업의 순서를 구성하며, 서로 엮인 작업들에서 얻어지는 결과는 공존한다. 이처럼 목표를 향한 활동의 초기부터 공간적인 요소들(신체, 팔다리, 눈)은 자재(돌, 나무, 뼈, 가죽 등), 설비(도구, 무기, 언어, 지휘 계통, 명령 등)와 더불어 움직이기 시작한다. 순서적인 관계, 즉 동시성과 동기성(同期性)이 물질적으로 추구되는 행위를 구성하는 요소들의 적극적인 지성에 의해 성립된다. 불변성이나 항구성 이상이라고 할 수 있는, 시간성(연속, 이어짐)에서 공간성(동시성, 동시화)으로의 끊임없는 이행이야말로 모든 생산 활동을 정의한다고 할 수 있다.

— 앙리 르페브르, 2011, 131~2

'움직임'을 통해 생산되는 것은 시간만도 아니고 공간만도 아니다. 시간의 공간성, 공간의 시간성으로서 장소가 발생한다. '불변성과 가변성을 괄호에 묶고 가변성과 일시성을 다른 하나의 괄호로 묶을 때, 장소로서 끊임없는 이행이야말로 모든 생산 활동을 정의한다는 말은 더 큰 효과를 발휘한다. 이 효과는 시간이 중첩된 공간, 다양한 파생이 가능한 공간발생으로 이어진다. 이런 장소에서 우리는 공·현존의 가능성에 대해 다양한 시나리오를 써 갈 수 있다.

많은 이동양식들의 흐름과 함께 공현존의 즐거움이 안전하게 보장될 수 있다. 그 속에서 지속 가능하면서 동시에 다양하고 어느 정도 평등한 역량이 보장되는 미래 시나리오를 작성해 볼 수 있다. 이때에도 이 시스템에 저항하는 다양하고 예측할 수 없는 그리고 작지만 매우 넓게 분포된 집단적 투쟁은 언제나 가능하다. 그리고 기대하지도 예측하지도 못했던 시스템 변화가 뜻밖에 나타날 수 있다. 카오스 또는 티핑포인트(Tipping Point)를 넘어갈 때 이러한 뜻밖의 시스템 변화가 가능하다.(존 어리, 2016, 158)

티핑포인트는 예상하지 못한 일이 한꺼번에 몰아닥치는 극적인 변화의 순간을 가리킨다. 어떤 상황이 처음에는 미미하게 진행되다가 어느 순간 갑자기 모든 것이 급격하게 변하기 시작하는 극적 순간을 뜻한다. 시간과 공간이 '뫼비우스의 띠'와 같이 연결되는(변곡하는) 지점이 곧 티핑포인트다.

길·삶·글

땅이 내재하고 있는 원초적 힘을 찾아내 그 용도에 맞게 쓰는 것을 통칭해 '풍수'라고 한다. 지리를 읽는 일에 '풍(風)'을 앞세운 것에 대한 이야기는 많다. 땅기운의 흐름을 읽는 것이 지관(地官)의 일이다. 바람과 물은 흐름을 나타내는 대표적인 상징화다. 또 오행의 풍(風)은 목(木)에 해당한다. '목(木)과 수(水)' 곧 산과 강은 삶의 터나 죽음의 터를 닦을 때 가장 먼저 고려하는 덕목이다. 최적의 자리에 무덤을 쓰고, 집을 짓고자 하는 욕망은 어떤 욕망 못지않게 강렬하고 근원적인 것이었다.

절대 시가 그러한 것처럼 완벽하고 진정한 장소 경험과 장소 만들기는 이루어진 적이 없다. 여기에 토대한 지리 역시 한 번도 실현된 적이 없다. 소위 문명화의 진행이 더할수록, 덜 세련된 문화일수록 장소감이 확실히 더 지배적이었다. 반면 현대문화에서는 진정한 경험과 관련된 장소의 의미와 다양성의 깊이가 얕아지고 있다. 키치나 기술로 이루어진 장소에 대한 진정하지 못한 태도가 발전하고 확산되고 있다. 이러한 태도가 경관 속에 규격화되어 표현되는 현상은 대부분 서구세계에서 보편화되고 있고 점차 증가되고 있다.(에드워드 랠프, 2005, 240)

현대의 문화는 매체 중심의 문화다. 장소를 위한 매체, 장소 경험을 위한 매체가 아니라 매체를 위한 장소, 매체를 위한 장소 경험이 주를 이룬다. 문화공간의 새로운 위상은 깊이 있는 장소감, 다양성의 깊이보다는 속도와 지평의 확장을 지향한다. 문화공간의 깊이를 더하는 자리에 새롭게 호출되는 것이 '글쓰기'다.

모리스 블랑쇼는 "글을 쓴다는 것, 우리만이 서서 조각들을 환원할 수 없는 것으로 바라볼 수 있는 지점을 찾는 것"이라고 말한다. 이 지점에서 우리는 시간·공간을 초월한 무한에 자리하는 경험을 할 수 있다. "글을 쓴다는 것, 그것은 이러한 지점을 찾는 것이다. 언어가 이 지점을 유지하거나 이 지점과의 접촉을 불러일으키기 위한 고유한 것이 되게 하지 못한 자는, 그 누구도 글을 쓰는 것이 아니다."(모리스 블랑쇼, 2010, 56)

이 지점은 영도의 지점이고 중성의 지점이 될 것이다. 이 지점을 향한 글쓰기는 구원되는 글쓰기이고 이 지점으로부터 비롯하는 글쓰기는 구원하는 글쓰기가 된다. 구원하는 글쓰기를 말할 때 우리는 오르페우스를 호출할 수 있다. 글을 쓰는 것은 오르페우스의 노래와 그 지향을 함께한다. 어둠(지하)을 향할 때, 노래는 우리의 두려움을 떨치며 생명을 뒤로한다. 밝음(지상)을 향할 때, 노래는 믿을 수 없는 믿음 안에서 죽음을 이끌어 온다. 어떤 것과도 마주칠 수 없는 시선은 운명과 욕망 사이에서 흔들린다. 노래에 의해 울려 나는 영감은 무심한 결정 속에서 근원에 이른다.

그러나 이 순간으로 내려가기 위해 오르페우스는 이미 예술의 권능을 필요로 하였다. 이것이 의미하는 것은, 글쓰기의 움직임에 의해 열린 공간 속에서만 나아갈 수 있는 이 순간에 이르면서 비로소 글을 쓸 수 있다는 것이다. 글을 쓰기 위해서는 이미 글을 써야 한다. 이러한 모순 속에 또한 글쓰기의 본질이, 경험의 어려움 그리고 영감의 도약이 자리한다.

― 모리스 블랑쇼, 2010, 258

길을 내기 위한 길, 삶을 위한 삶, 글을 위한 글은 근원적인 메타성을 표상한다. 이러한 근원적 마주 봄이 있어야 우리는 작은 믿음(희망)이라도 품고 나아갈 수 있다. 이 나아감은 떠밀림(기투)이기도 하다. 힘이 아니라 어떤 '흐름'을 타는 것이기도 하다. 장소를 거스르지 않고, 결국 구원하는 길·삶·글은 구원되는 길·삶·글이기도 하다. 구원되는 글쓰기는 카프카를 통해 만나 볼 수 있다.

> 그 자신 안에서 그 자신 바깥에서 고독이 그를 위협하고 있음을 뜻하고, 공동체란 단지 하나의 환영에 불과하며, 공동체 안에서 여전히 말하고 있는 법은 망각된 법이 아니라, 법의 망각의 숨김이라는 것을 뜻한다. 글쓰기는 그리하여, 비탄과 비탄의 움직임과 뗄 수 없는 연약함 가운데, 충만의 가능성이 되고, 글쓰기가 도달하여야 할 유일한 것이기도 한 길 없는 목적과 어쩌면 일치하는 이른바 목적 없는 길이 된다.
> – 모리스 블랑쇼, 2010, 75~6

글쓰기는 길 없는 길을 가는 것이다. 그것은 또한 자신이 처음으로 낸 길을 지우면서 가는 길이기도 하다. 그 길에서 느끼는 해방감을 블랑쇼는 "자신을 벗어나 빠져들게 되는 데서 오는 해방"(모리스 블랑쇼, 2010, 60)이라고 말한다. 글쓰기를 통해 누구나 가장 능동적으로 고독에 빠질 수 있다. 능동적으로 선택한 홀로의 삶 속에서 글쓰기는 적어도 한참 동안 작가를 정당화시켜 줄 수 있다. 스스로 선택한 고독을 통해 타인과 세계 사이에서 공동으로 지워짐으로써 저자의 고독은 모든 길을 품을 수 있는 위상성을 획득한다.

나들 공동체들

시간이 입자냐 파동이냐로 갈리던 논쟁은 특히 1차 세계대전 상황에서 치열했다. 밤의 시간은 움직임과 활동의 시간이었다. 반면 낮은 정지와 기다림의 시간이었다.(스티븐 컨, 2004, 674) 시간을 공간적으로 재현하는 것, 즉 시계시간이 시간을 대표하게 된 것을 '악(惡)'으로 본 이는 베르그송이다. 베르그송에 앞서 제임스는 '생각의 흐름을 뒤죽박죽으로 만들어 버리는 사악한 방식', 감정을 원자처럼 취급하는 '부조리하고' '해로운 방식'이라고 시간을 공간으로 재현하는 것을 비판했다.(스티븐 컨, 2004, 76)

"동질적 공간의 직관적 통찰은 이미 사회적 삶으로 향하는 걸음이다."라고 베르그송은 썼다. 동물들은 매우 뛰어난 감각을 지니고 있다. 그럼에도 불구하고 인간과 달리 자신과 별개인 외부세계를 그리지 못한다. 그것은 의식이 있는 존재들의 공통된 속성이다. 사물의 외재성과 매체성의 동질성이라는 선명한 그림을 구성하려는 우리의 경험은 우리로 하여금 함께 살아가며 말을 하게 하는 충동과 동일한 것이다.(제프 말파스, 2014, 178)

시간적인 것과 사회적인 것의 결합을 통해 인간은 좀 더 큰 지평의 세계를 그려 내고, 그려 낸 세계를 누비고자 한다. 여기에 그친다면 인간은 공간적 지평 확산에만 매몰될 수 있다. 넓은 땅을 소유하고자 하는 전근대적 욕망은 공통의 시간속성, 인간의 지향적 속성마저 공간화시킨다.

사회적인 것들과 공간적인 것들이 공동체 혹은 로컬의 특성을 담보해 준다. 개별자들에게도 시간과 공간은 분리할 수 없는 것이다. 사회나 지역 역시 건강한 장소성을 획득해야 그곳에서 이루어지는 다양한 일상에 건강하고 건전한 삶의 플롯을 제공받을 수 있다. 공간은 시간과 분리될 수 없다. 이것을 전제로 하면 장소개념 역시 공간개념과 분리될 수 없다. 물론, 이는 공간개념이 쉽게 전제될 수 있다는 의미가 아니다. 공간개념 자체에 대한 재평가가 포함되지 않는다면 이는 관련

문제들을 다른 문제들로 대체하는 결과를 가져올 것이다.(제프 말파스, 2014, 58)

시간과 공간은 따로가 아니다. 그렇다고 둘은 하나이거나 같은 것은 아니다. 시간과 공간은 '나와 너'의 거리만큼 가깝고 멀다. 이 틈, 사이는 서로를 통과하는 거리이면서 우주의 한끝과 다른 끝만큼 멀다. 이 둘을 동시에 만족하는 것을 '우리'라고 한다. '나'는 '시간과 공간'으로 어울린 언제나 '우리'다.

> 존재의 개방은 사르트르처럼 절대적 부정에 의해서가 아니라 자신을 향하여 되돌아서는 존재의 움츠림의 결과로서 이루어진다. 수육(受肉)된 의식은 존재 그 자체에 의하여 길러진 존재의 구조들이다. 그러므로 세계로 향하는 신체는 모든 경험의 근거가 되는 체계로서 작용하고 있는 장과 또는 형체 게슈탈트를 창조하게 된다.
>
> — 버논 W. 그라스, 1983, 14

신체는 육화된 주체다. 우리는 신체를 통해 세계와 만나는 표면적을 끊임없이 넓힌다. 이 지평에 의해 존재는 그 자신을 드러낸다. 창조된 게슈탈트는 과정의 공간, 공간의 과정 자체다. 과학과 인문학이 다양한 개념적 언어로 뒤집어쓰고자 하는 경험을 제공한다. 본질적으로 모든 지식은 신체-세계-의식을 통해 반성적 체험의 이전과 이후까지 의식적인 반성을 이끌어 낸다.

인간은 시간을 새기고 비워 낸다. 새겨진 시간은 기억이 되고 그렇지 않지 않은 것은 흘러가 버린다. 일정한 지평과 다채로운 위상을 품지 않으면 우리는 이렇게 순간적이고 선택적으로 시간에 의지해 생을 흘려 버릴 수밖에 없다. 자기의 품이 마련될 때, 사물과 다채롭게 연결될 수 있다. 다양한 사물들과 연결되고, 그 연결 선회에 '나들'과 만나게 함으로써 의미는 다채로운 위상에서 별처럼 반짝일 수 있다.

> 누군가 타인들의 개념을 파악할 수 있고 이를 통해 자신이라는 개념을 파악할 수 있는 것은 바로 '익명'의 비개인적 영역을 통해서이다. 나는 동일한 '익명의' 객관적이고 상호주관적인 틀 안에서 모든 것을 파악할 수 있는 능력을 통해 나와 타인을 재현할 수 있다.
> — 제프 말파스, 2014, 193~4

비판적 사회학은 사회학장 내에서 새로운 상징적 분류 투쟁을 통해 지속적으로 문화 생산양식의 장에 영향을 미치고자 한다. 이 영향으로부터 능동적으로 벗어나려는 행위들 자체가 사회공간의 변화를 유발한다. 부르디외는 사회공간의 상징적 재편과 아울러 사회학 지식과 사회학자의 역할에 관해 새로운 의문을 던지고 있다. 지배의 상징폭력을 행사하는 사회에서 사회학자는 어떻게 저항적 지식이나 상징권력을 생산하거나 행사할 수 있는가?(김현준 외, 2011, 50) 이러한 물음에 대해 개념적으로 답하지 않으면 특별한 의미를 찾기도 힘들다. 의미 있는 답은 경험능력의 발휘를 통해 다채롭게 제시될 수 있을 것이다.

경험능력이라는 것, 그리고 그것을 기술하는 서술능력은 기본적으로 나 자신을 위해 사물을 경험하는 능력이다. 여기에 그치지 않고 세계 속에서 다양한 객관화된 사물들과 사건들의 관계 속에 자신의 자리를 적절한 위상을 마련하는 능력이기도 하다. 문화적 생산양식의 장은 사회학적 장의 일종이다. 사회학장 역시 지평으로는 문화적 생산양식의 장을 포괄하지만 위상적으로는 문화적 생산양식의 장이 훨씬 다채롭다. 사회학장이 '의미'를 지향한다면, 문화적 생산양식의 장은 '스타일'을 지향한다.

15. 심상인문지리

지리학의 흑역사

서양이 세계 제패의 도구로 지리학을 이용했다는 것은 널리 알려진 사실이다. 동양에서 서구화를 가장 먼저 이룬 나라는 일본이다. 후쿠지와는 지리적 체험과 지리적 지식을 일본 국권의 팽창 도구로 삼았다. 서양을 답습한 그는 패권주의를 지향하는 서구를 사표로 삼아 그것과 동일한 방법·방향으로 동아시아에서 패권을 장악해 갔다. 일본의 근대국가 형성이 밟은 길은 패권주의적인 유럽에 대한 동일화의 길이었다.(윤상인, 2011, 143). 오쿠카라는 "유럽의 영광은 아시아의 굴욕이다"라고 말한다. 그리고 이것을 "아시아의 영광은 유럽의 굴욕이다"로 바꾸려는 욕망을 감추지 않고 드러낸다. 동아시아지역에서 교차해 온 적대적 내셔널리즘의 근간에 이 말이 자리한다.(윤상인, 2011, 150)

실제로 근대적 지리지식은 메이지 이후 일본인의 세계관을 형성하는 데 밑바탕이 된 도구였다. 그들은 세계지도의 오른쪽 귀퉁이에 자리한 일본열도의 지리적 형상을 통해 자기동일성을 확정해 나갔고, 동양/서양, 문명/야만, 제국/식민지의 이분법적 개념틀을 통해 자국과 세계와의 관계구조를 이해했다. 후쿠지와의 문명 담론은 이러한 이분법에 근거한 범주들의 어느 쪽에 속해야 할 것인지를 설득력 있게 계몽하는 학습장이었던 셈이다.

― 윤상인, 2011, 136

'아시아'라는 말은 유럽 사람들이 '유럽 이외의 지역'을 일컬을 때 사용한 말이다. 유럽이 자신 이외의 지역을 아시아라고 묶기 전에 중국인은 누구도 아랍인들과의 추호의 동질성이 있다고 생각해 보지 못했다. 인도인 역시 스스로를 일본인과 어떤 동질성이 있다고 생각해 본 적이 없다. '아시아'라고 묶었을 때, 아시아를 구성하는 대부분의 나라는 어리둥절했다. '아시아'라는 말에는 '오리엔탈리즘'이라는 심상지리가 작용한다.

오리엔탈리즘은 동양을 다루기 위한 ― 동양에 관하여 서술하거나, 동양에 관한 견해에 권위를 부여하거나, 동양을 묘사하거나, 가르치거나 또는 그곳에 식민지를 세우거나 통치하기 위한 ― 동업조합적인 제도로 볼 수 있다. 요컨대 오리엔탈리즘이란 동양을 지배하고 재구성하며 억압하기 위한 서양의 방식이다.

― 에드워드 W. 사이드, 2017, 17~8

'오리엔탈리즘'은 경험에 의해 형성된 것이 아니다. 이야기, 글 등 텍스트에 의해 형성된 것이다. 대단히 추상적이지만 그 추상성에 의해서 확산의 속도는 더할 수 있었다. 이러한 오리엔탈리즘을 동아시아에 그대로 적용한 것이 일본이다. 일본의 아시아 침략 전략의 바탕을 이룬다. 일본의 근대화는 서양 제국주의의 이식 과정이라고 할 수 있다. 유럽 이외의 지역을 아시아라고 묶듯, 일본은 아시아를 일본 이외의 지역 곧 일본의 일본다움을 드러낼 수 있는 '배경' '수단'으로 삼고자 했다.(윤상인, 2011, 151) 일본 제국주의에 맞선 동아시아 국가의 투쟁이 민족의 정체성을 찾고 확고히 하는 데 모아진 것은 이에 대한 반대급부였다고 할 수 있다.

우리 민족에게는 역사를 가로질러 자리하고 있는 특수하고 개별적인 감각의 구체성이 있다고 믿는다. "이것은 우주적 질서 사이의 안온한 조화를 의미하는 것이기도 했다. 나아가 이러한 가치를 객관적 상관물로 표상한다. 한편으로는 혈연의 공동체로서 아이덴티가 온존하는 현재화 역시 역사공간으로 열린다. 또 다른 한편으로는 근대의 도구적 합리성이나 탈마법화를 경험하지 않는다.(구인모, 2008, 172) 비상식적인 이야기를 진실로 받아들이는 마법이 오늘날에도 도처에서 이루어지고 있다.

36년 동안 한국을 강제 점령했던 일본은 우리나라에 대해 나름대로의 '심상지리'를 형성했다. 그렇게 형성된 심상지리는 해방이 지나고 70여 년이 흐른 뒤에도 '혐한'으로 이어져 지속되고 있다. 일본인 상당수는 '독도'를 자기들의 영토라고 생각한다. 그런데 일본인 대부분은 독도의 위치를 특정하지 못한다. 다른 나라를 강제로 점령했던 때 형성된 자신들의 대한 심상지리 역시 그대로 간직한 일부 정치인들이 일본의 현실 정치를 이끌고 있다.

그 시절의 심상지리에서 벗어나지 못한 일본의 일부 정치인들의 오만함은 패전 이후에도 그대로 지속되었다. 군국주의 후손들이 집권 세력을 이룬 2010년대 후반에 그들은 평화헌법을 수정해 전쟁 가능한 국가로 탈바꿈을 시도하고 있다. 그들에게 그려진 아시아에 대한 심상지리를 완전히 새롭게 바꿀 수 있는 기회가 2019년 7월 1일에 시작된 경제 전쟁이다. 일본이 반도체 핵심 부품의 한국 수출을 규제한 것이다. 일본 극우들의 입장에서는 이것이 한국 반도체 산업에 심대한 타격을 줄 것이라고 확신에 차 있었다. 전국에서 이런 프랑카드를 쉽게 볼 수 있게 되었다. "독립운동은 못했지만 불매운동은 하겠다!" 이것이 현재 한국인들의 대표적인 캐치프레이즈가 되고 있다. 꼭 일 년이 지난 7월 2일에 이런 헤드라인의 기사가 뉴스를 장식했다. "일본 수출 규제 1년… " "명분·실리 다 잃은 일본"(YTN 뉴스, https://www.ytn.co.kr/_ln/0104_202007022015228337)

겨우 수십만에 불과한 일본의 극우 세력과 거의 4000만에 이르는 대한민국의 민주 시민들이 맞섰다. 위상학적으로 볼 때, 오직 하나의 이야기만, 지향만을 갖는 일본의 극우 세력은 대한민국 국민의 80%가 써 가는 낱낱의 불매운동의 스토리를 감당할 수 없다.

심상지리의 태생적 한계

'심상'이라는 말에 대한 우리의 인상은 긍정적이다. '마음'이라는 말의 긍정성과 맥이 닿아 있다고 할 수 있다. 반면 '이미지'라는 말은 중성적이지만 사용하기에 따라서 부정적 인식 쪽으로 기우는 경우도 없지 않다. '이미지 관리', '이미지 정치' 등이 그런 예다. 만일 'Imaginative geography'를 심상지리가 아니라 '이미지 지리'라고 번역했다면 아마 에드워드 사이드가 의도했던 바가 더 잘 전달이 되었을 것이다. '심상지리'는 '특정 지역에 대한 이미지 선입견'이라고 할 수 있다. 동양에 대한 서구의 시선은 일제강점기 조선의 지식인들에게 전이되기도 했다. 그들은 스스로 서구의 선입견(오리엔탈리즘)을 자가당착식으로 오인하는 결과를 가져오기도 한다.

1920년대 봉건을 상실한 한국의 문학가들은 민족이라는 이름으로 새로운 조선의 표상을 추구했다. 그 출발점에 원시주의적 시선이 깔려 있다고 보는 관점은 흥미롭다. "그것은 고향, 혹은 조선이 근대 문명 세계가 상실하거나 혹은 망각한 총체성을 지니고 있고, 이야말로 근대화, 문명화 과정에서 체험한 소외를 넘어설 수 있는 구원의 비방(?)이라는 사고방식으로 나타나기 일쑤였다. 심지어 그러한 사고방식은 제국이 동양을 표상하는 가운데 상투적으로 나타나는 오리엔탈리즘의 원형이기도 하다는 점에서 심각한 것이기도 하다."(구인모, 2008, 175)

서구가 오리엔탈리즘에서 주목하는 것은 겉면에 드러난 '원시성', '신비성'이 아니다. 그들은 이면에 미개성을 놓는다. 그들은 동양적인 가치를 그들의 대안으로 삼고자 한 적이 없다. 이 점을 간과해서는 안 된다. 자신들이 결여한 부분의 '보충물' 정도로 동양적 사유의 가치를 생각할 뿐이다. 그 보충물이 전체화라는 헛된 꿈을 꾸게 한 것은 서구의 오리엔탈리즘이 구가한 고도의 기술 전략이었다. 그것은 어느 정도는 먹혔다고 볼 수 있다. 심상지리는 '상상적 지리'로 번역하기도 하는데 이 역시 '상상'이라는 말이 지닌 역동성으로 인해 '고정된 이미지'라는 기존의 의미를 잘 살리지는 못하는 것 같다.

> 동일한 장소라 하더라도 개인 혹은 민중에 따라 다른 성격의 공간으로 인식될 수 있으며, 이는 저마다의 서로 다른 '상상적인 지리'(imaginative geography)로 구현된다. 작가들은 창작 과정에서 저마다의 고유한 지리적 상상력을 드러내며, 이를 통해 작가가 처한 사태에 대한 인식과 세계관 등이 드러나기도 한다. 또한 소설 속 주요 장소는 단순히 배경으로 머무르는 것이 아니라, 서사를 추종하는 근본적인 힘을 작용하기도 한다. 소설에서 '무엇이 일어났는가'라는 문제는 '어디에서 일어났는가'에 의해 상당 부분 결정된다.
>
> — 권은, 2017, 7

서구가 동양의 사유에서 취했던 오리엔탈리즘은 작가에 의해 독자에게 거의 그대로 전해졌다. 작가는 특정 지역에서 받은 '인상'을 작품에 반영한다. 그 장소에서 생활하는 사람들과는 상관없이 독자는 살아보지도 않고, 가 보지 않고 그 장소를 확실하게 잘 안다고 생각한다. 혹 가 보더라도, 살아 보더라도 이미 선입견으로 형성된 장소에 대한 이미지가 자리한다. 상상적 지리, 지리적 상상력을 심상지리와 함께 쓰는 것은 적절치 않다.

인문주의적 접근은 문학작품을 인간의 장소 경험을 이해할 수 있는 통로로 삼는다. 이 방식에서는 지리에 대한 인간의 주관적 정서를 연구하는 데 중점을 둔다. 구조주의적 접근은 다양한 사회구조적 요인을 통해 변화하는 지리적 현상과 사람들의 장소 경험을 이해하고자 하는 접근 방법이다. 객관적인 사회구조와 주관적인 개인의 상호작용에 의해 형성하는 의미작용에 초점을 둔다. 주로 산업화와 근대화라는 사회구조적 요인에 관심을 가진다. 이 때문에 관련 주제를 다룬 작품을 선정하여 문학작품을 전체적으로 활용하는 경향이 있다.(권혁래, 2016, 175)

구조주의는 '인간중심주의'에 대한 회의를 발판으로 삼는다. '지리'는 지구상에서 살고 있고, 존재하는 사물들의 근본 바탕이다. 그래서 가장 구조적이라고 할 수 있다. 이 구조 위에 인간의 경험이 쓰임으로써 다양한 위상의 장소로 증폭한다. '심상지리'가 지닌 부정적 '이미지'를 극복하고 구조와 비구조, 탈구조성을 동시에 실현할 수 있는 '생활세계'의 장을 지향한다는 점에서 '심상인문지리'라는 용어를 적극적으로 제안한다.

심상인문지리

심상지리라는 말은 인문학보다는 사회과학에서 주로 썼다. 특정 지역에 형성된 선입견적인 장소감, 선취된 이미지가 심상지리를 구성한다. 심상지리라는 용어는 에드워드 사이드가 저서 『오리엔탈리즘』에 쓰면서 널리 알려졌다. "심상지리는 주체가 인식하고 상정하는 특정 공간에 대한 지리적 인식을 가리키는 말로 서구 제국주의의 상상적 지리관념을 가리키는 탈식민주의적 관점을 드러내는 용어로 주로 사용"(이경수, 2010, 362)했다.

심상지리는 장소 경험의 실제성을 결여한 인상지리의 성격이 짙다. 심상지리를 '지리에 대한 선입견'으로 파악하는 것은 부정적 측면이 없지 않기 때문이다. 해석지리는 긍정적 측면에서 붙여진 용어다. 지리에 대한 파악, 실재적 경험은 현지인에게조차도 불가능하다는 전제가 깔려 있다. 그런 점에서 가 보지 않은 대신 다양한 텍스트로 경험하고 이를 글쓰기로 옮기는 베네딕트 루스의 작업은 심상지리의 새로운 가능성을 엿보게 한다.

> 심상지리는 객관적이고 과학적인 실재로서의 지리를 인간주체가 심미적 구조로 재인식한 공간을 탐구한다. 따라서 심상지리는 실재로서의 지리가 아니라 이를 재인식하는 주체의 심미적 인식을 가장 중요한 주제로 다룬다.
>
> — 오현숙, 2008, 183~4

심미적 지리로서의 성격을 '심상지리'라는 용어로 받아 내는 것은 쉽지 않아 보인다. 서양의 동양에 대한 인식 곧 심상지리를 대표하는 말이 'Asia'다. 이 말이 있기 전에 서아시아, 중앙아시아, 동아시아 사람들은 자신들이 '아시아'라는 것을 전혀 알지 못했다. 이 말에는 '유럽이 아닌'이라는 말이 포함되어 있다. 심상지리라는 말에는 '서구 제국주의의 동양에 대한 상상적 지리관념'이라는 의미가 너무 강하게 각인되어 있다.

그래서 '심상지도(mental map)'라는 말을 쓰기도 한다. 지리학에 인지 연구를 접목하여 사람들이 주변 환경을 어떻게 인지하는지를 파악한다. 인간이 주변 공간 또는 장소에 대해서 마음속에 가지고 있는 지도 형태의 구조화된 이미지, 정보를 심상지도라고 칭한다. 우리의 마음속에 간직하고 있는 지도인 셈이다. 이 '지도'에서는 지형보다는 '길'이 강조된다. 지향성이나 방향성이 강조되는 지도인 셈이다. 사람들은 주변의 환경에서 얻게 되는 시각적 요소를 지도의 형태로 정리한다. 실제로 집이나 일터 같은 특정 공간과 장소는 개인적 경험에 근거한 이미지의 집합체로 여겨진다. 지도와 마찬가지로 우리의 심경에는 현실적인 사물과 공간이 이미지로 자리 잡는다. 마음속의 공간이나 장소는 각 개인에 의해 만들어지지만 실제 그곳의 구조와도 밀접한 관련이 있다.(신성환, 2011, 378)

심상지리가 경험하지 않는 곳에 대한 것이라면, 심상지도는 경험한 곳에 대한 기억법 혹은 재현법이라고 할 수 있다. 우리는 한정된 시간을 살아간다. 우리가 경험할 수 있는 공간은 매우 한정적일 수밖에 없다. 경험을 통해 그리는 심상지도가 우리의 심상에 제공할 수 있는 이미지는 매우 한정적이다. 또한 지도라는 말에는 평면적이라는 선입견이 있다. 요즘 여러 포털에서 제공되고 있는 '맵'에서는 지도와 지형도가 동시에 제공된다. 등고선으로 그려진 지도보다는 위성 혹은 항공으로 찍은 '스카이뷰'를 훨씬 더 많이 활용한다.

심상지도가 장소의 구조화를 통해 기억하는 방식이라면 심상인문지리는 인식하기보다는 재현하기를 지향한다. 심상인문지리는 실제적 지리의 반영이 아니라 문화적 지형을 입체화하는 것을 목표로 삼는다. 이미지, 공간의 재현 과정, 해석 과정이 곧 심상인문지리를 형성한다.

물론 그런 요소들과의 하나의 전체로서의 구조는 어떤 바탕에 놓인 객체들과 과정들의 물리적 속성의 견지에서 설명될 수 있지만 순전히 물리적인 객체화 과정으로 이해된 회화도 경험도 사유도 장소도 없다. 복잡한 구조들을 더 원초적인 수준의 분석으로 환원하려는 철학적 과학적 경향이 널리 분포하지만 그런 환원은 전형적으로 설명의 초점이 된 하나의 변형을 수반한다. 그러므로 그들은 객체를 설명하는 것이 아니라 변환시킨다.

— 제프 말파스, 2014, 253

파도에 의해 만들어지는(그려지는) 해안선, 해안선을 따라 부서지는 파도가 바다의 신 프로테우스처럼 매번 다른 공전을 반복한다. 이러한 파도의 차이와 해안선의 반복은 문화 서사에 의해 형성되는 문화적 지형의 원리이기도 하다. 이것은 그대로 문화적 인간의 아포리즘으로 전이한다. 인간은 문화를 만들고 문화는 인간을 만든다.

심상지리와 심상지도, 그리고 심상인문지리의 차이는 단순히 장소에 대한 체험의 유무를 넘어선다. 경험의 상상력이 현실을 중심으로 펼쳐지면 심상지도를 그려 낼 수 있다. 선입견에 의해 그려지는 것이 심상지리다. 심상인문지리는 심상이나 지리가 아니라 '인문'에 초점을 맞춘다. 하이데거의 '세계-내-존재'처럼 인문은 심상과 지리 사이에서 그 언어적 상상력의 품을 심연까지 깊게 하고(심상) 최대치의 지평(지리)을 펼치며 그 사이에서 진동하는 것이다.

의식적인 것 이상, 이하에서 체험할 수 있을 때, 텍스트로서 '지리'에 대한 체험은 '운명'과 관련한다. 인문은 보이는 것이 아니라 보이지 않는 것에 대한 체험에 더 결부한다. "다른 한편으로 해당 지역의 역사성 혹은 규정적 질서 밖의 대자연과 대면하는 경우 관념적 해석으로 채 포괄하지 못하는, 오로지 체험으로 기록할 수밖에 없는 순간이 텍스트상에 나타나는 것을 볼 수 있다."(정주아, 2013, 268) 텍스트에 재현된 공간은 현실의 공간과 심상에 자리한 공간의 상호주관적 작용에 의해 발생한다.

기존의 인문은 우주적인 것 곧 '천문(天文)'과 '지리(地理)'의 상호주관적 작용으로 형성된다고 동양사유는 보고 있다. 인문의 다른 이름이 문리(文理)였다. 이것은 천문의 문(文)과 지리의 리(理)가 만나 이룬 말이라고 해석할 수 있다. 인문지리는 지형을 보는 것이 아니라 사람의 삶 곧 인물 군상의 삶에 집중한다. 그리고 그 삶이 이루는 특정 지역의 이미지에는 공동체의 심상이 반영된다.

심상과 지리 사이에서 이루어지는 삶들이 심상인문지리를 이룬다. 여기에 기존의 천문·인문·지리가 입체화한다. 이렇게 입체성을 더한 심상인문지리는 당장 현실적인 효력을 발휘하기 어렵더라도 과거의 기억과 미래의 기대를 이끌어 오는 데 '종패(種貝)'의 역할을 충실하게 수행할 수 있다.

포장마차와 티피

크로노스의 시간은 여전히 우주적으로 팽창하고 있다. 불과 100여 년 사이에 우주의 나이(넓이)는 30억 년에서 60억 년으로 다시 180억 년으로 늘어났다. 몇 년 사이에 더 늘어나지 말라는 법도 없으니 크로노스의 시간은 여전히 과거로 확장을 계속하고 있는 것이다.

크로노스는 경작의 신이기도 하다. 지리는 지표에 흐르는 시간과 다르지 않다. 가이아는 신을 포함한 모든 것들의 어머니다. 지구에서 사는 것들이 대지를 어머니로 삼는 것은 당연한 일이다. 대지로부터 우리는 쉼 없이 수유 받으며 살아가고 있다. 대지에 대한 모성적 상상력을 잘 보여 주는 것은 아메리카 인디언 추장들의 연설이다. 크로우족 대추장 '검은발'이 1873년 행한 연설의 한 부분이다.

우리가 발을 딛고 걷는 대지여, 우리를 태어나게 하고, 우리가 어머니처럼 사랑하며, 우리가 조국으로 사랑하는 대지여, 우리와 우리 자녀들을 위해서 행하는 선한 일을 지켜봐 주소서. 이 담배는 백인들에게서 가져온 것입니다. 우리는 그것을 인디언 나무들의 껍질과 섞어서 당신 앞에서 태우고 있습니다. 오, 위대한 정령이여! 우리의 마음과 백인들의 마음이 함께 당신에게 이르게 하시고, 선하고 바르게 되도록 해 주시기를 기원합니다.
― W.C. 벤터워스, 2004, 283

공동체의 소유였던 땅을 백인들이 점령하기 시작했다. 인디언들은 백인들이 땅을 소유하거나 사고파는 것을 도저히 이해할 수 없었다. 인디언들은 그런 백인들에게 땅의 소중함을 일깨우기 위해 많은 연설을 행한다. 그것은 '공염불'에 그치고 말았지만, 인디언들의 간절함은 수백 편의 연설에 고스란히 담겨 있다. 포장마차(움직이는 집)로 대변되는 서부개척시대에 백인들을 땅을 점유하고, 넓혀 가는 데에 주력했다. 인디언들에게도 이동집이 있었다. 인디언들은 물소 사냥을 위해 천막집 티피를 치고 자연에서 생활했다.

백인들의 이동식 포장마차(covered wagon)는 가지고 다니는 가옥에 해당한다. 가옥과 같이, 집을 '가지고 다닌다'. 여차하면 이동할 수 있고 새로운 장소의 낯설음으로부터 얼마든지 자신의 집을 단절시킬 수 있다.(신성환, 2011, 355) 이것은 유목민의 것과는 전혀 다른 성질의 것이다. 유목민이 이동 자체에 목적이 있었다면 백인들은 정복을 위해 이동했다. 오늘날의 이동식 주택들 ― 컨테이너식 주택, 조립식 주택, 하우스 트레일러(house trailer), 캠핑카와 같은 것들의 전통은 유목민의 것이 아니라 미국에서 서부정복시대에 위용을 발휘한 백인들의 포장마차에 맥이 닿아 있다.

현대적인 이동식 주택을 통해 우리가 얻고자 하는 것은 땅과의 구체적인 관계가 아니라, 새로운 풍경과 경관에 대한 소비다. 도시인들은 포장마차를 직접 몰지는 않지만 컨테이너와 다를 바 없는 아파트에서 아파트로 옮겨 다닌다. 지리와 구체적으로 연결되지 않은 '인문'은 생활의 주체가 되기 어렵다. 도시인들은 거대한 컨테이너에 적재된 객체로 내몰릴 위험에 처해 있다. 최소한 지리와의 관계에서는 그렇다는 말이다.

서구의 지리학은 초기에 정복을 위한 기초 작업을 수행하는 역할을 주로 담당했다. 서구민족의 확장 일변도의 욕망과 무관치 않기 때문에 서구지리학에 대한 거부감은 근원적인 것에서 비롯한 것이다 지리학은 이러한 팽창 욕망을 실현하는 침략의 길 안내 역할을 충실히 했다는 의구심을 품지 않을 수 없다.

> 1870년 보불전쟁에서 패배한 프랑스 지식인들은 "프랑스의 전략적 무능에 승리한 프로이센의 과학적 지리학이야말로 참된 승리자"라는 말로 지리학의 재건을 외쳤다. 아울러 지리학에는 해외 팽창을 위한 '길 안내'의 사명이 부여되었다. 19세기 후반 지리학은 학문적 순수성을 포기하면서 국가의 이익에 봉사하는 길을 택했다.
>
> — 윤상인, 2011, 137

'심상지리'라는 말을 본격적으로 도입한 에드워드 사이드는 과학적 지리학이 영리적인 지리학에 자리를 내주었다고 말한다. 그러면서 식민지 획득을 위한 지리 담론의 장을 제공해 주고, 식민지 확장능력을 증명해 주는 역할을 했다고 평가했다. 식민지 확장의 '길앞잡이' 노릇을 했던 것이 서구의 지리학이었다. 반면 동양의 지리학은 '지형학'에 가까웠다. 우리의 경우에도 지표를 대량적으로 그려 내는 지도보다는 이중환의 『택지리』와 같이 지형과 심성의 관계를 문화적으로 그려 내는 인문지리에 더 큰 관심을 가졌다.

지리학의 전개

장례(葬禮)의 지향에는 민족 저마다의 신화가 잘 반영되어 있다. 자신들이 비롯한 것에 대한 이야기가 신화다. '주검'을 처리하는 방식도 비롯한 곳에 따라 달라진다. 우리는 '넋'이라는 말과 '혼'이라는 말을 혼재해 쓴다. 일상에서는 '넋 놓다'라는 말과 '혼이 나가다', '혼이 빠지다'라는 말을 쓴다. 이 용법에서도 알 수 있듯이 '넋'은 아래쪽으로 '놓'는 것이고, 혼은 공중으로 '빠져'나가는 것이다. 사람의 넋이 '지리(地理)'에서 비롯한 것이라면, 혼은 '천문(天文)'으로부터 받은 것이다.

사람의 생명이 '지리'와 '천문', 곧 육기(六氣)와 오운(五運)의 작용이라는 운기학의 주장은 우리의 일상언어에도 스며 있다. 매장의 풍습은 '넋'을, 화장의 풍습은 '혼'을 더 중시한 것이다. 동양의 오랜 전통과 달리 서양에서 사람과 자리를 연결 지어 탐색을 시작하는 것은 19세기 후반에 들어서이다.

라첼이 1882년 발간한 그의 최초의 저작이 『인문지리학』이다. 인문지리학이라는 말은 여기에서 처음 썼다. 그리고 최근 나온 관련 연구들은 이 책은 땅이라는 '생의 공간적 통일성'을 분명히 하지 못했다고 평가하기도 했다. 땅은 이제 신성성을 상실하고 자본적으로 발전하는 하는 길로 들어섰다. 땅은 사람들을 연결하는 물질적인 고리이자 사람들을 연결해 유기적인 단위를 형성하는 장본인이다. 문화라는 말 또한 토지의 경작을 의미하며, 하나의 민족도 역사를 거치면서 땅에 점점 더 깊이 뿌리박기 마련이다.(스티븐 컨, 2004, 542)

우리는 물리적·물질적 대상을 신체적, 감각적으로 경험할 수 있다. 이러한 신체적 경험을 통해 기호의 의미를 추론한다. 지리적 공간에 대한 감각적 지각과 지각적 감각 그리고 해당 장소를 직접경험하면서 연구하기 위한 목적의식적 여행을 감행할 수 있다. 여기에서 이끌어 낼 수 있는 인식 과정과 인식대상과 관련해서도 비슷한 의미의 장을 펼친다. 서구의 인문지리학은 물리적·물질성의 가치를 강조하는 것을 기본태도로 삼는다.

> 그 (나이젤 스리프트)의 사고에서 출발점이 되는 소재는, 추정컨대 신문화지리학이 취하는 기본입장이랄 수 있는 이론주의적·지성주의적 태도이다. 그는 문화지리학이 너무 재현, 담론, 내러티브와의 논쟁, 특히 텍스트와의 논쟁에 고착되어 있다고 비판한다. 그래서 해당 저자들이 "다종다양하고 감각적인 측면을 가진 일상의 실천을 하는 일"에 – 이 자체는 사람들이 세계와 일정한 관계를 맺는 데 중요한 매개가 되는 것인데 – 충분히 몰입하지 못했다는 것이다. 그는 사고와 느낌은 텍스트 작업을 통해서는 복사될 수 없다고 말한다.
>
> – 율리아 로사우, 2010, 74

인문지리학은 물리적인 것, 물질적인 것을 재구성하는 것을 지향한다. 서구의 인문지리학이 새로운 문화지리학을 지향하기 위해서는 서구가 지향한 '인문성'을 먼저 괄호로 묶을 필요가 있다. 주체를 위한 '지리'가 아니라 '지리'를 위한 지리, '지리'에서 비롯한 '인문'으로의 방향 전환이 요구된다. 대상과 시선 사이에 존재하는 간극을 망각하는 것은 위험하다. 대상과 재현을 하나가 되게 하는 것은 의미의 다양성 측면에서는 잘못된 방향이기 때문이다.

망각은 가끔 문화적 전회가 일구어 낸 인식론적 성취들을 – 특히 연구

과정이란 시간적인 맥락에 의존한다는 그들의 견해를 – 포기한다는 명시적인 요구와도 연결되기도 했다. 그럼에도 신문화지리학은 추상적인 데다 세계에 대해 불감증을 보인다는 비판 속에는, 신체적·물리적인 물질의 재도입이 사물 자체로 파고들어 가는 것을 허용한다는(명시적이 아닌 내포된) 생각이 내재해 있다.

— 율리아 로사우, 2010, 76~7

현대의 '망각'은 과거의 것과는 질적으로 차이가 난다. 현대의 망각은 '스펙터클'과 관련이 깊다. 이것은 자발적인 경우가 많다. 지구의 지리는 이제 마음만 먹으면 언제 어디서든 볼 수 있다.(구글맵) 문화적 전회는 새로운 인식론적 성취를 일구어 낸다. 새로운 문화지리학은 스펙터클 속에서 다양한 위상적 확장을 기한다. 세계에 대한 불감증은 '무지'보다는 무관심에서 비롯한다. 재도입되는 물질은 물리적 물질이 아니라 디지털화하는 물질이다. 내포와 외재는 구분되지 않고 뫼비우스의 띠와 같이 변곡한다.

부정적 모빌리티의 긍정성

심상지리(imaginary geography)는 긍정적 측면보다는 부정적 측면이 강하다. 이 말은 에드워드 사이드가 『오리엔탈리즘』에 쓰면서 주목받기 시작했다.

그리하여 동양은 상상의 지리 속에서, 에덴 동산이나 천국으로 돌아가는 것과 같이 낡은 것 대신에 새롭게 세워야 할 구세계와, 콜럼버스가 아메리카를 발견한 것과 같은 완전히 새로운 신세계로 구분되었다.(그러나 아이로니컬하게도, 콜럼버스 자신은 구세계의 새로운 부분을 발견했다고 생각했다). 물론 이러한 동양은 순수하게 이것 또는 저것으로 분류될 수 있는 것이 아니었다. 도리어 흥미로운 점은, 양자 사이의 동요와 그 도발적인 암시성 그리고 정신을 즐겁게 하면서도 혼란시키는 잠재능력이었다.

- 에드워드 사이드, 2017, 112

구세계와 신세계 사이에서의 진동, 흔들림과 동양사람들은 상관이 없었다. 이것은 동양에 대한 직접적인 경험이 없는 서양사람들의 상상 속에서만 벌어지고 있었다. 철저히 서구의 시선에서 동양은 미지의 세계다. 텍스트에서 얻은 지식으로 만들어진 동양의 형상을 가리키는 데 사용된 말이 심상지리(상상지리) 곧 이미지지리다.

서구제국주의가 동양에 덧씌운 '동양적인 것'의 속성들이 사실이나 진실을 덮는 경우가 많다. 서구적 문명의 기준에 못 미치는 상태를 '미개'라고 표현하든 '원시적 건강성'이라 표현하든, 서구의 시선에 만들어진 가치판단의 프레임 속에서 동양의 공간성은 재단되었다. 오리엔탈리즘이라는 어휘 속에는 권력적 속성이 내포되어 있다.(정주아, 203, 251~2)

특정 장소에 자리한 선입견적 인식으로서 심상지리는 충분히 변경시킬 수 있다. 그 선입견은 텍스트를 통해 이루어진 것이 태반인 까닭에 변경할 수 있는 방법도 텍스트에서 찾을 수 있다. 과거에는 특정 장소의 의미는 그 장소에 한정되는 경우가 많았다. 사회관계망이 촘촘하게 연결된 현재는 그 양상이 달라졌다. 즉 한 장소는 모빌리티의 맥락 안에서 '하나의 노드'로서 작용하는 경우가 많아졌다. 한 장소에 대한 잘못된 심상지리는 연계된 장소에도 크게 영향을 미친다. 이렇게 굳어진 심상지리는 맥락 안에 자리 잡기 때문에 단순히 보여 주는 것만으로 변화를 꾀하는 것은 예전만큼 쉽지 않게 된 것도 사실이다.

텍스트 내부에 존재하는 심상지리의 관념적 질서와는 별도로 그 관념성에 쉽게 포괄되지 않는 경험의 구체성에 주목할 필요가 있다. 심상지리는 '타자의 자아화'가 탄생하는 지점이기도 하다는 점에 주목할 필요가 있다. 타자에 대한 잘못된 이해는 곧바로 자아에 대한 왜곡으로 연결될 수 있다. 문학적 공간성은 심상지리라는 개념 자체의 증명을 통해서가 아니라, 심상지리의 외부에 대한 상상 혹은 심상지리로 은폐해 온 '내부의 외부'와의 대면을 통해 설명되어야 한다.(정주아, 2013, 255)

텍스트에서 장소성은 서정주체나 서사주체가 대상을 풍경 속에 배치(미장센)하고, 특별한 공간을 품게 함으로써 획득되는 경우가 많다. 즉 텍스트라는 공간은 기호가 품고 있는 의미의 불확실성과 타자의 이면에 존재하는 불확실성의 상호주관적 작용을 통해 펼쳐진다. 심상지리가 지닌 선입견은 이러한 상호주관적 작용의 역동성을 억제하는 방향으로 작용할 가능성이 크다. 심상지리와 달리 장소에 대한 특별한 경험을 통해 얻게 되는 선입견으로서 '장소애'가 있다.

> 자아가 살고 있는 장소들을 탐사함으로써 자아를 발견할 수 있다는 생각이 가스통 바슐라르의 『공간의 시학』의 핵심이다. 바슐라르는 기억, 자아, 정신에 관한 현상학적/정신분석적 연구의 근본이 되는 개념들로서 장소에 대한 애착 – 토포필리아(topophilia)-과 장소에 대한 분석 – 토포어낼리시스(topoanalysis)-를 이야기한다. 바슐라르의 경우, 정신적인 삶은 인류가 살아가는 장소와 공간들 안에서 모습을 감추고 그런 장소들은 인간의 기억, 감정, 사고를 형성하며 영향을 끼친다.
>
> — 제프 말파스, 2014, 18

인간만이 만들어 낼 수 있는 최고의 것 중의 하나가 이야기다. 스토리가 남겨진 공간은 장소가 된다. 우리들의 이야기는 공동체를 이루고 나만의 이야기는 정체성을 형성하는 데 크게 작용한다. 심상지리의 일방적 부정성과 토포필리아의 주관적 긍정성은 장소의 다양성을 추구하는 데는 장애로 작용할 수 있다. 이를 극복하고 장소의 '중성화'를 이루기 위해 제안한 개념이 '심상인문지리'다.

정서의 강도와 미묘함, 표현 양상은 대단히 다르다. 환경에 대한 반응은 우선 미적인 성격을 띤다. 풍광을 보면서 느끼는 찰나의 즐거움은 금세 사라진다. 다른 한 지향은 갑자기 드러나면서 훨씬 긴장감 있게 느껴지는 미적감각에 이르기까지 다양하게 펼쳐지는 경우가 있다. 반응 양상은 촉각적인 것이 주도한다. 공기나 물, 흙에 닿아서 기분이 좋은 감각이다. 더 지속적이고 표현하기 까다로운 반응은 고향이나 추억의 장소 생계 수단을 대하는 사람들의 느낌이다.(이푸 투안, 2011, 146)

이푸 투안의 '토포필리아'는 새롭게 만들어지는 물질적 자연환경과 정서적 유대를 맺고(스토리 엮어) 있는 인간을 파악하는 데 유용하다. 특정 장소와 어떻게 관계 맺고 있느냐에 따라 파악하는 데 유용한 용어로는 '심상인문지리'가 더 적합하다. 심상인문지리에서 '인문'의 힘은 느낌의 비객관성, 비고정성에서 발현한다.

공간점유 욕망: 구체성의 시학

문학에 나타난 공간지평의 특성은 작가 자신도 미처 깨닫지 못한 무의식적인 욕망과 세계 인식을 보여 준다는 해석은 흥미롭다.(권은, 2017, 33) 작품이 하나의 고정된 장소에서 전개되는 경우는 거의 없다. 역사적 시기와 작가가 처한 상황 그리고 작품의 주제의식에 따라 작품 속 공간의 성격은 마치 살아 있는 유기체처럼 변화무쌍하게 변모한다.(권은, 2017, 8) 이러한 변화무쌍은 추상적이지 않고 구체적이다. 그것은 장소를 직접 보여 주기 때문이다.

누군가 자신의 생활세계에 무언가를 '새겨 놓았다'는 것은 새겨 놓을 만한 이유가 있기 때문이다. 인간은 자신을 드러내기 위해 공간에 흔적을 남긴다. 자신을 과시하기 위해 새긴다. 집단을 기억하고 기념하기 위해서도 새긴다. 그것을 통해 우리는 인간 실존 문제에 다가갈 수 있을 것이다. 같은 인간이라도 '어디에' 위치하고 있는가에 따라 어떤 것을 새길 것인가가 달라진다.(박승규, 2010, 701)

삶이 담기는 공간, 삶에 담기는 공간은 같으면서 다르다. 공간에 새겨진 무늬는 그 파장에 따라 각기 다른 공간적 상상력을 펼치게 한다. 우리는 눈으로 확인할 수 있는 경관을 통해 인간다움, 인간존재에 다가선다. 그러나 그것은 극히 일면일 뿐이다. 인간은 공간에 남겨진 다양한 흔적을 통해 서로를 이해한다. 흔적에서 흔적으로 시간이 흐른다. 그렇게 흐르는 시간이 펼치는 공간이 장소다. 흐르는 삶, 유동체 언어는 '플롯'에 따라 '스타일'을 획득한다. 스타일이 그 사람의 미적(시적) 윤리를 형성한다.

> 특정 장르나 플롯을 선호하는 작가는 자신에게 적합한 실질공간을 필요로 한다. 따라서 한 작가의 작품들에서 나타나는 공간적 특성을 통합적으로 살피는 일은 그의 문학세계를 이해하기 위한 근간이 될 수 있다.
> — 권은, 2017, 7

작품에 나타난 공간은 허구적인 세계다. 그러나 그 공간은 실증적 세계의 그림자를 담고 있다. 작품에 의해 실질공간은 허구세계의 그림자를 다양하게 갖게 된다. 그림자로 인해 어떤 공간도 평면적이지 않게 된다. 평면성을 벗어나기 시작하면서 장소성을 품는다. 실증적 세계와 허구적 세계 모두 완결성과 균일성을 확보하지 못한다. 특정 공간에 대한 개인의 기억이 아닌 이러한 불연속의 지점, 시간의 경과 및 타자의 간섭에서 만들어진 중층적 시선을 섬세하게 설명할 필요가 있다. 그렇지 않다면 심상지리론은 다만 제도와 규율에 개인이 종속되어 있는 양상을 수동적으로 제시하는 방법론에 그칠 공산이 크다.(정주아, 2013, 272)

장소는 그의 기억과 나의 기억이 습합하는 자리에서 펼쳐진다. 같은 공간의 다른 기억들이 습합하는 작동원리는 전환, 변곡이 될 것이다. 그래야 하나가 다른 하나의 배경이 된다든지 하는 불평등의 관계를 원초적으로 차단할 수 있다. 그래서 하나가 의미를 주도하지 않아도 되는 관계를 형성할 수 있다.

> 조선의 문학가들이 근대 이후 체현한 로컬리티 위계의 탈구축과 심상지리의 형성의 과정이란, 제국과 식민지의 체험으로부터 비롯한 지정학적 혼란으로부터 질서를 구축하고 공동체의 자기 정체성을 정의하는 데에 반드시 거쳐야 했던 것으로 보인다. 또한 이것은 근대적인 의미의 민족주의 이념의 형성 과정이기도 하다.
>
> — 구인모, 2008, 173

외부인의 시선은 특정 공동체의 정체성을 확립하는 데도 작동한다. 심상지리는 외부의 시각으로 그려 낸 자기 정체성과 관련이 있다. 공간의 의미, 장소의 의의를 위계적으로 파악하는 것이 외부에서 형성된 심상지리다. 이것은 전근대적 소산이기도 하다. 공동체의 자기 정체성이 장소와 관련된 이야기를 통해 도출되는 예는 매우 흔하다. 그러나 이것은 전설이 만들어지는 과정과는 달라야 한다. 일의적 의미로의 구축이 아니라 다의적 의미로의 탈구축의 지향성을 담보해야 한다.

공동체의 자기 전체성 확립에 '심상지리'가 작용한다는 것은 당연하다. 이때 심상지리는 내면화된 외부의 시선이다. 따라서 반성과 성찰이 동반되어야 한다. '심상지리'를 글 자체로 풀면 '심경(心境)'에 상으로 그려진 지리, 혹은 심경에 떠오르는 특정 장소에 대한 상(像) 혹은 이미지라고 할 수 있다. 특정 장소에 가 본 적이 없는 사람이 갖게 되는 것은 심상지리의 일면이다. 이것은 '장소 선입견'이라고 할 수 있다.

장소를 다녀왔다고 하더라도 얻게 된 인상에는 선입견이 개입하기 쉽다. 이러한 심상지리, 곧 장소 선입견은 직접 주어진 영상보다는 언어에 의해 개념적·추상적으로 획득하는 경우가 흔하다. 특정 지역의 심상지리 형성에 크게 영향을 끼친 것은 단연 문학작품이다.

> 심상지리는 언어나 과정을 통해 세계의 재현을 근간으로 하는 개념이되, 이 개념을 문학 연구에 적용하고자 할 때에는 대개의 문학, 창작이란 구체적인 공간체험을 통해 해당 장소의 지정학을 익히고 언어로 재현하는 작가라는 주체에게, 관념성에 의한 공간의 재구성이라는 심상지리라는 개념을 전적으로 적용할 경우, 실재적 경험의 문제를 어떻게 처리할 것인지의 문제가 생겨날 수밖에 없다.
>
> — 정주아, 2013, 272

여기에서 제기되는 문제는 크게 두 가지로 나눌 수 있다. 하나는 관념적 경험은 경험의 극히 일부분이라는 점이다. 이에 비해 언어적 경험은 실제의 경험을 초월하는 시공간을 개시할 수 있다는 점이다. 이런 아포리즘을 인해 공간적 지각의 양상을 단순하게 심상지리로 환원하는 것은 쉽지 않은 일이다. 정주아는 "현실의 체험이 매개되지 않은 과거의 공간 등을, 상상하여 언어적으로 재현한다고 해서 그 공간은 순수하게 상상한 것이라고 할 수 있을까?"라고 묻고 있다. 심상인문지리가 이 물음에 긍정적인 답변을 줄 수 있는 것이라고 확신한다.

심상 "인문" 지리

이미지는 긍정적인 의미와 부정적인 의미를 함께 지니고 있다. 진실을 왜곡하고 특정 부분만을 부각해 전체인 양 '분식(粉飾)'한다고 보는 경우가 부정적인 의미를 대표한다. 반면 긍정적인 측면에서는 진수, 혹은 정수와 직접 연결된 통로라는 점을 강조한다. 이미지의 고정성을 벗고 스스로 사물이면서 사물의 '문'(통로)이 되기 위해서는 부정적인 측면과 긍정적인 측면을 모두 갖춘 이미지로 새롭게 변곡할 필요가 있다.

'이미지'는 실재가 아닌 것이라고 부를 수 있다. 이미지를 명명하는 것은 사실상 불가능하다. 그래서 이미지는 '실재가 아닌 것들'이라는 표현을 사용한다. 또한 이미지가 '인간의 정신 활동에 의해 생겨난 모든 것'이라는 정의를 사용할 수도 있다. 이미지는 전통적인 인식론적 관점에서 우리의 정신과 동떨어져 존재하는 어떤 것이라는 점을 우리가 암암리에 받아들이고 있다.(송종인, 2012, 147) 이미지나 심상에 덧쓴 선입견을 긍정적으로 돌려놓는 작업이 필요하다. 실제와 실재, 현실이 3각 달리기를 구성한다면 현재는 훨씬 더 입체성을 더할 수 있다.

심상지리의 개념은 푸코의 담론개념에 의존하고 있다. 국가적 권력의 형태가 아니라고 하더라도 언어적 관념의 재생산 방식에 의해 제도적 질서와 규율이 일상의 영역까지 편재한다. 문학은 관념화된 권력의 그늘이 투사된 텍스트일 뿐인가라는 질문을 던져 볼 수 있다. 이 질문을 해묵은 문학의 자율성에 대한 순진한 믿음과 관련시킬 필요는 없다. 문학이 탄생하는 지점은 일상의 제도와 규율로는 설명하기 힘든 불가지의 영역이다. 여기에서는 나와 타자를 명확하게 구분되지 않는다.

우리가 감각적으로 지각할 수 있는 것은 생활세계의 극히 일부분이다. 또한 지각 가능한 의식·무의식의 세계도 극히 일부분이다. 그 일부분으로 전체, 전체 이상을 더듬어 내야 한다. 문학작품에 언어로 담긴 장소는 가 보지 않았다고 하더라도 (작가도 독자도) '심상지리'의 개념만으로는 그 중층성을 포괄할 수 없다.(정주아, 2013, 256) 심상지리는 그 자체로는 매우 편협된 선입견을 포함하고 있지만 다른 한편에서는 장소의 입체화를 위한 종자(種子) 이미지로 활용이 가능하다. 모빌리티의 증가로 세계는 더 이상 넓지 않고, 또한 가 보지 못할 곳이 없다. 그리고 원주민에 의해 제공되는 생활 밀착형 동영상 자료가 많아 선입견을 얼마든지 입체화할 수 있는 계기가 마련되어 있다.

지구에 더 이상 '미지(未知)의 미지(未地)'는 없다고 해도 지나친 말은 아닐 것이다. 모빌리티의 물리적·가상적·미디어적 증진은 우리를 어디로든 데려다준다. 그러다보니 우회적으로 우리가 장소의 정체성을 파악하는 데는 작가가 작품에 묘사된 것을 기반으로 삼는 경우가 오히려 많아지고 있다.

예술가의 묘사력과 우리의 상상력, 감정이입의 역량에 따라 '심상지리'는 얼마든지 다시 그려지고, 쓰일 수 있게 되었다. 대리적 내부성은 특정 장소에서의 경험과 일치할 때, 가장 명확해질 수 있다. 즉 우리는 여기가 어떤 곳인가를 알고 있기 때문에 또 거기가 어떤 곳인지를 알게 되는 것이다.(에드워드 랩프, 2005, 123) 랩프의 언급은 인문을 왜 심상과 지리 사이에 두어야 하는지를 잘 보여 준다. 심상인문지리에서 인문적 앎이라고 하는 것은 '심상과 지리에 비추어 알다'가 된다.

'심상인문지리'에서는 이성이나 지성보다는 새로운 '감성'이 요구된다. 심상인문지리에서 다루는 '장소'는 고정되어 있는 것이 아니라 움직이는 것, 흐르는 것이다. 흐르기 때문에 직관적으로 포착할 수 있다.

비록 그가 어떻게 달성할지에 대해서는 명확하게 제시하지 않았지만, 장소에 대한 애착을 상실하거나, 장소를 진정하게 만들 수 있는 능력의 쇠퇴가 실질적인 장소감 상실임은 확실하다. 또한 우리가 무시하거나 참아내야 할 필요가 없는 환경을 창조하고자 한다면, 그런 애착과 능력을 반드시 재생시켜야 한다. 나아가 기술의 맥락 바깥에서도 이런 일을 할 수 있을 것이다. 왜냐하면, 장소감은 본질적으로 과학 이전의 것인 동시에 상호주관적이기 때문이다.

— 에드워드 랠프, 2005, 294

장소감을 상실한다는 것은 더 이상 그 장소의 분위기를 파악할 수 없게 되었다는 것을 의미한다. 그것은 의미의 상실이면서 이야기의 맥락에서 소외되는 것을 의미한다. 이성이 근대를 주도했다. 이성의 앞자리를 차지한 과학·과학적 이성을 하나의 방법으로 감싸 안기 위해서라도 심상과 지리는 그 사이에 '인문'의 자리를 마련해야 한다. 장소는 이해하는 것이 아니다. 비추어 아는 까닭에 세심한 관찰에 의해서만 언제나 다르게 직관, 직감할 수 있다.

세계 내 존재 ∞ 존재 내 세계

심상지리, 심상지도, 인문지리 등은 지리에 대한 신념, 이데올로기, 관념들에 관한, 어떤 실체적 진실의 추구와 관련한다. 이와 달리 '심상인문지리'는 관계에 관한 것이다. 심상인문지리는 내부와 외부가 따로 존재하지 않는 매개점이자 변곡체에 해당한다. 흐름, 변화의 역동성은 과학적 분석, 명료한 결론을 계속해서 유보한다. 심상인문지리는 심상지리와 달리 사실과 사상, 관념과 실재 사이에서 진동하는 세계-내-존재로서 한 저자를 고스란히 담아낼 수 있다.

낯선 공간은 기존의 주체가 흩어지는 곳이다. 파편적으로 흩어진 주체가 특정한 장소의 지리, 분위기에 따라 재구성될 때, 관념적 공간은 구체성을 획득해 장소가 된다. 장소가 된 지리가 심상인문지리로 자리한다. 심상인문지리가 형성될 때, 주체는 세계의 현상을 불안의 원천으로 삼아 충분히 흔들릴 수 있다. 충분히 흔들려야 다양한 위상의 무늬를 새길 수 있다.

장소의 정체성은 사물로 채워진 공간보다는 텅 빈 공간에서 자유롭게 형성할 수 있다. 장소 정체성 형성의 핵심에는 고정된 사물이 자리하는 것이 아니다. 인간의 삶, 스토리가 '종패(種貝)'로서 역할을 한다. 비어 있어야 다양한 삶이 스토리로 엮일 수 있다.

특정한 장소의 내부로 들어가기 위해서는 감정이입이 되어야 한다. 그래야 장소의 의미가 풍성해질 수 있다. 장소와 주체가 동일시가 될 때, 신성의 공간으로 재탄생하게 된다. 그럴 때, 장소는 새로운 주체가 탄생하는 '하나의 완벽한 개성'의 子宮(자궁)이 되는 것이다.

장소의 정체성은 저절로 나타나는 것이 아니다. 장소의 본질을 관찰하고 이해할 수 있도록 스스로 훈련함으로써 성취할 수 있다. 장소는 하나의 인상으로 주어지지만 심경에 자리하는 이미지의 깊이는 다르다. 현상과 이미지가 깊게 공감할수록 열린 장소의 깊이 또한 더해 간다. 그러나 그 장소가 진짜 본질을 드러낼 수 있는가에 대해서는 누구도 자신할 수 없다. 우리가 할 수 있는 일은 장소를 위상적으로 확장할 수 있는 지리적 능력을 개발하는 것뿐이다. "지리적 능력이란 특정 장소에 존재하는 개인이며, 동시에 광범위한 환경적, 사회적 힘으로 이루어진 네트워크 한 부분으로 존재하는 우리가 삶의 직접성을 깨닫는 능력을 말한다."(신성환, 2011, 384)

자신의 삶을 제대로 깨닫기 위해서는 뒤집어 볼 수 있어야 한다. 물론 뒤집기를 통해 드러나는 것은 이면의 삶이지 본질은 아니다. 제대로 뒤집기 위해서는 자신의 삶보다 더 큰 여백을 제공할 수 있는 공간이 필요하다. 장소의 정체성이 '빈터'에 의해 규정되는 것은 이와 같은 까닭에서다. 그리고 주체는 내면에 빈터로서의 바깥에 마련된 여백과 같은 크기의 마음이 있어야 변곡은 부드럽고 자연스럽게 이루어진다.

빈터들의 경계가 아니라 주체가 빈터들의 경계가 되는 셈이다. 심상인문지리는 이러한 빈터에 대해 탐색한다. 존재의 매체로서 '심상인문지리'의 의미는 사후적으로 파악될 수밖에 없다.

빈터와 빈터의 매체로서 존재, 존재가 품고 있는 심상인문지리에 바탕할 때, 의도라는 것은 행위에서 큰 비중을 차지하지 못한다. 일상에서 우리는 '그냥' 하는 일이 많다. 그 '그냥'은 어떻게 해야 할지 알지 못하더라도 할 수 있다는 것을 의미한다. 구조 곧 '플롯'이 이미 마련되어 있기 때문이다. "한 사람이 어떤 행동이나 사건에 적합한 인과적 구조 전체를 파악해야 한다는 의미는 아니다. 하지만 의도된 결과에 적합한 인과적 구조를 파악할 필요가 있다."(제프 말파스, 2014, 114)

존재의 뒤집기를 위해 주어지는 '여지' 혹은 '사이 장소'에 대한 탐구에서 영감을 주는 것이 하이데거의 세계-내-존재다. 이 말은 하이데거의 존재 탐색을 대표하는 어휘 중 하나다. 이 어휘에 대한 풀이는 다양하다. 가장 일반적인 것은 현존재를 '세계 안의 존재'로 풀이하는 것이다. '내(內)'라는 말을 '안'이라는 우리말로 옮긴 것이다.

> 현실을 하나의 세계로 이해하는 또 다른 직접적인 방법으로 〈상황〉이라는 이름을 부여하고자 한다. 그렇게 될 때 우리는 의식이 상상할 수 있게 하는 본질적인 전제적 필요조건으로 의식은 〈세계 내에 상황 되어져〉 있다. 또는 더욱 간략하게 말해 의식은 〈세계 내 존재〉라고 말할 수 있다. 그것이 무엇이든 비현실적인 대상을 구성하려는 동기는 의식의 구체적이고 개체적인 현실성으로 이해되어진 세계 내 상황인 것이다.
> — 장 폴 사르트르, 1983, 80

세계-내-존재에서 '내(內)'는 위상성의 장소로 풀이할 수 있다. 세계를 공간적 한정으로 삼아 '존재'하는 것이 '현존재'라는 해석은 피상적이고 추상적일 뿐더러 자구적인 해석에 지나지 않는다. 이 정도의 의미를 하이데거가 자신의 존재-의식 철학의 정수로 삼았을 리 없다. 세계 내 존재를 변곡해 읽으면 존재 내 세계가 된다. 글자대로 풀이하면 존재가 품고 있는 세계 정도가 된다. 조금 특별하게 사르트르는 '내'를 '상황'으로 해석한다.

우리는 모두 생활세계에서 사는 까닭에 현실적인 대상존재다. 그러면서 저마다 자신의 세계를 품고 있는 까닭에 비현실적인 대상존재이기도 하다. '내' 곧 바깥의 '내'와 안쪽의 '내'를 잇는 것이 '의식의 상황'이다. 상상력의 개연성은 인과적인 연결을 거부한다. 우리 DNA의 구조처럼 상상력은 그 개연성을 변곡을 통해 추구한다. 특정한 상상력의 출현은 구체적인 동기, 확실한 현상을 바탕으로 이루어진다. 상상력의 역능은 창조가 아니라 '내'를 다채롭게 흐르는 스타일로 빚어지는 것이다. 세계-내-존재가 천문인문지리에 대응한다면 존재-내-세계는 심상인문지리에 해당한다. (세계(내)∞(내)존재) 몸∞몸(존재(내)∞(내)세계)로 세 겹의 변곡이 일시, 일거에 이루질 때 우리는 최대치로 현존재를 확장·고양할 수 있다.

참고문헌

W.C. 벤터워스, 『인디언 추장 연설문』, 김문호 옮김, 그물코, 2004.
강우성, 「해체, 해석, 문학: 데리다와 윤리」, 『영미문학연구』 제8집, 영미문학
연구회, 2005.
게오르크 크리스토프 톨렌, 「열린 공간과 상상력의 헤테로토피아」, 슈테판 귄
첼 엮음, 이기흥 옮김, 『토폴로지』, 에코리브로,
2010.
고재정, 「모리스 블랑쇼와 공동체의 사유」, 『한국프랑스학논집』 제49집, 한국
프랑스학회, 2005.
고재정, 「모리스 블랑쇼와 언어의 문제」, 『인문학연구』 제42집, 계명대 인문과
학연구소, 2009. 8.
고재정, 「모리스 블랑쇼와 포스트모더니즘」, 『인문학연구』 제21집, 관동대,
1999.
고형진, 「방언의 시적 수용과 미학적 기능 – 영랑과 백석과 목월의 시를 중심
으로」, 『동방학지』 제125집, 연세대 국학연구원, 2004.
공상철, 「이미지, 위상학, 그리고 공간적 상상력–한자(문)의 하이퍼텍스트적
가능성에 대한 물음」, 『중국인문학회 학술대화 발표논문집』, 중국인문
학회, 2006.
곽은우, 『최제우의 동경대전』, 김영사, 2012.
구인모, 「한국 근대시와 '조선'이라는 심상지리」, 『한국학연구』 제28집, 고려대
한국학연구소, 2008.
구인환, 「다매체 시대의 문학 교육의 새로운 방향」, 『사학』 제77집, 대한사립
중고등학교장회, 1996.
권은, 「이광수의 지리적 상상력과 세계인식–이광수의 초기 장편 4편을 대상
으로」, 『현대소설연구』 제65집, 한국현대소설학회, 2017.

권혁래, 「문학지리학 연구의 정체성과 연구방법론 고찰」, 『우리문학연구』 제51집, 우리문학회, 2016.

김근호, 「스토리텔링의 서사 문화와 서사표현교육론-TV방송 매체의 일상성을 중심으로」, 『국어교육학연구』 제33집, 국어교육학회, 2008.

김길웅, 「문학연구의 문화학적 확장」, 『독일언어문학』 제21집, 독일언어문학학회, 2003.

김동광, 「과학비평은 가능한가」, 『과학이 나를 부른다』, 사이언스북스, 2009.

김동우, 「문자로서의 도시, 도시시학의 가능성-도시인문학의 이론적 기초」, 『한국근대문학연구』 제24집, 한국근대문학회, 2011.

김명인, 「한국근대시의 토착어 지향성 연구」, 『한국학연구』 제25집, 고려대 한국학연구소, 2006.

김상환, 「데리다의 텍스트」, 『철학사상』 제27집, 서울대 철학사상연구소, 2008.

김상환, 「새로운 해석학의 탄생」, 『니체가 뒤흔든 100년』, 민음사, 2000.

김성, 「롤랑 바르트의 문학 유토피아」, 『한국프랑스논집』 제61집, 한국프랑스학회, 2008.

김수환, 「텍스트 이론에서 문화시학으로 – 로트만의 '행위시학' 방법론을 중심으로」, 『러시아어문학연구논집』 제18집, 한국러시아문학회, 2005.

김유동, 「"순수기억"에 대한 기억-벤야민의 초기 언어논문의 관점에서 본 『독일 비애극의 원천』」, 『뷔히너와 현대문학』 제33집, 한국뷔히너학회, 2009.

김윤정, 「김종삼의 시 창작의 위상학적 성격 연구」, 『한민족어문학』 65집, 한민족어문학회, 2013.

김은중, 「문학의 공간과 비평적 글쓰기」, 『중남미연구』 제18권 1호, 한국외국어대 중남미연구소, 1999.

김재희, 「우리는 어떻게 포스트휴먼 주체가 될 것인가?」, 『철학연구』 제106집, 철학연구회, 2014.

김정남, 「다매체 시대 소설의 장르적 정체성에 관한 연구」, 『현대소설연구』 제

22집, 한국현대소설학회, 2004.

김종환, 「문화유물론과 셰익스피어」, 『셰익스피어 비평』 제25권, 한국셰익스피어학회, 1994.

김학룡, 「로티의 재서술 전략과 문학이론으로서의 가능성」, 『새한영어영문학』 제39집, 새한영어영문학회, 1998.

김희봉, 「과학기술과 생활세계-후설의 기술개념에 관한 비판적 고찰」, 『철학과현상학연구』 제27집, 한국현상학회, 2005.

남기혁, 「웃음의 시학과 탈근대성-전후 모더니즘 시를 중심으로」, 『한국현대문학연구』 제17호, 한국현대문학회, 2005.

다음 백과사전, https://100.daum.net/encyclopedia.

다카무라 유지로, 『토포스: 장소의 철학』, 그린비, 2012.

라영균, 「문학장르의 체계와 역사성」, 『외국문학연구』 제65집, 한국외대 외국문학연구소, 2017.

라영균, 「포스트모더니즘의 역사 기술고가 문학사 기술」, 『외국문학연구』 제37호, 한국외대 외국문학연구소, 2010.

로저 펜로즈 외, 『양자·우주·마음』, 김성호 외 옮김, 사이언스북스, 2010.

롤란트 리푸너, 「피에르 부르디외와 미셸드 세르토의 사회과학적 위상학」, 슈테판 귄첼 엮음, 이기홍 옮김, 『토폴로지』, 에코리브로, 2010.

롤랑 바르트, 『글쓰기의 영도』, 김웅권 옮김, 동문선, 2007.

롤랑 바르트, 『사랑의 단상』, 김희영 옮김, 동문선, 2004.

롤랑 바르트, 『어떻게 더불어 살 것인가』, 김웅권 옮김, 동문선, 2004.

루트비히 비트겐슈타인, 『확실성에 대하여』, 이영철 옮김, 책세상, 2011.

리츠드 기어츠, 『문화의 해석』, 문옥표 옮김, 까치, 2012.

마누엘 데란다, 『강도의 과학과 잠재성의 철학-잠재성에서 현실성으로』, 그린비, 2009.

마르크 리스, 「영화위상학, 그리고 그 너머」, 슈테판 귄첼 엮음, 이기홍 옮김, 『토폴로지』, 에코리브로, 2010.

마리 루이제 호이저, 「수학과 자연철학에서 위상학의 태동」, 슈테판 귄첼 엮음, 이기홍 옮김, 『토폴로지』, 에코리브로, 2010.
마리 맥클린, 「텍스트의 역학 – 연행으로서 서사」, 임병권 옮김, 한나래, 1997.
마셜 맥루한, 『미디어의 이해』, 민음사, 2002.
마이 베게네, 「라캉의 정신분석학적 위상학 – 네 고개」, 슈테판 귄첼 엮음, 이기홍 옮김, 『토폴로지』, 에코리브로, 2010.
모리스 메를로·퐁티, 「현상학이란 무엇인가」, 김진국 편역, 『문학현상학』, 대방출판사, 1983.
모리스 블랑쇼, 『문학의 공간』, 그린비, 2010.
미셸 우엘벡, 『소립자』, 열린책들, 2017.
미셸 푸코, 『주체의 해석학』, 심세광 옮김, 동문선, 2007.
미셸 푸코, 『헤테로토피아』, 문학과지성사, 2014.
미하일 바흐친, 『마르크스주의와 언어철학』, 한겨레, 1999.
미하일 바흐친, 『장편소설과 민중언어』, 창작과비평사, 1997.
박규현, 「블랑쇼에게서 문학의 공간을 통해서 형성되는 공동체」, 『프랑스문화예술연구』 제4집, 프랑스예술학회, 2001.
박만영, 2008, 87
박만준, 「문화의 기원–겔렌의 문화이론을 중심으로」, 『대동철학』 제11집, 대동철학회, 2000.
박순영, 「리쾨르의 정신분석적 해석학」, 『해석학연구』 제9집, 한국해석학회, 2002.
박순영, 「후설의 생활세계 개념에 대한 선불교적 이해–선문답의 현상학적 이해를 위한 시론」, 『철학과현상학연구』 제9집, 한국현상학회, 1996.
박승규, 「인문학으로서 지리학과 지리교육」, 『대한지리학회지』 제45집, 대한지리학회, 2010.
박준상, 「이름없는 공동체: 레비나스와 블랑쇼에 대해」, 『철학과현상학연구』 제18집, 한국현상학회, 2001.
박준상, 『바깥에서』, 인간사랑, 2006.

발터 벤야민, 『독일 비애극의 원천』, 최성만·김유동 옮김, 한길사, 2009.
발터 벤야민, 『일방통행로 사유이미지』, 길, 2008, 233
버논 W. 그라스, 「문학 현상학 서설」, 김진국 편역, 『문학현상학』, 대방출판사, 1983.
베른하르트 발덴펠스, 「생활세계의 지형학」, 슈테판 권첼 엮음, 이기흥 옮김, 『토폴로지』, 에코리브로, 2010.
베른하르트 발덴펠스, 「생활세계의 지형학」, 슈테판 권첼 엮음, 이기흥 옮김, 『토폴로지』, 에코리브로, 2010.
보르헤스, 「끝없이 두 갈래로 갈라지는 길들이 있는 정원」, 『보르헤스 전집』 2: 픽션들, 민음사, 1994.
블라디미르 벨민스키, 「쾨니히스베르크의 다리 – 레온하르트 오일러의 공간 포에톨로지」, 슈테판 권첼 엮음, 이기흥 옮김, 『토폴로지』, 에코리브로, 2010.
비토리아 보르소, 「문학적 위상학—공간의 저술과 저술의 공간」, 슈테판 권첼 엮음, 이기흥 옮김, 『토폴로지』, 에코리브로, 2010.
서요성, 「공상과학영화 『매트릭스』의 인문학적인 시사성」, 『독일어문학』 제45집, 한국독일어문학회, 2009.
소강희, 『시간의 철학적 성찰』, 문예출판사, 2001.
송석랑, 「생활세계의 위상학과 일상사—역사주의의 극복과 재건을 위한 현상학적 연구(1); '장소'의 존재론적 매개성에서」, 『해석학연구』 제36집, 한국해석학논문집, 2015.
송석랑, 「생활세계의 위상학과 일상사—역사주의의 극복과 재건을 위한 현상학적 연구(2): '장소'의 구체성을 위해」, 『동서철학연구』 제75호, 한국동서철학회, 2015.
송종인, 박치완, 「이미지의 이중성과 복합성—이미지텔링, 그 이론적 토대 마련을 위한 시론」, 『글로벌문화콘텐츠』 제8호, 글로벌문화콘텐츠학회, 2012. 06.
송효섭, 「구술성과 기술성의 통합과 확산: 국문학의 새로운 사유와 담론을 위하여」, 『국어국문학』 제131집, 국어국문학회, 2002.
슈테판 귄첼, 「공간, 지형학, 위상학」, 슈테판 귄첼 엮음, 이기흥 옮김, 『토폴로지』, 에코리브르, 2010.
스티븐 컨, 『시간과 공간의 문화사』, 박성관 옮김, humanist, 2004.
신성환, 「편혜영 소설에 나타난 장소상실과 그 의미-집, 일터, 길의 공간 구조 및 인문지리학적 인식을 중심으로」, 『어문론총』 제55호, 한국문학언어학회, 2011.
신재은, 「토포필리아로서의 글쓰기-이문구의 『관촌수필』 연작을 중심으로」, 『한국문학이론과비평』 제20집, 한국문학이론과비평학회, 2003.
신재훈, 「다매체 시대의 글쓰기 전략」, 『지역문화연구』 제7집, 세명대 지역문화연구소, 2008.
신지영, 「들뢰즈 차이의 위상학적 구조」, 『철학과 현상학 연구』 제50집, 한국현상학회, 2011.
신진숙, 『윤리적인 유혹 아름다움의 윤리』, 푸른사상, 2010.
신형욱, 「메타언어, 메타화행 그리고 메타의사소통」, 『텍스트언어학』 제15집, 한국텍스트언어학회, 2003.
신홍주, 「유리의 도시의 메타성과 매체변환」, 『애니메이션연구』 제12권 2호, 한국애니매이션학회, 2016.
앙리 르페브르, 『공간의 생산』, 양영란 옮김, 에코 리브르, 2011.
앙리 베르그송, 『웃음』, 정연복 옮김, 세계사, 2006.
에드문트 후설, 『시간의식』, 이종훈 옮김, 한길사, 2006.
에드문트 후설, 『순수현상학과 현상학적 철학의 이념들 1』, 한길사, 2009.
에드문트 후설, 『유럽학문의 위기와 선험적 현상학』, 이종훈 옮김, 한길사, 2016.
에드워드 W. 사이드, 『오리엔탈리즘』, 교보문고, 2017.
에드워드 랠프, 『장소와 장소상실』, 논형, 2005.
에밀 슈타이거, 「횔더린의 "자연과 예술: 새턴과 쥬피터」, 김진국 편역, 『문학현상학』, 대방출판사, 1983.

엠마누엘 레비나스, 김동규 옮김, 『후설 현상학에서의 직관이론』, 그린비, 2014.

오현숙, 「1930년대 식민지와 미궁의 심상지리-박태원과 이효석을 중심으로」, 『구보학보』 제4집, 구보학회, 2008.

요아힘 후버, 「무형의 형식-열 가지 테재로 읽는 @ 건축 위상학」, 슈테판 권첼 엮음, 이기홍 옮김, 『토폴로지』, 에코리브로, 2010.

요하네스 파이퍼, 「괴테의 「파우스트」」, 김진국 편역, 『문학현상학』, 대방출판사, 1983.

우테 홀, 「틈새와 장(場)-영화에서의 공간지각」, 슈테판 권첼 엮음, 이기홍 옮김, 『토폴로지』, 에코리브로, 2010.

위앤커, 『중국의 신화』, 민음사, 1999.

유봉근, 「하이퍼텍스트와 매체미학」, 『카프카연구』 제11집, 한국카프카학회, 2004.

윤규홍, 예술사회학, http://cafe.daum.net/socart/DMDr (2019. 9. 13.)

윤상인, 「지리담론을 통해본 근대일본인의 심상지리와 아시아인식-후쿠자와 유키치를 중심으로」, 『아시아문화연구』 제23집, 가천대학교 아시아문화연구소, 2011.

윤신희, 노시학, 「새로운 모빌리티스 개념에 관한 이론적 고찰」, 『국토지리학회지』 제49권 4호, 국토지리학회, 2015.

윤여탁, 「다문화·다매체·다중언어의 교육: 그 현황과 전망」, 『어문학』 제106집, 한국어문학회, 2009.

율리아 로사우, 「'틈새 생각하기'-현대 공간 논의에 대한 문화지형학적 단평」, 슈테판 권첼 엮음, 이기홍 옮김, 『토폴로지』, 에코리브로, 2010.

율리아 로사우, 「'틈새 생각하기'-현대 공간 논의에 대한 문화지형학적 단평」, 슈테판 권첼 엮음, 이기홍 옮김, 『토폴로지』, 에코리브로, 2010.

이경수, 「백석의 기행시편에 나타난 장소의 심상지리」, 『민족문화연구』 제53

호, 고려대 민족문화연구원, 2010.

이경수, 「신동엽 시의 공간적 특성과 심상지리」, 『비평문학』 제39집, 한국비평문학회, 2011.

이락의, 『한자정해』, 비봉출판사, 1996.

이민호, 「다매체 시대 글쓰기로서 시 교육 연구」, 『국제어문』 제56집, 국제어문학회, 2012.

이봉현, 「플랫폼이 되는 자가 승리한다.」, 『한겨레』, 2005. 5. 8.

이상봉, 「모빌리티의 공간정치학: 장소의 재인식과 사회관계의 재구성」, 『대한정치학회보』 제27권 1호, 대한정치학회, 2017.

이상신, 「'문자'와 '이미지'가 서로에게 말건네는 시대의 해체적 상상력」, 『현대소설연구』 제20집, 한국현대소설학회, 2003.

이성복, 「신기하다, 신기해, 햇빛 찬연한 밤마다」, 『남해금산』, 문학과 지성사, 1986.

이승종, 「다산의 사유에 대한 현대적 접근」, 『다산과현대』 제3집, 2010.

이용균, 「인문지리학 패러다임의 변화에 대한 맥락적 접근의 필요성」, 『문화역사지리』 제18권 3호, 문화역사지리학회, 2006.

이유선, 「디지털 다매체 시대의 글쓰기 전략—카프카 형상언어를 중심으로」, 『카프카연구』 제12집, 한국카프카학회, 2005.

이유선, 「문화적 가치판단의 기준과 문학적 문화」, 『사회와 철학』 제12호, 사회와철학연구회, 2006.

이윤숙, 『종요의 대서사시 천자문 역해』, 경연학당, 2016.

이정석, 「이상 문학의 정치성」, 『현대소설연구』 제42집, 한국현대소설학회, 2009.

이종훈, 「후설 현상학에서 실증적 객관주의 비판의 의의」, 『철학과현상학연구』 제55집, 한국현상학회, 2012.

이지용, 「4차산업혁명 시대의 글쓰기와 새로운 상상력」, 『오늘의 문학』, 2018년 봄호.

이지원, 「디지털 다매체 환경과 문학의 새로운 유통 양상—바이럴(Viral)문학의 가능성을 중심으로」, 『인문콘텐츠』 제46집, 인문콘텐츠학회, 2017.
이지은, 「노동과 글쓰기-쉬방의 슬로우테크놀로지」, 『현대미술사연구』 15집, 2005.
이택광, 「문학의 정치성: 랑시에르의 들뢰즈 비판에 대하여」, 『비평과이론』 제15권2호, 한국비평이론학회, 2010.
이푸 투안, 『공간과 장소』, 구동회, 심승회 옮김, 대윤, 2007.
이푸 투안, 『토포필리아-환경 지각, 태도, 가치의 연구』, 이옥진 옮김, 에코리브로, 2011.
이혜정 외, 『흐름의 철학 경락』, 자유아카데미, 2011.
이홍경, 「포스트-프로메테우스 프로젝트- 프랑스판 포스트휴먼과 독일판 포스트휴먼」, 『독일언어문학』 제60집, 독일언어문학회, 2013.
이희상, 「서평: 모빌리티」, 『공간과사회』 제22권2호, 한국공간환경학회, 2012.
임병철, 「문학과 역사의 세계에 날아든 녹색탄환, 스티븐 그린블랏」, 『역사와 문화』 제12집, 문화사학회, 2006.
자크 데리다, 『에쁘롱』, 동문선, 1998.
자크 랑시에르, 『감성의 분할: 미학과 정치』, 오윤성 옮김, b, 2008.
자크 랑시에르, 『문학의 정치』, 유재홍 옮김, 인간사랑, 2009.
장·폴 사르트르, 「의식과 상상력」, 김진국 편역, 『문학현상학』, 대방출판사, 1983.
장용순, 『현대건축의 철학적 모험』, 미메시스, 2010.
장일구, 「소설 공간론, 그 전제와 지평」, 한국소설학회, 『공간의 시학』, 예림기획, 2001.
정주아, 「심상지리의 외부, '불확실성의 심연'과 문학적 공간-춘원 이광수의 문학에 나타난 러시아의 공간성을 중심으로」, 『어문연구』 제41집, 한국어문교육연구회, 2013.
제프 말파스, 김지혜 옮김, 『장소와 경험』, 에코리브로, 2014.
조르조 아감벤 지음, 이경진 옮김, 『도래하는 공동체』, 꾸리에, 2014.
조명래, 「모빌리티의 공간(성)과 모바일 어버니즘」, 『서울도시연구』 제16권 4

호, 서울연구원, 2015.
존 어리, 『모빌리티』, 강현수·이희상 옮김, 아카넷, 2016.
진광현, 「신역사주의 방법론의 문제점」, 『현대영미어문학』 제20권 2호, 현대영미어문학회, 2002.
진은영, 「문학의 아토포스: 문학, 정치, 장소」, 『현대문학의 연구』 제48집, 한국문학연구학회, 2012.
질 들뢰즈, 『들뢰즈가 만든 철학사』, 박정태 옮김, 이학사, 2007.
질 들뢰즈/펠릭스 가타리, 『천개의 고원』, 김재인 옮김, 새물결, 2011.
최광식, 「연대기적 시간에서 위상학적 시간으로 – 알랭 레네의 〈히로시마 내 사랑〉」, 『프랑스문화예술연구』 10, 프랑스문화예술학회, 2004.
최병학, 「창과 액자–지식의 윤리와 현전의 형이상학」, 『윤리교육연구』 제5권, 한국윤리교육학회, 2004.
최혜실, 「다매체, 다문화, 다중언어의 연구–그 현황과 전망」, 『어문학』 제106집, 한국어문학회, 2009.
최호근, 「역사주의와 신역사주의」, 『한국사학학사보』 제8집, 한국사학사학회, 2003.
카를 슐뢰겔, 「공간 그리고 역서」, 슈테판 귄첼 엮음, 이기홍 옮김, 『토폴로지』, 에코리브로, 2010.
카린 레온하르트, 「바로트의 나선–좌우 그리고 대칭」, 슈테판 귄첼 엮음, 이기홍 옮김, 『토폴로지』, 에코리브로, 2010.
카트린 부슈, 「공간, 예술, 파토스–하이데거의 토폴로지」, 슈테판 귄첼 엮음, 이기홍 옮김, 『토폴로지』, 에코리브로, 2010.
크누트 에벨링, 「'현장' – 공간철학에서 장소이론으로」, 슈테판 귄첼 엮음, 이기홍 옮김, 『토폴로지』, 에코리브로, 2010.
클리퍼드 기어츠, 『문화의 해석』, 까치, 2012.
페터 벡스테, 「사이–공간–사이버네틱스와 구조주의」, 슈테판 귄첼 엮음, 이기홍 옮김, 『토폴로지』, 에코리브로, 2010.
페터 보른슐레겔, 「평생선 공리, 비유클리드기하학 그리고 위상학적 상상력」,

슈테판 귄첼 엮음, 이기홍 옮김, 『토폴로지』, 에코리브로, 2010.

폴 리쾨르, 「해석학: 상징에의 접근」, 김진국 편역, 『문학현상학』, 대방출판사, 1983.

폴 리쾨르, 『해석이론』, 김윤성 외 옮김, 서광사, 1998.

피종호, 「후기구조주의의 웃음미학」, 『독일어문학』 제18집, 한국독일어문학회, 2002.

한국문학평론가협회편, 『문학비평용어사전』, 국학자료원, 2006..

한스 게오르크 가다머, 『진리와 방법 1』, 이길우 외 옮김, 문학동네, 2011.

한스 게오르크 가다머, 『진리와 방법 2』, 임홍배 옮김, 문학동네, 2013.

헬무트 E. 뤽, 「심리학적 위상학-쿠르트 레빈의 장이론」, 슈테판 귄첼 엮음, 이기홍 옮김, 『토폴로지』, 에코리브로, 2010.

홍경실, 「베르그손과 후설 현상학과의 비교-'의식에 직접 주어지는 것'을 중심으로」, 『철학과현상학연구』 제20집, 한국현상학회, 2003.

홍경실, 「『목소리와 현상』에 나타난 데리다의 후설 현상학 독해」, 『철학과현상학연구』 제31집, 한국현상학회, 2006.

포에톨로지
POETOLOGY
서정시의 위상학

초판1쇄 찍은 날 | 2020년 10월 12일
초판1쇄 펴낸 날 | 2020년 10월 30일

지은이 | 전동진
펴낸이 | 송광룡
펴낸곳 | 문학들
등록 | 2005년 8월 24일 제 2005 1-2호
주소 | 61489 광주광역시 동구 천변우로 487(학동) 2층
전화 | 062-651-6968
팩스 | 062-651-9790
전자우편 | munhakdle@hanmail.net
블로그 | blog.naver.com/munhakdlesimmian
값 35,000원

ISBN 979-11-86530-96-2 93800

· 잘못된 책은 바꿔드립니다.
· 이 책 내용의 전부 또는 일부를 재사용하려면
  반드시 저작권자와 문학들의 동의를 받아야 합니다.